Katrin Kleinschmidt-Schinke
Die an die Schüler/-innen gerichtete Sprache (SgS)

Reihe Germanistische Linguistik

310

Katrin Kleinschmidt-Schinke

Die an die Schüler/ -innen gerichtete Sprache (SgS)

Studien zur Veränderung der Lehrer/-innensprache
von der Grundschule bis zur Oberstufe

DE GRUYTER

Reihe Germanistische Linguistik
Begründet und fortgeführt von Helmut Henne, Horst Sitta und Herbert Ernst Wiegand

Zugl. angenommene Diss. Universität zu Köln, Philosophische Fakultät, 2017

Gedruckt mit freundlicher Unterstützung des Cologne Center of Language Sciences (CCLS)

ISBN 978-3-11-073640-3
e-ISBN (PDF) 978-3-11-056900-1
e-ISBN (EPUB) 978-3-11-056634-5
ISSN 0344-6778

Library of Congress Control Number: 2018951332

Bibliografische Information der Deutschen Nationalbibliothek
Die Deutsche Nationalbibliothek verzeichnet diese Publikation in der Deutschen National-
bibliografie; detaillierte bibliografische Daten sind im Internet über http://dnb.dnb.de
abrufbar.

Satz: Dörlemann Satz GmbH & Co. KG, Lemförde
Druck und Bindung: CPI books GmbH, Leck

www.degruyter.com

Vorwort

Für das Gelingen eines *empirischen Projektes* zur Untersuchung gesprochener Sprache im Unterricht braucht es vor allem eines: Agenten und Klienten der Institution Schule (Ehlich 2009: 332), die sich bereit erklären, an einem solchen Projekt teilzunehmen. Deswegen gilt mein erster großer Dank den Lehrerinnen und Lehrern sowie den Schülerinnen und Schülern, die an meiner Studie teilgenommen und mir Einblick in ihr unterrichtliches Sprachhandeln gegeben haben, und selbstverständlich den Schulleiterinnen und Schulleitern sowie der Niedersächsischen Landesschulbehörde, die mir mit ihren Genehmigungen die Durchführung der Studie erst möglich gemacht haben.

Für das Gelingen eines solchen *Dissertationsprojektes* braucht es aber auch ein anregendes und förderndes akademisches Umfeld, das ich sowohl an der Universität Oldenburg als auch an der Universität zu Köln genießen konnte. Ohne akademische Lehrerinnen und Lehrer, die die Forscherin immer wieder vor fachliche Herausforderungen stellen, die ihr den akademischen Werdegang überhaupt erst ermöglicht und die maßgeblich zur Entwicklung des Projekts beigetragen haben, käme ein Dissertationsprojekt gar nicht zustande. Deswegen möchte ich zuallererst meinem Doktorvater Thorsten Pohl danken! Großer Dank gebührt auch meinem Zweitprüfer Helmuth Feilke, meiner Hochschullehrerin und Kollegin Anne Wallrath, meinem Hochschullehrer Thomas Zabka sowie meiner Co-Kolloquiumsbetreuerin Iris Winkler. Danken möchte ich auch den Prüferinnen und Prüfern meiner Disputatio: Michael Becker-Mrotzek, Jörg Jost, Kirsten Schindler und Holger Thünemann. Sehr dankbar bin ich zudem den Mitgliedern der Komponente *Deutschdidaktik* der Universität Oldenburg für die intensiven fachlichen Diskussionen, z. B. im Qualifikantenkolloquium Pohl/Winkler, und den Kolleginnen und Kollegen der Sprachwissenschaft in Oldenburg. Für ebensolche Diskussionen danke ich den Mitgliedern der AG *Schriftlichkeit* der Universität zu Köln sowie den Teilnehmenden des Forschungskolloquiums *Sprachdidaktik* des IDSL II. Gerade in der Dissertationsendphase tut der freundschaftliche Zuspruch von wohlgesinnten Kolleginnen und Kollegen ungemein gut und für Korrekturlesedurchgänge von ihnen ist man sehr dankbar! Ebenso dankbar bin ich auch für die Hilfe der studentischen Hilfskräfte, die mich im Projekt unterstützt haben. Da ich so viele freundliche Kolleginnen und Kollegen kennenlernen durfte, kann ich sie hier nicht alle namentlich nennen – die Betroffenen wissen aber sicher, dass sie angesprochen sind!

Für das Gelingen eines *Publikationsprojektes* braucht es ferner gute wissenschaftliche Gesellschaft in einer bekannten Publikationsreihe: Deswegen danke ich der Herausgeberin und dem Herausgeber der *Reihe Germanistische Linguistik*, Mechthild Habermann und Heiko Hausendorf, für die Aufnahme meines Bandes

https://doi.org/10.1515/9783110569001-201

in die Reihe sowie Herrn Gietz, Frau Hofsäß und Frau Töws von De Gruyter für die gute Zusammenarbeit!

Und für das Gelingen einer *Doktorarbeit* braucht es zu guter Letzt ganz besonders die Unterstützung der Familie und Freunde, die ungewöhnliche Arbeitszeiten mittragen, hunderte Kilometer weite Distanzen aushalten und der Forscherin in der Zeit, die sie mit ihnen verbringt, so viel Unterstützung und Liebe geben, dass sie davon getragen weiterarbeiten kann. Ich danke also meiner Familie und meinen Freunden für die große Unterstützung während meiner Dissertationszeit – damit einher geht auch eine Entschuldigung für die viele verpasste gemeinsame Zeit. Besonders herzlicher Dank gilt schließlich meinem Mann Torben, der mich immer unterstützt hat; mit dem ich, trotz (oder gerade wegen) gänzlich anderer fachlicher Ausrichtung, intensive Gespräche über mein Projekt führen konnte und der das ein oder andere technische Problem während der Laufzeit meines Projektes löste oder Hilfe zur Selbsthilfe gab.

Oldenburg im Mai 2018
Katrin Kleinschmidt-Schinke

Inhalt

1 Einleitung

Ehlich und Rehbein (1986: 170) bezeichnen die Institution Schule als eine „weitgehend *versprachlichte Institution*", in der Wissen in einer „versprachlichten Form" erscheine. Und auch nach Schmölzer-Eibinger et al. (2013: 11) ist „Sprache [...] in der Schule ein zentrales Medium des Lehrens und Lernens". Sprache kann jedoch nicht allein als *Medium* des Lernens, sondern auch als *Lern-* resp. *Erwerbsgegenstand* im Unterricht konzeptualisiert werden (vgl. Felder 2006; Ossner 2008: 89). Roeder und Schümer (1976) sprechen diesbezüglich vom *Unterricht als Sprachlernsituation*. Schmölzer-Eibinger et al. (2013: 11) schreiben, dass im „Unterricht [...] gelernt werden [soll], wie Sprache in Bildungskontexten verwendet und im Fachdiskurs eingesetzt werden kann". In diesem Zusammenhang kommen zentral zwei Fragestellungen in den Blick: Zum einen „wie die Sprache der Schule beschaffen ist" (Schmölzer-Eibinger 2013: 27), wie also der Lern- und Erwerbsgegenstand genau zu beschreiben ist, und zum anderen, welche „Wirk- und Einflussfaktor[en]" (Pohl 2007b: 90) den Spracherwerb im Unterricht möglicherweise beeinflussen können – an dieser Stelle gelangen die Lehrerinnen und Lehrer in den Fokus des Interesses.

Mit Blick auf die erste Fragestellung wurden verschiedene Konzeptualisierungen der im Unterricht geforderten (und geförderten) Sprache entwickelt, wie „„cognitive/academic language proficiency (CALP)"" (Cummins 1979: 198), „language of schooling" (Schleppegrell 2001, 2004), „Bildungssprache" (z. B. Gogolin 2006; Ahrenholz 2010; Feilke 2012a; Morek & Heller 2012; Riebling 2013), „Schulsprache" (Feilke 2012a, 2012b; Vollmer & Thürmann 2010), „Fachsprache" (z. B. Chlosta & Schäfer 2008; Grießhaber 2010a, 2013; Ohm et al. 2007; Kniffka & Roelke 2016), „Alltägliche Wissenschaftssprache" (Ehlich 1995, 1999; Uesseler et al. 2013) oder das Konzept der „Epistemisierung" nach Pohl (2016). In vorliegender Arbeit müssen diese Konstrukte auf Gemeinsamkeiten und Unterschiede hin untersucht werden. Eine Gemeinsamkeit, die bei der Analyse dieser Konstrukte immer wieder in den Blick kommt, ist ihr expliziter Bezug oder ihre implizite Beziehbarkeit auf das Konstrukt der *konzeptionellen Schriftlichkeit* nach Koch und Oesterreicher (1986), wie in folgendem Zitat von Gogolin (2006):

> Im Konstrukt ‚Bildungssprache der Schule' sind Gesetzmäßigkeiten der formalen, geschriebenen Sprache wirksam: ‚Schriftförmigkeit' ist ein wesentliches Merkmal leistungsrelevanter schulischer Kommunikation, und zwar auch dann, wenn sie sich mündlich vollzieht. (Gogolin 2006: 82)

Vogt spricht so auch von einem „Primat der schriftsprachlichen Kompetenzförderung" (2004b: 206) in der Schule, Günther (1993) von einer „Erziehung zur Schrift-

https://doi.org/10.1515/9783110569001-001

lichkeit" durch die Schule (vgl. ähnlich auch Bräuer 2011: 16–17). Die Überlegung ist also, dass auch in medial mündlicher schulischer Kommunikation Merkmale der (konzeptionellen) Schriftlichkeit relevant werden – auch unter Berücksichtigung der institutionellen Rahmenbedingungen der Schule. Wenn man solchermaßen die Überlegung anstellt, konzeptionelle Schriftlichkeit als gemeinsame konzeptuelle Klammer der vorliegenden Modellierungen der Unterrichtssprache anzusehen, liegt der Schluss nahe, die im Unterricht verwendete und zu erwerbende Sprache mit Hilfe von Kategorien konzeptioneller Schriftlichkeit und nicht mit Hilfe eines untergeordneten Konstrukts zu analysieren. Betrachtet man jedoch das von Koch und Oesterreicher in unterschiedlichen Publikationen diskutierte Konzept (vgl. 1986, 1990, 1994, 2007, 2008), so muss mit Ågel und Hennig (2007) auffallen, dass es nicht in operationalisierter Form vorliegt. Sie arbeiten heraus, dass

> eine verlässliche Einordnung einzelner Diskursarten in das Nähe-Distanz-Kontinuum anhand der Identifizierung der einzelnen Kommunikationsbedingungen und Versprachlichungsstrategien kaum möglich ist. (Ågel & Hennig 2007: 183)

Das Konzept von Koch und Oesterrreicher kann also nicht ad hoc zur Analyse der Unterrichtssprache eingesetzt werden. In vorliegender Arbeit muss folglich eine Operationalisierung konzeptioneller Schriftlichkeit erfolgen, bevor die im Unterricht verwendete Sprache analysiert werden kann.

Mit Blick auf die zweite Fragestellung nach den Wirk- und Einflussfaktoren muss den Lehrerinnen und Lehrern als „Agenten der Institution Schule" (Ehlich 2009: 332) „mit einer nicht zu unterschätzenden Vorbildfunktion, die sich auch in mündlicher Kommunikation widerspiegelt" (Neuland et al. 2009: 398), eine besondere Rolle zukommen. Der Einfluss von Lehrpersonen auf die Entwicklung mündlicher Kompetenzen von Schüler/-innen ist jedoch laut Eriksson (2009: 147) bislang wenig erforscht. Wendet man sich der Unterrichtsinteraktionsforschung zu, um Antworten auf diese Frage zu erhalten, kann man herausarbeiten, dass durch sie oft eine dominierende und die Schüler/-innen in ihrer Kommunikationsfähigkeit einschränkende Rolle der Lehrpersonen beschrieben wurde, wie z. B. in der Studie von Bellack et al. (1974: 91), in der im Sinne der Sprachspieltheorie Wittgensteins herausgearbeitet wurde, dass auf drei sogenannte Spielzüge der Lehrpersonen nur zwei der Schüler/-innen kommen und dass „die Hauptaufgabe der Schüler in der Reaktion auf die Aufforderungen der Lehrer" (Bellack et al. 1974: 91) besteht. Auch aktuellere Untersuchungen bestätigen die dominierende Rolle der Lehrpersonen im Unterricht, wie die Studie von Richert (2005: 122), die einen 56,76 %-igen lehrerseitigen Redeanteil berichtet. Demgegenüber soll im vorliegenden Promotionsprojekt dezidiert eine erwerbsorientierte Perspektive verfolgt werden. Um mögliche *spracherwerbsförderliche* Leistungen der Lehrersprache (mit Bezug auf die Förderung konzeptioneller Schriftlichkeit in der Schule) besser einschätzen zu können, ist es notwendig, auf Arbeiten aus der *input-* und *interaktionsfokussierten* Erst- sowie Zweit-/Fremdspracherwerbsforschung zurückzugreifen, die einen (positiven) Einfluss der Sprache von Bezugspersonen auf den Spracherwerb von Kindern untersuchen (vgl. z. B. Szagun 2011: 171–205). Es geht in dieser Forschungsrichtung um Fragestellungen der Adaption an die lernerseitigen Fähigkeiten bei gleichzeitiger Modellfunktion der Sprache der Bezugsperson (wie beim „[f]ine-tuning", Snow et al. 1987: 66) (Perspektive der *Inputadaption*), um stützende Bezugnahme auf lernerseitige Äußerungen, z. B. in Reformulierungen (vgl. z. B. Farrar 1990) (Perspektive der *mikrointeraktionalen Stützmechanismen*) und um die Generierung von spracherwerbsförderlichen Interaktionsstrukturen, wie beim *Scaffolding*-Begriff nach Bruner (z. B. 2002 [1983]) (Perspektive der *makrointeraktionalen Stützmechanismen*).

So soll durch die Anwendung von Konzepten aus der Erst- sowie Zweit- und Fremdspracherwerbsforschung auf den Kontext schulischen Lernens die *an die Schülerinnen und Schüler gerichtete Sprache* (SgS) (vgl. Pohl 2006: 3) von Lehrerinnen und Lehrern aus einer erwerbsorientierten Perspektive betrachtet werden. In vorliegender Untersuchung soll somit zum einen der Frage nachgegangen werden, wie sich die von den einbezogenen Lehrpersonen an die Schüler/-innen gerichtete Sprache von der Grundschule über die Unterstufe und Mittelstufe bis zur Oberstufe des Gymnasiums in den Fächern Deutsch und Biologie/Sachunterricht verändert. Diese Veränderungen sollen mit zu generierenden Analysekategorien konzeptioneller Schriftlichkeit nach Koch und Oesterreicher (1986) untersucht werden. Es soll zum anderen beschrieben werden, welche sprachlich-interaktionalen Stützmechanismen die Lehrpersonen auf Mikro- und Makroniveau einsetzen, die zur Förderung konzeptioneller Schriftlichkeit beitragen können, – und ob sich der Einsatz dieser Stützmechanismen im Jahrgangsstufenverlauf ändert. Dazu muss eine explorativ-deskriptive, hypothesengenerierende Videostudie konzipiert werden, deren zentrales methodisches Element die Konstanthaltung des Faktors *Lehrperson* in unterschiedlichen gymnasialen Jahrgangsstufen ist. Diese Studie soll so auch ein Beitrag zur (deutschdidaktischen) Lehrerforschung sein, in der Studien zum konkreten sprachlichen Unterrichtshandeln von Lehrpersonen, zu ihrem „Wissen 3" nach Neuweg (2011: 453), ein Desiderat darstellen (vgl. Abschn. 7.9; vgl. Bräuer & Winkler 2012: 76). Spracherwerbsförderliche *Effekte* der untersuchten Lehrersprache auf Schülerseite können in dieser explorativen Studie jedoch nicht nachgewiesen werden.

In einem theoretischen Teil werden die Ausgangspunkte der Untersuchung in einer vierschrittigen Argumentationsfolge aufbereitet. Im ersten theoretischen Kapitel (vgl. Kap. 2) soll die Frage nach der im Unterricht geforderten Sprache im Fokus des Interesses stehen, indem die institutionellen Rahmenbedingungen der Unterrichtskommunikation beschrieben werden und zudem vorliegende Konzepte der Unterrichtssprache in ihren Gemeinsamkeiten und Unterschieden betrachtet werden. Institutionelle Rahmenbedingungen und Konzepte der Unterrichtssprache sollen dabei jeweils auf ihrem Zusammenhang mit dem Konstrukt der konzeptionellen Schriftlichkeit nach Koch und Oesterreicher (1986) befragt werden.

Im nächsten theoretischen Kapitel 3 soll sodann die Modellierung von Mündlichkeit und Schriftlichkeit nach Koch und Oesterreicher (1986) einer intensiven Re-Analyse unterzogen werden und zwar solchermaßen, dass daraus Dimensionen der Operationalisierung konzeptioneller Schriftlichkeit resultieren, innerhalb derer Analysekategorien zum Studium der konzeptionellen Schriftlichkeit in der Schule gewonnen werden können.

In Kapitel 4 sollen vorliegende Studien zur Lehrersprache im Unterricht in den Blick genommen werden. In diesem Kapitel werden Studien zu Redeanteilen von Lehrpersonen, Lehrerfragen sowie zur dreischrittigen interaktionalen Sequenz der Unterrichtskommunikation (bestehend aus lehrerseitiger Initiierung, schülerseitiger Reaktion und lehrerseitigem Feedback) referiert sowie dahingehend befragt, inwiefern durch sie eher die dominierende, die sprachlichen Fähigkeiten der Schüler/-innen einschränkende Rolle der Lehrpersonen betont wird oder demgegenüber auch spracherwerbsförderliche Aspekte der Lehrersprache im Fokus des Interesses stehen.

Im letzten theoretischen Kapitel der Arbeit (Kap. 5) sollen sodann Anleihen aus der input- und interaktionsfokussierten Spracherwerbsforschung (sowohl Erst- als auch Zweit- und Fremdspracherwerbsforschung) gemacht werden, und zwar hinsichtlich der drei Zugriffsweisen auf die Sprache der Bezugspersonen (*Inputadaption* und *mikro-* sowie *makrointeraktionale Stützmechanismen*). In diesem Kapitel muss auch der Frage nachgegangen werden, ob schon Studien zur Sprache von Lehrpersonen vorliegen, die solchermaßen Anleihen aus der Spracherwerbsforschung machen. Aus diesen theoretischen Vorarbeiten kann in Kapitel 6 die Zielsetzung der Studie sowie ihr methodisches Design als explorativ-deskriptive, hypothesengenerierende (Video-)Studie abgeleitet werden (Kap. 7).

In den Analysekapiteln werden die Ergebnisse der Studie unter den drei aus der Spracherwerbsforschung entlehnten Zugriffsweisen auf die Sprache der Lehrpersonen vorgestellt: unter *Inputadaptionsperspektive* (Kap. 8), unter Perspektive der *mikrointeraktionalen Stützmechanismen* (Kap. 9) und unter Perspektive der *makrointeraktionalen Stützmechanismen* (Kap. 10). In diesen Ergebniskapiteln werden immer auch die schülerseitigen Beiträge zum Unterrichtsdiskurs, als Orientierungsgröße der Adaption aufseiten der Lehrpersonen, mit in die Analyse einbezogen. Die Analysen in Kapitel 8 sind zudem grundlegend für die weiterführenden Analysen der mikro- und makrointeraktionalen Stützmechanismen. Denn die dort präsentierten Inputadaptionsdaten erlauben zu beschreiben, inwiefern die sprachlich-interaktionalen Stützmechanismen zur Förderung konzeptioneller Schriftlichkeit eingesetzt werden.

2 Die im Unterricht geforderte und geförderte Sprache

Laut Riebling (2013: 107) ist eine genaue Bestimmung dessen, „was die Sprache des Unterrichts [...] auszeichnet", noch Desiderat und auch Schmölzer-Eibinger (2013: 27) konstatiert, dass noch intensiver zu untersuchen sei, „wie die Sprache der Schule beschaffen ist". Im vorliegenden Kapitel soll der Frage, welche ‚Sprache' resp. welches sprachliche Register[1] im Unterricht bei überwiegend sachthematischer Fokussierung[2] (vgl. Bellack et al. 1974: 53–54) gefordert und gefördert wird, dadurch nähergekommen werden, dass in einem ersten Schritt (vgl. Abschn. 2.1) die institutionellen Rahmenbedingungen, die die Unterrichtskommunikation beeinflussen, analysiert werden und in einem zweiten Schritt (vgl. Abschn. 2.2) die vorliegenden Konzeptualisierungen der Unterrichtssprache (wie z.B. *Bildungssprache* oder *CALP*) fokussiert und auf Gemeinsamkeiten und Unterschiede untersucht werden. Dabei soll in Abschnitt 2.1 zunächst geprüft werden, ob die institutionellen Rahmenbedingungen der Unterrichtskommunikation mit den Kommunikationsbedingungen konzeptioneller Schriftlichkeit resp. der Sprache der Distanz nach Koch und Oesterreicher (1986) in Zusammenhang zu bringen sind; in Abschnitt 2.2 wird sodann untersucht, ob als ‚gemeinsamer Nenner' aller Konzeptualisierungen der *explizit* verbalisierte bzw. nur *implizite* Bezug auf das Konstrukt der konzeptionellen Schriftlichkeit/ Sprache der Distanz anzusehen ist. Das von Koch und Oesterreicher (1986) in Anlehnung an Söll (1985) entworfene Konzept der „Sprache der Nähe"/„Sprache der Distanz" wird deswegen in die (vergleichenden) Analysen einbezogen, weil es in verschiedenen Ausführungen zur im Unterricht verwendeten Sprache als (impliziter oder expliziter) Bezugspunkt dient.[3] Dies liegt sicherlich auch darin begründet, dass die von Koch und Oesterreicher eingeführte Unterscheidung der Sprache der Nähe und der Distanz und die von ihnen genutzten Kategorien „eine hohe Anmutungsqualität" (Pohl 2016: 60) haben: Die verwendeten Parameter vermitteln den Eindruck, verständlich zu sein – ohne jedoch tiefergehend erläu-

---

1 Vgl. zum Registerbegriff z.B. Halliday und Hasan (1989) oder Hess-Lüttich (1998).
2 Im Vergleich zu Phasen mit überwiegend *unterrichtsorganisatorischer* Fokussierung (vgl. Bellack et al. 1974: 53–54).
3 Vgl. z.B. Ahrenholz (2010: 16), Ahrenholz (2013b: 87), Feilke (2012b: 160), Gogolin (2004: 106), Gogolin (2006: 82), Gogolin (2007: 73), Gogolin und Lange (2011: 111), Hövelbrinks (2014: 320), Kniffka und Siebert-Ott (2007: 240), Ortner (2009: 2234), Riebling (2013: 120), Schmölzer-Eibinger et al. (2013: 15).

https://doi.org/10.1515/9783110569001-002

tert worden zu sein.[4] Kurz zusammengefasst gehen die Autoren davon aus, dass neben der rein medialen Unterscheidung zwischen phonischer und graphischer Realisation von Sprache auch eine konzeptionelle Unterscheidung anzunehmen ist. Dies bedeutet, dass es medial mündliche Äußerungen gibt, die zwar phonisch realisiert sind, aber trotzdem von der Konzeption her schriftlich anmuten, dass also, wie es Günther (2010: 134) formuliert, „[s]prachliche Formen, die eigentlich im schriftlichen Medium ihre Heimat haben" auch in der medialen Mündlichkeit genutzt werden können. Gerade dieser Aspekt ist für die Analyse der Unterrichtskommunikation von besonderer Bedeutung. Aber auch die umgekehrte Richtung, konzeptionell mündliche Formen im medial schriftlichen Medium zu nutzen, wie dies beispielsweise für den Chat häufig diskutiert wurde (vgl. z. B. Hennig 2001), ist möglich. Die konzeptionelle Dimension ist laut Koch und Oesterreicher bestimmt durch ein Zusammenspiel von außersprachlichen Bedingungen der Kommunikation, den „Kommunikationsbedingungen", und sprachlichen Merkmalen der Kommunikation, den „Versprachlichungsstrategien" (Koch & Oesterreicher 1986: 23). Tabelle 1 zeigt eine Aufstellung der Kommunikationsbedingungen und Versprachlichungsstrategien nach Koch und Oesterreicher (1986: 23).

Tabelle 1: Kommunikationsbedingungen und Versprachlichungsstrategien der Sprache der Nähe/der Distanz aus Koch und Oesterreicher (1986: 23)

Sprache der Nähe	Sprache der Distanz
Kommunikationsbedingungen	
Dialog	Monolog
Vertrautheit der Partner	Fremdheit der Partner
face-to-face-Interaktion	raumzeitliche Trennung
freie Themenentwicklung	Themenfixierung
keine Öffentlichkeit	Öffentlichkeit
Spontaneität	Reflektiertheit
‚involvement‘	‚detachment‘
Situationsverschränkung	Situationsentbindung
Expressivität	Objektivität
Affektivität	
...	...

---

4 Koch und Oesterreicher (2007: 351) selbst sprechen auch von der „metaphorische[n] Potenz der Wörter ‚Nähe‘ und ‚Distanz‘". Feilke (2016: 120) erkennt in dieser Metaphorik einen „besondere[n] Erfolgsfaktor [...] des Modells".

Tabelle 1 (fortgesetzt)

Sprache der Nähe	Sprache der Distanz
Versprachlichungsstrategien	
Prozeßhaftigkeit	‚Verdinglichung'
Vorläufigkeit	Endgültigkeit
geringere:	*größere:*
Informationsdichte	Informationsdichte
Kompaktheit	Kompaktheit
Integration	Integration
Komplexität	Komplexität
Elaboriertheit	Elaboriertheit
Planung	Planung
...	...

In diesem Kapitel geht es zunächst darum, Unterrichtskommunikation mit dem ursprünglichen Konzept von Koch und Oesterreicher heuristisch genauer zu fassen. Neben dieser heuristischen folgt aber auch eine theoretische Herangehensweise an die Frage nach der im Unterricht geforderten und geförderten Sprache und ihrem Zusammenhang mit konzeptioneller Schriftlichkeit. Diese detailreichere und kritische Auseinandersetzung mit der Konzeptualisierung von Koch und Oesterreicher sowie eine im Rahmen dieser Arbeit modifizierte theoretische Fassung ihres Konzepts findet sich in Kapitel 3. In Kapitel 8 wird sodann vor allem eine empirische Perspektive eingenommen. Diese empirische Perspektive ist auf die Sprache der Lehrerinnen und Lehrer bezogen, die sie an ihre Schüler/-innen richten. Denn die Lehrkräfte sind „Agenten der Institution Schule" (Ehlich 2009: 332) und haben somit eine „nicht zu unterschätzende Vorbildfunktion, die sich auch in mündlicher Kommunikation widerspiegelt" (Neuland et al. 2009: 398). Mit der Fokussierung der Veränderung der Lehrersprache über die Jahrgangsstufen und der Berücksichtigung der Lehrersprache auch in den höchsten Jahrgangsstufen des Schulsystems in der gymnasialen Oberstufe ist es möglich, eine Zielperspektive des schulisch flankierten Spracherwerbs aufzuzeigen und damit neue Erkenntnisse über die Beschaffenheit der Sprache des Unterrichts zu gewinnen.[5] Denn die sprachlichen Merkmale, die den Oberstufenunterrichtsdis-

---

5 Vgl. zu dieser Zielperspektive des schulisch flankierten Spracherwerbs auch Pohl und Steinhoff (2010: 7–8), die zum Konzept von Koch und Oesterreicher schreiben: „Das Konzept bildet in der Fachdidaktik *Deutsch* bis auf den heutigen Tag ein wichtiges heuristisches Werkzeug zur Bestimmung didaktischer Zielkompetenzen. Entsprechend oft und wiederkehrend wird *konzeptionelle Schriftlichkeit* [...] als übergeordnetes Globalziel sprachlicher Erwerbs- und Lernprozesse

kurs prägen, können als diejenigen angesehen werden, auf die die schulische Förderung von Sprachkompetenz über die Jahrgangsstufen immer stärker hinwirkt. Hierfür kann man auch den Begriff der „Zielnormen" nach Feilke (2012b: 151) und Gloy (1975: 21) nutzen und überlegen, ob die Kommunikation in der Oberstufe den Zielnormen schon besonders stark angenähert ist.[6]

2.1 Institutionelle Rahmenbedingungen der Unterrichtskommunikation

In diesem Abschnitt werden in einem ersten Zugriff die institutionellen Rahmenbedingungen der Unterrichtskommunikation hinsichtlich ihrer Passung mit den *Kommunikationsbedingungen* der Sprache der Distanz/konzeptionellen Schriftlichkeit analysiert. Sie werden in diesem Abschnitt in einer ersten Annäherung vor allem in der ursprünglichen Fassung von Koch und Oesterreicher (1986) genutzt, während sie in Abschnitt 3.2.1 einer genaueren Reanalyse unterzogen werden. Denn dort wird beispielsweise herausgearbeitet, dass nicht alle von Koch und Oesterreicher (1986: 23) angeführten Parameter als Bedingungen der Kommunikation anzusehen sind.

Zu Beginn sei auf eine Rahmenbedingung von Unterrichtskommunikation eingegangen, die auf den nähesprachlichen Pol des Modells von Koch und Oesterreicher verweist. Dass Unterrichtskommunikation unter den Bedingungen der „wechselseitigen Wahrnehmung" (Schmitt 2011: 19; vgl. auch Hausendorf 2008: 936) stattfindet, ist offensichtlich. Schmitt (2011) arbeitet heraus:

> Der Lehrer wird nicht nur von den Schülern wahrgenommen, er richtet vielmehr sein Verhalten genau auf die Tatsache aus, dass er wahrgenommen wird. (Schmitt 2011: 19)

Diese „wechselseitige Wahrnehmung" (Schmitt 2011: 19) hängt eng mit der Kommunikationsbedingung der *„face-to-face*-Interaktion" (Koch & Oesterreicher 1986: 23) aufseiten der Sprache der Nähe zusammen. Die Schüler/-innen und die Lehr-

---

angegeben." Diese Hypothese der konzeptionellen Schriftlichkeit als „Gobalziel" wird in vorliegender Untersuchung anhand von konkreten empirischen Analysen der Lehrersprache über die Jahrgangsstufen untersucht.

6 Ob es in der unterrichtlichen Kommunikation überhaupt *explizite* präskriptive Sollensforderungen (also Zielnormen) mit Blick auf die zu nutzenden sprachlichen Formen gibt, ist kritisch zu hinterfragen (vgl. Feilke 2012b: 151); man vergleiche hierzu auch die Überlegungen von Christie (1985: 37), die Sprache als „Hidden Curriculum of Schooling" bezeichnet und damit herausstellt, dass die sprachlichen Erwartungen in der Schule gerade nicht explizit gemacht werden.

person befinden sich unter den Bedingungen „raumzeitlicher" (Koch & Oesterreicher 1986: 23) Nähe resp. „„physische[r] Nähe'" (Koch & Oesterreicher 2011: 10)
gemeinsam in einem Klassenzimmer. Die Ausprägung dieses Parameters in der
Kommunikation im Unterricht ist also dem Nähepol zuzuordnen, während die
Ausprägungen der weiteren Kommunikationsbedingungen demgegenüber deutlicher dem Nachweis einer distanzsprachlichen Grundkonstellation im Unterricht
dienen (vgl. auch Kaiser 1996: 7).

Im Rahmen der von Ehlich und Rehbein begründeten *funktionalen Pragmatik*
(resp. „[f]unktional-pragmatische[n] Kommunikationsanalyse", Ehlich 1991: 127)
werden die institutionellen Einflussfaktoren der schulischen Kommunikation systematisch analysiert. Dabei legen Ehlich und Rehbein (1994) folgenden Instituti-
onenbegriff zugrunde:

> Institutionen sind gesellschaftliche Apparate, mit denen komplexe Gruppen von Hand-
> lungen in einer zweckeffektiven Weise für die Reproduktion einer Gesellschaft prozessiert
> werden, und bilden spezifische Ensembles von Formen.[7] (Ehlich & Rehbein 1994: 318)

Die in dieser Definition erwähnte „Kategorie des Zweckes" (Ehlich 1991: 127)
ist für die „funktional-pragmatische Kommunikationsanalyse" von besonderer
Bedeutung. Die Zwecke, die Institutionen erfüllen müssen, sind „Ausdruck der
gesellschaftlichen Gesamtverhältnisse" (Ehlich & Rehbein 1994: 317). Als übergeordneten Zweck von Institutionen kann man mit Ehlich und Rehbein (1994: 318)
die „Reproduktion der Gesellschaft" bestimmen. Die Institution Schule wird von
Ehlich und Rehbein (1986: 168) als „Instanz der Reproduktion des gesellschaftlichen Wissens" bezeichnet. Dies ist beziehbar auf die von Fend (z. B. 2006: 50–51)
beschriebene „Qualifikationsfunktion" der Institution Schule. Als Zweck der
Institution Schule sei der „„akzelerierte[.] Wissenserwerb[.]" (Ehlich & Rehbein
1986: 13), also der „beschleunigte[.]" Wissenserwerb, zu bestimmen, der aufgrund
der „zunehmenden Trennung von Theorie und Praxis" (Ehlich & Rehbein 1986:
165) eine erhöhte Geschwindigkeit aufweist. Denn die Schüler/-innen finden
sich in der Schule zumeist nicht in „die problematische Situation selbst" (Ehlich
& Rehbein 1986: 13) hineinversetzt (dies wäre beziehbar auf die Kommunikationsbedingung „Situationsverschränkung" nach Koch & Oesterreicher 1986: 23).
Ein Lernen in Situationen, in denen sich aktuelle Probleme stellen, wäre „in
Gesellschaften mit hochentwickelten common-knowledge-Systemen [...] zu
umständlich" (Ehlich & Rehbein 1986: 11). Den Schüler/-innen werden demge-

---

7 Die von Ehlich und Rehbein (1979: 242) beschriebenen „*[s]prachliche[n] Handlungsmuster*"
sind ein Beispiel für solche „spezifische[n] Ensembles von Formen" (Ehlich & Rehbein 1994: 318).

genüber sogenannte „Standardproblemlösungen" vermittelt, die die Autoren als „gesellschaftliche Lösungen für repetitive gesellschaftliche Probleme" (Ehlich & Rehbein 1986: 11) bezeichnen. Sie lernen die Problemlösungen also zumeist *entbunden* von aktuellen Handlungssituationen (Parameter der „Situationsentbindung" nach Koch und Oesterreicher 1986: 23). Die fachlichen Gegenstände des Unterrichtsdiskurses sind selten aktuell präsent, so dass ein „Referenzbezug" (Koch & Oesterreicher 2011: 7) auf sie mit deiktischen Mitteln nicht möglich ist: Es liegt zumeist „referentielle[.] [...] Distanz" (Koch & Oesterreicher 2011: 10) vor. Aus der Notwendigkeit des akzelerierten Wissenserwerbs ergibt sich auch die große Bedeutung von Sprache in der Institution Schule. Es werden „leicht konvertierbare, umsetzbare Wissensträger" (Ehlich & Rehbein 1986: 170) notwendig:

> Zwischen die Wirklichkeit und die Schüler sind *sprachliche Filter* gelegt. Ist bei anderen Instanzen der Reproduktion und Weiterentwicklung des gesellschaftlichen Wissens eine gewisse Rückkopplung zur Praxis immer noch gegeben, so findet durch die sprachliche Filterung eine *Verselbstständigung* der Institution Schule gegenüber den sonstigen gesellschaftlichen Handlungsräumen statt. (Ehlich & Rehbein 1986: 170)

Deswegen sprechen Ehlich und Rehbein (1986: 172) auch von der Schule als „versprachlichte[r] Institution". In diesem Zusammenhang ist jedoch nicht allein der konzeptionelle Aspekt von Schriftlichkeit bedeutsam, sondern auch der *mediale* Aspekt. Denn das schulische Wissen ist oft medial schriftlich niedergelegt, z. B. in „Lehrbücher[n] und -texte[n]" (Bräuer 2011: 16) sowie in Curricula und Lehrplänen. Bräuer betont:

> In der Wahl, welche Themen Gegenstand des Unterrichtshandelns werden, sind Lehrkraft und Schülerinnen und Schüler nicht frei. Zwar sind sie es, die die Themen letztlich im Unterricht aus- und verhandeln, aber dies geschieht immer unter dem Eindruck äußerer, normativer Rahmenbedingungen, seien es schulinterne (Schulcurriculum), bildungsadministrative (Bildungsstandards), fach- und bildungswissenschaftliche oder gesellschaftliche (Kompetenzen und Ausbildungsfähigkeit) Vorgaben, Wünsche oder Ansprüche. (Bräuer 2011: 17)

Daraus resultiert eine „thematische Ordnung" (Vogt 2011: 86; Becker-Mrotzek & Vogt 2009: 7) des Unterrichts, die „den fachlichen Bezug" (Becker-Mrotzek & Vogt 2009: 7) sicherstellt. Folglich liegt eine distanzsprachliche „Themenfixierung" (Koch & Oesterreicher 1986: 23) vor. Diese zeigt sich auch in der von Potthoff et al. (1995: 70) für Grundschüler/-innen formulierten Gesprächsregel: „Ich bleibe beim Thema." Um die Konzentration auf ‚die Sache' bei der hohen Anzahl der Schüler/-innen in einer Klasse garantieren zu können, wird zudem eine „kommunikative Ordnung" (Vogt 2011: 87–90; Becker-Mrotzek & Vogt 2009: 7) im Unterricht notwendig. Es geht v. a. um die Frage, welcher Schüler/welche Schülerin in der in

Unterrichtsinteraktion häufig vorherrschenden ‚Dreischrittzugfolge' „Initiation" (Lehrperson) – „Reply" (Schüler/-innen) – „Evaluation" (Lehrperson) (Mehan 1979: 54; vgl. Abschn. 4.3) die „reply-Position besetzen darf" (Vogt 2011: 89), also um die Regelung der *turn*-Vergabe. Die Überlegungen von McHoul (1978) zur „organization of turns at formal talk in the classroom" werden von Mazeland (1983) weitergeführt. Dieser betrachtet die Lehrperson als „erste[n] Sprecher" (Mazeland 1983: 96) im Unterrichtsdiskurs, dem die Aufgabe der *turn*-Zuteilung zufällt. Er kann einen Schüler/eine Schülerin direkt zur Übernahme des Rederechts verpflichten (vgl. Mazeland 1983: 96), er kann aber auch ein „ungerichtete[s]" *turn*-Angebot an alle Schüler/-innen machen, „die glauben, eine Antwort zu wissen" (Mazeland 1983: 83). Diesen wird „eine Möglichkeit für bedingte Selbstauswahl" (Mazeland 1983: 83) gegeben, auf die sie z. B. mit „Melden" (Mazeland 1983: 84) reagieren können.[8] Diese Technik wird von Mazeland (1983: 85) „*programmierte[.] Selbstauswahl*" genannt. Zudem gibt es die – oftmals jedoch durch die Lehrperson sanktionierte (vgl. Becker-Mrotzek & Vogt 2009: 192–193) – Möglichkeit der „[n]icht-programmierte[n] Selbstauswahl von Schülern" (Mazeland 1983: 87), bei der die Schüler/-innen sich den *turn* ohne vorhergehendes *turn*-Angebot der Lehrperson nehmen.[9] Insbesondere bei den ersten beiden *turn*-Zuteilungsmechanismen werde im „Unterrichtsdiskurs das Potential an Pausen und Lücken maximalisiert" und „das Potential an Überlappungen minimalisiert" (Mazeland 1983: 81). Dieser „*turn*-Zuteilungsapparat" (Vogt 2011: 89) trägt somit dazu bei, dass die Unterrichtskommunikation ein Stück weit ‚monologischer' wird als die Interaktion in alltäglichen, nicht-institutionellen Gesprächen, deren Systematik Sacks et al. (1974) beschreiben. In stark „lehrerzentrierte[n] kommunikative[n] Ordnung[en]" (Becker-Mrotzek & Vogt 2009: 180) ist nicht wie in alltäglicher Konversation die Möglichkeit der „self-selection for next speakership" gegeben, bei der der „first-starter" (Sacks et al. 1974: 704) den *turn* übernehmen kann. Insgesamt verweist die kommunikative Ordnung des Unterrichts in Richtung der Kommunikationsbedingung „Monolog" (Koch & Oesterreicher 1986: 23) auf dem distanzsprachlichen Pol

---

8 Vgl. die von Schuster (2001: 124) zusammengestellten Gesprächsregeln: „Melde dich, wenn du etwas zu sagen hast.", „Wir rufen nicht dazwischen.", „Wir lassen den Gesprächspartner aussprechen [...]. ". Oder bei Potthoff et al. (1995: 68): „Ich melde mich, wenn ich etwas zu sagen haben.", „Nur einer spricht.".
9 Durch nicht-programmierte Selbstauswahl zustande gekommene Schüler-*turns* können aber auch im Nachhinein durch die Lehrkraft ‚legalisiert' werden (vgl. Mazeland 1983: 93). – Redder (1984: 43) unterscheidet, ähnlich wie Mazeland, „drei *Verfahren* der turn-Zuteilung": ein rein lehrerinitiiertes Verfahren, ein lehrer-schülerinitiiertes Verfahren und ein schülerinitiiertes Verfahren (vgl. Redder 1984: 43).

der Konzeptionsskala.[10] Zu bedenken ist außerdem, dass in höheren Jahrgangsstufen auch vermehrt monologische mündliche ‚Textsorten' (wie Reden, Referate
oder Präsentationen) relevant werden – also Formen rhetorischer Kommunikation, die Ossner (2008: 85) als konzeptionell schriftlich charakterisiert.

Mit der Anforderung, sich zu melden, geht eine weitere distanzsprachliche Anforderung einher. Schuster (2001: 124) formuliert sie in einer der von
ihm zusammengestellten Gesprächsregeln wie folgt: „Denke nach, bevor du
sprichst."[11] – denn dazu gibt der Mechanismus der *turn*-Zuteilung den Schü-
ler/-innen Zeit. Es wird von ihnen also eine erhöhte „Reflektiertheit" (Koch &
Oesterreicher 1986: 23) erwartet. Diese verweist gleichzeitig auf die „Allokati-
onsfunktion des Bildungswesens" nach Fend (2006: 50), die er folgendermaßen
erläutert: „Das Bildungswesen schafft über das Prüfungswesen Zuordnungen
zwischen den Leistungen der Schülerschaft und ihren beruflichen Laufbahnen"
(Fend 2006: 50).[12] Die Schüler/-innen stehen also auch in ihrer mündlichen
Unterrichtskommunikation ständig unter Beurteilungs- und Benotungsdruck.[13]
Beispielsweise im niedersächsischen Kerncurriculum für das Fach *Deutsch* am
Gymnasium für die Jahrgänge 5–10 sind im Kapitel „Leistungsfeststellung und
Leistungsbewertung" (Niedersächsisches Kultusministerium 2006: 33–35) als
„mündliche [...] Leistungen" u. a. „Beiträge zum Unterrichtsgespräch" (Nds. Kul-
tusministerium 2006: 33) aufgeführt. Da die Schüler/-innen um diese Überprüfung wissen, kann dies zu einer stärkeren „Reflektiertheit" (Koch & Oesterreicher
1986: 23) ihrer Unterrichtsbeiträge führen.

Mit der Anforderung der stärkeren „Reflektiertheit" (Koch & Oesterreicher
1986: 23) steht außerdem in Verbindung, dass von den Schüler/-innen die Unter-
drückung von affektiven resp. expressiven Äußerungen verlangt wird, die andere
Schüler/-innen verletzten könnten. In Schusters Gesprächsregeln zeigt sich dies
an den Regeln: „Auch wenn du ganz anderer Meinung bist [...], werde nicht
aggressiv, wütend oder ungerecht!" (Schuster 2001: 124) und „Verletze andere
nicht mit Worten (z. B. durch Hänseln; oder durch Gemeinheiten und Beleidigun-

---

10 Tausch und Tausch (1970) beziehen den Grad der Monologizität vs. Dialogizität in Unterrichtskommunikation auf die „führende Aktivität und Dominanz von Lehrern in der sprachlichen
Kommunikation im Unterricht" (Tausch & Tausch 1970: 212). Gerade bei viel sprechenden Lehrpersonen sei das „dialogische Verhältnis Lehrer-Schüler [...] zum monologischen verschoben"
(Tausch & Tausch 1970: 214).
11 In eine ähnliche Richtung weist auch die Gesprächsregel „Übernimm nicht einfach unüber-
legt die Meinung von anderen [...]!" (Schuster 2001: 124).
12 Fend (1980: 29) bezeichnet diese Funktion des Schulsystems auch als „Selektionsfunktion".
13 Vgl. Becker-Mrotzek und Böttcher (2008: 88) zum Unterschied zwischen *„Bewerten"*, *„Beur-
teilen"* und *„Benoten"*.

gen)!" (Schuster 2001: 125). In ihrer Studie zum „'freien' Erzählen im Unterricht" zeigen Flader und Hurrelmann (1984: 239) auf, dass auch die „Thematisierung von Subjektivität", die „Verarbeitung persönlicher Erfahrung" in Erzählerwerbssituationen im Unterricht nicht unterstützt werde (also „'involvement'" nach Koch & Oesterreicher 1986: 23) und demgegenüber die „objektivierbaren Momente der Erzählung" im Fokus des Interesses der Lehrperson stehen. Sie schlussfolgern: „Nicht das Erlebnis des Schülers ist wichtig, sondern die korrekte Ereignisdarstellung" (Flader & Hurrelmann 1984: 240). Somit ist auch hier die Grundkonstellation beziehbar auf Kommunikationsbedingungen der Sprache der Distanz, nämlich auf die von den Schüler/-innen geforderte „Objektivität" sowie auf „detachment'" (Koch & Osterreicher 1986: 23), also Distanziertheit, statt Involviertheit.[14]

Ein wichtiger Aspekt, in dem sich der „Unterrichtsdiskurs" (Ehlich 1981: 341) vom außerinstitutionellen „Lehr-Lern-Diskurs" (Ehlich 1981: 338) unterscheidet, ist neben der „Komplexität des Gesamtwissens" die „Massenhaftigkeit des schulisch organisierten Lehr-Lern-Diskurses" (Ehlich 1981: 342). Diese Massenhaftigkeit der „Klienten" (Ehlich 2009: 331) der Institution Schule (also der Schüler/-innen) begründet die Interpretation des Unterrichts als „öffentliches Ereignis" (Becker-Mrotzek & Vogt 2009: 7). Hierzu formulieren Becker-Mrotzek und Vogt (2009):

> Die Präsenz einer Lerngruppe in einem Klassenzimmer konstituiert einen zwangsweise hergestellten öffentlichen Raum (vgl. Weingarten/Pansegrau 1993). Die Qualifizierung *zwanghaft* verweist auf die allgemeine Schulpflicht, die die Heranwachsenden zur Teilnahme am Unterricht verpflichtet, während der Ausdruck *öffentlich* nicht auf die Bedeutungskomponenten „allgemein zugänglich" abhebt, sondern auf die jederzeit mögliche Überprüfung des Unterrichtsgeschehens zielt, i.S. einer potentiell herstellbaren Publizität. Darüber hinaus geht in diese Bestimmung ein, dass die Tätigkeiten aller im Klassenzimmer präsenten Personen potentiell für alle wahrnehmbar sind und insofern kontrolliert werden. (Becker-Mrotzek & Vogt 2009: 7)

Vogt (2011: 94) spricht mit Bezug auf die Möglichkeit der Wahrnehmung der Handlungen aller Kommunikationsbeteiligten und der potentiellen Veröffentlichung von einem „teil-öffentlichen Raum". Die kommunikative Ordnung des Unterrichts dient nach Becker-Mrotzek und Vogt (2009: 7) zur Sicherung des „öffentlichen Charakter[s] der Situation", in der alle Beteiligten in einen „einheitlichen kognitiven und sozialen Prozess" involviert sind. Somit ist die distanzsprachliche

---

14 Dies ist auch eine Tendenz, die in der (medial schriftlichen) Erzählentwicklung feststellbar ist (vgl. Pohl 2007a: 65).

Kommunikationsbedingung der „Öffentlichkeit" (Koch & Oesterreicher 1986: 23) in Unterrichtskommunikation relevant.[15] Dass es aber nicht immer gelingt, den öffentlichen Charakter der Situation aufrechtzuerhalten, zeigen unterschiedliche Formen der „Neben-Kommunikation" (Baurmann et al. 1981) als Formen des „nicht-*offizielle*[n] kommunikationsverhalten[s] von schülern untereinander" (Baurmann et al. 1981: 4). Redder untergliedert hier aus Sicht der funktionalen Pragmatik feiner und unterscheidet nicht nur „Hauptdiskurs" und „Paralleldiskurs" (Redder 1984: 139), sondern differenziert den „Paralleldiskurs" in „Begleitdiskurs" und „Nebendiskurs": Der „Begleitdiskurs" steht anders als der „Nebendiskurs" in Zusammenhang mit der thematischen Orientierung des Unterrichts („mit Bezug auf den Hauptdiskurs"; Redder 1984: 139).[16] Eine Analyse des „Nebendiskurs[es]" (Redder 1984: 139) würde zeigen, dass hier die Ausprägungen der Kommunikationsbedingungen deutlich stärker auf der Seite der Nähesprache liegen als im offiziellen Unterrichtsdiskurs.

Ein weiterer Aspekt, der der Kommunikation im Unterricht zugrunde liegt, sind unterschiedliche Formen von „Asymmetrien" (Spiegel 2006b: 26) zwischen Lehrperson und Schüler/-innen. Hausendorf (2008: 942), der den „Kommunikationsraum" Klassenzimmer analysiert, arbeitet heraus, dass die „*Asymmetrie der Beteiligungsrollen*" im Klassenzimmer allein schon in der „Sitzordnung im Klassenzimmer" sichtbar ist, in der „Position ‚vorne'" der Lehrkraft. Schon durch diese Position wird eine gewisse räumliche „Distanz" (Koch & Oesterreicher 1986) zwischen Lehrperson und Schüler/-innen aufgebaut (vgl. ähnlich Vogt 2002: 71).[17] Ulich (1991: 385) interpretiert die „asymmetrische Interaktionsstruktur" im Unterricht im Sinne einer „sehr ungleiche[n] *Machtverteilung*": „Schülerinnen und Schüler befinden sich gegenüber Lehrern in einer klar untergeordneten, in einer Abhängigkeitsrolle [...]." Spiegel (2006b: 23–30) unterscheidet unter Rückgriff auf die Bestimmung des „soziale[n] Verhältnis[ses] der Gesprächspartner" (nach Henne & Rehbock 2001: 26–27 u. 29) vier Formen der Asymmetrie in unterrichtlicher Kommunikation. Erstens die „anthropologisch bedingte Asymmetrie" (Spiegel 2006b: 27), die auf dem „Altersunterschied" zwischen Lehrenden und Schüler/-innen basiert. Zweitens die „[s]oziokulturell bedingte Asymmetrie" (Spiegel 2006b: 27), die zuvörderst „institutionell und gesellschaftlich bedingte[n] Konstellationen und Machtverhältnisse[n]" (Henne & Rehbock 2001: 29) geschul-

---

15 Vgl. auch Steinig und Huneke (2011: 71) zur Vorbereitung der Schüler/-innen „auf *Gespräche in der Öffentlichkeit*" und zur damit einhergehenden Forderung der Formulierung in einem „konzeptionell schriftlicheren Register".

16 Vgl. auch die terminologisch leicht andere Unterscheidung in Vogt (2011: 94).

17 Vgl. auch Foucaults Überlegungen zum „Tableau" (2014 [1977]: 189) in einem Klassenzimmer.

det ist. Hier geht es darum, dass Lehrkräfte und Schüler/-innen zwei „Gruppe[n] von Aktanten" (Ehlich & Rehbein 1994: 319) der Institution Schule zugehörig sind: Die Lehrpersonen sind dem „Personal" zugeordnet, sie sind „Agenten" (Ehlich & Rehbein 1994: 319) der Institution Schule, die „Verantwortung für die Durchführung des Unterrichts" (Spiegel 2006b: 27) haben und verantwortlich für die Erfüllung der gesellschaftlichen Zwecke der Institution *Schule* sind (vgl. dazu Fend 2006: 51), während die Schüler/-innen die „Klienten" (Ehlich & Rehbein 1994: 319) darstellen. Die dritte Form der Asymmetrie ist die „[f]achlich oder sachlich bedingte" (Spiegel 2006b: 28) – denn die Lehrpersonen stellen die „*Lehrenden*" und die Schüler/-innen die „*Lernenden*" (Ehlich 1981: 339) im Unterrichtsdiskurs dar – zwischen ihnen besteht also eine „Wissensdifferenz" (Ehlich 1981: 341). Hier zeigt sich ein enger Bezug zur „thematische[n] Ordnung" (Vogt 2011: 86) des Unterrichts, die die Lehrkraft vorstrukturiert. Die letzte Form der Asymmetrie, die Spiegel (2006b: 28) anführt, ist die „[g]esprächsstrukturell bedingte Asymmetrie" (Spiegel 2006b: 28), die in enger Verbindung mit der „kommunikative[n] Ordnung" (Becker-Mrotzek & Vogt 2009: 7) des Unterrichts steht.[18] Betrachtet man diese vier Formen der Asymmetrie im Unterrichtsdiskurs gemeinsam, ist eine Tendenz in Richtung geringerer „Vertrautheit der Partner" (Koch & Oesterreicher 1986: 23) erkennbar: Sie gehören erstens nicht derselben Altersklasse an, zweitens hat die eine „Partei" (Fiehler 2006: 1188) Einfluss auf die beruflichen Erfolgschancen der anderen Partei und ihr stehen Sanktionsmöglichkeiten zur Verfügung, drittens verfügt die eine Partei gegenüber der anderen über einen deutlichen Wissensvorsprung und viertens hat die eine Partei die institutionelle ‚Macht', das Unterrichtsgespräch zu strukturieren. Zudem ist die „Freiwilligkeit" (Ehlich 1981: 343) der Teilnahme am Unterrichtsdiskurs bei den Schüler/-innen als Klienten der Institution Schule kritisch. Holtappels (1987) zeigt durch die Analyse von Interviews mit Schüler/-innen zudem, dass „die Beziehungen zwischen Lehrern und Schülern fast ausschließlich auf einer versachlichten Ebene verortet werden können." Auch die „Definitions- und Entscheidungsmacht des Lehrers" (Holtappels 1987: 133) nehmen die Schüler/-innen seiner Studie deutlich wahr. Unter diesen Voraussetzungen ist der Diskurs durch eine Tendenz in Richtung „Fremdheit der Partner" (Koch & Oesterreicher 1986: 23) geprägt.[19]

---

18 Kalthoff und Falkenberg (2008: 911–912) machen die Asymmetrie in der Unterrichtskommunikation gesprächsstrukturell auch an der „Lehrerfrage" fest.
19 Zu bedenken bei dieser Parallelisierung von Aspekten des „[s]oziale[n] Verhältnis[ses] der Gesprächspartner" und dem „Bekanntheitsgrad der Gesprächspartner" (Henne & Rehbock 2001: 26–27) ist, dass hier zwei Kategorien aus der Systematik von Henne und Rehbock (2001) vermischt werden.

In die bisherigen heuristischen Analysen konnten alle Kommunikationsbedingungen nach Koch und Oesterreicher (1986) einbezogen werden. Nur für *„face-*
*to-face-*Interaktion" vs. „raumzeitliche Trennung" (Koch & Oesterreicher 1986: 23)
konnte die Kommunikation im Unterricht dem Nähepol zugeordnet werden; alle
anderen Kommunikationsbedingungen weisen unter Hinzuziehung der institutionellen Rahmenbedingungen der Unterrichtskommunikation auf den Distanzpol.
Daraus ist *erstens* zu schlussfolgern, dass unter den institutionellen Bedingungen
der Unterrichtskommunikation zumeist distanzsprachliche resp. konzeptionell
schriftliche Fähigkeiten von den Schüler/-innen gefordert werden. Daraus ist aber
zweitens zu schlussfolgern, dass unter diesen Voraussetzungen eine Förderung
von nähesprachlichen Fähigkeiten im Unterricht nur äußerst begrenzt möglich
ist. Cathomas (2007: 180) schließt, dass die Schule nicht „für den ausserschuli-
schen Sprachalltag vorbereiten" kann:

> Die Schule kann und muss nicht für den sprachlichen Alltag vorbereiten! Dafür ist der
> Alltag besser geeignet. Die Schule hat genug damit zu tun, die Schülerinnen und Schüler
> für die sprachliche Bewältigung ihrer eigenen Domäne vorzubereiten. (Cathomas 2007: 188)

In der Schule werde „die Schriftsprache [...] zur primären Leitlinie der geforderten
Sprachhandlungen" (Cathomas 2007: 82), auch im medial Mündlichen.[20] Fienemann und von Kügelgen (2006: 133) stellen für das alltägliche mündliche Erzählen fest, dass es unter den Bedingungen institutioneller Kommunikation kaum
möglich ist, da es dem sogenannten „homileische[n] Diskurs" nach Ehlich und
Rehbein (1980: 343) zuzuordnen ist. Der Begriff ist gebildet unter „Rückgriff auf
das griechische homileo, sich unterredend versammeln" (Ehlich & Rehbein 1980:
343). Homileischer Diskurs beschreibt nähesprachliche Situationen wie „Party-
Gespräche, small-talk, street-corner-Kommunikation, Salons, Palaver, de[n]
althebräische[n] Sod (Männerrunde), Kaffeekränzchen" (Ehlich & Rehbein 1980:
343). Auch Pohl (2010: 7) stellt dar, dass aufgrund der institutionellen Rahmenbedingungen „distanzsprachliche Kommunikationsfähigkeiten" im Unterricht
„‚online'", in „‚echt[er]'" Unterrichtskommunikation gefördert werden können,
dass dies aber für „nähesprachliche Kommunikationsfähigkeiten" nicht ohne
Weiteres möglich ist. Er spricht hier von „einer *symptomatischen ‚Ausweich-*
bewegung'" zur Förderung der Nähesprache durch „*Simulation*"[21], z. B. durch

---

20 Vgl. zum Konzept der „Schulsprache" nach Cathomas (2007) und Feilke (2012a, 2012b) Abschnitt 2.2.5 unten.
21 Vgl. auch Ulrich (2001: 141).

„Rollen- und Fiktionsspiel", und durch „*Reflexion*"²² anhand von „mediale[n] Vorlagen jedweder Art, auch literarische[r]". Diese Ausweichbewegung findet man beispielsweise bei Becker-Mrotzek und Brünner (2006) sowie Schuster (2001). Becker-Mrotzek und Brünner (2006) gehen zwar in ihrer Unterrichtsreihe für die Sekundarstufe II zur „Gesprächsanalyse und Gesprächsführung" von den „kommunikativen Alltagserfahrungen der Schülerinnen und Schüler" aus (Becker-Mrotzek & Brünner 2006: 4). So ist z. B. ein Transkript eines „private[n] studentische[n] Treffen[s]" (Becker-Mrotzek & Brünner 2006: 43) in die Materialien aufgenommen – also ein Transkript einer nähesprachlichen Kommunikationssituation. Im Zentrum ihres Unterrichtskonzepts steht somit aber nicht die *Konstruktion* nähesprachlicher Situationen im Unterricht, sondern „die Arbeit mit Transkripten" (Becker-Mrotzek & Brünner 2006: 5), also Aufgaben der Reflexion; und auch Simulationsaufgaben (wie Rollenspiele) werden eingesetzt (vgl. Becker-Mrotzek & Brünner 2006: 34, 57). Schuster (2001: 133–149) schlägt eine Reihe von (psychotherapeutisch geprägten) „Spielen, Übungen und Experimenten" (Schuster 2001: 133) zum mündlichen Sprachgebrauch vor, für die auch eine „Reflexionsphase [...] besondere Bedeutung" (Schuster 2001: 135) gewinne. Er empfiehlt zudem die Durchführung von „Konfliktrollenspiel[en] (Psychodrama)" im Unterricht zur „Entwicklung von Empathie, Ambiguitätstoleranz und Rollendistanz" sowie zur Einführung in die „Reflexion von Gesprächsverhalten" (Schuster 2001: 106). Eine ‚*online*'-Förderung nähesprachlicher Kompetenzen ist allenthalben im Rahmen einer „Ernstfalldidaktik" (Ulrich 2001: 141) möglich, deren Entstehung Ulrich kritisch betrachtet:

> Auch innerhalb der Schule sollte Ernstfalldidaktik betrieben werden, indem man etwa zwischen Schülern entstandene, vom Lehrer erkannte Konflikte aufgriff und zum Unterrichtsgegenstand erhob. Strategien verbaler Konfliktlösung einzuüben wurde allenthalben empfohlen. (Ulrich 2001: 141)

Ulrich betont, dass im Deutschunterricht, wie auch in anderen Fächern, die „außerschulische Realität zumeist nur gebrochen in den Schonraum Schule" (Ulrich 2001: 141) hineingeholt werden kann. Schoenke (1991: 78) schlägt zwar als Handlungsfeld für den Lernbereich *Mündliche Kommunikation* „soziale Beziehun-

---

22 Abrahams Einführung in den Kompetenzbereich „Mündlicher Sprachgebrauch" trägt so auch den Titel „Sprechen als reflexive Praxis" (2008). In der Einleitung unterstreicht er, dass der Titel des Buchs gewählt wurde, um Aspekte der „Bewusstheit über Ziele und Situationen des Sprechens" (Abraham 2008: 8) in der „schulische[n] Arbeit an der mündlichen Ausdrucksfähigkeit" im Gegensatz zur „lebensweltlichen Mündlichkeit" deutlich zu machen (vgl. auch Ulrich 2001: 142–143).

gen herstellen, vertiefen, interpretieren/darauf reagieren" vor, dem nähesprachliche Fähigkeiten wie „schmeicheln", „trösten", „beleidigen", „gekränkt reagieren", „drohen" oder „warnen" (Schoenke 1991: 78–79) zugeordnet sind. Trotzdem sind für sie in diesem Handlungsfeld „[f]iktive Situationen [...] fast immer realen Situationen vorzuziehen" (Schoenke 1991: 84–85).

Kommunikation unter den institutionellen Rahmenbedingungen des Unterrichts selbst muss aber nicht, wie Becker-Mrotzek (2009: 103) betont, als „künstlicher, nicht-alltäglicher oder nicht authentischer Handlungsrahmen verstanden werden", sondern ihr eigenständiges „Potential für die Entwicklung und Förderung der Gesprächskompetenz" sollte ernst genommen werden. Unterrichtskommunikation kann somit mit Becker-Mrotzek (2009) als „Mittel der Kompetenzentwicklung" angesehen werden – und zwar zumeist als Mittel der *distanzsprachlichen* Kompetenzentwicklung.

2.2 Diskussion verschiedener Konzepte zur Unterrichtssprache

Viele Autor/-innen haben sich mit der Beschaffenheit der im Unterricht geforderten und geförderten Sprache auseinandergesetzt – zumeist eher theoretisch und nur in einigen Fällen auch empirisch. Einige der bekanntesten und den Diskurs am stärksten prägenden Konzeptionen der Unterrichtssprache werden in diesem Kapitel auf Gemeinsamkeiten und Unterschiede sowie auf ihren Zusammenhang mit konzeptioneller Schriftlichkeit untersucht. Ein Anspruch auf Vollständigkeit der vorgestellten Konzeptionen der Unterrichtssprache kann jedoch nicht erhoben werden. In Abschnitt 2.2.1 werden die von Bernstein früh in den Diskurs eingeführten soziolinguistischen Konzepte der „formal language" (Bernstein 2003 [1959]: 43) und des „elaborated code" (2003 [1962a]: 76) sowie das Nachfolgekonzept des „vertikalen Diskurs[es]" (Bernstein 2012 [1999]) analysiert. Ebenfalls aus dem angelsächsischen Sprachraum stammt das im Anschluss in Abschnitt 2.2.2 vorzustellende Konzept der „‚cognitive/academic language proficiency (CALP)'" nach Cummins (z. B. 1979: 198), das von Beginn an auf den schulischen Kontext und die Förderung der sprachlichen Fähigkeiten von Schüler/-innen mit Migrationshintergrund bezogen war. Auch das auf den Grundlagen der systemisch-funktionalen Linguistik der Halliday-Schule aufbauende Konzept der „language of schooling" (Schleppegrell 2001; 2004) ist explizit schulbezogen (vgl. Abschn. 2.2.3). Mit dem Ausdruck „Bildungssprache" arbeiten viele Autoren (vgl. Abschn. 2.2.4). Da immer wieder Rekurs auf die Ausführungen von Gogolin und Kolleg/-innen (z. B. Gogolin 2006, 2007) genommen wird, wenn der Ausdruck in der aktuellen Diskussion um unterrichtssprachliche Anforderungen genutzt wird, soll Abschnitt 2.2.4 mit dem

Referat ihrer Ausführungen begonnen werden. Diese Analyse soll als Ausgangs-punkt für die Hinzuziehung weiterer Beschreibungen der Bildungssprache genutzt werden. In Abschnitt 2.2.5 kommt mit der Erläuterung von „Schulsprache" nach Feilke (2012a, 2012b) ein Konzept in den Blick, das genuin schulspezifische Anfor-derungen, die an die Schüler/-innen gestellt werden, fokussiert. Auch Fachspra-che (vgl. Abschn. 2.2.6) soll als Möglichkeit der Beschreibung der im Unterricht geforderten sprachlichen Struktur- und Ausdrucksformen vorgestellt werden. Mit diesem Konstrukt wird insbesondere in den naturwissenschaftlichen Fachdidakti-ken, aber auch bezogen auf die Förderung von Schüler/-innen mit Migrationshin-tergrund im Fachunterricht, gearbeitet. Ehlich selbst hat das in Abschnitt 2.2.7 vor-zustellende Konzept der „Alltägliche[n] Wissenschaftssprache" (Ehlich 1999) nicht auf den schulischen Kontext bezogen, sondern vorwiegend auf den universitären Bereich (vgl. auch Pohl 2007b). Uesseler et al. (2013) haben jedoch auch schulbe-zogene Überlegungen hierzu angestellt. Im letzten Abschnitt (2.2.8) wird das von Pohl (2016) begründete Konzept der „Epistemisierung des Unterrichtsdiskurses" beschrieben, das funktionale Überlegungen mit Bezug auf die in der Schule statt-findenden Erkenntnisprozesse in die Diskussion einbringt.

2.2.1 *Public Language, elaborierter Code, vertikaler Diskurs* nach Bernstein

In Bernsteins frühen sozialisationstheoretischen Publikationen unterscheidet er eine „*public* language" (2003 [1959]: 42) von einer „*formal* language" (Bernstein 2003 [1959]: 43) und bringt sie mit der Sozialstruktur derart in Zusammenhang, dass Angehörige der Arbeiterschicht eher eine *public language* nutzten, Angehö-rige der Mittelschicht demgegenüber (auch) über eine *formal language* verfügten (vgl. Bernstein 2003 [1959]: 42–43). Vor allem die sprachlichen Merkmale der *public language* stellt er ausführlich dar (vgl. Bernstein 2003 [1959]: 43–46); für die *formal language* findet sich im betreffenden Aufsatz zur *public language* nur eine Fußnote (vgl. Bernstein 2003 [1959]: 55–56). Stark zusammengefasst zeichnet sich die *formal language* gegenüber der *public language* durch grammatisch komplexere Satzkon-struktionen sowie eine größere Differenziertheit der eingesetzten Konjunktionen, durch einen erhöhten Einsatz von Präpositionen zum Ausdruck logischer Relatio-nen, eine stärkere Nutzung von unpersönlichen Pronomen (wie *it* oder *one*), eine differenziertere Auswahl von Adjektiven und Adverbien, eine höhere Explizitheit und die stärkere Strukturierung der Erfahrung durch Begriffshierarchien aus (vgl. Bernstein 2003 [1959]: 55–56). Im Rückblick schreibt Bernstein allerdings selbst:

> The list of attributes of a public or formal language are a rag-bag, possessing no linguistic respectability, as so many critics have so rigthly pointed out yet. (Bernstein 2003 [1971b]: 2)

Erst später führte Bernstein (2003 [1962a]: 76) die heute bekannteren Konzepte des „restricted" und „elaborated code" ein. Diese lassen sich durch das „übergeordnete[.] Kriterium" der *„Vorhersagbarkeit"* (Schlieben-Lange 1973: 49) resp. der *Vorhersagewahrscheinlichkeit* („probability of predicting", Bernstein 2003 [1962a]: 77) sprachlicher Elemente (vor allem auf syntaktischer Ebene, aber teilweise auch auf lexikalischer Ebene) unterscheiden. Bernstein (2003 [1962a]: 77) führt aus, dass diese Vorhersagewahrscheinlichkeit sprachlicher Elemente für Sprecher/-innen eines elaborierten Codes niedrig sei, während sie für Sprecher/-innen eines restringierten Codes hoch sei:

> In case of an elaborated code, the speaker will select from a relatively extensive range of alternatives and therefore the probability of predicting the pattern of organizing elements is considerably reduced. In the case of a restricted code the number of these alternatives is often severely limited and the probability of predicting the pattern is greatly increased. (Bernstein 2003 [1962a]: 76–77)

Die höhere Vorhersagewahrscheinlichkeit im restringierten Code führe demgemäß zu einer erhöhten Redundanz (vgl. Bernstein 2003 [1965]: 134).

Ein wichtige weitere Bestimmungsgröße in Bernsteins Codetheorie ist *sprachliche* Explizitheit (vgl. Bernstein 1966: 128), die im elaborierten Code von den Sprecher/-innen verlangt werde, um individualisierte, spezifische Interessen verbalisieren zu können; indessen sei diese im restringierten Code weniger wichtig, weil seine Sprecher/-innen stärker gemeinschaftliche, soziale Interessen teilten (vgl. Bernstein 2003 [1962a]: 77–78). Im restringierten Code würden demgegenüber nonverbale Ressourcen intensiver genutzt (vgl. z. B. Bernstein 2003 [1971a]: 148). Bernstein (2005: 1288) spricht in diesem Zusammenhang auch von *„context dependent meanings"* im Falle des restringierten Codes und von *„more context independent meanings"* im Falle des elaborierten Codes (vgl. auch Bernstein 2003 [1971d]: 175–176).

Mit der erhöhten verbalen Explizitheit geht auch ein erhöhtes Ausmaß verbaler Planung (vgl. Bernstein 2003 [1962a]: 78) im elaborierten Code einher; während Bernstein (2003 [1962a]: 77–78) für den restringierten Code festhält: „Verbal planning will tend to be reduced and the utterances fluent." Die verbale Planung sei ein Indiz erhöhter verbaler Kontrolle (vgl. Bernstein 2003 [1962a]: 81) und finde laut Bernstein ihren Ausdruck in einer erhöhten Häufigkeit von „hesitation phenomena" (Bernstein 2003 [1962a]: 82). In einem experimentellen Design kontrastiert er 15–18-jährige männliche Mitglieder der Arbeiterschicht und der Mittelschicht unter Kontrolle des verbalen und nicht verbalen IQs hinsichtlich der in ihren Diskussionsbeiträgen festzustellenden Verzögerungsphänomene und findet eine erhöhte Pausenlänge bei den Mittelschichtangehörigen (vgl. Bernstein 2003 [1962a]: 87). Daraus schließt er auf erhöhte Planungsaktivitäten bei diesen

Jugendlichen. In einer weiteren Untersuchung am selben Datenmaterial findet Bernstein (2003 [1962b]: 115) bei den Mittelschichtjungen einen höheren Anteil von Subordinationen, komplexen Verbstämmen, Passivnutzungen, Adjektiven, ungewöhnlichen Adjektiven, Adverbien und Konjunktionen sowie eine erhöhte Nutzung des Pronomens „ich".

Schon früh beschäftige sich Bernstein mit der Frage, ob die Beherrschung resp. Nicht-Beherrschung der formalen vs. öffentlichen Sprache (resp. des elaborierten vs. restringierten Codes) „Vorhersagen für schulische und berufliche Erfolge" ermögliche (Bernstein 1974 [1961]: 139) – spezifischer, ob die Nicht-Beherrschung der *formal language* schulischen Erfolg behindere und ihre Beherrschung schulischen Erfolg befördere. Diese Überlegungen sind als „Defizittheorie" (Linke et al. 2004: 339) stark kritisiert worden, in Sonderheit, weil der Sprachgebrauch der Arbeiterschichtkinder von Bernstein (z. B. 1974 [1961]: 139) mit der Gefahr „nachteiliger Folgen kognitiver und affektiver Art" assoziiert wird. Kritik wurde insbesondere im Zuge der „Differenzhypothese" nach Labov (1970: 34) geäußert, der schlussfolgert: „There is no reason to believe that any nonstandard vernacular is in itself an obstacle to learning." Aus heutiger Sicht ist allerdings zu beachten, dass die von Bernstein angeregten Überlegungen in ähnlicher, aber weniger defizitorientierter Art und Weise auch im aktuellen Diskurs um die Bildungsbenachteiligung von Schüler/-innen aus Elternhäusern mit niedrigem sozioökonomischen Status oder mit Migrationshintergrund in den Blick genommen werden und im Zuge dessen auch die Rolle der sogenannten ‚Bildungssprache' für den schulischen Erfolg diskutiert wird (vgl. Abschn. 2.2.4).

Auch die in vorliegender Studie zu untersuchende Sprache der Lehrer/-innen nimmt Bernstein in den Blick. Denn Bernstein zufolge bedienen sich die Lehrenden, die als Angehörige der Mittelschicht angesehen werden können, in der Unterrichtssituation der *formal language*, die Kinder der Arbeiterschicht allerdings nutzen eine *public language* – „tatsächlich werden zwei verschiedene Sprache von ihnen gebraucht" (Bernstein 1974 [1961]: 140). In einer „formalen Lernsituation" (Bernstein 1974 [1961]: 140) werde allerdings die *public language* der Kinder der Arbeiterschicht nicht anerkannt, sondern von der Lehrperson entwertet, was auch den geringen schulischen Erfolg der Arbeiterkinder erkläre.

In späteren Werken Bernsteins findet eine Akzentverschiebung von soziolinguistischen Untersuchungen hin zu stärker pädagogischen Fokussierungen statt (vgl. Sertl & Leufer 2012: 18). Er arbeitet weiter mit einem Code-Konstrukt, nutzt aber nun den Begriff des „pedagogic code" (Bernstein 1996: 28). Diese pädagogischen Codes zeichnen sich immer durch eine „elaborated orientation" aus (Bernstein 1996: 29; vgl. auch Sertl & Leufer 2012: 36). Zwei Kernkonzepte, mit denen ein pädagogischer Code bestimmt werden kann, sind *Klassifikation* und

Rahmung („classification" und „framing"; Bernstein 1996: 19–29).[23] Klassifikation bezieht sich auf das Ziehen von Grenzen zwischen Kategorien (vgl. Bernstein
1996: 20). Die Abgrenzung zwischen den schulischen Unterrichtsfächern stellt
beispielsweise eine starke Klassifikation dar (vgl. Bernstein 1996: 20). Nach Sertl
und Leufer (2012: 30) ist auch „die Trennung zwischen ‚Familie' und ‚Schule'
oder allgemeiner, die Trennung von *lokalen* und *offiziellen* Kontexten" durch
starke Klassifikation begründet. Klassifikation bezieht sich also auf die (inhaltlichen) Grenzen eines Diskurses (vgl. Bernstein 1996: 27). Rahmung demgegenüber ist auf die Steuerung oder Kontrolle der Interaktion und der inhaltlichen
Progression in einem Diskurs bezogen (vgl. Bernstein 1996: 27). Durch Rahmung
werden die Beziehungen zwischen den „transmitters" (in der Schule sind dies
die Lehrkräfte) und den „acquirers" (den Schüler/-innen) reguliert (vgl. Bernstein 1996: 27). Unter das Konstrukt der Rahmung fallen Aspekte, die auch im
Fokus der Unterrichtsinteraktionsforschung stehen (wie die Sequenzierung der
Interaktion; vgl. Bernstein 1996: 27). Eine der Rahmung untergeordnete Unterscheidung ist die zwischen *regulativem Diskurs*, der sich auf die Regulierung der
sozialen Ordnung im Unterricht bezieht, und dem *instruktionalen Diskurs*, der
auf die inhaltliche Ordnung des Diskurses ausgerichtet ist (vgl. Bernstein 1996:
27–28). In einem Unterricht, in dem also beispielsweise die Sequenzierung der
Unterrichtsbeiträge der Schüler/-innen durch die Lehrperson kontrolliert ist (wie
beim von Mehan 1979 beschriebenen I – R – E-Schema) und zudem der inhaltliche
Fortschritt durch die Lehrperson vorgeschrieben wird, ist die Rahmung stark.[24]
Zusammenfassend betrachtet stellen laut Sertl und Leufer (2012: 36) alle pädagogischen Codes „*Modalitäten des offiziellen elaborierten Codes*" dar, der sich durch
starke Rahmung und starke Klassifikation auszeichnet. Mit Hilfe der Konstrukte
Klassifikation und *Rahmung* können aber auch unterschiedliche Ausprägungen
des pädagogischen Codes beschrieben werden (1996: 29). Auf der Seite der Lernenden nimmt Bernstein (1996: 31–33) ferner Regeln an, die das Erkennen der
konkreten Klassifikations- und Rahmungskonstellation befördern („recognition
rules"), sowie sogenannte Realisierungsregeln („realization rules"), die dabei
helfen, sich entsprechend der aktuellen Klassifikations- und Rahmungskonstellation kommunikativ angemessen zu verhalten.[25]

---

23 Diese Konzepte wurden von Bernstein schon 1971 eingeführt (vgl. Bernstein 2003 [1971c]).
24 Die Unterscheidung zwischen regulativem und instruktionalem Diskurs bei Bernstein (1996:
27–28) ist m. E. ähnlich geartet wie die Unterscheidung von *kommunikativer* und *thematischer
Ordnung* des Unterrichts nach Becker-Mrotzek und Vogt (2009: 7).
25 An dieser Stelle tritt nun wieder der soziale Hintergrund der Schüler/-innen hervor. Bernstein
(1996: 33–35) zitiert ein Experiment von Holland (1981), in dem Schüler/-innen der Mittelschicht
eine sehr offene Aufgabenstellung ohne Mühe als stark klassifiziert (also auf spezifisches Wissen

Bernstein (2012 [1999]) wendet sich mit seiner Unterscheidung zwischen „[v]ertikale[m] und horizontale[m] Diskurs" noch stärker der Beschreibung der „Inhalte der Übermittlung" (Bernstein 2012 [1999]: 63) im pädagogischen Diskurs zu und damit noch mehr von einer (linguistischen) Beschreibung der *sprachlichen* Merkmale der in der Schule geforderten Sprache ab. In den beiden Diskursarten werden unterschiedliche „*Formen des Wissens*" (Bernstein 2012 [1999]: 65) realisiert. Ein wichtiger Aspekt der Unterscheidung ist hier die Kontextentbundenheit des vertikalen Diskurses im Gegensatz zur Kontextgebundenheit und -spezifität des horizontalen Diskurses (vgl. Bernstein 2012 [1999]: 66). Den horizontalen Diskurs definiert Bernstein (2012 [1999]) folgendermaßen:

> Ein horizontaler Diskurs besteht aus einem Satz lokaler, segmentär organisierter, kontextspezifischer und kontextgebundener Strategien, um die Begegnungen von Menschen und Lebensräumen zu maximieren. (Bernstein 2012 [1999]: 66)

Diese Wissensform sei oftmals mündlich realisiert (vgl. Bernstein 2012 [1999]: 65) und der Erwerb dieses Wissens finde zumeist „von Angesicht zu Angesicht" durch „‚Vormachen'" (Bernstein 2012 [1999]: 68) statt. Riebling (2013: 115–116) setzt den horizontalen Diskurs mit „Alltagswissen" gleich.[26]

Den vertikalen Diskurs setzt Riebling (2013: 116) demgegenüber mit „Bildungs-" und „Fachwissen" in Beziehung. Bei starker Klassifikation in der Schule müsste also die Unterschiedlichkeit von vertikalem und horizontalem Diskurs resp. von Alltags- versus Bildungs- und Fachwissen betont werden. Auch Bourne (2003: 500) hebt den Zusammenhang zwischen vertikalem Diskurs und starker Rahmung und Klassifikation hervor. Der vertikale Diskurs, der in Bildung und Unterricht, aber auch im akademischen Bereich vorherrsche (vgl. Bernstein 2012 [1999]: 82–84; Bernstein 1996: 179), unterscheide sich zudem zwischen den naturwissenschaftlichen und den geistes- und sozialwissenschaftlichen Disziplinen. Während dieser in Ersteren „hierarchisch organisiert sei", nehme er in Letzteren „die Form einer Reihe spezialisierter Sprachen mit spezialisierten Abfragemodi und spezialisierten Kriterien für die Produktion und Verbreitung der Texte an" (Bernstein 2012 [1999]: 66).

---

bezogen) und stark gerahmt (und dementsprechend bestimmte kommunikative Verfahrensweisen fordernd) interpretierten, während die Kinder aus der Arbeiterschicht solch eine Interpretation nicht vollzogen.

26 Auch Bernstein (2012 [1999]: 84) selbst korreliert das „alltägliche[.] lokale[.] Wissen" und den horizontalen Diskurs, betont aber, dass er mit seiner Unterscheidung von vertikalem und horizontalem Diskurs eine „systematischere und angemessenere Beschreibungssprache entwickelt" hat.

Gehen wir nun zu der Frage über, inwiefern das Konzept der medialen/konzeptionellen Mündlichkeit/Schriftlichkeit nach Koch und Oesterreicher (1986) auf Bernsteins Überlegungen anwendbar ist. Schon mit Bezug auf die frühe Unterscheidung der *public* und *formal language* betont Bernstein, dass sie nicht mit der Unterscheidung von *medialer* Mündlichkeit und *medialer* Schriftlichkeit gleichzusetzen sei:

> The distinction between *public* and *formal* language-use is not simply a question of an oral and written language. Although a *formal* language will be modified by oral use and situation, the modification will be, it is suggested, within the usage. An oral *formal* language will not be a *public* language. Neither will a written *public* language approximate to *formal* language usage, oral or written. (Bernstein 2003 [1959]: 56)

In gewisser Weise ist also Bernsteins Theorie als medial unabhängig anzusehen und eher mit der Konzeptionsdimension nach Koch und Oesterreicher (1986) zu assoziieren. Schon Schlieben-Lange (1973) analysierte präzise, dass Bernstein mit dem elaborierten Code Aspekte von Schriftlichkeit im medial Mündlichen beschrieb:

> Die Kritik an der Bernsteinschen Code-Theorie richtete sich vor allem gegen deren geringe linguistische Fundiertheit. Wahrscheinlich waren nicht nur einzelne Beschreibungskategorien zu vage, sondern die gesamte Versuchsanordnung untersuchte eigentlich etwas anderes, als die Forscher vermuteten. Die bei den Unterschicht-Kindern festgestellten sprachlichen Techniken entsprechen eigentlich sehr genau den Referentialisierungsleistungen, die man aus dem mündlichen Sprachgebrauch kennt. Es scheint so, daß die Unterschicht-Mitglieder sehr viel mündlichkeitsnäher kodieren und bestimmte schriftlichkeitsgebundene Verbalisierungstechniken nicht verwenden, oder aber daß sie die Versuchsanordnung als eine interpretiert hatten, in der ihre mündlichen Kompetenzen gefragt waren. (Schlieben-Lange 1973: 53)

Laut Schlieben-Lange maß Bernstein etwas anderes, als er intendierte zu messen – nämlich Schriftlichkeitsnähe. Sie kritisiert also die „Konstruktvalidität" (vgl. z. B. Rost 2007: 160) in seinen Untersuchungen. Legt man die Versprachlichungsstrategien nach Koch und Oesterreicher (1986: 23) an die Merkmale des elaborierten Codes nach Bernstein an, dann lassen sie sich in der Tat gut mit den konzeptionell schriftlichen Versprachlichungsstrategien parallelisieren.[27] Schlieben-Lange (1973: 64) untermauert ihre Idee der „Interpretation der Bernstein'schen

---

27 Z. B. höhere „Komplexität" bei Koch und Oesterreicher (1986: 23) – komplexe Verbstämme bei Bernstein (2003 [1962b]: 115); höhere „Planung" bei Koch und Oesterreicher (1986: 23) – mehr „[v]erbal planning" im elaborierten Code bei Bernstein (2003 [1962a]: 77–78).

Theorie als Theorie von Mündlichkeit und Schriftlichkeit" mit Überlegungen Oevermanns (1972: 364), der den elaborierten Code mit Situationsentbundenheit und den restringierten Code mit Situationsgebundenheit in Zusammenhang bringt:

> Der Sprachgebrauch im „restringierten Kode" ist nun dadurch gekennzeichnet, daß gleichsam in einer Minimalstrategie der Sprachverwendung nur das verbalisiert wird, was zur Beseitigung der von den außerlinguistischen Bedeutungsdeterminanten „übriggelassenen" Mehrdeutigkeit notwendig ist. Alle darüber hinausgehende Verbalisierung ist für den Sprecher im „restringierten Kode" redundant, ist für ihn „Geschwätz". Dagegen wird im „elaborierten Kode" auch noch das explizit verbalisiert, was vom nicht-symbolischen und außerlinguistischen Kontext her in einer eingeschränkten Interpretation schon allen Beteiligten einsichtig sein kann. Während die Verbalisierung im „restringierten Kode" *abhängig ist vom Kontext* der außerlinguistischen Bedeutungsdeterminanten, vollzieht sie sich im „elaborierten Kode" als autonome, als weitgehend oder zumindest potentiell *kontextunabhängige*. (Oevermann 1972: 364, Hervorheb. K. K.-S.)

Oevermann begründet seine Idee der stärkeren Situationsentbundenheit des elaborierten Codes v. a. mit den für diesen höheren Explizitheitsanforderungen. Auch in der Unterscheidung zwischen horizontalem und vertikalem Diskurs ist der Aspekt der hohen versus geringen Kontextgebundenheit relevant (vgl. die Ausführungen oben und Bernstein 2012 [1999]: 66; vgl. aber auch Bernstein 2005: 1288 für die Unterscheidung elaborierter/restringierter Code). Die entsprechende Kommunikationsbedingung der „Situationsverschränkung" (Nähe/konzeptionelle Mündlichkeit) vs. „Situationsentbindung" (Distanz/konzeptionelle Schriftlichkeit) findet sich auch bei Koch und Oesterreicher (1986: 23). Außerdem ist zu bedenken, ob die Bezeichnung der Versprachlichungsstrategie der „Elaboriertheit" (Koch & Oesterreicher 1986: 23) als Anlehnung an die Bernstein'sche Codetheorie zu interpretieren sein könnte – eine Zitation findet sich bei Koch und Oesterreicher (1986) indes nicht. Zusammenfassend kann festgehalten werden, dass es durchaus möglich ist, die Konzepte der *formal language* resp. des elaborierten Codes mit den Parametern konzeptioneller Schriftlichkeit nach Koch und Oesterreicher (1986) zu reinterpretieren.[28]

---

28 Dies ist sogar bei den stärker auf die Unterrichtsinteraktion bezogenen Parametern der Klassifikation und Rahmung (vgl. Bernstein 1996) möglich. Eine starke Klassifikation, wie sie typisch ist für offizielle elaborierte Codes, kann starke Themenfixierung bedeuten; eine extreme Kontrolle der Unterrichtskommunikation im Sinne starker Rahmung kann höhere Monologizität bedeuten (vgl. auch die Ausführungen zu den institutionellen Rahmenbedingungen der Unterrichtskommunikation in Abschn. 2.1).

2.2.2 *Cognitive Academic Language Proficiency (CALP)* nach Cummins

Cummins führt 1979 im Kontext der Zweitspracherwerbsforschung die Unterscheidung von „basic interpersonal communicative skills (BICS)" und „,cognitive/academic language proficiency (CALP)'" (Cummins 1979: 198) ein. Mit *BICS* werden Fähigkeiten beschrieben, die notwendig sind, um an alltäglicher Interaktion teilzunehmen (vgl. Cummins 1980a: 84). BICS umfasst für Cummins Aspekte wie „accent, oral fluency and sociolinguistic competence" (Cummins 1980b: 175) und ist unabhängig von akademischen Fähigkeiten (vgl. Cummins 1979: 198). *CALP* demgegenüber „is strongly related to overall cognitive and academic skills" (Cummins 1979: 198) und steht zuvörderst in Zusammenhang mit „literacy skills", also schriftsprachlichen Fähigkeiten (Cummins 1979: 199; vgl. auch Cummins 1980a: 84; Cummins 1980b: 177). Cummins (2008: 72) betont, dass er den Begriff „academic" gewählt habe, weil CALP spezifisch auf den schulischen Kontext bezogen sei. Bei seiner Umschreibung von CALP bezieht Cummins nicht nur produktive Kompetenzen mit ein, sondern auch rezeptive (wie das Lesen; vgl. Cummins 1980a: 87; vgl. auch Cummins 2000: 67) und metalinguistische (vgl. Cummins 1980a: 84). Cummins (2008) schärft die Definition von CALP, indem er beide Modalitäten (rezeptiv und produktiv) und beide Medialitäten (phonisch und graphisch) einbezieht:

> BICS refers to conversational fluency in a language while CALP refers to students' ability to understand and express, in *both oral and written modes*, concepts and ideas that are relevant to success in school. (Cummins 2008: 71; Hervorheb. K. K.-S.; vgl. auch Cummins 2000: 67)

Das Konstrukt *CALP* ist also medialitätsunabhängig gedacht und verweist damit auf den *konzeptionellen* Aspekt von Schriftlichkeit. Ähnlich wie für Bernstein der elaborierte Code ist CALP für Cummins außerdem die Hauptbestimmungsgröße für Erfolg im pädagogischen Prozess („Major Determinant of Educational Process"; Cummins 1980b: 178).

Cummins entwickelt die binäre Unterscheidung von BICS und CALP weiter zu einer Darstellung in einem Vierfelderschema (vgl. z. B. Cummins 2000: 68; vgl. Tabelle 2):

Tabelle 2: Vierfelderschema nach Cummins (2000: 68)

Cognitively Undemanding

Context Embedded	A	C
	B	D

Cognitively Demanding

(Context Embedded — left side; Context Reduced — right side)

Dieses Vierfelderschema enthält zum einen die Dimension des *kognitiven Anspruchs*, die schon konstitutiv für seine vorherigen Bestimmungen von BICS versus CALP war. Nach Pohl (2016: 59) bleibe jedoch „relativ offen, was genau unter der kognitiven Dimension gefasst ist." Sie wird beispielsweise einmal von Cummins (2000: 68) als sprachlicher Automatisierungsgrad präzisiert, ein anderes Mal als Menge der zu prozessierenden Informationen (2000: 66) beschrieben. Zum anderen führt Cummins eine Dimension der *kontextuellen Eingebettetheit* versus *kontextuellen Reduziertheit* ein:

> In short, the essential aspect of academic language proficiency is the ability to make complex meanings explicit in either oral or written modalities **by means of *language itself* rather than by means of contextual or paralinguistic cues.** (Cummins 2000: 68–69; Hervorheb. in Fettdruck K. K.-S.)

Bei CALP werden also allein *sprachliche* Mittel und Kotexte zur Bedeutungsexplizierung relevant und nicht andere Arten von Kontexten (wie situative, parasprachlich- oder nichtsprachlich-kommunikative; vgl. z. B. Koch & Oesterreicher 2011: 11). Im Schema findet sich die stärkste CALP-Ausprägung in der Sektion D: bei Situationen mit hohem kognitiven Anspruch und starker Kontextreduziertheit. Typische BICS-Anforderungen finden sich in Quadrant A. Für die einzelnen Quadranten gibt Cummins (2000: 68) folgende Beispiele für Aktivitäten, die den betreffenden Konstellationen entsprechen:

- A: „[c]asual conversation" (extreme BICS-Konstellation, kontexteingebettet und kognitiv wenig anspruchsvoll)
- B: „[p]ersuading an individual that your point of view is correct" (in Interaktionskontext eingebettet, aber kognitiv anspruchsvoll)
- C: „copying notes from the blackboard" (kognitiv wenig anspruchsvoll, aber kontextreduziert)
- D: „writing an essay" (extreme CALP-Konstellation, kontextreduziert und kognitiv anspruchsvoll)

Wie schon in den Ausführungen zu Bernsteins Konzept beschrieben (vgl. Abschn. 2.2.1), ist die in engem Zusammenhang mit Kontextreduziertheit stehende Versprachlichungsstrategie konzeptioneller Schriftlichkeit „Situationsentbundenheit" auch bei Koch und Oesterreicher (1986: 23) zu finden. Portmann-Tselikas (2000: 68) stellt zudem dar, dass CALP nicht allein als „language-bound", also sprachbezogen angesehen werden kann, sondern dass CALP vor allem auch „*metalinguistic, textual, strategic,* and *metacognitive* skills" betrifft. Eine solche kognitive resp. psycholinguistische Orientierung findet sich bei Koch und Oesterreicher (1986) in dieser Deutlichkeit nicht. Allerdings kann dieser Aspekt zumindest in Zusammenhang mit den Versprachlichungsstrategien „Spontaneität" vs. „Reflektiertheit" oder „geringere Planung" vs. „größere Planung" (Koch & Oesterreicher 1986: 23) gesehen werden.

Auch wenn die graphische Darstellung des Vierfelderschemas noch keinen deutlich kontinualen Charakter aufweist (wie im Konzeptionskontinuum nach Koch und Oesterreicher 1986), bezeichnet Cummins (2000: 66) die beiden Dimensionen als „two continua".[29] Er spricht auch von dem *Grad*, zu dem jemand CALP beherrscht (vgl. Cummins 2000: 66).[30] Somit ist in Cummins Konzept der Aspekt des Erwerbs von CALP in der Schule inhärent mitgedacht; ein Aspekt, der auch für vorliegende Studie konstitutiv ist:

> In summary, as students progress through the grades, the academic tasks they are required to complete and the linguistic contexts in which they must function *become more complex* with respect to the register employed in these contexts. Not only is there an *ever-increasing* vocabulary and concept load involving words that are rarely encountered in everyday out-of-school contexts but syntactic features (e. g. passive rather than active voice constructions) and discourse conventions (e. g. using cohesive devices effectively in writing) *also become increasingly distant from conversational use of language* in non-academic contexts. (Cummins 2000: 67; Hervorheb. K. K.-S.)

Die von den Schüler/-innen verlangte Sprache entfernt sich über die Jahrgangsstufen also immer weiter von BICS und nähert sich immer mehr CALP in seiner stärksten Ausprägung an. Dies müsste demzufolge auch in der an die Schüler/-innen gerichteten Sprache von Lehrer/-innen zu erkennen sein.

---

29 Die dichotomische *Darstellung* allerdings führt zur Kritik an Cummins Konzeption, z. B. durch Scarcella (2003: 5).

30 Vgl. folgendes Originalzitat: „In short, in the present context the construct of *academic language proficiency* refers **not to any absolute notion** of expertise in using language but **to the degree** to which an individual has access to [...] the specific kind of language that is employed in educational context" (Cummins 2000: 66; Hervorheb. in Fettdruck K. K.-S.).

Abschließend wenden wir uns wiederum dem Zusammenhang von CALP und konzeptioneller Schriftlichkeit zu, der schon anhand verschiedener Aspekte begründet wurde. Cummins selbst umschreibt die Konnexion von CALP und Aspekten schriftsprachlichen Sprachgebrauchs wie folgt:

> In summary, there exists a reliable dimension of language proficiency which is strongly related to literacy and to other decontextualized verbal-academic tasks. (Cummins 1980a: 86)

In der Zweitspracherwerbsforschung und -didaktik werden CALP und konzeptionelle Schriftlichkeit oftmals gleichgesetzt (vgl. Feilke 2016: 129). Bei Kniffka und Siebert-Ott (2007: 240) findet man im Register unter dem Eintrag „CALP" auf Anhieb den Verweis „s. auch konzeptionelle Schriftlichkeit" und bei BICS „s. auch konzeptionelle Mündlichkeit". Auch in der Erläuterung von BICS und CALP im Haupttext ziehen die Autorinnen das Konstrukt der konzeptionellen Mündlichkeit/Schriftlichkeit hinzu und parallelisieren beide Konstrukte:

> Beim Zweitspracherwerb wird das von Cummins (1979) geprägte Begriffspaar BICS [...] und CALP [...] unterschieden. Jemand, der über Fertigkeiten in der Alltagskommunikation verfügt (BICS), vermag konzeptionell-mündliche Texte und Äußerungen zu produzieren. Bildungssprache (CALP) hingegen umfasst vor allem konzeptionell-schriftsprachliche Fähigkeiten. (Kniffka & Siebert-Ott 2007: 240)

Zusammenfassend ist festzuhalten, dass Cummins Konstrukt von CALP deutlich stärker spracherwerbsbezogen ist als das Konzept der konzeptionellen Schriftlichkeit von Koch und Oesterreicher – gleichwohl es an mehreren Stellen auch in den Publikationen von Koch und Oesterreicher Hinweise auf Spracherwerbsaspekte gibt.[31] Portmann-Tselikas (2000: 66) hebt hervor, dass die Nutzung des Konzepts *CALP* zudem nicht allein in Zweitspracherwerbskontexten, sondern auch „in first language pedagogy" fruchtbar sein kann. Ebenso wie der elaborierte Code ist CALP nach vorgängigen Ausführungen gut in Zusammenhang mit konzeptioneller Schriftlichkeit zu bringen – mit Einschränkungen allerdings bezogen auf die kognitive Dimension. Freilich ist dieses In-Zusammenhang-Bringen etwas globalerer Art, weil Cummins für BICS und CALP keine Listen sprachlicher Merkmale präsentiert (geschweige denn sie empirisch herausarbeitet) (vgl. Hövelbrinks 2014: 50), wie dies Bernstein für die *formal language* resp. den elaborierten Code

---

31 Vgl. Koch und Oesterreicher (1986: 25–26), Koch und Oesterreicher (1994: 586, 601), Koch (1986: 120), Koch (1999: 153), Koch (2004: 613), Koch (2010: 158). Auch Feilke (2016: 125) betont, „dass den Autoren die Interpretation des Kontinuums als *gerichtetes Entwicklungskontinuum* ein zentrales Anliegen ist".

tut. Scarcella (2003: 6) kritisiert die fehlende Operationalisierung von CALP,[32] die dazu führe, dass Lehrende nicht genügend Informationen über die Beschaffenheit von „academic english" zur Verfügung hätten, um ihre Schüler/-innen effektiv zu fördern. Deswegen legt sie eine Operationalisierung von Cummins Unterscheidung in einem fünf-dimensionalen Modell auf phonologischer, lexikalischer, grammatischer, soziolinguistischer und diskursiver Ebene vor (vgl. Scarcella 2003: 12).[33]

2.2.3 language of schooling

Schleppegrell (2001; 2004) beschreibt die Merkmale der „language of schooling" aus der Perspektive der *Systemic Functional Linguistics* (SFL) (vgl. z. B. Halliday & Hasan 1989; Halliday & Martin 1993). In der SFL, die von M. A. K. Halliday und anderen begründet wurde, wird Sprache als Ressource der Bedeutungskonstruktion („resource for meaning", Halliday & Martin 1993: 22) dargestellt;[34] dies in Abgrenzung von einer Beschreibung von Sprache als Regelsystem. Der *funktionale* Aspekt von Sprache wird als „fundamental property of language itself, something that is basic to the evolution of the semantic system" (Halliday & Hasan 1989: 17; vgl. auch Halliday 1978) angesehen. Mit ihrem funktionsorientierten Schwerpunkt nimmt die SFL v. a. die Interdependenz von Text[35] und Kontext in den Blick (vgl. Halliday & Martin 1993: 22). Zwei wichtige Kernkonstrukte der SFL sind das des *Registers* und das des *Kontexts* („context of situation", Halliday & Hasan 1989: 3–14). Halliday (2004: 29) beschreibt Register als „func-

---

32 Diese fehlende Operationalisierung wird auch am Konzept von Koch und Oesterreicher kritisiert (vgl. z. B. Ágel & Hennig 2007: 183; vgl. auch Abschn. 3.2.2.1).

33 Sie stellt auf diesen fünf Ebenen sprachliche Merkmale von „[o]rdinary English" denen von „[a]cademic English" entgegen (Scarcella 2003: 12), indem sie deutlich macht, über welches sprachliche Wissen Lernende mit Bezug auf beide Register verfügen müssen. Hinsichtlich des „academic English" nennt sie auf phonologischer Ebene z. B. „knowledge of the phonological features of academic English", auf lexikalischer Ebene „knowledge of the ways academic words are formed", auf grammatischer Ebene „knowledge of grammatical metaphor", auf soziolinguistischer Ebene „knowledge of the discourse features used in specific academic genres".

34 Deswegen reinterpretiert Halliday (1978: 106) auch die Bernstein'schen Codes als unterschiedliche semantische Orientierungen: „We can interpret the codes, from a linguistic point of view, as differences of orientation within the total semiotic potential. There is evidence in Bernstein's work that different social groups or subcultures place a high value on different orders of meaning."

35 *Text* definieren Halliday und Hasan (1989: 10) dabei zum einen sehr weit als „language that is functional" und zum anderen als *medial nicht festgelegt*.

tional variety of language".[36] Schleppegrell (2001: 432) gibt folgende Erläuterung zum Registerbegriff, der für sie zentral ist, weil sie die *language of schooling* als Register beschreibt:

> A register is the constellation of lexical and grammatical features that realizes a particular situational context (Halliday & Hasan, 1989), so register vary because what we do through language varies from context to context. A register emerges from the social context of a text's production and at the same time realizes that social context through the text (a *text* can be spoken and written). (Schleppegrell 2004: 18; vgl. auch Schleppegrell 2001: 432)

Ein Register ist somit nach Schleppegrell definiert durch bestimmte lexikalische und grammatische Merkmale, die spezifische Bedeutungen realisieren (vgl. auch Schleppegrell 2004: 46). Für die von Schleppegrell vorgenommene Registerdefinition ist vor allem die Wechselbeziehung zwischen Kontext und Register konstitutiv: Ein spezifischer Kontext fordert nicht nur ein spezifisches Register, sondern die Registerwahl trägt selbst zur Realisierung resp. Konstituierung des Kontexts bei. Der Kontext wiederum ist nach Halliday beschreibbar mit den drei kontextuellen Variablen „field", „tenor" und „mode" (vgl. Halliday & Martin 1993: 30, 50).[37] *Field* bezieht sich nach Halliday und Hasan (1989: 12) darauf, womit sich die Teilnehmenden einer Interaktion beschäftigen – laut Halliday (2004: 33) also auf „the ‚subject matter' or ‚topic'", den Redegegenstand.[38] *Tenor* ist bezogen auf die Teilnehmenden der Situation und deren Beziehungen zueinander, wie z. B. die Rollenstruktur (vgl. Halliday & Martin 1993: 32). *Mode* bezieht sich darauf, „what part the language is playing" (Halliday & Hasan 1989: 12), wie stark also versprachlicht werden muss. Mit der Variable des *mode* wird zum einen nach der *medialen* Realisierung gefragt (vgl. Halliday & Hasan 1989: 14). Zum anderen ist damit die Frage nach eher *konzeptionellen* Aspekten berührt, wenn z. B. fokussiert wird, ob der Text vorbereitet oder spontan ist (vgl. Halliday & Hasan 1989: 24) oder ob er dialogisch oder monologisch ist (vgl. Halliday 2004: 34). Halliday und Hasan (1989: 24) subsumieren unter dieser kontextuellen Variable ferner Aspekte der gewählten Textsorte. M. E. ist mit der Variable *mode* unter den Kontextvari-

---

36 Coserius (1988: 24) Terminologie nutzend, wäre Register als eine *„diaphasisch[e]" Varietät* anzusehen.

37 Martin (1992: 502) demgegenüber sieht diese drei Variablen nicht als *kontextuelle Variablen* an, sondern als *Registervariablen*; vgl. auch Halliday und Martin (1993: 50).

38 Hess-Lüttich (1998: 212) kritisiert im Zusammenhang mit der Frage, ob Fachsprachen als Register bezeichnet werden können, einige der Übersetzungen des *field*-Begriffs ins Deutsche. Es sei im Auge zu behalten, „daß [...] Ausdrücke wie ‚field of discourse', ‚Fach', ‚Kommunikationsbereich', ‚Domäne', ‚Sphäre' etc. keineswegs alle einfach mehr oder weniger dasselbe besagen."

ablen eine stärker der sprachlichen statt der kontextuellen Seite zuzuordnende aufgeführt.

Die Verknüpfung zwischen den kontextuellen Variablen *field*, *tenor* und *mode* und sprachlichen Bedeutungsaspekten wird insbesondere durch das Konstrukt der sprachlichen „*[m]etafunction[s]*" eingelöst (z. B. Halliday & Martin 1993: 27). Der Terminus *Metafunktion* bezeichnet drei übergreifende Aspekte der Bedeutung („modes of meaning", Halliday & Martin 1993: 27), die durch grammatikalisch-lexikalische Auswahlen gebildet werden und wiederum mit der Konstellation der drei kontextuellen Variablen korrespondieren (vgl. Schleppegrell 2004: 46): Die „interpersonal" *metafunction* bezieht sich auf die soziale Realität und korrespondiert mit *tenor*-Werten, die „ideational" *metafunction* auf die physikalische und biologische Realität und korrespondiert mit *field*-Werten und die „textual" *metafunction* (Halliday & Martin 1993: 29) auf die semiotische Realität (Aspekte der Textstrukturierung und des Diskursaufbaus) und korrespondiert mit *mode*-Werten (vgl. auch Halliday 2004: 30–31).

Ein typisches Vorgehen der SFL ist nun, zu zeigen, wie die kontextuellen Variablen einer Interaktionssituation mit den grammatikalisch-lexikalischen Wahlen zusammenhängen. Diesem Vorgehen folgt auch Schleppegrell für die Beschreibung der *language of schooling* (2004: 50–76), die sie an mündlichen und schriftlichen Schülertexten illustriert (vgl. Schleppegrell 2004: 50). Folgende Aufstellung der „[r]egister [f]eatures of the [l]anguage of [s]chooling" (Schleppegrell 2004: 74) fasst Schleppegrells Überlegungen zusammen:

Tabelle 3: Register-Merkmale der *language of schooling*, leicht verändert nach Schleppegrell (2004: 74)

Situational Expectations (Context)	Grammatical Features (Register)
Display knowledge (field)	**Ideational metafunction** – Complex nominal syntax with specialized, technical and abstract lexis – Material and relational processes[39] enable clause-internal reasoning with nouns, verbs, prepositions, instead of conjunctions

---

39 In der SFL werden Prozesstypen unterschieden, die typischerweise (kongruent) in der Verbalphrase realisiert werden. Für die *language of schooling* sind nach Schleppegrell (2004: 53) insbesondere relationierende Prozesse relevant sowie solche, die als „material processes" Prozessbeschreibungen darstellen.

Tabelle 3 (fortgesetzt)

Situational Expectations (Context)	Grammatical Features (Register)
Be authoritative (tenor)	Interpersonal metafunction – Declarative mood and modal verbs realize „reasoned" judgements – Evaluation often implicit through ressources of appraisal
Structure text in expected ways (mode)	Textual metafunction – Clause-combining strategies of condensation and embedding – Theme position exploited to mark organizational structure – Nominalization and other forms of grammatical metaphor[40] enable dense clauses

Schleppegrell (2004: 74) hat die situationalen Anforderungen in schulischen Kontexten, die in der linken Spalte in Tabelle 3 dargestellt sind, prägnant so kondensiert: „In schooling contexts, the overriding features of the situational context are that students display knowledge authoritatively in highly structured texts."

Nun liegt es nahe, die situationalen Anforderungen, die Schleppegrell (2004) für die *language of schooling* (imperativistisch) nennt, mit den Kommunikationsbedingungen nach Koch und Oesterreicher (1986: 23) in Zusammenhang zu bringen, während die grammatischen Merkmale eher mit den Versprachlichungsstrategien verglichen werden können. Deutlicher als bei Koch und Oesterreicher (1986) sind mithin in Schleppegrells (2004) Ausführungen – dem Konzept der systemisch funktionalen Linguistik geschuldet – situationale Anforderungen und

---

40 Halliday (1989) geht davon aus, dass es für unterschiedliche semantische Klassen (wozu er beispielsweise *Entitäten* und *Prozesse* zählt) zum einen *kongruente Realisierungen*, zum anderen *inkongruente Realisierungen* gibt. Die kongruenten Realisierungen zeichnen sich dadurch aus, dass die jeweiligen semantischen Klassen *im Sinne ihrer ursprünglichen semantischen Bedeutung* sprachlich realisiert werden: So werden *Prozesse* ursprünglich durch Verben realisiert, denn durch diese werden *wirkliche Vorgänge* ausgedrückt, wie in „Ich *erkläre* gut". Zum anderen gibt es aber auch für alle semantischen Klassen *inkongruente* Realisierungen (vgl. Halliday 1989: 94): Prozesse können z.B. durch Nomen inkongruent realisiert werden, wie in „meine gute *Erklärung*". Dabei wird ein sprachliches Element „in eine andere semantische Klasse überführt" (Pohl 2007b: 420), was Halliday (1989: 94) auch als *metaphorische Realisierung* bezeichnet. Im gegebenen Beispiel wird ein Element der semantischen Klasse der Prozesse in ein Element der semantischen Klasse der Entitäten überführt.

sprachliche Merkmale aufeinander bezogen.[41] Für die *situationale* Anforderung an die Schüler/-innen, Wissen darzustellen und Ideen zu präsentieren (*field*; vgl. Schleppegrell 2004: 50–58), gibt es kein Pendant im Konzept von Koch und Oesterreicher. Tangiert ist dabei indes die Kommunikationsbedingung der *Themenfixierung* in der Sprache der Distanz. Bezogen auf die *tenor*-Anforderung, in seinen Äußerungen eine distanzierte Beziehung zu den Rezipienten auszudrücken und sich selbst als wissende, aber reflektierte „providers of information" darzustellen (vgl. Schleppegrell 2004: 58–59), scheint zunächst natürlich die von Koch und Oesterreicher (1986) beschriebene Universalie der *Distanz* im Allgemeinen durch. Aber auch die Kommunikationsbedingungen der „Fremdheit der Partner", der „Öffentlichkeit" sowie der „Reflektiertheit" und des „,detachment'" (Koch & Oesterreicher 1986: 23) sind hier anwendbar. Schleppegrell (2004: 61) selbst schreibt, dass in der Schule ein „detached [...] style" höher bewertet wird. In engem Zusammenhang mit der *mode*-Anforderung, Text in erwarteter Weise und „without co-construction by an interlucotor" (Schleppegrell 2004: 63) zu strukturieren, steht die Kommunikationsbedingung des Monologs.

Betrachten wir nun die *grammatischen* Merkmale der *language of schooling*, können wir Versprachlichungsstrategien konzeptioneller Schriftlichkeit im Hinblick auf die *textual metafunction* erkennen. Hier werden *Integrationsaspekte* relevant (z. B. bei den „clause combining strategies" der Einbettung oder bei der „grammatical metaphor"). Auch das zur *ideational metafunction* zählende Merkmal des *satzinternen* Argumentierens/Begründens/Nachdenkens durch Nomen, Verben und Präpositionen statt der Nutzung von teilsatzverknüpfenden Konjunktionen kann als Integrationsaspekt angesehen werden (vgl. Schleppegrell 2004: 57–58). In Schleppegrells Ausführungen zur *textual metafunction* scheinen zudem Aspekte der *Informationsdichte* und *Kompaktheit* auf (siehe Schleppegrell 2004: 65, die von der „dense presentation of information" in der *language of schooling* spricht). Den Aspekt der *Komplexität* (vgl. Koch & Oesterreicher 1986: 23) wendet Schleppegrell (2004: 74) mit Bezug auf die *ideational metafunction* nur auf den Bereich der *nominalen* Syntax in der *language of schooling* an. Ansonsten versucht sie aber unter Rückgriff auf Ausführungen von Halliday (1987) zu widerlegen, dass die *language of schooling* an sich komplexer als Alltagssprache sei (vgl. Schleppegrell 2004: 13–14).[42] Möglicherweise kann man die ebenso unter der *ideational metafunction* aufgeführte „specialized, technical and abstract lexis" der Versprachlichungsstrategie der *Elaboriertheit* zuordnen. Ferner finden sich

---

41 Vgl. dazu die Kritik von Ágel und Hennig (2006c: 14) am Modell von Koch und Oesterreicher (1986).
42 Vgl. hierzu auch die ausführlichen Überlegungen in Abschnitt 3.2.2.2.2.

jedoch für die Merkmale der *interpersonal metafunction* keine direkten Entspre-
chungen aufseiten der Versprachlichungsstrategien bei Koch und Oesterreicher
(1986). Würde man auch hier *Kommunikationsbedingungen* für den Vergleich heranziehen, könnte man die realisierten „„reasoned' judgments" als einen Aspekt
der *Reflektiertheit* beschreiben, während die *impliziten* Evaluationen passend zu
einer geringen *Expressivität* und *Affektivität* auf Distanzseite sind.

Schleppegrells Konzept der *language of schooling* ist sowohl auf mündliche
als auch auf schriftliche Texte bezogen (vgl. Schleppegrell 2004: 43) und damit
genau wie das Konzeptionskonzept von Koch und Oesterreicher als medial unabhängig zu interpretieren. Ferner arbeitet sie heraus, dass viele Merkmale der *language of schooling* aus „written academic language" abgeleitet sind (vgl. Schleppegrell 2004: 49):

> Because the choice of different lexical and grammatical options is related to the functional
> purposes that are foregrounded by speakers/writers in responding to the demands of various
> tasks, major differences are revealed in contrasting the constellation of *register features that
> typically occurs in written academic language* with that of informal spoken language. The
> spoken/written dimension is most in focus here, since this difference in mode is highly rel-
> evant to the linguistic choices being made. But both writing and speech can take a variety
> of forms, depending on purpose, interactants, and other contextual variables, *and the reg-
> ister differences which characterize written language in theses examples are also features
> of much school-based spoken language*, especially the spoken language used to summa-
> rize and present information. (Schleppegrell 2004: 49; Hervorheb. K. K.-S.)

Es konnte gezeigt werden, dass viele der Situationsanforderungen und Registervariablen der *language of schooling* mit den Kommunikationsbedingungen
und Versprachlichungsstrategien konzeptioneller Schriftlichkeit nach Koch und
Oesterreicher analogisiert werden können. Riebling (2013: 118–121) bezieht demgegenüber vor allem die Aspekte des *mode* auf die mediale und konzeptionelle
Dimension nach Koch und Oesterreicher (1986). Auch in unserer Parallelisierung
gelang das In-Beziehung-Setzen bei dieser kontextuellen Variable besonders gut.
Dies kann in dem stärker sprachlich affizierten Charakter dieser Dimension sowie
in ihrem starken Bezug auf mediale und konzeptionelle Aspekte von Mündlich-
keit/Schriftlichkeit begründet liegen. Auch in den anhand von Schulbuchaus-
schnitten durchgeführten Untersuchungen von Halliday (1993: 71) zum „scientific
english" haben Aspekte, die dem *mode* zuzuordnen sind, wie die *grammatische
Metapher* oder die *lexikalische Dichte*,[43] eine besondere Relevanz. Diese Aspekte
hatte Halliday (1987, 1989) ursprünglich in seiner Unterscheidung von gespro-

---

43 Vgl. zum Konstrukt der lexikalischen Dichte auch die Abschnitte 3.2.2.2.1 und 8.3.1.3.

chener und geschriebener Sprache begründet und der geschriebenen Sprache zugeordnet.

Die bis hierhin genannten grammatischen Merkmale der *language of schooling* nach Schleppegrell (2004) sind auf lexikalischer und syntaktischer Ebene zu lokalisieren. Ein besonderes Verdienst der Überlegungen von Schleppegrell ist es aber auch, die *language of schooling* auf textuell-diskursiver/pragmatischer Ebene zu betrachten. Sie gibt so auch einen Überblick über „genres of schooling", die sie als „text or discourse types" (Schleppegrell 2004: 82) bezeichnet.

2.2.4 Bildungssprache

Während bis hierhin nur Konzepte aus dem angelsächsischen Sprachraum besprochen wurden, kommt nun ein Konzept aus dem deutschen Sprachraum in den Blick. Der Ausdruck der *Bildungssprache* ist von Gogolin (z. B. 2006, 2007, 2009) „aus der Perspektive Interkultureller Bildungsforschung" (Gogolin 2007: 73) in der deutschsprachigen Diskussion um die Frage nach den Anforderungen der „schulspezifische[n] Sprache" (Gogolin 2004: 103) – besonders für Schüler/-innen mit Migrationshintergrund – ‚wiederbelebt' worden. In der aktuellen Diskussion um die sprachlichen Anforderungen in der Institution Schule ist der Ausdruck nahezu zu einem „Hochwertwort[...]" (Janich 2005: 117)[44] geworden. Vorgängig wurde er u. a. von Jürgen Habermas (1977) aus sozialwissenschaftlicher Sicht bestimmt, um Übergangsphänomene von der (sozialwissenschaftlichen) Wissenschaftssprache in die Umgangssprache beschreiben zu können (vgl. Habermas 1977: 39). Er definiert Bildungssprache als „Medium, durch das Bestandteile der Wissenschaftssprache von der Umgangssprache assimiliert werden" (Habermas 1977: 40). Sie hat für ihn also vorrangig eine Vermittlungsfunktion zwischen Wissenschaftssprache und Umgangssprache. Diese Funktion wird auch in der aktuellen Diskussion um Bildungssprache immer wieder genannt (vgl. z. B. Ortner 2009: 2232; Feilke 2012a: 6 mit Bezug auf Ortner; Gogolin & Lange 2011: 108 mit Bezug auf Habermas). Mit der Bildungssprache könne sich ein Publikum in der Öffentlichkeit „über Angelegenheiten allgemeinen Interesses" verständigen. Sie stehe für alle offen, „die sich mit den Mitteln der Schulbildung ein allgemeines Orientierungswissen verschaffen können" (Habermas 1977: 39). Zum einen ist schon in dieser Bestimmung die Kom-

---

44 „Als *Hochwertwörter* können demnach alle diejenigen Ausdrücke bezeichnet werden, die ohne die grammatische Struktur eines Komparativs oder Superlativs geeignet sind, das damit Bezeichnete (bei Substantiven) oder näher Bestimmte/Präzidierte (bei Adjektiven) aufgrund ihrer sehr positiven Inhaltsseite aufzuwerten" (Janich 2005: 120).

munikationsbedingung der *Öffentlichkeit* nach Koch und Oesterreicher (1986: 23) zu erkennen. Zum anderen bezieht Habermas (1977: 39) Bildungssprache explizit auf die Domäne der Schriftlichkeit, auf die „Disziplin des schriftlichen Ausdrucks".

Gogolin und Kolleg/-innen nutzen den Terminus *Bildungssprache*, um die Bildungsdisparitäten zwischen Schüler/-innen mit Migrationshintergrund und solchen ohne Migrationshintergrund im Rahmen ihres FörMig-Projekts[45] (= *Förderung von Kindern mit Mig*rationshintergrund) zu erklären. Die zugrundeliegende Annahme ist, basierend auf den Ergebnissen vergleichender Schulleistungsstudien wie PISA, IGLU oder TIMSS, dass „die Kinder und Jugendlichen mit Migrationshintergrund in deutschen Schulen schlechtere Leistungen erzielen als einsprachig lebende Kinder ohne Migrationshintergrund" (Gogolin & Lange 2011: 108). Der Grund dafür wird in den sprachlichen Anforderungen des Unterrichts gesucht (vgl. Gogolin & Lange 2011: 108–109) – ähnlich wie auch schon in Bernsteins Arbeiten. Allerdings hatte Bernstein, wie in Abschnitt 1.2.1 beschrieben, eher schichtspezifische Unterschiede und nicht Unterschiede in der Herkunftssprache im Blick. Es wird aktuell kritisch diskutiert, ob allein eine andere Herkunftssprache als Deutsch zu den schlechteren schulischen Leistungen der Kinder und Jugendlichen mit Migrationshintergrund führe oder ob weitere Faktoren, wie der sozioökonomische Status oder die Bildungsnähe der Herkunftsfamilie, zur Interpretation herangezogen werden müssen. Die Ergebnisse der Studie von Eckhardt (2008) zeigen keinen zusätzlichen Leistungsnachteil der durchschnittlich neun Jahre alten Probandinnen und Probanden mit Migrationshintergrund bei der *Rezeption* bildungssprachlicher Strukturen und der mündlichen *Produktion* schulbezogener Inhalte (vgl. Eckhardt 2008: 187, 127). Auch bei den mit C-Tests gemessenen *schriftlichen Produktionen* konnte „unter Kontrolle des sozioökonomischen Status kein zusätzlicher Leistungsnachteil [bei schulbezogenen Inhalten] mehr bestätigt werden" (Eckhardt 2008: 153). Solch einen „zusätzlichen Leistungsnachteil von Kindern mit Migrationshintergrund" finden Berendes et al. (2013) hingegen in ihrer Untersuchung der „rezeptiven Wortschatz- und Grammatikfähigkeiten" (Berendes et al. 2013: 29) von Schüler/-innen zweiter und dritter Jahrgangsstufen „erst bei anspruchsvolleren Wortschatz- bzw. Grammatikitems" – dies unter Kontrolle des sozioökonomischen Status. Hövelbrinks (2013, 2014) vergleicht die bildungssprachlichen Kompetenzen einsprachig und mehrsprachig aufwachsender Erstklässler im Sachunterricht. Sie zeigt, dass im Sachunterricht mehrsprachig aufwachsende Kinder und Jugendliche das bildungssprachliche Register in Grammatik und Wortschatz in geringerem

---

45 Vgl. die Homepage des FörMig-Programms: https://www.foermig.uni-hamburg.de (Stand: 26. 09. 2018).

Ausmaß nutzen als einsprachig deutsch aufwachsende Kinder (vgl. Hövelbrinks 2014: 327). Problematisch an ihrer Stichprobe ist allerdings, dass dort die Fallgruppe mit „100 % Deutsch als Zweitsprache" eine „Schule in [einem; K. K.-S.] sozial schwächeren Quartier" besucht, die Fallgruppe mit „74 % Deutsch als Erstsprache" jedoch eine „Schule in [einem; K. K.-S.] sozial stärkeren Quartier" (Hövelbrinks 2014: 121). Es kann hier folglich nicht eindeutig angegeben werden, ob das schlechtere Abschneiden der mehrsprachig aufwachsenden Kinder dem sozioökomischen Status oder der nicht-deutschen Herkunftssprache geschuldet ist, da hier m. E. eine *doppelte* „sprachliche ‚Risikogruppe[.]'" (Thürmann 2012: 3) vorliegt.[46] Für die Forschungs- und Förderpraxis ist somit relevant, dass auch die monolingual deutschsprachigen Schüler/-innen aus bildungsfernen Familien oder aus Familien mit niedrigem sozioökonomischen Status nicht aus dem Blick verloren werden (vgl. Thürmann 2012: 3; Ahrenholz 2010: 32).

Wenden wir uns nun den ersten Bestimmungen von Bildungssprache durch Gogolin und Kollegen zu: Diese bleiben eher vage und bedienen sich unterschiedlicher Konzepte zur Unterrichtssprache. Sie bezeichnet den Terminus *Bildungssprache* als ihre Übertragung von Cummins Konstrukt *CALP* in das Deutsche (vgl. Gogolin 2006: 82), bezieht sich auf Hallidays (1989) Unterscheidung von gesprochener und geschriebener Sprache, auf Bernsteins Code-Konzeption (vgl. z. B. Gogolin 2006: 82–83) sowie seine Unterscheidung zwischen vertikalem und horizontalem Diskurs (vgl. z. B. Gogolin 2007: 74) und später auch auf Habermas Definitionsversuch (1977) (vgl. Gogolin 2009: 268).

Die Nennungen sprachlicher Merkmale der Bildungssprache durch Gogolin und Kollegen sind in ihren älteren Publikationen noch als heterogen zu bezeichnen (vgl. zur Kritik daran auch Uesseler et al. 2013: 44). Im Bericht zum DFG-Projekt „Mathematiklernen im Kontext sprachlich-kultureller Diversität" betrachten Gogolin et al. (2004) auch fach- und bildungssprachliche Merkmale, wie „fachsprachliche Redemittel" (vgl. Gogolin et al. 2004: 43) – womit allerdings v. a. geometrische *Termini* gemeint zu sein scheinen. Bei der Analyse des „mathematisch-fachsprachliche[n] Repertoire[s]" (Gogolin et al. 2004: 73) wird zusätzlich die *lexikalische Dichte* (nach Halliday 1987; 1989) analysiert, die von den Autoren als die Anzahl der lexikalischen Einheiten („Inhaltswörter") dividiert durch die Anzahl der grammatischen Einheiten („Strukturwörter") insgesamt gemessen

---

46 Als sprachliche Risikogruppen bezeichnet Thürmann (2012: 3) zum einen Schüler/-innen mit Migrationshintergrund, zum anderen aber auch Schüler/-innen aus bildungfernen Familien oder aus Familien mit niedrigem sozioökonomischen Status (vgl. ähnlich auch Vollmer & Thürmann 2010: 107).

wird.[47] Eine hohe lexikalische Dichte wird von Halliday (1989: 61–75) der „written language" zugeordnet. Gogolin et al. (2004) ziehen aus den Ergebnissen ihrer Analysen indes die Schlussfolgerung, dass „[i]n Bezug auf spezifisch mathematik-orientiertes Sprechen [...] eine hinreichende Anzahl präzise gebrauchter *grammatischer* Einheiten als Steuerungselemente notwendig sind [sic!]" (Gogolin et al. 2004: 76; Hervorheb. K. K.-S.), wie bestimmte anaphorische und kataphorische Pronomen. In der „fachbezogenen Sprachstandsanalyse" (Gogolin et al. 2004: 81) werden zusätzlich Passivkonstruktionen, Nominalisierungen und unpersönliche Wendungen (vgl. Gogolin et al. 2004: 82) als fach- bzw. bildungssprachliche Mittel genannt.[48] Roth et al. (2007: 59) führen in ihrem Bericht zum *Schulversuch bilinguale Grundschulklassen in Hamburg* zusätzlich „Konjunktiv", „Konstruktionen mit ‚lassen'", „Komposita" und „Attribute" auf. Sie unterscheiden mit Hilfe von Faktorenanalysen dann einen sogenannten „umgangssprachliche[n]" von einem „akademische[n]" und einem „elaborierten Modus" (Roth et al. 2007: 59). Der umgangssprachliche Modus ist gekennzeichnet durch eine erhöhte Nutzung von sprechsprachlichen Floskeln, umgangssprachlichen Wendungen, Satzgefügen und (m. E. erwartungswidrig) Attributen. Der akademische Modus zeichnet sich durch den frequenten Gebrauch von Substantivierungen und Komposita aus und geht mit dem „hochfrequenten Einsatz von Verben sowie unpersönlichen Ausdrücken und Konnektoren" (Roth et al. 2007: 59) einher. Der elaborierte Modus umfasse „die verbalen Anteile des Konjunktivs und des Passivs" (Roth et al. 2007: 59). Es wird jedoch nicht genau erläutert, wie sich der solchermaßen festgestellte akademische Modus und der elaborierte Modus entwicklungslogisch zueinander verhalten.

Die bisher strukturierteste Zusammenstellung von (möglichen) Merkmalen der Bildungssprache, die aus dem FörMig-Projekt hervorgegangen ist, bietet m. E. Riebling (2013: 133–148), die so etwas wie eine Metaanalyse der (im Kontext des FörMig-Projekts) häufig genannten bildungssprachlichen Merkmale durch-

---

47 Während Halliday (1993: 76) in seinen Analysen des „scientific english" zur Bestimmung der lexikalischen Dichte die Anzahl der lexikalischen Wörter pro Satz betrachtet und Pohl (2007b: 405–406) sogar die lexikalische Dichte der Substantivgruppen analysiert. – Bei der Berechnung der lexikalischen Dichte in Gogolin et al. (2004: 74) ergibt sich jedoch das Problem, dass unter Hinzuziehung der oben genannten Formel zur Berechnung der lexikalischen Dichte und mit den angegebenen Werten für die Anzahl der lexikalischen vs. grammatischen Items die dort in Tabelle IV-5 aufgeführten Werte nicht nachzuvollziehen sind. Bei Nachberechnung ergeben sich für alle Spalten der letzten Zeile andere Werte.
48 Die Autoren nennen außerdem „lexikalische [...] Wendungen" (Gogolin et al. 2004: 82) – allerdings ist nicht klar dargestellt, was genau damit gemeint ist.

führt.[49] Dabei unterscheidet sie *lexikalische Merkmale* von *grammatischen Merkmalen*. Im Folgenden ist die von Riebling erstellte tabellarische Aufstellung der *lexikalischen Merkmale* der Bildungssprache abgedruckt (vgl. Tabelle 4). Für die grammatischen Merkmale gibt sie solch eine Aufstellung leider nicht; deswegen wird sie von mir aus den Ausführungen Rieblings im Anschluss synthetisiert.

Tabelle 4: Lexikalische Mittel der Bildungssprache aus Riebling (2013: 134)

Lexikalische Mittel	Beispiele
Fachwörter	*Metapher, Oligarchie, Ökosystem*
nichtfachliche Fremdwörter	*Definition, Desiderat*
wenig gebräuchliche Wörter	*Obhut, Salzbergwerk*
unpersönliche Ausdrücke	*man, der Autor, lässt sich*
differenzierende und abstrahierende Ausdrücke	*hochverdichtet, dünnflüssig*
anaphorische und kataphorische Referenten	*diese/-r/-s, jene/-r/-s, hier, dort*
Nominalisierungen	*Durchmesser, Generator, Erzeugung*
Komposita	*Winkelmesser, Periodensystem*
Präfix-/Suffixverben und -adjektive	*erhärten, aufnehmen, verformbar*
unflektierbare Formwörter	dagegen, während, obgleich
Abkürzungen	OECD, cm, m
Operatoren	beschreiben, analysieren, vergleichen

Dass hier die Fachwörter auch unter dem Oberbegriff der Bildungssprache aufgeführt werden, könnte auf die Vermittlungsfunktion von Bildungssprache zwischen Fachsprache und Alltagssprache/Umgangssprache zurückgeführt werden (vgl. Abschn. 2.2.6).

Bei der Beschreibung der *grammatischen Merkmale* folgt Riebling zunächst Schleppegrells Ausführungen (2004) und diskutiert Aspekte grammatischer Metaphorik nach Halliday (1993) (vgl. Riebling 2013: 140; vgl. auch Abschn. 2.2.3). Sie bezieht sich außerdem auf eine unveröffentlichte Handreichung von Reich aus dem Jahr 2008, nach der u. a. unpersönliche Konstruktionen (Passiv und Passiversatzformen), Satzgefüge, Funktionsverbgefüge, erweiterte Attribute (Adjektivattribute, Partizipialattribute, Präpositionalattribute, Genitivattribute) und Nominalkomposita als grammatische Merkmale der Bildungssprache gelten können (vgl. Riebling 2013: 145).[50] Zusammenfassend ist für sie auf grammatischer Ebene

---

49 Eine weitere, umfassende Aufstellung möglicher bildungssprachlicher Merkmale nimmt Hövelbrinks (2014: 104–109) vor.

50 Dass somit Komposita und Nominalisierungen sowohl unter den lexikalischen als auch den grammatikalischen Merkmalen aufgeführt sind, merkt Riebling (2013: 134) selbst an.

der Bildungssprache der „Nominalstil[.]" (Riebling 2013: 147) kennzeichnend. Gantefort (2013: 90) konstatiert, dass „ein relativ breiter Konsens über die einzelsprachlichen Mittel des bildungssprachlichen Registers des Deutschen besteht."

Insgesamt überwiegt die Beschreibung von bildungssprachlichen Merkmalen auf lexikalischer und syntaktischer Ebene. Reich (2008) führt nach Gogolin und Lange (2011: 113) auch einige *diskursive Merkmale* der Bildungssprache auf:

- eine klare Festlegung von Sprecherrollen und Sprecherwechsel;
- ein hoher Anteil monologischer Formen (z. B. Vortrag, Referat, Aufsatz);
- fachgruppentypische Textsorten (z. B. Protokoll, Bericht, Erörterung);
- stilistische Konventionen (z. B. Sachlichkeit, logische Gliederung, angemessene Textlänge)
  (Reich 2008, zitiert nach Gogolin & Lange 2011: 113)

Auch wenn Vollmer und Thürmann (2010) und Vollmer (2011) den Terminus *Schulsprache* (vgl. Abschn. 2.2.5.) nutzen, werden ihre Überlegungen in diesem Kapitel zur Bildungssprache aufgeführt, da sie – im Gegensatz zu Feilke (2012a, 2012b) – Schulsprache der Bildungssprache nicht konträr gegenüberstellen (vgl. auch Abschn. 2.2.5). Sie systematisieren auf *textuell-diskursiver Ebene* sogenannte schulsprachliche *Diskursfunktionen* und definieren sie. Die Diskursfunktionen sind das Ergebnis von fächerübergreifenden Curriculaanalysen und Unterrichtsbeobachtungen im Auftrag des Europarats. Diskursfunktionen sind für Vollmer und Thürmann (2010: 115) und Vollmer (2011: 1) *sprachliche* und zugleich *kognitive* Operationen:

> Entscheidend ist […], dass es bei diesen Funktionen nicht allein um die sprachliche Seite geht, sondern ebenso um die kognitive Leistung, die sich in der Art der Versprachlichung niederschlägt: Beides gemeinsam wird mit dem Funktionsverb ausgedrückt, insofern besteht eine gewisse Nähe zu den sog. Operatoren. (Thürmann & Vollmer 2013: 225)

Diese Diskursfunktionen werden von Vollmer und Thürmann (2010: 116–117) in Makro- und Mikrofunktionen eingeteilt, wobei die Autoren nur die Makrofunktionen unterdifferenzieren. Vollmer (2011: 2) nennt folgende acht Funktionen 1) AUSHANDELN, 2) ERFASSEN/BENENNEN, 3) BESCHREIBEN/DARSTELLEN, 4) BERICHTEN/ERZÄHLEN, 5) ERKLÄREN/ERLÄUTERN, 6) ARGUMENTIEREN/STELLUNG NEHMEN, 7) BEURTEILEN/(BE)WERTEN, 8) SIMULIEREN/ MODELLIEREN.[51] Von den Diskursfunktionen unterscheiden die Autoren hin-

---

51 In der Aufstellung von Vollmer und Thürmann (2010: 117) fehlen noch das BERICHTEN/ ERZÄHLEN und das SIMULIEREN/MODELLIEREN. An der Modellierung der Diskursfunktionen

gegen die schulischen Textsorten, denn in diesen können auch „mehrere Diskursfunktionen [...] kombiniert werden" (Vollmer & Thürmann 2010: 118). Hövelbrinks kodiert Diskursfunktionen induktiv an Unterrichtsinteraktionen im Sachunterricht der ersten Klasse und findet 11 verschiedene Diskursfunktionen für den frühen naturwissenschaftlichen Unterricht (vgl. Hövelbrinks 2014: 155).

Feilke (2012a: 10) kritisiert an den Aufstellungen bildungssprachlich relevanter Merkmale,[52] dass „kaum darauf eingegangen [wird], wie sprachliche Formen vom Handeln her kognitive Funktionen und die Erkenntnisleistung stützen" (vgl. ähnlich auch Morek & Heller 2012: 83).[53] Deswegen soll im Folgenden ein stärkerer Blick auf die Funktionsseite der Bildungssprache geworfen werden. Feilke selbst präsentiert eine Aufstellung, in der „Merkmale der Bildungssprache mit solchen Gebrauchsfunktionen in Zusammenhang gebracht werden" (Feilke 2012a: 10). Die Bildungssprache verfüge über vier Gebrauchsfunktionen oder „Sprecher-Strategien": das „Explizieren", das „Verdichten", das „Verallgemeinern" und das „Diskutieren" (Feilke 2012a: 8–9). Diesen ordnet Feilke sprachliche Mittel zu (vgl. Tabelle 5), von denen einige schon in den obigen Aufstellungen enthalten sind, andere aber noch fehlen, wie beispielsweise Modalverben, die der Sprecherstrategie des Diskutierens zugeordnet sind (vgl. Feilke 2012a: 8–9).

---

nach Vollmer und Thürmann ist u. a. zu hinterfragen, ob das BERICHTEN/ERZÄHLEN nicht doch in zwei eigenständige Diskursfunktionen aufzugliedern ist.

52 Feilkes Kritik bezieht sich u. a. auch auf die Aufstellung von Bredel et al. (2011: 213), die *Alltagssprache* und *Fachsprache* gegenüberstellen.

53 Pohl (2007b: 98) kritisiert in seinen Überlegungen zur *Wissenschaftslinguistik* hingegen die von ihm so bezeichnete „*Strategie der funktionalen Ableitung [...]*, die sprachlich-textuelle Struktur- und Ausdruckseigenschaften unmittelbar mit funktionalen Setzungen verrechnet." Relativierend fügt er aber hinzu, dass die „Argumentationsstrategie der funktionalen Ableitung nichts wirklich Falsches" behaupte, „sie verkürzt aber die Verhältnisse in unzureichendem Maße" (Pohl 2007b: 99). Diese Strategie suggeriere „erstens, dass die diagnostizierten Ausdruckseigenschaften *immer* funktional ausfielen, zweitens, dass *nur* die vorfindlichen Ausdruckseigenschaften der angenommenen Funktion entsprächen, drittens, dass man Ausdruckseigenschaften unmittelbar, d. h. ein-eindeutig mit funktionalen Aspekten in Beziehung setzen könne und dass viertens – auf den Erwerb bezogen – derjenige, der über die funktionalen Anforderungen wissenschaftlicher Texte Kenntnis hat, automatisch zu deren ausdrucksseitigen Charakteristika gelangen könne. – Alle vier Annahmen sind unhaltbar" (Pohl 2007b: 99). Vgl. für die ausführliche Argumentation Pohl (2007b: 97–111).

Tabelle 5: Leistungen der Bildungssprache (nur leicht interpunktorisch verändert) nach Feilke (2012a: 8–9)

Sprecher-Strategie *Explizieren*

Leistungsbeschreibung	*sprachliche Mittel*
Sachverhalte und ihre Zusammenhänge für den Leser möglichst nachvollziehbar, d. h. explizit darstellen und fokussieren	komplexe Adverbiale, Attribute und Sätze, explizite Konnexion[,] z. B. konditionale und finale Konstruktionen, z. T. mit spezifischen semantischen Effekten, z. B. *während* als adversativer Konnektor

---

Sprecher-Strategie *Verdichten*

Leistungsbeschreibung	*sprachliche Mittel*
Sachverhalte, die expliziert und bekannt sind, sprachlich ohne finites Verb ausdrücken und in neue Aussagen integrieren	Nominalisierung (*das Lesen, der Abbau, die Zusammenfassung*)
	Komposita (*Meereshöhe*)
	Partizipialattribute (*die siedende Flüssigkeit*)
	Präpositionaladverbiale (*unter Druck, durch Erhitzen*)
	Funktionsverbgefüge und Nominalisierungsverbgefüge (*zum Kochen bringen, zur Diskussion stellen, in Verbindung bringen, in Betracht ziehen, die Frage stellen, zur Frage führen*)
	Die Mittel beruhen auf grammatischen Prozessen, sind aber großenteils lexikalisch im bildungssprachlichen Wortschatz verfügbar.

Sprecher-Strategie *Verallgemeinern*

Leistungsbeschreibung	*sprachliche Mittel*
Sachverhalte als unabhängig von persönlichen, zeitlichen und lokalen Situationsbezügen darstellen und als allgemein gültig behaupten	verallgemeinernde (generische) Formen, z. B. Verwendung der 3. Person, Vermeidung der 1. und 2. Person, Ausblendung des Handlungsträgers (Deagentivierung, z. B. Passiv-, *man*-, *lassen*-Konstruktionen)[,] z. B. *es wird gezeigt, dass; man kann zeigen, dass; es lässt sich zeigen, dass; kommt es dazu, dass*
	generischer Artikelgebrauch, generisches Präsens (*Die Katze fängt Mäuse*)
	generisches Passiv (*in X wird Steinsalz abgebaut*),
	Stützung durch lexikalische Mittel (Modalpartikel: *ohne Zweifel, unter allen Umständen* etc.) und Textroutinen, z. B. Definieren

---

Sprecher-Strategie *Diskutieren*

Leistungsbeschreibung	*sprachliche Mittel*
Sachverhalte als „Gegenstände" eines Fachdiskurses vorstellen und Behauptungen als hypothetisch, vorläufig und diskussionswürdig darstellen	Modalverben (*kann es dazu kommen, dass*) Modalisierungen[,] z. B. Konjunktivformen (*würde bedeuten, dass*[;] *hätte zur Folge, dass*), konzessive Konstruktionen (z. B. *wenn auch, ... so doch; zwar ... aber*)
	Stützung durch lexikalische Mittel und entsprechende Textroutinen; z. B. Konzedieren; konditionale und modale Adjektive und Adverbien bzw. geprägte Adverbiale[,] z. B. *unter dieser Voraussetzung, unter diesem Aspekt,*
	bildungssprachliche Sprechaktverben (*etw. angeben, behaupten, in Fragestellen, zur Diskussion stellen, in Betracht ziehen, in Zweifel ziehen* etc.)

Die von Riebling (2013) aufgeführten bildungssprachlichen Merkmale (siehe oben) sind v. a. den Gebrauchsfunktionen *Explizieren, Verdichten* und *Verallgemeinern* zuzuordnen. Hinsichtlich der Funktion des *Verdichtens* ist m. E. anzumerken, dass an dieser Stelle die funktionale „Leistungsbeschreibung" noch nicht weit genug reicht. Denn die Funktionsbeschreibung verbleibt ggf. noch zu sehr auf sprachlicher Seite: „Sachverhalte[n], die expliziert und bekannt sind, sprachlich ohne finites Verb ausdrücken und in neue Aussagen integrieren" (Feilke 2012a: 8). Das Ausdrücken „ohne finites Verb" ist ja selbst die Beschreibung eines sprachlichen Mittels und nicht im engeren Sinne eine Funktion bzw. Leistung. Insgesamt ist ferner zu überlegen, ob noch weitere Leistungen der Bildungssprache ergänzt werden könnten.

Auch Morek und Heller (2012: 70) differenzieren drei Funktionen von Bildungssprache: Erstens eine kognitive resp. „[e]pistemische Funktion" als „*Werkzeug des Denkens*", die vor allem in den Arbeiten Cummins', aber auch in der oben referierten Systematisierung Feilkes (2012a) oder den Diskursfunktionen von Vollmer und Thürmann (2010) aufscheint. Auch Halliday (1993: 70) betont den engen Zusammenhang zwischen Sprache und Denken, wenn er konstatiert: „It would not be possible to represent scientific knowledge entirely in commensense wordings."[54] Ob bildungssprachliche Mittel wirklich *notwendig* sind, um komplexe, wissenschaftliche Inhalte zu verstehen resp. überhaupt denken zu

---

54 Gantefort (2013: 89) bezieht Überlegungen zu kognitiven bildungssprachlichen Fähigkeiten vor allem auf die allgemeinsprachliche Ebene nach Coseriu (z. B. 1994: 10).

können, ist m. E. eine Frage, die weiterhin empirischer Klärung bedarf. Zweitens führen Morek und Heller (2012: 70) die „[k]ommunikative Funktion" der Bildungssprache als *„Medium von Wissenstransfer"* an. M. E. findet sich hier aber ein Abgrenzungsproblem zwischen der kommunikativen und der epistemischen Funktion von Bildungssprache, wenn die Autorinnen bei der Diskussion der kommunikativen Funktion das oben schon referierte Habermas-Zitat anführen, Bildungssprache diene dazu, „sich mit den Mitteln der Schulbildung ein allgemeines Orientierungswissen [zu] verschaffen" (Habermas 1977: 39). Besser passend scheint hier die Anführung der Bildungssprache in ihrer Vermittlungsfunktion zwischen Fachsprache und Alltagssprache zu sein (wie bei Ortner 2009: 2232; vgl. Morek & Heller 2012: 74). Die letzte von Morek und Heller (2012: 70) angeführte Funktion ist die „[s]ozialsymbolische Funktion" oder *„[u]ngleichheitsreproduzierende Funktion"* (Morek & Heller 2012: 77) der Bildungssprache als *„Eintritts- und Visitenkarte"* (Morek & Heller 2012: 70). Bei den Ausführungen zur Bildungssprache als *Eintrittskarte* stützen sich die Autorinnen v. a. auf Arbeiten Bourdieus, der Bildungssprache als „kulturelles Kapitel" bezeichnet (vgl. Morek & Heller 2012: 78), über das aber v. a. mittelschichtferne Kinder nicht verfügten.[55] Sie könnten dieses kulturelle Kapital auch in der Schule nicht erwerben, weil bildungssprachliche Fähigkeiten dort kaum jemals explizit vermittelt, sondern implizit vorausgesetzt würden. Darauf stützen sich auch die Beschreibungen von Sprache als das „Hidden Curriculum of Schooling" (Christie 1985: 37; vgl. ähnlich auch Gogolin & Lange 2011: 111). Im Sinne einer *„Visitenkarte"* hat Bildungssprache nach Morek und Heller (2012: 79) außerdem die Funktion der „Selbst- und Fremddarstellung".

Morek und Heller (2012) selbst entwickeln ein Konzept der „bildungssprachliche[n] Praktiken" (Morek & Heller 2012: 84), in dem Bildungssprache wie bei Schleppegrell (2004) als Register angesehen wird, das in Interaktion mit seinen Kontexten analysiert werden solle; v. a. der „institutionelle Kontext Schule" (Morek & Heller 2012: 83) komme so in den Blick. Für den Begriff der *bildungssprachlichen Praktiken* spielt das Konstrukt der *„Kontextualisierungskompetenz"* (Morek & Heller 2012: 88), das in den Veröffentlichungen von Quasthoff und Kolleg/-innen immer wieder relevant wird (vgl. z. B. Quasthoff 2009: 90; Ohlhus & Stude 2009: 472), eine zentrale Rolle (vgl. bei Morek & Heller 2012: 89). Morek und Heller definieren Kontextualisierungskompetenz folgendermaßen:

> Bei Kontextualisierungskompetenz geht es darum, zu wissen, wann welche Art von Äußerung innerhalb eines Gesprächskontextes angeschlossen werden muss [...]; dazu gehört

---

55 Hier zeigen sich deutliche Affinitäten zu den Überlegungen Bernsteins (vgl. Abschn. 2.2.1).

auch die Fähigkeit zur aktiven Kontextualisierung, d. h. zur Schaffung von Kontexten für das eigene sprachliche Handeln. (Morek & Heller 2012: 88)

Diese Definition ist durch die Vermischung von zwei Aspekten nicht ganz trennscharf: erstens, einen Gesprächsbeitrag anzuschließen und zweitens „Kontexte für das eigene sprachliche Handeln selbst (sprachlich) zu schaffen, also aktiv zu *kontextualisieren*" (Quasthoff 2009: 90). Mit ersterem ist eine genuin *diskursive* Fähigkeit genannt, mit zweitem eine *textuelle* Fähigkeit, die in besonderer Weise relevant wird, wenn zerdehnte Kommunikationssituationen sensu Ehlich (2007 [1984]) vorliegen und „informationelle[.] Selbstversorgtheit des Sprachwerks" (Pohl 2014: 119) notwendig wird. Der Aspekt der *Kontextreduziertheit* nach Cummins (2000: 68) ist hier anschlussfähig, ebenso wie die distanzsprachliche Kommunikationsbedingung der *Situationsentbindung* nach Koch und Oesterreicher (1986: 23).[56] Dieser zweite Aspekt aus Moreks und Hellers Definition kommt dem Verständnis der „Fähigkeit zur [...] Dekotextualisierung" nach Feilke und Augst (1989: 310) nahe. Bei dieser sei das „Fehlen des sympraktischen Umfeldes und komplementär der verstärkte Einfluß des synsemantischen Umfeldes" (Feilke & Augst 1989: 310) vor allem für die mediale Schriftlichkeit problemverschärfend. Aber auch für medial mündliche Situationen, die konzeptionelle Schriftlichkeit erfordern, bestehen verstärkte Anforderungen an Dekotextualisierungsfähigkeiten (vgl. auch Feilke 2012a: 6). Als eine auf „school literacy" bezogene schulische Aufgabe, in der dekontextualisierte sprachliche Fähigkeiten besonders relevant werden, führen Snow et al. (1989: 238, 240) beispielsweise das *formale Definieren* an. Hasan (2001), die sich mit der Ontogenese dekontextualisierten Sprachgebrauchs in Mutter-Kind-Interaktion beschäftigt, will eine genaue Unterscheidung „between context dependent and context independant talk" (Hasan 2001: 55) herausarbeiten und entwirft dafür eine sehr differenzierte Klassifikation der Diskurskontexte:

Tabelle 6: Klassifikation von Diskurskontexten nach Hasan (2001: 54)

Verbal action	Ancillary	Constitutive	Context in relation to the speaker
Context type			
Actual	Immediate	Displaced	Sensible
Virtual	–	Virtual	Intelligible

---

56 *Situationsentbindung* erweist sich damit als anschlussfähig an viele der bisher dargestellten Konzepte der Unterrichtssprache (vgl. auch Abschn. 2.2.5 zur *Schulsprache*).

Hasan unterscheidet zwei Kontexttypen (vgl. Tabelle 6): *aktuelle* und *virtuelle* Kontexte. Aktuelle Kontexte sind auf Erfahrung basierend und essentiell den Sinnen zugänglich (vgl. Hasan 2001: 54). Währenddessen ist ein Kontext virtuell, wenn er nicht physisch wahrnehmbar ist (vgl. Hasan 2001: 53) und nur aus „the said and the imagined" (Hasan 2001: 54) besteht. Generalisierende Operationen beziehen sich zumeist auf virtuelle Kontexte.

Auf diesen Überlegungen aufbauend definiert Hasan *dekontextualisierten Diskurs* sehr eng, dafür aber pointiert:

> A discourse is decontextualised/disembedded, not because what it refers to is not physically present to the senses here and now, but because it refers to something that is by its very nature incapable of being present in any spatio-temporal location whatever: It is simply not sens-ible. The virtual context of situation is an entirely text-based reality, brought into existence by constitutive verbal action [...]. (Hasan 2001: 54)

Die zweite Distinktion, die Hasan einführt, betrifft die Bedeutung der Sprache in einer Situation: Sie kann der konkreten Aktion in einer Situation *nebengeordnet* sein („[a]ncillary", Hasan 2001: 54) oder sie kann *konstitutiv/konstituierend* für die Situation sein. Virtuelle Kontexte sind immer mit konstitutiven/konstituierenden sprachlichen Handlungen verbunden. Typische aktuelle Kontexte sind demgegenüber mit der unmittelbaren sprachlichen Bezugnahme („[i]mmediate") auf Situationselemente verbunden. Es sind aber auch aktuelle Kontexte denkbar, in denen Sprache nicht unmittelbar auf Kontextelemente, sondern versetzt („[d]isplaced"; Hasan 2001: 54), durch die Zeit hinweg, auf Kontextelemente verweist, z. B. in der Erzählung eines Wochenenderlebnisses im Morgenkreis. Man kann also ein Kontinuum der stärkeren Dekontextualisierung entwerfen: von 1) actual/immediate über 2) actual/displaced zu 3) virtual/virtual.[57] Mit dem Dekon-

---

57 In ihren Analysen von Mutter-Kind-Interaktion greift Hasan (2001) zudem auf die Konzepte der *Klassifikation* und *Rahmung* nach Bernstein zurück (vgl. Abschn. 2.2.1), um Situationen beschreiben zu können, die dem Erwerb dekontextualisierter Sprache besonders förderlich sind. Hasans Argumentation zufolge sind dies solche Situationen mit einem niedrigen Ausmaß an Klassifikation und einem niedrigen Ausmaß an Rahmung, also Situationen mit geringer inhaltlicher und diskursiver Kontrolle. Geringe *Klassifikation* verweist auf Situationen, die nicht an einen spezifischen Interaktionsinhalt gebunden sind, sondern offen sind/geöffnet werden für die Bezugnahme auf unterschiedliche Inhalte – somit sei die Integration unterschiedlicher Kontexte in die aktuelle Situation und die „permeability" (Hasan 2001: 63) des Kontexts möglich. Ein niedriges Ausmaß an *Rahmung* bezieht sich auf eine geringe Kontrolle der Interaktion, was dem Interaktionspartner Freiheiten lasse, sich auf andere Kontexte als den aktuellen Kontext zu beziehen (vgl. Hasan 2001: 62–63). Infolgedessen kritisiert Hasan (2001: 72) auch die im schulischen Unterricht vorherrschende starke Rahmung, wie sie sich in der „kommunikativen Ordnung des

textualisierungskonzept von Hasan (2001) liegt nun eines vor, das differenzierter und spezifizierter erscheint als das im Konstrukt der Kontextualisierungskompetenz nach Morek und Heller (2012) angelegte.

Durch die Überlegungen von Feilke (2012a) und auch Morek und Heller (2012) wurden stärker funktionale Aspekte in den Diskurs um bildungssprachliche Merkmale eingebracht. Bei der Arbeit mit dem Konzept von Koch und Oesterreicher (1986) im Rahmen der Analyse unterrichtlicher Interaktionen demgegenüber werden funktionale Aspekte insbesondere unter Rückbeziehung der Versprachlichungsstrategien auf die Kommunikationsbedingungen relevant.

Der Zusammenhang von Bildungssprache mit konzeptioneller Schriftlichkeit wird von Gogolin und Kolleg/-innen immer wieder betont, z. B. in folgenden Zitaten (vgl. ähnlich später auch Gogolin & Lange 2011: 111):

> Schulische Kommunikation hat auch dann, wenn sie sich mündlich vollzieht, tendenziell die *konzeptionellen Merkmale der Schriftlichkeit*. (Gogolin 2004: 106; Hervorheb. K. K.-S.)

> Im Konstrukt ‚Bildungssprache der Schule' sind *Gesetzmäßigkeiten der formalen, geschriebenen Sprache* wirksam: ‚*Schriftförmigkeit*' ist ein wesentliches Merkmal schulischer Kommunikation, und zwar auch dann, wenn sie sich mündlich vollzieht. Die Besonderheiten der ‚Bildungssprache der Schule' können in Anlehnung an M. A. K. Hallidays Differenzierung gesprochener und geschriebener Sprache beschrieben werden (vgl. Halliday 1989). Demnach ist *konzeptionelle Schriftlichkeit* durch hohe Informationsdichte gekennzeichnet; sie ist situationsentbunden, arbeitet stark mit symbolischen, generalisierenden und abstrahierenden sowie kohärenzbildenden Redemitteln in textuellen Strukturen. (Gogolin 2006: 82; Hervorheb. K. K.-S.)

> [Bei der Bildungssprache] handelt es sich um eine Variante der Sprache – jedweder, nicht speziell der deutschen – die die Merkmale *konzeptioneller Schriftlichkeit* trägt, und zwar tendenziell auch dann, wenn es sich um Sprache *im Medium des Mündlichen* handelt. (Gogolin 2007: 73; Hervorheb. K. K.-S.)

Auffallend an diesen Zitaten ist einerseits der immer wiederkehrende Bezug auf konzeptionelle Schriftlichkeit; auffallend ist andererseits, dass ein expliziter Verweis auf die Autoren des Konzepts (Peter Koch und Wulf Oesterreicher) jeweils sowohl im Text als auch im Literaturverzeichnis fehlt; stattdessen findet sich ein Bezug auf Hallidays Monographie zu „Spoken and Written Language" (1989), die allerdings stärker allein auf die mediale Dimension von Mündlichkeit und Schriftlichkeit fokussiert ist als die Konzeptionsdimension von Koch und Oester-

---

Unterrichts" (Becker-Mrotzek & Vogt 2009: 179) niederschlägt, weil sie der Entwicklung dekontextualisierter Sprache entgegenwirken könne.

reicher (1986).[58] Da oben schon argumentiert wurde, dass in den Konzepten der im Unterricht geforderten Sprache von Bernstein, Cummins und auch Schleppegrell/Halliday, auf die sich Gogolin, wie beschrieben, bezieht, deutlich Aspekte konzeptioneller Schriftlichkeit nachzuweisen sind, ist es nicht verwunderlich, dass auch Gogolins Konzept der *Bildungssprache* darauf beziehbar ist. Auch bei weiteren Autoren, die den Begriff der Bildungssprache nutzen, finden sich ähnliche Querverweise (vgl. z. B. Ahrenholz 2010: 16; Ahrenholz 2013b: 87; Hövelbrinks 2014: 320). Ortner (2009) formuliert:

> *Über Bildung verfügen* bedeutet in diesem Zusammenhang, dass Themen aus dem Bereich des Alltags- und Orientierungswissens auf der Basis vertiefter und erweiterter Wissensbestände entfaltet werden können – **auf einem meist von den Normen der konzeptuellen Schriftlichkeit bestimmten Niveau.** (Ortner 2009: 2234; Hervorheb. in Fettdruck K. K.-S.; vgl. auch Ortner 2009: 2228)

Nach Riebling (2013: 120) ist sowohl Bildungssprache „als Sprache der Distanz ebenso wie die Fach- und Wissenschaftssprache konzeptionell schriftlich" geprägt. Konzeptionelle Schriftlichkeit erscheint hier als allgemeineres, übergreifendes Konstrukt. Auch Feilke (2012a: 6) sieht Bildungssprache als Teil des umfassenderen Konzepts *Schriftsprache* an:[59]

> [Bildungssprache] kann – wie etwa auch Rechtssprache, Wissenschaftssprache, Literatursprache – nach außen hin als **Teil des umfassenderen Bereichs der *Schriftsprache*** aufgefasst werden. [...] Das Register der Bildungssprache ist **kommunikativ auf vorwiegend**

---

58 Auch wenn ein kontinualer Konzeptionsgedanke in Hallidays Studien nicht im Vordergrund steht, finden sich in seinen Arbeiten indes immer wieder Reflexionen zu diesem Sujet, wie in folgender Fundstelle: „At other times, however, spoken and written language are not so far appart. They represent different registers within a single language, and, as such, are not clearly defined categories but rather clusterings of particular tendencies [...]. This allows for all kinds of intermediate and approximating varieties, where other factors come into play to determine the forms the language takes: level of formality, topic under discussion, and so on" (Halliday 1989: 42; vgl. auch Halliday 1987: 66, 69). Hinzuzuziehen ist außerdem die *mode*-Konzeption von Halliday und Kollegen, die auch auf *konzeptionelle* Aspekte von Mündlichkeit und Schriftlichkeit verweist (vgl. Halliday & Hasan 1989; vgl. auch Abschn. 2.2.3).
59 Die von ihm erstellte Grafik (vgl. Feilke 2012a: 6) legt jedoch nahe, dass Bildungssprache nur zu einem Teil als schriftsprachlich resp. konzeptionell schriftlich bezeichnet werden kann, denn die dargestellten Kreise, die beides repräsentieren, überschneiden sich nur zum Teil. Angemessener wäre m. E. eine Darstellung, bei der ein größerer Kreis, der die konzeptionelle Schriftlichkeit repräsentiert, die Bildungssprache (und auch die dargestellte „Literatursprache", „Rechtssprache" und „Wissenschaftssprache") mit umfasst.

schriftliche Situationen bezogen, auch wenn es zugleich medial mündlich im Gebrauch ist. (Feilke 2012a: 6; Hervorheb. in Fettdruck K. K.-S.)

Die Präsentation der verschiedenen Zitate zum Zusammenhang zwischen *konzeptioneller Schriftlichkeit* und *Bildungssprache* soll illustrieren, dass eine Beschreibung von Bildungssprache als konzeptionell schriftlich geprägtes Register in der Literatur häufig vorgenommen wird. Nichtsdestotrotz ist festzustellen, dass eine daraus folgende Ableitung bildungssprachlicher Merkmale aus dem Konstrukt der konzeptionellen Schriftlichkeit systematisch noch nicht vorgenommen wurde – geschweige denn eine Klärung dessen, was unter konzeptioneller Schriftlichkeit zu verstehen ist und wie sie zu operationalisieren ist. Auch wurde noch nicht vorgeschlagen, bei der Analyse von Unterrichtsinteraktion mit dem allgemeineren, übergreifenden Konzept der konzeptionellen Schriftlichkeit zu arbeiten, statt das Konstrukt *Bildungssprache* in den Vordergrund zu stellen.[60] Vereinzelt wird jedoch auch Kritik an einer Bestimmung von Bildungssprache als konzeptionell schriftlich geäußert. Uesseler et al. (2013: 48) beispielsweise kritisieren eine Beschränkung auf die Untersuchung konzeptionell schriftlicher Merkmale in Unterrichtsinteraktion als zu wenig funktional orientiert. Morek und Heller (2012: 89–90) beanstanden an den bisherigen Aufstellungen bildungssprachlicher Merkmale, dass sie zumeist an *medial schriftlichem* Material gewonnen wurden, trotzdem aber ihre Relevanz auch für *medial mündliche* Situationen betont werde. Dem Aspekt der Medialität müsse noch stärker Beachtung geschenkt werden (vgl. Morek & Heller 2012: 89). Einerseits ist dies natürlich eine berechtigte Forderung, welcher durch vorliegende Untersuchung medial mündlicher Unterrichtsinteraktion nachgekommen werden soll. Andererseits wird durch eine zu starke Fokussierung des medialen Aspekts aber m. E. das Potential einer kontinualen Beschreibung von konzeptioneller Schriftlichkeit, wie sie im Konzept von Koch und Oesterreicher (1986: 17) begründet ist, verschenkt. Nicht nur für einen Vergleich medial mündlicher gegenüber medial schriftlicher Bildungssprache ist diese nämlich sehr vorteilhaft, sondern auch für einen Vergleich der Nutzung von bildungssprachlichen Struktur- und Ausdrucksformen über die Altersachse – also für entwicklungsbezogene Untersuchungen wie in dieser Studie. Gogolin und Lange (2011: 118–119) und auch Riebling (2013: 125–128) sprechen in diesem entwicklungs- oder veränderungsbezogenen Sinn von einer *vertikalen* Dimension

---

60 Die Überlegungen von Cantone und Haberzettl (2008) und Gruhn und Haberzettl (2011) gehen allerdings in diese Richtung, da sie „Schuldeutsch" u. a. als konzeptionelle Schriftlichkeit operationalisieren (vgl. Gruhn & Haberzettl 2011: 188).

der Bildungssprache (im Gegensatz zur *horizontalen* Dimension, die sich u. a. auf einen Fächervergleich bezieht; vgl. Riebling 2013: 128–132).

2.2.5 Schulsprache

Feilke (2012a, 2012b) grenzt *Schulsprache* unter Rückgriff auf die Ausführungen von Cathomas (2007) von Bildungssprache ab. Schulsprache ist nach Feilke viel stärker allein auf die Institution *Schule* bezogen als das Konstrukt der Bildungssprache und auch nur dort historisch entstanden. Ebendaher definiert er Schulsprache im engeren Sinne folgendermaßen:

> Unter Schulsprache i. e. S. verstehe ich auf das Lehren bezogene und für den Unterricht zu didaktischen Zwecken gemachte Sprach- und Sprachgebrauchsformen, aber auch Sprach-erwartungen [...]. (Feilke 2012a: 5)

Damit arbeitet er den wichtigen Punkt heraus, dass in der Schule bestimmte Sprach- und Sprachgebrauchsformen existieren, die außerhalb der Schule nicht vorkommen resp. relevant sind. In diesem Zusammenhang stellt er auch die „Schulnormen-These" auf:

> *Schulnormen-These*: Schulische Sprachnormen sind im Blick auf das Qualifikationsziel Normen sui generis, d. h. eigenen Rechts. Sie sind Teil des Sozialsystems Schule. Ihre schul-adäquate Beherrschung bildet das primäre Kompetenzziel. Gelernt wird zunächst nicht für das Leben, sondern für die Schule. Schwierigkeiten des Erwerbs sind nicht Schwierigkeiten des Erwerbs von Sprachnormen schlechthin, sondern des Erwerbs der spezifischen Sprach- und Sprachgebrauchsnormen des Systems Schule [...]. (Feilke 2012b: 154)

Feilke (2012a: 5) betont, dass sich Bildungssprache im Gegensatz zur Schulsprache durch „sehr viel allgemeinere Sprachhandlungsformen und grammatische Formen" auszeichne, „die zwar nicht eigens für das Lernen ‚gemacht' sind, aber epistemisch ‚genutzt' werden". Sie seien einzelsprachliche Ressourcen, die sich im Laufe der Sprachgeschichte entwickelt haben und zum Sprachsystem gehören (vgl. Feilke 2012a: 6; vgl. auch Gogolin 2009: 270). Die Schulsprache sei hingegen „in didaktischer Absicht konstruiert und gemacht" (Feilke 2012a: 6) und allein der Schulgeschichte zuzurechnen. Das *Erörtern* als Handlung sei beispielsweise eine *bildungssprachliche* Funktion, während das Schreiben einer *Erörterung* eine *schulsprachliche* Anforderung darstelle. Feilke (2012a: 5) pointiert: „Außerhalb der Schule schreibt niemand Erörterungen."

In engem Zusammenhang mit Feilkes Schulnormen-These steht seine *Transitnormen-These*, die sich auf „Schulsprache in der Erwerbsperspektive" (Feilke

2012b: 155) bezieht. Er geht davon aus, dass die schulsprachlichen Normen jeweils *„transitorische"* sind, also einen vorübergehenden und dabei im Sinne eines *Scaffoldings*[61] stützenden Charakter haben (Feilke 2012b: 155). Solche transitorischen schulsprachlichen Normen können also nicht als „definitive[.] Zielnormen" (Feilke 2012b: 155), sondern als ‚Übergangsnormen' angesehen werden. Die Schulsprache ist für Feilke (2013: 117) „Instrument der Erziehung zur Bildungssprache." Zur Illustration schulsprachlicher Erwartungen geht er auf die bekannte Forderung an Schüler/-innen ein, im ganzen Satz zu sprechen, die er als einen Aspekt der schulischen „Explizitheitserwartung" (Feilke 2012b: 160; vgl. zu dieser auch Feilke 2013: 116–117) beschreibt. An dieser Forderung wird deutlich, dass auch viele schulsprachliche Normen an „literal bestimmten Zielkonzepten" (Feilke 2012b: 160) orientiert sind. Auch Cathomas (2007) argumentiert bei seiner Analyse der schulischen Forderung, im ganzen Satz zu sprechen, ähnlich:

> Sie kann als Übernahme der Normen des schriftlichen Sprachgebrauchs in den mündlichen Bereich aufgefasst werden. Die Schriftsprache wird zur primären Leitlinie der geforderten Sprechhandlungen. (Cathomas 2007: 182)

Feilke analysiert diese Erwartung als in didaktischer Absicht konstruierte Absicherung der „maximalen Kontextunabhängigkeit" (Feilke 2012b: 161) – also als eine *transitorische* schulsprachliche Norm, die *außerhalb* der Schule weder pragmatisch noch grammatisch relevant ist (vgl. Feilke 2012b: 160), in der Schule jedoch didaktisch sinnhaft erscheint. Er schließt: „Das Explizitheitsspiel ist ein literales Sprachspiel, das in didaktischer Absicht unterrichtlich inszeniert wird" (Feilke 2012b: 163).[62] In Feilkes grafischer Visualisierung zum „begriffliche[n] Umfeld der Bildungssprache" (2012a: 6) hat der „Schulsprache" visualisierende Kreis dennoch keinerlei Schnittmenge mit dem Kreis für „Schriftsprache" – anschließend an die vorgängigen Überlegungen wäre hier eine Modifikation der Abbildung sinnvoll. Es müsste aufgrund des transitorischen, zu konzeptionell schriftlichen Praxen immer mehr hinführenden Charakters der Schulsprache allerdings keine vollständige Überschneidung eingezeichnet werden.

Abschließend seien noch weitere Verwendungsweisen des Ausdrucks *Schulsprache* aufgeführt, die von der Feilke'schen Bestimmung abweichen: Vollmer

---

61 Vgl. zum *Scaffolding*-Konstrukt seine Begründer Wood et al. (1976) sowie Abschnitt 5.3.
62 Weitere transitorische Normen in der Schule zeigen sich nach Feilke (2012b: 167) beispielsweise in den Ausgangsschriften und in didaktischen Gattungen. Im Sinne von „diskursdidaktische[n] Gattungen" führt er z. B. den Lehrervortrag an. Relevant seien aber auch „textdidaktische Gattungen" (Feilke 2012b: 168).

und Thürmann (2010, vgl. auch Abschn. 2.2.4) nutzen den Ausdruck in einer anderen Bedeutung als Feilke:

> Mit ‚Schulsprache' und ‚schulsprachlichen Kompetenzen' sind sowohl diejenigen Sprach-fähigkeiten, die innerhalb der dominanten Sprache einer Schule im Rahmen eines eigenen Unterrichtsfachs vermittelt werden, als auch das für den Fachunterricht typische Sprachre-gister gemeint. (Vollmer & Thürmann 2010: 108)

Damit ist die Definition von Vollmer und Thürmann (2010) zweigeteilt. Wie im ersten Aspekt ihrer Definition ist Schulsprache auch im schweizerischen Projekt HarmoS[63] als diejenige Sprache bestimmt,

> [...] die als erste in der Schule verwendet wird, in der Lesen und Schreiben gelernt wird und die für einen mehr oder weniger grossen Teil der Schülerinnen und Schüler auch die erste erworbene Sprache ist. (Konsortium HarmoS Schulsprache 2010: 1)

Für die deutsche Schweiz sei beispielsweise Standarddeutsch die Schulsprache (vgl. Konsortium HarmoS Schulsprache 2010: 1).

Eine weitere vom Feilke'schen Konzept abweichende Bestimmung von Schul-sprache findet sich bei Riebling (2013: 134), die diesen Begriff auf lexikalische Mittel „zur Organisation des Schullebens und des Unterrichts" (Riebling 2013: 134) bezieht, wie beispielsweise Operatoren. Damit kommt ihre Bestimmung in die Nähe der „classroom-language" nach Feilke (2012a: 7), welche „das Basis-vokabular zur praktischen Organisation des Unterrichts" betreffe.

2.2.6 Fachsprache

In diesem Kapitel steht das Konstrukt der Fachsprache im Fokus des Interesses. Sie wird von Möhn und Pelka (1984: 26) als „Variante der Gesamtsprache" gefasst. Löffler (2010: 94, 103) ordnet sie gemeinsam mit den Wissenschaftssprachen den „[f]unktionalen Varietäten"/„Funktiolekten" zu:

> Ihre Vorkommensbereiche sind die Wissenschaften und beruflichen Sparten, die durch einen Forschungs- oder Bearbeitungsgegenstand, durch eine spezielle Methode oder ein spezielles Instrumentarium gekennzeichnet sind. Diese äußeren Merkmale machen eine funktional angepasste Sprache nötig. (Löffler 2010: 103; vgl. auch Hess-Lüttich 1998: 208)

---

63 Interkantonale Vereinbarung über die *Harm*onisierung der *o*bligatorischen *S*chule.

Ferner wird oft eine Beschreibung der Fachsprache als Register vorgenommen (vgl. z. B. Hess-Lüttich 1998; Kusters & Bonset 1983: 61).

Riebling (2013: 115–118) vergleicht Bildungssprache und Fachsprache mit Bezug auf die kontextuelle Variable *field* nach Halliday u. a. (vgl. z. B. Halliday & Martin 1993: 50; siehe Abschn. 2.2.3), die sie als „kommunikativen Bezugsbereich[.]" (Riebling 2013: 115) interpretiert. Die Gemeinsamkeiten von Bildungssprache und Fachsprache erkennt sie im übereinstimmenden Bezug auf den *vertikalen Diskurs* nach Bernstein (z. B. 2012 [1999]: 66), der durch Kohärenz, Explizitheit und Systematik gekennzeichnet ist (vgl. auch Abschn. 2.2.1). Den Unterschied sieht sie darin, dass der spezifische kommunikative Bezugsbereich der Bildungssprache die „Institutionen der allgemeinen Bildung (Schule)" seien, der Bezugsbereich der Fachsprache allerdings die Wissenschaft, in der Wissen durch die „Theoriebildung innerhalb der Disziplinen" (Riebling 2013: 118) produziert werde. Für sie sind Fachsprachen „in der Regel über die Zuordnung zu einem konkreten Fach definiert" (vgl. auch Schmölzer-Eibinger et al. 2013: 15), während sich die Bildungssprache und die alltägliche Wissenschaftssprache „als fächerübergreifende und Bereiche aufeinander beziehende sprachliche Register charakterisieren" lassen (Riebling 2013: 117; vgl. auch Vollmer & Thürmann 2013: 44–45). In der Definition von Möhn und Pelka (1984: 26) wird Fachsprache allerdings nicht allein *fachintern* mit Bezug auf „fachspezifische[.] Gegenstände", sondern zusätzlich auch *interfachlich*, zur Kommunikation zwischen Fächern, bestimmt (vgl. auch die Überlegungen von Hoffmann 1985: 62–64). Ohm et al. (2007: 101) fokussieren ebenfalls, aus didaktischer Perspektive, allein „allgemein fachsprachliche Phänomene". Und auch Kniffka und Roelcke (2016: 55) fordern aus kompetenzorientierter Perspektive die Ausbildung einer „allgemeine[n] Fachsprachenkompetenz" durch die Schule. Solche *inter*fachlichen Definitionsversuche von Fachsprache stehen näher zur Bildungssprache mit der für sie angenommenen Vermittlungsfunktion als fach*interne* Definitionsversuche.

In Abschnitt 2.2.4 wurde bereits erläutert, dass in der Literatur vielfach eine Vermittlungsfunktion der Bildungssprache zwischen Alltagssprache und Wissenschaftssprache (vgl. Habermas 1977: 40) oder Fachsprache (vgl. Ortner 2009: 2232) aufgeführt wird. Eine ebensolche Vermittlungsfunktion führen unterschiedliche Autoren auch für die „Unterrichtssprache" an.[64] Schon Spanhel (1980) betitelt einen Aufsatz mit *Die Unterrichtssprache in ihrer Vermittlungsfunktion zwischen Umgangssprache und naturwissenschaftlicher Fachsprache*. Auch Leisen (1999: 3) grenzt die Unterrichtssprache in seinen stark praxisorientierten Publikationen einerseits von der Alltagssprache, andererseits von der Fachsprache ab. Für ihn

---

[64] Leisen (2013: 46) setzt die Unterrichtssprache auch mit Bildungssprache gleich.

hat Unterrichtssprache eine Hinführungsfunktion zur Fachsprache (vgl. Leisen 1999: 3), sie sei „durchsetzt mit Brocken und Versatzstücken der Fachsprache" (Leisen 1999: 3). Unterrichtssprache sei „schülergemäß" formuliert, also an den produktiven/rezeptiven Sprachstand der Schüler/-innen adaptiert (vgl. Leisen 1999: 7). Auch für Rincke (2010: 50) bildet die Unterrichtssprache in Anlehnung an Leisen „eine Brücke" zwischen Alltagssprache und Fachsprache (vgl. ähnlich auch Chlosta & Schäfer 2008: 280).[65] Wir können also schlussfolgern, dass die im Unterricht verwendete Sprache nicht mit Fachsprache gleichgesetzt werden (vgl. auch Vollmer & Thürmann 2013: 45), aber durchaus mit fachsprachlichen Mitteln durchsetzt sein kann – und dies zu unterschiedlichem Grad je nach Klassenstufe (vgl. Spanhel 1980: 179). Im Umkehrschluss müsste man allerdings für Bildungssprache in ihrer Vermittlungsfunktion auch fachsprachliche Elemente annehmen, wie dies in der Definition von Bildungssprache nach Hövelbrinks (2014: 57) formuliert ist (vgl. auch Riebling 2013: 134). Die Grenzen zwischen den Konstrukten *Bildungssprache* und *Fachsprache* verschwimmen somit, wie unten auch an den für beide Register beschriebenen sprachlichen Merkmalen zu zeigen sein wird.

Aus didaktischer Perspektive gibt es unterschiedliche Ansichten zu der Frage, ob eine Nutzung von Fachsprache im Unterricht sinnvoll ist. Kusters und Bonset (1983: 64) arbeiten mehrere Nachteile ihrer Verwendung im Unterricht heraus, wie die Entstehung von Kommunikationsschwierigkeiten zwischen Experten (Lehrpersonen) und Laien (Schüler/-innen), das Ausschließen bestimmter, weniger ‚fortgeschrittener'[66] Schüler/-innen von der Kommunikation, die Problematik des gleichzeitigen Erlernens von Fachinhalt und Sprache des Fachs sowie die Verstärkung der ohnehin schon asymmetrischen Beziehung zwischen Lehrpersonen und Schüler/-innen. Aus aktueller Perspektive wird aber stärker die „Qualifikationsfunktion" (z. B. Fend 2006: 50) der Schule in Hinblick auf die Hinführung zur (Bil-

---

65 Ein ähnlicher Kerngedanke liegt der Darstellung der durch die Fachsprachenforschung unterschiedenen „*fünf Varianten der Fach- oder Wissenschaftssprache*" in Löffler (2010: 103) zugrunde: „1. die *Theoriesprache* als eigentliche Fachsprache im schriftlichen Austausch[,] 2. die *fachliche Umgangssprache* als mündlicher Instituts-, Labor- oder Werkstattjargon, der auch auf Tagungen und Kongressen verwendet wird[,] 3. die *Lehrbuchsprache* als Darstellungs- oder Erklärungssprache im fachlichen oder wissenschaftlichen Lehrbuch[,] 4. die *Unterrichtssprache* als mündliche Darstellungs- oder Erärungssprache im fachlichen Unterricht[,] 5. die *Außen- oder Verteilersprache* als populäre Erklärungssprache im allgemeinen Schulunterricht und in den Medien" (Löffler 2010: 104). Diese Darstellung steht in Zusammenhang mit der Idee einer „vertikale[n] Schichtung" von Fachsprachen nach Hoffmann (1985: 62; vgl. auch Fußnote 68 in diesem Kapitel).
66 Kusters und Bonset (1983) führen jedoch nicht aus, ob „fortgeschritten" im fachlichen oder sprachlichen Sinn gemeint ist.

dungs- und) Fachsprache betont, wie beispielsweise schon bei Steinmüller und Scharnhorst (1987). Diese *monieren* kritisch, dass die gesprochene Lehrersprache sich überwiegend an der Umgangssprache orientiere „und nicht an der in Fachtexten verwendeten Varietät" (Steinmüller & Scharnhorst 1987: 10). Dies bedeute wiederum für die Schüler/-innen eine „gewaltige Hürde", weil sie dadurch nicht auf fachsprachliche Kommunikationssituationen vorbereitet würden.

In vielen Beiträgen aus dem Bereich *Deutsch als Zweitsprache* wird mit dem Konstrukt der Fachsprache gearbeitet (vgl. z. B. Chlosta & Schäfer 2008; Dollnick 1996; Grießhaber 2010a; Grießhaber 2013; Leisen 1999; Leisen 2013; Ohm et al. 2007; Riedel 2004; Steinmüller & Scharnhorst 1987). Sie gehen davon aus, dass Fachsprache für Schüler/-innen, die Deutsch als Zweitsprache erwerben, eine besondere sprachliche Hürde darstellt. In vergleichsweise großem Ausmaß bedienen sich v. a. auch Beiträge zum (naturwissenschaftlichen) Fachunterricht dieses Konstrukts (wie beispielsweise Rincke 2010 für das Fach *Physik* oder für den in dieser Studie untersuchten Biologieunterricht Gaebert & Bannwarth 2010; Kniffka 2010; Nitz et al. 2012; Nitz 2012).

Fachsprache wurde zudem besonders häufig mit Bezug auf *mediale Schriftlichkeit* beschrieben (vgl. dazu Munsberg 1998: 93 und Hennig 2010b: 303), denn sie begegne Schüler/-innen im Unterricht laut Chlosta und Schäfer (2008: 280) „in den fach(wissenschaft)lichen Passagen der Lehrwerke und Arbeitsmittel vor allem in der Schriftlichkeit." Möhn und Pelka (1984: 26) betonen hingegen, dass Fachsprachen „[j]e nach fachlich bestimmter Situation [...] schriftlich und mündlich gebraucht" werden. So bezieht Grießhaber (2010a) in seine Analysen von *(Fach-) Sprache im zweitsprachlichen Fachunterricht* auch „Kleingruppenarbeitsphasen in einer vierten Hamburger Grundschulklasse zum Thema Strom" (Grießhaber 2010a: 46) mit ein; Hennig (2010b) untersucht *Mündliche Fachkommunikation zwischen Nähe und Distanz* und vergleicht dabei eine universitäre Chemievorlesung und ein Laborgespräch an der Universität hinsichtlich ihrer Nähe- und Distanzsprachlichkeit, aber auch hinsichtlich „spezifische[r] grammatische[r] Merkmale mündlicher Fachkommunikation" (Hennig 2010b: 311). Der Argumentation von Schmölzer-Eibinger et al. (2013: 15) zufolge ist auch Fachsprache (ebenso wie Bildungs- und Schulsprache) durch Schriftsprachlichkeit und spezifisch *konzeptionelle Schriftlichkeit* geprägt.

Wenden wir uns abschließend den fachsprachlichen Merkmalen zu, die nach Roelcke (2002, 2010: 11) sowohl auf Wortschatz- als auch auf Grammatik- sowie Textebene beschrieben werden können (vgl. auch Ohm et al 2007: 6–7, die statt einer grammatischen Ebene eine Satzebene annehmen) und nicht allein auf der Ebene des Wortschatzes resp. der Lexik, die in den Anfängen der Fachsprachenforschung im Fokus stand. Nach Fraas (1998) wurde „Fachsprachlichkeit [...] bis in die siebziger Jahre unseres Jahrhunderts hinein in erster Linie als Eigenschaft von Fach- und Spezialwortschätzen gesehen und untersucht". Zudem wird von Steinmüller und Scharnhorst (1987: 8) sowie Hoffmann (1998: 416) betont, dass die Besonderheiten der Fachsprachen vorwiegend nicht qualitativer, sondern *quantitativer* Art sind. Es gehe um die *Selektion* „bestimmter Konstruktionen und Formen aus einer größeren Menge im System angelegter Möglichkeiten bei der Abfassung von Fachtexten generell" (Hoffmann 1998: 416), welche dann gehäuft genutzt werden. Speziell auf Wortebene finden sich nach Ohm et al. (2007: 149) aber auch qualitative Unterschiede, z. B. mit Bezug auf die in Fachsprachen vorgenommene genaue Definition von Fachbegriffen.

Betrachtet man die von Ohm et al. (2007: 149–179) aufgeführten fachsprachlichen Merkmale auf Wort- und Satzebene, so sind deutliche Überschneidungen mit den in Abschnitt 2.2.4 aufgeführten Merkmalen der Bildungssprache zu erkennen. Dies könnte auf den ersten Blick darin begründet liegen, dass sich Riebling (2013: 134) bei der Aufzählung der *lexikalischen* Merkmale der Bildungssprache mehrfach auf die Publikation von Ohm et al. (2007) bezieht. Die Redundanzen im Vergleich mit der Aufstellung Feilkes (2012a: 8–9) sind so aber nicht zu erklären. Ähnliche Überschneidungen zeigen sich zudem auch für die Ausführungen Roelckes (2002, 2010) (vgl. Tabelle 7):[67]

Tabelle 7: Besonderheiten deutscher Fachsprachen, leicht variiert nach Roelcke (2002: 15–19)

Merkmale auf der Ebene des Wortschatzes
- Bedeutungsfestlegung in Form verschiedener Definitionstypen
- Postulierte Exaktheit sowie postulierte Ein(ein)deutigkeit gegenüber (oftmals) realisierter Vagheit sowie Mehr(mehr)deutigkeit bzw. Polysemie und Synonymie
- Metaphorik im Rahmen spezifischer Metaphernmodelle
- Entlehnungen aus fremden Sprachen

Merkmale auf der Ebene der Grammatik
- Erhöhte Ausschöpfung der Wortbildungsmöglichkeiten im Rahmen von Komposition (Häufigkeit der Komposita und Zahl der Kompositionsglieder), Derivationen, Kürzung und Konversion
- Erhöhte Verwendung einzelner grammatischer Formen (Vermeidung der ersten Person Singular; Konjugation mit einem erhöhtem Vorkommen des Indikativs, des Präsens, des Passivs sowie infiniter gegenüber finiter Verbformen; Deklination mit erhöhtem Vorkommen von Nominativ und Genitiv sowie spezifische Pluralbildungen)

---

[67] Weitere überblicksartige Aufstellungen fachsprachlicher Merkmale finden sich für die lexikalisch-semantische Ebene beispielsweise bei Fraas (1998) und für morphologische und syntaktische Aspekte beispielsweise bei Hoffmann (1998).

- Selektion syntaktischer Konstruktionen: Dominanz von Aussagesätzen; von Relativsätzen sowie Konditional- und Finalsätzen; Beliebtheit von Nominalisierungen und Funktionsverbgefügen; Erhöhung der Gliedsatz- wie der Satzgliedkomplexität

Merkmale auf der Ebene des Texts
- Konventionalisierung oder Standardisierung ausgeprägter Textbaupläne
- Hohe Vorkommenshäufigkeit ausdrücklicher Verknüpfungen einzelner Sätze (z. B. Thema/Rhema-Strukturen; Frage/Antwort-Konstruktionen; Durchführung verschiedenartiger Schlussverfahren)
- starke Ausprägung allgemeiner Texteigenschaften (wie Intentionalität, Akzeptabilität, Informativität, Situationalität, Intertextualität)

Weitere Besonderheiten
- Entwicklung künstlicher Ausdrücke und Formeln
- Einsatz von Illustrationen in Form von Bildern oder Graphiken; strenge Regelung typographischer Konventionen

---

Vergleicht man diese Aufzählung fachsprachlicher Merkmale (vgl. Tabelle 7) mit den von Riebling (2013) und Feilke (2012a) genannten bildungssprachlichen Merkmalen (vgl. Abschn. 2.2.4), ist zu erkennen, dass die erheblichen Gemeinsamkeiten vor allem auf der „Ebene der Grammatik" zu finden sind, aber auch auf der „Ebene des Textes". Allein die auf der Wortschatzebene bei Roelcke (2002: 15–16) aufgeführten Aspekte der stärkeren *Terminologisierung* und *Metaphorisierung* sind bei Feilke (2012a) so nicht zu finden; bei Riebling, die auch *Fachwörter* zu den lexikalischen Mitteln der Bildungssprache zählt, sind auch diese Aspekte integriert (vgl. Riebling 2013: 135–137). Man kann also schlussfolgern, dass zwischen den derart bestimmten Registern *Bildungssprache* und *Fachsprache* nicht eindeutig qualitative Unterschiede festzustellen sind, sondern die Unterschiede auch hier eher quantitativer Art sind – mit jeweils stärkerer Ausprägung in der Fachsprache, zu der durch Bildungssprache hingeführt werden soll. Auch hier ist somit eine kontinuale Betrachtung, wie in der Konzeptionsdimension nach Koch und Oesterreicher (1986) angelegt, sinnvoll. Eine solche Gradierung schlagen (für die *interne* Gliederung von Fachsprachen resp. ihre „vertikale Schichtung", Hoffmann 1985: 64) z. B. Hoffmann (1985: 64–70),[68] Hennig (2010b: 313), Roelcke (2002: 14) sowie Löffler (2010: 103–104) vor. Roelcke (2002: 14) schlägt beispiels-

---

68 Hoffmann (1985) definiert die vertikale Gliederung der Fachsprachen als „die zunehmende Präzisierung [...], die die Sprache in der fachlichen Kommunikation erfährt, je weiter diese im Zusammenhang mit ihrer ständigen Vervollkommnung als Erkenntnis- und Kommunikationsinstrument vom Konkreten zum Abstrakten, vom Besonderen zum Allgemeinen, von der Erscheinung zum Wesen vordringt" (Hoffmann 1985: 64). – Die „*horizontale Gliederung*" (Hoffmann 1985: 58) der Fachsprachen bezieht sich demgegenüber auf Fächergliederungen (wie „Pädagogik", „Philosophie", „Chemie", „Physik", „Literaturwiss[enschaft]".

weise eine vertikale Differenzierung der Fachsprachen in 1) „Theoriesprache", 2) „Praxissprache" und 3) „Transfersprache" vor, wobei er die „Transfersprache" als „Sprache unter Experten und Laien auf der Ebene fachlicher Vermittlung" fasst. Dadurch sind Anklänge zu einer Vermittlungsfunktion zu erkennen, die eher der Bildungssprache zugeschrieben wird.

Zusammenfassend ist festzuhalten, dass Fachsprache vorwiegend für mediale Schriftlichkeit beschrieben wurde, dass von einigen Autoren aber auch Fachsprache in medialer Mündlichkeit fokussiert wird. Mit Blick auf das konzeptionelle Kontinuum kann abschließend die Hypothese aufgestellt werden, dass fachsprachlicher Sprachgebrauch als etwas konzeptionell schriftlicher einzuschätzen ist als bildungssprachlicher Sprachgebrauch[69] – was aber auch medialen Präferenzen geschuldet sein könnte.[70]

2.2.7 Alltägliche Wissenschaftssprache

Alltägliche Wissenschaftssprache wird – zumeist anders als *Fachsprache*, aber ebenso wie *Bildungssprache* – deutlich fächerübergreifend konzeptualisiert (vgl. Schepping 1976, 21;[71] Ehlich 1999: 9; Pohl 2007b: 152; Graefen 1999: 224–225; Riebling 2013: 117). Graefen (1999: 224) formuliert dies folgendermaßen:

> Mit dem Begriff „Alltägliche Wissenschaftssprache" wird das Ensemble der sprachlichen Mittel erfasst, die – jenseits der fachlichen Themen und Begriffe – mit den Aufgaben und Mitteln von Wissenschaft generell zu tun haben. (Graefen 1999: 224)

Das Konzept der „alltäglichen Wissenschaftssprache" wurde von Ehlich (1995: z. B. 343; 1999) begründet. Ehlich (1999) stellt dar, dass Wissenschaftssprache

---

69 Vgl. auch die Darstellung Rieblings (2013: 121).

70 Hinzuzuziehen ist jedoch Hennigs (2010b) Analyse mündlicher Fachkommunikation im Rahmen einer universitären Chemievorlesung sowie eines Laborgesprächs, in der sie eine 95 %-ige Nähesprachlichkeit des Laborgesprächs und eine 55 %-ige Nähesprachlichkeit der Chemievorlesung herausarbeitet und feststellt: „Von einer Korrelation von Fachkommunikation und Distanz kann auf dieser Basis keine Rede sein." (Hennig 2010b: 296). Als spezifisches Merkmal mündlicher Fachkommunikation arbeitet sie, vor allem am Beispiel des Laborgesprächs, einen starken „Handlungsbezug" heraus, der sich auszeichne durch „*[h]andlungsbezogene Adjazenzstrukturen*", „*[h]andlungskommentierende/-bewertende Ausdrücke mit Einheitenstatus*" und „*[h]andlungsbezogene einheitenbildene Infinitive*" (Hennig 2010b: 311).

71 Schepping (1976: 21) nutzt den Begriff der Alltäglichen Wissenschaftssprache noch nicht, legt aber in seinem Aufsatz Grundlagen für ihre Konzeption. Pohl (2007b: 151–152) nennt weitere Vorläufer des Begriffs.

zumeist als Fachsprache behandelt wurde und deswegen die in der Fachsprachenforschung lange Zeit vorherrschende *Terminologiefixierung* auch bei der Erforschung der Wisenschaftssprache wirkmächtig war (vgl. Ehlich 1999: 7–9). Er schlägt demgegenüber vor, „die Aufmerksamkeit auf das zu richten, was sozusagen ‚zwischen den Fachtermini' steht" (Ehlich 1999: 8). Schon Schepping (1976) macht in seiner Analyse einer Mathematikvorlesung deutlich, dass sich Rezeptionsprobleme (von Fremdsprachlernenden) nicht allein aus der mathematischen Formelsprache und der verwendeten Fachterminologie ergeben, sondern

> daß die mathematische Formel- und Begriffssprache eingebettet ist in eine vielgestaltige, allgemeinere wissenschaftliche Sprache mit einem durchaus begrenzten Bestand feststehender Topoi und stereotyp wiederkehrender Wendungen und Strukturen, die auch den Bereich der anderen Fachsprachen (so z. B. den der Physik, Chemie, Mechanik) durchziehen. (Schepping 1976: 21)

Ehlich (1999: 10) beschreibt, dass die Mittel der *Alltäglichen Wissenschaftssprache* auf der *Alltagssprache* basieren: Ihre Struktur- und Ausdrucksformen seien historisch in einem „Prozeß der Umformung von alltäglichen Kommunikationsmitteln für die speziellen Zwecke einer hochspezialisierten kommunikativen Veranstaltung" (Ehlich 1999: 10) entstanden. Aber eben wegen der alltagssprachlichen Basis sind gerade diese Struktur- und Ausdrucksformen unauffällig, verborgen (vgl. Ehlich 1999: 10). Uesseler (2011: 56) pointiert:

> Wegen ihrer Ähnlichkeit zur Alltagssprache wird die AWS (= Alltägliche Wissenschaftssprache; K. K.-S.] jedoch oft nicht als unbekannt wahrgenommen, wird selten von Lernenden oder Lehrenden thematisiert und kann doch für Schülerinnen und Schüler eine Schwierigkeit darstellen. (Uesseler 2011: 56)

Schepping (1976) nennt als Beispiele für den von ihm identifizierten Bereich „*allgemeinwissenschaftlicher Termini und Wendungen*" (1976: 34) Ausdrücke „des Voraussetzens, des Begründens, des Folgerns, des Ableitens, des Einschränkens, des Übertragens und Vergleichens, des Benennens und Bestimmens" (Schepping 1976: 21). Ehlich (1995: 340) führt Ausdrücke wie „eine Erkenntnis setzt sich durch" oder „einen Grundsatz ableiten" als Beispiele für die Alltägliche Wissenschaftssprache an, die er auch als „Metasprache für die institutionelle Wissenschaftspraxis" (Ehlich 1995: 344) bezeichnet. Mittel der Alltäglichen Wissenschaftssprache bezeichnen nach Graefen „immer wiederkehrende geistige und sprachliche Tätigkeiten" (1999: 224); sie seien sowohl „Produkt ebenso wie ein Arbeitsmittel wissenschaftlicher Forschung und Kommunikation" (1999: 225). Ähnlich wie Schepping (1976: 25) zum einen ein „*logische[s] und methodologische[s] Vokabular*" und zum anderen ein „*strukturiertes Inventar strategisch-rhetorisch fungierender*

Textelemente" unterscheidet, differenziert Graefen (1999: 227) zwischen Syntagmen der Alltäglichen Wissenschaftssprache mit „[l]ogisch-methodologische[m] Bezug" und solchen mit „mental-kommunikative[m] Bezug". Als Beispiel für erstere nennt sie z. B. „[e]inen Begriff operationalisieren"; als Beispiel für letztere z. B. „[f]ür eine [...] These plädieren". Nach Ehlich (1995: 343) betrifft Alltägliche Wissenschaftssprache verschiedene sprachliche Ebenen: „Wörter und Syntagmen, Wortverbindungen (Kollokationen und Distributionen), [sie] betrifft aber, und vielleicht in noch viel stärkerem Maße, die Diskursarten und die Textarten der Wissenschaft" (vgl. auch Uesseler et al. 2013: 50).

Die vormals alltagssprachlichen Ausdrücke werden in der Alltäglichen Wissenschaftssprache gewissermaßen methodologisch funktionalisiert (vgl. Uesseler et al. 2013: 50), indem „eine qualitative Differenzierung der Ausdrucksbedeutung" (Uesseler et al. 2013: 50) stattfindet. Deswegen interpretieren Uesseler et al. (2013) Ausdruckskompetenzen in der Alltäglichen Wissenschaftssprache von Schüler/-innen u. a. auch als Vertiefung der sogenannten *„semantische[n] Basisqualifikation[en]"* (Ehlich et al. 2008: 19), die im *Referenzrahmen zur altersspezifischen Sprachaneignung* nach Ehlich et al. (2008; vgl. auch Ehlich 2007: 12) beschrieben werden:

> Die semantischen Basisqualifikationen werden vertieft und – je nach propositional verhandeltem Wissensthema – schärfer konturiert. Zugleich erfährt die Verwendung eine pragmatische Spezifikation mit Blick auf die Illokutionen oder Diskurs-/Texttypen. (Uesseler et al. 2013: 50)

Somit sind nach Uesseler et al. (2013: 48, 50) auch die *„pragmatische Basisqualifikation II"* (Ehlich et al. 2008: 20), die diejenigen „pragmatischen Kompetenzen des Kindes [erfasst], die mit Eintritt in eine Bildungsinstitution relevant werden" (Ehlich et al. 2008: 20), und die *„literale Basisqualifikation II"* (Ehlich et al. 2008: 20), die sich u. a. auf den „Aufbau schriftlicher Textualität" und die „Entwicklung von Sprachbewusstheit" (Ehlich et al. 2008: 20) bezieht, vom Erwerb der Alltäglichen Wissenschaftssprache betroffen. Bei den solchermaßen semantisch differenzierten Ausdrücken der Alltäglichen Wissenschaftssprache liegen nach Pohl (2007b: 154) im Vergleich zur Alltagssprache nun nicht allein *Frequenzunterschiede* vor. Am Beispiel der Ehlich'schen (1999: 13–16) Analyse des Gebrauchs des Ausdrucks *zusammenfallen* in der Alltagssprache und der Alltäglichen Wissenschaftssprache zeigt Pohl (2007b), dass in Ausdrucksgestalten wie

[Kat X$_{aus\ Paradigma\ A}$] *fällt mit* [Kat. Y$_{aus\ Paradigma\ A}$] *zusammen.* (Pohl 2007b: 156)

das Verb *zusammenfallen* eine *„epistemische* Komponente" (Pohl 2007b: 157) erhalte, die für die Bedeutung in der Alltagssprache nicht relevant sei. Somit liegt bei solchen Ausdrücken im semantischen Bereich ein *qualitativer* Unterschied vor – eine Perspektivierung, die so in den Ausführungen zur Bildungssprache nicht zu finden ist.

Pohl (2007b) stellt in seinen Analysen der *wissenschaftlichen Alltagsspra-che* in der Entwicklung der wissenschaftlichen Schreibkompetenz Studierender zudem die These auf, dass die „Formulierungsformative und Ausdrucksprägun-gen" (Pohl 2007b: 432) der wissenschaftlichen Alltagssprache im argumentativen Gang des wissenschaftlichen Textes die zentrale Funktion der „Vermittlung von Sachverhalts- und Diskursdimension" (Pohl 2007b: 431) übernehmen:

> Will man wissenschaftlich argumentieren, muss man in der Regel auf der Basis einer Ver-mittlung von Sachverhalts- und Diskursdimension operieren. Dazu müssen Sachverhalte aus beiden Dimensionen thematisiert, analysiert, perspektiviert, letzthin in ihren episte-mischen Status modifiziert und einander relationiert werden. Denn dies bedeutet zugleich, sie argumentativ zu verorten, zu gewichten und in eine konklusive Struktur zu überführen. Die wissenschaftliche Alltagssprache stellt mit ihren Formulierungsformativen und Aus-drucksprägungen die dazu notwendigen sprachlichen Mittel und Muster zur Verfügung und zwar in dem Sinne, dass mit ihnen eine ‚Origo des Erkenntnisprozesses' (Ehlich 1993, 27) im wissenschaftlichen Text entfaltet wird. In dieser Eigenschaft zeigt sich die wissen-schaftliche Alltagssprache ihrem Wesen nach als Metasprache, die die konzeptionellen und konzeptuellen Verhältnisse aus der Dimension des Gegenstandes und Diskurses mit den betreffenden wissenschaftstheoretischen Konzepten (u. a. *Hypothese, Ansatz, Tatsache, Postulat, Beweis*), aber auch mit entsprechenden inkongruenten Formulierungsformativen (u. a. *x führt zu y, die Voraussetzung für x ist y, der Grund von x ist y, x beweist y*) zu bündeln und einander in Beziehung zu setzen vermag. (Pohl 2007b: 431–432)

Besonders relevant mit Bezug auf die Frage des Zusammenhangs von wissen-schaftlicher Alltagssprache mit *konzeptioneller Schriftlichkeit* ist Pohls Überle-gung, dass Ausdrücke der wissenschaftlichen Alltagssprache häufig im Rahmen *inkongruenter* Formulierungen, also durch *grammatische Metaphorik*, realisiert werden, die Halliday (1987: 77) der geschriebenen Sprache („written language") zuordnet. Die wissenschaftliche Alltagssprache erhält somit einen deutlich *inte-grativen* Charakter (vgl. auch Pohl 2007b: 431) – ein Parameter, der der konzeptio-nellen Schriftlichkeit/Sprache der Distanz nach Koch und Oesterreicher (1986: 23) zuzuordnen ist und in vorliegender Arbeit als eine von vier Operationalisierungs-dimensionen konzeptioneller Schriftlichkeit genutzt wird (vgl. Abschn. 3.2.2.2.1).

Viele der bisher zitierten Überlegungen beziehen sich auf Beispiele aus medial schriftlicher Wissenschaftssprache sowie auf den universitären Bereich. Uesseler et al. (2013) erproben im *Schulkontext* einen Multiple-Choice-Test, der die Fähigkeiten von Schüler/-innen der Jahrgangsstufen 4 und 5 zur *Rezeption* von medial schriftlicher Alltäglicher Wissenschaftssprache testen soll (vgl. Uesseler et al. 2013: 52). Sie zeigen ein besseres Abschneiden der einsprachig deutsch aufwachsenden Schüler/-innen bei ihren Tests im Gegensatz zu mehrsprachig aufwachsenden Schüler/-innen auf, kontrollieren allerdings den sozioökonomischen Status nicht (vgl. auch die Diskussion zu Beginn von Abschn. 2.2.4). Uesseler (2011) stellt eine Fallanalyse der Alltäglichen Wissenschaftssprache im Physikunterricht einer fünften Hamburger Gymnasialklasse vor und zeichnet eine Spezifizierung der genutzten Ausdrücke der Alltäglichen Wissenschaftssprache von produktiv mündlichen zu produktiv schriftlichen Situationen nach. Auch wenn beide Beiträge im Rahmen des Projekts *Bildungssprachliche Kompetenzen (BiSpra): Anforderungen, Sprachverarbeitung und Diagnostik* (vgl. Redder & Weinert 2013: 12) verortet sind, sprechen sie sich dennoch gegen die Nutzung des Ausdrucks *Bildungssprache* aus. Denn dieser habe allein eine „deskriptive Qualität", seine „Erklärungsqualität" aber sei „noch nicht übergreifend bestimmt" (Uesseler et al. 2013: 48). Besser geeignet wäre die Nutzung des Konzepts der Alltäglichen Wissenschaftssprache vor dem Hintergrund der *Funktionalen Pragmatik* und eine Berücksichtigung der institutionenspezifischen Modifikationen der *pragmatischen Basisqualifikationen II* und *literalen Basisqualifikationen II* nach Ehlich (2007) und Ehlich et al. (2008) sowie der Umorganisation *semantischer* und *morphologisch-syntaktischer Basisqualifikationen* (vgl. Uesseler et al. 2013: 48), wie oben schon beschrieben. Uesseler (2011: 56) betont ferner, dass „die Probleme, die Schülerinnen und Schüler mit der AWS [= Alltäglichen Wissenschaftssprache; K. K.-S.] haben können, [...] nicht an der Dichotomie Mündlichkeit versus Schriftlichkeit festzumachen sind." Uesseler bezieht sich hier auf die mediale Dichotomie, nicht auf die konzeptionelle Dimension. Somit negiert sie nicht, dass *konzeptionelle* Aspekte von Mündlichkeit und Schriftlichkeit bei der Analyse der wissenschaftlichen Alltagssprache eine Rolle spielen. Dass diese relevant sind, wurde oben schon an den Ausführungen von Pohl (2007b) gezeigt. Seine Untersuchungen zur „lexiko-syntagmatische[n] Informationsvergabe" (Pohl 2007b: 402–417) in der wissenschaftlichen Alltagssprache nehmen allesamt Aspekte in den Blick, die den Parametern konzeptioneller Schriftlichkeit *Integration* und *Komplexität* zuzuordnen sind.

2.2.8 Das Konzept der Epistemisierung

Im Gegensatz zum Konzept der *Alltäglichen Wissenschaftssprache* ist das Konzept der *Epistemisierung des Unterrichtsdiskurses* nach Pohl (2016) genuin schul- und unterrichtsbezogen. Er entwickelt dieses in Kritik an den bisher vorgelegten „Konzeptualisierungen der in der Schule verwendeten Sprache" (Pohl 2016: 58). Ins-

besondere kritisiert er an diesen Konzepten einerseits, dass sie den Unterrichtsdiskurs „lediglich *gesamthaft* mit einer Zielkategorie *beleg[en]*", aber nicht zur
Erklärung der „kommunikativen Anforderungen [...] für Agenten wie Klienten"
(Pohl 2016: 61) beitragen – sie seien zu oft allein auf die „Ausdrucks*form*" (Pohl
2016: 67) und nicht auf die Funktion fokussiert.[72] Ferner arbeitet er als Defizit der
bisherigen Konzepte heraus, dass sie keine „dezidiert entwicklungssensitive oder
gar aneignungslogische Tiefenstaffelung von Kategorien" (Pohl 2016: 61) leisten
können. Als Alternative schlägt er das Konstrukt der „Epistemisierung" vor, das
er wie folgt definiert:

> *Epistemisierung* soll diejenige kognitive wie sprachliche Entwicklungsbewegung bezeich-
> nen, bei der erkanntes Wissen zusehends aus dem unmittelbar persönlichen Erlebnisraum
> des erkennenden Individuums heraustritt und mehr und mehr zu einem von konkreten
> Situationen in der Welt abstrahierten, unter bestimmten, für das Erkennen besonders rele-
> vanten Aspekten systematisierten sowie intersubjektiv ausgehandelten, d. h. argumentativ
> und ggf. methodisch gestützten Wissen wird. Das erkannte Wissen wird dabei in dem Sinne
> zu einem *kritischen Wissen*, als es zunehmend unter den Rechtfertigungsdruck gerät, auch
> tatsächlich erkanntes Wissen zu sein. (Pohl 2016: 61)

Im Konzept sind also kognitive und sprachliche Aspekte verschränkt. Der
funktionale Anknüpfungspunkt an die kommunikativen Anforderungen in der
Institution *Schule* ergibt sich durch den Bezug auf in der Schule stattfindende
Erkenntnisprozesse. Die sechs Parameter der Epistemisierung, die zur Operationa-
lisierung des Konstrukts dienen sollen, sind aus einer „‚Ur'-Erkenntnissituation"
(Pohl 2016: 63) abgeleitet:

> Eine Erkenntnis (E) entsteht dadurch, dass ein Individuum (X) in einer gegebenen Situation
> (S) Sachverhalte in der Welt (Y/Z) auf eine bestimmte Art und Weise (P) wahrnimmt. (Pohl
> 2016: 63)

Daraus ergeben sich die Parameter der Epistemisierung, denen bestimmte kognitive Entwicklungsbewegungen sowie affine sprachliche Dimensionen zugeordnet
werden können (vgl. für das Folgende Pohl 2016: 63–65):
1. „*Perspektivität*" ist auf das „Erkenntnissubjekt" X bezogen und anschließbar
   an die sprachliche Dimension der „Diskursivität". Eine Entwicklungsbewegung ist von Egozentrik hin zur Dezentrierung/Perspektivenintegration zu
   vermuten.

---

[72] Vgl. zu dieser funktionalen Forderung aber auch Pohls Kritik an der „*Strategie der funktionalen Ableitung*" (Pohl 2007b: 98).

2. *„Situativität"* ist auf die „Erkenntnissituation" *S* bezogen und anschließbar an die sprachliche Dimension „Dekontextualität". Die hier anzunehmende Entwicklungsbewegung vollzieht sich von konkreter situativer Einbettung zur, ggf. „rein textbasiert[en]", Abstraktion von situativen Kontexten.
3. *„Bewusstheit"* ist bezogen auf das „Erkenntnisprodukt" *E* und anschließbar an die sprachliche Dimension der „Metasprachlichkeit". Hier findet nach Pohl eine Entwicklung von einer impliziten Erlebnis- und Erfahrungsgewissheit hin zu „bewusste[r] und *verbale[r]* Verfügbarkeit" statt.
4. *„(Sachverhalts-)Ontologie"* ist bezogen auf die Objekte der Erkenntnis *Y* und anschließbar an die sprachliche Dimension der „Modalität". Hier sei eine Entwicklung hin zur differenzierten Zuweisung eines „ontologische[n] Status (etwa als *Behauptung* oder *These* oder auch *Fiktion"* anzunehmen.
5. *„(Sachverhalts-)Relationalität"* ist wie der vierte Parameter bezogen auf die Objekte der Erkenntnis *Z* und steht in Verbindung mit der sprachlichen Dimension der „Konnektivität". Hier geht es darum, inwiefern Sachverhalte miteinander in Zusammenhang gebracht werden – die anzunehmende Entwicklungsbewegung verläuft von einem „lebensweltlich[en]" Anschluss hin zu einer „systematisch[en]" (z. B. „kausal[en]" oder „konditional[en]") Relationierung.
6. *„Operativität"* ist auf den „Erkenntnisprozess" *P* bezogen und verbunden mit der sprachlichen Dimension der „Argumentativität". Die Entwicklungsbewegung verläuft von einem unmittelbar sinnlichen Wahrnehmen hin zu einem „methodisch" gestützten Erkenntnisprozess. Argumentativität werde hier „in einem sehr weiten Sinne gefasst und auch auf Formen des Belegens und Beweisens bezogen".

Durch die Zuordnung der sprachlichen Dimensionen der Epistemisierung zu jedem Epistemisierungsparameter ist eine Operationalisierung des Konstrukts möglich, mit Hilfe derer konkrete Unterrichtsinteraktion analysiert werden kann.

Auch das Konzept der Epistemisierung von Pohl (2016: 67) ist explizit auf konzeptionelle Schriftlichkeit nach Koch und Oesterreicher bezogen:

> Insgesamt kann man sagen, dass die für den Unterrichtsdiskurs ohnehin gegebene Tendenz zu konzeptioneller Schriftlichkeit durch die Epistemisierungsbewegung mitgetragen und noch verstärkt wird. (Pohl 2016: 67)

Durch dieses Konzept ist somit eine Verbindung der Analyse von ausdrucksseitigen Aspekten des Einsatzes konzeptionell schriftlicher Struktur- und Ausdrucksformen im Unterricht und funktionsseitigen Aspekten des Erkenntnisbezugs unter Entwicklungsperspektive möglich. Pohl (2016: 69–70) legt erste exemplari-

sche Analysen der Epistemisierung im Unterrichtsdiskurs vor – eine vollständige
Operationalisierung des Konstrukts ist aber noch in Erarbeitung.

2.3 Fazit

In diesem Kapitel sollte der Beantwortung der Frage nähergekommen werden,
wie die im Unterricht verwendete Sprache charakterisiert werden kann. In einer
ersten Annäherung wurden in Abschnitt 2.1 die institutionellen Rahmenbedingungen der Unterrichtskommunikation, die vornehmlich durch die *Funktionale
Pragmatik* um Konrad Ehlich und Kolleg/-innen intensiv erforscht wurden, in
ihrem Einfluss auf die Sprache des Unterrichts untersucht. Unter Rückgriff auf
das Modell der konzeptionellen Schriftlichkeit (Sprache der Distanz) versus der
konzeptionellen Mündlichkeit (Sprache der Nähe), das Koch und Oesterreicher
in mehreren Beiträgen entwickelt haben (vgl. z. B. Koch und Oesterreicher 1986,
1990, 1994, 2007, 2008, 2011), konnte gezeigt werden, dass sämtliche institutionelle Rahmenbedingungen des Unterrichts auf Kommunikationsbedingungen
der Sprache der Distanz heuristisch beziehbar sind – außer die den Unterricht
prägende Kommunikationsbedingung der „*face-to-face*-Interaktion" (Koch &
Oesterreicher 1986: 23), die in Richtung der Sprache der Nähe weist. Mit Blick auf
die Kommunikationsbedingungen wird also eine Förderung resp. ein Fordern von
konzeptionell schriftlichem Sprachgebrauch im Unterricht nahegelegt. Eine Förderung konzeptioneller Mündlichkeit/der Sprache der Nähe muss sogar eher in
die Modi der Simulation oder Reflexion verlagert werden. Auch durch die Analyse
der verschiedenen Konstrukte der Unterrichtssprache in ihrem Bezug auf konzeptionelle Schriftlichkeit resp. ihre Versprachlichungsstrategien kann solch eine
Tendenz aufgezeigt werden. Alle analysierten Konstrukte der Unterrichtssprache
sind implizit – und oftmals sogar explizit – auf solch ein Konstrukt wie konzeptionelle Schriftlichkeit (oder eben sogar auf die Modellierung durch Koch und
Oesterreicher selbst) bezogen resp. beziehbar. Die sprachlichen Merkmale, die
durch die einzelnen Beschreibungen der im Unterricht geforderten Sprache herausgearbeitet werden, überschneiden sich vielfach und sind als konzeptionell
schriftlich interpretierbar. Dass nun das Konstrukt der konzeptionellen Schriftlichkeit als ein die anderen Beschreibungen der Unterrichtssprache umfassendes
Konstrukt angesehen werden kann, liegt auch in der theoretischen Modellierung
durch Koch und Oesterreicher (z. B. 2011: 17; vgl. Abbildung 1) begründet, die es
auf der übergreifenden „[u]niverselle[n] Ebene" des Sprachlichen nach Coseriu
(z. B. 1994: 10) liegend ansehen. Demgegenüber sind die beschriebenen Konzepte
der Unterrichtssprache auf der „Ebene der historischen Einzelsprachen" (Coseriu
1994: 10), auf der einzelsprachlichen Ebene der diaphasischen und diastrati-

schen Varietäten, lokalisiert. Koch und Oesterreicher formulieren selbst dahingehend:

> Die zentrale Stellung der Varietätendimension 1 (,gesprochen/geschrieben') ergibt sich ganz offensichtlich daraus, dass sie, als eigentlicher Endpunkt der Varietätenkette, Elemente aller drei diasystematischen Dimensionen sekundär aufnehmen kann [...] und dass demzufolge die drei diasystematischen Dimensionen sich in ihrer inneren Markiertheitsabstufung nach dem Nähe/Distanz-Kontinuum ausrichten. (Koch & Oesterreicher 2011: 17)

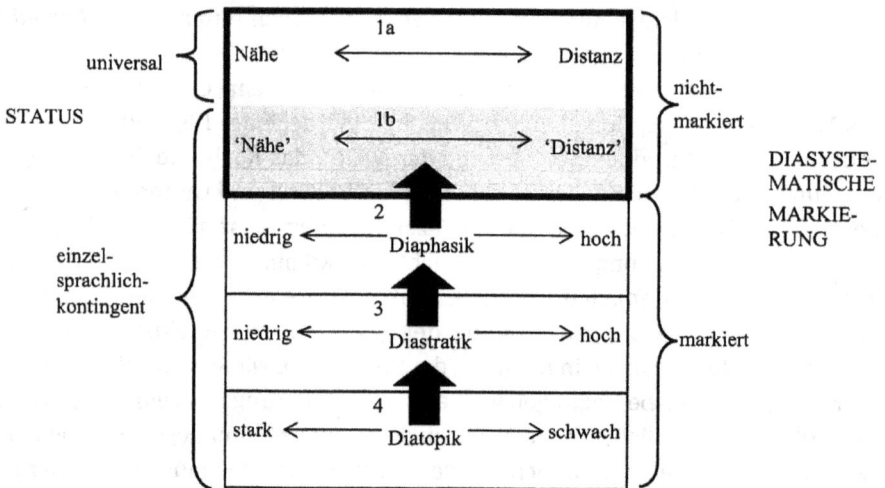

Abbildung 1: Lokalisierung der Sprache der Nähe/Distanz auf der universalen Ebene des Sprachlichen aus Koch und Oesterreicher (2011: 17)

Auch wenn solchermaßen die Beziehbarkeit der Modellierungen der Unterrichtssprache auf das Konzept von Koch und Oesterreicher erklärbar ist, darf ein entscheidender, damit in Zusammenhang stehender Kritikpunkt an deren Konzeption nicht vergessen werden – nämlich, dass ihr Konstrukt nicht genügend operationalisiert ist (vgl. z. B. Pohl 2016: 16). Dass einige Autoren es vermeiden,[73]

---

73 Und teilweise nicht gänzlich nachvollziehbare Argumentationen durchführen, um eine Beschreibung der Unterrichtssprache als konzeptionell schriftlich zu vermeiden, wie der Eindruck in folgendem Zitat von Harren (2011) entsteht: „Obwohl der Spracherwerb in den Sachfächern sicherlich zu einem großen Teil anhand von Formulierungen in Schulbüchern und Hefteinträgen unterstützt wird, hängen die gewählten sprachlichen Formen nicht zwangsläufig mit medial schriftlichen Vorgaben zusammen, sondern sind als hochgradig aufgabenbezogen zu betrachten.

die im Unterricht geforderte Sprache als konzeptionell schriftlich zu bezeichnen, liegt gewiss auch *darin* begründet, denn es erweist sich als äußerst schwierig, Unterrichtsprache mit den nicht operationalisierten Parametern nach Koch und Oesterreicher exakt zu beschreiben.

Ihr Konzept ist zudem in weiteren Punkten kritisier- und angreifbar. Im folgenden Kapitel soll deswegen das Modell von Koch und Oesterreicher ausführlich, auch in seinen kritikwürdigen Aspekten, vorgestellt und eine Reanalyse vorgenommen werden. Ziel ist es, aus dem Modell Parameter zu gewinnen, mit Hilfe derer eine Operationalisierung konzeptioneller Schriftlichkeit gelingen kann, um die im Unterricht verwendete Sprache zu analysieren.

Methodologisch geht von dem Konzept von Koch und Oesterreicher ein entscheidender Impetus dahingehend aus, dass durch die kontinuale Modellierung der Konzeptionsdimension eine kontinuale Analyse der Unterrichtssprache über die verschiedenen Jahrgangsstufen nahegelegt wird. Sie selbst haben an einigen Stellen die Entwicklungsbezogenheit dieser Dimension sehr knapp herausgestellt.[74]

Bei einer solchen Nutzung des Konstrukts der konzeptionellen Schriftlichkeit zur Analyse der Unterrichtssprache könnte angenommen werden, dass eine funktionale Orientierung vernachlässigt würde – die aber durch z. B. Feilke (2012a: 10), Morek und Heller (2012: 83) oder Pohl (2016: 67) für eine Beschreibung der im Unterricht geforderten und geförderten Sprache verlangt wird. Dieser funktionale Aspekt kann aber zumindest in der engen Verbindung der Kommunikationsbedingungen konzeptioneller Schriftlichkeit mit den institutionellen Rahmenbedingungen der Schule, wie in Abschnitt 2.1 beschrieben, gefunden werden.[75] Zudem

---

Eine Kategorisierung der verschiedenen zielsprachlichen Formen als konzeptionell schriftlich würde damit zu kurz greifen" (Harren 2011: 118). In dieser Argumentation vermischt sie die mediale und konzeptionelle Dimension nach Koch und Oesterreicher (1986) in unzulässiger Weise.

74 Vgl. Koch und Oesterreicher 1986: 25–26; Koch und Oesterreicher 1994: 586, 601; Koch 1986: 120; Koch 1999: 153; Koch 2004: 613; Koch 2010: 158. Vgl. hierzu auch Feilke (2016: 124–125, 131–137), der Kritik an einer solchen kontinualen Analyse äußert. Nicht jegliche Entwicklung könne als eine „Transformation konzeptionell nähesprachlich motivierter Sprachfähigkeiten" (Feilke 2016: 135) angesehen werden. Diesbezüglich analysiert er Entwicklungsbeispiele aus der medialen Schriftlichkeit. Er formuliert grundsätzlich: „Die Entwicklung zu konzeptioneller Literalität besteht nicht in erster Linie in der Ausbildung eines ,syntactic mode' der Distanzsprachlichkeit, sie besteht vorrangig in der Ausbildung eines genuin literalen, vielfältig differenzierten ,pragmatic mode' der Schriftlichkeit. Zu diesem gehört die Aneignung von Praktiken, grammatischen Formen und Textsorten maximaler Distanzsprachlichkeit ebenso wie der grammatischen und textlichen Formen pragmatisch kohärenter literaler Nähesprachlichkeit" (Feilke 2016: 137).

75 Es konnte in Abschnitt 2.1 gezeigt werden, dass die institutionellen Rahmenbedingungen der Unterrichtskommunikation vor dem Hintergrund der Kommunikationsbedingungen konzepti-

könnte dieser durch Bezugnahme auf das Konzept der Epistemisierung nach Pohl (2016) berücksichtigt werden.

Abschließend ist selbstverständlich zu betonen, dass Unterrichtssprache immer auch konzeptionell mündliche Elemente enthalten wird – was mit vorliegenden Ausführungen keinesfalls bestritten werden soll. Es wird nur dahingehend argumentiert, dass der primäre Fokus der Förderung der Unterrichtssprache auf konzeptioneller Schriftlichkeit liegt.

---

oneller Schriftlichkeit zu interpretieren sind. Sieht man die Kommunikationsbedingungen mit Koch (1992: 7) als „text*externe*[...] kommunikative Bedingungen", dann kann es für einen Sprechenden als funktional angesehen werden, bei distanzsprachlich geprägten Kommunikationsbedingungen auch konzeptionell schriftliche Versprachlichungsstrategien zu nutzen.

3 Mündlichkeit und Schriftlichkeit nach Koch und Oesterreicher

Im vorigen Kapitel wurde in einer ersten, heuristischen Annäherung gezeigt, dass das Konstrukt der konzeptionellen Schriftlichkeit als gemeinsame konzeptuelle Klammer unterschiedlicher Modellierungen der Unterrichtssprache angesehen werden kann. Deswegen soll die lehrerseitige und schülerseitige Unterrichtssprache in vorliegender Arbeit nicht mit Hilfe solcher Konstrukte wie beispielsweise *Bildungssprache* oder *Fachsprache* beschrieben werden, sondern mit Hilfe des Konstrukts der konzeptionellen Schriftlichkeit. Dieses ist eingebettet in die übergreifende Modellierung von Mündlichkeit und Schriftlichkeit nach Koch und Oesterreicher (1986), die in Kapitel 2 schon skizzenhaft eingeführt wurde: Im Gegensatz zu den von Wolf (2000: 226) beschriebenen „Great-Divide-Theorien" von Mündlichkeit und Schriftlichkeit, die „den Aspekt der Diskontinuität" zwischen medialer Mündlichkeit und Schriftlichkeit verabsolutierten und demgegenüber „den Aspekt der Kontinuität" zwischen den Medialitäten vernachlässigten, schlagen Söll (1985) und im Anschluss daran Koch und Oesterreicher (1986), dessen Theorie weiter differenzierend, eine zweidimensionale Systematik von Mündlichkeit und Schriftlichkeit vor. Diese soll im vorliegenden Kapitel intensiv analysiert und kritisch geprüft werden – vor allen Dingen hinsichtlich der Frage, inwiefern sich ihre Kategorien für eine Operationalisierung konzeptioneller Schriftlichkeit eignen. In Abschnitt 3.1 wird zunächst knapp die *mediale* Dimension fokussiert und anschließend die *konzeptionelle* Dimension in den Blick genommen (Abschn. 3.2). Für diese Dimension werden die Kernkonstrukte „*Kommunikationsbedingungen*" (Abschn. 3.2.1) und „*Versprachlichungsstrategien*" (Koch & Oesterreicher 1986: 23) (Abschn. 3.2.2) kritisch betrachtet und jeweils einer neuen Systematisierung unterzogen. Die neue Systematisierung der Versprachlichungsstrategien resultiert in Abschnitt 3.2.2.2 in einer Gewinnung von *Operationalisierungsdimensionen konzeptioneller Schriftlichkeit*, die leitend für die Analyse der lehrer- und schülerseitigen Unterrichtssprache in dieser Studie sein sollen.

https://doi.org/10.1515/9783110569001-003

3.1 Die mediale Dimension

Auch wenn die mediale Differenz in dieser Studie aufgrund der schwerpunkt-mäßigen Fokussierung medialer Mündlichkeit[1] in Unterrichtsinteraktion nicht im Vordergrund steht, soll sie pointiert, unter Berücksichtigung von Kernkritik-punkten, erläutert werden. Schon der Romanist Söll (1985: 17) führt zunächst eine *mediale* Unterscheidung von Mündlichkeit und Schriftlichkeit zwischen dem *„code phonique"* und dem *„code graphique"* ein:

> Wir wollen mit *code phonique* und *code graphique* jene Grundmanifestationen menschli-cher Sprache bezeichnen, die strikt an das Medium, an den Kommunikationsweg gebunden sind. (Söll 1985: 17)

Auch der Medienbegriff von Koch und Oesterreicher bezieht sich auf den „mate-riellen Unterschied zwischen Phonie und Graphie" (Koch & Oesterreicher 1996: 66) – ein strikt dichotomischer Unterschied (vgl. auch Günther 1997: 67). Später definieren sie „‚Medien' als physikalische[.] Manifestationen, die bestimmte sen-sorische Modalitäten ansprechen" (2011: 14) und grenzen sie von „‚technischen' Speicher- und Übertragungsmedien, wie Telephon, Internet (etc.)" ab (Koch & Oesterreicher 2011: 14).

Als Unterscheidungskriterium medialer Mündlichkeit und Schriftlichkeit ist in dieser Dimension im physikalischen Sinn das von Dürscheid aufgeführte Merkmal der lautlichen versus *„räumliche[n] Ausdehnung"* (2012a: 32) relevant:

> *Die gesprochene Sprache stellt ein Lautkontinuum dar, sie erstreckt sich in der Zeit. Die geschriebene Sprache enthält diskrete Einheiten. Diese haben eine räumliche Ausdehnung.* (Dürscheid 2012a: 32; vgl. z. B. auch Erfurt 1996: 1391)

Rezeptionsbezogen ist die gesprochene Sprache somit auditiv wahrnehmbar, die geschriebene Sprache rein visuell (vgl. auch Koch & Oesterreicher 2011: 14). Wrobel beschreibt dies in Anlehnung an Luhman folgendermaßen: „Schrift ver-schiebt die Wahrnehmung von der Akustik auf die Optik" (Wrobel 2010: 39).

An Sölls Formulierung, „daß sich code phonique und code graphique *aus-schließen*" (Söll 1985: 24; Hervorheb. K. K.-S.), knüpfen Koch und Oesterreicher (1986: 17) an, indem sie erklären, „daß das Verhältnis von phonischem und gra-phischen Kode im Sinne einer strikten Dichotomie zu sehen ist". Daher beschrei-ben Fiehler et al. (2004) diese Dimension des Konzepts von Koch und Oester-

---

1 Gleichwohl können in den Analysen der Unterrichtsinteraktion auch medial schriftliche Input-größen, wie Tafelanschriften, Arbeitsblätter oder Lehrbuchauszüge einbezogen werden.

reicher auch als „*medial-extensionalen* Zuschnitt von Mündlichkeit" (Fiehler et al. 2004: 21): Es werde aufgrund der angenommenen Dichotomie alles als „gesprochene Sprache" gezählt, „was durch Sprechen hervorgebracht wird" (Fiehler et al. 2004: 21).

Die mediale Dimension nach Koch und Oesterreicher ist verschiedentlich kritisiert worden. *Zum einen* bezieht sich die Kritik auf die konkrete Begriffsfüllung resp. Nutzung des Begriffs *Medium*: Fiehler et al. (2004) kritisieren solche medialen Differenzierungen, bei denen „der Unterschied von Mündlichkeit und Schriftlichkeit [...] auf die mediale Differenz von ‚akustisch vs. optisch' oder von ‚auditiv vs. visuell' und damit auf die dominante Sinnesmodalität, in der die Verständigung erfolgt, reduziert" werde (Fiehler et al. 2004: 117–118); denn der wesentliche Unterschied zwischen Mündlichkeit und Schriftlichkeit sei der des „Trägermediums"[2] (Fiehler et al. 2004: 118) – dass also Schallwellen flüchtig seien, die Trägermedien der geschriebenen Sprache (z. B. Steintafeln, Papier) allerdings dauerhaft (vgl. Fiehler et al 2004: 118).[3] Das Unterscheidungskriterium aus der Perspektive von Fiehler et al. (2004) kann man also mit den Stichpunkten Flüchtigkeit vs. „Dauerhaftigkeit" (Fiehler et al. 2004: 118) fassen. Dürscheid (2003: 39) hingegen folgt Hollys Medienbegriff und fasst als Medien konkret gegebene materielle Hilfsmittel zur Verstärkung, Herstellung, Speicherung und/ oder Übertragung von Zeichen, wie beispielsweise das Papier oder das Handy. Folglich könne das, was in der medialen Dimension von Koch und Oesterreicher unterschieden wird, keineswegs mit dem Terminus des „Mediums" bezeichnet werden, sondern müsse unter dem Terminus „Medialität sprachlicher Äußerungen" gefasst werden (Dürscheid 2003: 39; vgl. auch Thaler 2007: 153).

Zum anderen wird Kritik an der strikt dichotomischen Unterscheidung von Mündlichkeit und Schriftlichkeit erhoben. Dürscheid (2003: 38) zweifelt diese an, wenn sie als dritte „Repräsentationsform von Sprache" die „gebärdete" hinzunimmt, so dass man von einer ‚Trichotomie' sprechen müsste. Diese Ergän-

---

2 Fiehler et al. (2004: 117) unterscheiden vom Begriff des Trägermediums zwei weitere „Lesarten von Medium" (Fiehler et al. 2004: 117): Eine als „Übertragungsmedium", „mittels dessen die Übertragung der Kommunikate erfolgt" (*Schwallwellen* und *elektromagnetische Wellen* in mündlicher Kommunikation vs. *Lichtwellen* in schriftlicher Kommunikation) und eine weitere als „Realisierungsmedium" (Realisierung in *Lauten* vs. *Buchstaben*).
3 Ein weiterer Kritikpunkt von Fiehler et al. (2004: 118) ist, „dass die mündliche Verständigung in der Regel neben der akustischen Komponente auch eine optische" aufweise. Dürscheid (2012a: 30) relativiert aber diese Einschätzung, da „auch in der gesprochenen Sprache nicht immer auf das ganze Repertoire an nonverbalen Ausdrucksmitteln zurückgegriffen werden" könne. Dementsprechend kann dies nicht als konstitutives Unterscheidungsmerkmal medialer Mündlichkeit vs. medialer Schriftlichkeit gelten.

zung ändert aber nichts an der grundsätzlichen medialen Unterscheidung von *Mündlichkeit* versus *Schriftlichkeit*. Ebenso wie Thaler (2007: 153–154) hinterfragt Dürscheid (2003: 48) die strikte Dichotomie ergänzend speziell für den Bereich der computervermittelten Kommunikation, indem sie für beide Medialitäten eine Subkategorisierung annimmt: Sie unterscheidet „asynchrone Kommunikation" auf der einen Seite (medial mündlich und schriftlich möglich) sowie „synchrone Kommunikation" (nur in medialer Mündlichkeit) resp. „quasi-synchrone Kommunikation" (nur in medialer Schriftlichkeit) auf der anderen Seite. Thaler (2007: 168–175) differenziert diese Kategorisierung weiter aus und bringt sie mit den Kommunikationsbedingungen nach Koch und Oesterreicher in Zusammenhang. Zusätzlich schlägt Dürscheid (2003) eine weitere Unterdifferenzierung im medial schriftlichen Bereich in „elektronisch und nicht elektronisch übermittelte[...] Äußerungsformen" (Dürscheid 2003: 49) vor.

Wrobel (2010: 32) bemängelt, solche Kritiken zusammenfassend, besonders am Konzept von Koch und Oesterreicher, dass zwar die konzeptionelle Dimension deutlich ausdifferenziert wird, aber die mediale Dimension „aus ihren weiteren Überlegungen" ausgeschlossen resp. marginalisiert werde (Wrobel 2010: 32). Er wirft ihnen eine „Liquidierung des Medialen" (Wrobel 2010: 31) vor. Fehrmann und Linz (2009) sprechen diesbezüglich sogar von einer „Medientheorie ohne Medien". Der Kritik zum Trotz hat eine dichotomische Unterscheidung von medialer Mündlichkeit und Schriftlichkeit einen wichtigen heuristischen Wert, da so unhintergehbare Unterschiede zwischen Mündlichkeit und Schriftlichkeit, die auf *Medialitätsspezifizität* beruhen, nicht aus dem Blick geraten. Für die vorliegende Untersuchung, die vor allem auf mediale Mündlichkeit in Unterrichtsinteraktion fokussiert ist und keine computervermittelte Kommunikation in den Blick nimmt, ist eine dichotomische Unterscheidung ausreichend.

3.2 Die konzeptionelle Dimension

Die zweite von Söll (1985: 19) herauspräparierte Dimension nennt er die der „Konzeption" und unterscheidet „langue parlée"/„code parlé" von „langue écrite"/„code écrit" (1985: 20). Er führt zwar unterschiedliche Aspekte an, in denen sich diese unterscheiden können, eine genaue Definition dieser Dimension gibt er aber nicht. Auch in folgender Ausführung Sölls lässt sich keine exakte Bestimmung von *Konzeption* ablesen:

> Hier [beim wortwörtlichen Ablesen eines Manuskripts, K. K.-S.] wird „gesprochen"/„geschrieben" nicht auf die Realisation, sondern auf die Konzeption, nicht auf den sekundären oder mittelbaren, sondern auf den primären oder unmittelbaren Kommunikationsweg abgestellt. (Söll 1985: 19–20)

Diese Formulierung führt Hennig (2001: 221) zu der Schlussfolgerung, dass man nur im Fall der Umsetzung von einem Medium in das andere die Konzeptionsdimension heranziehen solle; wenn also „ein Fall von sekundärer Kommunikation vorliegt (vorgelesene Texte oder transkribierte Sprache)" (Hennig 2001: 221) – konzeptionell schriftliche Texte wären dann tatsächlich zuvor in medialer Schriftlichkeit *konzeptioniert*/geplant worden. Dies aber würde das ausdifferenziertere Konzept Kochs und Oesterreichers unterminieren, durch welche für die Umsetzung von einem *Medium* in das andere die Begriffe der „Verschriftung" (Oesterreicher 1993: 272; Koch 2010: 157) oder „Verlautlichung"/„Verlautung" (Oesterreicher 1993: 283) vorgeschlagen werden – wovon die *konzeptionelle* Transposition als „Verschriftlichung" (Oesterreicher 1993: 272; Koch 2010: 157) oder „Vermündlichung" (Oesterreicher 1993: 283) abgegrenzt wird.

Die Konzeptionsdimension wird allerdings auch im Artikel von Koch und Oesterreicher von 1986 noch nicht definitorisch gefasst. Später begreifen die Autoren sie als „den Duktus, die Modalität der Äußerungen sowie die verwendeten Varietäten" (Koch & Oesterreicher 1994: 587). Dürscheid (2012a: 52) weist darauf hin, dass die Konzeptionsdimension auf drei verschiedenen Ebenen gefasst wird: Erstens auf der Ebene der Kommunikationsbedingungen, zweitens auf der Ebene der Versprachlichungsstrategien und drittens auf der Ebene des Duktus der Äußerungen. Der Begriff des „Duktus" wiederum ist von Schlieben-Lange (1983: 81) übernommen worden, die „Traditionen des *Schreibens im Duktus der Mündlichkeit* und des *Sprechens im Duktus der Schriftlichkeit*" unterscheidet (vgl. z. B. die Referenz in Koch & Oesterreicher 2008: 199). Damit ist genau das gefasst, was auch Koch und Oesterreicher in ihrer „Kreuzklassifikation medialer und konzeptioneller Möglichkeiten" (2008: 200) abbilden: Es gibt medial mündliche Äußerungen, die einen ‚Duktus' der Schriftlichkeit aufweisen, während bestimmte medial schriftliche Äußerungen einen ‚Duktus' der Mündlichkeit aufweisen können. ‚Duktus' stellt jedoch keinen linguistischen Terminus dar. Für allgemeinsprachliche Zusammenhänge gibt die Duden-Redaktion Folgendes an:

> **Duktus**, der; – [lat. ductus = das Ziehen, Führung, innerer Zusammenhang] (geh.): 1. *charakteristische Art, bestimmte Linienführung einer Schrift:* der D. der Sütterlinschrift; einen eigenwilligen, markanten D. haben. 2. *charakteristische Art der künstlerischen Formgebung, der Linienführung eines Kunstwerks:* der D. ihrer Verse ist unverkennbar; am D. des Gemäldes den Maler erkennen. (Dudenredaktion 2001: 403)

Beiden im *Deutschen Universalwörterbuch* aufgeführten Bedeutungen ist gemein, dass die „charakteristische Art" von etwas/etwas zu tun betont wird. Beide Male geht es allerdings um Linienführung, einmal mit Bezug auf Schrift, einmal mit Bezug auf ein Kunstwerk. In ihrem Zeitschriftenaufsatz von 2007 differenzieren

Koch und Oesterreicher den konzeptionellen Aspekt noch einmal genauer als auf den *Signifikanten* bezogen aus, denn es gehe „um varietätenbezogene und diskurspragmatisch relevante Optionen im sprachlichen Ausdruck" (Koch & Oesterreicher 2007: 348). Dürscheid (2012a) umschreibt den Aspekt des Duktus folgendermaßen:

> Es geht dabei um die Tatsache, dass eine bestimmte Ausdrucksweise gewählt wird und diese eher ‚mündlich' (d.h. an die gesprochene Sprache) oder eher ‚schriftlich' (an die geschriebene Sprache) angelehnt ist. (Dürscheid 2012a: 43)

Eine weitere Umschreibung von ‚Duktus' stammt von Wrobel (2010):

> [O]b eine Äußerung konzeptionell eher ausgebaut (= konzeptionell schriftlich) oder aber konzeptionell weniger elaboriert ist (= konzeptionell mündlich). (Wrobel 2010: 31)

Biber (1988: 161) nutzt in seiner Studie *Variation across Speech and Writing* eine Formulierung, die dem Konzeptionsgedanken sehr nahe kommt:

> [...] I use the term ‚oral' discourse to refer to language produced in situations that are typical or expected for speaking, and the term ‚literate' discourse to refer to language produced in situations that are typical for writing. (Biber 1988: 161)

Die Idee Bibers (1988: 161) ist es, bestimmte Situationen als typisch für das Sprechen resp. Schreiben zu kategorisieren und dementsprechend Sprache, die typischerweise in diesen Situationen verwendet wird, als mündlich resp. schriftlich zu bezeichnen. Als prototypische Situation des Sprechens nennt er „face-to-face conversation", als prototypische Situation des Schreibes „academic expository prose".

Man könnte in einer ersten Annäherung – die Definitionsversuche integrierend – reformulieren, dass konzeptionelle Schriftlichkeit bedeutet, dass etwas angelehnt an die „charakteristische Art" des sprachlichen Ausdrucks (prototypischer) medialer Schriftlichkeit formuliert/konzeptioniert ist; konzeptionelle Mündlichkeit bezöge sich dann auf die „charakteristische Art" des sprachlichen Ausdrucks (prototypischer) medialer Mündlichkeit. Damit wird in der konzeptionellen Dimension, im Gegensatz zur medialen Dimension, eine prototypische Perspektive auf Mündlichkeit und Schriftlichkeit eingenommen:

> Kochs und Oesterreichers Unterscheidung einer Sprache der Nähe von einer Sprache der Distanz ist ein Beispiel für eine solche prototypisch-gradierende Konzeption. (Fiehler et al. 2004: 21)

Die Vorstellungen über prototypische, „‚[b]este' Exemplare einer Kategorie" (Rehbock 2004: 7689) können auf konkreten *Erfahrungen* – in diesem Fall mit Mündlichkeit und Schriftlichkeit – beruhen, sie können aber auch in unserer normativen *Kultur der Schriftlichkeit* begründet liegen, die vorschreibt und kodifiziert, wie prototypisch ‚richtiger' resp. angemessener (konzeptionell) schriftlicher Sprachgebrauch ‚zu sein hat' (vgl. Fiehler 2006: 1185–1186). Dem zugrunde liegen bestimmte kulturell geprägte Vorstellungen über das, was Schriftlichkeit ausmacht. Man könnte sogar noch einen (Argumentations-) Schritt weitergehen und sagen, dass prototypische Vorstellungen über Schriftlichkeit nicht unbedingt auf bestimmten realen statistischen Gegebenheiten beruhen müssen, sondern in einer kulturell geprägten *Schriftlichkeitsfiktion* ihren Ursprung haben können (ähnlich dem „written language bias" nach Linell 2005: z. B. 32).[4]

Im Vergleich zur medial-dichotomischen Dimension ist die konzeptionelle als kontinuale/graduelle zu betrachten.[5] Schon Söll (1985: 24) schreibt, dass diese Dimension von „Überschneidungen", die „verschiedener Art und verschiedenen Grades" sein können, gekennzeichnet sei, und auch Koch und Oesterreicher (1986: 17) führen aus, dass sie durch ein „Kontinuum von Konzeptionsmöglichkeiten mit zahlreichen Abstufungen" geprägt sei.[6] Solch eine Kontinuität ergibt sich beispielsweise von einem Streit zwischen Eheleuten (extrem konzeptionell mündlich) über einen Privatbrief, eine universitäre Vorlesung bis hin zu einer Verwaltungsvorschrift (extrem konzeptionell schriftlich).

Die Einführung der Konzeptionsdimension beschreibt Günther (1997: 66) als „de[n] entscheidende[n] Fortschritt im Ansatz von *Koch/Oesterreicher (1986)*". Dieser liege in der

> Erkenntnis, daß eine direkte, d. h. eindimensionale Abbildung der medialen Dichotomie schriftlich vs. mündlich auf [...] Merkmale (wie hypotaktisch vs. parataktisch, monologisch vs. dialogisch, reflektiert vs. spontan etc.) dem Gegenstand nicht gerecht wird, so, als

---

4 Bei der Einschätzung, was als konzeptionell mündlich oder schriftlich gelten kann, stellt dies den Forschenden aber vor besondere Probleme.

5 Diesen Kontinuitätsaspekt kritisiert Feilke (2007: 34), wenn er schreibt: „Die Idee vom Kontinuum zwischen konzeptioneller Schriftlichkeit und konzeptioneller Mündlichkeit ist falsch. Ein Schrifttext muss in jedem Fall den Bedingungen konzeptioneller Schriftlichkeit genügen, wenn eine Form der Distanzkommunikation vorliegt. Genügt er diesen Bedingungen nicht, ist er einfach ein schlechter Text. Er wird im Extremfall unverständlich."

6 Feilke (2016: 123) führt den Erfolg des Konzepts von Koch und Oesterreicher u. a. auf diese kontinuale Modellierung zurück: „Die von Ludwig Söll adaptierte Idee, *eine Antinomie* (mündlich/schriftlich) *und ein Kontinuum* zu kombinieren, macht die Nähe-Distanz-Metapher zu einem theoretischen Katalysator."

handele es sich einfach um mit dem Kanal (optisches vs. akustisches Signal) verbundene Unterschiede.[7] (Günther 1997: 66)

Betrachtet man die Aufstellungen Kochs und Oesterreichers, dann fällt jedoch auf, dass am extrem konzeptionell mündlichen Pol des Kontinuums doch die medial mündlichen Diskursformen (z. B. „vertrautes Gespräch") eingeordnet sind, am extrem konzeptionell schriftlichen Pol doch die medial schriftlichen Diskursformen (z. B. „FAZ-Artikel") (Koch & Oesterreicher 1986: 18). Hieran zeigt sich, dass zwischen dem graphischen Kode und konzeptioneller Schriftlichkeit sowie zwischen dem phonischen Kode und konzeptioneller Mündlichkeit sehr wohl „Affinitäten" (Koch & Oesterreicher 1986: 17) bestehen.[8]

Der kontinuierliche resp. graduelle Charakter der Konzeptionsdimension prädestiniert sie für die Nutzung in erwerbsbezogenen Studien – ein Aspekt, den Koch und Oesterreicher selbst mehrfach anführen:[9]

---

7 Diesen Aspekt in den Fokus nehmend kommentiert Eisenberg (2007: 281), dass die „doppelte Parametrisierung" durch Koch und Oesterreicher „wie eine begriffliche Erlösung gefeiert[.]" werde. Dass Maas (2004: 635) allerdings der Konzeption Kochs und Oesterreichers gerade diesen Fortschritt aberkennt, wenn er formuliert, dass die Differenzierung medial/konzeptionell mündlich/schriftlich „[a]ls kategoriale Grundlage [...] nicht befriedigen kann", weil beispielsweise „auch Schriftliches als ‚Sprache der Nähe' funktionieren" könne (– denn das ist es ja, was Koch und Oesterreicher auch selbst herausarbeiten), ist m. E. nicht nachvollziehbar.
Raible (1989: 21) zeichnet nach, dass die konzeptionell-kontinualen Überlegungen von Koch und Oesterreicher von Bühler „gewissermaßen schon vorgedacht wurden", wenn er schreibt: „Das Kontinuum zwischen konzeptioneller Mündlichkeit und konzeptioneller Schriftlichkeit ist nämlich nichts anderes als Bühlers Ausdeutung der Humboldtschen Opposition zwischen energeia und ergon. Das Kontinuum von Peter Koch und Wulf Oesterreicher entspricht also der Horizontalen in Bühlers Vierfelderschema" [von Sprachhandlung zu Sprachwerk; von Sprechakt zu Sprachgebilde, Hinzufüg. K. K.-S., vgl. Bühler 1999 [1934]: 49] (Raible 1989: 20). Auch Feilke (2016: 113–119) zeichnet in einer historischen Perspektive Ideen-Vorläufer des Modells von Koch und Oesterreicher nach.
8 Für solche Affinitäten sprechen auch die Ergebnisse Bibers (1988: 163), der in seiner multidimensionalen Analyse medial mündlicher und schriftlicher Texte und Diskurse zeigt, dass auch dort „the most literate genres of speech and writing are systematically distinguished." – Auch Feilke (2016: 142) äußert sich zu den von Koch und Oesterreicher beschriebenen Affinitäten zwischen Medium und Konzeption: „Die Unterscheidung [zwischen Medium und Konzeption, Hinzufüg. K. K.-S.] als *kategorial* notwendig einzuschätzen, bedeutet aber m. E. auch bei Koch & Oesterreicher nicht, dass Medialität und Konzeptionalität als *kausal* voneinander unabhängige Größen aufgefasst würden."
9 Vgl. Koch und Oesterreicher (1986: 25–26), Koch und Oesterreicher (1994: 588, 601), Koch (1986: 120), Koch (1999: 153), Koch (2004: 613), Koch (2010: 158).

Das Voranschreiten vom Nähe- zum Distanzpol kann in wesentlichen Punkten sogar als Interpretationsmaßstab für den phylo- und ontogenetischen Auf- und Ausbau menschlicher Sprachfähigkeit dienen. (Koch & Oesterreicher 1994: 588)

Sie füllen die Begriffe der konzeptionellen Mündlichkeit/Schriftlichkeit in ihrer Konzeptionsdimension aber nicht allein mit der Diktion des ‚Duktus'. Schon Söll (1985: 20–22) unterschied bestimmte „Faktoren", die den *code parlé* und den *code écrit* unterscheiden (z. B. Partizipation an „dergleichen (außersprachlichen) Situation" vs. räumlich getrennte Situationen), und beschrieb auch sprachliche Merkmale des code parlé, wie z. B. „höhere Redundanz" (Söll 1985: 66–67). Koch und Oesterreicher führen beide Aspekte genauer aus und unterscheiden terminologisch „Kommunikationsbedingungen" (Koch & Oesterreicher 1986: 19) von „Versprachlichungsstrategien" (Koch & Oesterreicher 1986: 23), die in den folgenden Abschnitten näher erläutert und in ihrer oftmals ungenauen Bestimmung kritisch untersucht werden sollen.

3.2.1 Kommunikationsbedingungen konzeptioneller Mündlichkeit/ Schriftlichkeit

Die *Kommunikationsbedingungen* sind als eine weitere Komponente anzusehen, durch die die Konzeptionsdimension gefüllt wird und die in erster Annäherung als sprachexterne, situative Umstände der Kommunikation gefasst werden können. In Tabelle 8 sind die von Koch und Oesterreicher (1986: 23) angeführten Kommunikationsbedingungen aufgelistet, die sie in weiteren Publikationen reformulieren oder ergänzen. Viele der Kommunikationsbedingungen werden in weiteren Publikationen der Autoren verwendet, manchmal in leicht anders akzentuierter Formulierung. In einigen Beiträgen werden aber auch Kommunikationsbedingungen hinzugefügt: In Koch und Oesterreicher (1994, 1996, 2007, 2008, 2011) sowie Koch (1999) und Oesterreicher (1993) werden die Kommunikationsbedingungen „kommunikative Kooperation" vs. „keine kommunikative Kooperation" (z. B. Koch & Oesterreicher 2007: 351) ergänzt. Den Parameter der „referenzielle[n] Nähe" vs. „referentielle[n] Distanz" verwenden zusätzlich Koch und Oesterreicher (2007: 351, 2008: 201) und Koch (1999: 142).

Tabelle 8: Kommunikationsbedingungen der Sprache der Nähe/der Distanz aus Koch und Oesterreicher (1986: 23)

Sprache der Nähe	Sprache der Distanz
Dialog	Monolog
Vertrautheit der Partner	Fremdheit der Partner
face-to-face-Interaktion	raumzeitliche Trennung
freie Themenentwicklung	Themenfixierung
keine Öffentlichkeit	Öffentlichkeit
Spontaneität	Reflektiertheit
‚involvement'	‚detachment'
Situationsverschränkung	Situationsentbindung
Expressivität	Objektivität
Affektivität	

In diesem Kapitel erfolgt in Abschnitt 3.2.1.1 eine kritische Annäherung an die begriffliche Bestimmung der Kommunikationsbedingungen, auch unter Rückgriff auf weitere Modellierungen von Kommunikationsbedingungen, z. B. von Steger et al. (1974), Fiehler et al. (2004) oder Ágel und Hennig (2006c, 2007). Im Anschluss an diese Kritik wird in Abschnitt 3.2.1.2 der Versuch einer Neusystematisierung der Kommunikationsbedingungen unternommen – auch wenn im weiteren Verlauf der Arbeit vor allem die ‚Versprachlichungsstrategien' als empirischer Ausgangspunkt dienen werden.

3.2.1.1 Kritik der Kommunikationsbedingungen

Im bekanntesten Artikel der beiden Autoren von 1986 wird der Begriff der ‚Kommunikationsbedingungen' nicht genau definiert. Koch (1992: 7) beschreibt sie später als „text*externe*[...] kommunikative Bedingungen", womit diese m. E. – sehr allgemein formuliert – als Bestandteil der außersprachlichen Situation resp. des außersprachlichen Kontextes[10] gefasst werden können, die auf die Kommunikation Einfluss haben und deswegen bestimmte sprachliche Merkmale zur Folge haben können. Sie bestimmen so laut Koch und Oesterreicher (1986: 19) die „relative Situierung [bestimmter Äußerungsformen] im konzeptionellen Kontinuum", insbesondere dadurch, dass die einzelnen Parameterwerte selbst wieder

---

10 Die Abgrenzung von *Situation* und *Kontext* ist in der Literatur umstritten. Als ‚Kontext' werden in dieser Arbeit textexterne Elemente der Kommunikationssituation bezeichnet, demgegenüber wird unter ‚Kotext' die sprachliche Umgebung (von Wörtern, Sätzen, Texten) gefasst (vgl. Bußmann 1990: 416). Ähnlich ist auch die Verwendung bei Koch und Oesterreicher (2011: 11).

als skaliert zu betrachten sind (vgl. z. B. Oesterreicher 2010: 31). Ihr Zusammenwirken ergebe unterschiedliche „Redekonstellationstypen" (vgl. Koch & Oesterreicher 1986: 19). Diesen Begriff wiederum übernehmen die Autoren von Steger
et al. (1974):

> Mit ‚Redekonstellation' wollen wir die in einem bestimmten Kommunikationsakt auf-
> tretende Kombination außersprachlicher Verhaltenselemente bezeichnen. (Steger et al.
> 1974: 60)

Und unter „Redekonstellationstyp" verstehen sie darauf aufbauend Folgendes:

> Redekonstellationen, deren Kombination von Merkmalen gleich oder annähernd gleich
> gestaltet sind, bilden jeweils einen ‚Redekonstellationstyp'. (Steger et al. 1974: 62)

Als solche „außersprachlichen Verhaltenselemente" fassen Steger et al. zum
einen die „(äußere) Situation" selbst, sogleich aber auch die „Rollenperformanz"
(Steger et al. 1974: 60) als „Umsetzung der internalisierten Rollenstruktur in konkretes Rollenverhalten" (Steger et al. 1974: 56) sowie die „spezielle Motiviertheit"
(Steger et al. 1974: 60) als *Thema* einer sozialen Situation" (Steger et al. 1974:
59). Damit führen sie eine Unterdifferenzierung der außersprachlichen Verhaltenselemente ein, die so bei Koch und Oesterreicher nicht vorliegt, gleichwohl
diese sich an mehreren Stellen der Parameter des Konzepts von Steger et al. zu
bedienen scheinen. Koch und Oesterreicher treten also an einigen Stellen hinter
die Trennschärfe der Modellierung bei Steger et al. (1974) zurück. Bei der Diskussion der einzelnen Kommunikationsbedingungen werden wir zu diesem Aspekt
zurückkommen.

Für das Verständnis der konzeptionellen Dimension ist für die Autoren grundlegend, „dass wir es bei der Konzeption, im Unterschied zur medialen Opposition,
mit einem echten *Anthropologicum* zu tun haben" (Oesterreicher 2010: 30). Mit
Bezug auf diesen Aspekt werden die Kommunikationsbedingungen in die Diskussion eingebracht:

> Wenn man ältere, noch medial ‚kontaminierte' Definitionsversuche von ‚Mündlichkeit'
> und ‚Schriftlichkeit' daraufhin durchmustert, was übrigbleibt, wenn sie ihrer medialen
> Komponenten entkleidet werden, stößt man unweigerlich auf eine Reihe von letztlich
> anthropologisch fundierten Gesichtspunkten, die jeder menschlichen Kommunikation
> zugrunde liegen und die als allgemeinste Kommunikationsbedingungen in philosophisch-
> handlungstheoretischen, soziologischen, sozialpsychologischen und psychologischen
> Studien schon verschiedentlich herausgearbeitet wurden. (Koch & Oesterreicher 2007:
> 350)

Um diese universal-anthropologische Komponente der Konzeptionsdimension mit Bezug auf Bedingungen der Kommunikation deutlicher herauszuarbeiten, bevorzugen Koch und Oesterreicher (2007: 357) die metaphorischen Termini „Sprache der Nähe" vs. „Sprache der Distanz" statt „konzeptioneller Mündlichkeit" vs. „konzeptioneller Schriftlichkeit". Die Nähe/Distanz könne dabei ganz konkret als „physische[.] Nähe/Distanz" gefasst werden, aber auch als „soziale[.]" oder „referentielle[.]" (Koch & Oesterreicher 2011: 10).[11]

In einem engen Zusammenhang mit dem Mangel an einer exakten Definition des Terminus „Kommunikationsbedingungen" steht das von Ágel und Hennig (2006c: 13) herausgearbeitete „generelle Problem der logisch heterogenen Bezüge". Nicht für alle Parameter, die den Kommunikationsbedingungen zugeordnet werden, ist diese Zuordnung nachvollziehbar (vgl. Abschn. 3.2.1.2). Ágel und Hennig selbst verfolgen bei der Ausdifferenzierung der Kommunikationsbedingungen einen anderen Ansatz als Koch und Oesterreicher und würden deswegen einige Parameter nicht wie diese den Kommunikationsbedingungen zuordnen. Sie verstehen ihr an die Überlegungen von Koch und Oesterreicher angelehntes Nähe-/Distanz-Modell als „prototypische Erfassung der Nähekommunikation"[12] (Ágel & Hennig 2006c: 13). Ausgangspunkt ihres gesamten Modells ist allein der Koch'sche und Oesterreich'sche Parameter „raumzeitliche Nähe" (vgl. Ágel & Hennig 2010: 5):

> Nähesprechen findet dann statt, wenn sich Produzent und Rezipient zur gleichen Zeit im gleichen Raum befinden. Beim Distanzsprechen dagegen sind Raumzeit der Produktion und Rezeption nicht identisch (Ágel & Hennig 2007: 184).

Nur aus diesem einen Aspekt leiten die Autoren dann auf der nächsten Hierarchieebene „[u]niversale Parameter der Kommunikation" ab, die „außersprachliche Bedingungen der Kommunikation" betreffen (Ágel & Hennig 2006c: 18). Diese Ebene korrelieren sie explizit mit den Kommunikationsbedingungen nach Koch und Oesterreicher (vgl. Ágel & Hennig 2006c: 18).[13] Sie führen auf der Seite des

---

11 Auch an dieser Stelle wird deutlich, dass Koch und Oesterreicher das Nähe-Distanz-Kontinuum v. a. auf der universellen Ebene nach Coseriu (1994: 10) angesiedelt sehen (vgl. dazu die Ausführungen in Abschn. 3.2.2.1).

12 In ihren Zielsetzungen verwenden sie dann auch die Formulierung der „sprachliche[n] Besonderheiten prototypischer gesprochener und geschriebener Sprache" (Ágel & Hennig 2007: 184), für die eine „Beschreibungsgrundlage" geschaffen werden solle.

13 Aber auch die darunter liegende Ebene der „Universalen Parameter der Diskursgestaltung", bei der es „um solche Parameter, die sich in der Kommunikation manifestieren" (Ágel & Hennig 2006c: 18), gehe, wird noch den Kommunikationsbedingungen Koch'scher und Oesterreicher'scher Prägung zugeordnet.

Nähesprechens fünf Parameter an, die sich alle aus der raumzeitlichen *Nähe* von Produzent („P") und Rezipient („R") ergeben; aufseiten des Distanzsprechens ebenso fünf Parameter, die sich aus der raumzeitlichen *Distanz* von Produzent und Rezipient ergeben (vgl. Tabelle 9):

Tabelle 9: Universale Parameter der Kommunikation nach Ágel und Hennig (2006c: 22)[14]

Nähe	Distanz
P-R-Rollendynamik	P-R-Rollenstabilität
P-R-Zeitgebundenheit	P-R-Zeitfreiheit
P-R-raumzeitgebundener P-R-Horizont	P-R-raumzeitfreier P-R-Horizont
Ganzkörper R und P	Teilkörper R und P
Phonizität	Graphizität

Durch die hohe Relevanz, die der Parameter „raumzeitliche Nähe" vs. „raumzeitliche Distanz" in diesem Modell erhält,[15] bieten Ágel und Hennig das *nähesprachliche Pendant* zu Ehlichs (2007 [1984]) Textbegriff,[16] wonach sich

> die Wirklichkeit des Textes im sprachlichen Handeln durch einen elementaren *Bruch* aus[zeichnet], der sich zeigt, verglichen mit der sinnlich fundierten Wirklichkeit von Kopräsenz und gemeinsamen Bezug von Sprecher und Hörer auf die Wahrnehmungswelt in der Sprechsituation. (Ehlich 2007 [1984]: 540)[17]

Der Ausgangspunkt des „elementaren Bruchs" (bzw. seines Gegenstücks) erscheint also bei beiden Modellierungen gleich. Dadurch rückt das Modell Ágels und Hennings auch ein Stück weit ab von der kontinualen Modellierung nach Koch und Oesterreicher und in die Nähe distinkter Modellierungen –[18] gleichwohl die praktische Auslegung des Konzepts von Ágel und Hennig mit einer graduellen

---

14 Legende: P = Produzent; R = Rezipient.
15 Während bei Koch und Oesterreicher, wie oben beschrieben, unter Distanz nicht nur „physische[.] Nähe/Distanz" gefasst wird, sondern auch „soziale[.]" oder „referentielle[.]" (vgl. Koch & Oesterreicher 2011: 10).
16 Der sich auf genuine Situationen der Distanz bezieht.
17 Dass Ehlich (2007: 540) eben auch von einem „elementaren *Bruch*", von einer „Ruptur", spricht, verkennt Oesterreicher (2008) m. E. in seiner Kritik des Textbegriffs nach Ehlich.
18 Bei dieser Interpretation orientiere ich mich an Pohl (2014), der Schreibkompetenzmodellierungen, die sich an das Konzept von Koch und Oesterreicher anlehnen, als „graduell" bezeichnet, solche im Anschluss an den Text-Begriff von Ehlich als „distinkt" (vgl. Pohl 2014: 107).

Verortung durch Gegenüberstellung zu einem „prototypischen Nähetext als Vergleichstext" (Ágel & Hennig 2006b: 34) erfolgt und zudem der Begriff der „Skala" (Ágel & Hennig 2006b: 34) zur Anwendung kommt.

Im Modell von Ágel und Hennig erhält der mediale Aspekt *innerhalb* der konzeptionellen Nähe-Distanz-Dimension ein gänzlich neues Gewicht als „ein Parameter unter vier anderen" (Ágel & Hennig 2007: 202) – nämlich als „Phonizität" vs. „Graphizität" (Ágel & Hennig 2006c: 22).[19] Unter Bedingungen raumzeitlicher Nähe werde also mit größerer Wahrscheinlichkeit das phonische Medium gewählt (und unter Bedingungen raumzeitlicher Distanz mit größerer Wahrscheinlichkeit das graphische Medium). Damit steht der Befund in Einklang, dass Fiehler et al. (2004), die für ein „medial-extensionales Verständnis" von gesprochener Sprache und Mündlichkeit plädieren, „Grundbedingungen" der „ursprüngliche[n] Form mündlicher Verständigung von Angesicht zu Angesicht" (Fiehler et al. 2004: 53) anführen, die teilweise in sehr engem Zusammenhang zu denjenigen stehen, die Ágel und Hennig für das Nähesprechen anführen. Bei einem solchen medial-extensionalen Verständnis wird alles, „was durch Sprechen hervorgebracht wird" (Fiehler et al. 2004: 21), zur Mündlichkeit gezählt (vgl. auch Fiehler 2000: 96). Die Zusammenhänge zwischen den Ausführungen von Ágel und Hennig sowie Fiehler et al. soll Tabelle 10 verdeutlichen:

Tabelle 10: Vergleich der universalen Parameter des Nähesprechens nach Ágel & Hennig (2006c: 22) und der Grundbedingungen der ursprünglichen Form mündlicher Verständigung nach Fiehler et al. (2004: 53)[20]

Universale Parameter der Kommunikation (Näheseite) (Ágel & Hennig 2006c: 22)	Grundbedingungen der ursprünglichen Form mündlicher Verständigung (Fiehler et al. 2004: 53)
–	Mindestens zwei Parteien verständigen sich (zur Realisierung spezifischer Zwecke)
P-R-Rollendynamik	in ständiger wechselseitiger Beeinflussung
P-R-Zeitgebundenheit	in zeitlicher Sukzession; mit kurzlebigen leiblichen Hervorbringungen (lautlichen Äußerungen, Körperbewegungen)
P-R-raumzeitgebundener P-R-Horizont	in gemeinsamer Situation füreinander präsent

---

19 Damit erhält das Medium laut Ágel und Hennig (2007: 202) in ihrem Modell sogar noch *weniger* Gewicht, als notwendig wäre.

20 Legende: P = Produzent; R = Rezipient.

Universale Parameter der Kommunikation (Näheseite) (Ágel & Hennig 2006c: 22)	Grundbedingungen der ursprünglichen Form mündlicher Verständigung (Fiehler et al. 2004: 53)
Ganzkörper R und P	parallel und gleichzeitig auf verschiedenen kommunikativen Ebenen; [mit kurzlebigen leiblichen Hervorbringungen (lautlichen Äußerungen, Körperbewegungen)]
Phonizität	–

Vor allem durch Ágels und Hennigs Bezug auf die „prototypische Erfassung der Nähekommunikation" (Ágel & Hennig 2006c: 13) – sie wollen diese „prototypisch [...] modellieren" (Ágel & Hennig 2006c: 13) – und dadurch, dass Fiehler et al. (2004: 53) zunächst[21] die „ursprüngliche Form mündlicher Verständigung" in den Blick nehmen, entstehen diese Parallelen in der Modellierung.

Die Modellierung der universalen Parameter der Kommunikation nach Ágel und Hennig (2006c) soll im Folgenden als *ein* Ausgangspunkt der Neusystematisierung der Kommunikationsbedingungen nach Koch und Oesterreicher genutzt werden.

3.2.1.2 Versuch einer Systematisierung der Kommunikationsbedingungen

Im Folgenden wird auf Grundlage der vorherigen Überlegungen und insbesondere der Kritik nach Ágel und Hennig der Versuch einer Strukturierung der Parameter unternommen, die Koch und Oesterreicher *selbst* als Kommunikationsbedingungen (vgl. Tabelle 1) fassen. Es wird also weiterhin mit den Parametern von Koch und Oesterreicher gearbeitet und nicht allein mit den stärker medial affizierten nach Ágel und Hennig. In diesem Kapitel wird eine dreifache Differenzierung der Kommunikationsbedingungen vorgeschlagen:

(1) *Kommunikationsbedingungen im engeren Sinne* sind solche außersprachlichen Bedingungen der Kommunikation, die in engem Zusammenhang mit der „ursprünglichen Form mündlicher/schriftlicher Verständigung" (bei raumzeitlicher Nähe/Distanz) stehen und dementsprechend schon in Tabelle 10 aufgeführt sind.

(2) *Kommunikationsbedingungen im weiteren Sinne* sind *weitere* außersprachliche Bedingungen der Kommunikation, die allerdings nicht unmittelbar auf

---

21 Später differenzieren sie diese allerdings im Rahmen ihres Konzepts der „mündliche[n] kommunikative[n] Praktiken" (Fiehler et al. 2004: 56–72) genauer aus.

die ursprüngliche Form mündlicher/schriftlicher Verständigung beziehbar sind.[22]

(3) Es finden sich außerdem Parameter, die *nicht als Kommunikationsbedingung interpretierbar* sind.

ad (1) Kommunikationsbedingungen im engeren Sinne

Beginnen wir mit der Diskussion von Parametern, die Kandidaten für Kategorie (1) sind: Unter Kategorie (1) sind vor allem die Parameter der *„face-to-face-*Interaktion" vs. „raumzeitlichen Trennung" zu subsumieren, die später von den Autoren auch als „raum-zeitliche Nähe *(face-to-face)*" vs. „raum-zeitliche Distanz" (Koch & Oesterreicher 2007: 351) gefasst werden.[23] Sie entsprechen genau dem „Universale[n] Axiom" nach Ágel und Hennig (2007: 185). Folglich ist es nicht verwunderlich, dass die Autoren an der Konzeption von Koch und Oesterreicher kritisieren, dass die „Gleichrangigkeit der einzelnen Kommunikationsbedingungen [...] suggeriert wird: Abhängigkeiten werden nicht dargestellt, Gewichtungen werden nicht vorgenommen" (Ágel & Hennig 2007: 183); denn bei Ágel und Hennig sind diese Parameter auf der obersten Hierarchieebene ihres Modells angeordnet (vgl. Ágel & Hennig 2007: 189).

Die Parameter der *„face-to-face-*Interaktion" versus „raumzeitliche Trennung" (Koch & Oesterreicher 1986: 23) sind im Modell von Koch und Oesterreicher (2007: 351; siehe ähnlich auch 2011: 7) „strikt binär" zu verstehen; was der ansonsten kontinualen Auslegung aller anderen Parameter konträr entgegensteht und zudem m. E. auch nicht gänzlich nachvollziehbar ist. Denn die Unterscheidung verschiedener Ausprägungen v. a. zeitlicher Distanz ist möglich: Man bedenke nur den Unterschied in der zeitlichen Distanz bei der Chatkommunikation vs. der Kommunikation mittels Brief.

In einem engen Zusammenhang mit den Parametern „P-R-Rollendynamik" vs. „P-R-Rollenstabilität" nach Ágel und Hennig (2006c: 22), also mit der Möglichkeit des Wechsels von Produzenten- und Rezipientenrolle, stehen die Parameter „Monolog" vs. „Dialog" nach Koch und Oesterreicher. Diese verwenden beide Ausdrücke in einem Zuge mit dem Begriff des „Rollenwech-

---

22 Diese Merkmale würden Ágel und Hennig (2006c: 14) vermutlich als „diskursartendifferenzierende Merkmale" ansehen, die ihrer Kritik zufolge im Modell von Koch und Oesterreicher mit „universale[n]" Merkmalen (denen unserer Kategorie 1) vermischt würden. Vgl. dazu auch Hennig (2001: 225).

23 Koch und Oesterreicher (2011: 7) nutzen auch den Begriff der „physischen" Nähe vs. Distanz der Kommunikationspartner.

sels"[24] (vgl. Koch & Oesterreicher 1986: 19). Ágel und Hennig (2007: 182) kritisieren jedoch, dass Monologizität und Dialogizität keine Kommunikationsbedingungen darstellen würden, sondern eher die Kommunikation beschrieben. Für den „Grad der Dialogizität" ist nach Koch und Oesterreicher (2011: 7) zum einen die „Möglichkeit", zum anderen aber auch die „Häufigkeit einer spontanen Übernahme der Produzentenrolle bestimmend". Die Kritik Ágels und Hennigs ist v. a. beziehbar auf den Häufigkeitsaspekt, der in der Tat die Kommunikation beschriebe, womit der Parameter unter Kategorie (3) fallen müsste. Der Möglichkeitsaspekt der Übernahme der Produzentenrolle kommt allerdings der Interpretation der Kommunikationsbedingungen nach Ágel und Hennig nahe und der Parameter könnte unter Kategorie (1) fallen. Ähnlich gestaltet es sich auch mit dem neu aufgenommenen Parameter „kommunikative Kooperation" vs. „keine kommunikative Kooperation" (z. B. Koch & Oesterreicher 2007: 351), den Koch (1996: 27) als „*feed-back* und Mitwirkung von Rezipientenseite" erläutert. Koch und Oesterreicher (2011: 7) beziehen sich auch hier wieder auf den Möglichkeitsaspekt, denn der Grad der Kooperation bemesse sich „nach den direkten Mitwirkungsmöglichkeiten des/der Rezipienten bei der Produktion des Diskurses".[25]

Für den Parameter der „Situationsverschränkung" vs. der „Situationsentbindung" nutzen Koch und Oesterreicher in weiteren Publikationen die Formulierung „Situations- und Handlungseinbindung" vs. „Situations- und Handlungsentbindung" (z. B. Koch & Oesterreicher 2007: 351); Koch (1992: 8) verwendet auch die Formulierung der „*Ein*bindung in den Situations- und Handlungskontext" vs. „*Ent*bindung aus dem Situations- und Handlungskontext". Steger et al. umschreiben schon 1974 (79) das Merkmal „Situationsverschränkung" als „Einbeziehung der äußeren Situation in den Kommunikationsakt" und formulieren:

> Je nachdem welche Rolle die äußere Gesamtsituation spielt, wobei besonders der Ausnutzung des optischen Kanals beim Informationsaustausch eine große Bedeutung zukommt, kann man von fehlender, schwacher oder starker Einbeziehung der äußeren Situation in den Informationsaustausch sprechen (Steger et al. 1974: 79).

In dieser Lesart als Bezugnahme auf die äußere Situation kann man jedoch daran zweifeln, ob der betreffende Parameter wirklich als Kommunikationsbedingung im engeren Sinne (1) anzusehen ist, oder nicht doch der Kategorie (3) zugeordnet werden muss, weil auch durch ihn eher die Kommunikation beschrieben als

---

24 Im Modell von Steger et al. würde dieser Parameter mit dem Aspekt der „Rollenperformanz" in Verbindung gebracht werden, wie dies von den Autoren auch beim Merkmal der „Zahl der Sprecherwechsel" (Steger et al. 1974: 81) getan wird.
25 Vgl. hierzu auch die Ausführungen Thalers (2007: 158).

bedingt wird. Insgesamt steht dieser Parameter allerdings in einer engen Beziehung zur raumzeitlichen Nähe/Distanz:[26] Wo keine raumzeitliche Nähe vorliegt, ist es sprachlich deutlich aufwendiger – aber natürlich nicht unmöglich –, die äußere Situation in den Kommunikationsakt einzubeziehen. Ist raumzeitliche Nähe vorhanden, kann im Bühler'schen Zeigfeld mit Hilfe von „deiktischen Sprachzeichen" (Bühler 1999 [1934]: 80) verwiesen werden. Dies ist die Argumentationsrichtung von Ágel und Hennig (z. B. 2007: 191), die in diesem Zusammenhang die Parameter „P-R-raumzeitgebundener P-R-Horizont" vs. „P-R-raumzeitfreier P-R-Horizont" (Ágel & Hennig 2006c: 22) verwenden:

> Wir modellieren im Situationsparameter also auf Näheseite die *Möglichkeiten* der Bezugnahme auf den gemeinsamen Raum- und Zeitkontext und auf Distanzseite die verschiedenen Verfahren der Kompensation von Raum- und Zeitungleichheit. (Ágel & Hennig 2007: 200; Hervorheb. K. K.-S.)

Ebenso wie bei den Rollenparametern geht es Ágel und Hennig bei den Situationsparametern um die Eröffnung von durch die Grundkonstellation der raumzeitlichen Nähe begründeten „Möglichkeiten" (Ágel & Hennig 2007: 200) – wodurch ihrer Argumentation zufolge „P-R-raumzeitgebundener P-R-Horizont" vs. „P-R-raumzeitfreier P-R-Horizont" (Ágel & Hennig 2006c: 22) zu einem „Universale[n] Parameter der Kommunikation" (Ágel & Hennig 2006c: 18) wird und dementsprechend unserer Kategorie (1) zuzuordnen wäre.

Der Parameter des „Referenzbezugs" (z. B. Koch & Oesterreicher 2011: 7) scheint Ähnliches wie die zuvor diskutierten Parameter zu bezeichnen.[27] Bei ihm sei „entscheidend [...], wie nahe die bezeichneten Gegenstände und Personen der Sprecher-*origo* (*ego-hic-nunc*) sind" (Koch & Oesterreicher 2011: 7). Nach Koch (1986: 117) ist zu fragen, ob „der Produzent [...] in hohem vs. in geringem Maße auf Elemente der unmittelbaren Sprechsituation (personal, örtlich und zeitlich: ego/tu, hic, nunc) [referiert]." Mit der Terminologie von Hasan (2001: 54) gesprochen, werden bei referentieller Nähe eher *immediate contexts* relevant, bei referentieller Distanz eher *displaced* oder *virtual contexts* (vgl. auch Abschn. 2.2.4). Dieser Parameter muss in der Formulierung von Koch (1986: 117) der Kategorie (3) zugeordnet werden, da er sich erst in der konkreten Kommunikation manifestiert.

---

26 Fraglich bleibt sogar, ob dieses Merkmal bei Koch und Oesterreicher nicht in gewisser Weise synonym zur raum-zeitlichen Nähe/Distanz der Kommunikationspartner gemeint ist.
27 Dafür spricht auch, dass Koch (1996: 31) die Parameter „referentielle Bezüge und Grad der Einbettung in den Situationskontext" in seiner Analyse von zwei Vorlesungen gleichzeitig in einem Analyseschritt verwendet.

ad (2) Kommunikationsbedingungen im weiteren Sinne
Kommen wir nun zur Diskussion der Kommunikationsbedingungen im weiteren
Sinne. Gerade ihre Aufnahme in das Modell von Koch und Oesterreicher unterscheidet es von einer bloßen Beschreibung der „ursprünglichen Form mündlicher
Verständigung". Ágel und Hennig (2006c: 24) übernehmen nur Kommunikationsbedingungen in ihr Modell, die „nachweislich für das Vorhandensein oder Nicht-
vorhandensein bestimmter grammatischer Merkmale verantwortlich sind." Dies
sind für sie eben solche, die sich aus ihrem „Universale[n] Axiom" (Ágel & Hennig
2007: 185) ergeben. Bloß: Eineindeutige kausale Zusammenhänge zwischen Ágels
und Hennigs „Universale[n] Parameter[n] der Kommunikation" (Ágel & Hennig
2007: 185) und „einzelsprachlichen Merkmalen" (Ágel & Hennig 2007: 184) sind
auch hier nicht gegeben.[28] Vielleicht haben diese auf raumzeitliche Nähe/Distanz
zurückführbaren Parameter nur eine etwas größere Potenz, sprachliche Merkmale zu bedingen, weil sie eben auch in hohem Maße mit medialen Affinitäten
einhergehen. Durch Trennung der Kommunikationsbedingungen im engeren
und im weiteren Sinne kann die Kritik Ágels und Hennigs (2007: 83) abgebildet
werden, „dass die Potenzen der einzelnen Kommunikationsbedingungen, Versprachlichungsstrategien zu determinieren, sehr unterschiedlich sind". An dieser
Stelle ist es sehr erhellend, die Unterscheidung „Konstellation" vs. „Konzeption"
mit Bezug auf argumentierende Texte durch Feilke (2010) einzubringen:

> Zwar steht in diesem Fall [des argumentierenden Textes, Hinzufüg. K. K.-S.] nach dem
> Modell von Ágel und Hennig (2006) für alle Parameter (R, Z, S, C, M) die distanzsprachliche
> *Konstellation* fest, aber darüber kann sich die *Konzeption* von Rede-Situationen in einem
> Als-Ob-Modus leicht hinwegsetzen. Die sprachlichen Nähe- und Distanzmittel haben ein
> modellbildendes Potential, das es erlaubt, konzeptionelle Nähe bei konstellativer Distanz
> und umgekehrt zu erzeugen. (Feilke 2010: 209)[29]

„Konstellation" ist nach Feilke (2010: 209) auf die Kommunikationsbedingungen
zu beziehen; „Konzeption" verwendet er in Bezug auf die „sprachlichen Nähe-
und Distanzmittel". Seine Überlegung ist nun, dass die verwendeten sprachlichen Mittel sich keineswegs unidirektional aus den konstellativen Bedingungen
ergeben, sondern sogar unabhängig von diesen Kommunikationsbedingen sein

---

28 Dies zeigt sich schon daran, dass wir bei der Diskussion von Parametern in der Kategorie (1)
zumeist die Formulierung der „Eröffnung von Möglichkeiten" (z. B. des Rollenwechsels) verwendet haben. Ob diese Möglichkeiten auch genutzt werden, ist damit aber nicht gesagt.
29 Die von Feilke zitierten Abkürzungen von Ágel und Hennig (2007: 187) seien kurz ausge-
schrieben: R = Rollenparameter; Z = Zeitparameter; S = Situationsparameter; C = Parameter des
Codes; M = Parameter des Mediums.

können – vielmehr sogar genau entgegengesetzt ausgerichtet sein können als erwartet. Damit ist zunächst dahingehend argumentiert, dass auch die von Ágel und Hennig vorgestellten „Universalen Parameter der Kommunikation" nicht die Potenz haben, sprachliche Merkmale eineindeutig zu determinieren.

Die Kommunikationsbedingungen nach Koch und Oesterreicher, die Ágel und Hennig nicht übernehmen, zeichnen sich durch das Verständnis von ‚Nähe' im Sinne einer „private[n], spontane[n] Atmosphäre" (Ágel und Hennig 2006c: 24) aus.[30] In einem weiteren Schritt muss nun argumentiert werden, dass gerade auch die von Ágel und Hennig nicht übernommenen Parameter durchaus vermögen, sprachliche Merkmale zu beeinflussen. Zu diesen Kommunikationsbedingungen im weiteren Sinne zählen „Öffentlichkeit" vs. „keine Öffentlichkeit" (Koch & Oesterreicher 1986: 23), die bei den Autoren später auch in der Variante „Öffentlichkeit" vs. „Privatheit" (z. B. Koch & Oesterreicher 2007: 351, 2008: 201) zu finden sind.[31] Schon Steger et al. (1974) nehmen den „Öffentlichkeitsgrad des Kommunikationsakts" (Steger et al. 1974: 83) in die Liste ihrer „redekonstellativen Merkmale" auf und unterscheiden vier unterschiedliche Grade: „öffentlich", „halb öffentlich", „nicht öffentlich" und „privat" (1974: 83–84, 95). In nicht öffentlichen Kommunikationsakten seien nur geladene Personen zugelassen, während ein privater Kommunikationsakt die „beteiligten Partner auf solche mit besonderen Beziehungen zueinander" beschränke (Steger et al. 1974: 84). Damit ist ersichtlich, dass mit Kochs und Oesterreichers kontinualer Modellierung von *Öffentlichkeit* vs. *Privatheit* die Spannweite der Möglichkeiten größer ist; gleichzeitig bleibt aber die Kritik Hennigs (2000: 118) in Kraft, dass auch diese Parameter von den Autoren selbst nicht genau definiert werden. Dementsprechend schlägt sie selbst die Ausgliederung der Parameter „‚auf einen bestimmten Personenkreis beschränkt' vs. ‚nicht beschränkt'" und „[‚]private' vs. ‚institutionengebundene Kommunikationssituation'" vor (Hennig 2000: 118–119). An dieser Stelle ist zu erwähnen, dass solch eine Ergänzung der Kommunikationsbedingungen durch Koch und Oesterreicher geradezu verlangt wird – dies lässt sich vor allem an der Darstellung der Kommunikationsbedingungen als offene Liste mit drei Punkten

---

30 Ágel und Hennig (2010: 5) selbst betonen aber in der Einleitung zu einem von ihnen herausgegebenen Sammelband relativierend: „Vielmehr verbinden sich mit verschiedenen Perspektiven auf ‚Nähe' und ‚Distanz' unterschiedliche Anforderungen an eine Nähe-Distanz-Modellierung, sodass nicht mit einer pauschalen Übertragbarkeit eines Nähe-Distanz-Modells auf alle Verwendungszusammenhänge gerechnet werden kann."
31 Dass der Grad der Öffentlichkeit hier zu den Parametern der Gruppe (2) zu zählen ist, kann auch durch folgende Ausführungen Thalers (2007: 163) bestärkt werden: „[...] [P]hysische Nähe oder Distanz der Kommunikationspartner [...] ist für den Grad der Öffentlichkeit nur in sehr begrenztem Maße relevant."

am Ende erkennen (vgl. z. B. Koch & Oesterreicher 1986: 23) oder durch die Anfügung des Akronyms „usw." (vgl. z. B. Koch & Oesterreicher 2008: 201).

Ebenfalls der Kategorie (2) zuzuordnen sind „Vertrautheit der Partner" vs. „Fremdheit der Partner" (Koch & Oesterreicher 1986: 23). Hennig (2000: 118) ist diese Differenzierung aber zu ungenau, da Vertrautheit nicht mit Gleichberechtigung gleichzusetzen sei; sie schlägt deswegen das weitere Merkmal „gleichberechtigt" vs. „nicht gleichberechtigt" vor. Steger et al. (1974: 79) nutzen diesbezüglich das redekonstellative Merkmal „Rang", das sie als Teil der „Rollenperformanz" der Kommunikationspartner in der Kommunikationssituation ansehen (vgl. Steger et al. 1974: 80), und spannen eine Rangskala von „Unterordnung", „Gleichrangigkeit" zu „Privilegierung" auf (Steger et al. 1974: 80).

Insgesamt muss man in Bezug auf beide Parameter schließen, dass sie sehr wohl Einfluss auf die sprachliche Verfasstheit von Äußerungen haben können: Ist eine Kommunikationssituation sehr vielen Personen zugänglich, so dass die Rezipienten als „anonyme Instanz" (Koch & Oesterreicher 1986: 20) erscheinen, oder weisen die Interaktionspartner eine geringe Vertrautheit auf, resultiert ein geringerer gemeinsamer Wissenskontext (vgl. Koch & Oesterreicher 2011: 11) der Interaktionspartner. Koch und Oesterreicher (2011) schließen:

> Daraus ergibt sich zwingend, dass bei extremer kommunikativer Distanz dieser ‚Kontextmangel' nur durch verstärkten Einsatz des *sprachlichen* Kontextes [...] kompensiert werden kann, d. h. durch die Überführung kontextueller Information in den Ko-Text. (Koch & Oesterreicher 2011: 11)

„Freie Themenentwicklung" vs. „Themenfixierung" (Koch & Oesterreicher 1986: 23) müsste man wieder als „Möglichkeit" der freien Themenentwicklung vs. vorgegebenes Thema konzeptualisieren, um diese unter die Kategorie (2) der Kommunikationsbedingungen im weiteren Sinne fassen zu können; ansonsten könnte man es auch als Beschreibung der thematischen Entwicklung einordnen und unter Kategorie (3) fassen (vgl. so auch Ágel & Hennig 2007: 182). Als *Möglichkeit* der freien Themenentwicklung interpretieren auch Steger et al. (1974: 82) ihr gleichlautendes redekonstellatives Merkmal „Themenfixierung":

> Von Einfluß auf das Sprachverhalten scheint auch zu sein, ob für einen Kommunikationsakt die Thematik im voraus festgelegt ist, sei es stillschweigend oder durch ausdrückliche Vereinbarung, oder ob kein Thema vereinbart ist. (Steger et al. 1974: 82)

Sie ordnen es der „speziellen Motiviertheit" (Steger et al. 1974: 83) zu und argumentieren, dass es sich im Gegensatz zu einem Merkmal „Thema" zur Bestimmung der Redekonstellation anbiete (vgl. Steger et al. 1974: 81–83).

ad (3): Nicht als Kommunikationsbedingung interpretierbar
Die verbleibenden ‚Kommunikationsbedingungen' sind nun der Kategorie (3) zuzuordnen.[32] Zu den Parametern „Spontaneität" vs. „Reflektiertheit", „Expressivität" vs. „Objektivität" sowie „Affektivität" (das ohne Gegenpart auf distanzsprachlicher Seite bleibt) (Koch & Oesterreicher 1986: 23) schreiben Ágel und Hennig (2007: 182): „spontan kann das kommunikative Verhalten der Partner oder eines der Partner sein, genauso expressiv und affektiv". Diese Parameter beziehen sich also auf mentale Produzentenaktivitäten, die sich sprachlich äußern können.

Spontaneität oder eben Reflektiertheit sind Merkmale des kommunikativen Verhaltens des Produzenten, die sich aus dem Zeitparameter bei Ágel und Hennig (2007: 197) ergeben können: Der „Universale Parameter der Kommunikation" (Ágel & Hennig 2007: 185) „Zeitgebundenheit vs. Zeitfreiheit der Produktion und Rezeption" (Ágel & Hennig 2007: 197) findet bei Koch und Oesterreicher ansonsten keinen Eingang in die Modellierung der Kommunikationsbedingungen.

Koch und Oesterreicher (2011: 7) grenzen Affektivität und Expressivität voneinander ab, indem sie Ersteres auf den/die Kommunikationspartner bezogen beschreiben, Letzteres als auf den Kommunikationsgegenstand gerichtet; eine Differenz, die m. E. nicht deutlich zur konzeptuellen Klärung beiträgt. Auch die Merkmale „detachment" (übersetzbar als ‚Distanziertheit') vs. „involvement"[33] können eher als Beschreibungen von Haltungen der Kommunikationsteilnehmer gelten.[34] Die Parameter „Expressivität", „Affektivität" und „involvement" auf Näheseite und „Objektivität" und „detachment" auf Distanzseite werden in anderen Publikationen von Koch und Oesterreicher nicht verwendet. Zumeist geht der Parameter der „Emotionalität" (hohe vs. niedrige) (z. B. Koch & Oesterreicher 1994: 588) oder „starke emotionale Beteiligung vs. geringe emotionale Beteiligung" (Koch & Oesterreicher 2007: 351) in die Modellierung ein.

---

32 Ebenso wie die unter (1) schon diskutierten Merkmale des *Monologs* vs. *Dialogs*, der *Situations- und Handlungseinbindung* vs. *-entbindung* sowie des *hohen* vs. *niedrigen Referenzbezugs* in der Interpretation als *Häufigkeiten* (und nicht als eröffnete Möglichkeiten).
33 Chafe (1982: 45) umschreibt „detachment" folgendermaßen: „The detached quality of written language is manifested in devices which serve to distance the language from specific concrete states and events" und findet es sprachlich realisiert in Passivkonstruktionen und Nominalisierungen (vgl. Chafe 1982: 45–46). „[I]nvolvement" misst er an Merkmalen wie „first person references" oder „emphatic particles" (Chafe 1982: 46–48).
34 Dass Koch und Oesterreicher (1986: 21) selbst formulieren: „Spontaneität bedeutet zumeist auch stärkere Expressivität und affektive Teilnahme", würde Ágel und Hennig (2007: 182) außerdem in ihrer Kritik an den „logisch heterogenen Bezügen bei der Modellierung der einzelnen Kommunikationsbedingungen und Versprachlichungsstrategien" bestärken.

Fazit: Es konnte gezeigt werden, dass der Terminus ‚Kommunikationsbedingungen‘, genauso wie die darunter fallenden Parameter bei Koch und Oesterreicher, nicht ausreichend definiert ist und eine exakte Abgrenzung der einzelnen Kommunikationsbedingungen untereinander oftmals nicht vorhanden ist. Es wurde in Anlehnung an Überlegungen von Ágel und Hennig (2006a, 2006b, 2007) sowie Fiehler et al. (2004) eine Differenzierung in *Kommunikationsbedingungen im engeren Sinn* und *im weiteren Sinn* vorgeschlagen und gleichzeitig eine Aussonderung der nicht unter diese Kategorien fallenden Parameter empfohlen, die oftmals als Merkmale des kommunikativen Verhaltens/der sprachlichen Äußerungen der Kommunikationsteilnehmenden einzuschätzen sind. M. E. können v. a. die Kommunikationsbedingungen der Kategorie 2 zu einer tiefergehenden Analyse von Unterrichtsinteraktion beitragen (wie „Öffentlichkeit" oder „Fremdheit der Partner"; vgl. auch Abschn. 2.1). Deswegen ist es gerade für die Analyse des Unterrichtsdiskurses keineswegs sinnvoll, diese aufzugeben.

3.2.2 Versprachlichungsstrategien konzeptioneller Mündlichkeit/ Schriftlichkeit

Im Folgenden soll es zu einer Annäherung an das Konstrukt der ‚Versprachlichungsstrategien‘ nach Koch und Oesterreicher kommen, indem die unterschiedlichen *Versionen* der ‚Versprachlichungsstrategien‘ in deren Publikationsgeschichte nachgezeichnet werden. Zu Beginn sei die Auflistung aus Koch und Oesterreicher (1986) aufgeführt:

Tabelle 11: ‚Versprachlichungsstrategien‘ der Sprache der Nähe/der Distanz aus Koch und Oesterreicher (1986: 23)

Sprache der Nähe	Sprache der Distanz
Prozeßhaftigkeit	‚Verdinglichung‘
Vorläufigkeit	Endgültigkeit
geringere:	*größere:*
Informationsdichte	Informationsdichte
Kompaktheit	Kompaktheit
Integration	Integration
Komplexität	Komplexität
Elaboriertheit	Elaboriertheit
Planung	Planung
…	…

In Kochs und Oesterreichers Monographie *Gesprochene Sprache in der Romania* (2011) findet sich (ebenso wie in der Erstauflage von 1990) eine deutlich reduzierte Variante:

Tabelle 12: ‚Versprachlichungsstrategien' der Sprache der Nähe/der Distanz aus Koch und Oesterreicher (2011: 13)

Sprache der Nähe	Sprache der Distanz
Präferenz für nichtsprachliche Kontexte und für Gestik, Mimik etc.	Präferenz für sprachliche Kontexte
geringerer Planungsaufwand	hoher Planungsaufwand
Vorläufigkeit	Endgültigkeit
Aggregation	Integration
etc.	etc.

Im Fließtext werden indes noch weitere ‚Versprachlichungsstrategien' erwähnt (vgl. Koch & Oesterreicher 2011: 12). Demgegenüber gibt es in Koch und Oesterreicher (2007) keine eigene tabellarische Aufstellung der ‚Versprachlichungsstrategien' (mehr), sondern sie werden in Textform aufgezählt:

> ein Spektrum von Versprachlichungsstrategien in den Bereichen der Referentialisierung, der Prädikation, der raum-zeitlichen und personalen Orientierung, der Kontextualisierung, der Finalisierung usw. (Koch & Oesterreicher 2007: 352)

Es fällt auf, dass diese Formulierung inhaltlich deutlich weniger präzise ist als die obige Auflistung, da einzelne ‚Versprachlichungsstrategien' gar nicht mehr genannt werden, sondern nur die ‚Bereiche' aufgelistet werden, in denen ‚Versprachlichungsstrategien' relevant werden. Oesterreicher (1993: 270) lässt den Strategiebegriff sogar fallen und verwendet das Kompositum „Versprachlichungsanforderungen":

> Die Versprachlichungsanforderungen, die hier gelten, sind orientiert an Kategorien wie ‚Textkohärenz', ‚Vollständigkeit', ‚lexikalische Präzision', ‚syntaktische Integration' usw. (Oesterreicher 1993: 270)

Ingesamt zeigt sich eine große Diversität bei der Aufführung der einzelnen ‚Versprachlichungsstrategien' in den unterschiedlichen Publikationen der Autoren und eine geringere Konstanz der Verwendung des Terminus, so als seien Koch und Oesterreicher sich selbst dieser Kategorie nicht ganz sicher. In manchen Publikationen wird sogar der Terminus ‚Versprachlichungsstrategie' nicht mehr genutzt – vielleicht sogar fallen gelassen. Demgegenüber sind die Auflistungen der Kommunikationsbedingungen in unterschiedlichen Publikationen der Autoren recht einheitlich gestaltet.

Schon an dieser Stelle scheint Kritik am Konstrukt der ‚Versprachlichstrategien' durch. In Abschnitt 3.2.2.1 werden weitere Kritikpunkte daran aufgeführt. In Abschnitt 3.2.2.2 wird der Versuch einer Systematisierung der ‚Versprachlichungsstrategien' unternommen, die in dieser Arbeit als *Dimensionen zur Gewinnung von Analysekategorien* interpretiert werden.

3.2.2.1 Kritik der Versprachlichungsstrategien

> Aus den kommunikativen Bedingungen der Nähe bzw. der Distanz ergeben sich nun in sprachlichen Äußerungen bestimmte Präferenzen für unterschiedliche kommunikative *Strategien* und *Medien*. (Koch & Oesterreicher 1986: 21)

In ihrer auf dieses Zitat folgenden Grafik verwenden Koch und Oesterreicher (1986: 23) das Kompositum ‚Versprachlichungsstrategien'. Im Zitat geht es um den Zusammenhang zwischen Kommunikationsbedingungen und ‚Versprachlichungsstrategien'; Koch und Oesterreicher (2007: 352) verschärfen die obige Formulierung noch, indem sie schreiben, dass die Produzenten und Rezipienten „in ganz bestimmter Weise auf die Kommunikationsbedingungen der Nähe und Distanz" – quasi in behavioristischer Manier wie auf bestimmte Reize – „reagieren" (vgl. ähnlich auch Koch & Oesterreicher 2011: 10). Die ‚Versprachlichungsstrategien' haben vermutlich sogar in noch stärkerem Maße Kritik erfahren als die Kommunikationsbedingungen, beginnend damit, dass der Terminus nicht exakt definiert sei: Es bleibe unklar, „was eine Versprachlichungs*strategie* eigentlich ist" (Ágel & Hennig 2006c: 14). Der *Strategiebegriff* bezieht sich auf planvolles, regelgeleitetes Handeln, um bestimmte Probleme zu lösen resp. bestimmte Ziele zu erreichen (vgl. Öllinger 2014); auf „bewusst eingesetzte Fertigkeiten, die Überlegungen und Ziele organisieren", wie es Woolfolk (2008: 339) formuliert[35] – und er bezieht sich nicht auf Reaktionen auf bestimmte Reize. Für Ágel und Hennig (2006c: 14) stellen die ‚Versprachlichungsstrategien' „Merkmale und Dispositionen des Sprechens" dar, was deutlicher das fasst, was Koch und Oesterreicher zu beschreiben suchen. Mit der Unschärfe der Begriffsdefinition wäre der erste Kritikpunkt genannt.

Ein weiterer Kritikpunkt Ágels und Hennigs (2006c: 14) bezieht sich darauf, dass Abhängigkeiten, auch zwischen Kommunikationsbedingungen und ‚Ver-

---

35 Vgl. auch Ortner (2000: 352), der den Strategiebegriff mit „Aufmerksamkeit" in Zusammenhang bringt.

sprachlichungsstrategien', nicht dargestellt würden. Diesen Mangel beheben die Autoren in ihrem eigenen Modell, das mehrere Hierarchieebenen enthält, indem ausgehend von der Ebene I (dem „Universale[n] Axiom") über Ebene II „Universale Parameter der Kommunikation" zur Ebene III „Universale Parameter der Diskursgestaltung" über Ebene IV „Universale Diskursverfahren" bis zur Ebene V „Universale Diskursmerkmale" abgeleitet werden; auf Ebene V werden somit „einzelne[...] sprachliche Merkmale" relevant (Ágel & Hennig 2006c: 18). Solche hierarchischen Ableitungen finden sich im Modell von Koch und Oesterreicher nicht. An einigen Stellen zeigen sie aber auf, wie sie sich das Zusammenwirken von Kommunikationsbedingungen und ‚Versprachlichungsstrategien' vorstellen; dies erfolgt aber in eher unsystematischer Weise.[36]

Ein nächster, für die Argumentation in vorliegender Arbeit besonders relevanter Kritikpunkt Ágels und Hennigs ist, dass

> eine verlässliche Einordnung einzelner Diskursarten in das Nähe-Distanz-Kontinuum anhand der Identifizierung der jeweiligen Kommunikationsbedingungen und Versprachlichungsstrategien kaum möglich ist. (Ágel & Hennig 2007: 183)

Bezogen auf die einzelnen ‚Versprachlichungsstrategien' liegt dies vor allem darin begründet, dass Koch und Oesterreicher in ihren Publikationen nicht systematisch herausarbeiten, wie sie sich konkret auf der Ebene einzelner sprachlicher Merkmale manifestieren (wie dies beispielsweise Ágel und Hennig 2006c tun) – man kann in empirischer Terminologie formulieren, dass Koch und Oesterreicher ihre ‚Versprachlichungsstrategien' *nicht operationalisieren*. An dieser Stelle muss zur weiteren Klärung auf das Modell der „drei Ebenen im Bereich des Sprachlichen" von Coseriu (z. B. 1994: 9) Bezug genommen werden, das für das Verständis der Modellierung von Mündlichkeit/Schriftlichkeit nach Koch und Oesterreicher essentiell ist. Koch und Oesterreicher (2007: 352) ordnen die ‚Versprachlichungsstrategien' der „universelle[n] Ebene" nach Coseriu (z. B. 1994: 10), also der „Sprache im allgemeinen" (Coseriu 1994: 10), zu. Sie sind somit nach Koch und Oesterreicher (2007: 353)

---

36 So beschreiben Koch und Oesterreicher (1986: 21) z. B., dass sich aus den Kommunikationsbedingungen der *Dialogizität* und der (daraus resultierenden?) geringeren *Planung* – die eigentlich aufseiten der ‚Versprachlichungsstrategien' aufgeführt ist – die ‚Versprachlichungsstrategien' *Prozesshaftigkeit* und *Vorläufigkeit* in der Sprache der Nähe ergeben; die relative *Situationsentbindung*, die einen erhöhten *Planungsaufwand* ermögliche und erfordere, erkläre, dass distanzsprachlichere Texte kompakter, komplexer und informationsdichter seien (vgl. Koch & Oesterreicher 1986: 22).

– auch wenn sie sich notwendig in einzelsprachlicher Gestalt manifestieren – durch universale kognitive, volitionale, motivationale, motorische und andere Faktoren begründet; die
entsprechenden Phänomene sind also im Rahmen der menschlichen Sprachfähigkeit als
denknotwendig zu betrachten. (Koch & Oesterreicher 2007: 353)

Aus den Kommunikationsbedingungen und ,Versprachlichungsstrategien' auf
universaler Ebene leiten Koch und Oesterreicher

bestimmte Typen von Erscheinungen [ab], die – bei aller Besonderheit der einzelsprachlichen Ausprägung – als *universale* Merkmale der Sprache der Nähe (gesprochen) bzw. der
Sprache der Distanz (geschrieben) gelten müssen. (Koch & Oesterreicher 1986: 27)

Die ,Versprachlichungsstrategien' sind von den Autoren also noch nicht merk-
malshaft gedacht. Die abgeleiteten universalen Merkmale der Sprache stellen
Koch und Oesterreicher (1986: 27) dann auf Näheseite für den morphosyntakti-
schen Bereich (z. B. Anakoluthe), den lexikalischen (z. B. passe-partout-Wörter)
und den textuell-pragmatischen Bereich (z. B. Korrektursignale) dar (vgl. auch
Koch & Oesterreicher 2011: 41–135). Die Unterscheidung zwischen den ,Versprach-
lichungsstrategien' und den universalen Merkmalen der Sprache der Nähe/
Distanz entspricht in etwa dem Unterschied der Ebene IV der übergeordneten
„Universale[n] Diskursverfahren" und der Ebene V der „Universale[n] Diskursmerkmale", also der „einzelnen sprachlichen Merkmale" nach Ágel und Hennig
(2006c: 18).[37]

Diese beschriebenen Phänomene auf universaler Ebene unterscheiden Koch
und Oesterreicher (1986: 274) deutlich von solchen auf der „Ebene der historischen Einzelsprachen" (Coseriu 1994: 10),

denen in der jeweiligen Einzelsprache lediglich der Status *historischer Kontingenz* zukommt,
die also allein in der Perspektive der individuellen Sprachgeschichten begriffen werden
können. (Koch & Oesterreicher 1986: 27)

Diese Merkmale beschreiben sie vor allem in ihrer Monographie *Gesprochene
Sprache in der Romania* für den nähesprachlichen Pol des Spanischen, Französischen und Italienischen (Koch & Oesterreicher 2011: 135–271). Hierzu bemerken sie aber, dass kein direkter Weg von den universalen Kommunikationsbedingungen und ,Versprachlichungsstrategien' zu historisch-einzelsprachlichen

---

37 Die von Ágel und Hennig hier verwendete Terminologie ist jedoch widersprüchlich, da sie auf
der letzten Ebene zwar von „Universale[n] Diskursmerkmalen" sprechen, aber dann schreiben,
dass sich die universalen Diskursverfahren „*einzelsprachlich*" durch die universalen Diskursmerkmale manifestieren können (vgl. Ágel & Hennig 2006c: 18).

Merkmalen führe (vgl. Koch & Oesterreicher 2011: 40). Eine hierarchische/systematische Verbindung zu den Kommunikationsbedingungen und ‚Versprachlichungsstrategien' modellieren sie hier also nicht – die Kritik, dass nicht deutlich wird, wie sich die ‚Versprachlichungstrategien' auf der Ebene konkreter sprachlicher Merkmale manifestieren, bleibt also bestehen. Für die vorliegende Arbeit ist diese Modellierung aber notwendig, um den Grad der konzeptionellen Schriftlichkeit in der Unterrichtsinteraktion auf Lehrer- (und auch Schüler-)Seite untersuchen zu können. In Anlehnung an Pohls Forderung, eine „intensive[.] Reanalyse der angedachten Parameter" sei notwendig, „um ihre Überführung in linguistisch operationalisierbare Analysekategorien zu gewährleisten" (Pohl 2016: 60), werden im folgenden Kapitel 3.2.2.2 Operationalisierungsüberlegungen angestellt.

3.2.2.2 Versuch einer Systematisierung der Versprachlichungsstrategien und Ableitung von Operationalisierungsdimensionen

Im Folgenden soll zunächst die ursprüngliche Auflistung der ‚Versprachlichungsstrategien' nach Koch und Oesterreicher (1986: 23) genutzt werden, um zum einen zu einer genaueren inhaltlichen Klärung der einzelnen Parameter beizutragen und zum anderen Redundanzen innerhalb der ‚Versprachlichungsstrategien' sowie ggf. Überschneidungen zu den Kommunikationsbedingungen aufzudecken. Wo die Parameter in weiteren Publikationen von Koch und Oesterreicher ergänzt werden, sollen diese Ergänzungen selbstverständlich herangezogen werden. Resultieren soll eine von Redundanzen bereinigte, exaktere Version der ‚Versprachlichungsstrategien' konzeptioneller Schriftlichkeit, deren einzelne Parameter dann aber nicht weiter als Strategien der Versprachlichung bezeichnet, sondern als sogenannte *Operationalisierungsdimensionen konzeptioneller Schriftlichkeit* genutzt werden. Operationalisierungsdimensionen (OpD) möchten wir als übergeordnete „*Sehepunkt[e]*" (vgl. zum Terminus Köller 1993: 16) definieren, die jeweils eine spezifische Analyse von bestimmten sprachlichen Aspekten konzeptioneller Schriftlichkeit ermöglichen. Der Terminus *Sehepunkt* bietet sich deswegen an, weil er „kenntlich machen [soll], daß jede konkrete Wahrnehmung von einer bestimmten räumlichen, zeitlichen und letztlich auch geistigen Position aus erfolgt" (Köller 1993: 16). Die raum-zeitlichen Aspekte sind in unserem Fall nicht so relevant, der Aspekt der „geistigen Position" aber sehr wohl. Denn in jeder Operationalisierungsdimension werden unterschiedliche Aspekte konzeptioneller Schriftlichkeit relevant, je nachdem aus welcher ‚geistigen Position' heraus wir sie betrachten; d. h. je nachdem, welche Operationalisierungsdimension im Fokus des Interesses steht. Innerhalb der Operationalisierungsdimensionen werden in einem ersten Schritt Analysekategorien gewonnen, mit Hilfe derer

konzeptionelle Schriftlichkeit in einem zweiten Schritt auf unterschiedlichen sprachlichen Analyseebenen operationalisiert werden kann:
- auf morphologischer,
- auf lexikalischer,
- auf syntaktischer,
- und auf textueller/diskursiver Ebene.

Dabei ist wegen der Perspektivität der Operationalisierungsdimensionen gerade nicht auszuschließen, dass in bestimmten Fällen eine Analyse *ähnlicher* sprachlicher Aspekte aus verschiedenen Operationalisierungsdimensionen heraus stattfindet und dementsprechend Maße in der einen Operationalisierungsdimension im Zusammenhang stehen mit Maßen in einer anderen Dimension. Insgesamt wird in dieser Untersuchung ein zweidimensionales Operationalisierungssystem[38] aus Operationalisierungsdimensionen und Analysekategorien entworfen:

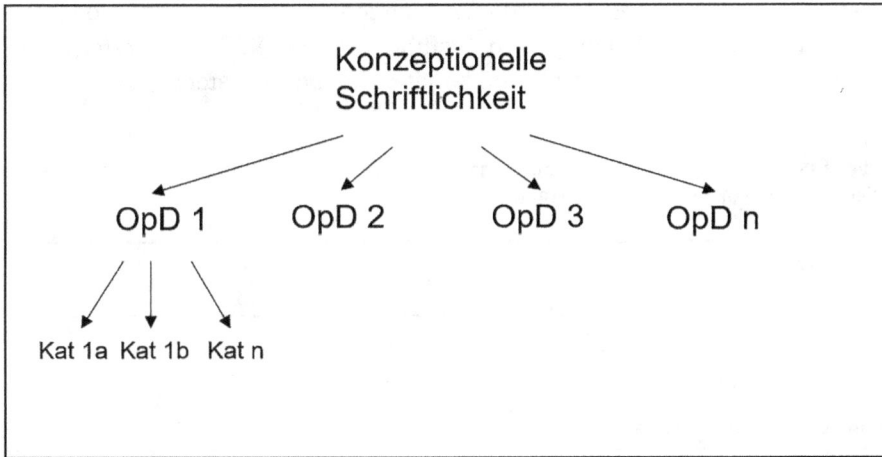

Abbildung 2: Zweidimensionales Operationalisierungssystem der Studie[39]

Die Gewinnung von Operationalisierungskategorien konzeptioneller Schriftlichkeit ist für vorliegende Untersuchung ein vorrangiges Erkenntnisziel. Dabei sollen diese *zum einen* genutzt werden, um aus theoretischer Perspektive Operationali-

---

38 Vgl. auch Ágel und Diegelmann (2010: 358), die ein „zweidimensionales Junktionssystem entwerfen".
39 Legende: OpD = Operationalisierungsdimension; Kat = Analysekategorie.

sierungskategorien *deduktiv* abzuleiten. Diese werden in empirischer Perspektive auf die dritte Ebene des Spachlichen, die „individuelle Ebene" (Koch & Oesterreicher 2007: 353), angelegt. Dies ist nach Coseriu (1994: 10) die „Ebene der Texte, der Redeakte bzw. der Gefüge von Redeakten, die von einem Sprecher in einer bestimmten Situation [nämlich hier von Lehrer/-innen in konkreten Unterrichtssituationen; K. K.-S.] realisiert werden". *Zum anderen* ist aber wichtig zu betonen, dass die Operationalisierungsdimensionen in der Arbeit am empirischen Datenmaterial auch kritisch überprüft werden sollen und zudem auch weitere Analysekategorien *induktiv* gewonnen werden können, die einer Operationalisierungsdimension zuzuordnen sind.

Im Folgenden werden die einzelnen Operationalisierungsdimensionen abgeleitet und erläutert. In Tabelle 13 sind in der rechten Spalte die abzuleitenden vier Operationalisierungsdimensionen aufgeführt. Durch die Zuordnung zu einer bis zu drei der linken Zeilen (,Versprachlichungsstrategien' der Sprache der Distanz) ist zudem illustriert, aus welchen ,Versprachlichungsstrategien' nach Koch und Oesterreicher sie hergeleitet sind. Mit der Generierung dieser vier Operationalisierungsdimensionen sollen die in den Ausführungen von Koch und Oesterreicher vorliegenden Redundanzen und Zirkularitäten vermieden werden.

Tabelle 13: Ableitung von Operationalisierungsdimensionen aus den ,Versprachlichungsstrategien' nach Koch und Oesterreicher (1986: 23)

,Versprachlichungsstrategien' der Sprache der Distanz	OpD
größere Integration	
größere Kompaktheit	1) Integration
größere Informationsdichte	
größere Komplexität	2) Komplexität
größere Elaboriertheit	3) Differenziertheit
,Verdinglichung'	
Endgültigkeit	4) Planung
größere Planung	

3.2.2.2.1 Operationalisierungsdimension *Integration*

Beginnen wir mit der Klärung des Parameters geringere/höhere *Integration*. Zunächst sei eine Textstelle aus Koch und Oesterreicher (1986) zitiert, anhand

derer gut die fehlende Abgrenzung der einzelnen ‚Versprachlichungsstrategien'
voneinander illustriert werden kann:

> Aus der relativen Situationsentbindung und dem dadurch erforderlichen (und möglichen)
> Planungsaufwand erklärt sich die Kompaktheit, Komplexität und Informationsdichte von
> distanzsprachlichen Äußerungen. Diese integrative Elaboriertheit steht im Gegensatz zu
> der – durch Situationshilfen, etc. ermöglichten – sparsamen oder aber – wegen geringe-
> rer Planung und Prozeßhaftigkeit – extensiven, weniger integrierten Versprachlichung im
> Nähe-Diskurs. (Koch & Oesterreicher 1986: 22)

Hier werden in der attributiven Struktur „integrative Elaboriertheit" zum einen
zwei Parameter gemischt, zum anderen wird diese Nominalphrase als Hypero-
nym für drei weitere ‚Versprachlichungsstrategien' (Kompaktheit, Komplexität
und Informationsdichte) genutzt. Von einer Trennschärfe der Parameter kann
also keine Rede sein. Hilfreich ist aber, dass eine integrative Versprachlichung auf
Distanzseite einer „extensiven [...] Versprachlichung" auf Näheseite antonymisch
gegenübergestellt wird. Dies beziehen die Autoren v. a. auf eine auf syntaktischer
Ebene „‚reichere' Verbalisierung", auf Hypotaxe in der Distanzsprache im Gegensatz zu Parataxe und zur Verwendung von Holophrasen in der Nähesprache (vgl.
Koch & Oesterreicher 1986: 22). Ein ähnlich gestaltetes Antonym-Paar nutzen die
Autoren (1986: 22, 2011: 13) wenn sie „Integration" der „Aggregation" gegenüber-
stellen.[40] Diesen beiden Parametern wird in der Forschung zu konzeptioneller/
medialer Mündlichkeit/Schriftlichkeit eine besondere Bedeutung zugemessen.[41]
Erfurt (1996: 1401) formuliert beispielsweise:

> Während die Begriffe ‚Sprache der Nähe' und ‚Sprache der Distanz' hauptsächlich situative
> Parameter der Kommunikation mit Versprachlichungstechniken korrelieren, erfassen die
> Begriffe ‚Aggregation' und ‚Integration' die textsortenspezifische Ausformung und Gliede-
> rung von Sätzen und Texten im sprachhistorischen und typologischen Kontext. Sie müssen
> als die tragenden Begriffe eines sprachwissenschaftlich fundierten kulturhistorisch-semio-
> tischen Forschungsprogramms über die Beziehungen von Mündlichkeit und Schriftlichkeit
> angesehen werden. (Erfurt 1996: 1401)

Im Folgenden soll zunächst eine der ersten *engeren* Konzeptualisierungen von
Aggregation und Integration am Beispiel der *Junktionsdimension* nach Raible

---

40 Ong (1982: 42–43), der allerdings die „Eigenschaften oral begründeten Denkens und Ausdrucks" „in einer primär oralen Kultur" fokussiert, beschreibt dieses Denken als eher „additiv"
statt „subordinierend" und als eher „aggregativ" denn „analytisch".
41 Dies ist auch der Grund dafür, dass das Kapitel zur Dimension der „Integration" in vorliegender Arbeit umfangreicher gerät als das zu den anderen abzuleitenden Operationalisierungsdimensionen.

(1992, 2001) nachvollzogen werden; im Anschluss daran wird die Theorie der expliziten Junktion nach Ágel und Diegelmann (2010) und Ágel (2012) vorgestellt, die – im Gegensatz zur Raible'schen Modellierung – speziell für das Neuhochdeutsche entwickelt wurde und in die umfassendere Theorie der Aggregation/Integration nach Ágel (2007) sowie das Nähe/Distanz-Modell nach Ágel und Hennig (2006c) integriert ist. Es folgen Überlegungen zur Herauspräparierung der Integrationsdimension als Operationalisierungsdimension konzeptioneller Schriftlichkeit in dieser Arbeit.

Raible (1992) untersucht aus sprachtypologischer Perspektive im Rahmen des Kölner Universalienprojekts die Dimension[42] *Junktion* und ihre Realisierungsformen zwischen den Polen *Aggregation* und *Integration*. Der Fokus seiner einzelsprachlichen Betrachtung liegt dabei vor allem auf romanischen Sprachen. Junktion definiert Raible (1992: 27) als die „Verknüpfung von kleineren zu größeren Einheiten" und speziell als die „Verbindung von satzwertigen Einheiten" (Raible 1992: 28). Alle Dimension sind im Kölner Universalienprojekt als kontinuale angelegt (vgl. Raible 1992: 25). Den Pol der Aggregation beschreibt er folgendermaßen:

> Im Fall des aggregativen Extrems setzt man einfach Einheiten hintereinander und überläßt ihre Verknüpfung dem Hörer. Jede der Sachverhaltsdarstellungen ist dabei assertiert, d. h. man kann ihr widersprechen, während die Beziehung zwischen den beiden Sachverhaltsdarstellungen nicht assertiert ist. (Raible 1992: 28)

Bei der Aggregation stehen laut Raible (1992: 29) also „zwei Sätze unverbunden nebeneinander"; im Fall des integrativen Extrems bleibe „ein einziger, völlig integrierter Satz übrig". Bei der Integration ist die Verknüpfung zwischen den Sachverhaltsdarstellungen assertiert, die einzelnen Sachverhaltsdarstellungen selbst sind weniger stark assertiert. Aggregativität bringt er mit geringer syntaktischer Kohäsion zusammen, Integration mit einem hohen Grad an syntaktischer Kohäsion (Raible 1992: 30). Während bei Aggregation die Verküpfung der satzwertigen Einheiten dem Hörer überlassen werde, werde bei der Integration „[d]ie Aufgabe der Junktion durch zusätzliche Signale geleistet" (Raible 1992: 30). Interessant ist, dass in der Konzeption der kontinualen Dimensionen jeweils ein sogenannter „Wendepunkt, bei dem das Überwiegen des einen der beiden konversen Prinzipien in das Überwiegen des anderen übergeht" (Raible 1992: 28), herausgearbeitet wurde; für die Junktion ist dieser laut Raible (1992: 30) beim Übergang von satzwertigen Einheiten in den nominalen Bereich gegeben. Da er anzeigt, ab wann

---

42 Dimensionen sind im Kölner Universalienprojekt „„Sprachhandlungsprogramme' für grundlegende Aufgaben, mit denen das System jeder Sprache in irgendeiner Weise fertig werden muß" (Raible 1992: 24).

Integration überwiegt, muss dem Übergang von satzwertigen zu nominalen Einheiten bei den entwicklungsbezogenen Analysen in dieser Arbeit eine besondere Beachtung geschenkt werden.

Am Beispiel der „Inhaltsrelation ‚Ursache'" (Raible 1992: 14–23) arbeitet Raible (1992: 14–23; vgl. auch 2001: 595–596) acht Ebenen der Junktion vom Pol der Aggregation bis zum Pol der Integration heraus. Diese sollen als ‚Pionierarbeit' im Bereich der Erforschung der Junktion im Folgenden dargestellt werden, auch wenn einige der Ebenen, wie Ágel und Diegelmann (2010: 346) sowie Hennig (2009: 91) herausarbeiten, für das Deutsche nur begrenzte Gültigkeit besitzen.

Ebene 1 bezieht sich auf die stärkste Aggregation und beinhaltet die einfache Juxtaposition von Sätzen „ohne jede explizite Verbindung" (Raible 1992: 14). Die Abfolge der Sätze ist hier ohne Belang. Raible (1992: 14) nennt folgendes deutsche Beispiel für solch eine nur „implizite Relation":

(1) Peter ist krank. Er geht nicht in die Schule.[43]

Ebene 2 umschreibt Raible (1992: FB[44]) als „Junktion durch Wiederaufnahme (eines Teils) des vorhergehenden Satzes". Das wiederaufnehmende Element ist „an der Spitze des nachfolgenden Satzes" (Raible 1992: 15) positioniert. Die Reihenfolge der einzelnen Sätze ist nun, ebenso wie auch auf Ebene 3, relevant.

(2) Peter ist krank. Deshalb geht er nicht in die Schule.

Ebene 3 bezeichnet Raible (1992: FB) als die der „[e]xplizit verknüpfte[n] Hauptsätze"; den Unterschied zu Ebene 2 sieht er vor allem in der Positionierung des jungierenden Elements:

(3) Peter geht nicht in die Schule. Er ist nämlich krank.

Betrachtet man die französischen Beispiele für diese Ebene, dann erkennt man, dass unter diese Ebene auch mit koordinierenden Konjunktionen verknüpfte Hauptsätze fallen (vgl. Raible 1992: FB: „ou", „et"). Dass allerdings nur auf Ebene 3 (und nicht auch auf Ebene 2) „explizit verknüpfte Hauptsätze" vorliegen sollen, ist – zumindest an den deutschen Beispielen – nicht erkennbar.

---

43 Nicht jede Ebene illustriert Raible mit deutschen Beispielen.
44 FB bezeichnet hier das „Faltblatt", welches Raible (1992) seiner Monografie anfügt und in dem die acht Ebenen der Junktion in übersichtlicher Weise mit den durch sie ausdrückbaren Inhaltsrelationen in Zusammenhang gebracht sind.

Auf *Ebene 4* findet der Wechsel von koordinierenden zu subordinierenden Techniken statt (vgl. Raible 2001: 595).

(4) Peter geht nicht in die Schule, weil er krank ist.

In folgendem Zitat wird außerdem sehr gut der Zusammenhang dieser Ebene zum Parameter der Integration erkennbar:

> Auf dieser Ebene ist der Grad der Integration schon deshalb wesentlich stärker, weil der eine Satz, der zuvor ein Hauptsatz und keinem anderen Satz zugeordnet oder beigeordnet war, nunmehr einem anderen selbständigen Satz *unter*geordnet wird. Der eine Satz wird also zum Satzteil in einem zweiten Satz, er wird in den zweiten Satz *integriert*. (Raible 1992: 16)

Der Unterschied von Ebene 4 zu *Ebene 5* liegt in der Finitheit des Verbs begründet, denn dort werden Partizipial-, Gerundial- und Infinitivkonstruktionen relevant (vgl. Raible 1992: 16). Diese infiniten Formen seien besonders stark integrierte Formen, da infinite Verbalformen die Funktion haben, „eine Unterordnung, eine Integration in einen anderen Satz anzuzeigen" (Raible 1992: 17). Ein explizites Junktionsmittel fehlt jedoch, sodass die inhaltliche Relation zwischen den beiden Einheiten nicht mehr explizit festgelegt ist. Interessant ist, dass Raible infinite Verbalformen in einem „Übergangsbereich zwischen dem Verbal- und dem Nominalsystem" (Raible 1992: 19) angesiedelt sieht. Als ein französisches Beispiel von Jean de La Fontaine gibt Raible (1992: 16) „ayant chanté" in Nummer (5):

(5)　La cigale *ayant chanté*
　　　tout l'été
　　　se trouva fort dépourvue
　　　quand la bise fut venue.

Mit *Ebene 6* liegt der dimensionale „Wendepunkt" (Raible 1992: 19) vor; diese Ebene ist v. a. für das Französische und andere romanische Sprachen relevant (vgl. Raible 1992: 19). Hier geht es um präpositionale Gruppen, welche eine Infinitivkonstruktion (wie bei „à force de") *oder* eine Nominalkonstruktion (wie bei „à cause de") regieren können. Raible betont, dass auf dieser Ebene, beim Übergang in den nominalen Bereich, „die Integration in den übergeordneten Satz nun noch um einen Grad stärker" wird (Raible 1992: 20). In diesem Zusammenhang wird deutlich, warum Raible die Termini *Subordination* und *Hypotaxe* vermeidet, denn diese wären bei der Junktion im nominalen Bereich nicht mehr passgenau (vgl.

Raible 1992: 20).[45] Für das Englische gibt Raible (2001: 595) folgendes Beispiel zur Ebene 6:

(6) *On account of* her illness, Joan remained at home.

Noch stärker integriert sind laut Raible (1992: FB) Konstruktionen auf *Ebene 7* mit einfachen Präpositionen, die nominale/nominalisierte Mitspieler verlangen. Hierfür gibt Raible (2001: 596) auch wieder ein deutsches Beispiel:

(7) *Wegen ihrer Krankheit blieb Joan heute zu Hause.*

Für Sprachen mit reichem Kasusmarkierungssystem ist auf dieser Ebene auch der Ausdruck von inhaltlichen Relationen, wie beispielsweise Kausalität, durch Kasusmarkierungen angesiedelt (vgl. Raible 2001: 596).

Die letzte *Ebene 8* bezieht sich auf Integration mit Hilfe von Aktanten-Rollen:

> Die extremste Form der Integration besteht also offensichtlich darin, daß bestimmte Relationen, die immer wieder gebraucht werden, oder Relationen, die in einer Sprache besonders wichtig sind, die Form bestimmter – und dann auch obligatorischer – syntaktischer Rollen erhalten, also etwa die Rolle des Erst-, Zweit- oder des Drittaktanten. (Raible 1992: 22)

Auf dieser Ebene, wie auch schon beim morphologischen Rückgriff auf das Kasusmarkierungssystem der Ebene 7, erscheint der Grad der *Grammatikalisierung* besonders hoch (vgl. z. B. die Grammatikalisierungsskalen bei Diewald 1997: 18 und Lehmann 1995: 13).

Zusammenfassend lässt sich sagen, dass Raible die beiden Pole *Aggregation* und *Integration* nutzt, um die Kontinualität der Dimension der Junktion abzubilden, in der

> selbständige Sachverhaltsdarstellungen – die per definitionem ein Partizipatum, also ein Verb, als Kern haben – zu Aktanten/Partizipanten werden, also zu nominalen Elementen im Rahmen eines anderen Partizipatums. (Raible 1992: 228)

Für Ágel und Diegelmann (2010) sind Aggregation und Integration die übergeordneten Parameter ihrer Theorie der *expliziten Junktion*. Dabei ist explizite Junktion jedoch nur ein Aspekt unter mehreren, die nach Ágel (2007) für diese Parameter

---

45 Ágel und Diegelmann (2010: 350) merken hierzu an, dass „Raible mit einem weiten, auch infinite und nominalisierte Techniken enthaltenden Subordinationsbegriff arbeitet".

bestimmungsrelevant sind. Die Theorie Ágels und Diegelmanns (2010) zeichnet sich im Gegensatz zu der von Raible nicht durch ein „sprachtypologische[s]", sondern durch ein „variationslinguistische[s]" (Ágel & Diegelmann 2010: 347) Interesse im Rahmen des Nähe-/Distanzmodells von Ágel und Hennig (2006c) aus. Sie haben ein anderes Verständnis von Junktion als Raible, wenn sie in Anlehnung an Pasch et al. (2003) schreiben: „Beteiligt an der Junktion sind also zwei Konnekte und der Junktor, der eine Inhaltsrelation zwischen den Konnekten darstellt" (Ágel & Diegelmann 2010: 347), und wenn sie damit den Junktor notwendig für die Junktion machen. Die Ebene 1 der Juxtaposition nach Raible (1992) wird somit nicht in ihr Modell einbezogen. Sie integrieren aber ihre Theorie der expliziten Junktion in eine übergreifende Junktionstheorie, die auch elliptische Junktion modelliert (vgl. dazu Hennig 2010a). Ágel und Diegelmann (2010: 356) unterscheiden vier übergeordnete Junktionsklassen, also deutlich weniger als Raible (1992) Ebenen anbietet. Die einzelnen Junktionsklassen differenzieren die Autoren durch die Anzahl der Konnekte,[46] die der betreffende Junktor regiert (vgl. Ágel & Diegelmann 2010: 357).

Tabelle 14: Klassen der expliziten Junktion nach Ágel und Diegelmann (2010: 356)

(1) Koordination	aggregativer
(2) Subordination	↓
(3) Inkorporation	
(4) Unifikation	integrativer

ad (1) „Koordination": Koordinierende Junktoren regieren kein Konnekt; dies macht die aus ihnen resultierende Aggregativität aus. Sie bestimmen laut Pasch et al. (2003: 351) „in keiner Weise die Form ihrer Konnekte und auch nicht deren syntaktische Funktion". Die Junktionsklasse der Koordination entspricht ungefähr den Ebenen 2 und 3 nach Raible (1992). Als Beispiel nennen Ágel und Diegelmann (2010: 356):

(1) Peter geht nicht zur Schule. Er ist *nämlich* krank.

---

46 Ágel (2012: 184) erläutert den Begriff des Konnekts als „zu jungierende[.] oder jungierte[.] syntaktische[.] Strukturen, die jeweils Sachverhaltsdarstellungen repräsentieren."

ad (2) „Subordination": Subjunktoren regieren ein einziges verbales Konnekt (vgl. Ágel & Diegelmann 2010: 357), „indem sie in diesem Letztstellung des finiten Verbs bewirken bzw. fordern" (Pasch et al. 2003: 351):

> (2) *Weil* Peter krank ist, geht er nicht zur Schule.

Diese Junktionsklasse findet ihre ungefähre Entsprechung in den Ebenen 4 und 5 nach Raible (1992), da darunter bei Ágel und Diegelmann (2010) u. a. auch Infinitiv- und Partizipialkonstruktionen fallen (s. u.).

ad (3) „Inkorporation": Bei der Inkorporation regiert der Relator (= Junktor; Inkorporationsmarker) kein verbales, sondern ein nominales Konnekt:

> (3) *Wegen* seiner Erkrankung kann Peter nicht zur Schule gehen.

Ágel und Diegelmann (2010: 358–359) formulieren, dass das „regierte Konnekt der Inkorporation eine nominalisierte Sachverhaltsdarstellung repräsentiert und daher syntaktisch voll in das andere [externe] Konnekt eingegliedert ist". Diese Junktionsklasse kann ungefähr mit der Ebene 6 nach Raible (1992) korreliert werden. An dieser Stelle ist folgender Hinweis von Ágel und Diegelmann (2010: 367) von Interesse, da durch diesen ein sehr enger Zusammenhang der ‚Versprachlichungsstrategien' „Integration" und „Kompaktheit" (Koch und Oesterreicher 1986: 23) aufgezeigt werden kann:

> Die Sachverhaltsdarstellung des internen Konnekts wird als deverbale oder deadjektivische Adpositionalgruppe *komprimiert* und in das externe Konnekt eingegliedert. (Ágel & Diegelmann 2010: 367; Hervorheb. K. K.-S.)

„[K]omprimiert" kann hier als Synonym für *kompakt* angesehen werden; im Übergang in den nominalen Bereich der Junktion korreliert also ein hohes Maß an Integration mit einem hohen Maß an Komprimiertheit/Kompaktheit.

ad (4) „Unifikation": Für die Unifikation gibt es bei Raible (1992) keine Entsprechung. Ágel und Diegelmann (2010: 356) führen folgendes Beispiel an:

> (4) Seine Erkrankung *ist der Grund dafür*, dass Peter nicht zur Schule gehen kann.

In dieser Junktionsklasse werden Prädikatsausdrücke relevant, wie „ist der Grund dafür". Dieser fungiert als Relator und regiert hier *zwei* Konnekte – ein nominales („Seine Erkrankung") und ein verbales („dass Peter nicht zur Schule gehen kann"). Die Konnekte können bei der Unifikation also sowohl verbal als auch nominal sein. Den Grund für die besondere integrative Kraft der unifizierenden

Junktoren sehen Ágel und Diegelmann (2010: 358) darin, dass sie Prädikatsausdrücke sind – trotz ihres geringeren Grammatikalisierungsgrades (denn hier findet die Integration stärker lexikalisch als grammatisch statt).

Die Junktionsklassen werden von den Autoren jeweils differenziert in
- übergeordnete „(Junktions)Grundtechnik[en]"
- und davon abhängige „Junktionstechniken" (Ágel & Diegelmann 2010: 258),

die dann zu einer differenzierten Einordnung in das Aggregations-/Integrationskontinuum führen. Nur für Koordination und Subordination werden mehrere Grundtechniken unterschieden.

Bei der *Koordination* unterschieden die Autoren zwischen den *Grundtechniken* der „Konjunktion", bei der die Koordination durch Konjunktoren bewerkstellt wird, und der „AP-Junktion", bei der „AP-Junktoren" (Ágel & Diegelmann 2010: 359) zur Koordination eingesetzt werden. *AP* ist ein Akronym für „Adverb- und Partikeljunktoren" (Ágel 2012: 185). Die Differenzierung in *untergeordnete Junktionstechniken* wird genutzt, um die Koordinationstechniken hinsichtlich ihrer Integrativität genauer einzuordnen. Dazu verwenden Ágel und Diegelmann (2010: 359) die Unterscheidung nach besetztem Stellungsfeld (dies nur bei den AP-Junktoren) und die Differenzierung nach der Paarigkeit der Junktoren. Paarige Junktoren wirken nach Ágel und Diegelmann (2010: 361) immer integrativer als einfache Junktoren. Bei den AP-Junktoren sind diejenigen als aggregativer einzustufen, die das Nachfeld/die Nachsatzstelle besetzen; diejenigen, die im Vorfeld oder Mittelfeld positioniert sind, als etwas integrativer, und am integrativsten diejenigen, die in der Vorerst- oder Nacherststelle[47] platziert sind. Pasch et al. (2003: 71) bezeichnen Konnektoren, die diese Position einnehmen können, als „integrierbare Konnektoren".

Die *Subordination* ist bei Ágel und Diegelmann (2010: 364) am stärksten in unterschiedliche *Grundtechniken* unterdifferenziert; sie sind in der folgenden Aufstellung nach zunehmendem Integrationsgrad geordnet:[48]

---

47 Vgl. zu den Termini Pasch et al. (2003: 71), an denen sich Ágel und Dielgemann (2010) orientieren. Bei der Vorerst- und Nacherststellung befindet sich der Junktor gemeinsam mit einem anderen Ausdruck im Vorfeld (sog. Huckepackstellung nach Boettcher 2009a: 152–153). Bei der Vorerstposition ist der Junktor vor dem weiteren Ausdruck positioniert, bei der Nacherstposition hinter diesem.

48 Explizit aus ihrer Darstellung klammern sie Objekt-/Subjektsätze sowie Relativsätze aus (vgl. Ágel & Diegelmann 2010: 353–354).

(1) infinite Subordination ohne zu: Infinitivkonstruktion ohne zu; ⎫
(2) infinite Subordination ohne zu: Partizipialkonstruktion;   ⎬
(3) Subordination durch Verbzweitsatzeinbetter;   ⎫
(4) Subordination durch Subjunktorersatz;   ⎬
(5) Subordination durch Subjunktor;
(6) infinite Subordination mit zu.

Ähnlich wie Raible (1992: 17) argumentieren sie, dass Infinitivkonstruktionen als integrativer einzustufen sind als finite Techniken, aber nur, wenn sie mit „zu" eingeleitet sind.[49] Sie begründen die Einordnung der „Infinitivkonstruktionen ohne *zu*" als aggregativer mit folgenden Worten:

> Wir betrachten – trotz Infinitheit – diese Grundtechnik als besonders aggregativ, weil der Infinitiv ohne *zu* normalerweise statusregiert ist und daher – als Teil eines Verbalkomplexes – keine ‚neue' Sachverhaltsdarstellung indiziert. (Ágel & Diegelmann 2010: 363)

Auch Partizipialkonstruktionen seien ähnlich einzustufen, da bei diesen die auszudrückende Inhaltsrelation nur pragmatisch inferierbar sei und sie somit der Juxtaposition nahe seien (Ágel & Diegelmann 2010: 363). Hier ist ihre Zuordnung deutlich anders als die bei Raible (1992: 17). Gerade die Einstufung der Partizipialkonstruktionen als weniger integrativ ist zu hinterfragen. Koch (1996: 30) beschreibt sie beispielsweise als „extrem integrative[.] Verfahren". Auch, wenn man Entwicklungsstudien zu Rate zieht, ist dieser Schluss naheliegend: In der Profilanalyse nach Grießhaber (z. B. 2010b: 152) sind „integrierte erweiterte Partizipialattribute" beispielsweise als letzte Diagnosestufe aufgeführt.

Die geschweiften Klammern in der Aufzählung zeigen an, dass die Autoren die betreffenden Grundtechniken als ähnlich aggregativ/integrativ einstufen (vgl. Ágel & Diegelmann 2010: 363–364). Dies ist zum einen bei den Infinitiv- und Partizipialkonstruktionen ohne „zu" der Fall. Die Techniken der Subordination durch „Verbzweitsatzeinbetter" und durch „Subjunktorersatz" (Ágel und Diegelmann 2010: 364) werden als ähnlich aggregativ/integrativ eingestuft, da bei ihnen keine Verbletztstellung vorliegt. Ein Verbzweitsatzeinbetter verlangt laut Pasch et al. (2003: 440), „dass sein internes Konnekt [...] ihm unmittelbar folgt und ein Verb-

---

49 Die fehlende „zu"-Einleitung sei im Neuhochdeutschen noch sehr präsent. Als Beispiel nennen sie „Als ich nacher Ambsterdam kam, ließe ich eine Dockaten wôxlen, darmit die Statt *besichtigen*. (Güntzer I: 84r)" (siehe Ágel & Diegelmann 2010: 362). Man kann auch „Ich gehe einkaufen." aufführen. – Als Beispiel für „infinite Subordination mit *zu*" kann man „Ich hoffe, dich morgen *zu sehen*." nennen. Das Subjekt als syntaktischer Mitspieler muss hier nicht genannt werden; ein subjektloser Satz, der stark in den Matrixsatz integriert ist, resultiert. Auch Partizipialkonstruktionen sind als subjektlos zu beschreiben.

zweitsatz ist". Beispiele für solche Verbzweitsatzeinbetter sind *„angenommen"*, *„gesetzt den Fall"* oder *„vorausgesetzt"* (Pasch et al. 2003: 440). Den Terminus „Subjunktorersatz" führen Ágel und Diegelmann (2010: 34) selbst ein; das Besondere an dieser Technik ist, dass sie sich durch Wegfall des Subjunktors/Reduktion des Subjunktors sowie Nicht-Verbletztstellung auszeichnen:

> *Kaum* hatte ich die Arbeit beendet, klingelte das Telefon.

> statt

> *Kaum dass* ich die Arbeit beendet hatte, klingelte das Telefon. (Ágel & Diegelmann 2010: 363)

Die Unterdifferenzierung der Subordinations-Grundtechniken in *untergeordnete Junktionstechniken* fördert weitere Aspekte zur Einschätzung von Aggregation/ Integration zu Tage. Ein Aspekt ist der des *Stellungsfelds*, bei dem die Position des internen Konnekts relevant wird (vgl. Ágel & Diegelmann 2010: 365): Befindet sich das interne Konnekt im Nachfeld, ist es aggregativer einzustufen als im Mittelfeld („Einschub" genannt) und dies wiederum aggregativer, als befände sich das interne Konnekt im Vorfeld („Einbettung" genannt) (vgl. Ágel & Diegelmann 2010: 365).[50] Am wenigsten integrativ ist es zu bewerten, wenn sich das interne Konnekt an der Position der so genannten „Nullstelle" (Pasch et al. 2003: 70) befindet, von Ágel und Diegelmann (2010: 365) auch „Nachsatzposition" genannt. Denn dann ist es außerhalb der Kernfelderstruktur positioniert (vgl. Ágel & Diegelmann 2010: 365; auch „Vorvorfeld" genannt, vgl. Boettcher 2009b: 17–19). Ágel und Diegelmann (2010: 365) geben folgendes Beispiel und betonen gleichzeitig, dass für das Gegenwartsdeutsche „nicht jedes [ihrer] Beispiele einwandfrei ist":

> Um meine Familie zu sehen, ich fahre nach Hause.

Ergänzend wird von den Autoren differenziert, ob das Konnekt mittels eines „Korrelat[s]" verbunden ist oder nicht. Das Vorkommen eines Korrelats ist als integrativer als dessen Nicht-Vorhandensein anzusehen, wenn es sich im Mittelfeld des Hauptsatzes befindet;[51] befindet es sich aber an der letzten Position des vorangestellten Hauptsatzes, ist es als „resumptiv[.]" (Ágel & Diegelmann 2010:

---

50 Koch (1996: 30) schätzt demgegenüber die Mittelfeldstellung als ‚komplexer' ein als die Vorfeldstellung.
51 Wie im Beispiel: „Ich fahre *dazu* nach Hause, um meine Familie zu sehen." (Ágel & Diegelmann 2010: 266).

366) einzuschätzen, denn dadurch sei der direkte Anschluss des verbalen Konnekts verhindert (vgl. Ágel & Diegelmann 2010: 366).[52]

Bei der *Inkorporation* und der *Unifikation* unterscheiden die Autoren keine unterschiedlichen Grundtechniken. Die verschiedenen Junktionstechniken werden für die Inkorporation ebenso wie bei der Subjunktion hinsichtlich der Felderstruktur differenziert. Die Unifikationstechniken demgegenüber werden dahingehend unterschieden, ob a) beide Konnekte verbal sind, b) ein verbales und ein nominales Konnekt vorliegt oder c) nur nominale Konnekte vorliegen. Der Integrationsgrad steigt von der rein verbalen zur rein nominalen Unifikation an:

> Das Unterscheidungskriterium für die drei unifizierenden Junktionstechniken ist der Nominalisierungsgrad der Konnekte: Am aggregativsten ist diejenige Technik, bei der beide Konnekte verbal sind, am integrativsten diejenige, bei der beide Konnekte nominalisiert sind. Dazwischen liegt die verbonominale Mischtechnik. (Ágel & Diegelmann 2010: 369)

Auch hier ist die Junktionstechnik im nominalen Bereich als besonders integriert anzusehen – ähnlich dem dimensionalen „Wendepunkt" bei Raible (1992: 28, 30). Zusammenfassend lässt sich sagen, dass sowohl Raible (1992) als auch Ágel und Diegelmann (2010) unterschiedliche Junktionstechniken beschreiben, die sich im Spannungsfeld von Aggregation und Integration befinden. Dabei lassen sich folgende Kontinua erkennen:

(a) ein Kontinuum von *koordinierenden zu subordinierenden* Techniken, außerdem

(b) eines entlang einer *Finitheitskala* und

(c) eines *von verbal zu nominal* geprägten Techniken, so dass eine immer stärkere *Komprimiertheit* resultiert.

Eine ähnlich geartete Skala spannt auch Koch (1996) auf:

> wobei die Skala von reiner Koordination über die Subordination durch Nebensätze und Infinitive bis hin zur Subordination durch Partizipial-/Gerundialkonstruktionen und Nominalisierungen reicht.[53] (Koch 1996: 29)

---

52 Wenn wir die Ausführungen von Ágel und Hennig (2007: 199) miteinbeziehen, verschwimmt die Antwort auf die Frage nach der Integrativität/Aggregativität bei Einbeziehung von Korrelaten aber wieder etwas, denn sie schreiben: „Wenn die Integration des Nebensatzes in den Hauptsatz zusätzlich durch ein Korrelat angezeigt wird, obwohl die Integration des Nebensatzes voll grammatikalisiert ist, dann betrachten wir das im Zusammenhang mit der beschriebenen Neigung des Nähesprechens zu parataktischeren Diskursen als ein Zeichen aggregativer Diskursgestaltung".
53 Interessant für die weiteren Überlegungen ist, dass Koch (1996: 29) die aggregative/integrative Gestaltung als einen Aspekt der „Komplexität der Sätze" (Koch 1996: 29) ansieht. Er bezieht

Auch bei Pohl (2007b), der die Ontogenese wissenschaftlichen Schreibens untersucht, findet sich eine ähnliche Skalarität. Er arbeitet in den von ihm untersuchten studentischen Hausarbeiten eine Ontogenese von einer

- „*einfache[n] Syntax*"
- über eine „*komplexe Syntax*"
- zu einer „*komprimierte[n] Syntax*" (Pohl 2007b: 412)

heraus. Den Begriff der „komprimierte[n] Syntax" entlehnt er von Peter von Polenz (1985) (vgl. Pohl 2007b: 408). Als *einfache Syntax* fasst er in seiner Untersuchung der „[l]exiko-syntagmatische[n] Informationsvergabe" (Pohl 2007b: 402) den prozentualen Anteil von Parataxe. Zu einer *komplexen Syntax* zählen für ihn u. a. hypotaktische Konstruktionen und Nebensätze höheren als ersten Grades. Im Übergang zur *komprimierten Syntax* werden dann auch in der Interpretation von Pohl stärker nominale Strukturen relevant (vgl. Pohl 2007b: 412): Er untersucht hier zum einen die „*[l]exikalische Dichte der Substantivgruppe*" (Pohl 2007b: 406). In Hallidays (1993: 76) Analysen des „scientific english" wird mit dem Konzept der lexikalischen Dichte die „number of lexical words per clause" gemessen (vgl. auch Halliday 1989: 63). Pohl verengt den Analysefokus auf die Substantivgruppen und beschreibt sein Auswertungsvorgehen wie folgt:

> Wir [...] untersuchen die LD [=Lexikalische Dichte; K. K.-S.] der einzelnen Substantivgruppe [...]. Als solche wurden jegliche nominalen Strukturen mit einem Substantiv als Kern ausgewertet, unabhängig von ihrem fakultativen oder obligatorischen Auftreten und unabhängig von der Wortart des die betreffende Phrase regierenden Kopfes (also Artikel, Präposition, bestimmte Pronomen), aber in maximal selbständiger Ausdehnung innerhalb des betreffenden Gliedsatzes. (Pohl 2007b: 405–406)

Die integrative Perspektive ist hier gegenüber Raibles (1992) und Ágels und Diegelmanns (2010) Perspektive der Junktion noch einmal geweitet, indem bei der lexikalischen Dichte der Substantivgruppen auch als besonders integrativ zu interpretierende attributive Strukturen *innerhalb* der Substantivgruppen relevant werden.[54] Ebenfalls unter den Untersuchungsfokus einer komprimierten Syntax fallen die sogenannten „satzwertige[n] Substantivgruppen" (Pohl 2007b: 410), die

---

bei der Einschätzung des Komplexitätsgrades auch den „*Grad*" der Subordination mit ein sowie „die relative *Stellung* der subordinierten im Verhältnis zur übergeordneten Sequenz" (Koch 1996: 30).

54 Auch Pohl (2007b) untersucht eine weitere Möglichkeit der verstärkten Integration von der phrasalen Ebene zur Wort- resp. morphologischen Ebene allerdings nicht: die der Steigerung des Integrationsgrads durch Bildung von Komposita.

er als Substantivgruppen „mit deverbalen Bestandteilen" fasst, die „mindestens einen syntaktischen Mitspieler" enthalten müssen, wie:

> Beim Betrachten des Bildes ...

Der deverbale Bestandteil ist hier das syntaktische Konvertat „Betrachten"; der syntaktische Mitspieler ist das Genitivattribut „des Bildes". Der starke Integrationsgrad solcher Strukturen kann auch durch strukturelle Parallelitäten von Nominalgruppe und Satz untermauert werden, wie sie Eisenberg (2004: 252–253) herausarbeitet. Solche Strukturen können v. a. wegen der Deverbalität des Kerns[55] der Nominalgruppe als weniger integrierte Form reformuliert werden, z. B.

> Während er/sie das Bild betrachtete, ...

Zusammengefasst lässt sich mit Blick auf Pohls Operationalisierungen sagen, dass durch sie zum einen der Fokus des Integrationsgrades noch stärker auf die innere Struktur der Substantivgruppen gerichtet wird und dass zum anderen auch hier (wie bei Ágel & Diegelmann 2010: 367) die stärker integrierten Formen als komprimiert angesehen werden können. Die ‚Versprachlichungsstrategien' *Integration* und *Kompaktheit* nach Koch und Oesterreicher (1986: 23) stehen somit in einem engen Zusammenhang.[56]

Ähnlich stark wie Pohl (2007b) berücksichtigt auch Chafe (1982) attributive Strukturen in Substantivgruppen bei der Analyse von Integration für die Einzelsprache *Englisch*. Er unterscheidet „[i]ntegration" von „fragmentation" (Chafe 1982: 38–39). Sein Fragmentationsbegriff hat deutliche Ähnlichkeit mit dem in dieser Arbeit bisher verwendeten Aggregationsbegriff: Merkmale sind die Verknüpfung von „idea units"[57] ohne Konnexive oder deren Koordination mit koordinierenden Konjunktionen (Chafe 1982: 38). Integration definiert Chafe (1982:

---

55 Vgl. zum Terminus „Kern" und zur Abgrenzung zu „Kopf" Eisenberg (2004: 52–53).
56 Fischer (2007: 400) hebt (aus sprachtypologischer Perspektive) auch den Aspekt der Komprimierung im nominalen Bereich hervor: „Die englische verbale Komplexität wird im Deutschen oft in den nominalen, adjektivalen und Wortbildungsbereich verlagert, wodurch bei vergleichbarer Komplexität eine ökonomische Komprimierung erreicht wird."
57 Chafe (1982: 37) erläutert den Terminus „idea units" kurz folgendermaßen: „Observation of spontaneous spoken language has led various investigators independently to the finding that it is produced in spurts, sometimes called idea units, with a mean length (including hesitations) of approximately two secondes or approximately six words each (Chafe: 1980). Idea units typically have a coherent intonation contour, they are typically bound by pauses, and they usually exhibit one of a small set of syntactic structures. They are a striking, probably universal property of

39) folgendermaßen: „Integration refers to the packing of more information into an idea unit than the rapid pace of spoken language would normally allow." An dieser Stelle zeigt sich ein Zusammenhang des Integrationsparameters mit der ‚Versprachlichungsstrategie' *Informationsdichte* nach Koch und Oesterreicher (1986: 23);[58] ähnlich argumentiert auch Erfurt (1996: 1391–1392), wenn er die „verdichtete Artikulation von Gedanken in geschriebenen Texten" in den Blick nimmt. Chafe führt anhand seiner Analysen von „informal spoken language" und „formal written language" (Chafe 1982: 36) folgende Merkmale von Integration auf:

> In summary, we found formal written language to differ from informal spoken language by having a larger proportion of nominalizations, genitive subjects and objects, participles, attributive adjectives, conjoined phrases, series, sequences of prepositional phrases, complement clauses, and relative clauses. These are all devices which permit the integration of more material into idea units. (Chafe 1982: 44–45)

Auch wenn seine Analysen sich zunächst allein in der *medialen* Dimension von Mündlichkeit und Schriftlichkeit bewegen, betont er doch: „There are other styles of speaking which are more in the direction of writing" (Chafe 1982: 49).

Wenden wir uns nun der Integrationsskala von Auer (2002: 136) zu, die explizit auch in medialer Mündlichkeit zu findende Strukturen einbezieht. Dabei arbeitet er selbst heraus, dass sein Integrationsbegriff sehr eng gefasst ist: Er beziehe sich auf die „Integration von Teilsätzen in ihre Matrixsätze" (Auer 2002: 136), schließe aber „infinitivische und nominalisierte Ausdrucksformen" aus. Er fokussiert somit vor allem das Phänomen der Hypotaxe, das immer wieder mit dem Integrationsbegriff in Zusammenhang gebracht wird – auch bei Koch und Oesterreicher (1986: 22). Für Auer ist „Hypotaxe [...] eine Frage des Mehr oder Weniger, nicht des Ja oder Nein" (2002: 136). Zur Einschätzung des hypotaktischen Charakters einer Konstruktion listet er eine Reihe von Faktoren auf (Auer 2002: 136):

- die Schlussstellung des Finitums im abhängigen Satz;
- die Einleitung des abhängigen Satzes durch eine Subjunktion [...];
- eine fehlende Ergänzung im Matrixsatz, die der subordinierte Teil liefert; besonders deutlich wird dies, wenn der untergeordnete Teilsatz die Vorfeldposition einnimmt und der Matrixsatz mit einem Finitum beginnt;
- der Konjunktiv I und Ersatzformen im abhängigen Satz;

---

spoken language." Syntaktisch haben idea units nach Chafe (1980: 14) die Tendenz, aus einem „single clause" zu bestehen.

58 Koch und Oesterreicher (2011: 12) selbst beschreiben geringe Informationsdichte auch als Resultat aggregativer Gestaltung.

- die Verberststellung im abhängigen Satz;
- die Verschiebung der deiktischen Kategorien Person, Ort und Zeit und die ‚epistemische Distanz‘, also z. B. die Ersetzung des Imperativs durch Modalverben, im abhängigen Satz.

Auer (1998) beschreibt das Phänomen der abhängigen Hauptsätze, das in der gesprochenen Sprache häufiger vorkomme als in der geschriebenen (vgl. Auer 1998: 289), als „Zwischenform[...] zwischen Parataxe und Hypotaxe" (Auer 1998: 304); folglich müsse man beide „als Pole auf einem Kontinuum auffassen" (Auer 1998: 298). Abhängige Hauptsätze zeichnen sich dadurch aus, dass sie durch einen Matrixsatz eingeleitet werden, in dem eine Ergänzung fehlt, welche der subordinierte Teil liefert (Aspekt 3 der obigen Liste); Subordinationsmarker wie die Schlussstellung des Finitums im abhängigen Satz (Aspekt 1), eine einleitende Subjunktion (Aspekt 2) oder beispielsweise Konjunktivformen (Aspekt 4) aber fehlen (vgl. Auer 1998: 285). Auer (1998: 297) nennt folgendes Beispiel:

> Ich fürchte, ich habe einen Fehler gemacht.

Die abhängigen Hauptsätze vergleicht Auer (1998: 297) in seinem Kontinuum mit den „nichteingeleiteten Nebensätzen", die er etwas näher am hypotaktischen Pol anordnet. Bei ihnen seien einige Subordinationsmarker, wie der Konjunktiv oder Modalverben, noch vorhanden:

> Josef fürchtete, er habe/hätte einen Fehler gemacht.
> Josef hat vorgeschlagen, Maria soll(t)e erstmal drüber schlafen.

Nun haben wir bis hierher Aggregations- und Integrationsaspekte anhand von Junktionsuntersuchungen (Raible 1992; Ágel & Diegelmann 2010; Ágel 2012) in den Fokus genommen, sie unter Rückgriff auf die Studie von Pohl (2007b) mit einer komprimierten Syntax in Zusammenhang gebracht sowie die Substantivgruppen und ihre interne Struktur stärker fokussiert und zuletzt Aspekte medialer Mündlichkeit mit Hilfe der Analysen Auers (1998: 2002) im Kontext von Aggregation/Integration betrachtet. Im Folgenden soll ein Aspekt des Aggregations-/Integrationskonzepts von Ágel (2007), in dessen übergeordneten Kontext seine Junktionsanalysen eingebettet sind, vorgestellt werden. Dieses Konzept der Aggregation/Integration geht in seiner Extension über alle bisher vorgestellten Überlegungen hinaus (vgl. auch Hennig 2009: 91). Ob allerdings diese weite Extension[59] auch

---

59 Eine noch deutlich weitere Extension der Termini *Integration* und *Aggregation* findet sich bei Ludwig (1989: 18), der die Pole „agrégation" und „intégration" scheinbar gleichsetzt mit dem Ge-

für die Operationalisierungen in vorliegender Untersuchung nützlich ist, ist zu diskutieren. Es umfasst 12 Bestimmungsaspekte, die antonymisch dem Aggregations- oder dem Integrationsparameter zugeordnet sind (vgl. Ágel 2007: 53). Hier sollen allein die Aspekte „Selbständigkeit" (Aggregationsparameter) vs. „Hierarchie" (Integrationsparameter) kurz in den Blick genommen werden. Diese sind meines Erachtens nach die Kernaspekte der Parameter *Aggregation/Integration*, die auch für die in dieser Studie durchzuführenden Analysen relevant sind. Ágel (2007: 53) formuliert diesbezüglich, dass „[g]rammatische Integration immer mit (verstärkter) Hierarchiebildung einher[geht]". Bei Integration entsteht also z. B. durch Einbettung eines Nebensatzes in einen Matrixsatz oder durch attributive Strukturen in Substantivgruppen eine hierarchische Struktur.

Betrachten wir abschließend die Einordnung des Parameters der Aggregation/Integration in das übergreifende Nähe-/Distanzmodell nach Ágel und Hennig (2006c), weil hier aufgrund der hierarchischen Struktur der Ableitung von „Universalen Parametern der Kommunikation" bis zu den „Universalen Diskursmerkmalen" Begründungen für die Verwendung von bestimmten sprachlichen Merkmalen zu finden sind. Die Parameter *Aggregation/Integration* werden von den Autoren dem „Zeitparameter" zugeordnet. Er „beschreibt die nähe- bzw. distanzsprachlichen Verfahren, die sich aus der Zeitgebundenheit vs. Zeitfreiheit der Produktion und Rezeption ergeben" (Ágel & Hennig 2007: 197). Ein hohes Maß an Integration wird laut Ágel und Hennig (2007) also insbesondere durch ein hohes Maß der Zeitfreiheit der Produktion ermöglicht. Ähnlich formuliert dies auch Chafe (1982: 37): „The result is that we have time to integrate a succession of ideas into a single linguistic whole in a way that is not available in speaking." Ein wichtiger Bezugspunkt der Argumentation von Ágel und Hennig auf *Nähe*seite sind die Ausführungen zur *on-line-Syntax* der gesprochenen Sprache nach Auer (2000), der dafür plädiert „die Zeitlichkeit der mündlichen Sprache ernst zu nehmen" (Auer 2000: 43).

Nachdem der Integrationsbegriff nun aus verschiedenen Perspektiven beleuchtet wurde und dabei auch Zusammenhänge zu den Parametern *Kompaktheit* und *Informationsdichte* herausgearbeitet worden sind, kann die Operationa-

---

gensatzpaar (konzeptioneller) Mündlichkeit und Schriftlichkeit: „[...] le pôle oral est appelé *agrégation*, le pôle écrit *intégration*." Dass Aggregation und Integration hier eine sehr große Extension haben, zeigt sich u. a. auch daran, dass Ludwig (1989) dem Aggregationspol auf morphologischer Ebene den Einsatz von Gesprächspartikeln zuordnet, auf pragmatischer Ebene beispielsweise den Einsatz nonverbaler Mittel. Die Unterscheidung Ludwigs scheint eher dem von Givón (1979: 223) eingeführten Unterschied zwischen „pragmatic mode" und „syntactic mode" zu entsprechen, für den die Parameter „loose conjunction" vs. „tight subordination" nur zwei Parameter unter 14 sind.

lisierungsdimension *Integration* definiert werden. Es resultiert ein als *eng* einzuschätzender Integrationsbegriff, in dem insbesondere der Aspekt der *Hierarchie* nach Ágel (2007: 53) Bedeutung erhält.

Operationalisierungsdimension 1: *Integration* zeichnet sich dadurch aus, dass Elemente, die potentiell einer *höheren* Strukturebene angehören könnten, als Elemente einer *tieferen* Strukturebene genutzt werden. Sie sind dann in höhere Strukturebenen integriert. Solche Strukturen sind als unidirektional dependente (= hierarchische) Strukturen anzusehen.

Man vergleiche für ähnliche Formulierungen z. B. Erfurt (1996: 1401), der im Zusammenhang mit Integration von der „Einbettung von Sachverhaltsdarstellungen niederer Ordnung in die höherer Ordnung" spricht.[60] Die Abfolge von höheren zu niedrigeren Strukturebene kann man sich vereinfacht so vorstellen: *Satz (Matrixsatz) – Konstituentensatz – Phrase – Wort(-form) – Morphem – Phonem/Graphem.* Als ein Beispiel für Integration auf syntaktischer Ebene sei die Integration eines subordinierten Nebensatzes in einen Matrixsatz genannt; der Nebensatz ist in den Matrixsatz, der auf einer höheren Strukturebene angesiedelt ist, integriert. Diese Konstruktion wird anstelle einer potentiell auch möglichen Struktur eines zusammengesetzten Satzes aus Hauptsatz und Hauptsatz (auf derselben Strukturebene) gewählt. Als ein Beispiel der Integration auf phrasaler Ebene seien die *satzwertigen Substantivgruppen* (Pohl 2007b: 410; s. o.) aufgeführt. Auch hier sind Elemente einer potentiell höheren Strukturebene (dem Satz) nun Elemente einer tieferen Strukturebene (der Phrase). Der Nebensatz „während [er/sie] das Bild betrachtete" kann reformuliert werden durch die Substantivgruppe „Beim Betrachten des Bildes". Die Phrase ist dann in die höhere Strukturebene eines Satzes integriert.

Nach der nun erfolgten Definition der Integrationsdimension muss ein Problem erläutert werden, das in den ‚Versprachlichungsstrategien' Kochs und Oesterreichers angelegt ist und das auch für die vorliegenden Operationalisierungsdimensionen nicht vollends entschärft werden kann. Im Unterschied zum Vorgehen von Koch und Oesterreicher wird im Folgenden dieses Problem reflektiert – wenn auch nicht gänzlich gelöst: Es geht um die Infragestellung der eindeutigen Zuordnung der jeweiligen ‚Versprachlichungsstrategien' zu konzeptioneller Mündlichkeit/Schriftlichkeit. Bei einer solchen eineindeutigen Ein-

---

60 Vgl. auch Coserius (1994: 210) Ausführungen zur Subordinierung: „Die *Subordinierung* ist das Gegenteil der Superordinierung, nämlich eine allgemein gegebene Möglichkeit, die darin besteht, daß Einheiten, die konstitutionell einer bestimmten grammatischen Schicht angehören, ‚im Rang zurückgestuft' werden und auf einer niederen Ebenen funktionieren."

schätzung könnte nämlich v. a. das *written language bias* (vgl. z. B. Linell 2005) wirksam sein. An diesem Punkt stellt sich die Frage, ob eine erhöhte Integration wirklich *nur* mit konzeptioneller Schriftlichkeit in Verbindung gebracht werden kann oder nicht auch mit konzeptioneller Mündlichkeit. Als erstes illustrierendes Beispiel für diese Problemstellung sei die Integration von unterschiedlichen Kontexten in konzeptioneller Mündlichkeit genannt: Koch und Oesterreicher sprechen für die Sprache der Distanz von einer „Präferenz für sprachliche Kontexte" (Koch & Oesterreicher 2011: 13), während „beim Nähesprechen im Prinzip alle genannten Kontexttypen [para- und nonverbale, aber auch situative kontextuelle Aspekte sowie Wissenskontexte; K. K.-S.] zum Einsatz kommen" (Koch & Oesterreicher 2011: 11). Der Unterschied des Integrationsbegriffs zwischen konzeptioneller Schriftlichkeit und Mündlichkeit würde hier darin bestehen, dass bei Ersterer allein Integration auf grammatischer resp. verbalsprachlicher Ebene relevant ist,[61] während in konzeptioneller Mündlichkeit eine Integration von Sprachlichem mit verschiedenen Kontexttypen relevant wird. Diese Bezugnahme bzw. Nicht-Bezugnahme auf verschiedene Kontexttypen kann auch mithilfe der Kommunikationsbedingungen nach Koch und Oesterreicher (1986: 23) erklärt werden (wie „Situationsverschränkung"/„Situationsentbindung"). Hierzu passt, dass Ágel und Hennig (2006c: 23) unter dem Parameter des Codes der Sprache der Nähe „Multimodalität", der Sprache der Distanz „Monomodalität" zuordnen. An dieser Stelle, aber auch schon bei obiger Argumentation, ist generell kritisch zu betonen, dass gerade die Rede von Multi- vs. Monomodalität bei Ágel und Hennig vor allem als mediums- und weniger als konzeptionsaffin anzusehen ist.[62] Körperliche Nonverbalität als ein Aspekt der Multimodalität ist bei medialer Schriftlichkeit beispielsweise ausgeschlossen; kontinuale Überlegungen über beide Medialitäten hinweg könnten so ggf. nicht konsequent durchgehalten werden. Die Ausarbeitung von kontinualen Überlegungen zur Integration, die beide Medialitäten berücksichtigen, stellt den Forschenden somit vor besondere Herausforderungen. Da in dieser Arbeit verschiedene Ausprägungen konzeptioneller Schriftlichkeit operationalisiert werden sollen, wird nur eine Skala für Aspekte *sprachlicher* Integration entworfen.

Die Ausführungen von Halliday (1987) wiegen allerdings schwerer. Auch wenn er sich der Frage nach der *Komplexität* in „spoken and written modes of meaning" – einer ‚Versprachlichungsstrategie', die erst weiter unten betrachtet

---

61 Zudem sei an Aspekte der Text-Bild-Integration in medialer Schriftlichkeit gedacht.
62 Fiehler (2006: 1194–1195) behandelt die „Multimodalität der Verständigung" in seinem Duden-Kapitel zur gesprochenen Sprache daher auch im Zusammenhang mit medialer Mündlichkeit.

wird – widmet, finden sich doch bei näherer Betrachtung viele Aspekte der *Integration* in seiner Argumentation. Zunächst ist zentral, den Begriff des „modes" zu klären, den Halliday nutzt.[63] Obwohl er in seiner Studie von 1987 einen Schwerpunkt auf die mediale Differenz legt, fließen trotzdem konzeptionelle Aspekte in seine Überlegungen ein. Er interpretiert die Differenz zwischen *gesprochenem* versus *geschriebenem mode* als den Unterschied zwischen eher unbewusstem Sprachgebrauch versus bewusstem Sprachgebrauch, der sowohl in medialer Mündlichkeit als auch in medialer Schriftlichkeit relevant wird (vgl. Halliday 1987: 66, 69). Allerdings konstatiert er auch:

> spontaneous discourse is usually spoken, self-monitored discourse is usually written. We can therefore conveniently label these two modal points „spoken" and „written" language. (Halliday 1987: 69)

Hallidays (1987: 65) Kernargumentationsrichtung (für die englische Sprache) ist die, dass man nicht allein die geschriebene Sprache als „komplex" bezeichnen kann, sondern auch die gesprochene Sprache, denn beiden wäre jeweils eine spezifische Art von „Komplexität" eigen. Halliday unterstreicht sogar: „speech is not, in any general sense, ‚simpler' than writing; if anything, it is more complex" (Halliday 1987: 65). Die Komplexität, die Halliday (1987: 59–62) für die geschriebene Sprache beschreibt, ist die der *lexikalischen Dichte* (s. o.); dieser Aspekt wäre auf den verschiedenen schon vorgestellten Integrationsskalen weit oben angesiedelt, weil dabei der nominale Bereich relevant wird. Die gesprochene Sprache zeichne sich demgegenüber durch einen höheren Grad an „grammatical intricacy" (Halliday 1987: 64) aus; dies ist eine Art von Komplexität, die sich vor allem im „clause complex" (Halliday 1987: 63) zeigen würde. In gesprochener Sprache würde also vor allem durch Hypotaxen Komplexität aufgebaut (vgl. Halliday 1987: 73).[64] Halliday (1987: 71) formuliert sogar: „It would be better to say that the greater the

---

63 Eine genauere terminologische Fassung des „mode"-Begriffs findet sich in Hallidays *Introduction to functional grammar*: „mode – what role is being played by language and other semiotic systems in the situation: (i) the division of labour between semiotic activities and social ones [...]; (ii) the division of labour between linguistic activities and other semiotic activities; (iii) rhetorical mode: the orientation of the text towards field (e. g. informative, didactic, explanatory, explicatory) or tenor (e. g. persuasive, exhortatory, hortatory, polemic); (iv) turn: dialogic or monologic; (v) medium: written or spoken; (vi) channel: phonic or graphic" (Halliday 2014: 33–34).
64 Koch und Oesterreicher formulieren in ihrer Analyse der „[u]niversale[n] Merkmale[...] des gesprochenen Französisch, Italienisch und Spanisch" (Koch & Oesterreicher 2011: 41–134) allerdings: „Insofern ist es nicht verwunderlich, dass in Nähediskursen mitunter extreme Häufungen der Parataxe auftreten [...]" (Koch & Oesterreicher 2011: 99). Und: „Was nun die Hypotaxe betrifft, so kommt sie zweifellos den Erfordernissen und Möglichkeiten des Distanzsprechens besonders

intricacy of a clause complex the more likely it is to be a product of spontaneous speech."[65]

Interessant in diesem Zusammenhang sind die Ergebnisse der Studien von Biber (1986 und 1988) zu „similarities and differences between speech and writing" (Biber 1986: 384): Beide Studien Bibers zeichnen sich dadurch aus, dass zwei sehr große Textkorpora medial mündlicher und schriftlicher (englischer) Sprache zur Analyse herangezogen werden, die außerdem jeweils verschiedene „text types" (Biber 1986: 387) enthalten, so dass auch konzeptionelle Varianz enthalten ist. Außerdem werden 41 (1986: 387) resp. sogar 67 (1988: 72) linguistische Variablen zur Analyse genutzt. Mit Hilfe von Faktorenanalysen werden diese Variablen zu Dimensionen gebündelt, anhand derer die verschiedenen Texttypen eingeordnet werden können. Erwähnenswert ist für vorliegende Fragestellung, dass die erste – und laut Biber (1988: 104) besonders starke – Dimension „Informational versus Involved Production" (Biber 1988: 107) zeigt, dass bei „Involved Production" eine hohe Inzidenz von Subordinationsmerkmalen („causative subordination (*because*), sentence relatives, WH-clauses, and conditional subordination"; Biber 1988: 106) einhergeht mit Variablen, die laut Biber eher Involvierung anzeigen (z. B. „present tense", „private verbs", „first and second person pronouns"; Biber 1988: 105). Auf dem anderen Pol der statistisch herauspräparierten Dimension finden sich: „nouns, word length, prepositional phrases, type/token ratio, and attributive adjectives"; dies ist nach Biber die Seite der Dimension, die Integration anzeigt.[66] Biber (1988: 162) interpretiert diese Dimension (zusammen mit zwei weiteren) als „orate/literate dimensions";[67] dementsprechend wird der Involvierungsaspekt, mit dem gemeinsam auch die Hypotaxen auftreten, der „orality" zugeordnet, während der Integrationsaspekt der „literacy" zugeordnet wird. Wichtig ist für die Interpretation m. E. allerdings, dass sich bei Biber (1988: 107) Subordinationsaspekte über alle Dimensionen verteilt finden; „showing the theoretical inadequacy of any proposal that attempts to characterize subordination as a functionally unified construct" (Biber 1988: 107). Im Faktor 5 „Abstract versus Non-Abstract Information" (Biber 1988: 113) sind Subordinationen („WH

---

entgegen" (Koch & Oesterreicher 2011: 101). Einschränkend merken sie aber an, dass nicht der Eindruck entstehen dürfe, dass das Nähesprechen gar keine Hypotaxen kenne.

65 Vgl. auch die Ergebnisse der Studie von Beaman (1984), die Hallidays Hypothesen stützen.

66 Eine ähnlich geartete Dimension – „Interactive vs. Edited Text" – ergab sich auch schon in den Analysen von Biber (1986: 395).

67 Dass aber die Einordnung von verschiedenen Texttypen in den Dimensionen 1, 3 („Explicit versus Situation-Dependent Reference"; Biber 1988: 110) und 5 („Abstract versus Non-Abstract Information"; Biber 1988: 113) nicht zu denselben Ergebnissen führt, veranlasst Biber zu dem Schluss, „that there is no single dimension of orality versus literacy" (Biber 1988: 162).

relative clauses on object positions", „WH relative clauses on subject positions"; Biber 1988: 102) gemeinsam mit „phrasal coordination" und „nominalization" dem Literalitätspol zugeordnet und „time adverbials", „place adverbials" und „adverbs" am Oralitätspol entgegengesetzt (vgl. Biber 1988: 102).

Wagen wir in Kombination mit den bisherigen Überlegungen zur Integration eine andere Blickrichtung: Hypotaxe/Subordination kann mit Hilfe der oben vorgestellten Integrationsskalen (z. B. von Raible 1992) oder Ágel und Diegelmann (2010) als Integrationsaspekt gelten – sie erscheint integrativer als bloße Koordination, aber eben weniger integrativ als beispielsweise Inkorporationstechniken. Integration ist außerdem nach Ágel und Hennig (2006c) ein dem Distanzsprachlichkeitspol zugeordneter Parameter. Bringt man also die vorgestellten Integrationsskalen mit den Ausführungen Hallidays (1987) und Bibers (1986, 1988) in Zusammenhang, kann man davon ausgehen, dass für konzeptionelle Schriftlichkeit ein erhöhter Grad an Integration typisch ist, nämlich vor allem der im nominalen Bereich. Aber auch Hypotaxen zeigen zumindest eine Tendenz in Richtung konzeptioneller Schriftlichkeit an, betrachtet man die Skalen. Diese Interpretation wird auch durch die Untersuchung von Leska (1965), die die Syntax gesprochener und geschriebener Sprache vergleichend untersucht, gestützt. Ihr Korpus umfasst im Bereich der medialen Mündlichkeit 50 Tonbandaufnahmen aus dem Tonbandarchiv der Deutschen Akademie der Wissenschaften zu Berlin, von Sprechern aus „unterschiedlichen sozialen Schichten, Berufen, Altersklassen und Landschaften", die „Umgangssprache aller Formstufen und Mundart" verwenden (Leska 1965: 436);[68] im Bereich der medialen Schriftlichkeit 50 Texte „aus dem Bereich der Sachprosa (Lehrbücher, Fachbücher, Zeitungsartikel und -aufsätze, Reportagen und wissenschaftliche Werke u. ä.)" (Leska 1965: 437), vor allem also stärker dem konzeptionell schriftlichen Pol zuzuordnende Textsorten. *Eine* Analyse an diesem Datenmaterial ist für vorliegende Fragestellung nach der Dominanz von Hypotaxen in medialer/konzeptioneller Mündlichkeit besonders relevant. Leska untersucht u. a. die „Verteilung der Satzformen" (Leska 1965: Anhang, Tafel 4) und unterscheidet zwischen „Einfachsatz" (= „[e]inzelner Hauptsatz"; Leska 1965: 459), „[a]bhängige[m] Satz" (Leska 1965: 459) und „Setzung" (= „[s]yntaktisch nicht voll ausgeformter Satz"; Leska 1965: 460; das gegebene Beispiel deutet an, dass elliptische Formen gemeint sind). Für die mediale Mündlichkeit zeigt sich im Durchschnitt ein Anteil der Gefüge von

---

68 Ihre Datenauswahl im Bereich der gesprochenen Sprache erfolgt allerdings unter Beschränkung auf eher monologische Texte, da sie schreibt: „Gespräch und stark situationsentlastete gespr[ochene] Spr[ache] werden nicht erfaßt [...]" (Leska 1965: 435), was von Rath (1979: 77–78) kritisiert wird.

32,3 % (vgl. Leska 1965: 444); in der medialen Schriftlichkeit allerdings ein um ca. 7 % höherer Anteil von durchschnittlich 45,78 %[69] – diese Ergebnisse sind konträr zu den Interpretationen von Halliday (1987) und Biber (1986; 1988). Interessant ist das weitere analytische Vorgehen von Leska (1965: 445–447): Sie ordnet die 50 Sprecher des Korpus „nach der Zahl der Sätze, die sie aus 100 Teilsätzen bauen" (Leska 1965: 445) und bildet drei Gruppen, die

> in bezug auf Satzlänge und -form auffallende Gemeinsamkeiten [zeigen], die auf eine sprachliche Schichtung [nach sozialer Zugehörigkeit bzw. Bildung, nach dem Alter und nach der Thematik] hindeuten. (Leska 1965: 445–446)

Die Schichten bis zur dritten Schicht bringt sie zunehmend in Zusammenhang mit der „Schriftsprache" (Leska 1965: 445). In Schicht 1 ergibt sich ein Anteil der Gefüge von 19,25 %, in Schicht 2 von 35,69 % (vgl. Leska 1965: 446) und in Schicht 3 ein Anteil von ca. 50 % (vgl. Leska 1965: Anhang, Tafel 4). Damit ist in der dritten, nach Leskas Interpretation schriftnahen, Schicht der Anteil von Gefügen sogar etwas größer als in der geschriebenen Sprache. Ihre Idee ist, dass hier mit stärkerer Schriftnähe auch die Hypotaxen zunehmen.[70] Hypotaxe könnte folglich durchaus mit steigender konzeptioneller Schriftlichkeit in Zusammenhang gebracht werden. Dass aber vor allem die Integration im nominalen Bereich sehr typisch für konzeptionelle Schriftlichkeit ist, zeigen Leskas (1965: 452–453) Analysen der „satzwertigen Gliedteile" (= „attributive Glieder, die sich ohne erhebliche Bedeutungsveränderungen in Attributsätze umformen lassen"; Leska 1965: 460): In medialer Mündlichkeit kommen auf 100 Wörter 7–8 satzwertige Gliedteile, in medialer Schriftlichkeit 19–20; betrachtet man außerdem die für die gesprochene Sprache gebildeten Schichten, zeigt sich in der schriftferneren Schicht ein niedriger Anteil von 3–4 satzwertigen Gliedteilen auf 100 Wörter, in der schriftnahen Schicht allerdings ein höherer Anteil von 11–12/100 Wörter.

Man könnte mit Ágel und Diegelmann (2010: 365) auch die Überlegung anstellen, dass die Hypotaxen in konzeptioneller Mündlichkeit (qualitativ) anders gestaltet sind als in konzeptioneller Schriftlichkeit, wenn beispielsweise eher Nebensätze im Nachfeld als die integrativeren Nebensätze im Mittelfeld oder Vorfeld genutzt werden. Ähnlich argumentieren auch Koch und Oesterreicher

---

69 Diesen Unterschied bezeichnet Leska allerdings als „niedrig" (Leska 1965: 454).

70 Ähnlich argumentiert auch Schwitalla (2012: 129–130), wenn er schreibt, dass frei gehaltene Vorträge, Interviews und Diskussionen mehr Hypotaxe als Unterhaltungen oder Reportagen enthalten. – Kritisch zu sehen ist allerdings an Leskas Analysen, dass nicht verdeutlicht wird, inwiefern die gebildeten „Schichten" wirklich mit „sozialer Zugehörigkeit bzw. Bildung, [...] dem Alter und [...] der Thematik" (Leska 1965: 445) zusammenhängen.

(2011: 102), wenn sie von der eher „reihende[n] Linearisierung" der Hypotaxe in der Nähesprache sprechen.

Zusammenfassend muss festgehalten werden, dass die eineindeutige Zuordnung einzelner ‚Versprachlichungsstrategien' zum Pol der konzeptionellen Mündlichkeit und Schriftlichkeit im Konzept von Koch und Oesterreicher jeweils reflektiert werden muss. Letztendlich wird sich in diesem Rahmen leider keine endgültige Lösung für diese Frage finden lassen – wichtig ist gleichwohl, diesen kritischen Aspekt bei der Gewinnung von Analysekategorien sowie der Interpretation der Analyseergebnisse im Hinterkopf zu behalten. Wir werden im Folgenden sehen, dass auch bei weiteren ‚Versprachlichungsstrategien' nach Koch und Oesterreicher ein ähnliches analytisches Problem der Zuordnung zu konzeptioneller Schriftlichkeit oder Mündlichkeit vorliegt.

3.2.2.2.2 Operationalisierungsdimension *Komplexität*
Betrachten wir nun die ‚Versprachlichungsstrategie' *geringere/höhere Komplexität*. Die erhöhte Komplexität in konzeptioneller Schriftlichkeit ist laut Koch und Oesterreicher (1986: 22) durch die relative Situationsentbindung und den damit einhergehenden erhöhten Planungsaufwand in distanzsprachlichen Sprachgebrauchssituation möglich. Bei ihnen wird Komplexität an einigen Stellen mit einer erhöhten Integration durch Subordination/Hypotaxe in Zusammenhang gebracht (vgl. z. B. Koch & Oesterreicher 1986: 22; Koch 1996: 29). Die Trennschärfe beider Parameter erweist sich also im Konzept von Koch und Oesterreicher als nicht sehr hoch. Es wurde aber schon gezeigt (siehe oben das Referat zu Halliday 1987) und wird noch zu zeigen sein, dass auch in anderen Konzeptualisierungen *Integration* und *Komplexität*, vor allem im syntaktischen Bereich, eng verbunden erscheinen. Im Folgenden soll das Phänomen der Komplexität auf unterschiedlichen sprachlichen Strukturebenen vorgeführt werden, um im Anschluss daran den Diskurs um den Komplexitätsbegriff v. a. aus sprachvergleichender Sicht zur Bestimmung der Operationalisierungsdimension einzubeziehen. Abschließend wird erneut die Definition einer Operationalisierungsdimension erfolgen.

Es werden somit zunächst Aspekte *lokaler* Komplexität (Miestamo 2009: 82) in den Blick genommen.[71] In der Teildisziplin *Syntax* ist es üblich, den *einfachen* vom *komplexen Satz* abzugrenzen (vgl. Boettcher 2009b, 2009c), wie es Dürscheid (2012b) zusammenfasst:

---

71 Vgl. zum Unterschied von *globaler* vs. *lokaler* Komplexität Miestamo (2009: 82). Szmrecsanyi und Kortmann (2012: 8–9) unterscheiden lokale Komplexität auf den sprachlichen Beschreibungsebenen der Phonologie, Morphologie, Syntax, Semantik/Lexik und Pragmatik.

> In der traditionellen Grammatik gilt die Grenze zwischen einfachem und komplexem Satz dann als überschritten, wenn eine Satzreihe (Hauptsatz + Hauptsatz) oder ein Satzgefüge (Hauptsatz + Nebensatz) vorliegt. (Dürscheid 2012b: 56)[72]

Ähnlich formulieren Hentschel und Weydt (1990):

> Sätze, die ihrerseits wieder aus Sätzen bestehen, nennt man komplexe Sätze oder Perioden. (Hentschel & Weydt 1990: 367)

In der Syntax wird die Korrelation zwischen Integration und Komplexität somit v. a. beim Einbezug von Satzgefügen virulent. Auch in der *Morphologie* werden *einfache Wörter* von *komplexen Wörtern* unterschieden. Sahel und Vogel (2013) definieren komplexe Wörter als

> Wörter, die aus zwei oder mehreren Morphemen bestehen. (Sahel & Vogel 2013: 18)

Boettcher (2009a: 187; s. u.) bezieht den Begriff des komplexen Worts auf durch Wortbildung entstandene Wörter; nach Sahel und Vogel (2013: 18) sowie bei Dietrich (2007: 229–230) ist dagegen auch die Komplexitätssteigerung durch Flexionsmorpheme denkbar.

> Spricht man von *einfachen Wörtern* (= *Simplizia*), dann betont man den Gegensatz zu den komplexen Wortbildungs*produkten*. (Boettcher 2009a: 187; vgl. ähnlich auch Eichinger 2000: 116)

Eisenberg (2013: 26) unterscheidet mit Bezug auf die morphologische Struktur „einfache Konstituentenkategorien" von komplexen Konstituentenkategorien:

> Dabei sind St (Stammform) und Af (Affixform) einfache Konstituentenkategorien, StGr (Stammgruppe) ist komplex. (Eisenberg 2013: 26)

Zu den von Eisenberg beschriebenen Stammgruppen gehören jeweils mindestens eine Stammform sowie „eine weitere morphologische Einheit, die nicht ein Rst [= morphologischer Rest; K. K.-S.] ist" (Eisenberg 2013: 210). Auch die sogenannten „Affixgruppen" („AfGr") sind laut Eisenberg (2013: 211) komplexe Konstituenten-

---

72 Für die Generative Grammatik betont Dürscheid (2012b: 56) allerdings, dass der Begriff eines komplexen Satzes dort ein weiterer ist: „So wird in der Generativen Grammatik ein Satz bereits dann als komplex bezeichnet, wenn er in einer zugrunde liegenden Struktur auf zwei Sätze zurückgeführt werden kann. Sätze mit adjektivischen Attributen wären demnach komplex, da sich das Attribut in den meisten Fällen auf eine prädikative Konstruktion zurückführen lässt."

kategorien; durch diese werden zusätzlich Flexionsaspekte zur Komplexitätsbetrachtung miteinbezogen.

In der Disziplin der *Graphematik* unterscheiden Fuhrhop und Peters (2013: 204) einfache und „komplexe Grapheme" folgendermaßen:

> Wenn es überhaupt Argumente für komplexe Grapheme gibt, dann sollte dies eines sein: Ein Buchstabe, der nur in Kombination mit einem anderen auftritt, bildet mit diesem ein komplexes Graphem. (Fuhrhop & Peters 2013: 204; vgl. auch Fuhrhop 2009: 7; Eisenberg 2013: 290)

Gansel und Jürgens (2009: 18–23) diskutieren in ihrer *Textlinguistik und Textgrammatik* die Frage, ob Texte als Zeichen, und zwar als „komplexe[.] sprachliche Zeichen" (Gansel & Jürgens 2009: 19), betrachtet werden können. Dabei werden Morpheme und Lexeme als „einfache[.] sprachliche[.] Zeichen" (Gansel & Jürgens 2009: 18) angesehen. Sie setzen Komplexität mit „Kombinierbarkeit" (Gansel & Jürgens 2009: 19) gleich und erörtern, ob nicht schon einfache sprachliche Zeichen einen gewissen Grad an Komplexität aufweisen können:

> Kombinierbarkeit und damit ein möglicherweise einfacher Grad von Komplexität findet sich bereits auf der Wortebene, wenn über Derivationsprozesse Wörter aus Morphemen gebildet werden: *vor – les – ung*. So kann geschlussfolgert werden, dass Zeichenhaftigkeit Komplexität von Zeichen in keiner Weise ausschließt. (Gansel & Jürgens 2009: 19)

Sätze und auch Texte sehen sie folglich als besonders komplexe sprachliche Zeichen an:

> In Bezug auf den (Satz und auf den) Text ist von einem komplexen Zeichen zu sprechen, das freilich aus einfachen Zeichen zusammengesetzt ist, wobei die Bedeutung des komplexen Zeichens mehr umfasst als die Summe der Bedeutungen der Einzelzeichen. (Gansel & Jürgens 2009: 19)

Mitnichten ist damit allerdings schon angesprochen, wann ein Text als „komplexer" als ein anderer angesehen werden kann. Darauf basierend diskutieren Gülich und Raible (1977: 47) die Notwendigkeit eines „Komplexitätsmaßes für Texte", bei der die untergeordnete Einheit *Satz* relevant ist.

Arbeitet man den gemeinsamen Bedeutungskern aller bisher angeführten Bestimmungen von Komplexität auf verschiedenen sprachlichen Ebenen heraus, zeigt sich, dass jeweils eine intrasprachliche Opposition innerhalb der einzelnen Domänen zwischen komplexen und nicht komplexen Einheiten vorgeschlagen wird. Dabei werden komplexe Einheiten anhand eines *additionalen*, oder ähnlich wie Gansel und Jürgens (2009: 19) es fassen, *kombinierenden* Konzepts bestimmt:

Sätze, die wiederum aus Sätzen bestehen, sind komplexe Sätze; Wörter die aus mehreren Morphemen bestehen, sind komplexe Wörter; Buchstaben, die nur in Kombination mit einem anderen Buchstaben vorkommen, bilden komplexe Grapheme; Texte sind komplexe Zeichen, die aus einfacheren Zeichen zusammengesetzt sind, usw. Mitgemeint ist dabei in der Regel, dass eine sprachliche Einheit komplexer ist, je mehr Komponenten sie umfasst.

Dass es, vor allem in syntaktischer Sicht, andere Akzentsetzungen gibt, zeigen die Ausführungen von Givón (2009) zur Genese *syntaktischer* Komplexität aus diachroner, ontogenetischer, neurokognitiver und evolutionärer Perspektive. Er argumentiert dafür, vor allem *hierarchische Aspekte* der internen Strukturierung bei der Komplexitätsbetrachtung zu nutzen (vgl. Givón 2009: 3–7), wobei seine Ausführungen denen zur Integration von Ágel (2007: 53) sehr nahe kommen:

> Complexity is a property of organized entities, of organisms, or systems. Individual entities, as long as they have no internal organization, are by definition maximally simple. They may become parts of an organized whole when they have some relations – or connectivity – within an organized system. Within an organized system, the simple entities may bear relations to the system as a whole, or to its subparts, or to each other. At the most abstract level, a system may be described as a network of nodes and connections, where the nodes stand for either the simplest entities or to more abstract, higher level sub-parts of the system, and the connections stand für the nodes' relations within the system. (Givón 2009: 3)

Er zeigt dann, dass ein einfacher „transitive clause" schon als dreistufige Hierarchie („3-level hierarchy") analysiert werden kann (vgl. Givón 2009: 4), die Einbettung eines „relative clauses" als vierstufige Hierarchie usw. (vgl. Givón 2009: 5). Folglich wäre aus dieser Perspektive betrachtet bereits ein „einfacher Satz" (Dürscheid 2012b: 56) als komplex anzusehen.

Mit Givóns Komplexitätsanalysen haben wir das fokussiert, was Dahl (2004: 44) „structural complexity" nennt, „as a general term for complexity measures that pertain to the structure of expressions, at some level of description". Diese strukturelle Komplexität einer konkreten Phrase oder Konstruktion wird nach Fischer (2007: 361) „an dem Beschreibungsaufwand in einer Strukturdarstellung gemessen, etwa in einem Konstituentenstrukturbaum". Dementsprechend bringt Dahl (2004: 44) ‚structural complexity' auch zusammen mit der „length of derivational history".

In der Komparativen Linguistik ist v. a. die von der strukturellen Komplexität zu unterscheidende „*system complexity*" (Dahl 2004: 43) resp. „grammatische Komplexität" (Fischer 2007: 361) besonders relevant, die sich auf die Beschreibung (von Bereichen) des jeweiligen Sprachsystems bezieht. Vielleicht kann man diesen Aspekt als Menge des einzusetzenden linguistischen Beschreibungsinventars fassen. Aus der Perspektive der Systemkomplexität würde beispielsweise der

„grammatische Beschreibungsaufwand" (Fischer 2007: 361) von deutschen Nominalphrasen im Allgemeinen fokussiert und, wie bei Fischer (2007: 361), mit dem Beschreibungsaufwand englischer Nominalphrasen verglichen. Der Aufwand zur Beschreibung letzterer sei geringer als bei deutschen NPs, da im Deutschen „Kasus und Genus zu ihrer Beschreibung benötigt werden" (Fischer 2007: 361). Je mehr Kategorisierungen zur Beschreibung notwendig werden, desto komplexer sei also der betreffende Systembereich. Dieses ‚Mehr' könnte durchaus als *Additivitätsaspekt* betrachtet werden, der jedoch *nicht auf der Ebene konkreter sprachlicher Formen*, sondern auf der linguistischen Beschreibungsebene zu lokalisieren ist.

Die Untersuchung von Systemkomplexität im Kontext des Vergleichs von Einzelsprachen war vor allem im 20. Jahrhundert aufgrund des von Deutscher (2009: 243) so bezeichneten „ALEC"-Statements „All Languages are Equally Complex" ein Tabuthema.[73] Die Genese der in der Sprachwissenschaft lange vorherrschenden (und nicht empirisch überprüften) Annahme, alle Sprachen müssten gleich komplex sein, zeichnet Sampson (2009) nach – auch in einem ihrer Ursprünge in generativistischen Sprachtheorien (vgl. Sampson 2009: 6–7). Nach Szmrecsanyi und Kortmann (2012: 7) gilt die Studie von McWorther (2001) mit dem damals provokativen Titel „The world's simplest grammars are creole grammars" als eine der ersten, die sich im 21. Jahrhundert wieder dem Komplexitätsvergleich zwischen Sprachen widmete. McWorther (2001: 135) entwickelte folgendes Komplexitätsmaß:

> The guiding intuition is that an area of grammar is more complex that the same area in another grammar to the extent that it encompasses *more* overt distinctions and/or rules than another grammar [...]. (McWorther 2001: 135; Hervorheb. K. K.-S.)

Arends (2001: 180) bezeichnet McWorthers Komplexitätsmaß als ein strikt *quantitatives*, das der Annahme „more is more complex" verpflichtet ist. Die Grundannahmen dieses Maßes, das sich erstens auf das Phonem- resp. tonale Inventar, zweitens auf die Syntax und drittens auf die Grammatik einer Sprache insgesamt bezieht (vgl. McWorther 2001: 135–136), seien folgende:

> A grammar is judged to be more complex if it has more (marked) phonemes, more tones, more syntactic rules, more grammatically expressed semantic and/or pragmatic distinctions, more morphophonemic rules, more cases of suppletion, allomorphy, agreement. (Arends 2001: 180)

---

73 Vgl. auch Miestamo (2009: 82). Nach Sampson (2009: 1) ist diese Annahme „an idea which ranked for many decades as an unquestioned truism of linguistics".

Deswegen kritisiert Arends (2001: 180), dass qualitative Aspekte, wie die interne Komplexität der Regeln selbst, nicht beachtet würden. Nichols (2009: 111–112) beispielsweise schlägt vor, zusätzlich zu der Anzahl der Elemente auch die Anzahl der paradigmatischen Varianten (wie z. B. Allophone), syntagmatische Abhängigkeiten (wie z. B. Kongruenz) und *Beschränkungen* der Elemente sowie Alloformen zu untersuchen.[74]

Insgesamt ist der Ansatz McWorthers einer, der Komplexität *absolut* misst („absolute approach" nach Miestamo 2009: 81). Mit diesem sind Studien zu kontrastieren, die dem *relativen* Ansatz („relative approach" nach Miestamo 2009: 81) verpflichtet sind und Komplexität im Zusammenhang mit Sprachbenutzern definieren – eine Perspektive auf Komplexität, die im Rahmen der vorliegenden Studie interessant ist. Sie untersuchen, „what is costly or difficult to language users" (Miestamo 2009: 81).[75] Kusters (2003: 6) definiert Komplexität beispielsweise „as the amount of effort an outsider has to make to become acquainted with the language in question." Han und Lew (2012) unterscheiden zwei Arten der relativen Komplexität. Die sogenannte „acquisitional complexity" (2012: 196) definiere sich negativ als das, was ultimativ *nicht* erwerbbar ist.[76] Dies könne allerdings nur messbar gemacht werden, indem Lernende fokussiert würden, die eine Sprache in besonders förderlichen Kontexten erworben hätten und über besonders förderliche endogene Eigenschaften verfügten (vgl. Han & Lew 2012: 196–197). Zu unterscheiden ist laut Han und Lew (2012: 194) diese *acquisitional complexity* von „*developmental complexity*", die sich auf linguistische Merkmale des Lerner-Outputs bezieht (vgl. Han & Lew 2012: 195) – mit den bekannten Maßen wie „length of production" (z. B. durchschnittliche Wortanzahl pro T-Unit) (Han & Lew 2012: 195). Szmrecsanyi und Kortmann (2012: 6) erläutern, dass im Kontext der Zweitspracherwerbsforschung immer schon linguistische Komplexität beschrieben wurde als „a gauge for learner's proficiency in the target language, a descriptor for performance, and an index to benchmark development". Auch Pohl (2007b: 402–433) beschreibt einen Aspekt der *developmental complexity*, wenn er die Ontogenese der *lexikosyntagmatischen Informationsvergabe* in studentischen Hausarbeiten untersucht (vgl. Abschn. 3.2.2.2.1). An dieser Stelle ist vor allem anzumerken, dass Pohl (2007b: 412) durch die Unterscheidung einer komplexen Syntax von einer ontogenetisch später zu erwerbenden komprimierten Syntax

---

74 In ihrer eigenen Studie allerdings beschränkt sie sich auch auf die Anzahl der Elemente (Nichols 2009: 114).
75 Vgl. gegen dieses Maß argumentierend Dahl (2004: 39–40).
76 In engem Zusammenhang damit steht für die Autoren der Aspekt der Fossilierung (vgl. Han & Lew 2012: 199–208).

zum einen Komplexitätsaspekte (komplexe Syntax) von Integrationsaspekten (komprimierte Syntax) separiert und zum anderen simultan eine Entwicklung von einer „*komplexen Syntax*" zu einer „*komplexen Satzgliedbinnenstruktur*" (Pohl 2007b: 408) aufzeigt.

Fassen wir die bisherigen Erkenntnisse zusammen: Bei der Analyse des linguistischen Sprachgebrauchs zur Beschreibung von komplexen Elementen auf unterschiedlichen sprachlichen Strukturebenen scheint ein Konzept der Komplexität auf, das v. a. der *Additivität* resp. *Komponentaliät* der betreffenden komplexe(re)n Einheiten verpflichtet ist. Bei der Analyse von Konzepten der *Systemkomplexität*, die u. a. bei sprachvergleichenden Untersuchungen zum Einsatz kommen, konnte gezeigt werden, dass erhöhte Komplexität sich dort oftmals nach dem linguistischen Beschreibungsaufwand, d. h. der Anzahl der zur Beschreibung einzusetzenden Kategorisierungen bemisst. Insgesamt ist diese Art von Komplexitätsbeschreibung *stark quantitativ orientiert*. Wie aber auch herausgearbeitet wurde, werden zur Komplexitätsbestimmung – ebenso wie zur Integrationsbestimmung – auch hierarchische Aspekte relevant (z. B. bei der Bestimmung der strukturellen syntaktischen Komplexität nach Givón 2009). Bei der Analyse von Systemkomplexität gibt es zudem die Überlegung, dass sich die Bestimmung von Komplexität nicht in Additivität und Quantität erschöpft, sondern auch dependente resp. einschränkende Aspekte zwischen den betreffenden Einheiten zu betrachten sind. Die Einbeziehung des Konzepts der relationalen Komplexität führt dazu, auch die Sprachbenutzer in die Komplexitätsüberlegungen einzubeziehen; in vorliegender Studie wäre z. B. relevant, welcher Komplexitätsgrad für welche Lernergruppe besonders adaptiv wäre.

Für diese Studie ist es wichtig, Trennschärfe zwischen den Operationalisierungsdimensionen *Integration* und *Komplexität* herzustellen. Deswegen sollen in der Komplexitätsbestimmung hierarchische Aspekte ausgeklammert werden, die schon in der Definition der Integrationsdimension relevant wurden. Demgegenüber wird der quantitative Aspekt der *Additivität* resp. *Kombination* bestimmend für die Operationalisierungsdimension *Komplexität*.

Operationalisierungsdimension 2: *Komplexität* ist in Relation zu einer Bezugsgröße bestimmt. In dieser wird durch Addition/Kombination spezifischer gleichartiger Einheiten (Komponenten) einer niedrigeren Strukturebene ein ‚Mehr' an Komplexität aufgebaut.

Die Komplexität eines Worts als Bezugsgröße ergibt sich also laut dieser Definition durch die Addition/Kombination von Morphemen: Je mehr Morpheme ein Wort umfasst, als desto komplexer würde es gelten. Die Komplexität eines Teilsatzes könnte sich durch die Anzahl seiner Phrasen oder auch seiner Wörter ergeben, die Komplexität eines Ganzsatzes durch Anzahl seiner Teilsätze, die Komplexität eines Textes durch die Anzahl seiner Ganzsätze oder Teilsätze oder auch Wörter. Die addierten gleichartigen Einheiten, die zur Komplexitätsbestimmung genutzt werden können, müssen also nicht immer der nächstniedrigeren Strukturebene angehören.

Auch wenn durch Einbezug des Additivitätskonzepts Analysekategorien abgeleitet werden können, die sich deutlich von den Analysekategorien der Integrationsdimension unterscheiden, werden sich bei den Analysen mannigfaltige Relationen zwischen den Dimensionen zeigen lassen, die in einigen Fällen nur einen anderen „Sehepunkt" (Köller 1993: 16) auf dasselbe Phänomen repräsentieren – was auch kritisch zu betrachten sein wird. So könnte in der Integrationsdimension die Analysekategorie *Verhältnis subordinierter Nebensätze zu Hauptsätzen* gebildet werden und in der Komplexitätsdimension die Analysekategorie der *Teilsatzzahl pro Ganzsatz*.

Im Folgenden muss wiederum untersucht werden, in welchem Zusammenhang eine höhere Komplexität mit konzeptioneller Schriftlichkeit steht. Thaler (2007: 174–175) bezieht sich in ihren Komplexitätsüberlegungen auf die Analysen von Koch und Oesterreicher (z. B. 2011: 11) bezüglich der in konzeptioneller Mündlichkeit wirksam werdenden Kontexte[77] und arbeitet heraus, dass „kommunikative Distanz [...] weniger Symbolebenen als kommunikative Nähe" (2007: 175) bietet; kommunikative Nähe hingegen *mehr* Symbolebenen nutzt. Dies führt sie wiederum zu der Schlussfolgerung:

> Offensichtlich erhöht eine solche Kombination verschiedener Symbolebenen die Komplexität, die Informationsdichte und den Planungsaufwand, welche gemäß Koch/Oesterreicher (1990, 11 f) als Versprachlichungsstrategien der Distanz gelten. (Thaler 2007: 175)

D. h. es gibt durchaus Bereiche, in denen konzeptionelle Mündlichkeit/Sprache der Nähe als *komplexer* einzustufen sein könnte als ihr Konterpart. Oben wurde zudem bei der Diskussion der Operationalisierungsdimension *Integration* schon erwähnt, dass Halliday (1987) dafür argumentiert, die Komplexität der gesprochenen Sprache nicht zu unterschätzen, da sie über eine Komplexität sui generis verfüge, die er als „grammatical intricacy" (Halliday 1987: 62) bezeichnet und die mit einer Erhöhung der Ganzsatzkomplexität durch Addition von Gliedsätzen einhergeht. Hallidays Argumente, die von Bibers (1986; 1988) empirischen Analysen gestützt werden, wurden oben im Zusammenhang mit der Integrationsdimension schon ausführlich in den Blick genommen und sollen deswegen an dieser

---

77 Auf die oben schon in der Diskussion der Integrationsdimension Bezug genommen wurde.

Stelle nicht weiter referiert werden.[78] Im Folgenden werden weitere empirische Belege aus der Literatur zu der Frage der Komplexität medialer resp. konzeptioneller Mündlichkeit/Schriftlichkeit auf syntaktischer und morphologischer Ebene angeführt.

Steger (1987: 45; 51) geht für die *mediale* Schriftlichkeit von erhöhten Satzlängen (also mehr Wörtern pro Satz) im Vergleich mit der medialen Mündlichkeit und von erhöhten „Satzkomplexitäten" (mehr Gliedsätzen pro Ganzsatz) aus.[79] Den *konzeptionellen* Aspekt nimmt er aber nicht in den Blick. Auch Schank und Schoenthal (1976) stellen in ihrer exemplarischen Analyse von drei Fassungen eines Textes eine Zunahme der „Länge der einzelnen Äußerung" (1976: 10) fest: von einem medial mündlichen Schulklassengespräch mit Günther Grass über eine für die Veröffentlichung in Buchform redigierte Interview-Fassung dieses Gesprächs bis hin zu einer von den Autoren selbst „schriftlich konzipierte[n]" (Schank & Schoenthal 1976: 9) monologischen Fassung; hier zeigt sich also ein *konzeptionelles* Kontinuum. Leska (1965: 444) beschreibt in ihrer *Vergleichende[n] Untersuchung[...] zur Syntax gesprochener und geschriebener deutscher Gegenwartssprache* die häufigste Satzlänge im Satzgefüge bei 14 Wörtern für die mediale Mündlichkeit, bei 17–18 Wörtern für die mediale Schriftlichkeit (vgl. Leska 1965: 445); konzeptionell differenziert sie *diese* Analyse allerdings nicht aus.

Die bisherigen Beispiele für erhöhte Komplexität in medialer resp. konzeptioneller Schriftlichkeit bezogen sich auf Symbolebenen und den *syntaktischen* Bereich, während sich bei Biber (1988) auch Ergebnisse für Komplexität im *morphologischen* Bereich finden: Die Variable „word length" ist in der ersten von ihm statistisch herausgearbeiteten Dimension „Informational versus Involved Production" dem ‚literaten' Pol der „Informational Production" zugeordnet (vgl. Biber 1988: 103). Diesem Pol sind Texttypen wie „official documents" oder „academic prose" besonders nahe; „personal letters" beispielsweise finden sich am gegenüberliegenden Pol der „Involved Production", dem auch geringere Wortkomplexitäten zugeordnet sind (vgl. Biber 1988: 128).

Beim Anlegen eines additiven Komplexitätsmaßes muss abschließend kritisch beachtet werden, dass stark konzeptionell mündliche Äußerungen, die sich z. B. durch intensive Nutzung von Abtönungspartikeln auszeichnen, auch eine

---

78 An beiden nach Thaler (2007) und Halliday (1987) aufgeführten Beispielen evtl. höherer Komplexität in der Nähesprache ist aber außerdem erkennbar, dass Komplexität und Integration in vielen Fällen – wie oben beschrieben (vgl. Abschn. 3.2.2) – zwei verschiedene Sehepunkte auf dasselbe Phänomen darstellen können.

79 Als Analysematerial nutzt er allerdings „simulierte Paraphrasen" (Steger 1987: 36), was in methodischer Hinsicht sehr kritisch zu betrachten ist.

erhöhte Gliedsatz- und ggf. Ganzsatzkomplexität und sogar Turnkomplexität gemessen in Worten aufweisen würden – was aber als Maß der konzeptionellen Schriftlichkeit gelten müsste. Dies muss bei der Generierung von Operationalisierungskategorien und auch bei der Interpretation der Ergebnisse mitbedacht werden. Ggf. kann hier die Unterscheidung von Nähe- und Distanzzeichen von Ágel (2008: 120) für eine angemessene Operationalisierung sorgen und die Interpretation unterstützen.

3.2.2.2.3 Operationalisierungsdimension *Differenziertheit*
Kommen wir nun zur Ableitung der dritten Operationalisierungsdimension. Hier stehen die Dinge etwas anders, weil in diesem Fall keine wortwörtliche Übernahme einer ‚Versprachlichungsstrategie' nach Koch und Oesterreicher, sondern nur eine Anlehnung an eine solche erfolgen kann. Oesterreicher (1993: 277) verwendet den Begriff der „Differenzierung" des lexikalischen Bereichs in der Diskussion um Ausbau-Prozesse bei der Verschriftlichung[80] einer Sprache – also bei der Erschließung des Distanzbereichs. Koch und Oesterreicher nutzen in diesem Zusammenhang ebenfalls die Formulierung der „Diversifikation des lexikalischen Materials" (1994: 591) in der Sprache der Distanz. Koch (1986: 135) spricht – quasi als Opposition zur Differenzierung in der Distanzsprache – von „*syntagmatische[r]*" und „*paradigmatische[r]* semantische[r] *Sparsamkeit*" in der „Sprechsprache"[81]. Die syntagmatische semantische Sparsamkeit bringt er zusammen mit

> geringer Variation, d. h. beliebiger Wiederholung von Lexemen im Diskurs. […] Dies erklärt unter anderem die niedrige *type-token*-Relation im Verhältnis zur Schreibsprache, wo eine – planungsintensivere – lexikalische Variation bei gleicher Referenz angestrebt wird […]. (Koch 1986: 135)

Koch und Oesterreicher (2011: 106–108) schreiben, dass dementsprechend in der Nähesprache häufiger „Wort-Iterationen" auftreten. Paradigmatische semantische Sparsamkeit ist für Koch (1986: 135) demgegenüber „die kontextgestützte Verwendung von Ausdrücken mit großer Extension und extrem kleiner Intension". Schwitalla (2004: 161) nutzt für die „Alltagsrede" den Begriff der „Vagheit",

---

80 Oesterreicher (1993: 272) bezeichnet die konzeptionelle Transformation von der Sprache der Nähe zur Sprache der Distanz als „Verschriftlichung" (vgl. Abschn. 3.2).

81 Koch (1986) verwendet (noch) nicht den Terminus der konzeptionellen Mündlichkeit; seine Verwendung von „Sprechsprache" kommt diesem aber sehr nahe und wird in Zusammenhang mit der „langue parlée" nach Söll (z. B. 1985) gebracht.

mit dem er die Nutzung von „passe-partout"-Wörtern verbindet (vgl. auch Koch & Oesterreicher 2011: 108). Man kann argumentieren, dass in konzeptioneller Schriftlichkeit, mit Bezug auf die Anforderungen dekontextualisierter Sprachgebrauchssituationen – also Anforderungen zerdehnter Kommunikationssituationen nach Ehlich (2007) – eine Ausdifferenzierung sprachlicher Struktur- und Ausdrucksformen notwendig wird.

Auffallend ist, dass bisher all diese Bestimmungen von Differenziertheit resp. Sparsamkeit auf den lexikalischen Bereich beschränkt sind, gleichwohl Differenziertheit auch auf anderen sprachlichen Strukturebenen denkbar ist (z. B. bezüglich der verwendeten Anzahl unterschiedlicher Nebensatzstellungen oder Nebensatzfunktionen). Auch Steger (1987: 45) beschränkt seine Aussagen zur Differenziertheit auf den lexikalischen Bereich und postuliert in seinem Vergleich medial mündlicher und schriftlicher Texte eine „[g]eringe Wortschatzvariation" sowie „[h]ochpolyseme/generelle Lexikonausdrücke" in medialer Mündlichkeit versus eine „höhere Wortschatzvariation" und weniger „[h]ochpolyseme/generelle Lexikonausdrücke" in medialer Schriftlichkeit (Steger 1987: 45).

Mit der von Koch (1986: 135) aufgeführten „*type-token*-Relation" (*ttr*) – dem Verhältnis von *types* und *tokens* (vgl. Scherer 2006: 37)[82] –, die in vielen Fällen ebenso im lexikalischen Bereich angesiedelt ist, ist ein wichtiger Aspekt von Differenziertheit resp. Variation angesprochen. Vor allem die *types* sind im Zusammenhang mit der Differenziertheit relevant: Bei *type*-Analysen ist es üblich, sich auf einen sprachlichen Phänomenbereich zu beschränken, z. B. auf nominale *er*-Derivate (vgl. Scherer 2006: 37) und hier „die Anzahl *unterschiedliche[r]* Ausprägungen des Phänomens" (Scherer 2006: 36–37; Hervorheb. K. K.-S.) zu erheben, also die Anzahl der in einem Text/Diskurs vorkommenden unterschiedlichen *er*-Derivate zu zählen.[83] Scherer (2006: 33) erläutert den Unterschied zwischen *token* und *type* – zwischen „konkrete[m] Vorkommen" und „abstrakte[r] sprachliche[r] Einheit" – folgendermaßen:

> Bei einem *Token* handelt es sich ganz allgemein um das konkrete Vorkommen einer sprachlichen Einheit im Korpus. Das kann eine bestimmte Wortform, Lautäußerung oder Phrase sein. Ein *Type* ist hingegen die abstrakte sprachliche Einheit, die zusammengehörige Tokens wie Wortformen oder Lautvarianten zusammenfasst und dabei von konkreten Merkmalsausprägungen wie Flexions- oder Intonationsmerkmalen abstrahiert. (Scherer 2006: 33)

---

82 Für unterschiedliche Berechnungsvarianten der type-token-Relation vgl. Wimmer (2005: 362–364).
83 Augst und Faigel (1986: 47–52) betrachten z. B. die Anzahl der *types* der Adjektive.

Nach Schöneck (1993: 658) kann das Verhältnis von *types* und *tokens* „Aufschluss geben über die Differenziertheit eines Wortschatzes", während Wimmer (2005: 362) die Interpretation der *ttr* als Maß von „vocabulary richness of the author" kritisiert und u. a. vorschlägt, sie besser als Maß der „richness of the text" anzusehen. Wenn viele *types* auf wenige *tokens* kommen, kann ein konkreter Text/ Diskurs demzufolge als differenzierter angesehen werden. Bibers (1988) statistische Analysen zeigen, dass eine höhere *ttr* mit dem literaten Pol „Informational Production" seiner ersten textuellen Dimension verbunden ist (vgl. ähnlich auch bei Biber 1986: 393).

Koch und Oesterreicher (1986: 22) führen die ‚Versprachlichungsstrategie' „Elaboriertheit" ein; allerdings, wie wir schon oben gesehen haben, scheinbar als Oberbegriff für Kompaktheit, Komplexität und Informationsdichte sowie ggf. Integration. Im Duden-Fremdwörterbuch findet sich folgender Eintrag: „*ela|bo|riert*: differenziert ausgebildet" (Dudenredaktion 2007: 264). Ein Verweis auf den elaborierten Code nach Basil Bernstein (vgl. Abschn. 2.2.1) folgt. Zumindest in diesem Fremdwörterbucheintrag lässt sich ein allgemeinsprachlicher Zusammenhang von Elaboriertheit mit Differenziertheit feststellen. Aber auch in der ursprünglichen Konzeption des *elaborierten Codes* durch Bernstein – die für die weitere Konzeption der Operationalisierungsdimension keineswegs leitend sein soll – findet sich eine deutliche Relevanz von Differenziertheitsphänomenen, wenn dieser mit dem (oftmals kritisierten) Konstrukt der geringen „Vorhersagewahrscheinlichkeit" (Bernstein 1971: 16) resp. „probability of predicting" (Bernstein 1966: 127), vor allem auf syntaktischer Ebene, in Zusammenhang gebracht wird:

> Ein elaborierter Code, bei dem eine Vorhersage auf der syntaktischen Ebene sehr viel weniger möglich ist, entsteht eher in einer solchen Sozialbeziehung, die in ihren Teilhabern den Druck hervorruft, sich mit ihren verbalen Äußerungen auf ganz spezielle Sachverhalte zu beziehen. Diese Situation ergibt sich, wenn die Intention des anderen nicht als selbstverständlich vorausgesetzt werden kann, mit der Konsequenz, daß Bedeutungen ausgeführt und auf die Ebene der *verbalen* Explizitheit gehoben werden müssen. Die verbale Planung verlangt hier, anders als im Fall des restringierten Kodes, eine höhere Stufe syntaktischer Organisation und lexikalischer Auswahlmöglichkeiten. (Bernstein 1971: 18)

Um Anklänge an Defizittheorien Bernstein'scher Prägung (vgl. Abschn. 2.2.1) zu vermeiden, wird in vorliegender Arbeit nicht mit dem Konstrukt der Elaboriertheit gearbeitet, sondern es wird – nur in Anlehnung daran – die Operationalisierungsdimension der *Differenziertheit* eingeführt. Sie bezieht sich auf die Differenzierung des Ausdrucksspektrums durch Nutzung unterschiedlicher Realisierungsvarianten eines sprachlichen Phänomens. In einer engen Auslegung wird in dieser Dimension vor allem die *type-Ebene* relevant. Nach Pohl (2017: 253, 263) kann sie auch als paradigmatische Komplexität angesehen werden.

Im untenstehenden Kasten findet sich die Arbeitsdefinition der Operationalisierungsdimension *Differenziertheit*.

Operationalisierungsdimension 3: *Differenziertheit* ist ein absolutes Maß *unterschiedlicher* Realisierungsvarianten einer spezifischen sprachlichen Kategorie, zumeist auf *type*-Ebene.

Es kann in dieser *engen* Perspektive beispielsweise auf lexikalischer Ebene gefragt werden, wieviele unterschiedliche Adjektiv*types* in einem zu analysierenden Text/Diskurs ermittelt werden können; auf morphologischer Ebene könnte man die genutzte Anzahl unterschiedlicher Nominalisierungssuffixe in einem Text/ Diskurs betrachten; auf syntaktischer Ebene die Anzahl der unterschiedlichen verwendeten Positionen von Nebensätzen. In einer *weiten* Perspektive könnten auch ‚ungewöhnlichere‘, seltenere, Varianten einer Struktur- oder Ausdrucksform in den Blick genommen werden, wie beispielsweise die Nutzung fremd- oder fachsprachlicher Wörter oder solcher, die in einem Lexikon als *gehoben* gekennzeichnet werden.

Aber auch bei dieser Operationalisierungsdimension muss die Frage nach der Eineindeutigkeit ihrer Zuordnung zu konzeptioneller Mündlichkeit/Schriftlichkeit gestellt werden. Im Kontext ihrer Ausführungen zur „reichere[n] Verbalisierung" in der Sprache der Distanz stellen Koch und Oesterreicher (1986: 22) eine Überlegung an, die im Zusammenhang mit den bisher diskutierten ‚Versprachlichungsstrategien‘ *Integration* und *Komplexität* schon erwähnt wurde: Nämlich dass auch in der Sprache der Nähe eine „reiche Versprachlichung" möglich sei. Dies bezieht sich auf die ‚Kommunikationsbedingung‘ der „Affektivität". Eine solche reichere Versprachlichung in der Sprache der Nähe wäre z. B. der Fall, wenn im lexikalisch-semantischen Bereich besonders viele unterschiedliche Kraftwörter genutzt würden (vgl. Koch & Oesterreicher 1986: 22; vgl. auch Oesterreicher 1986: 135). Koch und Oesterreicher (2011: 113) betonen, dass in der Sprache der Nähe „bestimmte Themenbereiche lexikalisch sogar ausgesprochen ‚reich‘ bestückt sind". Resultieren würde, dass sowohl in der Sprache der Nähe als auch in der Sprache der Distanz eine reichere Versprachlichung – also eine erhöhte Differenziertheit – möglich wäre. Dieselbe Konstellation ist auch für den Einsatz von Partikeln oder Interjektionen im lexikalischen Bereich denkbar. Im syntaktischen Bereich könnte man außerdem argumentieren, dass dadurch, dass in der Sprache der Nähe neben dem „kanonischen Satz prototypischer geschriebener Sprache" (Hennig 2006: 182) auch Formen der syntaktischen Fragmentierung, wie Links- und Rechtsherausstellungen (vgl. Schwitalla 2012: 110–117), Anakoluthformen (vgl. Schwitalla 2012: 117–129) sowie elliptische Formen (vgl. Schwitalla 2012: 110) typisch sind, eine erhöhte syntaktische Differenziertheit gegeben sein kann. Im lexikalischen Fall der Kraftwörter ließe sich aber argumentieren, dass hier Differenziertheit in Bezug auf eine genuin *nähesprachlich* geprägte Kategorie (eben „Kraftwörter") vorliegt. D. h., dass bei der Auswahl der Kategorien, innerhalb derer Differenziertheit betrachtet wird, darauf geachtet werden muss, dass sie dem konzeptionell schriftlichen Pol zugeordnet sind. Dies kann unter Hinzuziehung der anderen Operationalisierungsdimensionen geschehen sowie mit Bezug auf vorliegende empirische Befunde zur Beschaffenheit der Sprache der Nähe/ Sprache der Distanz (vgl. z. B. Ágel & Hennig 2006b).[84]

3.2.2.2.4 Operationalisierungsdimension *Planung*

Koch und Oestereicher (1986: 23) führen für die Sprache der Nähe die ‚Versprach-lichungsstrategie' der „geringere[n]" „Planung", für die Sprache der Distanz die der „größere[n]" „Planung" an; 2011 (13) nutzen sie die Unterscheidung eines „geringer[en]" vs. „höher[en] Planungsaufwand[es]". Geringere/größere Planung steht für sie in engem Zusammenhang mit den Kommunikationsbedingungen der *Spontaneität* (in der Sprache der Nähe) versus *Reflektiertheit* (in der Sprache der Distanz) (vgl. Koch & Oestereicher 1986: 20). Die Planung erfolge in der Sprache der Nähe „sozusagen während des Äußerungsaktes selbst", woraus „Eigen- und Fremdkorrekturen, Verzögerungen, etc." resultieren würden (Koch & Oester-reicher 1986: 20). Durch die Situationsferne in der Sprache der Distanz werde „ein erhöhter Planungsaufwand (Reflektiertheit) notwendig und auf Grund der Entkoppelung von Produktion und Rezeption auch möglich" (Koch & Oester-reicher 1986: 20). Aus der in der Sprache der Distanz möglichen Planung erkläre sich „die Kompaktheit, Komplexität und Informationsdichte von distanzsprachli-chen Äußerungen" (Koch & Oestereicher 1986: 22); Planung sei also die Basis für besonders konzeptionell schriftliche Äußerungen.

An dieser Stelle wird auch die Unterscheidung von „*Sprachwerk*" und „*Sprach-handlung*" nach Bühler (1999 [1934]: 51) relevant. Während die Sprachhandlung von Bühler (1999 [1934]: 49) als „*subjektsbezogene[s]* Phänomen[.]" angesehen wird, ist das Sprachwerk als „*subjektsentbundene[s]* Phänomen" anzusehen. Die *Sprachhandlung* bezieht sich auf das „konkrete Sprechen" (Bühler 1999 [1934]: 52) mit all den dazugehörigen wahrnehmbaren Planungsphänomenen, wie „Anakoluthen" (Bühler 1999 [1934]: 54). Das *Sprachwerk* hingegen hat Produkt-charakter und „will entbunden aus dem Standort im individuellen Leben und Erleben seines Erzeugers betrachtbar und betrachtet sein" (Bühler 1999 [1934]: 53–54). Bei der Erstellung eines Sprachwerks sind die situationsentbundenen Pla-

---

84 Deutlich wird allerdings auch, dass hier trotzdem eine Art ‚Zirkelschluss' vorliegen könnte.

nungsmöglichkeiten – Bühler (1999 [1934]: 54) schreibt hier, dass Sprachwerke „gestaltet werden" – deutlich größer als bei Sprachhandlungen.

Die Differenz, die Koch und Oesterreicher beschreiben, lässt sich auch mit den Termini *online-Planung* (vgl. ähnlich Ágel & Hennig 2007: 197) vs. *offline-Planung* (vgl. ähnlich Ágel & Hennig 2007: 209) in Zusammenhang bringen. Auer (2000) hat den Terminus der „*On line*-Syntax" eingeführt, mit dem die „‚Linearität' der Sprache in der Zeit" (Auer 2000: 43) angesprochen ist, also die „Zeitlichkeit" gesprochener Sprache (Auer 2000: 44). Für diese sind laut Auer drei Aspekte relevant: Erstens die „Flüchtigkeit" der gesprochenen Sprache (vgl. Auer 2000: 44–45), die mit den Gedächtniskapazitäten von Sprecher und Hörer und mit der nicht „endgültigen", mithin nicht räumlichen, nicht verdinglichten[85] Manifestation gesprochener Sprache in Zusammenhang steht. Zweitens ihre „Irreversibilität" (vgl. Auer 2000: 45–46), sodass „Planungsprobleme an ‚Edierungsphänomenen' sichtbar bleiben" (Auer 2000: 45), wie beispielsweise an Anakoluthen (vgl. Schwitalla 2012: 117–133) oder Reparaturen/Korrekturen (vgl. Schegloff et al. 1977). Und drittens der Aspekt der „Synchronisierung" von Produzenten- und Rezipientenaktivitäten (vgl. Auer 2000: 46–47). Dass online-Planung aus „Zeitgebundenheit [...] der Produktion" entsteht, beschreiben auch Ágel und Hennig (2007: 197). Offline-Planung stehe demgegenüber mit der „Zeitfreiheit der Produktion" (Ágel & Hennig 2007: 197) in Verbindung. Wrobel (2014: 88) schreibt bezogen auf medial schriftliche Texte, dass diese „aufgrund der Entlastung von den Zwängen unmittelbarer Interaktion in höherem Maße planbar" sind. Die Ausführungen von Auer (2000) und von Wrobel (2014) sind jeweils deutlich auf eine der beiden Medialitäten bezogen; Kochs und Oesterreichers Konzept sieht demgegenüber auch Äußerungsformen vor, die medial mündlich sind, aber offline „vorgeplant" wurden, wie beispielsweise eine abgelesene Predigt oder ein abgelesener Vortrag (vgl. Koch & Oesterreicher 1986: 18). Wird nicht direkt abgelesen, sondern nur ein stützendes Konzept genutzt, würden aber auch in solch einem Fall einige Aspekte der online-Planung relevant – es entstünde also eine jeweils spezifische Mischung der beiden Planungsmodi. Den umgekehrten Fall, medial schriftliche Äußerungen, die einige Aspekte der online-Planung aufweisen, wie z. B. der Chat,[86] konnten Koch und Oesterreicher noch nicht anführen; in ihrem Konzept ist diese Möglichkeit gleichwohl antizipiert. Es sind also spezifische Konstellationen von online-offline-Planung möglich, die in folgender Kreuztabelle

---

85 Vgl. die ‚Versprachlichungsssstrategien' *Verdinglichung* und *Endgültigkeit* auf der Seite der Sprache der Distanz im Modell von Koch und Oesterreicher (1986: 23).
86 Vgl. z. B. Hennig (2001: 227–230) für eine ausführlichere Diskussion.

(Tabelle 15) beispielhaft aufgezeigt werden sollen; „-" bedeutet hier „nicht ausgeprägt", „+" bedeutet „ausgeprägt".

Insbesondere das Feld in der Kreuztabelle, für das weder online- noch offline-
Planungsmechanismen angesetzt sind, ist schwer zu füllen. Man könnte an Situationen denken, in denen ein schon mehrfach vorgetragenes Gedicht aus dem
Gedächtnis quasi ‚automatisiert' rezitiert wird. In diesem Feld sind auch *assozia-
tive Textentfaltungsstrategien* zu Beginn der Schreibentwicklung aufgeführt, die
sich nach Bereiter (1980: 83) durch „writing down whatever comes to mind, in
the order in which it comes to mind" auszeichnen (vgl. zusammenfassend Pohl
2014: 115).[87]

Tabelle 15: online-/offline-Planung

		online-Planung	
		–	+
offline-Planung	–	– Zitationssituationen (z. B. Gedichtvortrag aus dem Gedächtnis) – assoziative Textentfaltungs-strategie zu Beginn der Schreib-entwicklung	– *prototypische mediale Mündlichkeit* – vertrautes Gespräch – Stegreifvortrag
	+	– *prototypische mediale Schriftlichkeit* – „planendes Schreiben"[88] – abgelesener Vortrag	– vorgeplanter Vortrag, aber mit situationalen, adressatenorientierten Adaptionen[89] – Chatkommunikation, Online-Messaging mit Smartphone-Apps

---

87 Man könnte überlegen, ob auch „nicht-zerlegendes Schreiben" nach Ortner (2000: 356–378)
in dieses Feld fällt, das von ihm mit „écriture automatique" (Ortner 2000: 356) in Zusammenhang
gebracht wird.
88 Vgl. auch hier Ortner (2000: 440–462).
89 Vgl. zu diesem Beispiel Hörmann (1981: 102–103): „Da ist zunächst die Erfahrung, daß Äußerungen von mehr oder minder ‚langer Hand' geplant sein können. Wer einen Vortrag über
ein bestimmtes Thema zu halten hat, wird sich im voraus überlegen, in welcher Reihenfolge er
bestimmte Aspekte anschneiden wird. In diese lang erstreckte Planung (die verschiedene Kon-
kretheitsgrade bis zum Auswendiglernen annehmen kann) können zeitlich kürzer erstreckende

Wenn wir die Frage verfolgen möchten, was unter *Planung* genau zu verstehen ist, werden zunächst allgemein psychologische Überlegungen relevant, wie bei Kiper und Mischke (2009: 9), die Planen als „spezifische Handlung mit Auswirkung auf künftige Handlungen" fassen. Planen ist also immer *zukunftsgerichtet*. Der Begriff des Planens in der kognitiven Psychologie wird zudem häufig mit der *Zielbezogenheit* des Handelns verbunden (vgl. Funke & Händel 2015). Wenn allerdings Planungsprozesse mit Bezug auf die Sprachproduktion relevant werden, müssen wir uns der *Psycholinguistik* zuwenden, und *Sprachproduktionsmodelle*, die häufig medial spezifiziert sind, rücken ins Zentrum des Interesses. Für die *mediale Schriftlichkeit* ist das „kognitive"[90], rekursive[91] und interaktive Modell des Schreibprozesses von Hayes und Flower (1980) besonders bekannt geworden, in dem die drei übergeordneten Subprozesse des Schreibprozesses „Planning", „Translating" und „Reviewing" (Hayes & Flower 1980: 11) unterschieden werden, die Peter Sieber (2006: 213) als „Planen", „Formulieren" und „Überarbeiten" übersetzt. Zum *Planen* formulieren die Autoren:

> The function of the PLANNING process is to take information from the task environment and from long-term memory and to use it to set goals and to establish a writing plan to guide the production of a text that will meet those goals. (Hayes & Flower 1980: 12)

Es geht hier also vor allem um das, was ich „inhaltliche resp. konzeptuelle Planung" nennen möchte.[92] Für das *Formulieren* führen die Autoren eine zweifache Funktion an:

> The function of the TRANSLATING process is to take material from memory under the guidance of the writing plan and to transform it into acceptable written English sentences. (Hayes & Flower 1980: 15)

Der Formulierungsprozess enthält neben der Transformation von propositionalen Strukturen in englische Sätze nach Hayes und Flower (1980: 15) auch das Niederschreiben („writing down") der Sätze. D. h., dass der Formulierungsprozess hier

---

Faktoren eingreifen; in anderen Fällen sind sie die allein bestimmenden: wenn auf die Diskussionsbemerkungen eines Partners geantwortet wird, oder wenn ich in die Äußerung eines anderen einfalle, um sie durch eine Verdrehung in einen Witz zu verwandeln."

90 Vgl. Wrobel (2014: 87).

91 Vgl. Hayes und Flower (1980: 29).

92 Feilke (2014: 18) beschreibt als „zentrale[.] Schwäche" der „einflussreichen Schreibprozessmodelle John Hayes'", dass „die Sprache und sprachliches Wissen an keiner Stelle des Modells vor[kommen]." Seiner Interpretation zufolge stecke „[d]ie sprachliche Kompetenz [...] unexemplifiziert, begrifflich unanalysiert und ohne jede theoretische Behandlung in der Komponente Langzeitgedächtnis des Modells" (2014: 18–19).

sowohl das umfasst, was ich „sprachliche Planung" nennen möchte, als auch die konkrete Inskription. Das *Überarbeiten* hat das Ziel, die Qualität des geschriebenen Textes zu verbessern, sowohl auf inhaltlicher als auch auf sprachlicher Ebene (vgl. Hayes & Flower 1980: 16, 18). Die Koordinierung der Aktionen der Subkomponenten erfolgt durch eine „Steuerungseinheit" (Wrobel 2014: 87), den „*Monitor*" (Hayes & Flower 1980: 19). Das Modell von Hayes und Flower ist vielfach kritisiert worden, unter anderem, weil gezeigt werden konnte, dass nicht alle Schreibprozesse als zielorientiertes Problemlösen beschrieben werden können (vgl. Fix 2008: 39), sondern unterschiedliche Schreibstrategien existieren (vgl. Ortner 2000: 346–564).

Wrobel (2003) setzt mit seinem Konzept der *Prätext*-Bildung beim Formulierungsprozess an, der für ihn als „,Übersetzung' mehr benannt als begriffen und nicht weiter differenziert" (Wrobel 2014: 89) wird. Für ihn ist zentral, dass schon im Formulierungsprozess Überarbeitungsaspekte relevant werden, nämlich dann, wenn bei Formulierungsproblemen *Prätexte* genutzt werden:

> Im engeren Sinne versteht man unter Prätexten sprachliche Elemente, die im Formulierungsprozess mit der erkennbaren Intention einer textuellen Realisierung erzeugt werden, die aber nicht niedergeschrieben werden, sondern lediglich mental repräsentiert sind. Prätexte in diesem engeren Sinn sind gleichsam unmittelbare, aber noch nicht inskribierte Vorstufen von Textäußerungen. (Wrobel 2003: 84)

Formulieren ist deswegen für Wrobel (2014: 89) „von Formen der Planung und des Revidierens kaum zu trennen". Dem kommt die obige Beschreibung von Formulierungsprozessen als Aspekt *sprachlicher Planung* nahe. Interessant an Wrobels Modell (2003: 86) ist zusätzlich, dass er den von Hayes und Flower (1980) als bifunktional beschriebenen Formulierungsschritt aufteilt in die Komponente des „Formulator[s]", die für die grammatische Enkodierung relevant ist, und die Komponente der „Artikulation". Wenden wir uns nun erneut dem Begriff der *offline-Planung* zu: Es erscheint sinnfällig, dass darunter nicht allein die Planungsphase im engeren Sinn fallen kann, sondern auch Aspekte der sprachlichen Planung in der Formulierungsphase sowie Überarbeitungsprozesse. Dies entspräche einem *weiten* Begriff der offline-Planung.

Bis hierhin wurden nur Modelle der medial schriftlichen Sprachproduktion vorgestellt. Wrobel parallelisiert in Anlehnung an das Sprachproduktionsmodell von Levelt (1989) allerdings teilweise den Prozess der Produktion gesprochener und geschriebener Sprache (vgl. Wrobel 2003: 91). In der Tat lassen sich zwischen den Modellen schriftlicher und mündlicher Sprachproduktion deutliche Gemeinsamkeiten erkennen. Zunächst soll das Modell der Sprachproduktion von Levelt (1989) erläutert werden, der sich intensiv auch der Frage des Monitorings und der Selbstreparatur in gesprochener Sprache gewidmet hat (Levelt 1983) – also

Aspekten der *online-Planung*. Nach Rickheit et al. (2010: 41) ist das Modell von Levelt eines der autonomen und gleichzeitig inkrementellen Sprachproduktion: Die einzelnen Subkomponenten arbeiten autonom, können aber gleichzeitig parallel aktiviert sein. Levelts Modell umfasst einen „Conzeptualizer", einen „Formulator" sowie den „Articulator". Außerdem integriert er das „Speech Comprehension System", das in enger Verbindung mit dem „monitoring" steht (vgl. Levelts „blueprint for the speaker" 1989: 9). Der *Conzeptualizer* übernimmt die Funktion der Generierung der „Message", einer „begriffliche[n] Struktur" (Dietrich 2007: 141). Er dient also der inhaltlichen resp. konzeptuellen Planung. Levelt (1989: 11) unterscheidet innerhalb des Conzeptualizers zwischen „macroplanning" und „microplanning". Makroplanung betrifft für ihn die Zielsetzung und die Generierung von Teilzielen sowie die Zugänglichmachung von Informationen, die diesen Zielen zugeordnet werden können. Mikroplanung umfasst die Erstellung einer propositionalen Struktur sowie ihre Perspektivierung (z. B. Topik-Fokus-Gliederung) (vgl. Levelt 1989: 11). Ein wichtiger Bestandteil des Conzeptualizers ist auch der Monitor, der weiter unten beschrieben wird. Der *Formulator* ist zuständig für die grammatische sowie die phonologische Enkodierung; Ergebnis beider Prozeduren ist dann ein „phonetic plan". Diesen interpretiert Levelt als „internal speech" (vgl. Levelt 1989: 9).[93] An dieser Stelle ist die *sprachliche Planung* angesetzt. Der *Artikulator* hat alsdann die Aufgabe, den phonetischen Plan muskulär umzusetzen (vgl. Levelt 1989: 12). Eine besondere Rolle in Levelts Theorie spielt das „Speech Comprehension System" (Levelt 1989: 9): Seine zentrale Idee ist, dass ein Sprecher sein eigener Hörer ist (vgl. Levelt 1989: 11; vgl. auch schon Hörmann 1981: 122). Selbst-Monitoring bezieht sich deswegen bei Levelt zum einen auf die schon geäußerte Sprache des Sprechers („overt speech"), dieser hat aber zum anderen auch Zugang zu seiner „internal speech" (Levelt 1989: 13). Demgemäß nennt Levelt (1983: 46) seine Monitoringtheorie auch eine „perceptual theorie of monitoring". Das Monitoring kann dabei sowohl einen inhaltlichen als auch einen sprachlichen Fokus haben (vgl. Levelt 1983: 51–56). Levelt (1989: 14) arbeitet außerdem heraus, dass Sprecher ihre Messages überwachen können, bevor sie zum Formulator gesendet werden; deswegen ist die Monitoring-Komponente laut Levelt auch beim Conzeptualizer angesiedelt (vgl. Levelt 1989: 14). Insgesamt bezeichnet Levelt (2000: 112) den Monitoring-Prozess als einen *Kontrollprozess*. In Levelts Modell werden somit – ähnlich wie bei Hayes und Flower (1980) – Planungsprozesse von Kontrollprozessen unterschieden. Der Überarbeitungsprozess

---

93 Die „internal speech" nach Levelt (1989: 9) erinnert deutlich an das Konzept der „Prätexte" nach Wrobel (2003).

bei Hayes und Flower (1980) kann m. E. ebenso wie deren Monitor als Kontroll-prozess angesehen werden.

Das Modell der Sprachproduktion von Herrmann und Grabowski (1994) ist ein interaktives Modell (vgl. Rickkeit et al. 2010: 43), in dem der Sprachproduk-tionsprozess regelkreisförmig modelliert wird. Es wird zusätzlich in die Betrach-tungen dieses Kapitels einbezogen, weil die Autoren Überlegungen zum *Auto-matisierungsgrad* oder *Bewusstheitsgrad* der einzelnen Subkomponenten ihres Modells anstellen. Den Begriff der „Planung" nutzen sie nur mit Bezug auf die dem Bewusstsein zugänglichen Komponenten. Die Autoren unterscheiden drei Ebenen des Produktionsprozesses: die „Zentrale Kontrolle", die „Hilfssysteme" und den „Enkodiermechanismus" (Herrmann & Grabowski 1994: 323). Hier ist die inhaltliche resp. konzeptuelle Planung bei der *Zentralen Kontrolle* angesiedelt; also bei dem Subsystem ihres Sprachproduktionsmodells, „das mit dem größten Aufmerksamkeitsaufwand arbeitet" (Herrmann & Grabowski 1994: 285). Diese verfügt zum einen über einen *„Fokusspeicher"*, der „Ist- und Sollinformationen" enthält (vgl. Herrmann & Grabowski 1994: 286). Man kann laut Herrmann und Grabowski (1994: 340) den Fokusspeicher mit dem Arbeitsspeicher in Beziehung setzen, der „der Ort des ‚bewußten' und ‚absichtsvollen' Erkennens" ist und mit „kognitiven Planungen und Entscheidungsprozessen" (Herrmann & Grabowski 1994: 340) in Zusammenhang gebracht wird. Ein weiterer Bestandteil der Zen-tralen Kontrolle ist die „Zentrale Exekutive", die die jeweils spezifische Infor-mationskonstellation auswertet und eine „Sprachproduktionsoperation" startet (Herrmann & Grabowski 1992: 343). Sie selegiert Fokusinformationen und berei-tet sie auf. Oben hatten wir schon festgestellt, dass in Levels Modell (1989) der Monitor im Conceptualizer angesiedelt ist. Auch im Modell von Herrmann und Grabowski (1994) hat die Zentrale Exekutive neben der konzeptuellen Planung eine ausdrückliche Kontrollfunktion: Sie überwacht „generell die Planausfüh-rung und greift so auch korrigierend in die Tätigkeit der nachgeordneten Instan-zen ein, indem [sie] diese unterbricht, ändert oder auch neu startet" (Herrmann & Grabowski 1994: 286). Die sogenannten *Hilfssysteme* haben die Aufgabe, den von der Zentralen Exekutive erzeugten „Protoinput" so aufzubereiten, dass ein vom Enkodiermechanismus nutzbarer „Enkodierinput" (Herrmann & Grabowski 1994: 287) entsteht. Sie erfüllen beispielsweise die Funktion, Kohärenz herzustellen (vgl. Herrmann & Grabowski 1994: 373), Emphase zu generieren (vgl. Herrmann & Grabowski 1994: 377) oder Satzarten, Tempus und Modus zu markieren (vgl. Herr-mann & Grabowski 1994: 381). M. E. bewegen sie sich dabei zwischen konzeptuel-ler und sprachlicher Ebene. Die Hilfssysteme arbeiten im Gegensatz zur zentralen Exekutive automatisch (vgl. Herrmann & Grabowski 1994: 340). Die Aufgabe des *Enkodiermechanismus* sehen die Autoren darin, „zum Konzept das passende Wort oder die passenden Wörter zu generieren" (Herrmann & Grabowski 1994: 389), syntaktische Wortfolgen zu erzeugen (vgl. Herrmann & Grabowski 1994: 389) und letztlich für den Artikulator „Aussprachebefehle zu erzeugen" (Herrmann & Grabowski 1994: 389). Die Autoren sprechen den Hilfssystemen und dem Enkodiermechanismus die Möglichkeit der Planung ab (vgl. Herrmann & Grabowski 1994: 289, 340). Oben hatten wir indes noch die Tätigkeit des Formulators resp. des Formulierens als „sprachliche Planung" bezeichnet. Herrmann und Grabowski (1994: 289) schreiben: „Enkodiermechanismen sind – wenn man so sagen darf – unintelligent. Sie planen und entscheiden nicht. Sie folgen ihren festen Regeln [...]". Eine wirklich *bewusste* sprachliche Planung sei laut Herrmann und Grabowski (1994: 314–315) nur möglich, wenn die Zentrale Kontrolle eingeschaltet werde. Dann sei ein „‚verbalnahes' Nachdenken und Planen auf der obersten *Kontrollebene*" möglich. Dies sei vor allem der Fall „beim nicht-alltäglichen, rhetorischen Sprechen" (Herrmann & Grabowski 1994: 315) oder bei der Produktion besonders ‚komplexer' sprachlicher Strukturen:

> Es ist übrigens bis heute nicht entschieden, ob komplexe Satzschachtelungen überhaupt allein im Enkodiermechanismus erzeugt werden können oder ob hier die Zentrale Kontrolle sozusagen das Kommando an sich reißt und diese sprachlichen Konstruktionen unter Aufmerksamkeitsverbrauch [...] Schritt für Schritt verfeinert. (Herrmann & Grabowski 1994: 407)

Was wir schlussfolgern können, ist, dass also auch für sprachliche Merkmale bewusste Planungsprozesse möglich sind.

Kehren wir nun zu der Frage zurück, was unter dem *Online-Planungsmechanismus* verstanden werden kann. Bei der *offline*-Planung haben wir hergeleitet, dass unter diesen Begriff nicht allein die Planungsebene im engeren Sinne (konzeptuell-inhaltliche Planung), sondern auch Aspekte des Formulierens (sprachliche Planung) und des Überarbeitens (Kontrolle) subsumiert werden müssen. Denn das Besondere an der offline-Planung ist nicht allein die zeitfreie konzeptuelle und sprachliche Planung, sondern auch die Möglichkeit des Überarbeitens vor der Veröffentlichung des Produktes. Auch für die *online*-Planung reicht es nicht, allein die Prozesse, die im Levelt'schen Modell (1989) vom Conzeptualizer übernommen werden (konzeptuelle Planung), darunter zu fassen, sondern auch die sprachlichen Planungsprozesse im Formulator, die allerdings, wie Herrmanns und Grabowskis (1994) Ausführungen zu den Hilfssystemen und dem Enkodiermechanismus zeigen, oftmals wenig bewusst ablaufen. Außerdem sind für die online-Planung auch Monitoring-Prozesse (Kontroll-Prozesse) relevant, die in Levelts Modell vom Sprachrezeptionssystem und im Modell von Herrmann und Grabowski von der Zentralen Kontrolle übernommen werden und die ebenso inhaltlich-konzeptueller wie sprachlicher Art sein können. Sowohl Planungsprozesse im engeren Sinne als auch Kontrollprozesse laufen allerdings bei der online-

Planung „während des Äußerungsaktes selbst" (Koch & Oesterreicher 1986: 20) und daher zeitgebunden ab (vgl. Ágel & Hennig 2007: 197). Die sprachlichen Residuen/Indikatoren der online-Planung bleiben, gänzlich anders als bei einem Großteil der offline-Planungsprozesse, in der konkreten sprachlichen Äußerung durch den Rezipienten (und natürlich den Produzenten) wahrnehmbar (vgl. auch Auer 2000: 45) und damit für den Forschenden analysierbar.

Es stellt sich im Anschluss an die vorigen Ausführungen die Frage, an welchen sprachlichen Oberflächenmerkmalen der Sprecheräußerung online-Planungs- sowie Kontrollprozesse erkennbar sind. Diese sprachlichen Oberflächenmerkmale sollen als *online-Planungsindikatoren* bezeichnet werden. An dieser Stelle wird allein ein grober Überblick geboten; erst im Zuge der konkreten Operationalisierung werden die Kategorien dann gebildet und spezifiziert. Zunächst ist hier an das zu denken, was Levelt (2000: 112) „hesitations" nennt. Dabei kann unterschieden werden zwischen „stillen"/„ungefüllten" und „gefüllten" Pausen, also solchen Pausen, die beispielsweise die Gesprächspartikel „äh" enthalten (vgl. Hörmann 1981: 118; Field 2004: 203; ähnlich auch Bose 1994: 134). Die klassischen psycholinguistischen Experimente zu Sprechpausen von Goldman Eisler (1968) zeigten u. a., dass die Pausenlänge mit erhöhter Anzahl von Übungsdurchläufen (welche als Art der offline-Planung interpretierbar sind) abnahm. Daraus kann geschlussfolgert werden, dass Pausen als Indikatoren der *online*-Planung anzusehen sind. Dies zeigt auch Goldman Eislers Ergebnis (1968: 55), dass anspruchsvollere Aufgaben (Interpretationen von Bildergeschichten gegenüber deren Beschreibungen) eine erhöhte Pausenlänge nach sich ziehen.[94] Sie korreliert außerdem die Pausenlänge mit der Qualität der entstandenen Texte/Diskurse: „We have seen that more time meant economy of verbal expression, better style, greater elegance und conciseness" (Goldman Eisler 1968: 68). Schwierig zu interpretieren ist in Goldman Eislers Untersuchung hingegen der fehlende Zusammenhang zwischen erhöhter syntaktischer Komplexität (gemessen als „Subordination Index"; Goldman Eisler 1968: 70) und Pausenlänge; sie schließt sogar: „complexity of sentences and pausing are independent of each other" (Goldman Eisler 1968: 71; vgl. auch Butterworth 1980: 162). Hier ist jedoch das eingeschränkte „Komplexitätsmaß" Goldman Eislers zu beachten, das allein Subordinationen zur Komplexitätsbestimmung einbezieht.

---

94 Bose (1994), die „vorbereitete Vorträge aus Gruppengesprächen" und „unvorbereitete Sprecherbeiträge aus Zweiergesprächen" (Bose 1994: 142) untersucht, findet demgegenüber nur geringe Unterschiede in deren analysierter temporaler Struktur (vgl. Bose 1994: 142).

An dieser Stelle muss vor dem Fehlschluss gewarnt werden, Pausen seien in jedem Fall Ausdruck der Sprechplanung/-kontrolle. Butterworth (1980: 157–158) führt weitere Funktionen von Pausen an:
- den Hörer beim Verstehen der Äußerung unterstützen
- stilistische Aspekte
- situationale Ängste.

Die von Butterworth (1980) genannten stilistischen Aspekte stehen in der Nähe zur „[r]hetorischen Funktion[...] des stockenden Sprechens" nach Schwitalla (2012: 127). Schwitalla (2012: 75) betont ferner, dass gerade gefüllte Pausen auch „signalisieren, dass der Sprecher die Sprecherrolle ergreifen bzw. behalten will." Sie könnten außerdem zur Aufrechterhaltung/Herstellung der Aufmerksamkeit des Adressaten dienen (vgl. Schwitalla 2012: 76). Er arbeitet ferner heraus, dass gefüllte Pausen, die sich zwischen Äußerungseinheiten befinden, zur Strukturierung dienen können, dass aber gefüllte Pausen innerhalb von Äußerungseinheiten „Planungszeit für die zu sprechende Einheit [verschaffen]" (Schwitalla 2012: 90).

Levelt (1983) sieht auch *Selbstreparaturen/-korrekturen* als Indikator des Monitorings an (vgl. auch Schegloff et al. 1977). Diese sind laut Schwitalla (2012: 119–126) Anakoluthformen; speziell solche, die einen „Konstruktionswechsel" enthalten (Schwitalla 2012: 117). Es gibt aber auch Anakoluthformen, die einen „Konstruktionsabbruch" (Schwitalla 2012: 117) darstellen; nur diese werden von Hennig (2006: 200) als „Anakoluth" bezeichnet. Levelt (1989: 44) ordnet sogar gefüllte Pausen den Selbstreparaturen zu, wenn er sie als „covert repair" bezeichnet. Auch bei den Reparaturen und Anakoluthen muss beachtet werden, dass nicht immer Aspekte der Sprachplanung und -korrektur ausschlaggebend für die Entstehung solcher Formen sind, sondern dass sie auch spezifische kommunikative Funktionen erfüllen können (vgl. Schwitalla 2012: 122–123).

Ein hörerseitiger Aspekt sei bezüglich der Selbstreparaturen noch erwähnt, weil dieser auch für die Interpretation ihrer Nutzung auf Lehrerseite relevant sein kann: Laut Levelt (1983: 89) können Selbstreparaturen für die Rezeption problematisch sein, so dass sich für den Hörer das „continuation problem" stelle. Denn er müsse entscheiden:

> wether he should at all try to maintain, in part or in full OU's [OU = Original Utterance; K. K.-S.] interpretation, or whether he should rather interpret the repair as a fresh start, i. e. as a new utterance. (Levelt 1983: 89)

Immer wieder wurden in der Psycholinguistik auch *Versprecher* („Slips of the Tongue", Field 2004: 215) als Material für Analysen des Sprachproduktions- resp.

-planungsprozesses genutzt. Eine Systematisierung von Versprechern bietet z. B. Garrett (1980: 179) an. Es sei ebenfalls erwähnt, dass bestimmte Gesten oder intonatorische Aspekte laut Field (2004: 215) Planung anzeigen können.

Auer (2000: 44) führt außerdem an, dass aufgrund der Flüchtigkeit gesprochener Sprache „Präferenzen für sog. rechts- im Vergleich zu sog. linksverzweigenden Konstruktionen" vorherrschen. Im Zuge der online-Planung entsprechen rechtsverzweigende Konstruktionen dem zeitlichen Verlauf der Sprachproduktion (vgl. Auer 2000: 45). Typisch in diesem Bereich sind z. B. Merkmale der „[s]yntaktischen Fragmentierung" (Schwitalla 2012: 110), wie „Rechtsherausstellung[en]", „Nachträge" oder „Ausklammerungen" (vgl. Schwitalla 2012: 114–117). Diese können mit Ágel und Hennig den „aggregative[n] Strukturen am Satzrand" (2007: 190) zugeordnet werden, „die durch die Zeitgleichheit von Planung und Äußerung entstehen" (2007: 198) und auch unter dem Zeitparameter subsumiert werden (vgl. Ágel & Hennig 2007: 190–191). Unter dem Zeitparameter finden sich allerdings nicht allein rechtsverzweigende Strukturen, die Ágel und Hennig (2007: 195) „[a]ggregative Präzisierung" nennen, sondern auch linksverzweigende Strukturen, die sie „[a]ggregative Ankündigung" (Ágel & Hennig 2007: 196) nennen, wie beispielsweise „Linksherausstellung" oder „freies Thema" (vgl. Schwitalla 2012: 110–113). Hier zeigt sich eine deutliche terminologische Überschneidung dieser Merkmale zur schon herausgearbeiteten Operationalisierungsdimension „Integration", weil Ágel und Hennig (2007) sie der aggregativen Strukturierung zuordnen. In der Tat können beispielsweise Links- oder Rechtsherausstellungen als weniger integriert angesehen werden als ein „kanonischer Satz prototypischer geschriebener Sprache" (vgl. dazu Hennig 2006: 182); demzufolge könnten sie auch als nähesprachliches Merkmal in der Integrationsdimension angesehen werden. Aus Gründen der Trennschärfe sollen sie in dieser Untersuchung aber innerhalb der in diesem Kapitel zu gewinnenden Operationalisierungsdimension betrachtet werden.

Nachdem nun gezeigt wurde, an welchen sprachlichen Oberflächenmerkmalen online-Planung erkannt werden kann, muss ein diffiziler Punkt diskutiert werden. Er betrifft die Frage, ob die online-Planungsindikatoren als Anzeiger konzeptioneller Mündlichkeit oder konzeptioneller Schriftlichkeit angesehen werden können. Auf den ersten Blick erscheint die Antwort eindeutig: Online-Planungsindikatoren müssen an der sprachlichen Oberfläche als Merkmal konzeptioneller Mündlichkeit gelten; so sehen es, wie oben schon erläutert, auch Koch und Oesterreicher (1986: 20), aber auch Ágel und Hennig (2007: 189–193), die Merkmale der online-Planung der Sprache der Nähe zuordnen. Dahingegen wurde oben schon kurz darüber nachgedacht, ob nicht gerade durch online-Planungsprozesse Ressourcen geschaffen werden, um komplexere, integriertere und differenziertere Struktur- und Ausdrucksformen zu produzieren. Dies wäre eine kognitive Sicht, die somit online-Planungsindikatoren in gewissen Fällen der konzeptionellen Schriftlichkeit zuordnen müsste. Die herzuleitende Operationalisierungsdimension würde dann psycholinguistisch gewendet. Zur Klärung des Zusammenhangs der Häufigkeit von online-Planungsindikatoren und der Ausprägung in den drei bisher vorgestellten Operationalisierungsdimensionen konzeptioneller Schriftlichkeit wurde die Tabelle 16 zur Kreuzklassifikation entworfen. Dort ist „-" als „niedrig", „+" als „hoch" zu lesen.

Tabelle 16: Zusammenhang online-Planungsindikatoren und Merkmale konzeptioneller Schriftlichkeit

		online-Planungsindikatoren *Sprachhandlung*	
		+	–
Ausprägungen in den Dimensionen *Integration, Komplexität, Differenziertheit*	–	1 – *prototypische mediale Mündlichkeit* – Alltagskonversation – höchste konzeptionelle Mündlichkeit	2 – „Pilotsprache" – „konstruiert"/„bemüht"
Sprachwerk	+	3 – bei hohen sprachlichen (oder inhaltlichen) Anforderungen für den Sprechenden – hohe konzeptionelle Schriftlichkeit	4 – *prototypische mediale Schriftlichkeit* – „Sprechen wie gedruckt" – höchste konzeptionelle Schriftlichkeit

Beginnen wir zunächst mit den prototypischen Fällen, den Feldern 1 und 4. Eine hohe Häufigkeit von online-Planungsindikatoren und niedrige Ausprägungen in den drei Operationalisierungsdimensionen konzeptioneller Schriftlichkeit ist typisch für Alltagskonversation; solche Diskurse sind augenfällig als konzeptionell mündlich zu bezeichnen. Eine niedrige Häufigkeit von online-Planungsindikatoren und hohe Ausprägungen in den Operationalisierungsdimensionen konzeptioneller Schriftlichkeit zeichnen prototypische mediale Schriftlichkeit aus; im medial mündlichen Bereich ist hier an Ablesesituationen zu denken, die man als „Sprechen wie gedruckt" bezeichnen könnte. Feld 2 ist etwas schwieriger fassbar: Eine geringe Häufigkeit von online-Planungsindikatoren und ebenso niedrige Integrations-, Komplexitäts- und Differenziertheitswerte beschreiben Diskurse/ Texte, die man vielleicht eher als „konstruiert" oder „bemüht" bezeichnen würde. Diese können beispielsweise in der Interaktion mit Grundschulkindern auftreten, bei der man den sich entwickelnden (distanzsprachlichen) Rezeptionskompetenzen zum einen dadurch entgegenkommt, dass wenige konzeptionell schriftliche Formulierungen genutzt werden,[95] zum anderen dadurch, dass außerdem „Formulierungsbrüche" (im Sinne von online-Planungsindikatoren) vermieden werden, die ggf. gerade bei jüngeren Schülern das „continuation problem" nach Levelt (1983: 89) erhöhen würden. In vorliegender Untersuchung sind solcherart geprägte Diskurse also in der Grundschul-Interaktion durchaus erwartbar. Feld 3 beschreibt den Fall, in dem eine erhöhte Anzahl von online-Planungsindikatoren möglicherweise auf Planungsaktivitäten für besonders konzeptionell schriftliche Struktur- und Ausdrucksformen hindeutet. Nicht auszuschließen ist aber in diesem Fall, dass die Planungsressourcen aufgrund hoher *inhaltlicher* Anforderungen aktiviert werden.

In toto nimmt von Feld 1 über die intermediären Felder 2 und 3 bis zu Feld 4 die Ausprägung konzeptioneller Schriftlichkeit immer stärker zu. Für die Felder 2 und 4 ist anzunehmen, dass in diesen Fällen das Vermeiden von online-Planungsindikatoren, v. a., wenn mediale Mündlichkeit gewählt wird, eine hohe *literate Kontrolle* auf Monitorebene voraussetzt. Es ließe sich interpretieren, dass hier online-Planungsindikatoren beinahe ‚unterdrückt' werden. Insbesondere Feld 4 könnte schließlich typisches Resultat von offline-Planungsprozessen sein. Es ist davon auszugehen, dass zwischen den Feldern 3 und 4 ein ‚Kompetenzkontinuum' besteht: In freier Rede würden hohe Ausprägungen in den drei Operationalisierungsdimensionen konzeptioneller Schriftlichkeit einhergehend mit einer erhöhten Anzahl an online-Planungsindikatoren einen distanzsprachlich kompetenten Sprechenden auszeichnen. Die Vermeidung von online-Planungsindikatoren bei gleichermaßen hohen Komplexitäts-, Integrations- und Differenziertheitswerten würde demgegenüber einen distanzsprachlich *sehr kompetenten* Sprechenden erkennen lassen.

Zu beachten ist noch, dass in der bisherigen Diskussion alle online-Planungsindikatoren ‚über einen Kamm geschoren' wurden. In Feld 2 ist etwa eine Differenzierung in dem Sinn denkbar, dass zwar Reparaturen, Anakoluthe, Links- und Rechtsherausstellungen sowie gefüllte Pausen vermieden werden, dass aber sehr

---

95 Dass bestimmte komplexe/integrierte Strukturen das Verstehen behindern können, schlussfolgern Martin und Roberts (1966) aus ihrer Studie, die den Zusammenhang zwischen der „structural complexity of sentences" (Martin & Roberts 1966: 211) (gemessen als strukturelle Eingebettetheit) und dem Erinnern an diese Sätze durch Versuchspersonen untersucht. Sie interpretieren die Ergebnisse ihrer Studie dahingehend, dass erhöhte strukturelle Satzkomplexität nicht nur das Erinnern an diese Sätze verschlechtere, sondern auch das *Verstehen* der Sätze behindern könne (vgl. Martin & Roberts 1966: 217).

wohl die Länge und Anzahl stiller Pausen aufgrund der Vermeidungsplanung erhöht sein könnte.

Bei der Ableitung unserer vierten und letzten Operationalisierungsdimension *Planung* ist zu beachten, dass gerade in der in vorliegender Untersuchung fokussierten medialen Mündlichkeit im Unterrichtsdiskurs Mechanismen der offline-Planung äußerst schwer fassbar sind. Offline-Planung in dieser Studie als Bestimmungsmerkmal konzeptioneller Schriftlichkeit für die Operationalisierungsdimension *Planung* zu nutzen, ist also nicht praktikabel. Es bleibt allein, die auf der sprachlichen Oberfläche feststellbaren online-Planungsindikatoren in den Blick zu nehmen, die zunächst – wie anhand von Tabelle 16 diskutiert – intuitiv (und oberflächlich) der prototypischen konzeptionellen Mündlichkeit zugeordnet werden können. Summa summarum resultierte eine Operationalisierungsdimension, die konzeptionelle Schriftlichkeit durch ermittelte Zahlenwerte zunächst invers anzeigte: Wenn mehr online-Planungsindikatoren auftreten, wäre ein Text/Diskurs als weniger konzeptionell schriftlich einzuschätzen. Nichtsdestotrotz bleibt die v. a. in Feld 3 festgestellte Ambivalenz erhalten: Auf kognitiver (also verborgener) Ebene kann eine erhöhte Anzahl von online-Planungsindikatoren, die mit erhöhter konzeptioneller Schriftlichkeit in den anderen Operationalisierungsdimensionen einhergeht, durchaus als Kennzeichen konzeptioneller Schriftlichkeit angesehen werden. Denn *psycholinguistisch gewendet* könnten online-Planungsindikatoren eine *Ermöglichungsfunktion* für die Produktion stärker konzeptionell schriftlicher Struktur- und Ausdrucksformen aufweisen. Es folgt, dass gerade die in dieser Dimension ermittelten Werte notwendig mit den in den anderen Dimensionen ermittelten Werten in Zusammenhang gesetzt werden müssen.

Operationalisierungsdimension 4: *Planung* wird hier gemessen auf der Basis von *online-Planungsindikatoren im weiten Sinne*. Sie ist die einzige Dimension, in der konzeptionelle Schriftlichkeit im *prototypischen* Fall durch ermittelte Zahlenwerte *invers* angezeigt würde. Die Analysen in dieser Dimension müssen jedoch immer im Zusammenhang gesehen werden mit den Auswertungen in den anderen drei Operationalisierungsdimensionen *Komplexität*, *Integration* und *Differenziertheit*. Denn bei erhöhten Werten in diesen Dimensionen und gleichzeitiger Erhöhung der Werte in der Planungsdimension können Planungsindikatoren auch Anzeiger konzeptioneller Schriftlichkeit sein, denen eine *Ermöglichungsfunktion* für erhöhte konzeptionelle Schriftlichkeit zugeschrieben werden kann.

Beispiele für Analysekategorien in der Planungsdimension wären u. a. die Anzahl der Reparaturen, der Abbrüche (Anakoluthe), die durchschnittliche Pausenlänge oder auch die Anzahl der mit „ähm" gefüllten Pausen.

3.3 Fazit

In diesem Kapitel wurde die Modellierung von Mündlichkeit und Schriftlichkeit nach Koch und Oesterreicher (z. B. 1986) einer intensiven Reanalyse unterzogen, sowohl in der medialen als auch in der konzeptionellen Dimension. In letzterer Dimension erfolgte die Reanalyse aufseiten der Kommunikationsbedingungen (als Kommunikationsbedingungen im engeren und weiteren Sinne) und aufseiten der Versprachlichungsstrategien. Die für vorliegende Studie, in der Lehrer- und Schülersprache mit Hilfe des Konstrukts *konzeptioneller Schriftlichkeit* beschrieben werden soll, bedeutsamste Kernkritik am Modell von Koch und Oesterreicher besteht in der mangelnden Operationalisierung konzeptioneller Schriftlichkeit/ Mündlichkeit (vgl. z. B. Ágel & Hennig 2007: 183). Es wurde zu diesem Zweck eine von Redundanzen bereinigte Version der ‚Versprachlichungsstrategien‘ konzeptioneller Schriftlichkeit vorgeschlagen, deren einzelne Parameter in dieser Studie als *Operationalisierungsdimensionen konzeptioneller Schriftlichkeit* genutzt werden sollen. Innerhalb dieser Operationalisierungsdimensionen sollen wiederum Kategorien zur Analyse konzeptioneller Schriftlichkeit auf unterschiedlichen sprachlichen Analyseebenen (von der Morphologie bis zum Text/Diskurs) gewonnen werden. Es resultiert also ein zweidimensionales Operationalisierungssystem (*Operationalisierungsdimensionen – Analysekategorien*) für die vorliegende Studie.

Ergebnis dieses Kapitels sind insbesondere die Definitionen der vier Operationalisierungsdimensionen. Während in der ersten OpD *Integration* hierarchische und dependente Strukturen betrachtet werden, geht es in der zweiten OpD *Komplexität* um die Addition von Strukturen. In der dritten OpD *Differenziertheit* werden Phänomene des Unterschieds bzw. der Substitution (vgl. auch Pohl 2017: 253) in den Blick genommen und in der vierten OpD *Planung* steht der Einsatz von *online*-Planungsindikatoren im Fokus des Interesses.

In den empirischen Kapiteln dieser Arbeit muss es darum gehen, innerhalb dieser vier Operationalisierungsdimensionen Analysekategorien zu bilden und diese Analysekategorien hinsichtlich ihrer Anwendbarkeit zum Studium der Unterrichtssprache und hinsichtlich ihrer Veränderung über die Jahrgangsstufen zu prüfen.

4 Die Sprache der Lehrerinnen und Lehrer

Bis hierhin wurden Argumente herausgearbeitet, die dafür sprechen, dass in schulischer Unterrichtskommunikation von den Schüler/-innen konzeptionelle Schriftlichkeit gefordert wird. Dies wurde zum einen anhand der mit den Kommunikationsbedingungen konzeptioneller Schriftlichkeit zusammenzubringenden institutionellen Rahmenbedingungen der Schule, zum anderen aber auch anhand der in den unterschiedlichen Konzeptionen der Unterrichtssprache ähnlich aufscheinenden ‚Versprachlichungsstrategien‘ konzeptioneller Schriftlichkeit deutlich.

Wenn man nun eine „Erziehung zur Schriftlichkeit" (Günther 1993) resp. eine Förderung der konzeptionellen Schriftlichkeit in der Institution Schule annimmt, kommen die Lehrpersonen als „Agenten" (Ehlich 2009: 332) dieser Institution in den Blick – als die ‚Verursacher‘ oder ‚Urheber‘ dieser Förderung konzeptioneller Schriftlichkeit. In diesem Sinne sind zwei Perspektiven auf das Handeln der Lehrpersonen zu unterscheiden: Eine Variante ist es, das *didaktisch-methodische Handeln*, d. h. das „systematische[.] Vorgehen" (Glinz 2006: 17) der Lehrer/-innen zu fokussieren und zu untersuchen, inwiefern es darauf gerichtet ist, konzeptionelle Schriftlichkeit bei den Schüler/-innen zu fördern. In vorliegender Studie wird aber eine zweite Variante verfolgt: Der *eigene Sprachgebrauch der Lehrpersonen*, ihr eigenes sprachliches Handeln, gelangt in den Fokus des Interesses. Denn gerade mit Bezug auf die bildungssprachlichen/fachsprachlichen Fähigkeiten, die konzeptionell schriftlich geprägt sind (vgl. Kap. 2), wird oft kritisiert, dass im (Fach-)Unterricht gar keine *explizite* Förderung stattfindet. Schmölzer-Eibinger et al. (2013) arbeiten beispielsweise heraus:

> Die sprachlichen Anforderungen sind im Fachunterricht oft nicht explizit und für die SchülerInnen nicht ausreichend transparent; dies gilt ebenso für zahlreiche Schulbücher und Lehrpläne. (Schmölzer-Eibinger et al. 2013: 38)

D. h. die geforderte konzeptionelle Schriftlichkeit erweist sich im (Fach-)Unterricht oftmals weniger als *expliziter* denn als *impliziter* Lern-/Erwerbsgegenstand (vgl. Gogolin & Lange 2011: 111; Schleppegrell 2001: 434; Schmölzer-Eibinger 2013: 31–32). Christie (1985: 37) bezeichnet den Erwerb der schulisch geforderten Sprache als „Hidden Curriculum of Schooling". Auch Morek und Heller (2012: 78) und Vollmer und Thürmann (2010: 109) sprechen diesbezüglich von einem „heimlichen Lehrplan" resp. „geheime[n] Curriculum". Dieser heimliche Lehrplan manifestiert sich in den Unterrichtsbeiträgen der Agenten der Institution Schule, also der Lehrer/-innen, und in den medial schriftlichen, für die Institution Schule zum Zwecke des „akzelerierten Wissenserwerbs" (Ehlich & Rehbein 1986: 13) her-

https://doi.org/10.1515/9783110569001-004

gestellten, Unterrichtsmaterialien und Schulbüchern. Zieht man das „Vier-Felder-Schema des Unterrichtsdiskurses" nach Pohl (2016: 58) heran, das nach der Medialität (medial mündlich vs. medial schriftlich) sowie nach der Modalität (rezeptiv vs. produktiv) kreuzklassifiziert ist, dann spiegelt sich der heimliche Lehrplan der Schule vor allem in den *rezeptiven Input-Größen* des Unterrichtsdiskurses: also in der medial-schriftlichen „Sprache in Lehrwerken und Unterrichtsmaterialien" und in der medial-mündlichen „von Lehrenden in der Unterrichtssituation an die Lernenden gerichtete[n] Sprache" (Pohl 2016: 58; vgl. Tabelle 17).

Tabelle 17: Das Vier-Felder-Schema des Unterrichtsdiskurses aus Pohl (2016: 58)

	Input lernerseitig rezeptiv	Outcome lernerseitig produktiv
medial-**mündlich**	von Lehrenden in der Unterrichts-situation an die Lernenden gerichtete Sprache	mündliche Unterrichtsbeiträge der Lernenden
medial-**schriftlich**	Sprache in Lehrwerken und Unterrichtsmaterialien	von Lernenden mit Bezug auf den Unterricht verfasste Texte

Neuland et al. (2009: 398) nutzen bezogen auf das sprachliche Lehrerhandeln, also den medial mündlichen Input, den Begriff des „Vorbilds": Lehrpersonen agieren als „Beamte des Staates mit einer nicht zu unterschätzenden Vorbildfunktion, die sich auch in mündlicher Kommunikation widerspiegelt" (Neuland et al. 2009: 398). Auch Behrens und Eriksson (2009: 50) nutzen den „Vorbild"-Begriff: „Lehrpersonen sind auch für den mündlichen Sprachbereich ein wichtiges Vorbild für die Schülerinnen und Schüler" (vgl. ähnlich auch Eriksson 2009: 152). Wieler (1989) demonstriert exemplarisch anhand eines „Gesprächsprotokolls einer 10. Klasse" (Wieler 1989: 36) aus dem Literaturunterricht, wie die Lehrperson „in der terminologisch anspruchsvollen Reformulierung von Schülerbeiträgen [...] eine Vorbildfunktion" (Wieler 1989: 82) ausübt. Abraham (2008: 38) argumentiert sogar, „dass nur solche Lehrenden einen förderlichen Einfluss auf Sprachfähigkeiten ausüben werden, die selbst sprachlich-kommunikative Vorbilder sind und die ihren eigenen Erwerbsprozess *reflektiert* haben [...]". Und Ulich (1991: 387) beschreibt den Status der Lehrersprache als Orientierungsgröße für das sprachliche Handeln der Schüler/-innen: „Für alle schriftlichen und mündlichen Schüleräußerungen wird die Lehrersprache zum kommunikativen Bezugs- und Regelsystem."

Der von Pohl (2016: 58) genutzte „Input"-Begriff ist als stärker erwerbsbezogen anzusehen als der von den eben genannten Autoren verwendete „Vorbild"-Begriff. In seiner Aufstellung der „Wirk-/Einflussfaktor[en]" (Pohl 2007b: 90) des Spracherwerbs ist dieser vor allem dem Feld der „Rezeption", aber auch dem der „Kommunikation" zuzuordnen (vgl. Tabelle 18).

Tabelle 18: Wirk- und Einflussfaktoren des Spracherwerbs nach Pohl (2007b: 90)

Wirk-/Einflussfaktor	Entwicklungsprinzip	Entwicklungsweg
Instruktion	Reaktion	Lehrgang (Dekomponierung)
Rezeption	Imitation	Sozialisation (graduelle Annäherung)
Kommunikation	Kooperation	trial and error (?)
Produktion	Konstruktion	Aneignung (integrative Stufenfolge)

Pohl (2007b: 90) unterscheidet vier „Wirk- und Einflussfaktor[en]" des Spracherwerbs: „Instruktion", „Kommunikation", „Rezeption" und „Produktion". Diesen ordnet er zum einen „Entwicklungsprinzip[ien]" und zum anderen „Entwicklungsweg[e]" auf Lernerseite zu. Bei der „Instruktion" werden den Lernenden in einem „Lehrgang" Aspekte des Lehr-/Erwerbsgegenstands in systematischer Weise nahegebracht und explizit thematisiert. Ein Mentor dekomponiert den Lerngegenstand und orientiert sich dabei an „didaktischen Prinzipien" (Pohl 2007b: 91), während der Lernende nach Pohl (2007b: 91) in einem solchen Lehrgang auf die didaktischen Arrangements reagiert. Ohlhus und Stude (2009: 475) geben mit Bezug auf den unterrichtlichen Erzählerwerb das Instruktions-Beispiel der „von der Lehrperson bereitgestellte[n] metasprachliche[n] Hilfestellungen zum Aufbau und zur Form von Erzählungen." Für das wissenschaftliche Schreiben nennt Pohl (2007b: 89) die „tutorielle Einführung in Bibliographier- und Zitierkonventionen". Mit Bezug auf die oben angestellten Überlegungen zur Sprache als geheimem Curriculum des (Fach-)Unterrichts kann angenommen werden, dass im Unterricht wenige Situationen festzustellen sind, in denen der Wirk- und Einflussfaktor der Instruktion mit Bezug auf Anforderungen der Unterrichtssprache wirksam wird. Der Wirk- und Einflussfaktor der „Rezeption" (Pohl 2007b: 90) jedoch wirkt, wie oben beschrieben, durch die Lehrersprache und durch die Sprache der Schulbücher und Arbeitsmaterialien. Pohl (2007b: 92) erläutert ihn als einen Erwerbsprozess, der aufseiten der Lernenden vor allem imitierend erfolgt und in dem sich die Lernenden graduell resp. kontinuierlich dem Entwicklungsziel annähern. Hierfür nutzt Pohl (2007b: 92) den Begriff der *„Sozialisation"*, die von ihm „als ein schrittweiser Anpassungsvorgang an die von der betreffenden Sprach- resp. Diskursgemeinschaft präferierten Ausdrucks- und Strukturmittel" verstanden wird. Aufgrund des imitierenden Zugangs zum Lern-gegenstand wird dieser Entwicklungsweg als „dominant *ausdrucksseitig* orien-tiert" (Pohl 2007b: 92) konzeptualisiert. Ohlhus und Stude (2009: 475) sprechen mit Bezug auf diesen Wirk- und Einflussfaktor von „Modelle[n]", so dass hier deutliche Anklänge zu Banduras (1976) *Lernen am Modell* zu finden sind und auch Anknüpfungen an die Bezeichnung der Lehrpersonen als „Sprachvorbild". Die Lehrpersonen würden hier als externe sprachliche „Erwerbsressource" (Ohlhus & Stude 2009: 481) wirken. Den Wirk- und Einflussfaktor der Kommunikation bezeichnet Pohl (2007b: 91) als einen *„rückmeldungsbasierte[n]* Wirkfaktor[..]"*. Ohlhus und Stude (2009: 475) nennen ihn „Interaktion". In der Interaktion oder „Kommunikation" (Pohl 2007b: 90) mit den Lehrpersonen erhalten die Schü-ler/-innen im Unterrichtsdiskurs Rückmeldungen über die unterrichtssprachliche Angemessenheit ihrer Äußerungen. Dies kann explizit, öfter aber implizit, z. B. durch reformulierende Bezugnahme auf die Schüleräußerungen geschehen. Auch „gezielte Rückfragen" stellen solche „interaktiv hergestellte[n] Stützstruktur[en]" dar (Pohl 2014: 110; vgl. ähnlich auch Ohlhus & Stude 2009: 475). Die Annäherung an das Erwerbsziel kann hierbei laut Pohl (2007b: 91) auf dem Entwicklungsweg des *„trial and error*[.]"-learnings erfolgen. Im Gegensatz zum von Pohl (2007b) beschriebenen wissenschaftlichen Schreiben, bei dem ein solches kommunikati-ves Feedback den Lernenden eher selten gegeben wird (vgl. Pohl 2007b: 91), kann man annehmen, dass die Schüler/-innen im Unterrichtsdiskurs in der Interaktion mit den Lehrpersonen häufiger mit einem solchen Feedback konfrontiert werden. Pohl (2007b: 91) bezweifelt jedoch, ob in dialogischer Kommunikation ein feed-backbasiertes Versuchs- und Irrtums-Lernen möglich ist. Denn durch das vom Kooperationsprinzip (vgl. Grice 2000 [1975]: 168) bedingte ständige Fortschrei-ten „des kommunikativen Geschäfts" würden „vermeintliche Errors umstandslos in kommunikativen Erfolg transformiert". Oben (Abschn. 2.1) wurden allerdings schon die institutionellen Rahmenbedingungen der Schule beschrieben, die einer uneingeschränkten Dialogizität entgegenstehen.

Der letzte Wirk- und Einflussfaktor des Spracherwerbs, der von Pohl (2007b: 90) aufgeführt wird, ist der der eigenständigen „Produktion" durch die Lernenden. In Anlehnung an Ohlhus und Stude (2009: 480–481) kann man diesbezüglich von einer internen „Erwerbsressource" sprechen, während „Interaktion", „Modelle" und „Instruktion" als externe „Erwerbsressource[n]" betrachtet werden können. Pohl (2007b: 92) bezieht sich bei seiner Bestimmung des darauf bezogenen Ent-wicklungswegs der „Aneignung" auf die Definition Feilkes:

Aneignung meint einen auf die Gegenständlichkeit der Sprache bezogenen und durch ihre Strukturen sowie die strukturbezogenen Erwartungen der Sprachgemeinschaft orientierten Konstruktionsprozess. Die Schritte der Aneignung sind in ihrer Abfolge und Logik nicht durch die Individualität des jeweiligen Kindes oder Lerners determiniert. Sie sind vielmehr wesentlich geprägt durch die strukturelle Genese des anzueignenden Bereichs selbst und insofern zumindest nicht subjektiv relativierbar. (Feilke 2001: 14)

Aneignung ist bestimmt durch die interne Strukturiertheit des Erwerbsgegenstands, die zu eigenständigen Konstruktionsprozessen der Lernenden führt. Feilke (2001: 15) fasst Aneignung als den „Prozess einer fortgesetzten Reanalyse des eigenen Sprachverhaltens und der eigenen Sprech- und Schreiberzeugnisse." Pohl (2007b: 93) zufolge gestaltet sich der Entwicklungsweg der Aneignung als „integrative[.], nicht variierbare[.] Stufenfolge", bei der sich die Integrativität dadurch bestimmt, dass die Lösung von „Detailproblem[en]" in vorherigen Erwerbsphasen Voraussetzung für die Meisterung von „Detailproblem[en]" in darauf folgenden Erwerbsphasen ist. Auch wenn wir oben mit Bezug auf die Aneignung von einer internen Erwerbsressource gesprochen haben, betont Feilke (2001: 15), dass die Lehrpersonen das Fortschreiten der Aneignung nicht „determinieren", wohl aber „interaktiv motivieren" können. Mit Bezug auf die obigen Ausführungen zum heimlichen Lehrplan der Unterrichtssprache kann einerseits vermutet werden, dass bestimmten Schüler/-innen eine Aneignung der Unterrichtssprache durch geringe Transparenz und Explizitheit erschwert wird, andererseits kann angenommen werden, dass einige Schüler/-innen die unterrichtssprachlichen Normen im Aneignungsprozess selbstständig, ohne deutliche Explizierung (re-)konstruieren können.

Für die Untersuchung des eigenen sprachlichen Handelns der Lehrpersonen spricht also zum einen, dass explizite, didaktisch geplante, Instruktionen oder Lehrgänge zur Unterrichtssprache mit geringer Häufigkeit vorkommen und sie demzufolge bei einer Untersuchung der unterrichtlichen Förderung der konzeptionellen Schriftlichkeit kaum herangezogen werden können. Für eine Fokussierung der Lehrersprache spricht zum anderen die Feststellung, dass die Unterrichtssprache in einem heimlichen Lehrplan transportiert wird und dieser sich vorwiegend in der an die Schüler/-innen gerichteten Sprache der Lehrpersonen manifestiert. Bei der Analyse der Lehrersprache sind also vor allem die Wirk- und Einflussfaktoren des Spracherwerbs der „Rezeption" und „Kommunikation" (Pohl 2007b: 90) zu beachten.

In den folgenden Abschnitten wird der Forschungsstand zur Lehrersprache im Unterricht aufgearbeitet. Mit dem Redeanteil der Lehrperson wird eine globale Variable der Unterrichtsinteraktion in den Blick genommen (vgl. Abschn. 4.1), anschließend werden Studien zur Quantität und Qualität von Lehrerfragen vorgestellt (vgl. Abschn. 4.2) und abschließend Studien zur dreischrittigen interaktionalen Sequenz des Unterrichts gesichtet (vgl. Abschn. 4.3).[1] Diese Analysen werden in einem Fazit zusammenfassend betrachtet und hinsichtlich der Frage untersucht, ob die Ergebnisse für eine Spracherwerbsförderlichkeit der im Unterricht zu beobachtenden Lehrersprache sprechen (vgl. Abschn. 4.5). Ein besonderer Aspekt, nämlich der dritte, evaluierende Schritt der dreischrittigen interaktionalen Sequenz des Unterrichts, wird in diesem Kapitel abschließend gesondert betrachtet (vgl. Abschn. 4.4), da in seiner Erforschung ein Ansatz gesehen werden kann, durch den spracherwersförderliche Aspekte der Lehrersprache deutlicher herauspräpariert werden können.

Eines sei vorweg genommen: Durch die betrachteten Studien wird zunächst ein eher negatives Bild der Lehrersprache gezeichnet und eine defizitbezogene Perspektive auf Lehrersprache befördert, durch die der Blick auf mögliche spracherwerbsförderliche Potentiale der Lehrersprache vielleicht sogar verstellt wird. Deswegen wird in Kapitel 5 durch Einbeziehung der input- und interaktionsfokussierten Forschung zum Erst- und Zweitspracherwerb und durch ihre Entlehnung zur Erforschung der Lehrersprache der Blick auf diese spracherwerbsförderlichen Potentiale geweitet.

4.1 Redeanteile von Lehrpersonen

Ein Forschungsgegenstand, der schon früh durch die pädagogische Unterrichtsforschung in den Blick genommen wurde, ist der Redeanteil von Lehrpersonen. Die Ergebnisse der frühen pädagogischen Unterrichtsforschung werden zu Beginn referiert, danach folgen Ergebnisse der linguistischen Unterrichtsinteraktionsforschung sowie Ergebnisse von (internationalen) Vergleichsstudien des Unterrichts, die alle gleichermaßen von einem hohen Redeanteil der Lehrpersonen im Unterricht berichten, gleichwohl sie diesen Redeanteil unterschiedlich messen. Abschließend werden zwei Modellversuche vorgestellt, in denen der Redeanteil der Lehrpersonen reduziert werden konnte.

Tausch (1962) untersucht in seiner klassischen Untersuchung zur „Sprachkommunikation des Unterrichts" zehn Unterrichtsstunden von acht Lehrern und zwei Lehrerinnen in dritten und vierten Volksschulklassen (vgl. Tausch 1962: 475–

---

1 Ein ergänzendes Kapitel zur lehrerseitigen *wait-time* (Pausenzeiten zwischen Lehrer- und Schüleräußerungen) findet sich auf folgender Internetseite: http://www.schuelergerichtetesprache.de. In Studien konnte gezeigt werden, dass eine Erhöhung der *wait-time* einen positiven Einfluss auf schülerseitige Diskursvariablen haben kann.

476) aus erziehungspsychologischer Perspektive. Schon er betrachtet in diesen Unterrichtsstunden das „Verhältnis der Anzahl der Lehrerworte zur Anzahl der Kinderworte" (Tausch 1962: 484). Über alle Unterrichtstunden berechnet ergibt sich „ein durchschnittliches Verhältnis von 59,5 % Worte des Lehrers zu 40,5 % Worte aller Kinder [...]" (Tausch 1962: 485). Er berechnet außerdem einen „signifikant[..] entgegengesetzte[n] Zusammenhang" (Tausch 1962: 484) zwischen den gesprochenen Worten der Lehrpersonen und denen der Schüler/-innen. D. h. also, je weniger die Lehrpersonen reden, desto mehr tragen die Schüler/-innen zum Unterrichtsdiskurs bei. Es zeigt sich ferner ein hoch signifikanter negativer Zusammenhang zwischen der Anzahl der Worte der Lehrpersonen und den von den Schüler/-innen geäußerten vollständigen Sätzen (vgl. Tausch 1962: 493); komplementär dazu ergibt sich ein signifikanter positiver Zusammenhang zwischen der Anzahl der Worte der Lehrperson und den von den Schüler/-innen geäußerten Einwortsätzen (vgl. Tausch 1962: 494). Ein interessantes, wenn auch erwartbares Ergebnis seiner Untersuchung ist außerdem, dass die in einer Nebenuntersuchung befragten 36 Lehrpersonen des dritten und vierten Schuljahres ihren Redeanteil in Worten in einer Unterrichtsstunde deutlich unterschätzen: Sie schätzen, dass sie durchschnittlich 258 Worte sprachen, während die Kinder 386 Worte sprachen. Objektiv sprachen sie aber selbst 3123 Worte, während die Schüler/-innen zusammen 2179 Worte sprachen. Insbesondere das Verhältnis zwischen Lehrer- und Schülerworten verkehrt sich ins Gegenteil: Es beträgt geschätzt 1:1,5, objektiv aber 1:0,7 (vgl. Tausch 1962: 487).

Weber (1972: 55) vergleicht Deutsch-Lehrpersonen in 7., 8. und 9. Klassen „mit langer Berufspraxis [...], die *20 und mehr Dienstjahre* [...] aufweisen" (N = 34) und „Lehrer mit geringer Berufspraxis" mit nicht mehr als fünf Dienstjahren (N = 38) hinsichtlich ihres „[v]erbalen Verhalten[s] im Schulunterricht". Er arbeitet heraus, dass die erfahrenen Lehrpersonen mit 55 % einen höheren Redeanteil (im Verhältnis zur Gesamtzahl der gesprochenen Worte im Unterricht) haben als die jüngeren Lehrer/-innen mit nur 45 % (vgl. Weber 1972: 88). Man muss indes bezweifeln, ob allein die unabhängige Variable der Berufspraxis hier einen Einfluss auf den Redeanteil der Lehrpersonen hat, oder ob Weber nicht auch, wie er selbst konstatiert, zwei gänzlich unterschiedliche „*Lehrergenerationen*'" (Weber 1972: 59) in seine Untersuchung einbezieht.

In ihrer an der Sprachspieltheorie Wittgensteins orientierten Untersuchung zur *Sprache im Klassenzimmer* zeigen Bellack et al. (1966: 84) ebenfalls eine Dominanz der Lehreräußerungen im Unterricht auf. Sie arbeiten allerdings als Vergleichsgröße zum einen mit der Zahl der gesprochenen Zeilen in ihrem Transkriptionssystem, zum anderen mit der Zahl der sogenannten „moves" („Spielzüge", vgl. Bellack et al. 1974: 91): Auf alle drei von den Lehrpersonen gesprochene Zeilen des Transkripts von Bellack et al. folgt nur eine Zeile der Schüler/-innen, auf drei lehrerseitige Spielzüge folgen nur zwei der Schüler/-innen (vgl. Bellack et al. 1966: 84). Richert (2005: 126) stellt in ihrer aktuelleren, auf dem Bellackschen Analysesystem basierenden Untersuchung ebenfalls die Dominanz der Lehrerspielzüge mit durchschnittlich 53,67 % aller im Unterricht auftretenden Spielzüge dar. Auf Wortebene liegt der lehrerseitige Redeanteil bei 56,76 % (vgl. Richert 2005: 122). Sie zeigt jedoch eine Spannweite von minimal 18,16 % bis zu maximal 83,73 % auf (vgl. Richert 2005: 123). Zudem arbeitet Richert (2005: 126) heraus, dass vor allem im nicht naturwissenschaftlichen Unterricht ihres Korpus sowie in den Biologieunterrichtsstunden der prozentuale Anteil der Lehrerspielzüge größer ist als der der schülerseitigen Spielzüge, während im untersuchten Mathematikunterricht „die Schülermoves zum Teil die Lehrermoves [überwiegen]" (Richert 2005: 126).[2]

Weitere aktuelle Befunde zu Redeanteilen von Lehrpersonen stammen vorwiegend aus den großen Videostudien des Unterrichts in den Naturwissenschaften, wie beispielsweise aus den TIMSS-Videostudien von 1995 und 1999 für den mathematischen und naturwissenschaftlichen Unterricht, der IPN-Videostudie für den Physikunterricht, aber auch aus der Videostudie des Englischunterrichts im Rahmen der DESI-Studie.[3]

Stigler et al. (1999) berichten von der TIMSS-1995-Videostudie, in die 100 deutsche Mathematikklassen der 8. Jahrgangsstufe einbezogen wurden, 50 Mathematikklassen aus Japan und 81 aus den USA (vgl. Stigler et al. 1999: -v-). Im Rahmen des sogenannten „First-Pass Coding[s]" (Stigler et al. 1999: 103) werden jeweils 30 „utterances" pro Unterrichtsstunde in die Analysen einbezogen. „Utterance" definieren die Autoren als „a sentence or phrase that serves a single goal or function" (Stigler et al. 1999: 103). Für diese berechnen sie die Anzahl der Lehrerworte an der Gesamtzahl der gesprochenen Worte. Für den deutschen Mathematikunterricht zeigen die Autoren, dass die Lehrpersonen im Durchschnitt 76 % aller Worte sprechen, damit aber unter dem Sprechanteil ihrer Kolleginnen und Kollegen in Japan (90 %) und den USA (88 %) liegen. Für den prozentualen Anteil der Lehrer-Äußerungen an der Gesamtzahl der Äußerungen im Unterricht ergeben sich ähnliche Verhältnisse: Die deutschen Mathematiklehrpersonen sprechen 69 % aller Äußerungen im Unterricht, die japanischen 84 % und die US-amerikanischen 74 %. In die TIMSS-1999-Videostudie wurden demgegenüber keine Mathematikunterrichtsstunden sowie naturwissenschaftliche Unterrichtsstunden aus

---

2 Dies sei z. T. erklärbar dadurch, dass in einigen Mathematikstunden ihres Korpus „neue Unterrichtskonzepte" (Richert 2005: 132) ausprobiert würden.
3 TIMSS = Trends in International Mathematics and Science Study; IPN = Leibniz-Institut für die Pädagogik der Naturwissenschaften und Mathematik an der Universität Kiel; DESI = Deutsch Englisch Schülerleistungen International.

Deutschland einbezogen. Für den Mathematikunterricht wurden achte Klassen aus Australien, der Tschechischen Republik, Hong Kong, den Niederlanden, der Schweiz und den USA betrachtet (vgl. Hiebert et al. 2003: 1). Auch in dieser aktuelleren Untersuchung konnte hinsichtlich des Redeanteils der Lehrer/-innen in Worten aufgezeigt werden, dass in allen Ländern die Lehrpersonen im Durchschnitt deutlich mehr als die Schüler/-innen sprechen (vgl. Hiebert et al. 2003: 108). Für die niederländischen Mathematiklehrpersonen berechnen Hiebert et al. (2003: 110) z. B. ein Verhältnis von neun Lehrerworten zu einem Schülerwort. In den teilnehmenden Ländern der Untersuchung zum naturwissenschaftlichen Unterricht Australien, der Tschechischen Republik, Japan, den Niederlanden und den USA liegt der durchschnittliche prozentuale Anteil der Lehrerworte immer über 86 % (Niederlande) und kann sogar Werte bis zu 92 % (Japan) annehmen (vgl. Roth et al. 2006: 114). Eine aktuelle Studie, die Redeanteile von Lehrpersonen im deutschen Mathematikunterricht der zweiten Klasse in den Blick nimmt, liegt mit Ackermann (2011) vor. In die Studie wurden vier Klassen einbezogen, in denen jeweils zwei Unterrichtsstunden videographiert wurden (vgl. Ackermann 2011: 43). Sie berechnet den Redeanteil nicht in Worten, sondern in Zeitanteilen und findet einen durchschnittlichen Redeanteil auf Lehrerseite von 72 %, während der Redeanteil der Schüler/-innen bei 17,5 % liegt; der restliche Anteil gibt die Zeit an, in der kein Redebeitrag erfolgt (vgl. Ackermann 2011: 61).

Für den Physikunterricht liegen vor allem Daten aus der IPN-Videostudie vor. Als eine Vorstudie dazu kann Seidel (2003) betrachtet werden, die „sechs Gymnasialklassen Schleswig-Holsteins (Jahrgangsstufe 8 und 9)" (Seidel 2003: 74) in ihre Untersuchung einbezieht. Sie berechnet den Redeanteil in Minuten pro Unterrichtsstunde, der bei den Lehrpersonen im Durchschnitt bei 24,1 Minuten und bei den Schüler/-innen im Durchschnitt bei nur 8,5 Minuten liegt (vgl. Seidel 2003: 128–129). Ahlers et al. (2009: 334) berechnen aus den Werten von Seidel (2003: 122, 128–129) einen durchschnittlichen prozentualen Lehrerredeanteil an der effektiven (also tatsächlich realisierten) Unterrichtszeit von 60,4 %. Kobarg und Seidel (2007) berichten Ergebnisse aus der IPN-Videostudie, die in 50 neunten Klassen an Realschulen und Gymnasien und somit auch mit 50 Lehrpersonen (vgl. Kobarg & Seidel 2007: 160) durchgeführt wurde. Als Vergleichseinheit für die Redeanteile nutzen sie die „Äußerung" (vgl. Kobarg & Seidel 2007: 159), die allerdings auf die Codiereinheit „Turn" bezogen ist, welche v. a. durch den „Sprecherwechsel" bestimmt ist (vgl. Seidel et al. 2003: 96; vgl. auch Kobarg & Seidel 2003: 162–163). Kobarg und Seidel (2007: 159) stellen eine prozentuale Häufigkeit von solchen „Lehreräußerungen" von 59,08 % und eine geringere prozentuale Häufigkeit von Schüleräußerungen von 40,92 % fest. Betrachtet man die zeitlichen Anteile von Lehreräußerungen im Vergleich zu den von Schüleräußerungen wird „[d]ieser Befund [...] noch prägnanter" (Kobarg & Seidel 2007: 158), denn dann fällt ihnen ein prozentualer Anteil von 80,26 % zu, während den Schüler/-innen ein prozentualer Anteil von 19,74 % zufällt (vgl. Kobarg & Seidel 2007: 159). Ein interessanter Befund ist zudem die festgestellte deutliche Streuung zwischen den Klassen (vgl. Kobarg & Seidel 2007: 158–159).

Knierim (2008: 72) bezieht in ihre Studie im „Schweizer Physikunterricht[.]" 40 Klassen der 9. Jahrgangsstufe der Sekundarschule bzw. des Gymnasiums ein (vgl. Knierim 2008: 93) und damit ebenfalls 40 Lehrpersonen (vgl. Knierim 2008: 90), deren Unterricht in „Doppellektionen" (Knierim 2008: 90) videographiert wurde. Bei der „Codierung der Äusserungen von Lehrpersonen sowie Schüler/innen" lehnt sie sich an die IPN-Videostudie (s. o.) an (vgl. Knierim 2008: 102). Für die Plenumsinteraktionsphasen berechnet sie in ihrer Studie einen prozentualen Anteil der Lehreräußerungen von 66,88 % und der Schüleräußerungen von 33,90 % an der Gesamtzahl der Äußerungen. Mit Blick auf die zeitlichen Anteile an der Plenumsinteraktion zeigt sie einen lehrerseitigen Redeanteil von 82,24 % und einen schülerseitigen Redeanteil von 18,08 % auf.[4]

Helmke et al. (2008) untersuchen den Englischunterricht im Rahmen der DESI-Videostudie in 155 Klassen der neunten Jahrgangsstufe in Hauptschulen, Realschulen, Gymnasien sowie Integrierten Gesamtschulen (vgl. Helmke et al. 2008: 346) und fokussieren u. a. den lehrer- und schülerseitigen Sprechanteil an der Unterrichtszeit: Hier finden sie einen 68-prozentigen Sprechanteil der Lehrpersonen gegenüber einem 32-prozentigen Sprechanteil der Schüler/-innen (vgl. Helmke et al. 2008: 351). Die Autoren ließen die Lehrpersonen auch den prozentualen Anteil ihrer eigenen Sprechzeit an der Gesamtsprechzeit in einer sich an die Videostudie anschließenden Befragung einschätzen. Ebenso wie bei Tausch (1962: 487) zeigt sich „dass die Lehrkräfte insgesamt gesehen, d. h. über alle Klassen hinweg, ihre eigene Sprechzeit unterschätzen" (Helmke et al. 2008: 351). Ihre subjektive Einschätzung liegt bei einem durchschnittlich 51-prozentigen Anteil an der Gesamtredezeit – im Gegensatz zum durch Videographie erfassten 68-prozentigen Sprechanteil (vgl. Helmke et al. 2008: 351).

Aus der Sichtung mehrerer Studien schließen Tausch und Tausch (1991: 344), dass Lehrpersonen durchschnittlich „über 50 % aller Worte im Unterricht und somit ca. 30–40 Mal so viel, wie das dem einzelnen Schüler möglich ist", reden. In die Tabelle 19 sind die durch die bisher referierten Studien angegebenen prozentualen Anteile der Lehrersprache, gemessen in unterschiedlichen Einheiten (in zeitlichen Einheiten, in Worten, in Äußerungen/*turns*), aufgeführt. Mit Ausnahme der uner-

---

4 Dass sich hier die Werte „nicht immer zu 100 % addieren" liegt nach Knierim (2008: 133) in ihrem Codierschema begründet, bei dem im Falle von gleichzeitigem Sprechen von Lehrpersonen und Schüler/-innen die Werte beiden Interaktionspartnern zugerechnet werden.

fahrenen Lehrpersonen bei Weber (1972) liegt tatsächlich auch hier der Redeanteil der Lehrpersonen immer über 50 %. Wenn zugleich zeitliche Werte gegeben und äußerungsbezogene Auszählungen gemacht werden, liegen die lehrerseitigen zeitlichen prozentualen Anteile deutlich über den äußerungsbezogenen prozentualen Anteilen (wie bei Kobarg und Seidel 2007 sowie Knierim 2008). Daraus ist zu schlussfolgern, dass die Äußerungen der Lehrpersonen, die ja in den Studien von Kobarg und Seidel (2007) und Knierim (2008) mit „turns" gleichzusetzen sind, deutlich länger sind als die Äußerungen der Schüler/-innen. M. E. eignen sich als Vergleichsgrößen somit insbesondere die Wortanzahl sowie die Redezeit. Beide Methoden bergen aber auch Grenzen: Durch unterschiedlich intensive Nutzung von mehrsilbigen Wörtern bzw. Komposita kann die Vergleichbarkeit hinsichtlich der *Wortanzahl* erniedrigt sein, während bei der Vergleichsgröße *Redezeit* Varianzen in der Sprechgeschwindigkeit oder der Pausenlänge zu Verzerrungen führen können.

Tabelle 19: Redeanteil der Lehrperson in verschiedenen Studien im Vergleich

Studie	Fach	Jahrgang	Einheit	durchschn. lehrerseitiger %-Anteil
Tausch (1962)	Heimatkunde(?)	3./4. Klasse	Wort	59,50
Weber (1972)	Deutsch	7./8./9. Klasse	Wort	erfahrene: 55,00
				unerfahrene: 45,00
Stigler et al. (1999)	Mathematik	8. Klasse	Wort	78,00
			Äußerung	69,00
Seidel (2003)[5]	Physik	8./9. Klasse	Unterrichtszeit	60,40
Richert (2005)	Religion, Deutsch, Mathematik, Biologie	5./6./7./8. Klasse	Spielzug	53,67
			Wort	56,76
Kobarg & Seidel (2007)	Physik	9. Klasse	„Äußerung"	59,08
			Redezeit	80,26
Knierim (2008)	Physik (Schweiz)	9. Klasse	„Äußerung"	66,88
			Redezeit	82,24

---

5 Berechnet von Ahlers et al. (2009: 334).

Tabelle 19 (fortgesetzt)

Studie	Fach	Jahrgang	Einheit	durchschn. lehrerseitiger %-Anteil
Helmke et al. (2008)	Englisch	9. Klasse	Redezeit	68,00
Ackermann (2011)	Mathematik	2. Klasse	Unterrichtszeit	72,00
Ahlers et al. (2009)	Chemie	?	Unterrichtszeit	26,40
				33,00[6]
Fürstenau et al. (2012)	fächerübergreifend	3. Klasse	Redezeit	33,00

Dass man allerdings in Unterrichts-Modellversuchen eine Reduzierung des Redeanteils der Lehrpersonen erreichen kann, zeigen die Studien von Ahlers et al. (2009) für den Chemieunterricht sowie die fächerübergreifende Studie von Fürstenau et al. (2012). Ahlers et al. (2009: 335) untersuchen Chemieunterricht, der „nach der Konzeption von *Chemie im Kontext*" angelegt ist. Sie berichten Ergebnisse aus zwei kleineren Studien: In der ersten Studie wurden 14 Stunden einer einzigen Lehrperson untersucht (vgl. Ahlers et al. 2009: 335; die Jahrgangsstufe wird nicht angegeben). Als Einheit wird die effektive Unterrichtszeit genutzt. Es ergibt sich ein gemittelter Redeanteil in Prozent auf Lehrerseite von 26,4. In 7,9 % der Zeit sprechen demgegenüber die Schüler/-innen zur Lehrperson, in 44,1 % der Zeit sprechen die Schüler/-innen untereinander; während des restlichen Zeitanteils spricht niemand oder die Zuordnung ist nicht eindeutig. Diese Werte sind nur mit den Werten anderer Studien vergleichbar, in denen die effektive Unterrichtszeit ebenso als Vergleichsgröße genutzt werden kann, wie bei Ackermann (2011) oder Seidel (2003). In der Studie von Ahlers et al. (2009: 338) ist allerdings bei der untersuchten Lehrperson eine sehr starke Streuung des Redeanteils von dem niedrigsten Wert 4,7 % bis zum höchsten Wert 47,8 % feststellbar. In der zweiten von Ahlers et al. (2009) berichteten Studie werden drei weitere Lehrpersonen in die Untersuchung einbezogen. Es zeigen sich die niedrigen durchschnittlichen Lehrer-Redeanteile von 17,2 % bis 45,4 % an der effektiven Unterrichtszeit (vgl. Ahlers et al. 2009: 341). Fürstenau et al. (2012) untersuchen *Bildungssprachförderliches Lehrerhandeln* von zwei „Expertenlehrkräfte[n]" (Fürstenau et al. 2012: 67), die im

---

6 Gerundeter Wert aus Ahlers et al. (2009: 341).

Team unterrichten, in einer dritten Grundschulklasse an einem Unterrichtsvormittag (vgl. Fürstenau et al. 2012: 71). Für den gesamten Unterrichtsvormittag liegt der zeitliche Redeanteil der mit einem Funkmikrofon ausgestatteten Lehrerin bei 33 % sowie der Schüler/-innen in räumlicher Nähe dieser Lehrerin bei 50 %; der Rest entfällt auf eine Kategorie „Durcheinander" (vgl. Fürstenau et al. 2012: 72). Allerdings sind die Werte dieser Studie nicht unmittelbar mit den Werten anderer Studien vergleichbar, weil ein gesamter Unterrichtsvormittag in die Untersuchung einbezogen wurde und zudem eine ungewöhnliche Erhebungsmethode (Schülerredeanteile nur erhoben in räumlicher Nähe der Lehrerin) gewählt wurde.

Tausch und Tausch (1991: 344) bezeichnen ein *„[g]roßes Ausmaß des Redens von Lehrern"* als ein „Merkmal starker Dirigierung-Lenkung seelischer Vorgänge von Schülern" und bringen diese wiederum mit verschiedenen negativen Auswirkungen auf Schülerseite in Zusammenhang, wie der Erziehung zu fremdbestimmtem Handeln, reaktivem Verhalten, fehlender Selbstverantwortung, geringer Kreativität und Originalität (vgl. Tausch & Tausch 1991: 336). Mit Bezug auf die Wirk- und Einflussfaktoren des Spracherwerbs nach Pohl (2007b: 90; vgl. Kap. 4) ist zu schlussfolgern, dass die Möglichkeiten der Schüler/-innen für den Erwerb konzeptioneller Schriftlichkeit durch eigene „Produktion" in einem solchen Unterricht in der Tat eingeschränkt sind, dass im Gegenzug aber ein großes Ausmaß an „Rezeptions"-Möglichkeiten durch den hohen Anteil der Lehrersprache gegeben ist. Rückschlüsse auf die Wirksamkeit des Wirk- und Einflussfaktors „Kommunikation" sind aus den prozentual gegebenen Werten demgegenüber nicht unmittelbar möglich, ebenso wenig Rückschlüsse auf den Faktor „Instruktion". Abschließend ist ferner festzustellen, dass systematische Variationen des lehrerseitigen Redeanteils über die Jahrgangsstufen noch nicht erforscht wurden.

Dass der lehrerseitige Redeanteil zumeist ein erhöhtes Ausmaß als der schülerseitige Redeanteil hat, kann in der dreischrittigen interaktionalen Sequenz des Unterrichts begründet liegen, bei der zwei von drei Positionen (Initiierung und Bewertung) prototypischerweise lehrerseitig gefüllt werden (vgl. Abschn. 4.3). Während in diesem Kapitel allgemein untersucht wurde, welchen Anteil die Lehrpersonen an der sprachlichen Kommunikation im Unterricht haben, steht im nächsten Kapitel eine konkrete sprachliche Handlung der Lehrpersonen, die Lehrerfrage, im Fokus des Interesses.

4.2 Lehrerfragen

Für Spanhel (1971) ist die Frage eine „Grundform[..] des didaktischen Sprechens" (Spanhel 1971: 178) mit der „Funktion der Lenkung des Schülerverhaltens"

(Spanhel 1971: 216). Bak (1996: 177) beschreibt sie „als zentrale Handlung für die Erreichung des Zwecks des UNTERRICHTSGESPRÄCHS" und auch Gall (1970: 719) bezeichnet sie in ihrem Forschungsreview zur Lehrerfrage als „the basic unit underlying most methods of classroom teaching." Ebenso konstatiert Klingberg (1979: 21): „Die Bedeutung der Lehrerfrage ist für uns unumstritten. Solange es Unterricht gibt, gibt es den fragenden Lehrer [...]. " Diese zentrale Rolle der Frage im Unterrichtsgespräch begründet die zahlreichen Publikationen zu diesem Gegenstand. Deswegen kann in diesem kurzen Überblicksabschnitt keineswegs ein vollständiger, sondern allein ein abrissartiger Überblick über Konzeptionen (vgl. Abschn. 4.2.1) und empirische Darstellungen zur Lehrerfrage (vgl. Abschn. 4.2.2) gegeben werden. Schließlich soll mit der funktionalen Pragmatik auch ein notwendig kritischer Blick auf die institutionelle Geformtheit resp. Bedingtheit der Lehrerfrage geworfen werden (vgl. Abschn. 4.2.3).

4.2.1 Klassifizierung von Lehrerfragen

Bevor quantitative Werte zu Lehrerfragen im Unterricht gegeben werden, sollen Klassifikationsmöglichkeiten der Lehrerfrage vorgestellt werden (z. B. hinsichtlich ihres kognitiven Niveaus, ihrer Offenheit/Geschlossenheit, ihres semantisch-pragmatischen Status oder ihrer syntaktischen Form). Eine Form der Klassifizierung von Fragen ist die nach ihrem *kognitiven Niveau*. Vielfach wird als Grundlage die Bloom'sche *Taxonomie von Lernzielen im kognitiven Bereich* genutzt (vgl. Bloom et al. 1976 [1956]) und das Frageniveau somit nach
- Wissensfragen
- Verstehensfragen
- Anwendungsfragen
- Analysefragen
- Synthesefragen
- und Evaluationsfragen
aufgeteilt (vgl. z. B. Arnold et al. 1974: 13; Dubs 2009: 129, vgl. auch Bloom et al. 1976 [1956]: 217–223). Insbesondere die Wissensfragen, also Fragen des bloßen „Erinnern[s]" (Bloom et al. 1976 [1956]: 217), werden als solche mit dem niedrigsten kognitivem Anspruch angesehen,[7] während Evaluationsfragen das höchste kognitive Niveau zugesprochen wird. Dubs (2009: 128) nimmt eine Untergruppierung innerhalb dieser Systematisierung in ein anspruchsloseres (Wissens- und Verstehensfragen) und ein anspruchsvolleres Niveau (Analyse-, Synthese- und

---

7 Vgl. zur Definition von „Wissen" Bloom et al. (1976 [1956]: 217).

Bewertungsfragen) vor. Gall arbeitet in ihrem Forschungsreview von 1984, das nach Dubs (2009: 123) „auch heute noch allgemein als Richtlinie gilt", ebenso heraus, dass viele Systematiken des kognitiven Anspruchs zumeist eine Dichotomie nutzen und

> usually simplify their data analyses by classifying all teacher questions into just two categories: fact and higher cognitive. Fact questions require students to recall previously presented information whereas higher cognitive questions require students to engage in independent thinking. (Gall 1984: 40)

Eine weitere Einteilung von Fragen bezogen auf ihr kognitives Niveau basiert auf den modifizierten zehn „Flanders' Interaction Analysis Categories (FIAC)" (z. B. Flanders 1970: 34) – der ursprünglich keine Unterteilung seiner vierten Interaktionskategorie *„Asks questions"* vornahm (vgl. Flanders 1970: 34). Amidon und Hunter (1967) haben – wiederum in Anlehnung an Gallagher und Aschner (1963) – die Kategorien von Flanders modifiziert und Fragen unterdifferenziert in:
– „cognitive memory question"
– „convergent question"
– „divergent question"
– „evaluative question" (Amidon & Hunter 1967: 389).

„Kognitive Gedächtnisfragen" beziehen sich nach Grell (1994: 57) auf das Wiedergeben von Fakten, *„[k]onvergente Fragen"* verlangen nur „eine ‚richtige' oder ‚angemessene' Antwort", während *„[d]ivergente Fragen"* zu einer „unbegrenzte[n] Vielzahl von Antworten" anregen; *„[e]valuative Fragen"* beziehen sich auf die Formulierung von „Werturteilen". Mit dieser Einteilung arbeiten beispielsweise Heinze und Erhard (2006: 392; 394). Mit *Konvergenz* versus *Divergenz* fließt aber neben dem kognitiven Niveau der Fragen eine weitere Bestimmungsgröße von Fragen, nämlich ihre *Offenheit* vs. *Geschlossenheit* in das Kategoriensystem von Gallagher und Ashner (1963) resp. Amidon und Hunter (1967) mit ein (vgl. Lotz 2016: 109; vgl. auch Grell 1994: 57, der in diesem Zusammenhang auch die Begriffe *„enge[...]"* vs. *„weite[...] Fragen"* nutzt, vgl. zudem Pauli 2006: 133–134).[8]

Dillon (1982: 542–543) interpretiert die von Bellack et al. (1966: 96) beschriebenen „logical modes" des Aufforderungs-Spielzugs als kognitiven Typ und unterscheidet somit zwischen den kognitiven Typen:

---

8 Flanders (1970: 141) selbst führt für sein auf 22 Kategorien erweitertes Kategoriensystem die Unterdifferenzierung in Fragen mit „[n]arrow, factual focus; restricted concepts and purposes; low level in terms of reasoning" und „[b]road, open questions which clearly permit choice in ways of answering" ein.

- „Defining"
- „Interpreting"
- „Fact-Stating"
- „Explaining"
- „Opining" und
- „Justifying" (Dillon 1982: 543).

Röhner und Blümer (2009: 28) bezeichnen eine Unterdifferenzierung von Fragen nach der „gewünschten naturwissenschaftlichen Antworthandlung" („Benennung", „Beschreibung", „Erklärung") als eine Unterdifferenzierung von Fragen hinsichtlich ihres *semantisch-pragmatischen Status*. M. E. ist eine solche nicht gänzlich trennscharf zu unterscheiden von einer Unterdifferenzierung nach dem kognitiven Niveau der Fragen.

In dem im Rahmen aktueller Videostudien vielfach genutzten[9] Kategoriensystem zum kognitiven Niveau der Frage von Kobarg und Seidel (2003: 169–171), das in der IPN-Videostudie des Physikunterrichts entwickelt wurde, sind m. E. Kategorien des kognitiven Niveaus der erwarteten Antwort auf die Fragen mit Aspekten der erwartbaren/erwarteten Länge der Schülerantwort vermischt. Kobarg und Seidel (2003) unterscheiden, u. a. in Anlehnung an das differenziertere Schema von Niegemann und Stadler (2001: 178–179):

- „Kein Lernen"
- „Reproduktionsfragen"
- „Kurzantwortfragen"
- „Langantwortfragen"
- „Deep-reasoning Fragen" (Kobarg & Seidel 2003: 169).

Erstere sind allein auf organisatorische Aspekte des Unterrichts bezogene Fragen (vgl. Kobarg & Seidel 2003: 169). „Reproduktionsfragen" sind auf die Wiederholung gelernter Inhalte fokussiert (vgl. Kobarg & Seidel 2003: 169) – dieser Fragetyp ist noch allein kognitiv bestimmt. Aber schon in die Operationalisierung des dritten Fragetyps geht zusätzlich die Länge der Schülerantwort mit ein, wenn „Kurzantworfragen" als solche bestimmt werden, „die auf eine kurze Antwort abzielen, aber keine Reproduktionsfragen sind". „Langantwortaufgaben" zielen demgegenüber auf eine lange Antwort resp. „Erklärung" ab, sind „jedoch reproduktiv" (Kobarg & Seidel 2003: 170). „Deep-Reasoning Fragen" letztlich „sind Fragen, die auf eine lange Antwort abzielen, die jedoch nicht reproduktiv sind"

---

9 Z. B. von Knierim (2008: 139).

(Kobarg & Seidel 2003: 171). Aus diesem Kategoriensystem ist somit folgende Systematik rekonstruierbar (ausgeklammert ist „Kein Lernen"):

Tabelle 20: Rekonstruktion der inneren Systematik der Fragetypen nach Kobarg und Seidel (2003); ähnlich auch Niegemann und Stadler (2001)

Fragetyp nach Kobarg & Seidel (2003)	Reproduktionsfrage (entspricht niedrigem kognitiven Niveau)	Länge der erwarteten Schülerantwort
Reproduktionsfrage	ja	k. A.
Kurzantwortfrage	nein	kurz
Langantwortfrage	ja	lang
Deep-reasoning Frage	nein	lang

Niegemann und Stadler (2001) wiederum berufen sich auf die Fragekategorien nach Graesser et al. (1992) sowie Graesser und Person (1994), in deren Publikationen die Bestimmungsgrößen der Länge der Schülerantwort und des kognitiven Niveaus der erwarteten Antwort noch weniger stark vermischt sind. Ihnen dienen als Oberkategorien „short answer" (z. B. Quantifizierungsfragen) versus „long answer" (z. B. Definitionsfragen) (Graesser & Person 1994: 110). Bei den Langantwortfragen beschreiben sie die Subgruppe der *„deep-reasoning questions*, which elicit patterns of reasoning in logical, causal, or goal-oriented systems" (Graesser & Person 1994: 112).

Eine weitere Unterscheidungsmöglichkeit von Fragen ist die nach ihrer *syntaktischen Form*, die (neben anderen Klassifizierungen) von Röhner und Blümer (2009: 28) und auch von Lotz (2016: 221) gewählt wird:
– „Entscheidungsfragen"
– „direkte W-Fragen"
– „indirekte W-Fragen"
– und „Mehrfachfragen"[10] (Röhner & Blümer 2009: 28).

Die Unterscheidung von Entscheidungsfragesätzen und W-Fragesätzen findet sich so auch in der Duden-Grammatik (vgl. Gallmann 2006: 903–905); ebenso argumentiert Wunderlich (1976: 184), dass „unter gewissen Umständen" „Ent-

---

10 Eine ausdifferenziertere Variante legen Ehlich und Rehbein (1986: 67) vor, um sie dann in einem weiteren Schritt als für die Unterrichtsanalyse nicht angemessen zu verwerfen. Sie unterscheiden: „w-Frage", „Entscheidungsfrage", „Alternativfrage", „indirekte Frage" und die mit Fragen verwandten „Aufforderungen zu Antworten u. a." – in letztere Kategorie gehen aber schon „Bestimmungen der illokutiven Analyse [...] mit ein" (Ehlich & Rehbein 1986: 67).

scheidungsfragen" und „W-Fragen" als einzige Oberkategorien der Fragesätze angesehen werden können. Indirekte W-Fragen können nur als *ein* Untertyp der indirekten Fragesätze angesehen werden, ein weiterer Untertyp bezieht sich auf die mit „ob" eingeleiteten indirekten Fragesätze (vgl. Wunderlich 1976: 188). Mehrfachfragen sind nach Röhner und Blümer (2009: 29) solche Fragen der Lehrperson, „die aus mehreren Teilfragen mit unterschiedlicher syntaktischer Form bestehen, sodass sie den anderen Unterkategorien nicht zugeordnet werden können". Röhner und Blümer (2009: 34) bringen ferner Entscheidungsfragen mit geschlossenen Fragen und W-Fragen mit offenen Fragen in Zusammenhang.

Nachdem nun unterschiedliche Klassifikationsmöglichkeiten der Lehrerfrage erläutert wurden, werden im Folgenden Ergebnisse von Studien vorgestellt, die die quantitativen Ausprägungen dieser unterschiedlichen Fragetypen im Unterricht untersucht haben.

4.2.2 Quantitative Studienergebnisse zur Lehrerfrage

Die bisher vorgestellten Differenzierungen von Fragetypen werden allesamt genutzt, um Fragen im Unterrichtsdiskurs zu quantifizieren. Im Folgenden wird der Fokus zunächst auf die Anzahl der Lehrerfragen im Unterricht gelegt und im Anschluss werden Ergebnisse zum kognitiven Niveau und zur Offenheit/Geschlossenheit der Fragen referiert.

In der klassischen erziehungspsychologischen Studie von Tausch (1962; vgl. Abschn. 4.1) zur *Sprachkommunikation des Unterrichts* nimmt er auch (direkte) Fragen von Lehrpersonen in den Blick, ohne sie jedoch weiter zu differenzieren. In den zehn betrachteten Unterrichtsstunden stellen die Lehrpersonen durchschnittlich pro Unterrichtsstunde 86,5 Fragen, wobei eine Unterrichtsstunde im Durchschnitt 40,8 Minuten dauerte. Dies bedeutet, dass die Lehrpersonen alle 28,3 Sekunden eine Frage an die Schüler/-innen richten (vgl. Tausch 1962: 487–488). Auch diese hohe Anzahl von Lehrerfragen deuten Tausch und Tausch (1991: 342) als „ein weiteres Merkmal von Dirigierung–Lenkung".

Hervorzuheben ist auch Tauschs Ergebnis, dass es deutliche lehrerseitige interindividuelle Unterschiede in der Inzidenz von Fragen gibt, dass aber eine „erstaunliche interindividuelle Konstanz" (Tausch 1962: 488) im Verlauf einer Unterrichtsstunde vorliegt (vgl. Tausch 1962: 488–489).

Tausch berechnet außerdem eine Korrelation von $r_s = 0{,}70$ zwischen der Anzahl der Lehrerworte und der Anzahl der durch die Lehrperson gestellten Fragen. Auch wenn er betont, dass beide Variablen nicht „völlig unabhängige[.] Größen" (Tausch 1962: 489) darstellen, zeigt sich so, dass Lehrpersonen, die in ihrem Unterricht tendenziell viel sprechen, auch viele Fragen an ihre Schüler/-innen richten. Ebenso wie beim Redeanteil der Lehrpersonen ist auch in dieser Teil-Untersuchung eine nicht-adäquate Selbsteinschätzung der Lehrpersonen feststellbar, da sie ihre durchschnittliche Frageanzahl zwischen 20 und 25 Fragen pro Unterrichtsstunde lokalisieren – also ca. 3–4 Mal niedriger als die tatsächlichen empirischen Werte. Ein weiteres wichtiges Ergebnis der Studie von Tausch (1962: 490) ist die deutlich niedrigere Anzahl der von allen Schüler/-innen einer Klasse gemeinsam pro effektiver Unterrichtsstunde gestellten Fragen, die bei durchschnittlich 5,7 Fragen liegt. Damit sind die durchschnittlichen Werte der Lehrpersonen 15 Mal höher als die aller Schüler/-innen einer Klasse zusammen. Tausch (1962) schlussfolgert:

> Man kann vermuten, daß das Verhalten von Schulkindern hinsichtlich der mit dem Merkmal Lehrerfragen zusammenhängenden Vorgänge weitgehend reaktiv ist und geringe Eigeninitiative bei der Lösung von Problemen und dem Erreichen von Zielen vorliegt. (Tausch 1962: 490)

Es ergibt sich allerdings nur ein begrenzter empirischer negativer Zusammenhang zwischen der Anzahl der Lehrer- und Schülerfragen (vgl. Tausch 1962: 490).

Weber (1972) stellt in seiner schon in Abschnitt 4.1 referierten Studie zum *Vergleich zweier Lehrergruppen mit unterschiedlich langer Berufspraxis* im Deutschunterricht in 7.–9. Klassen auch Analysen zur Lehrerfrage vor. Er stellt fest, dass die Lehrpersonen mit wenig Berufspraxis durchschnittlich 80 Fragen pro Unterrichtsstunde stellen, die Lehrpersonen mit viel Berufserfahrung, die auch einen höheren Redeanteil als die Lehrpersonen mit geringerer Berufserfahrung haben, jedoch mit einem Wert von 110 mehr Fragen an die Schüler/-innen richten (vgl. Weber 1972: 94). Weber (1972) schließt insgesamt:

> Die hier vorgelegten Daten können eigentlich kaum Zweifel darüber aufkommen lassen, daß das Gespräch in der Schulklasse ganz wesentlich von der Lehrerfrage geprägt wird. (Weber 1972: 97)

In ihrer Überblicksdarstellung unterschiedlicher Studien zur Anzahl von Lehrerfragen geben Tausch und Tausch (1970: 207–208) Werte zwischen durchschnittlich 41–88 Lehrerfragen pro effektiver Unterrichtsstunde von 40 Minuten an. In fünf der sechs referierten Studien liegt die Anzahl über 50.

Auch in der aktuelleren Untersuchung von Niegemann und Stadler (2001) in 40 Unterrichtsstunden mit 10 Klassen und Lehrpersonen eines Wirtschaftsgymnasiums (vgl. Niegemann & Stadler 2001: 171) zeigt sich eine durchschnittliche Anzahl der Lehrerfragen pro Unterrichtsstunde von 82,78. Der schülerseitige Wert liegt dagegen mit 44,95 (vgl. Niegemann & Stadler 2001: 181) höher als in der Studie von Tausch (1962). Seidel (2003) misst in ihrer Studie in sechs 8.-9. Gymnasialklassen im Physikunterricht nicht die Anzahl der Lehrerfragen, sondern den zeitlichen Anteil der Lehrerfragen in einer 45-minütigen Unterrichtsstunde. Dieser liegt durchschnittlich bei 6,4 Minuten,[11] während der Anteil der Schülerfragen bei im Durchschnitt 1 Minute liegt. In Knierims (2008) Studie von Physikunterricht in 40 Klassen der 9. Jahrgangsstufe der Sekundarschule bzw. des Gymnasiums findet sie einen Durchschnittswert von 55,85 Fragen pro Doppelstunde und berechnet einen 15-minütigen Zeitanteil von Fragen (vgl. Knierim 2008: 136). Wenn man bedenkt, dass sie genau die zweifache Unterrichtszeit in ihre Studie einbezieht wie Seidel (2003), erkennt man, dass hier auch ein etwas mehr als zweifacher Zeitanteil für Fragen aufgewendet wird als in der Studie von Seidel (2003). Lotz (2016) berichtet Ergebnisse aus einer Videostudie im Fach *Deutsch* im Rahmen der PERLE-Studie zur „Persönlichkeits- und Lernentwicklung von Grundschulkindern" (Lotz 2016: 161) und bezieht je eine Doppelstunde, die auch Leseübungen enthalten soll, in 37 Klassen der ersten Jahrgangsstufe in ihre Analysen mit ein (vgl. Lotz 2016: 162 u. 165). Insgesamt nehmen 51 Lehrpersonen, also mehr als einbezogene Klassen, an ihrer Untersuchung teil, da in einigen Klassen oftmals im Sinne der *„Klassenteilung"* unterrichtet wurde und so pro Klasse in einigen Fällen zwei Unterrichtsvideos hergestellt wurden (vgl. Lotz 2016: 165–166). Sie findet in den durchschnittlich 26,26 Minuten dauernden Leseübungen ihres Korpus (vgl. Lotz 2016: 232) im Mittel 43,48 Fragen, unter die in ihrer Studie auch Impulse fallen,[12] und berechnet außerdem einen Wert von 1,66 Fragen pro Minute. Hervorhebenswert ist die große Spannweite von 0 Fragen pro Leseübung bis zu 118 Fragen pro Leseübung (vgl. Lotz 2016: 280).

Aus dem Überblick über diese aktuellen Studien ist zu schlussfolgern, dass der Unterricht auch heute noch in einem erheblichen Ausmaß von der Lehrerfrage geprägt ist. Mögliche Veränderungen über die Jahrgangsstufen werden allerdings in den referierten Studien nicht deutlich.

Während bis hierhin allein die reine Anzahl von Fragen im Fokus des Interesses stand, widmen sich tiefergehende Studien ihrem kognitiven Niveau. Überblicksdarstellungen aus dem angelsächsischem Sprachraum stellen die Beiträge von Gall (1970) und Gall (1984) dar. Sie stellt diesbezüglich zusammenfassend

---

11 Den höchsten Zeitanteil verbringen die Lehrpersonen in Seidels Studie mit dem Erläutern von Inhalten (M = 16 Minuten) (vgl. Seidel 2003: 128).

12 Die Definition von Fragen von Lotz (2016: 288) lautet wie folgt: „[A]ls Fragen wurden alle Äußerungen der Lehrkraft kodiert, die eine Schülerantwort oder Schüleräußerung intendieren und inhaltliche Relevanz für die unterrichtliche und inhaltliche Kommunikation bezogen auf die Leseübung besitzen. Dies entspricht einem weiten Verständnis von Fragen, das auch Impulse umfasst [...]. "

fest, dass ein Großteil der an die Schüler/-innen gerichteten Fragen Wissensfragen sind und nur ein geringer Anteil an Denkfragen gestellt wird:

> About 60 % of teachers' questions require students to recall facts; about 20 % require students to think; and the remaining 20 % are procedural. (Gall 1970: 713)

Und auch in ihrem 14 Jahre später verfassten Forschungsreview schließt sie, sich direkt auf dieses Zitat beziehend:

> This conclusion continues to be supported by recent observational studies of classroom teaching [...]. It appears that teachers emphazise fact questions [...]. (Gall 1984: 42)

Auch in aktuelleren, deutschssprachigen Studien konnten diese Ergebnisse bestätigt werden: Niegemann und Stadler (2001: 186) berichten aus ihrer Studie an einem Wirtschaftsgymnasium, dass „[e]twa die Hälfte aller Fragen [...] in die Qualitätsstufe 1 und 2 (Reproduktionsfragen und Kurzantwortfragen)" fallen. Nur 8,5 % aller Fragen sind Langantwortfragen und nur 14,9 % deep-reasoning-Fragen. Zudem beziehen sich insgesamt 29,7 % aller Fragen allein auf organisatorische Aspekte (vgl. Niegemann & Stadler 2001: 187).

Heinze und Erhard (2006) stellen in ihrer Videostudie von regulärem deutschem Mathematikunterricht in 22 Klassen der 8. Jahrgangsstufe, der jeweils 2–4 Mal videographiert wurde (vgl. Heinze & Erhard 2006: 391), ein Überwiegen von konvergenten Fragen (54,7 % aller Fragehandlungen) und reproduktiven (39,2 %) gegenüber divergenten (2,1 %) und evaluativen Fragen (4,0 %) fest.

Kobarg und Seidel (2007) schließen aus ihrer Studie von Physikunterricht in 50 neunten Klassen an Realschulen und Gymnasien, „dass im Unterricht selten herausfordernde Fragen gestellt werden" (Kobarg & Seidel 2007: 160). Es dominieren „Kurzantwortfragen" mit durchschnittlich 64,53 % aller Fragehandlungen, danach folgen die organisatorischen Fragen (15,45 %) und die „Reproduktionsfragen" (14,61 %). Deutlich geringere Werte erhalten die „Langantwortfragen" (3,27 %) und die „Deep-reasoning"-Fragen (2,14 %) (vgl. Kobarg & Seidel 2007: 160). Zudem stellen die Autorinnen ein Überwiegen der geschlossenen Fragen (63,66 %) gegenüber offenen Fragen (36,40 %) fest. Knierim (2008), die in ihrer Studie in neunten Klassen im Physikunterricht mit demselben Frageanalyseinventar wie Kobarg und Seidel (2007) arbeitet, berechnet zwar nur einen prozentualen Anteil von Reproduktionsfragen von 2,17 %. Aber ebenso wie bei Kobarg und Seidel (2007) dominieren in ihrer Studie die Kurzantwortfragen (76,43 %). Die Langantwortfragen machen demgegenüber nur 9,76 % und die Deep-reasoning-Fragen nur 4,5 % aus, während sich 7,48 % aller Fragen nicht auf das Lernen beziehen (vgl. Knierim 2008: 139). Sie erhält hingegen bezüglich der Offenheit/Geschlossenheit der Lehrerfragen das für sie „erstaunlich[e]"

Ergebnis des Überwiegens der offenen Fragen mit 56,48 % (vgl. Knierim 2008: 139).

Auch Lotz (2016: 282) stellt in ersten Grundschulklassen in Lesefördersituationen einen besonders hohen Anteil der „Wissensfragen" mit 41,19 % aller Fragen fest. „Denkfragen" stellen demgegenüber nur 1,9 % aller Fragen dar. Zusätzlich betrachtet sie „Reflexionsfragen", z. B. zur „Reflexion der Aufgabenbearbeitung" (16,61 %), „ablaufgerichtete Fragen" (24,52 %) und „organisatorische Fragen" (15,77 %). Sie berichtet außerdem, dass nur in 10 von 47 Lerngruppen überhaupt Denkfragen vorkommen (vgl. Lotz 2016: 283).

Während die bis hierhin vorgestellten Untersuchungen das quantitative Vorkommen unterschiedlicher Fragetypen vorwiegend isoliert betrachten, werden in den Studien von Röhner und Blümer (2009) und Dillon (1982) Zusammenhänge zwischen lehrerseitiger Frage und schülerseitiger Antwort in den Blick genommen. Röhner und Blümer (2009) geben in ihrer Studie zur *Sprachförderung von Migrantenkindern im Kontext frühen naturwissenschaftlichen Lernens* in Kindertagestätten und 1. Klassen allein die absoluten Zahlen für unterschiedliche Frageformen wieder (vgl. Röhner & Blümer 2009: 30). Ihre Studie ist ein Beispiel für solche Untersuchungen, die den Zusammenhang von Fragetyp[13] und der schülerseitigen Antwort herausarbeiten (operationalisiert als „Länge der Antworten" und „Vollständigkeit der Sätze"; Röhner & Blümer 2009: 31). Inbesondere Fragen, die zum „Erklären" herausfordern, erhalten die „längsten Antworten und zugleich eine hohe Anzahl an vollständigen Antworten" (Röhner & Blümer 2009: 33). Wie zu erwarten, sind es die zum „Bennenen" auffordernden Fragen, die zu den kürzesten und am häufigsten zu unvollständigen Antworten führen und außerdem die niedrigste Anzahl verbundener Sätze hervorrufen, während die zum „Beschreiben" auffordernden Fragen genau zwischen den anderen beiden Kategorien liegen (vgl. Röhner & Blümer 2009: 33, 52). Sie zeigen für die Kategorie „Beschreibung", „dass im Bereich der direkten und (mit leichten Schwankungen) indirekten W-Fragen längere und häufiger vollständige Antworten vorkommen als in der Kategorie Entscheidungsfragen" (Röhner & Blümer 2009: 36). Ihre Schlussfolgerung ist, dass die Offenheit/Geschlossenheit der Frage mit der Länge der Antworten und der Vollständigkeit der Sätze in Zusammenhang steht (vgl. Röhner & Blümer 2009: 37).

Dillon (1982) untersucht die *Cognitive Correspondence Between Question/ Statement and Response* in „27 high-school discussion classes" (Dillon 1982: 541).

---

13 Bei Röhner und Blümer (2009: 28) werden Fragen, wie oben beschrieben, nach der „gewünschten naturwissenschaftlichen Antworthandlung" versus der „syntaktischen Form der Fragen" unterschieden.

Die Schülerantworten werden hinsichtlich ihres kognitiven Niveaus kategorisiert. Es werden nicht ganze Unterrichtsstunden in die Untersuchung einbezogen, sondern allein 10-minütige Segmente der Unterrichtsstunden zufällig ausgewählt. Das besondere an seiner Codierung ist die Einbeziehung von nicht allein interrogativen Äußerungen, sondern mit den *statements* auch von deklarativen Äußerungen. Die von Dillon (1982) untersuchten *statements* kann man als eine Art „Impuls" (Bittner 2006: 117) interpretieren.

> Für diesen [den Lehrenden; K. K.-S.] bezeichnen die aufgeführten Begriffe ‚Frage‘ und ‚Impuls‘ nur die beiden Seiten der gleichen dialogischen Aktion: Der Lehrende will den erwünschten Denkprozess [...] anstoßen und dynamisieren. (Bittner 2006: 119)

Die Kategorisierung des kognitiven Niveaus nimmt Dillon (1982: 542) nach Bellack et al. (1966: 96) vor. Das Sample wurde von Dillon (1982: 542) in „question-response" sowie „statement-response"-Paare eingeteilt. Überraschend ist einerseits eine nicht sehr hohe Passung zwischen dem kognitiven Niveau von Frage und Antwort: Nur 59,1 % aller Schülerantworten sind demselben kognitiven Niveau zuzuordnen wie die Lehrerfragen; 13,4 % haben demgegenüber ein niedrigeres und 27,5 % ein höheres kognitives Niveau. Überraschend ist andererseits, dass sich bei den *statements* die Verhältnisse verschieben, so dass 48,2 % der Antworten ein höheres kognitives Niveau aufweisen als das lehrerseitige *statement* und nur 37,2 % das gleiche resp. 14,36 % ein niedrigeres kognitives Niveau aufweisen (vgl. Dillon 1982: 543). Dillon (1982: 546) erklärt dies damit, dass *statements* Informationen anbieten, während Fragen Informationen verlangen. Für die Antwort auf eine Frage müsste man nur die verlangte Information ‚liefern‘, während man sich bei *statements* mit der angeboteten Information auseinandersetzen muss (diese z. B. akzeptieren oder ablehnen muss). Mit der Studie von Dillon (1982) wird die ‚implizite‘ Suggestion vieler Studien zum kognitiven Niveau von Lehrerfragen in Frage gestellt, dass kognitiv anspruchsvolle Fragen quasi ‚automatisch‘ auch kognitiv anspruchsvolle Antworten bedingen.

Dieses Kapitel zusammenfassend kann festgestellt werden, dass die Unterrichtsinteraktionsforschung immer wieder eine sehr hohe Anzahl von Lehrerfragen und ein geringes kognitives Niveau sowie eine geringe Offenheit[14] der Lehrerfragen festgestellt hat – und dies in unterschiedlichen Schulformen, Unterrichtsfächern und Jahrgangsstufen. Dass allerdings ein hohes kognitives Niveau der Lehrerfragen nicht unbedingt ein hohes kognitives Niveau der schülerseitigen Antwort bedingen muss, zeigt die Studie von Dillon (1982). Diese Studie verweist

---

14 Vgl. aber wie oben beschriebene die Untersuchung von Knierim (2008: 139).

ferner auf die Notwendigkeit, weitere initiierende lehrerseitige Handlungen, wie Statements/Impulse bei der Analyse von Lehrersprache zu berücksichtigen. Eine Untersuchung der Veränderung des Einsatzes der unterschiedlichen Fragetypen über die Jahrgangsstufen steht noch aus.

4.2.3 Die Lehrerfrage aus Sicht der funktionalen Pragmatik

Die bisher referierten Studien nähern sich der Problematik der Lehrerfrage in quantitativer Weise an. In diesem Kapitel soll, die vorherigen Auseinandersetzungen mit der Lehrerfrage kritisch in den Blick nehmend, die qualitative und theoretische Analyse der Lehrerfrage aus Sicht der funktionalen Pragmatik im Zentrum stehen. Denn in die bisher vorgestellten Bestimmungen der Lehrersprache sind ihre institutionenspezifischen Merkmale kaum eingeflossen.

Eine methodische Vorgehensweise der funktionalen Pragmatik ist es, unterrichtliche sprachliche Handlungsmuster „durch einen Vergleich der schulischen Form mit der alltäglichen Praxis" (Becker-Mrotzek & Vogt 2009: 39) kontrastierend zu gewinnen. Dadurch gelinge es ihren Vertretern

> die Spezifik der schulischen Formen klar herauszuarbeiten. Durch Anpassung alltäglicher Handlungsformen an die Bedingungen der schulischen Wissensvermittlung treten Brüche und Widersprüche auf. Der Wegfall, das Hinzufügen oder das Verändern einzelner Musterpositionen wirken sich auf die Handlungsmöglichkeiten von Schülern und Lehrer aus. (Becker-Mrotzek & Vogt 2009: 39)

Ausgangspunkt muss also bei der Bestimmung der institutionellen Bedingtheit der Lehrerfrage die pragmatische Analyse von alltäglichen FRAGEN sein (vgl. z. B. Zifonun et al. 1997: 104). Die illokutive Analyse der alltäglichen, „einfache[n] Frage[.]" durch Ehlich und Rehbein (1986: 68) ergibt, dass sie eine „sprachliche Handlung mit dem Zweck ist, Wissen aus dem Kopf von H in den Kopf von S zu transportieren, dem dieses Wissen fehlt" (H = Hörer, S = Sprecher). Ehlich und Rehbein erstellen eine Liste von Lehrerfragen aus einer Unterrichtsstunde (vgl. 1986: 63–66) und argumentieren anschließend, dass diese nicht als alltägliche FRAGEN beschrieben werden können (die natürlich gelegentlich auch im Unterricht vorkommen würden). Aber auch der schon von Searle (2003 [1969]: 102–103) beschriebene Typ der PRÜFUNGSFRAGE resp. EXAMENSFRAGE, bei der „S wissen [will], ob H die Antwort weiß" (Searle 2003 [1969]: 103, vgl. auch von Kügelgen 2009: 353), sei den meisten der gefundenen Beispiele nicht angemessen. Ehlich und Rehbein (1986: 68) führen demgegenüber den Fragetyp der REGIEFRAGE ein:

Was bei der *Frage* nur Funktion für den illokutiven Zweck ist, wird hier selbst zum Zweck gemacht: Zweck der einfachen Frage ist der Wissenstransport, dessen Notwendigkeit aus dem unterschiedlichen Wissensstand von Aktanten herrührt. Dafür dient die Eingriffs- möglichkeit in das Wissensreservoir eines anderen Aktanten als Mittel. Bei der *Regiefrage* dagegen wird dieses Mittel zum Zweck. Die Regiefrage hat ihren *Zweck* darin, die *Steuerung* eines Aktanten durch einen anderen zu bewirken. Dafür funktionalisiert sie das Muster der *Frage*. (Ehlich & Rehbein 1986: 71)

Die REGIEFRAGE wird von den Autoren „mit der Unterscheidung von *Bekanntem* und *Neuem*" (Ehlich & Rehbein 1986: 71) in Zusammenhang gebracht, also mit der Unterscheidung zwischen *Thema* und *Rhema*. Bei schulischen REGIEFRAGEN verfüge die Lehrperson im Gegensatz zur alltäglichen FRAGE über das Thema und zusätzlich das Rhema, also die erfragte, vermeintlich ‚neue' Information (vgl. Ehlich und Rehbein 1986: 73). Die REGIEFRAGE würde demzufolge genutzt, um „den Rahmen der Antwort" (Ehlich & Rehbein 1986: 73) abzustecken und somit die Progression des Unterrichtsgesprächs zu steuern. Nach von Kügelgen (2009: 363) „stellt der Lehrer in strategischer Absicht relevante Teile des Wissens im Thema seiner Frage zur Verfügung, deren Berücksichtigung durch die Schüler Fortschritte für die Problemlösung verspricht." Mit von Kügelgen (2009) können beide Fragetypen tabellarisch verglichen werden, indem Zweck und Mittel des jeweiligen Handlungsmusters sowie die jeweilige sprachliche Umsetzung gegen- übergestellt werden (vgl. Tabelle 21).

Die Lehrperson gibt also in ihrer Frage das Thema vor, während das Rhema durch ein „Vertretungselement" (Ehlich & Rehbein 1986: 75), wie z. B. ein W-Frage- wort, besetzt ist. Die Schüler/-innen liefern in ihrer Antwort das Rhema und ggf. wie- derholen sie bei nicht-elliptischer Antwort auch das Thema (vgl. Ehlich & Rehbein 1986: 75). Aus der Analyse der „Thema-Rhema-Verteilung in der Unterrichtsstunde" (Ehlich & Rehbein 1986: 74) leiten die Autoren das sprachliche Handlungsmuster des *Lehrervortrags mit verteilten Rollen* ab (vgl. Ehlich & Rehbein 1986: 81–87).

In den Analysen der funktionalen Pragmatik wird die Widersprüchlichkeit des institutionell bedingten sprachlichen Handelns aufgedeckt. Als Hauptzweck der Institution Schule beschreiben die Autoren den „*Wissenserwerb in akzelerier- ter Form*" (Ehlich & Rehbein 1986: 86; vgl. auch Abschn. 2.1). Diesem wird durch den stark gelenkten Lehrervortrag mit verteilten Rollen zunächst entsprochen, indem der Maxime „Setze den Stoff möglichst zeitökonomisch um!" (Ehlich & Rehbein 1986: 86) gefolgt wird. Gleichzeitig ist aber für die Lehrperson auch die Maxime „Laß die Schüler aktiv und selbständig Wissen erwerben!" (Ehlich & Rehbein 1986: 86) gültig und verursacht einen „*Maximenkonflikt*" mit der erstge- nannten Maxime. Denn dieser Maxime „würde ein selbstbestimmtes Lernen der Schüler am besten entsprechen" (Ehlich & Rehbein 1986: 86). Dieser Befund wird durch von Kügelgen (2009: 366) pointiert:

Doch auch mit der institutionellen Funktionalisierung der FRAGE zur REGIEFRAGE bleiben bis auf den heutigen Tag die für die Problemlösung wesentlichen Vorgänge, die in der Prozessierung (Steuerung) des Problemlöseprozesses bestehen, auf Lehrerseite. (von Kügelgen 2009: 366)

Tabelle 21: Vergleich „(Informations-)FRAGE" und „REGIEFRAGE", leicht umstrukturiert und zusammengefügt aus von Kügelgen (2009: 353, 364)

Sprachliches Handlungs-muster	Zweck	Sprachliche Umsetzung des Zweckes	Mittel	Sprachliche Umsetzung des Mittels
(Informations-) FRAGE	Beseitigung Wissensdefizit bei S	Thema-Setzung und Rhema-Umreißung durch S (Frager)	Suchprozedur im Wissen von H	Rhema-Lieferung durch H (Antwortgeber)
REGIEFRAGE	H (Schüler) verankert die (vorgegebenen) propositionalen Gehalte der Frage in seinem Wissen, indem er sie geringfügig so verarbeitet, wie es die hinsichtlich Richtung und Ziel in Gang gesetzte Suchprozedur vorschreibt.	rhematische Vervollständigung der als Frage behandelten Regiefrage/ Anwendung des Wissens auf die anstehende Aufgabe durch H (Schüler)	Strategische Setzung eines (Teil-)Wissens, das relevant für die Lösung der anstehenden (Teil-)Aufgabe ist, durch S (Lehrer)	Vorgabe eines einschlägigen propositionalen Gehalts in unfertiger, Richtung und Ziel ihrer rhematischen Unvollständigkeit jedoch bezeichnender Form durch S (Lehrer)

Zusammen mit dem oben (Abschn. 4.2.2) beschriebenen Befunden zum hohen quantitativen Ausmaß der Lehrerfrage im Unterricht spricht also auch die pragmatische Analyse von Lehrerfragen für ein hohes Ausmaß der „Dirigierung–Lenkung" (Tausch & Tausch 1991: 342) durch Agenten der Institution Schule und eine starke Lehrerdominanz im Unterrichtsgespräch.

4.3 Die dreischrittige interaktionale Sequenz der Unterrichtskommunikation

Während in den vorherigen Kapiteln spezifische einzelne lehrerseitige Sprachhandlungen, wie die Lehrerfrage, oder einzelne Charakteristika der Lehrersprache, wie der Redeanteil von Lehrpersonen, im Fokus des Interesses standen, geht es in diesem Kapitel um die größeren, wiederkehrenden interaktionalen Strukturen der Unterrichtskommunikation, die durch die Lehrperson beeinflusst werden. Es geht um Studien zur dreischrittigen interaktionalen Sequenz der Unterrichtskommunikation, bestehend aus einer lehrerseitigen Initiierung, einer schülerseitigen Antwort und einer lehrerseitigen Evaluierung. In einem ersten Kapitel werden die klassischen Untersuchungen zu dieser Interaktionssequenz von Bellack et al. (1966), von Sinclair und Coulthard (1975) und von Mehan (1979) vorgestellt. Hier wird auch die Untersuchung von Ehlich und Rehbein (1986) zum Muster *Aufgabe-Stellen/Aufgabe-Lösen* besprochen, die zwar zunächst nicht auf die dreischrittige interaktionale Sequenz des Unterrichts beschränkt ist. Dennoch sind ihre Kernelemente auch in diesem rekursiv dargestellten Muster zu erkennen (vgl. Abschn. 4.3.1). Im darauf folgenden Kapitel werden aktuelle Ergänzungen der Modelle dieser Autoren im angelsächsischen und deutschsprachigen For-schungsraum gesichtet und die Frage verfolgt, ob die Dreischrittzugfolge auch im aktuellen Unterrichtsdiskurs gleichermaßen dominant ist (vgl. Abschn. 4.3.2).

4.3.1 Die klassischen Untersuchungen zur dreischrittigen interaktionalen Sequenz

Die Untersuchung von Bellack et al. (1966) ist mit den Worten von Becker-Mrotzek und Vogt (2009: 13) „[d]ie erste Arbeit [der Unterrichtsforschung; K. K.-S.], die sich linguistischer Verfahren bedient". Sie schreiben, dass „mit dieser Arbeit [...] die Aneignung des Gegenstands Unterrichtssprache durch die Linguistik [begann]" (Becker-Mrotzek & Vogt 2009: 14). Eine theoretische Grundlage der Untersuchung von Bellack et al. (1966) ist die Sprachspieltheorie Wittgensteins, die sie auf Unter-richtskommunikation anwenden, welche nun als eine Art Sprachspiel interpre-tiert wird (vgl. Bellack et al. 1966: 3). Lehrperson und Schüler/-innen werden als „players" (Bellack et al. 1966: 4) resp. „Mitspieler" (vgl. die deutsche Übersetzung Bellack et al. 1974: 13) angesehen, die bestimmte „*[u]nterrichtsbezogene Spiel-züge*" (Bellack et al. 1974: 27) ausführen. Diese Spielzüge können in kombinatori-schen Varianten auftreten, den „*Zugkombinationen im Unterricht*" (Bellack et al. 1974: 27). Als Basiseinheit der Analyse unterscheiden die Autoren vier Spielzüge (Bellack et al. 1966: 16–18):

1. „*Structuring* (STR)": Strukturierende Spielzüge setzen den Rahmen resp. erstellen den Kontext für die weitere Interaktion (vgl. Bellack et al. 1966: 16–17).

2. „*Soliciting* (SOL)": Auffordernde Spielzüge sollen verbale, kognitive oder physische Antworten der adressierten Person elizitieren und stellen direk-

tive Spielzüge dar. Die häufigsten auffordernden Spielzüge im Unterricht sind nach Bellack et al. (1966: 18) solche in Frageform.

3. „*Responding* (RES)": Reagierende Spielzüge stehen in direktem Zusammenhang zu den auffordernden Spielzügen. Mit ihnen sollen die in den auffordernden Spielzügen verbalisierten Erwartungen erfüllt werden (vgl. Bellack et al. 1966: 18).

4. „*Reacting* (REA)": Fortführende Spielzüge werden nicht wie die reagierenden Spielzüge direkt durch den vorangehenden Spielzug, der prinzipiell ein strukturierender, auffordernder oder reagierender sein kann, bedingt, sondern lediglich durch diesen veranlasst. Sie dienen der *Modifizierung* oder *Beurteilung* dessen, was im vorangehenden Schritt geäußert resp. getan wurde (vgl. Bellack et al. 1966: 18–19).

Die Spielzüge und Zugkombinationen wollen die Autoren in Transkripten von Unterrichtsinteraktion in 15 „high school classes" (Bellack et al. 1966: 9) identifizieren. Ihr Sample besteht somit aus 15 Lehrpersonen und insgesamt 345 „10th and 12th grade students" im sozialwissenschaftlichen Fach „problems of democracy" (Bellack et al. 1966: 9).

Die strukturierenden und auffordernden Spielzüge bezeichnen sie als „einleitende" oder initiierende Spielzüge, während die reagierenden und fortführenden Spielzüge „bezugnehmende" Spielzüge darstellen (Bellack et al. 1974: 207; vgl. auch Bellack et al. 1966: 194). Insgesamt sind so nach den Berechnungen der Autoren 21 verschiedene Zugkombinationen denkbar (vgl. Bellack et al. 1966: 195). Trotz dieser großen Anzahl möglicher Zugkombinationen analysieren Bellack et al. (1966: 196), dass die Kombination *SOL – RES – REA* in ihrem Korpus den größten Anteil mit 26 % aller Zugkombinationen ausmacht; zusammen mit der einfacheren Zugfolge *SOL – RES* ohne fortführenden Schritt macht sie sogar 48,3 % aller Zugkombinationen aus. Andere Zugkombinationen, wie beispielsweise *SOL – RES – RES...– REA*, bei denen auf einen reagierenden Spielzug ein weiterer folgt (und ggf. noch weiterere), sind deutlich seltener mit 2,5 % (vgl. Bellack et al. 1966: 196).

Außerdem schließen Bellack et al. (1966: 84): „The pedagogical roles of the classroom are clearly delineated for teachers and pupils". Während nämlich die Lehrpersonen für die strukturierenden, auffordernden und fortführenden Spielzüge zuständig sind, kann der (passivere) Spielzug des Reagierens als dominant schülerseitig angesehen werden. 86 % aller strukturierenden, ebenso 86 % aller auffordernden sowie 81 % aller fortführenden Spielzüge entfallen auf die Lehrperson (vgl. Bellack et al. 1966: 46). Da die auffordernden Spielzüge auch Fragen umfassen, stehen diese Ergebnisse im Einklang mit den in Abschnitt 4.2.2 referierten quantitativen Ergebnissen zur Lehrerfrage. Demgegenüber finden sich 88 %

aller reagierenden Züge aufseiten der Schüler/-innen (vgl. Bellack et al. 1966: 46). Bellack et al. (1966: 198–199) arbeiten zudem heraus, dass durchschnittlich 84,5 % aller Zugkombinationen lehrerinitiiert sind – aber mit einer Spannweite zwischen den Lehrpersonen von 61,2 % bis zu 96,6 %.

Schon in dieser klassischen Untersuchung zur Unterrichtsinteraktion konnte also erstens die Kernzugfolge des Unterrichts *SOL– RES – (REA)* herausgearbeitet und zweitens die reagierende Rolle der Schüler/-innen und damit die Dominanz der Lehrpersonen beschrieben werden. Die Untersuchung von Roeder und Schümer (1976) zum *Unterricht als Sprachlernsituation* basiert auf der Auseinandersetzung mit dem Analyseinstrumentarium und den Ergebnissen der Studie von Bellack et al. (1966). Sie argumentieren, dass

> [d]ie Interpretationsgesichtspunkte oder Kategorien des Bellackschen Schemas [...] es [erlauben], die Beziehung zwischen Lehrer- und Schülerrolle als ein Machtverhältnis zu sehen, da sie sich auf die Art (und das Ausmaß) beziehen, in dem Lehrer und Schüler jeweils dazu beitragen, die Situation und damit ihre Rollen wechselseitig zu definieren. (Roeder & Schuemer 1976: 32)

In ihrer experimentellen Untersuchung werden Schüler/-innen aus acht dritten Klassen in zwei Unterrichtsstunden zu zwei verschiedenen Themen von derselben Lehrperson einmal entweder stark „restriktiv" und einmal „nicht restriktiv" (Roeder & Schümer 1976: 37) unterrichtet. Eine Kontrollgruppe gibt es nicht, da sowohl für die restriktiven als auch für die nicht-restriktiven Unterrichtsstunden Handlungsanweisungen für die Lehrpersonen gegeben werden; den Ergebnissen von Bellack et al. (1966) zufolge kann man aber davon ausgehen, dass die eher restriktiven Stunden die realitätsnäheren sind (vgl. auch Roeder & Schümer 1976: 55). Ein restriktiver Unterricht zeichnet sich dadurch aus, dass die Schüler/-innen „im Unterricht auf die konventionelle, stark restringierte Schülerrolle festgelegt sind" (Roeder & Schümer 1976: 35, 54). Für die *restriktiven Stunden* wird den Lehrpersonen u. a. eine aktive Teilnahme am Gespräch und bereitwilliges Auskunftgeben auf Fragen, eine starke Steuerung der thematischen Progression und ein Sich-Einschalten zur Veranlassung der Präzisierung von Meinungen auf Schülerseite empfohlen. Zudem wird ihnen gezieltes Fragenstellen nahegelegt, ein schnelles Weiterhelfen bei Verständnisproblemen durch die Schüler/-innen und eine rasche Korrektur von Schüleräußerungen. Es wird den Lehrpersonen ferner geraten, Gesprächspausen zu vermeiden, sich bei Konzentrationsverlusten der Schüler/-innen schnell einzuschalten, ihr eigenes Urteil zu verdeutlichen und insbesondere den leistungsstarken Schüler/-innen den *turn* zu geben (vgl. Roeder & Schümer 1976: 314). Für die *nicht-restriktiven Stunden* wird ihnen u. a. empfohlen, sich als neutraler Moderator zu verhalten, sich „zeitweilig vollends ‚überflüssig zu machen'", ggf. mit provozierenden Bemerkungen dem Gespräch einen

„Impuls" zu geben, Fragen durch „Denkanstöße" zu ersetzen, „Mißverständnisse und Irrtümer" (Roeder & Schümer 1976: 313) von den Schüler/-innen ausdiskutieren zu lassen, Stellungnahmen von Schüler/-innen zu anderen Schüleräußerungen zu fördern sowie jegliche Schüleräußerungen zu respektieren. Zudem wird den Lehrpersonen nahegelegt, nur reversible Äußerungen einzusetzen, Gesprächspausen zuzulassen, ihr eigenes Urteil möglichst zurückzuhalten und v. a. schwache Schüler/-innen am Gespräch zu beteiligen (vgl. Roeder & Schümer 1976: 313–314). Es geht so um die Realisierung ganzer „Unterrichtsstile" (Roeder & Schümer 1976: 70).

Zielsetzung ihrer Untersuchung ist es, einen Zusammenhang zwischen der Restriktivität der Unterrichtsstunden und der „Intensität der Kommunikation" (Roeder & Schümer 1976: 35) herauszuarbeiten, die mit dem Analyseinstrumentarium von Bellack et al. (1966) analysiert wird. Dass ein solcher Zusammenhang auch gezeigt werden kann, ist allerdings nicht gänzlich verwunderlich, denn viele der Vorgaben betreffen ja eben schon die „Intensität der Kommunikation". Es ist also eine mangelnde Trennschärfe von abhängiger und unabhängiger Variable zu kritisieren. Ein fehlender Zusammenhang wäre dann v. a. mit nicht gelungener Umsetzung der Verhaltensvorgaben durch die Lehrpersonen zu begründen – und so interpretieren die Autoren auch die Ergebnisse ihrer Interaktionsanalyse (vgl. Roeder & Schümer 1976: 124). Roeder und Schümer (1976: 268) fassen ihre Ergebnisse so zusammen,

> daß in den nicht restriktiven Stunden die Unterrichtsschritte der Schüler meist länger sind, die Unterrichtszyklen mehr Schritte enthalten und damit weniger Zyklen pro Minute zu zählen sind, der Unterricht also mehr Spielraum zur Entfaltung des Gesprächs und zum Ausdruck von Intentionen bietet. (Roeder & Schümer 1976: 268)

Kennzeichnend für den restriktiven Unterrichtsstil seien vor allem Schrittkombinationen mit einem solizitierenden oder fortführendem Lehrerschritt, wie „T/SOL – P/RES, P/RES – T/SOL, P/RES – T/REA, T/REA – T/SOL"[15] (Roeder & Schümer 1976: 99), wie sie auch in der Dreischrittzugfolge repräsentiert sind. In sieben von acht Klassen machen diese Schrittfolgen in den nicht restriktiven Stunden einen deutlich geringeren prozentualen Anteil an allen Schrittfolgen aus als in den restriktiven Unterrichtsstunden (vgl. Roeder & Schümer 1976: 100). M. E. können die Autoren mit ihren Ergebnissen v. a. zeigen, dass es möglich sein kann, Lehrpersonen einen bestimmten Unterrichtsstil ‚anzutrainieren'.

---

15 „P" steht hier für „pupil", „T" für „teacher".

Die Autoren unternehmen ferner den Versuch, den Zusammenhang zwischen Restriktivität vs. Nicht-Restriktivität der Stunden und linguistischen Merkmalen der Schülersprache (z. B. Anzahl hypotaktischer Konstruktionen) zu analysieren (vgl. Roeder & Schümer 1976: 215–266), kommen aber nicht zu eindeutigen Ergebnissen im Sinne ihrer Annahme (vgl. Roeder & Schümer 1976: 269), dass zwischen Nicht-Restriktivität und der Komplexität der Schülersprache ein positiver Zusammenhang bestehe. Weitere „Störvariablen", wie das Unterrichtsthema oder die methodische Anlage der Stunde, scheinen oftmals größeren Einfluss auf die Schülersprache zu haben (vgl. Roeder & Schümer 1976: 269).

Sinclair und Coulthard (1975: 6) entwickeln in ihrer Arbeit „Towards an Analysis of Dicsourse" anhand eines initialen Samples von sechs Unterrichtsstunden in Lerngruppen von bis zu acht 10- bis 11-jährigen Schüler/-innen[16] ein System zur Analyse von gesprochenem Diskurs. Sie beschreiben ihre sprechakttheoretische Sichtweise auf Sprache als einen „functional approach to language" (Sinclair & Coulthard 1975: 3) im Halliday'schen Sinne und spezifizieren ihr Interesse als eines an der „function of utterances and the structure of discourse" (Sinclair & Coulthard 1975: 4). Ihr Forschungsinteresse ist dabei zunächst allein diskursanalytisch bedingt; die Fokussierung von Unterrichtsdiskurs nehmen sie nur vor, weil sie diesen als einen „more simple type of spoken discourse" (Sinclair & Coulthard 1975: 6) ansehen, was die Analyse vereinfache.[17] Ihr Analysesystem bezieht sich zunächst nur auf „teacher/pupil interaction" (Sinclair & Coulthard 1975: 6) und nicht auf andere unterrichtliche Interaktionsformen.

Im Folgenden wird die Kernstruktur ihres hierarchischen Analysessystems vorgestellt (vgl. Sinclair & Coulthard 1975: 19–60; vgl. auch die deutsche Übersetzung Sinclair & Coulthard 1977: 48–89); im Speziellen sollen Parallelen zur von Bellack et al. (1966) vorgestellten Kernzugfolge des Unterrichts herausgearbeitet werden. In den Ausführungen von Sinclair und Coulthard (1975: 19–60 und 1977: 48–89) werden jeweils immer Strukturelemente der einzelnen Stufen vorgestellt, deren strukturelle Kombinationsmöglichkeiten herausgearbeitet und zudem Funktionsklassen, die die jeweilige Stufe mit Hilfe von Elementen der darunterliegenden Stufe realisieren, benannt.

---

16 Hinsichtlich der Klassengröße kann ihr Setting damit als nicht realitätsnah und somit weniger ökologisch valide eingeschätzt werden.
17 Bak (1996: 29) kritisiert deswegen, dass so „der spezifische Zweck des UNTERRICHTSGESPRÄCHS unberücksichtigt" bleibe.

Stufe I: Lektion
Stufe II: Phase
Stufe III: Äußerungsfolge
Stufe IV: Schritt
Stufe V: Akt

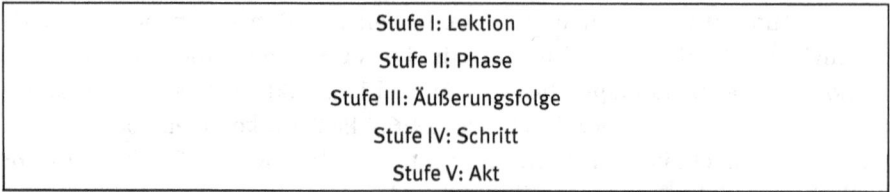

Abbildung 3: Grobstruktur des Analysesystems von Sinclair und Coulthard (1977: 54–57)

Die *erste, oberste Analyseebene* ist die der „*Lektion*", also die der Unterrichtsstunde, die aus einer „ungeordnete[n] Folge von Phasen" (Sinclair & Coulthard 1977: 55; vgl. Abbildung 3) besteht. Aus ihrem begrenzten Datenmaterial können die Autoren „keine bestimmte Einordnung von Phasen in Lektionen spezifizieren" (Sinclair & Coulthard 1977: 89).[18]

Die *zweite Analyseebene* ist somit die der „*Phase*" (Sinclair & Coulthard 1977: 54), die wiederum in die Strukturelemente „Vorbereitend (V)", „Zentral (Z)" und „Abschließend (A)" (Sinclair & Coulthard 1977: 54) untergliedert ist – wobei die abschließenden Strukturelemente fakultativ sind und eine Anzahl von 1+n zentraler Strukturelemente möglich ist. Die vorbereitenden und die abschließenden Strukturelemente einer Phase werden realisiert durch die „strukturierenden Äußerungsfolgen" der dritten Analyseebene, während die zentralen Strukturelemente der Phasen durch die „sachbezogenen Äußerungsfolgen" (Sinclair & Coulthard 1977: 55) der dritten Analyseebene realisiert werden.[19]

Auf der *dritten Analyseebene* der „Äußerungsfolgen" (Sinclair & Coulthard 1977: 55) sind im Vergleich mit dem Modell von Bellack et al. (1966) vornehmlich die sachbezogenen Äußerungsfolgen interessant. Sie sind nach Sinclair und Coulthard die „einzelnen Abschnitte, in denen die Unterrichtseinheit vorankommt" (Sinclair & Coulthard 1977: 79) und bestehen aus den Strukturelementen

---

18 Vgl. zur Kritik daran Becker-Mrotzek und Vogt (2009: 17).

19 Eine Spezifizierung einer Unterrichtsstunde auf der Ebene der *Phasen* nach Sinclair und Coulthard (1977) liegt z. B. für den Literaturunterricht mit den von Ramge (1980c: 16) beschriebenen „*Unterrichtsplänen*" vor, die er in der Kritik an die Nicht-Festlegung von Abfolgen von Unterrichtsphasen bei Sinclair und Coulthard (1977) in den Diskurs einführt. Er beschreibt und illustriert sechs aufeinanderfolgende Unterrichtspläne bei der Behandlung einer Fabel: 1) den fakultativen „*Hinführungsplan*" (Ramge 1980c: 18), 2) den obligatorischen „*Darbietungsplan*", 3) den fakultativen „*Vorklärungsplan*", 4) den obligatorischen „*Sinnklärungsplan*", 5) den obligatorischen „*Verallgemeinerungsplan*", 6) den fakultativen „*Zusammenfassungsplan*" und 7) den „*Füllplan*" (Ramge 1980c: 19). – Vgl. auch für einen Vorschlag von fünf Unterrichtsphasen Bak (1996: 119).

„Eröffnung (E)" – „Reaktion (R)" – „Feedback (F)" (Sinclair & Coulthard 1977: 55), oder im englischen Original „Initiation (I)" – „Response (R)" – „Feedback (F)" (Sinclair & Coulthard 1975: 26). Die kombinatorische Struktur einer sachbezogenen Äußerungsfolge geben Sinclair und Coulthard (1977: 55) folgendermaßen wieder:

„E (R) (F)".

Die Strukturelemente „Reaktion" und „Feedback" werden demnach als fakultativ angesehen. Das Strukturelement „Eröffnung" wird durch die eröffnenden Schritte der vierten Analyseebene realisiert, das Strukturelement „Reaktion" durch die antwortgebenden Schritte und das Strukturelement „Feedback" durch die auswertenden Schritte der vierten Analyseebene (vgl. Sinclair & Coulthard 1977: 55). In der englischen Originalversion wird der dritte Schritt etwas allgemeiner resp. unspezifischer als „Follow-up" (Sinclair & Coulthard 1975: 26) bezeichnet.

Die *vierte Ebene* bildet der „*Schritt*" (Sinclair & Coulthard 1977: 456). Die Schritte werden in fünf Typen unterdifferenziert: „[E]röffnende, antwortgebende und auswertende Schritte realisieren sachbezogene Äußerungsfolgen". Das bedeutet, dass diese ersten drei Typen von Schritten die Strukturelemente $E - R - F$ (resp. $I - R - F$) der sachbezogenen Äußerungsfolgen realisieren. Demgegenüber realisieren „[r]ahmensetzende und konzentrierende Schritte [...] strukturierende Äußerungsfolgen" (Sinclair & Coulthard 1977: 75). Die einzelnen Schritte setzen sich aus den Akten der niedrigsten Analyseebene zusammen. Sie sind jeweils bestimmt durch einen für den jeweiligen Schritt charakteristischen Kernakt sowie weitere Prä- und Postakte. Der eröffnende Schritt beispielsweise kann als Kernelemente einen auslösenden, einen anweisenden, einen informierenden oder einen Akt des sich Vergewisserns enthalten (vgl. Sinclair & Coulthard 1977: 56). Kernelemente des antwortgebenden Schritts können antwortende, ausführende und zur Kenntnis nehmende Akte sein, während der auswertende Schritt als Kernelement über einen bewertenden Akt verfügt (vgl. Sinclair & Coulthard 1977: 56).

Auf der *fünften und letzten Ebene* des Analysesystems werden also die (Sprech-)„Akte" (Sinclair & Coulthard 1977: 57) beschrieben: Diese „entsprechen am ehesten der grammatischen Einheit *Satz* (bzw. Teilsatz)" (Sinclair & Coulthard 1977: 57), sind aber nicht formal, sondern funktional bestimmt (vgl. Sinclair & Coulthard 1977: 57). Ein Anweiseakt beispielsweise müsse nicht unbedingt durch einen Imperativ realisiert werden, sondern sei auch als interrogative Struktur realisierbar (vgl. Sinclair & Coulthard 1977: 58). Insgesamt differenzieren die Autoren 22 Akte innerhalb ihres diskursanalytischen Systems (vgl. Sinclair & Coulthard 1977: 70–74), die die einzelnen, oft aus mehreren Akten zusammengesetzten Schritte realisieren.

Das Analysesystem von Sinclair und Coulthard (1975, 1977) erweist sich aufgrund seiner hierarchischen Struktur als deutlich differenzierter als das ältere von Bellack et al. (1966), denn es können nicht allein die eröffnenden, antwortgebenden und auswertenden Schritte betrachtet werden, sondern auch ihre Realisierung durch die kleinste Einheit des Aktes. Auch sie nehmen aber (in sachbezogenen Äußerungsfolgen) eine grundsätzlich dreischrittige Struktur des Unterrichtsdiskurses von Eröffnung, Reaktion und Feedback an (vgl. Sinclair & Coulthard 1977: 55; vgl. auch Becker-Mrotzek & Vogt 2009: 21). Dabei unterscheiden sie 11 Typen von sachbezogenen Äußerungsfolgen, in denen manchmal nur der Eröffnungsschritt (*E/I*) realisiert ist (wie in der *„Lehrer-Information"* E – (R), Sinclair & Coulthard 1977: 80), manchmal nur der Eröffnungs- und der Antwortschritt (*E – R – (F)*), wie bei der *„Lehrer-Anweisung"*, die die Schüler/-innen dazu bringen soll, „etwas [nicht-verbales, K. K.-S.] zu tun", oft aber auch alle drei Elemente (*E – R – F*), wie bei dem *„Lehrer-Auslöser"*, der „verbale Beiträge von Schülern herbeiführen" soll (Sinclair & Coulthard 1977: 81) und bei welchem „Feedback F ein obligatorisches Element" darstellt (Sinclair & Coulthard 1977: 81). Die lehrerseitige *„Vergewisserung"* (Sinclair & Coulthard 1977: 83) mit der Struktur *E – R – (F)* hat die Funktion, im Unterrichtsverlauf festzustellen, „wie gut die Schüler zurechtkommen" (Sinclair & Coulthard 1977: 83).[20] Die bisher beschriebenen Äußerungsfolgen sind *„freie [...] Äußerungsfolgen"*, bei denen der Eröffnungsschritt obligatorisch ist, während bei *„gebundene[n] Äußerungsfolgen"* (Sinclair & Coulthard 1977: 80) der Eröffnungsschritt fehlt oder keinen Kernelement-Akt des Auslösens, Anweisens, Informierens oder sich-Vergewisserns enthält. Denn die gebundenen Äußerungsfolgen beziehen sich auf eine vorangehende freie Äußerungsfolge. Sie ähneln den von Mehan (1979: 54; s. u.) herausgearbeiteten „extended sequences of interaction". Die gebundenen Äußerungsfolgen kommen in solchen Fällen zum Tragen, in denen die Lehrperson keine oder eine falsche Antwort auf eine Eröffnung erhält, Antworten sammelt oder wiederholend nachfragt (vgl. Sinclair & Coulthard 1977: 83–85).

Was die Autoren im Gegensatz zu Bellack et al. (1966) allerdings nicht leisten, sind quantitative Auswertungen ihres Datenmaterials – sie können somit keine Frequenzen von *E – R – F*-Äußerungsfolgen angeben. Ergänzungen des Modells stellen die sprechakttheoretische Untersuchung von Wiersing (1978) und die Studie von Faust-Siehl (1987) dar, welche das Modell von Sinclair und Coulthard

---

20 Sie unterscheiden ferner zwei schülerinitiierte sachbezogene Äußerungsfolgen: einen *„Schüler-Auslöser"*, der nur die Struktur *E – R* aufweist, da „der Schüler keine Rückmeldung abgibt" und die *„Schüler-Information"* (Sinclair & Coulthard 1977: 82), in der eine von den Schüler/-innen angebotene Information durch die Lehrperson bewertet wird.

(1975) „interpretierend auf die Entwicklung thematischer Strukturen" (Faust-Siehl 1987: 6) im Unterricht bezieht und modifiziert.

Mehan (1979) analysiert Unterrichtskommunikation aus Perspektive der „constitutive ethnography" (Mehan 1979: 16), ein Ansatz, in dem die Strukturierung der Interaktion durch die Partizipanten, also das „structuring", nicht separat von den sozialen Strukturen, den „structures" (Mehan 1979: 18), betrachtet wird. Unterrichtskommunikation fokussierend beschreibt er so in seinem ersten Analysekapitel zunächst „the structures of [classroom] lessons" (Mehan 1979: 35) und in einem weiteren Analysekapitel die „interactional work of the participants that assembles that structure" (Mehan 1979: 35), also *turn*-Allokations-Prozeduren (vgl. Mehan 1979: 84). Im Folgenden soll der Schwerpunkt auf die von Mehan (1979: 35) analysierte hierarchische und sequentielle *Struktur* der Unterrichtsstunden gelegt werden. Die hierarchische Struktur einer Unterrichtsstunde beschreibt nach Mehan (1979: 35) den Aufbau einer Unterrichtsstunde aus seinen spezifischen Komponenten, während die sequentielle Struktur sich auf das zeitliche Voranschreiten der Unterrichtsstunde bezieht. Empirische Basis seiner Analysen stellen neun Unterrichtsstunden (vgl. Mehan 1979: 26–28) in einem integrativen „first, second, and third grade classroom" (Mehan 1979: 25) dar. Die Schüler/-innen seines Korpus sind also deutlich jünger als die bei Bellack et al. (1966) und Sinclair und Coulthard (1975).

In der *sequentiellen Analyse* identifiziert der Autor „the basic initiation-reply-evaluation sequence[.]" (Mehan 1979: 28). Er pointiert aber deutlicher, stringenter, als dies Bellack et al. (1966) und Sinclair und Coulthard (1975) tun, diese Basissequenz des Unterrichtsdiskurses, indem er sie als Kombination zweier „adjacency pairs" (Mehan 1979: 54) beschreibt. Nach Schegloff und Sacks (1984) sind *adjacency pairs* durch folgende fünf Eigenschaften bestimmt:

(1) two utterance length
(2) adjacent positioning of component utterances
(3) different speakers producing each utterance
(4) relative ordering of parts (i. e. first pair parts precede second pair parts)
(5) discriminative relations (i. e. the pair type of which a first pair part is a member is relevant to the selection among second pair parts). (Schegloff & Sacks 1984: 74)

Schegloff (1968: 1083) arbeitet mit dem verwandten Konzept der *konditionellen Relevanz* („conditional relevance"):

By conditional relevance of one item on another we mean: given the first, the second is expectable; upon its occurrence it can be seen to be a second item to the first; upon its nonoccurrence it can be seen to be officially absent – all this provided by the occurence of the first item. (Schegloff 1968: 1083)

Der zweite Paarteil eines *adjacency pairs* ist also als erwartbar (als konditionell relevant) anzusehen, wenn der erste Paarteil realisiert wurde. Das typische Beispiel für ein *adjacency pair* aus alltäglicher Kommunikation ist *Gruß – Gegengruß*. Für die Unterrichtsinteraktion arbeitet Mehan (1979: 54) folgende *adjacency-pair*-Struktur heraus:

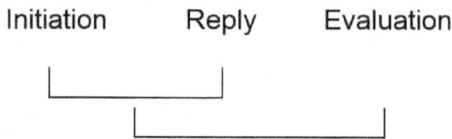

Initiation   Reply   Evaluation

Abbildung 4: *adjacency pairs* in Unterrichtskommunikation nach Mehan (1979: 54)

Das erste *adjacency pair* bilden die Initiierung („Initiation") und die Antwort („Reply"). Das zweite *adjacency pair* wird gebildet aus dem ersten Paar gemeinsam und der Evaluierung („Evaluation"), die damit den „second pair part" bildet. Mehan (1979) betont, dass die „Evaluation" sich nicht allein auf das „Reply" bezieht, sondern „is an act that positively evaluates the completion of the initiation-reply pair" (Mehan 1979: 54).

Mehan (1979) macht, im Gegensatz zu Sinclair und Coulthard (1975), auch Aussagen zur Dominanz dieser interaktionalen Sequenz:

> The three-part sequential pattern predominates in teacher-initiated interaction in the nine lessons in this corpus. [...] Overall, 53 percent of all teacher-initiated sequences conform to this interactional pattern. (Mehan 1979: 54)[21]

In seiner Beschreibung dieser Sequenz als zweifaches *adjacency pair*, in dem konditionelle Relevanzen die Erwartbarkeit des jeweils zweiten Paars vorhersagen, nimmt er diese Sequenz als Standardfall an, von der Abweichungen eine interaktionale Begründung haben müssen (vgl. Mehan 1979: 187). Deswegen führt Mehan das Konzept der „extended sequences of interaction" (1979: 54) ein und beschreibt drei solcher expandierter Sequenzen, die bei fehlenden, falschen oder nur teilweise richtigen schülerseitigen Antworten genutzt werden: „*[p]rompting replies*", „*[r]epeating elicitation*" und „*[s]implifying elicitation*" (Mehan 1979: 55, 56, 59). Beim „*[p]rompting replies*" versucht die Lehrperson mit einem „Wink"

---

21 Dass Mehans (1979) Ergebnisse aber teilweise durch nicht stringente Klassifizierungen getrübt sein könnten, merkt Bak (1996: 34–35) an.

(terminologisch hier nach Ehlich & Rehbein 1986: 16–17) nach falschen oder nur teilweise richtigen Antworten der Schüler/-innen die richtige Antwort aus ihnen hervorzulocken (vgl. Mehan 1979: 55). Sie kann im Fall von falschen oder nur teilweise richtigen Antworten auch die Elizitierung wiederholen oder sie simplifizieren. Für Mehan sind so positive und negative Bewertungen funktional deutlich ausdifferenziert: Während die positive Evaluierung als terminaler Akt angesehen werden kann, stellen negative Evaluierungen, das Geben von Hinweisen („prompting") und fehlende Evaluierung „continuation acts" (Mehan 1979: 64) dar.

In der Analyse der *hierarchischen Struktur* einer Unterichtsstunde zeigen sich bei Mehan (1979) ähnliche Ansätze wie bei Sinclair und Coulthard (1977: 88–89). Er identifiziert ebenfalls drei „component parts" einer Unterrichtsstunde: „an opening phase, an instructional phase, and a closing phase" (Mehan 1979: 36). Bak (1996: 33) bezeichnet allerdings diese Einteilung als „trivial, denn jedesmal, wenn etwas, was es auch immer sein mag, geschieht, hat dieser Prozeß Anfang, Mitte und Ende." Die „instructional phase" ist eine Abfolge von mehreren *„topically related sets"* (Mehan 1979: 65), also mehreren jeweils thematisch zusammenhängenden Sequenzen. Eine dieser Sequenzen bildet dabei die „basic sequence" (Mehan 1979: 65), in der das Thema etabliert wird, und weitere sogenannte „conditional sequences" (Mehan 1979: 65) können folgen, in denen das Thema weiterführend bearbeitet wird. Diese „basic" und „conditional sequences" bestehen jeweils wiederum aus mehreren „instructional sequences" (Mehan 1979: 74), die aus den einzelnen *I – R – E*-Sequenzen gebildet werden (vgl. Mehan 1979: 74).

Auch in dem von Ehlich und Rehbein (1986) in ihrer auf exemplarischen Analysen basierenden Monographie *Muster und Institution* beschriebenen, komplexen Muster *„Aufgabe-Stellen/Aufgabe-Lösen"* (Ehlich & Rehbein 1986: 14) ist im Kern die dreischrittige interaktionale Sequenz zu erkennen. Bevor sie allerdings herausgearbeitet werden kann, müssen einige Grundüberlegungen der Autoren vorgestellt werden. Ihre Ausgangsfeststellung ist, dass in der Schule aufgrund der Bedingungen des *„„akzelerierten Wissenserwerb[s]""* (Ehlich & Rehbein 1986: 13) die Schüler/-innen kaum mit dem Verfahren des Problemlösens konfrontiert werden. Sie würden nicht „in die problematische Situation selbst" hineinversetzt (Ehlich & Rehbein 1986: 13), sondern bestenfalls im Modus der *Simulation* an der Problemlösung teilnehmen (vgl. Ehlich & Rehbein 1986: 13). Aber auch dies sei in unserer „Gesellschaft[..] mit hochentwickelten common-knowledge-Systemen" (Ehlich & Rehbein 1986: 13) „zu umständlich". Daraus resultiert, dass die Schüler/-innen die verschiedenen Stadien des Problemlösens von der „Problemkonstellation" bis zur „Lösung" (Ehlich & Rehbein 1986: 11; siehe linke Spalte in Tabelle 22) nicht vollständig durchlaufen (vgl. Ehlich & Rehbein 1986: 13), sondern dass die einzelnen Positionen in spezifischer Weise auf „Aufgabensteller

(also de[n] Lehrer)" (Ehlich & Rehbein 1986: 14) und „*Aufgabenlöser* (Schüler)"
(Ehlich & Rehbein 1986: 15) verteilt sind (vgl. Tabelle 22).

Aus Tabelle 22 geht hervor, dass die Schüler/-innen den Lösungsweg eigenständig finden und die Lösung präsentieren sollen, ohne die vorgängigen Schritte
des Problemlösens durchgeführt zu haben, die allein der Lehrperson zugänglich
sind. Aber auch die Lehrperson muss diese Schritte nicht durchführen, sondern
verfügt schon über sie. Folglich möchten die Autoren auch nicht vom Problemlösen in der Schule sprechen, sondern vom „Muster *Aufgabe-Stellen/Aufgabe-Lösen
in der Schule*" (Ehlich & Rehbein 1986: 14), welches in Abbildung 5 dargestellt ist.
Die in der Abbildung aufgeführten Elemente nennen die Autoren „*Pragmem[e]*",
die sowohl „mentale Handlungen", „Entscheidungsknoten", „Interaktionen" als
auch „körperliche Aktionen" umfassen (Ehlich & Rehbein 1986: 15). Abbildung
5 teilt sich so in einen mentalen Bereich von Sprecher vs. Hörer und in einen
gemeinsamen interaktionalen Bereich auf, wodurch sich diese Darstellung der
Unterrichtsinteraktion von den bisher vorgestellten abhebt.

Tabelle 22: Aufteilung der Positionen des Problemlösens auf Aufgabensteller und Aufgabenlöser nach Ehlich und Rehbein (1986: 11–15)

Problemlösen	Aufgabe stellen (Lehrperson)	Aufgabe lösen (SuS)
(a) Problemkonstellation (Handlungswiderstand)	verfügt über	–
(a') konkrete Negation	nicht nötig	(k. A.)
(b) Zielsetzung	kennt	–
(c) Konsultation (Befragung des Wissens)	(k. A.)[22]	(k. A.)
(d) Zerlegung	verfügt über	–
(e) Planbildung	muss nicht	(k. A.)
(f) Lösungswege	verfügt über, keine Probe-handlungen nötig	sollen eigenstän-dig finden
(g) Lösung	verfügt über	sollen präsen-tieren

---

22 Hierzu machen Ehlich und Rehbein (1986: 14–15) keine Angabe; aber sicher ist der Schritt
der Vorwissensbefragung aufseiten des Aufgabenstellers nicht notwendig. Auch auf Schülerseite

Überzeugend an der Darstellung in Abbildung 5 ist ihre regelkreisartige rekursive und iterative Struktur, die sie wiederum unterscheidet von den zuvor vorgestellten Überlegungen von Bellack et al. (1966), Sinclair und Coulthard (1975) und Mehan (1979). In dieser Darstellung sind die Überlegungen von Sinclair und Coulthard (1975: 53) zu den „bound exchange[s]" sowie von Mehan (1979: 54) zu den „extended sequences of interaction" gewissermaßen schon enthalten. Das heißt, dass das Muster *Aufgaben-Stellen/Aufgaben-Lösen* nicht allein die dreischrittige interaktionale Sequenz des Unterrichts umfasst, sondern mehrere der expandierten Formen. Die Kernelemente der dreischrittigen interaktionalen Sequenz im Muster sind zum einen die lehrerseitige „Aufgabenstellung" in eröffnender Position, der „Lösungsversuch" durch die Schüler/-innen in respondierender Position und die wiederum lehrerseitige positive oder negative „Einschätzung" in evaluierender Position. Der evaluierende Schritt ist somit gegenüber den vorhergehenden Modellen ausdifferenziert. Die expandierten Formen bestehen in der „Aufgabenstellung mit Wink" oder der „Aufgabenwiederholung", die jeweils bei einer lehrerseitigen „negative[n] Einschätzung" (Ehlich & Rehbein 1986: 16) relevant werden. Diese kann zum einen durch schülerseitiges „Schweigen" oder zum anderen durch einen nicht vollständigen oder adäquaten „Lösungsversuch" verursacht werden.

Zudem beschreiben Ehlich und Rehbein (1986: 20–29) zwei Formen, die sich als Folge der Abwandlung des Problemlösens in das Aufgaben-Stellen/Aufgaben-Lösen ergeben: Das fehlende Verfügen der Schüler/-innen über die meisten Positionen des Problemlöseprozesses kann darin resultieren, dass sie nur noch die „*Lösung abliefern*" (Ehlich & Rehbein 1986: 25). Dieses Phänomen erkenne man daran, dass die betreffenden Schüler/-innen „auf die Kontinuität der Aufmerksamkeitsorientierung verzichten" und nur „gelegentlich ihre Anwesenheit im offiziellen Handlungsraum dokumentieren" (Ehlich & Rehbein 1986: 25), sich ansonsten aber dem „Nebendiskurs" (vgl. z. B. Redder 1984: 139; vgl. auch oben Abschn. 2.1) zuwenden. Als Abwandlung des Musters bei mehrmals gescheitertem Lösungsversuch beschreiben Ehlich und Rehbein (1986: 26) die „Lehrer-*Assertion*": Sowohl ein sehr häufiger Neustart des Musters bei gescheiterten Lösungsversuchen als auch ein Abbrechen des Musters wäre für den akzelerierten Wissenserwerb dysfunktional (vgl. Ehlich & Rehbein 1986: 28). Stattdessen zeigen Ehlich und Rehbein (1986: 28) an einem Analysebeispiel, dass in diesem Fall die „*Mitteilung der Lösung*" durch die Lehrperson stattfinden kann, was aber wiederum das eigenständige Finden einer Lösung durch die Schüler/-innen behindere.

---

machen Ehlich und Rehbein (1986: 15) zu einigen Positionen keine Aussage (siehe rechte Spalte); aber auch bei diesen ist davon auszugehen, dass die Schüler/-innen sie nicht durchlaufen müssen.

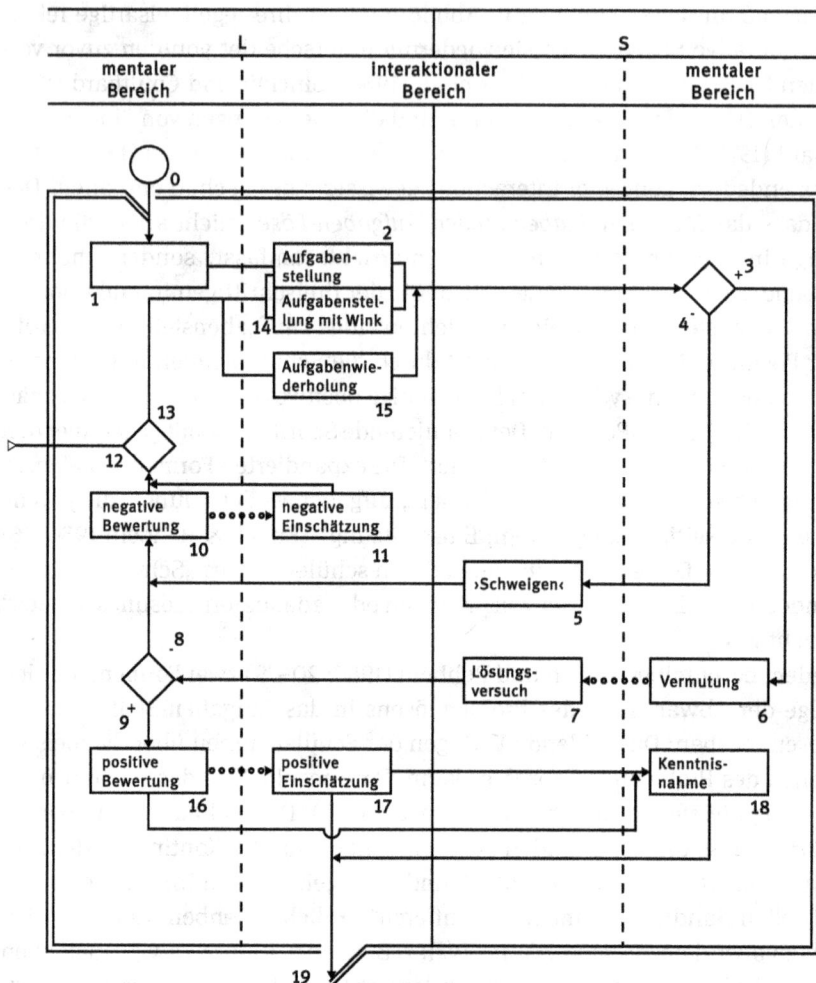

Abbildung 5: Das Muster *Aufgabe-Stellen/Aufgabe-Lösen* aus Ehlich und Rehbein (1986: 16)

Ehlich und Rehbein (1986) arbeiten zudem weitere unterrichtliche Handlungsmuster heraus, wie den oben schon erwähnten *Lehrervortrag mit verteilten Rollen* (Ehlich & Rehbein 1986: 59–87; vgl. auch Abschn. 4.2). In diesem ist die dreischrittige interaktionale Sequenz des Unterrichts nicht so problemlos zu identifizieren, wohl aber die ersten beiden Strukturpositionen der Elizitierung, die durch die REGIEFRAGE besetzt wird, und der darauffolgenden Antwort (vgl. Ehlich & Rehbein: 1986: 73). Wenn man aber statt des von Ehlich und Rehbein (1986) abstrahierten Handlungsmusters das von ihnen analysierte Beispiel, das sich im Anhang ihrer Monographie auf den Seiten 1*-62* befindet, betrachtet, kann man feststellen, dass die Abstraktion durch die Forscher den jeweiligen Feedback-Schritt übergeht. Denn dieser ist in dem betrachteten Transkript sehr wohl zu finden, z. B. in dem „Gut!" der Lehrperson auf S. 24*, Transkriptfläche 4. Im Muster *„Rätselraten [...] in der Schule"*, das sich aus dem Vergleich mit dem außerschulischen Handlungsmuster *„Rätselraten als Spiel"* (Ehlich & Rehbein 1986: 30) ergibt, finden sich die Positionen der dreischrittigen interaktionalen Sequenz wiederum expliziter (vgl. auch die Autoren selbst, 1986: 53). Auch wenn beim Rätselraten in der Schule viele weitere Pragmeme zu finden sind, findet sich in initiierender Position das lehrerseitige „Rätselstellen", in antwortender Position wiederum der „Lösungsversuch" durch die Schüler/-innen und in evaluierender Position die lehrerseitige „Bestätigung" oder „Ablehnung" des Lösungsversuchs (vgl. Ehlich & Rehbein 1986: 55).

In Tabelle 23 sind abschließend die von Bellack et al. (1966), Sinclair und Coulthard (1975), Mehan (1979) und Ehlich und Rehbein (1986) herausgearbeiteten bzw. in ihren Modellen erkennbaren Beschreibungen der dreischrittigen interaktionalen Sequenz des Unterrichts vergleichend zusammengefasst.

Tabelle 23: Von unterschiedlichen Forschern beschriebene dreischrittige interaktionale Sequenz des Unterrichts

Bellack et al. (1966)	Soliciting (SOL)	Responding (RES)	Reacting (REA)
Sinclair & Coulthard (1975)	Initiation (I)	Respond (R)	Feedback (F)
Mehan (1979)	Initiation (I)	Reply (R)	Evaluation (E)
Ehlich & Rehbein (1986) (Aufgabe-Stellen/Aufgabe-Lösen)	Aufgabenstellung	Lösungsversuch	positive/negative Einschätzung
Ehlich & Rehbein (1986) (Rätselraten in der Schule)	Rätselstellen	Lösungsversuch	Bestätigung/ Ablehnung

Im folgenden Abschnitt sollen aktuelle Studien zur Dreischrittzugfolge (Bak 1996; Richert 2005; Lüders 2003; Lemke 1990; Wells 1993) in den Blick genommen werden, um untersuchen zu können, ob sie auch im aktuellen Unterrichtsdiskurs vorherrscht.

4.3.2 Aktuelle Untersuchungen zur dreischrittigen interaktionalen Sequenz

Bak (1996) konturiert aus Perspektive der Dialoggrammatik (vgl. Bak 1996: 63) und auf sprechakttheoretischer Basis die „Zugkonstellation des LEHRERFRAGE-SCHÜLERANTWORT-Sequenzmusters" (Bak 1996: 122; siehe Abbildung 6) für die „Themenbehandlungsphase" (Bak 1996: 119) im Unterricht.[23] Sein Ausgangspunkt ist dabei die „FRAGEHANDLUNG als […] zentrale[.] Handlung im Unterricht" (Bak 1996: 94).

Es ist auch hier zu erkennen, dass die dreischrittige interaktionale Sequenz des Unterrichts bei einer schülerseitigen „ANTWORT" den Kern seines Modells ausmacht. Bei einer „NICHT-ANTWORT" oder „NACHFRAGE" werden andere lehrerseitige Handlungsmöglichkeiten als die positive oder negative „BEWERTUNG" durch die Lehrperson relevant: Die Lehrperson kann selbst die Antwort geben („LEHRERANTWORT") – dies entspräche der „Lehrer-*Assertion*" bei Ehlich und Rehbein (1986: 26). Es ist auch eine „Wiederholung der LEHRERFRAGE" oder die „ANTWORT eines anderen Schülers" denkbar. Im Anschluss an die schülerseitige „NACHFRAGE" führt Bak (1996: 122) als einzige Handlungsmöglichkeit die verständnissichernde „Wiederholung der LEHRERFRAGE" auf. Dadurch tritt sein Modell hier allerdings hinter das von Ehlich und Rehbein zurück, die zudem noch die „Aufgabenstellung mit Wink" (Ehlich & Rehbein 1986: 16) vorsehen. Demgegenüber beschreibt er die positive bzw. negative „BEWERTUNG" solchermaßen, dass sie vor allem durch die Sprechhandlungen der „AKZEPTIERUNG oder ZURÜCKWEISUNG der SCHÜLERANTWORT" konstituiert sind und weniger durch „LOB und TADEL" (Bak 1996: 134). Denn erstere seien obligatorische Elemente des jeweiligen Zugs, während letztere fakultative Elemente darstellten (vgl. Bak 1996: 134). Zudem sind die Anschlussmöglichkeiten an den dritten Zug bei Bak (1996: 122) stärker ausdifferenziert. Auf eine „negative BEWERTUNG" kann eine „KORREKTUR" folgen; diese könne den dritten Zug sogar ersetzen (vgl. Bak 1996: 136). M. E. kann aber eine „negative BEWERTUNG" der Schülerantwort auch (implizit) durch eine „KORREKTUR" ausgedrückt werden. Nach einer „positive[n] BEWER-

---

23 Ergänzend ist hervorzuheben, dass er auch ein „SCHÜLERFRAGE-LEHRERANTWORT-Sequenzmuster" (Bak 1996: 147) herausarbeitet.

TUNG" stehen der Lehrperson die Möglichkeiten der „FORTFÜHRUNG" des Unterrichtsgesprächs mit einem neuen Thema, der vertiefenden „EXPLIKATION" desselben Diskursgegenstands oder auch der „WIEDERHOLUNG" offen.

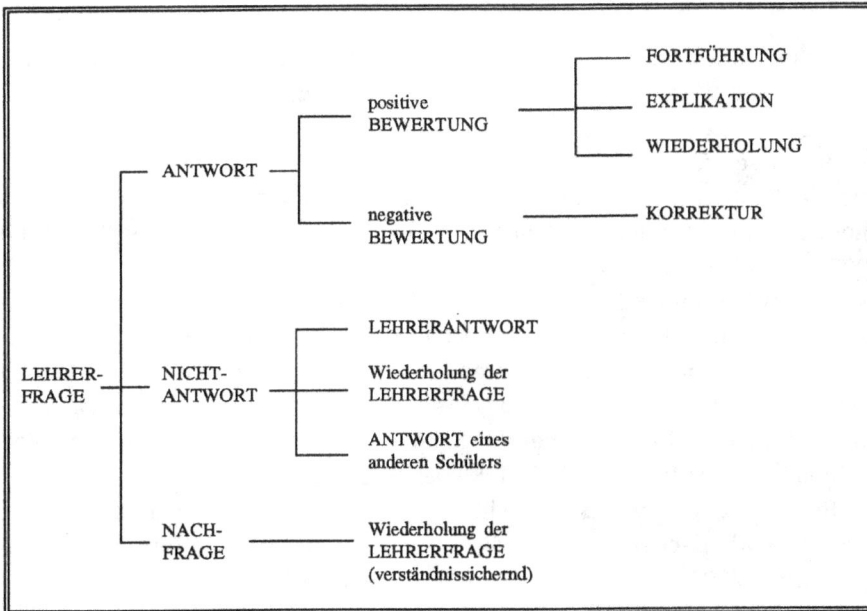

Abbildung 6: Zugkonstellation des LEHRERFRAGE-SCHÜLERANTWORT-Sequenzmusters aus Bak (1996: 122)

Baks (1996: 122) Ergänzung der vorherigen Modelle besteht zum einen in der Integration der schülerseitigen „NACHFRAGE" sowie der lehrerseitigen Handlungsmöglichkeiten nach dem dritten Zug. Quantitative Ergebnisse zur vor allem deduktiv abgeleiteten Zugsequenz (vgl. Bak 1996: 164) stellt er aber nicht dar, nutzt jedoch als „Untersuchungsmaterial" (Bak 1996: 5) zur exemplarischen Illustration seines Modells 14 Unterrichtsstunden in drei verschiedenen Klassen (mit 9–11-, 12–14- und 15–17-jährigen Schüler/-innen) einer koreanischen Schule in Hamm (Westfalen) (vgl. Bak 1996: 2, 5).

Quantitative aktuellere Ergebnisse liefert die Studie von Richert (2005), die explizit „an die bedeutende Theorietradition von Bellack et al. (1974), Sinclair & Coulthard (1977) und Mehan (1979)" (Richert 2005: 150) anknüpft und mit einem nach Bellack et al. (1974) modifizierten Kategoriensystem arbeitet (vgl. Richert 2005: 109). Für sie ist zunächst

[f]raglich [...], ob in Folge der Weiterentwicklung von Unterrichtsmethoden und Lernmedien, die den Schülern deutlich erweiterte Gestaltungsmöglichkeiten für ihr unterrichtliches Lernen erschließen, auf der mikroanalytischen Ebene Veränderungen zu den Unterrichtsverläufen der 60er und 70er Jahre des letzten Jahrhunderts nachweisbar werden. (Richert 2005: 105)

Insgesamt bezieht sie „22 Unterrichtsstunden aus unterschiedlichen Fächern" (Richert 2005: 111) in ihre Studie mit ein – genauer aus Religionsunterricht in der 6. Klasse, Deutschunterricht in 5., 6. und 7. Klassen, Mathematikunterricht in 5., 7. und 8. Klassen sowie Biologieunterricht in 7. Klassen (vgl. Richert 2005: 111, 114). Auch in dieser aktuelleren Studie wird eine Dominanz der $I – R – E$-Sequenz in allen Fächern festgestellt, welche „66 % aller berücksichtigten Tripel" (Richert 2005: 129), also aller berücksichtigten Dreierschritte, ausmache. Am zweithäufigsten ist die Sequenz I (lehrerseitig) – R (schülerseitig) – R (schülerseitig) (vgl. Richert 2005: 129). Es ergeben sich aber auch Fächerdifferenzen dergestalt, dass die $I – R – E$-Sequenz im untersuchten nicht-naturwissenschaftlichen Unterricht (Deutsch und Religion) ein höheres mittleres Auftreten aufweist als im Biologieunterricht, und in diesem wiederum ein höheres mittleres Auftreten als im untersuchten Mathematikunterricht (vgl. Richert 2005: 130).

Sie zeigt außerdem, dass auf Lehrerseite initiierende gegenüber reagierenden Schritten vorherrschen, während sich das Verhältnis auf Schülerseite umkehrt (vgl. Richert 2005: 127) – ein Beleg für die Rolle der Schüler als „antwortgebende und reagierende Interaktionspartner" (Richert 2005: 166). Richert relativiert die Ergebnisse ihrer Untersuchung jedoch dahingehend, „dass vor allem Unterricht mit ausgedehnten Instruktionsphasen analysiert wird [...], so dass nur bedingt Aussagen über Unterricht in seiner ganzen Methodenvielfalt möglich sind" (Richert 2005: 133).

Lüders (2003) fokussiert in seiner Studie die „Unterrichtssprache in höheren Schulklassen der Sekundarstufe I" (Lüders 2003: 12) – sechs Transkripte von Deutschunterricht in zwei 10. Klassen an Gesamtschulen (vgl. Lüders 2003: 211) – mit der Begründung, dass höhere Jahrgangsstufen in den bisherigen Beschreibungen des Unterrichtsdiskurses vernachlässigt wurden (vgl. Lüders 2003: 12).[24] Seine Zielsetzung formuliert er wie folgt:

Es soll geprüft werden, ob der Unterrichtsdiskurs in höheren Schulklassen möglicherweise komplexere oder gar völlig andere als die bisher bekannten Strukturmerkmale aufweist. (Lüders 2003: 12)

---

[24] M. E. stellt unter den klassischen Studien die Studie von Bellack et al. (1966) aber eine Ausnahme dar, da sie „10th and 12th grade students" (Bellack et al. 1966: 9) einbezieht.

Seine Analysen konzentrieren sich auf die Phasen des Unterrichtsdiskurses, die *I – R – F*-Sequenz nach Sinclair und Coulthard (1977) sowie das „Partizipations-verhalten der Schüler" (Lüders 2003: 210). Für die letzten beiden Aspekte sollen hier die Hauptergebnisse seiner Studie referiert werden.

In vier der untersuchten Unterrichtsstunden kommen „Phasen der Gruppen-, Partner- oder Einzelarbeit" (Lüders 2003: 224) vor. Dessen ungeachtet ist aber die *I – R – F*-Sequenz in allen untersuchten Unterrichtsstunden feststellbar (vgl. Lüders 2003: 226):

> Trotzdem spielt die zyklische Reinitiierung des Initiation-Response-Feedback-Musters auch in diesen Unterrichtsstunden eine entscheidende Rolle, und zwar jeweils im Vorfeld der Gruppen-, Partner- oder Einzelarbeit oder im Zusammenhang mit den an diese Arbeitspha-sen anschließenden Phasen der Ergebnissicherung. (Lüders 2003: 226)

Er schließt daraus auf „die Unverzichtbarkeit des Unterrichtsgesprächs für die Themenkonstitution im Unterricht" (Lüders 2003: 245). Es kommen sowohl einfache (also dreizügige) als auch expandierte *I – R – F*-Sequenzen vor (vgl. Lüders 2003: 226), wobei die einfachen *I – R – F*-Sequenzen leicht überwiegen (vgl. Lüders 2003: 247). Leider gibt er hier keine genauen quantitativen Werte an. Er schreibt allein, dass „die expandierten Sequenzen in allen aufgezeichne-ten Stunden zusammengenommen etwas weniger als die Hälfte aller IRF-Sequenzen in Instruktionsphasen ausmachen" (Lüders 2003: 247). Man kann hier also von Werten von etwas mehr als 50 % für die einfachen *I – R – F*-Sequenzen ausge-hen. Zusätzlich zu den von Sinclair und Coulthard (1977: 80) schon beschriebe-nen „*gebundene[n]* Äußerungsfolgen" identifiziert er fünf weitere, die er als spe-zifisch für den Unterricht in höheren Jahrgangsstufen interpretiert. Im Vergleich der Studie von Lüders (2003) mit den zuvor beschriebenen Studien kann also eine indirekte Entwicklungs-/Veränderungsperspektive des Unterrichtsdiskurses von jüngeren zu höheren Jahrgangsstufen konturiert werden. Folgende zusätzliche, komplexe expandierte Sequenzen, die allesamt „höhere Anforderungen an die kognitiven Fähigkeiten und die Aufmerksamkeit der Schüler stellen" (Lüders 2003: 245), unterscheidet er:

1. „*IRF-Sequenzen mit implizit positiven Akzeptierungen*" (Lüders 2003: 227): Bei diesen fehlt das explizite Lehrerfeedback, das ersetzt wird durch einen neuen Lehrer-Auslöser, welcher von Lüders (2003: 227) als implizite Realisierung der Akzeptierung des vorangehenden Schülerbeitrags interpretiert wird. Dadurch würde der „Übergang von einem topikalischen Aspekt des Unterrichtsthemas zum nächsten" (Lüders 2003: 245) akzeleriert, was eine erhöhte Aufmerksam-keitsleistung der Schüler/-innen zur Folge habe (vgl. Lüders 2003: 245) und „schlussfolgernde[s] Denken[.]" (Lüders 2003: 246) von ihnen verlange.

2. „*IRF-Sequenzen mit zurückliegenden Auslösern*" (Lüders 2003: 229): Hier liegt der Lehrer-Auslöser schon einige Zeit und einige Schritte vor der schülerseitigen Reaktion. Solche Sequenzen treten vor allem bei „mehrgliedrige[n] Frage[n]" (Lüders 2003: 229) auf. Auf Schülerseite setzt eine solche zeitlich verzögerte Reaktion ein Erinnern des urprünglichen Auslösers voraus und verlangt ebenfalls eine erhöhte Aufmerksamkeitsleistung (vgl. Lüders 2003: 246).

3. „*IRF-Sequenzen mit Wieder-Eröffnung 3*" (Lüders 2003: 232): Während die Voraussetzung für die Wieder-Eröffnung 1 und 2 bei Sinclair und Coulthard (1977) fehlende, unvollständige oder sachlich falsche Schülerantworten sind, zeichnet sich die Wieder-Eröffnung 3 nach Lüders (2003: 232–233) dadurch aus, dass sie nicht genügend elaborierte, „zu wenig differenzierte" Schülerantworten zum Ausgang nimmt und ihre „Elaboration" (Lüders 2003: 233) verlangt. Die sprachliche und/oder inhaltliche Komplexität/Differenziertheit/Integration der Schüleräußerung soll also gesteigert werden. Von 138 Wieder-Eröffnungen werden allein „22 auf der Basis einhelfender Akte" (Lüders 2003: 246) gestellt, also mit Vereinfachung der Aufgabenstellung durchgeführt, während 88 der Wiedereröffnungen auf demselben kognitiven Niveau verbleiben und 28 sogar im Rahmen der Wieder-Eröffnung 3 ein höheres kognitives Niveau der Schülerantwort verlangen (vgl. Lüders 2003: 246–247). Lüders (2003: 247) vergleicht seine Analysen mit denen von Mehan (1979: 55) für den Grundschulunterricht, der als expandierte Sequenzen solche des „Herausfragens", der Fragewiederholung oder Vereinfachung ansieht.

4. „*Diskontinuierliche IRF-Sequenzen*" (Lüders 2003: 236): Diese Sequenzen sind „durch das Einschieben von Exkursen oder durch die Einschachtelung von IRF-Sequenzen zu Subaspekten des in Rede stehenden Themas" (Lüders 2003: 236) bestimmt. Es besteht auch hier die Anforderung an die Schüler/-innen, „den roten Faden des Unterrichtsgesprächs nicht verloren [zu] haben" (Lüders 2003: 246).

5. „*Moderation*" (Lüders 2003: 240): Statt des Feedback-Schritts wird ein „moderierende[r] Akt des Lehrers" (Lüders 2003: 240) eingesetzt, durch den die Schüler/-innen zu weiteren Stellungnahmen zu vorangehenden Schüleräußerungen aufgefordert werden. Dieser bezieht sich referierend oder analysierend auf die vorangehenden Schülerantworten (vgl. Lüders 2003: 240). Mit dieser gebundenen Sequenz wird der Epistemisierungsparameter der „*Perspektivität*" (Pohl 2016: 64) relevant, denn die Schüler/-innen werden dazu aufgefordert, „zusätzliche[.] und ggf. abweichende[.] Perspektiven auf denselben Gegenstand" (Pohl 2016: 64) wahrzunehmen. Lüders (2003: 244) selbst schließt, „dass das Unterrichtsgespräch durch die Ausführung moderierender Akte [...] graduell diskursähnliche Züge, im Sinne eines normativen Diskursbegriffs, annimmmt."

Hinsichtlich des Partizipationsverhaltens der Schüler/-innen höherer Jahrgangs-stufen stellt Lüders (2003: 260) hingegen fest, dass freie Schüleräußerungen, die nicht durch einen Lehreraufruf *veranlasst* sind, vor allem in *einer* der beiden untersuchten Klassen vorkommen, also klassenspezifisch ausgeprägt sind. Sie sind ferner in den meisten Fällen als Einwortäußerungen, „einfache[.] Nachfra-gen zum Unterrichtsthema" (Lüders 2003: 260) oder als organisatorische Fragen realisiert. Dies bestätige die bisherigen Befunde der Unterrichtsinteraktionsfor-schung zur reaktiven resp. passiven Schülerrolle im Unterricht (vgl. Lüders 2003: 260). Die als „*Kommentare*" (Lüders 2003: 249) klassifizierten freien Schüleräu-ßerungen haben den „Charakter von Unterrichtsstörungen", zeichnen sich aber dadurch aus, dass in ihnen ein „reflexives oder u. U. sogar strategisches Ver-halten zu den Strukturen und Funktionen der Unterrichtssprache" aufscheint – eine besonders „komplexe kognitive Leistung [...] formal-operationalen Denkens" (Lüders 2003: 261).

Mit einem zusammenfassenden Blick auf Lüders Studie ist festzuhalten, dass er einerseits deutliche Ähnlichkeiten der Grundstruktur des Unterrichtsdiskurses in jüngeren und höheren Jahrgangsstufen hinsichtlich der Dominanz der *I – R – F*-Sequenz und des Partizipationsverhaltens der Schüler/-innen feststellt, ande-rerseits aber „strukturelle Differenzen zwischen Unterrichtsdiskursen in höheren und unteren Schulklassen" (Lüders 2003: 245) erkennt, v. a. was die Struktur der expandierten Sequenzen betrifft. Die Tragweite seiner Ergebnisse einschrän-kend muss aber beachtet werden, dass er selbst keinen Unterricht in jüngeren Jahrgangsstufen betrachtet, sondern sich diesbezüglich auf Ergebnisse anderer Studien bezieht, so dass die Vergleichbarkeit reduziert ist.

Abschließend seien einige aktuellere Ausführungen zur dreischrittigen inter-aktionalen Sequenz aus dem angelsächsischen Raum berücksichtigt. Lemke (1990) hat die dreischrittige interaktionale Sequenz als „Triadic Dialogue" (1990: 8) beschrieben, die sich für ihn folgendermaßen darstellt (vgl. auch Lemke 1989: 19–20):

[Teacher Preparation]
Teacher Question
[Teacher Call for Bids (Silent)]
[Student Bid to Answer (Hand)]
[Teacher Nomination]
Student Answer
Teacher Evaluation
[Teacher Elaboration]
(Lemke 1990: 8).

Man erkennt, dass Lemke auch *turn*-Allokations-Prozeduren mit in die Beschreibung des *Triadic Dialogue* einbezieht. Nur die fettgedruckten Schritte stellen jedoch die Kernstrukturen des *Triadic Dialogue* dar, die anderen sind optional (vgl. Lemke 1990: 8). Lemke kritisiert den *Triadic Dialogue* vor allem wegen der durch ihn repräsentierten Lehrerdominanz stark, denn seine Regeln „favor the power of the teacher" (Lemke 1990: 11):

> But teachers don't usually deviate from Triadic pattern because maintaining it gives the teacher many advantages. In this structure teachers get to initiate exchanges, set the topic, and control the direction in which the topic develops. They get to decide which students will answer which questions and to say which answers are correct. We have seen that they can even decide which answers will count as legitimate Answer [sic!]. In contrast, students have little or no opportunity for initiative, for controlling the direction of the discussion, or for contesting teacher prerogatives under Triadic Dialogue. (Lemke 1990: 11)

Er arbeitet am Beispiel des naturwissenschaftlichen Unterrichts u. a. das deutlich seltenere Muster der „Teacher-Student Debate" (Lemke 1990: 29) heraus, das mit einem schülerseitig ausgedrückten und nicht lehrerseitig initiierten Widerspruch beginnt. Trotzdem konstatiert er: „Teachers do usually have the last word in these Debates [...]" (Lemke 1990: 44). Seine Arbeit zeichnet sich dadurch aus, dass er zudem noch weitere, über den *Triadic-Dialogue* hinausgehende unterrichtliche Interaktionsmuster beschreibt, wie den „*Student Questioning Dialogue*" (Lemke 1990: 52), in dem die Frage von den Schüler/-innen gestellt wird, den „*External Text Dialogue*" (Lemke 1990: 53), bei dem die Frage oder die schülerseitige Antwort aus einem medial schriftlichen Text vorgelesen wird, den „*Teacher-Student Duolog*" (Lemke 1990: 54) zwischen der Lehrperson und einer Schülerin/einem Schüler und die „*Cross-discussion*" (Lemke 1990: 55), ein direkter Dialog zwischen den Schüler/-innen. Als besonders selten stellt er den „*True Dialogue*" (1990: 55) dar, bei dem die Lehrpersonen Fragen stellen, zu denen sie die Antwort zuvor nicht kennen, also echte Informationsfragen. Dieser komme aber vor allem in organisatorischen und nicht in den thematischen Sequenzen des naturwissenschaftlichen Unterrichts vor (vgl. Lemke 1990: 55). Er kritisiert, dass *Triadic Dialogue* „is overused in most classrooms" (Lemke 1990: 168) und fordert einen stärkeren Einsatz von *Student Questioning Dialogue*, *True Dialogue*, *Cross-Discussion* sowie zusätzlich von Einzel- und Gruppenpräsentationen, Kleingruppenarbeit und des Schreibens von Texten (vgl. Lemke 1990: 168).

Auch Wells (1993) arbeitet das Vorherrschen des *Triadic Dialogue* ca. 30 Jahre nach seiner Beschreibung durch Bellack et al. (1966) heraus:

Actual frequencies of occurence vary considerably, of course, but in many secondary classrooms, it is estimated that this format accounts for some 70 % of all the discourse that takes place between teacher and students, and even in some primary classrooms it has been found to be the dominant mode in which the teacher converses, even when talking to individual students. (Wells 1993: 1–2)

Er argumentiert außerdem aus aktivitätstheoretischer sowie diskurstheoretischer Perspektive der Halliday-Schule anhand von exemplarischen Analysen von Unterrichtsepisoden in einer kanadischen dritten Klasse (vgl. Wells 1993: 15), dass ein formal nach dem $I - R - E$-Muster ablaufender Unterricht trotzdem diverse Aufgaben erfüllen und verschiede Ziele erreichen kann (vgl. Wells 1993: 31, 34). Eine alleinige Betrachtung des formalen Musters stelle deswegen einen „overspimplified account of the three-part IRF sequence" (Wells 1993: 32) dar. Dies demonstriert er an unterschiedlichen Funktionen des dritten *turns* in den von ihm untersuchten Unterrichtsepisoden. Neben der *bewertenden* findet er weitere Funktionen:
- „to extend the student's answer"
- „to draw out its significance"
- „to make connections with other parts of the students' total experience during the unit" (Wells 1993: 30).

Auf diese Funktionen des dritten *turns* gehe ich in Abschnitt 4.4 genauer ein. Ihre Betrachtung erscheint als ein Ansatzpunkt der Einbeziehung einer stärker entwicklungsorientierten Perspektive bei der Analyse der Lehrersprache.

Die aktuellen Studien zur Dreischrittzugfolge zusammenfassend kann festgehalten werden, dass sie erstens das quantitative Vorherrschen der Dreischrittzugfolge bestätigen, wie in der Studie von Richert (2005) oder von Lüders (2003). Zweitens erweitern sie die klassischen Modelle der Unterrichtsinteraktion auch, wie z. B. das Modell von Bak (1996), in dem Handlungsmöglichkeiten der Lehrperson nach dem dritten Zug aufgezeigt werden, oder das Modell von Lüders (2003), das (klassenstufenbezogen) besonders elaborierte expandierte Sequenzen im Unterrichtsdiskurs höherer Jahrgangsstufen beschreibt. Drittens unterscheiden sich die Untersuchungen darin, ob sie vornehmlich negative oder positive Auswirkungen der Dreischrittzugfolge für die Schüler/-innen sehen. Während Lemke (1990) das Vorherrschen des *Triadic Dialogue* scharf kritisiert und negative Einflüsse auf die schülerseitige Interaktionsinitiative fürchtet, hebt Wells (1993) hervor, dass ein dem $I - R - E$-Muster folgender Unterricht je nach konkreter Ausgestaltung der einzelnen Interaktionsschritte durch die Lehrperson durchaus förderlich für die Schüler/-innen sein kann. Dies sei beispielsweise der Fall, wenn der dritte Schritt in der Interaktionssequenz genutzt werde, um die schülerseitigen Antworten zu expandieren oder Zusammenhänge zu vorgängig im Unterricht erarbeitetem Wissen herzustellen. Ähnlich ist m. E. die expandierte Sequenz der „Moderation" bei Lüders (2003) zu interpretieren, bei der der Feedback-Schritt ersetzt wird durch einen „moderierenden Akt des Lehrers" (Lüders 2003: 240). Diese Beobachtungen begründen das folgende Kapitel zur Funktion des dritten Schritts (vgl. Abschn. 4.4).

4.4 Die Funktion des dritten Schritts in der dreischrittigen interaktionalen Sequenz des Unterrichts

Nassaji und Wells (2000: 379) kritisieren die Mehan'sche Bezeichnung des dritten Schritts als „Evaluation" (Mehan 1979: 54), also als *Bewertung, Einschätzung* oder *Beurteilung*. Ihr Argument ist, wie schon von Wells (1993: 30; vgl. Abschn. 4.3.2) vorgebracht, dass der dritte Schritt viel mehr Funktionen erfüllen kann als nur die der Bewertung (vgl. Nassaji & Wells 2000: 379). Deswegen würde Nassaji und Wells (2000: 379) zufolge dieses Strukturelement bei Sinclair und Coulthard (1975: 26) auch als „Feedback" resp. „Follow-up"-Schritt bezeichnet (vgl. auch Sinclair & Coulthard 1992: 7). M. E. ist diese Argumentation jedoch ungenau. Denn auch wenn der dritte Schritt bei Sinclair und Coulthard eine allgemeinere Bezeichnung als „Follow-up" erhält, ist sein Kernelement trotzdem ein (obligatorischer und nur ggf. implizit realisierter) evaluierender, also bewertender Akt (vgl. Sinclair & Coulthard 1992: 8, 24). Die Funktion des *Follow-up*-Schritts ist nach Sinclair und Coulthard (1975: 48) „to let the pupil know how well he/she has performed". Er enthält nur als *hinführendes* Element einen akzeptierenden sowie als *abschließendes* Element einen kommentierenden/erläuternden Akt (vgl. Sinclair & Coulthard 1975: 26). Dieser kommentierende/erläuternde Akt erlangt aber in den weiteren Ausführungen von Nassaji und Wells (2000) eine besondere Bedeutung. Sinclair und Coulthard (1992: 20) definieren den kommentierenden Akt folgendermaßen: „It is subordinate to the head of the move and its function is to exemplify, expand, justify, provide additional information". Auch Richert (2005: 153) betrachtet die hinführenden und abschließenden Elemente als gleichwertig mit dem Kernelement des Feedback-Schritts, wenn sie schreibt, dass Sinclair und Coulthard (1977) „drei Formen der Rückmeldung [...] – Akzeptieren, Bewerten, Erläutern" herausgearbeitet hätten.

Das Ziel der Studie von Nassaji und Wells ist es, unterschiedliche Formen und Funktionen des *Triadic Dialogue* zu beschreiben und dabei speziell die Bedeutung des „follow-up move" (Nassaji & Wells 2000: 382) herauszuarbeiten. Das Korpus besteht aus 44 im Rahmen von schulischer Aktionsforschung erhobenen „teacher-whole-class interaction[s]" (Nassaji & Wells 2000: 386) in den Jahrgangsstufen 1 bis 8, vor allem im naturwissenschaftlichen und im Literaturunterricht. Die unterschiedlichen Formen des *Follow-up* konturieren sie in Anlehnung an Hallidays (1984: 11) allgemeines „model of dialogue", in dem er hinsichtlich der Rollenzuweisung („role assignment", Halliday 1984: 16) die initiierenden Rollen „give" (z. B. „statement") und „demand" (z. B. „question") und die respondierenden Rollen „give on demand" (z. B. „answer") und „accept" (mit den Unterkategorien der nonverbalen „acceptance" und des verbalen „acknowledgement[s]") unterscheidet. Diese Grundlage nutzen Nassaji und Wells (2000: 383) zur Bestimmung des Grads der „Prospectiveness" eines Schrittes, also des Ausmaßes, mit dem ein Schritt einen anderen Schritt vorhersagt/ determiniert. Sie bringen sie nach dem Grad ihrer Vorhersagekraft absteigend in folgende Reihenfolge:

> „Demand>Give>Acknowledge" (Nassaji & Wells 2000: 383).

Die höchste „Prospectiveness" haben also *fordernde* Schritte. *Gebende* Schritte, die nach Halliday (1984: 16) auch in initiierender und nicht nur in respondierender Rolle eingesetzt werden können, nehmen eine intermediäre Position ein und *annerkennde/bestätigende* Schritte haben die niedrigste Vorhersagekraft. Für Nassaji und Wells (2000) unterscheiden sich nun auch *Follow-up*-Schritte durch ihre unterschiedliche Vorhersagekraft (vgl. Tabelle 24) – vom reinen *Anerkennen* der schülerseitigen Antwort, über das *Geben* einer Evaluierung (akzeptierend, zurückweisend, reformulierend oder lobend), eines Kommentars (exemplifizierend, ausweitend, verbindend, zusammenfassend) oder „Metatalks" (Nassaji & Wells 2000: 403) bis zum *Fordern* eines Kommentars (exemplifizierend, verbindend, rechtfertigend, ausweitend, meinungsgebend, zusammenfassend) oder einer Verdeutlichung (wiederholend, bestätigend oder identifizierend) von den Schüler/-innen. Am anspruchsvollsten für die Schüler/-innen erscheinen die fordernden *Follow-ups*, die auch durch lehrerseitige (Nach-)Fragen realisiert sein können, da sie eine schülerseitige Reaktion verlangen.

Tabelle 24: Formen des *Follow-up* nach Nassaji und Wells (2000: 403),
Unterdifferenzierung von „Give" und „Demand"

[Follow Up: Acknowledge][25]	
Follow Up: Give	
Evaluation	
Accept	Reject
Reformulate	Praise
Comment	
Exemplification	Amplification
Connection	Summarize
Metatalk	
Metacognitive	Metatopic
Metaorganizational	
Follow Up: Demand	
Comment	
Exemplification	Amplification
Connection	Opinion
Justification	Summarize
Clarification	
Repetition	Identification
Confirmation	

Neben unterschiedlichen Typen des dritten Schritts beschreiben die Autoren auch
verschiedene Formen des ersten Schritts, speziell der lehrerseitigen Fragehandlung. Sie unterscheiden u. a. „Known Information questions" und „Negotiatory
questions" (Nassaji & Wells 2000: 391). Erstere beziehen sich auf Fragen, auf die
die Lehrperson schon die Antwort weiß – und für die sie von den Schüler/-in-
nen erfahren möchte, ob dies bei ihnen auch der Fall ist (vgl. Nassaji & Wells
2000: 384), während bei Letzteren die Antwort nur durch „open-ended discus-

---

25 Diese Kategorie ist nicht explizit für *Follow-up* in der Aufstellung von Nassaji und Wells (2000:
403) aufgeführt, wird aber im Text an mehreren Stellen genutzt.

sion between teacher and students together" (Nassaji & Wells 2000: 385) erreicht werden könne.[26]

Ein besonderes Interesse der Autoren gilt dem Zusammenhang zwischen Art der Lehrerfrage und unterschiedlichen Formen des *Follow-up*. Ihre Hypothese ist es, dass vor allem auf „Known Information questions" evaluierendes *Follow-up* folgt, während nach anspruchsvolleren „Negotiatory questions" eher anderes gebendes oder forderndes *Follow-Up* gewählt wird. Letztere Diskurstruktur würde eine dialogischere und gleichberechtigtere darstellen (vgl. Nassaji & Wells 2000: 385). In der Berechnung eines T-Tests ergeben sich allerdings keine statistisch signifikanten Ergebnisse hinsichtlich dieser Hypothese; beide Fragetypen erhalten gleichermaßen evaluierendes *Follow-up* (vgl. Nassaji & Wells 2000: 393). In einer tiefergehenden Analyse zeigen sie jedoch, dass evaluative *Follow-ups* zu „Known Information questions" vor allem im Akzeptieren (Accept) oder Zurückweisen (Reject) der Antwort bestehen, während in *Follow-ups* zu „Negotiatory questions" eher die Optionen des Lobs („Praise") oder der Reformulierung („Reformulate") genutzt werden.[27] Es ergibt sich ferner ein signifikant positiver Zusammenhang zwischen beiden Fragetypen und ihren evaluativen *Follow-ups*, welcher besonders stark bei den „Known Information questions" ausgeprägt ist (.86*** zu .61***; vgl. Nassaji & Wells 2000: 395). Diese besondere Stärke des Zusammenhangs bei „Known Information questions" mit evaluativem *Follow-up* werten die Autoren als Anhaltspunkt für die Bestätigung ihrer initialen Hypothese. Sie beziehen zusätzlich die durchschnittliche Antwortlänge der Schüler/-innen mit ein und zeigen signifikant negative Zusammenhänge zwischen „Known information questions" und der Antwortlänge sowie zwischen den evaluierenden *Follow-ups* auf diesen Fragetyp und der Antwortlänge. Demgegenüber zeigt sich ein signifikanter positiver Zusammenhang zwischen „Negotiatory questions" und der Antwortlänge und ein negativer, aber nicht signifikanter Zusammenhang zwischen der Antwortlänge und der Anzahl des evaluativen *Follow-ups* zu diesem Fragetyp (vgl. Nassaji & Wells 2000: 396). Die Ergebnisse sind dahingehend zu interpretieren, dass zum einen „Known Information questions" und zum anderen evaluatives *Follow-up* in negativem Zusammenhang mit der Länge der Schülerantworten stehen.

---

26 Ein überraschendes und den in Abschnitt 4.2.2 berichteten Ergebnissen zur Lehrerfrage entgegenstehendes Ergebnis ist, dass in ihrem Korpus „Negotiatory questions" mit 61,01 % signifikant überwiegen (vgl. Nassaji & Wells 2000: 391, 393).
27 Dass in Tabelle 24 die Reformulierung allein unter der „Evaluation" aufgeführt ist, ist nicht ganz stringent. Sicher sind auch Reformulierungen in kommentierender oder metakommunikativer Funktion denkbar.

Zusammenfassend ist die Studie von Nassaji und Wells (2000: 397) als ein wichtiger Beitrag zur Unterdifferenzierug des dritten Schritts im *Triadic Dialogue* anzusehen. Aber auch die Studie von Nystrand et al. (2003) kann dazu beitragen. Sie ist eine besonders interessante, auf einer sehr breiten quantitativen Basis gründende Studie, die diskursanalytisch, aber trotzdem quantitativ arbeitet und die sich die Methode der dynamischen „event history analysis" zu Nutze macht (Nystrand et al. 2003: 191). Mit dieser kann der Einfluss von vorhergehenden Ereignissen, z. B. Unterrichtsschritten, auf nachfolgende Ereignisse berechnet werden (vgl. Nystrand et al. 2003: 137). Als Korpus dienen ihnen insgesamt 112 Englisch-Unterrichtsstunden sowie 106 „social studies"-Stunden in 8. und 9. Jahrgangsstufen in den Vereinigen Staaten von Amerika.

Ihr Ausgangspunkt ist die Unterscheidung von monologischem und dialogischem Diskurs nach Bakthin (z. B. 1984). Ein monologischer Unterrichtsdiskurs („*Recitation*", Nystrand et al. 2003: 150) besteht für sie aus *I – R – E*-Sequenzen. Dieser steht dialogischem Unterrichtsdiskurs gegenüber, den sie in die Formen „*Discussion*" und „*Dialogic spell*" (Nystrand et al. 2003: 150) unterdifferenzieren. „[D]iscussion" zeichnet sich durch unbeschränkten konversationellen Austausch von Ideen und die Abwesenheit von Fragen aus (vgl. Nystrand et al. 2003: 150). „Dialogic spell" ist eine Diskursform, die mit engagierten schülerseitigen Fragen beginnt und u. a. durch eine Abwesenheit von lehrerseitigen Testfragen, ein Eingehen auf die schülerseitigen Beiträge durch die Lehrperson (in *Follow-up*-Schritten) und authentische Fragen charakterisiert ist. Beendet wird ein „dialogic spell" durch drei oder mehr nacheinanderfolgende lehrerseitige Test-Fragen (vgl. Nystrand et al. 2003: 150–151).

Kernstruktur ihrer Analysen sind für die Autoren Fragen, die hinsichtlich fünf Indikatoren unterdifferenziert werden: 1) der Authentizität der Fragen,[28] 2) des kognitiven Niveaus der Fragen,[29] 3) der Quelle der Fragen[30] und schließlich, im Rahmen dieses Kapitels besonders interessant, 4) des „*Uptake*" und 5) des „*level of evaluation*" (Nystrand et al. 2003: 144). *Uptake* definieren die Autoren folgendermaßen:

---

28 „We define an authentic question as one for which the asker has not prespecified an answer" (Nystrand et al. 2003: 145).
29 Das kognitive Niveau der Fragen wird auf einer 5-Punkte-Skala hinsichtlich der elizitierten schülerseitigen Reaktion kodiert: Fragen mit niedrigem kognitiven Niveau sind solche 1) zur Wiedergabe von einem gerade ablaufenden Ereignis und 2) zur Wiedergabe bekannter Information. Fragen mit hohem kognitiven Niveau sind in aufsteigender Reihenfolgen solche 3) zur Generalisierung, 4) zur Analyse und 5) zur Spekulation (vgl. Nystrand et al. 2003: 148). Vgl. zu anderen Skalen des kognitiven Niveaus von Fragen Abschnitt 4.2.1.
30 Lehrperson vs. Schüler/-innen (vgl. Nystrand et al. 2003: 149).

We defined uptake as occurring when one conversant, for example, a teacher, asks someone else, for example a student, about something the other person said previously [...]. (Nystrand et al. 2003: 145)

To qualify as uptake, a question must incorporate a previous answer, not a previous question. (Nystrand et al. 2003: 146)

Uptake ist somit ein genuin dialogischer Mechanismus, der in *Follow-up*-Schritten eingesetzt werden kann (vgl. Nystrand et al. 2003: 145, 146). Seine pädagogische Relevanz sehen die Autoren darin, dass „it recognizes and envelops the importance of student contribution" (Nystrand et al. 2003: 146) und dadurch die Diskursivität erhöht werden kann. Das Konstrukt des *Uptake* spielt m. E. deutlich auch in die Bestimmung des Niveaus der Evaluierung mit hinein. Nystrand et al. unterscheiden „high-level evaluation" (Nystrand et al. 2003: 146) von low-level evaluation:

Specifically, we operationalized high-level evaluation using two criteria: (a) the teacher's certification of the response („Good," „Interesting,", etc.) and (b) the teacher's incorporation of the response usually in the form of either an elaboration (or commentary, e. g., „That's important because ...") or a follow-up question (e. g., „Can you say more about that?" or „Why do you say that?"). (Nystrand et al. 2003: 146)

Während bei „high-level evaluation" die Kriterien (a) und (b) erfüllt sein müssen, ist bei *low-level evaluation* nur das Kriterium (a) erfüllt. In der Operationalisierung der „high-level evaluation" durch Nystrand et al. (2003) sind damit Parallelen zur Operationalisierung der unterschiedlichen *Follow-up*-Formen nach Nassaji und Wells (2000) erkennbar. Gerade die elaborierenden Formen sind vergleichbar mit den reformulierenden Handlungen, die beispielsweise Bührig (1996) beschreibt und die im weiteren Argumentationsgang dieser Arbeit eine wichtige Rolle spielen werden (vgl. Abschn. 5.2).

Als allgemeines Ergebnis ihrer Studie ist festzuhalten, dass überhaupt nur 66 von insgesamt 1151 thematisch-instruktionalen Episoden (vgl. Nystrand et al. 2003: 143) die Diskursform „dialogic spell" enthalten. In den „social-studies" Stunden enthalten 91,39 % aller Episoden diese Diskursform nicht; ebenso enthalten etwas weniger, 90,33 %, keine Diskussion. Im Englischunterricht liegen die Zahlen noch etwas darüber (vgl. Nystrand et al. 2003: 178). Dies zeigt ein weiteres Mal die Dominanz $I - R - E$-geprägter Interaktion (vgl. Abschn. 4.3). Da in der Definition der „dialogic spells" schon die schülerinitiierten Fragen enthalten sind, ist es meines Erachtens auch nicht gänzlich verwunderlich, dass die Autoren berechnen, dass es insbesondere deren kumulierte Anzahl ist, die „dialogic spells" signifikant begünstigt. Aber auch die kumulierte Anzahl von *Uptake* und authentischen Fragen begünstigen das Auftreten der „dialogic spells" signifikant (vgl. Nystrand et al. 2003: 182). Vor allem *Uptake*, aber auch authentische Fragen sowie ein hohes Niveau der Evaluierung beeinflussen zudem das Auftreten von *schülerseitigen Fragen* signifikant positiv, während ein hohes kognitives Niveau der Fragen dies negativ beeinflusst. Schülerfragen werden dadurch also eher verhindert. Das kumulative Auftreten der untersuchten Diskursvariablen (wie schülerseitige Fragen usw.) hat keinen signifikanten Einfluss auf das Entstehen einer *Diskussion*, wohl aber das Auftreten von v. a. *Uptake*, aber auch von schülerseitigen Fragen sowie von Fragen mit hohem kognitiven Level innerhalb des letzten fünf-Fragen-Zyklus (vgl. Nystrand et al. 2003: 186).

Die Studien von Nassaji und Wells (2000) sowie von Nystrand et al. (2003) fokussieren den dritten *turn* aus quantitativer Perspektive. Eine qualitative, diskursanalytische sowie ethnomethodologische Studie liegt mit Lee (2007) vor. Lee (2007) kritisiert, dass Nassaji und Wells (2000) den dritten *turn* formal operationalisieren (vgl. Lee 2007: 1205). Sie selbst schlägt vor, *qualitativ* die Abhängigkeiten zwischen dem zweiten, schülerseitigen und dem dritten, lehrerseitigen *turn* zu analysieren. Nichtsdestotrotz ist auch Lees (2007) Argumentation so ausgerichtet, dass sie die Multifunktionalität des dritten *turns* betont:

> In producing the third turn, however, classroom teachers come to terms with far more local and immediate contingencies than what is projected by blancet terms such as ‚evaluation‘ or ‚feedback‘. For example, teachers not only respond to whether the student's second turn answers are correct, adequate or relevant but also to how they are produced: accurately, convincingly, or deluctantly. Even for correct answers, teachers often ask students to elaborate, reformulate or defend their answers. That is to say, what teachers do in the third turn position is not predictable, in principle, because its character is contingent upon the prior turns, which also contains multiple possibilities, the second turn being the most immediate context. (Lee 2007: 1205)

Lee (2007: 1211) führt einige exemplarische Analysen anhand von „ESL courses"[31] an der Universität durch – es liegt also eine gänzlich andere Lernergruppe vor, als bisher betrachtet, sowohl bezüglich des Alters als auch hinsichtlich des Spracherwerbsstands. Anhand ihrer Analysen demonstriert sie, a) wie der dritte *turn* zur Zergliederung der Fragestellung in Abhängigkeit von den schülerseitigen Antworten im zweiten *turn* genutzt werden kann (vgl. Lee 2007: 1211–1215), wie er b) auch stark lenkend hin zur erwarteten Antwort eingesetzt werden kann (vgl. Lee 2007: 1215–1219), c) wie in ihm die von der Lehrperson erwartete Antwort bekanntgeben werden kann (vgl. Lee 2007: 1219–1221), d) wie durch ihn spezifisch auf sprachliche Kompetenzen der Lernenden eingegangen werden kann, z. B. korri-

---

31 ESL = English as a Second Language.

gierend (vgl. Lee 2007: 1222–1223),[32] und e) wie er schließlich zum Klassenmanagement eingesetzt werden kann (vgl. Lee 2007: 1224–1225). Die hier vorgenommene zusammenfassende Darstellung widerstrebt sicher der Intention von Lee (2007: 1204), für die „unforseen range" des dritten *turns* zu sensibilisieren, da in den Analysen immer noch weitere Funktionen genannt werden. Eine abschließende *systematisierende* Darstellung der Funktionen des dritten *turns* legt Lee (2007) selbst nicht vor.

Richert (2005), deren Studie zur dreischrittigen interaktionalen Sequenz oben schon referiert wurde (vgl. Abschn. 4.3.2), untersucht die Funktion des Feedback-Schritts in der unterrichtlichen Interaktion (vgl. Richert 2005: 137). Einer ihrer Ausgangspunkte ist dabei die Überlegung von Sinclair und Coulthard (1975: 27), dass im *Follow-up*-Schritt drei Formen der Rückmeldung realisiert sein können, nämlich „Akzeptieren, Bewerten, Erläutern" (Richert 2005: 153; s. o. Abschn. 4.3.1). Diese Formen versucht Richert (2005) auszudifferenzieren, wozu sie einfache und komplexe Feedbackformen unterscheidet (vgl. Richert 2005: 144) – ähnlich der Überlegungen zu „high-level" vs. „low-level evaluation" bei Nystrand et al. (2003: 146). Außerdem differenziert sie verschiedene Feedbacktypen hinsichtlich ihres „Informationsgehalt[es]" für die Schüler" (vgl. Richert 2005: 140).

Formen *einfachen Feedbacks* sind laut Richert (2005) folgende:
- *Knowledge of Result** (Richert 2005: 141): Bei dieser Feedbackform wird den Schüler/-innen bei falschen Antworten lediglich ihre Unkorrektheit zurückgemeldet, Korrekturen werden nicht vorgenommen.
- *Knowledge of correct Result*** (Richert 2005: 141): Diese Feedbackform wird beim Sammeln von Schülerbeiträgen eingesetzt und häufig durch die Gesprächspartikel „hm" realisiert. Sie stellt eine bloße Zurkenntnisnahme der Schülerbeiträge dar.
- *Knowledge of correct Result** (Richert 2005: 140): Durch diese Feedbackform wird den Schüler/-innen nicht nur die Korrektheit resp. Unkorrektheit ihrer Antwort zurückgemeldet, sondern falsche/nicht angemessene Schülerbeiträge werden auch korrigiert.
- *later interesting result* (Richert 2005: 142): Diese Feedbackform nimmt die Schülerantwort an, verschiebt sie aber auf einen späteren Zeitpunkt des Unterrichts.
- *Answer until correct*** (Richert 2005: 142): Bei dieser Feedbackform wird die Schülerantwort wiederholt und „mit einem Frageanhängsel ‚ne' versehen" (Richert 2005: 142). Oft impliziert sie eine Akzeptanz der Schüleräußerung.

---

32 – Und wie er so gleichzeitig zum inhaltlichen *und* sprachlichen Lernen dienen kann (vgl. Lee 2007: 1218).

Formen *komplexen Feedbacks* sind laut Richert (2005) folgende:

- *Answer until correct** (Richert 2005: 141): Diese Feedbackform initiiert, oft in Form einer Nachfrage, weitere Schülerbeiträge. „Ziel ist es, beim Schüler die noch nicht geäußerte richtige bzw. bislang nicht erbrachte Antwort zu provozieren" (Richert 2005: 141).

- *Instruction based elaboration** (Richert 2005: 142): Hierunter sind alle Lehrerreaktionen gruppiert, „die Erklärungen zum vorhergehenden Schülerbeitrag geben" (Richert 2005: 142), dabei aber nur auf schon erarbeitetes Wissen zurückgreifen. Hierunter fallen auch das Unterstützen durch die Lehrperson bei unvollständigen resp. falschen Schülerantworten und Verbesserungen von Fehlern. Explizit nennt Richert (2005: 143) auch „Umformulierungen", die in diese Kategorie fallen.

- *Extra-instructional elaboration** (Richert 2005: 143): Bei dieser Feedbackform werden den Schüler/-innen Informationen bereitgestellt, die über das bisher im Unterricht erarbeitete Wissen hinaus gehen.

Die Hypothese Richerts (2005: 137), dass Lehrpersonen häufiger einfache als komplexe Feedbackformen verwenden, bestätigt sich nicht. Sie zeigt im Gegenteil auf, dass im Durchschnitt im Unterricht mit ca. 55 % die komplexen Feedbackformen vorherrschen (vgl. Richert 2005: 145). Das größte Ausmaß mit 28,4 % hat dabei *Answer until correct**, also das Nachfragen durch die Lehrperson. Es folgt mit 20,1 % *Instruction based elaboration*, während *Extra-instructional elaboration** mit 6,2 % deutlich selter vorkommt (vgl. Richert 2005: 146). Lehrpersonen geben also deutlich häufiger Erklärungen, die den bisherigen Unterrichtsstoff einbeziehen und deutlich seltener Erklärungen/Informationen mit Ausblickscharakter. Bei den einfachen Feedbackformen dominieren *Knowledge of correct Result*** (das Sammeln von Schülerbeiträgen) mit 17,9 % und *Knowledge of correct Result** (das einfache Bestätigen von richtigen Schülerantworten und die Korrektur von falschen Schülerantworten) mit 17,4 % fast gleichermaßen. Ein Verschieben der Schülerantwort auf spätere Zeitpunkte (*later interesing result*) ist mit 6,3 % deutlich seltener. Auch das lehrerseitige Wiederholen einer Schülerantwort mit fragend intonierter Gesprächspartikel „ne" (*Answer until correct***) ist mit 3,1 % nicht sehr häufig. Am seltensten kommt das einfache Zurückmelden der Unkorrektheit einer Antwort ohne Korrektur (*Knowledge of Result*) mit 0,5 % vor. Eine große Bedeutung misst Richert (2005) den in der Feedbackform *Answer until correct** genutzten Nachfragen zu:

> [...] denn der Lehrer reagiert nicht nur einfach bewertend auf die falsche Schülerantwort, indem sie beispielsweise als falsch herausgestellt wird, sondern regt beim Schüler das Nachdenken über das betreffende Problem an. (Richert 2005: 153)

Es führt sogar dazu, statt drei (wie bei Sinclair & Coulthard 1975: 27) nun vier Funktionen des Feedbacks zu abstrahieren: eine akzeptierende, eine bewertende, eine erläuternde und zusätzlich eine zu weiterführenden Schüleräußerungen anregende Funktion. Diese Funktion ist gut in Einklang zu bringen mit der von Nystrand et al. (2003: 145) eingeführten Kategorie des *Uptake*, die in *Follow-up-Schritten* beobachtet werden kann. Richert (2005), die zur Analyse der Unterrichtsschritte ein modifziertes Kategoriensystem nach Bellack et al. (1966) nutzt (vgl. Abschn. 4.3.2), argumentiert allerdings, dass die von ihr untersuchten Rückmeldungen nicht allein in den evaluierenden *REA*-Schritten, sondern auch in den initiierenden *SOL*-Schritten genutzt werden können, gleichwohl Rückmeldungen in *REA*-Schritten mit 65 % am häufigsten vorkommen (vgl. Richert 2005: 156–157). Quantitativ am häufigsten als solizitierender Schritt wird *Answer until correct** mit insgesamt 360 absoluten Vorkommen realisiert – das lehrerseitige Nachfragen wird also zumeist als solizitierender Schritt mit „Aufforderungscharakter" (vgl. Richert 2005: 121) kodiert; 86 Nachfragen werden jedoch auch als reagierender Schritt kodiert. *Uptake* ist bei Nystrand et al. (2003: 146) so operationalisiert, dass es eine vorherige Schülerantwort inkorporieren muss und somit als *Follow-up-Schritt* festgelegt. Eine solche Festlegung auf den *REA*-Schritt gibt es bei den Feedbackformen nach Richert (2005) nicht. Die Frage nach der Zuordnung von nachfragendem, weiterführendem Feedback entweder zum initiierenden resp. solizitierenden oder zum evaluierenden resp. reagierenden Schritt scheint ein generelles Analyseproblem zu sein, für das noch keine endgültige Antwort vorgelegt wurde.

Die Arbeiten von Nassaji und Wells (2000), Nystrand et al. (2003), Lee (2007) sowie Richert (2005) zeigen verschiedene Möglichkeiten der funktionalen Unterdifferenzierung des dritten Schritts auf, wobei in der Studie von Richert (2005) diese Unterdifferenzierung nicht allein auf den dritten Schritt beschränkt bleibt. Ein gemeinsamer Fokus liegt auf dem Aspekt, dass in den evaluierenden/fortführenden Schritten auch Nachfragen zu vorhergehenden Schüleräußerungen angebracht werden können (fordernde *Follow-ups* (*Demand*) nach Nassaji und Wells 2000; *Uptake* bei Nystrand et al. 2003; *Answer until correct** bei Richert 2005). Quantitativ wird in der Studie von Nystrand et al. (2003) nicht genau angegeben, wie häufig *Uptake* in *Follow-up*-Schritten genutzt wird. Es können nur implizite Hinweise auf ein evtl. geringes Vorkommen darin gesehen werden, dass die *Uptake* inkorporierende Diskursform *dialogic spell* nicht häufig vorkommt. In Richerts (2005) Studie ist aber *Answer until correct** (das Nachfragen durch die Lehrperson) die am häufigsten vorkommende Feedbackform. Ein weiterer Aspekt, der in allen Studien, zumindest am Rande, betont wird, ist, dass der dritte Schritt auch genutzt werden kann, um Schülerantworten zu reformulieren. Welchen Einfluss diese Möglichkeit auf den schülerseitigen Erwerb der Unterrichtssprache hat, bleibt aber in diesen Studien undiskutiert.

Bezogen auf den dritten Schritt lassen folglich die Ergebnisse der Unterrichts-interaktionsforschung ein spracherwerbsförderliches Potential der Lehrerspra-che erkennen – wenn z. B. unterschiedliche Formen der Bezugnahme auf und der Weiterarbeit mit Schüleräußerungen sowie die Elizitierung von vertiefenden Schüleräußerungen herausgearbeitet werden.

4.5 Fazit zu den Ergebnissen der Unterrichtsinteraktions- und Unterrichtskommunikationsforschung

Betrachtet man die bis hierhin referierten Ergebnisse von Studien zur Lehrer-sprache in ihrer Gesamtheit, kann man zunächst nicht umhin kommen, ein eher ‚ernüchterndes' Fazit starker lehrerseitiger Dominanz und Einschränkung der Beteiligungsmöglichkeiten der Schüler/-innen zu ziehen:

- Der *Redeanteil* der Lehrpersonen liegt vielen Studien zufolge deutlich über 50 % (vgl. Abschn. 4.1), so dass die Schüler/-innen selbst wenig Gelegenheit zum Spracherwerb durch eigene „Produktion" (Pohl 2007b: 90) erhalten. In Unterrichts-Modellversuchen konnte aber auch gezeigt werden, dass der Redeanteil der Lehrpersonen reduziert werden kann (vgl. z. B. Ahlers et al. 2009 sowie Fürstenau et al. 2012).
- Hinsichtlich der *Lehrerfrage* zeigen die referierten Untersuchungen zum einen ein sehr hohes quantitatives Ausmaß, zum anderen ein niedriges kogniti-ves Niveau sowie eine geringe Offenheit der Fragen. Zudem sind in deutlich größerem Ausmaß die Lehrpersonen die Fragensteller und nicht die Schü-ler/-innen (vgl. Abschn. 4.2.2). Auch die funktional-pragmatische Analyse der Lehrerfrage als *Regiefrage* im Rahmen des unterrichtlichen Handlungs-musters *Lehrervortrag mit verteilten Rollen* zeigt, dass diese zwar zur Steue-rung der Progression des Unterrichtsgesprächs und zur Beschleunigung des akzelerierten Wissenswerbs funktional ist, gleichzeitig aber die Möglichkei-ten der eigenaktiven (sprachlichen) Erarbeitung des Unterrichtsinhalts durch die Schüler/-innen beschränkt (vgl. Abschn. 4.2.3).
- Hinsichtlich des sequentiellen Ablaufs der Unterrichtskommunikation wurde festgehalten, dass verschiedene klassische Studien das Vorherrschen einer dreischrittigen Zugfolge aus initiierendem, antwortendem und evaluierendem Schritt feststellen (vgl. z. B. Bellack et al. 1966; Mehan 1979), in der die Lehr-personen für das Initiieren und Evaluieren und die Schüler/-innen für das Reagieren/Antworten zuständig sind. Nun könnte man vermuten, dass mit unterrichtsmethodischen/-didaktischen Weiterentwicklungen diese Struktur weniger vorherrscht – aber auch aktuellere Studien zeigen ihre Dominanz auf, wie beispielsweise die von Richert (2005) oder von Lüders (2003).

Wenn man die bisher dargestellten Studien synthetisierend betrachtet, kann man erkennen, dass in ihnen eine *defizitorientierte Perspektive auf das sprachliche Handeln der Lehrer/-innen* aufscheint. Oft herausgearbeiteter Konsens ist: Sie sprechen selbst zu viel, stellen zu viele Fragen, die zudem nicht kognitiv herausfordernd oder offen sind, und strukturieren den Unterricht zumeist nach demselben kleinschrittigen Schema, in dem sie selbst den Diskurs initiieren und die Schülerantworten bewerten. Alles dies führe dazu, dass die Schüler/-innen selbst nicht genügend Möglichkeiten der sprachlichen Kommunikation erhalten. Ein Großteil der Kritik ist also so reinterpretierbar, dass der Wirk- und Einflussfaktor des Spracherwerbs „Produktion" nach Pohl (2007b: 90) verhindert wird. Die weiteren von Pohl (2007b: 90) aufgeführten Wirk- und Einflussfaktoren der „Rezeption" und „Kommunikation", aber auch „Instruktion", bleiben zunächst unberücksichtigt. Dass hier argumentiert wird, dass der Wirk- und Einflussfaktor „Kommunikation" durch die bisherigen Ausführungen weniger stark tangiert wurde, bedarf weiterer Erläuterungen, denn vorgängig wurden geringe Kommunikationsmöglichkeiten für die Schüler/-innen festgestellt. Beim Wirk- und Einflussfaktor „Kommunikation" geht es aber vor allem um den Spracherwerb in der Interaktion mit einem kompetenteren Interaktionspartner – den im Falle des Unterrichts die Lehrperson darstellt. Solche Möglichkeiten des Spracherwerbs in Interaktion werden m. E. vor allem durch die Ergebnisse der Untersuchungen zur funktionalen Differenzierung des dritten Schritts nahegelegt (vgl. Abschn. 4.4). Er kann nicht nur genutzt werden, um Schülerbeiträge zu akzeptieren oder abzulehnen, sondern in ihm zeigen sich vielfache Möglichkeiten des Weiterarbeitens mit Schüleräußerungen, wie beispielsweise in den von Nystrand et al. (2003: 146) sowie von Richert (2005: 143) und Lee (2007: 1205) beschriebenen inkorporierenden Reformulierungen der Schüleräußerungen oder im nachfragenden Eingehen auf die Schüleräußerungen. Dieses Nachfragen wird bei Nassaji und Wells (2000: 403) als fordernder *Follow-up*-Schritt, bei Nystrand et al. (2003: 146) als *Uptake* und bei Richert (2005: 141) als „*Answer until correct**" beschrieben. Richert (2005: 145) zeigt sogar das positive Ergebnis auf, dass die komplexen Feedbackformen mit ca. 55 % im Unterricht vorherrschen und dabei mit 28,4 % der größte Anteil bei „*Answer until correct**" liegt.

5 Lehrersprache als Ressource des schulischen Spracherwerbs

Anleihen aus der input- und interaktionsfokussierten Erst- und Zweit-/Fremdspracherwerbsforschung

In diesem Kapitel soll Lehrersprache als „externe[.] Ressource" (Quasthoff 2009: 95) des Spracherwerbs in der Schule in den Blick genommen werden und so werden die Wirk- und Einflussfaktoren des Spracherwerbs „Rezeption" und „Kommunikation" nach Pohl (2007b: 90) relevant. Um solch eine spracherwerbsbezogene Perspektive auf Lehrersprache einnehmen zu können, werden zunächst bestehende Theorien und Studien zum Erst- sowie Zweit-/Fremdspracherwerb[1] durch *Input* und in der *Interaktion* gesichtet. Klann-Delius (2008: 144) bezeichnet die in dieser Forschungsrichtung entstandenen Erklärungsansätze für den Spracherwerb als „interaktionistische[.] Erklärungsmodelle", die sich durch die gemeinsame, grundlegende These auszeichnen, „dass kindliche Entwicklungsprozesse durch den *Austausch* mit der belebten, personalen, sozialen Umwelt vermittelt werden" (Klann-Delius 2008: 144; vgl. ähnlich auch Szagun 2011: 267). Der Spracherwerb vollziehe sich so „in einem Kind-Umwelt-System" und sei „mit der Entwicklung der kindlichen Subsysteme Kognition, Motivation, Affekt verbunden" (Klann-Delius 2008: 145).

Dieser Ansatz ist deutlich zu kontrastieren mit nativistischen „inside-the-head"-Theorien (Snow 1994: 4), die davon ausgehen, dass sich Sprachentwicklung weitestgehend unabhängig von Umwelfaktoren, wie beispielsweise Interaktionspartnern, vollzieht und dass Sprachentwicklung im Gegensatz dazu durch angeborene genetische Strukturen determiniert ist (vgl. Szagun 2011: 268). Solchen Theorien zufolge könne „Sprache aus dem Umweltangebot nicht gelernt werden", insbesondere, weil Bezugspersonen „aus grammatischer Sicht kein gutes Sprachangebot anbieten" (Szagun 2011: 267) würden.

In diesem Kapitel kann der Forschungsstand zu diesem sehr umfänglichen Gegenstandsbereich nicht mit allen seinen Facetten wiedergegeben werden. Deswegen wird die Darstellung eine skizzenhafte Form annehmen. Es geht hier vor allem um das Verfolgen der Fragestellung, ob die in dieser Forschungsrichtung herausgearbeiteten Erwerbstheorien, Konstrukte und Untersuchungsmetho-

---

1 Zum Unterschied von Zweit- und Fremdspracherwerb vgl. z. B. Ahrenholz (2013a), Ahrenholz (2008: 6–10), Kniffka und Siebert-Ott (2007: 28–29).

https://doi.org/10.1515/9783110569001-005

den zur Erforschung der Lehrersprache in vorliegender Untersuchung nutzbar gemacht werden können. Im Zentrum des Interesses steht, inwiefern die in der Erst- sowie Zweit-/Fremdspracherwerbsforschung herausgearbeiteten spracherwerbsförderlichen Aspekte der Sprache der Bezugspersonen auch in unterrichtlicher Interaktion zu finden sind und dem Erwerb konzeptionell schriftlicher Fähigkeiten auf Schülerseite dienlich sein können. Weitere, konkurrierende Theorien des Erst- und Zweitspracherwerbs können nicht detaillierter dargestellt werden. Im Folgenden muss zudem bedacht werden, dass sich die Lernenden im Erstspracherwerb und in der Schule – allein altersbezogen, aber auch kognitiv und bezüglich ihres Spracherwerbsstands – deutlich voneinander unterscheiden. Auch die Ergebnisse der Studien zum Zweitspracherwerb können selbstverständlich nicht ohne Vorsicht in die schulische Situation übertragen werden. Wenn der Versuch unternommen werden soll, aus dem Erst- und Zweitspracherwerb bekannte Erwerbsmechanismen in schulische Interaktionszusammenhänge zu übertragen, müssen ferner die unterschiedlichen Rahmenbedingungen in außerschulischen und institutionell-schulischen Erwerbssituationen berücksichtigt werden.

Die Darstellung wird nach drei Zugriffsweisen auf die Sprache der Bezugspersonen gegliedert:

1. Bei der Zugriffsweise der *Inputadaption* (vgl. Abschn. 5.1) sind Studien relevant, die zum einen die „Struktur des sprachlichen *Input[s]*" (Hausendorf & Quasthoff 2005: 278), den Bezugspersonen an spracherwerbende Kinder richten, und zum anderen dessen Modifikationen hinsichtlich der zunehmenden sprachlichen Fähigkeiten der Lernenden im Sinne eines „[f]ine-tuning[s]" (Snow et al. 1987: 66) in den Blick nehmen.

2. Die weiteren beiden Perspektiven beziehen sich auf beobachtbare interaktionale Stützmechanismen aufseiten der Bezugspersonen, von denen angenommen wird, dass sie den Spracherwerb der Lernenden befördern können. Dabei werden zwei übergeordnete Mechanismen unterschiedlicher ‚Feinkörnigkeit' unterschieden. *Mikrointeraktionale Stützmechanismen* (vgl. Abschn. 5.2) im engeren Sinne sind solche, mit denen Bezugspersonen sich durch ihre eigenen Formulierungen v. a. implizit (teilweise aber auch explizit) auf sprachliche Aspekte vorangehender kindlicher Äußerungen beziehen können, indem sie diese inkorporieren oder verändern. Diese Mechanismen wirken (v. a.) bei adjazenten Äußerungen auf lexikalischer Ebene, Formulierungsebene oder syntaktischer Ebene.

3. *Makrointeraktionale Stützmechanismen* (vgl. Abschn. 5.3) sind demgegenüber auf der Ebene des Diskurses, also in größeren interaktionalen Einheiten, angesiedelt. Es geht um die Frage, wie die Strukturierung des Diskurses, z. B. in Interaktionsformaten nach Bruner (2002 [1983]: 11), spracherwerbsförderlich wirken kann.

Betrachtet man diese drei Zugriffsweisen auf die Sprache der Bezugspersonen, kann man erkennen, dass Inputadaption sich vorwiegend auf den Wirk- und Einflussfaktor der „Rezeption" (Pohl 2007b: 90) bezieht, während die mikro- und makrointeraktionalen Stützmechanismen vorwiegend auf den Wirk- und Einflussfaktor der „Kommunikation" (Pohl 2007b: 90) bezogen sind.

5.1 Inputadaption

Die forschungshistorisch erste Zugriffsweise auf die Sprache der Bezugspersonen fokussierte die „Struktur des sprachlichen *Input*, den das sprachlernende Kind in der Regel durch die Mutter erhält" (Hausendorf & Quasthoff 2005: 278). Auch in der Zweit- und Fremdspracherwerbsforschung ist eine dominante Forschungsrichtung auf den *Input*, den die Lernenden durch L1[2]-Sprecher/-innen erhalten, bezogen: „[I]nput is seen as being a highly important factor in aquisition" (Gass 2005: 229). In diesem Kapitel wird also v. a. der Wirk- und Einflussfaktor des Spracherwerbs der „Rezeption" nach Pohl (2007b: 70) relevant.

Die ersten inputbezogenen Studien der Erstspracherwerbsforschung sind als *motherese*-Studien bekannt geworden (vgl. z. B. Newport et al. 1977: 112; Gleitman et al. 1984: 44). Laut Pine (1994) wurden sie vor allem in Abgrenzung zur nativistischen Annahme durchgeführt, dass die von Kindern rezipierte Sprache der Erwachsenen

> was grossly defective – full of false starts, grammatical errors, and misleading pauses – and, as such, represented a very poor sample of the language which the child must eventually learn. (Pine 1994: 16)

Eine der ersten *motherese*-Studien ist die von Snow (1972). Sie vergleicht in einem ihrer Experimente die Sprache von 24 Müttern gegenüber 2-jährigen und 10-jährigen Kindern (vgl. Snow 1972: 552). Sie kann zeigen, dass die an 2-jährige Kinder gerichtete Sprache einfacher (weniger komplex) und redundanter ist als die an 10-jährige Kinder gerichtete Sprache (vgl. Snow 1972: 555, 561; vgl. auch die Ergebnisse von Newport et al. 1977: 121). Die Äußerungslänge der Mütter, ihre Satzkomplexität und die Anzahl der Worte vor dem Hauptverb ist gegenüber 2-jährigen Kindern geringer als gegenüber 10-jährigen Kindern. Hinsichtlich der Redundanz

---

2 *L1* wird genutzt als Kürzel für die Muttersprache eines Lernenden (vgl. Kniffka & Siebert-Ott 2007: 44), *L2* als Kürzel für „eine Sprache, die nach der Muttersprache angeeignet wird" (Kniffka & Siebert-Ott 2007: 29).

zeigt sich, dass die Mütter Pronominalisierungen gegenüber 2-jährigen Kindern vermeiden und stattdessen die betreffenden Nomen repetieren und zudem Wiederholungen des ganzen Satzes, partielle Wiederholungen und semantische Wiederholungen vermehrt einsetzen (vgl. Snow 1972: 555). Ferner finden sich in der Sprache der Mütter gegenüber 2-jährigen Kindern auch verblose Einheiten, deren Vorkommen Snow durch die hohe Anzahl der partiellen Wiederholungen (von Phrasen) in der Äußerungssituation erklärt (vgl. Snow 1972: 555). Sie schlussfolgert:

> The present findings strongly suggest that middle-class children such as those included in this study do not learn language on the basis of a confusing corpus full of mistakes, garbles, and complexities. They hear, in fact, a relatively consistent, organized, simplified, and redundant set of utterances [...]. (Snow 1972: 561)

Garnica (1977) vergleicht die prosodischen resp. paralinguistischen Merkmale der Sprache, die 12 Mütter an ihr Kind zwischen *1;10* und *2;6* richten, mit der Sprache, die diese Mütter an einen Erwachsenen (Olga K. Garnica selbst) richten. Außerdem bezieht sie die Sprache von 12 weiteren Müttern, die diese an ihre älteren Kinder (zwischen *5;1* und *5;7*) richten, in ihre Studie mit ein (vgl. Garnica 1977: 67). In der an die 2-jährigen Kinder gerichteten Sprache finden sich (im Vergleich mit der an die 5-jährigen Kinder und an die Erwachsenen gerichteten Sprache) eine höhere durchschnittliche Tonhöhe, Einheiten mit steigender Tonhöhe zum Satzende, die üblicherweise nicht eine solche Intonation erhalten (wie Imperative), geflüsterte Satzteile, eine längere Dauer der Silbenkerne von Verben sowie oftmals mehr als ein Hauptakzent. In der an die 2-jährigen und an die 5-jährigen Kinder gerichteten Sprache finden sich zudem (im Vergleich mit der an die Erwachsenen gerichteten Sprache) ein erhöhter Frequenzbereich der Tonhöhen sowie eine längere Dauer der Silbenkerne von Farbadjektiven (vgl. Garnica 1977: 72–81).

Snow (1972: 559–561) beschreibt ein weiteres Experiment, in dem Mütter und Nicht-Mütter verglichen werden, die eine Audioaufnahme für 2-jährige Kinder machen. Es zeigen sich keine Unterschiede; d. h. die beschriebenen Vereinfachungen und Redundanzen werden auch von Nicht-Müttern in dieser experimentellen Situation eingesetzt.[3] U. a. solche Ergebnisse sind es, die dazu führen, dass Termini wie *mothers' speech to children* oder *motherese* von Pine (1994: 15) ersetzt werden durch die über eine größere Extension verfügende Bezeichnung „[c]hild

---

3 Man vergleiche aber den Forschungsüberblick von Barton und Tomasello (1994) *The Rest of the Family: the Role of Fathers and Siblings in Early Language Development* sowie die Schlussfolgerungen Szaguns (2011: 177).

directed speech (CDS)", die von Szagun (2011: 174) ins Deutsche als „‚an das Kind gerichtete Sprache' (KGS)" übertragen wird.⁴ Ferguson nutzt den Ausdruck „baby talk" (Ferguson 1977a: 209). *Baby talk* stellt für ihn ein „simplified register" (Ferguson 1977a: 209) dar:

> [I]t is one of a set of such registers which are used in addressing people such as foreigners, retarded, or hard of hearing who are felt not to be able for one reason or another, to understand normal language in the usual way. (Ferguson 1977a: 209)

In ihrem frühen Forschungsüberblick fasst Snow (1977) zusammen, dass die Merkmale der „mothers' speech to children" „quite well established" (Snow 1977: 36) sind: Sie arbeitet auf grammatischer Ebene einen hohen Anteil von Fragen und Imperativen heraus, jedoch wenig Präteritum, wenige Koordinationen und Subordinationen sowie wenige Störungen des Redeflusses. Auf prosodischer Ebene beschreibt sie eine höhere Tonlage und ein besonders ausgeprägtes Intonationsmuster als Merkmale von *KGS*. Szagun (2011: 174) resümiert die prosodischen, inhaltlichen und grammatischen Merkmale der *KGS* in Anlehnung an den Forschungsüberblick von Snow (1977) tabellarisch (s. Tabelle 25):

Tabelle 25: Prosodische, inhaltliche und grammatische Merkmale von *KGS* aus Szagun (2011: 174)

Merkmale der Prosodie:
· langsamere Sprechgeschwindigkeit
· klarere Segmentation von Wörtern und Silben
· Sprechen in höherer Tonlage
· breiterer und stärker variierender Frequenzbereich
Inhaltliche Merkmale:
· viele Inhaltswörter (Nomen, Verben)
· inhaltliche Wiederholungen
· geringerer Abstraktionsgrad der Nomen
· Bezug auf die Gegenwart
Merkmale der grammatischen Form:
· geringe Äußerungslänge, auch Einwortäußerungen
· weniger komplexe grammatische Strukturen:
· weniger Hilfsverben
· weniger Adverbien
· weniger Konjunktionen

---

4 In Anlehnung daran wird in vorliegender Arbeit mit dem Begriff der *SgS* (*die an die Schülerinnen und Schüler gerichtete Sprache* (*SgS*); vgl. Pohl 2006: 3) gearbeitet.

- · einfache Sätze, weniger Satzgefüge
- · viele Fragen
- · viele Aufforderungen
- · Wiederholungen von ganzen Sätzen und Satzteilen

5.1.1 Begriffsbestimmung und theoretische Begründung der Spracherwerbsförderlichkeit von *fine-tuning*

In Tabelle 25 sind allgemeine Merkmale aufgeführt, in denen sich *KGS* von der Sprache von Erwachsenen untereinander unterscheidet. Damit werden Standard-sprache und *KGS dichotomisch* klassifiziert als ein Standard-Register versus ein simplifiziertes Register, während die im Folgenden zu referierenden Studien die Frage nach einer *kontinualen* Modellierung der *KGS* stellen. Es wird gefragt, ob die Sprache der Bezugspersonen immer komplexer wird, je ausgeprägter die rezepti-ven und/oder produktiven sprachlichen Kompetenzen[5] des adressierten Kindes sind. Hausendorf und Quasthoff (2005: 278) bezeichnen diese Forschungsrich-tung zusammenfassend als „Untersuchungen zur Art der *Einpassung* des sprach-lichen Input in den jeweiligen *situativen Kontext*". Damit ist das Konstrukt des *fine-tunings* angesprochen, das von Snow et al. (1987) wie folgt definiert wird:

> Fine-tuning implies that, as the child's own language ability develops, the caretakers decrease the amount of simplification or modification in their child-directed speech, thus providing a continually adjusted optimal discrepancy between the language system of the child and the language system the child is exposed to. (Snow et al. 1987: 66)

Nach Snow et al. (1987: 66) nimmt die Intensität der Simplifizierung aufseiten der Bezugspersonen ab, wenn die sprachlichen Fähigkeiten des Kindes zunehmen. Die Sprache der Bezugspersonen wäre so fein angepasst resp. fein adaptiert an die Kompetenzen der Kinder. Die Definition von Snow et al. (1987: 66) enthält aber noch einen weiteren relevanten Aspekt, wenn sie die Formulierung „optimal discrepancy between the language system of the child and the language system the child is exposed to" nutzt. Die *fine-tuning*-Hypothese ist eben nicht durch die Idee einer Deckungsgleichheit von kindlicher Sprache und der Sprache der Bezugs-personen ausgezeichnet, sondern durch eine leichte Differenz zwischen beiden in der Art, dass die Sprache der Bezugspersonen immer einen Grad ‚komplexer' ist als die sprachlichen Fähigkeiten des Kindes entwickelt sind. An diesem Punkt

---

5 Und ggf. auch seine allgemein kognitiven Kompetenzen (vgl. Snow et al. 1987: 70).

der Argumentation wird die Theorie von der „Zone der nächsten Entwicklung"
nach Vygotskij (2002 [1934]: 326) relevant, die er in seiner Monografie *Denken
und Sprechen* entwickelt. Die Bedeutung dieser Zone der nächsten Entwicklung
erarbeitet er in Kontrastierung zum „aktuelle[n] Entwicklungsniveau" (Vygotskij
2002 [1934]: 326) des Kindes, durch das beschrieben wird, über welche Fähigkeiten das Kind zum aktuellen Entwicklungszeitpunkt schon verfügt. Aufgaben,
deren Lösung ein etwas höheres Fähigkeitsniveau erfordern, kann das Kind nur in
Zusammenarbeit mit einem kompetenteren Interaktionspartner lösen. Die dafür
benötigten Fähigkeiten liegen in der Zone der nächsten Entwicklung des Kindes.
Bezieht man nun diese Theorie auf die *fine-tuning*-Hypothese, müsste man annehmen, dass sich die Sprache der Bezugspersonen bei einem *fine-tuning* in einer
solchermaßen bestimmten Zone der nächsten Entwicklung des Kindes bewegt.
Murray et al. (1990) bringen in ihrer Studie zum *fine-tuning* diese beiden Konstrukte zusammen und betonen zudem die Relevanz der rezeptiven Komponente,
also von Verstehen (rezipientenseitig) und Verständlichkeit (text-/diskursseitig)
(vgl. z. B. Bredel & Maaß 2016: 117), in diesem Zusammenspiel:

> If mothers communicate at the level that their children can understand, they will be pro-
> viding a language model which may be ideal because it will typically be a step ahead of
> the child's verbal expressive abilities and fall within the ‚zone of proximal development'.
> (Murray et al. 1990: 522)

In Abbildung 7 wird stark schematisch vereinfacht der mögliche Zusammen-
hang zwischen *fine-tuning* und der *Zone der nächsten Entwicklung* dargestellt.
Zur Vereinfachung trägt erstens bei, dass von einem globalen sprachlichen
‚Komplexitäts'-Niveau ausgegangen wird, und zweitens, dass von einer linearen
Zunahme und Entwicklung aufseiten der Bezugspersonen und der Kinder ausgegangen wird.[6] Es ist die Idee abgebildet, dass zum einen die Sprache der Bezugspersonen zu jedem Entwicklungszeitpunkt immer auf einem leicht höheren
‚Komplexitäts'-Niveau liegt als die Sprache der Kinder, dass zum anderen aber
zu jedem Entwicklungszeitpunt t_{n+1} die Sprache der Kinder sich weiterentwickelt
hat und so das vormalige ‚Komplexitäts'-Niveau der Sprache der Bezugspersonen
bei t_n erreicht.

---

6 Dass die Veränderungen aufseiten der Erwachsenen nach Geburt des Kindes nicht linear erfolgen, zeigen die Ergebnisse von Murray et al. (1990), die feststellen, dass die Anpassungen der
KGS erst ab einem gewissen Entwicklungszeitpunkt einsetzen.

sprachliches
‚Komplexitäts‘-
Niveau

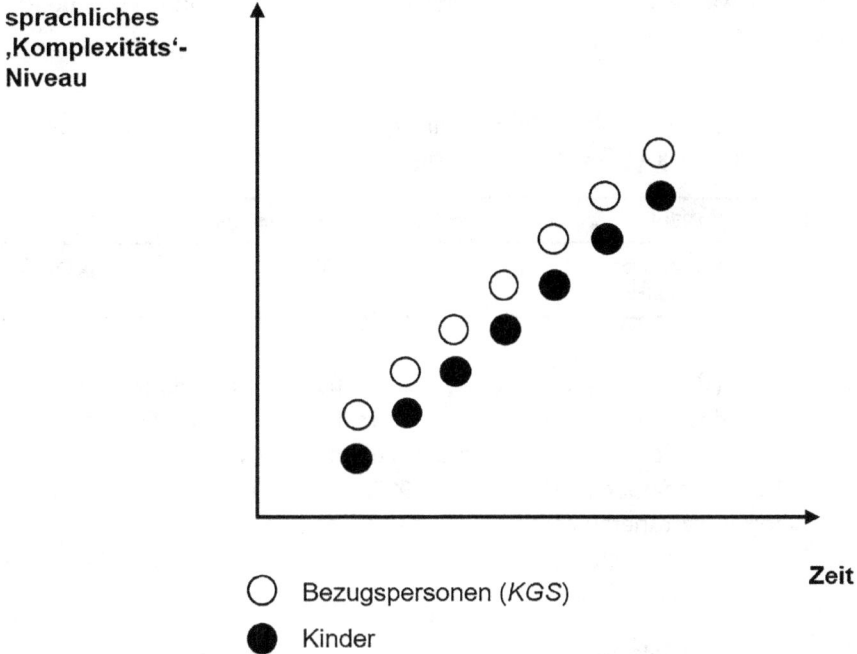

○ Bezugspersonen (*KGS*)

● Kinder

Zeit

Abbildung 7: Stark vereinfachte Darstellung des Zusammenhangs von *fine-tuning* und der *Zone der nächsten Entwicklung*

An dieser Stelle ist es sinnvoll, auch auf die von Krashen (1985) als Teil einer umfassenden Zweitspracherwerbstheorie formulierte *Input*-Hypothese zurückzugreifen:

> The Input Hypothesis claims that humans acquire language in only one way – by understanding messages, or by receiving ‚comprehensible input‘. We progress along the natural order [...] by understanding input that contains structures at our next ‚stage‘ – structures that are a bit beyond our current level of competence. (We move from *i*, our current level, to *i + 1*, the next level along the natural order, by understanding input containing *i + 1* [...]). (Krashen 1985: 2)

Die von Krashen (1985: 2) genutzte Formularisierung „*i*" als „current level" entspricht dem aktuellen Entwicklungsniveau des Kindes nach Vygotskij (2002

[1934]: 326), während „*i + 1*" mit der Zone der nächsten Entwicklung parallelisierbar ist (vgl. Tabelle 26).[7]

Tabelle 26: Parallelisierbarkeit der Theorien von Vytgotskij (2002) [1934] und Krashen (1985) unter Berücksichtigung der *fine-tuning*-Hypothese

Vygotskij (2002) [1934]	Krashen (1985)	*fine-tuning*-Hypothese
aktuelles Entwicklungsniveau	*i*	kindliche sprachliche Fähigkeiten
Zone der nächsten Entwicklung	*i + 1*	*KGS*

Für Krashen (1985) ist jedoch weniger das Konstrukt des „simplified input", sondern das des „comprehensible input" (Krashen 1985: 6) als spracherwerbsförderlicher Faktor anzusehen – denn „structures ‚slightly beyond' the acquirer's current state of competence" (Krashen 1985: 6) seien noch verständlich, aber gleichzeitig Erwerb herausfordernd. Er betont ferner auch, dass nicht in jeder Äußerung und auch nicht in jeder Interaktion mit dem Kind solchermaßen verständlicher *Input* enthalten sein muss:

> The child's ‚next rule' need not be covered in every utterance or even in every interchange. Given enough comprehensible input, the necessary grammar is covered in sufficient quantity. (Krashen 1985: 5)

5.1.2 Funktionen von *KGS* und *fine-tuning*

Mit der referierten Argumentation Krashens (1985) hängen auch unterschiedliche Argumentationen hinsichtlich der *Funktionen* von *KGS* und von *fine-tuning* zusammen. Die erste mögliche Funktion wäre die *sprachlehrende Funktion* von *KGS*. Snow (1972) arbeitet heraus, dass die von ihr beschriebene durch Mütter an spracherwerbende Kinder gerichtete Sprache „in many ways seems quite well designed as a set of ‚language lessons'" (Snow 1972: 561; vgl. auch Snow 1972: 564). *KGS* hätte somit im engeren Sinne eine sprachlehrende Funktion. Auch wenn es Snow (1972) nicht explizit erwähnt, hängt damit die Interpretation zusammen, *KGS* würde von den Bezugspersonen *explizit* und *bewusst* eingesetzt. Papoušek und Papoušek (2003: 946) nutzen demgegenüber den Ausdruck der „intuitiven

---

7 Verwunderlich ist, dass sich im Literaturverzeichnis von Krashen (1985) trotz dieser Parallelen kein einziger Eintrag zum Werk von Vygotskij findet.

mütterlichen Didaktik"[8] und verweisen damit darauf, dass der Einsatz von *KGS* (und auch von *fine-tuning*) *intuitiv, unbewusst* erfolgt – aber dessen ungeachtet spracherwerbsförderlich wirken kann. Als zweite mögliche Funktion beschreibt Hoff-Ginsberg (1990: 87) eine „data-providing function" von *KGS*, durch die dem „*Sprachverarbeiter*" (Klein 2001: 606) des Kindes neues sprachliches Material angeboten wird. Diese Formulierung kann wie eine weniger extreme Version der Hypothese einer sprachlehrenden Funktion von *KGS* verstanden werden, denn dass *KGS* dem spracherwerbenden Kind zu verarbeitendes *Input*-Material anbietet, erscheint unbestritten. Manche Strukturen der *KGS* eignen sich besonders zur Erfüllung der datenanbietenden Funktion, da sie die Aufmerksamkeit des Kindes lenken, wie die unten noch weiter zu beschreibenden Erweiterungen (vgl. Abschn. 5.2). Auch Ja/Nein-Entscheidungsfragen in der *KGS* erfüllen besonders gut eine solche datenanbietende Funktion. Im Rahmen der „Auxiliary Clarification Hypothesis" werden nach Pine (1994: 27) die von Newport et al. (1977: 132) gefundenen positiven Korrelationen von Ja/Nein-Fragen in der *KGS* mit dem lernerseitigen Erwerb von Hilfsverben dadurch erklärt, dass in diesen Entscheidungsfragen das Hilfsverb zu Beginn des Satzes positioniert und damit deutlich besser wahrnehmbar ist als in anderen syntaktischen Positionen. Vergleichbar mit der von Hoff-Ginsberg (1990: 87) beschriebenen datenanbietenden Funktion ist auch die „analytic function", die Garnica (1977: 81) v. a. mit Bezug auf die prosodischen *KGS*-Merkmale vorschlägt: „Features which serve an analytic function are thought to assist the child's analysis of linguistic materials" (Garnica 1977: 81). Aber auch für die datenanbietende resp. analytische Funktion muss man annehmen, dass ihr Erfüllen keine (bewusste) Intention der Bezugspersonen darstellt, während die dritte Funktion deutlicher auf mögliche Intentionen der Bezugspersonen verweist: Hoff-Ginsberg (1990: 87) führt die „conversation-eliciting function" von *KGS* an – es gehe darum, durch *KGS* die Konversation mit dem Kind aufrechtzuerhalten resp. erst zu elizitieren.[9] Und allein dieses Elizitieren resp. Aufrechterhalten der Kommunikation könne spracherwerbsförderlich wirken:

> [...] there might be a general benefit to all aspects of language development because engaging the child in conversation provides the opportunity for the child to be exposed to input and it also motivates the child to attend to input. (Hoff-Ginsberg 1990: 87)

---

8 Man würde besser von einer „intuitiven elterlichen Didaktik" oder von einer „intuitiven Didaktik der Bezugspersonen" sprechen.
9 Vgl. auch die von Garnica (1977: 82) beschriebene „social function" von *KGS*.

Für Krashen (1985) ergeben sich viele Merkmale der *KGS* aus der vierten möglichen Funktion, für das Kind *verständlichen Input* zu generieren (vgl. auch Newport et al. 1977: 127):

> Caretaker speech, while ‚simplified' in several ways, is intended for communication. It is intended, therefore, to be comprehensible, not meant for deliberate language teaching. (Krashen 1985: 4)

Die Konversation elizitierende Funktion und die Funktion, verständlichen Input zu generieren, könnten wie folgt zusammenhängen: Die Sprache der Bezugspersonen wird vereinfacht und dem Kompetenzstand des Kindes angepasst, weil die Kommunikation mit dem Kind aufrechterhalten werden soll. Und dieses Aufrechterhalten der Kommunikation kann nur geschehen, wenn die *KGS verständlich* ist. Eine ähnliche Argumentation verfolgt Brown (1977), wenn er schreibt:

> What I think, adults are chiefly trying to do, when they use BT [baby talk; K. K.-S.] with children, is to communicate, to understand and to be understood, to keep two minds focussed on the same topic. (Brown 1977: 12)

Brown (1977) führt aber noch eine fünfte mögliche Funktion von *KGS* an, die sich auf affektive und emotionale Aspekte bezieht und sich insbesondere in den von Garnica (1977) beschriebenen prosodischen Merkmalen widerspiegelt:

> The ‚expressive' processes look to me like a clear second component which has as its chief motive the expression of affection with the capturing of the addressee's attention as a secondary goal. (Brown 1977: 4)

Es konnten also fünf mögliche Funktionen von *KGS* unterschieden werden: 1) eine sprachlehrende Funktion, 2) eine datenanbietende bzw. analytische Funktion, 3) eine Konversation elizitierende Funktion, 4) eine Funktion der Verständnissicherung und 5) eine expressive Funktion.

Im Folgenden sollen exemplarisch einige der Studien zum *fine-tuning* im Erstspracherwerb knapp vorgestellt werden. Dabei wird sich zeigen, dass a) einige Studien *fine-tuning* rekonstruieren können, andere aber nicht (und ggf. ein weniger enges *tuning*-Konstrukt vorschlagen) und dass b) einige Studien spracherwerbsförderliche Effekte eines *fine-tunings* aufzeigen können, während anderen dies nicht möglich ist.

5.1.3 Studien zur Existenz und zur Spracherwerbsförderlichkeit von *fine-tuning* im Erstspracherwerb

Eine der ersten empirischen Studien zur Frage der Existenz von *fine-tuning* wurde von Cross (1977) mit Hilfe von Korrelationsanalysen durchgeführt; der Frage nach dessen Spracherwerbsförderlichkeit geht sie noch nicht nach. Zur Beschreibung des Zusammenhangs der Sprache von Bezugspersonen und der Sprache der Kinder unterscheidet sie neben der *fine-tuning*-Hypothese zwei weitere Hypothesen (vgl. Cross 1977: 154):

1. Die „indifferent hypothesis" besagt, dass es keinen klaren Zusammenhang zwischen dem kindlichen linguistischen Niveau und der mütterlichen Sprache gibt.
2. Die „fine-tuning hypothesis" besagt, dass es einen hohen Grad der Korrelation zwischen den Merkmalen der Sprache der Mütter und den sprachlichen Fähigkeiten des Kindes gibt, vor allem auf *syntaktischer* Ebene.
3. Die „multi-factor hypothesis" besagt, dass die mütterliche Sprache auf keiner einzelnen sprachlichen Ebene perfekt an die kindlichen sprachlichen Fähigkeiten angepasst ist, dass aber geringe und mittlere Korrelationen auf verschiedenen sprachlichen Ebenen zu finden sind. Die Autorin betont an späterer Stelle, dass auch dieser Hypothese folgend davon ausgegangen wird, dass Spracherwerb durch einen *Input*, der in der Zone der nächsten Entwicklung des Kindes liegt, erleichtert wird (vgl. Cross 1977: 180).

Die *multi-factor*-Hypothese kann m. E. als eine *weite* Form der *fine-tuning*-Hypothese angesehen werden, die kein besonders starkes *tuning* zu einer sprachlichen Ebene (der syntaktischen), sondern ein moderates *tuning* zu verschiedenen sprachlichen Fähigkeiten der Kinder annimmt.

Cross (1977) bezieht in ihre Studie 16 Mutter-Kind-Dyaden ein, wobei die Kinder ein Alter zwischen 19 und 32 Monate aufweisen (vgl. Cross 1977: 154) und aufgrund einer besonders schnellen Sprachentwicklung ausgewählt wurden. Zusätzlich haben die Mütter jeweils mindestens ein weiteres Kind mit besonders guter Sprachentwicklung im Alter von 4–6 Jahren. Daraus schließt die Autorin, dass gerade an diesen Dyaden Faktoren, die die Sprachentwicklung befördern, gut beobachtet werden können (vgl. Cross 1977: 155). Zu betonen ist, dass es sich bei der Studie von Cross (1977) um keine Längsschnittstudie handelt – bei einer solchen könnte *fine-tuning* besonders gut beobachtet werden. Die Kinder sind an *einem* Erhebungszeitpunkt hinsichtlich ihres Alters binnendifferenziert. Die Autorin führt Audio- und Videoaufnahmen der Mutter-Kind-Interaktion in spontanen Konversationen durch (vgl. Cross 1977: 155). Hinsichtlich der *syntaktischen* Variablen findet Cross (1977: 172) eine Unterstützung der engen *fine-tuning*-Hypo-

these v. a. mit Bezug auf die mütterliche MLU und die mütterlichen langen Äußerungen mit mehr als 6 Morphemen. Die mütterliche MLU korreliert signifikant
und hoch mit den rezeptiven Kompetenzen der Kinder (0.75) und mit dem Maß
der längsten kindlichen Äußerung (0.67) sowie außerdem mit der kindlichen MLU
(0.56). Mit dem Alter der Kinder ist die Korrelation auch noch stark (0.51), aber
geringer. Die langen Äußerungen mütterlicherseits korrelieren ebenfalls signifikant und hoch mit den rezeptiven Fähigkeiten des Kindes (0.66) und mit den
längsten kindlichen Äußerungen (0.61). Signifikante mittlere Korrelationen liegen
mit der kindlichen MLU (0.49) und der Verständlichkeit der kindlichen Äußerungen (0.49) vor (vgl. Cross 1977: 164). Für die *fine-tuning*-Hypothese im Bereich
einer Zone der nächsten Entwicklung spricht im syntaktischen Bereich auch ihr
Ergebnis, dass die mütterliche MLU im Schnitt weniger als drei Morpheme länger
als die kindliche MLU und weniger als ein Morphem länger als die längste kindliche Äußerung ist (vgl. Cross 1977: 172). Hinsichtlich der anderen Parameter der
syntaktischen Komplexität mütterlicherseits findet Cross (1977: 164) jeweils nur
signifikante positive Korrelationen mit einer oder zwei der nicht-syntaktischen
kindlichen Variablen. Daraus schließt sie:

> In fact, when viewed against the correlations for length of mothers' utterances they suggest
> that mothers are adjusting different aspects of their speech to different aspects of their lis-
> teners, producing a pattern that is more consistent with a multi-factor account than with the
> fine-tuning hypotheses. (Cross 1977: 173)

Die Schlussfolgerungen von Cross ergeben sich aus ihrer Abgrenzung der *fine-
tuning*-Hypothese von der *multi-factor*-Hypothese. Denn die Variable der Propositionen pro Äußerung ist eine solche, für die sie kein *fine-tuning* feststellen
möchte, obwohl diese Variable signifikant sowohl mit der kindlichen Verständlichkeit (0.63) als auch mit den rezeptiven Kompetenzen des Kindes (0.55) korreliert ist (vgl. Cross 1977: 164). Dies ist damit begründbar, dass Cross (1977)
fine-tuning nur als solches anerkennen möchte, wenn es sich auf die kindliche
syntaktische Ebene bezieht (siehe ihre Formulierung der *fine-tuning*-Hypothese
auf S. 154). Ihrer Ansicht nach ist sogar das so zu findende *fine-tuning* der MLU
auf syntaktischer Ebene eher ein *fine-tuning*, das auf semantischer Ebene seinen
Ursprung hat und nur auf die syntaktische Ebene Auswirkungen hat (vgl. Cross
1977: 174). Aus dieser Interpretation schlussfolgert Cross (1977: 174–175): „Mothers
seem to be less able to monitor either their own or their children's syntacic levels
than other aspects of the communication situation."

Diese Schlussfolgerungen stützen nach Cross (1977) auch die Ergebnisse ihrer
Studie hinsichtlich der verwendeten Satzarten. Ihren theoretischen Annahmen zu
Folge müssten mütterlicherseits bei einem *fine-tuning* mit steigenden kindlichen

Kompetenzen die am wenigsten komplexen Satztypen der englischen Sprache (v. a. Deklarative) abnehmen und die komplexeren Formen zunehmen (Fragen und Imperative) (vgl. Cross 1977: 178). Das Gegenteil ist aber mit Bezug auf die Fragen der Fall: Sie sind signifikant negativ mit dem Alter der Kinder korreliert (vgl. Cross 1977: 164), d. h. je älter die Kinder werden, desto weniger häufig werden sie mit Fragen konfrontiert. Cross (1977: 178) interpretiert diesbezüglich, dass der Anteil der Satztypen in der mütterlichen Sprache weniger durch ein *fine-tuning* als durch funktionale Abwägungen bedingt ist. Dass diese Abnahme von Fragen aber als eine Art von *fine-tuning* auf diskursiver Ebene angesehen werden kann, erkennt Cross (1977) noch nicht.

Hinsichtlich der syntaktischen Wohlgeformtheit der mütterlichen Äußerungen arbeitet Cross (1977) heraus, dass vor allem jüngere Kinder signifikant weniger mit nicht flüssigen Äußerungen (die voraussichtlich Reparaturen enthalten), unverständlichen Äußerungen und „run-on sentences" konfrontiert werden (vgl. Cross 1977: 164). Dass diese Variablen aber v. a. mit dem Alter des Kindes korrelieren, spricht für Cross für die „multi-factor theory of maternal speech adjustments" (Cross 1977: 175).[10]

Bezogen auf die referentielle Ebene stellt Cross (1977: 163) fest, dass die Bezüge auf nicht-unmittelbare Ereignisse mit den rezeptiven Fähigkeiten (0.72), der längsten kindlichen Äußerung (0.62), der MLU (0.57) und dem Alter des Kindes (0.60) stark korrelieren (vgl. Cross 1977: 162). Hinsichtlich des Konversationsstils ergeben sich keine signifikanten Ergebnisse (vgl. Cross 1977: 162–163). Anders die Diskursvariablen, die v. a. in Abschnitt 5.2 als mikrointeraktionale Stützmechanismen noch genauer betrachtet werden. Die Autorin zeigt, dass die meisten der Diskursvariablen stark negativ mit allen Variablen aufseiten des Kindes, und besonders mit den rezeptiven Kompetenzen, korreliert sind (vgl. Cross 1977: 160–161). Diese mikrointeraktionalen Anpassungen scheinen mit steigenden Kompetenzen des Kindes weniger notwendig zu sein, was in Abschnitt 5.2 ausführlicher diskutiert wird.

Insgesamt sprechen die Ergebnisse der Studie von Cross (1977) dafür, dass vornehmlich ein *tuning* mit Bezug auf die rezeptiven Kompetenzen der Kinder stattfindet.

---

10 Eine weitere Schlussfolgerung von Cross (1977) ist mit Bezug auf aktuelle Ergebnisse der Gesprochene-Sprache-Forschung nicht mehr haltbar: „Whatever the explanation for the presence of abbreviated utterances in mother-child speech, it is clear that the coexistence of both abbreviated and fully realized versions of most sentence types must restrict the degree to which the level of complexity will be tuned to child level" (Cross 1977: 177). Denn die Gesprochene-Sprache-Forschung hat gezeigt, dass Anakoluthe oder Ellipsen ganz typisch für den medial mündlichen Sprachgebrauch sind (vgl. Schwitalla 2012; Fiehler 2006).

Newport et al. (1977) argumentieren dafür, dass die Ergebnisse ihrer eigenen Studie, in der sie sowohl die Frage nach der Existenz von *fine-tuning* stellen als auch die Spracherwerbsförderlichkeit von *KGS*-Merkmalen untersuchen, gegen ein *fine-tuning* sprechen. Sie untersuchen 15 Mutter-Tochter-Dyaden an jeweils zwei 6 Monate auseinanderliegenden Zeitpunkten in natürlicher Interaktion. Außerdem analysieren sie zum Vergleich die Sprache, die die Mütter an den Leiter des Experiments richten (vgl. Newport et al. 1977: 114). Die Kinder sind zum ersten Aufnahmezeitpunkt (t_1) in drei Altersgruppen unterteilt: a) 12–15 Monate, b) 18–21 Monate und c) 24–27 Monate (vgl. Newport et al. 1977: 114).

Die in einem ersten Schritt zu berichtenden Ergebnisse zur Frage des Vorkommens von *fine-tuning* beziehen sich auf Zusammenhänge der mütterlichen Sprache mit den kindlichen sprachlichen Variablen am ersten Erhebungszeitpunkt (t_1). Die Autoren legen dar, dass es in ihrer Studie keine Anzeichen von *fine-tuning* gebe (vgl. Newport et al. 1977: 123). Die positiven Korrelationen zwischen mütterlicher MLU und propositionaler Komplexität mütterlicherseits mit der kindlichen MLU, die für ein *fine-tuning* sprechen würden, erweisen sich als nicht statistisch signifikant (vgl. Newport et al. 1977: 23). Demgegenüber sei die mütterliche MLU nur mit dem Alter der Kinder signifikant positiv korreliert (vgl. Newport et al. 1977: 126). Newport et al. (1977) schreiben darauf basierend, dass die Sprache der Mütter eher *grob* an kindliche *kognitive* Fähigkeiten statt an kindliche sprachliche produktive Kompetenzen angepasst sei.

Die Studie von Newport et al. (1977) ist zudem eine, die aufgrund der beiden Erhebungszeitpunkte mit 6-monatigem Abstand Zusammenhänge der Parameter mütterlicher Sprache zum Zeitpunkt t_1 mit dem kindlichen Spracherwerb zwischen t_1 und t_2 analysieren kann; Szagun (2011: 183) bezeichnet diese Berechnungsform als „zeitverschobene Korrelationen". Für diese Zwecke partialisieren Newport et al. (1977: 120) zudem „the child's age during the first interview and his level on any given linguistic measurement at that time" heraus – vereinheitlichen also die Kinder hinsichtlich ihres Alters und ihrer sprachlichen Kompetenzen zum ersten Erhebungszeitpunkt. So sollen die Daten von möglichen Einflüssen der kindlichen Kompetenzen zu t_1 auf die kindlichen Kompetenzen zu t_2 bereinigt werden. In diesen Analysen zeigt sich ein sehr starker positiver, signifikanter Zusammenhang (0.88) von vielen maternalen Entscheidungsfragen zum Zeitpunkt t_1 mit der Zunahme der Hilfsverben zwischen t_1 und t_2 bei den Kindern (vgl. Newport et al. 1977: 133; vgl. auch Abschn. 5.1.2). Dies ist im Rahmen der „processing-bias hypothesis" (Newport et al. 1977: 146) der Autoren interpretierbar, nach der „Elemente des Satzanfangs [...] perzeptuell besser wahrnehmbar [sind] als solche in mittlerer Satzposition" (Szagun 2011: 186). In einer ergänzenden Studie schreiben die Autoren, dass es im Rahmen dieser Hypothese um „simplicity for learning, rather than simplicity of grammar" (Gleitman et al. 1984: 73) gehe.[11] Einen weiteren starken Zusammenhang von 0.58 finden sie auch zwischen maternaler Deixis-Nutzung und der Zunahme der Flexionen pro Nominalphrase auf kindlicher Seite (vgl. Newport et al. 1977: 132). Dies interpretieren die Autoren im Rahmen ihrer „referent-matching hypothesis" (Newport et al. 1977: 146) wie folgt:

> This finding suggests that the more the mother produces lexical items that are explicitly coincident with their referents, the more easily the child analyzes the constructions into which these items enter. (Newport et al. 1977: 140)

Diese zwei von Newport et al. (1977) aufgezeigten Spracherwerbseffekte von *KGS* lassen sich zwar nicht auf *fine-tuning*-Aspekte zurückführen, stehen aber im Einklang mit der von Hoff-Ginsberg (1990: 87) beschriebenen „data-providing function" von *KGS* (vgl. Abschn. 5.1.2).[12] Bezogen auf die *fine-tuning*-Hypothese schließen die Autoren in einer weiteren gemeinsamen Studie sogar, dass ihre Ergebnisse dieser Hypothese konträr entgegenstehen:

> As we now see, it is most importantly the CHILD who changes (in the material he attends to and exploits), rather than the MOTHER (in how she speaks). (Gleitman et al. 1984: 65–66)

Furrow et al. (1979) kritisieren die Studie von Newport et al. (1977) dahingehend, dass diese durch die große Altersspanne der Kinder und der deswegen vorgenommenen statistischen Vereinheitlichung des Alters und der sprachlichen Kompetenzen der Kinder nicht berücksichtigt, „that mother's speech will have different effects at different ages or stages" (Furrow et al. 1979: 425).

---

11 Hoff-Ginsberg (1986: 159) findet diesen positiven Effekt von Entscheidungsfragen nicht, wohl aber einen positiven Effekt von „Wh-Questions" auf die Anzahl der Verben pro Äußerung sowie die Hilfsverben pro Verbalphrase. Auch diesen Effekt interpretiert sie mit Hilfe der „data-providing function" (Hoff-Ginsberg 1986: 160) von *KGS*.

12 M. E. werten Newport et al. (1977) ihre Ergebnisse aber auch nicht so aus, dass damit eine Spracherwerbsförderlichkeit von *fine-tuning* aufgezeigt werden könnte. Denn dafür müssten z. B. Bezugspersonen identifiziert werden, die im Vergleich mehrerer Zeitpunkte (z. B. t_1 bis t_3) ein besonders intensives *fine-tuning* einsetzen, und mit einer Gruppe von Bezugspersonen kontrastiert werden, die zu t_1–t_3 geringe *fine-tuning*-Tendenzen zeigen. Sodann müssten die Veränderungen der kindlichen rezeptiven und produktiven Kompetenzen zwischen einem später liegenden Zeitpunkt t_4 und t_1 (oder auch t_2, t_3) erhoben werden. Diese Veränderungen könnten dann mit den *fine-tuning*-Tendenzen der Bezugspersonen korreliert werden. – Die unten noch zu referierende Studie von Ellis und Wells (1980) geht diesbezüglich invertiert vor: Ellis und Wells (1980) identifizieren Kinder mit einer besonders schnellen Sprachentwicklung und analysieren die Sprache von deren Bezugspersonen, um spracherwerbsförderliche Aspekte in ihrer *KGS* herausarbeiten zu können.

Bellingers Studie (1980) folgt der Fragestellung „whether or not mothers' speech follows a consistent pattern of change across speakers as children get older" (1980: 470). Es werden 40 Mutter-Kind-Dyaden beim Spielen audiographiert; bei je einem Viertel (also N = 10) davon handelt es sich jeweils um Kinder im Alter von *1;0*, *1;8*, *2;3* und *5;0* (vgl. Bellinger 1980: 470–471). Die Altersspanne, die betrachtet wird, ist also größer als in den bisher vorgestellten Studien und auch die Probandenzahl ist deutlich höher. Es liegen jedoch keine longitudinalen Daten vor. Der Autor codiert zwölf Aspekte der maternalen Sprache und allein die „mean length (in words) of utterances" (Bellinger 1980: 473) (MLU) der Kinder. Zur Analyse setzt er das multivariate Verfahren der Diskriminanzanalyse ein, mit dem er Gruppen diskriminieren kann, die sich in ihren Merkmalen signifikant unterscheiden. Er kann damit berechnen, ob die zwölf mütterlichen sprachlichen Variablen vorhersagen, welches Alter resp. welche sprachlichen Kompetenzen das Kind hat, an das diese Sprache gerichtet ist (vgl. Bellinger 1980: 473–474). Die von ihm heraugearbeitete „function I" korreliert besonders stark positiv mit der kindlichen MLU und, wird die kindliche MLU herauspartialisiert, nicht mit dem Alter der Kinder (vgl. Bellinger 1980: 480). Hohe Punktwerte in dieser Funktion erreichen Mütter, deren Sprache

> was characterized, on the syntactic level, by long utterances; on the semantic level by few attempts to gain her child's attention, but by many references to objects which were not present in the here-and-now; on the pragmatic level by frequent use of declarative surface forms to convey directive intent, though by relatively few indirect speech acts overall; and, on the level of discourse, by utterances which could not easily be interpreted without retrieving information from their verbal context. (Bellinger 1980: 478)

Diese Merkmale zeichnen also die Sprache aus, die die Mütter an die Kinder mit der höchsten MLU richten. Allein das Ergebnis einer niedrigen Anzahl von indirekten Sprechakten gegenüber solch syntaktisch fortgeschrittenen Kindern kann Bellinger (1980: 478) nicht erklären. Es ist zu bemerken, dass die kindliche produktive Sprache in dieser Studie allein mit einer Variable (MLU) beschrieben wird – für die sich jedoch nach Szagun (2011: 80) gezeigt habe, dass sie „ein Indikator für Fortschritte im Grammatikerwerb" sei, und ein „sehr nützliches Maß im frühen Grammatikerwerb" (Szagun 2011: 83) darstelle. Mit der Studie von Bellinger (1980) konnte also ein – an den produktiven syntaktischen Kompetenzen der Kinder ausgerichtetes – *fine-tuning* gezeigt werden. Spracherwerbseffekte eines *fine-tunings* untersuchen die Autoren aber nicht.

Solche möglichen Effekte nimmt aber die Studie von Ellis und Wells (1980) in den Blick. Im Gegensatz zu Cross (1977), die in ihrer Studie nur Kinder mit schneller Sprachentwicklung untersucht, beziehen die Autoren drei Kindergruppen in ihre Studie mit ein, die sich hinsichtlich ihrer Sprachentwicklung unterscheiden (vgl. Ellis & Wells 1980: 47–48). Diese Gruppen nutzen sie als Indikator der elterlichen Fähigkeiten, die Sprachentwicklung ihrer Kinder zu befördern. Sie unterscheiden „Early Fast Developers (EFD)", „Late Fast Developers (LFD)" und „Slow Developers (SD)" nach der Zeit, die sie benötigen, um eine MLU von zunächst 1,5 und dann 3,5 Morphemen zu erreichen (vgl. Ellis & Wells 1980: 48). Insgesamt werden 26 Kinder zwischen 15 und 42 Monaten aus einem größeren Korpus in die Untersuchung einbezogen (vgl. Ellis & Wells 1980: 58), deren Sprache in häuslicher Interaktion in dreimonatigen Intervallen (also echt-longitudinal) aufgenommen wurde.

Eine erste Analyse führen die Autoren mit Bezug auf das *Alter* der Kinder durch und zeigen schon hier Veränderungen der Sprache der Bezugspersonen im syntaktischen, kontextuellen, diskursiven sowie referentiellen Bereich mit steigendem Alter der Kinder auf (vgl. Ellis & Wells 1980: 51–52). In einer zweiten Analyse korrelieren die Autoren die *kindlichen sprachlichen Variablen* mit den sprachlichen Variablen der Bezugspersonen (vgl. Ellis & Wells 1980: 52) – denn erst solche Korrelationen erkennen z. B. Newport et al. (1977: 126) als *fine-tuning* an. Die zwei erhobenen Maße der Äußerungslänge der Bezugspersonen sind positiv mit allen kindlichen sprachlichen Variablen korreliert, v. a. mit der kindlichen MLU und den von den Kindern ausgedrückten Bedeutungsrelationen[13] (vgl. Ellis & Wells 1980: 52). Auch die Abnahme des Unterschieds zwischen kindlicher und elterlicher MLU korreliert mit allen Entwicklungsindizes auf kindlicher Seite (vgl. Ellis & Wells 1980: 52–53). Die durchschnittliche Anzahl von Verben in der Sprache der Bezugspersonen und die Anzahl der „well-formed sentences" (Ellis & Wells 1980: 50) nehmen mit der kindlichen MLU zu (vgl. Ellis & Wells 1980: 53).[14] Ellis und Wells (1980) zeigen also durchaus syntaktisches *fine-tuning* auf, aber zudem weitere elterliche Anpassungen: Der Anteil von Sprache in Kontexten von „General Talk" (im Unterschied zu Spielsituationen) ist positiv mit allen kindlichen Variablen korreliert. Die durch das Kind ausgedrückten Bedeutungs-

---

13 Die Operationalisierung dieser Bedeutungsrelationen ist m. E. für den Leser nicht genügend nachvollziehbar dargestellt.

14 Dass die „well-formed sentences" (Ellis & Wells 1980: 50) mit der kindlichen MLU zunehmen, ist m. E. aber nicht unbedingt erwartbar gewesen. Es geht Ellis und Wells (1980) hier vermutlich um Sätze, die Hennigs Konstrukt der „kanonische[n] S[ä]tz[e] prototypischer geschriebener Sprache" (Hennig 2006: 182) ähneln. Hypothetisch wäre auch der umgekehrte Trend denkbar gewesen, dass die wohlgeformten Sätze mit dem Alter der Kinder abnehmen, weil den Kindern mit steigender Sprachkompetenz eine bessere Rekonstruktion auch von stärker elliptischen oder anakoluthischen Einheiten möglich sein könnte. Wenn die „well-formed sentences" beispielsweise Einwortäußerungen gegenübergestellt werden, könnte man eine Zunahme dieser wohlgeformten Sätze jedoch auch als Komplexitätszunahme deuten.

relationen korrelieren positiv mit der Häufigkeit von Aussagen, Erklärungen und Korrekturen elterlicherseits. „Expansions" und „extensions" der Bezugspersonen stehen in einem inversen Zusammenhang zur kindlichen MLU (vgl. Ellis & Wells 1980: 53), werden also bei zunehmenden kindlichen sprachlichen Fähigkeiten weniger eingesetzt – dies ist konsistent mit den Ergebnissen von Cross (1977: 163) zur negativen Korrelation vieler Diskursvariablen mit den sprachlichen Fähigkeiten des Kindes. Im Vergleich mit den Ergebnissen von Cross (1977: 174–175) ist erwähnenswert, dass die Autoren nur niedrige und nicht signifikante Korrelationen mit den kindlichen Verstehensfähigkeiten herausarbeiten (vgl. Ellis & Wells 1980: 53). Da jedoch nur ein Teil der von Ellis und Wells (1980) aufseiten der Bezugspersonen erhobenen Variablen korrelative Zusammenhänge mit den kindlichen Variablen aufweist, überlegen die Autoren, „that the extent of ‚fine-tuning' in adult speech adjustment [...] is not as great as had been previously supposed" (Ellis & Wells 1980: 53). Sie argumentieren anschließend aber auch, dass ein *fine-tuning* mit Bezug auf einige sprachlich-funktionale Variablen gar nicht nötig und ggf. sogar hinderlich sei: Fragen oder Äußerungen, die sich auf die Aktivitäten des Kindes beziehen, seien beispielsweise in allen Entwicklungsstadien relevant, so dass mit keinen substantiellen Veränderungen zu rechnen sei (vgl. Ellis & Wells 1980: 53–54).[15]

In einem weiteren Analyseschritt möchten die Autoren spracherwerbsförderliche Effekte eines solchen *fine-tunings* herausarbeiten. Dazu nutzen sie die drei oben erwähnten Entwicklungsgruppen: V. A. die Sprache der Bezugspersonen von EFD könnte Hinweise auf spracherwerbsförderliche Merkmale der Elternsprache geben. Diese Eltern unterscheiden sich von den anderen Eltern am *ersten* Entwicklungszeitpunkt (an dem alle Kinder eine MLU von 1,5 Morphemen erreicht haben) nach den Analysen von Ellis und Wells (1980: 54) jedoch nicht in syntaktischer Hinsicht. Sie äußern allerdings mehr Worte pro Minute – ein Anzeichen dafür, dass die reine sprachliche Quantität, mit der Kinder konfrontiert werden, spracherwerbsförderlich wirken könnte (vgl. Ellis & Wells 1980: 55).[16] Die Eltern von *EFD* sind aber vor allem in Diskurs- und referentiellen Charakteristika von den anderen Eltern differenziert: Sie produzieren mehr Bestätigungen, Korrekturen, Verbote und Instruktionen, zudem mehr Imitationen und Wiederholungen der kindlichen Äußerung, Fragen, indirekte und direkte Aufforderungen. Hinsichtlich des Referenzbezugs nutzen diese Eltern mehr Äußerungen, die sich auf die unmittelbare Aktivität des Kindes beziehen (vgl. Ellis & Wells 1980: 55), agieren also kindorientierter. Die Autoren interpretieren den möglichen positi-

---

15 Diese Interpretation wird aber von den Ergebnissen von Cross (1977: 164) in Frage gestellt.
16 Zu diesbezüglich ähnlichen Ergebnissen kommen auch D'Odorico et al. (1999: 334).

ven Einfluss vieler dieser Diskursvariablen im Sinne eines unterstützenden und Feedback-orientierten Diskursstils (vgl. Ellis & Wells 1980: 55).[17]

Eine vergleichende Analyse der Sprache der Bezugspersonen zum *zweiten* Entwicklungszeitpunkt (kindliche MLU = 3,5 Morpheme) ergibt demgegenüber abweichende Ergebnisse eines stärkeren, auch syntaktischen *fine-tunings* der Bezugspersonen der *EFD*:

> At this later stage there is some evidence of syntactic adjustments of the EFD adults being more finely tuned than those of the SD, for example the difference between the child's and the adult's MLU was notably larger for the SD than for the EFD. (Ellis & Wells 1980: 57)

In dieser Studie konnte also ein *fine-tuning* einiger elterlicher sprachlicher Variablen bezüglich der produktiven Kompetenzen ihrer Kinder festgestellt werden, während die Evidenzen für eine Spracherwerbsförderlichkeit von *fine-tuning* sich vor allem auf die diskursive und referentielle, zum zweiten Entwicklungszeitpunkt aber auch auf die syntaktische Ebene beziehen.

Die Studie von Murray et al. (1990) befasst sich mit dem Zeitpunkt des Beginns eines *fine-tunings* in der sprachlichen Entwicklung eines Kindes. Die Autoren gehen dabei von der Hypothese aus, dass *fine-tuning* erst notwendig wird, wenn das Kind erste Wörter verstehen kann:

> Mothers may simplify their speech at about the same time that infants begin to understand a few words and become intentional participants in socio-communicative exchanges, but well before they begin to produce words. (Murray et al. 1990: 513)

Um diese Hypothese zu testen, werden 15 Mutter-Kind-Paare in natürlichen Spielsequenzen in einer echten Längsschnittstudie videographiert, die das Alter der Kinder von 3, 6 und 9 Monaten erfasst (vgl. Murray et al. 1990: 514–515). Die Autoren können zeigen, dass sich die MLU der Mütter mit einem hohen sozioökonomischen Status vom Erhebungszeitpunkt bei drei Monaten bis zu dem bei neun Monaten signifikant verringert. Für die Mütter mit niedrigem sozioökonomischen Status zeigt sich dieser Effekt nicht (vgl. Murray et al. 1990: 517). Sie kommen zu dem Schluss, dass die *KGS* im ersten Lebenshalbjahr, wenn das Verstehen von Einzelwörtern durch das Kind noch nicht stark entwickelt ist, eher im Sinne eines „gross-tuning[s]" (Murray et al. 1990: 520) eingesetzt wird und erst im zweiten Lebenshalbjahr, mit ansteigender rezeptiver Kompetenz aufseiten der Kinder, *fine-tuning* genutzt wird (vgl. Murray et al. 1990: 520).

---

17 Gleichwohl eine hohe Anzahl von Verboten m. E. damit nicht in Einklang zu bringen ist.

Die Autoren untersuchen außerdem mögliche spracherwerbsförderliche Effekte dieses *fine-tunings* auf rezeptive und produktive Fähigkeiten der Kinder. Es ergibt sich allein ein negativer Zusammenhang zwischen der maternalen MLU beim Alter der Kinder von *0;9* und den rezeptiven Fähigkeiten der Kinder im Alter von *1;6* (vgl. Murray et al. 1990: 517). Sie folgern, dass es einen positiven Einfluss von *fine-tuning* (im Sinne von „simpler input") auf das Verstehen des Kindes, also auf den Erwerb der rezeptiven Fähigkeiten gibt (vgl. Murray et al. 1990: 522) – genauso wie schon Cross (1977) und Newport et al. (1977) für ein am Verstehen orientiertes Sprachhandeln der Bezugspersonen argumentierten.

In der Studie von van Veen et al. (2009) wird der Einfluss des elterlichen *Inputs* auf den Erwerb einer spezifischen sprachlichen Variable, nämlich auf den Erwerb von Konnektoren (*aber*, *damit*, *und*, *wenn* und *weil*) untersucht. Das Datenmaterial besteht aus der Sprache eines deutschen Jungen und seiner Eltern im Alter des Jungen von *1;11.12* bis *2;11.27*. Die Autoren beschreiben ihr Korpus als ein sehr dichtes Korpus, weil pro Woche in dieser Zeitspanne fünf einstündige Aufnahmen gemacht und analysiert werden (vgl. van Veen et al. 2009: 271). Zur statistischen Auswertung führen sie Regressionsanalysen durch: Dafür nutzen sie die dichotome Variable „Vorhandensein oder Nicht-Vorhandensein von Konnektoren" in der Sprache des Kindes und jeweils eine der drei linearen Variablen Alter, „Short-term input" (Inputhäufigkeiten eines Konnektors in der *KGS* in einer der einstündigen Aufnahmen) und „Long-term input" (van Veen et al. 2009: 271). Letzterer bezieht sich auf alle Inputhäufigkeiten eines Konnektors in der *KGS* bis zu der analysierten Aufnahme (vgl. van Veen et al. 2009: 271–272). Zunächst zeigen die Autoren im ersten Modell (mit Alter als Prädiktor) signifikante Alterseffekte beim Erwerb aller Konnektoren auf (vgl. van Veen et al. 2009: 272–273). Das Hinzufügen des Gebrauchs des Konnektors durch die Bezugspersonen in derselben Aufnahmesituation („Short-term input") zu diesem ersten Modell zeigt aber einen noch deutlicheren Effekt. In einem dritten Modell wird der Langzeitgebrauch des Konnektors in der Sprache der Bezugspersonen zum zweiten Modell hinzugefügt. Dieses Modell ist dasjenige, das den Gebrauch von Konnektoren durch das Kind am besten vorhersagt (vgl. van Veen et al. 2009: 273). Durch die in der Studie von van Veen et al. (2009) aufgezeigten Langzeiteffekte ist der Schluss möglich, dass der betrachtete Junge Konnektoren aus dem *Input* erworben hat. Die Autoren selbst weisen aber auf die Begrenzung aller Korrelationsanalysen hin: Es ist nicht nur möglich, dass der elterliche *Input* einen Einfluss auf den Erwerb durch das Kind hat, sondern es ist ebenfalls denkbar, dass der kindliche *Output* die elterliche Sprache beeinflusst. Außerdem seien beiderseitige, interaktionale Beeinflussungen denkbar (vgl. van Veen et al. 2009:

281).[18] In der Erhebung von van Veen et al. (2009) wird außerdem die Frage nach einem *fine-tuning* auf der Wortebene am Beispiel der Konnektoren gestellt, wobei die Autoren sich auf das Konstrukt des „audience design" (z. B. Bell 1997) beziehen. Sie zeigen jedoch keine Veränderungen der Konnektor-Häufigkeiten im elterlichen *Input* über die Zeit auf (vgl. Van Veen et al. 2009: 277). *Fine-tuning-*Effekte auf den Spracherwerb konnten durch diese Studie aufgrund des fehlenden Nachweises von *fine-tuning* nicht aufgezeigt werden, sehr wohl aber *Input-*Einflüsse.

Ein beeindruckendes Untersuchungsdesign findet sich im „Human Speechome Project"[19] (Roy 2009: 1) von Deb Roy und Kollegen. Roy untersucht im Rahmen dieses Projekts den Erstspracherwerb ihres Sohns im Alter von 0–3 Jahren komplett und längsschnittlich, indem ihr gesamtes Haus mit (annähernd) permanent eingeschalteten Videokameras und Audioaufnahmegeräten ausgestattet ist (vgl. Roy 2009: 1–2). Es resultiert ein extrem dichtes, längsschnittliches Datenmaterial der Sprachentwicklung eines einzelnen Kindes im Sinne einer Fallstudie. Neben der Sprache des Kindes wird auch die „child available speech" („CAS") (Roy et al. 2009: 2) analysiert, definiert als Sprache der Bezugspersonen (Mutter, Vater und Tagesmutter), wenn das Kind wach und nah genug zur Wahrnehmung dieser Sprache ist. Die Analysen von Roy (2009: 5) umfassen 72 zeitlich gleich verteilte Tage zwischen dem kindlichen Alter von 9 bis 24 Monaten und insgesamt 400.000 analysierte Wörter. Sie untersucht das Konstrukt der „word birth[s]" (2009: 5), die sie als einen Wort-*type* definiert, der zu einem Zeitpunkt t_i aufseiten des Kindes erstmals im Korpus transkribiert wird. Die Autorin zeigt eine signifikante, leicht negative Korrelation (–0.29) zwischen solchen *word births* und der Häufigkeit dieses Wortes in der Sprache der Bezugspersonen auf; für Nomen allein ist die Korrelation mit –0.54 stärker (vgl. Roy 2009: 6). D. h., je öfter die Bezugspersonen das jeweilige Wort nutzen, umso früher erwirbt das Kind das Wort. Die Studie von Vosoughi et al. (2010) nutzt ebenfalls das *Human Speechome-*Korpus mit derselben Monatsspanne und fügt weitere Analysevariablen der *CAS* hinzu. Die Autoren sprechen nun vom *„Age of Acquisition"* („AoA") (Vosoughi et al. 2010: 3). Ihre Analysen zeigen, dass sowohl die Wiederholung eines Wortes innerhalb von 51s in der Sprache der Bezugspersonen, die Aussprachedauer der Vokale des Wortes, die Veränderung der prosodischen Grundfrequenz im Vergleich zu den anderen

---

18 Vgl. auch die wichtigen Anmerkungen zu Korrelationsstudien bei Furrow et al. (1979: 427) sowie Gleitman et al. (1984: 45–46).
19 Der Name „Speechome" des Projekts hat nach Roy (2009: 1) zwei Interpretationen: Zunächst geht es darum, Sprache zu Hause („speech" + „home") zu analysieren. Zum anderen sollen aber durchaus Parallelen zum „Human Genome Project" aufscheinen.

Worten der beinhaltenden Äußerung sowie die Intensität der Aussprache des Wortes (letzteres beides mit *PRAAT* gemessen) signifikant negativ mit dem *AoA* korrelieren (vgl. Vosoughi et al. 2010: 3). So können die Autoren prosodische Einflüsse auf den Worterwerb herausarbeiten, die im Sinne einer Aufmerksamkeitssteuerung im Rahmen der „data-providing function" von *KGS* nach Hoff-Ginsberg (1990: 87) interpretiert werden können.

Besonders interessant sind die Ergebnisse von Roy (2009: 6–7) zum „Fine Lexical Tuning": Sie berichtet, dass die Bezugspersonen die Länge der Äußerungen, die einen bestimmten Wort-*type* enthalten, kontinuierlich über mehrere Monate hinweg bis zum Moment des *word birth* reduzieren. Dies spreche dafür, dass die Bezugspersonen über „long range predictive abilities" (Roy 2009: 7) verfügten. Roy (2009: 7) bietet mehrere Erklärungen für dieses *fine lexical tuning* an: Erstens könnte die *CAS* im frühen Alter des Kindes stärker die Sprache von Erwachsenen untereinander repräsentieren, die erst in größerem Ausmaß adaptiert wird, wenn das Kind im lexikalischen Spracherwerb fortschreitet. Diese Interpretation ähnelt der oben berichteten von Murray et al. (1990). Die zweite von Roy (2009: 7) angebotene Deutung bezieht sich auf die Möglichkeit, dass Kinder Wörter besser aus kürzeren Äußerungen lernen.

Auch Roy et al. (2009: 4–6) untersuchen das „[t]uning of caregivers' utterances". Sie unterscheiden *fine lexical tuning* von einem „coarse tuning" (Roy et al. 2009: 4). Dieses definieren sie als „adjustments of caregivers' speech to the general linguistic competence of the child" (Roy et al. 2009: 4). Es zeichnet sich dadurch aus, dass Bezugspersonen kürzere Äußerungen mit niedriger lexikalischer Differenziertheit nutzen, wenn sie mit einem Kind sprechen, dessen Vokabular und „word-combination abilities" (Roy et al. 2009: 4) beschränkt sind. Diese beiden *tuning*-Formen differenzierend kritisieren sie die bisherige Praxis der Spracherwerbsforschung, den Terminus *fine-tuning* als „catchall term for tuning phenomena" (Roy et al. 2009: 4) zu nutzen.[20] Sie zeigen ein solches *coarse tuning* insbesondere für die MLU auf: Die MLU aller drei Bezugspersonen korreliert signifikant mit der MLU des Kindes (r = .55, .57, .62). Ebenso wie Murray et al. (1990) zeigen sie ferner, dass die MLU der Bezugspersonen bis zum Alter des Kindes von 16 Monaten sinkt. Zu diesem Zeitpunkt beginnt das Kind, Wörter zu kombinieren, also Mehrwortäußerungen zu produzieren. Ab hier steigt die MLU der Bezugspersonen und des Kindes kontinuierlich (vgl. Roy et al. 2009: 4). Die MLU der Bezugspersonen liegt zudem immer oberhalb der des Kindes (vgl. Roy et al. 2009:

---

20 Ganz neu ist die Differenzierung eines gröberen und eines feineren *tunings* jedoch nicht, wie beispielsweise die Ausführungen von Newport et al. (1977: 126), Speidel (1987: 121) oder Murray et al. (1990: 520) zeigen.

5) im Sinne der Zone der nächsten Entwicklung. Hinsichtlich der Einwortäußerungen der Bezugspersonen und der *ttr* ergibt sich bei den drei Bezugspersonen ein heterogeneres Bild (vgl. Roy et al. 2009: 5).

Diese Studie (und ebenfalls die Studie von van Veen et al. 2009) abschließend kritisch betrachtet, ist zum einen die geringe Fallzahl von n = 1 noch einmal hervorzuheben, die keine generalisierbaren Schlüsse zulässt. Zum anderen ist zu bemerken, dass bei den *coarse-tuning*-Analysen von Roy et al. (2009) allein *eine* kindliche produktive Variable, die MLU, in die Berechnungen mit einbezogen wurde. Zusammenfassend ist festzuhalten, dass in der Studie des *Human Speechome Projects* anhand einer Fallstudie sowohl *fine lexical tuning* als auch *coarse tuning* aufgezeigt und zudem Indikatoren von Spracherwerbseffekten des *fine lexical tunings* beobachtet werden konnten.

Während die bisher referierten Studien die Existenz und Spracherwerbsförderlichkeit von *fine-tuning* betrachten, fokussiert die Studie von Snow et al. (1987), inwiefern *fine-tuning* situations- bzw. aufgabenabhängig ist. Snow et al. (1987) untersuchen in einer experimentellen Studien mit fünf Mutter-Kind-Dyaden (Alter der Kinder: zwischen *1;5* und *1;10*), ob die Sprache der Bezugspersonen in routinisierten, strukturierten, familiären Situationen weniger an das kindliche Sprachniveau angepasst ist als in weniger routinisierten, für das Kind neuen Spielsituationen (vgl. Snow et al. 1987: 85). Die Situationsabhängigkeit von *fine-tuning* zeigt sich in diesem Experiment darin, dass die mütterliche MLU relativ zur kindlichen MLU in der routinisierten Situation immer am höchsten ist (vgl. Snow et al. 1987: 87). Sie schließen:

> It seems, then, that aspects of the routine may support children's comprehension sufficiently that, even at earlier stages of language development, they can handle relatively more complex input. (Snow et al. 1987: 88)

Die Anpassung im Sinne eines *fine-tunings* ist laut Snow et al. (1987: 88) also insbesondere in für das Kind unbekannten, nicht routinisierten, anspruchsvolleren Situationen relevant. Für Studien zum *fine-tuning* ist daher zu schließen, dass das höchste *fine-tuning*-Niveau in nicht-routinisierten Situationen aufzuzeigen sein könnte. Auf Lehrersprache übertragen könnte dies bedeuten, dass lehrerseitiges *(fine-)tuning* insbesondere in Unterrichtsphasen relevant würde, in der ein Unterrichtsgegenstand neu eingeführt wird.

5.1.4 Schlussfolgerungen aus den Studien zum *fine-tuning* im Erstspracherwerb

Mit den referierten Studien konnte nur ein unvollständiger Überblick über die Forschungen zum *fine-tuning* im Erstspracherwerb gegeben werden. In diesem Abschnitt soll eine kurze, vergleichende Zusammenfassung der bisherigen Erkenntnisse gegeben werden.

Zu Beginn werden die unterschiedlichen eingesetzten Erhebungsdesings verglichen: Viele Studien setzen Korrelationsdesigns ein, um *fine-tuning* feststellen zu können. Die Überlegung dahinter ist, dass bei einem *fine-tuning* die sprachlichen Maße der Bezugspersonen mit den kindlichen sprachlichen Maßen korrelieren müssen. In der Studie von Cross (1977) geschieht dies nicht über verschiedene Erhebungszeitpunkte verteilt, sondern die Kinder unterscheiden sich querschnittlich bei der Durchführung der Studie hinsichtlich ihres Alters und ihres sprachlichen Entwicklungsstands. Bellinger (1980) vergleicht systematisch, aber auch querschnittlich die Sprache der Bezugspersonen zu Kindern in vier festgelegten Altersstufen. Ellis und Wells (1980) nutzen zwar festgelegte dreimonatige Erhebungsintervalle und begleiten ihre Probanden längsschnittlich; diese variieren aber im Ausgangsalter. Demgegenüber untersuchen Murray et al. (1990) *fine-tuning* zu drei festgelegten Entwicklungszeitpunkten in einer echten Längsschnittstudie. Die von van Veen et al. (2009) in ihrer längsschnittlichen Fallstudie genutzten zwei Erhebungszeitpunkte sind für einen Nachweis von *fine-tuning* weniger geeignet, da sich Trends durch einen dritten Erhebungszeitpunkt besser bestätigen lassen. Die Studie von Roy (2009), Roy et al. (2009) und Vosoughi et al. (2010) zeichnet sich durch extrem viele längsschnittliche Erhebungszeitpunkte aus, was ihre Untersuchung besonders ‚feinkörnig' erscheinen lässt. Optimal wäre für *fine-tuning*-Untersuchungen ein längsschnittliches Verfahren mit mehr als zwei Erhebungszeitpunkten.

Die Studien unterscheiden sich ferner deutlich hinsichtlich der untersuchten sprachlichen Variablen der Bezugspersonen und Kinder. Während einige Studien sich durch ein breites Spektrum an erhobenen Variablen auszeichnen, die aufseiten der Bezugspersonen verschiedene sprachliche, diskursive und referentielle Merkmale abdecken (vgl. z.B. Cross 1977; Newport et al. 1977; Furrow et al. 1979; Gleitman et al. 1984; Hoff-Ginsberg 1986), sind andere Studien auf den Erwerb einer spezifischen sprachlichen Struktur konzentriert (vgl. z.B. van Veen et al. 2009 mit Bezug auf Konnektoren). In der Studie von Bellinger (1980) wird die Sprache des Kindes nur mit einer produktiven sprachlichen Variable, der MLU, erfasst. Die dargestellten Studien unterscheiden sich außerdem darin, ob sie allein die produktiven oder auch die rezeptiven Fähigkeiten des Kindes (wie bei Cross 1977; Ellis & Wells 1980; Murray et al. 1990) analysieren. Oftmals wird auch die Korrelation mit dem Alter der Kinder berechnet und, wenn diese größer ist als die Korrelation mit den sprachlichen Variablen des Kindes, als eine Anpassung an allein kognitive Fähigkeiten der Kinder und damit als eher *gröbere* Anpassung angesehen (vgl. z. B. Newport et al. 1977: 126). Bei der Analyse von *fine-tuning* können außerdem die Abstände zwischen den kindlichen Maßen und den Maßen der Bezugspersonen berechnet werden, wie dies Cross (1977: 172) berichtet, allerdings nicht systematisch durchführt.

Auch bei der Erforschung der Spracherwerbsförderlichkeit von Merkmalen der *KGS* und von *fine-tuning* gehen die Autoren unterschiedlich vor. Ein grundlegendes Vorgehen ist es, sprachliche Variablen der Sprache der Bezugspersonen zu einem Zeitpunkt t_1 zu erheben und eine Korrelationsanalyse mit der kindlichen Sprache zu einem später liegenden Zeitpunkt t_{1+n} durchzuführen. Szagun (2011: 183) nennt dieses Verfahren „zeitverschobene Korrelationen" (vgl. auch Valian 1999: 503). Im Rahmen von Korrelationsberechnungen ist bei der Attribuierung von Ursache-Wirkungs-Zusammenhängen aber generell Vorsicht geboten. Szagun (2011) führt jedoch zwei Gründe auf, warum bei Zusammenhängen zwischen *KGS* und der Sprache der Kinder vorsichtige Ursache-Wirkungs-Interpretationen durchaus möglich sind:

> Der eine Grund ist, dass das Verhalten, das eine Wirkung erzielen soll, zeitlich vorausgeht. Der andere Grund ist, dass der Einfluss der Erwachsenensprache auf den Spracherwerb theoretisch sinnvoll ist. Erwachsene sind die kompetenteren Sprecher und aus ihrem Sprachangebot kann der weniger kompetente Sprecher – das Kind – lernen. (Szagun 2011: 183)

Es können einfache Zusammenhänge zwischen den sprachlichen Merkmalen von Bezugspersonen zu t_n und der Sprache der Kinder zu t_{n+1} berechnet werden (vgl. Cross 1977 oder Furrow et al. 1979), es kann aber auch der kindliche Zuwachs zwischen t_{n+1} und t_n mit einbezogen werden (vgl. Newport et al. 1977).

Ellis und Wells (1980) wählen eine andere Vorgehensweise zur Identifizierung von spracherwerbsförderlichen Merkmalen der Elternsprache: Sie gehen von der Entwicklungsgeschwindigkeit der Kinder aus und möchten so Eltern identifizieren, deren sprachliche Merkmale besonders gut zur Sprachentwicklung ihrer Kinder beitragen. Mit der Methode von van Veen et al. (2009) lassen sich zudem Kurzzeiteffekte von elterlicher Sprache auf die kindliche Sprache in einer konkreten Interaktionssituation von Langzeiteffekten separieren.

Hinsichtlich der Existenz von *fine-tuning* kommen die Studien zu unterschiedlichen Schlussfolgerungen: Während Newport et al. (1977), Gleitman et al. (1984) sowie van Veen et al. (2009) argumentieren, dass in ihren Korpora kein *fine-tuning* aufgezeigt werden kann, zeigen sich in anderen referierten Studien Ansätze eines *tunings* (vgl. Cross 1977; Bellinger 1980; Ellis & Wells 1980; Murray et al. 1990 sowie Roy 2009; Roy et al. 2009 und Vosoughi et al. 2010). Cross' (1977) Daten sprechen eher für ein an den rezeptiven Fähigkeiten der Kinder ausgerichtetes *tuning*, während Ellis und Wells (1980) ein solches nicht aufzeigen können. Hier ist zu vermuten, dass Unterschiede in den eingesetzten Verstehenstests eine Rolle spielen. Die anderen Studien zeigen ein an sprachlich-produktiven Fähigkeiten des Kindes orientiertes *tuning* auf. Es werden ganz unterschiedliche Maße aufseiten der Bezugspersonen mit den steigenden Kompetenzen der Kinder variiert: Es gibt Indizien für ein *tuning* auf syntaktischer Ebene (vgl. z. B. Cross 1977; Ellis & Wells 1980; Bellinger 1980; Murray et al. 1990; in Zusammenhang mit der lexikalischen Ebene auch Roy 2009 und Roy et al. 2009), auf lexikalischer Ebene (vgl. Roy et al. 2009), aber auch auf referentieller und diskursiver Ebene (vgl. z. B. Cross 1977; Bellinger 1980; Ellis & Wells 1980). Die Interpretationen variieren indes hinsichtlich des Feinheitsgrades der Anpassungen: Dafür unterscheidet Cross (1977: 154) die „fine-tuning hypothesis" von der „multi-factor hypothesis". Letzerer liegt die Annahme zugrunde, dass die Anpassungen nicht als „fein" bezeichnet werden sollten, wenn nicht alle erhobenen sprachlichen Variablen aufseiten der Bezugspersonen und der Kinder gleichermaßen stark miteinander korrelieren (vgl. auch Ellis & Wells 1980: 53 sowie Krashen 1985: 5). Man sollte den Ausdruck *fine-tuning* also nur mit aller gebotenen Vorsicht nutzen. Vor allem in der Studie von Roy (2009) und Roy et al. (2009) wurde mit dem *fine lexical tuning* eine besonders feinkörnige Form der Adaption illustriert. Aber auch die Ergebnisse des von den Autoren vorgestellten *coarse tunings* – das in Abgrenzung zum *fine lexical tuning* untersucht wird – deuten auf solche feinen Anpassungen der Syntax und Lexik der Bezugspersonen an die Sprache des untersuchten Kindes hin. Besonders große Zweifel an einem syntaktischen *fine-tuning* äußern Newport et al. (1977) sowie Gleitman et al. (1984), aber auch Cross (1977), v. a. bezogen auf das den Kindern in *KGS* zugemutete Spektrum an Satztypen, da in *KGS* sogar die derivational ‚komplexeren' Satztypen häufiger genutzt werden. Mit Valian (1999: 50–51) ist aber zu bedenken, dass die Frage danach, was erwerbsbezogen als ‚komplex' und was als ‚einfach' angesehen werden muss, noch nicht hinlänglich geklärt ist.

Wenden wir uns in einem zweiten Schritt den möglichen Spracherwerbseffekten zu, die methodisch noch deutlich schwieriger herauszuarbeiten sind als *fine-tuning*-Vorgänge: Es ist zunächst festzuhalten, dass die allgemeine Hypothese, dass *Input* den Spracherwerb eines Kindes beeinflussen kann, mit Hilfe der vorgestellten Studien gestützt werden kann[21] – gleichwohl Valian (1999: 510) die feh-

---

21 Trotzdem betont Szagun (2011: 183), dass *KGS* keineswegs „notwendig" sei, „damit Kinder Sprache erwerben."

lende Replizierbarkeit der Ergebnisse vieler Korrelationsstudien herausstreicht. Die Spracherwerbsförderlichkeit von *Input* könnte zum einen in seiner bloßen *Quantität* begründet sein (vgl. die Ergebnisse von Ellis & Wells 1980: 55), zum anderen auch durch seine *qualitativen* Merkmale. Letztere finden sich einerseits in bestimmten, die Aufmerksamkeit/Wahrnehmung der Kinder steuernden Mechanismen (vgl. z. B. die „processing-bias hypothesis" nach Newport et al. 1977: 146), die positiv auf das Lernen der Kinder wirken können (vgl. Gleitman et al. 1984: 73). Valian (1999: 508) bringt diese mit dem psychologischen Prinzip der Salienz zusammen. Spracherwerbsförderliche Merkmale des *Input* sind andererseits auch in Anpassungen an den sprachlichen Kompetenzstand des Kindes im Sinne eines *tunings* zu finden (vgl. z. B. die Argumentationen von Furrow et al. 1979: 436). In der Studie von Ellis und Wells (1980) gibt es Hinweise auf Effekte eines referentiellen und diskursiven sowie zum zweiten Entwicklungszeitpunkt auch eines syntaktischen *fine-tunings* auf den Spracherwerb. Murray et al. (1990) zeigen, dass die Reduktion der maternalen MLU im Alter des Kindes von 9 Monaten förderliche Effekte auf den Erwerb rezeptiver Kompetenzen des Kindes im Alter von *1;6* hat (vgl. Murray et al. 1990: 517). Und Roy (2009: 4) demonstriert in beeindruckender Weise, wie die Reduktion der MLU von Äußerungen der Bezugspersonen, die ein zu erwerbendes Lexem enthalten, in ihrer Fallstudie langfristig dem Erwerb der betreffenden Lexeme durch das Kind vorausgeht. Außerdem denkbar, aber noch nicht hinlänglich untersucht, ist die Möglichkeit, dass Merkmale der Sprache der Bezugspersonen zu unterschiedlichen Entwicklungszeitpunkten einen unterschiedlichen Einfluss auf den Spracherwerb der Kinder haben (vgl. Gleitman et al. 1984: 65).

5.1.5 Studien zur Inputadaption und zum *fine-tuning* aus der Zweit- und Fremdspracherwerbsforschung

Klassische Untersuchungen zur Inputadaption im Rahmen der Zweit-/Fremdspracherwerbsforschung finden sich zum so genannten „foreigner talk", der an Immigranten und Ausländer (resp. Nicht-L1-Sprecher/-innen) gerichteten Sprache, die nach Ferguson (1975: 1) ebenso wie „baby talk" (Ferguson 1977a: 209) ein simplifiziertes Register darstelle. Die Fähigkeit, *foreigner talk* zu produzieren, sei „part of general language competence which does not require special learning" (Ferguson 1975: 11). Ferguson (1975: 1) vertritt die These, dass bestimmte Merkmale von *foreigner talk* eine Imitation der Sprechweise von Immigranten oder Ausländern darstellten. Damit hängt die Annahme zusammen, *foreigner talk* sei häufig ebenso fehlerhaft wie die Sprache, die Zweit-/Fremdsprachlernende zu Beginn ihres Erwerbs selbst produzieren. Ferguson (1975: 1) betont auch, man könne *foreigner talk* besonders gut untersuchen, indem man L1-Sprecher/-innen um eine Imitation der Sprache von Zuwanderern bitte. Er selbst wählt aber eine andere Erhebungsvariante, wenn seine erstsprachlichen Probanden gebeten werden, sich vorzustellen, wie sie hypothetisch mit Nicht-L1-Sprecher/-innen sprechen würden. Dazu sollen sie vorgegebene medial schriftliche Sätze adressatenbezogen umformen. Zudem bezieht er Abschnitte aus einer Novelle von C. S. Lewis in die Analyse mit ein, in der dieser *foreigner talk* einsetzte (vgl. Ferguson 1975: 3).[22] Ferguson (1975: 4–7) arbeitet folgende grammatische Eigenschaften des so elizitierten *foreigner talk* heraus:

–   *Weglassen* von Formen, die grammatisch notwendig sind (z. B. des bestimmten Artikels),
–   *Hinzufügen* von Formen, die normalerweise nicht vorhanden sind (z. B. Addition des Subjekts „you" zu Imperativen),
–   *Ersetzung* oder *Neuordnung* von Formen bei gleichbleibendem semantischen Gehalt (z. B. Ersetzung aller negativen Konstruktionen durch „no").

Er führt zusätzlich die Verwendung von einigen Fremdwörtern aus romanischen Sprachen sowie das Vorziehen von allgemeineren Lexemen gegenüber spezifischeren als Merkmale an (vgl. Ferguson 1975: 9–10). Später argumentiert er (1977b: 29), dass *foreigner talk* (ähnlich wie *baby talk*) durch drei Prozesse als abgeleitet von der Standardsprache angesehen werden könne. Ferguson und DeBose (1977: 106) fügen einen vierten Prozess hinzu („upgrading'").

–   Durch die *simplifizierenden Prozesse* werde die phonetische, syntaktische und semantische Komplexität reduziert (vgl. Ferguson 1977b: 29). Hier ist die Operation des Weglassens von bestimmten Formen, wie von Ferguson (1975) beschrieben, einzuordnen.
–   *Klärende Prozesse* fügen Redundanzen zu den Äußerungen hinzu. Hierzu gehören nach Ferguson (1977b: 30) beispielsweise Selbstwiederholungen oder aufmerksamkeitssteuernde Frageformen. Diesen Prozessen ist die Operation des Hinzufügens von Formen (Ferguson 1975) zuzuordnen.
–   Die *expressiven und identifizierenden Prozesse* dienen dem Ausdruck von Emotionen sowie von Status- und Rollenbeziehungen (vgl. auch Ferguson & DeBose 1977: 160). Ferguson (1977b: 30–31) nennt für deutsche Varianten des *foreigner talk* die besonders häufige Nutzung des Personalpronomens *du* statt der Höflichkeitsform *Sie*. Damit zeigt sich gleichzeitig der sozial wertende

---

[22] Dieses Erhebungsdesign ist selbstverständlich sowohl wegen der fehlenden Interaktionspartner als auch wegen der Nutzung der medialen Schriftlichkeit als wenig ökologisch valide einzuschätzen.

Charakter von *foreigner talk*, der zur Herabsetzung der Adressaten führen kann.
- Die *aufwertenden Prozesse* führen dazu, dass Äußerungen (v. a.) auf phonologischer Ebene stärker dem Standard angenähert sind als in der alltäglichen Umgangssprache (vgl. Ferguson & DeBose 1977: 106).

Oben wurde schon erwähnt, dass die klassische Untersuchung zum *foreigner talk* von Ferguson (1975) sich durch eine sehr niedrige ökologische Validität auszeichnet. Long (1980: 69) vergleicht demgegenüber in aufgabenbezogener Interaktion 19 Dyaden von erwachsenen 20–30-jährigen L1-Sprecher/-innen untereinander und 19 Dyaden von L1-Sprecher/-innen und Nicht-L1-Sprecher/-innen. Dabei untersucht er sowohl Input- als auch interaktionale Variablen, wobei letztere erst in Abschnitt 5.2.4 genauer erläutert werden. In der an die Nicht-L1-Sprecher/-innen gerichteten Sprache der L1-Sprecher/-innen finden sich im Vergleich mit der Sprache von L1-Sprecher/-innen untereinander:
- weniger Wörter pro Ganzsatz („T-unit") (vgl. Long 1980: 118)
- weniger subordinierende Strukturen („S-nodes") (vgl. Long 1980: 118; das Ergebnis verfehlt aber leicht die Signifikanz)
- mehr Gegenwartsformen (vgl. Long 1980: 94; vgl. auch Long 1981: 141)
- mehr Fragen als Aussagen (vgl. Long 1980: 99; vgl. auch Long 1981: 142)
- weniger thematische Weiterführungen pro Themen-Initiierung (ergänzt nach Long 1981: 141)
- mehr Selbstwiederholungen (vgl. Long 1980: 113)
- mehr Wiederholungen der Zuhöreraussagen (vgl. Long 1980: 113)
- mehr Expansionen (vgl. Long 1980: 113; vgl. Abschn. 5.2.4)
- eine höhere relative Häufigkeit von *wh*-Fragen (vgl. Long 1980: 107)
- mehr „confirmation checks" (Long 1980: 108; vgl. Abschn. 5.2.4)
- mehr „comprehension checks" (Long 1980: 108; vgl. Abschn. 5.2.4)
- mehr „clarification requests" (Long 1980: 113; vgl. Abschn. 5.2.4).

Schon an dieser Stelle ist zu erkennen, dass sich die Beschreibungen von *foreigner talk* und *KGS* in vielen Variablen gleichen.

Mit der umstrittenen Frage nach der Imitation von Lernerfehlern in *foreigner talk* beschäftigen sich sowohl Long (1983) als auch Snow et al. (1981). Snow et al. (1981: 87) arbeiten heraus, dass die Charakteristika des *foreigner talk* in einem gewissen Ausmaß den Fehlern der Lernenden in ihrer Zweitsprache ähneln. Sie zeigen außerdem, dass das Ausmaß der L1-Sprecher/-innen, *foreigner talk* zu benutzen, mit der Häufigkeit der Fehler auf Lernerseite korreliert (vgl. Snow et al. 1981: 88). Ihre Schlussfolgerung ist, dass *foreigner talk* als Versuch angesehen werden kann, die kommunikative Effizienz durch Mimikry der Sprache der Immigranten zu verbessern (vgl. Snow et al. 1981: 90). Selbstverständlich kann diese Tatsache auch im Sinne eines *fine-tunings* interpretiert werden. Denn Snow et al. (1981: 88) zeigen auch einen signifikant positiven Zusammenhang der MLU der L1-Sprecher/-innen mit der MLU der Immigranten.

In seinem Forschungsüberblick von 1983 betont Long demgegenüber, dass zwar in einigen Studien Aspekte grammatischer Inkorrektheit von *foreigner talk* festgestellt wurden, aber andere Studien gezeigt haben, dass ihr Vorhandensein keineswegs die Norm sei (vgl. Long 1983: 178; vgl. auch Long 1996: 416). Zur Erklärung dieser unterschiedlichen Ergebnisse schlägt er in Anlehnung an Arthur et al. (1980: 112) vor, zwischen „foreigner talk" (gekennzeichnet durch inkorrekte, standardferne Additionen und Weglassungen von Formen) und „foreigner register" (Long 1983: 179) zu unterscheiden. Bei Letzterem gehe es nur um Aspekte der statistischen Häufigkeit des Auftretens bestimmter phonologischer, morphologischer, syntaktischer und semantischer Merkmale der Standardsprache – also z. B. um eine geringere Auftretenswahrscheinlichkeit von Nebensätzen im *foreigner register* (vgl. Long 1983: 179).

Hinsichtlich eines möglichen *fine-tunings* wurden schon die Ergebnisse des positiven Zusammenhangs der MLU von L1-Sprecher/-innen und Lernenden in der Studie von Snow et al. (1981: 88) berichtet. Scarcella und Higa (1981: 409) testen die Hypothese, dass erwachsene L1-Sprecher/-innen jüngeren Zweitsprachlernenden einen stärker simplifizierten *Input* anbieten als älteren Lernenden. Dazu vergleichen sie aufgabenbezogene Interaktion von sieben erwachsenen L1-Sprecher/-innen (von amerikanischem Englisch) zum einen mit jüngeren Lernenden (von *8;5* bis *9;5*) und zum anderen mit älteren Lernenden (von *15;5* bis *16;5*) aus Mexiko, die jeweils weniger als sechs Monate in den USA lebten (das Erwerbsalter ist somit kein Differenzierungskriterium zwischen den Gruppen). Als Kontrollgruppe untersuchen sie die Interaktion von sieben Zweiergruppen von L1-Sprecher/-innen untereinander (vgl. Scarcella & Higa 1981: 412). Sie zeigen, dass die L1-Sprecher/-innen Mittel zur Sicherung der Aufmerksamkeit gegenüber jüngeren Lerner/-innen häufiger nutzen – wie Wiederholungen, (rhetorische) Fragen und Imperative, Markierungen der Äußerungsgrenzen (z. B. durch „okay"), positives Feedback (z. B. durch „good"), ausgeprägtere Intonation und bestimmte nonverbale Gesten (vgl. Scarcella & Higa 1981: 413–418). Gegenüber jüngeren Lernenden verwenden sie außerdem Mittel der Simplifizierung häufiger, wie kürzere, weniger komplexe Äußerungen, die zudem grammatisch korrekter und flüssiger sind (vgl. Scarcella & Higa 1981: 418). Sie zeigen ferner stärkere Simplifizierung des Vokabulars durch intensivere Nutzung von frequenteren Wörtern gegenüber den Lernenden beider Altersgruppen auf (vgl. Scarcella & Higa 1981: 420).

Da der Zweit- und v. a. der Fremdspracherwerb, anders als der Erstspracherwerb, oftmals auch gesteuert verläuft, also unter institutionellen Bedingungen und unter Beteiligung von Lehrpersonen, können im folgenden Kapitel erstmals Adaptionen von Lehrpersonen an die sprachlichen Kompetenzen ihrer Lernenden in den Blick genommen werden.

5.1.6 Studien zur Inputadaption und zum *fine-tuning* aus der Zweit- und Fremdspracherwerbsforschung mit Fokus auf Lehrpersonen

Nach Cullen (1998: 179) wird Lehrersprache im Fremd- resp. Zweitsprachunterricht als „potentially valuable source of comprehensible input for the learner" angesehen und deswegen intensiv beforscht. Die Autoren, die sich mit Inputvariation im Zweit- und Fremdsprachunterricht beschäftigen, stellen dabei oftmals einen expliziten Bezug zur Erstspracherwerbsforschung her, wie Gaies (1977), der fragt:

> Does the input to which formal second language learners are exposed through the oral classroom language of their teacher involve linguistic and communicative adjustments analogous to those which are characteristic of much of the adult input in first language acquisition? (Gaies 1977: 207)

Zu akzentuieren ist aber, dass die Interaktionssituationen des *institutionell* gesteuerten Zweit-/Fremdspracherwerbs sich von denen des *foreigner talk/register* in außerschulischen/außerinstitutionellen Erwerbssituationen und des Erstspracherwerbs in einigen Punkten deutlich unterscheiden (vgl. Tabelle 27). Alle Erhebungs-/Erwerbssituationen gleichen sich darin, dass eine Asymmetrie im sprachlichen Kompetenzstand zwischen dem Kind/dem Lernenden und der Bezugsperson/dem muttersprachlichen Interaktionspartner/der Lehrperson besteht. Im Gegensatz zu den anderen beiden Erhebungssituationen sind solche, in denen die Sprache von Zweit- oder Fremdsprachlehrkräften untersucht wird, auf gesteuerte Spracherwerbssituationen[23] bezogen und institutionell geprägt. Die Interaktionssituation ist im Erstspracherwerb und auch bei Studien zum *foreigner talk* zumeist dyadisch, während beim gesteuerten Zweit-/Fremdspracherwerb der Unterricht sich durch die „Massenhaftigkeit" (Ehlich 1981: 342) der Schüler/-innen auszeichnet, was vielfältige Auswirkungen auf den Unterrichtsdiskurs hat (vgl. Abschn. 2.1). Diese Massenhaftigkeit der „Klienten" (Ehlich 2009: 331) hat

---

23 Ungesteuerter Spracherwerb erfolgt nach Ahrenholz (2008: 8) „überwiegend in und durch Kommunikation", während gesteuerter Spracherwerb „in Lehr-Lernsituationen stattfindet"; nach Kniffka und Siebert-Ott (2007: 28–29) werden hier „die sprachlichen Aneignungsprozesse durch Unterricht gelenkt".

auch Einfluss auf das Konstrukt des *fine-tunings*. Es ist zu überlegen, ob der lehrerseitige *Input* für jeden Lernenden zu jeder Zeit gleichermaßen fein angepasst sein kann. Diesbezüglich stellt Håkansson (1986: 96) die Frage nach der Adaption der Lehrersprache an die Fähigkeiten eines imaginierten Durchschnittsschülers der Klasse: „Does the teacher perhaps aim at an invented ‚average learner‘"? In Anlehnung an die Ausführungen von Speidel (1987: 110, 121) könnte man für den Unterrichtsdiskurs vielleicht besser mit dem Terminus von Krashen (1982: 23) von einem „[r]ough-tuning" sprechen. Gleichwohl ist ein *fine-tuning* in Interaktion mit einzelnen Lernenden selbstverständlich nicht auszuschließen. Diese Überlegungen haben ihren Wert nicht allein für die nun vorzustellenden Inputvariationsstudien im gesteuerten Zweit-/Fremdspracherwerb, sondern auch für die durchzuführende Inputvariationsstudie in einem Unterricht, der nicht spezifisch auf die Förderung einer Zweit- oder Fremdsprache bezogen ist. Denn beide Situationen gleichen sich in ihrer institutionellen Prägung und der Massenhaftigkeit der Klienten – wobei sogar der schulische Unterricht manche Sprachkurse in der Massenhaftigkeit der Klienten übertreffen könnte.

Tabelle 27: Vergleich der Erhebungssituationen der Inputvariationsstudien

Inputvariationsstudien bezüglich	Kompetenzasymmetrie	gesteuerte/ ungesteuerte Erwerbssituation	institutionalisiert	Interaktionssituation	Alter der Lernenden
Erstspracherwerb	ja	ungesteuert	nein	oft dyadisch	bis ca. 5 Jahre[24]
foreigner talk/register	ja	ungesteuert	nein	oft dyadisch	auch Erwachsene
Zweit-/ Fremdsprachunterricht	ja	gesteuert	ja	„Massenhaftigkeit" (Ehlich 1981: 342) der Klienten	auch Erwachsene

Im Folgenden werden fünf Studien (Gaies 1977; Henzl 1979; Håkansson 1986; Lynch 1986 sowie Wesche & Ready 1985) zur Inputadaption von Zweit-/Fremd-

---

24 Diese Zahl bezieht sich allein auf die hier berichteten Studien zur Inputvariation im Erstspracherwerb, bei denen die ältesten Probanden (hier bei Bellinger 1980) fünf Jahre alt sind. Mit diesem Wert soll aber keineswegs ausgedrückt werden, dass der Erstspracherwerb mit fünf Jahren vollständig abgeschlossen ist.

sprachlehrkräften vorgestellt. Gaies (1977: 207) untersucht die Sprache von acht „teacher-trainees", die in Tandems in vier Kursen mit jeweils unterschiedlichem Schwierigkeitsniveau[25] Englisch als Zweitsprache für sechs Erwachsene pro Kurs unterrichten. Er analysiert vor allem syntaktische Variablen, wie z. B. Wörter pro Ganzsatz („T-unit") oder das Verhältnis von Gliedsätzen zu Ganzsätzen (vgl. Gaies 1977: 208). In allen Variablen der Lehrersprache ist eine statistisch signifikante Zunahme vom Anfängerniveau über die beiden intermediären Niveaus bis zum Fortgeschrittenenniveau zu erkennen (vgl. Gaies 1977: 209). Gaies (1977) zeigt zudem im interaktionalen Bereich, dass lehrerseitige Selbstwiederholungen und Expansionen von Einwortäußerungen der Lernenden zu vollständigen Äußerungen stärker gegenüber den Lernenden der beiden niedrigeren Kompetenzniveaus eingesetzt werden (vgl. Gaies 1977: 209–210).

Henzl (1979: 161) bezieht elf Fremdsprachenlehrkräfte für Tschechisch, Deutsch oder Englisch in ihre Studie ein. Es wird im Unterschied zur Studie von Gaies (1977) aber nicht gänzlich authentische Unterrichtsinteraktion untersucht, sondern die Lehrpersonen sollen ihren Lernenden auf Anfänger- und Fortgeschrittenenniveau in ihren Klassenzimmern zwei Bildergeschichten erzählen. Zudem wird zu Vergleichszwecken in einer Pausensituation die Sprache der Lehrpersonen untereinander aufgenommen (vgl. Henzl 1979: 161). Auch wenn Henzl (1979: 163) auf Signifikanztests verzichtet, sind interessante Ergebnisse feststellbar. Im *prosodischen* Bereich sind bei acht der elf Lehrpersonen Abnahmen der Sprechgeschwindigkeit von der an L1-Sprecher/-innen gerichteten Sprache über die an die Fortgeschrittenen gerichtete Sprache bis zur an die Anfänger gerichteten Sprache zu erkennen.[26] Bei zehn der elf Lehrpersonen nimmt im *syntaktischen* Bereich die Anzahl der Wörter pro Satz über die drei Kompetenzstufen kontinuierlich ab. Hinsichtlich der Anzahl der Nebensätze ist diese kontinuierliche Abnahme auch bei sieben von elf Lehrpersonen zu erkennen. Bei den restlichen Lehrpersonen findet sich der größte Unterschied zwischen der gegenüber L1-Sprecher/-innen geäußerten Anzahl der Nebensätze einerseits und der an die Lerner/-innen auf Anfänger- sowie Fortgeschrittenenniveau gerichteten Nebensatz-Anzahl andererseits (drei Lehrpersonen), bei einer Lerperson ist der größte Unterschied erst zwischen Fortgeschrittenen und Anfängern auszumachen. Im *lexikalischen* Bereich ist die „Token/Type ratio" (Henzl 1979: 163) bei neun von elf Lehrpersonen bei beiden Bildergeschichten immer gegenüber den

---

25 „Beginner", „Upper Beginner", „Intermediate", „Advanced" (Gaies 1977: 209).
26 Bei einer Deutschlehrperson ist dies bei der zweiten Bildergeschichte eine Abnahme von 174 Wörtern/Minute auf 125,7 Wörter/Minute bis zu 93,8 Wörter/Minute.

Anfängern am höchsten, so dass diese Lerner mit einer geringeren lexikalischen Differenziertheit konfrontiert werden.[27]

Die Studie von Lynch (1986) ist eine experimentelle: Er videographiert 24 Englisch-als-Fremdsprache-Lehrpersonen, die vier Zuhörern unterschiedlicher Kompetenzstufen (L1-Sprecher/-innen, Lernende auf fortgeschrittenem, intermediärem und Anfängerniveau) jeweils drei Bildergeschichten erzählen. Im *lexikalischen* Bereich führt er eine onomasiologische Untersuchung durch: Am Beispiel des erstmaligen Bezugs auf einen *Kahn* in der Geschichte mit Hilfe der Lexeme „barge" als weniger gebräuchliches, spezifischeres Lexem vs. „boat" oder „ship" als allgemeingebräuchlichere Lexeme weist er lexikalische Vereinfachungen auf: *Barge* wird gegenüber den L1-Sprecher/-innen am häufigsten und gegenüber den Lernenden auf Anfängerniveau am wenigsten häufig gleich bei der erstmaligen Benennung genutzt. Bei *boat* kehrt sich dieses Verhältnis um (vgl. Lynch 1986: 15). In einer *prosodischen* Analyse arbeitet er heraus, dass die Lehrpersonen gegenüber den Anfängern am häufigsten und gegenüber den L1-Sprecher/-innen am wenigsten häufig Sprechpausen nutzen (vgl. Lynch 1986: 4, 15). Sie setzen zudem im *interaktionalen* Bereich von den Anfängern über die Lernenden auf mittlerem und fortgeschrittenem Kompetenzniveau bis hin zu den L1-Sprecher/-innen immer weniger „comprehension checks" zur Sicherung des Verstehens auf Zuhörerseite ein (vgl. Lynch 1986: 4, 15). Auf der Ebene der *thematischen* Entwicklung ist nach Lynch (1986: 5–7) zu erkennen, dass die Lehrpersonen gegenüber den Anfängern mehr beschreibende Details verwenden und die Kohärenz der Geschichte stärker explizit herstellen.

Besonders an der Studie von Håkansson (1986) ist, dass sie im Vergleich zu den Studien von Gaies (1977) und Henzl (1979) nicht *verschiedene* Lernergruppen in ihre Analyse einbezieht, um Modifizierungen der Lehrersprache festzustellen, sondern dass sie in fünf Gruppen von Schwedisch-als-Zweitsprache-Lernenden zu zwei, fünf Wochen auseinanderliegenden, Zeitpunkten Aufnahmen des Unterrichts macht. In zwei der Gruppen erstellt sie zudem eine weitere Aufnahme nochmals fünf Wochen später (vgl. Håkansson 1986: 84–85). Hinsichtlich des *prosodischen* Maßes der Sprechgeschwindigkeit zeigen sich bei allen Lehrpersonen vom ersten zum zweiten Erhebungszeitpunkt (resp. bis zum dritten) Zunahmen (vgl. Håkansson 1986: 87). Im *syntaktischen* Bereich nimmt die Wortanzahl pro Satz bei fünf von sechs Lehrpersonen über die zwei resp. drei Erhebungszeitpunkte zu, während bei einer Lehrperson eine Zunahme vom ersten zum zweiten und

---

27 Henzl (1979) berechnet die *type-token-ratio*, anders als in dieser Studie in Abschnitt 8.5.3 durchgeführt, als *ttr* = n_{tokens}/n_{types}) – deswegen zeigt hier ein höherer Wert eine geringere lexikalische Differenziertheit an.

dann eine leichte Abnahme zum dritten Erhebungszeitpunkt zu erkennen ist (vgl. Håkansson 1986: 88). Dieselbe Lehrperson ist es auch, deren Werte bei der Anzahl der subordinierenden Sätze pro Ganzsatz aus der Reihe fallen, weil sie einen U-Kurvenverlauf zeigt. Bei dieser Auszählung kommt es bei vier von sechs Lehrpersonen zu Zunahmen über alle drei Erhebungszeitpunkte hinweg, während bei einer Lehrperson eine Abnahme zu verzeichnen ist (vgl. Håkansson 1986: 89). Die Komplexität der Nominalphrase nimmt bei allen Lehrpersonen vom ersten zum zweiten Erhebungszeitpunkt zu; nur bei einer Lehrperson von zweien ist eine weitere Zunahme zum dritten Erhebungszeitpunkt zu erkennen. Die Lehrperson, bei der eine Abnahme zum dritten Erhebungszeitpunkt festzustellen ist, ist auch diejenige, deren Werte in den anderen syntaktischen Maßen abweichend sind (vgl. Håkansson 1986: 91). Die *Korrektheit* misst Håkansson (1986: 92) anhand des Anteils der vollständigen Sätze an der Gesamtanzahl der Sätze. ‚Unkorrektheit‘ wird also anhand von typischen Strukturen der gesprochenen Sprache gemessen. Der Anteil der solchermaßen als korrekt bezeichneten Sätze nimmt bei vier von sechs Lehrpersonen über die Erhebungszeitpunkte ab, während bei zwei Lehrpersonen die umgekehrte Tendenz festgestellt wird (vgl. Håkansson 1986: 92). Vier Lehrpersonen konfrontieren ihre Lerner bei erhöhtem Kompetenzniveau also vermehrt mit typischen Strukturen der gesprochenen Sprache. Jedoch betont Håkansson (1986: 92–93), dass viele der unvollständigen Sätze von den Lehrpersonen didaktisch genutzt werden, um deren Vervollständigung von den Lernern zu elizitieren. Aus der Beobachtung, dass vor allem *eine* Lehrperson im Großteil der Analysen abweichende Tendenzen von den anderen Lehrpersonen zeigte, ist auf den Einfluss individueller Merkmale der Lehrpersonen zu schließen, der nicht unterschätzt werden darf.

Während die bisher vorgestellten Analysen zur Inputadaption an Fremd- oder Zweitsprachlernende Sprachlehrkräfte fokussiert haben, untersuchen Wesche und Ready (1985) die Adaptionen von zwei Psychologie-Universitätsprofessoren (einmal mit L1 Französisch, einmal mit L1 Englisch) an zwei studentische Zuhörergruppen (einmal L1-Sprecher/-innen, einmal Nicht-L1-Sprecher/-innen) (vgl. Wesche & Ready 1985: 89). V. a. beim englischsprachigen Professor finden sich Adaptionen im phonologischen, syntaktischen und diskursiven Bereich an die Nicht-L1-Sprecher/-innen, während beim französischsprachigen Professor nur Adaptionen im diskursiven Bereich nachzuzeichnen sind (vgl. Wesche & Ready 1985: 93–107). Wesche und Ready (1985: 107) können so v. a. interindividuelle Differenzen im Ausmaß der Adaption aufzeigen.

Insgesamt werden in den in diesem Kapitel diskutierten Studien deutliche lehrerseitige Modifikationen über unterschiedliche lernerseitige Kompetenzstufen sichtbar, auch wenn einige Studien (wie Wesche & Ready 1985 und Håkansson 1986) gleichermaßen individuelle Unterschiede in der Stärke der Modifikationen nachzeichnen. Man kann also schließen, dass Inputadaptionen nicht nur gegen-über jüngeren Kindern, wie den erstspracherwerbenden Kindern, vorgenommen werden, sondern auch gegenüber älteren Lernenden. Zudem sind solche Adaptionen somit auch unter institutionellen Rahmenbedingungen möglich.

5.2 Mikrointeraktionale Stützmechanismen (miS)

Wenn im Folgenden mikro- und makrointeraktionale Stützmechanismen in den Blick genommen werden, geht es um stützende sprachliche Handlungen der Bezugspersonen in der Interaktion (vgl. z. B. Longs „Interaction Hypothesis" von 1996: 451–454; vgl. auch Gass 2005: 232). Es rückt der Wirk- und Einflussfaktor „Kommunikation" (Pohl 2007b: 90) stärker in den Fokus des Interesses. In Kapitel 5.1, in dem die Adaption des sprachlichen *Inputs* sowohl in der Erst- als auch in der Zweit- und Fremdspracherwerbsforschung in den Blick genommen wurde, war erkennbar, dass viele dieser Studien auch *diskursive* bzw. *interaktionale* Variablen fokussieren. Schon Cross (1977) identifiziert in ihrer *fine-tuning*-Studie bestimmte diskursive Merkmale der *KGS,* die signifikant negativ mit den sprach-lichen Fähigkeiten des Kindes korrelieren und in vorliegender Studie unter die mikrointeraktionalen Stützmechanismen fallen. Man kann aus solchen negativen Korrelationen im Sinne der *fine-tuning*-Hypothese eine abnehmende Notwendig-keit dieser diskursiven Strukturen in der Interaktion mit dem Kind mit dessen steigenden sprachlichen Kompetenzen ableiten. Die von Cross beschriebenen Strukturen sind *„semantically related to child utterance"* (Cross 1977: 158); sie subsumiert darunter „expansions (complete, incomplete, transformed or elabo-rated)" sowie „semantic extensions of the child's preceding topic or predicate (using either the child's noun-phrase or a pronoun substitute)" (Cross 1977: 158). Insbesondere für die „expansions" findet sie starke negative Korrelationen mit den rezeptiven Kompetenzen des Kindes, aber auch für einige der „extensions" (vgl. Cross 1977: 160). Leider operationalisiert sie „expansions" vs. „extensions" für den Leser ungenügend. Auch Ellis und Wells (1980: 53) kommen zu dem Ergeb-nis einer signifikant negativen Korrelation der von ihnen untersuchten „[e]xpan-sions und „[e]xtensions" mit der kindlichen MLU.

Newport et al. (1977: 117) definieren „[e]xpansion[s]" als „utterances which repeat, in whole or in part, previous utterances of the *child* and in addition add extra morphemes". In ihrer Untersuchung der Spracherwerbsförderlichkeit von *KGS*-Aspekten korrelieren maternale Expansionen zum ersten Erhebungszeit-punkt positiv (bei einem Signifikanzniveau von 0.08) mit den Hilfsverben pro Ver-balphrase aufseiten der Kinder zum zweiten Erhebungszeitpunkt (vgl. Newport et al. 1977: 132). Diese Ergebnisse werden von Gleitman et al. (1984: 63) in ihrer

Reanalyse der Daten von Newport et al. (1977) für die jüngeren Kinder des Korpus (18–21 Monate) auf einem Signifikanzniveau von 0.10 repliziert. Farrar (1990: 608) fasst diese Forschungen zusammen: „In particular, adult modifications of children's utterances appear to be particularly helpful in early language acquisition."

Diese Ergebnisse der frühen Korrelationsstudien begründen das weiterführende Interesse an Expansionen und ähnlichen Strukturen in der Spracherwerbsforschung. Im Folgenden soll es zunächst um eine definitorische Annäherung an diese und weitere mikrointeraktionale Stützmechanismen gehen (vgl. Abschn. 5.2.1), um daran anschließend die Frage nach der Begründung für ihre mögliche Spracherwerbsförderlichkeit zu stellen (vgl. Abschn. 5.2.2). Darauf folgend werden Studien referiert, die sich mit diesen mikrointeraktionalen Strukturen im Erstspracherwerb auseinandersetzen (vgl. Abschn. 5.2.3). Vor allem unter Hinzuziehung von Erkenntnissen aus der Zweit- und Fremdspracherwerbsforschung kommen weitere mögliche, auch lehrerseitige mikrointeraktionale Stützmechanismen in den Blick (vgl. Abschn. 5.2.4 und 5.2.5).

5.2.1 Begriffsbestimmung mikrointeraktionale Stützmechanismen

Für die Analyse von mikrointeraktionalen Stützmechanismen ist es notwendig, sowohl eine kindliche/lernerseitige Äußerung als auch eine Äußerung des kompetenteren Sprechers in die Untersuchung einzubeziehen. Es geht dabei v. a. um *adjazente*, oder nur wenige Äußerungen auseinanderliegende, Äußerungen von zumeist zwei verschiedenen Sprechern. Nach Gülich und Kotschi (1996: 40) sind diese Mechanismen dem Textherstellungsverfahren[28] der „Bezugnahme", v. a. spezifisch der „bearbeitend[en]" Bezugnahme zuzuordnen. Das „allgemeinere Verfahren[.]" der Bezugnahme bestehe „darin, mit einem sprachlichen Ausdruck auf einen anderen sprachlichen Ausdruck Bezug zu nehmen" (Gülich & Kotschi 1996: 40). Bei der „bearbeitenden Bezugnahme" (Gülich & Kotschi 1996: 40) wird der Ausdruck, auf den Bezug genommen wird, in der ein oder anderen Art und Weise verändert.[29] Die Autoren definieren diese als

---

28 Gülich und Kotschi (1996: 38) beziehen sich dabei auf mediale Mündlichkeit der französischen Einzelsprache.

29 Die Autoren betonen, dass von der „bearbeitenden Bezugnahme" die „„eine Einstellung ausdrückende' Bezugnahme auf bereits produzierte oder auf in der Textfolge zu produzierende Ausdrücke" (Gülich & Kotschi 1996: 40) zu unterscheiden ist. Beides sind Varianten der „Bezugnahme".

Verfahren, mit deren Hilfe ein Sprecher ein vorangehendes (von ihm selbst oder dem Gesprächspartner produziertes) Textsegment dadurch abgrenzt, daß er sich mit einem neuen Ausdruck auf dieses bezieht, es in gewisser Weise bearbeitet. (Gülich & Kotschi 1996: 48)

Dabei ist, auch für die weitere Terminologie dieser Arbeit, die von Gülich und Kotschi (1996: 48) eingeführte Unterscheidung zwischen dem „Bezugsausdruck" (dem „vorangehenden Ausdruck") und dem „Bearbeitungsausdruck" (der „alternative[n] Formulierung") relevant. In der Interaktion zwischen Kind und Bezugsperson liegt der Bezugsausdruck im prototypischen Fall aufseiten des Kindes und der Bearbeitungsausdruck aufseiten der Bezugsperson. Unter diese bearbeitenden Bezugnahmen fassen Gülich und Kotschi (1996: 39) auch die als „Reformulierungen" bezeichneten Äußerungen – diese sind für die Autoren „reformulative Bearbeitungsverfahren" (Gülich & Kotschi 1996: 56).[30]

Für die Erstspracherwerbsforschung subsumiert Szagun (2011: 192) diese Verfahren, bei denen die Bezugsperson in ihrer eigenen Formulierung die kindliche Formulierung verändert, unter dem Ausdruck „Erweiterungen". Die darunter fallenden Verfahren werden unterschiedlich unterdifferenziert und operationalisiert. Nelson nutzt den Ausdruck „recasting" für solche Phänomene, die er wie folgt definiert: „Such recastings kept the basic meaning of the child's sentence but expressed this meaning in a revised sentence structure" (Nelson 1977: 102). Es geht also um das Beibehalten der Basis-Bedeutung der kindlichen Äußerung, während die kindliche syntaktische Struktur verändert wird. Farrar (1990: 616), dessen Definitionen auch für die Analysen in dieser Untersuchung relevant sein werden, unterscheidet „recasts" und „expansions". Dabei enthalten nur die *recasts* eine re-formulierende Komponente (vgl. Farrar 1990: 610). Sie reformulieren die kindliche Äußerung durch Hinzufügen von grammatischen Morphemen, durch Ersetzen von einem Morphem durch ein anderes oder durch Umpositionieren der Morpheme in der Äußerung (vgl. Farrar 1990: 612). Demgegenüber zeichnen sich Expansionen dadurch aus, dass in der Äußerung der Bezugspersonen Wörter oder Morpheme der kindlichen Äußerung exakt repetiert und zusätzlich weitere Morpheme hinzugefügt werden (vgl. Farrar 1990: 612–613).

---

30 Reformulative Bearbeitungsverfahren lassen sich dadurch von „nicht-reformulative[n] Bearbeitungsverfahren" abgrenzen, dass durch sie ein „bereits produzierte[r] Ausdruck nachträglich als ungenügend markiert und [...] insofern als Störung charakterisiert" (Gülich & Kotschi 1996: 56) werde. Von „Störung" solle laut den Autoren aber „nur in einem sehr weiten, das Auftauchen bestimmter kommunikationsbedingter Probleme betreffenden Sinne gesprochen werden" (Gülich & Kotschi 1996: 39).

Es sind aber auch Formen der mikrointeraktionalen Stützmechanismen denkbar, bei denen sowohl Bezugs- als auch Bearbeitungsausdruck aufseiten der Bezugsperson liegen. Damit sind beispielsweise Selbstwiederholungen oder auch die sogenannten „comprehension checks" (Long 1980: 82; vgl. Abschn. 5.2.4) gemeint, die zur Verständnissicherung eingesetzt werden können.

Bis hierhin wurden insbesondere die spezielleren Formen der *bearbeitenden* Bezugnahme in der Interaktion mit dem erstspracherwerbenden Kind betrachtet. Diese können als *mikrointeraktionale Stützmechanismen im engeren Sinne* angesehen werden. Es können aber auch allgemeinere Formen der Bezugnahme auf eine kindliche Bezugsäußerung (die nur ggf. eine Bearbeitung enthalten) als *mikrointeraktionale Stützmechanismen im weiteren Sinne* wirken, wie beispielsweise die von Demetras et al. (1986: 279–280) beschriebenen „clarification questions", auch „clarification requests" (Saxton et al. 2005b: 394) genannt. Diese sind nach Demetras et al. (1986: 280) Äußerungen, die sich direkt auf die vorangehende kindliche Äußerung beziehen und zum Ziel haben, mit Hilfe einer Nachfrage aufseiten der Bezugsperson die Äußerung des Kindes oder Teile davon sprachlich oder inhaltlich zu verdeutlichen.

5.2.2 Theoretische Begründung der Spracherwerbsförderlichkeit mikrointeraktionaler Stützmechanismen

Es stellt sich nun die Frage, wie eine mögliche Spracherwerbsförderlichkeit der in Abschnitt 5.2.1 vorgestellten Mechanismen theoretisch begründet werden kann. Diese Begründung steht im engen Zusammenhang mit der Diskussion um „negative evidence" (z. B. Moerk 1991; Marcus 1993; Gass 2005: 225–227) im Erst- und Zweit-/Fremdspracherwerb. Das nativistische Argument gegen Theorien, die Spracherwerb in und durch Interaktion erklären möchten, lautet oftmals, dass kindliche ungrammatische Äußerungen durch Eltern nicht explizit korrigiert würden. Deswegen erhielten die Kinder auch keine *negative evidence*. Brown und Hanlon (1970), die einer nativistischen Perspektive auf den Erstspracherwerb folgen, untersuchen in ihrer längsschnittlichen Analyse des Spracherwerbs der Kinder ‚Adam', ‚Eve' und ‚Sarah' (vgl. Brown & Hanlon 1970: 30) auch, ob deren Eltern unterschiedlich auf grammatisch korrekte und grammatisch inkorrekte Äußerungen (vgl. Brown & Hanlon 1970: 47) ihrer Kinder reagieren. Dabei lehnen sie sich an behavioristische Theorien des Verstärkungslernens resp. der operanten Konditionierung an, nach denen eine positive Verstärkung eines Verhaltens, z. B. durch Zustimmung, zu einem häufigeren Auftreten dieses Verhaltens führt, während Bestrafung, z. B. durch Ablehnung, zu weniger häufigem Auftreten des Verhaltens führt. Ihre Hypothese ist:

> Syntactically correct utterances come to prevail over syntactically incorrect utterances through the selective administration of signs of approval and disapproval. (Brown & Hanlon 1970: 46)

Die Autoren stellen jedoch fest, dass Zustimmung zu oder Ablehnung einer Äußerung des Kindes nicht von ihrer grammatischen Korrektheit abhängen (vgl. Brown & Hanlon 1970: 47). Grammatisch inkorrekte und korrekte Äußerungen des Kindes erhalten gleichermaßen Zustimmung und Ablehnung (vgl. Brown & Hanlon 1970: 47; vgl. auch Demetras et al. 1986: 282). Äußerungen der expliziten Zustimmung oder Ablehnung sind vielmehr auf den Inhalt der kindlichen Äußerung zu beziehen (vgl. Brown & Hanlon 1970: 47). Daraus schließen Brown und Hanlon, dass explizite Korrekturen grammatischer Aspekte der Sprache des Kindes sehr rar sind und somit nicht „the force propelling the child from immature to mature forms" (Brown & Hanlon 1970: 48) sein können. Dies könnte zu der Schlussfolgerung führen, dass Kinder keine Rückmeldung zur grammatischen Korrektheit ihrer Äußerungen erhalten. An dieser Stelle werden jedoch die oben beschriebenen „Erweiterungen" (Szagun 2011: 192), aber ebenfalls die „clarification requests" (z. B. Saxton et al. 2005b: 394) relevant.

Die Wirksamkeit der Erweiterungen ist mit Saxtons (1997) „Contrast Theory of negative input" gut erklärbar:

> Within the Contrast Theory of negative input, an alternative definition of negative evidence is offered, based on the idea that the unique discourse structure created in the juxtaposition of child error and adult correct form can reveal to the child the contrast, or conflict, between the two forms, and hence provide a basis for rejecting the erroneous form. (Saxton 1997: 139)

Erweiterungen der kindlichen Äußerung können also spracherwerbsförderlich durch den direkten Kontrast zwischen fehlerhaltiger kindlicher Bezugsäußerung und korrekter Bearbeitungsäußerung aufseiten der Bezugspersonen wirken, welcher durch das Kind verarbeitet werden kann. Speidel (1987: 112) führt die spracherwerbsförderliche Wirkung von Erweiterungen auf zwei Aspekte zurück, die sie in dem Ausdruck „model/feedback" vereint: Der Lerner erhalte einerseits implizites Feedback[31] zur Korrektheit/Inkorrektheit – oder auch Angemessenheit/

---

31 Nassaji (2015: 2–3) definiert korrektives Feedback aus Perspektive der Zweitspracherwerbsforschung folgendermaßen: „Corrective feedback is a term used to describe the procedure whereby learner's errors are corrected. [...] Corrective feedback can be both explicit and implicit. Explicit feedback clearly indicates to the learner that his utterance is nontargetlike, such as direct correction [...]. Implicit feedback is indirect and provides only an implicit indication as to the presence of a linguistic problem, such as *he what?*, in response to *he leaved*. In the latter case,

Unangemessenheit (vgl. Nassaji 2015: 45) – seiner eigenen Äußerungen, andererseits stelle die Erweiterung auch ein Modell des guten Gelingens dar. Newport et al. (1977: 141) führen außerdem eine aufmerksamkeitsbezogene Begründung für die Spracherwerbsförderlichkeit von Erweiterungen an: Direkt adjazente Erweiterungen zu kindlichen Äußerungen knüpfen inhaltlich an das an, womit sich das Kind gerade gedanklich beschäftigt. Sie arbeiten heraus, dass ein bestimmter auszudrückender Gedanke

> is at that moment directly in the child's consciousness, in his mind's eye. If at that instant the mother provides an appropriate English form [...] she effectively produces a construction when the child's attention is fixed on the notion that construction refers to in the language. This might ease the problem of mapping between conceptual relations and their syntactic reflexes in English. (Newport et al. 1977: 141)

Schließlich kann die Verwendung von Erweiterungen durch Bezugspersonen auch im Einklang mit der *fine-tuning*-Hypothese stehen, wenn diese, wie die oben schon referierten Ergebnisse andeuten (vgl. Abschn. 5.2), mit steigendem sprachlichen Kompetenzstand der Kinder weniger häufig eingesetzt werden.

Bei der Betrachtung der Spracherwerbsförderlichkeit von *clarification requests* fehlt die modellierende Funktion. Aber auch sie können als Form des impliziten negativen Feedbacks angesehen werden (vgl. Demetras et al. 1986: 277; Saxton et al. 2005b: 399). Nach Saxton et al. (2005b: 399–400) kann durch sie die Aufmerksamkeit der Kinder auf die Inkorrektheit ihrer Äußerung gelenkt werden. Zudem werden sie durch diese Stützmechanismen zu einer erneuten eigenen Produktion[32] aufgefordert. Weitere für den Zweit- und Fremdspracherwerb relevante mikrointeraktionale Stützmechanismen werden in Abschnitt 5.2.4 diskutiert. Diese sind nicht allein auf Feedback-Aspekte beziehbar, sondern auch auf die Erhöhung der Verständlichkeit sowohl der lernerseitigen Äußerungen als auch der Äußerungen der muttersprachlichen Interaktionspartner.

5.2.3 Studien zu mikrointeraktionalen Stützmechanismen in der Erstspracherwerbsforschung

In diesem Kapitel sollen beispielhaft einige der Studien aus der Erstspracherwerbsforschung zu mikrointeraktionalen Stützmechanismen, v. a. zur Existenz

---

the feedback does not tell the learner explicitly what the problem is but provides a hint that the previous utterance was erroneous."
32 Vgl. den spracherwerblichen Wirk- und Einflussfaktor „Produktion" (Pohl 2007b: 90).

von *negative evidence*, zu ihrem Zusammenhang mit *fine-tuning*, aber auch zu ihrer Spracherwerbsförderlichkeit vorgestellt werden.

In seiner Reanalyse der von Roger Brown (vgl. z. B. Brown & Hanlon 1970) aufgenommenen Interaktionen von ‚Eve' und ihrer Mutter im Alter zwischen 18 und 27 Monaten (vgl. Moerk 1991: 223) kann Moerk zum einen, entgegen der Argumentation von Brown und Hanlon (1970), die Existenz von *negative evidence* nachweisen, z. B. in Form von Expansionen oder Reformulierungen (vgl. Moerk 1991: 244–245), aber auch in Form von Nachfragen (vgl. Moerk 1991: 226). Er zeigt ferner, dass sich dieses implizite korrektive Feedback mit Bezug auf verschiedene sprachliche Strukturebenen findet (vgl. Moerk 1991: 245).

Die Existenz impliziten Feedbacks untersuchen auch Demetras et al. (1986). Sie können anhand von einer exemplarischen Studie von vier Mutter-Kind-Dyaden in natürlichen Interaktionssituationen mit einem Durchschnittsalter der Kinder von zwei Jahren (vgl. Demetras et al. 1986: 278) zunächst zeigen, dass implizites Feedback deutlich häufiger ist als explizites (vgl. Demetras et al. 1986: 281). Sie arbeiten zudem wie Brown und Hanlon (1970) heraus, dass bestätigendes und korrigierendes explizites Feedback gleichermaßen nach wohlgeformten und nicht wohlgeformten Äußerungen gegeben wird (vgl. Demetras et al. 1986: 283). Wenn sie aber die Formen des impliziten Feedbacks vergleichen, zeigt sich, dass drei der vier Bezugspersonen auf nicht wohlgeformte Äußerungen häufiger als auf wohlgeformte Äußerungen mit *clarification questions* reagieren (vgl. Demetras et al. 1986: 283). Außerdem sind Unterschiede hinsichtlich des impliziten *positiven* Feedbacks zu finden (vgl. Demetras et al. 1986: 283): Wohlgeformten kindlichen Äußerungen folgen im Vergleich mit den Formen negativen Feedbacks besonders häufig sogenannte „move ons" (Demetras et al. 1986: 279) der Bezugspersonen, die die Konversation weiterführen und so als implizites positives Feedback über die Korrektheit der kindlichen Äußerung interpretiert werden können.[33] Die Autoren können also anhand ihrer exemplarischen Analyse zeigen, dass implizites Feedback differenziert nach wohlgeformten vs. nicht wohlgeformten Äußerungen gegeben wird.

Durch die Studie von Sokolov (1993), der mit einer „Local Contingency Analysis" die *fine-tuning*-Hypothese testet, wird die ‚Brücke' zwischen den Studien zum *fine-tuning* und solchen zu Erweiterungen geschlagen. Er nutzt dazu drei längsschnittliche Korpora (‚Adam', ‚Sarah' und ‚Abe' im Alter von 2–5 Jahren) aus der

---

[33] Hinsichtlich dieses impliziten positiven Feedbacks ist aber die Kritik von Marcus (1993: 78) zu bedenken, dass die erhaltenen Ergebnisse „artifacts of the coding scheme" sein könnten. Er führt das Beispiel an, dass so rein rechnerisch exakte Wiederholungen immer auf mehr grammatische als auf ungrammatische Äußerungen der Kinder folgen müssen (vgl. Marcus 1993: 53).

CHILDES-Datenbank und untersucht diese in Sechs-Monats-Abständen zu sechs Zeitpunkten (vgl. Sokolov 1993: 1011). Adjazente Äußerungen der Kinder und Bezugspersonen werden hinsichtlich der Frage codiert, ob in ihnen im Vergleich mit der vorherigen Äußerung des anderen Diskursteilnehmers Modalverben, Nomen und Pronomen hinzugefügt oder weggelassen wurden, ob diese gleichgeblieben sind oder ersetzt wurden (vgl. Sokolov 1993: 1011). Es sollen beispielhaft die Ergebnisse hinsichtlich der Modalverben vorgestellt werden. Wenn die *fine-tuning*-Hypothese zutreffen sollte, müsste sich folgender Befund ergeben: Kinder, die Modalverben noch nicht erworben haben, müssten diese in reformulierender Bezugnahme auf elterliche Äußerungen tilgen. Demgegenüber müssten diese Eltern Modalverben bei reformulierender Bezugnahme auf die kindliche Äußerung hinzufügen. Und wenn die *fine-tuning*-Hypothese entwicklungssensitiv sein soll, müssten die Additionen auf elterlicher Seite mit abnehmenden Tilgungen aufseiten der Kinder ebenfalls abnehmen (vgl. Sokolov 1993: 1010). Genau dieser signifikante Befund ergibt sich für die Modalverben (vgl. Sokolov 1993: 1013–1014) – und die Ergebnisse für Pronomen und Nomen weisen ebenfalls in dieselbe Richtung –, so dass Sokolov (1993: 1015) dies als Bestätigung „for a developmentally sensitive version of the fine-tuning hypothesis" wertet.

Farrar (1990, 1992) führt zwei Studien zur Spracherwerbsförderlichkeit von „recasts" (Farrar 1990: 608) auf Morphemebene durch. Wie in Abschnitt 5.2.1 beschrieben, unterscheidet er *recasts*, die eine reformulierende Komponente enthalten, von *expansions*, die Morpheme resp. Phrasen der kindlichen Äußerung übernehmen und weitere Morpheme additiv hinzufügen. Er analysiert außerdem zwei weitere Mechanismen: Bei „topic continuation" (Farrar 1990: 613) folgen die Bezugspersonen dem kindlichen Thema, ohne aber die kindliche Äußerung zu reformulieren oder zu expandieren. Dagegen sind Äußerungen mit „topic change" (Farrar 1990: 613) dadurch bestimmt, dass sie ein neues Thema initiieren.

Der Autor bezieht in seine erste Studie 12 Mutter-Kind-Dyaden ein, die zu zwei Zeitpunkten gefilmt werden – einmal bei einem Alter der Kinder von *1;10* und dann sechs Monate später (vgl. Farrar 1990: 611–612). Auf mütterlicher Seite analysiert er die vier eben erläuterten Mechanismen, auf kindlicher und mütterlicher Seite untersucht er sieben Typen grammatischer Morpheme (vgl. Farrar 1990: 612). Zur Untersuchung der Spracherwerbsförderlichkeit der vier maternalen Diskursvariablen korreliert er deren Häufigkeit zum ersten Erhebungszeitpunkt mit der Häufigkeit grammatischer Morpheme in der Kindersprache zum zweiten Erhebungszeitpunkt (Farrar 1990: 617). Dabei werden von Farrar (1990: 618) nur Korrelationen zwischen grammatischen Morphemen und solchen Diskursvariablen berechnet, die genau diese Morpheme auch enthalten, sie also modellieren. Er kann spezifische Effekte ausmachen: Reformulierungen von Plural- und *present-*

progressive-Morphemen sind signifikant positiv mit dem Erwerb dieser Morpheme durch die Kinder korreliert. Demgegenüber sind Expansionen und Weiterführungen des Themas, die (nicht vorangestellte) Kopulaverben oder regelmäßige Vergangenheitsformen enthalten, positiv mit dem Erwerb dieser Morpheme durch die Kinder korreliert. Den Zusammenhang von Reformulierungen mit dem Erwerb der Plural- und *present-progressive*-Morpheme erklärt Farrar (1990: 618, 620) allein durch deren Reformulierungskomponente, da weder Expansionen noch Weiterführungen des Themas mit diesen Morphemen korrelieren. Aber auch die letzteren beiden Verfahren haben laut Farrar (1990: 621) spezifische spracherwerbsförderliche Effekte, die auf die semantische Kontinuität zur kindlichen Äußerung zurückgeführt werden können – denn im Gegensatz zu diesen zeigte der *Wechsel* des Themas keine positiven Korrelationen mit den kindlichen Spracherwerbsmaßen.

In seiner Studie von 1992 möchte Farrar am selben Korpus aufzeigen, wie Reformulierungen und die weiteren Diskursvariablen von Kindern genutzt werden (vgl. Farrar 1992: 91). Dazu prüft er, inwiefern die Kinder Imitationen der in den Diskursvariablen der Bezugspersonen enthaltenen Morpheme produzieren (vgl. Farrar 1992: 92). In dieser Studie interpretiert er Reformulierungen als „*corrective recasts*" und bezieht sie allein auf ungrammatische Bezugsäußerungen. Die Expansionen sind nun „*noncorrective recasts*" (Farrar 1992: 92), die keinen korrigierenden Charakter haben und bei grammatischen und ungrammatischen Bezugsäußerungen genutzt werden können. Zusätzlich werden drei Typen der kindlichen Antwort auf die elterlichen Diskursvariablen codiert: Imitationen der elterlichen Äußerung, Wiederholungen der ursprünglichen kindlichen Äußerung und Antworten auf die elterliche Äußerung (vgl. Farrar 1992: 93). Zunächst zeigt er auf, dass 11 % der elterlichen Antworten auf die kindlichen Äußerungen *corrective recasts* sind. Wird ferner als Bezugsgröße nur die Anzahl der elterlichen Antworten auf ungrammatische kindliche Äußerungen genutzt, sind sogar 22 % aller elterlichen Antworten *corrective recasts* (vgl. Farrar 1992: 93). Seine Analysen zeigen außerdem, dass die Kinder signifikant häufiger nach *corrective recasts* als nach allen anderen Diskursvariablen Imitationen produzieren (vgl. Farrar 1992: 94), was als *aktualgenetischer* Prozess interpretiert werden kann. Langfristige spracherwerbsförderliche Effekte dieser Imitationen kann Farrar (1992: 95) mit seinem Untersuchungsdesign aber nicht nachweisen.

Auch in der Studie von Strapp und Federico (2000: 278) werden die Äußerungen der Kinder (Durchschnittsalter: 27 Monate) nach *recasts* vs. nicht-korrigierenden Antworten der Bezugspersonen (Mütter, Väter, Geschwister) in den Blick genommen. Sie definieren *recasts* als Bearbeitungsäußerungen, die einen Teil oder die ganze kindliche Äußerung wiederholen und syntaktische Korrekturen

hinzufügen. Alle anderen Äußerungen der Bezugspersonen, die keinen korrigierenden Charakter haben, aber unmittelbar auf eine kindliche Äußerung folgen,
werden als *noncorrective responses* codiert (vgl. Strapp & Federico 2000: 279).
Die kindlichen Antworten auf *recasts* oder *noncorrective responses* codieren die
Autoren als Imitationen, Wiederholungen der ursprünglichen kindlichen Äußerung, Weiterführungen des Themas, Wechsel des Themas oder als keine Antwort
(vgl. Strapp & Federico 2000: 280). Das Hauptergebnis der Studie ist, dass die
Kinder signifikant häufiger ihre Äußerung nach einem *recast* revidieren, also die
korrigierende Äußerung imitieren, und dass sie signifikant häufiger ihre Äußerungen nach nicht-korrigierenden Äußerungen der Bezugspersonen wiederholen (vgl. Strapp & Federico 2000: 282). Als ein besonders interessantes Ergebnis
kann auch gelten, dass die Kinder nach *recasts* am häufigsten gar keine Antwort
gaben (vgl. Strapp & Federico 2000: 282). Das werten die Autoren als Beleg dafür,
dass die Kinder die Differenz zwischen den beiden Äußerungen verarbeiten (vgl.
Strapp & Federico 2000: 286) – im Sinne der „Contrast Theory of negative input"
nach Saxton (1997). Saxton (1997) definiert im Rahmen dieser Theorie *negative
evidence* folgendermaßen:

> Negative evidence occurs directly contingent on a child error, (syntactic or morphosyntac-
> tic), and is characterized by an immediate contrast between the child error and a correct
> alternative to the error, as supplied by the child's interlocutor [...]. (Saxton 1997: 145)

Damit ist seine Definition enger als einige vorherige *recast*-Definitionen, denn
negative evidence bezieht sich immer auf fehlerhaltige Bezugsäußerungen,
während dies dem *recast*-Konzept nicht notwendig inhärent ist. *Positive input*
stellt er *negative evidence* gegenüber:

> [...] positive input is defined as any input utterance which models grammatical structures,
> excluding all instances of negative evidence. (Saxton 1997: 147)

Somit fasst Saxton alle *KGS*-Äußerungen der Bezugspersonen als *positive
input* – es sei denn, sie sind als *negative evidence* definiert. In einer experimentellen Studie wird in einer ersten Phase der Gebrauch der Stamm- und Gerun-
diumsformen von Kunstverben mit 36 ca. fünf Jahre alten Kindern trainiert.
Dies geschieht mit Hilfe eines Videos (vgl. Saxton 1997: 148–150). In der darauf
folgenden Testphase werden durch den Untersuchungsleiter von den Kindern
Vergangenheitsformen elizitiert. Während die Verbformen in der *positive-input*-
Bedingung durch den Versuchsleiter verbal vorgegeben werden und die Kinder
dann mit Nachfragen angeregt werden, diese selbst zu produzieren, steht am
Anfang der *negative-evidence*-Bedingung die Nachfrage durch den Versuchslei-
ter, auf die eine Antwort des Kindes folgt, die dieser mit *negative evidence* kom-

mentiert, worauf wieder eine Reaktion des Kindes folgen soll (vgl. Saxton 1997: 151). Saxton (1997: 152) zeigt, dass die Kinder nach *positive input* nie sofort korrekte Verbformen produzieren, während 30 % aller kindlichen Antworten nach *negative evidence* die korrekte Verbform enthalten und bei weiteren 13 Prozent allein der Stammvokal nicht korrekt genutzt wird (vgl. auch Strapp et al. 2008). Gleichwohl können mit dieser Studie, wie mit der von Farrar (1992), keine langfristen Effekte von *negative evidence* aufgezeigt werden (vgl. Saxton 1997: 153). Infolgedessen führen Saxton et al. (1998) eine weitere experimentelle Kunstverb-Studie mit 26 Kindern zwischen *3;8* und *4;6* durch (vgl. Saxton et al. 1998: 709), in der kumulative Effekte von *positive input* vs. *negative evidence* über einen Zeitraum von fünf Wochen untersucht werden (vgl. Saxton et al. 1998: 707). Das Design umfasst wieder eine Trainingsphase und 10 Testphasen (vgl. Saxton et al. 1998: 709–710): In der *negative-evidence*-Bedingung ist die Anzahl der korrekten Verwendungen der Verben durch die Kinder deutlich höher und nimmt deutlich schneller zu als in der *positive-input*-Bedingung (vgl. Saxton et al. 1998: 711–712). Abschließend heben Saxton et al. (1998: 717) kritisch hervor, dass die ökologische Validität ihrer experimentellen Studie eingeschränkt ist, da Kinder im Alltag mit weniger *negative evidence* konfrontiert würden als unter experimentellen Bedingungen. Daher planen Saxton et al. (2005a) eine Studie zu Langzeiteffekten von *negative evidence* unter natürlichen Interaktionsbedingungen (vgl. Saxton et al. 2005a: 643). Sie beziehen 10 Mutter-Kind-Dyaden (Durchschnittsalter der Kinder: *2;0* zu Studienbeginn) an zwei zwölf Wochen auseinanderliegenden Erhebungszeitpunkten in die Untersuchung ein (vgl. Saxton et al. 2005a: 654, 657). Zur Einschätzung der Spracherwerbsförderlichkeit von *negative evidence* werden Korrelationen zwischen maternalen Diskursvariablen zum ersten Erhebungszeitpunkt und der Grammatikalität verschiedener sprachlicher Strukturen der kindlichen Äußerungen zum zweiten Erhebungszeitpunkt berechnet (vgl. Saxton et al. 2005a: 652–653). Bei drei der 13 grammatischen Strukturen (3. Person Plural, Possessivmorpheme und Kopula) weisen Saxton et al. (2005a: 663) mit aufwendigen statistischen Berechnungen einen Langzeiteffekt von *negative evidence* nach, während dieser bei *positive input* nicht vorliegt. Die Beeinflussung von gerade diesen drei Strukturen durch *negative evidence* erklären sie damit, dass die Studie in eine Periode der schnellen Entwicklung dieser Strukturen falle (vgl. Saxton et al. 2005a: 665). Und dass *positive input* in ihrer Studie keinen Einfluss auf den Erwerb der 13 grammatischen Strukturen hat, liegt den Autoren zufolge darin begründet, dass dieser bis zum Erhebungszeitpunkt schon einen starken Einfluss auf den Spracherwerb ausgeübt habe, da alle Strukturen, wenn auch nicht grammatisch korrekt, schon zum ersten Erhebungszeitpunkt in der Sprache der Kinder vorhanden waren (vgl. Saxton et al. 2005a: 666).

Unter dem Oberbegriff „negative input" unterscheidet Saxton (2000: 223) *negative evidence* von „[n]egative feedback", das ebenfalls adjazent zu fehlerhaltigen kindlichen Bezugsäußerungen auftritt, aber nur einen nicht spezifischen Indikator der Fehlerhaftigkeit der Bezugsäußerung enthält – wie bei „clarification request[s]" (Saxton 2000: 223). Dies sind Äußerungen, mit denen um Klärung der vorherigen Äußerung des anderen Sprechers gebeten wird. Die Definition des *negative feedback* nach Saxton (2000) lautet wie folgt:

> Negative feedback occurs directly contingent on a child grammatical error, and provides a non-specific indication that something is amiss within the preceding child utterance. Negative feedback occurs most typically in the form of an error-contingent clarification request. (Saxton 2000: 223)

Mit Bezug auf dieses *negative feedback* formuliert er die „prompt hypothesis":

> Negative feedback can prompt the child to attend an ungrammatical form in a previous utterance, and apprehend it as such, in just those cases where the child has prior knowledge of its ungrammaticality. (Saxton 2000: 228)

Negative feedback wirke nach Saxton (2000: 228) also nur in solchen Fällen, in denen ein Kind schon (Vor-)Wissen hinsichtlich der Ungrammatikalität der von ihm geäußerten Struktur- und Ausdruckformen habe. Saxton (2000: 223) reanalysiert die Daten von ‚Eve' im Alter von *1;6* bis *2;4* aus der CHILDES-Datenbank (vgl. Saxton 2000: 233). Er untersucht kindliche Äußerungen, die direkt von Äußerungen der Bezugspersonen gefolgt werden, hinsichtlich 11 morphosyntaktischer und syntaktischer Fehlerkategorien (vgl. Saxton 2000: 231). Die Äußerungen der Bezugspersonen werden hinsichtlich der Kategorien „negative evidence; negative feedback; adult move-ons; positive input; and non-error contingent clarification requests" (Saxton 2000: 233) analysiert. *Negative evidence*, *negative feedback* und *adult move-ons* haben gemeinsam, dass sie adjazent nach fehlerhaltigen kindlichen Bezugsäußerungen codiert werden. *Adult move-ons* enthalten jedoch keine Korrektur der Bezugsperson (vgl. Saxton 2000: 233). *Non-error contingent clarification requests* unterscheiden sich von *negative feedback* darin, dass sie nicht auf fehlerhaltige kindliche Bezugsäußerungen folgen (vgl. Saxton 2000: 234). Die kindlichen Antworten auf die Diskursvariablen der Erwachsenen werden wieder hinsichtlich „Use Correct", „Persist-with-Error" und „Child Move-On" (Saxton 2000: 234) codiert. Die Gesamtzahl aller Äußerungen von Eve betrachtet, ist nur der korrekte Gebrauch nach *negative evidence* signifikant häufiger als nach *adult move-ons* (vgl. Saxton 2000: 235–238). Saxton (2000) führt ergänzend jedoch eine entwicklungsbezogene Analyse durch, indem er nur Strukturen ab jenem Zeitpunkt in die Analyse einbezieht, zu dem sie durch das Kind in 50 % der Fälle richtig verwendet werden (vgl. Saxton 2000: 238). Hier zeigt sich das deutlichere Ergebnis, dass die korrekte Nutzung einer Struktur durch das Kind bei beiden Formen des *negative input* signifikant häufiger ist als bei *adult move-ons* und *positive input* (vgl. Saxton 2000: 240). Auch wenn Saxton (2000) diese Interpretation nicht anführt, muss man überlegen, ob die von ihm genutzte 50 %-Schwelle als „Zone der nächsten Entwicklung" nach Vygotskij (2002 [1934]: 326) interpretiert werden kann, in der die Formen des *negative input* besonders entwicklungsförderlich wirken (vgl. auch Demetras et al. 1986: 287). Zusammenfassend ist festzuhalten, dass die Ergebnisse der Studie von Saxton (2000) ein Indikator dafür sind, dass auch *negative feedback*, vor allem repräsentiert durch fehlerbezogene *clarification requests*, spracherwerbsförderlich wirken kann; die Ergebnisse der Studie von Saxton et al. (2005b) weisen ebenfalls in dieselbe Richtung.

Abschließend ist aber mit Marcus (1993) auch eine Kritik an *negative evidence-*Studien vorzutragen: Dieser betont, dass für die Kinder weder ein *vollständiges* negatives Feedback zu allen ungrammatischen Äußerungen vorliege, noch ein von ihm als *partiell* bezeichnetes negatives Feedback, das zu einigen ungrammatischen Äußerungen gegeben wird, aber zu keinen grammatischen Äußerungen (vgl. Marcus 1993: 66). Stattdessen arbeitet er heraus, dass *negative evidence* ein „noisy feedback" (Marcus 1993: 66) darstelle, das sowohl zu grammatischen als auch zu ungrammatischen Äußerungen gegeben werde.

5.2.4 Mikrointeraktionale Stützmechanismen in der Zweit- und Fremdspracherwerbsforschung

In Abschnitt 5.1.5 wurde schon erwähnt, dass Kennzeichen des *foreigner talk* nach Long (1980)
- mehr „confirmation checks" (Long 1980: 108)
- mehr „comprehension checks" (Long 1980: 108) und
- mehr „clarification requests" (Long 1980: 113)

als in der Interaktion von L1-Sprecher/-innen untereinander sind. Alle drei Konstrukte nach Long (1980) werden in diesem Kapitel genauer definiert, weil sie in vielen Studien der interaktionsfokussierten Zweit- und Fremdspracherwerbsforschung eine dominante Rolle spielen. Long (1981: 135) führt, um diese speziellen interaktionalen Eigenschaften des *foreigner talk* zu fokussieren, den Ausdruck „foreigner talk discourse" ein. Es soll mit der Definition der schon betrachteten *clarification requests* (vgl. in der Erstspracherwerbsforschung Demetras et al. 1986 oder Saxton 2000) durch Long (1980) begonnen werden:

> Clarification requests are mostly formed by questions, but may consist of wh or yes-no questions (unlike confirmation checks) as well as uninverted intonation and tag questions, for they require that the interlocutor either furnish new information or recode information previously given. Unlike confirmation checks, in other words, there is no presupposition on the speaker's part that he or she has understood or heard the interlocutor's previous utterances. While questions are the most frequent form of clarification request in these data, they are also effected by statements like I *don't understand*, and imperatives, such as *Try again*. (Long 1980: 82–83)

Clarification requests dienen also dazu, das Verständnis der Äußerung des Lernenden aufseiten des L1-Sprechenden zu unterstützen, indem der Lernende zu einer Verdeutlichung seiner Aussage aufgefordert wird. „[C]onfirmation checks" nach Long (1980: 81–82) sind im Gegensatz dazu dadurch ausgezeichnet, dass der L1-Sprechende sein *schon vorhandenes* Verständnis der Äußerung des Lernenden ausdrückt und absichern möchte. Long (1980) definiert sie wie folgt:

> A confirmation check was any expression by the NS [= Native Speaker; K. K.-S.] immediately following an utterance by the interlocutor which was designed to elicit confirmation that the utterance had been correctly understood or correctly heard *by the speaker*. Thus, *the man?* following *Next to the man* by the other speaker is a confirmation check. Confirmation checks are always formed by rising intonation questions, with or without a tag (*the man?* or *the man, right?*). They always involve repetition of all or part of the interlocutor's preceding utterance. They are answerable by a simple confirmation (*Yes, Mmhm*) in the event that the preceding utterance was correctly understood or heard, and require no new information from the interlocutor. (Long 1980: 81–82)

Wie die anderen mikrointeraktionalen Stützmechanismen sind auch *confirmation checks* direkt adjazent zur Bezugsäußerung des Lernenden. Sie integrieren außerdem wiederholend Teile der vorhergehenden Äußerung des Lernenden und können damit als reformulierend angesehen werden. „[C]omprehension checks" definiert Long (1980) demgegenüber folgendermaßen:

> [A]ny expression by a NS designed to establish whether that speaker's preceding utterance(s) had been understood *by the interlocutor*. These are typically formed by tag questions, by repetitions of all or part of the same speaker's preceding utterance(s) uttered with rising question intonation, or by utterances like *Do yo understand?* which explicitly check comprehension by the interlocutor. (Long 1980: 82)

Comprehension checks dienen also der Verständnissicherung beim Lernenden mit Bezug auf Äußerungen des L1-Sprechenden. Da sie nicht direkt adjazent zu einer lernerseitigen Bezugsäußerung sind, sondern sich auf eine Äußerung des L1-Sprechenden selbst beziehen, sind sie kategoriell anders einzuordnen als die bisher betrachteten Stützmechanismen. Mit *confirmation checks* und *clarifica-*

tion requests haben sie aber gemein, dass sie im Rahmen des Aushandelns von Bedeutungen, des „negotiation of meaning",[34] eingesetzt werden (Krashen 1985: 34; vgl. auch Long 1996: 418). *Comprehension checks* bewirken, dass Lernende mehr „comprehensible input" (Krashen 1985: 34; vgl. Long 1996: 414) erhalten, während *clarification requests* zur Generierung von lernerseitigem „comprehensible output" (z. B. Pica et al. 1989: 64) dienen. *Clarification requests* sind so in Kombination der Wirk- und Einflussfaktoren des Spracherwerbs „Kommunikation" und „Produktion" wirksam (vgl. Pohl 2007b: 90).

5.2.5 Studien zu mikrointeraktionalen Stützmechanismen in der Zweit- und Fremdspracherwerbsforschung mit Fokus auf Lehrpersonen

In diesem Kapitel werden Ergebnisse von Studien vorgestellt, die *lehrerseitige* mikrointeraktionale Stützmechanismen im Unterricht in den Blick nehmen. Die erste vorzustellende Untersuchung bezieht sich auf reformulierende mikrointeraktionale Stützmechanismen. Speidel (1987: 102–103) untersucht in kleinen Gruppen von sechs hawaiianischen Schüler/-innen, die eine englischbasierte Kreolsprache sprechen und Standard-Englisch erwerben, den Grad der *Responsivität* der Lehreräußerung hinsichtlich Äußerungen der Lernenden.

Auf einer ersten Analyseebene unterscheidet Speidel (1987), ob die Lehreräußerung auf eine Schüleräußerung reagiert oder nicht („responsive" vs. „nonresponsive"). Die responsiven Äußerungen unterteilt sie in solche, die sich *sprachlich* auf eine Schüleräußerung beziehen oder nicht. Die sprachlich auf die Schüleräußerung bezogenen Lehreräußerungen werden wiederum unterdifferenziert in:
a) „exact repetition"
b) „repetition with some addition or rewording"
c) „repetition with much elaboration or rewording"
d) „rewording or elaboration with minimal or no repetition" (Speidel 1987: 105).

Sie selbst bezeichnet dieses Kontinuum von reinen Wiederholungen der Schüleräußerung bis zu starken Umformulierungen als eins von hoher bis zu niedriger

---

34 Long (1996: 418) definiert dieses als „process in which, in an effort to communicate, learners and competent speakers provide and interpret signals of their own and their interlocutor's perceived comprehension, thus provoking adjustments to linguistic form, conversational structure, message content, or all three, until an acceptable level of understanding is achieved." Somit können alle in den Blick genommenen Inputadaptionen und Stützmechanismen im Licht des „negotiation of meaning" betrachtet werden.

„[s]imilarity" (Speidel 1987: 106).[35] Speidel zeigt, dass im Durchschnitt 87,6 % der Lehreräußerungen auf eine vorherige Schüleräußerung reagieren und 54,2 % der Lehreräußerungen sprachlich in Beziehung zu einer Schüleräußerung stehen. 24 % der Lehreräußerungen sind solche der Kategorie b); an zweiter Stelle folgt die Kategorie c) mit 13,6 %, an dritter Stelle die Kategorie a) mit 8,0 % und an letzter Stelle mit 7,8 % die Kategorie d) (vgl. Speidel 1987: 106). Wie oben schon beschrieben (vgl. Abschn. 5.2.2) sieht Speidel (1987: 112) Äußerungen, die sprachlich in Beziehung zur Schüleräußerung stehen, also bearbeitend auf diese Bezug nehmen, als „model/feedback" an. Bei den exakten Wiederholungen der Kategorie a) fehlt für sie aber die Modell-Komponente, weil dem Lernenden keine neuen sprachlichen Informationen gegeben werden, während die Feedback-Komponente durchaus realisiert sei (vgl. Speidel 1987: 115). Sie überlegt, dass die besonders stark umformulierenden Lehreräußerungen der Kategorie d) an besonders kompetente Schüler/-innen gerichtet sein könnten (vgl. Speidel 1987: 117). Weil die Lehrersprache alle vier Formen der sprachlichen Responsivität aufweise – nach Speidel (1987: 121) „a wide, flexible range of tuning" – und nicht nur solche der Kategorien b) und c), könne man sie als „roughly tuned to the students' language" (Speidel 1987: 128) ansehen. Speidel (1987: 123–128) arbeitet sogar *unmittelbare* Effekte des grob angepassten *model/feedbacks* heraus, denn die Schüler/-innen inkorporieren Elemente der Lehreräußerungen in der Konstruktion ihrer eigenen Äußerungen.

Lyster und Ranta (1997) untersuchen in ihrer in diesem Feld vielfach rezipierten Studie unterschiedliche Formen des lehrerseitigen „corrective feedback" (Lyster & Ranta 1997: 40) in ihrem Zusammenhang mit lernerseitigem „uptake" (Lyster & Ranta 1997: 49), das sie in nachfolgendem Zitat definieren:

> Uptake in our model refers to a student's utterance that immediately follows the teacher's feedback and constitutes a reaction in some way to the teacher's intention to draw attention to some aspect of the student's initial utterance (this overall intention is clear to the student although the teacher's specific linguistic focus may not be). (Lyster & Ranta 1997: 49)

Lernerseitiges *uptake* zeichnet sich so dadurch aus, dass es durch das (auch implizite) korrektive Feedback der Lehrperson ausgelöst wird.[36] Laut Nassaji (2015: 91)

---

35 Es ist bedauerlich, dass Speidel (1987: 105–106) die exakte Operationalisierung der Formen der sprachlich zur Schüleräußerung in Beziehung stehenden Lehreräußerungen nicht erläutert. Diesbezüglich stellt sich z. B. die Frage, was genau den Unterschied zwischen „some addition or rewording" und „much elaboration or rewording" (Speidel 1987: 106) ausmacht.
36 Die in Abschnitt 5.2.3 beschriebenen kindlichen Imitationen der Reformulierungen der Bezugspersonen können solchermaßen auch als *uptake* bezeichnet werden.

ist das Konstrukt *uptake* ein Maß der „feedback effectiveness". Lyster und Ranta (1997: 49) unterscheiden a) *uptake*, das zu „repair" führt, vs. b) *uptake*, das zu Äußerungen führt, die weiterhin Reparaturen benötigen („needs-repair").

Die verschiedenen Formen von lernerseitigem *repair* stellen laut Lyster und Ranta (1997: 49) „other-initiated repair" (Schegloff et al. 1977: 370) dar, weil sie durch das lehrerseitige Feedback ausgelöst werden. Lyster und Ranta (1997: 50) unterscheiden vier Typen von solchen fremdinitiierten lernerseitigen Reparaturen. Bei den ersten drei Formen liegt nach Schegloff et al. (1977: 375) eine fremdinitiierte *Selbstkorrektur* vor, bei der vierten Form eine fremdinitiierte *Fremdkorrektur*.

1. „*Repetition*" (Wiederholung der im lehrerseitigen Feedback enthaltenen korrekten Form)
2. „*Incorporation*" (Wiederholung der korrekten Form, die aber eingebettet ist in eine umfassendere Äußerung)
3. „*Self-repair*" (Selbstkorrektur als Reaktion auf lehrerseitiges Feedback, das aber selbst nicht die korrekte Form enthalten hat)
4. „*Peer-repair*" (Korrektur des initialen Fehlers durch einen anderen Lernenden – jedoch als Reaktion auf das lehrerseitige Feedback).

Es werden zudem sechs unterschiedliche Typen des lehrerseitigen korrektiven Feedbacks unterschieden (vgl. Lyster & Ranta 1997: 46–48):

1. „*Explicit correction*" als explizites Anbieten der korrekten Form.
2. „*Recasts*" als lehrerseitige Reformulierung der ganzen oder von Teilen der lernerseitigen Äußerung ohne den Fehler.
3. „*Clarification requests*", die den Lernenden anzeigen, dass ihre Äußerung durch die Lehrperson missverstanden wurde oder dass sie nicht wohlgeformt ist.
4. „*Metalinguistic feedback*" umfasst Kommentare, Informationen oder Fragen, die sich auf die Wohlgeformtheit der Lerner-Äußerung beziehen. Es wird eine grammatische Metasprache genutzt, ggf. werden auch Wortdefinitionen gegeben.
5. „*Elicitation*" bezieht sich auf Techniken der Lehrperson, um die korrekte Form von den Lernern zu elizitieren. Dies kann durch Fragen, Aufforderungen zur Reformulierung oder durch das Anbieten von unvollständigen Äußerungen zur Vervollständigung geschehen.
6. „*Repetition*" meint die lehrerseitige Wiederholung des Lerner-Fehlers; diese wird zumeist begleitet durch Frageintonation.

Mit Hilfe dieses Analyseinstrumentariums untersuchen Lyster und Ranta (1997: 42) die Interaktion in vier vierten und zwei sechsten französischen Immersionsklassen. Sie zeigen, dass es mehr lernerseitige Fehler als lehrerseitiges Feedback gibt, wiederum mehr lehrerseitiges Feedback als lernerseitiges *uptake* und wiederum mehr lernerseitiges *uptake* als lernerseitige Reparaturen (vgl. Lyster & Ranta 1997: 52): 62 % der lernerseitigen Fehler erhalten Feedback, 55 % der Feedback-Schritte führen zu *uptake* und 27 % der Feedback-Schritte führen zu Reparaturen (vgl. Lyster & Ranta 1997: 53).

Es werden zudem lehrerseitige Präferenzen für die unterschiedlichen Feedback-Formen deutlich: 55 % sind Reformulierungen, 14 % Elizitierungen, 11 % *clarification requests*, 8 % metalinguistisches Feedback, 7 % explizite Korrekturen und 5 % Wiederholungen (vgl. Lyster & Ranta 1997: 53). Sie berechnen ferner, wie effektiv die Feedback-Formen hinsichtlich der Generierung von *uptake* sind: Es folgt nach 100 % aller Elizitierungen, nach 88 % aller *clarification requests*, nach 87 % der Wiederholungen, nach 86 % des metalinguistischen Feedbacks, nach 50 % der expliziten Korrekturen und nach 31 % der Reformulierungen (vgl. Lyster & Ranta 1997: 54). Die Autoren führen kritisch an, dass so das Reformulieren die am häufigsten eingesetzte Feedback-Technik ist, aber am wenigsten effektiv mit Bezug auf *uptake* zu sein scheint. Auch mit Bezug auf die schülerseitigen Reparaturen liegen die Reformulierungen an letzter Stelle (vgl. Lyster & Ranta 1997: 55), die indes auch – verglichen mit den anderen Feedback-Formen – als besonders implizit einzuschätzen sind.

Lyster (1998) nutzt die Daten der vier vierten französischen Immersionsklassen (aus Lyster und Ranta 1997). Zunächst untersucht er, ob sich *recasts* als am wenigsten effektive Feedback-Form zeigten, weil sie durch die Lehrenden in einer durch die Lernenden nicht gut wahrnehmbaren Form präsentiert werden. Deswegen unterscheidet Lyster (1998: 58–59) isolierte *recasts* von inkorporierten *recasts*, die in eine längere Äußerung eingebracht sind. Es zeigt sich tatsächlich, dass die inkorporierten *recasts* nicht zu lernerseitigen Reparaturen führen. Von den isolierten *recasts* führen demgegenüber 23 % zu Reparaturen (vgl. Lyster 1998: 61). 24 % der *recasts* sind zudem „[r]ecasts with reduction", auf die 74 % aller Reparaturen nach *recasts* zurückzuführen sind (vgl. Lyster 1998: 62). Auch wenn Lyster so zeigen konnte, dass v. a. isolierte sowie reduzierende *recasts* zu Reparaturen führen, zieht er eine negative Bilanz der *recast*-Forschung im Zweit-/Fremdsprach-erwerbsbereich, wenn er ihre Erforschung als „red herrings" (1998: 74), also als falsche Fährte bezeichnet.

Ricart Brede (2011) untersucht in ihrer Studie zur *Videobasierte[n] Qualitätsanalyse vorschulischer Sprachförderung* auch die „Responsivität des sprachlichen Inputs" (Ricart Brede 2011: 207) aufseiten von 37 Sprachförderpersonen.[37] Ihre

---

37 Zu betonen ist, dass die in die Studie einbezogenen Vorschulkinder nicht nur solche mit Deutsch als Zweitsprache sind, sondern allgemein Schüler/-innen, „von denen anzunehmen ist,

erste Berechnung bezieht sich allein auf fehlerhaltige kindliche Bezugsäußerungen: Sie berechnet, dass 64 % der kindlichen Fehler keine Reaktion der Sprachförderpersonen erhalten (vgl. Ricart Brede 2011: 208), und sieht deswegen noch „ungenutztes Potential zur Optimierung der Fördersituationen" (Ricart Brede 2011: 210). Insbesondere in aufgabenbezogener Interaktion reagieren die Sprachförderpersonen auf Fehler der Kinder (vgl. Ricard Brede 2011: 209), was Ricart Brede (2011: 218) auf die erhöhte Sprachaufmerksamkeit der Sprachförderpersonen in solchen Aktivitäten gegenüber organisatorischen Aktivitäten zurückführt. Das unterschiedlich häufige Vorkommen von mikrointeraktionalen Stützmechanismen in unterschiedlichen Unterrichtsphasen kann m. E. als noch nicht genügend bearbeitete Fragestellung angesehen werden. Ricart Brede zeigt zudem, dass im Vergleich zu expliziten Korrekturen der Fehler sowie zu implizitem und explizitem Feedback (welches beides „lediglich über die Fehlerhaftigkeit der Äußerung informiert", Ricart Brede 2011: 210), implizite Korrekturen der Fehler mit 32 % in ihrem Korpus deutlich dominieren.[38]

Fürstenau und Lange (2013) berichten aus der Studie *Bildungssprachförderliches Lehrerhandeln*, in die Grundschul- sowie Haupt-/Realschulklassen mit einem hohen Anteil von Schüler/-innen mit Migrationshintergrund sowie Gymnasialklassen mit einem ca. 50-prozentigen Anteil an Schüler/-innen mit Migrationshintergrund einbezogen werden (vgl. Fürstenau & Lange 2013: 191). Die Lehrkräfte, die in diesen Klassen unterrichten, sind „Expertenlehrkräfte", die durch „erwartungswidrig" (Fürstenau & Lange 2013: 190) hohe Leistungen ihrer Klassen und durch Nennung von in der Sprachförderung erfahrenen Kolleg/-innen sowie der Schulleitung rekrutiert wurden. In ihren exemplarischen Analysen der Interaktion in einer dritten Grundschulklasse fokussieren die Autorinnen auch die Frage, „[w]ie [...] Lehrkräfte im Unterricht komplexe mündliche Äußerungen [elizitieren]" (Fürstenau & Lange 2013: 206). Damit kommt auch die Forderung, in ganzen Sätzen zu sprechen, in den Blick, die auf konzeptionell schriftliche Anforderungen aufseiten der Lehrpersonen hinweist. An ihren Daten ist erkennbar, dass diese Forderung insbesondere im dritten Turn der Dreischrittzugfolge adjazent nach einer schülerseitigen Antwort genutzt wird und sowohl explizit formuliert („Ja, kannst du das mal im ganzen Satz sagen, bitte.", Fürstenau & Lange 2013: 207) als auch implizit gefordert wird („Joa, also da hätte ich gern noch ein bisschen mehr.", Fürstenau & Lange 2013: 209). Sie unterstreichen, dass bei ihren

---

dass sie von einer zusätzlichen Unterstützung des Deutschspracherwerbs profitieren, unabhängig davon, ob Deutsch für sie Erst- oder Zweitsprache ist" (Ricart Brede 2011: 18).
38 Bei Lyster und Ranta (1997: 53) dominieren die Reformulierungen, die als implizite Korrekturen angesehen werden, sogar mit 55 % noch stärker.

Expertenlehrkräften diese Forderung in fast jedem Unterricht zu beobachten sei (vgl. Fürstenau & Lange 2013: 206).

Eine letzte Studie, die an dieser Stelle vorgestellt werden soll, ist die von Tardif (1994) zur Lehrersprache in frühen kanadischen Immersionsklassen (Kindergarten und erste Klasse), in denen Kinder mit englischer L1 Französisch erwerben. Das Besondere an ihrer Studie ist, dass hier sowohl die an die Zweitsprachlernenden gerichtete Sprache als auch die an muttersprachliche Lernende gerichtete Sprache analysiert werden kann, da neben den Immersionsklassen auch reguläre Klassen als Vergleichsgruppe untersucht werden. Tardif (1994: 471) kann zeigen, dass auch Lehrpersonen, die L1-Sprecher/-innen unterrichten, dieselben interaktionalen Modifikationen wie Fremdsprach-/Zweitsprachlehrkräfte einsetzen, aber in unterschiedlicher Häufigkeit: Während bei den untersuchten Zweitsprachlehrenden Selbst-Wiederholungen sowie das sprachliche Modellieren mit dem Ziel der Elizitierung einer Imitation durch die Lernenden häufiger eingesetzt werden, nutzen die anderen Lehrpersonen häufiger Fragen. Expansionen, definiert als „elaboration by the teacher in response to student statements" (Tardif 1996: 472), werden von beiden Lehrergruppen ungefähr gleich häufig eingesetzt (vgl. Tardif 1996: 471).

Die in diesem Abschnitt vorgestellten Studien zeigen, dass mikrointeraktionale Stützmechanismen nicht allein in dyadischen, sondern auch in institutionalisierten Interaktionssituationen des Zweit-/Fremdspracherwerbs genutzt werden. Aus den Ergebnissen von Tardif (1996) kann man zudem schließen, dass mikrointeraktionale Stützmechanismen auch in der an muttersprachliche Lernende gerichteten Sprache eingesetzt werden. Diese Frage wird in Abschnitt 5.4.2 genauer betrachtet.

5.3 Makrointeraktionale Stützmechanismen (maS)

Ebenso wie mikrointeraktionale Stützmechanismen sind makrointeraktionale Stützmechanismen dem Wirk- und Einflussfaktor der „Kommunikation" nach Pohl (2007b: 90) zuzuordnen. Sie werden im Gegensatz zu den mikrointeraktionalen Stützmechanismen in größeren interaktionalen Einheiten wirksam. Hausendorf und Quasthoff (2005) lokalisieren sie in der dritten von ihnen beschriebenen Forschungsrichtung, den

> Untersuchungen zur Natur der (frühen) *Interaktionsroutinen* zwischen Mutter und Kind und den dort erfolgenden *Hilfestellungen* des Erwachsenen für den Spracherwerb des Kindes (*Interaction Format, Scaffolding*). (Hausendorf & Quasthoff 2005: 278)

Sie sehen diese Studien zu *Interaktionsroutinen* und *Scaffolding* als eine entscheidende Weiterentwicklung gegenüber den *Input-* und *fine-tuning*-Studien an (vgl. Hausendorf & Quasthoff 2005: 278–279). In Abschnitt 5.3.1 werden zunächst Beschreibungen von Interaktionsformaten und *Scaffolding* in der Erstspracherwerbsforschung vorgestellt, welche in Abschnitt 5.3.2 durch die Übertragung des *Scaffoldings* in die Zweit-/Fremdspracherwerbsforschung sowie durch didaktische Implikationen ergänzt werden.

5.3.1 *Interaktionsformate* und *Scaffolding* in der Erstspracherwerbsforschung

In der Studie *The Role of Tutoring in Problem Solving* von Wood, Bruner und Ross aus dem Jahr 1976 werden vorerst keine sprachlichen Erwerbsprozesse betrachtet, sondern der Erwerb des Problemlösens steht im Fokus des Interesses. Die Autoren kritisieren, dass in vorigen Untersuchungen zum Problemlöseprozess die Annahme durchscheine, der Lernende würde im Lernprozess allein gelassen und sei unassistiert. Demgegenüber plädieren sie dafür, den sozialen Kontext des Erwerbsprozesses mit in den Blick zu nehmen. Wenn erwachsene Bezugspersonen in die bisherigen Studien mit einbezogen wurden, seien sie jedoch insbesondere als Modell für die Lernenden angesehen worden (vgl. Wood et al. 1976: 90). Die erwachsenen Interaktionspartner werden von den Autoren demgegenüber als Tutoren („tutor", Wood et al. 1976: 90) im Problemlöseprozess bezeichnet:

> More often than not, it involves a kind of a ,scaffolding' process that enables a child or novice to solve a problem, carry out a task or achieve a goal which would be beyond his unassisted effort. (Wood et al. 1976: 90)

„*Scaffold*" bedeutet ins Deutsche übersetzt „Gerüst", womit auf den erwerbsunterstützenden Charakter des *Scaffoldings* hingedeutet wird. Der *Scaffolding*-Prozess ermöglicht es dem Kind, ein Problem zu lösen, das es ohne Hilfestellung der Tutoren noch nicht lösen kann. In einem experimentellen Design untersuchen die Autoren den Problemlöseprozess von jeweils 10 drei-, vier- und fünfjährigen Probanden beim Spielen mit einem 3D-Puzzle-artigen Holzspielzeug (vgl. Wood et al. 1976: 92). Als Tutorin kommt die dritte Autorin der Studie, Gail Ross, zum Einsatz (vgl. Wood et al. 1976: 92). Sie leiten aus ihren Beobachtungen der Interaktion der Tutorin mit den Kindern sechs *Scaffolding*-Funktionen ab: das Gewinnen der Aufmerksamkeit des Kindes, die Lenkung seiner Aufmerksamkeit, auch hin zum nächsten Problemlöseschritt, das Markieren der Diskrepanz zwischen der Produktion des Kindes und der korrekten Produktion, das Verhindern von Enttäuschung aufseiten des Kindes sowie das Demonstrieren der korrekten Lösung in

Anlehnung an vorherige lernerseitige Produktionen (vgl. Wood et al. 1976: 98). Für den *Scaffolding*-Begriff allerdings besonders bekannt geworden ist das, was die Autoren unter der Funktion „*Reduction in degrees of freedom*" (Wood et al. 1976: 98) beschreiben. Es geht dabei darum, dass der Tutor die Aufgabe vereinfachen kann, indem er die Anzahl der Lösungsschritte für den Lernenden dadurch reduziert, dass er solche Lösungsschritte, die der Lerner selbst noch nicht übernehmen kann, für ihn durchführt. Das wird oftmals als Kern des *Scaffoldings* angesehen.

In seiner Monografie *Wie das Kind sprechen lernt* beschreibt Bruner (2002 [1983]) die Relevanz von sogenannten „*Format[en]*" (Bruner 2002 [1983]: 11) bei *Scaffolding*-Prozessen im Erstspracherwerb. Formate sind für Bruner (2002 [1983]: 11) „strukturierte Situationen [...], in denen Erwachsener und Kind bei der ‚Weitergabe der Sprache' zusammenarbeiten können." Sie stellen eine „routinemäßig wiederholte Interaktion" dar, in der „die Reaktionen *jedes* Partners nachweislich von einer vorherigen Reaktion des *anderen* abhängen" (Bruner 2002 [1983]: 114). Die Formate sind ferner durch die in ihnen herrschende asymmetrische Konstellation bestimmt: Der eine Partner wisse schon, „‚worum es geht', der andere weiß es nicht oder weniger gut [...]" (Bruner 2002 [1983]: 115). Stärker bezogen auf sprachliche Erwerbsprozesse würde man sagen, dass der kompetentere Interaktionspartner schon über die betreffenden sprachlichen Fähigkeiten verfügt, der andere sie aber noch erwerben muss.[39] Der Erwachsene könne im Format „als Modell und Lehrer dienen, bis das Kind es selber zu angemessener Meisterschaft gebracht hat" (Bruner 2002 [1983]: 115).

Als Beispiele für solche Formate analysiert Bruner (2002 [1983]: 38–53) exemplarisch das Versteckspiel (*„peekaboo"*, Bruner 2002 [1983]: 45) sowie das gemeinsame Lesen von Bilderbüchern (vgl. Bruner 2002 [1983]: 64–73). Das Bücherleseformat besteht nach Bruner (2002 [1983]: 67) aus den vier nacheinanderfolgenden Positionen „Aufruf", „Frage", „Bezeichnung" und „Rückmeldung" und weist damit eine „sequentielle Struktur" (Bruner 2002 [1983]: 116) auf. Es wird auch durchgeführt, wenn das Kind selbst noch keine lexikalischen Bezeichnungen geben kann, sondern als Reaktion auf die Frage der Mutter nur babbelt. In diesem Fall interpretiert die Mutter das kindliche Babbeln trotzdem als bedeutungshaltig,[40] füllt selbst die Position der Bezeichnung aus und gibt somit ein Modell des guten Gelingens in der Interaktion (vgl. Bruner 2002 [1983]: 65, 70). Zu dem Zeitpunkt aber, zu dem erste „phonologisch konstante[.] und lexemartige[.] Laute" auftreten, besteht sie darauf, „daß er [das Kind *Richard*; K. K.-S.]

---

39 Vgl. auch die „*[f]achlich oder sachlich bedingte*" Asymmetrie (Spiegel 2006b: 28).
40 Nach Hausendorf und Quasthoff (2005: 286) „[unterstellt] der kompetentere Interaktionspartner den Beiträgen seines Partners generell kommunikative Funktion."

in lexikalischer Weise antwortet[.]", indem sie die *„Was ist das?*-Frage" (Bruner 2002 [1983]: 70) wiederholt. Mit fortschreitenden Bezeichnungskompetenzen bei Richard verändert sich auch die Intonation der mütterlichen *„Was ist das?*-Frage" (Bruner 2002 [1983]: 70) von steigend zu fallend. Damit signalisiert die Mutter, dass Richard die Bezeichnung kennen muss (vgl. Bruner 2002 [1983]: 70–71). Sie reduziert somit schrittweise ihre stützende Hilfe und erhöht die Anforderungen an ihr Kind. Es kommt sogar zu einem spielerischen Umgang Richards mit dem Format (vgl. Bruner 2002 [1983]: 71). Im Aufsatz *The Role of Dialogue in Language Acquisition* beschreibt Bruner (1978) die Handlungen der Mutter in solchen Interaktionsformaten als *Scaffolding*:

> I have used the expression „scaffolding" to characterize what the mother provides on her side of the dyad in one of the regularized formats – she reduces the degrees of freedom with which the child has to cope, concentrates his attention into a manageable domain, and provides models of the expected dialogue from which he can extract selectively what he needs for filling his role in discourse. (Bruner 1978: 254)

Wenn das Kind einen Schritt vorwärts gemacht habe, lasse die Mutter es nicht mehr zurückfallen (vgl. Bruner 1978: 254). Zu bemerken ist, dass für Bruner (2002 [1983]: 106) die Handlungen der Mutter in solchen Formaten „eine Demonstration der feinen Abstimmung im Spracherwerb" sind:

> Die Mutter schränkt die Aufgabe auf so wenige Freiheitsgrade ein, wie das Kind ihrer Einschätzung nach meistern kann; und sobald es Anzeichen eines weitergehenden Könnens gibt, hebt sie das Niveau ihrer Erwartungen und ihrer Anforderungen an das Kind an. (Bruner 2002 [1983]: 106)

Gibbons (2002: 10) argumentiert, dass sich *Scaffolding* so jeweils im Bereich der „Zone der nächsten Entwicklung" nach Vygotskij (2002 [1934]: 326) bewege. Hausendorf und Quasthoff (2005: 287) bringen *Scaffolding* sogar mit der Idee des *fine-tunings* zusammen, weil der kompetentere Interaktionspartner seine sprachlichen Handlungen „einem unterstellten Entwicklungsstand des weniger kompetenten Gegenüber anpaßt."

Scaffolding in Interaktionsformaten ist ein Bestandteil des von Bruner (2002 [1983]: 102) beschriebenen „‚Language Acquisition Support System'" („*LASS*") – des „Spracherwerbs-Hilfssystem[s]", das Bruner (2002 [1983]: 102) theoretisch annimmt, und damit nativistische Spracherwerbstheorien ergänzt.

Cazden (1983) unterscheidet zwei Formen des *Scaffoldings*: „vertical construction" und „game-like routines" (Cazden 1983: 9). Während Letztere sich auf die von Bruner (2002 [1983]) beschriebenen sequentiellen Interaktionsroutinen beziehen, ist Ersteres mehr mit den in Abschnitt 5.2 beschriebenen mikrointeraktionalen Stützmechanismen vergleichbar. An dieser Stelle wird deutlich, dass von einigen Autoren mikrointeraktionale Stützmechanismen als Bestandteil resp. als eine Form des *Scaffoldings* angesehen werden (vgl. auch die Argumentation von Hammond & Gibbons 2005 im folgenden Abschn. 5.3.2).

Dass *Scaffolding* und auch mikrointeraktionale Stützmechanismen ("semantic contingency", Snow 1983: 167) zur Unterstützung literaler (konzeptionell schriftlicher) kindlicher Fähigkeiten genutzt werden können, zeigt Snow (1983) anhand einer Fallstudie der Interaktion zwischen dem 31–37 Monate alten Nathaniel und seiner Mutter (vgl. Snow 1983: 174). Snow (1983: 185–187) argumentiert, dass die geringeren literalen Fähigkeiten von Kindern mit niedrigerem sozialen Hintergrund nicht allein darauf zurückgeführt werden dürften, dass sie im Elternhaus weniger Zugang zu literalen Materialien haben, sondern insbesondere daher rührten, dass Angehörige von bildungsnahen Schichten mehr literale Merkmale im oralen Diskurs anbieten und dass sie mehr interaktive *Scaffolding*-Unterstützung beim Erwerb von "decontextualised language use" (Snow 1983: 186) geben.

In ihrer Studie *Sprachentwicklung und Interaktion* entwickeln Hausendorf und Quasthoff (2005) die Theorien Bruners unter Rückgriff auf die ethnomethodologische Konversationsanalyse (vgl. Hausendorf & Quasthoff 2005: 110–117) anhand eines dialogischen Erzählkorpus von älteren Kindern im Alter von fünf, sieben, zehn und vierzehn Jahren weiter, deren Interaktion mit einem erwachsenen Interaktionspartner in formellen und informellen Situationen zu drei Erhebungszeitpunkten (vgl. Hausendorf & Quasthoff 2005: 55), quasi "mikrolongitudinal" (Hausendorf & Quasthoff 2005: 263–264), untersucht wird. Sie vergleichen sowohl die kindlichen Erzähleraktivitäten über die vier Altersgruppen als auch die darauf bezogenen Zuhöreraktivitäten der erwachsenen Interaktionspartner. Im Vergleich der Zuhöreraktivitäten gegenüber den vier Altersgruppen zeigen Hausendorf und Quasthoff beim Erzählen eine "entwicklungssensitive Feinabstimmung zwischen Kindern und Erwachsenen auch auf der Ebene der sprachlichen Formen" (Hausendorf & Quasthoff 2005: 231) auf. In einem Tagevergleich der kindlichen Erzählaktivitäten zeigen sich vor allem für die fünf- und siebenjährigen Kinder "entwicklungsrelevante Veränderungstendenzen" (Hausendorf & Quasthoff 2005: 252).[41] Diesen Tagevergleich können die Autoren wiederum

---

41 Die fehlenden Entwicklungstendenzen bei den 14-jährigen Kindern erklären die Autoren zum Teil damit, "daß die Kinder dieser Altersgruppe in der Regel bereits am 1. Tag im oberen Bereich der von [den Autoren; K. K.-S.] festgestellten Entwicklungssequenzen liegen" (Hausendorf & Quasthoff 2005: 256). Zudem würden die als entwicklungsrelevant eingestuften Interaktionsmuster der Bezugspersonen vornehmlich gegenüber den 5- und 7-jährigen Kindern eingesetzt und könnten so ihre Wirksamkeit gegenüber den älteren Kindern nicht entfalten (vgl. Hausendorf & Quasthoff 2005: 256).

nutzen, um mögliche Einflüsse der Zuhöreraktivitäten der Erwachsenen an einem Tag auf die kindlichen Erzählaktivitäten am anderen Tag herauszuarbeiten. Sie zeigen beispielsweise, dass sich

> [d]ie Erzählleistungen der 7jährigen [...] über die Tage hinweg in den Bereichen [verändern], auf die das Zuhörerverhalten gegenüber 7jährigen am 1. Tag systematisch bezogen ist. (Hausendorf & Quasthoff 2005: 252)

Hausendorf und Quasthoff (2005: 255) sehen in ihren Ergebnissen „gesicherte Anhaltspunkte für die Entwicklungsrelevanz der Interaktionsmuster der Erwachsenen-Kind-Interaktion".

In Analogie zum *LASS* nach Bruner (2002 [1983]: 102) schlagen sie für den Diskurserwerb ein *„Discourse Acquisition Support System* (DASS)"[42] (Hausendorf & Quasthoff 2005: 288) vor. Dieses umfasst vier entwicklungsorientierte Mechanismen (vgl. Hausendorf & Quasthoff 2005: 270–273):

1. *„Anforderung"*: Hierunter fallen Mechanismen des Setzens, der „Verkleinerung" und der *„Verdeutlichung"* von Anforderungen (Hausendorf & Quasthoff 2005: 270–271).[43]
2. *„Demonstration"*: Der erwachsene Interaktionspartner kann „zeitweilig[.]" die interaktional etablierten Zugzwänge „stellvertretend[.]" bedienen und demonstriert dabei die „kommunikativ-effektive[.], d. h. angemessene[.] Verhaltensweise" (Hausendorf & Quasthoff 2005: 271).
3. *„Überbewertung"*: Indem der erwachsene Zuhörer auch nicht vollständig ausgeführte kommunikative Aufgaben („Jobs", Hausendorf & Quasthoff 2005: 271) als angemessen ausgeführt behandelt, wird die Kommunikation aufrechterhalten und „[d]as Kind [...] auf diese Weise in eine kommunikative Praxis der Anforderungserfüllung bzw. Problemlösung eingebunden" (Hausendorf & Quasthoff 2005: 272).
4. *„Attribuierung"*: Hiermit ist gemeint, dass dem kindlichen Erzählpartner ein spezifisches Kompetenzniveau zugeschrieben wird und die Handlungen des erwachsenen Interaktionspartners daran ausgerichtet werden (vgl. Hausendorf & Quasthoff 2005: 272). Attribuierung verhindere „sowohl eine Über- als auch eine Unterforderung" (Hausendorf & Quasthoff 2005: 273), weil sie sich im Bereich der *Zone der nächsten Entwicklung* bewege.

---

42 Tiedemann (2010: 154) schlägt ein *„Mathematics Acquisition Support System* (MASS)" für die „elterliche Unterstützung in mathematischen Diskursen mit Vorschulkindern" (Tiedemann 2010: 149) vor.
43 Im Erzählmodell von Hausendorf und Quasthoff (2005: 270) erscheint das Setzen von Anforderungen als *„Setzung lokaler und globaler Zugzwänge"*.

In diesem Kapitel wurden mit den Studien von Bruner und Kollegen sowie Hausendorf und Quasthoff (2005) *Scaffolding*-Prozesse und Interaktionsroutinen bei jüngeren und älteren Kindern, die eine Sprache als Erstsprache erwerben, beschrieben. Im folgenden Kapitel soll nun der Diskurs um *Scaffolding* in der Zweit- und Fremdspracherwerbsforschung und -didaktik in den Blick genommen werden.

5.3.2 *Scaffolding* in der Zweit-/Fremdspracherwerbsforschung und -didaktik

Besonders einschlägig für die Nutzung des *Scaffolding*-Konstrukts in der Zweitspracherwerbsforschung und -didaktik sind die Arbeiten von Gibbons und Kollegen, die zum einen auf qualitativer Forschung beruhen, zum anderen aber auch zur Entwicklung eines didaktischen Förderungsmodells führen.

Das Forschungsdesign von Hammond und Gibbons (2005: 7) ist ein zweistufiges: In der ersten Forschungsphase werden explorativ Unterrichtsstunden in australischen Klassenzimmern analysiert, die spezifisch darauf ausgerichtet sind, fortgeschrittene Englisch-als-Zweitsprache-Lernende im Fachunterricht zu fördern. In der zweiten Forschungsphase wird eine Interventions-Aktionsforschungsstudie durchgeführt. Ziel ist es, ein „enriched model of scaffolding and of ESL [= English as a Second Language; K. K.-S.] pedagogy" (Hammond & Gibbons 2005: 7) zu erstellen. Das entstandene Modell ist ein „network model" (Hammond & Gibbons 2005: 25) des *Scaffoldings* auf einer Mikro-und Makroebene („macro and micro level scaffolding", Hammond & Gibbons 2005: 26). Diese Differenzierung zwischen Mikro- und Makroebene erinnert zum einen an die Differenzierung von „vertical construction" und „game-like routines" nach Cazden (1983: 9), zum anderen aber auch an die in dieser Arbeit eingeführte Unterscheidung zwischen mikro- und makrointeraktionalen Stützmechanismen. Das Zusammenspiel von Mikro- und Makro-*Scaffolding* sehen Hammond und Gibbons (2005: 20) darin, dass das unterrichtsplanerische Makro-*Scaffolding* das interaktionale Mikro-*Scaffolding* erst ermögliche.

Makro-*Scaffolding* wird von den Autoren auch als „*designed-in*"-*Scaffolding* (Hammond & Gibbons 2005: 12; vgl. ähnlich auch Gibbons 2009: 153) bezeichnet – es ist eine Form von *Scaffolding*, die durch die Lehrpersonen ganz bewusst didaktisch geplant ist und sich auf die Strukturierung des gesamten Unterrichts bezieht (vgl. Hammond & Gibbons 2005: 12). Sie identifizieren sieben Eigenschaften dieses Makro-*Scaffoldings* (vgl. Hammond & Gibbons 2005: 13–19): 1) Berücksichtigung des sprachlichen und inhaltlichen Vorwissens der Schüler/-innen sowie Mitteilung der klaren Ziele des Unterrichts an die Schüler/-innen, 2) und 3) Aufgabenauswahl sowie ihre Sequenzierung, um von Alltagssprache zum stärker literalen Sprachgebrauch zu führen, 4) gezielte Auswahl und Abwechslung der Sozialformen, um einen Wechsel zwischen verschiedenen sprachlichen Registern zu fördern, 5) Einbeziehen von *„additional semiotic systems"* (Hammond & Gibbons 2005: 16), wie beispielsweise nicht-linearen Texten (z. B. Diagrammen), zur Generierung von *„message abundancy"* (Hammond & Gibbons 2005: 17), 6) Einbeziehung von Texten (oder bestimmten Gegenständen) als Dreh- und Angelpunkt der Interaktion im Unterricht, 7) Förderung von „metalinguistic und metacognitive awareness" (Hammond & Gibbons 2005: 13). Zusammenfassend sind also viele unterrichtsplanerische, sprachbezogene didaktische Entscheidungen unter dem Makro-*Scaffolding* subsumiert.[44] Das didaktisch geplante Makro-*Scaffolding* ist m. E. nicht unmittelbar mit den Bruner'schen Interaktionsformaten parallelisierbar, weil es auf einen deutlich stärkeren Bewusstheitsgrad aufseiten der Bezugspersonen (der Lehrpersonen) verweist als das *Scaffolding* in Interaktionsformaten im Erstspracherwerb. Bruner (2002 [1983]: 106) selbst nutzt diesbezüglich die Formulierung der *„impliziten* mütterlichen Pädagogik" (Hervorheb. K. K.-S.).

Mikro-*Scaffolding* wird von Gibbons (2009: 158) auch als „interactional (or ‚contingent') scaffolding" bezeichnet. Einige der darunter fallenden Mechanismen sind gut auf die in Abschnitt 5.2 beschriebenen mikrointeraktionalen Stützmechanismen beziehbar, denn hier integrieren Hammond und Gibbons (2005: 22) Mechanismen des *„recasting* of a student wording into more registrally appropriate discourse". Im Vergleich mit den oben beschriebenen mikrointeraktionalen Stützmechanismen fassen sie aber mehr Phänomene unter das Mikro-*Scaffolding*, da sie nicht allein adjazente Äußerungen betrachten, sondern z. B. auch das lehrerseitige Herstellen von Zusammenhängen zur bisherigen schülerseitigen Erfahrung (vgl. Hammond & Gibbons 2005: 21).

Gibbons (2006: 28) stellt einen interessanten Zusammenhang zur *I – R – F*-Sequenz (vgl. Abschn. 4.3) her: Sie führt aus, dass gerade die Nutzung von Reformulierungen in der *Feedback*-Position zusammen mit einem Initiierungs-Schritt, der die Schüler/-innen zur Initiativübernahme auffordert, zu einer veränderten Diskursstruktur des Unterrichts beitragen kann, die sie *„student initiates/ teacher recasts"* nennt. Sie ist wie folgt strukturiert:

---

44 Für die Sprachbildung im *Sachunterricht der Grundschule* stellen Quehl und Trapp (2013: 34–41) u. a. in Anlehnung an Vorarbeiten von Gibbons einen „Planungsrahmen" vor, den sie als „Grundlage des Scaffolding" (Quehl & Trapp 2013: 34) bezeichnen.

Initiierung: die Lehrerin bittet die Schülerin, die Initiative zu übernehmen;
Antwort: die Schülerin führt die Bedeutung ein;
Feedback: die Lehrerin formt die Bedeutung der Schülerin noch einmal in neue Formulierungen eines angemessenen Registers um. (Gibbons 2006: 283)

Wie Makro-*Scaffolding* konkret mit Bezug auf die Sequenzierung der Aufgaben und den Wechsel zwischen den Sozialformen gestaltet werden kann, und wie zudem Mikro-*Scaffolding* darin integriert werden kann, demonstriert Gibbons (2006) anhand einer Fallstudie einer Unterrichtseinheit in einer australischen Schulklasse, in der alle Schüler/-innen – außer zwei – Englisch als Zweitsprache erwerben. Sie stellt eine dreiphasige naturwissenschaftliche Unterrichtseinheit zum Magnetismus vor, die mit Hilfe eines auf der systemisch funktionalen Linguistik basierenden „*mode continuum*" (Gibbons 2006: 275) „von stark kontextabhängigen (und daher für Zweitsprachlernende am leichtesten zu verstehenden) bis zu kaum kontextabhängigen Aktivitäten" (Gibbons 2006: 271) führt:
1. experimentelle „*Arbeit in kleinen Gruppen*": kontexteingebunden, medial und konzeptionell mündlich.
2. „*[v]on der Lehrerin angeleitetes Berichten*": stärker kontextreduziert, medial mündlich, stärker konzeptionell schriftlich. Hier werden Formen des Mikro-*Scaffoldings* eingebunden.
3. „*Lerntagebuch schreiben*": kontextentbunden, medial und konzeptionell schriftlich (vgl. Gibbons 2006: 276–277).

Zur zweiten Phase: Zu Beginn erarbeitet die Lehrerin mit den Schüler/-innen, welche bildungssprachlichen resp. fachsprachlichen Wörter benötigt werden, um vom Experiment zu berichten (vgl. Gibbons 2006: 276). Im Anschluss daran sollen die Schüler/-innen vor dem Klassenplenum von ihrem Experiment berichten. Diese Phase zeichnet sich dadurch aus, dass die Interaktion zwar medial mündlich verläuft, dass aber der Kontextbezug auf das konkrete Experimentieren verloren geht und somit von den Schüler/-innen in stärkerem Ausmaß konzeptionell schriftliche Fähigkeiten gefordert werden. Die Lehrerin ist aber beim Berichten von den Experimenten anwesend und kann helfend und stützend bei Formulierungsschwierigkeiten eingreifen. Hier wird das oben vorgestellte Interaktionsmuster „*student initiates/teacher recasts*" (Gibbons 2006: 283) relevant. An dieser Stelle ist zu überlegen, ob innerhalb der dreiphasigen Stützstruktur mit dem Interaktionsmuster „*student initiates/teacher recasts*" (Gibbons 2006: 283) nicht auch ein Interaktionsformat im Bruner'schen Sinne beschrieben ist. Gibbons (2006: 283) selbst bezeichnet es als ein „Schema, das sie [die Schüler/-innen, K. K.-S.] gelernt hatten und wieder erkannten" und das routinemäßig im Unterricht wiederkehrt. Zudem zeigt sie auf, dass die erste Position, die an die Schüler/-innen gerichtete Bitte, die Initiative zu übernehmen, mit der Zeit wegfällt (vgl. Gibbons 2006: 283) – ein Hinweis darauf, das Interaktionsmuster als Interaktionsformat zu beschreiben, in dem Stützstrukturen mit wachsender Kompetenz der Schüler/-innen zurückgenommen werden.

Mit Bezug auf die Spracherwerbsförderlichkeit der beschriebenen Sequenz ist bedeutsam, dass Gibbons (2006: 287) einen Einfluss der vorherigen Interaktion mit der Lehrperson auf die medial schriftlichen Produkte der Schüler/-innen herausarbeitet. Abschließend ist festzuhalten, dass von Gibbons und Kollegen *Scaffolding*-Mechanismen, die deskriptiv aus der Erst- und Zweitspracherwerbsforschung gewonnen wurden (vgl. auch Gibbons 2006: 283), nun präskriptiv für den Unterricht vorgeschlagen werden.

5.4 Studien zu Inputadaption, mikro- und makrointeraktionalen Stützmechanismen in der Lehrersprache (in einem nicht genuin fremd-/zweitsprachlichen Unterricht)

In den vorigen Kapiteln wurde eine Differenzierung vorgenommen a) nach Mechanismen der Inputadaption, bei der lexikalische, syntaktische, formulierungsbezogene und diskursive Merkmale der Sprache der Bezugspersonen im Sinne eines *fine-* oder *roughly-tunings* an die vorhandenen sprachlichen Fähigkeiten der Kinder adaptiert werden, b) nach *mikrointeraktionalen Stützmechanismen*, mit denen Bezugspersonen v. a. bearbeitend Bezug auf vorherige kindliche Äußerungen nehmen und c) nach *makrointeraktionalen Stützmechanismen* des *Scaffoldings*, z. B. in Interaktionsformaten. Anhand von unterrichsbezogenen Studien aus der Zweit- und Fremdspracherwerbsforschung konnte für alle drei adaptive Mechanismen gezeigt werden, dass sie auch im institutionalisierten Unterricht beschrieben werden können. Davon war aufgrund der in Abschnitt 5.1.6 in Tabelle 27 beschriebenen Unterschiede zwischen den dyadischen Interaktionssituationen im Erstspracherwerb und den oftmals plenaren Interaktionssituationen im institutionell gesteuerten Zweit- und Fremdspracherwerb nicht selbstverständlich auszugehen. Und wiederum ist nicht selbstverständlich davon auszugehen, dass die beschriebenen Mechanismen auch in einem Unterricht beobachtbar sind, der nicht vorwiegend an Lernende einer zweiten Sprache resp. Fremdsprache gerichtet ist, sondern auch an Schüler/-innen, für die die Unterrichtssprache ihre Erstsprache ist. Denn während in ersterem Unterricht Sprache vorwiegend „Gegenstand des Unterrichts" (Felder 2006: 43) ist, speziell Lern- resp. Erwerbsgegenstand, aber auch Reflexionsgegenstand, stellt Sprache, vor allem im Fachunterricht, vorwiegend das „Medium des Unterrichts" (Felder 2006: 42) dar und ist oftmals nur *impliziter* Lern- oder Erwerbsgegenstand. Es erscheint plausibel, dass die bewusste Aufmerksamkeit von Lehrkräften im Zweit- und Fremdsprachenunterricht stärker auf sprachliche Aspekte und auch auf ihre eigene Sprache gerichtet sein könnte als bei Lehrkräften im Fachunterricht. Somit könnte man davon ausgehen, dass Sprachlehrkräfte die beschriebenen Mechanismen in einem erhöhten Ausmaß, ggf. sogar bewusst, einsetzen als Lehrpersonen, die keine Zweit- oder Fremdsprache unterrichten. Die Frage, ob Lehrpersonen in einem nicht spezifisch an Zweit-/Fremdsprachlernende gerichteten Unterricht die beschriebenen Verfahren zur Förderung konzeptioneller Schriftlichkeit entwicklungssensitiv einsetzen, ist Gegenstand der vorliegenden Studie.

Hinsichtlich *makrointeraktionaler* Stützmechanismen im nicht spezifisch an Zweit-/Fremdsprachlernende gerichteten Unterricht ist die Argumentation von Cazden (1983) gewinnbringend. Sie bezieht sich auf die $I - R - E$-Sequenz des Unterrichts und betont diesbezüglich Strukturparallelitäten mit dem makrointeraktionalen Stützmechanismus des Büchervorleseformats, das Bruner (2002 [1983]: 64–73) beschrieben hat:

> In formal terms, similarities between the basic book reading structure and classroom lessons (Mehan, 1979) are striking. With the mother's attentional vocative replacing the teacher's turn-allocation procedures, the remaining parts of the book-reading event fit exactly the initiation-reply-evaluation sequence of the lessons. Moreover, the initiations in both events are questions to which the adult asker knows the answer. (Cazden 1983: 10)

Diese Überlegung bildet eine Grundlage für die Annahme, dass auch im nicht spezifisch an Zweit-/Fremdsprachlernende gerichteten Unterricht makrointeraktionale Stützmechanismen wirksam werden können. Kritisch merkt Cazden (1983) aber auch an, dass

> [c]lassroom lessons are notably less responsive to the child's growing competence. Instead of self-destructing, the structure remains much the same across grades, and only the content of the slots – the teacher's questions and students' answers – increase in complexity. Furthermore, students do not get a chance to take over the adult role. (Cazden 1983: 10)

Damit zweifelt Cazden in gewisser Weise an, dass entwicklungssensitives *Scaffolding* über die Jahrgangsstufen genutzt werden kann, da es zu keiner Veränderung der interaktionalen Mechanismen komme, sondern die interaktionale Struktur überwiegend gleich bleibe und sich nur (oder immerhin) die inhaltliche Komplexität der lehrerseitigen Fragen und schülerseitigen Antworten innerhalb der Dreischrittzugfolge erhöhe. Aber schon die Ergebnisse von Lüders (2003) weisen in eine andere Richtung (vgl. Abschn. 4.3.2).

Die Überlegungen von Wells (1993) sind eher auf *mikrointeraktionale* Stützmechanismen bezogen. Mit Wells (1993), der die $I - R - F$-Sequenz des Unterrichts reevaluiert (vgl. oben Abschn. 4.3.2), kann man die Überlegung anstellen, dass mikrointeraktionale Stützmechanismen gut in die Dreischrittzugfolge des Unterrichts einpassbar sind. Denn die Kombination aus kindlicher Bezugsäußerung mit anschließender Bearbeitungsäußerung aufseiten der Bezugsperson erweist sich als strukturparallel mit der Kombination aus schülerseitiger *Reply*-Position und lehrerseitiger *Feedback*-Position in der Dreischrittzugfolge des Unterrichts, was auch Wells (1993: 20) andeutet: „[T]he third moves functions much more as an opportunity to extend the student's answer [...]." Diese Strukturparallelität zeigt sich auch in dem von Gibbons (2006: 283) vorgeschlagenen Interaktionsmuster *„student initiates/teacher recasts"*.

Dass Lehrersprache im Plenumsunterricht weniger responsiv gegenüber den sprachlichen Fähigkeiten jedes einzelnen Schülers/jeder einzelnen Schülerin sein kann als die Sprache der Bezugspersonen in dyadischen Interaktionssituationen (vgl. obiges Zitat von Cazden 1983: 10), führt Speidel (1987: 128), wie in Abschnitt 5.2.5 beschrieben, zu der Schlussfolgerung, im Unterricht sei hauptsächlich ein *roughly-tuning* möglich – es könnte demzufolge also nur zu einer groben Inputadaption kommen. Auch Hausendorf und Quasthoff (2005: 322) betonen, dass eine Übertragung ihrer Ergebnisse aus dyadischen Erzählsituationen auf Unterrichtssituationen nur schwer möglich sei. Neben dem Unterschied zwischen *dyadischer* Erzählinteraktion und *plenarer* Unterrichsinteraktion führen sie als Problem an, dass bei zu starker Annäherung an dyadische Erzählinteraktion im Unterricht die Lehrpersonen „ihre professionelle Rollenbeziehung aufgeben" und „das institutionelle Muster Unterrichtsgespräch, das sie gemeinsam tagtäglich (re)inszenieren, zumindest lokal außer Kraft setzen" (Hausendorf & Quasthoff 2005: 322) würden. Ihr Hauptaugenmerk liegt jedoch m. E. darauf, zu betonen, dass eine *unreflektierte* Übertragung als didaktisches Prinzip in den Unterricht nicht hilfreich ist (vgl. Hausendorf & Quasthoff 2005: 323), dass aber durchaus gerade unbewusst, rein intuitiv eingesetzte makro- und mikrointeraktionale Stützmechanismen im Unterricht nützlich und beobachtbar sein können (vgl. Hausendorf & Quasthoff 2005: 324).

In diesem Kapitel soll der Forschungsstand hinsichtlich der drei entwicklungsbezogenen Zugriffsweisen auf Lehrersprache in einem Unterricht, der nicht spezifisch an Zweit- oder Fremdsprachlernende gerichtet ist, gesichtet werden. Im Vergleich mit den Studien, die zum Zweit- oder Fremdsprachenunterricht in diesem Feld vorliegen, ist das Feld noch wenig beforscht, insbesondere mit Bezug auf Inputadaptionsmechanismen.

5.4.1 Studien zu lehrerseitiger Inputadaption

Mit Bezug auf die Frage nach lehrerseitigem (*fine)-tuning* über die Jahrgangsstufen sind der Autorin dieser Arbeit keine Studien bekannt, die im nicht
spezifisch an Zweit-/Fremdsprachlernende gerichteten (Fach-)Unterricht durchgeführt wurden. Es liegen auch keine Studien vor, die der Fragestellung nach-
gehen, inwiefern Lehrpersonen ihre an die Schüler/-innen gerichtete Sprache
über die Jahrgangsstufen immer stärker der konzeptionellen Schriftlichkeit annähern.

   Eine Studie, die sich der Analyse des lehrerseitigen *Inputs*, allerdings von
*Vorschul*lehrpersonen, widmet, ist die von Huttenlocher et al. (2002). Die Autoren
untersuchen syntaktische Variablen der Lehrersprache in 40 Klassen aus 17 Vor-
schulen im Großraum Chicago. Die Lehrersprache wird an einem Schultag in der
Mitte des Schuljahrs analysiert (vgl. Huttenlocher et al. 2002: 362, 364). Als syntaktische Analysevariablen dienen der Anteil der Gliedsätze pro Ganzsatz und die
durchschnittliche Zahl der Nominalphrasen pro Ganzsatz (vgl. Huttenlocher et al.
2002: 365). Die Vorschüler/-innen bearbeiten eine „syntax comprehension task"
(Huttenlocher et al. 2002: 363) sowie eine Mathematikaufgabe zu Beginn und zum
Ende des Schuljahrs (vgl. Huttenlocher et al. 2002: 364), so dass Wachstumsbe-
rechnungen angestellt werden können.

   Da die Erhebungszeitpunkte aufseiten der Vorschüler/-innen sowie aufseiten
der Lehrpersonen nicht parallelisiert liegen, sondern der lehrerseitige Erhebungszeitpunkt *zwischen* den beiden schülerseitigen Erhebungszeitpunkten liegt, kann
kein *fine-* oder *roughly-*tuning untersucht werden. Dass die Autoren berichten, die
lehrerseitige Syntax stehe nicht mit dem schülerseitigen Syntax-Verstehen zum
ersten Erhebungszeitpunkt in Zusammenhang (vgl. Huttenlocher et al. 2002: 365),
kann deswegen auch nicht als Beleg für oder gegen *fine-tuning* genutzt werden. Es
liegt m. E. ein Fehlschluss vor, wenn die Autoren mit dem von ihnen gewählten
Erhebungsdesign schließen: „This result also indicates that teachers' input (that
was measured in the middle of the school year) was not being driven by children's
ability level" (Huttenlocher et al. 2002: 365–366). Was Huttenlocher et al. (2002:
366) aber zeigen, ist ein positiver Zusammenhang zwischen der lehrerseitigen
syntaktischen Komplexität und dem Wachstum der kindlichen Kompetenzen im
syntaktischen Verstehenstest. Demgegenüber ist die Lehrersprache nicht assoziiert mit den Ergebnissen der Kinder im Mathematiktest. Damit schließen die
Autoren aus, dass die Zuwächse im syntaktischen Verstehenstest sich aus einer
Zunahme der allgemeinen kognitiven Fähigkeiten der Kinder erklären lassen (vgl.
Huttenlocher et al. 2002: 366). Sie schließen: „It seems clear from the results of
this study that variations in input are a source of the variation in growth" (Huttenlocher et al. 2002: 367).

Mit dieser Studie ist es also einerseits aus Gründen der Wahl des Erhebungsdesigns nicht möglich, *tuning*-Prozesse festzustellen, andererseits kann sie als Indikator dienen, dass Lehrersprache sehr wohl Einfluss auf sprachliche (rezeptive) Kompetenzen von (Vor-)Schüler/-innen haben kann.

5.4.2 Studien zu lehrerseitigen mikrointeraktionalen Stützmechanismen

Schon 1980 fokussiert Hans Ramge *Korrekturhandlungen von Lehrern im Deutschunterricht* in 20 fünften Hauptschulklassen (vgl. Ramge 1980a: 3, Ramge 1980b: 151). Er bezieht nur erkennbar intendierte lehrerseitig initiierte Fremdkorrekturen, die sich auf sprachliche Aspekte der Schüleräußerungen beziehen (Ramge 1980b: 134), in seine Analysen mit ein. Sein Ziel ist es, „Korrekturprozesse [...] als regelgeleitete sprachliche Handlung und Handlungsmuster" (Ramge 1980b: 133) zu beschreiben. Er identifiziert vier Elemente des Korrekturmusters:

1. die „Korrekturmarkierung" (Ramge 1980b: 139), die fakultativ ist,
2. die „Korrekturhandlung" (Ramge 1980b: 140): Die „wesentliche Regel" für den Sprachakt „Korrigieren" bestehe darin,

> daß der Vollzug einer sprachlichen Äußerung X im Handlungszusammenhang Z als Versuch gilt, den Hörer zu referenz- und/oder normgerechten Veränderungen eines sprachlich erschienenen Wissensbestands p zu veranlassen. (Ramge 1980b: 140),

3. den „Korrekturvollzug" (Ramge 1980b: 141), der auch auf Schülerseite liegen kann,
4. und den „Korrekturabschluß" (Ramge 1980b: 141), der wiederum fakultativ ist und als Bestätigung der Korrektheit des Korrekturvollzugs dient.

Ramge analysiert „Korrekturen als Entscheidungsprozeß", als eine Form von „regelgeleitetem Verhalten" (1980b: 145) – sie werden seiner Theorie zufolge also bewusst vorgenommen. Die Lehrperson müsse entscheiden, ob sie den Lernenden unterbricht oder an seine Äußerung anschließe (vgl. Ramge 1980b: 145–147), ob die Korrekturhandlung im unmittelbaren oder mittelbaren Anschluss durchgeführt werde (vgl. Ramge 1980b: 147), ob die Korrekturmarkierung direkt oder nur indirekt sei (z. B. ersteres durch „Das ist nicht richtig.", zweiteres durch „Moment!") (vgl. Ramge 1980b: 147–148), ob die Lehrperson den Korrekturvollzug selbst vornimmt oder sie einem Schüler/einer Schülerin überlässt (vgl. Ramge 1980b: 148), und zuletzt, ob bei Korrekturvollzug durch eine Schülerin/ einen Schüler dem Fehlerverursacher selbst oder einem anderen Schüler/einer anderen Schülerin der Korrekturvollzug zugewiesen werde (vgl. Ramge 1980b:

149). Quantitativ zeigt Ramge (1980b: 152), dass grammatische Korrekturen und Korrekturen bezogen auf die genutzte Varietät (Standard vs. Dialekt) leicht gegenüber Korrekturen der kontextuell-referentiellen Lexik und Korrekturen hinsichtlich Parasprachlichem überwiegen. Die Korrektur von Dialekt zu Standard, also von einer diatopisch stark markierten zu einer diatopisch schwach markierten Varietät, kann mit Koch und Oesterreicher (2011: 17) auch als Korrektur hin zu stärkerer Distanzsprachlichkeit/konzeptioneller Schriftlichkeit interpretiert werden. Ramge weist außerdem eine geringe durchschnittliche Häufigkeit von solchermaßen definierten Korrekturen in den untersuchten Unterrichtsstunden nach: Es werden nur drei grammatische und zwei Fehler der Varietät pro Unterrichtsstunde berichtigt (vgl. Ramge 1980b: 152).

Diese strukturelle, pragmatische Analyse des Korrekturmusters von Ramge (1980b) ist jedoch nicht als entwicklungsbezogen zu betrachten, auch wenn er die Funktion der Korrektur betont, „den Wissensbestand des Schülers in Bezug auf einen sprachlichen Aspekt seiner Äußerung zu verändern" (Ramge 1980b: 137). Auch Bührigs qualitative, funktional-pragmatische Studie zu *Reformulierende[n] Handlungen* (1996) ist nicht als erwerbsbezogen anzusehen. Die Autorin bezieht verschiedene institutionelle Handlungszusammenhänge (wie z. B. Arzt-Patienten-Kommunikation) und eben auch eine Unterrichtsstunde in ihre Untersuchung mit ein (vgl. Bührig 1996: 84–93). Leider gibt sie die Jahrgangsstufe, in der die Tonaufnahme einer Unterrichtsstunde zum Roman *Die Vorstadtkrokodile* von Max von der Grün angefertigt wurde, nicht an.

Erstes wichtiges, allgemeines Ergebnis ihrer Studie ist eine genauere Bestimmung von reformulierenden Handlungen im Sinne der funktionalen Pragmatik als sowohl im mentalen Bereich (des Wissens) als auch im interaktionalen Bereich operierende Handlungen:

> Die untersuchten ‚reformulierenden Handlungen' stellen im Hinblick auf ihre Bezugshandlung eine *erneute sprachliche Verarbeitung bereits verbalisierten Wissens* dar und beheben ein Defizit einer bereits geleisteten, ersten sprecherseitigen sprachlichen Verarbeitung von Wissen. Vor diesem Hintergrund erscheinen sie als *‚Sprechhandlungsrekursionen'*, da kein neues Wissen versprachlicht wird, sondern die ‚reformulierenden Handlungen' setzen bei der Formierung von Wissen im propositionalen Gehalt der Bezugsäußerung an. (Bührig 1996: 281)

Ein Bestimmungsmerkmal von reformulierenden Handlungen nach Bührig (1996) ist demzufolge, dass eine solche Handlung die Versprachlichung *neuen* Wissens ausschließe – was zu einem engen Begriff reformulierender Handlungen führt. Sie gelangt zu einer Unterdifferenzierung von drei Arten reformulierender Handlungen, die sich „in der Behebung eines Defizits in der bereits geleisteten Versprachlichung von Wissen" (Bührig 1996: 283) unterscheiden:

- „Umformulieren"
- „Rephrasieren"
- „Zusammenfassen" (Bührig 1996: 287).

Bührig (1996: 95) erwähnt, dass das „Formulieren" ein „Lerngegenstand" in der Schule ist – allein das Umformulieren und Rephrasieren untersucht sie jedoch im schulischen Kontext genauer. Deswegen sollen hier auch nur die Definitionen dieser beiden Formen referiert werden.

Beim *Umformulieren* wird das „Defizit der vorausgehenden Äußerung" (Bührig 1996: 287) in Orientierung am Hörer bestimmt, der nicht die „für den Mitvollzug der Sprechhandlung notwendig[en] [Operationen]" (Bührig 1996: 287) ausführt. Dadurch würde die Erfüllung des Zwecks der realisierten Äußerung gefährdet. Es werden vom Umformulierenden aber keine „zusätzlichen Wissenselemente" (Bührig 1996: 287) eingebracht, sondern diese werden nur in Bezug auf die veränderten resp. anders bewerteten „illokutiven Bedingungen des Hörers bzw. der Sprechsituation" (Bührig 1996: 120) mental anders geformt und darauf basierend in anderer Art und Weise versprachlicht. Umformulieren könne sowohl sprecher- als auch hörerseitig durchgeführt werden (vgl. Bührig 1996: 287), wie an den weiter unten zu besprechenden schulischen Beispielen deutlich wird.

Das *Rephrasieren* zeichnet sich dadurch aus, dass es nur auf „ein Wissenselement aus der Bezugsäußerung" (Bührig 1996: 285) bezogen sei, das nochmals verbalisiert werde. Die Rephrasierung wird dabei nicht vom Sprecher der Bezugsäußerung, sondern von deren Hörer ausgeführt, der allerdings der „Initiator der Sprechhandlungssequenz" (Bührig 1996: 285) ist. Er bewertet das vom Sprecher der Bezugsäußerung verbalisierte Wissen hinsichtlich seines Gesamtplans. Durch die Rephrasierung werde vom Initiator der Sprachhandlungssequenz ein Element der Bezugsäußerung als besonders relevant für den Gesamtplan markiert (vgl. Bührig 1996: 287).

Im Folgenden werden die schulischen Analysen Bührigs erläutert. Das „sprecherseitige[.]" (Bührig 1996: 163) *Umformulieren* wird zum einen in seiner „„seriellen Form"" (Bührig 1996: 106) anhand der Umformulierung einer Lehrerfrage durch die Lehrperson selbst vorgestellt. Es sei jedoch insofern hörerseitig initiiert und notwendig gemacht, als dass die ursprünglich verbalisierte Frage nicht „zu de[n] entsprechenden Operationen" (Bührig 1996: 163) aufseiten der Schüler/-innen geführt hat. Zum anderen analysiert Bührig (1996) das „schülerseitige Umformulieren von Lösungsvorschlägen", das sie als *„sequentielles Umformulieren"* (Bührig 1996: 290) beschreibt, bei dem die Schüler/-innen durch „Intervention der Lehrerin" (Bührig 1996: 103), wie beispielsweise „Wink[e]" (Bührig 1996: 101), schrittweise zur adäquaten Formulierung geführt werden. Dieses Umformulieren beziehe sich explizit auf die „sprachliche Form" (Bührig 1996: 105) und nicht auf die Wissensauswahl. Das sequentielle Umformulieren ist hier m. E. deutlicher hörerinitiiert als das serielle Umformulieren, da die Lehrperson (und nicht der Sprecher) die Initiierung übernimmt. Sie übernimmt auch die Bewertung für die formulierende Schülerin/den formulierenden Schüler, ob die realisierte Äußerung ihren hörerseitigen Zweck mit Bezug auf das Klassenplenum erfüllt. Bührig unterstreicht, dass die Lehrperson als Agentin der Institution Schule dieses sequentielle Umformulieren initiieren und unterstützen kann, weil sie schon über ein Wissen über die zu verbalisierenden Zusammenhänge verfügt (vgl. Bührig 1996: 106).

Bührig (1996: 163–175) gibt auch ein Beispiel für sprecherseitig initiiertes „hörerseitige[s] Umformulieren" (Bührig 1996: 163) aus dem Unterricht. Diesbezüglich analysiert sie einen Formulierungsabbruch durch einen Schüler, den sie als sprecherseitige Initiierung der Umformulierung interpretiert, auf den eine Umformulierung der schülerseitigen Bezugsäußerung durch eine Lehrerin erfolgt (vgl. Bührig 1996: 163–166). Hierbei müsse der Hörer, in diesem Beispiel die Lehrperson, den „Sprecherplan[.]" (Bührig 1996: 171), das „Sprechhandlungsziel" (Bührig 1996: 172) des Sprechers, antizipieren und Probleme bei dessen Verbalisierung erkennen. Ob im schulischen Bereich immer der antizipierte Sprecherplan der Schüler/-innen den Ausschlag für die Ausrichtung der Umformulierung durch die Lehrperson gibt, ist m. E. fraglich, da Situationen denkbar sind, in denen die Lehrperson zur Erreichung ihres Lernziels den Schüler/-innen in einer Umformulierung quasi eine Formulierung ‚in den Mund legt'. Dies würde jedoch der Definition von reformulierenden Handlungen nach Bührig (1996) widersprechen.

Das *Rephrasieren* ist nach Bührig (1996: 254) im von Ehlich und Rehbein (1986) beschriebenen Handlungsmuster *Aufgabe-Stellen/Aufgabe-Lösen* anzusiedeln und eng mit der darin vorherrschenden Verteilung des Wissens zwischen Agenten und Klienten verbunden (vgl. auch Abschn. 2.1). Die Schüler/-innen geben nach der Aufgabenstellung durch die Lehrperson Lösungsvorschläge ab. Rephrasierungen können nach Bührigs Definition nur im Zusammenhang mit einer positiven Bewertung durch die Lehrperson auftreten, denn die rephrasierten Wissenselemente werden als besonders relevant für den Gesamtplan angesehen. Die Lehrperson fixiere durch die Rephrasierung „als Agentin mit Bewertungsrecht ein Wissen im Diskurs" (Bührig 1996: 257).

Insgesamt fehlt in dieser sprachwissenschaftlich orientierten Arbeit ein Entwicklungsbezug, der im Rahmen der vorliegenden Studie besonders relevant ist. Für eine Systematisierung von reformulierenden Handlungen in der Schule leistet Bührig (1996) jedoch einen wichtigen Beitrag, speziell in der Unterdifferenzierung der Umformulierungen in Anlehnung an Schegloff et al. (1977). Fraglich ist jedoch, ob im schulischen Kontext eine Betrachtung von reformulierenden Handlungen mit Bezug auf ausschließlich immer schon bereits versprachlichtes Wissen gewinnbringend ist, da gerade in der Institution Schule der Wissenserwerb vorangetrieben, akzeleriert werden soll. Deswegen ist zu überlegen, ob der Begriff von reformulierenden Handlungen nach Bührig (1996) auch auf Ergänzungen von Wissenselementen auszudehnen ist.

Auch Spiegel (2006b) wendet sich in Anlehnung an die Überlegungen Bührigs (1996) in ihrer Studie zur „Interaktionssituation Argumentationseinübung" (Spiegel 2006b: 3) in 10. Realschul- und Gymnasialklassen sowie 13. Gymnasialklassen (Spiegel 2006b: 42) exemplarisch den lehrerseitigen reformulierenden Handlungen zu, führt aber wie Bührig ebensowenig entwicklungsorientierte Analysen durch. Sie reduziert die Analysekategorien von Bührig (1996) auf zwei, die sie unter die Oberkategorie der „Reformulierungshandlungen" (Spiegel 2006b: 67) fasst: Erstens *Reformulierungen*, die sich auf den vorangehenden Beitrag/die vorangehenden Beiträge eines „unmittelbar vorangegangenen Sprechers" (Spiegel 2006b: 67) beziehen, welcher auch der aktuelle Sprecher sein könne. Zweitens *Zusammenfassungen*, die sie im Sinne Bührigs als „mehrere Wissenselemente" beinhaltend „und/oder" sich auf „mehrere Beiträge" beziehend definiert (vgl. Spiegel 2006b: 67). Sie betont, dass es vor allem die Lehrpersonen sind, die im Rahmen der Argumentationseinübung Reformulierungshandlungen „fremdreferentiell" (Spiegel 2006b: 66) mit Bezug auf schon abgeschlossene Schülerbeiträge initiieren oder sogar selbst durchführen, gibt aber keine quantitativen Daten dazu an. Die Schüler/-innen selbst würden selbstreferentielle Reformulierungshandlungen insbesondere in noch nicht abgeschlossenen Beiträgen selbst initiieren (vgl. Spiegel 2006b: 68; vgl. auch Spiegel 2006a: 210–212).

Redder et al. (2013) führen im Rahmen ihres Projekts *Mündliche Wissensprozessierung und -konnektierung* auch eine Teilanalyse zum Umformulieren durch. Dabei stützen sie sich auf den Umformulierungsbegriff nach Bührig (1996) (vgl. Redder et al. 2013: 48–49; vgl. auch Guckelsberger 2013: 137). Sie nutzen für ihre Projektanalysen authentischen Unterrichtsdiskurs von 36 ganzen Unterrichtsvormittagen in ersten und zweiten Hamburger Grundschulklassen (vgl. Redder et al. 2013: 28). Auch sie betonen, wie Spiegel (2006b: 68), dass der Vollzug von Umformulierungen vor allem auf Lehrerseite liegt (vgl. Redder et al. 2013: 50). In ihrem Korpus unterscheiden sie fünf typische Formen von Umformulierungen, geben dazu aber keine quantitativen Daten an (vgl. Redder et al. 2013: 48–55):

1. *„Lehrerseitiges Umformulieren eigener sprachlicher Handlungen"*
2. *„Lehrerseitiges Umformulieren von Schülerbeiträgen"*
3. *„Schülerseitiges Umformulieren eigener sprachlicher Handlungen"*
4. *„Schülerseitiges Umformulieren von mündlichen oder schriftlichen Aufgabenstellungen und Instruktionen"*
5. *„Sequentielles lehrer- und schülerseitiges Umformulieren"*

Insbesondere die Varianten 2 und 5 fallen unter die mikrointeraktionalen Stützmechanismen. In einem weiten Verständnis kann auch das lehrerseitige Umformulieren eigener sprachlicher Handlungen unter die mikrointeraktionalen
Stützmechanismen fallen, wenn damit in Adaption an Rezeptionsprobleme der
Schüler/-innen die Verständlichkeit für diese erhöht wird. In der Fallanalyse zu
Punkt 5, zum lehrer- und schülerseitigen Umformulieren, zeichnen die Autorinnen nach, dass das Umformulieren auch auf Aspekte der Äußerungsseite (und
nicht nur der Inhaltsseite) bezogen ist (vgl. Redder et al. 2013: 55).

Im angelsächsischen Bereich arbeiten O'Connor und Michaels (1993, 1996) mit
dem Terminus „revoicing" (z. B. O'Connor & Michaels 1993: 319). Sie fokussieren,
inwiefern *revoicing* einen Beitrag zur „socialization of all children into school-
based literacies" (O'Connor & Michaels 1993: 318) leistet. In der Unterrichtsinteraktion einer sechsten Klasse (vgl. O'Connor & Michaels 1993: 325) untersuchen
die Autorinnen den Beitrag der lehrerseitigen Reformulierungen hinsichtlich der
Etablierung diskursiver Strukturen im Unterricht (vgl. O'Connor & Michaels 1993:
318) – es geht demzufolge um den Epistemisierungsparameter der *„Perspektivität"* nach Pohl (2016: 64). *Revoicing* hat in der untersuchten Unterrichtsstunde
drei Funktionen: In reformulierenden Handlungen kann der akademische Inhalt
verdeutlicht werden,[45] die Positionen zweier Diskursteilnehmer können aufeinander bezogen werden und zudem kann beides für die anderen Diskursteilnehmer
verfügbar gemacht werden (vgl. O'Connor & Michaels 1993: 325). Indem in der lehrerseitigen Reformulierung die schülerseitigen Bezugsäußerungen zudem stan-
dardnäher formuliert werden (vgl. O'Connor & Michaels 1993: 327) und mit den
„conventional knowledge categories of the wider world" (O'Connor & Michaels
1993: 326) verknüpft werden, erhält die reformulierte Schüleräußerung zusätzlich
eine höhere Wertigkeit:

> It can be used to lend power and authority to the student's relatively weak voice, while
> at the same time it allows the student to retain some ownership over the reformulation.
> (O'Connor & Michaels 1993: 327)

Auch Pauli (2006) schlägt im Rahmen der schweizerisch-deutschen Videostudie
Unterrichtsqualität, Lernverhalten und mathematisches Verständnis in 8. und 9.
Klassen als Analysekategorie der Lehrersprache im *Klassengespräch* „[r]evoicing"
nach O'Connor und Michaels (1996) vor, das sie inhaltlich als Aufgreifen der Schülerantwort bestimmt, bei der die Lehrperson etwas mit der Schülerantwort mache

---

45 In den Analysen von O'Connor und Michaels (1993) ist also, anders als bei Bührig (1996), die
Erweiterung/Modifikation des Inhalts der Bezugsäußerung möglich.

(vgl. Pauli 2006: 140). *Revoicing* werde codiert, „wenn die Schülerantwort umformuliert [...] und so als Beitrag zur Entwicklung des Gesprächs für die Klasse verfügbar gemacht" (Pauli 2006: 140) werde. In einem Aufsatz aus dem Jahr 2010 gibt sie zwei illustrierende Beispiele für *revoicing* aus der oben genannten Studie (vgl. Pauli 2010: 155–158). Solchermaßen exemplarisch zeigen auch weitere Autorinnen und Autoren reformulierende Handlungen im Unterricht auf, wie Hövelbrinks (2014, Kapitel 9) in ihrem „[m]ikroanalytische[n] Blick auf bildungssprachliches Handeln" (Hövelbrinks 2014: 275) der Lehrperson. Hövelbrinks (2014: 318) betont jedoch, dass mit ihrer Studie „keine systematischen Aussagen [zum; K. K.-S.] Input gemacht werden können."

Die konversationsanalytischen Studien von Inga Harren (2009a, 2009b, 2009c, 2011, 2013) sind auf (Mikro-)*Scaffolding* durch Biologielehrpersonen bezogen. Sie untersucht also Lehrpersonen, die selbst keine genuinen Sprachlehrkräfte sind. Harren (2009a: 223) nimmt die „Unterstützungshandlungen [von Lehrpersonen, K. K.-S.] beim Erklären, beim Beschreiben oder bei der Darstellung des Wissens und Verstehens durch Schüler/innen" in einer 12. und 13. Klasse der gymnasialen Oberstufe in den Blick. Im Kurs der 13. Klasse zeichnet sie systematisch reformulierende Handlungen aufseiten der Lehrerin nach. Dabei arbeitet sie heraus, dass die Reformulierungen den Schüler/-innen implizit die Anforderungen der Lehrerin u. a. hinsichtlich der „Verwendung von Fachbegriffen", der „konkrete[n] Benennung von Strukturen und Eigenschaften" und der „feine[n] Segmentierung in einzelne schlussfolgernde Denkschritte" (Harren 2009a: 229) verdeutlichen. Ein wichtiges Ergebnis ihrer Studie ist, dass die Biologielehrpersonen mit ihren unterstützenden Handlungen nicht allein inhaltliche Aspekte bearbeiten, sondern dass sie sich auch auf „die sprachliche Darstellung in besonderer Weise" (Harren 2009a: 238) beziehen. Der treffende Titel eines ihrer Aufsätze lautet denn auch *Die verborgene Arbeit der Fachlehrer* (Harren 2011).

Dass diese Arbeit aber auch den Fachlehrpersonen selbst oftmals ‚verborgen' ist, erwähnt sie in ihrem Aufsatz von 2009(c) (vgl. auch die Ergebnisse von Michaels & Collins 1984: 223). Sie untersucht den Bewusstheitsgrad der unterstützenden Handlungen nicht systematisch, sondern berichtet von einem Rückmeldegespräch nach der Videodokumentation und Analyse des Unterrichts der betreffenden Lehrperson:

> Interessanterweise war die Lehrerin dieses Unterrichtsausschnitts, als ihr die Ergebnisse der Analyse zurückgemeldet wurden, überrascht über die Einübungsprozesse, die sie mit ihren Schülern durchführte. (Harren 2009c: 90)

In dieser Studie setzt sie sich auch knapp mit der Frage auseinander, ob die von den Lehrpersonen geforderten Struktur- und Ausdrucksformen als konzeptionell schriftlich zu bezeichnen sind. Sie schließt zunächst, dass „[d]ie im Unterricht angestrebten medial mündlichen Darstellungsformen [...] eine große Nähe zu schriftsprachlichen Formulierungen" (Harren 2011: 118) zeigen. Trotzdem möchte sie „eine Kategorisierung der geforderten zielsprachlichen Formen *als konzeptionell schriftlich*" (Harren 2011: 118) nicht vornehmen. Dies begründet sie damit, dass die realisierten sprachlichen Struktur- und Ausdrucksformen „hochgradig aufgabenbezogen" seien, und nicht „zwangsläufig mit medial schriftlichen Vorbildern" (Harren 2011: 118) zusammenhängen. Das Konzept von Koch und Oesterreicher zeichnet sich hingegen gerade durch Medialitätsunabhängigkeit aus (vgl. Kap. 3), weswegen die Begründung, konzeptionelle Schriftlichkeit stehe „zwangsläufig" im Zusammenhang mit „medial schriftlichen Vorbildern", nicht dafür genutzt werden kann, konzeptionelle Schriftlichkeit als Zielnorm der lehrerseitigen Unterstützungshandlungen auszuschließen.

Dieses Kapitel abschließend ist außerdem anzumerken, dass lehrerseitige Äußerungen, die Schüleräußerungen wiederholen, in der pädagogischen Unterrichtsreflexion als sogenanntes *Lehrerecho* ‚verpönt' sind. Dies ist an der Wortwahl der betreffenden Autoren zu erkennen, wie beispielsweise bei Bittner (2006):

> Eine insbesondere unter Referendaren weit verbreitete Unsitte, oftmals aber auch langgeübte Gewohnheit ist das sog. Lehrerecho, das stereotype Wiederholen von Schülerbeiträgen und -antworten. (Bittner 2006: 101)

Es trete insbesondere in Unterrichtssituationen auf, in denen die Gesprächsbeiträge nur kurz seien und das Unterrichtsgespräch stark gelenkt sei (vgl. Bittner 2006: 101; vgl. auch Dubs 2009: 163). Auch Rausch (1986) beschreibt in seinem Ratgeber zur *Sprache im Unterricht* das Lehrerecho als „Untugend[..] im Sprachverhalten des Lehrers" (Rausch 1986: 50), welche er an einem konstruierten, nicht authentischen Beispiel von Unterrichtskommunikation (über-)illustriert. Sein Rat ist es, das Lehrerecho zu vermeiden (vgl. Rausch 1986: 50). M. E. stellt sich die Frage, wie häufig solche Sequenzen mit stark stereotypen Wiederholungen der Schüleräußerungen im Unterricht empirisch auftreten und ob sich die Häufigkeit ihres Einsatzes über die Jahrgangsstufen verändert. Es besteht die Möglichkeit, dass Lehrpersonen mit dem Ratschlag, Wiederholungen der Beiträge der Schüler/-innen zu vermeiden, auch davon abgehalten werden, mikrointeraktionale Stützmechanismen einzusetzen. Dies müsste dann kritisch reflektiert werden.

5.4.3 Studien zu lehrerseitigen makrointeraktionalen Stützmechanismen

In den Studien von Michaels und Kollegen wird eine Interaktionsroutine in ersten Klassen in den Blick genommen, ohne dass sich die Autorinnen jeweils auf die Studien von Bruner beziehen würden. Diese Interaktionsroutine nennt Michaels (1981: 423) „sharing time" und beschreibt sie wie folgt:

> „Sharing time" is a recurring activity where children are called upon to describe an object or give a narrative account about some past event to the entire class. (Michaels 1981: 423)

Diese Interaktionsroutine ähnelt dem Morgenkreis in deutschen Grundschulen. Sie wird von Michaels (1981: 423) mit ethnographischen und konversationsanalytischen Methoden analysiert. Besonders interessant für die vorliegende Arbeit sind ihre Studien, weil Michaels u. a. den Fokus darauf legt, wie in dieser Interaktionsroutine die Lücke „between the child's home-based oral discourse competence and the acquisition of literate discourse features required in written communication" (Michaels 1981: 423) geschlossen wird. Es geht also um die Unterstützung des Erwerbs konzeptioneller Schriftlichkeit in medialer Mündlichkeit, um „*oral preparation for literacy*" (Michaels 1981: 423). Dabei werden die unterstützenden Aktivitäten der Lehrpersonen in dieser Interaktionsroutine in den Blick genommen (vgl. Michaels 1981: 423).

Michaels und Collins (1984: 220) beziehen in ihre Studie eine erste Klasse ein. Sie beschreiben die interaktionale Arbeit und die Anforderungen der Lehrperson in dieser Interaktionsroutine so:

> [...] children were expected to assume a non-face-to-face stance with respect to their audience and incorporate features of discursive prose into their discourse. Hence, nouns were preferred to gestures or deictic pronouns; shifts between topics were to be lexically and syntactically marked; and no background or contextual knowledge was to be assumed on the part of the audience. Sharing time was a potentially rich practice ground for using literate discourse strategies, serving to bridge the gap between the oral discourse competences the child brought from home and acquisition of a more literate discourse style. (Michaels & Collins 1984: 221)

Mit dieser Beschreibung wird deutlich, dass die Lehrperson von den Schüler/-innen konzeptionelle Schriftlichkeit fordert. Michaels und Collins (1984: 223) untersuchen das implizite „Sharing Schema" der Lehrerin der untersuchten Klasse und arbeiten heraus, dass sie einen „literate-style, decontextualized account centering on a single topic" für die Erzählungen verlange. Ein besonders interessantes Ergebnis dieser Studie von Michaels und Collins ist, dass die Lehrperson „sharing time" nicht *bewusst* zur Förderung der Literalität einsetzt (vgl. Michaels & Collins 1985: 223).

Auf Interaktionsroutinen im Zusammenhang mit dem Erwerb medialer Schriftlichkeit im Unterricht beziehen sich sowohl Geekie und Raban (1994) als auch Stude und Ohlhus (2005). Während die Studien von Michaels und Kollegen auf Plenumsinteraktionssituationen bezogen sind, nehmen diese beiden Studien vornehmlich dyadische Interaktionssituationen zwischen einer Lehrperson und einem Schüler/einer Schülerin in den Blick. Stude und Ohlhus (2005) zeigen anhand von „Videoaufnahmen von Schreibprozessen aus zwei dritten Klassen" (Stude & Ohlhus 2005: 69) exemplarisch auf, dass die von Hausendorf und Quasthoff (2005) beschriebenen Unterstützungssysteme für den mündlichen Erzählerwerb auch in der auf schriftliche Erzählungen bezogenen Interaktion von einer Lehrperson mit einer Schülerin/einem Schüler wirksam sind.

Geekie und Raban (1994: 164) untersuchen in einer Kindergarten-Klasse mit fünfjährigen Kindern in Australien den Schreibunterricht, der sich aus Plenarunterricht („‚blackboard story' sessions", Geekie & Raban 1994: 164) und einer „daily writing session" (Geekie & Raban 1994: 164) zusammensetzt, in welcher die Lehrperson die Schüler/-innen in dyadischen Interaktionssituationen bei der Produktion ihrer Erzählungen unterstützen kann. Die „blackboard story' sessions" beschreiben sie als stark festgelegte interaktionale Routine, als Format im Sinne Bruners, in dem gemeinsam Sätze verfasst werden (vgl. Geekie & Raban 1994: 166–167). Sie betonen, dass die Schüler/-innen die kompetente Teilnahme an dieser Interaktionsroutine erst lernen müssen (vgl. Geekie & Raban 1994: 167). Dass diese plenare Situation stark durch die Lehrperson dominiert ist, interpretieren die Autoren nicht negativ, sondern als besondere Form der interaktionalen Unterstützung, die den Schreiblernprozess strukturiert (vgl. Geekie & Raban 1994: 177). In der Analyse der dyadischen „writing sessions" arbeiten Geekie und Raban (1994: 170) heraus, dass diese Einheiten zu Beginn des Schuljahrs von der Lehrperson stark kontrolliert werden, welche die Schüler/-innen feinabgestimmt zu ihren jeweiligen Äußerungen durch Nachfragen, Winke und ggf. durch Übernahme der Aufgabenerfüllung unterstützt. Sie stellen zudem anhand von exemplarischen Analysen die Veränderungen der Interaktionsformate in dem Sinne dar, dass Schüler/-innen und Lehrperson mit Forschreiten der „writing sessions" die Rollen tauschen, indem die Lehrperson die reaktivere und die Schüler/-innen die aktivere Rolle übernehmen – bis hin zu dem Punkt, dass die Hilfe der Lehrperson nicht mehr benötigt wird (vgl. Geekie & Raban 1994: 175). Wie Geekie und Raban (1994: 160–161) greift auch Wieler (2014: 267) explizit auf die Theorien Bruners zurück und überträgt sie auf schulische Interaktionssituationen. Sie interpretiert „Vorlese- und Mediengespräche[.]" (Wieler 2014: 287) im Deutschunterricht anhand von exemplarischen Analysen in zweiten Grundschulklassen im Sinne eines „Rückgriff[s] auf immer schon beherrschte Formate, verbunden mit der zunehmenden Übernahme neuer Handlungsschritte durch die Lernenden selbst" (Wieler 2014: 287).

Heller und Morek (2015: 7) möchten „die Gelegenheiten und Verfahren zur Unterstützung des Erwerbs und Ausbaus diskursiver bildungssprachlicher Praktiken [...] identifizieren, die Unterricht als Unterricht bietet." Sie fokussieren in der Tradition von Hausendorf und Quasthoff (2005) *Scaffolding*-Mechanismen (vgl. Heller & Morek 2015: 6). Dabei nutzen sie Daten aus ihren Dissertationsschriften zum *Erklären* (Morek 2012) und *Argumentieren* (Heller 2012) sowie aus den Forschungsprojekten DisKo und Interpass[46] (vgl. Heller & Morek 2015: 7). Es werden einige Unterrichtsausschnitte, „vorwiegend aus Deutschunterricht in 5. und 6. Klassen" (Heller & Morek 2015: 7), exemplarisch analysiert. Sie zeigen erstens, wie eine Lehrperson „Diskursgelegenheiten für Erklären und Argumentieren" (Morek & Heller 2015: 7) überhaupt erst schafft, indem sie „den Zugzwang für die Schüler/innen setzt, vorgebrachte Behauptungen zu *problematisieren*" (Heller & Morek 2015: 9). Sie zeigen zweitens, wie eine Lehrperson den Schüler/-innen die Verantwortung überträgt, eine monologische Erklärung abzugeben (= „*solistisches Erklären*" nach Morek 2012: 181), indem sie eine sogenannte „Vorladungsfrage[.]" (Morek 2012: 188) stellt („,Wer-weiß'- oder ,Wer-kann'-Frage") (Heller & Morek 2015: 11–13). Drittens zeigen die Autorinnen, wie eine Lehrpersonen mittels Nachfragen eine Schülerin dabei unterstützt, einen zunächst nur lokal (satzförmig) bedienten Zugzwang global (textförmig) zu bedienen (vgl. Heller & Morek 2015: 13–14). Dadurch gebe sie der Schülerin eine „,zweite Chance'" (Heller & Morek 2015: 14). In einem weiteren Beispiel hilft die Lehrperson mit einem „metadiskursiven Hinweis" (Heller & Morek 2015: 15) einer Schülerin, lokale Komponenten eines globalen Zugzwangs zu identizifieren. Und viertens demonstrieren die Autorinnen, wie eine Lehrperson in Anknüpfung an einen schülerseitigen globalen Beitrag selbst „eine modellhafte Begründung" (Morek & Heller 2015: 18) vorführt. Insgesamt liegt der Fokus der Autorinnen weniger auf isolierten Merkmalen der bildungssprachlichen „Markierung", sondern v. a. auf den „für Diskurskompetenzen zentralen Dimensionen der Kontextualisierung und Vertextung" (Morek & Heller 2015: 19).

Die bis hierhin vorgestellten Studien zusammenfassend betrachtend ist festzustellen, dass Studien, die einen systematischen Jahrgangsstufenvergleich makrointeraktionaler Stützmechanismen vornehmen, bisher noch nicht vorliegen.

---

46 DisKo = „Diskursive Praktiken von Kindern in außerschulischen und schulischen Kontexten"; Interpass = „Interaktive Verfahren der Etablierung von Passungen und Divergenzen für sprachliche und fachkulturelle Praktiken im Deutsch- und Mathematikunterricht" (Heller & Morek 2015: 7).

5.5 Fazit

Nach Sichtung des Forschungsstandes zur entwicklungsbezogenen Qualität der Lehrersprache muss es in dieser Studie darum gehen, zu fragen, inwiefern Inputadaption im engeren Sinne und mikro- sowie makrointeraktionale Stützmechanismen durch Lehrpersonen auch im nicht spezifisch an Zweit-/Fremdsprachlernende gerichteten Unterricht eingesetzt werden – und dies mit besonderem Fokus auf konzeptionell schriftliche Struktur- und Ausdrucksformen. Die Sprache, die die Lehrpersonen im Unterricht verwenden, soll im Weiteren mit Pohl (2006: 3) als *die an die Schülerinnen und Schüler gerichtete Sprache (SgS)* bezeichnet werden – in Anlehnung an den Ausdruck „'an das Kind gerichtete Sprache' (KGS)" (Szagun 2011: 174) aus der Erstspracherwerbsforschung. Ein besonderer Mangel an Studien zur *SgS* wurde im Bereich der Inputadaption festgestellt. Auch der Fokus auf Maße der konzeptionellen Schriftlichkeit liegt in den bisherigen Studien zumeist nicht vor, wurde aber in Kapitel 2 als besonders relevant für die Untersuchung der Unterrichtssprache herausgearbeitet. Und auch Studien mit einem *dreifachen* input- und interaktionalen Fokus auf die Lehrersprache, wie in diesem Kapitel beschrieben, sind noch Desiderat. Gerade dieser erscheint aber besonders gewinnbringend, weil so gleichermaßen der Wirk- und Einflussfaktor des Spracherwerbs der „Rezeption" als auch der Wirk- und Einflussfaktor des Spracherwerbs der „Kommunikation" (Pohl 2007b: 90) untersucht werden kann. Zudem liegen noch keine Studien vor, die systematisch und entwicklungsbezogen die Interaktion von Lehrpersonen mit ihren Schüler/-innen in unterschiedlichen Jahrgangsstufen vergleichen.

6 Zielsetzungen der empirischen Untersuchung

In diesem Kapitel sollen aus dem bis hierhin referierten und strukturierten Forschungsdiskurs und den aufgezeigten Desiderata die *Zielsetzungen* der empirischen Untersuchung abgeleitet werden.

Pohl (2007b: 250) unterscheidet in Anlehnung an Otto Kruse (1994) die „Fragestellung" einer Untersuchung (die schon in der Einleitung vorgestellt wurde) von ihrer „Zielsetzung". Während Erstere sich der „Dimension 1", dem *„Gegenstandsbezug"* aus dem Pohl'schen Modell (2007b: 246) des wissenschaftlichen Einleitens zuordnen lässt, ist Letztere der „Dimension 2", dem *„Diskursbezug"* zuzuordnen. In der Gegenstandsdimension geht es um „das Thema/de[n] Gegenstand des Beitrags", in der Diskursdimension darum, wie „sich der Beitrag zum bestehenden Wissensstand [verhält]" (Pohl 2007b: 246). Während also die Fragestellung aus der „Struktur/Logik des Gegenstandes" (Pohl 2007b: 249) abgeleitet wird, ist die Zielsetzung, die in diesem Kapitel entwickelt wird, „aus der ‚Logik' der Forschung oder des wissenschaftlichen Diskurses heraus formuliert" (Pohl 2007b: 250) und knüpft an Desiderata an. Pohl (2007b: 250) weist jedoch darauf hin, dass beide „auf identische wissenschaftliche Untersuchungen hinauslaufen".

In den bisherigen Kapiteln wurde gezeigt, dass es *theoretisch* plausibel ist, als Zielgröße der unterrichtssprachlichen Förderung und des unterrichtssprachlichen lehrerseitigen Forderns resp. des impliziten sprachlichen Curriculums der Schule *konzeptionelle Schriftlichkeit* (nach Koch und Oesterreicher 1986) anzunehmen (vgl. Kap. 2). In einem weiteren Schritt wurde darauf aufbauend eine mögliche Operationalisierungsperspektive für konzeptionelle Schriftlichkeit, bestehend aus den vier Operationalisierungsdimensionen 1) *Integration,* 2) *Komplexität,* 3) *Differenziertheit,* 4) *Planung,* herausgearbeitet und die einzelnen Dimensionen wurden detailliert beschrieben (vgl. Kap. 3). Diese Dimensionen wurden ausgehend von der Kritik am Konzept von Koch und Oesterreicher (1986) entwickelt, es sei nicht genügend operationalisiert, um damit Unterrichtssprache intensiv und exakt beschreiben zu können. Die Operationalisierungsdimensionen wurden selbst zum einen theoretisch sowie zum anderen aus bisherigen empirischen Forschungsarbeiten abgeleitet. Eine Zielsetzung des empirischen Teils dieser Arbeit muss es nun sein, innerhalb der einzelnen Operationalisierungsdimensionen Analysekategorien in einem deduktiv-induktiven Verfahren am konkreten empirischen Material auf verschiedenen sprachlichen Analyseebenen (auf morphologischer, lexikalischer, syntaktischer und auf textuell/diskursiver Ebene) zu erstellen und zu prüfen. Diese Zielsetzung ist also eine kategorienbildender Art. Darauf baut die Zielsetzung auf, mit Hilfe dieser Analysekategorien zu prüfen, inwiefern die Annahme der konzeptionellen Schriftlichkeit als Zielgröße des

https://doi.org/10.1515/9783110569001-006

impliziten sprachlichen Curriculums der Schule sich anhand der empirischen Daten stützen lässt.

In den weiteren beiden Kapiteln zur Sichtung des Forschungsstands ging es darum, sich der Zielgröße der sprachlichen Förderung im Unterricht durch eine Fokussierung der an die *Schülerinnen und Schüler gerichteten Sprache* (*SgS*) der Lehrpersonen anzunähern. Dabei wurde zunächst dargestellt (vgl. Kap. 4), dass durch viele bisherige Studien der Unterrichtsinteraktions- und Unterrichtskommunikationsforschung ein Bild starker lehrerseitiger sprachlicher Dominanz im Unterrichtsdiskurs und damit einhergehender geringer sprachlicher Beteiligungsmöglichkeiten der Schüler/-innen gezeichnet wird. Ausgehend von der input- und interaktionsfokussierten Erst- und Zweit-/Fremdspracherwerbsforschung (vgl. Kap. 5) wurde aber eine weitere Perspektive auf die Lehrersprache eröffnet, die lehrerseitige Inputadaption sowie mikro- und makrointeraktionale Stützmechanismen mit einbezieht. Damit kommt der mögliche spracherwerbsförderliche Charakter der Lehrersprache stärker in den Blick. In jenem Kapitel wurde aufgezeigt, dass insbesondere im Bereich der lehrerseitigen Inputadaption, aber auch im Bereich der mikro- und makrointeraktionalen Stützmechanismen bisher noch wenige Ergebnisse vorliegen, die auf einen Unterricht bezogen sind, der nicht spezifisch an Zweit- oder Fremdsprachlernende gerichtet ist. Ein Weiteres soll mit dieser Untersuchung geleistet werden, was bisher noch Desiderat ist: Diese dreifache spracherwerbsbezogene Perspektive auf Lehrersprache muss verbunden werden mit der oben beschriebenen Frage nach der (impliziten) Förderung konzeptioneller Schriftlichkeit in Unterrichtsinteraktion.

Die Zielsetzungen dieser Untersuchung sind folgende:
- Die erste Zielsetzung ist eine methodische, die einen Zwischenschritt für das Erreichen der zweiten und dritten Zielsetzung bildet. Es sollen innerhalb der einzelnen Operationalisierungsdimensionen konzeptioneller Schriftlichkeit (*Integration, Komplexität, Differenziertheit* und *Planung*) Analysekategorien in einem deduktiv-induktiven Verfahren auf verschiedenen sprachlichen Analyseebenen (auf morphologischer, lexikalischer, syntaktischer und auf textueller/diskursiver Ebene) erstellt und an konkreter Unterrichtsinteraktion in verschiedenen Jahrgangsstufen geprüft werden.
- Es soll mit Hilfe der Operationalisierungsdimensionen und Analysekategorien konzeptioneller Schriftlichkeit linguistisch möglichst exakt beschrieben werden, inwieweit/wie sich die von den in die Untersuchung einbezogenen Lehrer/-innen im Plenumsunterricht *an die Schülerinnen und Schüler gerichtete Sprache* (*SgS*) in den Fächern Deutsch bzw. Biologie/Sachunterricht von der Grundschule über die Unterstufe und Mittelstufe bis zur Oberstufe des Gymnasiums verändert (Aspekt der Inputadaption). Dabei soll als Vergleichsgröße immer auch die Sprache der Schüler/-innen mit einbezogen werden.

– Es sollen lehrerseitige mikro- und makrointeraktionale Stützmechanismen in den verschiedenen Jahrgangsstufen beschrieben werden – auch in einer möglichen Veränderungsperspektive über die verschiedenen Jahrgangsstufen. Dabei soll mithilfe der Operationalisierungsdimensionen und Analysekategorien konzeptioneller Schriftlichkeit auch untersucht werden, inwieweit die sprachlich-interaktionalen Stützmechanismen in Richtung einer möglichen Förderung konzeptioneller Schriftlichkeit eingesetzt werden.

Wenn Zielsetzungen einer Untersuchung aufgestellt werden, muss immer auch erläutert werden, was durch die betreffende Untersuchung nicht geleistet werden kann. Wie aus den Zielsetzungen ersichtlich, geht es in dieser Studie um eine *Deskription* der an die Schüler/-innen gerichteten Sprache im jahrgangsübergreifenden Vergleich an einer kleinen Probandengruppe von Lehrer/-innen. Dabei wird auch deutlich, dass die Sprache der Schüler/-innen, die als Vergleichsgröße und Adaptionsgrundlage der Lehrersprache mit einbezogen werden soll, nicht individualisiert analysiert, sondern allein der ‚Durchschnittsschüler‘/die ‚Durchschnittsschülerin‘ resp. der „‚average learner‘“ (Håkansson 1986: 96) der Klasse betrachtet werden kann, indem in den durchzuführenden quantitativen Analysen die Werte aller Schülerinnen und Schüler einer Klasse gemittelt werden. Zu betonen ist auch, dass wegen dieses Konstrukts der Durchschnitsschüler/-innen sowie wegen des Einbezugs ganz unterschiedlicher Klassen keineswegs Aussagen zu schülerseitigen Entwicklungstendenzen gemacht werden können.[1] Auch wenn eine Veränderungstendenz der Lehrersprache über die Jahrgangsstufen festgestellt werden sollte und wenn mikro- und makrointeraktionale Stützmechanismen in Richtung konzeptioneller Schriftlichkeit bei den Lehrpersonen beschrieben werden können, können in dieser Untersuchung trotzdem keine Aussagen über die Spracherwerbsförderlichkeit der Inputadaption und der sprachlich-interaktionalen Stützmechanismen gemacht werden. Es geht zunächst allein darum, festzustellen, ob Lehrpersonen diese aus Erst-/Zweit-/Fremdspracherwerbssituationen bekannten Mechanismen auch in einem Unterricht einsetzen, der nicht spezifisch an Zweit- oder Fremdspracherwerbende gerichtet ist – und dies mit einem Fokus auf konzeptionelle Schriftlichkeit. Gleichwohl können in den qualitativen Untersuchungen der mikro- und makrointeraktionalen Stützmechanismen *aktualgenetische* Prozesse, „unabhängig von irgendwelchen Kompetenz- oder Erwerbsniveaus" (Pohl 2007b: 200), beschrieben werden.

---

1 Es wird demgegenüber vorsichtiger von Unterschieden oder Veränderungstendenzen die Rede sein.

Zielsetzung dieser Untersuchung ist es ferner nicht, den Bewusstheitsgrad möglicher Adaptionen und sprachlich-interaktionaler Stützmechanismen auf Lehrerseite zu untersuchen.

7 Methodische Überlegungen

Um die Zielsetzung der vorliegenden Studie erreichen zu können, also die Sprache, die Lehrpersonen im Unterricht an ihre Schüler/-innen richten, linguistisch möglichst exakt beschreiben zu können, sind Video- und Audioaufnahmen konkreten Unterrichts notwendig. In diesem Kapitel sollen die methodischen Überlegungen, die der durchzuführenden Untersuchung zu Grunde liegen, expliziert werden.

7.1 Erhebungsdesign

Die Grundidee des methodischen Vorgehens der Untersuchung besteht darin, den Faktor *Lehrperson* in drei verschiedenen Jahrgangsstufen des Gymnasiums konstant zu halten und somit einen *intra*individuellen und damit *direkten* Vergleich des sprachlichen Handelns der betreffenden Lehrperson in diesen Jahrgangsstufen zu ermöglichen (vgl. Abbildung 8). Einbezogen wird pro Lehrperson jeweils eine Klasse der Unterstufe (Jahrgang 5/6), der Mittelstufe (hier: Jahrgang 8/9) und der Oberstufe (Jahrgang 11/12), um eine möglichst große Variationsbreite des sprachlichen Handelns der Lehrperson gegenüber jüngeren bis zu älteren Schüler/-innen betrachten zu können.[1] Dieser direkte Vergleich des sprachlichen Handelns *einer* Lehrperson in verschiedenen Jahrgangsstufen kann jeweils als Form einer *beschreibenden* Fallstudie (vgl. Caspari 2016: 68)[2] angesehen werden. Im Sinne von *multiplen* Fallstudien (vgl. Caspari 2016: 68) wird aber nicht nur eine Lehrperson in ihrem Unterricht in den Blick genommen, sondern insgesamt vier Gymnasiallehrpersonen – jeweils in drei Jahrgangsstufen. Zwischen dem sprachlichen Handeln dieser Lehrpersonen kann nun außerdem jeweils ein *inter*individueller Vergleich vorgenommen werden. Zwei der betrachteten Gymnasiallehrpersonen sind Deutschlehrende, zwei der Gymnasiallehrkräfte Biologielehrende, so dass sowohl ein Fach des sprachlich-literarisch-künstlerischen Aufgabenfelds in den Blick genommen wird als auch ein Fach des mathematisch-naturwissenschaftlich-technischen Aufgabenfelds.[3] Zudem wird pro Fach jeweils eine männ-

---

1 Die Jahrgangsstufen 5–10 zusammenfassend wird in offiziellen Dokumenten der Ausdruck „Sekundarbereich I" (RdErl. d. MK 2015) genutzt, während die Ausdrücke „Unterstufe" und „Mittelstufe" veraltet zu sein scheinen. Sie werden aufgrund ihres heuristischen Werts in dieser Untersuchung trotzdem zur Gruppierung der Jahrgangsstufen genutzt.
2 Im Gegensatz zu einer „erklärende[n] Fallstudie" (Caspari 2016: 68).
3 Man vergleiche zu den Aufgabenfeldern der niedersächsischen gymnasialen Oberstufe die *Verordnung über die gymnasiale Oberstufe (VO-GO)* vom 17. Februar 2005 (Fassung ab 01. 08. 2016;

https://doi.org/10.1515/9783110569001-007

liche und eine weibliche Lehrperson in die Studie einbezogen, so dass beide Geschlechter gleichermaßen in der Untersuchung berücksichtigt werden.[4]

Der Untersuchungsfokus wird allerdings noch einmal geweitet, denn es werden nicht allein Gymnasiallehrpersonen fokussiert, sondern zusätzlich auch Grundschullehrpersonen der Jahrgangsstufe 3, die *Deutsch* oder *Sachunterricht mit biologischer Schwerpunktsetzung* (als Grundschulpendant zum Biologieunterricht) unterrichten. Auch in der Grundschule werden wieder jeweils zwei Deutschlehrpersonen – eine männlich, eine weiblich – und zwei Sachunterrichtslehrpersonen, wiederum eine männlich und eine weiblich, untersucht. In Abbildung 8 wird durch den vertikalen Trennstrich symbolisiert, dass zwischen dem sprachlichen Handeln der Grundschullehrpersonen und dem sprachlichen Handeln der Gymnasiallehrpersonen nur ein *indirekter,* interindividueller Vergleich möglich ist. Eine Konstanthaltung der Lehrpersonen zwischen Grundschule und Gymnasium wäre wenig ökologisch valide (vgl. Deppermann 2008: 25; siehe dazu auch Abschn. 7.4), da entweder eine Grundschullehrperson schulformenfremd an einem Gymnasium unterrichten müsste oder eine Gymnasiallehrperson schulformenfremd an einer Grundschule.[5]

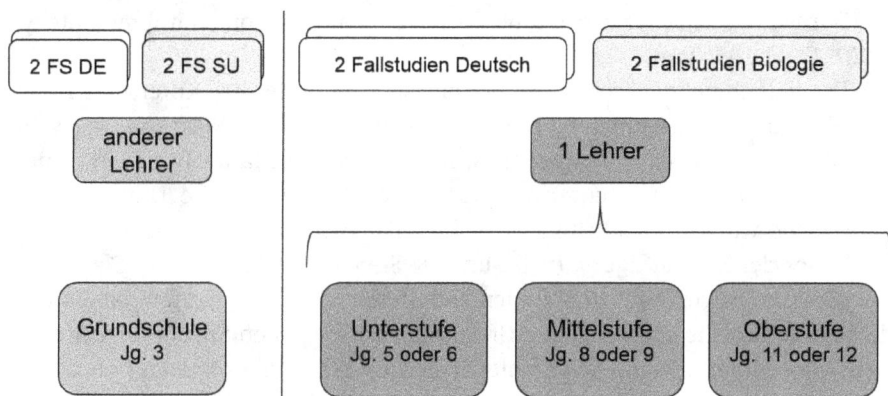

Abbildung 8: Grundlegende methodische Idee der Studie[6]

§ 11 Abs. 1 VO-GO). Das gesellschaftswissenschaftliche Aufgabenfeld bleibt hier zunächst ausgespart und der Untersuchung in weiterführenden Studien vorbehalten.
4 Damit soll dem in der frühen Erstspracherwerbsforschung vorgenommenen Fehlschluss entgegengewirkt werden, dass nur weibliche Personen (nämlich Mütter) ihre Sprache an die Sprache der Kinder adaptieren (vgl. der Ausdruck „motherese", Newport et al. 1977: 112; vgl. auch Abschn. 5.1).
5 Eine solche Konstellation wäre ggf. in einem *experimentellen* Design möglich.
6 FS = Fallstudie, DE = Deutschunterricht; SU = Sachunterricht; Jg. = Jahrgang.

Zur Auswahl der Schulform *Gymnasium*: Die Untersuchung wird im methodischen Sinne eines *Extremgruppenvergleichs* zunächst an Gymnasien durchgeführt, weil hier die Spannweite der Jahrgänge, in denen eine einzelne Lehrperson unterrichten kann, besonders groß ist und dementsprechend die für die *SgS* angelegten Variationsmöglichkeiten größer sein müssten. Gleichwohl ist schon an dieser Stelle zu betonen, dass ein schulformenübergreifender Vergleich der Lehrersprache (u. a. unter Einbezug von Haupt- und Realschule bzw. Oberschule, aber auch Förderschule) sehr gewinnbringend erscheint.

7.2 Probanden

Die Untersuchung wurde im Schuljahr 2011/2012 in Niedersachsen durchgeführt. Die Gewinnung der teilnehmenden Lehrpersonen ist eine Mischung aus „[c]riterion sampling" (Dörnyei 2007: 128), bei dem die Probanden anhand bestimmter festgelegter Kriterien gewonnen werden, und „[c]onvenience sampling" (Dörnyei 2007: 129), bei dem die Probanden allein aufgrund ihrer Erreichbarkeit und der Bereitschaft, an der Studie teilzunehmen, gewonnen werden – eine Möglichkeit, die Dörnyei als „the least desirable but the most common sampling stategy" (2007: 129) bezeichnet.

Die teilnehmenden Lehrpersonen mussten folgende drei Kriterien erfüllen (Aspekt des *criterion sampling*): Es sollten Lehrpersonen aus Niedersachsen sein, die zum Zeitpunkt der Untersuchung mindestens fünf Jahre Berufserfahrung inklusive Referendariat hatten, so dass keine Novizen in die Untersuchung einbezogen wurden. Das Kriterium ist hier also nicht das Lebensalter, sondern die Dauer der Beschäftigung (vgl. Kunze & Stelmaszyk 2008: 828).[7] Sie sollten zweitens Unterrichtserfahrung in den betreffenden Jahrgangsstufen haben. Und drittens sollten die einbezogenen Grundschullehrpersonen Sachunterricht oder Deutsch in einer dritten Klasse unterrichten und die einbezogenen Gymnasiallehrpersonen Deutsch oder Biologie jeweils in einer Klasse der Unterstufe, einer Klasse der Mittelstufe und eine Klasse der Oberstufe. Letzteres Kriterium, also Lehrpersonen zu gewinnen, die in einem Schuljahr in drei gymnasialen Jahrgangsstufen in einem Fach eingesetzt sind, gestaltete sich bei der Probandengewinnung nicht einfach. Solche Lehrpersonen wurden nach Genehmigung der Durchführung des Projekts durch die niedersächsische Landesschulbehörde (unter Vorbehalt der Genehmigung durch die einzelnen Schulleitungen) mit Hilfe

---

7 Nach Bromme und Haag (2008: 808) ist „zeitliche Erfahrung ein wesentlicher Prädiktor für die Bildung und Entwicklung von Expertenwissen".

der Schulleiter/-innen der einzelnen Schulen gefunden. Der Aspekt des Gelegenheitssamples (*convenience sampling*) wird an dieser Stelle relevant: Es konnten selbstverständlich nur Lehrpersonen in die Untersuchung einbezogen werden, die bereit waren, an der Untersuchung teilzunehmen. Das Einverständnis der Landesschulbehörde, der Schulleiter/-innen und der Lehrpersonen reicht jedoch nicht aus, sondern auch die Erziehungsberechtigten der Schüler/-innen und die Schüler/-innen der betreffenden einzubeziehenden Klassen mussten ihr Einverständnis mit der Erhebung erklären. Insgesamt werden auf Seite der Lehrpersonen, wie oben erläutert, somit vier Grundschullehrpersonen und vier Gymnasiallehrpersonen in die Studie einbezogen.[8] Tabelle 28 stellt die in die Untersuchung einbezogenen Lehrpersonen mit den erhobenen Kontrollvariablen[9] vor.

Tabelle 28: Aufstellung der Probanden – Lehrpersonen

Fach	Biologie-/Sachunterrichtslehrpersonen				Deutschlehrpersonen			
Geschlecht	männlich		weiblich		männlich		weiblich	
Lehrperson-ID	LBiom (GS)	LBiom (Gym)	LBiow (GS)	LBiow (Gym)	LDem (GS)	LDem (Gym)	LDew (GS)	LDew (Gym)
Gruppen-ID	Bio – m		Bio – w		De – m		De – w	
Schulform	Grundschule	Gymnasium	Grundschule	Gymnasium	Grundschule	Gymnasium	Grundschule	Gymnasium
Ort	Größere Kleinstadt 1	Größere Kleinstadt 2	Kleinere Kleinstadt 1	Größere Kleinstadt 3	Kleinere Mittelstadt 1	Kleinere Mittelstadt 2	Kleinere Mittelstadt 3	Kleinere Mittelstadt 4
Alter (in Jahren)	43	48	55	59	63	58	61	55
Berufserfahrung (in Jahren)	8,5	9	27	22	35	28	38	26

---

8 Zu erwähnen ist, dass das ursprünglich erhobene Korpus doppelt so groß war (also insgesamt 8 Grundschullehrpersonen und 8 Gymnasiallehrpersonen umfasste), aber aus arbeitsökonomischen Gründen nur das hier präsentierte halbe Ursprungskorpus ausgewertet werden konnte.
9 Vgl. Albert und Marx (2014: 40–41).

Tabelle 28 (fortgesetzt)

Fach	Biologie-/Sachunterrichtslehrpersonen				Deutschlehrpersonen			
Geschlecht	männlich		weiblich		männlich		weiblich	
Lehrperson-ID	LBiom (GS)	LBiom (Gym)	LBiow (GS)	LBiow (Gym)	LDem (GS)	LDem (Gym)	LDew (GS)	LDew (Gym)
Studierte Unterrichtsfächer	Deutsch Sachunterricht (Mathematik) (Geschichte)	**Biologie** Chemie	Evangelische Religion Mathematik Sport	**Biologie** Chemie	**Deutsch** Englisch	**Deutsch** Geschichte (Politik & Wirtschaft)	**Deutsch** Englisch	**Deutsch** Katholische Religion
zusätzlich unterrichtete Unterrichtsfächer	Religion Sport Werken		Deutsch Kunst Musik **Sachunterricht**		Musik Kunst Sport		Mathematik Textil	
Besonderheiten	Mathematik und Geschichte ebenfalls studiert, aber nicht unterrichtet, 3,5 Jahre Realschule	Diplom-Biologe		2 Jahre Realschule	13 Jahre Orientierungsstufe und Hauptschule	Politik und Wirtschaft ohne Examen	16 Jahre Grund- und Hauptschule	13 Jahre Berufsschule, 1 Monat Grundschule, 7 Jahre Orientierungsstufe

Jede Lehrperson erhält ein eigenes, anonymisiertes Identifikationskennzeichen (ID), mit dem sie anhand des von ihr unterrichteten Fachs, ihres Geschlechts und der Schulform benannt wird. Der männliche Biologielehrer am Gymnasium erhält so beispielsweise das Kürzel „LBiom (Gym)" („L" für Lehrperson, „Bio" für Biologieunterricht, „m" für männlich und „Gym" für Gymnasium). Um herauszustellen, dass die Fächer *Sachunterricht* mit biologischem Unterrichtsinhalt in der Grundschule und *Biologieunterricht* am Gymnasium aufeinander bezogen sind, tragen auch die Sachunterrichtslehrpersonen das Kürzel „Bio" in ihrer Kennung.

Diese Identifikationskennzeichen werden in vorliegender Studie insbesondere genutzt, um die Lehrpersonen als Sprechende in den Transkripten zu benennen und voneinander zu unterscheiden. Zusätzlich wird ein Gruppenidentifikationskennzeichen eingeführt, das die beiden Lehrpersonen desselben Fachs (Deutsch an Grundschule und Gymnasium, Sachunterricht bzw. Biologie an Grundschule und Gymnasium) und desselben Geschlechts zusammenfasst. Beide Lehrerinnen, die Deutsch unterrichten, werden so beispielsweise unter dem Gruppenidentifikationskennzeichen „De – w" geführt. Dieses Gruppenidentifikationskennzeichen wird zudem zur Identifizierung der Schüler/-innen der Klassen dieser Lehrpersonen genutzt, z. B. in der Formulierung die „Unterstufenschüler/-innen von De – w". Es wird aber auch zur leichteren Lesbarkeit eingeführt, dann in Kombination mit Formulierungen wie „De – w in der Grundschule" oder „bei Bio – m in der Unterstufe" – dies geschieht insbesondere im Kapitel zur Inputadaption (vgl. Kap. 8) bei der Beschreibung der erstellten Tabellen und Grafiken.

Die Angabe des Orts erfolgt anonymisiert und differenziert anhand der Ausführungen des Bundesinstituts für Bau-, Stadt- und Raumforschung (BBSR 2015) zu Stadt- und Gemeindetypen in Deutschland, das auf seiner Homepage Landgemeinden (<5000 Einwohner), Kleinere Kleinstädte (5.000–<10.000 Einwohner), Größere Kleinstädte (10.000–<20.000 Einwohner), Kleinere Mittelstädte (20.000–<50.000 Einwohner), Größere Mittelstädte (50.000–<100.000 Einwohner) und Großstädte (mindestens 100.000 Einwohner) unterscheidet. Das BBSR (2014) bietet darauf basierend eine genaue Aufstellung aller Gemeinden in Deutschland mit zugeordnetem Stadt-/Gemeindetyp an. Daran orientieren sich die Anführungen des Orts. Die Untersuchung wurde gemäß dieser Einteilung allein in Kleineren Kleinstädten, Größeren Kleinstädten und Kleineren Mittelstädten in Niedersachsen durchgeführt. Es ist zu erkennen, dass die Daten so an insgesamt acht unterschiedlichen Orten in Niedersachsen erhoben wurden.

Die weiteren Angaben zu Alter, Berufserfahrung, den studierten und unterrichteten Unterrichtsfächern sowie berufsbiographischen Besonderheiten wurden mit Hilfe eines ergänzenden Fragebogens von den Lehrpersonen erfragt. Hinsichtlich des Alters zeigt sich, dass die jüngste Lehrperson zum Zeitpunkt der Untersuchung über vierzig Jahre alt ist (43; LBiom (GS)) und die älteste teilnehmende Lehrperson über sechzig Jahre alt (63; LDem (GS)). Zudem ist zu erkennen, dass die Berufserfahrung der einbezogenen Lehrpersonen das Kriterium fünf Jahre teils deutlich übersteigt. Die geringste Berufserfahrung beträgt immerhin 8,5 Jahre (bei LBiom (GS)), die höchste 38 Jahre (bei LDew (GS)). Das Kriterium, erfahrene Lehrpersonen und keine Novizen in die Studie einzubeziehen, ist also erfüllt. Es sind zudem die studierten Unterrichtsfächer aufgeführt und die Unterrichtsfächer, die unterrichtet werden/worden sind, aber nicht studiert wurden (dies erscheint bei den einbezogenen Probanden insbesondere ein Phänomen der Grundschule zu sein). Diesbezüglich ist zu erkennen, dass 7 von 8 Lehrpersonen das Fach, das in die Untersuchung einbezogen wird, auch studiert haben – dies ist nur bei LBiow (GS) nicht der Fall. 7 von 8 Lehrkräften haben zudem weitere berufsbiographische Besonderheiten angeführt, wie beispielsweise einen Abschluss als Diplombiologe bei LBiom (Gym) oder Abordnungen an andere Schulformen.

In Tabelle 29 sind die in die Studie jeweils einbezogenen Klassenstufen, gruppiert nach Lehrpersonengruppe und Schulstufe, aufgeführt.[10] In der Grundschule werden, gemäß Erhebungsanforderungen, nur 3. Klassen fokussiert. In der Unterstufe werden im Biologieunterricht 5. Klassen betrachtet, im Deutschunterricht 6. Klassen. In der Mittelstufe wiederum nehmen an der Untersuchung im Biologieunterricht 8. Klassen teil, im Deutschunterricht 9. Klassen. In der Oberstufe unterrichten alle Lehrpersonen in Kursen mit erhöhtem Anforderungsniveau (außer LBiow (Gym), deren Kurs ein kombinierter aus erhöhtem und grundlegendem Anforderungsniveau ist), so dass auch hier wieder eine erhöhte Vergleichbarkeit vorliegt. LBiom (Gym) und LDew (Gym) unterrichten jeweils in einer 12. Jahrgangsstufe, während LBiow (Gym) und LDem (Gym) jeweils in einer 11. Jahrgangsstufe unterrichten.

Tabelle 29: In die Studie jeweils einbezogene Klassenstufen (mit Anforderungsnivaeu der Oberstufenkurse: eAn = erhöhtes Anforderungsniveau; gAn = grundlegendes Anforderungsniveau; GS = Grundschule; US = Unterstufe; MS = Mittelstufe; OS = Oberstufe)

	Bio – m	Bio – w	De – m	De – w
GS	3. Klasse	3. Klasse	3. Klasse	3. Klasse
US	5. Klasse	5. Klasse	6. Klasse	6. Klasse
MS	8. Klasse	8. Klasse	9. Klasse	9. Klasse
OS	12. Klasse (eAn)	11. Klasse (eAn + gAn)	11. Klasse (eAn)	12. Klasse (eAn)

In Tabelle 30 ist die schülerseitige Sprecheranzahl pro Klasse eingetragen. Diese ist durch die sich in der betreffenden Unterrichtsstunde am Unterrichtsdiskurs beteiligenden Schüler/-innen bestimmt. In Klammern ist zudem angegeben, wieviele Sprecher, die aus den Videoaufnahmen nicht identifizierbar sind, sich außerdem am Unterrichtsdiskurs beteiligen.

---

10 Der horizontale Querstrich unterhalb der Grundschuleinträge soll symbolisieren, dass hier jeweils eine andere Lehrperson in den Grundschulklassen unterrichtet als in den Gymnasialklassen. Dies wird in allen Tabellen der Studie so weitergeführt.

Tabelle 30: Schülerseitige Sprecheranzahl (in Klammern: nicht identifizierbare Sprechende)

	Bio – m	Bio – w	De – m	De – w
GS	15 (3)	23 (1)	20 (4)	17 (4)
US	18 (3)	25 (3)	23 (2)	18 (1)
MS	12 (3)	24 (0)	23 (3)	19 (2)
OS	11 (1)	18 (1)	7 (0)	10 (0)

7.3 Vorbereitungen zu den Erhebungen

Nach den ersten Kontakten mit den Schulleiter/-innen der betreffenden acht Schulen und der Identifizierung der Lehrpersonen, die die Teilnahmekriterien erfüllten und Interesse an der Teilnahme an der Studie hatten,[11] wurden erste erhebungsorganisatorische Treffen mit diesen Lehrpersonen vereinbart. Bei diesem Treffen wurden sie über die allgemeine Zielsetzung der Studie (vergleichende Analyse von Unterrichtsinteraktion in verschiedenen Jahrgangsstufen) aufgeklärt und das weitere Erhebungsverfahren wurde besprochen. Es wurde den Lehrpersonen versichert, dass der normale Unterrichtsverlauf durch die Untersuchung nicht beeinträchtigt werden solle. Nach Einholung der Einwilligungserklärungen der teilnehmenden Lehrpersonen wurde je Klasse ein weiterer Termin ausgemacht, an dem die Forscherin[12] sich der jeweiligen Klasse vorstellen und den Schüler/-innen ebenfalls die allgemeine Zielsetzung der Studie erläutern konnte. Von den Schüler/-innen und deren Erziehungsberechtigten wurden gleichfalls Einwilligungserklärungen zur Teilnahme an der Studie eingeholt. Den Schüler/-innen und Lehrpersonen wurde u. a. versichert, dass die Teilnahme an der Erhebung freiwillig ist, dass alle erhobenen Daten streng anonymisiert ausgewertet werden und somit Aussagen nicht einzelnen identifizierbaren Personen zugeordnet werden können und auch der Ort der Schule nicht identifiziert werden kann. Neben der Klärung der rechtlichen Aspekte hatte dieser erste Kontakt zudem den Zweck, dass sich Forscherin und Schüler/-innen der Klasse kennenlernen. Zum Erreichen dieses Ziels hat die Forscherin nach der Vorstellung vor der Klasse immer auch an der folgenden Unterrichtsstunde beobachtend in einer

---

11 Den Schulleiter/-innen, Lehrpersonen und auch den Schüler/-innen und ihren Erziehungsberechtigten sowie der Niedersächsischen Landesschulbehörde gebührt großer Dank für die Genehmigung der Studie und die Teilnahme daran.
12 Damit ist die Autorin dieser Studie, Katrin Kleinschmidt-Schinke, gemeint.

hinteren Ecke des Klassenzimmers teilgenommen. Dies sollte die Schüler/-innen an die Anwesenheit der Forscherin im Klassenzimmer gewöhnen.

Die Lehrpersonen wurden gebeten, einen aktuellen Sitzplan der Schüler/-innen jeder Klasse anzufertigen, der für die späteren Transkriptionen von großem Nutzen hinsichtlich der Identifikation der Sprechenden ist. Es wurde ihnen zudem die Anforderung mitgeteilt, dass die zu filmende Doppel-Unterrichtsstunde auch solche Phasen enthalten solle, in denen Plenumsinteraktion vorhanden ist und nicht allein Einzel- oder Gruppenarbeitsphasen. Es wurde aber betont, dass die didaktisch-methodische Gestaltung allein den Lehrpersonen überlassen bleibt. Hinsichtlich des Unterrichtsgegenstands wurde mit den Lehrpersonen besprochen, dass dessen spiralcurriculare Konstanthaltung über die Jahrgangsstufen wünschenswert wäre – immer aber in Anknüpfung an die jeweilige Schuljahresplanung der Lehrpersonen (vgl. genauer dazu Abschn. 7.5). Zudem wurde angekündigt, dass die Forscherin am Ende der untersuchten Unterrichtsstunde ein Exemplar der jeweils ausgeteilten Unterrichtsmaterialien zur Dokumentation der Unterrichtsstunde benötigt.

7.4 Video- und Tonaufnahmen des Unterrichts

Es wurden jeweils zwei Doppel-Unterrichtsstunden pro Klasse video- und audiodokumentiert, so dass insgesamt 16 Doppel-Unterrichtsstunden das Video- und Audiokorpus der Analyse bilden. Einzige Ausnahme bildet die Mittelstufenklasse von LBiom (Gym), in der aus organisatorischen Gründen zwei Einzelunterrichtsstunden dokumentiert werden mussten.

Bei der Sprachdatenerhebung müssen nach Dittmar (2009: 55) immer zwei Anforderungen beachtet werden, deren vollständige Erfüllung sich konträr gegenübersteht: „(a) die *Natürlichkeit* und (b) die gute *Lautqualität* der Aufnahme." Maßnahmen, die zur Sicherung einer guten Lautqualität getroffen werden, wie beispielsweise der Einsatz von sehr vielen Aufnahmegeräten, können der Natürlichkeit der Aufnahme entgegenstehen, da die Aufnahmesituation von den Probanden durch die Präsenz von vielen Geräten deutlicher wahrgenommen würde (vgl. auch Deppermann 2008: 25). Die Anforderung der Natürlichkeit der Aufnahme kann so interpretiert werden, dass „ein Fall genau des Typus von Alltagspraxis protokolliert werden [soll], über den Aussagen gemacht werden" (Deppermann 2008: 106) – in diesem Fall also über Unterrichtsinteraktion in den betreffenden Jahrgangsstufen. Bei möglichen Begrenzungen der Natürlichkeit der Aufnahme geht es im Kern um das, was Labov (z. B. 1971) unter dem Begriff des *„Beobachter-Paradoxon[s]"* fasst:

[D]as Ziel der sprachwissenschaftlichen Erforschung der Gemeinschaft muß sein, heraus-
zufinden, wie Menschen sprechen, wenn sie nicht systematisch beobachtet werden; wir
können die notwendigen Daten jedoch nur durch systematische Beobachtung erhalten.
(Labov 1971: 135)

Deppermann (2008) bezieht sich bezüglich der Natürlichkeit der Aufnahme auf
das Konstrukt der *ökologischen Validität*:

Das heißt, daß der Typus von Gesprächsphänomenen, über den anhand der Untersu-
chungsmaterialien Aussagen gemacht werden sollen, durch die aufgenommenen Gespräche („ökologisch") valide repräsentiert sein muss. (Deppermann 2008: 24–25)

Eine Maßnahme zur Sicherung der Natürlichkeit der Aufnahme in dieser Studie
bestand darin, dass die Forscherin das technische Equipment für die Video- und
Tonaufnahmen des Unterrichts immer in einer Pause vor der zu filmenden Unterrichtsstunde aufbaute, so dass die Aufnahmegeräte schon fertig arrangiert waren,
wenn die Schüler/-innen und die Lehrperson die Klasse betraten. Sie bediente
die Video- und Audioaufnahmegeräte während der zu filmenden Unterrichtsstunden außerdem nicht, um die Aufmerksamkeit der Probanden nicht auf diese zu
lenken. Darüber hinaus setzte sie sich während des Unterrichts in eine hintere
Ecke des Klassenzimmers und verhielt sich unauffällig.[13] Die einzige Aktion, die
die Forscherin aus ihrer Position im Klassenzimmer regelmäßig durchführte,
war das Abfotografieren der Tafelbilder oder anprojizieren Folien mit Hilfe einer
kleinen Digitalkamera, da diese in Videoaufnahmen von Unterricht oftmals nur
ungenügend zu erkennen sind.[14] Zudem führte sie mit wenigen Notizen ein Erhe-
bungsprotokoll, in dem besondere Eindrücke in der Aufnahmesituation notiert
wurden (vgl. Dinkelaker & Herrle 2009: 28).

Es wurden jeweils zwei Kameras und zwei kleinere Audioaufnahmegeräte zur
Video- und Audiodokumentation des Unterrichts eingesetzt. Dies steht im Einklang mit der Empfehlung von Dinkelaker und Herrle (2009: 25) „die Zahl der verwendeten Kameras auf zwei zu begrenzen". Es wurde das Kameramodell *Canon
Legria HF G10* genutzt, das jeweils zusätzlich, um das gesamte Klassenzimmer
filmen zu können, mit einem Weitwinkelobjektiv ausgestattet war (*Canon Weit-*

---

13 Dinkelaker und Herrle (2009: 28) empfehlen den Beobachter/-innen „nicht allzu viel Interesse am Interaktionsgeschehen zu zeigen." Vgl. auch die Ergebnisse der empirischen Studie
von Maak und Ricart Brede (2014: 167) zur *Invasivität in videografierten Lehr-/Lernsituationen.* –
Trotzdem kam es in einigen Unterrichtsstunden vor, dass die Forscherin von Lehrpersonen oder
Schüler/-innen sporadisch angesprochen wurde, z.B. im Unterricht von LDem (GS) oder LDew
(Gym) in der Mittelstufe.
14 Auch hier konfligieren also wieder Natürlichkeit und Qualität der Aufnahmen.

winkelkonverter WD H-58W). Eine Erhöhung der Tonqualität wurde durch den Einsatz des Richtmikrophons *Rode Stereo Video Mic* auf den Kameras garantiert. Die Kameras wurden jeweils auf ein Stativ montiert und in zwei gegenüberliegenden Ecken des Klassenzimmers so positioniert, dass eine Kamera die Lehrperson von vorne sowie ihre Tafelanschriften filmte (die Lehrerkamera) und eine Kamera die Schüler/-innen von vorne fokussierte (die Schülerkamera) (vgl. Abbildung 9).

Zusätzlich wurden an zwei Stellen des Klassenzimmers – zumeist mittig an den die Tafel flankierenden Seiten des Klassenzimmers – zwei unauffällige Audiorekorder ohne Stativ positioniert (*Sony PCM D50*).

Schüler/-innen, die selbst keine Genehmigung für die Videoaufnahmen gegeben haben oder deren Erziehungsberechtige nicht zustimmten, mussten außerhalb des Aufnahmewinkels der Kamera positioniert werden (der dazu ggf. auch angepasst wurde). Hierzu konnten sie zumeist nicht auf ihren standardmäßigen Sitzplätzen sitzen, was der Natürlichkeit der Aufnahme entgegengewirkt haben kann.

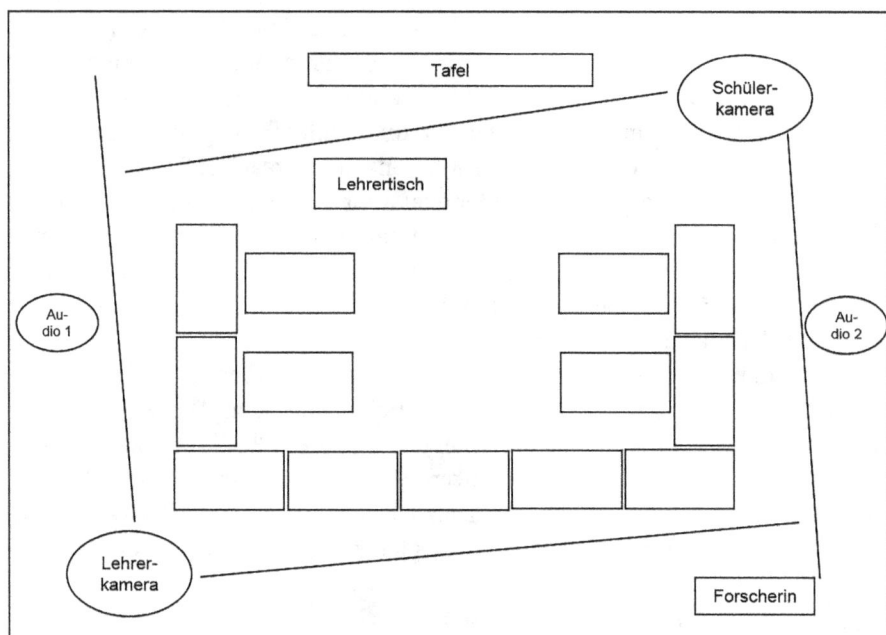

Abbildung 9: Abstrahierte Standardaufnahmesituation im Klassenzimmer, ggf. invertiert

7.5 Themenfixierung als Maßnahme zur Kontrolle eines Störfaktors

Laut Albert und Marx (2014: 39) sind Störfaktoren „Faktoren, die die Ergebnisse einer Studie verzerren können und daher möglichst zu vermeiden sind". Zur Kontrolle der Störfaktoren der Anwesenheit der Forscherin und der Aufnahmegeräte im Klassenraum wurden unter Abschnitt 7.4 schon Ausführungen gemacht.

Eine weitere Überlegung, die angestellt werden muss, ist die nach dem Einfluss des Unterrichtsthemas bzw. Unterrichtsgegenstands[15] auf die Unterrichtsinteraktion und die Sprache der Lehrpersonen und Schüler/-innen im Unterricht. Wenn in jeder Klasse gänzlich andere Unterrichtsgegenstände in den Blick genommen würden, beispielsweise im Deutschunterricht in der Grundschulklasse die Wortart *Nomen* im Kompetenzbereich *Sprache und Sprachgebrauch untersuchen* Unterrichtsthema wäre, während in der Mittelstufenklasse Goethes *Zauberlehrling* im Kompetenzbereich *Lesen – mit Texten und Medien umgehen* analysiert und interpretiert würde, wäre es möglich, dass Unterschiede in der Unterrichtssprache auch durch Unterschiede im Unterrichtsgegenstand bedingt sind.

Deswegen sollte, soweit wie möglich und in enger Abstimmung mit der Schuljahresplanung der jeweiligen Lehrpersonen, der Unterrichtsgegenstand in den einzelnen Fächern über die Jahrgangsstufen konstant gehalten werden. Dies ist erreichbar aufgrund der oftmals *spiralcurricularen* Anlage des Lernens in der Institution Schule. Im niedersächsischen *Kerncurriculum für das Gymnasium* im Fach *Biologie* wird diesbezüglich beispielsweise vom „kumulative[n] Lernen" gesprochen:

> Auch in einem Unterricht, der das Verständnis für Biologie auf der Grundlage von Basiskonzepten entwickelt, stehen Phänomenorientierung und exemplarisches Vorgehen im Vordergrund. Dieses Verständnis wird im Unterricht allmählich entwickelt; es ist deshalb untrennbar mit dem kumulativen Lernen verbunden. (Niedersächsisches Kultusministerium 2007: 72)[16]

---

15 Vgl. die Unterscheidung zwischen dem „*Thema einer Stunde*" und dem „*Inhalt einer Stunde*" bei Meyer (2009: 82). Meyer (2007: 196) setzt Unterrichtsthema und Gegenstand gewissermaßen gleich, wenn er schreibt: „Das Thema der Stunde benennt konkret, was der Unterrichtsgegenstand sein soll." Deswegen werden die Ausdrücke Unterrichtsthema und Gegenstand im Folgenden synonym genutzt. Im Gegensatz dazu ist der Unterrichtsinhalt „die durch das gemeinsame didaktisch-methodische Handeln des Lehrers und der Schüler hergestellte Vergegenständlichung von Sach-, Sinn- oder Problemzusammenhängen" (Meyer 2007: 197).
16 Vgl. auch Gropengießer und Kattmann (2006: 32, 34), die diesbezüglich vom „Spiralprinzip" sprechen.

Kiper und Mischke (2009: 155) führen das Konzept des sogenannten „Spiral-curriculum[s]" auf Bruners Überlegungen zum *Prozeß der Erziehung* (Bruner, z. B. 1970) zurück. Diese Konzeption sehe vor,

> dass je nach Vorwissensstand oder Entwicklungsstand der Schüler/innen zentrale Konzepte auf die jeweils angemessene Weise vermittelt werden sollen. Die gleichen zentralen Konzepte werden zu einem späteren Zeitpunkt mehrmals wieder aufgegriffen, dann aber mit gesteigerter Komplexität und größerem Detailreichtum vermittelt oder erarbeitet. Daraus ergibt sich das Bild der Spirale, sie symbolisiert die Wiederkehr des Gleichen auf höherem Niveau. (Kiper & Mischke 2009: 155)

Bruners eigene Worte lauten dazu:

> Jedes Kind kann auf jeder Entwicklungsstufe jeder Lehrgegenstand in einer intellektuell ehrlichen Form erfolgreich gelehrt werden. Es ist eine kühne Hypothese; und sie ist von entscheidender Bedeutung, wenn man über das Wesen eines Curriculums nachdenkt. (Bruner 1970: 44)[17]

Als Unterrichtsgegenstände für die Unterrichtsstunden dieser Untersuchung eignen sich also insbesondere Themen, die im Sinne dieser „Wiederkehr des Gleichen" (Kiper & Mischke 2009: 155) spiralcurricular mehrfach behandelt werden. Zwei Möglichkeiten einer so zu nennenden „Themenfixierung" in den untersuchten Unterrichtsstunden sind denkbar: Eine *enge* Themenfixierung, bei der derselbe Unterrichtsgegenstand in allen Jahrgangsstufen pro Fach allen Unterrichtsstunden zugrunde liegt, und eine *weite* Themenfixierung, in der in den betreffenden Unterrichtsstunden zumindest der betreffende Kompetenzbereich konstant gehalten ist.

Tabelle 31 zeigt die Übersicht über die Unterrichtsthemen in den 16 untersuchten Klassen. Es ist zu erkennen, dass insbesondere im Biologie-/Sachunterricht in der Grundschule, Unterstufe und Oberstufe eine solche enge Themenfixierung mit dem Unterrichtsgegenstand „Nahrungsbeziehungen" bei allen Lehrpersonen gelungen ist. Es wird aber auch sichtbar, dass diese enge Themenfixierung in der Mittelstufe nicht durchzuhalten war – aufgrund der Schuljahresplanungen der Lehrpersonen. Hier konnten aber zwei Themen gewählt werden, die zumindest eine Ähnlichkeit zu den auch als Stoffkreislauf darzustellenden Nahrungsbeziehungen dadurch aufweisen, dass in ihnen Regelkreise bzw. Regulationen betrach-

---

[17] Kritische Überlegungen zum Spiralcurriculum finden sich bei Wellenreuther (2005: 23, 112).

tet werden. Dies ist bei Bio – m in der Mittelstufe[18] der Regelkreis zur Verwertung von Kohlenhydraten und in der Mittelstufenklasse von Bio – w die Regulation der Spermienbildung.

Auch im Deutschunterricht konnte in vier Klassen eine enge Themenfixierung durchgehalten werden, weil in diesen die Textsorte *Fabel* den Unterrichtsgegenstand bildet: Bei De – w in der Grundschule wird das Fabelgedicht *Der Bär und das Eichhorn* von James Krüss fokussiert, bei De – m in der Unterstufe die Fabel *Wolf und Kranich* von Äsop, in der Mittelstufe *Der Wolf und das Lamm* von Äsop sowie *Der Wolf und das Schaf* von Lessing und in der Oberstufe *Der Wolf und das Schaf* von Äsop. In den anderen Deutschunterrichtsklassen konnte zumindest eine weite Themenfixierung (unter Einschluss der Fabel-Stunden) durchgehalten werden, da alle Deutschunterrichtsstunden im Kompetenzbereich *Lesen – mit Texten und Medien umgehen* durchgeführt wurden. Von De – m in der Grundschule wird das Kinderbuch *Der Meisterdieb* von Fabian Lenk (2007) behandelt. Bei De – w in der Unterstufe ist der Jugendroman *Pedro und die Bettler von Cartagena* von Ursula Hasler (2010 [1992]) Unterrichtsgegenstand, in ihrer Mittelstufenklasse das Drama *Der Besuch der alten Dame* von Friedrich Dürrenmatt (1998 [1980]) und in der Oberstufenklasse Theodor Fontanes *Effi Briest* (2002 [1895]) im Vergleich mit Verfilmungen des Romans von Rainer Werner Fassbinder (1974) und Hermine Huntgeburth (2009).

Ein möglicher weiterer ‚Störfaktor‘, der in den Blick kommen könnte, sind die jeweiligen Aufgabenstellungen der Lehrpersonen. Man könnte argumentieren, dass allein durch unterschiedliche Aufgabenstellungen der Lehrpersonen in den verschiedenen Unterrichtsstunden die sprachliche Verfasstheit des Unterrichtsdiskurses beeinflusst wird. Wenn aber die Aufgabenstellungen konstant gehalten werden sollten, würde die Natürlichkeit der Aufnahme (vgl. Dittmar 2009: 55 und Abschn. 7.4) sehr stark eingeschränkt, da die Lehrpersonen nicht, wie erwünscht, in der didaktisch-methodischen Gestaltung ihres Unterrichts frei wären. Ferner wäre eine Analyse der Veränderung der Aufgabenstellungen der Lehrpersonen über die Jahrgangsstufen als Ausdruck makrointeraktionaler Stützmechanismen nicht möglich.

---

18 Zum Verweis auf die in der Tabelle aufgeführten Lehrpersonen werden die Gruppenidentifikationskürzel mit Jahrgangsstufenangabe genutzt, um die Kohärenz zwischen Tabelle und Text zu waren.

Tabelle 31: Übersicht der Unterrichtsthemen in den 16 Klassen (in Graustufen markiert:
enge Themenfixierung)

	Bio – m	Bio – w	De – m	De – w
GS	Nahrungsbe-ziehungen	Nahrungsbe-ziehungen	Kinderbuch	Fabel
US	Nahrungs-beziehungen	Nahrungsbe-ziehungen	Fabeln	Jugendroman
MS	Regelkreis zur Verwertung von Kohlenhydraten	Regulation der Spermien-bildung	Fabeln	Drama
OS	Nahrungsbe-ziehungen, Stoffkreisläufe	Nahrungsbe-ziehungen, Stoffkreisläufe	Fabeln	Roman und Romanverfil-mungen

7.6 Auswahl der zu transkribierenden und zu analysierenden Ausschnitte

Die gefilmten Doppel-Unterrichtsstunden werden nicht vollständig transkribiert, sondern jeweils ein ca. 30-minütiger Unterrichtsausschnitt. Im Folgenden sollen die Kriterien zur Auswahl dieses zu transkribierenden Ausschnitts dargelegt werden.

– Es wird allein Plenumsunterricht untersucht, da in diesem, im Gegensatz zu Einzelunterrichts- oder Gruppenunterrichtsphasen, ein quantitatives Maß der Lehrersprache erwartbar ist, das als Grundlage der Analyse dienen kann. Zu erwartende Interaktionsmuster sind dabei beispielsweise der fragend-entwickelnde Unterricht (Becker-Mrotzek & Vogt 2009: 77–102), speziell das *Aufgabe-Lösungs-Muster* nach Ehlich und Rehbein (1986: 14–29). Aber auch Sequenzen des „Lehrervortrag[s] mit verteilten Rollen" (Ehlich & Rehbein 1986: 59–87) können auftauchen. Im Gegensatz zu diesen stärker gelenk-ten Interaktionsformen können auch offenere Formen des Lehrer-Schüler-Gesprächs, die nicht von Ehlich und Rehbein (1986) beschrieben wurden, in einem solchen Plenumsunterricht zu erwarten sein (vgl. Becker-Mrotzek & Vogt 2009: 43).[19] In einigen Unterrichtsstunden werden auch kurze Schüler-

---

19 „Ehlich/Rehbein konzentrieren ihre Analysen auf solche sprachlichen Muster, die es mit der Vermittlung von Wissen durch den Lehrer zu tun haben: das Aufgabe-Lösungs-Muster, das Rät-

präsentationen gehalten, die mit den dazugehörigen Lehrerrückmeldungen bzw. Lehrerkommentaren mittranskribiert werden können.[20]

– Es sollten Unterrichtsausschnitte sein, in denen eine „*[s]achinhaltliche*" bzw. „*[s]achlogische Bedeutung[..]*" (vgl. zum Terminus Belleck et al. 1974: 33–35) dominiert und keine „*[u]nterrichtsorganisatorische Bedeutung[..]*" (Bellack et al. 1974: 40) im Vordergrund steht, also keine „Angelegenheiten der Unterrichtsorganisation". Denn es ist erwartbar, dass konzeptionell schriftliche Fähigkeiten insbesondere in den Phasen mit Fokus auf den Unterrichtsgegenstand (und nicht in solchen mit Fokussierung der Unterrichtsorganisation) erforderlich sind.

– Zudem sollten Redebeiträge sowohl der Lehrpersonen als auch der Schüler/-innen vorhanden sein, damit die Äußerungen beider Parteien in die Analyse einbezogen werden können. Reine Schüler-Schüler-Diskussionen werden dementsprechend von der Analyse ausgeschlossen, da kein lehrerseitiger Redeanteil vorliegt.

– Außerdem wurde darauf geachtet, möglichst zusammenhängende Interaktionssequenzen auszuwählen, um so das Interaktionsgeschehen weitgehend vollständig abzubilden. Dies war nicht in jedem Fall möglich, da Phasen des Plenumsunterrichts oftmals von Phasen der Gruppen- oder Einzelarbeit unterbrochen werden. Diese Phasen werden nicht transkribiert, aber ihr Vorkommen im Transkript notiert.

7.7 Transkription

Vor Beginn der Transkription steht die Auswahl eines geeigneten Transkriptionssystems. Für die Transkription der vorliegenden Video- und Audiodaten wurde das Transkriptionssystem der „Halbinterpretative[n] Arbeitstranskription (HIAT)" nach Ehlich und Rehbein (1976) ausgewählt, ein System, das „vor allem entwickelt wurde, um Handlungsmuster in gesellschaftlichen, z. B. institutionellen, Kontexten zu untersuchen" (Selting 2001: 1060). Sein auffälligstes Kennzeichen ist die Nutzung einer „Partiturschreibung", die sich „an die graphische Aufzeichnung akustischer Phänomene in der Musik anlehnt" (Ehlich & Rehbein 1976: 26).

---

selraten, den Lehrervortrag und das Begründen. Dabei handelt es sich um nach wie vor wichtige Unterrichtsverfahren; sie erfassen aber keineswegs die Vielfalt möglicher und praktizierter Methoden, wie ein Blick in die zahlreichen Methodikbücher, z. B. Meyer (1980) zeigt" (Becker-Mrotzek & Vogt 2009: 43).

20 Bei der Analyse werden die Schülerpräsentationen dann aber oftmals ausgeklammert.

Ein Vorteil einer solchen Partiturschreibweise ist – im Gegensatz zu Schreibweisen mit sequentieller Struktur (vgl. Dittmar 2009: 94) wie *GAT* (Selting et al. 1998) oder *GAT 2* (Selting et al. 2009) –, dass durch sie die „Gleichzeitigkeit der Beiträge der Gesprächspartner" (Selting 2001: 1060) besonders gut verdeutlicht wird (vgl. auch Dittmar 2009: 94–95), weswegen sie sich „sehr gut für die Darstellung von Sprechereignissen, in denen viele Sprecher und viele simultane Beiträge vorkommen, z. B. in der schulischen Kommunikation [eignet]" (Selting 2001: 1061). Durch sie werden *turn*-Analysen, die in vorliegender Studie z. B. in der Operationalisierungsdimension *Komplexität* vorgenommen werden sollen, erleichtert. Ferner ist die mit Hilfe von *HIAT* durchgeführte Segmentierung der Äußerungen mit Hilfe von Äußerungsendzeichen (wie Punkt, Fragezeichen, Ausrufezeichen) (vgl. Rehbein et al. 2004: 18–29) ein günstiger Ausgangspunkt für die syntaktischen Einheitenanalysen in vorliegender Studie (vgl. Abschn. 8.2).

Es wird den in Rehbein et al. (2004) dargelegten und im Anhang aufgeführten Konventionen gefolgt. Zur Eingabe wird der *Partitur-Editor* des *EXMARaLDA*-Systems genutzt (vgl. Schmidt 2011; Schmidt & Wörner 2005). Für die Lehrpersonen und Schüler/-innen wird jeweils eine verbale Spur, eine Akzentspur sowie eine Kommentarspur für Kommentare des Transkribenten und nonverbale Ereignisse (z. B. lehrerseitige Tafelanschriften) angelegt (vgl. Rehbein et al. 2004: 8).

Kürzere Zitate aus den Transkripten, z. B. von einzelnen Worten, werden in dieser Arbeit nicht in Partiturschreibweise wiedergegeben. Und auch kürzere Interaktionssequenzen, bei denen kein gleichzeitiges Sprechen erfolgt, werden aus Gründen des Drucksatzes als Transformation in Sequenzschreibweise, aber mit den Transkriptionszeichen von HIAT wiedergeben. Längere Interaktionssequenzen werden demgegenüber in der Partiturschreibweise des Transkripts zitiert. Ausgewählte längere Transkriptausschnitte finden sich ergänzend auch auf der Projekthomepage: http://www.schuelergerichtete-sprache.de.

7.8 Datenauswertung und Ergebnisdarstellung

In diesem Abschnitt sollen die Prinzipien der Datenauswertung und Ergebnisdarstellung in vorliegender Studie erläutert werden. Die Studie wird zunächst als hypothesengenerierende, explorativ-deskriptive genauer beschrieben (vgl. Abschn. 7.8.1). Im Anschluss daran wird das Verfahren der Kategorienbildung in dieser Studie als deduktiv-induktiv gekennzeichnet (vgl. Abschn. 7.8.2) und zuletzt ausgehend von den Überlegungen in Abschn. 7.8.1 erläutert, dass Maße der deskriptiven Statistik sowie nicht-parametrische Zusammenhangsmaße genutzt werden (vgl. Abschn. 7.8.3).

7.8.1 Hypothesengenerierendes, explorativ-deskriptives Verfahren

Aufgrund der geringen lehrerseitigen Probandenanzahl von n = 8 (vgl. Abschn. 7.2) wird die vorliegende Untersuchung nicht als hypothesenprüfende Untersuchung (vgl. Bortz & Döring 2006: 490) durchgeführt, mit der auf Merkmale in der Gesamtpopulation bzw. Grundgesamtheit (vgl. Bortz & Schuster 2010: 79–80) (z. B. alle Grundschul- und Gymnasiallehrpersonen in Deutschland, die Deutsch bzw. Biologie/Sachunterricht unterrichten) geschlossen werden könnte. Die vorliegende Untersuchung ist demgegenüber als hypothesengenerierende Untersuchung anzusehen. Nach Bortz und Döring (2006) ist sie den „explorative[n] Untersuchungen" zuzuordnen und zudem als „deskriptive[.] Studie" (Bortz & Döring 2006: 356) zu bezeichnen.

Oftmals wird ein Zusammenhang zwischen einem explorativ-deskriptiven Vorgehen und qualitativen (also verbalen) Daten hergestellt bzw. ein Zusammenhang zwischen hypothesentestendem Vorgehen und quantitativen (also numerisch beschriebenen) Daten (vgl. implizit z. B. Bortz & Döring 2006: 296; Dörnyei 2007: 24). In dieser explorativ-deskriptiven Studie jedoch erfolgt die Auswertung der Daten nicht nur, aber doch zu einem großen Teil, durch quantitative, numerische Beschreibungen des verbalen Datenmaterials (u. a. mit Hilfe der in den vier Operationalisierungsdimensionen konzeptioneller Schriftlichkeit zu gewinnenden Analysekategorien). Z. T. erfolgt die Auswertung der Daten aber auch im Rahmen eines qualitativen Vorgehens, wenn beispielsweise mikrointeraktionale Stützmechanismen beschrieben werden. Nach Dörnyei (2007: 243) zeichnet sich eine solche qualitative Analyse der Daten dadurch aus, dass „the analysis is done primarily with words".

7.8.2 Deduktiv-induktive Kategorienbildung

Die Bildung von Analysekategorien zur quantitativen Analyse erfolgt in dieser Studie zum einen *deduktiv* geleitet, z. B. durch die schon angestellten Überlegungen zu den vier Operationalisierungsdimensionen konzeptioneller Schriftlichkeit oder zu den mikro- und makrointeraktionalen Stützmechanismen (vgl. dazu die intensiven Überlegungen in Abschn. 3.2.2.2). Nach Burwitz-Melzer und Steininger (2016: 259) zeichnet sich eine deduktive Datenanalyse dadurch aus, dass „das Datenmaterial entlang vorab systematisierter Kategorien geordnet und strukturiert" wird. Eine allein deduktive Analyse ist in vorliegender Studie aufgrund ihres explorativen Charakters (vgl. Abschn. 7.8.1) jedoch nicht ausreichend.

Deswegen wird sie zum anderen durch *induktive* Anteile ergänzt: Die Bildung von Analysekategorien erfolgt auch induktiv durch wiederkehrende Beobachtungen am konkreten Analysematerial, die aus den theoretischen Überlegungen vor der Datenanalyse nicht abgeleitet werden konnten. Burwitz-Melzer und Steininger (2016: 259) formulieren es so, dass „[i]m induktiv orientierten Ansatz [...] erst das Datenmaterial selbst dazu [dient], Kategorien zu bilden".

7.8.3 Deskriptive Statistik und Zusammenhangsmaße

Aufgrund des deskriptiven und hypothesengenerierenden Charakters der Untersuchung werden keine Verfahren der *Inferenzstatistik* angewandt, denn mit diesen würde untersucht „wether the results that we observed in our sample (for example differences or correlations) are powerful enough to generalize to the whole population" (Dörnyei 2007: 209). Demgegenüber können Verfahren der *deskriptiven Statistik* sehr wohl eingesetzt werden, die verwendet werden „to summarize sets of numerical data" (Dörnyei 2007: 209). So werden beispielsweise „Maße der Zentralen Tendenz" wie der Mittelwert bzw. das „arithmetische Mittel" (Bortz & Schuster 2010: 25), der Median und der Modalwert bzw. Modus berechnet. Außerdem können „Maße der Variabilität" (Bortz & Schuster 2010: 29) wie die Standardabweichung (vgl. Bortz & Schuster 2010: 31) oder die Variationsbreite (vgl. Bortz & Schuster 2010: 32) angegeben werden. Zur grafischen Darstellung der Merkmalsverteilungen können außerdem Diagramme gezeichnet werden. Eine besondere Form der grafischen Darstellung von zentraler Tendenz und Lage stellen die in dieser Studie ebenfalls genutzten Boxplots dar (vgl. Bortz & Schuster 2010: 44–45). Es werden zudem in mehreren Analysen prozentuale Werte oder Häufigkeiten auf 1000 Wörter berechnet. Dies geschieht zur Sicherung der Vergleichbarkeit der Werte miteinander.

Es können zudem Maßzahlen betrachtet werden, „die die Stärke eines Zusammenhangs zwischen zwei Variablen ausdrücken" (Janssen & Laatz 2007: 268). Es ist bei geringen Stichprobengrößen allerdings darauf zu achten, dass hier ein „nicht-parametrische[s] (verteilungsunabhängige[s], verteilungsfreie[s])" (Rost 2007: 188) Verfahren genutzt wird. Wenn in dieser Studie Zusammenhänge zwischen zwei Variablen analysiert werden, wird das nicht-parametrische Zusammenhangsmaß *Kendalls tau-b* (τ_b) eingesetzt, das „auf dem paarweisen Vergleich aller Fälle hinsichtlich ihrer Werte auf beiden Variablen" (Janssen & Laatz 2007: 277) beruht. Die Berechnung dieses etwas unbekannteren Maßes wird an dieser Stelle erläutert: Bei jedem Paar wird untersucht, „in welcher Beziehung die Werte stehen" (Janssen & Laatz 2007: 277). Man unterscheidet konkordante Paare und diskordante Paare. Bei einem konkordanten Paar (P) sind die Werte beider Variablen gleichermaßen höher oder gleichermaßen niedriger als die beiden ihnen jeweils vorangehenden Werte. Bei einem diskordanten Paar (Q) ist der Wert der einen Variable des Paars höher als sein vorheriger Wert, der Wert der anderen Variable des Paars hingegen niedriger als ihr vorheriger Wert. Aus der Anzahl der konkordanten und diskordanten Paare ergibt sich dann die Art des Zusammenhangs: „Überwiegen die konkordanten Paare, dann ist der Zusammenhang positiv, überwiegen die diskordanten, ist er negativ. Existieren gleich viel konkordante und diskordante, besteht kein Zusammenhang" (Janssen & Laatz 2007: 277). Die Formel zur Berechnung von *Kendalls tau-b* lautet (vgl. Janssen & Laatz 2007: 277):

$$\tau b = (P - Q) \div (\sqrt{(P + Q + Tx)\,(P + Q + Ty)})$$

Neben den konkordanten (P) und diskordanten Paaren (Q) gibt es, wie man in der Formel sieht, noch einen weiteren Fall, nämlich Paare, bei denen eine Bindung (T, von „tied") vorliegt. Von einer Bindung ist zu sprechen, wenn mindestens zwei Werte einer Variable sich gleichen.

Dabei ist zu beachten, dass *Kendalls tau-b* (wenn keine Bindungen vorliegen) nur eine begrenzte Menge an Werten zwischen $\tau_b = -1$ und $\tau_b = +1$ annehmen kann. In dieser Studie wird *Kendalls tau-b* zwischen zwei Variablen über die vier Jahrgangsstufen berechnet. Standardmäßig kann *Kendalls tau-b* so in dieser Untersuchung die Werte
- $\tau_b = -1,000$ (hohe negative Korrelation),
- $\tau_b = -0,667$ (mittlere negative Korrelation),
- $\tau_b = -0,333$ (geringe negative Korrelation,
- $\tau_b = 0,000$ (keine Korrelation),
- $\tau_b = 0,333$ (geringe positive Korrelation),
- $\tau_b = 0,667$ (mittlere positive Korrelation),
- $\tau_b = 1,000$ (hohe positive Korrelation)
annehmen, wenn keine Bindungen vorliegen.

7.9 Verortung der Studie in der Lehrerforschung

An letzter Stelle dieses methodischen Kapitels soll die Studie in der Lehrerforschung verortet werden. Bräuer und Winkler (2012: 87) konstatieren in ihrem Forschungsüberblick „ein Defizit an deutschdidaktischer Lehrerforschung, die ‚im Feld' angesiedelt ist", während ein Großteil der Deutschlehrerforschung „‚im Labor'" (Bräuer & Winkler 2012: 76) durchgeführt werde, z. B. durch Bewältigung von „*experimentelle[n] Anforderungssituationen*" oder durch „*handlungsfern[es]*" Auskunft-Geben „über [...] berufsrelevantes Denken und Handeln" der Lehrpersonen. Deutlich ist, dass es für die Erfüllung der Zielsetzung der vorliegenden

Studie nicht ausreichend wäre, würden die Lehrpersonen in Interviews Auskunft über ihre Sprache im Unterricht geben. Denn nach Baumert und Kunter (2006: 483) handelt es sich beim sprachlichen Unterrichtshandeln von Lehrpersonen überwiegend um „praktische[s] Wissen und Können (*knowledge in action*)", das „im schnellen Handlungsvollzug i. d. R. implizit bleibt." Diesen Aspekt arbeiten Herrmann und Grabowski (1994) auch aus psycholinguistischer Perspektive heraus:

> So kann man sogar, wenn dies auch eher selten der Fall ist, die Wahl einer Wortfolge, eines einzelnen Wortes, einer bestimmten Wortbetonung, die Dehnung einer einzigen Silbe und dergleichen explizit und mit gedanklichem Aufwand planen. In der Regel sind aber Wortreihung, Wortwahl, Wortbetonung usf. stark automatisiert. (Herrmann & Grabowski 1994: 361)

Unter Rückgriff auf Neuwegs (2011: 453) Systematisierungsvorschlag des „Lehrerwissens" haben wir es beim sprachlichen Unterrichtshandeln von Lehrpersonen mit „Wissen 3" zu tun, also mit einem „Können", „das entsprechend aus konkreten Handlungsepisoden verstehend rekonstruiert werden kann". Gerade im sprachlichen Bereich ist es dementsprechend kaum möglich, die „kognitiven Strukturen" (Neuweg 2011: 453) bzw. Wissensinhalte von Lehrpersonen, also das „Wissen 2" mit Bezug auf sprachliches Lehrerhandeln im Unterricht, empirisch zu erfassen. Es ist beispielsweise kaum vorstellbar, dass eine Lehrperson explizit verbalisieren kann, wie häufig sie im Vergleich verschiedener Jahrgangsstufen die besonders integrative Struktur attributiver Adjektive einsetzt. In der Studie von Wanjek (2010) reflektiert z. B. der Lehrer *Fm:* „Verständigung muss man ja irgendwo klientelbezogen sehen [...] in der zehnten klasse red ich natürlich anders als in der achten klasse" (Wanjek 2010: 91) – und verbleibt damit auf einer Ebene sehr oberflächlicher Sprachbeschreibung. Aus dieser Äußerung des Lehrers *Fm* ist nicht unweigerlich zu schlussfolgern, dass er tatsächlich klientelbezogen sprachhandelt, und noch weniger lässt sich daraus ablesen, *wie* er klientelbezogen sprachhandelt.[21] Für solche Schlussfolgerungen sind intensive Analysen der Lehrersprache in videodokumentierten Unterrichtsstunden, wie in dieser Studie, notwendig. Im Gegensatz zu Studien der deutschdidaktischen Lehrerforschung,

---

21 Wanjek selbst scheint aber an einigen Stellen dem Fehlschluss zu unterliegen, dass die von ihm rekonstruierten „Innensichten", also die „individuellen didaktischen Theorien von Lehrpersonen [...] zum Sprechhandeln von Lehrern im Unterricht", deckungsgleich mit den „Außensichten" (Wanjek 2010: 14), einer sprachwissenschaftlichen Analyse der Lehrersprache mittels eines Sprechakttypeninventars, sein müssten. Diese Ungenauigkeit zeigt sich z. B. in Formulierungen seinerseits wie „Interessanterweise fanden sich nämlich in den Gruppendiskussionen keinerlei spontane Äußerungen zu den auffällig häufig vorkommenden Sprechakten" (Wanjek 2010: 154).

die sich auf das Auskunft-Geben zum „Wissen 2" (Neuweg 2011: 453) beschränken, wodurch „nur bedingt Rückschlüsse auf das Handeln der Lehrenden" (Bräuer & Wieser 2015: 11) gezogen werden können, wird hier konkretes adaptives Sprachhandeln von Lehrpersonen im Unterricht beschrieben und damit ihr „Wissen 3" nach Neuweg (2011: 453) rekonstruiert.

8 Analysen der Inputvariation/-adaption

Die Analysen im vorliegenden Kapitel sind auf die erste und zweite Zielsetzung der Studie bezogen: Es geht zum einen darum, das zweidimensionale Operationalisierungssystem aus den vier Operationalisierungsdimensionen konzeptioneller Schriftlichkeit (OpD) *Integration, Komplexität, Differenziertheit* und *Planung* und aus innerhalb dieser OpD gebildeten Analysekategorien zu entwickeln. Die zu bildenden Analysekategorien konzeptioneller Schriftlichkeit sollen dabei auf verschiedenen sprachlichen Analyseebenen (von der morphologischen Ebene bis zum Text/Diskurs) lokalisiert werden. Es geht zum anderen in diesem Kapitel insbesondere darum, mit Hilfe der Analysekategorien linguistisch möglichst exakt zu untersuchen, inwiefern/wie sich die Sprache der Lehrpersonen im videodokumentierten Plenumsunterricht von der Grundschule bis zur Oberstufe verändert.

Den Analysen in den einzelnen OpD vorangestellt sind Operationalisierungen zweier Basisvariablen: der Wortanzahl (vgl. Abschn. 8.1.1) und der Einheitenanzahl (8.1.2), die beide dazu dienen, die Vergleichbarkeit der auf lexikalischer bzw. syntaktischer Ebene erhobenen Werte zu sichern. Im Anschluss folgen Studien in den Operationalisierungsdimensionen *Integration* (vgl. Abschn. 8.3), *Komplexität* (vgl. Abschn. 8.4), *Differenziertheit* (vgl. Abschn. 8.5) und *Planung* (vgl. Abschn. 8.6).

8.1 Basisvariable *Wortanzahl*

Die Basisvariable *Wortanzahl* dient dazu, eine Vergleichbarkeit der ermittelten Werte (v. a. auf lexikalischer Ebene) zu ermöglichen, indem diese mit der Wortanzahl ins Verhältnis gesetzt werden.

8.1.1 Operationalisierung der Wortanzahl

Die von den einzelnen Lehrpersonen und den ‚Durchschnittsschüler/-innen' der jeweiligen Klassen gesprochene Wortanzahl wird mit Hilfe des HIAT-Segmentieralgorithmus des EXMARaLDA-Partitur-Editors bestimmt (vgl. Schmidt 2011: 70–71). Es wurde so verfahren, dass zunächst mit dem HIAT-Segmentieralgorithmus pro Transkript eine nach Sprechern sortierte Wortliste ausgegeben wurde. Diese wurde dann durch Copy-and-Paste in ein Excel-Dokument übertragen, in dem die eigentliche Zählung der Wörter durchgeführt werden konnte, indem auf der einen Seite die Wörter der Lehrperson und auf der anderen Seite die Wörter aller Schüler/-innen gemeinsam gezählt wurden.

Nach Rehbein et al. (2004: 30) wird das Transkript beim computergestützten

https://doi.org/10.1515/9783110569001-008

Transkribieren nach HIAT „nach orthographischen Regeln und der darauf basierenden literarischen Umschrift" in Wörter eingeteilt. Bei der Segmentierung in Wörter soll sich der Transkribent also am „orthographischen Regelwerk" orientieren: „Was in HIAT ein Wort ist, wird also weitestgehend von der Standardorthographie vorgeschrieben" (Rehbein et al. 2004: 30). Es wird aber nicht uneingeschränkt nach der Standardorthographie transkribiert, da Mechanismen der sogenannten „literarischen Umschrift" wirksam werden, die „im Spannungsfeld zwischen phonetischer Transkription und Standardorthographie" stehen (Rehbein et al. 2004: 11). In der literarischen Umschrift werden etwa „gewisse Aussprachebesonderheiten" „wie das ‚Verschlucken' von Silben (Reduktion) oder die ‚Zusammenziehung' (Assimilation) von Wörtern" (Rehbein et al. 2004: 11) mitnotiert. Insbesondere diese Assimilation hat Auswirkungen auf die Bestimmung der Wortanzahl. Denn bei der „Reduktion der Anapher ‚es' zu ‚s' findet manchmal zusätzlich eine phonetische Anlehnung (Enklise) an das vorangehende Wort statt (‚ich habs')" (Rehbein et al. 2004: 12). Laut Rehbein et al. (2004: 12) gibt es „für die Transkription dieses Phänomens [...] keine verbindliche Vorgabe". In dieser Arbeit wird bei der Transkription die Assimilation immer markiert, wenn sie vorliegt. Für die Zählung der Wortanzahl hat dies zur Folge, dass die zusammengezogenen Wörter als ein Wort gezählt werden, da sich nun kein Leerzeichen mehr zwischen ihnen befindet. Bei (adhoc-)Komposita, die mit Bindestrich geschrieben werden, wird hingegen jeder einzelne Bestandteil durch den Algorithmus als Wort segmentiert.

Durch die mit Hilfe von Leerzeichen in HIAT vorgenommene Wortbestimmung liegt ein weiter Wortbegriff vor, ähnlich wie ihn Bredel et al. (2011) – jedoch für das medial Schriftliche – formulieren:

> Das Wort als Einheit, die eine lexikalische Bedeutung trägt und die in einer interpretierbaren (strukturell immer vergleichbaren) Beziehung zu anderen Wörtern steht, wird uns vom Leerzeichen direkt ‚serviert'. (Bredel et al. 2011: 25)

Es wird mit Hilfe des HIAT-Segmentierungsalgorithmus also eine Segmentierung in Wörter durch Leerzeichen durchgeführt. Damit gehen in die Wortanzahlbestimmung auch „Gesprächspartikel[n]" (Nübling 2006: 601) resp. „Planungsindikatoren" (Rehbein et al. 2004: 51) wie „ähm" oder „hm" sowie ebenfalls „Wort-Äquivalente" (Boettcher 2009a: 24) wie Interjektionen und Onomatopoetika ein. Zudem gibt der Segmentieralgorithmus im Rahmen einer Reparatur oder eines Abbruchs nicht vollständig verbalisierte Worte als Wörter aus.[1] Auch mit einfa-

---

1 Vgl. zum Unterschied von abgebrochenen Äußerungen und Reparaturen Rehbein et al. (2004: 22, 53).

chen Klammern als schwer verständlich markierte Passagen (vgl. Rehbein et al. 2004: 39), die aber eine Vermutung über den Wortlaut enthalten, gehen in die Analyse der Wortanzahl ein, während als unverständlich gekennzeichnete Passagen (vgl. Rehbein et al. 2004: 38–39) nicht in die Analyse mit eingehen. Wörter, die vom Sprechenden repitiert werden (vgl. Rehbein et al. 2004: 46), werden ebenfalls mehrfach in der Auszählung berücksichtigt.

Ferner ist zu erwähnen, dass Wörter, die mit Hilfe von Anführungszeichen als „uneigentliches Sprechen" (Rehbein et al. 2004: 47) markiert wurden, durch den Algorithmus mit in die Wortsegmentierung aufgenommen werden. Hierbei handelt es sich beispielsweise um „Redewiedergaben, Zitate, Vorlesen, Wiedergaben aus dem Gedächtnis" (Rehbein et al. 2004: 47). Da insbesondere an vorgelesenen Passagen jedoch im weiteren Fortgang dieser Arbeit keine Analysen durchgeführt werden, weil es sich z. B. um Vorlesen von Schulbuchpassagen oder von selbst produziertem medial schriftlichem Text handeln kann, werden diese vorgelesenen Passagen nicht in die Analyse mit einbezogen und händisch aus der Wortanzahl herausgerechnet, wo sie vorliegen. Dieser Fall tritt auch bei Schülervorträgen ein, die deutlich das wiedergeben, was auf Overheadfolien notiert ist. Er tritt auch ein, wenn Lehrpersonen etwas von der Tafel ablesen. Nicht in die Analysen einbezogen werden zudem Wörter aus kurzen Passagen, die eindeutig disziplinierend sind oder eindeutig nicht mehr dem Unterrichtsgegenstand zugewandt sind (wie beispielsweise in einer Passage in der dritten Grundschulklasse des Deutschlehrers, in der die Schülerin Irina ihren „Brennnesselstich" versorgt haben möchte). Auch wenn diese betreffenden Passagen nicht in die Wortanzahl hereingerechnet werden, war es doch notwendig, sie zu transkribieren, weil es sonst zu Verständnis- und Interpretationsproblemen bei der Rezeption des Gesamt-Transkripts kommen könnte.

Die so ermittelte Wortanzahl wird bei Analysen auf morphologisch-lexikalischer und teilweise auch phrasaler Ebene als Vergleichsgröße genutzt, um Häufigkeiten einer Variable auf 1000 Wörter zu berechnen – nach Hatch und Lazarton (1991: 141) eine in linguistischen Analysen vielfach genutzte Vergleichsgröße.

8.1.2 Ergebnisse zur Wortanzahl

In Tabelle 32 ist die so ermittelte Wortanzahl wiedergegeben. Die Wortanzahl des Gesamtkorpus beträgt 60.282 Wörter. Die lehrerseitige Wortanzahl beläuft sich auf insgesamt 38.469 Wörter, die schülerseitige Wortanzahl auf 21.813 Wörter.

Der Mittelwert ($\bar{x}_{arithm}$) der Gesamtwortanzahl pro Transkript beträgt 3768 Wörter, die Standardabweichung von diesem Mittelwert allerdings 627 Wörter. D. h., dass die Länge der Transkripte in Worten durchschnittlich um 627 Wörter variiert. Der Mittelwert der lehrerseitigen Wortanzahl liegt mit 2404 Worten über dem Mittelwert der schülerseitigen Wortanzahl von 1363 Worten. Die Standardabweichung der lehrerseitigen Wortanzahl vom Mittelwert beträgt 484 Wörter, auf Schülerseite beträgt sie 422 Wörter. In Tabelle 33 ist die ausgewertete Gesamtwortanzahl pro Transkript wiedergegeben.

Tabelle 32: Übersicht Wortanzahl (tokens) des Korpus[2]

Gesamtwortanzahl des Korpus	60282
Lehrerseitige Wortanzahl gesamt	38469
Schülerseitige Wortanzahl gesamt	21813
Verhältnis von Lehrer- zu Schülerworten	1,76:1
Lehrerseitige Wortanzahl in Prozent an der Gesamtwortanzahl	63,82 %
Schülerseitige Wortanzahl in Prozent an der Gesamtwortanzahl	36,18 %
$\bar{x}_{arithm}$ (Gesamtwortanzahl pro Transkript)	3768
s (Gesamtwortanzahl pro Transkript)	627
$\bar{x}_{arithm}$ (lehrerseitige Wortanzahl)	2404
s (lehrerseitige Wortanzahl)	484
$\bar{x}_{arithm}$ (schülerseitige Wortanzahl)	1363
s (schülerseitige Wortanzahl)	418

Wenn man das Verhältnis von lehrer- und schülerseitiger Wortanzahl in diesem Korpus berechnet (38.469:21.813), ergibt sich ein Verhältnis von 1,76 lehrerseitigen Wörtern zu einem schülerseitigen Wort. Die Lehrpersonen sprechen also im Durchschnitt 1,76 mal mehr Wörter als die Schüler/-innen. Dieses Verhältnis kann mit der dreischrittigen interaktionalen Sequenz der Unterrichtskommunikation (vgl. Abschn. 4.3) in Zusammenhang gebracht werden, bei der zwei lehrerseitige Schritte auf einen schülerseitigen kommen. Der Redeanteil der Lehrpersonen im ausgewerteten Plenumsunterrichts-Korpus (ca. jeweils 30 Minuten Plenumsunterricht) beträgt damit 63,82 %, während der Redeanteil der Schülerinnen und Schüler nur 36,18 % beträgt. Zu bedenken ist bei der Interpretation dieser Werte jedoch, dass die zu transkribierenden Ausschnitte, wie in Abschnitt 7.6 beschrieben, so ausgewählt wurden, dass nicht Schülervorträge oder Gruppenunterrichtsphasen dominieren. Zudem ist zu bedenken, dass Schülervorträge, wenn sie deutlich abgelesen waren, ebenfalls nicht in die Wortanzahl mit eingehen.

---

2 $\bar{x}_{arithm}$ = Mittelwert; s = Standardabweichung.

Tabelle 33: Wortanzahl (tokens) Lehrpersonen und Schülerinnen und Schüler gemeinsam[3]

	Bio – m	Bio – w	De – m	De – w
GS	3812	3371	3694	2817
US	3258	4919	4157	4100
MS	4499	2856	3997	3146
OS	3076	4039	4514	4027

In Tabelle 34 und Tabelle 35 sind die lehrerseitige und die schülerseitige Wortanzahl pro Transkript aufgeführt. In der rechten Spalte der Tabellen ist der Mittelwert pro Jahrgangsstufe berechnet. An diesen Mittelwerten und auch an Abbildung 10 und Abbildung 11, in denen die tabellarischen Werte graphisch dargestellt sind, ist zu erkennen, dass die von den Lehrpersonen gesprochene durchschnittliche Wortanzahl tendenziell von der Unterstufe ($\bar{x}_{arithm}$ = 2732,25) über die Mittelstufe ($\bar{x}_{arithm}$ = 2324,75) zur Oberstufe ($\bar{x}_{arithm}$ = 2128,25) abnimmt und dass auch der durchschnittliche Grundschulwert ($\bar{x}_{arithm}$ = 2431,00) über dem durchschnittlichen Oberstufenwert liegt (vgl. Tabelle 34 und Abbildung 10).

Tabelle 34: Wortanzahl (tokens) Lehrpersonen

	Bio – m	Bio – w	De – m	De – w	$\bar{x}_{arithm}$
GS	2615	2354	2817	1938	2431,00
US	2184	3446	3151	2148	2732,25
MS	2769	2078	2451	2005	2325,75
OS	1600	2253	2681	1979	2128,25

3 Zum Sprachgebrauch bei der Erläuterung der in den Tabellen und Diagrammen eingetragenen Analyseergebnisse: Die Spalten der Tabelle bzw. die einzelnen Säulengruppen der Diagramme sind jeweils mit dem Gruppenkürzel der nach Fach und Geschlecht einander zugeordneten Lehrpersonen bezeichnet (die Spalte für den männlichen Sachunterrichtslehrer in der Grundschule und den männlichen Biologielehrer am Gymnasium trägt so das Gruppenkürzel *Bio – m*). Beim Bezug auf die Tabellen bzw. Diagramme wird in den folgenden Analysen jeweils dieses Kürzel genutzt, unter Angabe der Jahrgangsstufe bzw. Schulform, so dass daraus zu schließen ist, ob sich die Aussage auf den Grundschullehrer oder den Gymnasiallehrer in einer betreffenden Jahrgangsstufe bezieht. So wird Kohärenz zwischen der Darstellung in den Tabellen und Diagrammen und dem Text gewahrt.

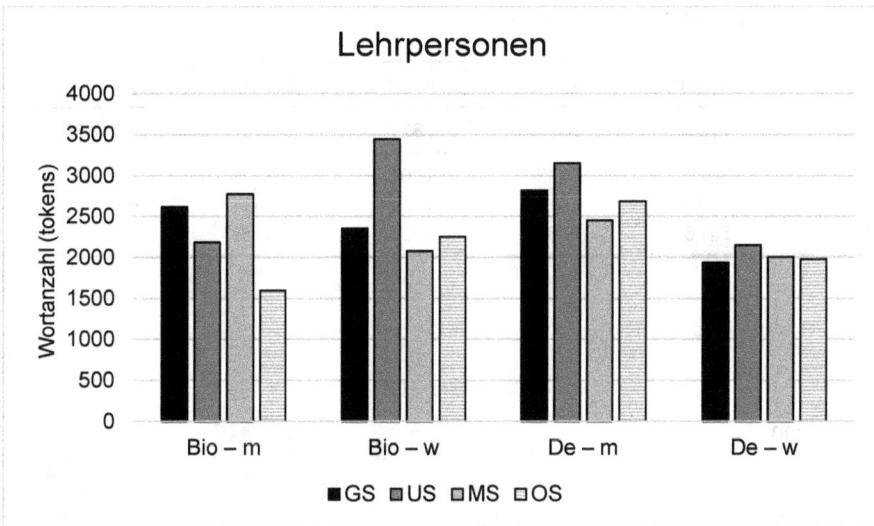

Abbildung 10: Wortanzahl (tokens) Lehrpersonen[4]

Demgegenüber ist zu erkennen, dass die durchschnittliche schülerseitige Wortanzahl von der Grundschule ($\bar{x}_{arithm}$ = 992,50) über die Unterstufe ($\bar{x}_{arithm}$ = 1376,25) bzw. Mittelstufe ($\bar{x}_{arithm}$ = 1310,75) bis zur Oberstufe ($\bar{x}_{arithm}$ = 1785,75) zunimmt (vgl. Tabelle 35 und Abbildung 11). Hier liegen also inverse Tendenzen bei Lehrpersonen vs. Schüler/-innen vor.

---

4 Zum Rezipieren dieser und der folgenden lehrerseitigen Abbildungen: Sie sind jeweils in vier Säulengruppen aufgeteilt, die nach Fach und Geschlecht der jeweiligen Lehrpersonen gruppiert sind. Der männliche Sachunterrichtslehrer ist also mit dem männlichen Biologielehrer in der ersten Säulengruppe gruppiert. Der Unterschied zwischen Grundschul- und Gymnasiallehrperson in der jeweiligen Säulengruppe ist farblich dadurch markiert, dass die Säulen der Grundschullehrpersonen immer schwarz gefärbt sind, während die Säulen der Gymnasiallehrpersonen in der Unterstufe, Mittelstufe und Oberstufe in verschiedenen Graustufen gehalten sind.

Tabelle 35: Wortanzahl (tokens) Schüler/-innen[5]

	Bio – m	Bio – w	De – m	De – w	$\bar{x}_{arithm}$
GS	1197	1017	877	879	992,50
US	1074	1473	1006	1952	1376,25
MS	1730	778	1546	1141	1310,75
OS	1476	1786	1833	2048	1785,75

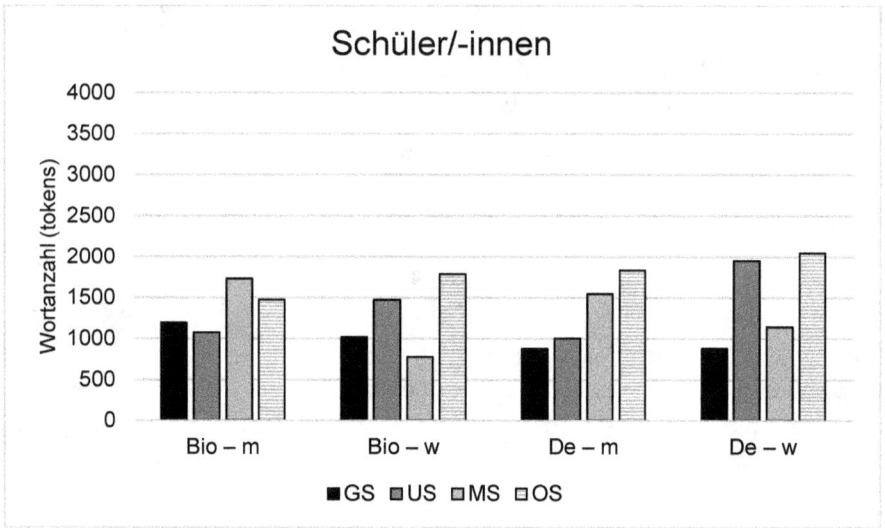

Abbildung 11: Wortanzahl (tokens) Schüler/-innen[6]

In Abbildung 12 und Tabelle 36 ist der prozentuale Anteil der Lehrerworte an der Gesamtwortanzahl pro Transkript dargestellt. Die „Variationsbreite" (Bortz &

---

5 Wenn im Folgenden Vergleiche auf 1000 Wörter berechnet werden, muss bedacht werden, dass in drei von 16 Fällen die Schüler/-innen nicht 1000 Wörter geäußert haben, nämlich bei Bio – w in der Mittelstufe und bei den Deutschlehrpersonen in der Grundschule.
6 Zur Rezeption dieser Abbildung: Sie ist wie die lehrerseitigen Abbildungen nach Fach und Geschlecht der die betreffenden Klasse unterrichtenden Lehrperson gruppiert. In der zweiten Säulengruppe ist also die Grundschulklasse der weiblichen Sachunterrichtslehrerin (in schwarz) mit den Gymnasialklassen der weiblichen Biologielehrerin gruppiert (in pro Jahrgangsstufe verschiedenen Graustufen).

Schuster 2010: 32)[7] bzw. Spannweite beträgt 27,12 Prozentpunkte zwischen dem niedrigsten Wert bei De – w in der Oberstufe (49,14 %) und dem höchsten Wert bei De – m in der Grundschule (76,26 %). Es ist in allen Säulengruppen eine tendenzielle Abnahme des prozentualen Anteils der Lehrerworte von der Grundschule bis zur Oberstufe zu erkennen. Zudem zeigt sich, dass der niedrigste prozentuale Anteil der Lehrerworte an der Gesamtwortanzahl immer in der Oberstufe zu finden ist (zwischen 49,14 % bei der weiblichen Deutschlehrerin und 59,39 % bei dem männlichen Deutschlehrer). Die Mittelwerte des prozentualen Anteils der Lehrerworte an der Gesamtwortanzahl in Tabelle 36 nehmen zudem von der Grundschule (70,87 %) über die Unterstufe (66,32 %) und Mittelstufe (64,84 %) bis zur Oberstufe (54,08 %) ab. Die größte Abnahme ist von der Mittelstufe bis zur Oberstufe zu verzeichnen.

Diese Veränderungen des prozentualen Anteils der Lehrerworte an der Gesamtwortanzahl kann als ein Indikator dafür angesehen werden, dass der Unterrichtsdiskurs in den höheren Jahrgangsstufen anders beschaffen ist als in den niedrigeren. In Kapitel 10 wird dieses Ergebnis genauer unter der Perspektive der makrointeraktionalen Stützmechanismen zu diskutieren sein.

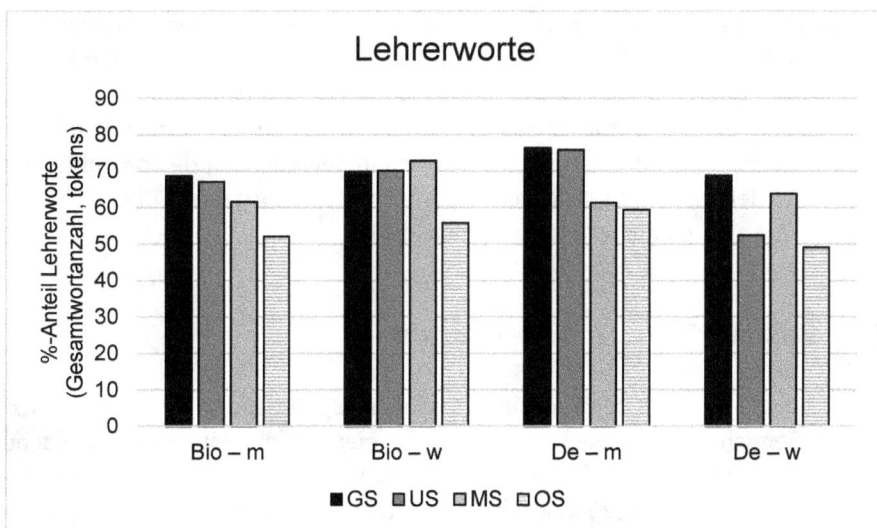

Abbildung 12: Prozentualer Anteil der Lehrerworte an der Gesamtwortanzahl

---

7 Die Variationsbreite („Range", „R"; Dörnyei 2012: 214) ist ein statistischer Kennwert, der sich nach Bortz und Schuster (2010: 32) als „Differenz aus dem größten und kleinsten Wert" berechnet: $R = x_{(max)} - x_{(min)}$. Sie ist ein Maß, das „sehr sensitiv gegenüber Ausreißern" (Bortz & Schuster 2010: 32) ist.

Tabelle 36: Prozentualer Anteil der Lehrerworte an der Gesamtwortanzahl

	Bio – m	Bio – w	De – m	De – w	$\bar{x}_{arithm}$
GS	68,60	69,83	76,26	68,80	70,87
US	67,03	70,05	75,80	52,39	66,32
MS	61,55	72,76	61,32	63,73	64,84
OS	52,02	55,78	59,39	49,14	54,08

Einige der in Abschnitt 4.1 referierten Studien messen ebenfalls den lehrerseitigen Redeanteil in Worten (vgl. dazu auch die Ergebnisse in Abschn. 10.1.1). Es muss aber betont werden, dass die hier gewonnenen Werte nicht bedingungslos mit den in jenen Studien gewonnenen Werten vergleichbar sind. Denn in vorliegender Studie wird die lehrer- und schülerseitige Wortanzahl allein aus den ca. 30-minütigen Ausschnitten von *Plenums*interaktion gewonnen (z. B. unter Ausklammerung von längeren Schülerpräsentationen oder Gruppenarbeitsphasen). Im Vergleich mit anderen Studien, die den lehrerseitigen Redeanteil in Worten messen, wie beispielsweise Richert (2005: 122), die auf einen niedrigen Wert von durchschnittlich 57,76 % in 5.–8. Klassen kommt, kann es sein, dass der lehrerseitige Redeanteil in dieser Studie, wenn er auf die gesamte Unterrichtsstunde generalisiert werden würde, etwas überschätzt wird. Für den reinen Anteil des Plenumsunterrichts ist das Ergebnis der Abnahmetendenzen des prozentualen Anteils der lehrerseitigen Wortanzahl an der Gesamtwortanzahl über die Jahrgangsstufen aber nichtsdestotrotz aussagekräftig.

8.2 Basisvariable *Einheitenanzahl*

Die Basisvariable *Einheitenzahl* wird als Vergleichsgröße für Analysen im syntaktischen Bereich hinzugezogen. Eine solche Segmentierung gesprochener Sprache nach „Äußerungseinheiten" stellt in der medialen Mündlichkeit eine Schwierigkeit dar, wie Schwitalla (2012: 84) hervorhebt, da z. B. nicht alle Äußerungen als vollständige ‚Sätze' angesehen werden können.

8.2.1 Operationalisierung der Einheitenanzahl

Um die Einheiten in dieser Studie voneinander abgrenzen zu können, soll mit der syntaktischen Einheitentypologie nach Hennig (2006) gearbeitet werden. Die Nutzung dieser Typologie bringt Vorteile auch für die Analysen in der Operationalisierungsdimension *Planung*, da einige Einheiten, die Hennig (2006) abgrenzt, wie das „Anakoluth" (Hennig 2006: 240) oder der sogenannte „mögliche[.] Satz" (Hennig 2006: 182) Aufschluss über *online*-Planungsprozesse geben können. Diese Einheitentypologie hat Hennig (2006) in ihrer *Grammatik der gesprochenen Sprache* mit Hilfe des Projektionsbegriffs von Auer (2000) erarbeitet:

> Durch syntaktische *Projektionen* werden – in der Zeit vorausgreifend – im Rezipienten durch den Sprecher Erwartungen über die weitere Entwicklung syntaktischer Muster hergestellt; es wird eine syntaktische ‚Gestalt' eröffnet, die erst durch die Produktion einer mehr oder weniger präzise vorhersagbaren Struktur geschlossen wird. Die Projektion ist dann eingelöst. (Auer 2000: 47)

Hennig (2006: 192) führt für die Eröffnung einer syntaktischen ‚Gestalt' den Begriff der „Projektions*potenz*" ein, für ihre Realisierung den Begriff „Projektions*realisierung*". Sie betont, dass dieser Projektionsbegriff ein „syntaktischer" (Hennig 2006: 193) ist. Die rezipientenseitige Analyse einer „allgemeinen Fortsetzungserwartung" (Hennig 2006: 193) steht dabei im Mittelpunkt ihres Konzepts. Der Rezipient überprüft so z. B. die Projektionskraft einzelner Wörter mit Blick auf die Grundsatzfrage „Projiziert das gehörte Wort ein weiteres Element oder nicht?" (Hennig 2006: 194). Als Beispiele für die „syntaktische Projektionskraft einzelner Wortarten" führt Hennig (2006: 195) beispielsweise

– die „Valenzpotenzen [...] des Verbs, aber auch bestimmter meist deverbaler Substantive und Adjektive",
– „Rektionen von Präpositionen",
– „Klammeröffnung von Subjunktoren",
– „Koordinationserwartungen bei Konjunktoren" und
– die „Erwartung eines Infinitivs bei Modalverben" an.

Zusätzlich zur „‚Wortartprojektion'" nimmt Hennig (2006: 196) zudem auch eine „‚Satzgliedprojektion'" an. Den Projektionsbegriff nutzt Hennig (2006: 214), um vier übergeordnete Einheitentypen der gesprochenen Sprache voneinander abzugrenzen, wovon die ersten drei in dieser Studie für die Analysen genutzt werden:

1. den „Satz", unterdifferenziert in
   – den „*kanonische[n] Satz prototypischer geschriebener Sprache*" (Hennig 2006: 182), (KS),
   – den „*mögliche[n] Satz prototypischer gesprochener Sprache*" (Hennig 2006: 182), (MS),
2. die „Ellipse", (Ell),
3. das „Anakoluth", (Ana) und
4. „Nähezeichen" (Hennig 2006: 200).

8.2.1.1 Sätze

Eine Einheit ist für Hennig (2006) ein Satz, wenn

> a) ein finites Verb bzw. eine komplexe verbale Struktur vorhanden ist und die Valenzpotenz des Valenzträgers regulär realisiert wird [...]. (Hennig 2006: 178) und
> b) wenn die Realisierung der Projektionsstruktur in kontinuierlicher Weise erfolgt, d. h., wenn keine diskontinuierlichen Realisierungen von Elementen der Projektionsstruktur vorliegen. (Hennig 2006: 210)

Für den *kanonischen Satz prototypischer geschriebener Sprache* müssen die Kriterien a) und b) zutreffen, während für *den möglichen Satz prototypischer gesprochener Sprache* allein das Kriterium a) zutreffen muss, aber Diskontinuität vorliegt (vgl. Hennig 2006: 182).

Ein Beispiel für einen KS aus dem vorliegenden Korpus ist:

(1)   *LBio – w (GS)*: Auch die • • leben auf der Wiese.

Auslöser für Diskontinuität sind insbesondere „satzinterne Satzrandstrukturen" (Hennig 2006: 252), *„On-line-Reparaturen"* sowie fremde und eigene *„Einschübe"* (Hennig 2006: 253). Durch satzinterne Satzrandstrukturen wie „Links- und Rechtsversetzungen" (Hennig 2006: 252), die von Schwitalla (2012: 110) der „[s]yntaktische[n] Fragmentierung" zugeordnet werden, wird ein Element der Projektionsstruktur des möglichen Satzes nun doppelt und damit diskontinuierlich realisiert; bei der Linksversetzung am linken Satzrand, bei der Rechtsversetzung am rechten Satzrand. Beispiel (2) zeigt eine Linksversetzung aus diesem Korpus, Beispiel (3) eine Rechtsversetzung. Die Links- bzw. Rechtsversetzung ist jeweils fett markiert, die Proform kursiviert:

(2)   *LBio – m (GS)*: • • ((2s)) **Ein Habicht,** • was ist *das*?
(3)   *LBio – m (GS)*: Und dann • schlüpfen *die* da rein, **die** • • **äh Eichhörnchen.**

Aber auch die „Ausklammerung" (Hennig 2006: 205) kann Auslöser einer diskontinuierlichen Realisierung der Projektionsstruktur sein. Wichtig zur Abgrenzung zur satzexternen Satzrandstruktur „Nachtrag" ist ihre Identifizierung als „projektionseinlösender Strukturteil" (Henning 2006: 205). Sie ist dadurch gekennzeichnet, „dass ein mittelfeldfähiges Element nach dem rechten Klammerrand realisiert wird" (Ágel & Hennig 2006a: 389) und dieses als Bestandteil der Projektionsstruktur angesehen werden kann. In Beispiel (4) wird die mittelfeldfähige Ausklammerung *über den Verdauungsweg* durch die Valenz des Verbs „sprechen" gefordert, das zweiwertig ist.

(4) *LBio – m (OS)*: Äh ((4s)) wir • haben • jetzt • gesprochen **über ((1s)) den Verdauungsweg.**

Im Gegensatz dazu sind „Freies Thema" (Beispiel (5)) und „Nachtrag" (Beispiel (6)) satzexterne Satzrandstrukturen am linken bzw. rechten Satzrand (vgl. Hennig 2006: 205–207) und werden als Ellipsen kodiert. Bei diesen ist keine „Referenzidentität mit einem Bestandteil der Gesamtprojektionsstruktur des Bezugssatzes" (Hennig 2006: 207) vorhanden, sondern sie wirken nur „rezeptionssteuernd[.]" (Hennig 2006: 173) (Freies Thema) bzw. „präzisierend[.]"(Hennig 2006: 223) (Nachtrag).

(5) *LBio – m (OS)*: **Zwei verschiedene Phänomene:** Wir haben einmal ne Energiezufuhr in das System. Und wir haben innerhalb des Systems, ((atmet hörbar ein))ʼ jà, n Kreislauf von Stoffen oder ne Stoffumsetzung.
(6) *Mathis*: Meist sind die Bösen dann auch • so äh Tiere, die der Mensch auch als bösartig ansieht. **So • Wolf, • Fuchs • • und sowas halt.** (De – m, US)

Durch die Transkription mit HIAT können bei der syntaktischen Einheitenanalyse satzinterne *Reparaturen*, die auch zur Codierung als möglicher Satz führen, gut durch die Markierung mit Hilfe eines Schrägstrichs („/") erkannt werden, wie in Beispiel (7):

(7) *LDe – w (MS)*: • Kei/ • • niemand würde • • glauben, [...].

Bezüglich der Interpretation von eigenen und fremden *Einschüben* als Auslöser von Diskontinuität wird in vorliegender Arbeit anders verfahren, als von Hennig vorgeschlagen. Denn würden fremde Einschübe, wie beispielsweise lehrerseitige „Hörersignale" (Nübling 2006: 602) wie „Hm̀" als Auslöser von Diskontinuität gewertet, wären die Analysen nicht mehr vergleichbar, da den Schüler/-innen in ihrer Rolle als Klienten der Institution Schule diese Möglichkeit in geringerem Maße zur Verfügung steht als den Lehrpersonen als Agenten der Institution Schule. Außerdem würde dies dazu führen, dass viele von den Schüler/-innen eigentlich kontinuierlich realisierte Sätze als MS codiert würden. Parallel dazu werden auch Parenthesen in dieser Studie nicht als Auslöser von Diskontinuität gewertet.

In vorliegender Studie wird keine Unterdifferenzierung nach den Ursachen der Diskontinuität bei einem MS vorgenommen. KS und MS werden aber jeweils als *Hauptsatz* (HS), *Nebensatz* (NS) oder *abhängiger Hauptsatz* (aHS) codiert.

Alle KS/MS, die in keiner Unterordnungsbeziehung zu einem anderen Satz resp. einer Ellipse stehen, werden in dieser Studie als Hauptsatz codiert (vgl. Gallmann 2006: 1027–1028). Sie weisen oftmals eine Verbzweitstellung auf, aber auch Verberststellung ist möglich, beispielsweise bei Entscheidungsfragen oder Imperativsätzen (vgl. Gallmann 2006: 875–876).

Alle KS/MS, die einem anderen Satz resp. einer Ellipse untergeordnet sind, werden in dieser Studie als Nebensatz codiert (vgl. Gallmann 2006: 1027–1028). Dies sind subordinierte Sätze 1. bis n-ten Grades (inklusive satzwertiger Partizip- und Infinitivphrasen), die von einem anderen Teilsatz bzw. einer Ellipse abhängig sind. Darunter fallen:

- zumeist durch Subjunktion eingeleitete subordinierte Teilsätze mit Verbletzt-stellung (vgl. Gallmann 2006: 877),
- uneingeleitete Nebensätze mit Verberststellung (vgl. Gallmann 2006: 876).

Da aber medial mündlicher Unterrichtsdiskurs untersucht wird, kommt zusätzlich die Analysekategorie der *abhängigen Hauptsätze* in den Blick – eine Kategorie, die in der dichotomen Unterscheidung von Hauptsatz und Nebensatz nicht angelegt ist. Als abhängige Hauptsätze im weiten Sinn werden in dieser Arbeit KS und MS codiert, die Verbzweitstellung (also die klassische Hauptsatzstellung) aufweisen, aber trotzdem als abhängig von einem anderen Satz anzusehen sind. Sie müssen als weniger integriert eingeschätzt werden als die als NS codierten Sätze. Die abhängigen Hauptsätze im weiten Sinn lassen sich unterdifferenzieren in erstens die abhängigen Hauptsätze im engeren Sinn: Nach Auer (1998) stellen sie eine Abhängigkeit zu einem Matrixsatz her, indem sie „eine obligatorische Ergänzung in Objektposition" (Auer 1998: 285) liefern, welche vom Verb im Matrixsatz gefordert wird. Sie zeichnen sich dadurch aus, dass eine Subordination als „Subordinationsmarker", wie Auer (1998: 285) Anzeiger für Subordination nennt, fehlt.[8]

(8) *Cornelia*: Ich glaub auch, **der Film/ der neuere Film ist interessanter** [...]. (De – w, OS)

In Beispiel (8) weist der fett markierte abhängige Hauptsatz (ein möglicher Satz) Verbzweitstellung auf und ist nicht durch eine Subjunktion eingeleitet. Er liefert

---

8 Sie sind nach Auer zudem dadurch bestimmt, dass auch weitere Subordinationsmerkmale wie ein finites Verb im Konjunktiv bzw. als Modalverb nicht vorliegen (vgl. Auer 1998: 298). – Trotzdem werden solche uneingeleiteten Nebensätze mit Verbzweitstellung (vgl. Gallmann 2006: 876; Fiehler 2006: 1217), bei denen „das Finitum des abhängigen Satzes im Konjunktiv steht bzw. ein Modalverb ist" (Auer 1998: 297) in dieser Studie zunächst zu den abhängigen Hauptsätzen gezählt.

aber trotzdem eine obligatorische Ergänzung in Objektposition für den Matrixsatz „Ich glaub auch". Fiehler (2006: 1216) bezeichnet diese Formen auch als „abhängige Verbzweitkonstruktionen", die insbesondere nach Verba Dicendi und Sentiendi relevant werden. Sie können auch als eine bestimmte Form der Operator-Skopus-Strukturen angesehen werden (vgl. Fiehler 2006: 1217).

Es fällt in dieser Studie zudem eine zweite Konstruktion unter die abhängigen Hauptsätze im weiteren Sinn: Fiehler (2006: 1218) bezeichnet sie als „[u]rsprüngliche Subjunktionen mit Verbzweitstellung". Er führt die ursprünglichen Subjunktionen *weil, obwohl, wobei* und *während* als geeignet für diese Konstruktion an (vgl. 2006: 1218–1220), betont aber, dass sich „bei dieser Verwendung [...] die Bedeutung und die funktionalen Einsatzmöglichkeiten dieser Ausdrücke" (Fiehler 2006: 1218) verändern. In Beispiel (9) wird das kursivierte „weil" in einem Satz mit Verbzweitstellung gebraucht.

(9) *Michael*: Äh • • eine Kette braucht • • me̲h̲rere Teile, *weil* • **ein so ein Ding is keine Kette.** (Bio – m, US)

8.2.1.2 Ellipsen und Anakoluthe

Ellipsen definiert Hennig (2006) in Abgrenzung zu Sätzen (ob kanonisch oder nicht) als das Kriterium a) der obigen Definition nicht erfüllend, also als kein finites Verb enthaltend oder dessen Valenzpotenz nicht regulär realisierend:

> Eine Ellipse ist eine Einheit, die a) entweder kein Vf [= verbum finitium; K. K.-S.] enthält oder nicht alle in der Valenzpotenz des Vf (bzw. des Vollverbs eines Verbalkomplexes) angelegten Aktanten, die b) entweder kontinuierlich oder diskontinuierlich realisiert sein kann und c) kommunikativ vollständig ist, d. h. keine Nichtrealisierungen der Projektionspotenz aufweist. (Hennig 2006: 200)

Anakoluthe sind in Abgrenzung zu Ellipsen dadurch ausgezeichnet, dass sie nicht kommunikativ vollständig sind, also eine Nichtrealisierung der Projektionspotenz aufweisen (vgl. Hennig 2006: 200). Demgegenüber sind Ellipsen kommunikativ vollständig. Anakoluthe werden von Schwitalla (2012: 117) als „Konstruktionsabbrüche" bezeichnet. Er sieht ebenfalls Korrekturphänomene als Form des Anakoluths an (Schwitalla 2012: 119–124). Oben wurde aber schon davon ausgegangen, dass bestimmte Formen der *online*-Reparatur als satzinterne Phänomene zur Codierung als möglicher Satz führen. Im *Handbuch für das computergestützte Transkribieren nach HIAT* arbeiten Rehbein et al. (2004: 22) heraus: „Im Unterschied zur Reparatur ist der Abbruch kein äußerungsinternes, sondern ein äußerungsexternes Phänomen." Bei Reparaturen liegt demgegenüber eine vollständige Äußerung vor, „innerhalb derer eine defizitäre Stelle auf der sprachlichen

Oberfläche repariert wird", während bei Abbrüchen „die vollständige Verbalisierung einer bereits begonnenen Äußerung zugunsten einer neuen Äußerung aufgegeben" (Rehbein et al. 2004: 25) wird. Bei der für die syntaktische Einheitenanalyse vorzunehmenden Unterscheidung zwischen Anakoluth und einem durch eine Reparatur bedingten möglichen Satz ist für den Analysierenden also die Transkription mit Hilfe von HIAT sehr nützlich.

Sowohl Ellipsen als auch Anakoluthe werden von Hennig (2006: 214) unterdifferenziert. In dieser Studie wird allein eine teilweise Unterdifferenzierung der Ellipsen vorgenommen – und zwar für die Fälle, in denen unterrichtsspezifische Ellipsentypen vorliegen (wie *turn-Zuteilungsellipsen*, TZE, und *Bewertungsellipsen*, BE) oder die Operationalisierungsdimension *Integration* besonders tangiert wird (wie bei *Adjazenzellipsen*, AE, und *Koordinationsellipsen*, KE) sowie Berührungspunkte zu mikro- und makrointeraktionalen Stützmechanismen bestehen.

Koordinationsellipsen und Adjazenzellipsen sind nach Hennig (2006: 214) beides so genannte „Konstruktionsübernahme[n]" (vgl. auch Rath 1979: 143). Diese „knüpfen an die Projektionsstruktur einer Bezugsäußerung an". Davon zu unterscheiden sind „Eigenkonstruktionen" (Hennig 2006: 210; vgl. auch Rath 1979: 146). Nach Klein (1993: 768) können beide den „kontextkontrollierten" Ellipsen zugeordnet werden, den Ellipsen, die nur im Zusammenhang mit ihrem *sprachlichen* Kotext interpretierbar sind. Diese beiden Typen der kontextkontrollierten Ellipsen unterscheiden sich voneinander darin, dass Koordinationsellipsen „eigenaktiv" realisiert werden, während Adjazenzellipsen „interaktiv" (Hennig 2006: 211) zu Stande kommen; Letztere sind nach Hennig (2006: 108) „dialogischer mündlicher Kommunikation vorbehalten". Laut Hofmann (2006: 10) sind sie „nicht nur satzübergreifend, sondern auch sprecherübergreifend" realisiert. Klein (1993) definiert beide Ellipsentypen wie folgt:

> Bei Koordinationsellipsen „ist der elliptische Ausdruck mit dem kontrollierenden innerhalb eines Satzes durch Koordination (im weitesten Sinne) verbunden."
> Bei Adjazenzellipsen „bilden kontrollierender Ausdruck und elliptischer zwei selbständige aber eng verbundene Äußerungen." (Klein 1993: 768)

Klein (1993: 768) weist darauf hin, dass kontrollierender Ausdruck und Adjazenzellipse als „adjacency pair" im Sinne von Schegloff und Sacks (1984: 74) interpretierbar sind, wie die Frage-Antwort-Sequenz in Beispiel (10), in der Larissas Äußerung adjazenzelliptisch realisiert wird.

(10) *LBio – w (GS)*: Was fressen Eulen denn noch?
　　 Larissa: **Mäuse**.

Beispiel (11) zeigt demgegenüber eine Koordinationsellipse, bei der sich die Ellipse auf den vorherigen Hauptsatz bezieht.

(11) *LDe – w (GS)*: Ich bin jetzt das Eichhörnchen **und mach‿mich ganz klein**.

Koordinationsellipsen in der Operationalisierung der vorliegenden Studie beziehen sich allein auf Fälle der „Satzverbindung" (Gallmann 2006: 911) und nicht auf die Reihung von Einzelwörtern oder Phrasen.

Die beiden weiteren zu codierenden Ellipsentypen sind als Eigenkonstruktionen nach Hennig (2006: 210) anzusehen. Im Sinne von Busler und Schlobinski (1997: 95) sind sie den „Sprechhandlungsellipsen" zuzuordnen. Hierunter fallen zum einen die von mir so bezeichneten „*turn*-Zuteilungsellipsen", mit Hilfe derer im Rahmen der „*programmierten Selbstauswahl*" nach Mazeland (1983: 85) einem Schüler der *turn*, insbesondere durch Nennung seines Namens, zugeteilt wird (Beispiel (12)):

(12) *LDe – w (MS)*: **Saskia**!

Zum anderen fallen hierunter die von mir so bezeichneten „Bewertungsellipsen", die im Feedbackschritt, oftmals durch ein Adjektiv, realisiert werden und einen elliptischen Kommentar zur Korrektheit/Angemessenheit der Schüleräußerung geben. Die Notwendigkeit der Erhebung beider Ellipsentypen ergibt sich aus Vergleichbarkeitsanforderungen. Um in bestimmten Analysen Lehrer- und Schülerwerte vergleichen zu können, werden die zumeist lehrerseitig realisierten *turn*-Zuteilungsellipsen und Bewertungsellipsen aus der lehrerseitigen Ellipsenzahl herausgerechnet.

(13) *Dustin*: Insekten fressen • • Klein/ • Kleininsekten und so.
      LBio – w (GS): **Jă, • richtig.**

8.2.1.3 Nähezeichen

Nähezeichen sind für Hennig (2006: 201) „Einheiten, die prinzipiell keine syntaktischen Projektionen aufbauen." Als Beispiele nennt sie „Operatoren in Operator-Skopus-Konstruktionen, Engführungs- und Rederechtsignale sowie Zögerungssignale" (Hennig 2006: 182). Als Kandidaten für Nähezeichen als eigenständigen Einheitentyp kommen ihrer Argumentation zufolge allein solche am Rande von anderen Einheiten und nicht einheiteninterne Nähezeichen in Frage (Hennig 2006: 183). Die Nähezeichen werden in dieser Arbeit hingegen nicht als eigenständiger Einheitentyp gewählt, sondern sie werden entweder „als Bestandteil einer benachbarten Einheit verstanden" (Hennig 2006: 183) – eine der von Hennig diskutierten Möglichkeiten zum Umgang mit Nähezeichen. Oder bestimmte Operatoren in Operator-Skopus-Strukturen werden als Hauptsatz codiert, nämlich solche, die einen Matrixsatz darstellen (vgl. Fiehler 2009: 1213), wie in Beispiel (14) das von Tina geäußerte „ich glaube", dem ein abhängiger Hauptsatz folgt:

(14) *Tina*: Äähm • **ich glaube,** es is vorteilhafter, wenn es artenreich is. (Bio – w, OS)

An diesem Beispiel kann außerdem illustriert werden, dass auch das zu Beginn stehende „Äähm" nicht als eigenständiges Nähezeichen gewertet wird, sondern als Bestandteil des Hauptsatzes.

8.2.1.4 Zusammenfassung des Codiersystems für die Einheitenanalyse und technisches Vorgehen

Zusammenfassend ergibt sich für die Codierung der Einheitentypen in dieser Arbeit folgendes Codiersystem:

Tabelle 37: Codiersystem Einheitenanalyse[9]

KS			MS			Ell		Ana
HS	NS	aHS	HS	NS	aHS	KE	AE	
						TZE	BE	

Technisch wurde so vorgegangen, dass aus EXMARaLDA mit Hilfe der Funktion „Transformation" – „HTML Utterance List (HIAT)" eine anhand von HIAT segmentierte HTML-Äußerungsliste ausgegeben wurde (vgl. Schmidt 2011: 73). Dieses HTML-Dokument wurde dann in Microsoft Excel mit dem Ziel importiert, jede einzelne Einheit in einer eigenen Zeile zu notieren, um sie dann annotieren zu können. Für die Einheitenanalyse von Vorteil ist, dass einige Grundlagen der bis hierhin dokumentierten Einheitensegmentierung nach Hennig (2006) schon durch den HIAT-Segmentieralgorithmus berücksichtigt werden. Rehbein et al.

---

9 Legende: KS = Kanonischer Satz, MS = Möglicher Satz, Ell = Ellipse, Ana = Anakoluth, HS = Hauptsatz, NS = Nebensatz, aHS = abhängiger Hauptsatz, KE = Koordinationsellipse, AE = Adjazenzellipse, TZE = *turn*-Zuteilungsellipse, BE = Bewertungsellipse.

(2004: 19) beschreiben die Äußerungssegmentierung mit Hilfe von HIAT folgendermaßen:

> Bei der Verschriftlichung von Äußerungsgrenzen bedient man sich des Regelwissens über Orthographie und Interpunktion, wobei, ähnlich wie bei der literarischen Umschrift, Abweichungen und besondere Fälle berücksichtigt werden. Der Beginn einer Äußerung wird durch die Großschreibung markiert, ihr Ende durch Zeichen aus dem Inventar der so genannten Satzzeichen, wie Punkt, Ausrufezeichen, Fragezeichen. (Rehbein et al. 2004: 19)

Kommata stellen in diesem Sinne keine Äußerungsgrenze dar. Deswegen mussten insbesondere nach Kommata die Einheiten händisch getrennt werden, indem in Microsoft Excel eine neue Zeile eingefügt und die betreffende Einheit hineinkopiert wurde. Die Annotationen wurden in Spalten mit Dropdown-Listen vorgenommen – dies verhindert Tippfehler, durch die nicht vorgesehene Annotationen eingefügt werden. Die Einheitenauszählungen in Microsoft Excel wurden anschließend mit Hilfe der „ZÄHLENWENN"-Funktion durchgeführt.

8.2.2 Ergebnisse zur Einheitenanzahl

In diesem Kapitel werden allgemeine Ergebnisse zur Einheitenzahl vorgestellt. Tiefergehende Analysen finden sich insbesondere in den Kapiteln zu den Operationalierungsdimensionen *Integration* (vgl. Abschn. 8.3) und *Komplexität* (vgl. Abschn. 8.4).

Die Gesamteinheitenzahl des Korpus, gezählt als die Summe aller KS, MS, Ell und Ana in allen Transkripten des Korpus auf Lehrer- und Schülerseite, beträgt 11080 (vgl. Tabelle 38); davon entfallen auf die Lehrpersonen ingesamt 7487 syntaktische Einheiten, auf die Schüler/-innen insgesamt nur 3593. So beträgt das Verhältnis von Lehrer- zu Schülereinheiten 2,08:1 – die Lehrpersonen produzieren in den gefilmten Unterrichtsstunden insgesamt etwas mehr als doppelt so viele Einheiten wie die Schüler/-innen.

Tabelle 38: Übersicht Einheitenzahl des Korpus[10]

Gesamteinheitenzahl des Korpus	11080
Lehrerseitige Einheitenzahl gesamt	7487
Schülerseitige Einheitenzahl gesamt	3593

---

10 $\bar{x}_{arithm}$ = Mittelwert/arithmetisches Mittel; s = Standardabweichung.

Tabelle 38 (fortgesetzt)

Verhältnis von Lehrer- zu Schülereinheiten	2,08:1
Lehrerseitige Einheitenzahl in Prozent an der Gesamteinheitenzahl	67,57 %
Schülerseitige Einheitenzahl in Prozent an der Gesamteinheitenzahl	32,42 %
$\bar{x}_{arithm}$ (Gesamteinheitenzahl pro Transkript)	359,93
s (Gesamteinheitenzahl pro Transkript)	160,39
$\bar{x}_{arithm}$ (lehrerseitige Einheitenzahl)	467,94
s (lehrerseitige Einheitenzahl)	133,49
$\bar{x}_{arithm}$ (schülerseitige Einheitenzahl)	224,56
s (schülerseitige Einheitenzahl)	54,12

Die durchschnittliche Einheitenzahl pro Transkript beträgt 359,93 Einheiten, mit einer Standardabweichung von 160,39 Einheiten. Auf Lehrerseite liegt der Durchschnitt der Einheiten pro Transkript bei 467,94 Einheiten (s = 133,49), auf Schülerseite bei der geringeren Zahl von 224,56 Einheiten (s = 53,04). Die Einheitenzahl auf Schülerseite unterscheidet sich also in den verschiedenen Unterrichtsstunden weniger voneinander als die Einheitenzahl auf Lehrerseite. In Tabelle 39 ist die pro Unterrichtsstunde insgesamt gefundene Einheitenzahl aufgeführt.

Tabelle 39: Einheitenzahl Lehrpersonen und Schüler/-innen gemeinsam

	Bio – m	Bio – w	De – m	De – w
GS	752	700	936	534
US	572	1047	797	658
MS	779	561	738	499
OS	432	728	760	587

Ebenso wie mit Hilfe der Wortanzahl können auch mit Hilfe der Einheitenzahl Redeanteile berechnet werden – diese Art der Berechnung des Redeanteils ist allerdings eher ungewöhnlich, wie der Forschungsbericht in Abschnitt 4.1 zeigt; dort zeigte sich auch, dass sich Redeanteilsberechnungen mit Hilfe von „Äußerungen" weniger auf die Einheitenebene denn auf die *turn*-Ebene beziehen (vgl. z. B. die referierten Studien von Kobarg & Seidel 2007 und Knierim 2008). Zudem ist der Redeanteil mit Hilfe von Einheiten m. E. als ungenauer einzuschätzen als eine Berechnung des Redeanteils mit der Variable *Wortanzahl*. Denn eine Einheit kann nur aus einem Wort, aber auch aus vielen Wörtern bestehen. Die Berechnung des Redeanteils der Lehrpersonen mit Hilfe der Einheitenzahl ergibt über alle Transkripte einen Wert von 67,57 %; die Schüler/-innen kommen demgegenüber auf einen Anteil von 32,43 % an der insgesamt in den Unterrichtsstunden produzierten Einheitenanzahl. Zum Vergleich sei die oben berichtete Wortanzahl in Prozent an der Gesamtwortanzahl hinzugezogen, die 63,82 % beträgt (vgl. Tabelle 32). Es ist festzustellen, dass beide Werte nicht weit auseinanderliegen und der mit Hilfe der Einheitenanzahl festgestellte Redeanteil der Lehrpersonen nur 3,75 Prozentpunkte über dem mit Hilfe der Wortanzahl festgestellten Redeanteil der Lehrpersonen liegt.

Wenn man die absoluten Werte der Einheitenzahl aufseiten der Lehrpersonen betrachtet (vgl. Tabelle 40 und Abbildung 13), ist bei allen Lehrpersonen eine Abnahmetendenz von der Grundschule resp. Unterstufe bis zur Oberstufe (bzw. Mittelstufe) zu erkennen, auch in den in Tabelle 40 (in der rechten Spalte) dargestellten Mittelwerten pro Jahrgangsstufe, wo eine Abnahme von durchschnittlich 506,25 Einheiten (GS)/545,75 Einheiten (US) bis auf durchschnittlich 377,5 Einheiten (OS) berechnet werden kann. Bei Bio – w liegt der Wert in der Unterstufe mit 768 Einheiten (bzw. 575 Einheiten ohne TZE und BE) besonders hoch. Vergleicht man diese Veränderungstendenzen der Einheitenanzahl mit den Veränderungstendenzen der Wortanzahl aus Abbildung 10, so sind die Abnahmetendenzen erstaunlich parallel, jedoch mit leichten Abweichungen bei der Säulengruppe der männlichen Deutschlehrer. Dies deutet darauf hin, dass sich die Komplexität der Einheiten (gemessen als Wortanzahl pro Einheit) über die Jahrgangsstufen kaum verändert. Dieser Befund wird aber in Abschnitt 8.4.3 gesondert zu prüfen sein.

Tabelle 40: Einheitenzahl Lehrpersonen (in Klammern ohne TZE und BE)

	Bio – m	Bio – w	De – m	De – w	$\overline{x}_{arithm}$
GS	514 (456)	469 (411)	666 (580)	376 (320)	506,25
US	400 (339)	768 (575)	635 (541)	380 (311)	545,75
MS	507 (449)	426 (341)	495 (438)	341 (303)	442,25
OS	254 (229)	438 (350)	491 (439)	327 (298)	377,50

In Klammern ist in Tabelle 40 die Einheitenzahl aufseiten der Lehrpersonen bei Abzug aller *turn*-Zuteilungsellipsen (TZE) und aller Bewertungsellipsen (BE) eingetragen. Diese Einheitenzahl wird in den folgenden Kapiteln oftmals zur Sicherung der Vergleichbarkeit mit den Schülerwerten genutzt.

Die Einheitenzahl aufseiten der Schüler/-innen stellt sich in den in der rechten Spalte von Tabelle 41 berechneten Mittelwerten pro Jahrgangsstufe in der groben Tendenz invers zu den Lehrerwerten dar, da im Gegensatz zu diesen eine *Zunahmetendenz* im Vergleich von allen anderen Jahrgangsstufen zur Oberstufe vorliegt (bis zum Mittelwert von 249,25 Einheiten). Betrachtet man Tabelle 41 und Abbildung 14, ist insbesondere bei den Schüler/-innen von De – m in den

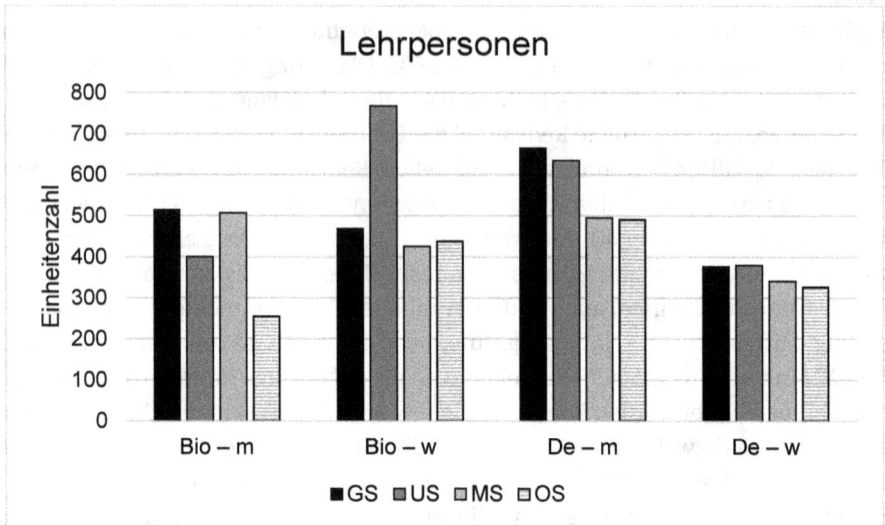

Abbildung 13: Einheitenzahl Lehrpersonen

gymnasialen Jahrgangsstufen die Tendenz zu erkennen, dass in der Oberstufe mehr Einheiten produziert werden als in der Unterstufe oder Mittelstufe.

Tabelle 41: Einheitenzahl Schüler/-innen

	Bio – m	Bio – w	De – m	De – w	$\bar{x}_{arithm}$
GS	238	231	270	158	224,25
US	172	279	162	278	222,75
MS	272	135	243	158	202,00
OS	178	290	269	260	249,25

Aber auch hier ist ein Vergleich mit der Wortanzahl auf Schülerseite aus Abbildung 11 erhellend. Es zeigen sich sehr ähnliche Ausprägungen der Säulen, auch in ihrem Verhältnis zu einander. Deutlich auffallend ist aber die im Vergleich sehr hohe Einheitenzahl von 270 bei den Schüler/-innen des Deutschlehrers in der Grundschule; diese liegt sogar ganz leicht über den Oberstufenwerten, während bei der Wortanzahl die Werte in dieser Säulengruppe fast linear zunehmen und somit die Grundschulwerte besonders gering sind. Hieraus muss man schließen, dass in dieser Klasse besonders viele Einheiten mit einer sehr niedrigen Wortanzahl von den Schüler/-innen produziert werden. Bei den Schüler/-innen von Bio –

m liegt der Grundschulwert (238 Einheiten) ebenfalls oberhalb des Oberstufenwerts (178 Einheiten).

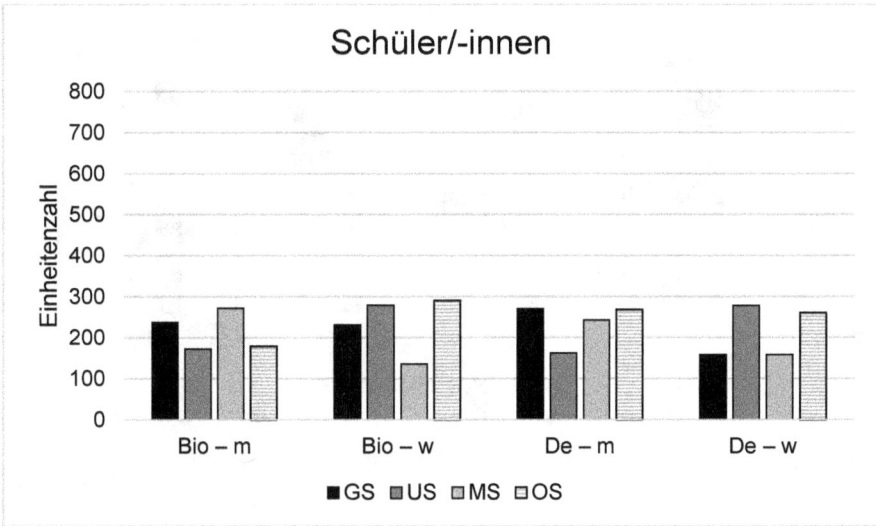

Abbildung 14: Einheitenzahl Schüler/-innen

Betrachten wir abschließend, was sich aus diesen inversen Tendenzen der Einheitenzahl bei den beiden Parteien der Unterrichtskommunikation bezogen auf den lehrerseitigen Redeanteil, gemessen in Einheiten im Jahrgangsstufenverlauf, ergibt, den Abbildung 15 und Tabelle 42 zeigen. Es liegt eine Variationsbreite von 19,86 Prozentpunkten zwischen dem niedrigsten Wert von 55,71 % bei der Deutschlehrerin in der Oberstufe und dem höchsten Wert von 79,67 % lehrerseitigem Redeanteil in Einheiten beim männlichen Deutschlehrer in der Unterstufe vor. Zusammenfassend kann man auch aus dieser Abbildung ablesen, dass eine Tendenz der Abnahme des Lehrerredeanteils von der Grundschule/Unterstufe bis zur Oberstufe besteht. Während der durchschnittliche Lehrerredeanteil in Einheiten in der Grundschule bei 69,23 % liegt, in der Unterstufe bei 70,18 % und in der Mittelstufe wiederum bei 69,11 %, ist er zur Oberstufe auf 59,82 % gesunken (vgl. Tabelle 42, rechte Spalte). In den Mittelwerten pro Jahrgangsstufe zeigt sich so eine Abnahme von allen anderen Jahrgangsstufen bis zur Oberstufe. Bezüglich des Redeanteils, gemessen in Worten, konnte in Abschnitt 8.1.2 eine stärker kontinuierliche durchschnittliche Abnahme über die Jahrgangsstufen hinweg festgestellt werden, was die Überlegung bestärkt, dass es aussagekräftiger ist, den Redeanteil in Worten zu messen.

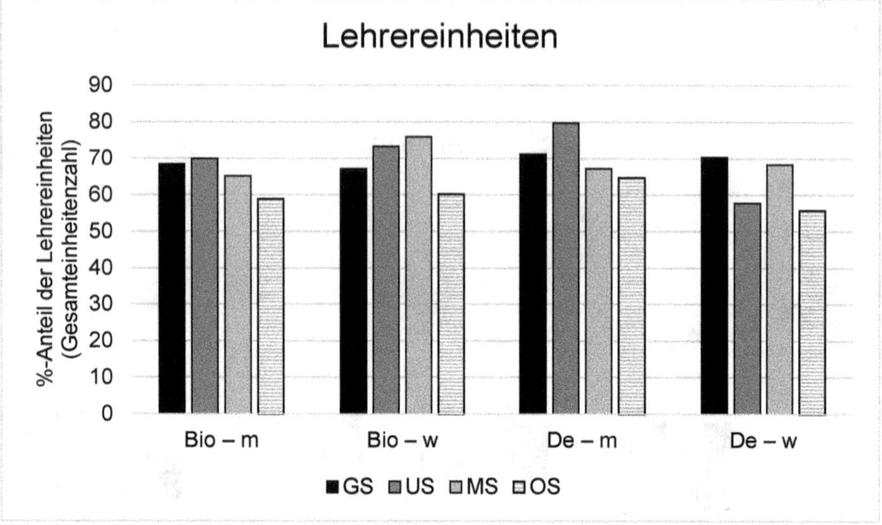

Lehrereinheiten

Abbildung 15: Prozentualer Anteil der Lehrereinheiten an der Gesamteinheitenzahl

Tabelle 42: Prozentualer Anteil der Lehrereinheiten an der Gesamteinheitenzahl

	Bio – m	Bio – w	De – m	De – w	$\bar{x}_{arithm}$
GS	68,35	67,00	71,15	70,41	69,23
US	69,93	73,35	79,67	57,75	70,18
MS	65,08	75,94	67,07	68,34	69,11
OS	58,80	60,16	64,61	55,71	59,82

8.3 Analysen in der Integrationsdimension

Die Bestimmung der ersten Operationalisierungsdimension, die in Kapitel 3.2.2.2 entwickelt wurde, sei den Analysen in diesem Abschnitt noch einmal vorangestellt:

Operationalisierungsdimension 1: *Integration* zeichnet sich dadurch aus, dass Elemente, die potentiell einer *höheren* Strukturebene angehören könnten, als Elemente einer *tieferen* Strukturebene genutzt werden. Sie sind dann in höhere Strukturebenen integriert. Solche Strukturen sind als unidirektional dependente (= hierarchische) Strukturen anzusehen.

In dieser Operationalisierungsdimension werden zunächst Analysekategorien auf phrasaler (vgl. Abschn. 8.3.1) und sodann auf syntaktischer Ebene (vgl. Abschn. 8.3.2) betrachtet.

8.3.1 Integrationsanalyse auf phrasaler Ebene

Bezüglich der Analyse der Integration auf phrasaler Ebene werden in diesem Abschnitt zunächst attributive Adjektive fokussiert (vgl. Abschn. 8.3.1.1) sowie anschließend partizipiale Adjektive in attributiver Position (vgl. Abschn. 8.3.1.2) als Analysekategorie, die die Komplexitäts- und die Integrationsdimension vereint. Sodann wird die lexikalische Dichte der einzelnen Substantivgruppen berechnet (vgl. Abschn. 8.3.1.3) und es werden satzwertige Substantivgruppen als besonders integrierte syntaktische Konstruktionen auf phrasaler Ebene in den Blick genommen (vgl. Abschn. 8.3.1.4).

8.3.1.1 Attributive Adjektive

Die Gesamtzahl aller Adjektive berechnet sich in dieser Studie als Anzahl aller einfachen und komplexen Adjektive in attributiver, prädikativer und adverbialer syntaktischer Funktion (vgl. Boettcher 2009a: 118). Dafür wurden alle Adjektive in EXMARaLDA annotiert und jeweils ihre syntaktische Funktion bestimmt. Die attributive und prädikative Funktion eines Adjektivs sind prototypischer als die adverbiale (deswegen kann ein Wort nach Boettcher 2009a: 120 dann nicht mehr als Adjektiv eingestuft werden, wenn es allein adverbial genutzt werden kann). Denn sowohl in attributiver als auch in prädikativer Funktion kann sich ein Adjektiv auf ein Nomen bzw. eine Nominalphrase beziehen. Demgegenüber bezieht es sich in adverbialer Funktion auf das Verb, den ganzen Satz, ein anderes Adjektiv, ein Adverb, eine Präposition oder eine Subjunktion (vgl. Gallmann 2006: 359–360). Wenn man den Integrationsgrad von prädikativer und attributiver Nutzung des Adjektivs vergleicht, ist davon auszugehen, dass attributive, in eine Nominalphrase integrierte Adjektive als deutlich integrativer einzuschätzen sind als prädikative Adjektive, die „syntaktisch ein eigenständiges Satzglied" (Gallmann 2006: 357) bilden, das „Prädikatsadjektiv" (Clément 2004: 7472). Oftmals können attributiv genutzte Adjektive prädikativ paraphrasiert werden.

Im Folgenden wird der prozentuale Anteil der attributiv verwendeten Adjektive an der Gesamtadjektivzahl berechnet und in Abbildung 16 (lehrerseitig) sowie in Abbildung 17 (schülerseitig) dargestellt. Auf Lehrerseite (vgl. Abbildung 16) beträgt die Variationsbreite des prozentualen Anteils attributiver Adjektive an der Gesamtadjektivzahl R = 39,9 Prozentpunkte vom Minimalwert von 20,1 % bei De – w in der Unterstufe bis zum Maximalwert von 60 % bei Bio – m in der Oberstufe.

In den Säulengruppen der Biologielehrpersonen finden sich die größten Unterschiede zwischen dem höchsten Wert in der Oberstufe (Bio – m: 60,0 %; Bio – w: 58,3 %) und allen anderen Jahrgangsstufen (bei Bio – m mit Werten zwischen 46,1 % in der Mittelstufe und 50,7 % in der Unterstufe; bei Bio – w mit Werten zwischen 37,5 % in der Mittelstufe und 43,9 % in der Grundschule). Bei De – m ist die Zunahme dreistufig: von der Grundschule (32 %) über die Unterstufe (40,7 %) bzw. Mittelstufe (38,8 %) bis zur Oberstufe (46 %). Und bei De – w findet sich allein eine Zunahme in den gymnasialen Jahrgangsstufen von dem vergleichsweise niedrigen Wert von De – w in der Unterstufe (20,1 %) einerseits bis zur Mittelstufe (28,3 %) und Oberstufe (26,0 %) andererseits, während der Grundschulwert (35,4 %) über allen anderen Werten dieser Säulengruppe, aber immer noch unter allen Unterstufenwerten der anderen Säulengruppen liegt. Im Fächervergleich werden im Biologieunterricht von den Lehrpersonen mehr attributive Adjektive als im Deutschunterricht genutzt.

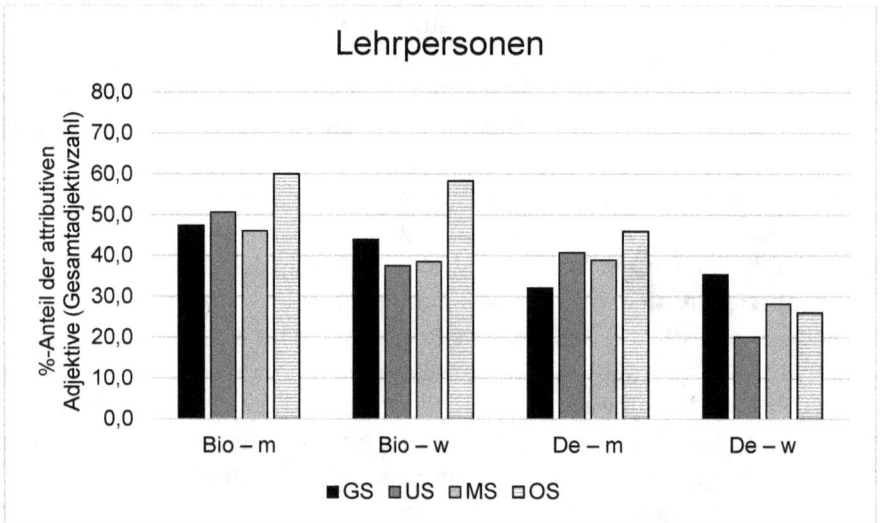

Abbildung 16: Prozentualer Anteil der attributiven Adjektive an der Gesamtadjektivzahl – Lehrpersonen

Dieser Eindruck lässt sich auch durch die Ergebnisse auf Schülerseite stärken (vgl. Abbildung 17), bei denen der Maximalwert von 75 % attributiver Adjektive an der Gesamtadjektivzahl in der Unterstufenklasse von Bio – w zu finden ist. In absoluten Zahlen bedeutet dies, dass diese Schüler/-innen 21 attributive Adjektive nutzen (von insgesamt nur 28 verwendeten Adjektiven). Auf Schülerseite ist zudem die Variationsbreite mit R = 62,6 Prozentpunkten extrem hoch, vom niedrigsten Wert von 12,4 % bei den Schüler/-innen von De – w in der Unterstufe bis zum eben genannten Maximalwert von 75 % bei den Schüler/-innen von Bio – w in der Oberstufe. Insbesondere die Schüler/-innen aller Klassen von Bio – w nutzen einen sehr hohen prozentualen Anteil attributiver Adjektive, mit einem Einstiegswert von 42,86 % in der Grundschule einerseits und dann Zunahmen zu den Klassen der Unterstufe (75 %), Mittelstufe (50 %) und Oberstufe (59,5 %) andererseits. Bei den Schüler/-innen der männlichen Biologielehrer lassen sich Zunahmen von einer *gymnasialen* Klassenstufe zur nächst höheren erkennen (US: 31,7 %; MS: 40,5 %; OS: 52,2 %), während die Grundschulwerte leicht oberhalb der Mittelstufenwerte liegen (45,5 %). Bei diesen vergleichsweise hohen Grundschulwerten ist aber – die absoluten Werte hinzuziehend – zu bedenken, dass in der Grundschulklasse 10 von insgesamt 22 Adjektiven als attributiv einzuschätzen sind, während es in der Mittelstufenklasse schon 17 von 42 Adjektiven sind, die attributiv verwendet werden. In absoluten Zahlen liegt die Anzahl attributiver Adjektive in der Mittelstufe oberhalb der Zahl in der Grundschule.

In der Säulengruppe der Klassen der weiblichen Deutschlehrerinnen liegen in der Grundschule (22,2 %) und Unterstufe (12,4 %) niedrigere Werte und in der Mittelstufe (27,9 %) und Oberstufe (24,3 %) etwas höhere Werte vor. Bei den Schüler/-innen von De – m ist kein eindeutiger Trend zu erkennen, ggf. sogar ein Abnahmetrend von der Unterstufe (38,2 %) zur Oberstufe (27,3 %).

In Tabelle 43 ist die Differenz zwischen den Lehrer- und Schülerwerten beim prozentualen Anteil der attributiven Adjektive an der Gesamtadjektivzahl dargestellt. Die negativen Werte, bei denen also die Schülerwerte über den Lehrerwerten liegen, sind grau hinterlegt. Dies ist nur in drei Klassen der Fall, und zwar nur in den Klassen der weiblichen Biologielehrerin am Gymnasium. Ansonsten ist die Sprache der Lehrpersonen mit Bezug auf die attributiv verwendeten Adjektive als integrierter einzuschätzen als die Schülersprache.

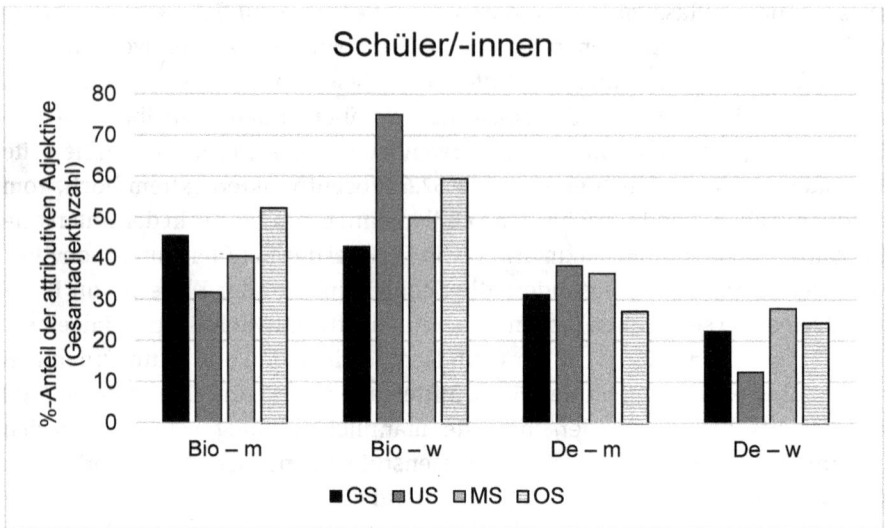

Abbildung 17: Prozentualer Anteil der attributiven Adjektive an der Gesamtadjektivzahl – Schüler/-innen

Tabelle 43: Differenz Δ zwischen den Lehrer- und Schülerwerten beim prozentualen Anteil der attributiven Adjektive an der Gesamtadjektivzahl

	Bio – m	Bio – w	De – m	De – w
GS	1,98	1,00	0,79	13,16
US	18,96	-37,50	2,42	18,07
MS	5,62	-11,54	2,47	0,35
OS	7,83	-1,13	18,73	1,77

8.3.1.2 Partizipiale attributive Adjektive

In diesem Kapitel zur Integrationsanalyse wird ein Subtyp von Adjektiv, genauer gesagt ein Subtyp der komplexen Adjektive (vgl. Abschn. 8.4.1), in den Blick genommen: die partizipialen Adjektive. Dies sind aus den Partizipien I oder II gebildete syntaktische Adjektive (vgl. Boettcher 2009a: 40–41), die so auch in attributiver, also besonders integrierter, Position genutzt werden können. Nur diese Verwendung wird in vorliegendem Abschnitt fokussiert. Sie sind als komplex anzusehen, da sie aus den Komponenten *Verbstamm* plus *Partizipmorphem* (I oder II) bestehen (vgl. Abschn. 8.4.1).

Diesbezügliche lehrerseitige Beispiele von Bio – m aus der Oberstufe sind u. a. „*geschlossenes* System" oder „*fehlende* Umwelteinflüsse" oder von De – m, ebenfalls aus der Oberstufe, „*erarbeitete* Definition", „*versteckte* Form der Kritik", „die von mir *ausgesuchte* Fabel" oder „*veränderte* Rollenverteilung".

In diesem Sinn ist die hier durchgeführte Analyse eine, die zwei Operationalisierungsdimensionen in einer Analysekategorie kombiniert, nämlich Komplexität und Integration. Deswegen ist zu erwarten, dass diese Variable ein besonders starker Anzeiger konzeptioneller Schriftlichkeit ist. Es wird der prozentuale Anteil dieser partizipialen attributiven Adjektive an der Gesamtadjektivzahl berechnet und in Abbildung 18 (lehrerseitig) und Abbildung 19 (schülerseitig) dargestellt.

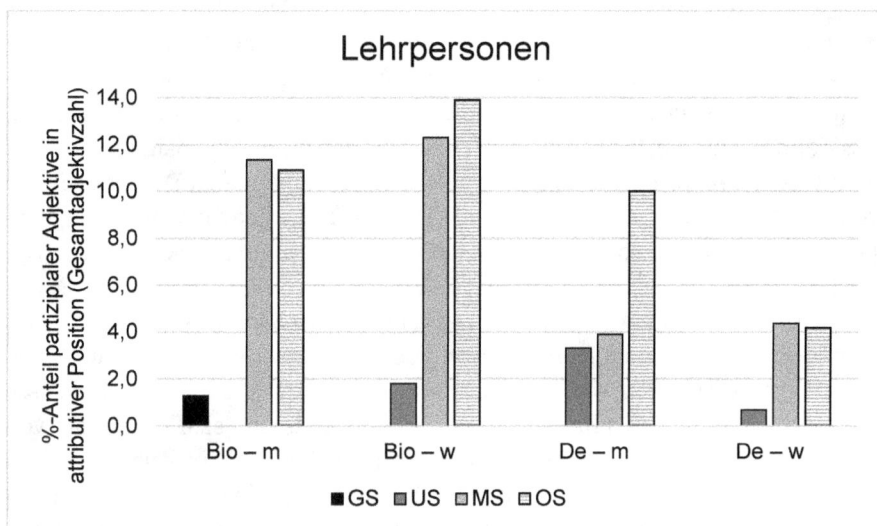

Abbildung 18: Prozentualer Anteil der partizipialen attributiven Adjektive an der Gesamtadjektivzahl – Lehrpersonen

Zunächst ist zu erkennen, dass der prozentuale Anteil der partizipialen Adjektive in attributiver Position in keiner Klasse lehrer- oder schülerseitig den Wert von 13,9 % (bei Bio – w lehrerseitig in der Oberstufe) übersteigt. Die Spannweite liegt demnach auf Lehrerseite bei genau 13,9 Prozentpunkten, da in drei Grundschulklassen (von Bio – w, De – m und De – w) gar keine partizipialen attributiven Adjektive genutzt werden. Ansonsten liegt der prozentuale Anteil bis zur Unterstufe nie über 4 %; und auch bei De – m in der Mittelstufe liegt er mit 3,9 % noch darunter, während dieser Wert bei De – w in der Unterstufe und Oberstufe mit

4,3 % bzw. 4,2 % nur leicht übertroffen wird. Deutliche Zunahmen liegen hingegen insbesondere bei den Biologielehrpersonen zur Mittelstufe vor (auf 11,3 % bei Bio – m und auf 13,9 % bei Bio – w) mit nur ganz leichten Abnahmen zur Oberstufe (auf 10,9 % bei Bio – m) bzw. Zunahmen auf 13,9 % bei Bio – w. Und auch bei De – m findet sich zur Oberstufe eine Zunahme auf 10 %.

Auf Schülerseite liegt die Variationsbreite mit R = 10,8 Prozentpunkten unter der der Lehrpersonen, insbesondere, weil der schülerseitige Maximalwert, auch in der Oberstufenklasse von Bio – w (10,8 %), unter dem lehrerseitigen Maximalwert liegt. Erkennbar ist außerdem, dass auch hier in drei von vier Säulengruppen in der Grundschule keine partizipialen attributiven Adjektive genutzt werden, ebenso wie in den Unterstufenklassen im Biologieunterricht und auch noch in der Mittelstufenklasse bei Bio – w. Nur in der Grundschulklasse von Bio – w wird ein Wert von 7,1 % erreicht – hier muss aber bedacht werden, dass er in absoluten Zahlen durch nur ein einziges Vorkommen solch eines partizipialen attributiven Adjektivs (*„abgestorbener* Baum") in Kombination mit einer insgesamt sehr niedrigen Adjektivzahl von 14 zustande kommt. Auffällig ist auch, dass der prozentuale Anteil bei den Schüler/-innen aller Gymnasialklassen von De – w den Wert von 2,3 % in der Mittelstufe nicht übersteigt. Dass gerade die Werte in den Klassen von De – w so niedrig liegen, ist beachtenswert, da auch De – w selbst wenige solcher komplexen und integrierten Adjektive nutzt (vgl. Abbildung 18).

Ansonsten kann man bei den Säulengruppen der Schüler/-innen von Bio – m und Bio – w von Zunahmen insbesondere zur Oberstufe sprechen (auf 8,7 % in der Oberstufenklasse von Bio – m und auf 10,8 % in der Oberstufenklasse von Bio – w). In den Gymnasialklassen von De – m lassen sich Zunahmen von Jahrgangsstufe zu Jahrgangsstufe erkennen (US: der noch niedrige Wert von 2,9 %; MS: 6,8 %, OS: 9,1 %). Es zeigen sich also in drei von vier Säulengruppen auf Schülerseite Tendenzen einer Zunahme des prozentualen Anteils der partizipialen attributiven Adjektive an der Gesamtadjektivzahl insbesondere zur Oberstufe.

Wird die Differenz Δ zwischen den Lehrer- und Schülerwerten berechnet, erkennt man, dass die Schülerwerte nur in drei von 16 Fällen oberhalb der Lehrerwerte liegen (grau unterlegt in Tabelle 44). Außerdem liegt in drei von 16 Fällen bei Lehrpersonen und Schüler/-innen gleichzeitig ein Wert von 0 % vor, so dass sich eine Differenz von 0 ergibt (bei De – m und De – w in der Grundschule und bei Bio – m in der Mittelstufe).

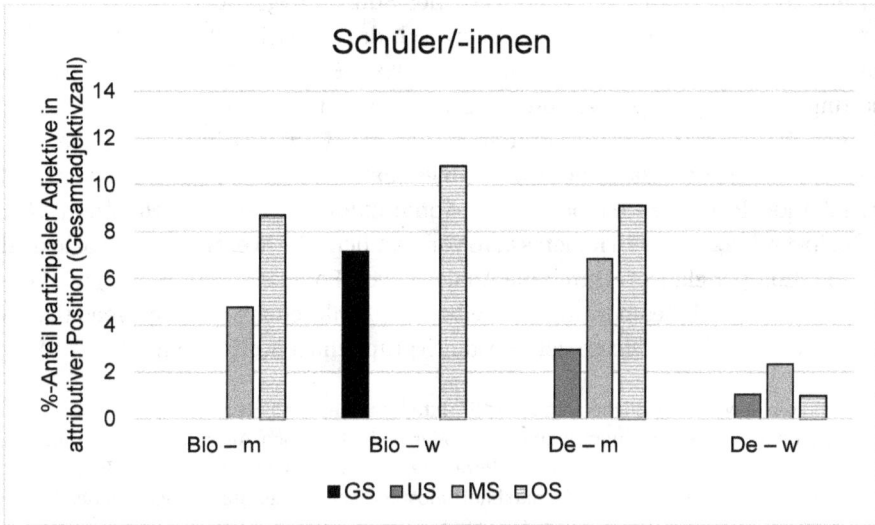

Abbildung 19: Prozentualer Anteil der partizipialen attributiven Adjektive an der Gesamtadjektivzahl – Schüler/-innen

Tabelle 44: Differenz Δ zwischen den Lehrerwerten und Schülerwerten beim prozentualen Anteil der partizipialen attributiven Adjektive an der Gesamtadjektivzahl

	Bio – m	Bio – w	De – m	De – w
GS	1,28	-7,14	0,00	0,00
US	0,00	1,79	0,36	-0,36
MS	6,59	12,31	-2,93	2,02
OS	2,21	3,08	0,91	3,20

Insgesamt ließ sich durch die vorgestellten lehrer- und schülerseitigen Analysen die Annahme bestätigen, dass die Kombinationsvariable partizipialer attributiver Adjektive ein guter Anzeiger konzeptioneller Schriftlichkeit ist, insbesondere durch die erst spät, v. a. zur Oberstufe, einsetzenden Zunahmen der Werte.

8.3.1.3 Lexikalische Dichte der Substantivgruppen
In der von Pohl (2007b) aufgespannten Skala von einer
– „einfache[n] Syntax"
– über eine „komplexe Syntax"
– zu einer „komprimierte[n] Syntax" (Pohl 2007b: 412)

ist eine hohe lexikalische Dichte (LD) der Substantivgruppen (und eine hohe Anzahl satzwertiger Substantivgruppen; vgl. dazu Abschn. 8.3.1.4) ein Anzeiger einer komprimierten Syntax. Für Halliday (1989: 63–64) ist die lexikalische Dichte bestimmbar durch die Anzahl der „lexical items" oder „„content words"' (also der Nomen, Vollverben, Adjektive und Adverbien, vgl. Pohl 2007b: 402) in ihrem Verhältnis zu der Gesamtzahl aller Wörter eines Textes, inklusive „grammatical items" (wie Artikel, Pronomen, Präpositionen, Konjunktionen, Partikeln). Halliday (1989: 67) selbst schlägt aber ein feineres Maß vor, nämlich „the average amount of lexical information per clause". Durch die Analysen von Pohl (2007b: 405, 407) wird die Feinheit dieses Maßes bestätigt; er selbst empfiehlt jedoch als noch sensitiveres Maß, die lexikalische Dichte der Substantivgruppen zu bestimmen:

> Als solche wurden jegliche nominalen Strukturen mit einem Substantiv als Kern ausgewertet, unabhängig von ihrem fakultativen oder obligatorischen Auftreten und unabhängig von der Wortart des die betreffende Phrase regierenden Kopfes (also Artikel, Präposition, bestimmte Pronomen), aber in maximal selbständiger Ausdehnung innerhalb des betreffenden Gliedsatzes. (Pohl 2007b: 405–406)

Die Beschränkung auf Strukturen innerhalb des betreffenden Gliedsatzes schließt die Einbeziehung von gliedsatzübergreifenden Strukturen wie beispielsweise attribuierten Relativsätzen aus (vgl. Pohl 2007b: 406).

Die lexikalische Dichte der Substantivgruppen wird berechnet, indem in jeder einzelnen Substantivgruppe die Anzahl der lexikalischen Elemente gezählt wird und anschließend der Mittelwert ($\bar{x}_{arithm}$) ausgerechnet wird. Für die Auszählung der lexikalischen Dichte der Substantivgruppen in dieser in medialer Mündlichkeit und zudem im Unterrichtsdiskurs erfolgenden Studie sind zwei zusätzliche Festlegungen erforderlich: Erstens wird, zur Sicherung der Vergleichbarkeit zwischen Lehrer- und Schülerwerten, die lexikalische Dichte innerhalb von *turn*-Zuteilungsellipsen nicht analysiert. Und zweitens werden Wörter, die in der Substantivgruppe repariert oder wiederholt werden, nicht in die Analyse einbezogen.

Per definitionem muss jede der analysierten Substantivgruppen mindestens eine lexikalische Dichte von 1 haben, da sie wenigstens ein Substantiv als Kern enthalten muss. Im Folgenden seien Beispiele für Substantivgruppen mit unterschiedlicher lexikalischer Dichte aus dem vorliegenden Korpus aufgeführt (fett markiert sind die lexikalischen Elemente):

ein lexikalisches Element
- die **Fliege** (LBio – m, GS)
- unter die **Fleischfresser** (LBio – m, US)
- n **Regelkreis** (LBio – m, MS)
- aus euren **Beobachtungen** (LDe – w, MS)

zwei lexikalische Elemente
- **kleiner Piepmatz** (LBio – m, GS)
- die **Eier** von den **Insekten** (LBio – m, GS)
- ein **Beispiel** aus dem **Wald** (LBio – m, US)
- ne **positive Rückkopplung** (LBio – m, MS)
- ne **Vorverdauung** im **Mund** (LBio – m, MS)

drei lexikalische Elemente
- **Beispiele verschiedener Tiere** (LBio – m, US)
- **Wechselbeziehungen** von **Tieren untereinander** (LBio – m, MS)
- **Wohnräume** der **acht Insassen** (LBio – m, OS)
- die • **hormonelle Regulation** • der **Spermienbildung** (LBio – w, MS)

vier lexikalische Elemente
- solche • • **Regelkreise** mit • **positiver** und • **negativer Rückkopplung** (LBio – m, US)
- so **kleine** • **Blümchen** mit **weißen Blüten** (LBio – w, US)
- mit **Einbeziehung** ((1s)) der • **Regelkreiszeichen** und deren • • **jeweiliger Bedeutung** (LBio – w, MS)
- in der **Gesellschaft** in dieser **Zeit** vor der **französischen Revolution** (LDe – m, MS)

fünf lexikalische Elemente
- unsere • • • **mehr** oder **weniger** • • **eigenständig erarbeitete Definition** (LDe – m, OS)
- ein **ganz** • **wesentliches Kriterium** von • äh **Fassbinders Film** (LDe – w, OS)

sechs lexikalische Elemente
- das **Zusammenspiel** • und die **Wechselbeziehung** von **Pflanzen** und **Tieren** in **bestimmten Lebensräumen** (LBio – m, MS)

sieben lexikalische Elemente
- **halb** • ab/ **zersetztes** äh **pflanzliches Material** • und **abgestorbenes** äh • • **tierisches Material** (LBio – m, OS)

Dass die lexikalische Dichte der Substantivgruppen als der Integrationsdimension zugehörig angesehen werden kann, ist zum einen implizit daraus zu schlussfolgern, dass eine hohe lexikalische Dichte der Substantivgruppen ein Merkmal der komprimierten Syntax nach Pohl (2007b: 412) ist (vgl. auch Abschn. 3.2.2.2.1). Zum anderen trifft auch hier zu, dass Elemente, die potentiell einer höheren Strukturebene angehören, als Elemente einer tieferen Strukturebene verwendet werden: Beispielsweise können die genutzten attributiven Adjektive auch in einer prädikativen Struktur oder in einem Relativsatz und damit weniger stark integrativ paraphrasiert werden (vgl. 8.3.1.1). Die Möglichkeit einer weniger integrativen Formulierung ist auch bei anderen Strukturen gegeben, die zu einer Erhöhung der lexikalischen Dichte der Substantivgruppe beitragen: Dies ist u. a. beim Genitivattribut im Beispiel „die Wohnräume der acht Insassen" (LBio – m, OS) der Fall, das weniger integriert als „die Wohnräume, die den acht Insassen gehören" reformuliert werden kann. Dies ist aber auch zu erkennen bei Präpositionalattributen, wie in „ein ganz • wesentliches Kriterium von • äh Fassbinders Film" (LDe – w, OS), was weniger integriert als „ein ganz wesentliches Kriterium, das Fassbinders Film auszeichnet" reformuliert werden könnte.

Wenn wir die lexikalische Dichte der Substantivgruppen aufseiten der Lehrpersonen betrachten (vgl. Tabelle 45), ist zunächst die sehr niedrige Spannweite von R = 0,37 zwischen dem niedrigsten Wert von 1,20 bei Bio – w in der Grundschule und dem höchsten Wert von 1,57 bei Bio – m in der Mittelstufe zu erkennen. Die lexikalische Dichte erreicht hier also in keiner Jahrgangsstufe den Wert von 2,0. Außerdem ist hervorzuheben, dass der niedrigste Wert in drei von vier Fällen in der Grundschulklasse zu finden ist (bei Bio – m, Bio – w und De – w); bei De – m liegt der niedrigste Wert in der Unterstufe.

Bei Bio – m findet sich der größte Unterschied zwischen der Grundschule (LD = 1,24) und allen anderen Klassen mit Zunahmen von der Unterstufe (LD = 1,43) zur Mittelstufe (LD = 1,57)/Oberstufe (LD = 1,47). In Tabelle 46 sind die prozentualen Steigerungen von einer Jahrgangsstufe zur nächsten berechnet, wenn man den Wert der jeweils niedrigeren Jahrgangsstufe auf 100 % setzt und den prozentualen Anteil der Differenz zur nächstfolgenden Jahrgangsstufe an diesem Wert berechnet.[11] Und so findet sich hier von der Grundschule zur Unterstufe eine Steigerung von +15,16 %.

Bei Bio – w ist die größte Differenz zwischen der Grundschule (LD = 1,20) und Unterstufe (LD = 1,23) einerseits und der Mittel- und Oberstufe andererseits (jeweils LD = 1,44) erkennbar; die Steigerung zwischen Unterstufe und Mittelstufe beträgt +17,17 %. Auch bei De – m ist die größte Steigerung von der Unterstufe zur Mittelstufe zu finden (+7,71 %). Anders bei den weiblichen Deutschlehrerinnen, bei denen der größte Unterschied zwischen der lexikalischen Dichte pro Substantivgruppe der Grundschullehrerin (LD = 1,33) und der lexikalischen Dichte der Gymnasiallehrerin in der Unterstufe zu finden ist (LD = 1,45), die Steigerungsrate

---

11 Vgl. das (ähnliche) Vorgehen von Pohl (2007b: 407).

beträgt hier 8,74 %. Von der Unterstufe zur Oberstufe sind dann leichte Abnahmen der lexikalischen Dichte zu verzeichnen.

In der letzten Zeile der Tabelle 46 sind die prozentualen Steigerungen von der Grundschule bis zur Oberstufe berechnet. Sie liegen bei den Biologielehrpersonen über 18 %, bei den Deutschlehrpersonen nur zwischen 4 und 8 %.

Tabelle 45: Lexikalische Dichte der Substantivgruppen – Lehrpersonen (fett markiert: der höchste Wert pro Spalte)

	Bio – m	Bio – w	De – m	De – w
GS	1,24	1,20	1,29	1,33
US	1,43	1,23	1,25	**1,45**
MS	**1,57**	**1,44**	1,34	1,44
OS	1,47	**1,44**	**1,39**	1,39

Tabelle 46: Prozentuale Steigerungen der Lexikalischen Dichte der Substantivgruppen im Jahrgangsstufenvergleich – Lehrpersonen

	Bio – m	Bio – w	De – m	De – w
GS → US	+15,16 %	+2,55 %	-3,31 %	+8,74 %
US → MS	+9,81 %	+17,17 %	+7,71 %	-0,44 %
MS → OS	-6,41 %	-0,59 %	+3,30 %	-3,87 %
GS → OS	+18,35 %	+19,45 %	+7,59 %	+4,07 %

Bei den Schüler/-innen (vgl. Tabelle 47) ist die Variationsbreite mit R = 0,41 zwischen dem kleinsten Wert von LD = 1,12 bei den Schüler/-innen von Bio – w in der Unterstufe und dem höchsten Wert von LD = 1,54 bei den Schüler/-innen von Bio – w in der Mittelstufe etwas größer als bei den Lehrpersonen. Die Einstiegswerte in der Grundschule liegen zwischen LD = 1,12 (Schüler/-innen von Bio – w) und LD = 1,19 (Schüler/-innen von De – m) und sind damit niedriger als bei den Lehrpersonen.

In den Klassen von De – w sind Zunahmen der lexikalischen Dichte von Jahrgangsstufe zu Jahrgangsstufe festzustellen, mit der größten Steigerung von 14,11 % (vgl. Tabelle 48) von der Grundschule (LD = 1,13) zur Unterstufe (LD = 1,29). Das gleiche Bild einer Zunahme von Jahrgangsstufe zu Jahrgangsstufe ist auch bei den Schüler/-innen von Bio – m erkennbar, nur dass hier die größte Steigerungsrate von 15,46 % zwischen Unterstufe (LD = 1,16) und Mittelstufe (LD = 1,34) vorhanden ist.

Auch in den Klassen von De – m ist der höchste Wert in der Oberstufe feststellbar (LD = 1,34). Da es von der Grundschule zur Unterstufe zu einer Zunahme, dann aber wieder zu einer Abnahme zur Mittelstufe mit besonders starker Steigerungsrate von 14,20 % zur Oberstufe kommt, ist hier eher von einer ‚Zickzackzunahme' zu sprechen. Und in den Klassen von Bio – w ist zu erwähnen, dass von der Unterstufe zur Mittelstufe hier die stärkste Steigerungsrate der lexikalischen Dichte des Korpus von 27,34 % bis auf den Wert von 1,54 zu finden ist. Die Oberstufenwerte (LD = 1,33) liegen hier zwar höher als die Grundschul- und Unterstufenwerte, übertreffen aber die Mittelstufenwerte nicht.

Für die Schüler/-innen sind in der letzten Zeile von Tabelle 48 ebenfalls die prozentualen Steigerungen der lexikalischen Dichte der Substantivgruppen von der Grundschule bis zur Oberstufe aufgeführt, die deutlich höher liegen als auf Lehrerseite (immer höher als 10 %, in zwei Klassengruppen sogar über 20 %). Dies ist insbesondere in den niedrigeren Einstiegswerten auf Schülerseite in der Grundschule begründet, welche darauf hindeuten, dass die Schüler/-innen der Grundschule in medialer Mündlichkeit noch keine komprimierte Syntax produzieren.

Tabelle 47: Lexikalische Dichte der Substantivgruppen – Schüler/-innen (fett markiert: der höchste Wert pro Spalte)

	Bio – m	Bio – w	De – m	De – w
GS	1,13	1,12	1,19	1,13
US	1,16	1,21	1,32	1,29
MS	1,34	**1,54**	1,18	1,36
OS	**1,45**	1,33	**1,34**	**1,37**

Tabelle 48: Prozentuale Steigerungen der lexikalischen Dichte der Substantivgruppen im Jahrgangsstufenvergleich – Schüler/-innen

	Bio – m	Bio – w	De – m	De – w
GS → US	+2,39 %	+7,36 %	+11,44 %	+14,11 %
US → MS	+15,46 %	+27,34 %	-10,90 %	+5,27 %
MS → OS	+8,52 %	-13,62 %	+14,20 %	+0,81 %
GS → OS	+28,29 %	+18,09 %	+13,39 %	+21,10 %

Zusammengefasst gesagt, sind sowohl bei den Lehrpersonen als auch bei den Schüler/-innen Zunahmen der lexikalischen Dichte und damit der Integration auf nominalphrasaler Ebene von den niedrigeren bis zu den höheren Jahrgangsstufen zu finden.

Betrachten wir die Differenz zwischen der lehrerseitigen und schülerseitigen lexikalischen Dichte der Substantivgruppen, bei der es aufgrund der insgesamt niedrigen Werte der lexikalischen Dichte auf die Nachkommastellen ankommt, so ist erkennbar, dass diese auf Lehrerseite in allen bis auf zwei Klassen (bei Bio – w in der Mittelstufe und De – m in der Unterstufe), die beides Gymnasialklassen sind, höher ist als auf Schülerseite.

Tabelle 49: Differenz Δ zwischen der lehrerseitigen und schülerseitigen lexikalischen Dichte der Substantivgruppen (grau hinterlegt: negative Deltas)

	Bio – m	Bio – w	De – m	De – w
GS	0,11	0,08	0,10	0,20
US	0,27	0,03	-0,07	0,15
MS	0,23	-0,09	0,17	0,08
OS	0,02	0,11	0,04	0,01

Abschließend soll ein Vergleich der hier aufgeführten Werte der lexikalischen Dichte der Substantivgruppen mit den durch Pohl (2007b: 406) bei Studierenden gewonnenen Werten angestellt werden. Diese haben eine größere Variationsbreite von R = 0,76 zwischen dem niedrigsten Wert von LD = 1,63 (der damit schon über den in der Oberstufe in diesem Korpus erreichten Werten liegt) in der ersten Hausarbeit der Studierenden Sonja bis zum höchsten Wert von LD = 2,39 in der Staatsexamensarbeit der Studierenden Nadine. Die Einstiegswerte liegen also in jenen in medialer Schriftlichkeit erhobenen Daten höher und auch die Maximalwerte übertreffen die in medialer Mündlichkeit in diesem Korpus (auch in der Oberstufe) erreichten Werte. Erstaunlich sind trotzdem die vergleichsweise hohen erreichten Steigerungsraten der lexikalischen Dichte von der Grundschule bis zur Oberstufe im vorliegenden Korpus, die bei der weiblichen Biologielehrperson beispielsweise den Maximalwert von +19,45 % annimmt. In medialer Schriftlichkeit zeigt Pohl (2007b: 407) demgegenüber höhere Steigerungsraten zwischen 33 % und 44 % von der ersten Hausarbeit bis zur Staatsexamensarbeit auf.

8.3.1.4 Satzwertige Substantivgruppen

In diesem Abschnitt stehen die sogenannten „satzwertige[n] Substantivgruppen" (Pohl 2007b: 410) im Fokus des Interesses. Diese sind dadurch ausgezeichnet, dass sie Substantivgruppen darstellen, die auch durch einen (Teil-)Satz ausgedrückt bzw. paraphrasiert werden könnten. Sie werden in dieser Studie nach Pohl (2007b: 410) als Substantivgruppen mit deadjektivischen oder deverbalen Nominalisierungen operationalisiert, die „zumindest einen syntaktischen Mitspieler" aufweisen. Als Nominalisierungen werden in dieser Auszählung in Anlehnung an die weite Bestimmung von Nominalisierungen nach Boettcher (2009a: 232) sowohl (deadjektivische und deverbale) syntaktische und lexikalische Konversionen als auch Derivationen, die als Wortbildungsprodukt ein Nomen haben, angesehen. In Beispiel (15) ist die satzwertige Nominalgruppe fett markiert:

(15) *LDe – m (MS)*: Ähm • was muss er aber feststellen • **bei seinen • Vorwürfen an das Lamm**?

Die Nominalisierung (in diesem Fall eine lexikalische Konversion) stellt „Vorwürfen" dar, der syntaktische Mitspieler ist das Präpositionalattribut „an das Lamm". Diese Substantivgruppe könnte ebenfalls als Nebensatz und damit weniger stark integriert realisiert werden, wie in Beispiel (16) fett markiert dargestellt.

(16) Ähm was muss er aber feststellen **bei dem, was er dem Lamm vorwirft**?

Ein Vorkommen aus dem Biologieunterricht und seine Paraphrase durch einen Nebensatz stellen die Beispiele (17) und (18) dar.

(17) *LBio – m (MS)*: Das heißt: Herzschlag, • Lungenfrequenz und natürlich auch bestimmte • • • Messfühler im Gehirn, die immer übers Blut — im Prinzip — / oder **die Zusammensetzung des Blutes** checken, • spielen jetzt ne wichtige Rolle.

(18) Das heißt: Herzschlag, Lungenfrequenz und natürlich auch bestimmte Messfühler im Gehirn, die checken, **wie das Blut zusammengesetzt ist**, spielen jetzt ne wichtige Rolle.

Diese Paraphrase durch einen Nebensatz ist nach Eisenberg (2004: 252–253) deshalb möglich, weil Substantivgruppe und Satz enge formale und semantische Beziehungen aufweisen. Satzwertige Substantivgruppen sind als besonders integrierte Formen anzusehen, die von Pohl (2007b: 481) deswegen in Anlehnung an von Polenz als Elemente einer „komprimierte[n] Syntax" beschrieben werden (vgl. auch Abschn. 3.2.2.2.1).

Es wird die Anzahl der satzwertigen Substantivgruppen auf 1000 Wörter berechnet. Die Ergebnisse auf Lehrerseite sind in Abbildung 20 dargestellt. Betrachtet man diese Grafik, sind zunächst die sehr niedrigen Werte bei allen

Grundschullehrenden auffallend, die den Wert von ca. 1 satzwertiger Substantivgruppe auf 1000 Wörter nicht übersteigen. Die Unterstufenwerte bewegen sich bei drei von vier Lehrpersonen (Bio – w, De – m, De – w) nicht höher als 2,2 satzwertige Substantivgruppen auf 1000 Wörter (bei De – m). Etwas stärkere Zunahmen sind zumeist erst zur Mittelstufe zu erkennen (Bio – w: 3,8; De – m: 5,7; De – w: 7,5); bei Bio – m schon zur Unterstufe (5,0) und Mittelstufe (5,8). Nur bei Bio – m findet sich der Maximalwert von 8,8 satzwertigen Substantivgruppen auf 1000 Wörter in der Oberstufe, während bei den anderen Lehrpersonen dort etwas geringere Werte als in der Mittelstufe zu verzeichnen sind (Bio – w: 2,2; De – m: 5,6; De – w: 5,1). Zu erwähnen ist auch, dass die Variationsbreite bzw. Spannweite der Werte hier in einem sehr geringen Rahmen von 8,4 satzwertigen Substantivgruppen auf 1000 Wörter liegt; der Minimal- und Maximalwert wird jeweils in der Säulengrupppe der männlichen Biologielehrer erreicht (GS vs. OS).

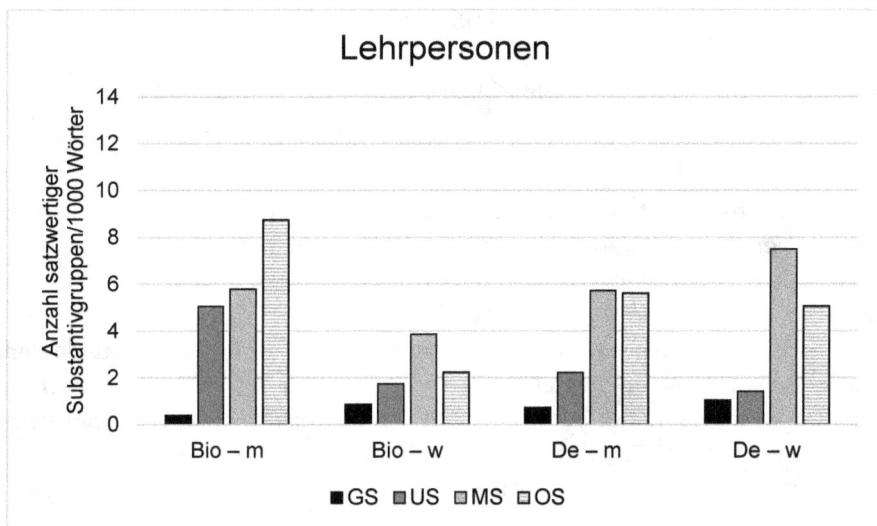

Abbildung 20: Anzahl satzwertiger Substantivgruppen berechnet auf 1000 Wörter – Lehrpersonen

Bei den in Abbildung 21 dargestellten Schülerwerten ist ein gänzliches Fehlen von satzwertigen Substantivgruppen in allen Klassen der Grundschule und auch noch in der Unterstufenklasse von Bio – m feststellbar.

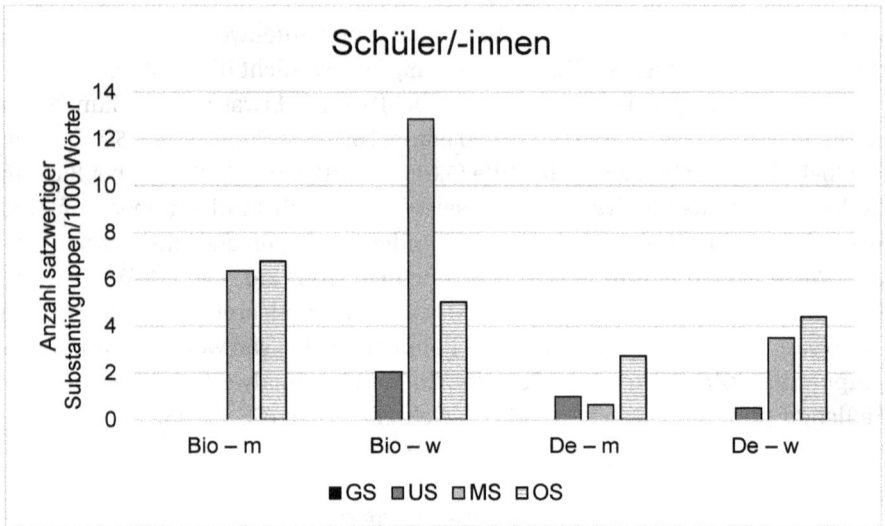

Abbildung 21: Anzahl satzwertiger Substantivgruppen berechnet auf 1000 Wörter – Schüler/-innen

Wenn Unterstufenwerte vorliegen, übersteigen sie den Wert von höchstens zwei satzwertigen Substantivgruppen auf 1000 Wörter nicht (bei Bio – w). Erst zur Mittelstufe oder zur Oberstufe sind größere Werte zu erkennen. Bei den Klassen von Bio – m liegen die Werte hier nah beieinander (MS: 6,4; OS: 6,8), bei den Schüler/-innen von Bio – w weit auseinander (MS: 12,9; OS: 5,0). Bei den Klassen von De – m sind die im Vergleich zu den Unterstufen- und Mittelstufenwerten erhöhten Werte erst in der Oberstufe zu finden (geringe 2,7 satzwertige Substantivgruppen auf 1000 Wörter). Und bei den Schüler/-innen von De – w finden sich in der Mittelstufe 3,5 und in der Oberstufe 4,4 satzwertige Substantivgruppen auf 1000 Wörter.

Zu den sehr hohen Schülerwerten in der Mittelstufenklasse von Bio – w: Zur Analyse ist es an dieser Stelle nützlich, neben den hier betrachteten *tokens* (alle Vorkommen von satzwertigen Substantivgruppen) auch die *types* zu betrachten (also die Anzahl der unterschiedlichen genutzten satzwertigen Substantivgruppen) und damit ein Differenziertheitsmaß im Sinne von Abschnitt 3.2.2.2.3 einzubeziehen (vgl. Tabelle 50):

Tabelle 50: Schülerseitige satzwertige Substantivgruppen in der Mittelstufenklasse von Bio – w

Sprecher	*token* satzwertige Substantivgruppe	*type* satzwertige Substantivgruppe
Thorsten	n bisschen Überfluss • an Testosteron	1) Überfluss an Testosteron
Thorsten	ein Überfluss an Testosteron	
Dana	((1s)) Die • Bildung von • • • Spermien?	2) Bildung von Spermien
Peter	die • Bildung von dem • • Freisetzungs-hormon	3) Bildung vom Freisetzungshormon
Peter	die • Bildung vom • Freisetzungshormon	
Peter	die Bildung vom Freisetzungshormon.	
Caroline	die Bildung • vom Freisetzungshormon	
Ann	die • • ääh • • Freisetzung vom Hyd/ • Hypothalamus	4) Freisetzung vom Hypothalamus
Ann	desto mehr äh • Hypo/ • Freisetzung • vom Hypo-•-thalamus?	
Ann	je mehr Freisetzung von/ ((1s)) äh • je weniger Freisetzung von Hypothalamus?	

Denn so kann man erkennen, dass eine hohe absolute *token*-Zahl von 10 satz-wertigen Substantivgruppen[12] auf eine vergleichsweise niedrige *type*-Zahl von allein vier satzwertigen Substantivgruppen zurückzuführen ist. Eine solche starke Divergenz von *tokens* und *types* findet sich in keiner der anderen Klassen – weder bei den Schüler/-innen noch bei den Lehrpersonen.

Abschließend soll die Höhe der Lehrer- und Schülerwerte in den verschie-denen Klassen verglichen werden, indem die Differenzen zwischen Lehrer- und Schülerwerten bei der Anzahl der satzwertigen Substantivgruppen auf 1000 Wörter berechnet und in Tabelle 51 wiedergegeben werden. Es zeigt sich, dass die Lehrerwerte bei den Deutschlehrpersonen immer über den Schülerwerten liegen. Nur in vier Gymnasialklassen der Biologielehrpersonen, insbesondere bei allen Gymnasialklassen von Bio – w liegen die Schülerwerte oberhalb der Lehrerwerte (angezeigt durch negative Deltas).

---

12 Es sei noch einmal darauf hingewiesen, dass hier die auf 1000 Wörter berechnete Anzahl von 12,9 satzwertigen Substantivgruppen auf 1000 Wörter die gefundene absolute Anzahl von 10 satzwertigen Substantivgruppen bei diesen Schüler/-innen leicht übersteigt, weil sie in der gesamten Unterrichtsstunde keine 1000 Wörter äußern (vgl. Abschn. 8.1.2).

Tabelle 51: Differenz Δ zwischen den Lehrerwerten und Schülerwerten bei der Anzahl satzwertiger Substantivgruppen auf 1000 Wörter (grau markiert negative Deltas)

	Bio – m	Bio – w	De – m	De – w
GS	0,4	0,8	0,7	1,0
US	5,0	-0,3	1,2	0,9
MS	-0,6	-9,0	5,1	4,0
OS	2,0	-2,8	2,9	0,7

Wenn man die vorliegenden Ergebnisse zur Anzahl der satzwertigen Substantivgruppen auf 1000 Wörter mit den von Pohl (2007b) erhaltenen Ergebnissen aus medialer Schriftlichkeit vergleicht, sind die lehrerseitigen Mittelstufen- und Oberstufenwerte bis zu maximal 8,8 schon beachtlich. Denn in wissenschaftlichen Hausarbeiten von Studierenden am Studienanfang findet Pohl (2007b: 410) 16,3 satzwertige Substantivgruppen auf 1000 Wörter; in den untersuchten Staatsexamensarbeiten erreichen die Werte aber schon 32 dieser stark integrierten Strukturen auf 1000 Wörter.

8.3.2 Integrationsanalysen auf syntaktischer Ebene

In folgendem Abschnitt werden nun die Integrationsanalysen auf syntaktischer Ebene vorgestellt. Dabei wird in Abschnitt 8.3.2.1 mit dem ‚Standardmaß‘ der hypotaktischen Konstruktionen begonnen. Daran anknüpfend werden die Nebensätze höheren als ersten Grades, die als besonders integrierte Strukturen angesehen werden können, betrachtet (vgl. Abschn. 8.3.2.3). Ausgehend von der Annahme, dass bestimmte Positionen der Nebensätze als stärker integriert eingeschätzt werden können, wird in Abschnitt 8.3.2.3 die Stellung der Nebensätze intensiver analysiert. Im Anschluss kommen zwei Einheitentypen in den Blick, die als besonders typisch für mediale Mündlichkeit gelten können: die abhängigen Hauptsätze (vgl. Abschn. 8.3.2.4) und die frei stehenden Nebensätze (vgl. Abschn. 8.3.2.5). Den Abschluss des Kapitels (vgl. Abschn. 8.3.2.6) bildet die Analyse einer syntaktischen Form, der Koordinationsellipse, die nicht vollständig unter die hier vorgetragene Definition der Operationalisierungsdimension *Integration* fällt.

8.3.2.1 Hypotaxe

Die erste Analyse in der Integrationsdimension im syntaktischen Bereich stellt die Anzahl der hypotaktischen Konstruktionen den parataktischen Konstruktionen gegenüber. Gemäß der Operationalisierungen von Hauptsatz und Nebensatz in Abschnitt 8.2.1.1 werden als parataktische Konstruktionen alle Hauptsätze gewertet, während als hypotaktische Konstruktionen alle Nebensätze betrachtet werden (vgl. Gallmann 2006: 1027). Diese hypotaktischen Konstruktionen sind als stärker integriert als die parataktischen Strukturen anzusehen (vgl. Abschn. 3.2.2.2.1).

An dieser Stelle muss eine besondere Form von Nebensätzen in den Blick genommen werden, die frei stehenden „Nebensätze", die bei der Analyse des Korpus induktiv aufgefallen sind. Dies sind Sätze, die zwar Verbletztstellung aufweisen, aber bei deren Sprecher sich kein dazugehöriger Hauptsatz findet. Sie werden oftmals (aber nicht immer) als „Adjazenzstruktur" (Hennig 2006: 261) realisiert, bei der der zugehörige Hauptsatz vom vorhergehenden Sprecher geäußert wurde – wie in Beispiel (19), in dem Sina einen frei stehenden Nebensatz äußert, der sich auf den zuvor geäußerten Hauptsatz „Was meint man denn dann?" des Deutschlehrers bezieht:

(19) *LDe – m (US)*: Wenn ihr zum Beispiel euch n Hund kauft oder so • oder n Hund aussucht, dann fragt ihr vielleicht im Tierheim auch: „Jā, was hat der denn so für Eigenschaften?". *Was meint man denn dann?* Sina!
   Sina: **Sō ob • • der treu is.**

Bei der Analyse der hypotaktischen und parataktischen Konstruktionen werden diese Strukturen zunächst außen vor gelassen. Es wird der prozentuale Anteil der hypotaktischen Strukturen an der Gesamtzahl aller Haupt- und Nebensätze (ohne die frei stehenden Nebensätze) berechnet.

Die Ergebnisse auf Lehrerseite zeigt Abbildung 22. Der prozentuale Anteil der hypotaktischen Konstruktionen hat hier eine Variationsbreite von 17,1 Prozentpunkten zwischen dem Minimalwert von 11,6 % (Bio – w, GS) bis zum Maximalwert von 28,6 % (De – w, OS).

Die niedrigsten Werte in jeder Säulengruppe finden sich jeweils in der Grundschule (oder in der Unterstufe bei De – m), die höchsten Werte in der Mittelstufe (bei Bio – m, Bio – w und De – m) bzw. in der Oberstufe (bei De – w). Zu erkennen sind zum einen interindividuelle Unterschiede zwischen den jeweiligen Grundschullehrpersonen und den Gymnasiallehrpersonen (bei den Biologielehrpersonen und bei De – w). Deutlich erkennbar ist auch bei den Biologielehrpersonen und bei De – m, dass die Grundschulwerte stärker den Unterstufenwerten angenähert sind als den Mittelstufen- und Oberstufenwerten. Auffal-

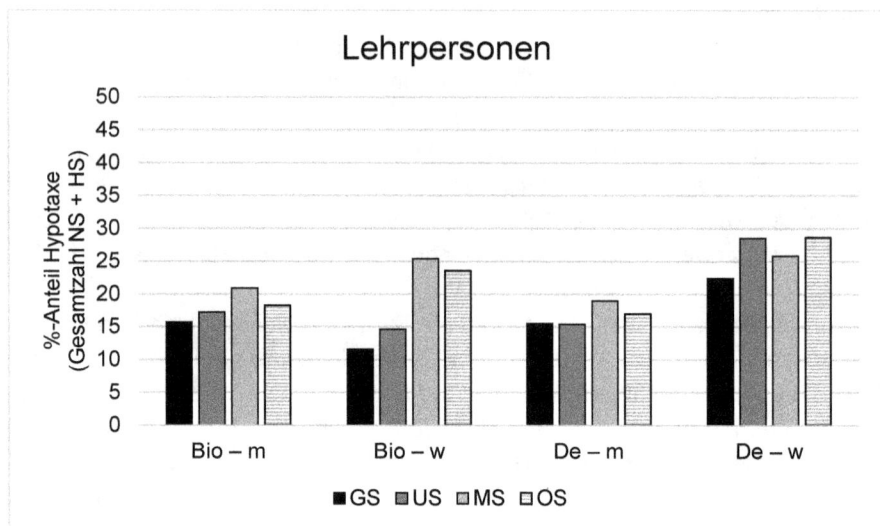

Abbildung 22: Prozentualer Anteil Hypotaxe an der Gesamtzahl der Sätze (HS und NS) –
Lehrpersonen

lend ist außerdem, dass der Hypotaxe-Wert bei der weiblichen Deutschlehrerin
in der Grundschule oberhalb der meisten in den anderen drei Säulengruppen
gefundenen Werte liegt (mit Ausnahme von den Mittelstufen- und Oberstufenwerten bei Bio – w).

Betrachtet man die Variationsbreite der Werte auf Schülerseite (vgl. Abbildung 23), ist ein viel größerer Wert von 41,8 Prozentpunkten zwischen dem Minimalwert von 7,9 % (bei den Schüler/-innen von Bio – w, GS) und dem im Vergleich
mit der Lehrerseite sehr hohen Maximalwert von 49,7 % Hypotaxe (bei den Schü-
ler/-innen von De – w, OS) zu finden. Während also die Schüler/-innen der weiblichen Biologielehrperson in der Grundschule nur auf alle 11,25 Hauptsätze einen
Nebensatz produzieren, kommt bei den Schüler/-innen der weiblichen Deutschlehrerin in der Oberstufe auf fast *jeden* Hauptsatz ein Nebensatz (Verhältnis HS/
NS: 1,01:1).

Gewinnbringend ist auch der direkte Vergleich der Werte der Lehrpersonen
und Schüler/-innen in der Grundschule und in der Oberstufe, wie in Tabelle 52
dargestellt; fett markiert sind die Werte, die im jahrgangsstufeninternen Lehrer-
Schüler-Vergleich höher ausfallen.

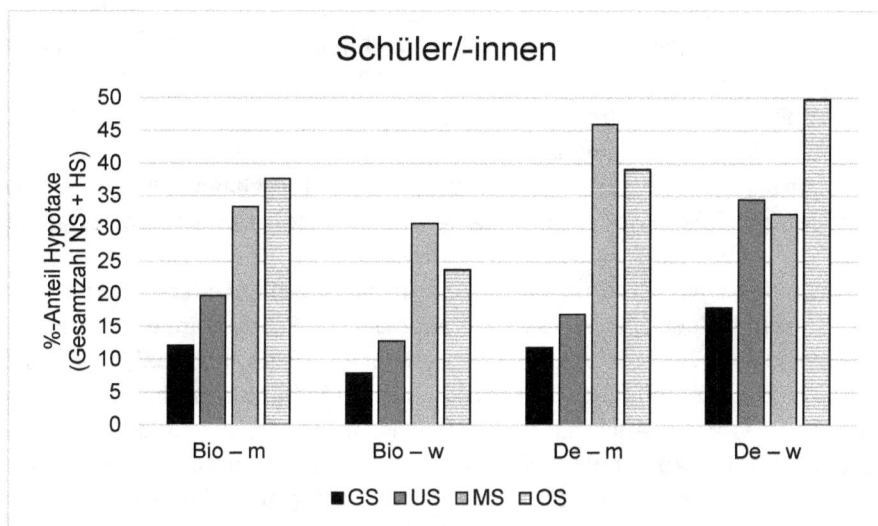

Abbildung 23: Prozentualer Anteil Hypotaxe an der Gesamtzahl der Sätze (HS und NS) –
Schüler/-innen

Tabelle 52: Vergleich des prozentualen Anteils der Hypotaxe auf Lehrer- und Schülerseite in
Grundschule und Oberstufe

	Bio – m	Bio – w	De – m	De – w
GS (LP)	15,65	11,56	15,47	22,40
GS (SuS)	12,10	7,92	11,84	17,95
OS (LP)	18,29	23,56	17,00	28,64
OS (SuS)	37,69	23,70	39,08	49,73

Hier zeigt sich deutlich, dass in der Grundschule der prozentuale Anteil der Hypotaxe auf Lehrerseite in allen Klassen oberhalb der Schülerwerte liegt, während
sich in der Oberstufe dieses Verhältnis in allen Klassen, zumeist deutlich (außer
bei Bio – w), umgekehrt hat. Die Schüler/-innen in der Oberstufe (und auch schon
in der Mittelstufe) nutzen die Möglichkeit der Subordination durch Hypotaxe im
Vergleich mit den Lehrpersonen somit sehr intensiv.

In Abschnitt 3.2.2.2.1 und Abschnitt 3.2.2.2.2 wurde Hallidays Ansicht referiert, dass hypotaktische Konstruktionen ein typisches Phänomen der spontanen, gesprochenen Sprache seien und die Möglichkeit der gesprochen Sprache
darstellten, ‚Komplexität' aufzubauen (vgl. Halliday 1987: 83), während für die

geschriebene Sprache Integration auf phrasaler Ebene, wie in den Analysen des Abschnitts 8.3.1 untersucht, typischer sei. Nach Pohl (2007b: 412) sind Hypotaxen so auch der *„komplexe[n] Syntax"* und nicht der *„komprimierte[n] Syntax"* zuzuordnen. Nichtsdestotrotz wurde in Abschnitt 3.2.2.2.1 auch herausgearbeitet, dass Subordination als integrativer als Koordination einzuschätzen ist, dass sie aber eben als weniger integrativ als die von Ágel und Diegelmann (2010: 358–359) beschriebenen Inkorporationstechniken auf phrasaler Ebene interpretiert werden muss.

Übertragen wir diese Überlegungen auf vorliegende Untersuchung: Man kann sowohl bei den Lehrpersonen als auch bei den Schüler/-innen Zunahmen der Hypotaxe über die Jahrgangsstufen erkennen. Dies spricht dafür, dass sie als Anzeiger konzeptioneller Schriftlichkeit in der Integrationsdimension angesehen werden kann. Auch das Ergebnis, dass in der Grundschule die Lehrerwerte noch über den Schülerwerten liegen, kann in diesem Sinne interpretiert werden. Die extrem starken Zunahmen zur Oberstufe auf Schülerseite müssen aber anders gedeutet werden: Die Schüler/-innen nutzen hier Hypotaxe besonders stark, um Integration herzustellen. Diese Möglichkeit der Integrationsherstellung wird von den Lehrpersonen viel weniger genutzt und zwar, weil sie die Möglichkeiten der stärkeren Integration auf phrasaler Ebene viel intensiver nutzen als ihre Schüler/-innen – was daran zu erkennen ist, dass die Lehrerwerte bei den Integrationsanalysen auf phrasaler Ebene oftmals oberhalb der Schülerwerte liegen (vgl. Abschn. 8.3.1) und dies zumeist auch noch in der Oberstufe.

8.3.2.2 Nebensätze > 1. Grades

Die Analysen zur Hypotaxe weiter vertiefend soll überprüft werden, ob mit steigender Jahrgangsstufe die Anzahl der Nebensätze höheren als ersten Grades zunimmt. Koch und Oesterreicher selbst (1994: 591) schreiben, dass es in konzeptioneller Schriftlichkeit zu einer „Intensivierung der Möglichkeit von Subordination und Hypotaxe, z. B. [durch] [...] mehrfache Hypotaxe" kommt. Deswegen werden in diesem Kapitel die Nebensätze ersten Grades denen höheren als ersten Grades gegenübergestellt. Nach Gallmann (2006: 1028) wird ein Nebensatz ersten Grades als ein solcher operationalisiert, „der unmittelbar vom Hauptsatz abhängt". Nebensätze höheren als ersten Grades sind dann solche, die nicht von einem Hauptsatz, sondern von einem anderen Nebensatz abhängen. Es wird für Lehrpersonen und Schüler/-innen der prozentuale Anteil der Nebensätze höheren als ersten Grades an der Gesamtzahl aller Nebensätze, denen ein Grad zugeordnet werden konnte, berechnet (die freien Nebensätze werden in diese Analyse also noch nicht inkludiert).

Die Ergebnisse auf Lehrerseite zeigt Abbildung 24. Auffallend ist, dass die Biologielehrerin in der Grundschule in dieser Unterrichtsstunde gar keine Nebensätze höheren als ersten Grades nutzt. Sie hatte sich auch durch den niedrigsten Hypotaxe-Wert ausgezeichnet (vgl. Abbildung 22). In dieser Säulengruppe ist zudem eine intraindividuelle Zunahme von jeweils ca. 7 % Nebensätzen höheren als ersten Grades in der Unterstufe und Mittelstufe bis auf 20,4 % in der Oberstufe zu erkennen. Auch bei der Säulengruppe der weiblichen Deutschlehrerinnen ergeben sich deutliche (interindividuelle) Zunahmen von der Grundschule (mit 7,1 %) zur Unterstufe (mit 26,2 %) und dann wieder intraindividuelle Abnahmen zur Mittelstufe und Oberstufe auf ca. jeweils 13 %. Die weibliche Deutschlehrerin am Gymnasium zeichnet sich insgesamt im Vergleich zu den anderen Lehrpersonen durch höhere Hypotaxe-Werte sowie durch höhere Werte der Nebensätze höheren als ersten Grades aus. Bei der Säulengruppe der männlichen Biologielehrpersonen zeigen sich eher Unterschiede zwischen Grundschulwerten einerseits (bei 2,2 %) und Unterstufen-, Mittelstufen- und Oberstufenwerten andererseits (7,1 %, ca. 4,6 % und ca. 3,3 %). In der Säulengruppe der männlichen Deutschlehrer ist keine eindeutige Tendenz zu erkennen – hier liegen die Grundschulwerte sogar mit 6,9 % über allen Gymnasialwerten (mit zwischen ca. 3 % und 5 %). Insgesamt nutzt der männliche Deutschlehrer am Gymnasium nur eine geringe Anzahl an Nebensätzen höheren als ersten Grades.

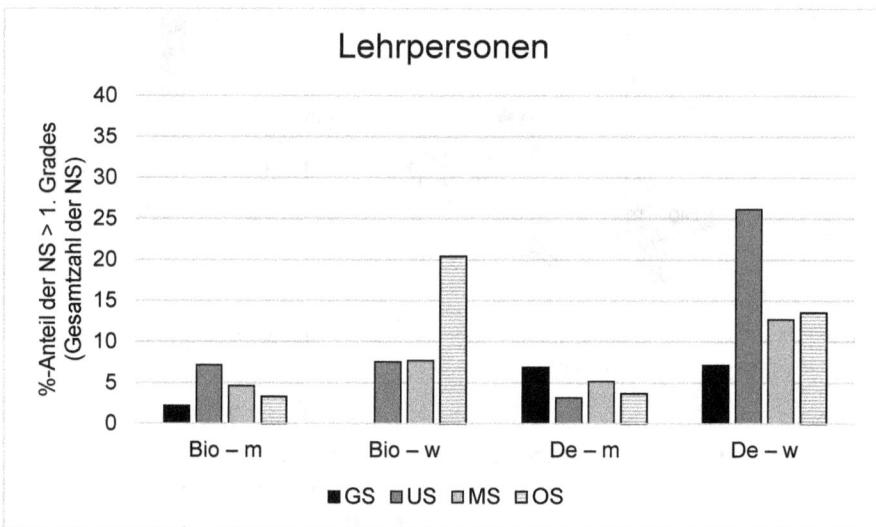

Abbildung 24: Prozentualer Anteil der NS höheren als ersten Grades an der Gesamtzahl aller Nebensätze (inklusive freier Nebensätze) – Lehrpersonen

Bei den Schüler/-innen (vgl. Abbildung 25) sind mehrere fehlende Werte zu verzeichnen: Die Schüler/-innen in der Grundschule bei den männlichen Lehrpersonen (Bio und Deutsch) sowie in der Unterstufe bei Bio – m nutzen keine Nebensätze höheren als ersten Grades. In der Säulengruppe der Klassen der männlichen Biologielehrpersonen beginnt die schülerseitige Nutzung erst in der Mittelstufe (bei 13,7 %) und erhöht sich noch einmal zur Oberstufe (auf 22,4 %). Bei der Säulengruppe der Schüler/-innen der weiblichen Biologielehrpersonen ist nur eine sehr leichte Steigerung zur Oberstufe von 12,5 % in der Grundschule bis auf 15,6 % in der Oberstufe zu verzeichnen. In den Klassen der weiblichen Deutschlehrerinnen ergibt sich das Bild einer starken Zunahme erst zur Oberstufe auf 39,1 % Nebensätze höheren als ersten Grades, während in den Klassen des männlichen Deutschlehrers am Gymnasium lineare Zunahmen von 18,2 bis auf 29,4 % zu erkennen sind.

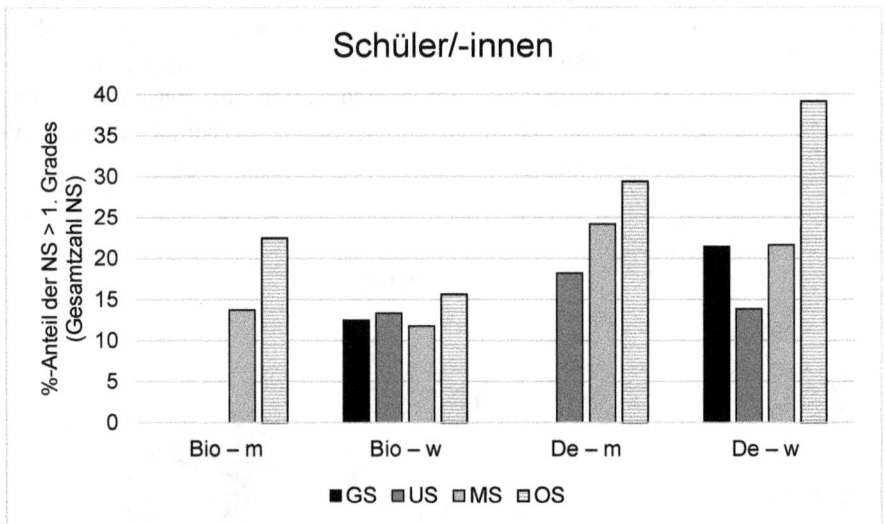

Abbildung 25: Prozentualer Anteil der NS höheren als ersten Grades an der Gesamtzahl aller Nebensätze (inklusive freier Nebensätze) – Schüler/-innen

Stellt man auch hier wieder den Vergleich der Werte der Lehrpersonen und der Schüler/-innen in der Grundschule und Oberstufe an (vgl. Tabelle 53), ist in diesem Fall in der Grundschule keine eindeutige Tendenz zu erkennen, denn in zwei Klassen liegen die Lehrerwerte über den Schülerwerten, in zwei Klassen stellt sich das Verhältnis genau umgekehrt dar. In der Oberstufe liegen in drei von vier Klassen wiederum die Schülerwerte über den Lehrerwerten – und dies in den betreffenden drei Fällen bei Bio – m, De – m und De – w sehr deutlich. Die Schüler/-innen der Oberstufe nutzen also die Möglichkeiten der Subordination durch mehrfach eingebettete Nebensätze intensiv aus.

Tabelle 53: Vergleich des prozentualen Anteils der Nebensätze höheren als ersten Grades auf Lehrer- und Schülerseite in Grundschule und Oberstufe

	Bio – m	Bio – w	De – m	De – w
GS (LP)	2,17	0,00	6,90	7,14
GS (SuS)	0,00	12,50	0,00	21,43
OS (LP)	3,33	20,41	3,70	13,56
OS (SuS)	22,45	15,63	29,41	39,13

Dies ist auch an den Aufstellungen in Tabelle 54 und Tabelle 55 zu erkennen, in denen die absoluten Zahlen der Nebensätze ersten bis vierten Grades auf Lehrer- und auf Schülerseite eingetragen sind (die frei stehenden Nebensätze fehlen in dieser Abbildung weiterhin noch, werden aber in Abschn. 8.3.2.5 genauer betrachtet); hellgrau unterlegt sind Vorkommen von Nebensätzen höheren als ersten Grades. An der lehrerseitigen Aufstellung kann man ablesen, dass die männlichen Lehrpersonen (Bio – m und De – m) die Einbettungstiefe ihrer Nebensätze in keiner Jahrgangsstufe über den Wert von 2 erhöhen. Bei der weiblichen Biologielehrperson findet sich in der Oberstufe allein ein Nebensatz dritten Grades. Nur die weibliche Deutschlehrerin am Gymnasium nutzt in der Unterstufe 5 Nebensätze dritten Grades und in der Mittelstufe jeweils einen Nebensatz dritten und einen Nebensatz vierten Grades. Interessant ist, dass dieser Nebensatz vierten Grades erst in einer Klasse der Mittelstufe und eben nicht in einer Klasse der Unterstufe geäußert wurde.

Tabelle 54: Absolute Anzahl der Nebensätze 1. bis 4. Grades – Lehrpersonen

	Bio – m				Bio – w				De – m				De – w			
Grad NS	1	2	3	4	1	2	3	4	1	2	3	4	1	2	3	4
GS	45	1	0	0	34	0	0	0	54	4	0	0	52	4	0	0
US	39	3	0	0	49	4	0	0	61	2	0	0	48	12	5	0
MS	62	3	0	0	48	4	0	0	55	3	0	0	55	6	1	1
OS	29	1	0	0	39	9	1	0	49	2	0	0	51	8	0	0

Betrachten wir die Schülerwerte in Tabelle 55, so stellen sich die Verhältnisse etwas anders dar. Nur die Schüler/-innen der weiblichen Biologielehrerinnen nutzen in keiner Jahrgangsstufe Nebensätze dritten und vierten Grades. Demgegenüber nutzen die Schüler/-innen der anderen Lehrpersonen diese ab der Mittelstufe oder Oberstufe (bei De – w sogar mit einem Vorkommen ab der Grundschule). Man kann sagen, dass die Schüler/-innen, insbesondere von Bio – m und De – m, diese Integrationsmöglichkeit in höheren Jahrgangsstufen stärker ausschöpfen als ihre Lehrpersonen.

Tabelle 55: Absolute Anzahl der Nebensätze 1. bis 4. Grades – Schüler/-innen

	Bio – m				Bio – w				De – m				De – w			
Grad NS	1	2	3	4	1	2	3	4	1	2	3	4	1	2	3	4
GS	15	0	0	0	7	1	0	0	9	0	0	0	11	2	1	0
US	18	0	0	0	13	2	0	0	9	2	0	0	56	9	0	0
MS	44	7	0	0	15	2	0	0	47	12	3	0	29	5	2	1
OS	38	5	4	2	27	5	0	0	48	17	3	0	56	27	9	0

Zusammenfassend ist festzuhalten, dass die Schüler/-innen in höheren Jahrgangsstufen stärker eingebettete Nebensätze intensiver nutzen als ihre Lehrpersonen. Diese Ergebnisse stärken die am Ende des Hypotaxe-Abschnitts vorgetragene Argumentation der intensiven Nutzung der Hypotaxe als Vorstufe zu einer komprimierten Syntax (vgl. 8.3.2.1).

8.3.2.3 Stellung der Nebensätze

Bei ihrer Unterdifferenzierung der Subordinations-Grundtechniken in *untergeordnete Junktionstechniken* beurteilen Ágel und Diegelmann (2010: 365), wie in Abschnitt 3.2.2.2.1 ausgeführt, Nebensätze als besonders aggregativ, wenn sie im Nachfeld positioniert sind. Integrativer sind deren Theorie zufolge Nebensätze im Mittelfeld einzustufen („Einschub") und am integrativsten Nebensätze im Vorfeld („Einbettung"). Nach Fabricius-Hansen (1992: 466) liegt *„indiskutable Subordination eines Satzes [...] mit Bezug auf einen anderen Satz S [...] vor"*, wenn u. a. „[d]er Nebensatz [...] als Satzglied im Vorfeld (oder im Mittelfeld) des komplexen Satzes" (Fabricius-Hansen 1992: 467) steht; bei Nebensätzen im Nachfeld liege „keine volle topologische Integration vor" (Fabricius-Hansen 1992: 469). Sie sieht also Nebensätze im Mittelfeld und Vorfeld als gleichermaßen integriert an. Koch (1996: 29–30) hingegen – der Aggregation vs. Integration als Aspekte der „*Kom-*

plexität der Sätze" ansieht – beurteilt Nebensätze im Mittelfeld als ,komplexer' als die im Vorfeld (und die wiederum als ,komplexer' als solche im Nachfeld). Zusammenfassend betrachtet herrscht insbesondere Einigkeit darüber, dass Nebensätze im Nachfeld als aggregativer einzustufen sind. Wenn die Annahme ist, dass Integrationsmaße als Anzeiger konzeptioneller Schriftlichkeit von der Grundschule bis zur Oberstufe steigen, müsste sich bei der Analyse der Nebensatzstellung das Bild ergeben, dass Nebensätze im Nachfeld über die Jahrgangsstufen abnehmen, während Nebensätze im Mittelfeld und im Vorfeld über die Jahrgangsstufen zunehmen. Es wird, um diese Annahme zu überprüfen, der prozentuale Anteil der Nebensätze im Nachfeld, Vorfeld und Mittelfeld des Matrixsatzes (vgl. Gallmann 2006: 1062–1064) an der Gesamtzahl aller Nebensätze (ohne freie Nebensätze) berechnet.

Die lehrerseitigen Ergebnisse zeigt Abbildung 26. Die Nebensätze im Nachfeld sind in dunkelgrau dargestellt, die Nebensätze im Vorfeld in hellgrau und die Nebensätze im Mittelfeld in schwarz. Die Gruppierung nach Jahrgangsstufe, Fach und Geschlecht der Lehrpersonen ist wie in den vorherigen Abbildungen vorgenommen worden. Analysiert werden zunächst die Säulengruppen der Deutschlehrpersonen: Bei diesen sind jeweils leichte Abnahmetendenzen der Nebensätze im Nachfeld festzustellen. Bei den männlichen Deutschlehrpersonen ist der niedrigste Wert in der Oberstufe erkennbar (mit 76,9 %), während der prozentuale Anteil der Nebensätze im Nachfeld in den anderen Jahrgangsstufen darüber liegt (GS: 84,5 %; US: 82,5 %; MS: 87,9 %). Demgegenüber ist bei der weiblichen Deutschlehrerin allein in der Grundschule der höchste prozentuale Anteil der Nebensätze im Nachfeld feststellbar (89,3 %), während alle Werte der Deutschlehrerin am Gymnasium darunter liegen (US: 84,6 %; MS: 87,3 %; OS: 86,4 %).

Die Tendenzen bei den Biologielehrpersonen sind weniger eindeutig. Man kann bei beiden Säulengruppen von Abnahmetendenzen des prozentualen Anteils der Nebensätze im Nachfeld an der Gesamtnebensatzzahl von der Grundschule bis zur Mittelstufe sprechen (bei Bio – m von GS: 73,9 % bis zu MS: 66,2 %; bei Bio – w von GS: 82,4 % bis zu MS: 63,5 %). Zur Oberstufe erfolgen jeweils wieder Zunahmen (auf 80,0 % bei Bio – m, auf sogar 85,7 % bei Bio – w). Entgegen der Erwartungen nach Ágel und Diegelmann (2010) sind die Abnahmetendenzen des prozentualen Anteils der Nebensätze im Nachfeld oftmals nicht durch starke Zunahmen der Nebensätze im Vorfeld, sondern insbesondere durch Zunahmen der Nebensätze im Mittelfeld bedingt (vgl. die Überlegungen von Koch 1996: 30). Denn die Nebensätze im Vorfeld weisen bei zwei von vier Säulengruppen sogar eine Abnahmetendenz auf – bei Bio – m von 23,9 % in der Grundschule über 11,9 % in der Unterstufe und 26,2 % in der Mittelstufe bis zu nur 6,7 % in der Oberstufe; bei De – w von 10,7 % in der Grundschule bis zu 4,6 % in der Unterstufe mit leichten Zunahmen zur Mittelstufe (7,9 %)/Oberstufe (6,8). Sie stagnieren zudem

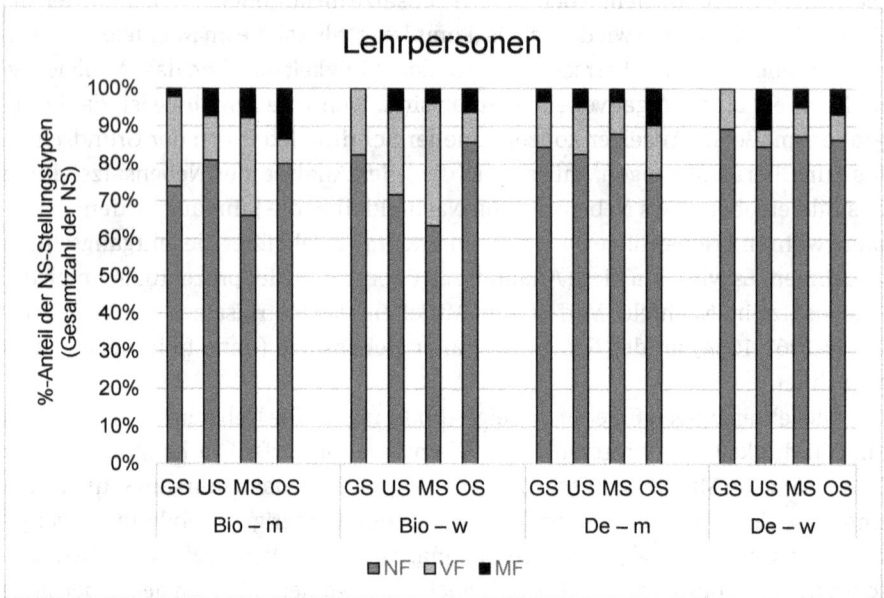

Abbildung 26: Prozentualer Anteil der Nebensatzstellungstypen an der Gesamtzahl der Nebensätze – Lehrpersonen

bei den männlichen Deutschlehrpersonen eher (GS: 12,1 %; US: 12,7 %, MS: 8,6 %; OS: 13,5 %). Und nur bei der Säulengruppe der weiblichen Biologielehrpersonen ist von der Grundschule mit 17,6 % über die Unterstufe mit 22,6 % bis zur Mittelstufe mit 32,7 % eine deutliche Zunahme zu erkennen; zur Oberstufe sinkt aber auch hier der Wert auf niedrige 8,2 %. In Tabelle 56 ist zur Ilustrierung der prozentuale Anteil der Nebensätze im Mittelfeld an der Gesamtnebensatzzahl einzeln dargestellt. Bei den männlichen Biologielehrern sind in dieser Analyse über alle Jahrgangsstufen Zunahmen festzustellen von dem Minimalwert von 2,2 % in der Grundschule bis auf den Maximalwert von 13,3 % in der Oberstufe. Bei den weiblichen Biologielehrerinnen liegt der größte Unterschied zwischen der Grundschullehrerin mit keinem Nebensatz im Mittelfeld und der Gymnasiallehrerin in allen anderen Jahrgangsstufen vor (mit Werten zwischen 3,8 % in der Mittelstufe und dem Maximalwert von 6,1 % in der Oberstufe). Ebenso stellt sich das Verhältnis bei den weiblichen Deutschlehrerinnen dar: Die Grundschullehrerin produziert keinen Nebensatz im Mittelfeld, während bei der Gymnasiallehrerin in der Unterstufe 10,8 % Nebensätze im Mittelfeld vorhanden sind (MS: 4,8 %; OS: 6,8 %). Bei den männlichen Deutschlehrern ist hingegen der größte Unterschied erst im Vergleich von allen anderen Jahrgangsstufen zur Oberstufe zu erkennen (Maximalwert von 9,6 %).

Tabelle 56: Prozentualer Anteil der Nebensätze im Mittelfeld an der Gesamtnebensatzzahl –
Lehrpersonen

	Bio – m	Bio – w	De – m	De – w
GS	2,2	0,0	3,4	0,0
US	7,1	5,7	4,8	10,8
MS	7,7	3,8	3,4	4,8
OS	13,3	6,1	9,6	6,8

Die Schülerwerte sind in Abbildung 27 dargestellt.

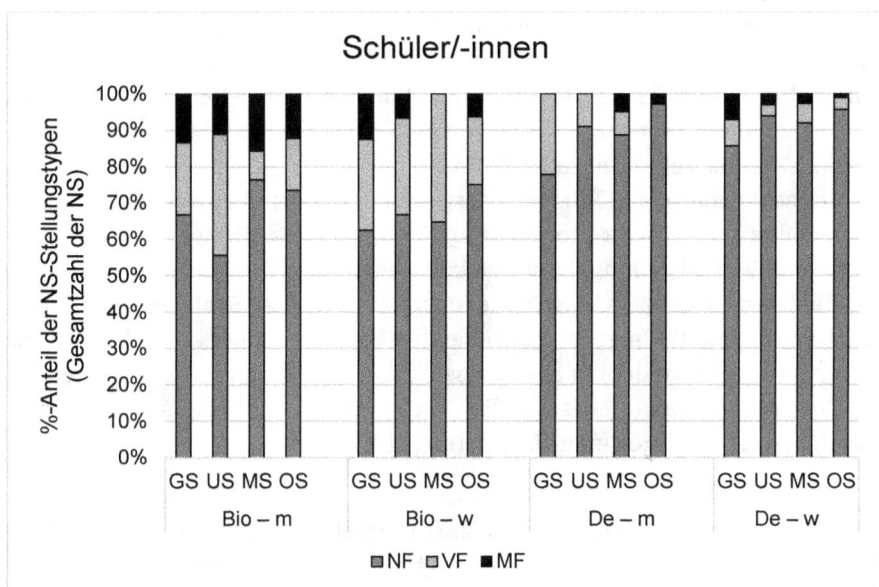

Abbildung 27: Prozentualer Anteil der Nebensatzstellungstypen an der Gesamtzahl der
Nebensätze – Schüler/-innen

Das Ergebnis ist hier zunächst überraschend, denn im Gegensatz zum Bild bei
den Lehrpersonen nimmt hier in der Tendenz der prozentuale Anteil der weniger
integrierten Nebensätze in Nachfeldstellung über die Jahrgangsstufen zu. Bei
den Schüler/-innen in den Klassen der männlichen Biologielehrpersonen ist eine
Erhöhung von der Grundschule (66,7 %) und Unterstufe (55,6 %) zur Mittelstufe
(76,5 %) und der Oberstufe (73,5 %) feststellbar. Bei den Schüler/-innen der weiblichen Biologielehrpersonen ist der prozentuale Anteil der Nebensätze im Nachfeld

bis zur Mittelstufe ziemlich konstant (GS: 62,5 %; US: 66,7 %; MS: 64,7 %), nimmt dann zur Oberstufe aber auf 75 % zu. Bei den Klassen der Deutschlehrpersonen ist das Bild sehr ähnlich: Niedrigere Werte in der Grundschule (De – m: 77,8 %; De – w: 85,7 %), ähnliche Zunahmen zur Unterstufe und Mittelstufe, in denen die Werte nah beieinander liegen, und noch einmal Zunahmen zur Oberstufe (De – m: 97,1 %; De – w: 95,7 %).

Die integrierteren Formen der Nebensätze im Mittelfeld und Vorfeld nehmen demgegenüber in ihrem prozentualen Anteil an der Gesamtnebensatzzahl zu den höheren Jahrgangsstufen erwartungswidrig auf Schülerseite in der Tendenz eher ab. Ausnahmen bildet einerseits die Stagnation der Nebensätze im Mittelfeld bei den Schüler/-innen von Bio – m und die leichte Zunahme bei den Schüler/-innen von De – m von der Grundschule und Unterstufe, in denen keine Nebensätze im Mittelfeld genutzt werden, zur Mittelstufe (4,8 %)/Oberstufe (2,9 %). Ausnahmen bilden andererseits die Zunahmen der Nebensätze im Vorfeld bei den Schüler/-innen von Bio – m zur Unterstufe und die Zunahmen dieses Nebensatzstellungstyps bei den Schüler/-innen von Bio – w von der Grundschule (25 %) über die Unterstufe (26,7 %) bis zur Mittelstufe (35,3 %).

Betrachtet man die in Tabelle 57 dargestellte Differenz Δ zwischen den Lehrer- und Schülerwerten beim prozentualen Anteil der integrierten Nebensätze in Mittel- und Vorfeldstellung, lässt sich keine eindeutige Tendenz hinsichtlich der Frage ablesen, ob die Lehrerwerte eher über oder unter den Schülerwerten liegen, denn dies ist jeweils in genau 8 Klassen der Fall. Es ist aber auffällig, dass die Lehrerwerte insbesondere in den Biologieklassen (in sechs von acht) unter den Schülerwerten liegen (dies ist der Fall, wenn die Differenz Delta ein negatives Vorzeichen erhält, durch graue Markierung verdeutlicht).

Tabelle 57: Differenz Δ zwischen den Lehrerwerten und Schülerwerten beim prozentualen Anteil der Nebensätze in Mittelfeld- und Vorfeldstellung an der Gesamtnebensatzzahl (grau markiert negative Deltas)

	Bio – m	Bio – w	De – m	De – w
GS	-7,2	-19,9	-6,7	-3,6
US	-25,4	-5,0	8,4	9,2
MS	10,3	1,2	0,8	4,6
OS	-6,5	-10,7	20,1	9,2

Eine mögliche Interpretation der erwartungswidrigen Tendenzen auf Schülerseite könnte darin zu finden sein, dass, wie in den Abschnitten 8.3.2.1 und 8.3.2.2 dargestellt, in den höheren Jahrgangsstufen schon extreme Integrationssteigerungen im Hypotaxebereich und im Bereich der Nebensätze höheren als ersten Grades zu finden sind. Die Anforderungen dieser Integrationssteigerungen könnten dadurch gewissermaßen kompensiert resp. ,abgepuffert' werden, dass sie mit Hilfe einer weniger integrierten Nebensatzstellung vorgenommen werden.

8.3.2.4 Abhängige Hauptsätze
In Abschnitt 8.2.1.1 wurde die Operationalisierung der abhängigen Hauptsätze im weiteren Sinn in dieser Studie vorgestellt, worunter abhängige Hauptsätze im engeren Sinn und Subjunktionalverbzweitsätze fallen. Diese abhängigen Hauptsätze im weiteren Sinn wurden in den bisherigen Analysen noch nicht berücksichtigt. Sie können als eine intermediäre Stellung zwischen Nebensätzen und Hauptsätzen auf dem Integrationskontinuum einnehmend eingeschätzt werden und gelten zunächst als eher typisch für die mediale Mündlichkeit.

Es wurde der prozentuale Anteil der abhängigen Hauptsätze im weiten Sinne an der Gesamtzahl aller Sätze (MS + KS) berechnet. Die lehrerseitigen Ergebnisse sind in Abbildung 28 dargestellt, die schülerseitigen Werte in Abbildung 29.

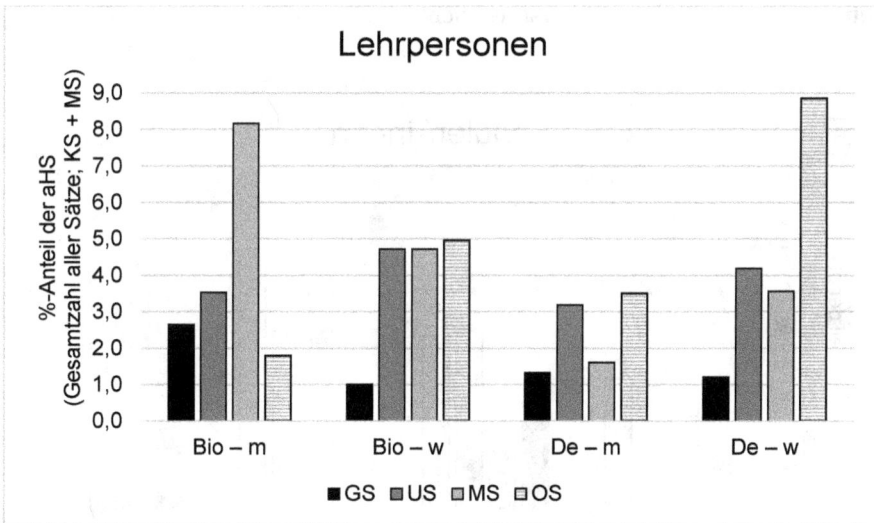

Abbildung 28: Prozentualer Anteil der abhängigen Hauptsätze an der Gesamtzahl aller Sätze (KS + MS) – Lehrpersonen

Bei beiden Abbildungen ist zunächst auffallend, dass die Werte einen prozentualen Anteil von 9 % an der Gesamtzahl der Sätze in keiner Jahrgangsstufe übersteigen. Bei den Lehrpersonen liegen die Werte der Grundschullehrenden immer unter 3 % und steigen dann zur Unterstufe bis auf höchstens ca. 5 % (bei Bio – w) und zur Oberstufe bis auf höchstens 8,2 % (Bio – m) bzw. 8,8 % (De – w). Man kann sagen, dass in der Tendenz bei drei von vier Lehrpersonengruppen die abhängigen Hauptsätze von der Grundschule bis zur Oberstufe zunehmen – bei Bio – m liegt eine Zunahme allerdings nur bis zur Mittelstufenklasse vor.

Bei den Schüler/-innen liegt der prozentuale Anteil der abhängigen Hauptsätze in drei von vier Säulengruppen in der Grundschule am niedrigsten; die Schüler/-innen von De – m produzieren hier sogar gar keine abhängigen Hauptsätze. In der Säulengruppe der Schüler/-innen von Bio – w liegt der prozentuale Anteil in der Unterstufe noch etwas niedriger als in der Grundschule. Bei den Schüler/-innen von Bio – m und Bio – w sind Zunahmen von der Unterstufe bis zur Mittelstufe erkennbar; bei den Schüler-/innen von De – m finden sich die höchsten Werte in der Oberstufe bei ca. 7 %. Bei der Säulengruppe der weiblichen Deutschlehrerinnen sind insbesondere Unterschiede zwischen Grundschul- und Gymnasialwerten auf Schülerseite zu erkennen. Die Gymnasialwerte erniedrigen sich von der Unterstufe bis zur Oberstufe leicht.

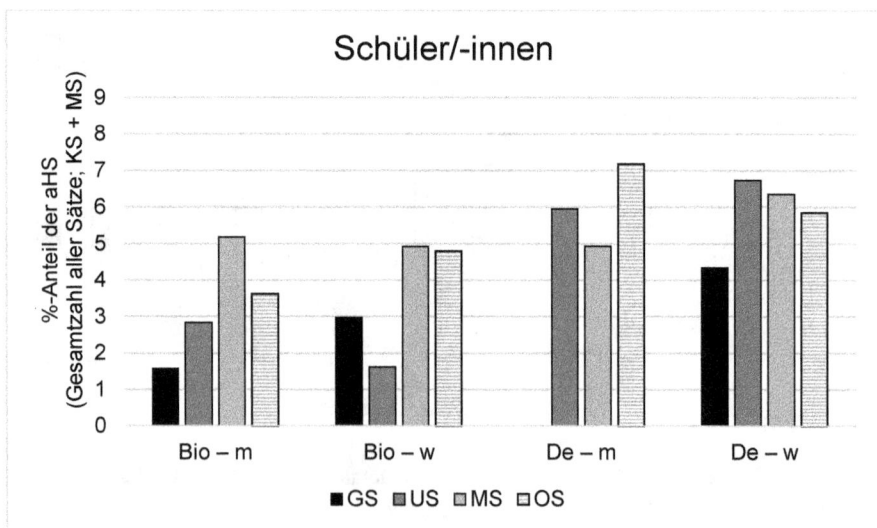

Abbildung 29: Prozentualer Anteil der abhängigen Hauptsätze an der Gesamtzahl aller Sätze (KS + MS) – Schüler/-innen

Betrachtet man diese Ergebnisse zusammenfassend, ist zu schließen, dass auch die abhängigen Hauptsätze als Integrationsanzeiger genutzt werden können, da sie über die Jahrgangsstufen eine Zunahmetendenz auf Schüler- und Lehrerseite aufweisen. Sie sind zudem als integrativer einzuschätzen als die im nächsten Abschnitt vorzustellenden frei stehenden Nebensätze.

Es kann ergänzend ein weiterer Zusammenhang zwischen der Anzahl der abhängigen Hauptsätze und dem Epistemisierungsparameter der „Perspektivität" (Pohl 2016: 63) vermutet werden, der sich auf die sprachliche Dimension der „Diskursivität" bezieht. Denn abhängige Hauptsätze im engeren Sinne verfügen oftmals über einen „Operator" (Fiehler 2006: 1215), der den „mentalen Status, den der Äußerungsteil im Skopus [also im abhängigen Hauptsatz, K. K.-S.] beim Sprecher besitzt", verdeutlicht. Die Operatoren werden zumeist durch „Verben des Sagens und Denkens" (Fiehler 2006: 1216) gebildet, die eine starke Affinität zum Epistemisierungsparameter der Perspektivität haben.

Auf Lehrerseite nutzt De – w in der Oberstufe die meisten abhängigen Hauptsätze, die 8,8 % aller Sätze ausmachen. In absoluten Zahlen gesehen sind dies 20 abhängige Hauptsätze. Für diese abhängigen Hauptsätze wurde eine Zusatzuntersuchung durchgeführt dergestalt, dass gefragt wurde, ob diese abhängigen Hauptsätze durch einen Operator begleitet werden, der ein Verb das Sagens und Denkens enthält. Und dies ist tatsächlich bei 15 dieser abhängigen Hauptsätze der Fall (also bei 3/4 der abhängigen Hauptsätze), wie in Tabelle 58 dargestellt.

Tabelle 58: Analyse der Operatoren abhängiger Hauptsätze bei LDe – w (OS)

Verb des Sagens und Denkens	*token* (Operator)	Anzahl
sagen	es wird nicht gesagt	1
	sondern es wird nur gesagt	1
	Sie sagen	1
	ihr hattet ja gesagt	1
	weil ihr nämlich gesagt habt	1
	wir hatten ja gesagt	1
denken	(ich habe gedacht)	1
	ich habe erst gedacht	1
	warum denkt ihr	1
	ich denke	1
glauben	ich glaube	2
meinen	ich meine	3
Summe		15

Diese vertiefende Analyse deutet darauf hin, dass abhängige Hauptsätze auch Indikator erhöhter Diskursivität in den Oberstufenklassen sind.

8.3.2.5 Frei stehende Nebensätze

Jene frei stehenden Nebensätze (fsNS), die als „Adjazenzstruktur" (Hennig 2006: 261) realisiert sind, sind ein Phänomen dialogischer Kommunikation. Diese adjazenten Nebensätze beziehen sich auf einen Hauptsatz, der nicht vom aktuellen Sprecher, sondern vom vorigen Sprecher geäußert wurde. Man kann also von einem sprecherübergreifenden Integrationsphänomen sprechen – diese Integration ist aber als deutlich geringer einzuschätzen als eine sprecherinterne Integration. Ágel und Hennig (2006c: 23) ordnen solche Adjazenzstrukturen der Näheseite des „Rollenparameter[s]" zu, also dem universalen Parmter der Kommunikation „P-R-Rollendynamik". Sie können m. E. auch als ein spezifisches Phänomen der Unterrichtskommunikation, in der die Dreischrittzugfolge (vgl. Kap. 4.3) mit typischen Rollenverteilungen auf Lehrer- und Schülerseite vorliegt, angesehen werden. Illustrierungen für solchermaßen frei stehende, adjazente Nebensätze auf Schülerseite finden sich in den Beispielen (20) und (21):

(20) *LDe – m (MS)*: Was ist der erste • Grund, den er • sucht? • • Da/ Britta!
    Britta: **Äh dass das Lamm das Wasser trübt, was der Wolf halt trinken will?**

(21) *LBio – m (US)*: Warum ist das für Tiere wichtig?
    Thomas: **Damit die Nährung/ Nahrung haben.**

Es finden sich aber durchaus auch adjazente Nebensätze auf Lehrerseite, wie in Beispiel (22).

(22) *Sina*: Das_kann ja sein, dass der das nur macht, weil er dafür n Belohnung haben will.
    LDe – m (US): **Weil er nur helfen möchte, • um eine Belohnung zu bekommen.**

Es gibt zudem auch frei stehende ‚Nebensätze', die Verbletztstellung aufweisen, sich aber auf keinen adjazent dazugehörigen Hauptsatz beziehen, wie in dem lehrerseitigen Beispiel (23). Sie können mit den von Hennig (2006: 82) aufgeführten unabhängigen Nebensätzen parallelisiert werden. Diese ‚Nebensätze' sind als weniger integrativ einzuschätzen als die adjazenten frei stehenden Nebensätze.

(23) *LDe – m (US)*: **Also • wenn ihr jetzt doch noch mal zum Wolf kommt**. Charaktereigenschaften.

Im Folgenden wird der prozentuale Anteil der frei stehenden Nebensätze an der Gesamtzahl der Nebensätze (Nebensätze + frei stehende Nebensätze) berechnet. Es können also Aussagen getroffen werden zum Verhältnis der frei stehenden Nebensätze zu den prototypischeren Nebensätzen. Da die schülerseitigen Werte in dieser Analyse eine deutlichere Tendenz aufweisen als die lehrerseitigen, wird mit der Schülerseite begonnen (vgl. Abbildung 30).

Die Variationsbreite des prozentualen Anteils der frei stehenden Nebensätze an der Gesamtnebensatzzahl auf Schülerseite erweist sich als sehr hoch, von einem Minimalwert von 0 % bei den Schüler/-innen von Bio – w in der Grundschule bis zu einem Maximalwert von 54,16 % bei den Unterstufenschüler/-innen von De – m. Diese Unterstufenschüler/-innen nutzen insgesamt, wie man auch anhand von Tabelle 55 erkennen kann, nur 11 Nebensätze. Die Zählung der von ihnen geäußerten *frei stehenden* Nebensätze ergibt den leicht höheren Wert von 13. Ihr Hypotaxewert liegt, wie in Abbildung 23 dargestellt, bei im Vergleich mit höheren Klassen niedrigen 16,92 %. Diese Tendenz eines geringen Hypotaxewertes (unter 20 %), der kombiniert ist mit einer vergleichsweise hohen Anzahl frei stehender Nebensätze an der Gesamtnebensatzzahl (über 20 %), findet sich so auch in den Unterstufenklassen von Bio – m (18 NS:12 fsNS), Bio – w (15:5) sowie in den Grundschulklassen von De – m (9:4) und De – w (14:10). Die Struktur frei stehender Nebensätze scheint den Schüler/-innen die Gelegenheit zu bieten, sich an syntaktische Integration anzunähern – und ist somit als Kompensationsstruktur zu interpretieren. Diese Überlegung muss in Kapitel 10, wenn makrointeraktionale Stützmechanismen im Unterricht betrachtet werden, noch einmal aufgenommen werden. Bei den Grundschüler/-innen der Biologie-/Sachunterrichtslehrpersonen ist demgegenüber ein niedriger Hypotaxewert mit einem ebenfalls niedrigen (oder fehlenden) Anteil frei stehender Nebensätze kombiniert.

Insgesamt lässt sich in den Schülerwerten eine Tendenz der Abnahme der frei stehenden Nebensätze an der Gesamtzahl der Nebensätze mit steigender Jahrgangsstufe erkennen: In den drei Säulengruppen der Klassen von Bio – m, Bio – w und De – m liegen die Unterstufenwerte immer sehr deutlich über den Oberstufenwerten. Auch wenn in den Gymnasialklassen der weiblichen Deutschlehrerin diese Tendenz nicht zu erkennen ist, liegen die Werte der Gymnasiast/-innen, die sich ungefähr im Bereich von 7–8 % bewegen, hier deutlich unter den Werten der Grundschüler/-innen, die bei ca. 42 % liegen.

In Abbildung 31 sind die Lehrerwerte aufgetragen. Da die y-Achsen-Skalierung bei Lehrer- und Schülerauswertungen immer konstant gehalten wird, um Vergleichbarkeit der Lehrer- und Schülerwerte zu ermöglichen, ist auf den ersten

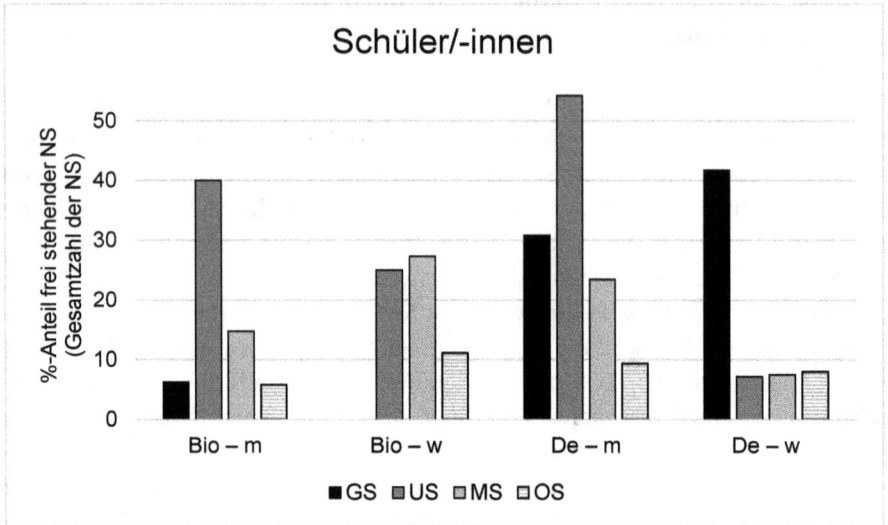

Abbildung 30: Prozentualer Anteil der frei stehenden Nebensätze an der Gesamtzahl der Nebensätze – Schüler/-innen

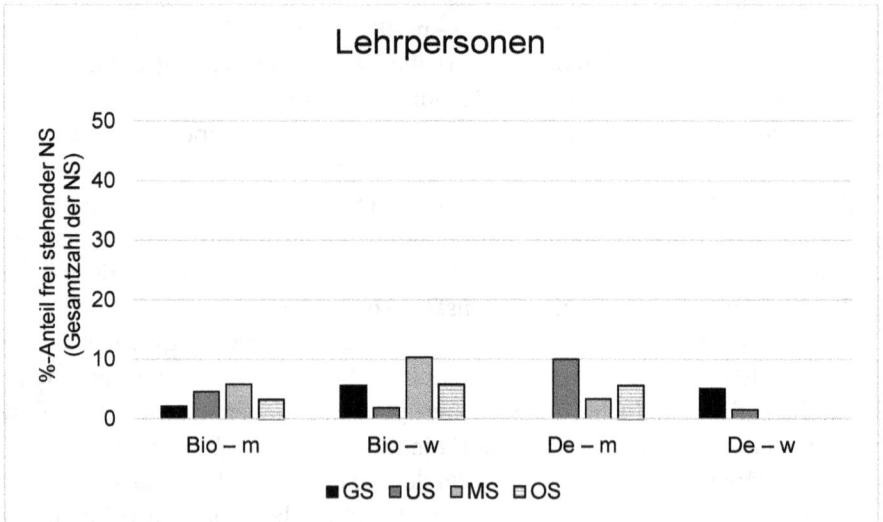

Abbildung 31: Prozentualer Anteil der frei stehenden Nebensätze an der Gesamtzahl der Nebensätze – Lehrpersonen

Blick erkennbar, dass die Lehrpersonen einen deutlich geringeren Anteil von frei stehenden Nebensätzen nutzen als ihre Schüler/-innen (außer im Fall des Werts von 0 bei den Schüler/-innen von Bio – w in der Grundschule).

Die Variationsbreite liegt zwischen 0 % freien Nebensätzen an der Gesamtnebensatzzahl bei De – m in der Grundschule sowie bei De – w in der Mittel- und Oberstufe bis zu höchstens 10,34 % freien Nebensätzen bei Bio – w in der Mittelstufe. In den Säulengruppen der Biologielehrpersonen und von De – m ist die leichte Tendenz zu erkennen, dass die frei stehenden Nebensätze in den Gymnasialklassen im Vergleich mit den Grundschulklassen (bzw. auch noch mit der Unterstufenklasse bei Bio – w) einen etwas erhöhten Anteil an den Nebensätzen haben (bei De – m ist dieser Trend erkennbar, da in der Grundschulklasse im Vergleich mit den Gymnasialklassen gar keine freien Nebensätze genutzt werden). Bei den weiblichen Deutschlehrpersonen liegt aber ein inverser Trend der Abnahme von der Grundschule bis zur Unterstufe – bis zum vollständigen Fehlen in der Mittel- und Oberstufe – vor. Auch bei De – m am Gymnasium nimmt die Anzahl der frei stehenden Nebensätze von der Unterstufe bis zur Mittelstufe/Oberstufe ab. Man könnte die in der Grundschule (und z. T. auch in der Unterstufe) *niedrigen* bzw. *fehlenden* lehrerseitigen Werte (in drei Säulengruppen) möglicherweise dadurch erklären, dass diese oftmals Sprechergrenzen übergreifenden Strukturen jüngerer Schüler/-innen in geringerem Maße rezeptiv (in der *Lehrer*sprache) zugemutet werden.

Dass die Werte schülerseitig im Vergleich mit den Lehrerwerten so hoch liegen, kann in der dreischrittigen interaktionalen Sequenz der Unterrichtskommunikation (vgl. Abschn. 4.3) begründet liegen. Ihre zweite, zumeist schülerseitig besetzte, Antwort-Position bildet mit dem ersten lehrerseitigen Schritt ein „adjacency pair[.]" (Mehan 1979: 54). Die zweite *reply*-Position bietet sich durch ihre strukturelle Abhängigkeit dafür an, nur rhematische Elemente zu liefern (z. B. in einem frei stehenden Nebensatz), während die thematischen Elemente schon in der lehrerseitigen Initiierung gegeben wurden (vgl. Ehlich & Rehbein 1986: 73). Dass die Anzahl der frei stehenden Nebensätze über die Jahrgangsstufen auf Schülerseite abnimmt, kann ferner im Sinne einer unabhängigeren Ausfüllung der *reply*-Position durch die Schüler/-innen interpretiert werden.

8.3.2.6 Koordinationsellipsen

Der Ausdrucksbestandteil „Koordination" lässt schon erkennen, dass es sich bei Koordinationsellipsen nicht mehr um eine Analysekategorie in der Operationalisierungsdimension *Integration* im engeren Sinne handelt. Koordinationsellipsen, die in Abschnitt 8.2.1.2 operationalisiert wurden, werden in diesem Abschnitt trotzdem genauer betrachtet, weil sie als Bestandteil eines „zusammengezogenen Satz[es]" (Gallmann 2006: 912) interpretiert werden können. Dependenzen im Sinne einer

Unterordnungsbeziehung entstehen hier aber nicht, sehr wohl aber Abhängigkeiten im *weiteren* Sinne durch Tilgungen von Bestandteilen des Bezugssatzes in der Ellipse. Im Vergleich mit den anderen Ellipsen, wie den sprecherübergreifenden Adjazenzellipsen oder den Sprechhandlungsellipsen, können Koordinationsellipsen somit als einziger Ellipsentyp etwas stärker der konzeptionellen Schriftlichkeit zugeordnet werden. Es wird deswegen der prozentuale Anteil der Koordinationsellipsen an der Gesamtellipsenzahl (ohne TZE und BE auf Lehrerseite) berechnet.

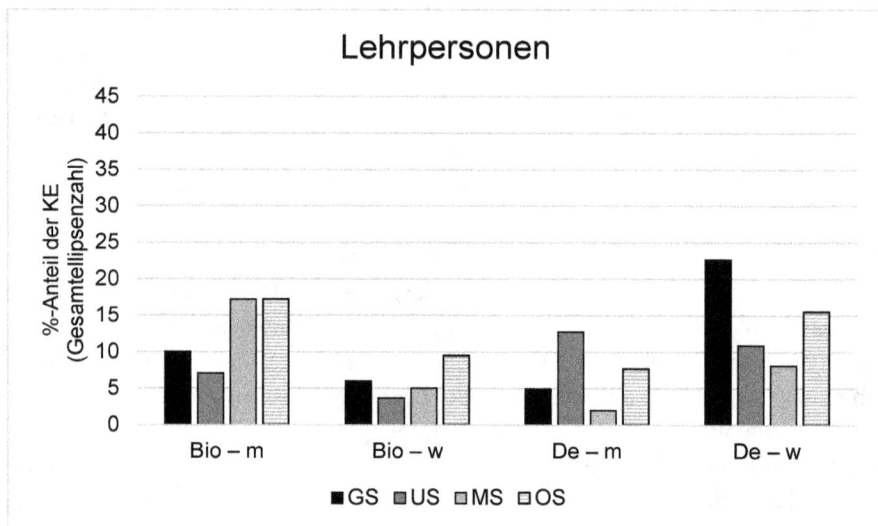

Abbildung 32: Prozentualer Anteil der Koordinationsellipsen an der Gesamtellipsenzahl – Lehrpersonen

Aufseiten der Lehrpersonen (vgl. Abbildung 32) finden sich Werte zwischen einem 2%igen Anteil der Koordinationsellipsen an der Gesamtellipsenzahl (bei De – m in der Mittelstufe) und 22,6 % bei De – w in der Grundschule. Die Variationsbreite dieser lehrerseitigen Auszählung beträgt damit 20,6 Prozentpunkte. In der ersten Säulengruppen von Bio – m ist der deutlichste Unterschied zwischen Grundschule (10 %) und Unterstufe (7,0 %) einerseits sowie Mittelstufe und Oberstufe andererseits (beide bei 17,2 %) zu erkennen; bei Bio – w ist am Gymnasium eine Zunahme der Koordinationsellipsen an der Gesamtellipsenzahl von der Unterstufe über die Mittelstufe bis zur Oberstufe (9,5 %) erkennbar. Die Grundschulwerte liegen bei den Unterstufen- und Mittelstufenwerten (GS: 6,0 %; US: 3,6 %; MS: 5 %).

Auch bei De – w sind am Gymnasium *intra*individuelle Zunahmen von der Unterstufe (10,9 %) und Mittelstufe (8,1 %) einerseits bis zur Oberstufe andererseits (bis auf 15,6 %) festzustellen. Allein die Werte der weiblichen Deutschlehre-

rin in der Grundschule, die den höchsten prozentualen Anteil an Koordinationsellipsen produziert, liegen deutlich darüber. An dieser Stelle ist zu erinnern an
die Analysen aus Abschnitt 8.3.2.1 zum Hypotaxeanteil, in denen man bei dieser
Lehrerin erkennen konnte, dass ihr Hypotaxeanteil im Vergleich mit den anderen
Grundschullehrpersonen ziemlich hoch bei 22,4 % liegt (innerhalb ihrer Säulengruppe hatte sie trotzdem den niedrigsten Wert).[13] Hier scheint ein Aspekt der
*inter*individuellen Differenz zwischen den Grundschullehrpersonen vorzuliegen.

In der Säulengruppe der männlichen Deutschlehrpersonen findet sich in
der Grundschule der niedrige Wert von (4,9 %). Aber auch in der Mittelstufe liegt
der prozentuale Anteil der Koordinationsellipsen beim männlichen Deutschlehrer nur bei 2 %. Zur Oberstufe lässt sich ein Anstieg auf 7,7 % verzeichnen (in
der Unterstufe werden jedoch auch schon 12,7 % erreicht). Hier kann man beim
Deutsch-Gymnasiallehrer im Gegensatz zu den anderen drei Gymnasiallehrpersonen nicht von intraindividuellen Zunahmen zur Oberstufe sprechen.

Insbesondere die Schülerwerte in Abbildung 33 lassen in drei Säulengruppen
deutliche Zunahmen des prozentualen Anteils der Koordinationsellipsen an der
Gesamtellipsenzahl hin zur Oberstufe (bzw. Mittelstufe) erkennen.

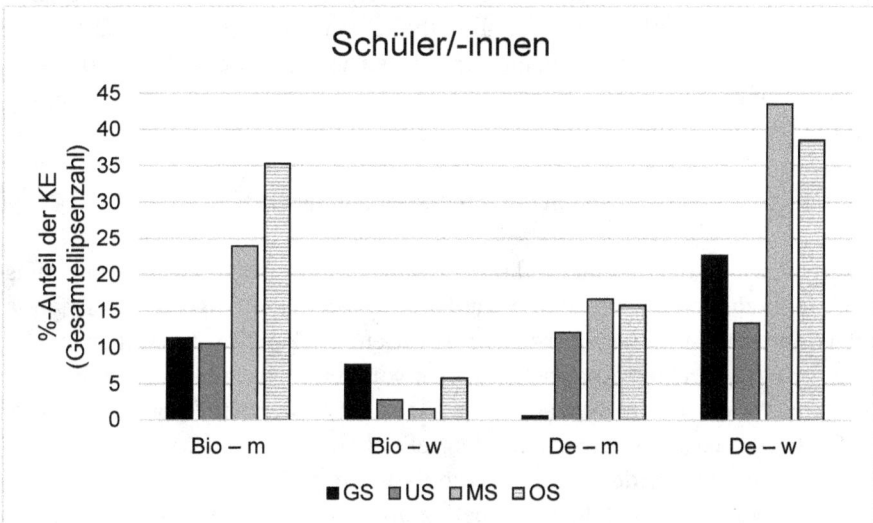

Abbildung 33: Prozentualer Anteil der Koordinationsellipsen an der Gesamtellipsenzahl –
Schüler/-innen

---

13 Berechnet man zum Vergleich den prozentualen Anteil der Koordinationsellipsen an der Gesamteinheitenzahl (statt an der Gesamtellipsenzahl), liegen die Werte bei De – w in der Grundschule bei 1,6 % und damit unter dem Oberstufenwert von 2,3 %.

Die Variationsbreite der Werte liegt hier bei ca. 43 Prozentpunkten und ist damit höher als bei den Lehrpersonen, auch wenn die Minimalwerte nahe beieinander liegen (S: 0,5 % bei De – m in der Grundschule; L: 2 %). Insbesondere ist der Maximalwert auf Schülerseite deutlich erhöht und liegt bei 43,5 % bei den Mittelstufenschüler/-innen von De – w. Sehr deutliche Zunahmen sind insbesondere in den Säulengruppen der Klassen von Bio – m (bis zum Maximalwert von 35,3 % in der Oberstufe) und De – w (bis zum Maximalwert von 43,5 % in der Mittelstufe) erkennbar, aber auch bei De – m liegen insbesondere Zunahmen von der Grundschule (0,5 %) zur Unterstufe (12 %) und dann wiederum leichte Zunahmen von Unterstufe zur Mittel- (16,7 %) und Oberstufe (15,8 %) vor. Einzig bei den Schüler/-innen der weiblichen Biologielehrpersonen liegt in der Grundschule mit 6 % ein höherer prozentualer Anteil als in den dazugehörigen Gymnasialklassen vor – was aber in der sehr niedrigen Ausprägung in den Gymnasialklassen von Bio – w begründet liegt, die deutlich unter der Ausprägung in den anderen Gymnasialklassen liegt.

Zusammenfassend sind auf Schülerseite deutliche Zunahmen dieses konzeptionell schriftlicheren Ellipsentyps bis zur Oberstufe zu erkennen, während bei einigen Lehrpersonengruppen nur leichte Zunahmetendenzen vorliegen. Demgegenüber nimmt ein als konzeptionell mündlich zu interpretierender Ellipsentyp in seinem Anteil an der Gesamtzahl der Ellipsen ab (vgl. Abschn. 10.2.1): die Adjazenzellipsen.

8.3.3 Fazit zu den Analysen in der Integrationsdimension

Die Analysen in der Operationalisierungsdimension *Integration* zusammenfassend kann zunächst festgehalten werden, dass sich alle vorgestellten Analysekategorien als veränderungssensitiv erweisen: Es können Zunahmen in den (meisten) gewonnenen Analysekategorien von den niedrigeren zu den höheren Jahrgangsstufen sowohl auf Lehrer- als auch auf Schülerseite festgestellt werden (außer bei der besonderen Struktur der frei stehenden Nebensätze).

Bei Betrachtung der Analyseergebnisse auf phrasaler und syntaktischer Ebene im Vergleich ist folgende Überlegung virulent geworden: Während die Schüler/-innen die Möglichkeit der Integrationssteigerung durch Hypotaxe und Nebensätze höheren als ersten Grades sehr intensiv nutzen, sind bei den Lehrpersonen stärkere Integrationssteigerungen auf phrasaler Ebene zu erkennen und somit stärkere Tendenzen zu einer *„komprimierte[n] Syntax"* (Pohl 2007b: 412). Da die Lehrerwerte insbesondere auf phrasaler Ebene oftmals über den Werten der Durchschnittsschüler/-innen der betreffenden Klasse liegen, ist zudem die Interpretation einer lehrerseitigen Modellfunktion in diesem Bereich naheliegend.

Ein weiteres Ergebnis dieses Abschnitts ist, dass Kombinationsvariablen, die Aspekte aus zwei Operationalisierungsdimensionen kombinieren, wie die partizipialen Adjektive in attributiver Position, als besonders starker Anzeiger konzeptioneller Schriftlichkeit angesehen werden können.

Zudem konnten zwei Strukturen in den Blick genommen werden, die eher typisch für mediale Mündlichkeit sind: die abhängigen Hauptsätze und die frei stehenden Nebensätze. Während für Erstere festgestellt werden konnte, dass auch diese etwas weniger integrativen Strukturen für Integrationssteigerungen genutzt werden können (sowie in höheren Jahrgangsstufen eine epistemische Funktion erfüllen), konnte für Letztere gezeigt werden, dass sie insbesondere auf Schülerseite in *niedrigeren* Jahrgangsstufen eingesetzt werden – hier als durch die Interaktion mit der Lehrperson gestützter kompensatorischer Ersatz für sprecher*interne* subordinierte Strukturen.

8.4 Analysen in der Komplexitätsdimension

Nachfolgend sollen Analysen in der Komplexitätsdimension durchgeführt werden:

Operationalisierungsdimension 2: *Komplexität* ist in Relation zu einer Bezugsgröße bestimmt. In dieser wird durch Addition/Kombination spezifischer gleichartiger Einheiten (Komponenten) einer niedrigeren Strukturebene ein ‚Mehr‘ an Komplexität aufgebaut.

Die ersten beiden Analysen sind auf morphologischer Ebene angesiedelt: Es werden komplexe Adjektive (vgl. Abschn. 8.4.1) und komplexe Nomen (vgl. Abschn. 8.4.2) analysiert. Auf syntaktischer Ebene wird sodann die Komplexität der Einheiten (vgl. Abschn. 8.4.3) und der Ganzsätze (vgl. Abschn. 8.4.4) in den Blick genommen. Die letzte Analyse dieses Abschnitts ist auf diskursiver Ebene lokalisiert, denn es wird die *turn*-Komplexität (vgl. Abschn. 8.4.5) untersucht.

8.4.1 Komplexe Adjektive

Die Basisdefinition von komplexen Wörtern nach Sahel und Vogel (2013: 18, vgl. auch Abschn. 3.2.2.2.2) besteht darin, sie als „Wörter, die aus zwei oder mehreren Morphemen bestehen", anzusehen. In folgender Operationalisierung komplexer Adjektive und auch komplexer Nomen (vgl. Abschn. 8.4.2) soll aber der engeren Definition von Boettcher (2009a: 187) gefolgt werden, der allein Wortbildungsprodukte als komplexe Wörter ansieht. Wir spezifizieren und definieren als ein komplexes Wort ein Wortbildungsprodukt, das aus mehr als einem Morphem besteht (damit fallen lexikalische und syntaktische Konversionen weg). Eine Komplexitätssteigerung durch Flexionsmorpheme, wie in der Definition von Sahel und Vogel (2013: 18) und der Bestimmung von Dietrich (2007: 229–230) angelegt, wird hier nicht betrachtet.

Als komplexe Wortbildungsprodukte mit mehr als einem Morphem kommen durch Derivation und Komposition erzeugte Adjektive in Frage. Beispiele für durch Derivation erzeugte komplexe Adjektive sind

- „tierisch" (LBio – m, MS),
- „skandinavisch" (LBio – w, GS),
- „brauchbar" (LDe – m, MS)
- oder „lebhaft" (LDe – w, OS).

Für durch Komposition erzeugte Adjektive lassen sich nur wenige Beispiele im Korpus finden, wie

- „passgenau" (LBio – m, MS),
- „wunderschön" (LBio – w, US),
- „energiereich" (LBio – w, OS),
- „epochenbezogen" (LDe – m, OS)
- oder „eiskalt" (LDe – w, MS).

Zusätzlich kommt auch eine Komplexitätssteigerung durch Addition des Partizipmorphems (für das Partizip I oder II) an einem Verbstamm in den Blick, durch das dieses Verb als Adjektiv flektierbar wird und als syntaktisches Adjektiv fungieren kann (vgl. Boettcher 2009a: 40–41), wie bei

- *„fördernden* Einfluss" (LBio – m, MS), mit Partizip I,
- *„abgestorbenes* organisches Material" (LBio – w, OS), mit Partizip I,
- *„festgelegtes* organisches Material" (LBio – w, OS), mit Partizip II,
- oder *„veränderte* Rollenverteilung" (LDe – m, OS), mit Partizip II.

Zur Adjektivbestimmung: Es werden Adjektive in attributiver, prädikativer und adverbialer syntaktischer Funktion (vgl. Boettcher 2009a: 118) in die Analysen einbezogen. Es wird, um eine Vergleichbarkeit der Werte gewährleisten zu können, der prozentuale Anteil der komplexen Adjektive an der Anzahl aller Adjektive (einfache und komplexe Adjektive) berechnet. So wird eruiert, ob innerhalb der Wortart „Adjektiv" die komplexen Wörter über die Jahrgangsstufen zunehmen.

In Abbildung 34 ist der lehrerseitige prozentuale Anteil dargestellt. Die Variationsbreite beträgt in dieser Analyse R = 43 Prozentpunkte zwischen dem niedrigsten Wert von 31,6 % bei der weiblichen Sachunterrichtslehrerin in der Grundschule und 74,5 % beim männlichen Biologielehrer in der Oberstufe. Die Grundschulwerte übersteigen in drei der vier Säulengruppen den Wert von 38,5 % nicht (nur der Wert von De – m liegt bei 53,4 % und damit darüber).

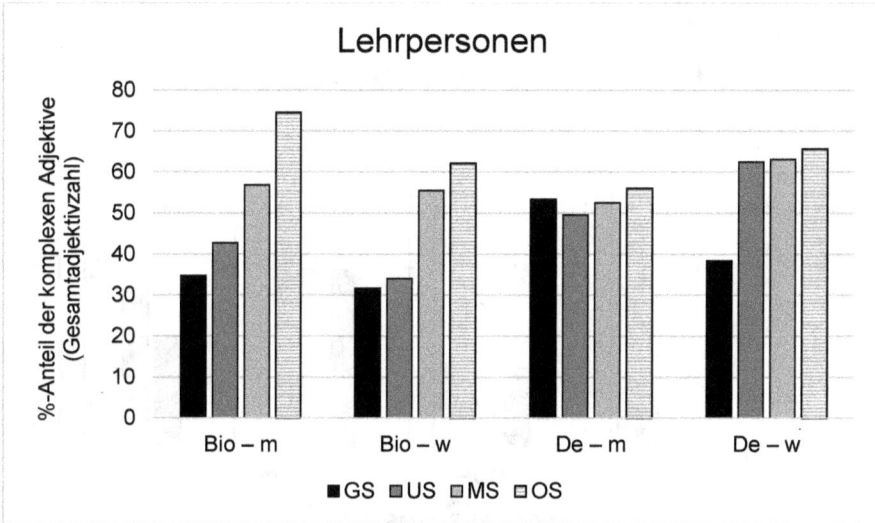

Abbildung 34: Prozentualer Anteil der komplexen Adjektive an der Gesamtzahl aller Adjektive – Lehrpersonen

In der Säulengruppe der männlichen Biologielehrer sind kontinuierliche Zunahmen von Jahrgangsstufe zu Jahrgangsstufe feststellbar (GS: 34,6 %; US: 42,7 %; MS: 56,7 %; OS: 74,5 %), während bei der Säulengrupe der weiblichen Biologielehrerinnen die Werte in Grundschule (31,6 %) und Unterstufe (33,9 %) nah beieinander liegen und die größte Zunahme erst zur Mittelstufe (55,4 %) mit leichter Steigerung zur Oberstufe (62,0 %) erfolgt.

Bei den Säulengruppen der Deutschlehrpersonen sind, insbesondere am Gymnasium, keine großen Steigerungen erkennbar, da die Werte auf einem ähnlichen hohen Niveau verbleiben. Ein deutlicher Unterschied liegt bei den weiblichen Deutschlehrerinnen zwischen dem Wert der Grundschullehrerin (mit 38,5 %) und allen anderen Werten in den Gymnasialklassen (US: 62,4 %; MS: 63,0 % und OS: 65,6 %) vor. Bei der Säulengruppe der männlichen Deutschlehrpersonen gibt es auf einem hohen Niveau nur geringe intraindividuelle Zunahmen beim Gymnasiallehrer (US: 49,5 %, MS: 52,4 % und OS: 56,0 %), während die Grundschulwerte (53,4 %) schon zwischen den Mittelstufen- und Oberstufenwerten liegen.

Die Spannweite der Schülerwerte (vgl. Abbildung 35) beträgt R = 50,3 Prozentpunkte vom niedrigsten Wert in der Grundschulklasse im Unterricht der weiblichen Sachunterrichtslehrerin (x_{min} = 20,0 %) bis zum Maximalwert x_{max} = 70,3 % im Unterricht der weiblichen Biologielehrerin in der Oberstufe. Sie liegt höher als die lehrerseitige Spannweite.

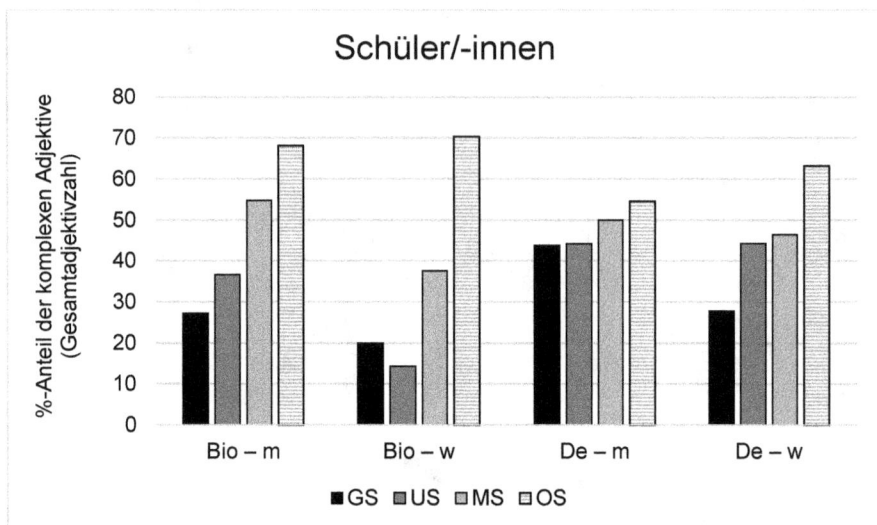

Abbildung 35: Prozentualer Anteil der komplexen Adjektive an der Gesamtzahl aller Adjektive – Schüler/-innen

Auf Schülerseite liegt der prozentuale Anteil der komplexen Adjektive an der Gesamtadjektivzahl in der Grundschule in drei von vier Säulengruppen nicht über 27,8 % (außer wiederum bei den Schüler/-innen von De – m mit 43,75 %). Wie schon bei den korrespondierenden Lehrpersonen festgestellt, erfolgt auch in den Klassen der männlichen Biologielehrer eine kontinuierliche Zunahme des prozentualen Anteils der komplexen Adjektive an der Gesamtadjektivzahl (GS: 27,3 %; US: 36,6 %; MS: 54,8 %; OS: 68,1 %). Auch bei den Schüler/-innen von Bio – w sind ähnliche Tendenzen wie auf Lehrerseite zu erkennen, da auch hier Grundschul- (20,0 %) und Unterstufenwerte (14,3 %) sehr niedrig liegen. Anders als bei den Lehrpersonen erfolgt die Zunahme dann aber zweistufig, erst zur Mittelstufe (37,5 %) und dann zur Oberstufe mit einer fast-Verdopplung des prozentualen Anteils auf 70,3 %. Auch bei den Schüler/-innen der männlichen Deutschlehrer haben die Tendenzen eine Ähnlichkeit zu den Lehrerwerten, da der Einstiegswert in der Grundschule vergleichsweise hoch ist (43,8 %) und im Unterschied zu den im Biologieunterricht vorliegenden Steigerungen nur geringe Zunahmen vorliegen (US: 44,1 %; MS: 50,0 %; OS: 54,5 %). Bei den Schüler/-innen der weiblichen Deutschlehrpersonen sind deutlichere Unterschiede als auf Lehrerseite zu finden: Die Grundschulwerte sind mit 27,8 % niedrig; es kommt zu einer Zunahme zur Unterstufe (44,8 %) und Mittelstufe (46,5 %) und wiederum zu größeren Zunahmen zur Oberstufe (63,1 %).

Vergleicht man den lehrerseitigen und schülerseitigen prozentualen Anteil der komplexen Adjektive an der Gesamtadjektivzahl, indem man die Differenz Δ zwischen den lehrerseitigen und den schülerseitigen prozentualen Werten berechnet (vgl. Tabelle 59), stellt man fest, dass nur in einem von 16 Fällen der Schülerwert über dem Lehrerwert liegt – und dies in einer Oberstufenklasse. In dieser Oberstufenklasse der weiblichen Biologielehrerin, in der schülerseitig der prozentuale Anteil von 70,3 % komplexer Adjektive genutzt wird, liegen die Lehrerwerte 8,2 Prozentpunkte unterhalb der Schülerwerte.

Tabelle 59: Differenz Δ zwischen den Lehrerwerten und Schülerwerten beim prozentualen Anteil komplexer Adjektive an der Gesamtadjektivzahl (*tokens*) (graue Unterlegung: negative Deltas)

	Bio – m	Bio – w	De – m	De – w
GS	7,3	11,6	9,6	10,7
US	6,1	19,6	5,3	18,1
MS	2,0	17,9	2,4	16,5
OS	6,4	-8,2	1,5	2,5

Auch im Vergleich des berechneten arithmetischen Mittels ($\bar{x}_{arithm}$) auf Lehrer- und Schülerseite pro Jahrgangsstufe liegen die Lehrer- oberhalb der Schülerwerte (vgl. Tabelle 60). Es ist aber auch feststellbar, dass der Unterschied in der Oberstufe minimal wird (Δ = 0,6). Hier nähern sich lehrer- und schülerseitiges Ausmaß der Produktion komplexer Adjektive aneinander an. Dies ist so interpretierbar, dass die lehrerseitige Modellfunktion in der Oberstufe nicht mehr nötig ist.

Tabelle 60: Mittelwert des prozentualen Anteils komplexer Adjektive an der Gesamtadjektiv-zahl (*tokens*) pro Jahrgangsstufe im Lehrer-Schülervergleich (fett markiert: die im Lehrer-Schülervergleich pro Jahrgangsstufe höheren Werte)

	GS	US	MS	OS
$\bar{x}_{arithm}$ (LP)	**39,5**	**47,1**	**56,9**	**64,6**
$\bar{x}_{arithm}$ (SuS)	28,3	34,8	47,2	64,0

Bis hierhin wurde das Ausmaß der Nutzung komplexer Adjektive dadurch abge-schätzt, dass der prozentuale Anteil der komplexen Adjektive an der Gesamtzahl aller Adjektive berechnet wurde und gezeigt werden konnte, dass dieser Anteil über die Jahrgangsstufen zunimmt. Im Jahrgangsstufenvergleich wurde zur Über-prüfung dieser Tendenz zusätzlich das arithmetische Mittel der Anzahl komple-xer Nomen auf 1000 Wörter berechnet. Und auch hier zeigen sich auf Lehrerseite Zunahmen von jeder Jahrgangsstufe zur nächsten (vgl. Tabelle 61). Bei den Schü-ler/-innen findet sich in der Grundschule eine sehr niedrige Anzahl von 5,2 kom-plexen Adjektiven auf 1000 Wörtern, mit Steigerung zu ähnlichen Werten in der Unterstufe (13,4) und Mittelstufe (12,2) und einer noch einmal deutlichen Erhö-hung zur Oberstufe (27,3). Und erst dort liegen die Schülerwerte im Mittel über den Lehrerwerten.

Tabelle 61: Mittelwert der Anzahl komplexer Adjektive auf 1000 Wörter (*tokens*) pro Jahrgangs-stufe im Lehrer-Schülervergleich (fett markiert: die im Lehrer- Schülervergleich pro Jahrgangs-stufe höheren Werte)

	GS	US	MS	OS
$\bar{x}_{arithm}$ (LP)	**12,6**	**17,4**	**23,0**	24,9
$\bar{x}_{arithm}$ (SuS)	5,2	13,4	12,2	**27,3**

Komplexe Adjektive sind also ein Maß konzeptioneller Schriftlichkeit, bei dem auf Lehrer- und Schülerseite Zunahmen über die Jahrgangsstufen vorliegen, das aber bis zur Mittelstufe von den Lehrpersonen stärker eingesetzt wird als von den Schüler/-innen.

8.4.2 Komplexe Nomen

In diesem Abschnitt soll die Komplexität der Nomen in vorliegendem Korpus in den Blick genommen werden. Dazu wird in Abschnitt 8.4.2.1 zunächst eine Auswertung zur Gesamtzahl komplexer Nomen vorgestellt, bevor Unterformen komplexer Nomen in Abschnitt 8.4.2.2 (Derivationen), 8.4.2.3 (Komposita) sowie 8.4.2.4 (exogene komplexe Nomen) analysiert werden.

8.4.2.1 Gesamtzahl komplexer Nomen

Komplexe Nomen werden in dieser Arbeit als komplexe Wortbildungsprodukte mit mehr als einem Morphem definiert (vgl. auch Abschn. 8.4.1), die durch Derivation und/oder Komposition entstanden sind. Deriviationen können zum einen Präfigierungen sein, zum anderen Suffigierungen. Während durch Präfigierungen die Wortart nach Boettcher (2009a: 226) in der Regel nicht verändert wird, sondern nur die Bedeutung, wird mit Hilfe von Derivations*suffixen* aus einem Wort ein bedeutungs- und häufig wortartverändertes anderes Wort gemacht (vgl. Boettcher 2009a: 225–226). Ein Beispiel für ein durch Präfigierung entstandenes Nomen aus vorliegendem Korpus ist „Umweg" (LBio – m, GS). Im Falle der mit Hilfe von Derivations*suffixen* entstandenen komplexen Nomen stellt die Wortart-veränderung eine Nominalisierung im weiteren Sinne dar (vgl. Boettcher 2009a: 232), wie bei dem deadjektivischen Nomen „Abhängigkeit" (LBio – m, US) oder dem deverbalen Nomen „Deutung" (LDe – m, OS).[14] Sowohl nominale Komposita als auch Nominalisierungen werden von vielen Autoren als konstitutiver Bestand-teil der Bildungssprache angesehen (z. B. Feilke 2012a: 8; Gantefort & Roth 2010: 583–584, 587; Hövelbrinks 2014: 104–109, 143; Riebling 2013: 134; Roth et al. 2007: 59; Schleppegrell 2004: 74). Zudem wird eine dritte Kategorie komplexer Nomen gebildet: Solche Nomen, die sowohl einen Derivations- als auch einen Komposi-tionsbestandteil enthalten, wie „Nahrungsnetz" (z. B. LBio – m, US) oder „Pflan-zenfresser" (z. B. LBio – w, GS). In einem ersten Schritt werden die Ergebnisse für die *tokens* aller komplexen Nomen, deren Anzahl auf 1000 Wörter berechnet wird, gemeinsam wiedergegeben (in Abbildung 36 lehrerseitig, in Abbildung 37 schülerseitig).

In Abbildung 36 ist auf den ersten Blick zu erkennen, dass komplexe Nomen besonders intensiv von den Biologielehrpersonen genutzt werden (derselbe Unter-

---

14 Boettcher (2009a: 232–233) hingegen plädiert dafür, allein „durch *syntaktische* Konversion er-zeugte[.] Nomen" als Nominalisierungen zu bezeichnen und nicht solche, die durch lexikalische Konversion oder Derivation entstanden sind.

schied zeigt sich auch auf Schülerseite in Abbildung 37), erkennbar an höheren Einstiegswerten in der Grundschule (Bio – w: 34,4; Bio – m: 39,4 im Gegensatz zu De – m: 26,3; De – w: 24,3) und höheren Steigerungen bis zur Oberstufe bis auf 93,1 bei Bio – m bzw. 66,1 bei Bio – w.

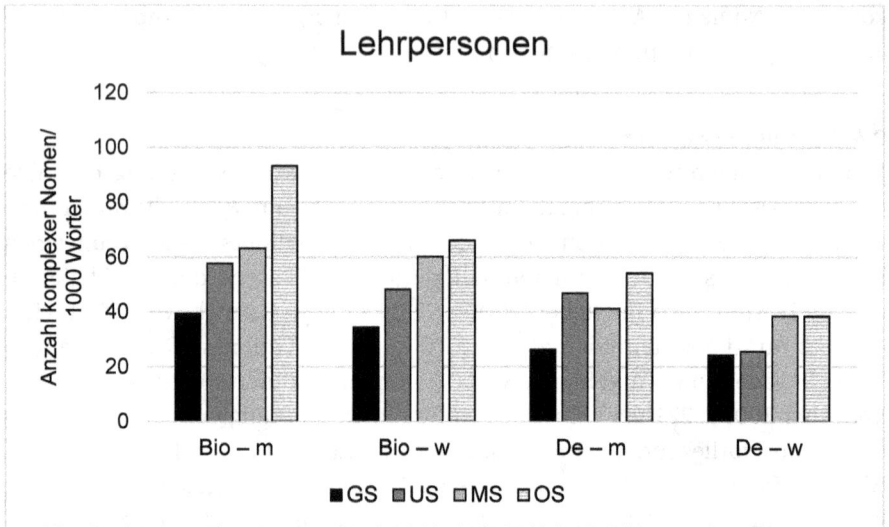

Abbildung 36: Anzahl komplexer Nomen auf 1000 Wörter (*tokens*) – Lehrpersonen

Die Variationsbreite bzw. Spannweite liegt bei den Biologielehrpersonen bei R = 58,7 komplexen Nomen auf 1000 Wörter Unterschied. Bei den Deutschlehrpersonen liegt sie nur bei R = 29,8 komplexen Nomen Unterschied zwischen dem niedrigsten Wert bei De – w in der Grundschule (24,3) bis zum höchsten Wert bei De – m in der Oberstufe (54,1). Während man zudem bei den Biologielehrpersonen von jeder Jahrgangsstufe zur nächsten Steigerungen feststellen kann, ist bei De – m der größte Unterschied zwischen den Grundschulwerten (26,3) einerseits und den Unterstufenwerten (46,7) und Mittelstufenwerten (41,2) andererseits zu erkennen, die sich wiederum von den Oberstufenwerten (54,1) leicht unterscheiden. Bei der Säulengruppe der weiblichen Deutschlehrerinnen ist der größte Unterschied zwischen Grundschule (24,3) und Unterstufe (25,6) einerseits und Mittelstufe und Oberstufe (jeweils 38,4 komplexe Nomen auf 1000 Wörter) andererseits feststellbar.

Der Unterschied zwischen den Ausprägungen der komplexen Nomen im Biologie- und Deutschunterricht wird bei den Schüler/-innen noch sichtbarer (vgl. Abbildung 37). Während die Variationsbreite in den Biologieklassen bei R = 39,2 liegt, beträgt sie in den Deutschklassen nur R = 21,6.

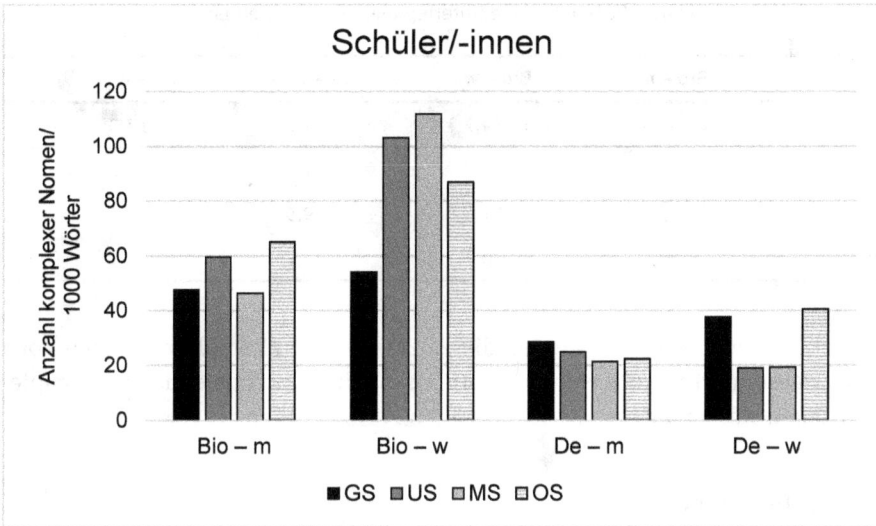

Abbildung 37: Anzahl komplexer Nomen auf 1000 Wörter (*tokens*) – Schüler/-innen

Die Grundschuleinstiegswerte liegen bei den Schüler/-innen von Bio – m bei 47,6 komplexen Nomen auf 1000 Wörter, bei Bio – w bei 54,1, während sie bei den Schüler/-innen von De – m bei 28,5 und bei denen von De – w mit dem Wert von 37,5 darunter liegen. In den Klassen von Bio – m kommt es dann zu einer ‚Zickzackzunahme' zur Oberstufe (US: 59,6; MS: 46,2; OS: 65,0), während bei den Klassen der weiblichen Biologielehrpersonen der größte Unterschied zwischen der Grundschulklasse und allen Gymnasialklassen mit Werten immer über 85 komplexe Nomen auf 1000 Wörter zu finden ist. Bei den Schüler/-innen der männlichen Deutschlehrer kann man sogar von einer leichten Abnahme bis zur Mittelstufe/Oberstufe sprechen (US: 24,9; MS: 21,3; OS: 22,4). Und bei den Klassen der weiblichen Deutschlehrerin am Gymnasium ist ein Unterschied zwischen Unterstufe (19,0) und Mittelstufe (19,3) einerseits und Oberstufe andererseits (40,5) zu erkennen, während die Grundschulwerte nah bei den Oberstufenwerten liegen.

Berechnet man die Differenz Δ zwischen den Lehrer- und Schülerwerten bei der Anzahl komplexer Nomen auf 1000 Wörter, ist an den negativen Vorzeichen zu erkennen, dass die Lehrpersonen in den Grundschulklassen immer leicht weniger komplexe Nomen, berechnet auf 1000 Wörter, als ihre Schüler/-innen gemeinsam nutzen (vgl. Tabelle 62). Dies ist auch in der Unterstufenklasse von Bio – m und der Oberstufenklasse von De – w der Fall. Es ist außerdem auffallend, dass die Schülerwerte bei der weiblichen Biologie-Gymnasiallehrerin immer deutlich über den Lehrerwerten liegen (jeweils immer mit einem Δ > 20).

Tabelle 62: Differenz Δ zwischen den Lehrerwerten und Schülerwerten bei der Anzahl komplexer Nomen auf 1000 Wörter (*tokens*) (graue Unterlegung: negative Deltas)

	Bio – m	Bio – w	De – m	De – w
GS	-8,2	-19,7	-2,2	-13,3
US	-1,9	-55,0	21,8	6,7
MS	17,0	-51,7	19,9	19,1
OS	28,1	-20,7	31,7	-2,1

In den folgenden Kapiteln werden die einzelnen Arten komplexer Nomen noch einmal gesondert betrachtet, um zu prüfen, ob die Zunahmetendenzen komplexer Nomen stärker auf der ein oder anderen Form beruhen.

8.4.2.2 Derivationen

Für Abbildung 38 ist die Häufigkeit komplexer Nomen, die durch Derivation entstanden sind, auf 1000 Wörter berechnet worden (nicht berücksichtigt werden die komplexen Nomen mit Derivations- und Kompositionskomponente).

Zunächst ist sichtbar, dass die Fächerunterschiede zwischen den Säulengruppen der Biologie- und Deutschlehrpersonen hier im Gegensatz zur Darstellung der Gesamtzahl komplexer Nomen in Abbildung 38 nicht zu finden sind. Die niedrigsten Werte pro Säulengruppe und säulengruppenübergreifend finden sich jeweils in der Grundschule (Bio – m: 8,4; Bio – w: 8,1; De – m: 13,1; De – w: 9,3). Bei den weiblichen Lehrpersonen (Deutsch und Bio) sind Zunahmen von jeder Jahrgangsstufe zur nächsten feststellbar bis zum Maximalwert in der Oberstufe (Bio – w: 27,5; De – w: 27,3). Auch beim männlichen Biologielehrer am Gymnasium ist eine Zunahme von der Unterstufe (20,1) bis zur Mittelstufe (27,1) mit Stagnationstendenz zur Oberstufe (25,6) erkennbar. Beim männlichen Deutschlehrer am Gymnasium lässt sich keine eindeutige Tendenz über die Jahrgangsstufen feststellen (US: 33,6; MS: 24,1; OS: 32,8) – außer, dass alle Werte deutlich über den Werten beim Grundschullehrer liegen.

Die Schülerwerte sind in Abbildung 39 dargestellt. Was bei den Säulengruppen der Klassen der Biologielehrpersonen und der weiblichen Deutschlehrperson auffällt, ist, dass diese Art der komplexen Nomen deutliche Zunahmen erst zur Oberstufe (auf die Maximalwerte von 27,1 bei den Schüler/innen von Bio – m, 31,9 bei den Schüler/-innen von Bio – w und 24,9 bei den Schüler/-innen von De – w) bzw. Mittelstufe (Bio – w: 30,8) erfährt. Die Werte bis zur Unterstufe bzw. Mittelstufe liegen bei diesen Klassen nicht höher als 11 nominale Derivationen auf 1000 Wörter (dieser Wert wird in der Mittelstufenklasse von Bio – m erreicht). Allein bei

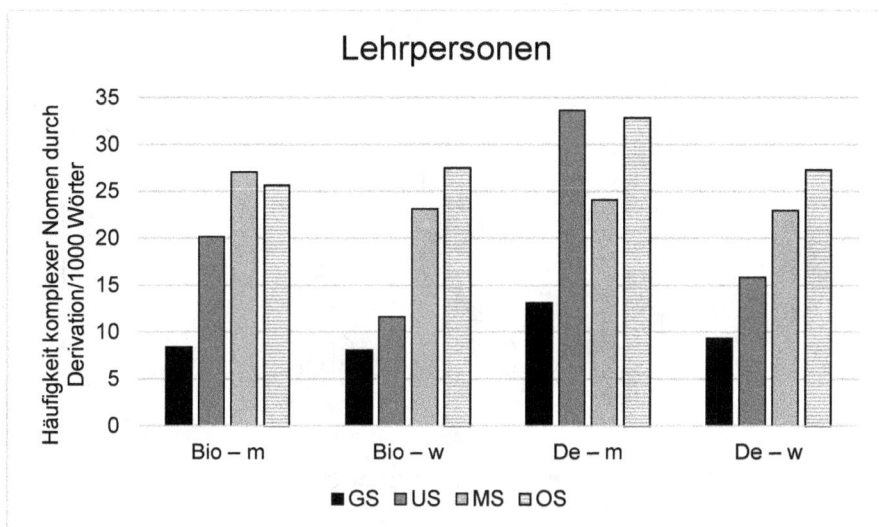

Abbildung 38: Häufigkeit der komplexen Nomen durch Derivation auf 1000 Wörter
(*tokens*) – Lehrpersonen

den Klassen der männlichen Deutschlehrpersonen ist zwar ein Unterschied aller
Gymnasialklassen zur Grundschule (9,1) zu erkennen, die Werte in den Gymnasialklassen sind aber gleichbleibend auf einem mittleren Niveau (US: 16,9; MS:
15,5; OS: 16,9).

Zu bemerken ist, dass die so betrachteten Derivationen, die in einem Großteil
der Fälle Nominalisierungen darstellen, beispielsweise von Chafe (1982: 39–40)
als Integrationsanzeiger angesehen werden. Sie werden aber hier wegen der
Definition der Komplexitätsdimension als auf Addition von Strukturen basierend in eben dieser Dimension betrachtet. Dass diese Nominalisierungen jedoch
das Potential haben, stark integrierend zu wirken, konnte schon anhand der in
Abschnitt 8.3.1.4 betrachteten Anzahl der satzwertigen Nominalgruppen, die als
inhärenten Bestandteil eine deadjektivische oder deverbale Nominalisierung enthalten, gezeigt werden.

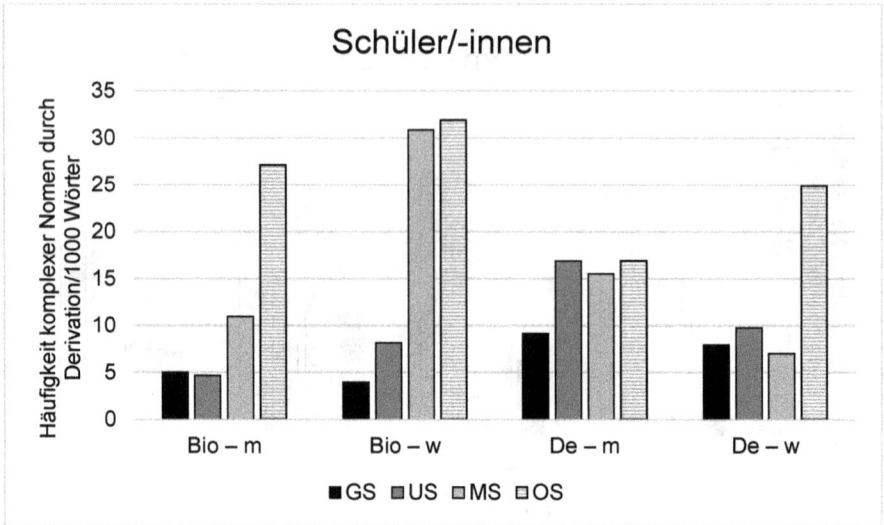

Abbildung 39: Häufigkeit der komplexen Nomen durch Derivation auf 1000 Wörter (*tokens*) – Schüler/-innen

8.4.2.3 Komposita

In diesem Abschnitt werden die nominalen Komposita gesondert betrachtet.[15] In Abbildung 40 ist die Häufigkeit nominaler Komposita auf 1000 Wörter auf Lehrerseite dargestellt, in Abbildung 41 die Schülerseite. Wie in der Gesamtabbildung komplexer Nomen (vgl. Abbildung 36 und Abbildung 37) ist auch hier jeweils ein Fachunterschied mit erhöhten Ausprägungen im Biologieunterricht zu erkennen. Daraus muss man schließen, dass der festgestellte Fachunterschied nicht auf den Derivationen, sondern auf den Komposita beruht, die im Biologieunterricht dieses Korpus in erhöhtem Ausmaß genutzt werden.

Während bei den weiblichen Deutschlehrpersonen nur ein Unterschied von der Grundschullehrerin (5,2) zur Gymnasiallehrerin in allen anderen Jahrgangsstufen (US: 8,8; MS: 8,0; OS: 8,5) zu erkennen ist und auch bei der Säulengruppe der männlichen Deutschlehrpersonen eher von einer Stagnation bis zur Mittelstufe (GS: 10,6; US: 9,2; MS: 9,3) mit einer leichten Zunahme zur Oberstufe (13,0) zu sprechen ist, nimmt bei den weiblichen Biologielehrpersonen die Anzahl der nominalen Komposita auf 1000 Wörter von 11,0 in der Grundschule über die Unter- (24,1) und Mittelstufe (16,8) bis zur Oberstufe auf den Höchstwert von 25,7

---

15 Nicht berücksichtigt werden weiterhin zunächst die komplexen Nomen mit Derivations- und Kompositionskomponente.

zu. Den Maximalwert der gesamten Grafik erreicht der männliche Biologielehrer in der Oberstufe mit 32,5 Komposita auf 1000 Wörter. Diese Ausprägung unterscheidet sich sowohl von den Grundschulwerten (21,8) in dieser Säulengruppe als auch von den Unterstufen- (13,7) und Mittelstufenwerten (21,7).

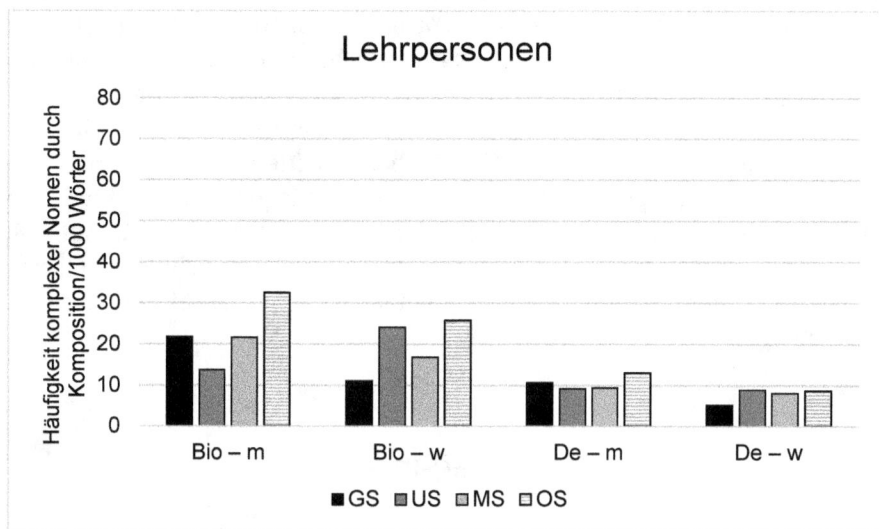

Abbildung 40: Häufigkeit der komplexen Nomen durch Komposition auf 1000 Wörter (*tokens*) – Lehrpersonen

Betrachten wir die Schülerwerte, dann ist insbesondere die sehr hohe Frequenz von 78,0 Komposita auf 1000 Wörter in der Unterstufenklasse der Biologielehrerin auffallend (vgl. Abbildung 41). Wenn wir an dieser Stelle die *type*-Analysen aus Abschnitt 8.5.2 vorziehend betrachten, ist zu erkennen, dass diese hohe *token*-Anzahl mit einer deutlich niedrigeren *type*-Anzahl von 31,2 auf 1000 Wörter einhergeht – die aber immer noch über den *token*-Werten in den anderen Unterstufenklassen liegt. Sie ist darin begründet, dass in der betreffenden Unterrichtsstunde eine Aufgabe darin besteht, Tier- und Pflanzenarten zu den Schichten bzw. Stockwerken des Waldes zuzuordnen. Sowohl Tierarten als auch Schichten werden beide (oftmals) mit Komposita bezeichnet. Die genannten Tierarten umfassen beispielsweise den „Baummarder", den „Buchfink", den „Buntspecht", den „Fichtenborkenkäfer", den „Grünspecht", die „Kohlmeise", die „Rotameise", die „Rotbuche", die „Sternmiere" oder die „Waldmaus". Genannte Schichten sind u. a. die „Bodenschicht", die „Kräuterschicht", die „Strauchschicht" oder die „Baumschicht". Allein der *type* „Baumschicht" wird von den Schüler/-innen 12 Mal genutzt.

In dieser Säulengruppe der Schüler/-innen der weiblichen Biologielehrerinnen ist ansonsten keine eindeutige Tendenz zu erkennen – außer, dass alle Werte ohne die Unterstufenwerte zwischen 18,0 (MS) und 28,0 (OS) nominalen Komposita auf 1000 Wörter liegen – was wiederum alle Werte in den Deutschklassen übertrifft. Die Werte in den Deutschklassen werden auch von den Werten in den Klassen der männlichen Biologielehrer übertroffen, die eine Abnahmetendenz der nominalen Komposita von der Grundschule (35,1) über die Unterstufe (28,9), Mittelstufe (24,9) bis zur Oberstufe (21,0) zeigen. Bei den Schüler/-innen der männlichen Deutschlehrer liegen alle Werte noch einmal deutlich unter dem Grundschulwert von 18,2, mit sogar ebenfalls sehr leichter Abnahmetendenz von der Unterstufe (5,0) über die Mittelstufe (3,9) bis zur Oberstufe (2,7). Bei den Werten in den Klassen der weiblichen Deutschlehrerinnen liegen demgegenüber leichte Zunahmetendenzen vor (GS: 6,8; US: 7,7; MS: 8,8; OS: 12,2). Man kann also im Gegensatz zur Lehrerseite auf Schülerseite keine eindeutige Tendenz bei der Anzahl von nominalen Komposita auf 1000 Wörter er kennen.

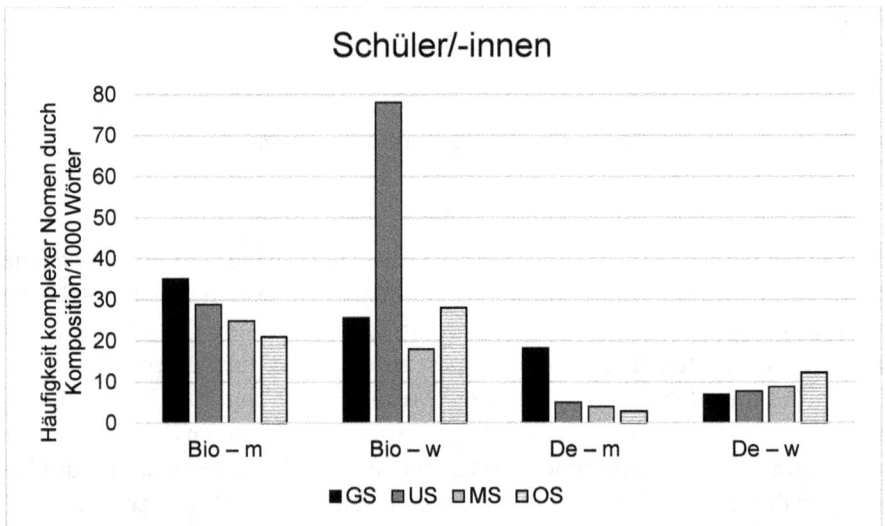

Abbildung 41: Häufigkeit der komplexen Nomen durch Komposition auf 1000 Wörter (*tokens*) – Schüler/-innen

Zusammenfassend konnte in den bisherigen Analysen zu den komplexen Nomen festgestellt werden, dass diese im Biologieunterricht eine stärkere Nutzung erfahren als im Deutschunterricht. Es konnte gezeigt werden, dass dies insbesondere von der höheren Nutzung von nominalen Komposita im Biologieunterricht sowohl auf Lehrer- als auch Schülerseite herrührt. Auf Lehrerseite war zudem erkennbar, dass Derivationen über die Jahrgangsstufen in beiden Fächern zunehmen, dass Komposita aber insbesondere nur im Biologieunterricht zunehmen, während sie im Deutschunterricht nur leicht steigen bzw. stagnieren. Auch bei den Schüler/-innen war die Zunahme der Derivationen, insbesondere zu den höheren Jahrgangsstufen deutlicher erkennbar, während die Tendenzen bei den Komposita nicht eindeutig waren.

Um Aussagen über das Verhältnis von nominalen Komposita, Derivationen und den bisher noch nicht intensiver betrachteten Kompositionen mit Derivationsbestandteil zu machen, wurden Abbildung 42 und Abbildung 43 erstellt. Sie zeigen jeweils den prozentualen Anteil der Komposita (Komp), der Kompositionen mit Deriviationsbestandteil (KompDer) und der Derivationen (Der) an der Gesamtzahl aller komplexen Nomen. Betrachten wir zunächst die nominalen Derivationen, die schwarz dargestellt sind. Es ist deutlich ablesbar, dass sowohl auf Lehrer- als auch auf Schülerseite eine Zunahmetendenz des prozentualen Anteils der nominalen Derivationen an der Gesamtzahl der komplexen Nomen besteht. Die Grundschulwerte haben bei den Lehrpersonen und Schüler/-innen in 7 von 8 Fällen die geringste Ausprägung. Und in 6 von 8 Fällen findet sich jeweils in der Oberstufe der höchste Wert. Trotz der Zunahmen der nominalen Derivationen ist im Fächervergleich zu erkennen, dass der prozentuale Anteil der nominalen Derivationen auf Lehrer- und Schülerseite im Deutschunterricht in den betreffenden Jahrgangsstufen jeweils höher ist als im Biologieunterricht. Der Maximalwert beträgt x_{max} = 77,5 % Anteil nominaler Derivationen an der Gesamtzahl aller komplexen Nomen bei den Oberstufenschüler/-innen des männlichen Deutschlehrers. Auf Lehrerseite überwiegen ab der Unterstufe in allen gymnasialen Klassen im Deutschunterricht immer die Derivationen im Anteil an den komplexen Nomen mit über 50 %. Dieses Überwiegen ist auch bei den Schüler/-innen des männlichen Deutschlehrers ablesbar, während bei den Schüler/-innen von De – w die Mittelstufenwerte noch einmal unter 50 % liegen.

Im Biologieunterricht stellen sich die Verhältnisse genau umgekehrt dar: Der Anteil der Derivationen übertrifft in keiner Jahrgangsstufe – weder bei den Lehrpersonen noch bei den Schüler/-innen – 50 % aller komplexen Nomen. Wenn bis hierhin festgestellt wurde, dass in der Tendenz der prozentuale Anteil der Derivationen über die Jahrgangsstufen zunimmt, muss der kombinierte Anteil von Komposita und Komposita mit Derivationsbestandteil über die Jahrgangsstufen abnehmen. Diese Abnahme ist aber sowohl auf Lehrer- und Schülerseite im Biologieunterricht so gestaltet, dass sie immer noch, auch in den höheren Jahrgangsstufen über 50 % aller komplexen Nomen ausmachen.

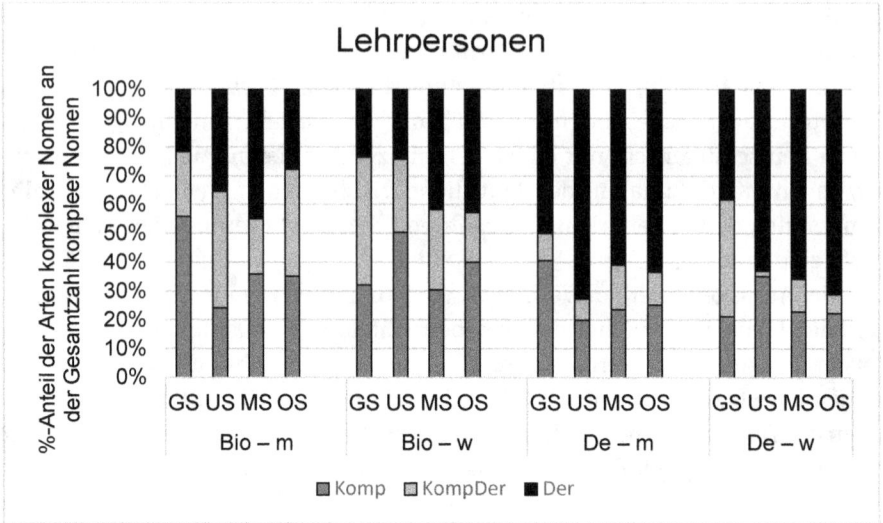

Abbildung 42: Anteil der Komposita, der Komposita mit Derivationsbestandteil und der Derivationen an der Gesamtzahl aller komplexen Nomen in Prozent – Lehrpersonen

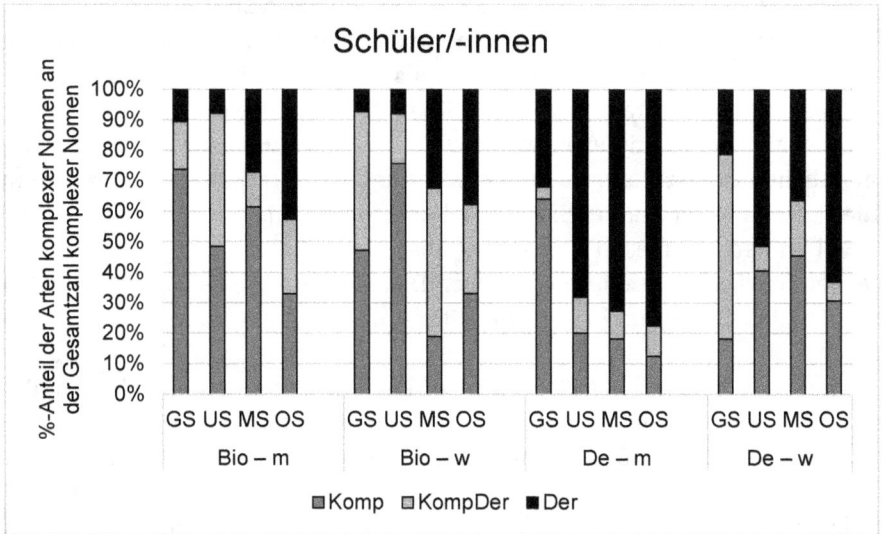

Abbildung 43: Anteil der Komposita, der Komposita mit Derivationsbestandteil und der Derivationen an der Gesamtzahl aller komplexen Nomen in Prozent – Schüler/-innen

Diese Analyse ist eine, in der Fächerunterschiede deutlich werden. Während der Deutschunterricht stärker durch nominale Derivationen geprägt ist, ist der Biologieunterricht auf Lehrer- und Schülerseite stärker durch die Nutzung von Komposita gekennzeichnet. Dies könnte ein Reflex dessen sein, was Graf (1989) als Begriffslastigkeit des Biologieunterrichts anhand von Schulbuchanalysen und Untersuchungen zum Begriffslernen der Schüler/-innen herausarbeitete, denn viele der genutzten Komposita können als biologische Fachbegriffe angesehen werden (z. B. beim männlichen Biologielehrer in der Oberstufe: „Falllaub", „Gleichgewicht", „Kreislauf", „Nährstoffe", „Trophieebenen", „Energiefluss", „Ökosystem", „Photosynthese"; oder bei der weiblichen Biologielehrerin in der Mittelstufe: „Regelkreiszeichen", „Hormondrüse", „Nebenhoden", „Testosteronspiegel"; oder die Artbezeichnungen bei derselben Lehrerin in der Unterstufe: „Buntspecht", „Eichelhäher", „Eichenwickler", „Haarmoos", „Kartoffelkäfer", „Schattenblume", „Waldmaus").

Zudem scheint es so zu sein, dass die nominalen Derivationen im Verhältnis zu den nominalen Komposita (in beiden Fächern) immer mehr zunehmen. Dies könnte dadurch erklärt werden, dass sie komplexe Nomen sind, die zudem einen Integrationseffekt aufweisen können, z. B. als Bestandteil von satzwertigen Substantivgruppen.

8.4.2.4 Exogene komplexe Nomen

In diesem Abschnitt soll eine bestimmte Art komplexer Nomen genauer in den Blick genommen werden: die *exogenen* komplexen Nomen. Diese werden operationalisiert als jegliche Form komplexer Nomen mit exogenem Affix und/oder exogenem Stamm bzw. exogenem Konfix (also exogener Basis). Nomen mit exogenem Stamm und exogenem Affix stellen beispielsweise „Konsument" (z. B. LBio – m, OS) oder „Interpretation" (LDe – m, OS) dar, einen exogenen Stamm enthalten „Flusssystem" (LBio – m, OS) oder „Theaterstück" (LBio – w, MS). Aus mehreren exogenen Morphemen bestehen beispielsweise „Hypophyse" oder „Hypothalamus" (LBio – w, MS). Es werden also komplexe nominale Fremdwörter betrachtet, wobei in die Analysen sowohl fachliche (wie „Destruent", LBio – w, OS) als auch „nichtfachliche Fremdwörter" (Riebling 2013: 134), wie „Situation" (LDe – w, MS), einbezogen werden.

Wie wird aber eingestuft, ob ein Stamm/eine Basis bzw. ein Affix als exogen angesehen wird? Eisenberg (2012) definiert ein Fremdwort wie folgt:

> Von einem Fremdwort sprechen wir, wenn ein Wort fremde Eigenschaften hat, die der Normalsprecher einer fremden Sprache zuschreibt. So verbinden wir zahlreiche Präfixe [...] mit dem Lateinischen und zahlreiche Suffixe [...] mit dem Französischen. (Eisenberg 2012: 29)[16]

Er identifiziert solche Eigenschaften, die fremden Sprachen zugeschrieben werden, auf verschiedenen Ebenen, z. B. der Aussprache, der Flexion, der Wortbildung oder der Orthographie (vgl. Eisenberg 2012: 162–353). Diese Hinweise nach Eisenberg werden, wo notwendig, in die Analyse mit einbezogen. Ob ein Affix oder Konfix als exogen eingestuft werden kann, wird beispielsweise mit Hilfe der Aufstellungen im Kapitel 4 „Wortbildung" aus Eisenberg (2012) *Das Fremdwort im Deutschen* sowie mit Hilfe der Ausführungen in Fleischer und Bartz (2012) *Wortbildung der deutschen Gegenwartssprache* geprüft. Zusätzlich hinzugezogen wird das Duden-*Fremdwörterbuch* (Dudenredaktion 2007) sowie der online verfügbare *Kluge – Ethymologisches Wörterbuch der deutschen Sprache* (Kluge 2011) und das ebenfalls online verfügbare *Digitale Wörterbuch der Deutschen Sprache* (Berlin-Brandenburgische Akademie der Wissenschaften), das auch einen ethymologischen Bestandteil, das *Ethymologische Wörterbuch des Deutschen*, enthält.

Es wird die Häufigkeit exogener komplexer Nomen auf 1000 Wörter berechnet. Die Ergebnisse auf Lehrerseite zeigt Abbildung 44, die Ergebnisse auf Schülerseite Abbildung 45. Es werden auf den ersten Blick drei Aspekte in beiden Grafiken deutlich: Eine Grundschullehrerin (De – w) nutzt erstens gar keine exogenen komplexen Nomen und sie werden ebenfalls von den Schüler/-innen im untersuchten Grundschul-Deutschunterricht gar nicht genutzt. Die Werte im Grundschul- und Unterstufenbereich liegen zweitens bei den Lehrpersonen (außer bei De – m in der Unterstufe) und bei allen Schüler/-innen unter 4 komplexen exogenen auf 1000 Wörter auf 1000 Wörter. Werte von über 10 exogenen komplexen Nomen auf 1000 Wörter werden bei allen Lehrpersonen erst ab der Mittelstufe erreicht; bei den Schüler/-innen im Deutschunterricht sogar in gar keiner Jahrgangsstufe. Die höchsten Mittelstufen- und Oberstufenwerte sind drittens jeweils auf Lehrer- und Schülerseite im Biologieunterricht zu finden. So ist auffallend, dass der Unterschied zwischen Unterstufe und Mittelstufe gerade im Biologieunterricht sehr hoch sein kann: Während Bio – w in der Unterstufe beispielsweise nur 0,6 kom-

---

16 Fleischer und Bartz (2012: 102) definieren „Fremdwortbildung" als „Wortbildung unter Beteiligung fremder, exogener Einheiten (daher gelegentlich auch exogene Wortbildung). Das sind solche Einheiten, die in Phonomenstruktur, Aussprache und/oder Schreibung mehr oder weniger von indigenen Gesetzmäßigkeiten abweichen. Dem Deutschen heute völlig assimilierte Einheiten ursprünglich fremder Herkunft, wie das Substantivsuffix -*er* oder das Präfix -*erz*, werden – wie allgemein üblich – zu den indigenen Elementen gezählt."

plexe exogene Nomen auf 1000 Wörter nutzt, setzt sie in der Mittelstufe schon 30,8 ein (mit Stagnation in der Oberstufe bei 30,6). Auch bei Bio – m steigt der Wert zur Mittelstufe auf 17,3 und zur Oberstufe nochmal auf 30,6. Bei den Schüler/-innen von Bio – m ist von der Mittelstufe (18,5) zur Oberstufe (19,6) nur eine leichte Steigerung erkennbar, während bei den Schüler/-innen von Bio – w ein Mittelstufenwert von 66,8 exogenen komplexen Nomen auf 1000 Wörter erreicht wird und zur Oberstufe eine Abnahme auf den immer noch hohen Wert von 40,9 erfolgt. Dieser sehr hohe Mittelstufenwert scheint hier auch thematisch in dem (von den anderen Unterrichtsstunden abweichenden) Thema *Regulation der Spermienbildung* begründet zu sein. Besonders häufig werden bei der Beschreibung des Regelkreises der Spermienbildung die types *Spermium*, *Freisetzungshormon* oder *Hypothalamus* genutzt.

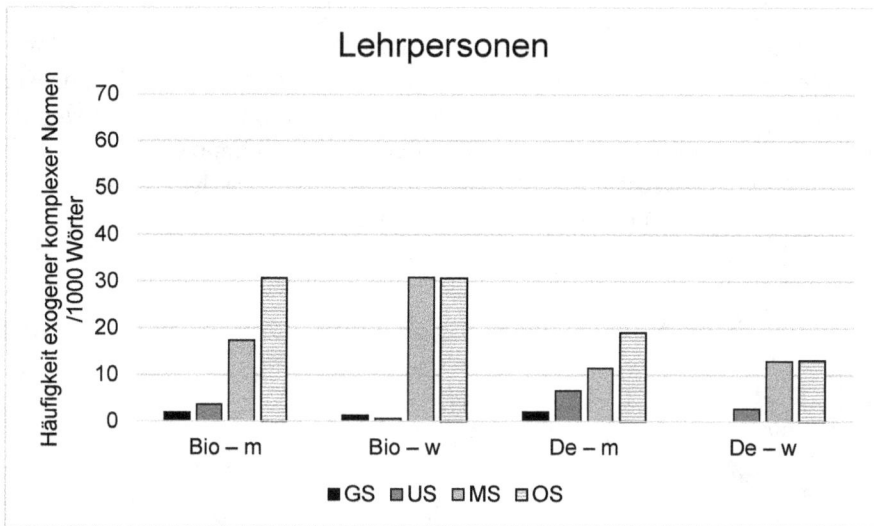

Abbildung 44: Häufigkeit exogener komplexer Nomen auf 1000 Wörter (*tokens*) – Lehrpersonen

Auch im Deutschunterricht sind bei den Lehrpersonen Steigerungen zu verzeichnen, wobei der Maximalwert unter dem im Biologieunterricht erreichten Maximalwert liegt. Bei De – m sind fast lineare Steigerungen feststellbar (GS: 2,1; US: 6,7; MS: 11,4; OS: 19,0), aber auch bei De – w erfolgt eine Zunahme der exogenen komplexen Nomen von der Unterstufe (2,8) bis zur Mittelstufe (13,0)/Oberstufe (13,1).

Nur bei den Schüler/-innen von De – m ist allein ein Unterschied zwischen den fehlenden Werten in der Grundschule und allen anderen Werten in den

Gymnasialklassen zu finden (US: 4,0; MS: 5,8; OS: 4,4). Und auch bei den Schüler/-innen von De – w sind nur ganz leichte Zunahmen von der Unterstufe (2,0) zur Mittelstufe (3,5) bis zur Oberstufe (5,9) feststellbar, so dass die Werte der Lehrpersonen in der Mittelstufe und Oberstufe immer über den in ihren jeweiligen Klassen schülerseitig erreichten Werten liegen. Insbesondere bei den Schüler/-innen von Bio – w dreht sich dieses Verhältnis in der Mittelstufe und Oberstufe um (in der Oberstufe liegen die Schülerwerte hier bei 40,9, während die Lehrerwerte nur bei 30,6 liegen).

Diese Analysekategorie in der Operationalisierungsdimension *Komplexität* hat Affinitäten zum *weiten* Verständnis der Operationalisierungsdimension *Differenziertheit*, in dem als differenziert auch die Nutzung von selteneren Struktur- und Ausdrucksformen angesehen werden kann (vgl. Abschn. 3.2.2.2.3), also auch von exogenen Wörtern. Man erkennt auch hier, wie bei der ähnlich gearteten Kombinationsvariable *partizipiale Adjektive in attributiver Position* (OpD: Komplexität und Integration, vgl. Abschn. 8.3.1.2), dass mit einer solchen Kombinationsvariable besonders starke konzeptionelle Schriftlichkeit erfasst wird – und zwar zumeist erst zur Mittelstufe oder Oberstufe. Diese Analysekategorie ist wie die nominalen Komposita zudem intensiv in den höheren Jahrgangsstufen im Biologieunterricht ausgeprägt – vielleicht wieder erklärbar mit der von Graf (1989) festgestellten Begriffslastigkeit des Biologieunterrichts.

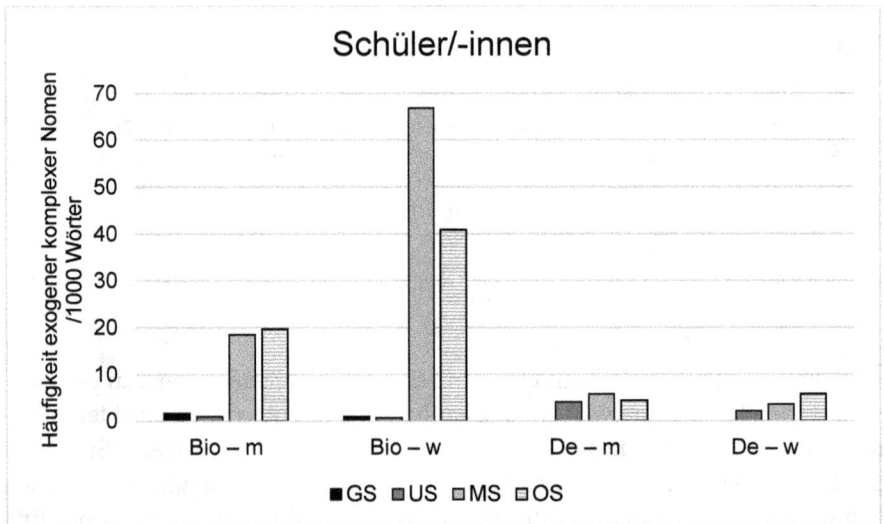

Abbildung 45: Häufigkeit exogener komplexer Nomen auf 1000 Wörter (*tokens*) – Schüler/-innen

8.4.3 Einheitenkomplexität

In diesem Abschnitt soll die Komplexität der syntaktischen Einheiten *Kanonischer Satz* (KS), *Möglicher Satz* (MS), *Ellipse* (Ell) und *Anakoluth* (Ana), deren Operationalisierungen schon in Abschnitt 8.2.1 vorgestellt worden sind, betrachtet werden. Es wird die Wortanzahl pro identifizierter Einheit jeweils händisch gezählt. Die Wortanzahlbestimmung wird dabei auf zwei verschiedene Weisen vorgenommen: Einmal in der schon in Abschnitt 8.1.1 vorgestellten Operationalisierung (nur händisch), und einmal unter Abzug von „Planungsindikatoren" (Rehbein et al. 2004: 51) wie „ähm" und Varianten sowie unter Abzug von nicht vollständig verbalisierten Wörtern, also von Wörtern, deren Verbalisierung abgebrochen wurde. Mit dieser zweiten Art der Wortanzahlberechnung soll ausgeschlossen werden, dass mögliche Steigerungen der Komplexität der Einheiten sich allein aus Planungsprozessen ergeben haben könnten.[17]

In Tabelle 63 sind die drei Lageparameter bzw. „measures of Central Tendency" (Hatch & Lazaraton 1991: 159) *Mittelwert* bzw. „arithmetische[s] Mittel" (Bortz & Schuster 2010: 25) ($\bar{x}_{arithm}$), *Median* ($\bar{x}_{med}$) und *Modus* ($\bar{x}_{mod}$) der Wortanzahl pro Einheit ohne den Planungsindikator „ähm" und ohne abgebrochene Wörter für die Lehrpersonen eingetragen, in Tabelle 64 finden sich diese Berechnungen für die Schülerseite.

In den Mittelwert bzw. das arithmetische Mittel gehen alle Werte ein, auch solche, die deutlich höher oder niedriger liegen als die anderen Werte – extreme Werte bzw. „*extreme* scores" (Hatch & Lazaraton 1991: 162) genannt. Diese können das Bild der zentralen Tendenz verzerren (vgl. Hatch & Lazaraton 1991: 162).

Den Median berechnet man, indem man alle erhaltenen Werte der Wortanzahl pro Einheit der Größe nach sortiert und dann die mittlere Stelle abliest. Er „ist definiert als der Wert, der größer als 50 % der Werte der Stichprobe ist" (Bortz & Schuster 2010: 26). Hatch und Lazaraton (1991: 161) beschreiben ihn auch als „center of the distribution". Er ist deswegen auch viel weniger anfällig gegenüber Extremwerten als der Median.

Der Modus repräsentiert den Wert, der in den Daten am häufigsten vorhanden ist (vgl. Hatch & Lazaraton 1991: 160). Ihn zu berechnen macht nur Sinn, „if there is a value that indeed stands out with its frequency" (Dörnyei 2012: 214).

---

17 An dieser Stelle zu betonen ist aber, dass bei der in Abschnitt 8.1.1 vorgestellten Wortanzahlberechnung eine Integration von Planungsindikatoren durchaus legitim ist, da die so ermittelte Wortanzahl als Relationsgröße zur Berechnung auf 1000 Wörter genutzt wird und die Einbeziehung von Planungsindikatoren hier einen besseren, zeitlicheren Eindruck des quantitativ Geäußerten gibt.

In einem ersten Schritt werden Mittelwert, Median und Modus der Wortanzahl über alle Einheiten gemeinsam betrachtet; in einem weiteren Schritt sollen dann die einzelnen Einheiten differenziert untersucht werden. Wenn wir zunächst die auf Lehrerseite zu findenden Mittelwerte der Wortanzahl pro Einheit betrachten (vgl. Tabelle 63), ist zwischen ihnen eine sehr geringe Variationsbreite von R = 1,91 zwischen dem niedrigsten Mittelwert von $\bar{x}_{arithm}$ = 4,50 bei De – m (GS) und dem höchsten Mittelwert von $\bar{x}_{arithm}$ = 6,41 bei Bio – m (OS) erkennbar. Der Biologielehrer in der Oberstufe nutzt also durchschnittlich 1,91 Worte mehr pro Einheit als der Deutschlehrer in der Grundschule. Bei den Schüler/-innen (vgl. Tabelle 64) ist die Variationsbreite mit R = 5,02 leicht höher zwischen dem niedrigen Wert von $\bar{x}_{arithm}$ = 2,52 in der Grundschulklasse von De – m und dem höchsten Wert von $\bar{x}_{arithm}$ = 7,54 in der Oberstufenklasse von Bio – m. Wenn man die Mittelwerte auf Lehrerseite jeweils über die Jahrgangsstufen vergleicht, sind bei Bio – w sehr leichte kontinuierliche Zunahmen von Jahrgangsstufe zu Jahrgangsstufe zu erkennen, während bei Bio – m und De – m die niedrigsten Werte in der Grundschule vorliegen, es dann zu Erhöhungen in der Unterstufe bzw. Mittelstufe kommt und der höchste Wert wiederum in der Oberstufe vorliegt. Bei den Deutschlehrerinnen ist der größte Unterschied zwischen dem Wert der Grundschullehrerin und allen anderen gymnasialen Werten zu finden. Bei dieser Variable ist besonders auffällig, dass sich die Zunahmen des Mittelwerts jeweils im Nachkommastellenbereich bewegen. Betrachtet man in der letzten Spalte den Mittelwert der Mittelwerte in der betreffenden Jahrgangsstufe, ist eine Steigerung von der Grundschule zur Unterstufe/Mittelstufe und dann eine leichte Steigerung zur Oberstufe zu erkennen (und zwar um insgesamt +0,82 Wörter pro Einheit).

Beziehen wir nun den Median in die Betrachtungen mit ein. Bei Bio – w stagniert der Median immer bei einem Wert von $\bar{x}_{med}$ = 5. Bei den Deutschlehrpersonen ist ein Unterschied zwischen dem Grundschulwert (De – m: $\bar{x}_{med}$ = 4; De – w: $\bar{x}_{med}$ = 5) und dem gymnasialen Wert zu erkennen (De – m: $\bar{x}_{med}$ = 5; De – w: $\bar{x}_{med}$ = 6). Und bei Bio – m ist wiederum keine eindeutige Tendenz feststellbar, da der Median zur Unterstufe von $\bar{x}_{med}$ = 5 in der Grundschule auf $\bar{x}_{med}$ = 6 steigt, dann zur Mittelstufe wieder abnimmt auf $\bar{x}_{med}$ = 5 und zur Oberstufe wieder auf $\bar{x}_{med}$ = 6 zunimmt.

Im Modus ist nur bei Bio – m eine Zunahmetendenz bis zur Oberstufe auf $\bar{x}_{mod}$ = 7 zu finden. Bei den Deutschlehrpersonen ist eher von einer Stagnation zu sprechen (bei De – m bei den Werten $\bar{x}_{mod}$ = 4 oder $\bar{x}_{mod}$ = 5; bei De – w bei den Werten $\bar{x}_{mod}$ = 6 oder $\bar{x}_{mod}$ = 5). Bei Bio – w liegt der Modus sogar bei $\bar{x}_{mod}$ = 1 in der Oberstufe. Sie nutzt in der Oberstufe viele einwortige *clarification requests*, wie „Laut!", „Bitte?", oder einwortige direkte Elizitierungen, wie „Aber ..." oder „Sondern ...", sowie einwortige exakte Wiederholungen der Schüleräußerungen (vgl. Kap. 9).

Tabelle 63: Lageparameter (Wortanzahl/Einheit) – Lehrpersonen

	Bio – m			Bio – w			De – m			De – w			$\bar{x}$ arithm
	$\bar{x}$ arithm	$\bar{x}$ med	$\bar{x}$ mod	$\bar{x}$ arithm	$\bar{x}$ med	$\bar{x}$ mod	$\bar{x}$ arithm	$\bar{x}$ med	$\bar{x}$ mod	$\bar{x}$ arithm	$\bar{x}$ med	$\bar{x}$ mod	($\bar{x}_{arithm\ jg.}$)
GS	5,30	5	4	5,28	5	5	4,50	4	4	5,61	5	6	5,17
US	6,06	6	5	5,38	5	6	5,49	5	5	6,18	6	6	5,78
MS	5,77	5	4	5,52	5	5	5,33	5	4	6,03	6	5	5,66
OS	6,41	6	7	5,69	5	1	5,73	5	4	6,12	6	6	5,99

Bei den Schüler/-innen (vgl. Tabelle 64) zeigt sich in drei nach Fach und Geschlecht der Lehrperson gruppierten Klassengruppen eine Zunahme des Mittelwerts der Wortanzahl pro Einheit von Jahrgangsstufe zu Jahrgangsstufe (in den Klassen von Bio – w, De – m und De – w). Aber auch hier fällt auf, dass die Unterstufen- und Mittelstufenwerte nah beieinander liegen. In den Klassen von Bio – m ist dies ebenso der Fall, nur dass der Unterstufenwert leicht über dem Mittelstufenwert liegt. Zusammenfassend kann man sagen, dass die größten Unterschiede zum einen zwischen der Grundschule und der Unterstufe/Mittelstufe vorhanden sind, zum anderen zwischen der Unterstufe/Mittelstufe und der Oberstufe. Dies spiegelt sich auch in den Berechnungen des Mittelwerts der Mittelwerte pro Wortanzahl pro Jahrgangsstufe auf Schülerseite in der rechten Spalte der Tabelle wieder.

Deutlicher als bei den Lehrpersonen sind im Median bei den Schüler/-innen Zunahmetendenzen von der Grundschule über die Unterstufe/Mittelstufe bis zur Oberstufe zu verzeichnen (z. B. bei Bio – m von $\bar{x}_{med}$= 4 (GS) über $\bar{x}_{med}$ = 5 (US/MS) bis zu $\bar{x}_{med}$ = 7 in der Oberstufe). In drei nach Geschlecht und Fach der Lehrpersonen geordneten Klassengruppen findet sich solchermaßen zudem derselbe Median in der Unterstufe und Mittelstufe (Ausnahme sind die Klassen von De – m).

Auch im Modus sind bei den Klassen von Bio – m und von De – m Zunahmen zu verzeichnen. Während in der Klasse von De – m in der Grundschule beispielsweise die häufigste Wortanzahl pro Einheit bei $\bar{x}_{mod}$ = 1 liegt, liegt sie in der Unterstufe bei $\bar{x}_{mod}$ = 4 und in der Mittelstufe und Oberstufe bei $\bar{x}_{mod}$ = 6. In den Klassen von De – w unterscheidet sich nur der Grundschulwert ($\bar{x}_{mod}$ = 5) von den Gymnasialwerten ($\bar{x}_{mod}$ = 6), während in den Klassen der weiblichen Biologielehrpersonen die häufigste Wortanzahl pro Einheit immer bei $\bar{x}_{mod}$ = 1 liegt.

Tabelle 64: Lageparameter (Wortanzahl/Einheit) – Schüler/-innen

	Bio – m			Bio – w			De – m			De – w			$\bar{X}$ arithm
	$\bar{X}$ arithm	$\bar{X}$ med	$\bar{X}$ mod	$\bar{X}$ arithm	$\bar{X}$ med	$\bar{X}$ mod	$\bar{X}$ arithm	$\bar{X}$ med	$\bar{X}$ mod	$\bar{X}$ arithm	$\bar{X}$ med	$\bar{X}$ mod	($\bar{X}$ arithm Jg.)
GS	4,56	4	1	4,11	3,5	1	2,52	2	1	4,68	4	5	3,97
US	5,71	5	5	4,71	4	1	5,47	5	4	6,67	6	6	5,64
MS	5,57	5	5	4,76	4	1	5,97	6	6	6,83	6	6	5,78
OS	7,54	7	4	5,43	5	1	6,48	6	6	7,41	7	6	6,71

Betrachten wir die Tabelle 63 und die Tabelle 64 synthetisierend, ist auffallend, dass in den Median- und Moduswerten die Zahlen 5 und 6 besonders häufig vorkommen (die 5 insgesamt 22 Mal, die 6 insgesamt 18 Mal). Es ist außerdem auffallend, dass die Mittelwerte in keinem Fall einen Wert von ungefähr 7 übersteigen.

Für den Vergleich der Lehrer- und Schülerwerte beim Mittelwert der Wortanzahl pro Einheit wird die Differenz Δ zwischen den Lehrer- und Schülerwerten berechnet. Die Ergebnisse sind in Tabelle 65 wiedergegeben. Dabei ist zunächst auffällig, dass sich die lehrer- und schülerseitigen Mittelwerte hier nie mehr als +/– 1,29 Worte unterscheiden. Ferner ist auffällig, dass nur in Gymnasialklassen und insbesondere in drei von vier Oberstufenklassen der Mittelwert der Wortanzahl pro Einheit auf Schülerseite höher als auf Lehrerseite liegt.

Tabelle 65: Differenz Δ zwischen den Lehrer- und Schülerwerten bei der Wortanzahl pro Einheit (grau unterlegt sind negative Deltas)

	Bio – m	Bio – w	De – m	De – w
GS	0,74	1,17	1,98	0,94
US	0,35	0,68	0,01	-0,49
MS	0,20	0,76	-0,64	-0,80
OS	-1,13	0,25	-0,75	-1,29

An dieser Stelle müssen die niedrigen Werte und die geringen Zunahmen der Wortanzahl pro Einheit über die Jahrgangsstufen (bei den Lehrpersonen im Durchschnitt nur + 0,82 Worte pro Einheit Zunahme von der GS bis zur OS) reflektiert werden. Dass sich die lehrer- und schülerseitigen Median- und Modus-Werte in dieser in medialer Mündlichkeit durchgeführten Untersuchung am meisten bei 5 (und an zweiter Stelle bei 6) Wörtern pro Einheit bewegen, scheint psycholinguistisch erklärbar zu sein: Schwitalla (2012: 27) führt dies auf Begrenzungen der Arbeitsgedächtniskapazitäten zurück. Chafe (1979: 161) geht von einem hierarchischen Modell kognitiver Einheiten aus, das die Ebenen „memories, episodes, thoughts, and foci" umfasst. Diese kognitiven Einheiten können laut Chafe (1979) mit sprachlichen Strukturen parallelisiert werden:

> It will be easy to relate to these units if you imagine that a memory is expressed in a language by a story, an episode by a paragraph, a thought by a sentence, and a focus by a phrase. (Chafe 1979: 161)

Die sprachliche Ebene nach Chafe, auf die sich vorliegende Auswertung beziehen lässt, scheint die Ebene „phrase" zu sein, denn *phrases* sind nach Chafe „usually ‚clauses', but not always" (Chafe 1979: 164). Sie können also einem Gliedsatz entsprechen, aber auch ellipsen- oder anakoluthförmigen Einheiten (vgl. die Ausführungen von Chafe 1979: 164–165). Voneinander abgegrenzt sind diese Einheiten nach Chafe (1979: 164) insbesondere durch intonatorische Aspekte. Er macht zu der Länge dieser Einheiten folgende Aussage:

> The segments so defined have a mean length of about 5 words, a mean duration of slightly less than 2 sec. (Chafe 1979: 164)

Auch Field (2004) identifiziert den „clause" als potentielle Einheit der Sprachproduktion:

> Pauses for planning have been shown to occur consistently at the ends of syntactic clauses, suggesting that the clause plays an important part. (Field 2004: 287)

Später arbeitet Chafe mit dem Konstrukt der „idea units" (z. B. Chafe 1980: 14, 1982: 37), die er psycholinguistisch als sprachlichen Ausdruck von Bewusstseinsfoki interpretiert (vgl. Chafe 1980: 15). Sie sind seinen Analysen zu Folge ca. 2 Sekunden (inklusive Pausen) und „about 6 words" (Chafe 1980: 14) lang. Er fügt wiederum hinzu:

> Syntactically there is a tendency for idea units to consist of a single clause: one verb, with whatever accompanying noun phrases are associated with it. (Chafe 1980: 14)

Wenn man dieser Annahme der psycholinguistischen Begrenzung der Einheitenkomplexität folgt, die m. E. noch weiterer Untersuchungen bedarf, sind keine großen Steigerungen der Einheitenkomplexität zu erwarten; umso erstaunlicher ist es, dass in vorliegender Studie leichte Zunahmen nachgezeichnet werden können.

Pohl (2007b: 404) misst die Wortanzahl pro Gliedsatz in den Hausarbeiten von Studierenden in medialer Schriftlichkeit. Der niedrigste Wert, den er misst, liegt bei 8,3 Wörtern pro Gliedsatz in der ersten Hausarbeit der Studierenden Sonja, der höchste Wert liegt bei 10,8 Wörtern pro Gliedsatz in der Staatsexamensarbeit des Studierenden Ansgar. In medialer Schriftlichkeit, bei älteren Schreibenden, können die Werte also höher liegen (auch, wenn man zum Vergleich aus vorliegender Studie allein die Wortanzahl pro *KS* einbezöge, die stärker dem Konstrukt *Gliedsatz* entspricht, vgl. Tabelle 68). Vergleicht man ferner die Zunahmen der Wortanzahl pro Gliedsatz zwischen erster Hausarbeit und Staatsexamensarbeit in Pohls Korpus (zwischen + 1,2 Wörtern und + 2,0 Wörtern, vgl. Pohl 2007b: 404) mit den hier vorliegenden Zunahmen, ist zu erkennen, dass diese auch in medialer Schriftlichkeit bei erwachsenen Schreibenden nicht sehr hoch liegen – aber eben bei einem höheren Einstiegsniveau beginnen.[18]

Bisher wurde allein die Wortanzahl unter Abzug des Planungsindikators „ähm" sowie von abgebrochenen Wörtern betrachtet. In Tabelle 66 und Tabelle 67 ist nun der Mittelwert pro Einheit mit diesen Planungsindikatoren und abgebrochenen Wörtern ($\bar{x}_{arithm.+}$) und der eben schon vorgestellte Mittelwert ohne diese ($\bar{x}_{arithm.}$) aufgeführt, um nachvollziehen zu können, ob bei beiden im Jahrgangsstufenvergleich dieselbe Tendenz vorliegt. Es ist zudem die Differenz $\Delta = \bar{x}_{arithm+} - \bar{x}_{arithm-}$ berechnet worden, um zu überprüfen, ob sich diese Differenz über die Jahrgangsstufen ändert.

Es ist zu erkennen, dass in allen Fällen auf Lehrer- und auf Schülerseite die zentrale Tendenz der Veränderung der Mittelwerte über die Jahrgangsstufen bei beiden Berechnungsweisen gleich ist; nur in einem einzigen Fall auf Schülerseite bei Bio – m kommt es zu einer leichten Abweichung: Während $\bar{x}_{arithm-}$ von der Unterstufe zur Mittelstufe leicht abnimmt, stagniert $\bar{x}_{arithm+}$.

Was bei den Analysen in der Planungsdimension (vgl. Abschn. 8.6) noch einmal relevant wird, ist die Frage nach der Zunahme des Planungsindikators „ähm" und seiner Varianten über die Jahrgangsstufen; zusätzlich werden in vorliegender Analyse auch Wortanzahlsteigerungen durch abgebrochene Wörter, die auch als Planungsindikator gelten können, in den Deltas ersichtlich. Solche Steigerungen in den Deltas sind aufseiten der Lehrpersonen von Jahrgangsstufe zu

---

[18] Augst et al. (2007: 62) analysieren die Komplexität der verbhaltigen Propositionen in ihrer Einzelanalyse der Textsorte *Erzählung* aus ihrem echt-longitudinalen Korpus (das Texte von Schüler/-innen aus 2., 3. und 4. Klassen umfasst) und stellen in diesen medial schriftlichen, aber bei jüngeren Schüler/-innen gewonnenen Daten fest, dass die Wortanzahl pro Proposition bei dem Wert von 5,6/5,7 stagniert – ein Wert, der nah bei den in vorliegender Untersuchung in medialer Mündlichkeit festgestellten Werten liegt.

Jahrgangsstufe bei De – m zu erkennen (GS: Δ = 0,03; US: Δ = 0,11; MS: Δ = 0,13; OS: Δ = 0,25). Das bedeutet, dass sich der Mittelwert der Wortanzahl pro Einheit in der Grundschule bei De – m nur um 0,03 Wörter unterscheidet, während er sich in der Oberstufe schon um 1/4 Wort unterscheidet. Zunahmetendenzen sind auch bei Bio – m und Bio – w in den Gymnasialklassen festellbar (während jeweils die Grundschulwerte sogar über den Oberstufenwerten bei Bio – w oder zwischen den Mittelstufen- und Oberstufenwerten liegen). Und bei De – w ist der größte Unterschied zwischen der Grundschule (Δ = 0,07) und allen gymnasialen Klassen erkennbar (US: Δ = 0,21; MS: Δ = 0,18; OS: Δ = 0,27). Auch der Mittelwert der Differenzen, in der rechten Spalte der Tabelle aufgeführt, bestätigt die Zunahmen der lehrerseitigen Deltas von der Grundschule ($\overline{x}_{arithm}(\Delta)$ = 0,07) bis zur Oberstufe ($\overline{x}_{arithm}(\Delta)$ = 0,19).

Tabelle 66: Vergleich des arithmetischen Mittels der Wortanzahl pro Einheit mit (+) und ohne (-) Berücksichtigung des Planungsindikators „ähm" und Varianten sowie von abgebrochenen Wörtern, Deltas – Lehrpersonen

	Bio – m			Bio – w			De – m			De – w			$\overline{x}$
	$\overline{x}$ arithm +	$\overline{x}$ arithm -	Δ	$\overline{x}$ arithm +	$\overline{x}$ arithm -	Δ	$\overline{x}$ arithm +	$\overline{x}$ arithm -	Δ	$\overline{x}$ arithm +	$\overline{x}$ arithm -	Δ	arithm (Δ)
GS	5,40	5,30	0,10	5,38	5,28	0,10	4,52	4,50	0,03	5,68	5,61	0,07	0,07
US	6,08	6,06	0,03	5,41	5,38	0,03	5,59	5,49	0,11	6,40	6,18	0,21	0,09
MS	5,82	5,77	0,06	5,55	5,52	0,03	5,46	5,33	0,13	6,22	6,03	0,18	0,10
OS	6,57	6,41	0,17	5,77	5,69	0,08	5,98	5,73	0,25	6,38	6,12	0,27	0,19

Auf Schülerseite finden sich Zunahmen der Deltas von Jahrgangsstufe zu Jahrgangsstufe bei den Schüler/-innen von Bio – m. Bei den Schüler/-innen von Bio – w findet sich der niedrigste Wert (Δ = 0,18) in der Grundschule und es liegen Steigerungen zu den gymnasialen Klassen vor, wo die höchste Differenz von Δ = 0,60 in der Mittelstufe erreicht wird. Auch bei den Schüler/-innen in den Klassen der männlichen Deutschlehrer ist der größte Unterschied zwischen der Grundschulklasse einerseits (Δ = 0,06) und allen gymnasialen Jahrgangsstufen andererseits erkennbar, während bei den Klassen der weiblichen Deutschlehrerinnen der größte Unterschied zwischen allen anderen Klassen und der Oberstufenklasse (Δ = 0,39) vorliegt. Beim in der rechten Spalte der Tabelle berechneten Mittelwert der Differenzen ist zum einen feststellbar, dass er schon in der Grundschule mit $\overline{x}_{arithm}(\Delta)$ = 0,16 höher als die durchschnittlichen Grundschullehrerwerte liegt und dass auch in der Oberstufe ein vergleichsweise hoher Wert erreicht wird (mit $\bar{x}_{arithm}(\Delta)$ = 0,37). Hieran ist ersichtlich, dass die Schüler/-innen mehr gefüllte Pausen und abgebrochene Wörter nutzen als ihre Lehrpersonen.

Tabelle 67: Vergleich des arithmetischen Mittels der Wortanzahl pro Einheit mit (+) und ohne (-) Berücksichtigung des Planungsindikators „ähm" und Varianten sowie von abgebrochenen Wörtern, Deltas – Schüler/-innen

	Bio – m			Bio – w			De – m			De – w			$\bar{x}$
	$\bar{x}$ arithm +	$\bar{x}$ arithm -	Δ	$\bar{x}$ arithm +	$\bar{x}$ arithm -	Δ	$\bar{x}$ arithm +	$\bar{x}$ arithm -	Δ	$\bar{x}$ arithm +	$\bar{x}$ arithm -	Δ	arithm (Δ)
GS	4,75	4,56	0,18	4,29	4,11	0,18	2,58	2,52	0,06	4,89	4,68	0,22	0,16
US	6,02	5,71	0,31	5,07	4,71	0,37	5,79	5,47	0,32	6,94	6,67	0,26	0,31
MS	6,02	5,57	0,46	5,36	4,76	0,60	6,19	5,97	0,22	7,02	6,83	0,18	0,36
OS	8,01	7,54	0,47	5,81	5,43	0,38	6,74	6,48	0,26	7,80	7,41	0,39	0,37

Den Analysen in Abschnitt 8.6 vorgreifend, kann schon aus diesen Ergebnissen auf erhöhte Planungsaktivitäten durch gefüllte Pausen und Wortabbrüche in höheren Jahrgangsstufen auf Lehrer- und Schülerseite geschlossen werden, welche jedoch auf Schülerseite deutlicher ausgeprägt sind.

Bis hierhin wurden alle Einheiten gemeinsam betrachtet. In Tabelle 68 sind die arithmetischen Mittel der Wortanzahl der einzelnen Einheitentypen auf Lehrer- und Schülerseite aufgeführt – wiederum ohne den Planungsindikator „ähm" und Varianten sowie ohne abgebrochene Wörter. Damit kann überprüft werden, ob die festgestellte leichte Steigerung der Wortanzahl pro Einheit allein auf Zunahmen in *einem* Einheitentyp oder in mehreren Einheitentypen zurückführbar ist. Zudem kann festgestellt werden, ob sich die einzelnen Einheitentypen in ihrer durchschnittlichen Wortanzahl unterscheiden.

Zunächst ist ersichtlich, dass die möglichen Sätze (MS) immer eine höhere Wortanzahl aufweisen als die kanonischen Sätze (KS). Dies ist durch die Definition der MS erklärbar, gemäß der sie sich durch „diskontinuierliche[.] Realisierungen von Elementen der Projektionsstruktur" (Hennig: 2006: 210; vgl. Abschn. 8.2.1.1) auszeichnen – was zu einer Erhöhung der Wortanzahl führen muss (z. B. bei Reparaturen oder bei Links- und Rechtsherausstellungen). Außerdem liegt die Wortanzahl der Ellipsen und Anakoluthe (fast) immer unter denen der kanonischen Sätze (und somit auch der möglichen Sätze) (außer beim männlichen Biologielehrer in der Oberstufe). Auch dies ist durch die Anakoluthdefinition (als

Nichtrealisierung der Projektionspotenz) bzw. die Ellipsendefinition (als kein finites Verb enthaltend bzw. eine nicht reguläre Realisierung der Valenzpotenz aufweisend) erklärbar.

Tabelle 68: Mittelwert der Wortanzahl pro Einheitentyp; Lehrpersonen und Schüler/-innen getrennt aufgeführt (grau markiert: höchster Wert einer Zeile auf Lehrer-/Schülerseite)

		Lehrpersonen				Schüler/-innen			
		GS	US	MS	OS	GS	US	MS	OS
Bio – m	KS	5,72	6,67	5,77	7,14	5,71	6,85	5,94	6,90
	MS	9,35	9,68	9,75	8,75	9,30	9,85	8,16	14,35
	Ell	3,36	3,23	3,86	3,81	2,58	2,84	4,17	5,15
	Ana	3,57	3,31	3,77	9,54	2,79	3,67	4,43	4,17
Bio – w	KS	5,64	6,47	6,36	6,81	5,94	6,35	6,36	6,54
	MS	9,34	9,87	11,46	11,18	9,35	11,77	11,46	12,91
	Ell	3,02	2,63	2,80	2,70	2,05	2,85	2,80	2,74
	Ana	3,14	3,86	3,87	3,64	2,46	5,08	3,87	3,65
De – m	KS	5,45	5,86	5,94	6,23	4,34	6,43	5,94	6,74
	MS	8,90	9,36	8,81	10,30	7,00	11,93	8,81	11,17
	Ell	2,40	3,12	2,89	2,86	1,60	3,22	2,89	4,09
	Ana	2,53	2,77	4,12	3,73	2,43	3,85	4,12	3,94
De – w	KS	5,88	6,59	6,25	6,20	5,55	6,76	6,59	7,10
	MS	9,42	14,65	9,80	10,81	8,80	11,80	11,10	12,14
	Ell	3,58	3,96	3,27	3,82	2,37	3,49	5,18	5,08
	Ana	2,76	3,04	3,38	3,33	4,00	4,60	3,88	5,38

Die grauen Hinterlegungen in der Tabelle zeigen jeweils die höchsten Werte pro Zeile auf Lehrer- und Schülerseite an – damit kann überprüft werden, ob die zentralen Tendenzen aus Tabelle 63 und Tabelle 64 sich auch in allen Einheitentypen widerspiegeln. Wie man erkennen kann, sind die hellgrauen Unterlegungen in allen Fällen außer einem Fall[19] in den gymnasialen Klassen zu finden, vor allem

---

19 Diese Ausnahme bilden die Ellipsen bei der weiblichen Biologielehrerin in der Grundschule.

in der Oberstufe (15 hellgraue Unterlegungen) und Mittelstufe (9 hellgraue Unterlegungen), aber auch in der Unterstufe (7 hellgraue Unterlegungen). Die Steigerungen in der Wortanzahl pro Einheit sind somit nicht allein auf Steigerungen der Wortanzahl in einem Einheitentyp zurückzuführen. Es konnte zudem in diesem Abschnitt gezeigt werden, dass sich die einzelnen Einheitentypen in ihrer Wortanzahl unterscheiden (MS > KS > Ell/Ana).

8.4.4 Ganzsatzkomplexität

In diesem Abschnitt wird die Komplexität auf einer höheren Ebene als der der syntaktischen Einheit betrachtet, nämlich auf Ganzsatzebene. Würde man mediale Schriftlichkeit betrachten, könnte man den Ganzsatz als Einheit bestimmen, an deren Ende ein Punkt, Ausrufezeichen oder Fragezeichen steht. Diese Interpunktionshilfen stehen bei der Analyse medialer Mündlichkeit hingegen nicht zur Verfügung – Orientierung verschafft aber die mit Hilfe von HIAT vorgenommene Segmentierung von Äußerungen mit Hilfe von Äußerungsendzeichen (vgl. Rehbein et al. 2004: 19–22).

Mehrere im Sinne einer Satzreihe oder Satzverbindung aufeinanderfolgende Hauptsätze (vgl. Gallmann 2006: 1030) werden nicht als Ganzsatz gezählt, sondern jeder Hauptsatz einer Satzreihe wird einzeln als Ganzsatz betrachtet. Dies entspricht auch der Vorgehensweise bei der Transkription mit HIAT, dass „Äußerungen, die mit koordinierenden Ausdrücken (‚Und‘, ‚Oder‘) oder zusammengesetzten Verweiswörtern (‚Deswegen‘, ‚Daher‘) eingeleitet werden, [...] als eigenständige Äußerungen angesehen [werden]" (Rehbein et al. 2004: 20). Wenn ein Hauptsatz mit einer Koordinationsellipse verbunden ist, werden beide gemeinsam als ein Ganzsatz betrachtet; auch dies ist durch die Transkriptionsvorschriften bei HIAT gedeckt (vgl. Rehbein et al. 2004: 20). Und ebenso können Nebensätze, die durch Subordination mit einem Hauptsatz verbunden sind, mit diesem einen Ganzsatz bilden – dies ist zudem auch bei Nebensätzen der Fall, die einer Ellipse untergeordnet sind. Abhängige Hauptsätze (vgl. Abschnitte 8.2.1.1 und 8.3.2.4) werden in dieser Analyse als die Komplexität von Ganzsätzen erhöhend betrachtet. Ein Fall ist allerdings auszuschließen: Der „[e]pistemische[.] und sprechhandlungsbezogenene[.]" (Fiehler 2006: 1219) Gebrauch von *weil* mit Verbzweitstellung, der auf die Fragen „Woher weißt du das" bzw. „Wie kommst du darauf?" (Fiehler 2006: 1219) antwortet, wird nicht als die Komplexität von Ganzsätzen erhöhend betrachtet. Denn in diesem Gebrauch ist der „weil"-Satz nicht potentiell durch einen „weil"-Satz mit Verbletztstellung ersetzbar, während dies beim sogenannten „faktische[n]" (Fiehler 2006: 1219) *weil* in Verbzweitstellung durchaus möglich ist (vgl. Fiehler 2006: 1218–1219). Einen Sonderfall des Ganzsatzes bilden in dieser Studie zudem Nebensätze, die von einem frei stehenden Nebensatz abhängen (vgl. Abschn. 8.3.2.5).

In diesem Abschnitt werden allein die Wortanzahlberechnungen ohne Berücksichtigung vom Planungsindikator „ähm" und Varianten sowie von abgebrochenen Wörtern genutzt (vgl. Abschn. 8.4.3). Die Lageparameter Mittelwert, Median und Modus zur Wortanzahl pro Ganzsatz sind in Tabelle 69 (lehrerseitig) und Tabelle 70 (schülerseitig) aufgeführt. Die Variationsbreite auf Lehrerseite beträgt R = 4,34 vom lehrerseitig niedrigsten Wert von $\bar{x}_{arithm}$ = 6,94 bei De – m in der Grundschule bis zum lehrerseitig höchsten Wert von $\bar{x}_{arithm}$ = 11,28 bei De – w in der Oberstufe.

Tabelle 69: Lageparameter (Wortanzahl/Ganzsatz) – Lehrpersonen

	Bio – m			Bio – w			De – m			De – w			$\bar{x}$ arithm
	$\bar{x}$ arithm	$\bar{x}$ med	$\bar{x}$ mod	$\bar{x}$ arithm	$\bar{x}$ med	$\bar{x}$ mod	$\bar{x}$ arithm	$\bar{x}$ med	$\bar{x}$ mod	$\bar{x}$ arithm	$\bar{x}$ med	$\bar{x}$ mod	($\bar{x}_{arithm}$ Jg.)
GS	8,02	7	4	7,27	6	6	6,94	6	5	8,71	7	6	7,73
US	9,00	8	8	8,92	8	6	7,80	7	5	10,60	9	9	9,08
MS	9,06	8	5	9,71	8	8	8,07	7	6	9,56	8	7	9,10
OS	9,54	8,5	7	10,29	9	6	8,89	7	5	11,28	10	6	10,00

Hinsichtlich des arithmetischen Mittels sind bei drei von vier Lehrpersonengruppen Zunahmen von Jahrgangsstufe zu Jahrgangsstufe zu finden (Bio – m, Bio – w, De – m). Allein bei De – w liegt der Mittelstufenwert ($\bar{x}_{arithm}$ = 9,56) leicht unterhalb des Unterstufenwerts ($\bar{x}_{arithm}$ = 10,60); der Grundschulwert ist der niedrigste ($\bar{x}_{arithm}$ = 8,71), der Oberstufenwert der höchste ($\bar{x}_{arithm}$ = 11,28). In der rechten Spalte ist der Mittelwert der jahrgangsstufenbezogenen Mittelwerte gebildet: Über alle Lehrpersonen gemittelt liegt die Wortanzahl pro Ganzsatz in der Grundschule bei $\bar{x}_{arithm}$ = 7,73, in der Unterstufe bei $\bar{x}_{arithm}$ = 9,08, in der Mittelstufe bei $\bar{x}_{arithm}$ = 9,10 und in der Oberstufe bei $\bar{x}_{arithm}$ = 10,00. Im Durchschnitt unterscheidet sich somit auf Lehrerseite die Wortanzahl pro Ganzsatz zwischen der Grundschule und der Oberstufe um ca. 2 Wörter. Wir werden sehen, dass diese Differenz auf Schülerseite deutlich größer ist (vgl. Tabelle 70). Zu erwähnen ist zudem, dass schon der Grundschulmittelwert von De – w in die Nähe der Unterstufen- bzw. Mittelstufenwerte bei den anderen Lehrpersonengruppen kommt.

Den Median betrachtend finden sich bei den Lehrpersonen eines Fachs und Geschlechts Zunahmetendenzen (vgl. Tabelle 69). Bei den Biologielehrpersonen und auch bei De – w ist eine Zunahme von der Grundschule über die Unterstufe/ Mittelstufe bis zur Oberstufe zu finden. Bei De – m liegt der einzige Unterschied zwischen Grundschullehrer ($\bar{x}_{med}$ = 6) und Gymnasiallehrer vor ($\bar{x}_{med}$ = 7 in allen Klassen) vor. Hinsichtlich des Modus sind keine deutlichen Zunahmetendenzen über die Jahrgangsstufen erkennbar – allerdings ist festzustellen, dass der niedrigste/ein niedriger Wert immer in der Grundschule vorzufinden ist und der höchste Wert immer in einer der Gymnasialklassen.

Die Variationsbreite beträgt bei den Schüler/-innen bezogen auf die Wortanzahl pro Ganzsatz R = 14,11 vom schülerseitig niedrigsten Wert $\bar{x}_{arithm}$ = 5,01 bei den Schüler/-innen von De – m in der Grundschule bis zum schülerseitig höchsten Wert von $\bar{x}_{arithm}$ = 20,12 in der Oberstufenklasse von De – w (vgl. Tabelle 70) und liegt damit deutlich höher als die lehrerseitige Variationsbreite von R = 4,34. Dies ist weniger dem etwas niedrigeren Wert in der Grundschule als dem deutlich höheren Komplexitätswert in der Oberstufe geschuldet. Bei drei von vier nach Fach und Geschlecht der Lehrpersonen geordneten Schülergruppen finden sich Zunahmen von Jahrgangsstufe zu Jahrgangsstufe; nur bei den Schüler/-innen von De – w liegt, wie schon auf Lehrerseite, der Mittelstufenwert ($\bar{x}_{arithm}$ = 13,11) unter dem Unterstufenwert ($\bar{x}_{arithm}$ = 13,60). Der Grundschulwert liegt deutlich unter beiden ($\bar{x}_{arithm}$ = 7,93), der Oberstufenwert deutlich darüber ($\bar{x}_{arithm}$ = 20,12). In den in der rechten Spalte aufgeführten Mittelwerten der Mittelwerte pro Jahrgangsstufe lassen sich hinsichtlich der Ganzsatzkomplexität auf Schülerseite drei Stufen unterscheiden: Ein niedriger Wert in der Grundschule ($\bar{x}_{arithm}$ = 7,21), mittlere Werte in der Unterstufe ($\bar{x}_{arithm}$ = 10,69) und Mittelstufe ($\bar{x}_{arithm}$ = 11,81) und sehr hohe Werte in der Oberstufe ($\bar{x}_{arithm}$ = 15,82). Diese Werte reichen schon an die in medialer Schriftlichkeit ermittelten Werte in studentischen Hausarbeiten, die sich in den Analysen von Pohl (2007b: 412–416) zwischen 14,6 und 19,7 Wörtern pro Ganzsatz bewegen, heran.

Tabelle 70: Lageparameter (Wortanzahl/Ganzsatz) – Schüler/-innen

	Bio – m			Bio – w			De – m			De – w			$\bar{x}$ arithm
	$\bar{x}$ arithm	$\bar{x}$ med	$\bar{x}$ mod	$\bar{x}$ arithm	$\bar{x}$ med	$\bar{x}$ mod	$\bar{x}$ arithm	$\bar{x}$ med	$\bar{x}$ mod	$\bar{x}$ arithm	$\bar{x}$ med	$\bar{x}$ mod	($\bar{x}_{arithm \, Jg.}$)
GS	7,71	6	6	8,19	7	5	5,01	4	4	7,93	7	5	7,21
US	10,07	9	12	8,66	7	6	10,43	9	10	13,60	11	6	10,69
MS	10,53	9,5	5	9,95	9,5	5	13,64	11,5	7	13,11	11	11	11,81
OS	17,31	13	10	11,99	8	8	13,85	11,5	6	20,12	16	6	15,82

Auch hinsichtlich der berechneten Mediane sind in den Klassen von Bio – m Zunahmen von Jahrgangsstufe zu Jahrgangsstufe festzustellen; in den Klassen von Bio – w eher Unterschiede zwischen Grundschule und Unterstufe einerseits ($\bar{x}_{med}$ = 7) zu Mittelstufe ($\bar{x}_{med}$ = 9,5) und Oberstufe ($\bar{x}_{med}$ = 8) andererseits. Auch bei den Schüler/-innen von De – m findet sich in der Grundschulklasse ein niedriger Wert ($\bar{x}_{med}$ = 4) mit Erhöhungen zur Unterstufe ($\bar{x}_{med}$ = 9) sowie Mittelstufe und Oberstufe ($\bar{x}_{med}$ = 11,5). Bei den Schüler/-innen von De – w sind die Mediane in Unterstufe und Mittelstufe wiederum gleich ($\bar{x}_{med}$ = 11), der Grundschulwert liegt darunter ($\bar{x}_{med}$ = 7), der Oberstufenwert darüber ($\bar{x}_{med}$ = 16). Wie schon bei den Lehrpersonen lassen sich mit Hilfe des Modus keine eindeutigen Tendenzen ausmachen, außer, dass der niedrigste/einer der niedrigsten Werte immer in der betreffenden Grundschulklasse zu finden ist. Interessant ist auch hier wieder das 14-malige Auftreten des Werts 6 als Median oder Modus auf Lehrer- und Schülerseite (vgl. Tabelle 69 und Tabelle 70).

In Abbildung 46 ist zusammenfassend graphisch dargestellt, dass alle Grundschulmittelwerte der Wortanzahl pro Ganzsatz auf Lehrer- und Schülerseite (schwarzer Graph) immer unter den korrespondierenden Unterstufenwerten (dunkelgrauer Graph) liegen. Auch die Unterstufenwerte liegen wiederum in 15 von 16 Fällen unterhalb der Mittelstufenwerte (hellgrauer Graph) (außer bei De – w). Und diese wiederum liegen immer unterhalb der Oberstufenwerte (gepunkteter Graph).

Zum Vergleich der lehrer- und schülerseitigen Mittelwerte wurden die Differenzen zwischen den Lehrer- und Schülerwerten berechnet und in Tabelle 71 eingetragen. Hier ist erkennbar, dass die Lehrerwerte nur in Grundschulklassen (in drei von vier) oder in einer Unterstufenklasse (bei Bio – w) über den Schülerwerten liegen. Auffallend ist, dass die negative Differenz bis zur Oberstufe zunimmt, auf ihren Maximalwert von Δ = –8,85 in der Klasse von De – w in der Oberstufe. Das bedeutet, dass in dieser Oberstufenklasse die Schüler/-innen und Schüler im Durchschnitt 8,85 mehr Worte pro Ganzsatz nutzen als die Lehrerin.

In Abbildung 47 ist visuell dargestellt, dass die schülerseitigen Werte der durchschnittlichen Wortanzahl pro Ganzsatz, die allesamt mit einer roten Farbe markiert sind, oftmals deutlich oberhalb der dazugehörigen Lehrerwerte liegen (jeweils in schwarz markiert), aber oftmals auch über den Lehrerwerten anderer Fach-/Geschlechtkonstellationen.

Die Ergebnisse dieser Auswertung sind parallel zu den Ergebnissen des prozentualen Anteils an Hypotaxe in der Operationalisierungsdimension *Integration* (vgl. Abschn. 8.3.2.1). Auch dort liegen die Schülerwerte, insbesondere in der Mittelstufe und Oberstufe, deutlich oberhalb der Lehrerwerte. Dass beide Analysekategorien ähnliche Tendenzen aufweisen, kann darin begründet liegen, dass in der Operationalisierungsdimension *Integration* und in der Operationalisierungsdimension *Komplexität* Analysekategorien gebildet werden können, die

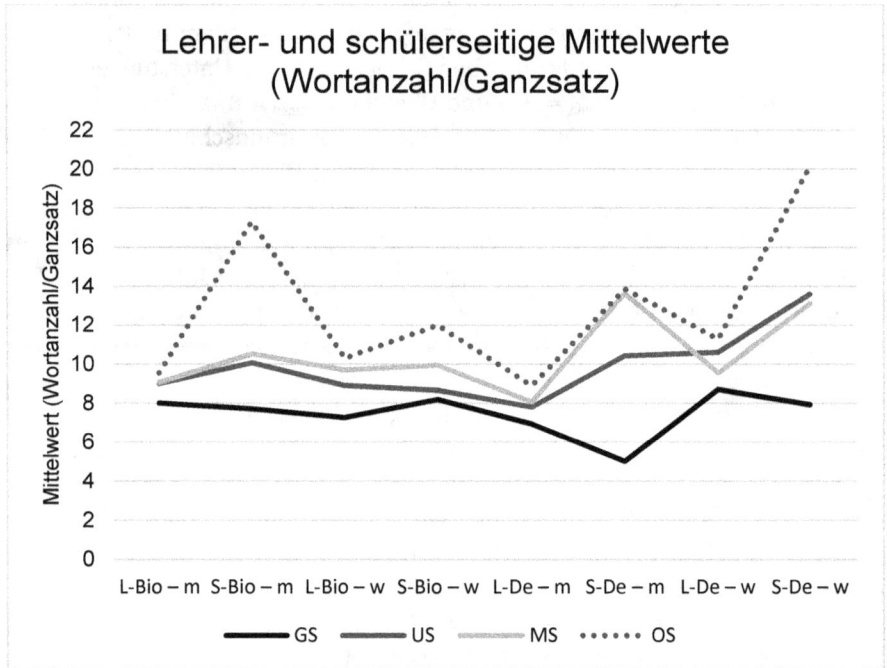

Abbildung 46: Lehrer- und schülerseitige Mittelwerte der Wortanzahl pro Ganzsatz, x-Achse: Lehrpersonen eines Fachs und Geschlechts bzw. Schüler/-innen der Lehrpersonen eines Fachs und Gechlechts; Graphen: Jahrgangsstufen

Tabelle 71: Differenz Δ zwischen den Lehrer- und Schülerwerten bei den Mittelwerten der Wortanzahl pro Ganzsatz (grau unterlegt sind negative Deltas)

	Bio – m	Bio – w	De – m	De – w
GS	0,31	-0,92	1,93	0,78
US	-1,06	0,26	-2,62	-3,00
MS	-1,47	-0,24	-5,57	-3,54
OS	-7,77	-1,70	-4,96	-8,85

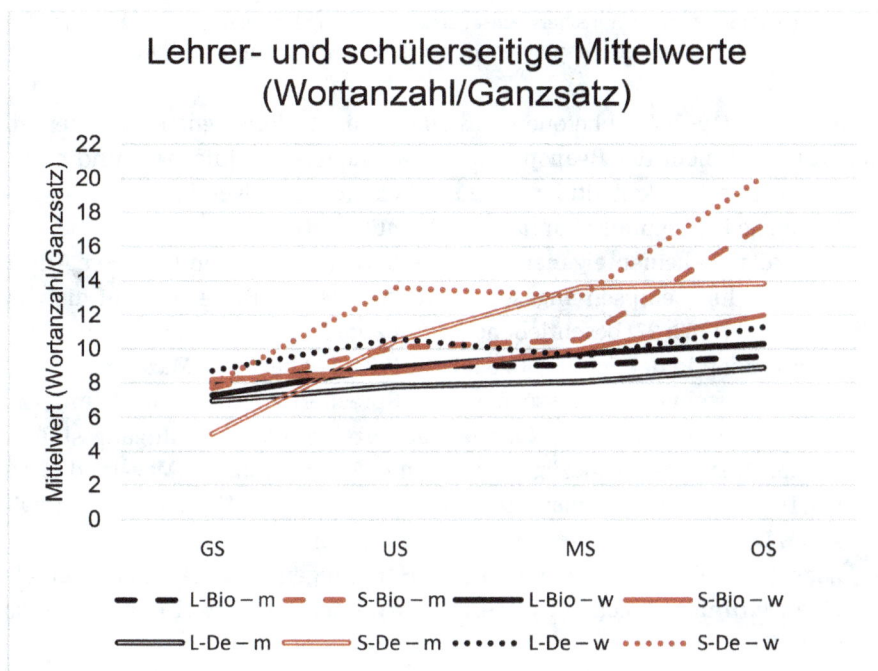

Abbildung 47: Lehrer- und schülerseitige Mittelwerte der Wortanzahl pro Ganzsatz, x-Achse: Jahrgangsstufen; Graphen: Lehrpersonen eines Fachs und Geschlechts bzw. Schüler/-innen der Lehrpersonen eines Fachs und Gechlechts

unterschiedliche Sehepunkte auf ein ähnliches Phänomen repräsentieren (vgl. Abschn. 3.2.2.2), aber doch unterschiedliche Arten von Informationen liefern (in der OpD *Ingration*: Verhältnis von hypotaktischen Strukturen zu parataktischen; in der OpD *Komplexität*: die Wortanzahl eines Ganzsatzes, in die jedoch weitere Einflussgroßen neben hypotaktischen Strukturen, wie beispielsweise Koordinationsellipsen, eingehen).

8.4.5 *turn*-Komplexität

In diesem Kapitel soll der Frage nachgegangen werden, ob sich auch die Komplexität der *turns* über die untersuchten Jahrgangsstufen auf Lehrer- und Schülerseite verändert. Dabei wird die *turn*-Definition der *IdS-Grammatik* genutzt:

> Unter einem TURN verstehen wir einen Diskursbeitrag mit propositionalem und illokutivem Gehalt, den ein Sprecher mit Rederecht realisiert, wobei die Grenzen des Beitrags durch

einen vorhergehenden Sprecherwechsel bzw. den Gesprächsbeginn und den folgenden Sprecherwechsel bzw. das Gesprächsende gegeben sind. (Zifonun et al. 1997: 469)[20]

Zifonun et al. (1997: 469) betonen außerdem, dass „Hörersignale zur externen Steuerung [...] nicht der Beanspruchung des Rederechts [dienen]" und somit keinen eigenen *turn* konstituieren. Zusätzlich werden folgende unterrichtsdiskursbezogene Festlegungen zur *turn*-Bestimmung getroffen:

– Ebenfalls als keinen eigenen *turn* beanspruchend werden in dieser Arbeit *turn*-Zuteilungsellipsen angesehen, die frei stehen. Diese sind auf die von Mazeland (1983: 97) beschriebene „[t]urn-Zuteilungs-Komponente" zur „turn-Organisation in der Schule" (Mazeland 1983: 96) bezogen. Mazeland selber, der das Erkenntnisinteresse hat, den Sprecherwechsel in der Schule zu beschreiben und nicht die Komplexität einzelner *turns* im Jahrgangsstufenvergleich, spricht diesbezüglich vom „*turn-Zuteilungsturn*" (Mazeland 1983: 85). Diese Vorgabe wird insbesondere zur Sicherung der Vergleichbarkeit zwischen Lehrer- und Schülerwerten vorgenommen.
– Längere Tafelanschriften oder andere Handlungen ab 5 s Dauer werden als einen *turn* unterbrechend gewertet. Es werden dann zwei einzelne *turns* gezählt.
– Es werden zwei *turns* der Lehrperson gezählt, wenn die Schüler/-innen auf eine Frage der Lehrperson nur nonverbal, z. B. mit Meldung oder Nicken antworten, und die Lehrperson danach weiterspricht. Denn die Schüler/-innen produzieren so einen rein nonverbal gefüllten „turn" (mit 0 Wörtern).
– Es werden Schülerbeiträge als *turn* in die Analyse einbezogen, die im Rahmen der „*programmierten Selbstauswahl*" (Mazeland 1983: 85) zustande gekommen sind. Wenn Schülerbeiträge durch „[n]icht-programmierte Selbstauswahl" (Mazeland 1983: 87) entstanden sind, werden sie nur in die Analysen einbezogen, wenn die Lehrperson den *turn* „in der Haupthandlungslinie auf[greift]" (Mazeland 1983: 93) und ihn damit „als Teil des sequentiellen Ablaufs der Handlungslinie betrachtet" (Mazeland 1983: 93). Ein sanktionierendes Eingehen der Lehrperson auf eine im Rahmen der nicht-programmier-

---

20 Diese Definition von *turn* nach Zifonun et al. (1997a) unterscheidet sich von der Bestimmung der „turn-constructional unit" nach Sacks et al. (1974: 704), denn diese ist definiert als Einheit, nach der an „transition-relevance place[s]" der Sprecherwechsel potentiell stattfinden *kann*. Die in dieser Arbeit betrachteten *turns* sind aber so definiert, dass ein Sprecherwechsel stattgefunden haben *muss*. Nur so können Aussagen über die vollständige Komplexität der lehrer- und schülerseitig selbständig produzierten *turns* gemacht werden.

ten Selbstauswahl zustande gekommene Schüleräußerung führt ebenfalls dazu, dass diese in die Analyse einbezogen wird.

– Schülerseitige Präsentationen werden nicht in der *turn*-Analyse berücksichtigt, um die Vergleichbarkeit zwischen Lehrer- und Schülerwerten zu gewährleisten, phaseneinleitende, organisierende oder strukturierende (vgl. Becker-Mrotzek & Vogt 2009: 199) Aufgabenstellungen der Lehrpersonen zu diesen Präsentationen hingegen schon.

– Längere, Phasen begleitende, „Disziplinierung[en]" (Becker-Mrotzek & Vogt 2009: 199) werden aus den *turn*-Analysen ausgeschlossen. Denn es sollen Aussagen über die Komplexität der *turns* bei sachthematischer Fokussierung (vgl. Bellack et al. 1974: 33–35) gemacht werden.

– Gänzlich unverständliche Äußerungen werden nicht in die Analyse mit einbezogen. Äußerungen, deren Wortlaut nur vermutet wird (gekennzeichnet durch doppelte Klammern) werden demgegenüber in die Analysen mit einbezogen.

– Bei Lehrerfragen an das gesamte Plenum, auf die mit Antwortpartikeln wie „Ja" oder „Nein" geantwortet werden kann und wird, wird nur eine der Schülerantworten als *turn* mit einem Wort gezählt. Oftmals könnte an diesen Stellen ansonsten nicht differenziert werden, wieviele Schüler/-innen mit „Ja" oder „Nein" geantwortet haben.

– Die Interjektion „Pscht" stellt keinen einzelnen *turn* dar, da die Lehrperson mit dieser zumeist anderen Schüler/-innen zum Rederecht verhilft.

Die *turn*-Analysen werden händisch und farblich separiert nach Lehrpersonen und Schüler/-innen anhand der vorgestellten Operationalisierung an den ausgedruckten HIAT-Transkripten vorgenommen, die sich aufgrund der Partiturnotation besonders für diese Art der Analyse eignen.

Die Komplexität der *turns* wird als Wortanzahl pro *turn* operationalisiert. Die Wortanzahlbestimmung erfolgt wie in der Operationalisierung in Abschnitt 8.1.1 vorgestellt, allerdings nicht mit Hilfe des Partitur-Editors, sondern händisch in den HIAT-Transkripten.

8.4.5.1 *turn*-Anzahl

Zunächst sollen, wie auch schon bei der Wortanzahl (vgl. Abschn. 8.1.2) und bei der Einheitenzahl (vgl. Abschn. 8.2.2), die absoluten Zahlen zur *turn*-Anzahl, die noch kein Komplexitätsmaß darstellen, präsentiert werden. Wir hatten dort festgestellt, dass die Tendenz besteht, dass die lehrerseitige Wort- und Einheitenzahl über die Jahrgangsstufen abnimmt, während die schülerseitige Wort- und Einheitenzahl tendenziell zunimmt. Während sich lehrerseitig in dieser Analyse auch bezogen auf die geäußerte Anzahl der *turns* eine Abnahmetendenz zeigt (vgl. Abbildung 48), liegt schülerseitig in diesem Fall keine Zunahmetendenz, sondern ebenfalls eine Abnahmetendenz vor (vgl. Abbildung 49).

Die Variationsbreite der *turn*-Anzahl aufseiten der Lehrpersonen (vgl. Abbildung 48) beträgt R = 212: Der niedrigste Wert liegt bei De – w in der Oberstufe vor (38 *turns*), der höchste Wert bei De – m in der Grundschule (250 *turns*). In allen Säulengruppen ist der höchste Wert in der Grundschule bzw. in der Unterstufe (bei Bio – w) festzustellen und der niedrigste Wert in der Oberstufe bzw. in der Mittelstufe (bei Bio – w). Bei De – w liegen fast lineare Abnahmen vor (GS: 92; US: 75; MS: 49; OS: 38); generell fallen außerdem die Werte in dieser Säulengruppe im Vergleich niedrig aus. Eine fast lineare Abnahmetendenz ist auch bei De – m in den Gymnasialklassen erkennbar (US: 123; MS: 109; OS: 99). Der Grundschulwert von De – m von 250 liegt demgegenüber ca. doppelt so hoch wie der Unterstufenwert. Auch bei Bio – m finden sich Abnahmen: Von der Grundschule (133) über die Unter- (108) und Mittelstufe (115) bis zum niedrigsten Wert in der Oberstufe (59). Bei Bio – w sind in der Grundschule und Unterstufe höhere Werte (180 und 227) und in der Mittelstufe und Oberstufe niedrigere Werte (125 und 152) zu erkennen.

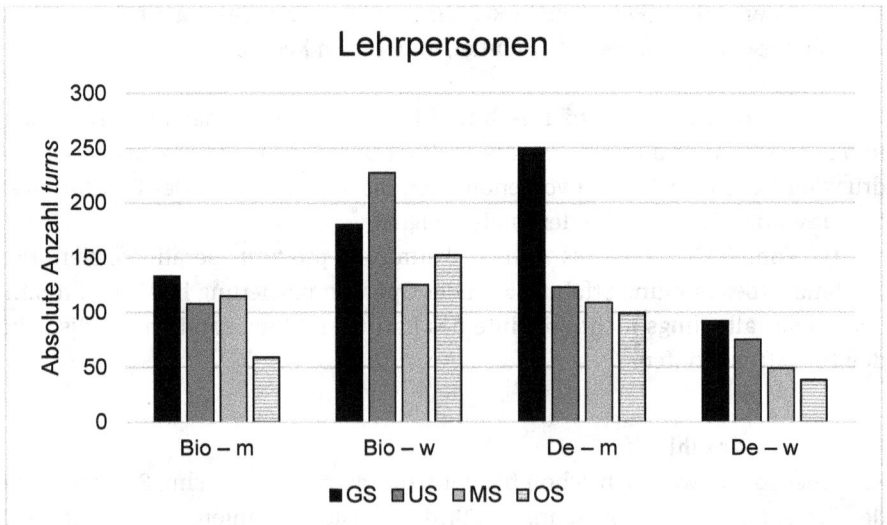

Abbildung 48: Absolute Anzahl der *turns* – Lehrpersonen

Die Minimal- und Maximalwerte aufseiten der Schüler/-innen (vgl. Abbildung 49) finden sich in fast denselben Klassen wie auf Lehrerseite: Der Minimalwert beträgt 39 *turns* (in der Mittelstufenklassen von De – w), der Maximalwert 244 *turns* (in der Grundschulklasse von De – m). Die Variationsbreite ist mit R = 205 somit nur etwas kleiner als bei den Lehrpersonen. Betrachtet man die schüler- und lehrerseitigen Abbildungen vergleichend, ist der an allen außer drei Stellen vom Verhältnis her gleiche Verlauf der Säulen auffällig (ganz leichte Abweichungen ergeben sich bei De – m in der Unterstufe und bei De – w in der Unter- und Mittelstufe).

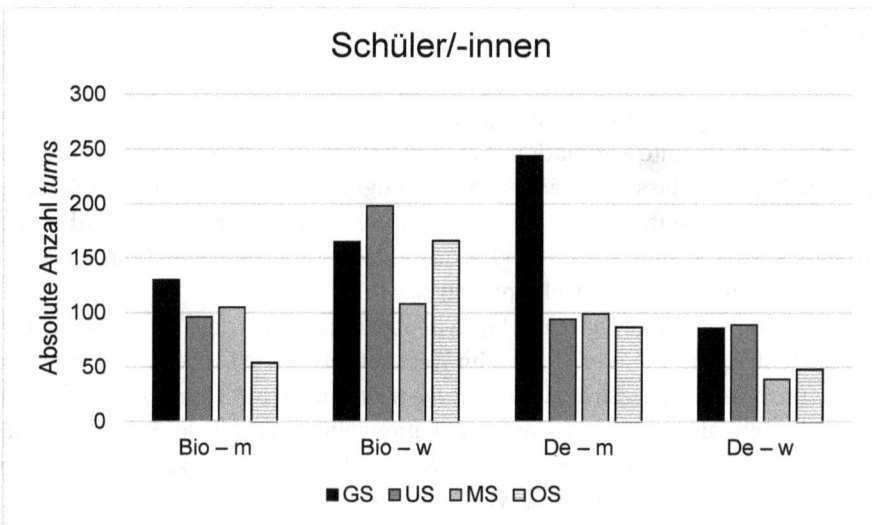

Abbildung 49: Absolute Anzahl der *turns* – Schüler/-innen

Diese Parallelität der Säulenverläufe wird auch durch Berechnungen des Korrelationskoeffizienten *Kendalls tau-b* (τ_b) unterstützt (vgl. zu dessen Berechnung Abschn. 7.8.3). Die grau hinterlegten Zellen (in Tabelle 72) zeigen die Korrelationen der Werte über die Jahrgangsstufen in den einander zugeordneten, nach Fach und Geschlecht der Lehrpersonen gruppierten vier Klassen.

Tabelle 72: Rangkorrelationen mittels *Kendalls tau-b* (τ_b) zwischen der lehrerseitigen und schülerseitigen absoluten *turn*-Anzahl (gruppiert nach Fach und Geschlecht der Lehrpreson; L = Lehrperson; S =Schüler/-innen)

	SBio – m	SBio – w	SDe – m	SDe – w
LBio – m	1,000*	-,333	1,000*	,000
LBio – w	,000	,667	,000	1,000*
LDe – m	,667	,000	,667	,333
LDe – w	,667	,000	,667	,333

* Die Korrelation ist auf dem 0,05-Niveau signifikant (zweiseitig)

Es ist zu erkennen, dass in den Klassen der männlichen Biologielehrpersonen eine hohe signifikante Korrelation (auf dem 0,05-Niveau) von τ_b = 1,000 vorliegt. Aber auch in den Klassen der weiblichen Biologielehrerinnen und in den Klassen der männlichen Deutschlehrer liegt eine mittlere Korrelation der Werte über die Jahrgangsstufen von τ_b = 0,667 vor. Bei den Klassen der weiblichen Deutschlehrerinnen liegt eine geringe Korrelation von τ_b = 0,333 vor.

Die Parallelität der Säulenverläufe deutet darauf hin, dass der Unterrichtsdiskurs in den betreffenden Klassen im Wechsel von einem Lehrer*turn* und einem Schüler*turn* verläuft. Dass die lehrerseitige *turn*-Anzahl in 13 von 16 Fällen leicht (aber nie mehr als Δ = +29 *turns* mehr auf Lehrerseite) oberhalb der Schüleranzahl liegt, ist in den Codiervorgaben begründet, zwei Lehrer*turns* zu zählen, wenn ein *turn* durch weitere Handlungen, wie Tafelanschriften, unterbrochen wird. Eine weitere Codiervorgabe, die zu einer leicht erhöhten *turn*-Anzahl auf Lehrerseite führen kann, ist, dass Schüler/-innen auch nonverbal auf Lehrerfragen antworten können. Diese Schülerturns werden aber nicht als 0-Wort-*turn* gezählt und so nicht als eigener *turn* in den Analysen berücksichtigt. Auch die Vorgabe, lehrerseitige Aufgabenstellungen zu Präsentationen oder zu Einzel- oder Gruppenarbeiten mit einzubeziehen, kann zur lehrerseitig erhöhten *turn*-Anzahl führen. In Tabelle 73 ist der lehrerseitige prozentuale Anteil der *turns* an der Gesamtzahl der *turns* (Lehrer- plus Schüler*turns*) berechnet. Auffallend ist hier die geringe Variationsbreite von 12 Prozentpunkten zwischen dem niedrigsten Wert von 44,19 % in der Oberstufe bei De – w und dem höchsten Wert von 56,68 % bei De – m in der Unterstufe (zur Erinnerung: diese Variationsbreite lag beim lehrerseitigen Redeanteil in Worten bei 27,12 Prozentpunkten, vgl. Abschn. 8.1.2, beim lehrerseitigen Redeanteil in Einheiten bei 19,86 Prozentpunkten, vgl. Abschn. 8.2.2). Auffallend ist auch, dass drei Werte unterhalb 50 % fallen. Zwei davon sind Oberstufenwerte (bei Bio – w und De – w) und einer davon ein Unterstufenwert (bei De – w). Hieraus kann man für diese Oberstufen- bzw. Gymnasialklassen interpretieren, dass Sequenzen vorhanden sein müssen, in denen mehrere Schüler-*replys* aufeinander folgen.

Tabelle 73: Prozentualer Anteil der lehrerseitigen *turns* an der Gesamtzahl der *turns* (fett markiert: Werte unter 50 %)

	Bio – m	Bio – w	De – m	De – w
GS	50,57	52,17	50,61	51,69
US	52,94	53,41	56,68	**45,73**
MS	52,27	53,65	52,40	55,68
OS	52,21	**47,80**	53,23	**44,19**

Die sinkende *turn*-Anzahl auf Schülerseite über die Jahrgangsstufen in Zusammenhang mit der in der Tendenz über die Jahrgangsstufen steigenden Wortanzahl auf Schülerseite (vgl. Abschn. 8.1.2) betrachtet, kann an dieser Stelle schon der Ausblick gewagt werden, dass die Wortanzahl pro *turn* auf Schülerseite zunehmen müsste. Auf Lehrerseite lassen sich wegen gleichzeitig in der Tendenz abnehmender *turn*- und Wortanzahlen über die Jahrgangsstufen noch keine deutlichen Hinweise zur Wortanzahl/*turn* ableiten.

8.4.5.2 Mittelwert und Median der Wortanzahl/*turn*

Im Folgenden wird zum einen der Mittelwert (resp. das „arithmetische Mittel" $\bar{x}_{arithm}$, Bortz & Schuster 2010: 25) der Wortanzahl/*turn* berechnet, zum anderen der Median der Wortanzahl pro *turn* ($\bar{x}_{med}$). Der Median eignet sich gut für die Analyse von Variablen, die starken Schwankungen unterliegen, da er gegenüber Ausreißern resistent ist. Eine solche Variable ist die Wortanzahl pro *turn*, die in diesem Korpus von einer Wortanzahl von 1 Wort/*turn* bis zu einer Wortanzahl von 334 Wörtern/*turn* (gefunden bei De – w in der Oberstufe) schwanken kann.

In Abbildung 50 sind die lehrerseitigen Mittelwerte der Wortanzahl/*turn* wiedergegeben. Zwischen dem lehrerseitigen Minimalwert von $\bar{x}_{arithm}$ = 11,2 (bei De – m in der Unterstufe) und dem lehrerseitigen Maximalwert von $\bar{x}_{arithm}$ = 50,7 Worten pro *turn* in der Oberstufe bei De – w liegt eine Variationsbreite von 39,5.

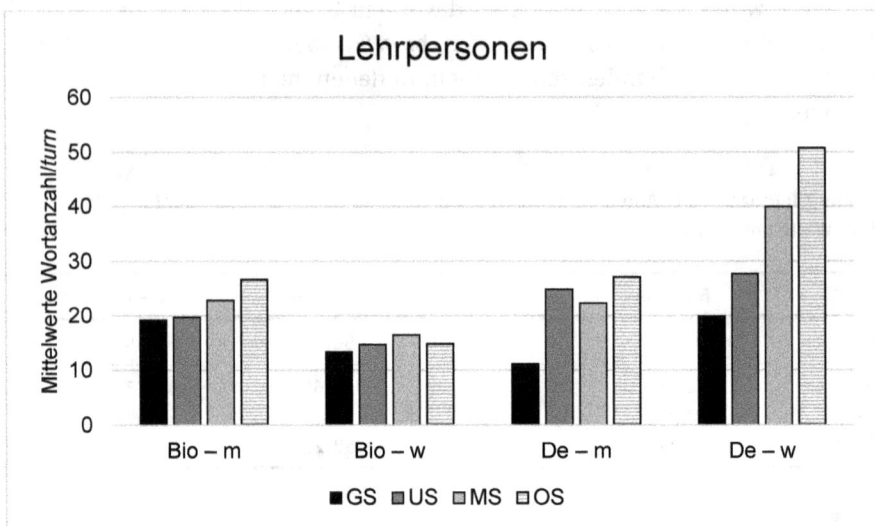

Abbildung 50: Mittelwert der Wortanzahl/*turn* – Lehrpersonen

In drei von vier Säulengruppen ist eine Zunahme der Wortanzahl pro *turn* von der Grundschule bis zur Oberstufe zu erkennen (bei Bio – m, De – m und De – w). Die Zunahmen sind bei De – w besonders stark (GS: $\bar{x}_{arithm}$ = 19,8; US: $\bar{x}_{arithm}$ = 27,7; MS: $\bar{x}_{arithm}$ = 39,9; OS: $\bar{x}_{arithm}$ = 50,7). Aber auch bei Bio – m finden sich fast lineare Zunahmen über die Jahrgangsstufen, ungefähr vom selben Grundschulniveau aus wie bei De – w (GS: $\bar{x}_{arithm}$ = 19,2), dann aber über die Unterstufe ($\bar{x}_{arithm}$ = 19,7) und Mittelstufe ($\bar{x}_{arithm}$ = 22,8) bis zur Oberstufe nur auf den maximalen Mittelwert von $\bar{x}_{arithm}$ = 26,64 zunehmend (der ungefähr halb so hoch ist wie der von De – w). Bei De – m ist der größte Unterschied zwischen dem Grundschulwert von $\bar{x}_{arithm}$ = 11,2 zum Unterstufen- und Mittelstufenwert (US: $\bar{x}_{arithm}$ = 24,8; MS: $\bar{x}_{arithm}$ = 22,3) zu finden und dann eine nur leichte Zunahme zur Oberstufe ($\bar{x}_{arithm}$ = 27,1). Allein bei der Säulengruppe der weiblichen Biologie-/Sachunterrichtslehrpersonen stellen sich die Werte anders dar. Hier ist nur ein sehr geringer Unterschied zwischen Grundschulwerten ($\bar{x}_{arithm}$ = 13,3) und Unterstufenwerten festzustellen ($\bar{x}_{arithm}$ = 14,7), während zur Mittelstufe nur eine leichte Zunahme auf $\bar{x}_{arithm}$ = 16,4 und zur Oberstufe eine leichte Abnahme zu verzeichnen ist (auf wiederum $\bar{x}_{arithm}$ = 14,9). Bei der Biologielehrerin am Gymnasium ist also keine deutliche Erhöhung der Wortanzahl pro *turn* und damit der *turn*-Komplexität zu erkennen.

Diese Ergebnisse werden auch durch die Berechnung des Medians in Tabelle 74 gestützt. Zunächst ist festzustellen, dass die mit Hilfe der Median-Berechnung erhaltenen Werte deutlich unterhalb der Mittelwerte der Wortanzahl/*turn* liegen. Es müssen also mehr kürzere *turns* vorliegen als längere *turns*. Die Unterschiede zwischen den Jahrgangsstufen in den einzelnen Säulengruppen stellen sich hier auch etwas anders dar als bei den Mittelwertsanalysen, auch wenn sich wiederum bei drei von vier Lehrergruppen (nach Fach und Geschlecht) Zunahmen bis hin zur Oberstufe/Mittelstufe erkennen lassen. Bei Bio – m ist beim Median insbesondere ein Unterschied zwischen allen anderen Jahrgangsstufen (zwischen $\bar{x}_{med}$ = 9,5 und 10) und der Oberstufe ($\bar{x}_{med}$ = 14) feststellbar. Bei Bio – w lässt sich, wie auch schon aus den Mittelwerten abzulesen, keine eindeutige Tendenz erkennen. Demgegenüber findet sich bei De – m der größte Unterschied im Median zwischen dem Grundschullehrer ($\bar{x}_{med}$ = 8) und dem Gymnasiallehrer (US: $\bar{x}_{med}$ = 17; MS: $\bar{x}_{med}$ = 13; OS: $\bar{x}_{med}$ = 18). Bei De – w liegt eine Zunahme von der Grundschule ($\bar{x}_{med}$ = 11) zur Unterstufe ($\bar{x}_{med}$ = 17) und dann wiederum zur Mittelstufe ($\bar{x}_{med}$ = 34) und Oberstufe ($\bar{x}_{med}$ = 30) vor.

Tabelle 74: Median der Wortanzahl/*turn* – Lehrpersonen

	Bio – m	Bio – w	De – m	De – w
GS	10	9	8	11
US	9,5	10	17	17
MS	10	9	13	34
OS	14	8	18	30

Bei den Schüler/-innen (vgl. Abbildung 51) liegt bezogen auf den Mittelwert mit R = 39,6 fast dieselbe Variationsbreite wie bei den Lehrpersonen vor, von einem Minimalwert von $\bar{x}_{arithm}$ = 2,9 in der Grundschulklasse von De – m bis zu einem Maximalwert von $\bar{x}_{arithm}$ = 42,5 in der Oberstufenklasse von De – w. Auffallend sind hier die nahezu linearen Zunahmen des arithmetischen Mittels von der Grundschule bis zur Oberstufe in den Klassen der Deutschlehrpersonen (in den Klassen von De – m von $\bar{x}_{arithm}$ = 2,9 in der Grundschule bis zu $\bar{x}_{arithm}$ = 20,5 in der Oberstufe; in den Klassen von De – w von $\bar{x}_{arithm}$ = 8,7 in der Grundschule bis auf $\bar{x}_{arithm}$ = 42,5 in der Oberstufe). Auch bei den Schüler/-innen der männlichen Biologielehrpersonen steigt der Mittelwert der Wortanzahl/*turn* bis zur Oberstufe (von GS: $\bar{x}_{arithm}$ = 8,0 bis OS: $\bar{x}_{arithm}$ = 27,2). Demgegenüber sind bei den Schü-ler/-innen von Bio – w nur geringe Steigerungen von der Grundschule ($\bar{x}_{arithm}$ = 5,8) über die Unter- und Mittelstufe (mit jeweils ca. $\bar{x}_{arithm}$ ≈ 7) bis zur Oberstufe ($\bar{x}_{arithm}$ = 10,3) zu finden.

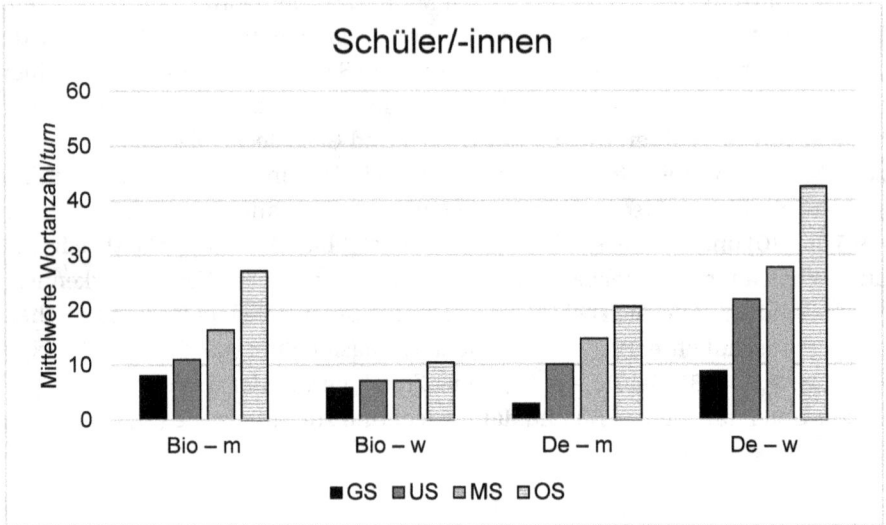

Abbildung 51: Mittelwert der Wortanzahl/*turn* – Schüler/-innen

Die Tendenzen beim Median (vgl. Tabelle 75) bestätigen die Tendenzen aus den Mittelwertsanalysen, dass die Wortanzahl pro turn bis zu den höheren Jahrgangsstufen des Gymnasiums auch auf Schülerseite zunimmt. Bei den Klassen von Bio – m liegen die Werte in Grundschule ($\bar{x}_{med}$ = 5) und Unterstufe ($\bar{x}_{med}$ = 6) nah beieinander. Zur Mittelstufe ($\bar{x}_{med}$ = 11) und zur Oberstufe ($\bar{x}_{med}$ = 17,5) kommt es zu einer Steigerung. Bei den Schüler/-innen von Bio – w fallen die Unterschiede wie im Mittelwertsvergleich gering aus: Die Grundschulwerte liegen mit einem Median von 2 Wörtern pro *turn* zudem sehr niedrig. Es kommt aber auch zur Unterstufe ($\bar{x}_{med}$ = 4) sowie zur Mittelstufe und Oberstufe (mit jeweils $\bar{x}_{med}$ = 5) nicht zu substantiellen Zunahmen. Auch in den Klassen der männlichen Deutschlehrpersonen ist der größte Unterschied zwischen den wiederum sehr niedrigen Grundschulwerten ($\bar{x}_{med}$ = 2) und den Unterstufenwerten zu finden ($\bar{x}_{med}$ = 6) mit geringen Zunahmen zur Mittelstufe/Oberstufe (MS: $\bar{x}_{med}$ = 8; OS: $\bar{x}_{med}$ = 7). Die größten Veränderungen, die sich auch im Median niederschlagen, sind bei den Schüler/-innen der weiblichen Deutschlehrerinnen zu erkennen, mit einem vergleichsweise hohen Einstiegswert in der Grundschule von $\bar{x}_{med}$ = 6 über die Unterstufe ($\bar{x}_{med}$ = 18) und die Mittelstufe ($\bar{x}_{med}$ = 23) bis zum schüler- und auch lehrerseitigen Maximalwert von $\bar{x}_{med}$ = 39,5 in der Oberstufe.

Tabelle 75: Median der Wortanzahl/*turn* – Schüler/-innen

	Bio – m	Bio – w	De – m	De – w
GS	5	2	2	6
US	6	4	6	18
MS	11	5	8	23
OS	17,5	5	7	39,5

Stellt man einen direkten (und deskriptiven) Vergleich der lehrer- und schüler-seitigen Mittelwerte der Wortanzahl pro *turn* an (vgl. Tabelle 76), ist zu erkennen, dass die Schülerwerte nur in einer Klasse über den Lehrerwerten liegen, nämlich in der Oberstufenklasse des männlichen Biologielehrers ($\Delta = -0,52$). Auch im direkten Vergleich der Mediane liegen hier die Schülerwerte mit einer Differenz von $\Delta = -3,5$ sogar deutlicher über den Lehrerwerten. Beim Vergleich der Mediane fallen außerdem drei weitere Klassen (alles Gymnasialklassen) auf, in denen die Schülerwerte über den Lehrerwerten liegen: Bei Bio – m ist dies auch in der Mittel-stufenklasse der Fall ($\Delta = -1$). Zudem sind höhere schülerseitige Mediane bei den Schüler/-innen von De – w in der Unterstufe ($\Delta = -1$) und Oberstufe (die sehr hohe Differenz von $\Delta = -9,5$) vorzufinden. Ingesamt kann festgehalten werden, dass die lehrerseitige Wortanzahl pro *turn* (gemessen durch den Mittelwert und den Median) oftmals oberhalb der Schülerwerte liegt, außer in 4 Gymnasialklassen und dort insbesondere in 2 Oberstufenklassen.

Tabelle 76: Differenz Δ zwischen lehrer- und schülerseitigem Mittelwert sowie zwischen lehrer- und schülerseitigem Median (Lehrer- minus Schülerwerte) (in grau unterlegt sind negative Deltas)

	Bio – m		Bio – w		De – m		De – w	
	$\bar{x}_{arithm}$	$\bar{x}_{med}$	$\bar{x}_{arithm}$	$\bar{x}_{med}$	$\bar{x}_{arithm}$	$\bar{x}_{med}$	$\bar{x}_{arithm}$	$\bar{x}_{med}$
GS	11,15	5	7,57	7	8,31	6	11,09	5
US	8,73	3,5	7,66	6	14,80	11	5,83	-1
MS	6,52	-1	9,41	4	7,60	5	12,14	11
OS	-0,52	-3,5	4,55	3	6,64	11	8,28	-9,5

Eine Anmerkung zur für die Berechnung genutzten Wortanzahl: Wie in Abschnitt 8.1.1 beschrieben, gehen in die hier vorgenommene Bestimmung der Wortanzahl auch Gesprächspartikel wie „ähm" mit ein. Um zu überprüfen, ob die Zunahme der Anzahl der mit „ähm" gefüllten Pausen bis zur Oberstufe, die in Abschnitt 8.6.1 festgestellt wird, einen stark positiven Einfluss auf die *turn*-Komplexität über die Jahrgangsstufen hat, wurde der Mittelwert der Wortanzahl/*turn* gesondert unter Abzug der Anzahl der mit „ähm" gefüllten Pausen berechnet. Darauf basierend wurde die Differenz Δ zwischen der so gewonnenen Wortanzahl/*turn* und der bis hier genutzten Wortanzahl/*turn* (inklusive Gesprächspartikeln) berechnet. Tabelle 77 und Tabelle 78 zeigen sowohl lehrer- als auch schülerseitig auf, dass die Differenz der so gewonnenen Mittelwerte nie mehr als Δ = 2,05 (bei der weiblichen Deutschlehrerin in der Oberstufe) übersteigt, sich sogar zumeist eher unter der Differenz von einem einzigen Wort pro *turn* bewegt. Die vorgenommene Zusatzanalyse zeigt somit, dass die oben durchgeführte Analyse der Wortanzahl pro *turn* inklusive der mit „ähm" und Varianten gefüllten Pausen aussagekräftig bleibt.

Tabelle 77: Differenz Δ zwischen dem Mittelwert der Wortanzahl/*turn* (unter Abzug von mit Gesprächspartikeln gefüllten Pausen) und dem Mittelwert der Wortanzahl/*turn* – Lehrpersonen

	Bio – m	Bio – w	De – m	De – w
GS	-0,29	-0,15	-0,03	-0,11
US	-0,05	-0,10	-0,35	-0,79
MS	-0,15	-0,03	-0,34	-1,04
OS	-0,51	-0,16	-0,90	-2,05

Tabelle 78: Differenz Δ zwischen dem Mittelwert der Wortanzahl/*turn* (unter Abzug von mit Gesprächspartikeln gefüllten Pausen) und dem Mittelwert der Wortanzahl/*turn* – Schüler/-innen

	Bio – m	Bio – w	De – m	De – w
GS	-0,20	-0,18	-0,04	-0,23
US	-0,50	-0,53	-0,43	-0,70
MS	-0,96	-0,67	-0,45	-0,59
OS	-1,41	-0,55	-0,64	-1,69

Auch in dieser Analyse kann in der Tendenz aus den Zunahmen der Differenzen von niedrigeren zu höheren Jahrgangsstufen – die Ergebnisse von Abschnitt 8.6.1 vorausgreifend – geschlossen werden, dass die Schüler/-innen und Lehrpersonen solchermaßen über die Jahrgangsstufen mehr mit „ähm" und Varianten gefüllte Pausen produzieren.

8.4.5.3 Boxplotanalysen zur Wortanzahl/*turn*

Bortz und Schuster (2010: 44) beschreiben Boxplotanalysen als „eine Möglichkeit zur *gleichzeitigen Veranschaulichung* von zentraler Tendenz und Variabilität
einer Verteilung". Allein aus dem Mittelwert (oder dem Median) lässt sich eine
Verteilung nicht erkennen. Deswegen werden für diese Analyse mit Hilfe des Sta-
tistikprogramms *SPSS* Boxplots gezeichnet. Diese werden „aufgrund der Quartile
[...] bestimmt [...], die gegenüber Ausreißern relativ unempfindlich sind". Die
Grundidee ist, „die mittleren 50 % einer Verteilung durch eine ‚Box' zu repräsentieren" (Bortz & Schuster 2010: 44) – in diesem durch die Box umgrenzten Bereich
liegen also 50 % aller Werte. Deswegen entspricht das untere Ende der Box dem
25 %-Quartil und das obere Ende der Box dem 75 %-Quartil (25 % der Werte liegen
somit unter der Box, 25 % der Werte oberhalb der Box). Die Box veranschaulicht
den „Interquartilbereich" (Janssen & Laatz 2007: 244), abgekürzt mit „IQR" (Bortz
& Schuster 2010: 32).[21] Der dicke Querstrich innerhalb dieser Boxen stellt den
Median dar, der schon im vorigen Abschnitt ausführlich betrachtet wurde, den
Wert also, unter dem 50 % aller Werte liegen. Die dünnen Querstriche unterhalb
und oberhalb der Boxen nennt man „Whisker" (Bortz & Schuster 2010: 44). Sie
„geben [...] die höchsten bzw. niedrigsten Werte an, die keine ‚Extremwerte' bzw.
‚Ausreißer' sind" (Janssen & Laatz 2007: 244). Diese sind dadurch bestimmt, dass
sie 1,5 Boxenlängen vom 25 %-Quartil bzw. 75 %-Quartil abweichen. Werte, die
darüber liegen, werden von *SPSS* als „Ausreißer" (mit einem Kreis markiert) bzw.
„Extremwerte" (mit einem Stern markiert) (Janssen & Laatz 2007: 144) gekennzeichnet. Ausreißer liegen zwischen 1,5 und 3 Boxenlängen ober- oder unterhalb
des Interquartilbereichs, Extremwerte über 3 Boxenlängen darüber oder darunter
(vgl. Janssen & Laatz 2007: 144). Selbstverständlich ist es eine Sache der mathematischen Festlegung, was als Ausreißer bzw. Extremwert betrachtet wird. Da
standardisiert die eben beschriebene Festlegung getroffen wird, wird sie auch in
den hier mit Hilfe von *SPSS* vorgenommenen grafischen Boxplotanalysen einge-
halten. Bortz und Schuster (2010: 26) bezeichnen Ausreißer als „ungewöhnliche
Beobachtungen". Dass aber in den folgenden Analysen nicht jeder als Ausreißer
oder sogar als Extremwert markierte Wert eine ungewöhnliche Beobachtung darstellt, sondern bestimmte regelhafte Tendenzen vorliegen, wird in der Interpretation der Boxplots zu zeigen sein.

Die folgenden Grafiken sind etwas anders gruppiert als die bisher vorgestellten. Nicht alle Lehrpersonen bzw. nicht alle Klassen können hier der Übersicht-
lichkeit halber in einer gruppierenden Grafik abgebildet werden. Es werden auf

---

21 Der Interquartilbereich wird nach Bortz und Schuster (2010: 32) als IQR = Q_3-Q_1 berechnet.
Q_3 steht hier für das 75 %-Perzentil, Q_1 für das 25 %-Perzentil.

Lehrerseite jeweils die Lehrpersonen eines Fachs und Geschlechts in einer Grafik abgebildet, wobei die jeweilige Grundschullehrperson durch dunklere Füllung der Box gekennzeichnet ist. Auf Schülerseite werden die Schüler/-innen der Lehrperson eines Fachs und Geschlechts in einer Grafik abgebildet; auch hier sind die Grundschüler/-innen durch die dunklere Füllung der Box markiert.

Abbildung 52 zeigt die Boxplots der männlichen Biologielehrpersonen. Neben der in Abschnitt 8.4.5.2 schon beschriebenen leichten Zunahme des Medians zur Oberstufe im Vergleich mit allen anderen Jahrgangsstufen zeigt die Grafik auch, dass sich der Interquartilbereich (also der Boxenbereich) beim Gymnasiallehrer von der Unterstufe über die Mittelstufe bis zur Oberstufe vergrößert (US: IQR = 15,5; MS: IQR = 20; OS: IQR = 24). Der Streubereich der mittleren 50 % aller *turns* vergrößert sich also über diese Jahrgangsstufen. Zur Veranschaulichung: Die mittleren 50 % aller *turns* haben bei dem Biolehrer in der Unterstufe eine Länge zwischen 5,25 und 20,75 Wörtern (IQR = 15,5), während beim Biolehrer in der Oberstufe 50 % aller *turns* eine Länge zwischen 4 und 28 Wörtern haben (IQR = 24). Eine solche Erhöhungstendenz liegt auch bei dem oberen Whisker vor (der untere Whisker liegt in den *turn*-Analysen zumeist bei der Wortanzahl von 1). Der Interquartilbereich des Grundschullehrers weist demgegenüber eine größere Breite von 27 auf und auch der obere Whisker liegt etwas höher als beim Gymnasiallehrer in der Oberstufe. Interessant im Jahrgangsstufenvergleich ist hier die Lage der ‚Ausreißer' und der ‚Extremwerte', die sich schon von der Grundschule zur Unterstufe erhöht (Maximalwerte: GS: x_{max} = 96; US: x_{max} = 144; MS: x_{max} = 184; OS: x_{max} = 198).

Im Vergleich der Box des Grundschullehrers und des Gymnasiallehrers ist etwas Weiteres auffallend: Während der Median beim Grundschullehrer (und auch beim Gymnasiallehrer in der Unterstufe und Mittelstufe) eher am unteren Rand der Box liegt, befindet er sich beim Gymnasiallehrer in der Oberstufe stärker mittig in der Box. Laut Janssen und Laatz (2007: 144) deutet ein in der Mitte der Box liegender Median auf eine symmetrischere Verteilung hin, ein nach unten (oder oben) verschobener Median auf eine schiefere Verteilung. Die 25 % aller Werte zwischen dem 25 %-Quartil und dem Median liegen beim Grundschullehrer also in einem sehr engen Bereich von 4 Wörtern/*turn* (25 %-Quartil) bis zu 10 Wörtern pro *turn* (Median), während 25 % aller Werte beim Gymnasiallehrer in der Oberstufe zwischen dem (allerdings immer noch sehr engen) Bereich von 4 Wörtern pro *turn* und 14 Wörtern pro *turn* liegen.

Bei den weiblichen Biologielehrerinnen konnte in der Mediananalyse und auch in der Mittelwertsanalyse in Abschnitt 8.4.5.2 kein eindeutiger Trend erkannt werden. In den in Abbildung 53 gezeichneten Boxplots lassen sich hingegen doch einige Tendenzen erkennen: Der Interquartilbereich vergrößert sich von Jahrgangsstufe zu Jahrgangsstufe jeweils leicht (GS: IQR = 13,75; US: IQR = 16; MS:

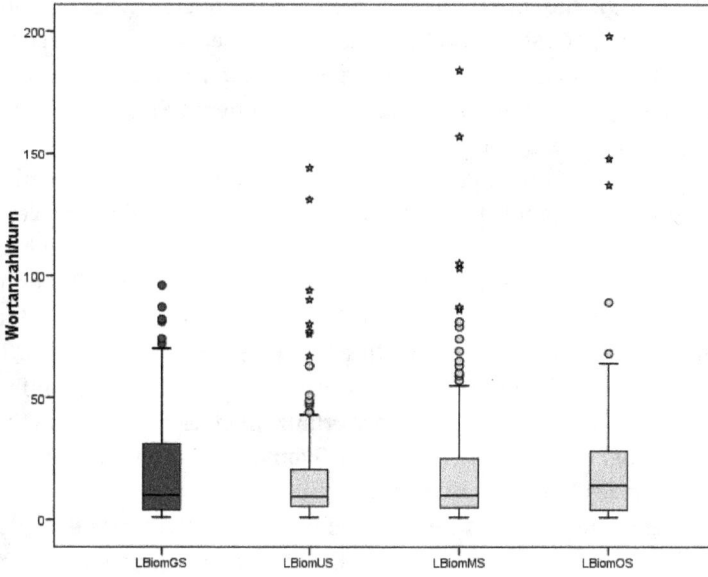

Abbildung 52: Boxplots Wortanzahl/*turn* – Biologielehrer

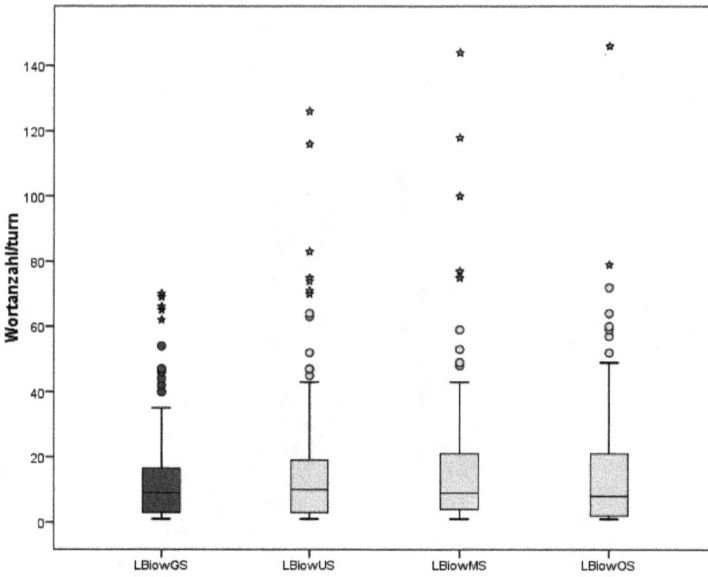

Abbildung 53: Boxplots Wortanzahl/*turn* – Biologielehrerinnen

IQR = 17,50; OS: IQR = 19). Zudem erhöht sich die Lage der oberen Whisker von der Grundschule über die Unterstufe und Mittelstufe (bei denen sich die Lage sehr ähnelt) bis zur Oberstufe. Und auch in den ‚Extremwerten' sind Zunahmen bis zur Mittelstufe und eine Stagnation bis zur Oberstufe zu erkennen (GS: x_{max} = 70; US: x_{max} = 126; MS: x_{max} = 144; OS: x_{max} = 146).

In Abbildung 54 sind die Boxplots der Wortanzahl pro *turn* für die männlichen Deutschlehrer aufgezeichnet. Dass der Median sich insbesondere im Vergleich vom Grundschullehrer zu allen drei Gymnasiallehrerwerten unterscheidet, ist schon oben (vgl. Abschnitt 8.4.5.2) dargestellt worden. Besonders auffallend ist hier der sehr enge Interquartilbereich beim Grundschullehrer (IQR = 10) im Vergleich mit dem Deutschlehrer in der Unterstufe (IQR = 23) bzw. Mittelstufe (IQR = 23,50) und wiederum mit der Oberstufe (IQR = 30). Dieselbe Staffelung ergibt sich auch beim oberen Whisker. Die maximale Wortanzahl eines *turns* liegt beim Grundschullehrer nur bei 68, während schon der Gymnasiallehrer in der Unterstufe ein Maximum von 224 Wörtern pro *turn* erreicht.

Abbildung 55 zeigt die Boxplots der weiblichen Deutschlehrerinnen. Die Zunahme des Medians von der Grundschule zur Unterstufe und dann wiederum zur Mittelstufe/Oberstufe aufseiten der Deutschlehrerinnen wurde schon in 8.4.5.2 erläutert. Auf den ersten Blick ist im Vergleich mit den bis hierhin analysierten

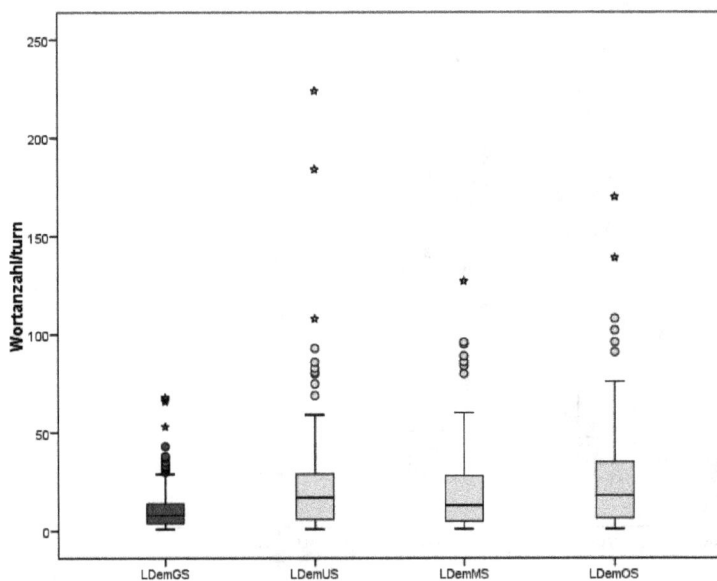

Abbildung 54: Boxplots Wortanzahl/*turn* – Deutschlehrer

Boxplots die geringe Zahl von eingezeichneten Ausreißern und Extremwerten auffallend. Dies liegt u. a. darin begründet, dass zur Mittelstufe und Oberstufe der Interquartilbereich vergleichsweise groß ist: GS: IQR = 24,75; US: IQR = 27; MS: IQR = 49; OS: IQR = 57. Diese Grafik ist die einzige Grafik, in der die oberen Whisker (in der Mittelstufe und Oberstufe) einen Wert von 100 übersteigen. Der niedrigste Extremwert findet sich in der Grundschule (x_{max} = 107), der höchste wiederum in der Oberstufe (x_{max} = 334).

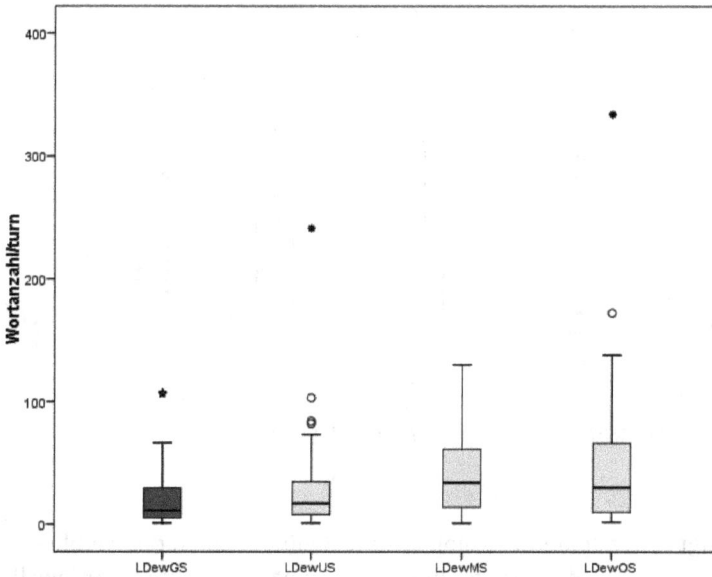

Abbildung 55: Boxplots Wortanzahl/*turn* – Deutschlehrerinnen

Sowohl beim Mittelwert als auch beim Median waren bei den Schüler/-innen der männlichen Biologielehrer Zunahmen über die Jahrgangsstufen zu erkennen gewesen (vgl. Abschn. 8.4.5.2). Speziell bei den Grundschüler/-innen ist der Interquartilbereich besonders eng (IQR = 6) (vgl. Abbildung 56). Die mittleren 50 % aller Werte liegen in dem eng abgegrenzten Bereich von 2 Wörtern pro *turn* und 8 Wörtern pro *turn*. Bis zur Oberstufe vergrößert sich dann der Interquartilbereich (US: IQR = 11; MS: IQR = 18; OS: IQR = 27,75) und damit kommt es auch zu einer Erhöhung der oberen Whisker. Im Vergleich mit den pro Klasse korrespondierenden Lehrerwerten in Abbildung 52 liegt das 75 %-Perzentil in allen Klassen außer der Oberstufe unter dem der Lehrpersonen. Wie auch schon bei den Lehrpersonen ergibt sich der Trend der Erhöhung der Maximalwerte von der Grundschule (x_{max}

= 84)/Unterstufe (x_{max} = 78) über die Mittelstufe (x_{max} = 101) zur Oberstufe (x_{max} = 125). Die Maximalwerte liegen immer unterhalb der Lehrerwerte.

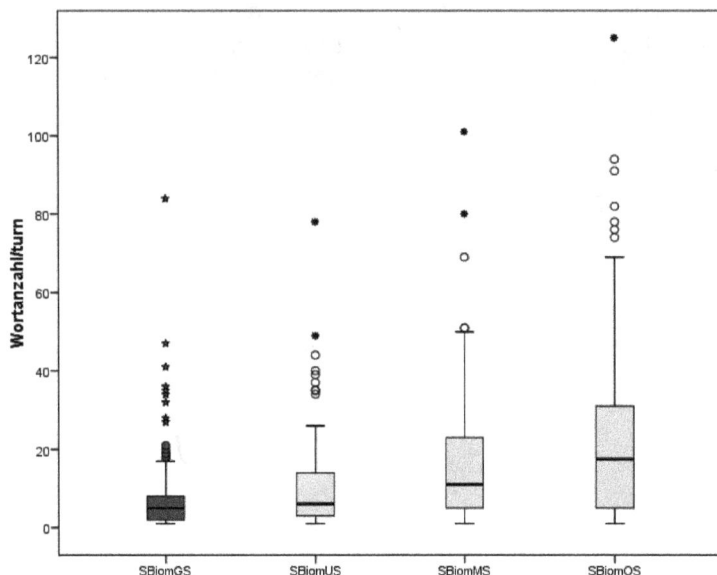

Abbildung 56: Boxplots Wortanzahl/*turn* – Schüler/-innen der Biologielehrer

Abbildung 57 zeigt die erstellten Boxplots für die Schüler/-innen der weiblichen Biologielehrpersonen. Die Mittelwerts- und Mediananalysen hatten nur jeweils sehr leichte Zunahmetendenzen über die Jahrgangsstufe ergeben (vgl. Abschn. 8.4.5.2). Dies spiegelt sich auch in der sehr geringen Variation des Interquartilbereichs wieder (GS: IQR = 6; US: IQR = 7,25; MS: IQR = 7,75; OS: 7,25). Dieser liegt unterhalb aller bisher betrachteten Streubereiche des Interquartilbereichs und dementsprechend auch unterhalb der Lehrerinnenwerte in den korrespondierenden Klassen. Allein in der Betrachtung der maximalen Werte zeigen sich hier Unterschiede zwischen den Jahrgangsstufen (GS: x_{max} = 41; US: x_{max} = 58; MS: x_{max} = 48; OS: x_{max} = 85).

In Abbildung 58 sind die für die Schüler/-innen der männlichen Deutschlehrer gezeichneten Boxplots dargestellt. Für diese waren in den Median- und Mittelwertsanalysen insbesondere Unterschiede zwischen der Grundschulklasse und den Gymnasialklassen und in den Mittelwertsanalysen noch einmal ein leichter Unterschied zur Oberstufe festgestellt worden (vgl. 8.4.5.2). In dieser Abbildung zeigt sich, dass die Unterschiede insbesondere im Streubereich des Interquartil-

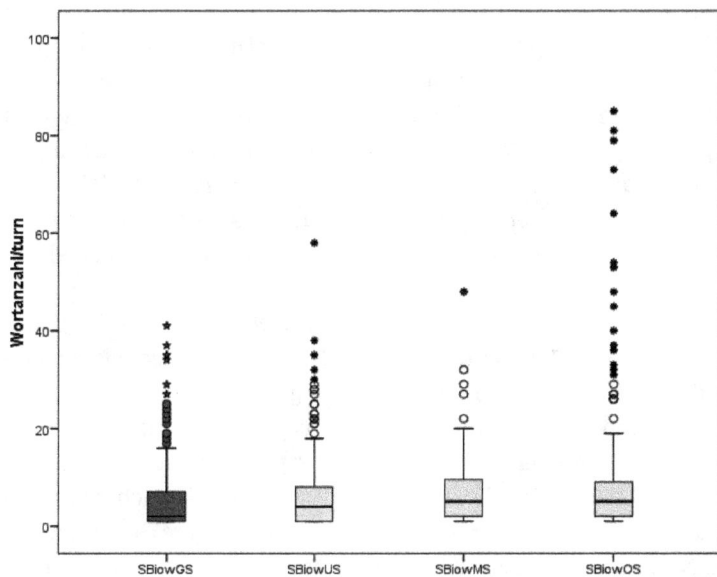

Abbildung 57: Boxplots Wortanzahl/*turn* – Schüler/-innen der Biologielehrerinnen

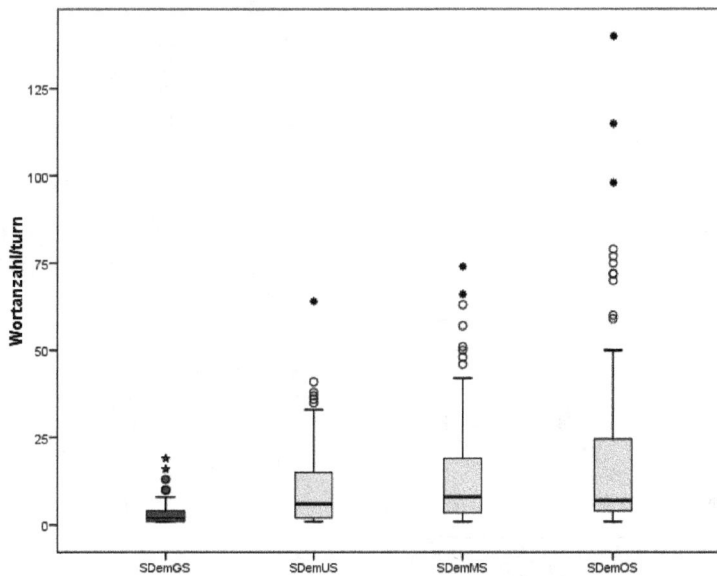

Abbildung 58: Boxplots Wortanzahl/*turn* – Schüler/-innen der Deutschlehrer

bereichs zu finden sind. Besonders auffällig ist der für alle bisherigen Analysen niedrigste Wert des Interquartilbereichs von IQR = 3 in der Grundschule, der noch unterhalb des Werts bei den Grundschüler/-innen der weiblichen Sachunterrichtslehrerin liegen. Die mittleren 50 % aller Werte befinden sich hier im Bereich von einem Wort pro *turn* und vier Wörtern pro *turn*. Über die gymnasialen Klassen erhöht sich der Interquartilbereich jeweils (US: IQR = 13; MS: IQR = 17; OS: IQR = 22). Dieser schülerseitige Streubereich liegt immer unterhalb des lehrerseitigen Streubereichs in den korrespondierenden Klassen. Zudem liegt auch das lehrerseitige 75 %-Quartil immer oberhalb der Schülerwerte.

Letzteres ist auch bei den in Abbildung 59 dargestellten Werten der Schüler/-innen der weiblichen Deutschlehrerinnen der Fall. Aber ebenso wie bei den korrespondierenden Lehrerinnen kommt es hier zu großen Zunahmen bei den Median- und Mittelwerten über die Jahrgangsstufen (vgl. Abschn. 8.4.5.2). Damit korrespondiert eine deutliche Vergrößerung des Interquartilbereichs (GS: IQR = 11,50; US: IQR = 28; MS: IQR = 26; OS: IQR = 47,25). Interessant ist auch, dass sich im Vergleich mit allen anderen schülerseitigen Analysen der untere Grenzbereich, das 25 %-Quartil, von einem Wert zwischen 1 und 5 auf einen Wert von 16 in der Mittelstufe bzw. 15 in der Oberstufe erhöht. Das bedeutet, dass in der Oberstufe die mittleren 50 % aller *turns* eine Wortanzahl zwischen 15 und 62,5 umfassen.

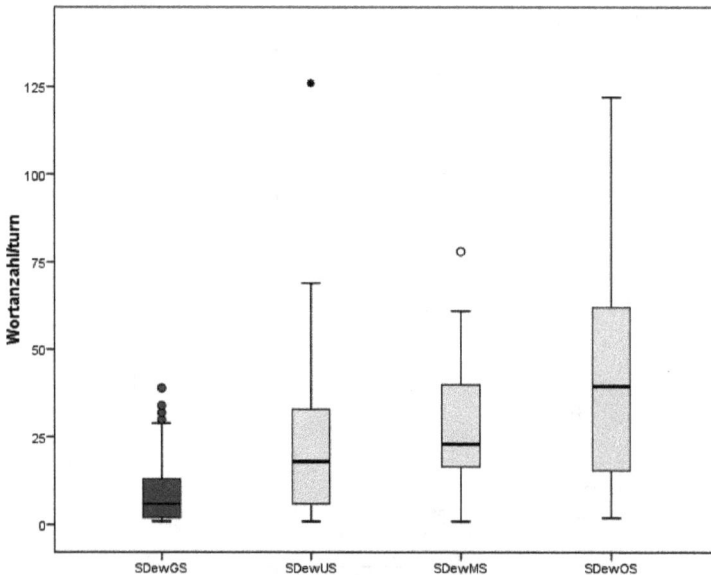

Abbildung 59: Boxplots Wortanzahl/*turn* – Schüler/-innen der Deutschlehrerinnen

Wie auch schon bei den korrespondierenden Deutschlehrerinnen ist auch in dieser Analyse ein weitestgehendes Fehlen von Ausreißern bzw. Extremwerten zu erkennen.

Die Boxplot-Analysen zusammenfassend ist erstens zu schlussfolgern, dass sie die vorgestellten Ergebnisse der Mittelwerts- und Mediananalysen, die Zunahmen der Wortanzahl pro *turn* über die Jahrgangsstufen auf Lehrer- und Schülerseite zeigten, stützen. Sie stützen auch das Ergebnis, dass diese Zunahmen insbesondere bei den weiblichen Sachunterrichts-/Biologielehrerinnen und ihren Schüler/-innen gering sind. Sie bringen ferner *zusätzlich* den Streuungsaspekt in die Analysen mit ein: In den Betrachtungen des Interquartilbereichs (IQR) konnte oftmals sowohl jeweils auf Lehrer- als auch auf Schülerseite eine Vergrößerung dieses Bereichs bis zur Oberstufe festgestellt werden. Dies liegt insbesondere in der Erhöhung von dessen *oberer* Grenze, dem 75 %-Quartil, begründet: Zu den in den höheren Jahrgangsstufen weiterhin vorkommenden *turns* mit niedriger Wortanzahl kommen hier also zusätzlich *turns* mit höherer Wortanzahl hinzu. Besonders auffällig ist ferner in der letzten schülerseitigen Analyse der Klassen der Deutschlehrerinnen, dass sich hier zu den höheren Jahrgangsstufen sogar die *untere* Grenze des Interquartilsbereichs deutlich erhöhte und somit niedrige Wortanzahlen pro *turn* nicht mehr in die 50 % aller Werte fallen.

8.4.5.4 Anzahl schülerseitiger Einwort-*turns*

Ein inverses Maß von Komplexität kann die Anzahl der schülerseitigen *Einwort-turns* sein, da sie die am wenigsten komplexesten *turns*, die möglich sind, darstellen. Es sind aber, wie Abbildung 60 zeigt, durchaus nicht die seltensten *turns*.

Die Variationsbreite ist hier mit einem Wert von 103 sehr hoch: Der Minimalwert von 0 schülerseitigen Einwort-*turns* ist in der Oberstufenklasse von De – w zu finden; der Maximalwert von 103 Einwort-*turns* bei den Schüler/-innen von De – m in der Grundschule.

In allen Säulengruppen liegen die höchsten Werte der Einwort-*turns* in der Grundschule (bei Bio – m: 24; bei Bio – w: 70; bei De – m: 103 und bei De – w: 19). Und in drei von vier Säulengruppen liegen die niedrigsten Werten in den Oberstufenklassen (bei Bio – m: 6; bei De – m: 6; bei De – w: 0). Bei Bio – w ist der niedrigste Wert in der Mittelstufenklasse (23) zu finden. Der stärkste Unterschied innerhalb *einer* Säulengruppe ist zwischen den Schüler/-innen des männlichen Deutschlehrers in der Grundschule (103) und den Oberstufenschüler/-innen des männlichen Deutschlehrers am Gymnasium zu sehen (16). Außerdem ist auffällig, dass eine Anzahl von Einwort-*turns* über 20 nur in Grundschulklassen vorkommt (bei Bio – m, Bio – w und De – m) und bei *allen* Klassen der weiblichen Biologielehrerin am Gymnasium, so dass hier auch ein Zusammenhang mit dem Diskurs-

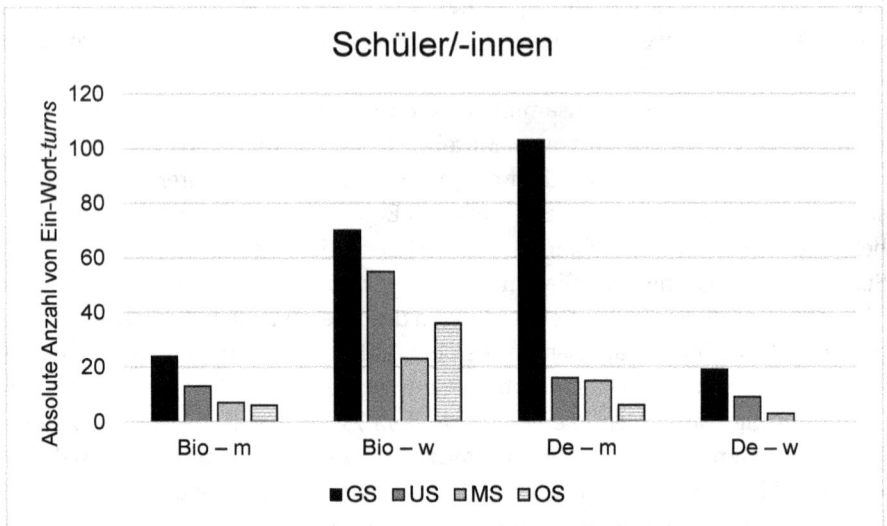

Abbildung 60: Absolute Anzahl der schülerseitigen Einwort-*turns*

stil der weiblichen Biologielehrerin zu vermuten ist, der im Kapitel zu den makro-interaktionalen Stützemechanismen (vgl. Kap. 10) genauer untersucht wird.

8.4.6 Fazit zu den Analysen in der Komplexitätsdimension

In diesem Abschnitt wurden Komplexitätsanalysen sowohl auf morphologischer, syntaktischer und textueller/diskursiver Ebene durchgeführt.

Auf *morphologischer Ebene* zeigte sich eine Zunahme der komplexen Adjektive bis zur Oberstufe bei pro Jahrgangsstufe zumeist höheren Lehrer- als Schülerwerten. Auch für die Gesamtzahl der komplexen Nomen konnten auf Lehrerseite Zunahmen über die Jahrgangsstufen festgestellt werden; auf Schülerseite wurden diese Zunahmen allein für den Biologieunterricht deutlich. Insgesamt konnte ein stärkerer Einsatz komplexer Nomen im untersuchten Biologieunterricht, besonders auf Schülerseite, festgestellt werden. Tiefergehende Analysen konnten diesen Unterschied v. a. auf die Anzahl der genutzten Komposita zurückführen, die im Biologieunterricht zumeist höher liegt als im Deutschunterricht – ein Befund, der auf die von Graf (1989) festgestellte Begriffslastigkeit des Biologieunterrichts zurückgeführt werden könnte. Gleichzeitig wurde aber herausgearbeitet, dass nominale Derivationen im Verhältnis zu den anderen komplexen Nomen über die Jahrgangsstufen immer stärker zunehmen. Dies könnte dadurch erklärt werden, dass diese zumeist Nominalisierungen darstellen und sie somit zusätzlich zum Komplexitätsaspekt auch eine Affinität zur Operationalisierungsdimension *Integration* haben. Denn sie eignen sich gut zur Bildung von integrierten Strukturen, wie beispielsweise satzwertigen Substantivgruppen. Auch die letzte zu den komplexen Nomen durchgeführte Analyse der *exogenen* komplexen Nomen steht in Berührung mit einer zweiten Operationalisierungsdimension – nämlich einem weiten Verständnis der OpD *Differenziertheit* als stärkere Nutzung von weniger gebräuchlicheren Strukturen, worunter eben auch fremdsprachliche Wörter fallen. Es zeigt sich, dass diese Kombinationsvariable insbesondere höhere Werte in der Mittelstufe und Oberstufe aufweist – und dies vor allem im Biologieunterricht. Zudem ist erkennbar, dass die Lehrerwerte in allen Deutschklassen über den Schülerwerten liegen. Dies ist auch bei Bio – m mit Ausnahme von seiner Mittelstufenklasse der Fall, in der Lehrer- und Schülerwerte nah beieinander liegen. Bei Bio – w liegen die Schülerwerte in allen Gymnasialklassen über den Lehrerwerten.

Auf *syntaktischer* Ebene waren sehr leichte Zunahmentendenzen der Wortanzahl pro Einheit auf Lehrer- und Schülerseite nachzuzeichnen. Dass keine stärkeren Zunahmen vorlagen und Median und Modus auf Lehrer- und Schülerseite in vielen Klassen bei dem Wert von 5 (oder etwas weniger häufig bei dem Wert von 6) lagen, könnte mit psycholinguistischen Restriktionen des Arbeitsgedächtnisses erklärt werden – dazu sind aber weiterführende empirische Studien notwendig. Hinsichtlich der Ganzsatzkomplexität waren Zunahmen bis zur Oberstufe sowohl auf Lehrer- als auch Schülerseite zu erkennen. Es konnte hier, wie schon bei den Analysen zum prozentualen Anteil der Hypotaxe in der Integrationsdimension (vgl. Abschn. 8.3.2.1), festgestellt werden, dass die Schülerwerte v. a. ab der Unterstufe zumeist deutlich über den Lehrerwerten liegen. Die Schüler/-innen in den gymnasialen Klassen produzieren also komplexere Ganzsätze als ihre Lehrpersonen, die z. T. als ‚hyperkomplex' zu bezeichnen sind.

Hinsichtlich der Analysekategorie auf *textueller/diskursiver* Ebene, der Wortanzahl pro *turn*, konnten mit Hilfe von Analysen des Mittelwerts und des Medians, aber auch mit Hilfe von Boxplotanalysen, Zunahmetendenzen bis zur Oberstufe erkannt werden (die allerdings bei den weiblichen Sachunterrichts-/Biologielehrerinnen und ihren Schüler/-innen nur sehr gering ausfielen). Die Lehrpersonen und Schüler/-innen in den meisten höheren Klassen haben somit die Möglichkeit, deutlich komplexere und textförmigere *turns* zu produzieren. Dies zeigt sich auch in der Analyse der Einwort-*turns* auf Schülerseite, die in der Grundschule besonders häufig genutzt werden, deren Anzahl dann aber bis zu den höheren Jahrgangsstufen stark abnimmt. Diese Analysen zur *turn*-Komplexität sollen in den Untersuchungen zu den makrointeraktionalen Stützmechanismen noch einmal unter einer anderen Perspektive in den Blick genommen werden (vgl. Kap. 10).

8.5 Analysen in der Differenziertheitsdimension

In diesem Abschnitt sollen Analysen in der Operationalisierungsdimension *Differenziertheit* durchgeführt werden:

Operationalisierungsdimension 3: *Differenziertheit* ist ein absolutes Maß *unterschiedlicher* Realisierungsvarianten einer spezifischen sprachlichen Kategorie, zumeist auf *type*-Ebene.

Die Analysen in dieser Dimension sind insbesondere lokalisiert auf morphologisch-lexikalischer und syntaktischer Ebene. Auf morphologischer Ebene werden Analysen der *types* der nominalen Wortbildungssuffixe durchgeführt (vgl. Abschn. 8.5.1). Sodann werden die *types* der komplexen Nomen betrachtet (vgl. Abschn. 8.5.2) und darauf aufbauend wird die *type-token-ratio* der komplexen Nomen berechnet (vgl. Abschn. 8.5.3). Anschließend werden Analysen der *types* der komplexen exogenen Adjektive präsentiert (vgl. Abschn. 8.5.4). Auf syntaktischer Ebene sollen abschließend die verschiedenen Typen der Nebensatzstellungen in den Blick genommen werden (vgl. Abschn. 8.5.5).

Insbesondere in dieser Dimension wird die Nutzung von Werten des fiktiven Durchschnittsschülers/der Durchschnittsschülerin einer Klasse problematisch. Denn die Differenziertheit der Ausdrucks- und Strukturformen müsste sich erhöhen, wenn mehr Sprecher an einer Interaktion beteiligt sind. Deswegen muss bedacht werden, dass in dieser Dimension die Schülerwerte weniger aussagekräftig interpretierbar sein könnten als in den anderen Dimensionen.

8.5.1 *types* der nominalen Wortbildungssuffixe

In diesem Abschnitt wird Differenziertheit auf morphologischer Ebene betrachtet. Dazu soll die Differenziertheit der Derivationssuffixe fokussiert werden, die als Wortbildungsprodukt Nomen besitzen, wie beispielsweise das schon von Augst und Faigel (1986: 34–35) in den Blick genommene Nominalisierungssuffix {-ung}. Es werden die *types* dieser nominalen Derivationssuffixe gezählt und deren absolute Anzahl sowie zur Sicherung der Vergleichbarkeit deren Frequenz auf 1000 Wörter berechnet und tabellarisch wiedergegeben (vgl. Tabelle 79 und Tabelle 80). In Tabelle 79 sind die lehrerseitigen Ergebnisse aufgeführt, in Tabelle 80 die schülerseitigen. Bei der Interpretation der Werte ist zu beachten, dass die zur Derivation eingesetzten Suffixe bei der Wortbildung des Nomens eine weitgehend geschlossene Klasse bilden. Wenn man alle Einträge in Fleischer und Bartz (2012: 195–250) zur Suffixderivation des Substantivs mit Hilfe von indigenen und exogenen Suffixen zählt, kommt man beispielsweise auf den Schätzwert bzw. Näherungswert von ca. 50 nominalen Suffixen.[22]

Auf Lehrerseite sind insbesondere im Biologieunterricht deutliche Unterschiede der absoluten Anzahl sowie der Frequenz auf 1000 Wörter zwischen der Grundschule und Unterstufe einerseits (zwischen 2,0 bis 3,7 unterschiedliche Suffixe auf 1000 Wörter) und der Mittelstufe und Oberstufe andererseits (zwischen 5,8 und 7,7 unterschiedliche Suffixe auf 1000 Wörter) zu erkennen (vgl. Tabelle 79). In dieselbe Richtung weist die Berechnung auf 1000 Wörter bei den männlichen Deutschlehrern – nur mit geringerer Variationsbreite von R = 1,6 zwischen Grundschule und Unterstufe einerseits (3,2 bis 3,8) und Mittelstufe und Oberstufe (4,5 bzw. 4,8) andererseits. In den absoluten Zahlen ist die niedrigste Anzahl (9) hier in der Grundschule im Vergleich mit allen anderen gymnasialen Jahrgangsstufen zu finden (11–13). Bei den weiblichen Deutschlehrerinnen ist in den Berechnungen auf 1000 Wörter und auch in den absoluten Zahlen der größte Unterschied zwischen allen anderen Jahrgangsstufen und der Oberstufe (mit dem Wert von 6,6 Suffixen auf 1000 Wörter bzw. 14 *types* absolut) erkennbar. Zusammenfassend ist bei allen Lehrpersonen von einer Zunahme der Anzahl der *types* der nominalen Wortbildungssuffixe auf 1000 Wörter bis hin zur Mittelstufe oder Oberstufe zu sprechen.

Tabelle 79: Absolute Anzahl und Frequenz auf 1000 Wörter der *types* der nominalen Wortbildungssuffixe – Lehrpersonen

	Bio – m		Bio – w		De – m		De – w	
	abs.	frequ.	abs.	frequ.	abs.	frequ.	abs.	frequ.
GS	9	3,4	8	3,4	9	3,2	8	4,1
US	8	3,7	7	2,0	12	3,8	8	3,7
MS	16	5,8	16	7,7	11	4,5	8	4,0
OS	12	7,5	14	6,2	13	4,8	14	6,6

Bei den Schüler/-innen sind Zunahmen der *absoluten* Anzahl der *types* der nominalen Wortbildungssuffixe von der Grundschule über die Unterstufe und Mittel-

---

22 Die Zahl muss aber noch darüber liegen, da Fleischer und Bartz (2012: 239) betonen, dass in ihrer Aufstellung „Einheiten, die auf spezielle Fachwortschätze begrenzt sind, [...] nicht behandelt [werden]".

stufe bis zur Oberstufe feststellbar (vgl. Tabelle 80). Es muss aber bedacht werden, dass in Abschnitt 8.1.2 festgestellt wurde, dass im Durchschnitt die von den Schüler/-innen im Unterricht gesprochene Wortanzahl von der Grundschule bis zur Oberstufe ebenfalls steigt (während die Werte bei den Lehrpersonen tendenziell abnehmen), so dass erhöhte *type*-Zahlen hier auch in der zunehmenden Wortanzahl begründet liegen könnten. Deswegen ist die Betrachtung der Werte auf 1000 Wörter besonders relevant. Bei den Schüler/-innen der männlichen Biologielehrpersonen ist der größte Wert in der Klasse der Oberstufe zu erkennen (mit 6,1 *types* der nominalen Wortbildungssuffixe auf 1000 Wörter gegenüber 3,5 bis 5,6 *types* in den anderen Jahrgangsstufen). Die relativen Werte in den Klassen der weiblichen Biologielehrerinnen und der männlichen Deutschlehrpersonen weisen keine eindeutige Tendenz auf, während bei den Schüler/-innen der Klassen der weiblichen Deutschlehrerinnen wiederum der größte Unterschied zwischen der Grundschule (3,4) und Unterstufe (2,0) einerseits und der Mittelstufe (6,1) und der Oberstufe andererseits (5,9) feststellbar ist. Das heißt, dass in den *types* der nominalen Wortbildungssuffixe auf 1000 Wörter auf Schülerseite nur Zunahmen von der Grundschule bis zur Oberstufe in den Klassen von Bio – m und De – w deutlich werden.

Tabelle 80: Absolute Anzahl und Frequenz auf 1000 Wörter der *types* der nominalen Wortbildungssuffixe – Schüler/-innen

	Bio – m		Bio – w		De – m		De – w	
	abs.	frequ.	abs.	frequ.	abs.	frequ.	abs.	frequ.
GS	5	4,2	5	6,9	4	4,6	3	3,4
US	6	5,6	7	4,8	7	7,0	4	2,0
MS	6	3,5	9	11,6	7	4,5	7	6,1
OS	9	6,1	11	6,2	8	4,4	12	5,9

Berechnet man die Differenz Δ zwischen Lehrer- und Schülerwerten in der absoluten Anzahl bzw. der Frequenz auf 1000 Wörter der *types* der nominalen Wortbildungssuffixe, erkennt man, dass, bezogen auf die absoluten Werte, die Lehrpersonen in allen Jahrgangsstufen immer mehr *types* nutzen als die Schülerinnen (vgl. Tabelle 81). Bezogen auf die Frequenz auf 1000 Wörter liegt die Anzahl der *types* auf Durchschnittsschülerseite in den Klassen von Bio – m, Bio – w und De – m in der Grundschule und Unterstufe jeweils leicht oberhalb der lehrerseitigen Frequenz, bei Bio – w und De – w ferner in der Mittelstufenklasse.

Tabelle 81: Differenz Δ zwischen der absoluten Anzahl bzw. Frequenz auf 1000 Wörter der *types* der nominalen Wortbildungssuffixe (Lehrer- minus Schülerwerte) (in grau unterlegt sind negative Deltas)

	Bio – m		Bio – w		De – m		De – w	
	abs.	frequ.	abs.	frequ.	abs.	frequ.	abs.	frequ.
GS	4	-0,7	3	-3,5	5	-1,4	5	0,7
US	4	-0,1	0	-2,7	5	-3,1	4	1,7
MS	10	2,3	7	-3,9	4	0,0	1	-2,1
OS	3	1,4	3	0,1	5	0,5	2	0,7

In Tabelle 83 und Tabelle 84 sind alle auf Lehrer- und Schülerseite gefundenen *types* der nominalen Wortbildungssuffixe aufgeführt. In fett markiert sind jeweils die exogenen Suffixe. Die Bestimmung dieser fremden, exogenen Morpheme in vorliegender Arbeit, die insbesondere mit Hilfe von Fleischer und Bartz (2012) und Eisenberg (2012) erfolgte, wurde schon in Abschnitt 8.4.2.4 erläutert. In grau unterlegt ist jeweils in beiden Tabellen die Übereinstimmung des Vorkommens eines Nominalsuffix-*types* bei Lehrpersonen und Schüler/-innen in der betreffenden Klasse. In Tabelle 82 ist zudem, basierend auf diesen Tabellen, zur Vororientierung aufgeführt, welche 10 nominalen Wortbildungssuffixe auf Lehrerseite bzw. 11 (wegen Gleichplatzierungen) auf Schülerseite in besonders vielen Klassen genutzt werden; auch hier sind exogene Suffixe wieder fett gedruckt. Der Höchstwert, der erreicht werden kann, ist auf Lehrerseite und auf Schülerseite jeweils 16, da 16 Klassen betrachtet werden.

Zunächst sollen die Ergebnisse aus Tabelle 82 vorgestellt werden, um daran anschließend die Darstellung in Tabelle 83 und Tabelle 84 besser einordnen zu können. Auffallend ist zunächst, dass die ersten drei am häufigsten genutzten Suffixe indigene Suffixe sind ({-ung}, {-e}, {-er}). Das einzige nominale Wortbildungssuffix, das in allen Jahrgangsstufen auf Lehrer- und Schülerseite (16 von 16) zum Einsatz kommt, ist das indigene Nominalisierungssuffix {-ung}. Nach Fleischer und Bartz (2012: 225) „gehört [es] zu den produktivsten substantivbildenden Suffixen der deutschen Gegenwartssprache". Ebenfalls auf Lehrerseite in allen und auf Schülerseite in 14 Klassen wird das indigene Suffix {-e}, wie in „Frage" (z. B. Bio – w, OS) oder „Lehre" (z. B. De – m, OS), genutzt. Auf Lehrerseite wird außerdem in allen Jahrgangsstufen das indigene Suffix {-er}, wie in „Allesfresser" (z. B. bei Bio – m, GS) oder „Darsteller" (De – w, US), verwendet; aber auch auf Schülerseite kommt es in 14 von 16 Klassen zum Einsatz. Es wird insbesondere zur Bildung von Nomen Agentis, aber auch zur Bildung von Nomen Instrumenti und

Nomen Acti eingesetzt (vgl. Fleischer & Bartz 2012: 201–207); Roelcke (2010: 81) zufolge stellt es ein typisches fachsprachliches Suffix für „deverbative Ableitungen zur Bezeichnung von Personen oder Geräten" dar.

Tabelle 82: Die am meisten genutzten Suffixe (Lehrpersonen und Schüler/-innen), sortiert nach Häufigkeit; Fettdruck: exogene Suffixe (Bezugsgröße: Gesamtzahl der Klassen = 16)

Lehrpersonen	Schüler/-innen
-ung (16/16)	-ung (16/16)
-e (16/16)	-e (14/16)
-er (16/16)	-er (14/16)
-ion (12/16)	**-ion** (9/16)
-chen (11/16)	-chen (9/16)
-keit (10/16)	-heit (7/16)
-nis (9/16)	-keit (7/16)
-schaft (9/16)	-schaft (4/16)
-heit (8/16)	-el (4/16)
-ie (6/16)	**-at** (3/16)
	-atur (3/16)

Es folgt an vierter Stelle das exogene, Feminina bildende Suffix {-ion} mit der Nutzung in 12 Klassen auf Lehrerseite und in 9 Klassen auf Schülerseite. Beispiele sind „Funk*tion*"[23] (Bio – m, US), „Defini*tion*" (Bio – w, OS) oder „Ver*sion*" (De – m, MS). Das Diminutivsuffix {-chen} wird auf Lehrerseite in 11 bzw. auf Schülerseite in 9 Klassen eingesetzt. Im Biologieunterricht ist sein Einsatz insbesondere durch die Nutzung der Tierartbezeichnung „Eichhörn*chen*" begründet. Beim Deutschlehrer in der Grundschule findet sich z. B. „Männ*chen*", in der Unterstufe „Käst*chen*" und in der Mittelstufe und Oberstufe „Freund*chen*".

Auf Lehrerseite folgt dann in 10 von 16 Klassen das oftmals deadjektivische indigene Suffix {-keit}, das auf Schülerseite in 7 von 16 Klassen genutzt wird; ebenso wie das indigene oftmals deadjektivische Suffix {-heit}, welches wiederum auf Lehrerseite in 8 von 16 Klassen genutzt wird. Beispiele sind bei den Lehrpersonen „Grausam*keit*" (De – w, US), „Sicher*heit*" (Bio – w, GS) oder „Frei*heit*" (De – m, OS). In 9 von 16 Klassen wird auf Lehrerseite das indigene Morphem {-nis} genutzt, das am häufigsten an verbale Basen tritt (vgl. Fleischer & Bartz 2012: 218), wie bei „Ergeb*nis*" (Bio – m, MS) oder „Gedächt*nis*" (Bio – w,

---

23 {-ation} und {-tion} sind nach Fleischer und Bartz (2012: 242) Allomorphe zu {-ion} und werden deswegen gemeinsam unter dem Eintrag zu {-ion} angeführt.

OS) – dieses Suffix wird auf Schülerseite hingegen nur in der Oberstufenklasse des männlichen Deutschlehrers genutzt. Ebenfalls in 9 von 16 Klassen wird auf Lehrerseite das Suffix {-schaft} eingesetzt, wie in „Landwirt*schaft*" (Bio – m, OS) oder „Gesell*schaft*" (De – m, MS). Auch auf Schülerseite fällt es unter die zehn nominalen Suffixe, die in den meisten Klassen genutzt werden, allerdings nur in 4 von 16 Klassen (hieran zeigt sich, dass auf Schülerseite nur wenige Suffixe in mehr als 6 Klassen eingesetzt werden). Auf Lehrerseite folgt in 6 von 16 Klassen das exogene Suffix {-ie}, wie in den „Konfixkombination[en]" (Fleischer & Bartz 2012: 242) „Ökolog*ie*" (Bio – m, MS) oder „Chem*ie*" (Bio – w, OS). Im Deutschunterricht kommt es nur einmal beim männlichen Deutschlehrer in der Unterstufe im Wort „Demokrat*ie*" (De – m, US) vor. Bei den Schüler/-innen ist es nicht den elf am häufigsten genutzten nominalen Suffixen zuzuordnen.

Auf Schülerseite folgen nun noch drei Suffixe, die unter die 10 bzw. 11 in den meisten Klassen genutzten Suffixe fallen, aber die in nur vier bzw. drei Klassen eingesetzt werden. Das liegt darin begründet, dass insgesamt von den Schüler/-innen solche nominalen Suffixe in einem geringeren Ausmaß genutzt werden als von den Lehrpersonen (s. u.). Es ist erstens das „[h]eute unproduktiv[e]" Suffix {-el}, das im Wort „Eich*el*" eingesetzt wird, z. B. in der Grundschulklasse der weiblichen Sachunterrichtslehrerin – aber in dieser Klasse auch in „Brotkrüm*el*" oder in der Unterstufenklasse der weiblichen Biologielehrerin in „Flüg*el*". Nur noch in drei Klassen genutzt werden die exogenen Suffixe {-at}, wie in „Zit*at*" (in der Klasse von Bio – w in der Unterstufe sowie in der Klasse von De – w in der Oberstufe) oder „Phosph*at*" (in der Oberstufenklasse von Bio – w), und {-atur}, wie in „Karik*atur*" (in der Mittelstufenklasse von De – m) oder in „Temper*atur*" (in der Oberstufenklasse von Bio – m).

Wenn man die lehrer- und schülerseitigen Einträge in Tabelle 83 und Tabelle 84 vergleicht, ist zunächst auffällig, dass aufsummiert auf Lehrerseite insgesamt viel mehr Felder der Tabelle als auf Schülerseite gefüllt sind, nämlich 173 (Lehrpersonen) gegenüber 110 (Schüler/-innen) – dies ließ sich auch schon aus den Ergebnissen des Vergleichs der absoluten Zahlen auf Lehrer- und Schülerseite in Tabelle 81 ablesen. Mit hellgrauer Unterlegung markiert sind die *types*, die in den betreffenden Klassen auf Lehrer- und Schülerseite gemeinsam genutzt werden; diese Markierung kommt 96 Mal zum Einsatz. Es ist also eine vergleichsweise hohe Überschneidungsrate zwischen den lehrer- und schülerseitig genutzten *types* zu erkennen. Diese ist aber auf Schülerseite deutlich größer als auf Lehrerseite, denn die Schüler/-innen nutzen insgesamt nur 14 *types* über den Gebrauch der Lehrperson hinaus. Auffallend ist, dass diese 14 types v. a. in gymnasialen Klassen und insbesondere in Oberstufenklassen (8 von 14 *types*) zu finden sind – mit Ausnahme vom Gebrauch des Diminutivsuffixes {-li} in „Lecker*li*" bei den Schüler/-innen von Bio – m in der Grundschule. Das bedeutet auch, dass in den

Grundschulklassen, außer dem Suffix {-li}, nur Suffixe gebraucht werden, die auch die Lehrpersonen gebrauchen. Es werden von den Schüler/-innen in diesen Grundschulklassen zudem nur Suffixe (außer {-li}), die in Tabelle 82 unter die zehn bzw. elf häufigsten fallen, genutzt, und es sind ausnahmslos indigene Suffixe. Das exogene Suffix {-ion}, das auch auf Schülerseite an Platz vier der häufigsten nominalen Suffixe steht, kommt auf Schülerseite in keiner Grundschulklasse und auch nur in zwei von vier Unterstufenklassen zum Einsatz. Die weiteren Suffixe werden von den Schüler/-innen erst ab der Unterstufe und insbesondere in der Mittelstufe und Oberstufe genutzt.

Bei den Lehrpersonen gibt es deutlich häufiger eine über den schülerseitigen Gebrauch in der betreffenden Klasse hinausgehende Nutzung von *types* der nominalen Suffixe, nämlich in 77 Fällen. Dieser setzt bei den Lehrpersonen – im Gegensatz zu den Schüler/-innen – schon in der Grundschule ein. Aber auch hier ist auffällig, dass nur 2 von 24 *type*-Nutzungen auf Lehrerseite in der Grundschule exogene Suffixe darstellen (bei Bio – m: {-esse}; bei De – m das insgesamt vierthäufigste Suffix {-ion}). Zudem sind nur 5 von 24 *type*-Nutzungen in der Grundschule solche, die über die 10 häufigsten Vorkommen nominaler Suffix-*types* in allen Klassen hinausgehen. Exogene Suffixe kommen bei den Lehrpersonen ab der Unterstufe und insbesondere in der Mittelstufe und Oberstufe zum Einsatz.

Diese Analyse zusammenfassend ist festzuhalten, dass Zunahmen der *types* der nominalen Wortbildungssuffixe in absoluten Zahlen über die Jahrgangsstufen auf Lehrer- und Schülerseite feststellbar sind. Demgegenüber sind in den Werten auf 1000 Wörter insbesondere Erhöhungen über die Jahrgangsstufe auf Lehrerseite erkennbar – während solche Zunahmen auf Schülerseite nur in zwei von vier nach Fach und Geschlecht der Lehrperson geordneten Klassengruppen auftreten. Deutlich nachzuvollziehen sind das Vorherrschen zum einen indigener, zum anderen häufig genutzter *types* der Nominalsuffixe in der Grundschule und Zunahmen von exogenen und weniger häufig genutzten *types* in den Gymnasialklassen. Alle absoluten Werte betrachtend ist zudem eine größere Differenziertheit der *types* der nominalen Suffixe auf Lehrerseite festzustellen. Vergleicht man hingegen die Werte auf 1000 Wörter, ist dieses Ergebnis noch in 9 von 16 Klassen haltbar.

Tabelle 83: Aufstellung der *types* der nominalen Wortbildungssuffixe – Lehrpersonen (hellgraue Unterlegung: Übereinstimmung mit Vorkommen bei den Schüler/-innen; Fettdruck: exogene Suffixe)

	Bio – m				Bio – w				De – m				De – w				
	GS	US	MS	OS	GS	US	MS	OS	GS	US	MS	OS	GS	US	MS	OS	Rang
-al										x							1
-ament														x			1
-anz																	0
-ar		x							x	x						x	4
-at		x						x								x	3
-atur		x									x						2
-chen	x	x			x	x	x		x	x	x	x	x			x	11
-e	x	x	x	x	x	x	x	x	x	x	x	x	x	x	x	x	16
-ei													x				1
-el	x				x	x							x				4
-ent		x	x	x				x									4
-ente				x													1
-enz		x					x										2
-er	x	x	x	x	x	x	x	x	x	x	x	x	x	x	x	x	16
-esse	x																1
-heit					x				x	x	x	x	x		x	x	8
-id								x									1
-ie		x	x		x	x	x		x								6
-igkeit			x														1
-ik									x		x				x	x	4
-in	x															x	2
-ing							x										1
-ion		x	x	x			x	x	x	x	x	x		x	x	x	12
-ismus			x				x										2
-ität		x					x	x			x			x			5
-ium							x	x			x						3

Tabelle 83 (fortgesetzt)

	Bio – m				Bio – w				De – m				De – w				
	GS	US	MS	OS	GS	US	MS	OS	GS	US	MS	OS	GS	US	MS	OS	Rang
-keit	x	x	x		x	x	x		x					x	x	x	10
-lein									x								1
-li																	0
-ling	x			x	x												3
-nis			x					x	x	x	x	x	x		x	x	9
-on							x										1
-or			x	x													2
-sal															x		1
-schaft		x	x	x					x	x	x	x		x	x		9
-sche							x										1
-sein												x					1
-tum							x	x			x	x					4
-ung	x	x	x	x	x	x	x	x	x	x	x	x	x	x	x	x	16
-ur									x								1
-us			x				x										2
∑ *types*	9	8	16	12	8	7	16	14	9	12	11	13	8	8	8	14	

Tabelle 84: Aufstellung der *types* der nominalen Wortbildungssuffixe – Schüler/-innen (hellgraue Unterlegung: Übereinstimmung mit Vorkommen bei den Lehrpersonen; Fettdruck: exogene Suffixe)

	Bio – m				Bio – w				De – m				De – w				
	GS	US	MS	OS	GS	US	MS	OS	GS	US	MS	OS	GS	US	MS	OS	Rang
-al																	0
-ament																	0
-anz															x		1
-ar																	0
-at						x		x							x		3
-atur			x	x							x						3

Tabelle 84 (fortgesetzt)

	Bio – m				Bio – w				De – m				De – w				
	GS	US	MS	OS	GS	US	MS	OS	GS	US	MS	OS	GS	US	MS	OS	Rang
-chen	x	x			x	x	x		x			x	x			x	9
-e		x	x	x	x	x	x	x	x	x	x	x	x		x	x	14
-ei																	0
-el	x	x			x	x											4
-ent			x				x										2
-ente																	0
-enz																	0
-er	xr	x		x	x	x	x	x	x	x	x	x		x	x	x	14
-esse																	0
-heit			x					x	x	x				x	x	x	7
-id																	0
-ie								x									1
-igkeit																	0
-ik										x						x	2
-in																	0
-ing																x	1
-ion			x	x			x	x	x	x	x		x			x	9
-ismus			x					x									2
-ität															x		1
-ium							x										1
-keit		x	x	x		x						x			x	x	7
-lein																	0
-li	x																1
-ling																	0
-nis												x					1
-on						x											1
-or								x									1
-sal																x	1

Tabelle 84 (fortgesetzt)

	Bio – m				Bio – w				De – m				De – w				Rang
	GS	US	MS	OS	GS	US	MS	OS	GS	US	MS	OS	GS	US	MS	OS	
-schaft										x	x	x			x		4
-sche							x										1
-sein																	0
-tum							x	x									2
-ung	x	x	x	x	x	x	x	x	x	x	x	x	x	x	x	x	16
-ur																	0
-us			x														1
∑ types	5	6	6	9	5	7	9	11	4	7	7	8	3	4	7	12	

8.5.2 *types* der komplexen Nomen

Schon in Abschnitt 8.4.2 wurde die Operationalisierung komplexer Nomen in dieser Arbeit vorgestellt. In diesem Abschnitt werden nun die *types* dieser komplexen Nomen betrachtet – in ihrer absoluten Anzahl und in ihrer Frequenz auf 1000 Wörter (vgl. lehrerseitig Abbildung 61 und vgl. schülerseitig Abbildung 62). Damit wird die Differenziertheit mit Bezug auf eine schon auf *token*-Seite betrachtete Variable untersucht, so dass Vergleiche der *type*- und der *token*-Werte angestellt werden können.

Aus Abbildung 61 ist zunächst ablesbar, dass aufseiten der Biologielehrpersonen insbesondere in den Frequenzen auf 1000 Wörter Zunahmen der *types* der komplexen Nomen von einer Jahrgangsstufe zur nächsten erkennbar sind. Diese Anzahl der *types* der komplexen Nomen auf 1000 Wörter steigt bei Bio – m von 19,9 in der Grundschulklasse auf 51,3 *types* in der Oberstufe, bei Bio – w von 17,4 in der Grundschule bis zu 34,6 in der Oberstufe. Die Variationsbreite beträgt hier auf Lehrerseite im Biologieunterricht R = 33,8. Auf Lehrerseite im Deutschunterricht liegt sie bei R = 31,7. Die Einstiegswerte liegen im Deutschunterricht in der Grundschule unterhalb der Werte im Biologieunterricht (De – m: 15,6; De – w: 10,3). Bei De – m liegen Zunahmen von Jahrgangsstufe zu Jahrgangsstufe bis zur Oberstufe mit 32,1 *types* komplexer Nomen auf 1000 Wörter vor – anders als bei den *tokens* (vgl. Abbildung 36), bei denen eine leichte Abnahme zur Mittelstufe zu beschreiben war. Bei De – w findet sich wieder, wie schon bei den *tokens*, der größte Unterschied zwischen der Grundschule (10,3 types auf 1000 Wörter) und Unterstufe (16,3) einerseits und der Mittelstufe (26,4) und Oberstufe andererseits (23,2).

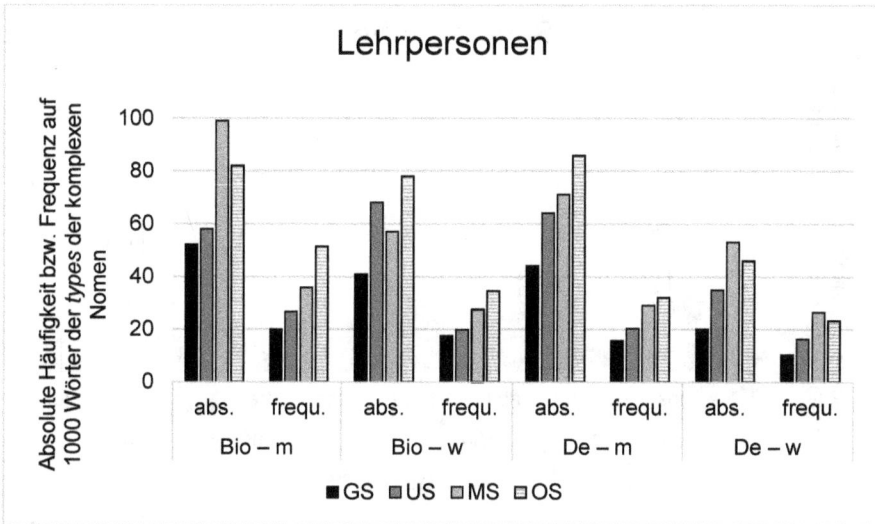

Abbildung 61: Absolute Anzahl und Frequenz auf 1000 Wörter der *types* der komplexen Nomen – Lehrpersonen

Auf Schülerseite (vgl. Abbildung 62) liegt die Variationsbreite im Biologieunterricht bei den Werten auf 1000 Wörter bei R = 20,8, mit dem niedrigsten Wert in der Grundschulklasse von Bio – m (22,6) und dem höchsten Wert in der Mittelstufenklasse von Bio – w (43,4). Im Deutschunterricht liegt sie bei R = 15,7 mit dem niedrigsten Wert in der Klasse der weiblichen Grundschullehrerin (10,2) und dem höchsten Wert in der Oberstufenklasse der weiblichen Deutschlehrerin (25,9). Der Variationsraum ist hier im Deutschunterricht also nach unten verschoben; die Differenziertheit im Bereich der komplexen Nomen ist auf Lehrer- und Schülerseite im Deutschunterricht somit geringer als im Biologieunterricht.

Bei den *tokens* der komplexen Nomen auf Schülerseite (vgl. Abbildung 37) waren die Ergebnisse nicht eindeutig. Dort wurden allein Frequenzen auf 1000 Wörter berechnet. Bei den *type*-Analysen werden auch die absoluten Anzahlen wiedergegeben: Hier sind in den Klassen von Bio – m und De – m insbesondere Unterschiede zwischen Grundschule und Unterstufe einerseits und Mittelstufe und Oberstufe andererseits zu erkennen (vgl. Abbildung 62).

In den Klassen der weiblichen Deutschlehrerinnen ist eine Zunahme von der Grundschule (9) über die Unterstufe (24) und Mittelstufe (19) bis zur Oberstufe (53) zu erkennen. In den Klassen von Bio – w hingegen gibt es eine starke Zunahme vom Grundschulwert (34) bis zum Unterstufenwert (64), dann aber eine sehr starke Abnahme unter den Grundschulwert in der Mittelstufe (auf 21; diese Mittelstufenklasse weist aber auch auf Schülerseite die geringste Wortanzahl im

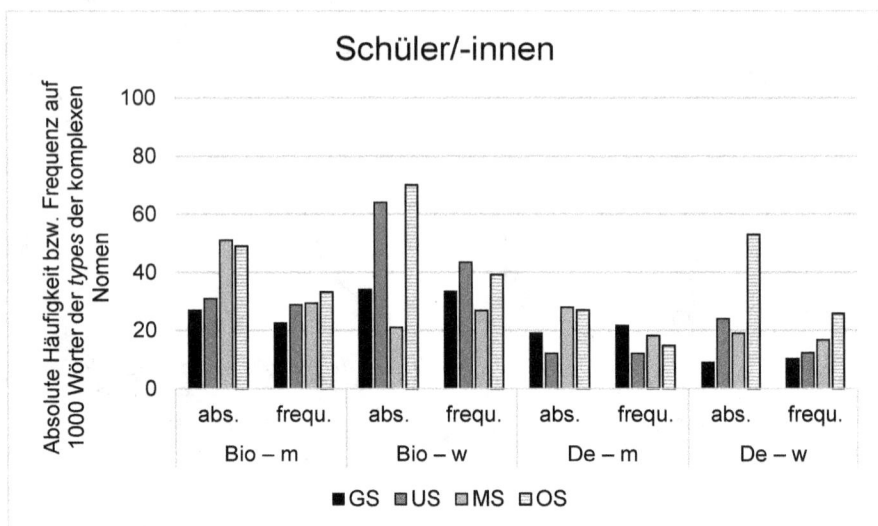

Abbildung 62: Absolute Anzahl und Frequenz auf 1000 Wörter der *types* der komplexen Nomen – Schüler/-innen

gesamten Korpus auf, vgl. Abschn. 8.1.2) und wiederum eine Zunahme auf den höchsten absoluten Wert von 70 *types* von komplexen Nomen in der Oberstufe. Zunahmen von Jahrgangsstufe zu Jahrgangsstufe spiegeln die Berechnungen auf 1000 Wörter nur bei den Klassen von Bio – m und De – w wider (hier sind die *type*-Analysen deutlicher als die *token*-Analysen, vgl. Abbildung 37). Bei den Schüler/-innen von Bio – w kann bei diesen *type*-Analysen nicht von eindeutigen Zunahmentendenzen über die Jahrgangsstufen gesprochen werden (im Gegensatz zu den *token*-Analysen, bei denen ein deutlicher Unterschied zwischen Grundschul- und Gymnasialwerten festgestellt werden konnte, vgl. Abbildung 37). Bei den *token*-Analysen war außerdem aufseiten der Schüler/-innen der männlichen Deutschlehrer eine leichte Abnahme bzw. eine Stagnation der Werte über die Jahrgangsstufen nachzuzeichnen. Bei den *type*-Analysen ist der höchste Wert parallel dazu auch in der Grundschule (21,7) zu erkennen und der niedrigste in der Unterstufe (11,9) mit Zunahmen zur Mittelstufe (18,1) und Oberstufe (14,7).

Zusammenfassend ist festzuhalten, dass auch diese *type*-Analyse der komplexen Nomen bei den Lehrpersonen einen deutlicheren Zunahmetrend über die Jahrgangsstufen zeigt als bei den Durchschnittsschüler/-innen der jeweiligen Klassen (insbesondere bei den Schüler/-innen von De – m kann in den Werten auf 1000 Wörter nicht von Zunahmen gesprochen werden).

Tabelle 85 zeigt die Differenz Δ zwischen der absoluten Anzahl bzw. Frequenz auf 1000 Wörter der *types* der komplexen Nomen, berechnet als Lehrer- minus

Schülerwerte. In grau unterlegt sind negative Deltas, die darauf hinweisen, dass die Schülerwerte hier oberhalb der Lehrerwerte liegen. Bei den absoluten Werten ist dies nur in einer Klasse der Fall: in der Oberstufenklasse von De – w. Hier übertrifft aber auch die schülerseitige Wortanzahl die lehrerseitige Wortanzahl (vgl. Abschn. 8.1.2). Bei den Werten auf 1000 Wörter liegen die Lehrerwerte in der Hälfte der Klassen oberhalb der Schülerwerte, in der anderen Hälfte der Klassen unterhalb der Schülerwerte. Es ist also nicht zu schließen, dass mit Bezug auf die *types* der komplexen Nomen auf 1000 Wörter die Lehrerwerte häufiger oberhalb der Schülerwerte liegen als umgekehrt. Auffallend ist, dass wiederum die Schülerwerte insbesondere in den Klassen der weiblichen Biologielehrerinnen oberhalb der Lehrerwerte liegen, in der Grundschul- und Unterstufenklasse sogar deutlich – wie schon in der *token*-Analyse (vgl. Tabelle 62) und in der Analyse der *types* der nominalen Wortbildungssuffixe (vgl. Tabelle 81).

Tabelle 85: Differenz Δ zwischen der absoluten Anzahl bzw. Frequenz auf 1000 Wörter der *types* der komplexen Nomen (Lehrer- minus Schülerwerte) (in grau unterlegt sind negative Deltas)

	Bio – m		Bio – w		De – m		De – w	
	abs.	frequ.	abs.	frequ.	abs.	frequ.	abs.	frequ.
GS	25,0	-2,7	7,0	-16,0	25,0	-6,0	11,0	0,1
US	27,0	-2,3	4,0	-23,7	52,0	8,4	11,0	4,0
MS	48,0	6,3	36,0	0,4	43,0	10,9	34,0	9,8
OS	33,0	18,1	8,0	-4,6	59,0	17,3	-7,0	-2,6

8.5.3 *type-token-ratio* (*ttr*) der komplexen Nomen

Da bezogen auf die komplexen Nomen auch *token*-Werte erhoben wurden, soll in dieser Analyse die Berechnung der *type-token-ratio* als Quotient der Anzahl der *types* und der Anzahl der *tokens* ($ttr = n_{types}/n_{tokens}$) (vgl. auch Abschn. 8.4.2) berechnet werden. Der höchste Wert, den sie annehmen kann, ist $ttr = 1$, bei der eine maximale Differenziertheit vorliegt, da genauso viele *types* wie *tokens* genutzt werden. Je niedriger der Wert liegt, desto mehr *tokens* kommen auf weniger *types* und die Differenziertheit ist niedriger. Die *ttr* wird in dieser (veränderungsbezogenen) Untersuchung herangezogen, obwohl Schmidlin (1999: 220), Eriksson (2006: 144) und Augst und Faigel (1986: 51) eine Altersunabhängigkeit der *ttr* im medial Mündlichen feststellen. In Tabelle 86 sind die lehrerseitigen Ergebnisse unter Angabe der absoluten Anzahl der *types* und *tokens* dargestellt, in Tabelle 88 die schülerseitigen Ergebnisse.

Tabelle 86: *type-token-ratio* (*ttr*) der komplexen Nomen unter Angabe der absoluten Anzahl der *types* und der *tokens* – Lehrpersonen

	Bio – m		Bio – w		De – m		De – w	
	types	tokens	types	tokens	types	tokens	types	tokens
	ttr		*ttr*		*ttr*		*ttr*	
GS	52	103	41	81	44	74	20	47
	0,50		0,51		0,59		0,43	
US	58	126	68	166	64	147	35	55
	0,46		0,41		0,44		0,64	
MS	99	175	57	125	71	101	53	77
	0,57		0,46		0,70		0,69	
OS	82	149	78	149	86	145	46	76
	0,55		0,52		0,59		0,61	

Auf Lehrerseite ist eine Variationsbreite von R = 0,29 zwischen dem niedrigsten Wert von ttr = 0,41 bei Bio – w in der Unterstufe (die niedrigste Differenziertheit im Bereich der komplexen Nomen) und dem höchsten Wert bei De – m in der Mittelstufe festzustellen (ttr = 0,70).

Zur Illustrierung des niedrigen Werts von 0,41 bei Bio – w in der Unterstufe und des korrespondierend niedrigen Werts bei ihren Schüler/-innen (ttr = 0,42) wurde Tabelle 87 erstellt, in der die acht *types* mit fünf oder mehr *tokens* in der Unterstufenklasse von Bio – w auf Lehrer- und Schülerseite aufgeführt sind. Es ist zu erkennen, dass sowohl auf Lehrer- als auch auf Schülerseite sogar *types* zu finden sind, denen 10 oder mehr *tokens* zuzuordnen sind: Bei beiden ist dies „Baumschicht" (Lehrerseite *tokens*: 13; Schülerseite *tokens*: 12), auf Lehrerseite ist dies ferner „Nahrung" (15 *tokens*). Die weiteren aufgeführten *types* haben zwischen 5 und 9 *tokens*. Ebenfalls bei Lehrperson und Schüler/-innen häufig benutzt wird „Eichenwicklerraupe" (Lehrerseite *tokens*: 5; Schülerseite *tokens*: 6). Addiert man die *tokens* dieser acht *types*, kann man berechnen, dass sie zusammen sogar etwas mehr als ein Drittel aller *tokens* auf Lehrerseite (39,76 %) und auf Schülerseite (34,87 %) ausmachen.

Tabelle 87: Die acht häufigsten *types* der komplexen Nomen mit fünf oder mehr *tokens* in der Unterstufenklasse von Bio – w, jeweils auf Lehrer- und Schülerseite (kursiv markiert: gemeinsame *type*-Einträge auf Lehrer- und Schülerseite)

Lehrperson		Schüler/-innen	
type	*tokens*	*type*	*tokens*
Nahrung	15	*Baumschicht*	*12*
Baumschicht	*13*	Eichenblatt	9
Nahrungskette	*9*	*Eichenwicklerraupe*	*6*
Strauchschicht	7	Kräuter- und Gräserschicht	6
Buchdrucker	6	Eichhörnchen	5
Krautschicht	6	Moosschicht	5
Eichenwickler	5	*Nahrungskette*	*5*
Eichenwicklerraupe	*5*	Sträucherschicht	5
∑ dieser acht häufigsten types	66	∑ dieser acht häufigsten types	53
%-Anteil an Gesamttokenzahl	39,76	%-Anteil an Gesamttokenzahl	34,87

Wenden wir uns nun nach dieser Illustrierung den Veränderungstendenzen in Tabelle 86 auf Lehrerseite zu. Die höchste *ttr* – also die höchste Differenziertheit – ist jeweils in den Spalten der Lehrpersonen desselben Geschlechts und Fachs in einer Klasse der Mittelstufe oder Oberstufe zu finden. Der niedrigste Wert ist wiederum in einer Klasse der Grundschule oder Unterstufe auffindbar. Bei Bio – m ist so auch der größte Unterschied zwischen der lehrerseitigen *ttr* in der Grundschule (*ttr* = 0,50) und Unterstufe (*ttr* = 0,46) einerseits versus der Mittelstufe (ttr = 0,57) und Oberstufe (= 0,55) andererseits zu finden. Bei Bio – w zeigen sich im gymnasialen Bereich Zunahmen der *ttr* von Jahrgangsstufe zu Jahrgangsstufe (US: *ttr* = 0,41; MS: *ttr* = 0,46; OS: *ttr* = 0,52), während der Grundschulwert im Bereich des Oberstufenwerts liegt (GS: ttr = 0,51). Bei De – w ist der größte Unterschied zwischen dem niedrigen Wert in der Grundschule einerseits (*ttr* = 0,43) und den Werten am Gymnasium andererseits (US: *ttr* = 0,64; MS: *ttr* = 0,69; OS: *ttr* = 0,61) zu erkennen. Bei De – m ist im gymnasialen Bereich ein Unterschied zwischen der Unterstufe (*ttr* = 0,44) einerseits sowie Mittelstufe (*ttr* = 0,70) und Oberstufe andererseits (*ttr* = 0,59) feststellbar, während die Grundschulwerte wiederum im Oberstufenbereich liegen (*ttr* = 0,59).

Tabelle 88: *type-token-ratio* (ttr) der komplexen Nomen unter Angabe der absoluten Anzahl der *types* und der *tokens* – Schüler/-innen

	Bio – m		Bio – w		De – m		De – w	
	types	tokens	types	tokens	types	tokens	types	tokens
	ttr		ttr		ttr		ttr	
GS	27	57	34	55	19	25	9	33
	0,47		0,62		0,76		0,27	
US	31	64	64	152	12	25	24	37
	0,48		0,42		0,48		0,65	
MS	51	80	21	87	28	33	19	22
	0,64		0,24		0,85		0,86	
OS	49	96	70	155	27	41	53	83
	0,51		0,45		0,66		0,64	

Bei den Schüler/-innen (vgl. Tabelle 88) findet sich in drei Spalten der höchste Wert in der Mittelstufe; in einer Spalte (bei Bio – w) aber in der Grundschule. Der niedrigste Wert findet sich in zwei Spalten in einer Grundschulklasse (bei Bio – m und De – w), in einer Spalte in einer Unterstufenklasse (bei De – m) und nur bei den Schüler/-innen von Bio – w in einer Mittelstufenklasse. Nur in einer groben Tendenz kann man hier davon sprechen, dass die Mittelstufen-/Oberstufenwerte höher liegen als die Grundschul- und Unterstufenwerte. In den Klassen von Bio – m liegt wie auf Lehrerseite der größte Unterschied zwischen der Grundschule (*ttr* = 0,47) und Unterstufe einerseits (*ttr* = 0,48) und der Mittelstufe (*ttr* = 0,64) und Oberstufe (*ttr* = 0,51) andererseits vor. Bei den Schüler/-innen von De – w in der Grundschule ist die niedrigste *ttr* = 0,27 des gesamten Korpus (auf Lehrer- und Schülerseite) zu erkennen. Hier kommen auf 9 *types* 33 *tokens*. Es ist aus Tabelle 89 abzulesen, dass sich dieses Verhältnis insbesondere aus dem sehr häufigen Gebrauch des *types* „Eichhörnchen" mit 19 *tokens* insgesamt ergibt und daraus, dass insgesamt wenige *types* komplexer Nomen vorliegen.

Tabelle 89: *types* und *tokens* der komplexen Nomen bei den Schüler/-innen der weiblichen Deutschlehrerin in der Grundschule

type	tokens
Dickpelz	1
Eichhorn	3
Eichhörnchen	19
Entschuldigung	4
Frage	2
Gedanken	1
Ministück	1
„ö"-Strichelchen	1
Schlangenlinien	1

Bei den Schüler/-innen von De – m ist am Gymnasium ein Unterschied zwischen der Unterstufe zum einen (mit *ttr* = 0,48) und der Mittelstufe (*ttr* = 0,85) und Oberstufe (*ttr* = 0,66) zum anderen festzustellen. Der Grundschulwert liegt aber vergleichsweise hoch mit *ttr* = 0,76 und damit zwischen dem Mittelstufen- und Oberstufenwert. Bei den Schüler/-innen von Bio – w sind die Tendenzen allerdings uneindeutig; ggf. kann man hier eher von einer Abnahme von der Grundschule (ttr = 0,62) bis zu den gymnasialen Jahrgangsstufen sprechen.

Insgesamt kann festgehalten werden, dass die *ttr*-Analyse in diesem Korpus insbesondere auf Lehrerseite zeigen kann, dass die Differenziertheit der komplexen Nomen bis zur Mittelstufe bzw. Oberstufe zunimmt. Auf Schülerseite sind mit dem Mittel der *ttr* nur stark eingeschränkt solche Tendenzen aufzeigbar.

8.5.4 *types* der komplexen exogenen Adjektive

In Abschnitt 8.4.2.4 wurde schon beschrieben, wie exogene Wörter in dieser Arbeit bestimmt werden; in Abschnitt 8.4.1 wurde zudem die Adjektivdefinition vorgestellt und die Operationalisierung komplexer Adjektive erläutert. In diesem Kapitel sollen nun die *types* der komplexen exogenen Adjektive in den Blick kommen. Beispiele sind:

Komposita:
- „autotroph" (LBio – w, OS; Konfixkompositum)
- „heterotroph" (LBio – m, OS; Konfixkompositum)
- „epochenbezogen" (De – m, OS; mit Partizip-Bestandteil)
- „literaturgeschichtlich" (De – m, OS)

Derivationen:
- „chemisch" (LBio – m, MS)
- „hormonell" (LBio – w, MS)
- „feministisch" (LDe – w, OS)
- „moralisch" (LDe – w, MS)

In Abbildung 63 und in Abbildung 64 sind die absolute Häufigkeit sowie Frequenz auf 1000 Wörter der *types* der exogenen komplexen Adjektive auf Lehrer- und auf Schülerseite dargestellt. Betrachtet man zunächst die absoluten Werte auf Lehrerseite (vgl. Abbildung 63), ist zu erkennen, dass sie insbesondere im Biologieunterricht in der Grundschule und Unterstufe den Wert von 2 nicht übersteigen. Die Sachunterrichtslehrerin in der Grundschule nutzt gar keine exogenen komplexen Adjektive. Die größte Zunahme in den absoluten Werten ist bei Bio – m bis zur Mittelstufe (9) zu erkennen; bis zur Oberstufe findet sich nur eine leichte Zunahme auf 11. Bei Bio – w ist eine Zunahme zur Mittelstufe auf 4 und zur Oberstufe auf 8 *types* zu finden.

Bei den Deutschlehrerinnen ist der erste große Unterschied in den absoluten Werten schon zwischen der Grundschule (De – m und De – w jeweils 1) und den Unterstufenwerten (De – m: 6; De – w: 5) zu sehen. Während die Werte zur Mittelstufe bei De – w bei 5 *types* exogener komplexer Adjektive stagnieren, gehen sie bei De – m leicht auf 4 zurück. Zur Oberstufe finden sich dann bei beiden Lehrpersonen die größten Zunahmen (auf 13 bei De – m und auf 10 bei De – w). Die beschriebenen lehrerseitigen Tendenzen spiegeln sich parallel in den Werten auf 1000 Wörter wider, mit dem einzigen Trendunterschied bei De – w, bei der von der Unterstufe zur Mittelstufe eine Stagnation in den absoluten Zahlen zu finden ist im Gegensatz zu einer sehr leichten Zunahme in den Werten auf 1000 Wörter.

Die Schüler/-innen nutzen in drei von vier Grundschulklassen und auch noch in einer Unterstufenklasse (bei Bio – m) keine komplexen exogenen Adjektive (vgl. Abbildung 64). Bei Bio – m werden in der Mittelstufe (die absoluten Zahlen betrachtend) dann 5 *types* genutzt und in der Oberstufe 7. Bei Bio – w nutzen die Schüler/-innen in der Unterstufe und auch noch in der Mittelstufe nur einen *type* exogener komplexer Adjektive; und auch bei De – m bleiben die absoluten Schülerwerte in der Unterstufe (2) und Mittelstufe (1) sehr gering. Während aber bei den Schüler/-innen von Bio – w die absolute Anzahl noch auf 8 und die Frequenz auf 4,5 auf 1000 Wörter in der Oberstufe ansteigt, ist der höchste absolute Wert bei den Oberstufenschülern von De – m nur 3 (und nur 1,6 auf 1000 Wörter und somit unter dem Unterstufenwert liegend). Bei den Schüler/-innen von De – m lässt sich bezogen auf die Häufigkeit auf 1000 Wörter nur von einem Unterschied zwischen der Grundschule (mit dem Wert von 0 *types* exogener komplexer Adjektive) und allen anderen Jahrgangsstufen sprechen. Bei den Schüler/-innen von

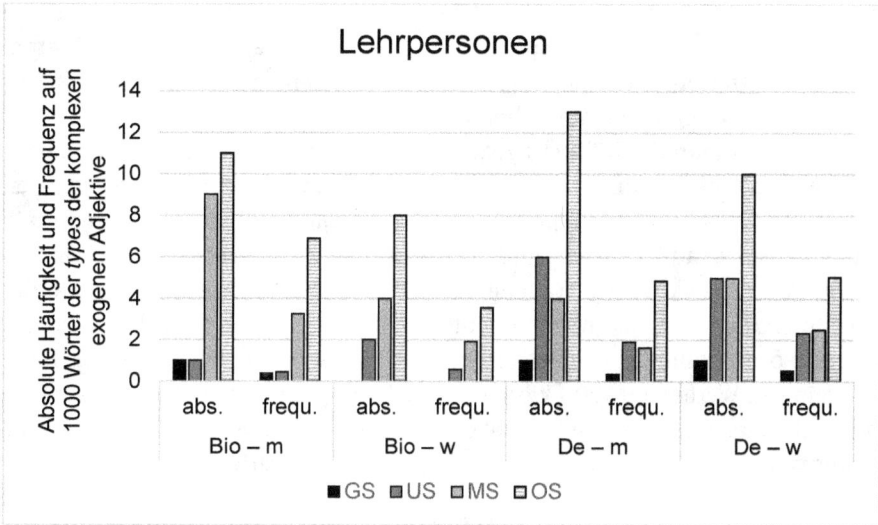

Abbildung 63: Absolute Häufigkeit sowie Frequenz auf 1000 Wörter der *types* der exogenen komplexen Adjektive – Lehrpersonen

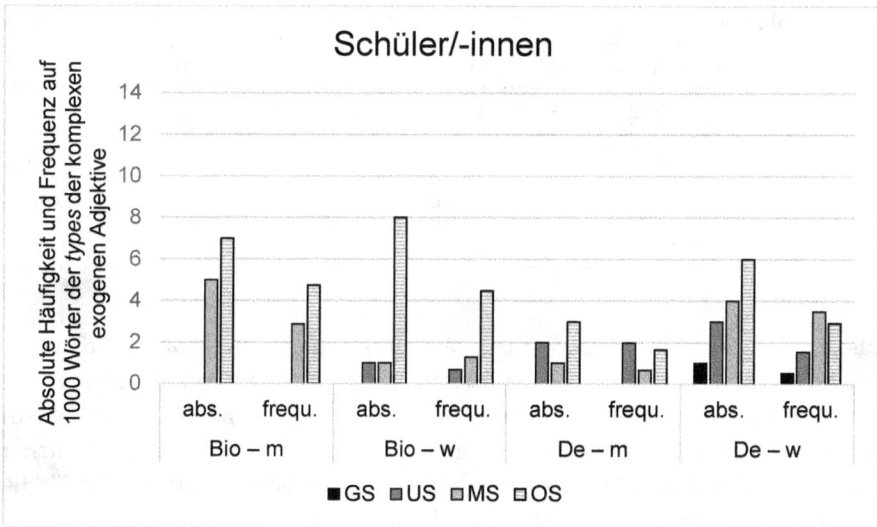

Abbildung 64: Absolute Häufigkeit sowie Frequenz auf 1000 Wörter der *types* der exogenen komplexen Adjektive – Schüler/-innen

De – w finden sich in den absoluten Zahlen Zunahmen von Jahrgangsstufe zu Jahrgangsstufe (GS: 1; US: 3; MS: 4; OS: 6); diese Zunahme ist auch in den Werten auf 1000 Wörter bis zur Mittelstufe wiederzuerkennen; zur Oberstufe kommt es dort hingegen zu einer leichten Abnahme.

Berechnet man die Differenz Δ zwischen Lehrer- und Schülerwerten bezüglich der absoluten Anzahl bzw. Frequenz auf 1000 Wörtern der *types* der exogenen komplexen Adjektive, liegen die Schülerwerte absolut gesehen immer unterhalb der Lehrerwerte (außer Lehrer- und Schüler nutzen gleichermaßen kein komplexes exogenes Adjektiv) (vgl. Tabelle 90). Die größte Differenz findet sich in der Oberstufenklasse des männlichen Deutschlehrers, in der die Schüler/-innen nur 3 *types* exogene komplexe Adjektive einsetzen, während der Lehrer 13 *types* nutzt. Allein in den Werten auf 1000 Wörter liegen die Schülerwerte in vier Klassen, die immer Gymnasialklassen sind, leicht oberhalb der Lehrerwerte. Zudem liegen die Lehrerwerte hier nie mehr als 3,2 oberhalb der Schülerwerte.

Tabelle 90: Differenz Δ zwischen der absoluten Anzahl bzw. Frequenz auf 1000 Wörtern der *types* der exogenen komplexen Adjektive (Lehrer- minus Schülerwerte) (in grau unterlegt sind negative Deltas)

	Bio – m		Bio – w		De – m		De – w	
	abs.	frequ.	abs.	frequ.	abs.	frequ.	abs.	frequ.
GS	1	0,382	0	0,000	1	0,355	0	0,004
US	1	0,458	1	-0,099	4	-0,084	2	0,791
MS	4	0,360	3	0,640	3	0,985	1	-1,012
OS	4	2,132	0	-0,928	10	3,212	4	2,123

Zusammenfassend ist festzustellen, dass unterschiedliche exogene komplexe Adjektive erst in den höheren schulischen Jahrgangsstufen, vor allen Dingen in der Oberstufe, vermehrt durch Lehrpersonen (und teilweise auch Schüler/-innen) genutzt werden. Die Differenziertheit nimmt hier also erst spät zu. Ein ähnlicher Trend der späten Zunahme (allerdings schon zur Mittelstufe) wurde schon für die *tokens* der exogenen komplexen Nomen festgestellt (vgl. Abschn. 8.4.2.4).

8.5.5 Nebensatzstellungstypen

In Abschnitt 8.3.2.3 wurde schon die Stellung der Nebensätze im Nachfeld, Mittelfeld und Vorfeld vergleichend untersucht. Auf Lehrerseite wurden dabei Zunahmen der integrierteren Nebensatzstellung im Mittelfeld festgestellt, während bei den Schüler/-innen diese Zunahmetendenz nicht zu erkennen war. In diesem Abschnitt soll deswegen allein das Vorhandensein oder nicht Vorhandensein der betreffenden Nebensatzstellungstypen in den verschiedenen Jahrgangsstufen geprüft werden. Wir haben es hier also mit einer anderen Perspektive auf dasselbe Phänomen zu tun. Bezogen auf die Operationalisierungsdimension *Differenziertheit* ist in diesem Fall nicht von einer Ausdifferenzierung der Ausdrucksformen (wie in den bisherigen Analysen in diesem Kapitel), sondern von einer Differenzierung der Strukturformen zu sprechen. In Tabelle 91, Tabelle 92 und Tabelle 93 ist das Vorkommen der drei Nebensatzstellungstypen in allen Jahrgangsstufen auf Lehrer- und Schülerseite eingetragen. Ein „x" mit hellgrauer Hinterlegung symbolisiert dabei das Vorkommen des betreffenden Nebensatztypen in der betreffenden Jahrgangsstufe auf Lehrer- oder Schülerseite. Ein „/" ohne farbliche Markierung symbolisiert, dass dieser Nebensatzstellungstyp in der betreffenden Jahrgangsstufe auf Lehrer- oder Schülerseite nicht genutzt wurde. Die Nebensätze in Nachfeldstellung (vgl. Tabelle 91) werden in allen Jahrgangsstufen von Lehrpersonen und Schüler/-innen genutzt.

Tabelle 91: Vorkommen von Nebensätzen in Nachfeldstellung in allen Jahrgangsstufen auf Lehrer- und Schülerseite, dargestellt nach Fach und Geschlecht der Lehrpersonen (x und hellgraue Hinterlegung = Vorkommen; / und keine Hinterlegung = kein Vorkommen)

	Bio – m		Bio – w		De – m		De – w	
	LP	SuS	LP	SuS	LP	SuS	LP	SuS
GS	x	x	x	x	x	x	x	x
US	x	x	x	x	x	x	x	x
MS	x	x	x	x	x	x	x	x
OS	x	x	x	x	x	x	x	x

Auch die Nebensätze in Vorfeldstellung (Tabelle 92) werden in allen Jahrgangsstufen genutzt – außer in der Oberstufenklasse des männlichen Deutschlehrers am Gymnasium auf Schülerseite.

Tabelle 92: Vorkommen von Nebensätzen in Vorfeldstellung in allen Jahrgangsstufen auf Lehrer- und Schülerseite, dargestellt nach Fach und Geschlecht der Lehrpersonen (x und hellgraue Hinterlegung = Vorkommen; / und keine Hinterlegung = kein Vorkommen)

	Bio – m		Bio – w		De – m		De – w	
	LP	SuS	LP	SuS	LP	SuS	LP	SuS
GS	x	x	x	x	x	x	x	x
US	x	x	x	x	x	x	x	x
MS	x	x	x	x	x	x	x	x
OS	x	x	x	x	x	/	x	x

Ein interessanteres Bild ist bei den Nebensätzen in Mittelfeldstellung zu erkennen (vgl. Tabelle 93), die insbesondere in Grundschulklassen nicht genutzt werden: Zweimal sind hier fehlende Mittelfeldstellungen auf Lehrerseite zu verzeichnen (bei Bio – w und bei De – w) und einmal ein fehlender Wert auf Schülerseite in der Grundschulklasse von De – m. Auch in dessen Unterstufenklasse nutzen seine Schüler/-innen keine Nebensätze in Mittelfeldstellung. Ein weiterer Wert von 0 Nebensätzen in Mittelfeldstellung ist zudem auf Schülerseite in der Mittelstufenklasse von Bio – w zu erkennen. Auf Lehrerseite kommen Nebensätze in Mittelfeldstellung ab der Unterstufe in jedem gefilmten Unterricht zum Einsatz, auf Schülerseite kann man dies erst ab der Oberstufe sagen.

Tabelle 93: Vorkommen von Nebensätzen in Mittelfeldstellung in allen Jahrgangsstufen auf Lehrer- und Schülerseite, dargestellt nach Fach und Geschlecht der Lehrpersonen (x und hellgraue Hinterlegung = Vorkommen; / und keine Hinterlegung = kein Vorkommen)

	Bio – m		Bio – w		De – m		De – w	
	LP	SuS	LP	SuS	LP	SuS	LP	SuS
GS	x	x	/	x	x	/	/	x
US	x	x	x	x	x	/	x	x
MS	x	x	x	/	x	x	x	x
OS	x	x	x	x	x	x	x	x

Man kann aus den Ergebnissen schließen, dass es bezüglich der Differenziertheit der Nebensatzstellungstypen auf Lehrerseite einen Unterschied gibt zwischen der Grundschule (wo in zwei von vier Klassen nur zwei der drei Nebensatzstellungstypen genutzt wurden) und allen gymnasialen Jahrgangsstufen. Aufseiten der Durchschnittsschüler/-innen pro Fach und Klasse ist diese Tendenz nicht deutlich zu erkennen, da in jeder Jahrgangsstufe immer eine von vier Klassen zu finden ist, in der nur jeweils zwei der drei Nebensatzstellungstypen genutzt werden.

8.5.6 Fazit zu den Analysen in der Differenziertheitsdimension

In der Einleitung zu diesem Abschnitt wurde schon die Überlegung angestellt, dass die Analysen in der Differenziertheitsdimension aufgrund der Nutzung von Durchschnittsschülerwerten für die Schülerseite weniger aussagekräftig sein könnten, da die Anzahl der Sprechenden potentiell den Differenziertheitswert erhöhen könnte. Auf Schülerseite können in dieser Dimension so oftmals auch nur uneindeutige Veränderungstendenzen nachgezeichnet werden. Umso erstaunlicher ist es trotzdem, dass beispielsweise die Anzahl der *types* der nominalen Wortbildungssuffixe auf Lehrerseite deutlich höher liegt als auf Schülerseite – auch wenn hier ein Sprecher (die Lehrperson) vielen Sprechern (den Schüler/-innen) gegenübersteht. Zunahmen dieser *types* der nominalen Wortbildungssuffixe über die Jahrgangsstufen sind auf Lehrerseite in den absoluten Zahlen und den Werten auf 1000 Wörter festzustellen, bei den Schüler/-innen vor allem in den absoluten Zahlen und nur in zwei nach Fach und Geschlecht der Lehrperson geordneten Klassengruppen auch in den Werten auf 1000 Wörter. Auffallend ist ein Vorherrschen von indigenen und zudem im Gesamtkorpus sehr häufig genutzten Suffixen in der Grundschule und ein Hinzukommen von exogenen und selteneren Suffixen in den höheren Jahrgangsstufen.

In den Analysen der *types* der komplexen Nomen sind wiederum auf Lehrerseite deutlichere Zunahmetendenzen von Jahrgangsstufe zu Jahrgangsstufe feststellbar, während solche stetigen Zunahmetendenzen auf Schülerseite nur in zwei von vier Klassengruppen zu erkennen sind. Mit Bezug auf die komplexen Nomen wurden zudem *type-token*-Analysen durchgeführt. Auf Lehrerseite konnte hier in der Tendenz eine Zunahme der Differenziertheit bis zur Mittel- bzw. Oberstufe nachgezeichnet werden, während für die Schülerseite eine solche Aussage nicht eindeutig gemacht werden kann.

Die Anzahl der *types* der komplexen exogenen Adjektive scheint eine Analysekategorie zu sein, deren Werte erst in den höheren Jahrgangsstufen, insbesondere auf Lehrerseite, aber auch auf Schülerseite steigen. Bezogen auf die absoluten Zahlen liegen hier die Lehrerwerte immer höher als die Schülerwerte; bei den Werten auf 1000 Wörter ist dies nur in vier von 12 Gymnasialklassen nicht der Fall. Zu bedenken ist, dass hier, wie auch schon bei den *types* der *komplexen* Nomen, auch die Operationalisierungsdimension *Komplexität* in gewissem

Sinn tangiert ist, aber zusätzlich auch der Aspekt der Differenziertheit im weiteren Sinn als Nutzung von selteneren, ungewöhnlicheren Varianten einer Struktur- und Ausdrucksform (hier durch den Aspekt des exogenen Wortmaterials). Die Differenziertheitsanalyse ist also mit dieser Analyskategorie gewissermaßen doppelt verschärft.

Hinsichtlich der syntaktischen Analysekategorie der *types* der genutzten Nebensatzstellungsformen konnte auf Lehrerseite eine Zunahme der Differenziertheit in der Form festgestellt werden, dass insbesondere von den Lehrpersonen am Gymnasium immer alle drei Stellungstypen im jeweils transkribierten Unterrichtsausschnitt genutzt werden, während zwei der Grundschullehrpersonen keine Mittelfeldstellungen nutzen. Für die Schüler/-innen kann eine solche Aussage nicht gemacht werden. Dass die Mittelfeldstellung von zwei Grundschullehrpersonen nicht genutzt wird, kann auch in ihrem besonders integrativen Charakter begründet liegen (vgl. Abschn. 8.3.2.3).

8.6 Analysen in der Planungsdimension

Die letzte Operationalisierungsdimension, in der in vorliegender Studie Analysen durchgeführt werden, ist *Planung*:

Operationalisierungsdimension 4: *Planung* wird hier gemessen auf der Basis von *online-Planungsindikatoren im weiten Sinne*. Sie ist die einzige Dimension, in der konzeptionelle Schriftlichkeit im *prototypischen* Fall durch ermittelte Zahlenwerte *invers* angezeigt würde. Die Analysen in dieser Dimension müssen jedoch immer im Zusammenhang gesehen werden mit den Auswertungen in den anderen drei Operationalisierungsdimensionen *Komplexität*, *Integration* und *Differenziertheit*. Denn bei erhöhten Werten in diesen Dimensionen und gleichzeitiger Erhöhung der Werte in der Planungsdimension können Planungsindikatoren auch Anzeiger konzeptioneller Schriftlichkeit sein, denen eine *Ermöglichungsfunktion* für erhöhte konzeptionelle Schriftlichkeit zugeschrieben werden kann.

Bis hierhin wurden in allen drei Dimensionen *Integration*, *Komplexität* und mit Einschränkungen auf Schülerseite auch *Differenziertheit* Zunahmen über die Jahrgangsstufen gefunden. Zunahmen der Werte der Analysekategorien in der Planungsdimension müssen also auf der Folie dieser Zunahmen in den drei anderen Operationalisierungsdimensionen betrachtet werden.

Die erste Analysekategorie, die fokussiert wird, ist die Anzahl der gefüllten Pausen (vgl. Abschn. 8.6.1). Im Anschluss daran werden die syntaktischen Analysekategorien der möglichen Sätze (MS) (vgl. Abschn. 8.6.1) und der Anakoluthe (Ana) (vgl. Abschn. 8.6.3) in den Blick genommen.

8.6.1 Gefüllte Pausen

„[G]efüllte Pausen" (Eriksson 2006: 155; vgl. auch Hörmann 1981: 118; Field 2004: 203; ähnlich auch Bose 1994: 134) werden in dieser Arbeit als möglicher *online-Planungsindikator* untersucht (vgl. Abschn. 3.2.2.2.4). Sie werden operationalisiert als mit der Gesprächspartikel „ähm" (und Varianten wie „öhm", „äh") gefüllte Pausen. Dazu werden die *tokens* dieser Gesprächspartikel (und ihrer Varianten) gezählt und ihre Frequenz auf 1000 Wörter berechnet, um eine Vergleichbarkeit der erhaltenen Werte zu gewährleisten.

Beginnen wir bei der Analyse der Abbildung 65 mit den beiden Säulengruppen der Deutschlehrpersonen. Hier ist eine Variationsbreite von 36 gefüllten Pausen festzustellen: von ca. 3 gefüllten Pausen bei De – m in der Grundschule bis zum Maximalwert von ca. 39 gefüllten Pausen auf 1000 Wörter bei De – w in der Oberstufe. Insbesondere in diesen Säulengruppen liegen die Werte der Grundschullehrpersonen sehr niedrig, so dass sich der erste deutliche Unterschied von der Grundschule einerseits zur Unterstufe und Mittelstufe (ca. 14 bzw. 15 bei De – m; ca. 27 bzw. 25 bei De – w) andererseits ergibt. Dann ist bei beiden Säulengruppen noch einmal eine Zunahme zur Oberstufe zu erkennen (bei De – m: auf ca. 33; bei De – w: auf ca. 39).

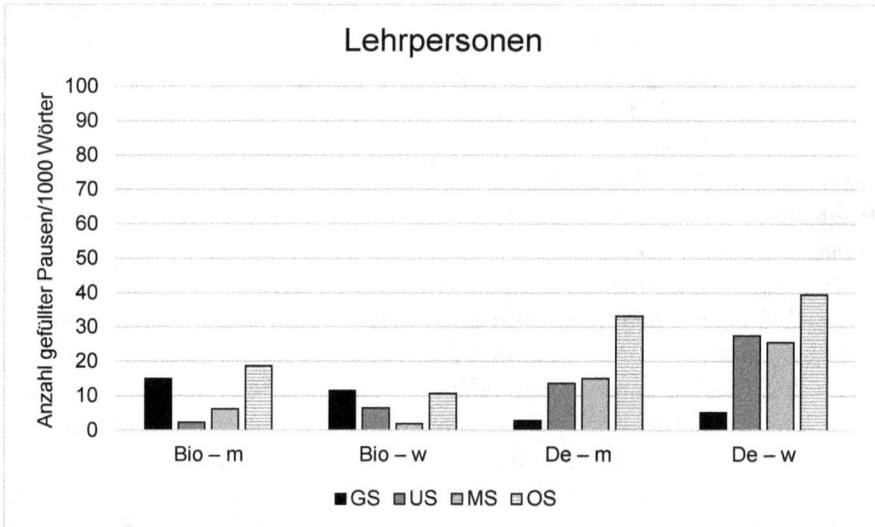

Abbildung 65: Anzahl gefüllter Pausen auf 1000 Wörter – Lehrpersonen

Wenn im Vergleich dazu die Säulengruppen der Biologielehrpersonen in den Blick genommen werden, ist zunächst eine niedrigere Variationsbreite von ca. 17 zwischen dem Minimalwert bei Bio – w in der Mittelstufe von ca. 2 gefüllten Pausen auf 1000 Wörter bis zum Maximalwert von ca. 19 bei Bio – m in der Oberstufe erkennbar. In der Säulengruppe der männlichen Biologielehrpersonen ist eine *intra*individuelle Zunahme der Werte beim Gymnasiallehrer von der Unterstufe (ca. 2) über die Mittelstufe (ca. 6) bis zur Oberstufe (ca. 19) festzustellen. Die Werte des Grundschullehrers liegen hier aber schon bei ca. 15 gefüllten Pausen auf 1000 Wörter. In der Säulengruppe der weiblichen Biologielehrpersonen ist allein eine *intra*individuelle Zunahme bei der Gymnasiallehrerin im Vergleich von der Unterstufe (ca. 6) und Mittelstufe (ca. 2) bis zu ihrem Höchstwert von ca. 11 gefüllten Pausen auf 1000 Wörter in der Oberstufe zu erkennen. Der Grundschulwert liegt allerdings hier ebenfalls bei ca. 11 gefüllten Pausen. Zusammenfassend muss festgehalten werden, dass im vorliegenden Korpus die Biologielehrpersonen gefüllte Pausen weniger produzieren als die untersuchten Deutschkollegen. Gleichwohl sind im *intra*individuellen Vergleich auch bei ihnen leichte Zunahmen zur Oberstufe festzustellen. Insbesondere die weibliche Biologielehrerin am Gymnasium nutzt jedoch im interindividuellen Lehrpersonenvergleich sehr wenig gefüllte Pausen.

Betrachten wir die in Abbildung 66 dargestellten Werte auf Schülerseite, stellen sich die Verhältnisse anders dar. Der schülerseitige Minimalwert von ca. 11 gefüllten Pausen auf 1000 Wörter (bei den Schüler/-innen von De – m) liegt deutlich oberhalb des lehrerseitigen Minimalwerts von 3 und sogar im Bereich des Maximalwerts der zweiten lehrerseitigen Säulengruppe (Bio – w) in Abbildung 65. So übertrifft auch der schülerseitige Maximalwert von ca. 93 bei den Schüler/-innen der weiblichen Biologielehrperson in der Mittelstufe den lehrerseitigen Maximalwert (De – w, OS) um das ca. 2,3-fache. Zudem ist diese Variable auf Schülerseite im Gegensatz zur Lehrerseite im Biologieunterricht stärker ausgeprägt als im Deutschunterricht.

Die Grundschulwerte auf Schülerseite liegen in drei von vier Säulengruppen unterhalb der Gymnasialwerte (bei den Schüler/-innen von De – w liegen jedoch die Mittelstufenwerte noch unter den Grundschulwerten). Sie liegen außerdem jeweils auch säulengruppenübergreifend unter den anderen Gymnasialwerten. Die größten Zunahmen zur Unterstufe sind bei den Schüler/-innen von Bio – w vorhanden (bis auf ca. 71 gefüllte Pausen auf 1000 Wörter); dieser Wert nimmt dann zur Mittelstufe noch einmal auf den höchsten schülerseitigen Wert von 93 zu und dann wieder zur Oberstufe auf den Wert von ca. 52 ab. Auch bei den Schüler/-innen von Bio – m ist eine Zunahme zur Unterstufe (ca. 45) und dann noch einmal zur Mittelstufe (ca. 58)/Oberstufe (ca. 51) feststellbar. Bei den Schüler/-innen des männlichen Deutsch-Gymnasiallehrers sind insbesondere Unterschiede zu der Grundschulklasse zu erkennen; von der Unterstufe nehmen die Werte zur

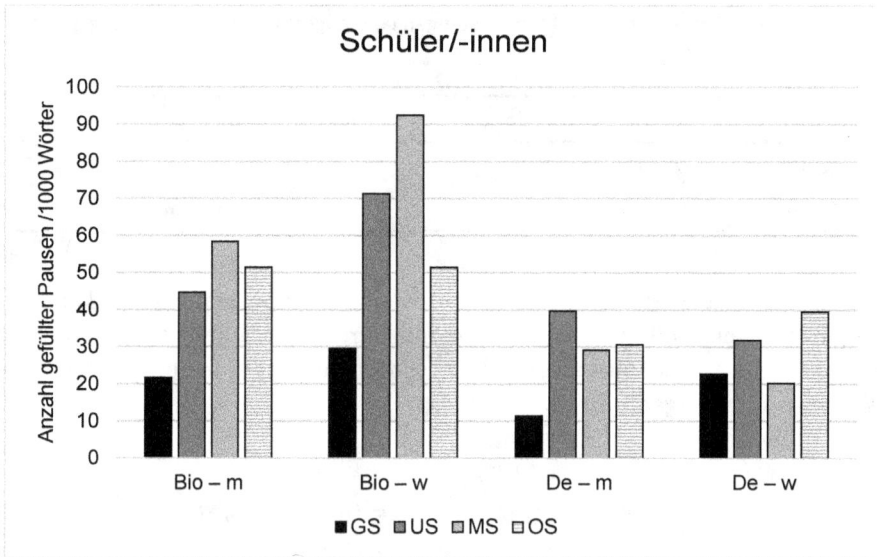

Abbildung 66: Anzahl gefüllter Pausen auf 1000 Wörter – Schüler/-innen

Mittelstufe und Oberstufe hier leicht ab (US: ca. 40; MS: ca. 29; OS: ca. 31). In der letzten Säulengruppe (bei den Schüler/-innen von De – w) ist eine Zickzackzunahme zur Oberstufe erkennbar (bis auf den Wert von ca. 40).

Gewinnbringend ist bei dieser Analyse auch ein deskriptiver Vergleich der Mittelwerte der Jahrgangsstufen auf Lehrer- und Schülerseite, wie in Tabelle 94 dargestellt (fett markiert sind jeweils die im Vergleich höheren Werte). In allen Jahrgangsstufen fallen immer die Schülerwerte höher als die Lehrerwerte aus. In dieser Tabelle sind außerdem mit einem fetten Trennstrich zwischen den Spalten Unterschiede zwischen den Jahrgangsstufen größer als 10 markiert, mit einer gewellten Trennung Unterschiede unter 5 (und größer als 1). Auf Lehrerseite ist der erste kleine Unterschied der Mittelwerte zwischen Grundschule und Unterstufe zu erkennen, während sich Unterstufen- und Mittelstufenmittelwerte sehr ähneln. Der größte Unterschied ist dann zur Oberstufe zu verzeichnen. Bei den Schüler/-innen findet sich der größte Unterschiede der Mittelwerte schon zwischen den Grundschulmittelwerten und den Unterstufenmittelwerten, die den Mittelstufenmittelwerten sehr ähneln, während der Oberstufenmittelwert leicht unter diesen liegt. Insgesamt ist also bei den Lehrpersonen eine Zunahme von der Grundschule zur Unterstufe/Mittelstufe vorhanden und dann wiederum zur Oberstufe, während bei den Schüler/-innen vor allen Dingen Unterschiede zwischen Grundschule und Gymnasium feststellbar sind.

Tabelle 94: Vergleich der lehrer- und schülerseitigen Jahrgangsstufenmittelwerte der gefüllten Pausen auf 1000 Wörter

	GS	US	MS	OS
$\bar{x}_{arithm}$ (LP)	8,64	11,80	11,72	25,96
$\bar{x}_{arithm}$ (SuS)	21,66	46,32	46,39	42,70

Auch im Liniendiagramm in Abbildung 67 ist noch einmal deutlich zu erkennen, dass die meisten Schülerwerte (alle in rot markiert) der gefüllten Pausen auf 1000 Wörter oberhalb *aller* Lehrerwerte (alle in schwarz markiert) in den betreffenden Jahrgangsstufen liegen.

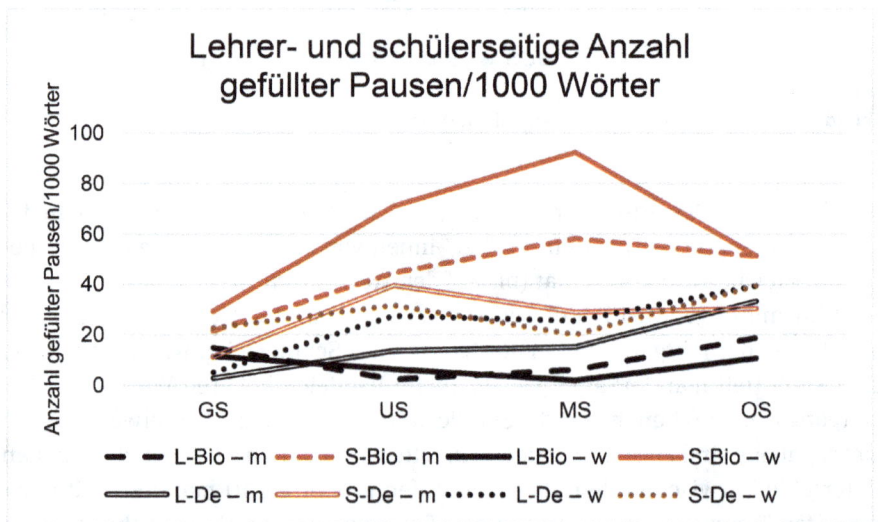

Abbildung 67: Vergleich der lehrer- und schülerseitigen Anzahl gefüllter Pausen/1000 Wörter

Ausnahmen bilden die schülerseitigen Grundschulwerte bei De – m, die vergleichsweise niedrig liegen, und die schülerseitigen Mittelstufenwerte bei De – w. In der Oberstufe kommt es zudem in den Klassen der Deutschlehrpersonen zu einer Annäherung der Schülerwerte und der Lehrerwerte (bei De – m liegen dann die Schülerwerte auch leicht unterhalb der Lehrerwerte).

In diese Analyse sind alle gefüllten Pausen eingegangen. Schon in Abschnitt 3.2.2.2.4 wurde aber erwähnt, dass nicht alle gefüllten Pausen automatisch als Planungsindikator angesehen werden können, sondern dass diese Pausen auch die Funktion der Strukturierung des Diskurses haben können. Sie können „signalisieren, dass der Sprecher die Sprecherrolle ergreifen bzw. behalten will" (Schwitalla 2012: 75), insbesondere, wenn sie sich zwischen zwei Äußerungseinheiten befinden. Wenn sie sich aber innerhalb der Einheiten befinden würden, könnten sie als Planungszeit verschaffend interpretiert werden (vgl. Schwitalla 2012: 90). Da diese beiden Arten von gefüllten Pausen in der Auszählung nicht differenziert wurden, können wir zur Klärung der Frage, ob die festgestellte Zunahme der gefüllten Pausen allein durch eine Zunahme der diskursstrukturierenden Aktivitäten an Einheitengrenzen zustande gekommen ist, auf die Ergebnisse aus Abschnitt 8.2.2 zur Einheitenzahl und aus Abschnitt 8.4.5.1 zur *turn*-Anzahl zurückgreifen. Wenn Einheitenzahl und *turn*-Zahl steigen, müsste es also zu einer Erhöhung der Anzahl der gefüllten Pausen kommen. Korrelationsanalysen mit dem Rangkorrelationskoeffizienten *Kendalls tau-b* (τ_b) zwischen der *turn*-Anzahl/Einheitenanzahl und der Anzahl gefüllter Pausen müssten also durchgehend positive Werte ergeben. Dies ist bei den Lehrpersonen weder bezogen auf die *turn*-Anzahl (vgl. Tabelle 95) noch bezogen auf die Einheitenzahl (vgl. Tabelle 96) der Fall. Bei den Deutschlehrpersonen finden sich immer negative Korrelationen zur *turn*-Anzahl (jeweils die mittlere negative Korrelation von τ_b = −0,667) und auch zur Einheitenanzahl (bei De – w die geringe negative Korrelation von τ_b = −0,333 und bei De – m die mittlere negative Korrelation von τ_b = −0,667). Allein bei den Biologielehrpersonen ist immer eine *leichte* positive Korrelation der Anzahl der gefüllten Pausen sowohl mit der Einheitenzahl als auch mit der *turn*-Anzahl von τ_b = 0,333 zu finden.

Tabelle 95: Korrelationen mittels *Kendalls tau-b* (τ_b) zwischen der *turn*-Anzahl und der Anzahl der gefüllten Pausen (grau markiert die Korrelationen in einer Lehrergruppe) – Lehrpersonen

	Bio – m (*turn*-Anzahl)	Bio – w (*turn*-Anzahl)	De – m (*turn*-Anzahl)	De – w (*turn*-Anzahl)
Bio – m (gefüllte Pausen)	,333	,000	,000	,000
Bio – w (gefüllte Pausen)	,000	,333	,333	,333
De – m (gefüllte Pausen)	-1,000*	,000	-,667	-,667
De – w (gefüllte Pausen)	-1,000*	,000	-,667	-,667

* Die Korrelation ist auf dem 0,05-Niveau signifikant (zweiseitig)

Tabelle 96: Korrelationen mittels *Kendalls tau-b* (τ_b) zwischen der Einheitenanzahl und der Anzahl der gefüllten Pausen (grau markiert die Korrelationen in einer Lehrergruppe) – Lehrpersonen

	Bio – m (Einheitenzahl)	Bio – w (Einheitenzahl)	De – m (Einheitenzahl)	De – w (Einheitenzahl)
Bio – m (gefüllte Pausen)	,333	,000	,000	-,333
Bio – w (gefüllte Pausen)	,000	,333	,333	,000
De – m (gefüllte Pausen)	-1,000*	,000	-,667	-,333
De – w (gefüllte Pausen)	-1,000*	,000	-,667	-,333

* Die Korrelation ist auf dem 0,05-Niveau signifikant (zweiseitig)

Die Schülerwerte sind in Tabelle 97 und Tabelle 98 dargestellt. In zwei Gruppen sind auch hier mittlere negative Korrelationen zwischen der Anzahl der gefüllten Pausen und der *turn*-Anzahl zu finden (in den Klassen von Bio – m: $\tau_b = -0,333$; in den Klassen von De – m: $\tau_b = -0,667$). Während in den Klassen von De – w keine Korrelation vorliegt, sind *turn*-Anzahl und Anzahl der gefüllten Pausen in den Klassen von Bio – w auf einem mittleren Niveau positiv korreliert ($\tau_b = 0,667$).

Tabelle 97: Korrelationen mittels *Kendalls tau-b* (τ_b) zwischen der *turn*-Anzahl und der Anzahl der gefüllten Pausen (grau markiert die Korrelationen in einer Schülergruppe) – Schüler/-innen

	Bio – m (*turn*-Anzahl)	Bio – w (*turn*-Anzahl)	De – m (*turn*-Anzahl)	De – w (*turn*-Anzahl)
Bio – m (gefüllte Pausen)	-,333	-,333	-,333	-,667
Bio – w (gefüllte Pausen)	-,667	,667	-,667	,333
De – m (gefüllte Pausen)	-,667	,000	-,667	-,333
De – w (gefüllte Pausen)	-1,000*	,333	-1,000*	,000

* Die Korrelation ist auf dem 0,05-Niveau signifikant (zweiseitig)

Tabelle 98: Korrelationen mittels *Kendalls tau-b* (τ_b) zwischen der Einheitenanzahl und der Anzahl der gefüllten Pausen (grau markiert die Korrelationen in einer Schülergruppe) – Schüler/-innen

	Bio – m (Einheitenzahl)	Bio – w (Einheitenzahl)	De – m (Einheitenzahl)	De – w (Einheitenzahl)
Bio – m (gefüllte Pausen)	,333	,000	-,333	-,183
Bio – w (gefüllte Pausen)	-,667	,333	-,667	,913
De – m (gefüllte Pausen)	,000	,333	,000	,183
De – w (gefüllte Pausen)	-,333	,667	-,333	,548

* Die Korrelation ist auf dem 0,05-Niveau signifikant (zweiseitig)

Hinsichtlich der Korrelation der Einheitenzahl auf Schülerseite und der gefüllten Pausen in den jeweils nach Fach und Geschlecht der Lehrperson gruppierten Klassen ergibt sich ein etwas anderes Bild als bei den vorigen Analysen, denn hier liegen zwei leichte positive Korrelationen (τ_b = 0,333) in den Klassen von Bio – m und Bio – w vor sowie eine mittlere positive Korrelation in den Klassen von De – w (τ_b = 0,548[24]). Einzig in den Klassen von De – m ist keine Korrelation vorhanden. Diese drei geringen bis mittleren positiven Korrelationen der schülerseitigen Anzahl der gefüllten Pausen mit der schülerseitigen Einheitenzahl können dahingehend interpretiert werden, dass insbesondere auf Schülerseite ein leichter Zusammenhang zwischen der Anzahl der gefüllten Pausen und der Einheitenzahl bestehen könnte. Das heißt, dass ein Teil der Erhöhung der gefüllten Pausen mit den Jahrgangsstufen bei diesen Schülergruppen auch im Zusammenhang mit der Diskursstrukturierung durch erhöhte Einheitenzahlen stehen kann.[25] Diese Interpretation ist auch für die oben aufgeführten wenigen positiven Korrelationen auf Lehrerseite möglich.

Diese Analysen zusammenfassend kann insbesondere auf Lehrerseite, aber mit Einschränkungen auch auf Schülerseite, die Überlegung angestellt werden, dass die Zunahmen der mit „ähm" und Varianten gefüllten Pausen in Zusammen-

---

24 Dass *Kendalls tau-b* den bisher nicht auftauchenden Wert τ_b = 0,548 annimmt, liegt daran, dass bei der schülerseitigen Einheitenzahl in den Klassen von De – w in der Grundschule und in der Unterstufe zweimal derselbe Wert von 158 auftritt und somit gebundene Paare vorliegen, die in der Formel gesondert berücksichtigt werden (vgl. Janssen & Laatz 2007: 277; vgl. auch Abschn. 7.8.3.).

25 Da aber keine Korrelation von τ_b =+1,000 vorliegt, kann keineswegs von einem vollständigen Zusammenhang gesprochen werden.

hang stehen könnten mit der Erhöhung der Werte in den anderen drei Operationalisierungsdimensionen konzeptioneller Schriftlichkeit. Dass die Schülerwerte hier so deutlich über den Lehrerwerten liegen, könnte vorsichtig als Kompetenzphänomen interpretiert werden: Für die Produktion integrierterer, komplexerer und differenzierterer Struktur- und Ausdrucksformen müssen sie mehr Planungsressourcen nutzen als die Lehrpersonen.

Eine Zusatzüberlegung kann in dieser Hinsicht angestellt werden: Eine Schülergruppe zeichnet sich im Vergleich mit den anderen Schülergruppen durch besonders hohe Werte der mit „ähm" gefüllten Pausen aus: die Schüler/-innen der weiblichen Biologielehrerinnen. Es können nun alle Analysekategorien konzeptioneller Schriftlichkeit in den anderen Operationalisierungsdimensionen daraufhin befragt werden, ob diese Schülergruppe im Vergleich mit den anderen Schülergruppen besonders hohe Werte aufweist. Und dies ist in der Tat der Fall bei folgenden Analysekategorien: In allen Jahrgangsstufen bei den attributiven Adjektiven (vgl. Abschn. 8.3.1.1), bei den partizipialen attributiven Adjektiven in der Grundschule und Oberstufe (vgl. Abschn. 8.3.1.2), bei der lexikalischen Dichte und den satzwertigen Substantivgruppen in der Mittelstufe (vgl. Abschn. 8.3.1.3 und Abschn. 8.3.1.4), bei der Gesamtzahl komplexer Nomen in allen Jahrgangsstufen (vgl. Absch. 8.4.1), beim Mittelwert der Wortanzahl pro Ganzsatz in der Mittelstufe und Oberstufe (vgl. Abschn. 8.4.4), bei den *types* der nominalen Wortbildungssuffixe in der Mittelstufe und Oberstufe (vgl. Abschn. 8.5.1) und bei den *types* der komplexen Nomen in allen Jahrgangsstufen (vgl. Abschn. 8.5.2). Auch wenn nach dieser Auflistung ein Zusammenhang plausibel erscheint, ist er keineswegs zwingend.

8.6.2 Mögliche Sätze

Die Operationalisierung der möglichen Sätze nach Hennig (2006) als Sätze mit diskontinuierlicher Realisierung der Projektionsstruktur, ausgelöst u. a. durch Reparaturen sowie satzinterne Satzrandstrukturen (wie Links- und Rechtsversetzungen oder Ausklammerungen) wurde schon in Abschnitt 8.2.1.1 vorgestellt. In diesem Abschnitt werden die Ergebnisse zu diesen diskontinuierlich realisierten Sätzen, die *online-Planungsindikatoren* wie Reparaturen oder satzinterne Satzrandstrukturen enthalten und deswegen zur Planungsdimension zählen, vorgestellt. Es wird der prozentuale Anteil der möglichen Sätze (MS) an der Gesamtzahl aller Sätze (durch Addition der kanonischen Sätze (KS) und möglichen Sätze) berechnet. So ergibt sich ein direkter Verhältniswert zu den kanonischen Sätzen, die kontinuierlich realisiert werden. Die lehrer- und schülerseitigen Analysen sind in Abbildung 68 und Abbildung 69 dargestellt. Bei den *Gymnasial*lehrpersonen sind in drei von vier Säulengruppen (bei Bio – w, De – m, De – w) intraindividuelle Zunahmen des prozentualen Anteils der möglichen Sätze an der Gesamtsatzzahl der Sätze von der Unterstufe/Mittelstufe bis zur Oberstufe (bis auf den Maximalwert von ca. 16 % möglicher Sätze bei De – w in der Oberstufe) zu erkennen. Bei De – m sind zudem die Grundschulwerte (ca. 5 %) deutlich niedriger als die Unterstufen-/Mittelstufenwerte, bei De – w nähern diese sich mit einem Wert von ca. 10 % den Unterstufen- und Mittelstufenwerten an. Insbesondere bei De – m findet sich also im Umkehrschluss auch der größte Anteil der kanonischen Sätze bei den Grundschullehrpersonen. Der prozentuale Anteil der möglichen Sätze bei der Sachunterrichtslehrerin in der Grundschule (Bio – w) liegt demgegenüber mit ca. 13 % im Oberstufenbereich der dazugehörigen Säulengruppe. Insbesondere aber die Säulengruppe von Bio – m unterscheidet sich deutlich von den anderen: Die höchsten Werte sind in der Grundschule zu verzeichnen (ca. 15 %); die Werte in den Gymnasialklassen liegen darunter (US: ca. 11 %; MS: ca. 6 %; OS: ca. 10 %) und auch beim Gymnasiallehrer lässt sich keine intraindividuelle Zunahmetendenz feststellen.

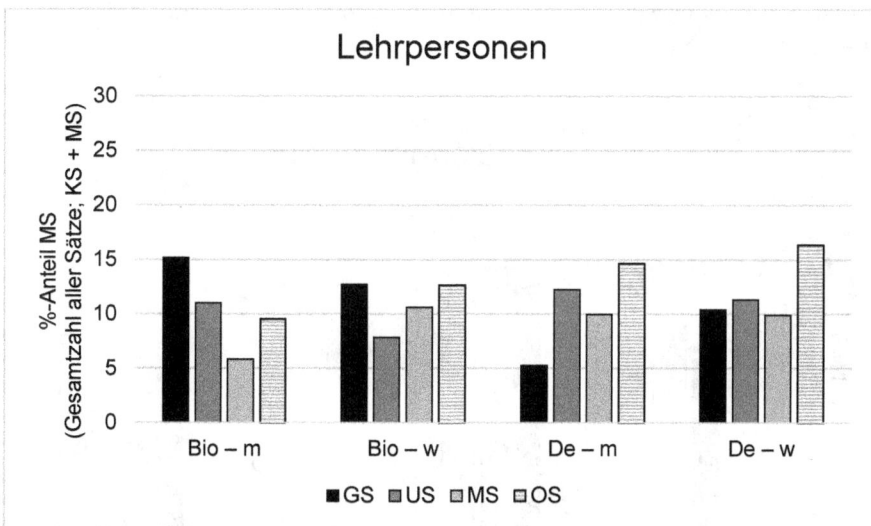

Abbildung 68: Prozentualer Anteil der möglichen Sätze an der Gesamtzahl der Sätze (KS + MS) – Lehrpersonen

Der schülerseitige Minimalwert (vgl. Abbildung 69) von ca. 4 % liegt in der Nähe des lehrerseitigen Minimalwerts von ca. 5 % (beide bei De – m in der Grundschule). Der schülerseitige Maximalwert von ca. 28 % (in der Mittelstufenklasse von Bio – w) liegt aber deutlich über dem lehrerseitigen Maximalwert des prozentualen Anteils möglicher Sätze von 16 % bei De – w in der Oberstufe.

Bei den Säulengruppen der Klassen der Deutschlehrpersonen liegen die Grundschulwerte sehr deutlich (bei De – m: ca. 4 %) bzw. etwas (bei De – w: ca. 16 %) unter den Gymnasialwerten. Während bei den Gymnasialwerten dann in den Klassen von De – m eine leichte Abnahme von der Unterstufe zur Mittelstufe und Oberstufe erfolgt (von ca. 18 % auf 14 % und 15 %), ist in den Klassen von De – w eine leichte Zunahme zur Oberstufe zu erkennen (ca. 17 %, ca. 17 %, ca. 18 %). Auch bei den Klassen von Bio – m liegen die Gymnasialwerte leicht oberhalb der Grundschulwerte (GS: 16 %; US: 19 %; MS: 18 %; OS: 19 %). In der Säulengruppe der Klassen der weiblichen Biologielehrpersonen liegen nur zwei der drei Gymnasialwerte oberhalb der Grundschulwerte (dies sind die Unterstufen- und Mittelstufenwerte mit 24 % und 28 %). Auffallend sind wiederum, wie bei der Anzahl der gefüllten Pausen, die im Vergleich mit den anderen Säulengruppen sehr hohen Werte bei den Schüler/-innen der weiblichen Biologielehrerinnen. Zusammenfassend kann man bei den Schüler/-innen von einer Tendenz der Zunahme der möglichen Sätze an der Gesamtzahl aller Sätze von der Grundschule zu den gymnasialen Klassen sprechen (insbesondere bei den Schüler/-innen von De – m und Bio – m erkennbar).

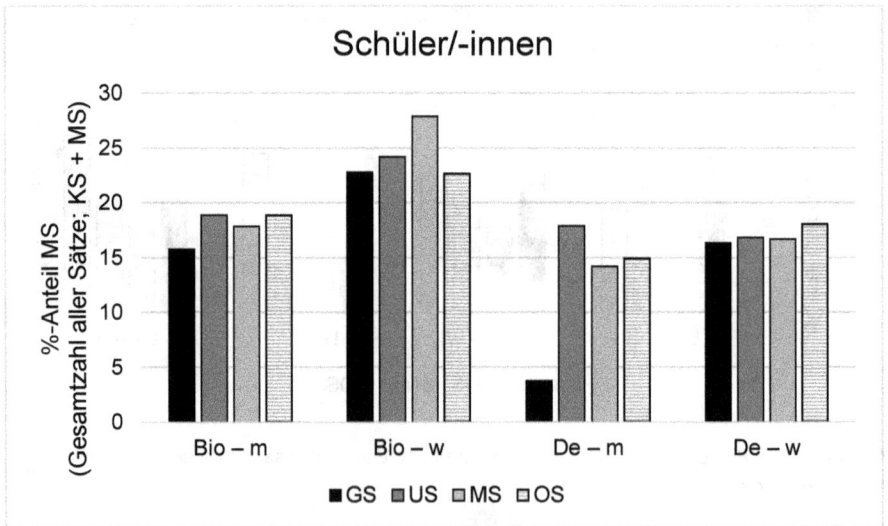

Abbildung 69: Prozentualer Anteil der möglichen Sätze an der Gesamtzahl der Sätze (KS + MS) – Schüler/-innen

Insgesamt kann man feststellen, dass sich sechs von acht schüler- und lehrerseitigen Maximalwerten in den betreffenden Säulengruppen in dem engen Bereich zwischen ca. 15 und ca. 19 % möglicher Sätze an der Gesamtzahl aller Sätze befinden (vgl. Tabelle 99). Nur der lehrerseitige Maximalwert der Säulengruppe der Biologielehrerinnen liegt darunter; der schülerseitige Maximalwert derselben Säulengruppe darüber. Das schülerseitige Maximum liegt hier immer oberhalb des lehrerseitigen Maximums.

Tabelle 99: Vergleich der lehrer- und schülerseitigen Maximalwerte des prozentualen Anteils der möglichen Sätze an der Gesamtzahl der Sätze (KS + MS); fette Markierung: höchste Werte im Lehrer-/Schülervergleich

	Bio – m	Bio – w	De – m	De – w
Max (LP)	15,18 % (GS)	*12,71 % (GS)*	14,65 % (OS)	16,37 % (OS)
Max (SuS)	**18,87 % (US)**	***27,87 % (MS)***	**17,86 % (US)**	**18,05 % (OS)**

Diese Analysen zusammenfassend kann festgehalten werden, dass bei drei von vier *Gymnasial*lehrpersonen *intra*individuelle Zunahmen des prozentualen Anteils der möglichen Sätze an der Gesamtzahl der Sätze von der Unterstufe/Mittelstufe bis zur Oberstufe festzustellen sind. Zudem kann festgehalten werden, dass die Gymnasialwerte bei den Deutschlehrpersonen auch im Vergleich mit den Grundschullehrpersonen höher liegen (eine Ausnahme bildet De – w in der Mittelstufe) und somit bei diesen auch von *inter*individuellen Zunahmen zwischen Grundschule und Gymnasium zu sprechen ist. Insbesondere bei den männlichen Biologielehrpersonen sind jedoch eher Abnahmetendenzen zu erkennen.

Auch bei den Säulengruppen der Schüler/-innen finden sich leichte Zunahmetendenzen zu den gymnasialen Klassen im Vergleich mit der Grundschule. Besonders hohe Werte liegen bei den Schüler/-innen der weiblichen Biologielehrerinnen vor, die sich auch schon durch die besonders starke Nutzung von gefüllten Pausen auszeichneten (vgl. Abschn. 8.6.1).

8.6.3 Anakoluthe

Auch die Operationalisierung der Anakoluthe als Einheiten mit einer Nicht-Realisierung einer Projektionspotenz nach Hennig (2006) bzw. als abgebrochene Äußerungen nach Rehbein et al. (2004: 22) wurde schon in Abschnitt 8.2.1.2 vorgenommen. Diese können ebenfalls wie die in möglichen Sätzen enthaltenen Reparaturen und Links-/Rechtsherausstellungen als *online-Planungsindikatoren* angesehen werden. Der Verlauf der Säulengruppen in Abbildung 70 und Abbildung 68 ähnelt sich somit auch.

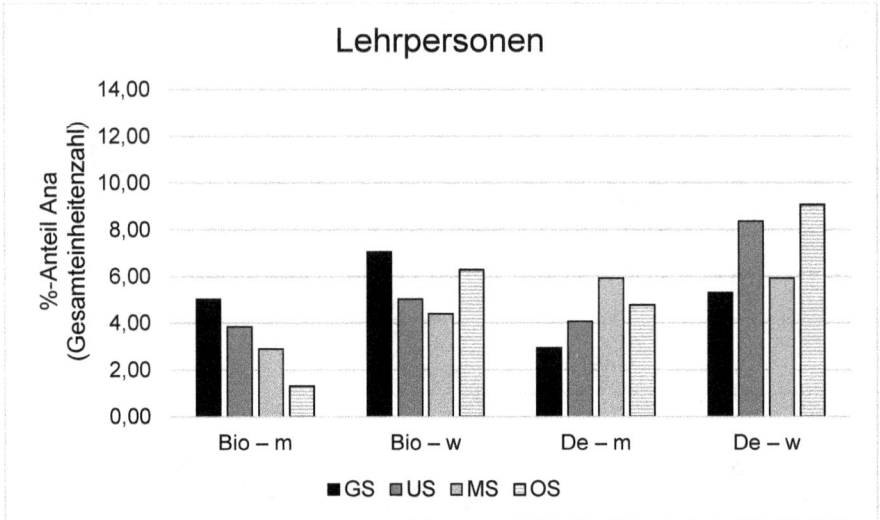

Abbildung 70: Prozentualer Anteil der Anakoluthe an der Gesamteinheitenzahl – Lehrpersonen

Die lehrerseitigen Werte bewegen sich in Abbildung 70 zwischen einem Minimalwert von 1,3 % Anakoluthen an der Gesamteinheitenzahl (bei Bio – m, OS) bis zu einem Maximalwert von 9,1 % bei De – w in der Oberstufe, die Variationsbreite beträgt 7,8 Prozentpunkte.

Während man bei der Säulengruppe der männlichen Biologielehrpersonen von einer Abnahme des prozentualen Anteils der Anakoluthe an der Gesamteinheitenzahl zur Oberstufe sprechen muss (GS: 5,0 %; US: 3,8 %; MS: 2,9 %; OS: 1,3 %) und man bei der Säulengruppe der weiblichen Biologielehrpersonen allein von leichten Zunahmen im Gymnasialbereich von der Unterstufe (5,0 %) und Mittelstufe (4,4 %) einerseits zur Oberstufe andererseits (6,3 %) bei vergleichsweise hohen Grundschulwerten (von 7,1 %) sprechen kann, liegen bei den Deutschlehrpersonen die Grundschulwerte jeweils unterhalb aller Gymnasialwerte der jeweiligen Säulengruppe (De – m: 2,9 %; De – w: 5,3 %). Bei De – m ist am Gymnasium dann eine Zunahme von der Unterstufe (4,1 %) zur Mittelstufe (5,9 %)/Oberstufe (4,8 %) zu erkennen. Die höchsten Werte erreicht die weibliche Deutschlehrerin in der Oberstufe mit 9,1 % Anakoluthen im Vergleich zu ihren etwas niedrigeren Unterstufen- und Mittelstufenwerten von 8,4 % und 5,9 %. Aber auch hier ist zu bedenken, dass allein Steigerungen von 3,2 Prozentpunkten (von der Mittelstufe zur Oberstufe) vorliegen.

Zur Überprüfung der ähnlichen Tendenzen in den *Variablen prozentualer Anteil der möglichen Sätze an der Gesamtsatzzahl* und *prozentualer Anteil der Anakoluthe an der Gesamteinheitenzahl* auf Lehrerseite wurden Korrelationen mit Hilfe von *Kendalls tau-b* (τ_b) berechnet (vgl. Tabelle 100). Die für diese Analyse relevanten Ergebnisse finden sich in den grau unterlegten Zellen der Tabelle. Hier ist zu erkennen, dass in drei Fällen eine mittlere Korrelation von $\tau_b = 0{,}667$ vorliegt (bei Bio – m, Bio – w und De – w) und in einem Fall eine geringe Korrelation bei De – m von $\tau_b = 0{,}333$.

Tabelle 100: Rangkorrelationen mittels *Kendalls tau-b* (τ_b) zwischen dem prozentualen Anteil der möglichen Sätze an der Gesamtsatzanzahl und dem prozentualen Anteil der Anakoluthe an der Gesamteinheitenzahl (grau markiert Korrelationen innerhalb einer Lehrergruppe) – Lehrpersonen

	Bio – m (MS)	Bio – w (MS)	De – m (MS)	De – w (MS)
Bio – m (Ana)	,667	,000	-,667	-0,333
Bio – w (Ana)	,667	,667	,000	,333
De – m (Ana)	-1,000*	-,333	,333	,000
De – w (Ana)	-,333	-,333	1,000*	,667

* Die Korrelation ist auf dem 0,05-Niveau signifikant (zweiseitig)

Wenn nun die Schülerwerte in den Blick kommen, sind die Ergebnisse schwieriger zu ordnen als die Ergebnisse auf Lehrerseite und als die Ergebnisse bei den möglichen Sätzen. Zu erkennen ist zunächst, dass die schülerseitige Variationsbreite von R = 9,7 Prozentpunkten hier nur etwas höher liegt als bei den Lehrpersonen, vom Minimalwert 2,6 % bei den Schüler/-innen von De – m in der Grundschule bis zum hohen Maximalwert von 12,3 % bei den Schüler/-innen von De – m in der Unterstufe.

In der ersten Säulengruppe der Klassen der männlichen Biologielehrpersonen ist eine leichte Abnahme des prozentualen Anteils der Anakoluthe an der Einheitenzahl auf Schülerseite (von 5,9 % in der GS über 5,2 % in der Unterstufe bis auf 3,4 % in der OS) festzustellen – allerdings mit einem sehr hohen Wert in der Mittelstufe von 8,5 %. Demgegenüber erkennt man bei den *Gymnasial*schüler/-innen von Bio – w kontinuierliche Zunahmen von der Unterstufe (4,3 %) über die Mittelstufe (5,2 %) bis zur Oberstufe (7,9 %); wobei der Grundschulwert (5,6 %) in der Nähe des Mittelstufenwerts liegt. Bei den Klassen der männlichen Deutschlehrer ist ein niedriger Grundschulwert von 2,6 % festzustellen und eine starke Zunahme zur Unterstufe (auf 12,3 % Anakoluthe) mit Abnahmen zur Mittelstufe (6,2 %)/Oberstufe (6,3 %). Bei den Klassen der weiblichen Deutschlehrerinnen ist eine leichte Zunahme von dem vergleichsweise hohen Grundschulschwert (8,2 %) zur Unterstufe zu erkennen (9 %), dann aber sind wiederum Abnahmen zur Mittelstufe (5,7 %) und Oberstufe 6,2 % wie schon bei De – m festzustellen. Auch wenn also bei den Klassen von De – m und De – w Zunahmen zur Unterstufe zu verzeichnen sind, sind so Abnahmen des prozentualen Anteils der Anakoluthe zur Mittelstufe und Oberstufe zu finden.

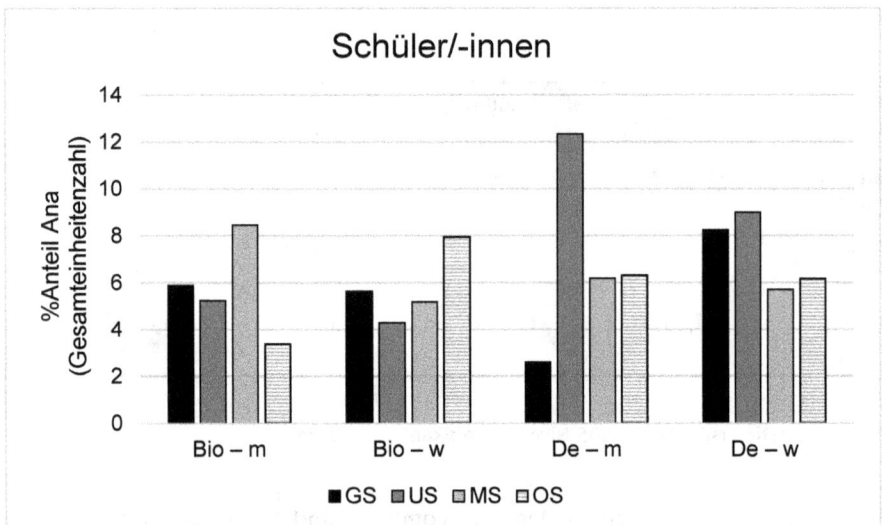

Abbildung 71: Prozentualer Anteil der Anakoluthe an der Gesamteinheitenzahl – Schüler/-innen

Berechnet man auch hier Rangkorrelationen zwischen dem prozentualen Anteil der möglichen Sätze und dem prozentualen Anteil der Anakoluthe mittels *Kendalls tau-b* (τ_b) (vgl. Tabelle 101), so zeigt sich, dass bei den Schüler/-innen weniger positive Korrelationen zwischen diesen Variablen vorliegen als bei den Lehrpersonen. Allein eine hohe und signifikante Korrelation (τ_b = 1,000) liegt zwischen der Ausprägung von MS und Ana bei den Schüler/-innen der männlichen Deutschlehrer vor (Zunahme zur Unterstufe und Abnahme zur Mittelstufe mit leichter Zunahme zur Oberstufe). Die Ausprägungen von MS und Ana sind bei den Klassen der weiblichen Biologielehrpersonen sogar mit einer mittleren Korrelation und bei den Klassen der männlichen Biologielehrpersonen mit einer leichten Korrelation negativ relationiert. Bei den Klassen von De – w ist kein Zusammenhang feststellbar.

Tabelle 101: Rangkorrelationen mittels *Kendalls tau-b* (τ_b) zwischen dem prozentualen Anteil der möglichen Sätze an der Gesamtsatzanzahl und dem prozentualen Anteil der Anakoluthe an der Gesamteinheitenzahl (grau markiert Korrelationen innerhalb einer Schülergruppe) – Schüler/-innen

	Bio – m (MS)	Bio – w (MS)	De – m (MS)	De – w (MS)
Bio – m (Ana)	-,333	,667	-,333	-,667
Bio – w (Ana)	,-333	-,667	-,333	,000
De – m (Ana)	1,000*	,000	1,000*	,667
De – w (Ana)	,333	,000	,333	,000

* Die Korrelation ist auf dem 0,05-Niveau signifikant (zweiseitig)

In Abbildung 72 und Abbildung 73 ist nun der summierte prozentuale Anteil von möglichen Sätzen und Anakoluthen an der Gesamteinheitenzahl als *online*-Planung indizierend aufgetragen.

Während bei der Säulengruppe der männlichen Biologielehrpersonen (vgl. Abbildung 72) weiterhin eine Abnahme von 15,1 % in der Grundschule über 12,1 % (US) bis zu 7,3 % (MS) und 8,3 % in der Oberstufe zu verzeichnen ist, ist bei Bio – w wiederum in den gymnasialen Klassen eine Zunahme von 10,3 % über 11,4 % auf 14,3 % Ana + MS zu erkennen. Die Grundschulwerte liegen hier aber oberhalb aller Gymnasialwerte (16,3 %). Bei De – m und De – w finden sich die höchsten Werte jeweils in der Oberstufe (De – m: 15,3 %; De – w: 21,5 %). Bei De – m kommt es bis dahin zu einer starken Zunahme von der Grundschule (6,4 %) bis zur Unterstufe (13,3 %) und Mittelstufe (13,0 %), bei De – w liegt eher eine Zickzackzunahme bis zum Maximalwert in der Oberstufe vor (GS: 13,4 %; US: 17,0 %; MS: 12,5 %; OS: 21,5 %). Bei zwei Säulengruppen lässt sich also von Zunahmen bis

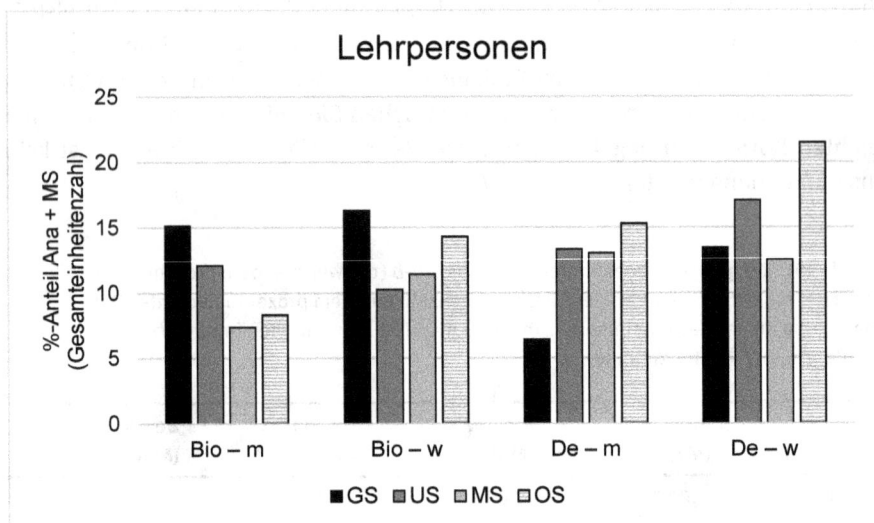

Abbildung 72: Prozentualer Anteil der Summe der Anakoluthe und möglichen Sätze an der Gesamteinheitenzahl – Lehrpersonen

zur Oberstufe sprechen (De – m und De – w), bei einer Säulengruppe liegen nur intraindividuelle Zunahmen bei der Gymnasiallehrperson vor (Bio – w), während bei der Säulengruppe der männlichen Biologielehrpersonen von Abnahmetendenzen zu sprechen ist.

Bei den Schüler/-innen (vgl. Abbildung 73) ergeben sich durch die kombinierte Betrachtung beider Variablen deutlichere Tendenzen als durch die Einzelbetrachtung. In drei der vier Säulengruppen liegt der niedrigste Wert in der Grundschule vor (in der Klasse von Bio – m: 14,3 %; bei De – m: 6,3 %; bei De – w der vergleichsweise hohe Wert von 17,7 %). Es kommt in den Klassen von De – m zu starken Steigerungen zur Unterstufenklasse auf den höchsten Schülerwert von 21,6 % und dann zu leichten Abnahmen zur Mittelstufe (17,8 %) und Oberstufe (19,3 %). In den Gymnasialklassen von De – w liegen die höchsten Werte auch in der Unterstufe mit 21,6 % vor, dann kommt es zu einer Abnahme zur Mittelstufe (15,6 %) und leichten Zunahme zur Oberstufe (17,1 %). In den Klassen der weiblichen Biologielehrerinnen sind die Werte in der Grundschule (15,6 %) und Unterstufe (15,5 %) nah beieinander und liegen wiederum unterhalb der Mittelstufen- und Oberstufenwerte (MS: 17,8 %; OS: 19,3 %). In den Klassen von Bio – m ist von der Grundschule (14,3 %) über die Unterstufe (16,9 %) bis zum Maximalwert in der Mittelstufe (19,9 %) eine Zunahme und dann eine leichte Abnahme zur Oberstufe (18,0 %) feststellbar.

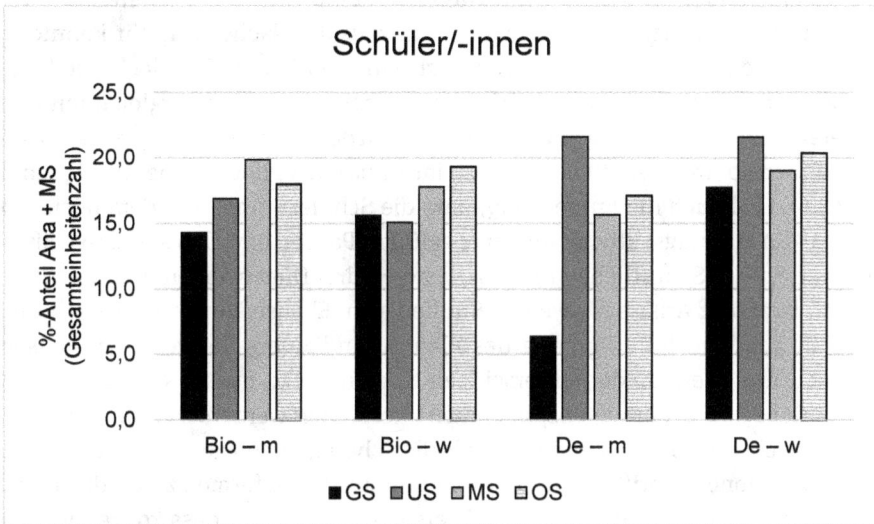

Abbildung 73: Prozentualer Anteil der Summe der Anakoluthe und möglichen Sätze an der Gesamteinheitenzahl – Schüler/-innen

Diese kombinierte Betrachtung der beiden Variablen MS und Ana lässt also etwas deutlicher den Schluss einer Zunahme ihres prozentualen Anteils von der Grundschule bis zur Oberstufe bzw. von der Grundschule bis hin zu gymnasialen Klassen auf Schülerseite zu als die Einzelbetrachtung.

8.6.4 Fazit zu den Analysen in der Planungsdimension

Die Planungsdimension wurde als eine ambivalente Dimension dargestellt: Eine von anderen sprachlichen Merkmalen losgelöste Interpretation von Analysekategorien in dieser Dimension müsste zu dem an der sprachlichen Oberfläche zu begründenden Schluss kommen, dass die festgestellte Erhöhung der mit „ähm" und Varianten gefüllten Pausen und des prozentualen Anteils der möglichen Sätze und Anakoluthe an der Gesamteinheitenzahl (bei 2–3 Lehrpersonengruppen) ein Indikator erhöhter konzeptioneller Mündlichkeit und niedrigerer konzeptioneller Schriftlichkeit sei.

Zieht man nun aber die festgestellten Erhöhungen der Maße konzeptioneller Schriftlichkeit in den anderen Operationalisierungsdimensionen *Integration*, *Komplexität* und *Differenziertheit* hinzu, kann der Schluss nahe liegen, dass die festgestellten Zunahmen der Werte in der Planungsdimension eine *Ermögli-*

chungsfunktion für die Planung integrierterer, komplexerer und differenzierterer Struktur- und Ausdrucksformen haben. Ein kausaler Nachweis dafür konnte in dieser Studie jedoch nicht erfolgen. Gleichzeitig werden die Schüler/-innen v. a. im Deutschunterricht in den niedrigeren Jahrgangsstufen im Vergleich mit den höheren Jahrgangsstufen weniger mit Störungen des Redeflusses durch Planungsindikatoren konfrontiert, interpretierbar im Sinne einer Pilotsprache (vgl. Abschn. 3.2.2.2.4). Und auch die Entdeckung, dass die Schüler/-innen mit dem höchsten Ausmaß an Planungsaktivität im Sinne gefüllter Pausen in vielen anderen Maßen konzeptioneller Schriftlichkeit in den weiteren drei Dimensionen erhöhte Werte zeigen, kann nur Anlass für weitere Studien sein. Ebenso kann die Feststellung, dass die schülerseitige Nutzung des Planungsindikators der gefüllten Pausen sehr deutlich oberhalb der lehrerseitigen Nutzung liegt, nur als *Hinweis* auf ein zugrundeliegendes Kompetenzphänomen interpretiert werden: Die Lehrpersonen würden sich so weniger Planungszeit als die Schüler/-innen verschaffen müssen, um konzeptionell schriftlichere Struktur- und Ausdrucksformen zu produzieren.

Gänzlich ausgeschlossen bleibt die erste Interpretation, dass konzeptionelle Schriftlichkeit durch eine *geringe* Anzahl von Planungsindikatoren angezeigt wird, auch mit den vorliegenden Daten nicht: Denn bei den männlichen Biologielehrpersonen wurden Abnahmen des prozentualen Anteils der möglichen Sätze und Anakoluthe an der Gesamteinheitenzahl über die Jahrgangsstufen festgestellt, was als Indikator der Abnahme der konzeptionellen Mündlichkeit im prototypischen Sinne und somit als Zunahme konzeptioneller Schriftlichkeit angesehen werden könnte. Der männliche Biologielehrer nähert sich in der Oberstufe also einem *Sprechen wie gedruckt* an (vgl. Abschn. 3.2.2.2.4).

8.7 Fazit zu den Analysen der Inputadaption

Das Kapitel zur Inputadaption sollen die folgenden allgemeinen und zusammenfassenden Überlegungen abschließen:

Es konnten Analysekategorien in den vier Operationalisierungsdimensionen *Integration*, *Komplexität*, *Differenziertheit* und *Planung* auf morphologischer, lexikalischer, syntaktischer und textueller/diskursiver Ebene gewonnen werden. Diese erwiesen sich allesamt als veränderungssensitiv über die Jahrgangsstufen, jedoch in unterschiedlichem Ausmaß.

Es können drei verschiedene Formen der Veränderungen über die Jahrgangsstufen unterschieden werden: Erstens können eher *kontinuierliche* Zunahmen von Jahrgangsstufe zu Jahrgangsstufe beobachtet werden (wie bei den *types* der komplexen Nomen auf 1000 Wörter auf Lehrerseite, vgl. Abschn. 8.5.2). Die zweite Verlaufsform sind eher *dichotome*, also zweistufige, Veränderungen, bei denen zum einen die Grundschulwerte und Unterstufenwerte nah beieinander liegen und zum anderen die Mittelstufen- und Oberstufenwerte (wie bei den Säulengruppen der Biologielehrpersonen bezüglich der exogenen komplexen Nomen, vgl. Abschn. 8.4.2.4). Es sind auch solche dichotomen Verläufe zu finden, bei denen sich die Grundschulwerte deutlich von allen gymnasialen Werten, auch den Unterstufenwerten, unterscheiden (wie bei den männlichen Sachunterrichts-/ Biologielehrpersonen im Fall der lexikalischen Dichte der Substantivgruppen, vgl. Abschn. 8.3.1.3). Ebenso sind auch dichotome Verläufe erkennbar, bei denen sich alle Werte gemeinsam besonders von den Oberstufenwerten unterscheiden (wie beim prozentualen Anteil der attributiven Adjektive an der Gesamtadjektivanzahl aufseiten der Biologielehrpersonen, vgl. Abschn. 8.3.1.1). Zuletzt sind *stufenförmige* Verläufe (mit drei Stufen) zu beschreiben, bei denen sich die Grundschulwerte von den Unterstufen- und Mittelstufenwerten unterscheiden, die sich wiederum gemeinsam von den Oberstufenwerten unterscheiden (wie bei der Anzahl der gefüllten Pausen bei den weiblichen Deutschlehrerinnen, vgl. Abschn. 8.6.1).

Alle Analysen übergreifend ist festzustellen, dass auf Lehrerseite vielfach nicht allein *inter*individuelle Differenzen in dem Sinne vorliegen, dass sich die Werte der Grundschullehrperson von den Werten der Gymnasiallehrperson in allen Jahrgangsstufen unterscheiden. Sondern zwischen dem sprachlichen Handeln ein und derselben Gymnasiallehrperson sind oftmals *intra*individuelle Unterschiede im Jahrgangsstufenverlauf festzustellen. Auch wenn in dieser Studie allein Durchschnittsschülerwerte pro Klasse gebildet werden konnten, können sogar aufseiten der so betrachteten Schüler/-innen oftmals Unterschiede zwischen den Jahrgangsstufen festgestellt werden. Es kann somit sowohl auf Lehrerseite als auch auf Schülerseite (hier unter Berücksichtigung der methodischen Begrenzungen dieser Studie) von tendenziellen Veränderungen in Richtung konzeptioneller Schriftlichkeit bis zur Oberstufe in allen vier Operationalisierungsdimensionen gesprochen werden. Vergleicht man kontrastierend die *SgS* in der Grundschule mit der *SgS* in der Oberstufe (im Sinne eines Extremgruppenvergleichs), ergibt sich mit den gewonnenen Analysekategorien folgendes abstrahiertes Bild.

Integration
–   In der Grundschule liegt der prozentuale Anteil der attributiven Adjektive an der Gesamtadjektivzahl immer unter 50 %, bei den Deutschlehrpersonen unter 40 %, partizipiale attributive Adjektive werden fast gar nicht eingesetzt. – In der Oberstufe werden hingegen prozentuale Anteile der attributiven Adjektive bis zu 60 % an der Gesamtadjektivzahl erreicht. Die partizipialen attributiven Adjektive machen bis über 10 % aller Adjektive aus.

- Die lexikalische Dichte der Substantivgruppen liegt in der Grundschule immer unter dem Wert von 1,34. Satzwertige Substantivgruppen kommen fast gar nicht zum Einsatz. Auf phrasaler Ebene liegen hier also sehr niedrige Integrationswerte vor. – Die lexikalische Dichte der Substantivgruppen liegt in der Oberstufe immer bei mindestens 1,39, übersteigt aber nicht den Wert von 1,47. Die Anzahl der satzwertigen Substantivgruppen auf 1000 Wörter liegt immer über dem Wert von 4. Auf phrasaler Ebene liegen in der Oberstufe somit höhere Integrationswerte vor.
- Der Hypotaxeanteil liegt in der Grundschule zumeist im Bereich von 15 % (oder leicht darunter) und nur bei einer Lehrperson leicht darüber (maximal 22,4 %). Nebensätze höheren als ersten Grades liegen kaum vor bzw. übersteigen nicht den Anteil von 7,2 % an allen Nebensätzen. Nebensätze im Mittelfeld werden nicht von allen Grundschullehrpersonen genutzt bzw. übersteigen den prozentualen Anteil von 3,4 % an der Gesamtnebensatzzahl nicht. – Der Hypotaxeanteil liegt demgegenüber bei den Oberstufenlehrpersonen immer über 15 % und kann Werte bis zwischen 20 und 30 % annehmen. Nebensätze höheren als ersten Grades liegen immer vor und können bis zu maximal 13,56 % aller Nebensätze bilden. Auch Nebensätze im Mittelfeld sind immer vorhanden und ihr prozentualer Anteil an der Gesamtnebensatzzahl liegt immer über 6 %.
- Abhängige Hauptsätze kommen bei den Grundschullehrpersonen nur in einem sehr geringen Ausmaß zur Integrationssteigerung zum Einsatz. Ihr prozentualer Anteil an der Gesamtzahl aller Sätze liegt immer unter 3 %. Koordinationsellipsen haben bei drei von vier Lehrpersonen einen prozentualen Anteil unter 10 % an der Gesamtellipsenzahl. – Abhängige Hauptsätze tragen bei den Oberstufenlehrpersonen stärker zur Integrationssteigerung bei und machen einen prozentualen Anteil zwischen ca. 3 % bis 9 % aller Sätze aus. Koordinationsellipsen haben einen prozentualen Anteil von über 7 % bis zu ca. 15 % an der Gesamtellipsenzahl.

Komplexität
- Der prozentuale Anteil der komplexen Adjektive an der Gesamtadjektivzahl liegt bei drei von vier Grundschullehrpersonen zwischen 30 % und 40 % (und bei einer Lehrperson bei leicht über 50 %). – Dieser Anteil liegt bei den Oberstufenlehrpersonen hingegen *immer* über 50 % und übersteigt sogar bei einer Lehrperson den Wert von 70 %.
- Komplexe Nomen übersteigen die Anzahl von 40 auf 1000 Wörter in der Grundschule nicht. – Demgegenüber liegt die Anzahl der komplexen Nomen in drei von vier Fällen bei den Oberstufenlehrenden über 50 auf 1000 Wörter und erreicht bei einer Lehrperson sogar den Wert von 93,1.

– Die Wortanzahl pro Einheit liegt auf Grundschullehrerseite im eng umgrenzten Bereich zwischen 4,50 und 5,61. Auch die Ganzsatzkomplexität liegt niedrig zwischen 6,94 und 8,71 Wörtern pro Gansatz. – Pro Einheit werden von den Oberstufenlehrenden im Vergleich dazu zwischen 5,69 und 6,41 Wörter verbalisiert, also immer mehr als in der Grundschule. Ein Ganzsatz enthält im Durchschnitt mehr als 8,8 und bis zu 11,28 Wörter.

– Der Mittelwert der Wortanzahl pro *turn* bewegt sich in der Grundschule immer zwischen 10 und 20 Wörter pro *turn*. – Dieser liegt demgegenüber in der Oberstufe immer über 20 Wörtern pro *turn* und kann bis auf 50,73 steigen.

Differenziertheit

– Es werden von den Grundschullehrpersonen 3,2 bis 4,1 *types* nominaler Wortbildungssuffixe auf 1000 Wörter genutzt. – Im Gegensatz dazu setzen die Lehrpersonen in der Oberstufe 4,8 bis 7,5 *types* nominaler Wortbildungssufixe auf 1000 Wörter ein.

– Die Frequenz der *types* der komplexen Nomen auf 1000 Wörter liegt in der Grundschule zwischen 10 und 20. – In der Oberstufe liegt sie hingegen immer über 20 und bis zu 50.

– Die untere Grenze der *ttr* der komplexen Nomen liegt aufseiten der Grundschullehrkräfte bei 0,43, die obere Grenze bei 0,59. – Bei den Oberstufenlehrpersonen erhöht sich die untere Grenze auf 0,52, die obere auf 0,61.

– *Types* von komplexen exogenen Adjektiven werden in der Grundschule kaum eingesetzt bzw. übersteigen niemals den sehr niedrigen Wert von 1 *type* komplexer exogener Adjektive auf 1000 Wörter. – In der Oberstufe werden immer mehr als 3 *types* komplexer exogener Adjektive auf 1000 Wörter genutzt und die Werte können auf bis etwas über 6 *types* komplexer exogener Adjektive auf 1000 Wörter steigen.

– In der Grundschule werden die Typen *Nachfeld- und Vorfeldstellung* von Nebensätzen von allen Lehrenden eingesetzt, von zwei Lehrpersonen aber keine Mittelfeldstellungen. – Demgegenüber nutzen die Oberstufenlehrpersonen immer alle Nebensatzstellungstypen.

Planung

– Gefüllte Pausen übersteigen bei den Lehrpersonen in der Grundschule eine Anzahl von 15 auf 1000 Wörter nicht und liegen bei den Deutschlehrpersonen sogar bei einem Wert von unter 6 auf 1000 Wörter. – Aufseiten der Oberstufenlehrkräfte werden immer über 10 gefüllte Pausen auf 1000 Wörter und bis zu 40 auf 1000 Wörter produziert.

– Der prozentuale Anteil der möglichen Sätze und Anakoluthe an der Gesamteinheitenzahl liegt bei den Deutschlehrpersonen in der Grundschule zwischen 6 und 13 %, bei den Sachunterrichtslehrpersonen aber zwischen 15 und 16 %. – Im Vergleich dazu liegt der prozentuale Anteil der möglichen Sätze und Anakoluthe an der Gesamteinheitenzahl in der Oberstufe immer bei über 8 %, zweimal über 13 % und einmal über 20 %.

In vielen Analysekategorien konnte festgestellt werden, dass die Lehrerwerte oberhalb der Schülerwerte liegen, z. B. bei den Analysen auf phrasaler Ebene in der Integrationsdimension (vgl. Abschn. 8.3.1), beim prozentualen Anteil komplexer Adjektive an der Gesamtadjektivzahl (vgl. Abschn. 8.4.1), bei der turn-Komplexität (vgl. Abschn. 8.4.5) oder bei den types der komplexen exogenen Adjektive (vgl. Abschn. 8.5.4). Wenn also die Lehrerwerte solchermaßen die Schülerwerte übersteigen, kann für die betreffende Variable eine Modellfunktion auf Lehrerseite angenommen werden.

Die Zunahmen der lehrer- und schülerseitigen Werte in vielen Analysekategorien über die Jahrgangsstufen können für den Fall der Kombination mit Lehrerwerten, die gleichzeitig oberhalb der Schülerwerte liegen, als im Bereich der Zone der nächsten Entwicklung der Durchschnittsschüler/-innen der Klasse (in Anlehnung an Vygotskij 2002 [1934]: 326) verortet angesehen werden (wie beispielsweise bei der lexikalischen Dichte der Substantivgruppen; vgl. Abschn. 8.3.1.3). Damit kann für diese Fälle ein entwicklungssensitives lehrerseitiges *finetuning* (Snow et al. 1987: 66) angenommen werden, das Aspekte der Adaptivität und eine Modellfunktion kombiniert. Kritisch bleibt hier jedoch festzuhalten, dass im Unterrichtsdiskurs niemals eine Anpassung an die Fähigkeiten jedes einzelnen Schülers/jeder einzelnen Schülerin stattfinden kann. Man sollte, auch um das Konstrukt des Durchschnittsschülers/der Durchschnitsschülerin besser zu berücksichtigen, eher davon sprechen, dass die Lehrersprache somit „*roughly tuned to the students' language*" (Speidel 1987: 128; Hervorheb. K. K.-S.) ist.

In einigen Analysekategorien liegen die Schülerwerte aber auch sehr deutlich über den Lehrerwerten: Dies ist insbesondere beim prozentualen Anteil der hypotaktischen Konstruktionen (OpD *Integration*) und bei der Wortanzahl pro Ganzsatz (OpD *Komplexität*) der Fall. Spezifisch bei den die lehrerseitigen Werte stark übersteigenden Werten der hypotaktischen Konstruktionen auf Schülerseite wurde argumentiert, dass die Schüler/-innen mit diesen Konstruktionen den Integrationsgrad ihrer Äußerungen *syntaktisch* erhöhen, während die Lehrpersonen den Integrationsgrad ihre Äußerungen eher auf *phrasaler* Ebene steigern, z. B. durch eine erhöhte lexikalische Dichte der Substantivgruppen. Ggf. könnten also auch bei älteren Lernenden (z. B. unter Einbezug von Studienanfängern in Universitätsseminaren) Abnahmen der Hypotaxe und Zunahmen der lexikalischen Dichte zu erwarten sein. In einem weiteren Sinn kann auch in diesem Fall von einer *Modellfunktion* der Sprache der Lehrpersonen gesprochen werden, da sie eine mögliche Veränderungsperspektive hin zu einer komprimierteren Syntax abbildet.

Insbesondere bei der Analysekategorie der komplexen Nomen konnten sowohl auf Lehrer- als auch auf Schülerseite Unterschiede zwischen dem Biologie- und dem Deutschunterricht festgestellt werden, in der Art, dass im Biologieunterricht mehr komplexe Nomen, v. a. Komposita, genutzt werden. Insgesamt konnten in beiden Unterrichtsfächern aber ähnliche Tendenzen über die Jahrgangsstufen festgestellt werden, so dass in beiden Unterrichtsfächern aus zwei verschiedenen Aufgabenfeldern Veränderungen hin zu stärkerer konzeptioneller Schriftlichkeit in der Oberstufe angenommen werden können.

Z. T. wurden auch interindividuelle Unterschiede zwischen den Lehrpersonen deutlich. Insbesondere die weibliche Deutschlehrerin am Gymnasium zeichnet sich im Verhältnis zu den anderen Lehrpersonen durch im Vergleich höhere Hypotaxewerte, einen höheren Anteil von Nebensätzen höheren als ersten Grades, vergleichsweise viele abhängige Hauptsätze in der Oberstufe, vergleichsweise viele Koordinationsellipsen, hohe Werte der Wortanzahl/Ganzsatz und der Wortanzahl/*turn*, hohe *ttr*-Werte der komplexen Nomen, eine hohe Anzahl gefüllter Pausen auf 1000 Wörter sowie einen vergleichsweise hohen Anteil der möglichen Sätze und Anakoluthe aus. Und bei den männlichen Biologie-/Sachunterrichtslehrern zeigten sich im Gegensatz zu den anderen Lehrpersonen inverse Tendenzen bei den möglichen Sätzen und Anakoluthen.

Mit Bezug auf die Operationalisierungsdimensionen in ihrem Verhältnis zueinander wurde herausgearbeitet, dass die Bildung von Kombinationsvariablen, die Aspekte zweier Operationalisierungsdimensionen vereinen, wie der prozentuale Anteil partizipialer attributiver Adjektive (OpD *Komplexität* und *Integration*) (vgl. Abschn. 8.3.1.2) oder die Anzahl der exogenen komplexen Nomen auf 1000 Wörter (vgl. Abschn. 8.4.2.4) (OpD *Komplexität* und *Differenziertheit*) als besonders starke Indikatoren konzeptioneller Schriftlichkeit angesehen werden können, so dass in diesen Variablen erst ab der Mittelstufe oder Oberstufe stärkere Zunahmen eintreten.

Abschließend sei erwähnt, dass einige der in diesem Kapitel betrachteten Variablen, die auf diskursiver Ebene angesiedelt sind, wie der lehrerseitige Redeanteil in Worten und die Komplexität der *turns* im Kapitel zur Analyse der makrointeraktionalen Stützmechanismen noch einmal reanalysiert werden sollen (vgl. Kap. 10).

9 Analysen der mikrointeraktionalen Stützmechanismen (*miS*)

In diesem Kapitel sollen gemäß der dritten Zielsetzung der Untersuchung (vgl. Kap. 6) lehrerseitige mikrointeraktionale Stützmechanismen (miS) beschrieben werden, auch in ihrer möglichen Veränderung über die Jahrgangsstufen. Zudem soll untersucht werden, inwiefern diese mikrointeraktionalen Stützmechanismen in Richtung einer möglichen Förderung konzeptioneller Schriftlichkeit eingesetzt werden.

Zunächst wird in Abschnitt 9.1 das sehr umfassende Codiersystem für die Analyse der mikrointeraktionalen Stützmechanismen entwickelt – ein sehr umfassendes System, weil es sich auf alle möglichen Formen mikrointeraktionaler Stützmechanismen im *Follow-up*-Schritt (vgl. Sinclair & Coulthard 1975: 25) beziehen soll, sowohl auf implizite als auch auf explizite Formen und sowohl auf Formen positiven Feedbacks als auch auf Formen negativen Feedbacks zur Bezugsäußerung. In Abschnitt 9.2 werden darauf aufbauend quantitative Ergebnisse zu allen Formen der miS wiedergegeben, auch im jahrgangsstufenübergreifenden Vergleich. In Abschnitt 9.3 soll die spezifische Fragestellung der Förderung konzeptioneller Schriftlichkeit durch mikrointeraktionale Stützmechanismen verfolgt werden, zum einen durch eine quantitative Auszählung, zum anderen durch qualitative Illustrierungen.

9.1 Erarbeitung eines Codiersystems

Das Codiersystem zu den mikrointeraktionalen Stützmechanismen (miS) wird in einer deduktiv-induktiven Vorgehensweise erarbeitet (vgl. Bortz & Döring 2006: 300–301). Zum einen sind im Sinne eines deduktiven Vorgehens die in Abschnitt 5.2 vorgestellten Konstrukte bei der Analyse relevant, zum anderen hat im induktiven Sinne die Entdeckung von wiederkehrenden Phänomenen am Datenmaterial eine sehr große Bedeutung.

Als mikrointeraktionale Stützmechanismen werden in dieser Untersuchung Lehreräußerungen betrachtet, die im Feedback- bzw. *Follow-up*-Schritt (vgl. Sinclair & Coulthard 1975: 26) Bezug nehmen (vgl. Gülich & Kotschi 1996: 40) auf vorangegangene Äußerungen von Schüler/-innen – darunter fallen auch Mechanismen der „bearbeitenden Bezugnahme" (Gülich & Kotschi 1996: 40), bei denen der Ausdruck, auf den Bezug genommen wird, verändert wird. Dass die mikrointeraktionalen Stützmechanismen sehr gut einpassbar sind in das im Unterricht oft vorherrschende *IRF*-Muster (vgl. Sinclair & Coulthard 1975) bzw. *IRE*-Muster

https://doi.org/10.1515/9783110569001-009

(Mehan 1979) und mit diesem eine Strukturparalleität aufweisen, ist in Tabelle 102 illustriert.

Tabelle 102: Strukturparallelität *IRE/IRF*-Schema – mikrointeraktionale Stützmechanismen

IRF-Muster nach Sinclair & Coulthard (1975)	IRE-Muster nach Mehan (1979)	Sprecher	konkretes Transkript- beispiel (De – w, GS)	Analyse des miS
Initiation	Initiation	LDe – w (GS)	Also • Zeile ..._Helen, sags nochmal, • • um welche Z ...	–
Response	Reply	Helen	Dreiundzwanzig!	Bezugsäußerung
Follow-up/ Feedback	Evaluation	LDe – w (GS)	Es handelt sich • • um Zeile dreiundzwanzig._Damit alle Kinder das auch finden können!	Expansion

Die *reply*-Position ist durch die Bezugsäußerung der Schülerin Helen besetzt, die auf die (anakoluthische) Initiierung von LDe – w (GS) mit einer elliptischen Äußerung antwortet. Im *Follow-up*- bzw. Evaluationsschritt erfolgt nun die Expansion der schülerseitigen Bezugsäußerung zu einem „*kanonische[n] Satz prototypischer geschriebener Sprache*" (Hennig 2006: 182) durch die Lehrerin, die zum einen implizites negatives Feedback zur elliptischen Bezugsäußerung darstellt, gleichzeitig aber auch ein Modell für konzeptionell schriftlichere Äußerungen zum Unterrichtsdiskurs bietet. Die Lehrerin möchte mit der konzeptionell schriftlicheren Formulierung „Es handelt sich um ..." sichern, dass alle Schüler/-innen die betreffende Stelle in der Fabel „finden können". Sie kreiert so „power and authority to the student's relatively weak voice" (O'Connor & Michaels 1993: 327).

Alle lehrerseitigen Äußerungen werden in dieser Teiluntersuchung nur im Anschluss an schülerseitige Antwortschritte codiert und nicht im Anschluss an schülerseitige Nachfragen (vgl. Bak 1996: 122). Denn in letzterem Fall würde die Lehreräußerung die *reply*-Position besetzen. Schülerseitige Antwortschritte, die nur nonverbal realisiert werden, und darauf folgende Feedback- bzw. *Follow-up*-Schritte der Lehrpersonen werden nicht in die Analyse einbezogen, da hier das auf verbale Äußerungen bezogene Codierschema nicht mehr vollständig greifen würde. Zudem werden, wie in den bisherigen Analysen, längere unterrichtsorganisatorische Sequenzen ausgeklammert. Die Analysen sind also auf Sequenzen beschränkt, in denen die Auseinandersetzung mit dem Lerngegenstand im Fokus des Interesses steht und in denen somit fachliches und sprachliches Lernen verknüpft sind. Äußerungen der Lehrpersonen, die sich auf weiter vorangehende, also nicht direkt adjazente Schüleräußerungen beziehen, werden mit der betreffenden Zeilenzahl versehen, so dass sie als nicht direkt adjazent identifizierbar sind.

9.1.1 Unterscheidung explizites versus implizites Feedback

Bei der Erarbeitung des Codiersystems für Lehreräußerungen im Feedback- bzw. *Follow-up*-Schritt soll als übergreifendes Einordnungssystem die Unterscheidung zwischen explizitem und implizitem Feedback leitend sein. Nassaji (2015: 56) unterscheidet explizites von implizitem Feedback in der Forschungstradition der Zweitspracherwerbsforschung.

> Explicit feedback is considered to refer to feedback that indicates rather clearly to the learner that his or her utterance is errorneous. In other words, such feedback directs learners' attention explicitly to the errorneous part. Implicit feedback is feedback that does not overtly correct the learner error. The learner then needs to discover from the signal that his or her utterance is errorneous. Recasts, for example, have often been considered as a form of implicit feedback. Direct correction is an example of explicit feedback. (Nassaji 2015: 56)

Da es im nicht spezifisch an Zweit-/Fremdsprachlernende gerichteten (Fach-) Unterricht nicht allein um die Korrektur von sprachlichen Fehlern geht, sondern um angemessene bildungssprachliche/konzeptionell schriftliche Formulierungen, kann in dieser Studie explizites Feedback nicht allein dadurch definiert werden, dass es *Fehler* in der Bezugsäußerung deutlich anzeigt. Es kann aber so definiert werden, dass explizite Feedbackformen dem Lernenden offen anzeigen, ob seine Äußerung angemessen oder unangemessen war. Sie liefern ggf. sogar explizite Korrekturen, wie im Fall des expliziten Korrekturvollzugs, müssen dies aber nicht notwendigerweise. Es muss zudem erwähnt werden, dass auch innerhalb der zu unterscheidenden positiven und negativen expliziten Feedbackformen ein Kontinuum hin zu besonders starker Explizitheit zu erkennen ist: Wenn explizit positiv oder negativ über den Sprachgebrauch der Schüler/-innen gesprochen wird, liegt ein hoher Grad an Explizitheit vor, während bei alleinigem Akzeptieren der Schüleräußerung ein geringerer Grad der Explizitheit vorliegt.

Eher implizites Feedback liegt vor, wenn dem Lernenden durch dieses nicht offen, also nicht verbalisiert, angezeigt wird, ob seine Äußerung als angemessen oder unangemessen eingeschätzt wird. Deswegen kann positives vs. negatives Feedback in diesem Bereich auch nur als *tendenziell* positiv vs. *tendenzi-*

ell negativ eingeschätzt werden. Wenn eine Lehrperson beispielsweise in ihrer Äußerung das Thema des Schülers/der Schülerin weiterführt, kann er/sie nur implizit daraus schließen, dass seine/ihre vorherige Äußerung angemessen war (denn die Lehrperson hat sich ja nicht kritisch dazu geäußert). Sogar bei der exakten Wiederholung der Schüleräußerung ist dies noch der Fall (während die Tafelanschrift eine Handlung darstellt, die durch die medial schriftliche Manifestation eine Verdauerung anzeigt und dadurch die Korrektheit der Schüleräußerung expliziert).[26] Hingegen kann aus Expansionen, Reformulierungen und Umformulierungen sowie Ergänzungen nur implizit geschlossen werden, dass die vorherige Schüleräußerung nicht gänzlich angemessen war. Die exakte Wiederholung mit Frageintonation sowie die *clarification requests* verdeutlichen den Schüler/-innen schon stärker, dass ihre Äußerung nicht angemessen war, und sind deswegen bei den impliziten Formen weiter oben (im stärker expliziten Bereich) angeordnet.

Im Folgenden werden die einzelnen Formen expliziten und impliziten Feedbacks operationalisiert.

9.1.2 Überblick zum Codiersystem der mikrointeraktionalen Stützmechanismen im Feedback- resp. *Follow-up*-Schritt

In Abbildung 74 ist das Codiersystem für den Feedbackschritt aufgezeichnet, das in den folgenden Abschnitten genauer erläutert wird.

An erster Stelle liegt die Codierentscheidung vor, ob nach einem schülerseitigen Antwortschritt ein lehrerseitiger Feedback- resp. *Follow-up*-Schritt erfolgt oder nicht. Wenn kein solcher Schritt erfolgt, wird „kF" codiert, z. B. wenn die Äußerung ohne lehrerseitigen *turn* an den nächsten Schüler/die nächste Schülerin weitergegeben wird. Ansonsten erfolgt im nächsten Schritt die Differenzierung nach expliziter oder impliziter Feedbackform sowie anschließend nach positivem oder negativem Feedack. Es ist wichtig zu betonen, dass ein Feedbackschritt mehrere der aufgeführten Handlungen enthalten kann.

In dunkelgrau markiert sind die Formen, die sich laut Operationalisierung auf sprachliche Aspekte beziehen *müssen*, in hellgrau markiert zudem die Formen des *model/feedbacks* (nach Speidel 1987: 112), die in weiteren Analysen intensi-

---

26 Tafelanschriften sind im Übrigen ein sehr wichtiges Forschungsfeld, das in dieser Arbeit nicht genauer in den Blick genommen werden kann. Denn auch wenn sie in dieser Arbeit zunächst als positives Feedback für den Schüler/die Schülerin angesehen werden, können mit ihnen Expansionen, Reformulierungen und Umformulierungen vorgenommen werden – und dann würden sie als implizites negatives Feedback fungieren.

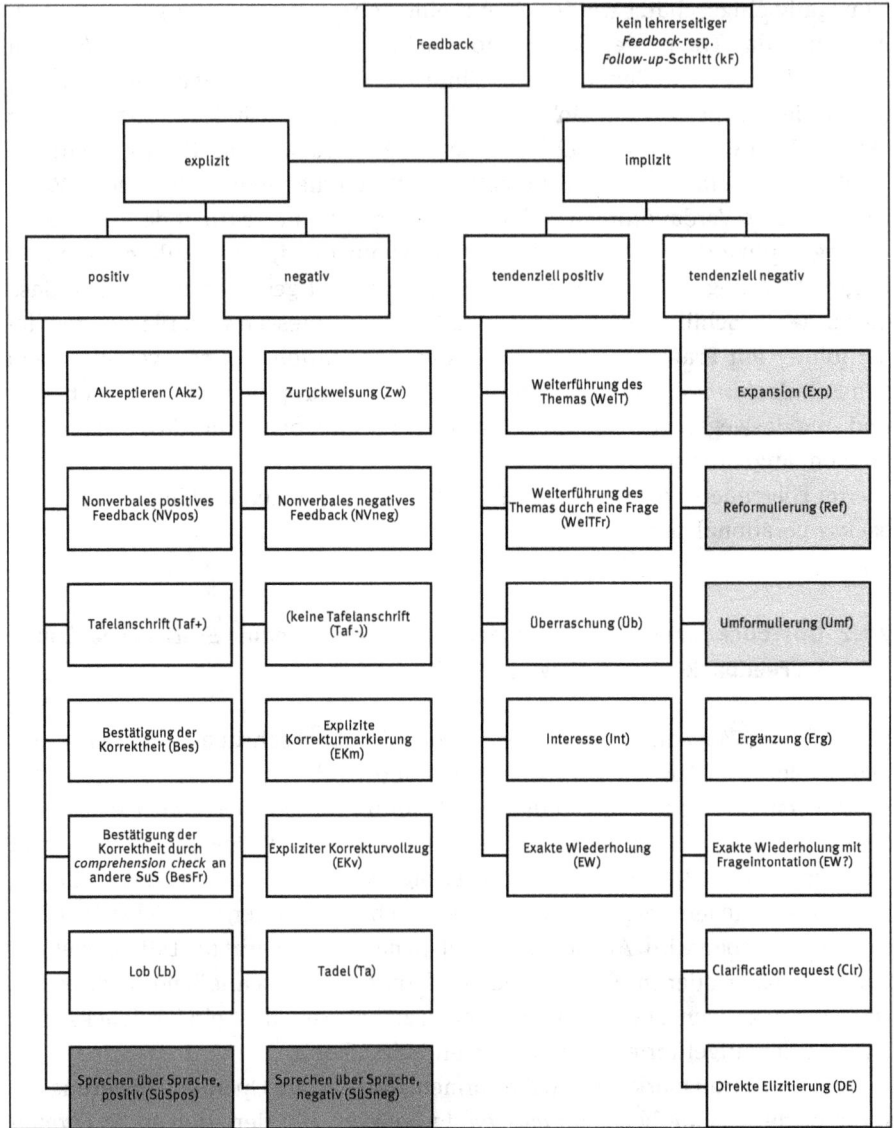

Abbildung 74: Codiersystem zu mikrointeraktionalen Stützmechanismen im Feedback- resp. *Follow-up*-Schritt

ver in den Blick genommen werden. Für jeden aufgeführten mikrointeraktionalen Stützmechanismus soll schon an dieser Stelle zur Verdeutlichung und Illustrierung ein Beispiel aus dem Korpus gegeben werden, das jeweils durch Fettdruck markiert wird.

9.1.3 Formen expliziten positiven Feedbacks (epF)

- *Akzeptieren* **(Akz):** Die Lehrperson (LP[27]) nimmt die Äußerung des Schülers/ der Schülerin durch ein „Hm" oder „Ja" oder „Aha" zur Kenntnis. Die Codierung weicht von der durch Sinclair und Coulthard (1977: 73) ab, die auch eine „Wiederholung der Schülerantwort" zum Akzeptieren zählen. Die Explizitheit des Feedbacks hat bei dieser Form den geringsten Grad.

Beispiel:

Anja: Dass • • ähm, • dass die beiden halt beste Freunde werden und sich halt auch weniger bekämpfen.
LDe – w (GS): **Hm˙**

- *Nonverbales positives Feedback* **(NV-pos):** Die LP nickt oder zeigt gestisch, z. B. mit einem nach oben gestreckten Daumen, ihre positive Bewertung. – Diese Kategorie wird nur annotiert, wenn sie ohne verbale Begleitung erfolgt, also eine verbale Lehreräußerung ersetzt.

Beispiel:

Torben: Oh, da is • noch <u>nich</u> was! ((1s)) Der Baummarder • frisst ja auch maanchmal Vögel, also, also auch den Eichenhäher.
LBio – m (GS): **((zeigt zustimmend auf Torben, nickt, 3s))˙**

- *Tafelanschrit* **(Taf+):** Die LP schreibt die Äußerung der Schülerin/des Schülers an die Tafel.

Beispiel:

Thomas: Ähm • zum Beispiel viele <u>unter</u>schiedliche Pflanzen?
LBio – m (US): **((schreibt an Tafel, 5s))˙**

- *Bestätigung der Korrektheit* **(Bes):** Die Lehrperson bestätigt die Korrektheit durch Einwortäußerungen resp. Bewertungsellipsen wie „Richtig!", „Jawoll!", oder sie nutzt ganze Sätze wie „Das ist richtig!", „So sehe ich das auch".

---

27 In den Definitionen der einzelnen Feedbackformen werden zur Straffung auch die Abkürzungen „LP" für Lehrperson und „SuS" für Schülerinnen und Schüler genutzt.

Beispiel:

Eva: Beim ... Beim Wolf „negativ" und bei Kranich „positiv"?
LDe – m (US): **Genau.**

- *Bestätigung der Korrektheit durch Rückfrage an andere SuS* **(Bes-FrS):** Die LP bestätigt die Korrektheit der Äußerung einer Schülerin/eines Schülers, indem sie andere SuS fragt, ob sie diese Äußerung verstanden haben. Dies ist eine Form der „comprehension checks" (vgl. Long 1980: 82).

Beispiel:

Verena: „Man soll immer hilfsbereit sein und anderen Leuten helfen, aber nicht gierig sein."
LDe – m (US): Ahà. Das meint ich. Das haste nämlich eben (gesagt). Wer wird hier kritisiert?
((8s)) Andre, ((2s)) hastes verstanden, • • auch akustisch?

- *Lob* **(Lb):** Die LP lobt die Schülerin/den Schüler explizit durch Aussagen wie „Gut gemacht!", „Das ist ja super!". Auch die Einwortäußerung „Gut!" fällt darunter.

Beispiel:

Jara: Also dass • ähm egal was • also das Lamm beziehungsweise der Sklave • auch tut, sich so zu retten oder so/ sich so • jā • ähm...• • Der Wolf/ der/ also der Besitzer tut, was er • mit dem Sklaven will. ((unverst))˙
LDe – m (MS): Ahá˙ Zum Glück hast du nich gesagt: Der frisst das/ • den Sklaven auf. ((2s)) Jà. • Okay, • **das war klasse, Jara.** Äh • da bin ich richtig erleichtert, jà.

- *Sprechen über Sprache – positiv* **(SüSpos):** Die LP spricht explizit positiv über den Sprachgebrauch der SuS, z. B. durch „Das hast du gut gesagt!". Dies kann als Unterform von *Lb* mit explizit sprachlichem Bezug angesehen werden.

Beispiel:

Jason: Die verteidigen...
LDe – m (GS): • • • Wolltest du noch was sagen, Jason?
Jason: Nè.
LDe – m (GS): Och schade. ((1s)) **Dabei hat er einen schönen Satz angefangen.**

9.1.4 Formen expliziten negativen Feedbacks (enF)

- *Zurückweisung* **(Zw)**: Die LP lehnt die Äußerung der Schülerin/des Schülers ab, ohne zu markieren, dass die Äußerung nicht richtig ist. Sie kann auch auf einen weiteren Zeitpunkt im Unterricht verschoben werden (dies ähnelt „later interesting result" nach Richert 2005: 142). Ggf. ist sie auch thematisch nicht passend.

Beispiel:

Benjamin: Ähm • es is ((1s)) hm̃ häufig... • • Ähm • also es wird häufig auch von mehreren • • Tieren gefressen?
LBio – m (US): **Das ist dann schon der <u>nächste</u> Punkt.** ((2s)) Michael.

- *Nonverbales negatives Feedback* **(NV-neg)**: Die LP schüttelt den Kopf oder zeigt gestisch, z. B. mit einem nach unten gestreckten Daumen, ihre negative Bewertung an. – Diese Kategorie wird nur annotiert, wenn sie ohne verbale Begleitung erfolgt, also eine verbale Lehreräußerung ersetzt.

Beispiel:

Bernhard: ((2s)) Vielleicht mit „<u>d</u>irekt" und „<u>i</u>ndirekt"?
LBio – w (OS): **((schüttelt den Kopf))**˙

- (*keine Tafelanschrift* **(Taf-)**: Dies ist eine Form des Feedbacks, die in dieser Studie zwar theoretisch angenommen wird, aber nicht codiert wird. Ausgangspunkt ist die Überlegung, dass in einer Unterrichtsphase, in der Ergebnisse an der Tafel gesammelt werden, das Nicht-Anschreiben einer Schülerantwort durch die Lehrperson die nicht vollständige Angemessenheit/Korrektheit der Schüleräußerung signalisiert.)
- *Explizite Korrekturmarkierung* **(EKm)**: Die LP markiert explizit sprachlich, dass die Äußerung der Schülerin/des Schülers nicht richtig ist, z. B. durch „Das ist nicht richtig.", „Da wäre ich mir nicht so sicher." oder „Nein, [...]". Dies ist das Pendant zur Bestätigung der Korrektheit **(Bes)**. Diese Kategorie wurde von Ramge (1980b: 138–139) entlehnt, der sie allerdings nur auf sprachliche Korrekturen bezieht. – Zur Abgrenzung von *SüS-neg* (siehe unten): Wenn die explizite Korrekturmarkierung sich explizit auf sprachliche Aspekte bezieht, wird *SüS-neg* codiert; *SüS-neg* stellt somit die explizite Korrekturmarkierung sprachlicher Aspekte dar.

Beispiel:

Alexa: • • Die Nürnberger ((1s)) Burg?
LDe – m (GS): **Neě, die <u>mein</u> ich nich.**

- *Expliziter Korrekturvollzug* **(EKv):** Die LP korrigiert selbst die Äußerung der Schülerin/des Schülers und bietet dabei die korrekte bzw. angemessenere sprachliche Form/den korrekten bzw. angemesseneren Inhalt an. Diese Kategorie wurde ebenfalls von Ramge (1980b: 140–141) entlehnt. – Wenn die Kombination „EKm/EKv" vorliegt, ist die Sequenz als eine explizite inhaltliche Korrektursequenz zu interpretieren, wenn die Kombination „SüS-neg/EKv" zu finden ist, ist sie als eine explizite sprachliche Korrektursequenz zu interpretieren.

Beispiel:

[58]

LBiow(Gym) [v]	Bernhard))˙
Bernhard [v]	Die Blüten • beziehungsweise, ((2s)) jà, • • das Nektar

[59]

LBiow(Gym) [v]	D/ der ! • Der Nektar, • • já? ((zeigt auf
Bernhard [v]	oder • was auch immer. Der Nektar.

Transkriptausschnitt 1: Beispiel für einen expliziten (und auf sprachliche Aspekte bezogenen) Korrekturvollzug (EKv) – Bio – w (Oberstufe)

- *Tadel* **(Ta):** Die LP verbalisiert explizit, dass die Äußerung der Schülerin/des Schülers nicht den Ansprüchen genügt, zum Beispiel durch „Das hast du sehr schlecht gemacht." oder es wird der Schülerin/dem Schüler explizit deutlich gemacht, dass sie/er das Rederecht nicht besitzt.

Beispiel 1:

Torben: Ääh • ich hab mal sowas • (anderes) beobachtet.
LBio – m (GS): **Du bist nicht dran!**

Beispiel 2:

[26]

LDem(Gym) [v]	((6,5s)) Clemens.
LDem(Gym) [k]	---------------------------))
Clemens [v]	Vielleicht aus so m Lied (teil) • • • mit
Clemens [k]	*((ggf. auch "halt"))*

[27]

Clemens [v]	der/ mit dem Fuchs und der, • der Gans. ‿Da gibts ja so n • Lied

[28]

LDem(Gym) [v]	"Fuchs, du hast die
Clemens [v]	drüber? ((2s)) Ääh "Fuchs, wer hat die Gans ge stoh"...

[29]

LDem(Gym) [v]	Gans gestohlen". Wir lösen uns ma von den Beispielen, die ich
Clemens [v]	Jà.

[30]

LDem(Gym) [v]	euch gezeigt...‿Ganz allgemein zu dieser Textsorte. ((entfernt

[31]

LDem(Gym) [v]	Folie vom Overheadprojektor, 6s))˙ **Also da bin ich noch nich mit**

[32]

LDem(Gym) [v]	**einverstanden. Da muss n bisschen mehr Wissen da sein.** ((2s))
LDem(Gym) [k]	*((zeigt auf*

Transkriptausschnitt 2: Beispiel für einen Tadel (Ta) (fett markiert) – De – m (MS)

- *Sprechen über Sprache – negativ* (**SüSneg**): Die LP spricht explizit verbessernd/negativ über den Sprachgebrauch der SuS, z. B. durch „Das kann man so nicht ausdrücken." Diese Kategorie ist im Vergleich zu *EKm* explizit sprachbezogen.

Beispiel:

Greta: Mit den Pflanzen • fängt das an.
LBio – w (US): Ahà! **Sò • • das • • kann ich jetzt so aber <u>auch</u> nich • hinschreiben.**

9.1.5 Formen impliziten tendenziell positiven Feedbacks (ipF)

- *Weiterführung des Themas* **(WeiT)**: Die LP nimmt nicht auf die Äußerung der Schülerin/des Schülers *bearbeitend* Bezug, sondern führt das Thema der Schülerin/des Schülers mit neuen inhaltlichen Ausführungen weiter. Bei Nassaji und Wells (2000: 403) werden solche Äußerungen als „Give"/ „Comment" eingeordnet. Sie ist äquivalent zum Mechanismus „topic continuation" bei Farrar (1990: 613).

Beispiel:

[71]

LBiow(GS) [v]	((1,5s)) Was fressen Eulen denn noch? ((nickt Larissa zu))˙
Larissa [v]	Mäuse.

[72]

LBiow(GS) [v]	Mäuse! • • Wenn du mal so n • Eulennest gesehen hast, da <u>un</u>ten, • •
LBiow(GS) [k]	*((Sirene eines Kranken- oder Feuerwehrwagens nähert sich----------*

[73]

LBiow(GS) [v]	• das nennt man denn diese "Gewölle", die sind dann... Die spucken
LBiow(GS) [k]	--

[74]

LBiow(GS) [v]	das dann wieder aus, die/ • • das <u>Fell</u> der • Maus, nech,
LBiow(GS) [k]	--))

[75]

LBiow(GS) [v]	**das/ äh die Knochen.** ((1,5s)) Uund ((1s)) schscht • • äh • Frederik?
LBiow(GS) [k]	*((laute Sirene--------------))* *((Wagen fährt vorbei----------------------------------))*
SuS [k]	*((SuS werden unruhig, schauen aus dem Fenster))*

Transkriptausschnitt 3: Beispiel für eine Weiterführung des Themas (fett markiert) – Bio – w (GS)

- *Weiterführung des Themas durch eine Frage (bzw. durch einen Imperativ)* **(WeiTFr):** Die Weiterführung des Themas kann auch als an die Schüler/-innen gerichtete Frage geschehen. Dann wird *WeiT-Fr* codiert. Eine *WeiT-Fr* unterscheidet sich von *Clr* (siehe unten) darin, dass sie weitere thematische Aspekte einfordert und nicht spezifisch nur eine Klärung des bereits Geäußerten. Dieses Einfordern muss nicht in Frageform, sondern kann auch in Imperativform geschehen. Nach Nassaji und Wells (2000: 403) liegt hier ein fordernder *Follow-up*-Schritt vor.

Beispiel:

Thomas: Ähm • für • • die Tiere im Wald.
LBio – m (US): ((schreibt an die Tafel, 5s))˙ **Warum? Warum ist das für die Tiere wichtig?**

- *Überraschung* **(Üb):** Die LP zeigt sich (positiv) überrascht von der Äußerung der Schülerin/des Schülers, z. B. durch die Interjektion „Oh!".

Beispiel:

Liz-Catherine: Er kämpft mit der Lanze.
LDe – m (GS): **Oooh,** • gegen wen denn?

- *Interesse* **(Int):** LP äußert „Ja?" oder „Nein?" mit fragender Intonation, um Interesse an der Äußerung der Schülerin/des Schülers zu bekunden.

Beispiel:

Dustin: ((1s)) Ich hab auch zu Hause in einem Buch ähm • • eine Nahrungskette.
LBio – w (GS): **Já?**

- *Exakte Wiederholung* **(EW):** Die LP wiederholt die Äußerung der Schülerin/ des Schülers vollständig oder partiell mit fallender Intonation, ohne sie zu verändern. Diese Form kann als deckungsgleich mit dem „Lehrerecho" (Bittner 2006: 101) angesehen werden.

Beispiel:

Uta: Schattenblume?
LBio – w (US): **Schattenblume.** ((schreibt an die Tafel, 5s))˙ **Schattenblume.**

9.1.6 Formen impliziten tendenziell negativen Feedbacks (inF)

- *Expansion* **(Exp):** Die LP behält Wörter oder Phrasen der oft elliptischen oder anakoluthischen Bezugsäußerung bei und ergänzt additiv zusätzliche Morpheme, Wörter oder Phrasen (nach Farrar 1990: 612–613). Damit vervollständigt sie die Bezugsäußerung oft grammatikalisch.

Beispiel:

Isabel: Dachs?
LBio – w (GS): <u>Das</u> **ist der Dachs,** • • richtig!

- *Reformulierung* **(Ref):** Zusätzlich zu möglichen ergänzenden Operationen sind für die Reformulierung durch die LP vor allem teilweise Substitutionen von Morphemen, Wörtern oder Phrasen und/oder Tilgungen von Morphemen, Wörtern oder Phrasen und/oder Permutationen von Morphemen, Wörtern oder Phrasen konstitutiv (nach Farrar 1990: 612–613). – Zur Abgrenzung zur *EW*: Exakte (partielle) Wiederholungen können sich allein durch die Tilgung von einzelnen Wörtern bei Beibehaltung der weiteren Wörter der Äußerung auszeichnen. Auch wenn sich Reformulierungen u. a. ebenfalls durch Tilgungsoperationen definieren, sind solche Äußerungen, die nur Tilgungen vornehmen, als EW zu codieren.

Beispiel:

Thorsten: Dass man nich so viel Testosteron bildet.
LBio – w (MS): • • **Dann wird weniger Testost<u>ero</u>n gebildet.**

– *Umformulierung* **(Umf)**: Für Umformulierungen ist eine nahezu vollständige Substitution der Elemente der Bezugsäußerung konstitutiv. Umformulierungen müssen aber notwendigerweise semantische Kontinuität zur Bezugsäußerung aufweisen.

Beispiel:

Nicole: Es werden irgendwelche berühmten Personen kritisiert.
LDe – m (OS): Es wird jemand kritisiert. **Also es steckt im Grunde genommen auch Kritik dahinter.**

– *Ergänzung* **(Erg)**: Die LP ergänzt eine Äußerung der Schülerin/des Schülers, ohne Wörter oder Phrasen dieser Äußerung wiederaufzunehmen. Dies geschieht oft adjazenzelliptisch (vgl. Abschnitt 10.2.1).

Beispiel:

[154]

Biom(Gym) [v]	◞Nochmal! Wenn zu viel Blut im Körper is?
Biom(Gym) [k]	*linke Hand ans linke Ohr-----------------------------))*
Leonidas [v]	Jà wenn zuviel

[155]

Biom(Gym) [v]	—dioxid.
Leonidas [v]	Kohlen/ Kohlenstoff -dio xid im Blut is, dann fängt man an zu

[156]

Biom(Gym) [v]	((nickt))˙ Das heißt...
Biom(Gym) [k]	*((allegro))*
Leonidas [v]	hyperventilieren. Nee, anders, anders rum!

Transkriptausschnitt 4: Beispiel für eine Ergänzung (Erg) (fett markiert) – Bio – m (MS)

– *Exakte Wiederholung mit Frageintonation* **(EW?)**: Die LP wiederholt die Äußerung der Schülerin/des Schülers vollständig oder partiell mit steigender Intonation, ohne sie zu verändern. Dies kann eine Unterform des Mechanismus *clarifcation request* (*Clr*, siehe unten) sein. Ggf. können sie auch als „confirmation check" (Long 1980: 81–82) fungieren.

Beispiel:

Frauke: Der Kaiser Barbarossa?
LDe – m (GS): Der Kaiser Barbarossa?

- *clarification request* **(Clr)**: Die LP stellt eine Nachfrage zur Äußerung der Schülerin/des Schülers mit dem Ziel, dass die SuS diese inhaltlich oder sprachlich verdeutlichen (in Anlehnung an Demetras et al. 1986: 280; ähnelt „Uptake" nach Nystrand et al. 2003: 145; bei Nassaji und Wells 2000: 403 ist dies „Demand"/„Clarification"). *Clr* können an den Sprecher der Bezugsäußerung gerichtet sein, sie können aber auch an andere SuS gerichtet sein. Nach Nassaji und Wells (2000: 403) liegt hier ein fordernder *Follow-up*-Schritt vor.

Beispiel:

[44]

LDem(Gym) [v]	bislang in eurer Schullaufbahn? Ramona.
Ramona [v]	Ich glaub, • wir haben das
nicht-id. S2 [v]	

[45]

Ramona [v]	in • • der fünften Klasse • • und • • in der Grundschule nochmal

[46]

LDem(Gym) [v]	• In welcher noch? Jâ.
Ramona [v]	durchgenommen. In der Grundschule haben wir

[47]

LDem(Gym) [v]	Also ich hatte euch
Ramona [v]	das (alles auch) nochmal durchgenommen.

Transkriptausschnitt 5: Beispiel für einen clarification request (Clr) (fett markiert) – De – m (MS)

- *Direkte Elizitierung* **(DE)**: Die LP formuliert eine Äußerung nur unvollständig und die SuS sollen sie ergänzen (nach Nassaji 2015: 54). Dies kann in bestimmten Fällen als Sonderform der expliziten Korrekturmarkierung angesehen werden. Nach Nassaji und Wells (2000: 403) liegt hier ebenfalls ein fordernder *Follow-up*-Schritt vor.

Beispiel:

Eike: In der Baumschicht und in der • Kräuterschicht?
LBio – w (US): ((1s)) Äähm ((1s)) Kräuterschicht? **Dann vielleicht eher in der ...**
Eike: Strauchschicht?

9.2 Quantitative Ergebnisse zur absoluten Anzahl und zum prozentualen Anteil der miS

In diesem Abschnitt sollen die quantitativen Ergebnisse zu den Auszählungen mit dem vorgestellten Codierschema präsentiert werden (vgl. Abschn. 9.2). Daran anschließend werden speziell die Formen, die *model/feedback* (nach Speidel 1987: 112) anbieten, in ihrem sich über die Jahrgangsstufen verändernden Verhältnis zueinander in den Blick genommen (vgl. Abschn. 9.2.2).

9.2.1 Alle Formen mikrointeraktionaler Stützmechanismen im Vergleich

In den folgenden nach Unterrichtsfach der Lehrpersonen separierten Tabellen sind alle in Abschnitt 9.1 operationalisierten mikrointeraktionalen Stützmechanismen zunächst in absoluten Zahlen und dann in ihrem prozentualen Anteil an der Gesamtzahl aller mikrointeraktionalen Stützmechanismen aufgeführt. Sie werden zunächst global (vgl. Abschn. 9.2.1.1) und anschließend im Jahrgangsstufenvergleich analysiert (vgl. Abschn. 9.2.2).

9.2.1.1 Globale Analysen mikrointeraktionaler Stützmechanismen
In Tabelle 103 und Tabelle 105 sind die absoluten Werte separiert für die Biologielehrpersonen und die Deutschlehrpersonen aufgeführt, in Tabelle 104 und Tabelle 106 jeweils die dazugehörigen prozentualen Werte.

Zur Struktur der Tabellen: Sie sind jeweils unterdifferenziert in und gruppiert nach den vier übergeordneten Dimensionen mikrointeraktionaler Stützmechanismen: *epF*, *enF*, *ipF* und *inF*. Für die einzelnen diesen Dimensionen zugeordneten Formen mikrointeraktionaler Stützmechanismen ist jeweils eine Summen*zeile* eingefügt, in der die absoluten Zahlen bzw. prozentualen Anteile pro Klasse auf-

summiert werden. Zudem ist in der ganz rechten Spalte eine weitere Summen-
spalte eingefügt worden, in der die absoluten Werte für jede einzelne Form jahr-
gangsstufen- und pro Fach lehrpersonenübergreifend aufsummiert sind bzw. der
prozentuale Anteil dieser aufsummierten Werte an der Gesamtzahl aller betrachteten mikrointeraktionalen Stützmechanismen berechnet ist. In den unteren vier
Zeilen sind ergänzend weitere Summen*zeilen* aufgeführt, in der jeweils klassen-
bezogene Summen gebildet werden: Die erste Zeile bezieht sich auf die Summe
aller expliziten Feedbackformen (*epF* + *enF*), die zweite Zeile auf die Summe aller
impliziten Feedbackformen (*ipF* + *inF*), während in der dritten Zeile alle negativen
Feedbackformen (*enF* + *inF*) aufsummiert sind und in der vierten Zeile alle positiven Feedbackformen (*epF* + *ipF*). Alle aufsummierten Werte in den Tabellen sind
durch Fettdruck markiert. Um die Lesbarkeit der Tabellen weiter zu verbessern,
sind zudem in allen Zellen (außer den Summenzellen) Werte > 0 mit einer leichten
Grauhinterlegung markiert.

Tabelle 103: Vergleich aller Formen mikrointeraktionaler Stützmechanismen, absolute
Zahlen – Biologielehrpersonen

		Bio – m				Bio – w				
		GS	US	MS	OS	GS	US	MS	OS	Σ
epF	Akz	13	18	13	13	22	73	29	43	**224**
	NVpos	1	0	1	0	0	0	4	1	**7**
	Taf+	0	23	5	16	0	45	9	3	**101**
	Bes	25	19	27	10	31	37	29	20	**198**
	BesFr	0	0	0	0	0	0	0	0	**0**
	Lb	6	16	0	2	12	21	10	10	**77**
	SüSp	3	0	0	0	2	3	0	2	**10**
	ΣepF	**48**	**76**	**46**	**41**	**67**	**179**	**81**	**79**	**617**
enF	Zw	0	3	3	1	0	2	0	0	**9**
	NVneg	0	0	0	0	0	0	0	2	**2**
	EKm	5	3	4	3	16	9	9	15	**64**
	EKv	4	3	2	0	5	8	3	11	**36**
	Ta	6	0	0	0	0	0	0	0	**6**
	SüSn	1	2	4	5	5	12	3	6	**38**
	ΣenF	**16**	**11**	**13**	**9**	**26**	**31**	**15**	**34**	**155**

Tabelle 103 (fortgesetzt)

		Bio – m				Bio – w				
		GS	US	MS	OS	GS	US	MS	OS	Σ
ipF	WeiT	12	7	21	9	15	23	8	14	109
	WeiTFr	7	18	20	9	8	29	16	6	113
	Üb	1	2	0	0	0	0	0	1	4
	Int	0	0	0	0	1	0	3	0	4
	EW	13	12	6	3	19	26	13	19	111
	ΣipF	33	39	47	21	43	78	40	40	341
inF	Exp	4	0	2	0	23	11	2	6	48
	Ref	21	17	8	6	17	22	8	5	104
	Umf	5	17	19	15	3	4	4	6	73
	Erg	0	1	1	0	3	0	1	0	6
	EW?	0	1	1	1	1	2	4	3	13
	Clr	27	18	20	4	24	28	19	25	165
	DE	1	1	3	0	2	15	7	5	34
	ΣinF	58	55	54	26	73	82	45	50	443
	ΣeF	64	87	59	50	93	210	96	113	772
	ΣiF	91	94	101	47	116	160	85	90	784
	ΣnF	74	66	67	35	99	113	60	84	598
	ΣpF	81	115	93	62	110	257	121	119	958
	Σ	155	181	160	97	209	370	181	203	1556

Tabelle 104: Vergleich aller Formen mikrointeraktionaler Stützmechanismen – prozentualer Anteil (%) an der Gesamtzahl mikrointeraktionaler Stützmechanismen – Biologielehrpersonen

		Bio – m				Bio – w				
		GS	US	MS	OS	GS	US	MS	OS	Σ
epF	Akz	8,4	9,9	8,1	13,4	10,5	19,7	16,0	21,2	14,4
	NVpos	0,6	0,0	0,6	0,0	0,0	0,0	2,2	0,5	0,4
	Taf+	0,0	12,7	3,1	16,5	0,0	12,2	5,0	1,5	6,5

Tabelle 104 (fortgesetzt)

		Bio – m				Bio – w				
		GS	US	MS	OS	GS	US	MS	OS	∑
	Bes	16,1	10,5	16,9	10,3	14,8	10,0	16,0	9,9	12,7
	BesFr	0,0	0,0	0,0	0,0	0,0	0,0	0,0	0,0	0,0
	Lb	3,9	8,8	0,0	2,1	5,7	5,7	5,5	4,9	4,9
	SüSp	1,9	0,0	0,0	0,0	1,0	0,8	0,0	1,0	0,6
	∑epF	31,0	42,0	28,8	42,3	32,1	48,4	44,8	38,9	39,7
enF	Zw	0,0	1,7	1,9	1,0	0,0	0,5	0,0	0,0	0,6
	NVneg	0,0	0,0	0,0	0,0	0,0	0,0	0,0	1,0	0,1
	EKm	3,2	1,7	2,5	3,1	7,7	2,4	5,0	7,4	4,1
	EKv	2,6	1,7	1,3	0,0	2,4	2,2	1,7	5,4	2,3
	Ta	3,9	0,0	0,0	0,0	0,0	0,0	0,0	0,0	0,4
	SüSn	0,6	1,1	2,5	5,2	2,4	3,2	1,7	3,0	2,4
	∑enF	10,3	6,1	8,1	9,3	12,4	8,4	8,3	16,7	10,0
ipF	WeiT	7,7	3,9	13,1	9,3	7,2	6,2	4,4	6,9	7,0
	WeiTFr	4,5	9,9	12,5	9,3	3,8	7,8	8,8	3,0	7,3
	Üb	0,6	1,1	0,0	0,0	0,0	0,0	0,0	0,5	0,3
	Int	0,0	0,0	0,0	0,0	0,5	0,0	1,7	0,0	0,3
	EW	8,4	6,6	3,8	3,1	9,1	7,0	7,2	9,4	7,1
	∑ipF	21,3	21,5	29,4	21,6	20,6	21,1	22,1	19,7	21,9
inF	Exp	2,6	0,0	1,3	0,0	11,0	3,0	1,1	3,0	3,1
	Ref	13,5	9,4	5,0	6,2	8,1	5,9	4,4	2,5	6,7
	Umf	3,2	9,4	11,9	15,5	1,4	1,1	2,2	3,0	4,7
	Erg	0,0	0,6	0,6	0,0	1,4	0,0	0,6	0,0	0,4
	EW?	0,0	0,6	0,6	1,0	0,5	0,5	2,2	1,5	0,8
	Clr	17,4	9,9	12,5	4,1	11,5	7,6	10,5	12,3	10,6
	DE	0,6	0,6	1,9	0,0	1,0	4,1	3,9	2,5	2,2
	∑inF	37,4	30,4	33,8	26,8	34,9	22,2	24,9	24,6	28,5
	∑eF	41,3	48,1	36,9	51,5	44,5	56,8	53,0	55,7	49,6
	∑iF	58,7	51,9	63,1	48,5	55,5	43,2	47,0	44,3	50,4

Tabelle 104 (fortgesetzt)

	Bio – m				Bio – w				
	GS	US	MS	OS	GS	US	MS	OS	∑
∑nF	47,7	36,5	41,9	36,1	47,4	30,5	33,1	41,4	38,4
∑pF	52,3	63,5	58,1	63,9	52,6	69,5	66,9	58,6	61,6

Tabelle 105: Vergleich aller Formen mikrointeraktionaler Stützmechanismen, absolute Zahlen – Deutschlehrpersonen

		De – m				De – w				
		GS	US	MS	OS	GS	US	MS	OS	∑
epF	Akz	27	35	23	24	11	32	13	21	186
	NVpos	0	2	2	0	0	0	1	0	5
	Taf+	12	2	3	4	8	0	5	0	34
	Bes	14	15	13	17	13	15	10	7	104
	BesFr	4	4	2	0	1	0	0	0	11
	Lb	14	4	9	8	4	7	10	10	66
	SüSp	2	0	1	0	2	1	2	0	8
	∑epF	73	62	53	53	39	55	41	38	414
enF	Zw	8	0	0	0	0	0	0	0	8
	NVneg	0	0	0	0	0	0	0	0	0
	EKm	22	7	6	2	2	0	1	3	43
	EKv	3	4	2	1	0	2	3	2	17
	Ta	9	0	1	0	0	0	0	0	10
	SüSn	11	9	2	2	1	2	1	0	28
	∑enF	53	20	11	5	3	4	5	5	106
ipF	WeiT	18	11	5	16	10	9	7	11	87
	WeiTFr	26	24	13	8	5	1	1	4	82
	Üb	13	0	0	0	0	0	0	0	13
	Int	2	1	0	0	0	0	1	0	4

Tabelle 105 (fortgesetzt)

		De – m				De – w				
		GS	US	MS	OS	GS	US	MS	OS	Σ
	EW	7	12	16	10	3	1	1	0	50
	ΣipF	53	48	34	34	18	11	10	15	223
inF	Exp	4	3	4	3	8	4	0	0	26
	Ref	22	24	16	12	15	10	10	10	119
	Umf	10	6	17	16	14	27	11	6	107
	Erg	0	1	3	0	1	1	0	1	7
	EW?	17	2	1	1	0	4	1	0	26
	Clr	53	26	33	19	13	6	10	4	164
	DE	4	0	2	2	5	0	0	0	13
	ΣinF	110	62	76	53	56	52	32	21	462
	ΣeF	126	82	64	58	42	59	46	43	520
	ΣiF	163	110	110	87	74	63	42	36	685
	ΣnF	163	82	87	58	59	56	37	26	568
	ΣpF	126	110	87	87	57	66	51	53	637
	Σ	289	192	174	145	116	122	88	79	1205

Tabelle 106: Vergleich aller Formen mikrointeraktionaler Stützmechanismen – prozentualer Anteil (%) an der Gesamtzahl mikrointeraktionaler Stützmechanismen – Deutschlehrpersonen

		De – m				De – w				
		GS	US	MS	OS	GS	US	MS	OS	Σ
epF	Akz	9,3	18,2	13,2	16,6	9,5	26,2	14,8	26,6	15,4
	NVpos	0,0	1,0	1,1	0,0	0,0	0,0	1,1	0,0	0,4
	Taf+	4,2	1,0	1,7	2,8	6,9	0,0	5,7	0,0	2,8
	Bes	4,8	7,8	7,5	11,7	11,2	12,3	11,4	8,9	8,6
	BesFr	1,4	2,1	1,1	0,0	0,9	0,0	0,0	0,0	0,9
	Lb	4,8	2,1	5,2	5,5	3,4	5,7	11,4	12,7	5,5

Tabelle 106 (fortgesetzt)

		De – m				De – w				
		GS	US	MS	OS	GS	US	MS	OS	∑
	SüSp	0,7	0,0	0,6	0,0	1,7	0,8	2,3	0,0	0,7
	∑epF	25,3	32,3	30,5	36,6	33,6	45,1	46,6	48,1	34,4
enF	Zw	2,8	0,0	0,0	0,0	0,0	0,0	0,0	0,0	0,7
	NVneg	0,0	0,0	0,0	0,0	0,0	0,0	0,0	0,0	0,0
	EKm	7,6	3,6	3,4	1,4	1,7	0,0	1,1	3,8	3,6
	EKv	1,0	2,1	1,1	0,7	0,0	1,6	3,4	2,5	1,4
	Ta	3,1	0,0	0,6	0,0	0,0	0,0	0,0	0,0	0,8
	SüSn	3,8	4,7	1,1	1,4	0,9	1,6	1,1	0,0	2,3
	∑enF	18,3	10,4	6,3	3,4	2,6	3,3	5,7	6,3	8,8
ipF	WeiT	6,2	5,7	2,9	11,0	8,6	7,4	8,0	13,9	7,2
	WeiTFr	9,0	12,5	7,5	5,5	4,3	0,8	1,1	5,1	6,8
	Üb	4,5	0,0	0,0	0,0	0,0	0,0	0,0	0,0	1,1
	Int	0,7	0,5	0,0	0,0	0,0	0,0	1,1	0,0	0,3
	EW	2,4	6,3	9,2	6,9	2,6	0,8	1,1	0,0	4,1
	∑ipF	18,3	25,0	19,5	23,4	15,5	9,0	11,4	19,0	18,5
inF	Exp	1,4	1,6	2,3	2,1	6,9	3,3	0,0	0,0	2,2
	Ref	7,6	12,5	9,2	8,3	12,9	8,2	11,4	12,7	9,9
	Umf	3,5	3,1	9,8	11,0	12,1	22,1	12,5	7,6	8,9
	Erg	0,0	0,5	1,7	0,0	0,9	0,8	0,0	1,3	0,6
	EW?	5,9	1,0	0,6	0,7	0,0	3,3	1,1	0,0	2,2
	Clr	18,3	13,5	19,0	13,1	11,2	4,9	11,4	5,1	13,6
	DE	1,4	0,0	1,1	1,4	4,3	0,0	0,0	0,0	1,1
	∑inF	38,1	32,3	43,7	36,6	48,3	42,6	36,4	26,6	38,3
	∑eF	43,6	42,7	36,8	40,0	36,2	48,4	52,3	54,4	43,2
	∑iF	56,4	57,3	63,2	60,0	63,8	51,6	47,7	45,6	56,8
	∑nF	56,4	42,7	50,0	40,0	50,9	45,9	42,0	32,9	47,1
	∑pF	43,6	57,3	50,0	60,0	49,1	54,1	58,0	67,1	52,9

In einem ersten globalen Blick interessiert nur die jeweils rechte Summenspalte der Tabelle. Wenn man die Tabellen also zunächst solchermaßen global untersucht, kann bei den Biologielehrpersonen festgestellt werden, dass die als *epF* (explizites positives Feedback) codierten mikrointeraktionalen Stützmechanismen den Großteil ausmachen mit insgesamt n = 617 (= 39,7 %). Darauf folgen mit n = 443 (= 28,5 %) die als *inF* (implizites negatives Feedback) codierten Formen. Danach schließt sich das implizite positive Feedback (*ipf*) mit n = 341 (= 21,9 %) an. An letzter Stelle kommen erst die Formen expliziten negativen Feedbacks mit n = 155 (= 10 %). Explizites negatives Feedback ist also in den untersuchten Biologieunterrichtsstunden am seltensten. Bei den Deutschlehrpersonen sind die Verhältnisse leicht anders: An erster Stelle steht das implizite negative Feedback (*inF*) mit n = 462 (= 38,3 %) und an zweiter Stelle erst das explizite positive Feedback (*epF*) mit n = 414 (= 34,4 %). Die Verhältnisse an Platz drei und vier sind aber wie bei den Biologielehrpersonen: An dritter Stelle folgt das implizite positive Feedback (*ipF*) mit n = 223 (18,5 %) und wiederum an letzter Stelle das explizite negative Feedback (*epF*) mit n = 106 (= 8,8 %). Insgesamt resultiert daraus bei den Biologielehrpersonen, dass die positiven Feedbackformen mit 61,6 % die negativen (38,4 %) überwiegen, dass andererseits aber insgesamt die expliziten (49,6 %) und impliziten Formen (50,4 %) gleichauf liegen. Bei den Deutschlehrpersonen überwiegen ebenfalls insgesamt die positiven Formen (mit 52,9 % gegenüber 47,1 % negative Formen aber weniger deutlich als bei den Biologielehrpersonen). Zudem sind im Gegensatz zum Gleichstand bei den Biologielehrpersonen die impliziten Formen den expliziten Formen etwas überlegen (56,8 % gegenüber 43,2 %). Sowohl bei den Biologielehrpersonen als auch bei den Deutschlehrpersonen hat jeweils aufsummiert über alle Jahrgangsstufen die explizite Korrekturmarkierung (*EKm*) den größten Wert unter dem explizit negativen Feedback (bei den Biologielehrpersonen n = 64 bzw. 4,1 %; bei den Deutschlehrpersonen n = 43 bzw. 3,6 %). Explizite Korrekturmarkierungen kommen also häufiger vor als der damit verbundene explizite Korrekturvollzug (EKv).

Wenn die absoluten Zahlen aller Lehrpersonen (Biologie und Deutsch) jeweils aufsummiert werden (also die Werte der Tabelle 103 und Tabelle 105 addiert werden), liegt das explizite positive Feedback (*epF*) mit n = 1031 an erster Stelle (wie bei den Biologielehrpersonen allein), dicht gefolgt allerdings vom impliziten negativen Feedback (*inF*) mit n = 905. Den dritten und vierten Rang belegen auch hier das implizite positive Feedback (*ipF*) mit n = 564 und das explizite negative Feedback (*enF*) mit n = 261:

1. explizites positives Feedback (*epF*): n = 1031
2. implizites negatives Feedback (*inF*): n = 905
3. implizites positives Feedback (*ipF*): n = 564
4. explizites negatives Feedback (*enF*): n = 261.

Alle Lehrpersonen in den Blick genommen, überwiegen zudem insgesamt die impliziten Formen (mit n = 1469) gegenüber den expliziten Formen (mit n = 1292), sowie die positiven (n = 1595) gegenüber den negativen Formen (n = 1166).

Gewinnbringend ist auch der interindividuelle Vergleich der Lehrpersonen (unterschiedlichen Fachs bzw. Geschlechts) miteinander. Die höchste Anzahl von miS findet sich bei den weiblichen Biologielehrerinnen mit n = 963. Darauf folgen die männlichen Deutschlehrpersonen mit n = 800, dann die männlichen Biologielehrpersonen mit n = 593 und an letzter Stelle die weiblichen Deutschlehrerinnen mit n = 405. Man kann also nicht schließen, dass die Anzahl der miS in diesem Korpus mit dem Fach oder Geschlecht der Lehrperson in Zusammenhang steht.

Verfolgen wir zuletzt die globale Fragestellung, welchen Anteil das explizite Sprechen über den Sprachgebrauch der Schüler/-innen an der Gesamtzahl mikrointeraktionaler Stützmechanismen hat, ist zu erkennen, dass dieser Anteil insgesamt sehr gering ist. Bei den Biologielehrpersonen können über alle Jahrgangsstufen addiert insgesamt n = 48 Vorkommen des expliziten positiven oder negativen Sprechens über Sprache (*SüSpos* + *SüSneg*) gezählt werden – dieses explizite Thematisieren des vorherigen Sprachgebrauchs der Schüler/-innen macht insgesamt jedoch nur 3 % aller miS im Biologieunterricht aus. Bei den Deutschlehrpersonen liegt die Anzahl (ggf. erwartungswidrig) mit n = 36 sogar noch darunter, während der prozentuale Anteil an der Gesamtzahl aller miS mit 3 % exakt gleich ist.

9.2.1.2 Jahrgangsstufenbezogene Analysen mikrointeraktionaler Stützmechanismen

Im Folgenden soll, nach dieser globalen, lehrer- und jahrgangsübergreifenden Beschreibung, tiefer in die Tabellen vorgedrungen werden, indem sie hinsichtlich Veränderungen über die Jahrgangsstufen analysiert werden. Die erste deutliche Veränderung über die Jahrgangsstufen besteht darin, dass die Lehrpersonen von der Grundschule zur Oberstufe in absoluten Zahlen (vgl. Tabelle 103 und Tabelle 105) insgesamt weniger mikrointeraktionale Stützmechanismen einsetzen. Der höchste absolute Wert ist immer in der Grundschule (bei De – m: n = 289) oder in der Unterstufe (bei Bio – m: n = 181; Bio – w: n = 370; Bio – w: 122) zu finden, der niedrigste Wert ist in drei von vier Fällen in der Oberstufe (bei Bio – m: n = 97; bei De – m: n = 145; bei De – w: n = 79) und in einem Fall in der Mittelstufe realisiert (Bio – w: 181). Da aber in Abschnitt 8.2.2 festgestellt wurde, dass auch die Einheitenanzahl bei den Lehrpersonen in der Tendenz über die Jahrgangsstufe abnimmt, muss darauf aufbauend eine weitergehende Analyse durchgeführt werden: Um auszuschließen, dass die Abnahme mikrointeraktionaler Stützmechanismen über die Jahrgangsstufen allein ein Effekt der abnehmenden Einheitenanzahl sein könnte, wurde das Verhältnis von miS zur Einheitenanzahl berechnet.[28] Die Ergebnisse sind in Tabelle 107 wiedergegeben. Zur Interpretation der Daten: Wenn sich ein Verhältnis von 0,3 miS zu 1 Einheit findet, ist daraus zu schließen, dass auf eine Einheit 0,3 miS kommen (oder anders ausgedrückt: dass nur auf ca. jede dritte Einheit ein mikrointeraktionaler Stützmechanismus kommt). Wenn sich das höhere Verhältnis von 0,5 : 1 ergibt, ist zu schließen, dass auf eine Einheit schon 0,5 miS kommen (dass also jede zweite Einheit einen mikrointeraktionalen Stützmechanismus enthält). Die deutlichste Abnahme des Verhältnisses von miS zur Einheitenanzahl findet sich bei De – w – von höheren Werten in der Grundschule (0,309:1) und Unterstufe (0,321:1) zu niedrigeren Werten in der Mittelstufe (0,258:1) und Oberstufe (0,242:1). Bei De – m ist der höchste Wert in der Grundschule (0,434:1) und der niedrigste Wert in der Oberstufe (0,295:1) erkennbar, mit intermediären Werten in der Unterstufe (0,302:1) und Mittelstufe (0,352:1). Bei den Biologielehrpersonen sind die Verhältnisse etwas weniger eindeutig. Hier lassen sich einzig Abnahmen festellen, wenn man allein die Gymnasiallehrpersonen intraindividuell vergleicht: In einem solchen Vergleich findet sich bei Bio – m weiterhin der höchste Wert in der niedrigsten Jahrgangsstufe, der Unterstufe (0,453:1). Die Mittelstufen- (0,316:1) und Oberstufenwerte (0,382:1) liegen darunter. Dies ist auch bei Bio – w der Fall mit einem Unterstufenwert von 0,482:1 und den niedrigeren Mittelstufen- und Oberstufenwerten von (0,425:1 bzw. 0,463:1). Die Grundschulwerte lassen sich in dieses Bild schwer einordnen, da sie jeweils den niedrigsten Wert der Reihe (bei Bio – m) oder den zweitniedrigsten Wert bilden (bei Bio – w).

In der Tendenz kann für die Deutschlehrpersonen aber auch mit diesen Berechnungen eine Abnahme der miS über die Jahrgangsstufen bestätigt werden, für die Biologielehrpersonen nur intraindividuell in den Gymnasialklassen.

Tabelle 107: Verhältnis der Anzahl mikrointeraktionaler Stützmechanismen zur Einheitenzahl (miS : n(Einheiten))

	Bio – m	Bio – w	De – m	De – w
GS	0,302:1	0,446:1	0,434:1	0,309:1
US	0,453:1	0,482:1	0,302:1	0,321:1
MS	0,316:1	0,425:1	0,352:1	0,258:1
OS	0,382:1	0,463:1	0,295:1	0,242:1

---

28 Die Wahl der Vergleichsgröße fällt hier schwer: Für einige miS wäre ein In-Verhältnis-setzen zur Wortanzahl adäquater (wie bei *Akz*), für einige miS vermutlich ein In-Verhältnis-Setzen zur Ganzsatzzahl (wie bei *Umf*).

Dass die Auswertung hier, insbesondere aufseiten der Biologielehrpersonen, nicht ganz eindeutig ausfällt, könnte der Wahl der Vergleichsgröße *Einheit* geschuldet sein. Adäquater wäre in dieser Analyse ggf. die *funktionale* Vergleichsgröße *Akte* wie bei Sinclair und Coulthard (1977: 57); denn Akte sind „funktional bestimmt nach ihrem Beitrag zur Entwicklung des Diskurses" (Becker-Mrotzek & Vogt 2009: 17). Diese wurden in vorliegender Studie aber nicht erhoben.

Im weiteren Verlauf werden Jahrgangsunterschiede in den vier relevanten Oberdimensionen der Analyse (*epF*, *enF*, *ipF* sowie *inF*) untersucht. Aus Gründen der Darstellungsökonomie werden allein Auffälligkeiten beschrieben.

Jahrgangsstufenbezogene Auffälligkeiten beim epF

In den prozentual dargestellten Werten in Tabelle 104 und Tabelle 106 ist beim Akzeptieren (*Akz*) der Schüleräußerungen zu erkennen, dass der prozentuale Anteil dieses miS tendenziell in der Grundschule am niedrigsten liegt (bei Bio – w, De – m und De – w) bzw. in allen Klassen unter dem Oberstufenwert liegt (bei Bio – m). In den absoluten Zahlen spiegelt sich dies aber nur bei Bio – w und De – w wider (vgl. Tabelle 103 und Tabelle 105). Im prozentualen Anteil an der Gesamtzahl aller miS nimmt zudem insgesamt bei den Deutschlehrpersonen das explizite positive Feedback (*epF*) von der Grundschule bis zur Oberstufe zu (bei De – m bis auf den Wert von 36,6 %; bei De – w bis auf den Wert von 48,1 %).[29] Bei Bio – m ist eine Zickzackzunahme zu erkennen (GS: 31 %; US: 42 %; MS: 28,8 %; OS: 42,3 %) mit dem höchsten Wert in der Oberstufe; bei Bio – w liegt nur der Grundschulwert (32,1 %) unter allen Gymnasialwerten. Aus den absoluten Werten sind diese Tendenzen nicht abzulesen.

Jahrgangsstufenbezogene Auffälligkeiten beim enF

Beim expliziten negativen Feedback (*enF*) lassen sich lehrpersonenübergreifend kaum Aussagen machen, die Veränderungen im Jahrgangsstufenverlauf betreffen. Insbesondere bei den Biologielehrpersonen lässt sich über die Jahrgangsstufen keine Tendenz im prozentualen Anteil von *enF* an der Gesamtzahl der miS erkennen. Bei De – m ist ein Rückgang des explizit negativen Feedbacks über die Jahrgangsstufen festzustellen (GS: 18,3 %; OS nur noch 3,4 %), der sich auch in den absoluten Zahlen widerspiegelt (vgl. Tabelle 105), die von n = 53 (GS) auf n = 5 (OS) zurückgehen. Bei De – w findet sich hingegen eine leichte Zunahmetendenz über die Jahrgangsstufen (GS: 2,6 %; OS: 6,3 %), die sich aber nicht in den absoluten Zahlen widerspiegelt.

---

29 Im Folgenden wird argumentiert, dass dies ein Effekt der Abnahme der implizit negativen Feedbackformen (*inF*) über die Jahrgangsstufen sein könnte.

Zu erwähnen ist außerdem, dass bei Bio – m in der Oberstufe etwas mehr über den Sprachgebrauch der Schüler/-innen gesprochen wird (5,2 %) als in den anderen Jahrgangsstufen, was sich ganz leicht auch in den absoluten Zahlen (n = 5) ausdrückt. Eine inverse Tendenz findet sich diesbezüglich bei den männlichen Deutschlehrern, bei denen in der Grundschule (3,8 %; n = 11) und in der Unterstufe (4,7 %; n = 9) in den Feedbackschritten etwas mehr explizit über den vorherigen Sprachgebrauch der Schüler/-innen gesprochen wird als in der Mittelstufe (1,1 %; n = 2) oder Oberstufe (1,4 %; n = 2). An dieser Stelle zu erwähnen ist das gänzliche Fehlen des Sprechens über den Sprachgebrauch der Schüler/-innen bei De – w in der Oberstufe – dies könnte als parallel zu den zurückgehenden Werten bei De – m interpretiert werden.

Insgesamt können in dieser Dimension also keine generellen, alle Lehrpersonen betreffenden Aussagen gemacht werden.

Jahrgangsstufenbezogene Auffälligkeiten beim ipF

Beim implizit positiven Feedback ist bei drei von vier Lehrpersonen in den prozentualen Anteilen eine Zunahme der Weiterführung des Themas (*WeiT*) über die Jahrgangsstufen feststellbar: Auf Seite der Deutschlehrpersonen liegt der Wert in der Oberstufenklasse (De – m: 11 %; De – w: 13,9 %) jeweils über dem Wert in den anderen Klassen. Aus den absoluten Werten ist dies aber nicht ablesbar. Bei Bio – m ist ein Unterschied zwischen niedrigeren Werten in der Grundschule (7,7 %) und Unterstufe (3,9 %) sowie höheren Werten in der Mittelstufe (13,1 %) und Oberstufe (9,3 %) erkennbar, aber auch diese Tendenz ist nicht eindeutig aus den absoluten Werten ablesbar. Bei Bio – w hingegen findet sich keine solche Tendenz. Ergänzend dazu kann bei Bio – m ein Unterschied im prozentualen Anteil der weiterführenden Fragen (*WeiTFr*) zwischen der Grundschule (4,5 %) und allen anderen Klassen ausgemacht werden (US: 9,9 %; MS: 12,5 %; OS: 9,3 %), der sich auch in den absoluten Werten widerspiegelt.

Bezüglich der emotional-gefärbten Kategorien *Überraschung* (*Üb*) und *Interesse* (*Int*) ist festzustellen, dass sie nur in wenigen Klassen genutzt werden: *Üb* findet sich nur in 4 von 16 Klassen, *Int* in 5 von 16 Klassen. *Üb* wird dabei in drei von vier Fällen in einer niedrigen Jahrgangsstufe eingesetzt (bei Bio – m in der Grundschule und Unterstufe; bei De – m in der Grundschule) und nur in einem Fall in der Oberstufe (bei Bio – w). Und auch *Int* wird insbesondere in niedrigen Klassenstufen eingesetzt: Zweimal in der Grundschule (bei De – m und Bio – w), einmal in der Unterstufe (bei De – m) und zweimal in der Mittelstufe (bei Bio – w und De – w), während in der Oberstufe kein Fund vorhanden ist.

Bei der exakten Wiederholung (*EW*) ist bei zwei Lehrpersonen ein Abnahmetrend zu erkennen: Bei Bio – m ist dieser deutlicher ausgeprägt von 8,4 % *EW* in der Grundschule, über 6,6 % in der Unterstufe, 3,8 % in der Mittelstufe bis zu

3,1 % in der Oberstufe. Dieser Trend ist auch aus den absoluten Zahlen abzulesen. Bei De – w findet sich nur ein leichter Abnahmetrend mit 2,6 % in der Grundschule, 0,8 % in der Unterstufe, 1,1 % in der Mittelstufe und keiner Nutzung in der Oberstufe – dieser leichte Trend ist ebenfalls in den, allerdings sehr geringen, absoluten Zahlen wiederzuerkennen.

Bezüglich des Gesamtanteils des *ipF* lassen sich keine Tendenzen über die Jahrgangsstufen ablesen.

Jahrgangsstufenbezogene Auffälligkeiten beim inF

Implizites negatives Feedback ist eine Dimension, in der sich sowohl im prozentualen Anteil als auch in den absoluten Zahlen bei drei von vier Lehrpersonengruppen Abnahmetendenzen zeigen – bei einer Lehrpersonengruppe ist diese Tendenz insbesondere in den absoluten Zahlen zu finden (bei De – m). Bei De – w liegen im prozentualen Anteil Abnahmen von Jahrgangsstufe zu Jahrgangsstufe vor, von 48,3 % (n = 56) in der Grundschule zu 26,6 % (n = 21) in der Oberstufe. Bei Bio – m ist eine Abnahme von der Grundschule (37,4 %; n = 58) über einen intermediären Bereich in der Unterstufe (30,4 %; n = 55) und Mittelstufe (33,58 %; n = 54) bis zur Oberstufe (26,8 %; n = 26) zu erkennen. Bei den weiblichen Sachunterrichts- resp. Biologielehrerinnen ist der größte Unterschied zwischen der Grundschullehrerin und der Gymnasiallehrerin in allen Klassenstufen feststellbar: Die Sachunterrichtslehrerin setzt 34,9 % (n = 73) *inF* ein, während die Werte bei der Gymnasiallehrerin zwischen 22,2 % (n = 82; US) und 24,9 % (n = 45; MS) liegen. In den absoluten Werten findet sich hier außerdem der größte Unterschied zwischen Grundschule (n = 73) und Unterstufe (n = 82) einerseits und Mittelstufe (n = 45) und Oberstufe (n = 50) andererseits. Bei De – m ist ein Abnahmetrend allein in den absoluten Zahlen aufzeigbar (GS: n = 110; US: n = 62/MS: n = 76; OS: n = 53), während in den prozentualen Werten eher eine Zickzackabnahme vorliegt (GS: 38,1 %; US: 32,3 %; MS: 43,7 %; OS: 36,6 %).

Bei den *clarification requests* (*Clr*) sind in den absoluten Zahlen bei Bio – m, De – m und De – w Abnahmetendenzen erkennbar, während die Werte bei Bio – w keine eindeutige Tendenz zeigen. Diese Abnahmetendenz ist bei Bio – m auch in den prozentualen Werten aufzeigbar (GS: 17,4 %; OS: 4,1 %), während bei den Deutschlehrpersonen eher Zickzackabnahmen in den prozentualen Werten erkennbar sind. Die Werte für *Exp*, *Ref* und *Umf*, mit denen implizit korrigierend bearbeitend Bezug auf Schüleräußerungen genommen werden kann, sollen in Abschnitt 9.2.2 genauer in den Blick genommen werden. Es kann aber schon an dieser Stelle von Abnahmetendenzen des prozentualen Anteils der Expansionen (*Exp*) an der Gesamtzahl aller miS bei drei von vier Lehrpersonen gesprochen werden (bei Bio – m, Bio – w und De – m) sowie von einer Zunahme des prozentualen Anteils der Umformulierungen bei drei von vier

Lehrpersonen (bei Bio – m und De – m deutlich und bei Bio – w etwas weniger deutlich).

Zu erwähnen ist außerdem, dass die exakte Wiederholung mit Frageintonation (*EW?*) besonders intensiv vom Deutschlehrer in der Grundschule eingesetzt wird; insgesamt finden sich dort n = 17 Nutzungen, was 5,9 % der mikrointeraktionalen Stützmechanismen insgesamt ausmacht. Einen solch hohen Wert gibt es in keiner anderen Klasse.

Explizites versus implizites Feedback (eF vs. iF)
Betrachtet man den prozentualen Anteil des expliziten Feedbacks jeweils im Jahrgangsstufenvergleich, ist bei drei von vier Lehrergruppen eine Zunahme zur Oberstufe feststellbar (bei Bio – m insbesondere im Vergleich aller Jahrgangsstufen zur Oberstufe; bei Bio – w im Vergleich der Grundschule zu allen Jahrgangsstufen und bei De – w kontinuierlich). Allein bei De – m sind Tendenzen der Abnahme von der Grundschule (43,6 %) und Unterstufe (42,7 %) zur Mittelstufe (36,8 %) und Oberstufe (40,0 %) erkennbar.

Negatives versus positives Feedback (nF vs. pF)
In allen Lehrergruppen ist der höchste prozentuale Anteil des negativen Feedbacks in der Grundschule zu finden; bei den Deutschlehrpersonen liegt der Anteil sogar über 50 % (Bio – m: 47,7 %; Bio – w: 47,4 %; De – m: 56,4 %; De w: 50,9 %). Bei De – w kommt es sogar zu einer Abnahme des prozentualen Anteils des negativen Feedbacks von Jahrgangsstufe zu Jahrgangsstufe bis auf 32,9 % in der Oberstufe). Dieser Rückgang spiegelt sich auch in den absoluten Zahlen (GS: n = 9; OS: n = 26).

9.2.2 Expansionen, Reformulierungen und Umformulierungen im Vergleich

In diesem Abschnitt soll das quantitative Vorkommen der Expansionen, Reformulierungen und Umformulierungen als mikrointeraktionale Stützmechanismen, mit denen bearbeitend Bezug auf Schüleräußerungen genommen werden kann und die, mit Speidel (1987: 112) gesprochen, „model/feedback" anbieten, in den Blick genommen werden. Diese Formen des *model/feedback* können in einem nächsten Schritt dahingehend untersucht werden, ob sie zur Förderung konzeptionell schriftlicher Struktur- und Ausdrucksformen genutzt werden. Sie machen insgesamt den größten Anteil des impliziten negativen Feedbacks bei den Biologie- und Deutschlehrpersonen aus. Die drei Formen unterscheiden sich insbesondere hinsichtlich der modifikatorischen Distanz zur Bezugsäußerung: Während Expansionen lediglich addierend wirken und Reformulierungen Additionen, Permutationen und Tilgungen bei Beibehaltung von Teilen der Bezugsäußerung vorsehen, haben

Umformulierungen die größte modifikatorische Distanz zur Bezugsäußerung, da für sie eine nahezu vollständige Substitution der Elemente der Bezugsäußerung (bei semantischer Kontinuität) konstitutiv ist. Man kann diese drei Mechanismen vor dem Hintergrund der Überlegung betrachten, dass die Formen mit der geringsten modifikatorischen Distanz (also Expansionen) eher jüngeren Lernenden gegenüber genutzt werden, während die Formen mit der größten modifikatorischen Distanz zur Bezugsäußerung eher gegenüber älteren Lernenden eingesetzt werden. Die Ergebnisse der Analyse als prozentualer Anteil der Expansionen, Reformulierungen und Umformulierungen an der Gesamtzahl dieser drei Formen zeigt Tabelle 108; graphisch ist dieser Anteil zudem in Abbildung 75 dargestellt.

Tabelle 108: Prozentualer Anteil der Expansionen, Reformulierungen und Umformulierungen an der Gesamtzahl aller *Exp, Ref, Umf (model/feedback)*

	Bio – m			Bio – w			De – m			De – w		
	Exp	Ref	Umf	Exp	Ref	Umf	Exp	Ref	Umf	Exp	Ref	Umf
GS	13,3	70,0	16,7	53,5	39,5	7,0	11,1	61,1	27,8	21,6	40,5	37,8
US	0,0	50,0	50,0	29,7	59,5	10,8	9,1	72,7	18,2	9,8	24,4	65,9
MS	6,9	27,6	65,5	14,3	57,1	28,6	12,1	43,2	45,9	0,0	47,6	52,4
OS	0,0	28,6	71,4	35,3	29,4	35,3	9,7	38,7	51,6	0,0	62,5	37,5

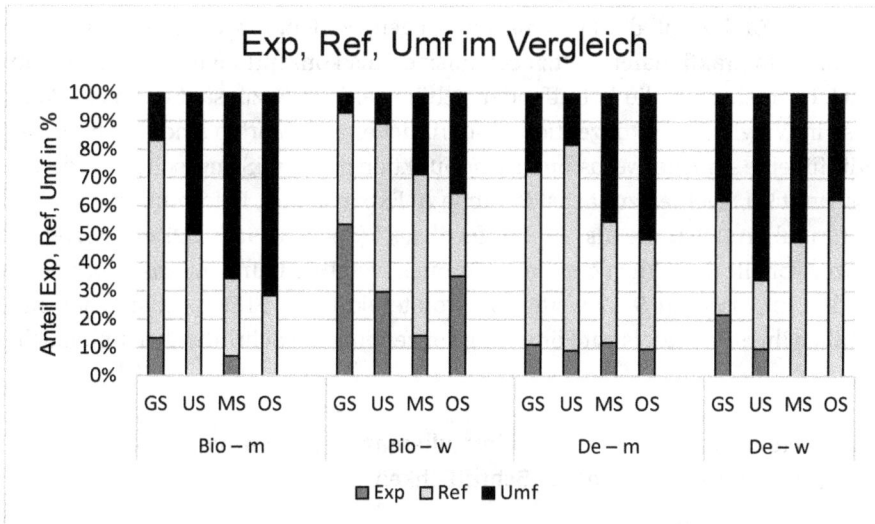

Abbildung 75: Prozentualer Anteil aller Expansionen, Reformulierungen, Umformulierungen an der Gesamtzahl aller *Exp, Ref, Umf*

Und tatsächlich ist zunächst in zwei von vier Lehrergruppen (bei Bio – m und De – w) eine tendenzielle Abnahme des prozentualen Anteils der Expansionen an der Gesamtzahl dieses *model/feedbacks* zu finden. Der höchste prozentuale Anteil findet sich jeweils in der Grundschule (Bio – m: 13,3 %; De – w: 21,6 %) und in den folgenden Jahrgangsstufen liegen die Werte darunter oder es werden gar keine Expansionen eingesetzt. Bei Bio – w findet sich der größte prozentuale Anteil der Expansionen ebenfalls in der Grundschule (53,5 %); die Werte in den anderen Klassen liegen aber deutlich darunter. Bei De – m könnte man von einer Stagnation der Werte sprechen (zwischen ca. 9 und ca. 12 %). Wenn im Gegensatz dazu die Umformulierungen betrachtet werden, sind bei drei von vier Lehrergruppen deutliche Zunahmen über die Jahrgangsstufen zu erkennen – bei den Biologielehrpersonen von Jahrgangsstufe zu Jahrgangsstufe bis auf den Höchstwert von 71,4 % Umformulierungen bei Bio – m. Demgegenüber findet sich bei De – m der größte Unterschied zwischen Grundschule und Unterstufe einerseits und Mittelstufe und Oberstufe andererseits. Allein bei De – w am Gymnasium ist eine Abnahmetendenz des prozentualen Anteils der Umformulierungen zu erkennen, während aber der prozentuale Anteil der Reformulierungen über die Jahrgangsstufen bis auf 62,5 % in der Oberstufe deutlich zunimmt.

9.3 Förderung konzeptioneller Schriftlichkeit mit mikrointeraktionalen Stützmechanismen

In diesem Kapitel soll der Frage nachgegangen werden, inwiefern die lehrerseitigen mikrointeraktionalen Stützmechanismen als konzeptionell schriftlicher einzuschätzen sind als die betreffenden schülerseitigen Bezugsäußerungen. Wenn diese im Vergleich als konzeptionell schriftlicher zu bewerten sind, kann dies als Indiz für eine spracherwerbsförderliche Funktion dieser miS angesehen werden. In Abschnitt 9.3.1 werden zunächst Befunde zu Expansionen, Reformulierungen und Umformulierungen, die als „model/feedback" (Speidel 1987: 112) mit Bezug auf konzeptionelle Schriftlichkeit dienen können, vorgestellt und im Anschluss daran werden in Abschnitt 9.3.2 weitere mikrointeraktionale Stützmechanismen hinsichtlich ihres Potentials zur Förderung konzeptioneller Schriftlichkeit untersucht.

9.3.1 Befunde zu Expansionen, Reformulierungen und Umformulierungen in Richtung konzeptioneller Schriftlichkeit

Ausgangspunkt für die Analysen in diesem Abschnitt ist die Fragestellung, ob implizites negatives Feedback mit Bezug auf konzeptionelle Schriftlichkeit im

Unterricht existiert. Diese Fragestellung wird parallel zu der weiter oben schon referierten Fragestellung der Erstspracherwerbsforschung entwickelt, ob *negative evidence* existiert (vgl. Abschn. 5.2). Der Unterschied ist allerdings, dass hier nicht von fehlerhaltigen kindlichen Bezugsäußerungen ausgegangen werden kann, da die Schüler/-innen in dieser Studie deutlich älter sind als die Probanden in den Studien zum Erstspracherwerb. Es kann aber durchaus in den Blick genommen werden, ob die Äußerungen der Schüler/-innen hin zu einer angemesseneren, konzeptionell schriftlicheren Formulierung bearbeitet werden.

9.3.1.1 Demonstration des Codierschemas: Qualitative Illustrationen

Jede lehrerseitige Expansion, Reformulierung und Umformulierung des Korpus wird dahingehend codiert, ob in ihr ein höherer Grad konzeptioneller Schriftlichkeit als in der schülerseitigen Bezugsäußerung vorliegt oder nicht. Es wird der prozentuale Anteil der solchermaßen als konzeptionell schriftlicher als die Bezugsäußerung eingestuften Expansionen, Reformulierungen und Umformulierungen an der Gesamtzahl dieser Konstruktionen berechnet und in Tabelle 109 wiedergegeben.

Zum Codermechanismus: Diese Analyse wurde als letzte der gesamten Studie durchgeführt, nach der Entwicklung aller Kategorien in den Operationalisierungsdimensionen konzeptioneller Schriftlichkeit. Der Vergleich der Bezugsäußerung und der lehrerseitigen Expansion, Reformulierung oder Umformulierung wird anhand der Analysekategorien in den Operationalisierungsdimensionen *Integration*, *Komplexität* und *Differenziertheit* vorgenommen (die OpD *Planung* wird in dieser Analyse aufgrund ihres ambivalenten Status nicht zur Beurteilung herangezogen).

Im Folgenden seien einige Analysebeispiele zur Illustration des Codierschemas aufgeführt. Es soll mit einem Beispiel für eine als konzeptionell schriftlicher als die Bezugsäußerung zu codierende *Expansion* (1) begonnen werden.

(1)   LBio – w (GS): Also was wü/ wie würde jetzt der Pfeil wohl heißen? ((2s)) ((nickt Dustin zu))˙
      Dustin: Nahrungskette?
      LBio – w (GS): **Das ist eine Nahrungskette.**

Die Biologielehrerin expandiert hier Dustins elliptische (bzw. adjazenzelliptische) Äußerung zu einem „*kanonische[n] Satz prototypischer geschriebener Sprache*" (Hennig 2006: 182), der als komplexer anzusehen ist als die elliptische Bezugsäußerung. Deswegen wird die Expansion hier als konzeptionell schriftlicher als die Bezugsäußerung codiert.

Transkriptausschnitt 6 zeigt eine konzeptionell schriftlichere lehrerseitige *Reformulierung* der schülerseitigen Bezugsäußerung aus dem Unterstufenunterricht der weiblichen Deutschlehrerin. Diese lehrerseitige Äußerung ist durch die

Nutzung der satzwertigen Substantivgruppe „die genauen Beschreibungen von Ort und Stadt" mit Nominalisierung und Adjektiv- sowie Präpositionalattribut als deutlich integrativer als Yvonnes Bezugsäußerung einzustufen.

[356]

LDew(Gym) [v]	dürft ihr jetz auch nennen. ‿Wir wolln ja nich... Yvonne!
Yvonne [v]	ich fand

[357]

Yvonne [v]	dieses Kapitel halt, wo die • die Stadt oder/ • und den Ort so

[358]

Yvonne [v]	beschrieben hat, nich so toll. ‿Weil eigentlich hat mich das nich

[359]

Yvonne [v]	interessiert. ‿Ich mein, • ich will wissen, wie es mit Pedro

[360]

LDew(Gym) [v]	Ahjà. **Also die**
Yvonne [v]	weitergeht, und nicht, wie der Ort da aussieht.

[361]

LDew(Gym) [v]	**genauen Beschreibungen von Ort und Stadt** , • das fandest du also n

[362]

LDew(Gym) [v]	**bisschen • • unnötig lang!** Marco?	
LDew(Gym) [k]	*((zeigt auf Marco))*	
Marco [v]		Also ich fand • der
Yvonne [v]	Jà!	

Transkriptausschnitt 6: Reformulierung „die genauen Beschreibungen von Ort und Stadt" (fett gedruckt) – De – w (US)

In Transkriptausschnitt 7 ist eine konzeptionell schriftlichere *Umformulierung* zu erkennen. Im diesem Ausschnitt aus dem Unterricht des Biologielehrers in der Unterstufe steht bei der Erarbeitung der Nahrungskettendefinition die lehrerseitige Frage im Vordergrund, welche Kennzeichen Ketten haben. Die schülerseitige Antwort auf diese Frage in Transkriptausschnitt 7 „Ähm die geht • • zu und auf?", die eine verbale Konstruktion nutzt, wird in der Umformulierung des Biologielehrers zum einen komplexer (mehr Elemente pro Gliedsatz und Ganzsatz) und zum anderen integrativer formuliert (mit Nebensatz). Die Nutzung des Verbs „verknüpfen" statt „aufgehen" bzw. „zugehen" kann zudem als differenzierter angesehen werden, und zwar gemäß dem weiteren Verständnis der Operationalisierungsdimension *Differenziertheit*, bei dem auch die Nutzung ungewöhnlicherer, seltenerer, ggf. fremd- oder fachsprachlicherer Ausdruckvarianten die Differenziertheit erhöhen kann (vgl. Abschn. 3.2.2.2.4). Wenn in den Analysen des vorliegenden Abschnitts auf die Operationalisierungsdimension *Differenziertheit* zurückgegriffen wird, dann zumeist in diesem weiteren Verständnis, da *type-token*-Analysen beim Vergleich von nur zwei Äußerungen kaum anwendbar sind.

[192]

LBiom(Gym) [v]	mehrere Teile. Elise.	Ahá! Die
LBiom(Gym) [k]	-----------))	((*zeigt auf Elise*))
Elise [v]		Ähm die geht • • zu und auf?

[193]

LBiom(Gym) [v]	hat also einen Anfang
LBiom(Gym) [k]	((*Arme etwas weiter als schulterbreit auseinander, Hände auf*

[194]

LBiom(Gym) [v]	und ein En	de,
LBiom(Gym) [k]	*Kopfhöhe, linker Arm einmal kurz nach vorn*))	((*rechter Arm einmal kurz nach vor*))

[195]

LBiom(Gym) [v]	was man eventuell sogar verknüpfen könnte. • • Super! • Schreiben
LBiom(Gym) [k]	((*wieder Daumen und Zeigefinger beider Hände eingehakt*))

Transkriptausschnitt 7: Umformulierung „Anfang und Ende" (fettgedruckt) – Bio – m (US)[30]

---

30 Für den weiteren Kontext dieses Transkriptausschnittes siehe: http://www.schuelergerichtete-sprache.de.

Und auch Beispiel (2) aus dem Unterricht des männlichen Deutschlehrers in der Unterstufe zeigt eine lehrerseitige, konzeptionell schriftlichere Reformulierung der schülerseitigen Bezugsäußerung von Tim:

(2) *Tim:* „Der Wolf ist einer von den Bösen."
     LDe – m (US): _Jà. Der gehört also ... Hatten wir eben gesagt, dass die Tiere äh so in zwei Gruppen eingeteilt sind in • Fabeln normalerweise. **Dann würde der Wolf diese • Gruppe der • Bösewichter besetzen**.

Zum einen nutzt Tim das passe-partout-Kopulaverb „sein", während De – m das differenziertere und zudem komplexere Verb „besetzen" nutzt. Zudem wird in der Formulierung der Lehrperson zusätzlich die integrativere Genitivattribut-Konstruktion „diese Gruppe der Bösewichter" eingesetzt.

Bis hierhin wurden Expansionen, Reformulierungen und Umformulierungen aufgeführt, die als konzeptionell schriftlicher anzusehen sind als die schülerseitige Bezugsäußerung. Keineswegs alle dieser miS können aber als konzeptionell schriftlicher angesehen werden, wie Beispiel (3) einer lehrerseitigen Umformulierung aus dem Mittelstufenunterricht des männlichen Deutschlehrers beispielhaft illustrieren soll:

(3) LDe – m (MS): Und was kann dann nich sein?
     Britta: Dass das Lamm halt • das Wasser trübt.
     LDe – m (MS): **Geht nich.**

Diese elliptische lehrerseitige Äußerung kann als weniger komplex (nur zwei Worte), aber auch als weniger integrativ als die schülerseitige Bezugsäußerung eingestuft werden, welche einen frei stehenden, aber zumindest adjazenzelliptisch angeschlossenen Nebensatz darstellt.

9.3.1.2 Quantitative Befunde zu konzeptionell schriftlicheren Expansionen, Reformulierungen und Umformulierungen

Der wichtigste Befund, der sich aus der Analyse der Tabelle 109 ergibt, ist, dass in allen Klassen der prozentuale Anteil des stärker konzeptionell schriftlichen *model-feedbacks* bei über 56 % liegt – es sind also immer mehr als die Hälfte aller lehrerseitigen Expansionen, Reformulierungen und Umformulierungen als konzeptionell schriftlicher als die schülerseitige Bezugsäußerung anzusehen. In fünf von 16 Klassen liegen die Werte sogar über 60 %, in sechs von 16 Klassen über 70 % und in zwei Klassen sogar über 80 % (und eben nur in drei Klassen zwischen ca. 56 und 58 %). Die Variationsbreite beträgt R = 28,95 Prozentpunkte zwischen dem niedrigsten Wert bei Bio – w in der Unterstufe (56,76 %) und dem höchsten Wert bei Bio – m in der Oberstufe (85,71 %). Die jahrgangsstufenbezogenen Mittelwerte, die in der rechten Spalte der Tabelle aufgeführt sind, liegen immer über 64 % und sind in der Grundschule mit $\bar{x}_{arithm}$ = 74,68 % am höchsten, während sich in den Gymnasialklassen keine eindeutige Veränderungstendenz ergibt.

Tabelle 109: Prozentualer Anteil der Expansionen, Reformulierungen und Umformulierungen (an der Gesamtzahl aller *Exp*, *Ref*, und *Umf*) mit stärkerer konzeptioneller Schriftlichkeit als die schülerseitige Bezugsäußerung

	Bio – m	Bio – w	De – m	De – w	$\bar{x}_{arithm}$
GS	63,33	79,07	83,33	72,97	74,68
US	70,59	56,76	63,64	73,17	66,04
MS	72,41	57,14	56,76	71,43	64,44
OS	85,71	64,71	67,74	62,50	70,17

Man kann also schlussfolgern, dass *Exp*, *Ref* und *Umf* in überwiegendem Maße zur Förderung konzeptioneller Schriftlichkeit eingesetzt werden. Dass in der Grundschule der Jahrgangsstufenmittelwert am höchsten liegt, kann darin begründet liegen, dass hier die lehrerseitige Wahrscheinlichkeit, konzeptionell schriftlicher als die Schüler/-innen zu formulieren, durch die besonders niedrigen Schülerwerte konzeptioneller Schriftlichkeit gesteigert ist.

9.3.2 Befunde zum Einsatz weiterer miS in Richtung konzeptioneller Schriftlichkeit

In den Analysen des vorigen Abschnitts standen Expansionen, Reformulierungen und Umformulierungen im Fokus des Interesses. In diesem Abschnitt sollen Beispiele von *clarification requests* (Clr) als weiterer Form impliziten negativen Feedbacks sowie Beispiele vom expliziten (negativen) Sprechen über den Sprachgebrauch der Schüler (SüS – neg) daraufhin befragt werden, ob auch mit ihnen eine lehrerseitige Förderung von konzeptioneller Schriftlichkeit möglich ist. Hierzu werden allein qualitative Illustrationen vorgestellt, aber keine quantitativen Analysen durchgeführt.

Begonnen werden soll mit den *clarification requests*. Transkriptausschnitt 8[31] aus dem Unterricht des männlichen Biologielehrers in der Unterstufe zeigt in den Segmenten 41–42 einen lehrerseitigen *clarification request*, der in Form einer Ergänzungsfrage (w-Frage) (vgl. Abschn. 10.2.2) nach dem Agens fragt, das „den Berg Kastanien" frisst. Nora hatte in der schülerseitigen Bezugsäußerung das Agens jeweils nur in pronominaler („sie", „die", „die") und damit in weniger differenzierter Form ausgedrückt. Deswegen kann dieser *clarification request* durchaus als konzeptionelle Schriftlichkeit fordernd und fördernd angesehen werden.

[38]

| LBiom(Gym) [v] | Merkmale . ((zeigt auf Nora))˙ |
| Nora [v] | Ähm sie — ich glaub — die räumen ja |

[39]

| Nora [v] | auch den ähm • • Wald halt auf. Wenn immer wieder • Kastanien |

[40]

| Nora [v] | oder so runterfallen und die niemand aufhebt, dann liegt da |

[41]

| LBiom(Gym) [v] | **Wer** |
| Nora [v] | irgendwann so n Berg Kastanien. Und wenn die das fressen... |

[42]

| LBiom(Gym) [v] | **frisst den denn, • den Berg Kastanien?** |
| Nora [v] | Ähm • • zum Beispiel ((1s)) |

[43]

LBiom(Gym) [v]	Hm̄‿ also • • Nahrung • • hatten wir schon. • • • Also,
LBiom(Gym) [k]	*((zeigt an Tafel*————————————————
Nora [v]	Eichhörnchen.

Transkriptausschnitt 8: *clarification request* „Berg Kastanien" (fett gedruckt) – Bio – m (US)

---

31 Für den weiteren Kontext dieses Transkriptausschnittes sowie der anderen in diesem Kapitel diskutierten Transkriptausschnitte siehe: http://www.schuelergerichtete-sprache.de.

Mit seinem sehr reduzierten und nur aus einem Wort bestehenden *clarification request* „In?" (Segment 96 von Transkriptausschnitt 9 aus dem Unterricht des männlichen Biologielehrers in der Mittelstufe) hilft der Biologielehrer dem Schüler Flo dabei, eine noch komplexere Substantivgruppe mit drei lexikalischen und drei bzw. vier (wenn man das lehrerseitige „in" mitzählt) grammatischen Elementen zu konstruieren: „durch das Umwandeln der Glocusemoleküle [in] Glycogen".

[94]

Biom(Gym) [v]	, né?	Wodurch wird denn die Senkung des
Biom(Gym) [k]	------------------------------------))	
Flo [v]	Jà.	

[95]

Biom(Gym) [v]	Blutzuckerspiegels • • erreicht?	
Flo [v]		Durch das • • Aufspalten der...

[96]

Biom(Gym) [v]		In?
Flo [v]	Nein! Durch das Umwandeln der • • Glucose-•-moleküle.	Gly/
Flo [k]	((forte))	

[97]

Biom(Gym) [v]	Zum Beispiel, né? Okay! ((schiebt die Tafel runter,
Flo [v]	Gly-•-cogen.

Transkriptausschnitt 9: *clarification request* „Umwandeln der Glucosemoleküle" (fett gedruckt) – Bio – m (MS)

Die weiteren zwei Beispiele beziehen sich auf das explizite Sprechen über den Sprachgebrauch der Schüler/-innen als Form negativen Feedbacks.

Die sich durch Expansionen implizit ausdrückende „Explizitheitserwartung" (Feilke 2012b: 160; vgl. zu dieser auch Feilke 2013: 116–117) kann durch die Lehrpersonen beim Sprechen über den Sprachgebrauch der Schüler/-innen (SüS – neg) explizit verbalisiert werden und damit zu konzeptioneller Schriftlichkeit auffordern. In Transkriptausschnitt 10, der einem Rollenspiel zur Illustration des Verhaltens von Wächtern von Burgen aus dem Deutschunterricht des männlichen

Deutschlehrers in der Grundschule entnommen ist, fordert der Lehrer seine Schülerin Frauke dazu auf, einen ganzen Satz statt der zuvor genutzten Adjazenzellipse „Reingehen." zu formulieren. Dieser Aufforderung kommt sie in Segmemt 124 mit der Reformulierung ihrer vorherigen elliptischen Äußerung hin zu „Ich möchte da <u>rein</u> gehen." nach.

[119]

LDem(GS) [V]	, • • • sehr gut! Bitteschön!	Also,
Frauke [V]	"Halt, • stopp! • Was wollt ihr?"	
Frauke [k]	*((streckt Mareike wieder Arm entgegen))*	

[120]

LDem(GS) [V]	• was wollt ihr?	Schön! ((korrigiert
LDem(GS) [k]	*((zeigt auf Mareike))*	*((piano))*
Mareike [V]	• • • Reingehen.	
Frauke [k]	*((streckt Mareike wieder Arm entgegen))*	*((streckt*

[121]

LDem(GS) [V]	Fraukes Armhaltung zu stärkerer Streckung))˙ **Sò • und das sagt**
Frauke [k]	*Mareike wieder Arm entgegen- -*

[122]

LDem(GS) [V]	**man natürlich wie • in Anonymisierterort? Im ganzen Satz.** ((2s))
Frauke [k]	- -

[123]

LDem(GS) [V]	Mareike, (is egal jetzt). ((1s)) Sccht! **Einen ganzen Satz!**
Frauke [k]	- -
Felix [V]	((unverst.))˙

[124]

LDem(GS) [v]		((2s)) Bitte!
LDem(GS) [k]		*((zeigt auf Frauke))*
Mareike [v]	((1s)) "Ich möchte da rein gehen."	
Mareike [k]	*((hält Arme verschränkt--------------------))*	
Frauke [v]		• • "Wo
Frauke [k]	--	

Transkriptausschnitt 10: *SüS – neg* „im ganzen Satz" (fett gedruckt) – De – m (GS)[32]

Der letzte zu analysierende Transkriptausschnitt 11 ist dem Unterstufenunterricht der weiblichen Biologielehrerin entnommen.

[451]

LBiow(Gym) [v]	laut wiederholen?
Leo [v]	Äh also, dass die • großen Tiere immer ganz

[452]

LBiow(Gym) [v]	((1s)) Hm˙ **Wie soll ich das jetz**
Leo [v]	hinten sind • auf der Nahrungskette?

[453]

LBiow(Gym) [v]	**schrei ben?**
Leo [v]	• • Äh also, • dass • die ((2s)) Stärksten • also
nicht-id. S1 [v]	• • Stärksten.
nicht-id. S1 [k]	*((spricht vor))*

[454]

LBiow(Gym) [v]	• • • Ich • kann_jetz_nich schreiben: "Die Großen sind
Leo [v]	((3,5s)) äh...

[455]

LBiow(Gym) [v]	**immer ganz hinten". Das klingt irgendwie n bisschen komisch, ((1s))**

---

32 In Segment 122 nennt LDem (GS) den Namen des Wohnorts von Mareike. Dieser wurde mit dem Ausdruck „Anonymisierterort" anonymisiert.

[456]

LBiow(Gym) [v]	né? ((1,5s)) Jette!	
LBiow(Gym) [k]	*((zeigt auf Jette))*	
Jette [v]		Ähm • • aber vielleicht • schreiben • ähm:

Transkriptausschnitt 11: SüS – neg „Die Großen sind immer ganz hinten" (fett gedruckt) – Bio – w (US)

Hier bindet die Lehrerin ihre Schüler/-innen explizit in das Reflektieren über angemessene Tafelanschriften ein. Im Vordergrund steht also der Übergang in die mediale Schriftlichkeit. In Segment 452–453 von Transkriptausschnitt 11 signalisiert sie dem Schüler Leo, dass seine Formulierung für die Tafelanschrift noch nicht angemessen, noch nicht explizit genug ist, wenn sie ihn fragt, wie sie „das jetzt schreiben" solle, denn es klinge „irgendwie n bisschen komisch" (Segmente 462–463). Sie selbst liefert aber keinen *EKv* (expliziten Korrekturvollzug), wodurch der mikrointeraktionale Stützmechanismus noch deutlich expliziter realisiert würde. Leos Formulierung war, „dass die • großen Tiere immer ganz hinten sind • auf der Nahrungskette". Die Formulierung, die sie demgegenüber nach längerer Diskussion mit den Schüler/-innen in Segment 474 (nicht mehr in Transkriptausschnitt 11 aufgeführt) an die Tafel anschreibt ist „Große ((3,5s)) Tiere ((1,5s)) fressen ((2s)) meist ((3s)) kleinere Tiere." Sie ersetzt also das weniger differenzierte Kopulaverb „sein", das mit der adverbialen Ortsangabe „ganz hinten" kombiniert war, durch das fachsprachlichere Verb „fressen".[33] Dieses und das vorige Beispiel zeigen, dass auch das explizite (negative) Sprechen über den Sprachgebrauch der Schüler/-innen (*SüS – neg*) zur Förderung konzeptioneller Schriftlichkeit eingesetzt werden kann.

9.4 Fazit zu den Analysen mikrointeraktionaler Stützmechanismen

In diesem Kapitel konnte aufgezeigt werden, dass die Lehrpersonen dieses Korpus alle vier Formen mikrointeraktionaler Stützmechanismen in der Ausprägung als

---

33 Dass die Lehrpersonen das Verb „fressen" als fachsprachlicher ansehen als das Verb „essen" scheint im analysierten Biologieunterricht immer wieder in den Lehreräußerungen durch, die die schülerseitige Nutzung des Verbs „essen" zu „fressen" reformulieren, insbesondere ab den gymnasialen Klassen. In den Grundschulklassen wird diese Forderung demgegenüber noch nicht deutlich.

explizites positives Feedback, implizites negatives Feedback, implizites positives Feedback und explizites negatives Feeedback einsetzen, und dies insgesamt in absteigender Reihenfolge der genannten Formen. Die Lehrpersonen setzen also mehr ermutigendes explizites Feedback ein als explizites negatives Feedback. Das positive Feedback ist zudem häufiger explizit als implizit und somit für die Schüler/-innen deutlicher wahrnehmbar. Wenn die Lehrpersonen demgegenüber negatives Feedback geben, dann tun sie dies oftmals in einer impliziten Art und Weise und viel seltener explizit – vielleicht, um so die Progression des Unterrichtsverlaufs nicht zu stören und die Schüler/-innen nicht zu demotivieren.

Es konnte zudem festgestellt werden, dass die Lehrpersonen in den höheren Jahrgangsstufen solche stützenden Formen mit abnehmender Häufigkeit im Feedbackschritt nutzen und somit ihre stützende Hilfe im Sinne eines Scaffoldings immer mehr reduzieren (vgl. Bruner 2002 [1983]: 106). Insbesondere kommt es zur Reduktion des impliziten negativen Feedbacks, wie Expansionen, Reformulierungen, Umformulierungen oder clarification requests. Hinsichtlich der ersten drei genannten Formen, die „model/feedback" (Speidel 1987: 112) bieten können, also nicht nur eine Rückmeldung zur Angemessenheit der Formulierung im direkten Kontrast zur Bezugsäußerung geben können, sondern im Sinne eines Modells auch die angemessenere Formulierung anbieten können, konnte herausgearbeitet werden, dass sich ihr Verhältnis zueinander über die Jahrgangsstufen verändert. Während Expansionen, die eine geringere modifikatorische Distanz zur Bezugsäußerung aufweisen, mit den Jahrgangsstufen in der Tendenz abnehmen, nehmen Umformulierungen, die eine höhere modifikatorische Distanz zur Bezugsäußerung aufweisen, über die Jahrgangsstufen zu. Auch dies kann als Reduzierung eines Stützmechanismus angesehen werden: Die Lehrpersonen greifen in der Grundschule also noch stärker mit ihren Bearbeitungsäußerungen in die schülerseitige Bezugsäußerung ein, während in den höheren Jahrgangsstufen der rein modellbildende/eine Alternative bietende Charakter der Umformulierungen immer mehr dominiert.

In weiteren Analysen wurde aufgezeigt, dass immer mehr als 56 % (und in einigen Klassen sogar mehr als 80 %) aller lehrerseitigen Expansionen, Reformulierungen und Umformulierungen als konzeptionell schriftlicher als die schülerseitige Bezugsäußerung eingeschätzt werden können. Dies kann als Indiz dafür angesehen werden, dass diese miS zur Förderung konzeptioneller Schriftlichkeit eingesetzt werden können, was ebenfalls qualitativ illustriert werden konnte. Auch für *clarification requests* und das (negative) Sprechen über den Sprachgebrauch der Schüler (*SüS – neg*) konnte eine solche Funktion der Förderung konzeptioneller Schriftlichkeit in Beispielanalysen nachgezeichnet werden.

10 Analysen der makrointeraktionalen Stützmechanismen (*maS*)

In diesem Kapitel soll gemäß der dritten Zielsetzung der Untersuchung (vgl. Kap. 6) der Frage nachgegangen werden, inwiefern die in dieser Studie untersuchten Lehrpersonen makrointeraktionale Stützmechanismen einsetzen und inwiefern sich ihr Gebrauch über die Jahrgangsstufen verändert – insbesondere im Sinne einer Zurücknahme der stützenden Hilfe durch die makrointeraktionalen Stützmechanismen bis zur Oberstufe. Dazu sollen zunächst bisher schon präsentierte Analysen auf diskursiver/textueller Ebene zur Inputadaption *re-interpretiert* werden (vgl. Abschn. 10.1): Es werden insbesondere die Ergebnisse zum Redeanteil der Lehrpersonen fokussiert (vgl. Abschn. 10.1.1) und es wird ferner die *turn*-Komplexität erneut in den Blick genommen (vgl. Abschn. 10.1.2).

In einem weiteren Schritt sollen dann ergänzende Analysen zu makrointeraktionalen Stützmechanismen vorgenommen werden (vgl. Abschn. 10.2). Neben dem schon referierten soll ein weiterer Ausgangspunkt die Beobachtung der Abnahme der schülerseitigen Adjazenzellipsen über die Jahrgangsstufen sein (vgl. Abschn. 10.2.1). Daran anschließend werden als möglicher Faktor mit Einfluss auf die Veränderung der beobachteten diskursiven Variablen auf Schülerseite die lehrerseitigen Aufgabenstellungen in ihrer Veränderung über die Jahrgangsstufen untersucht (vgl. Abschn. 10.2.2).

10.1 Interpretation und Synthese einiger Ergebnisse zur Inputadaption unter der Perspektive der *maS*

In mehreren der vorangegangenen Kapiteln konnten in Einzelanalysen Anzeichen dafür erkannt werden, dass sich die Strukturierung und Beschaffenheit des Unterrichtsdiskurses von der Grundschule bis zur Oberstufe verändert. Diese Ergebnisse sollen in diesem Abschnitt interpretiert und synthetisiert werden, bevor weitergehende Analysen durchgeführt werden.

10.1.1 Ergebnisse zum Redeanteil der Lehrpersonen

Es wurde mit Hilfe unterschiedlicher Maße festgestellt, dass der Redeanteil der Lehrpersonen über die Jahrgangsstufen im Verhältnis zum Redeanteil der Schüler/-innen abnimmt. In Abschnitt 8.1.2 wurde beschrieben, dass der lehrerseitige Redeanteil gemessen als prozentualer Anteil der Lehrerworte an der Gesamt-

https://doi.org/10.1515/9783110569001-010

wortanzahl im Durchschnitt von der Grundschule (70,87 %) über die Unterstufe (66,32 %) und Mittelstufe (64,84 %) bis zur Oberstufe (54,08 %) abnimmt. Diese Variante der Einschätzung des Redeanteils kann als die aussagekräftigste Möglichkeit der Redeanteilsbestimmung angesehen werden. Aber auch beim in Abschnitt 8.2.2 gemessenen Redeanteil als prozentualer Anteil der lehrerseitigen Einheiten an der Gesamteinheitenanzahl konnte eine Abnahme von allen anderen Jahrgangsstufen (GS: 69,23 %; US: 70,18 %; MS: 69,11 %) bis zur Oberstufe auf 59,82 % festgestellt werden.

Diese Abnahme des Redeanteils der Lehrpersonen über die Jahrgangsstufen kann nun als makrointeraktionaler Stützmechanismus re-interpretiert werden: In den niedrigeren Jahrgangsstufen sind, ganz im Sinne der von Bruner beschriebenen Scaffoldingmechanismen (z. B. 2002 [1983], vgl. Abschn. 5.3), die „Freiheitsgrade" (vgl. Bruner 2002 [1983]: 106) der Schüler/-innen stärker eingeschränkt, während die Lehrpersonen noch einen größeren Beitrag zur Unterrichtsinteraktion leisten müssen. Und „sobald es Anzeichen eines weitergehenden Könnens" auf Schülerseite gibt, heben die Lehrpersonen „das Niveau ihrer Erwartungen und ihrer Anforderungen" (Bruner [1983]: 106) an die Schüler/-innen an, reduzieren ihren eigenen Redeanteil und geben den Schüler/-innen mehr Gelegenheiten, zum Unterrichtsdiskurs beizutragen.

10.1.2 Ergebnisse zur Anzahl und Komplexität der *turns*

In den Komplexitätsanalysen wurde festgestellt, dass zum einen die absolute Anzahl der *turns* auf Lehrer- und Schülerseite in der Tendenz über die Jahrgangsstufen abnimmt (vgl. Abschn. 8.4.5.1), während hingegen die Wortanzahl pro *turn* über die Jahrgangsstufen, den Mittelwert und den Median betrachtet, auf Lehrer- und Schülerseite zunimmt (vgl. Abschn. 8.4.5.2). Die Zunahmen auf Schülerseite erfolgen bis auf den Maximalwert von $\bar{x}_{arithm}$ = 42,5 und $\bar{x}_{med}$ = 39,5 Wörter pro *turn* (bei den Schüler/-innen von De – w in der Oberstufe). Die Grundschüler/-innen von De – m äußern demgegenüber nur $\bar{x}_{arithm}$ = 11,2 bzw. $\bar{x}_{med}$ = 8 Wörter pro *turn*. Die hier beispielhaft betrachteten Oberstufenschüler/-innen können so (unter Hinzuziehung des Mittelwerts der Ganzsatzkomplexität aus Abschn. 8.4.4) im Durchschnitt 3,76 Ganzsätze pro *turn* äußern, während die beispielhaft betrachteten Grundschüler/-innen von De – m im Durchschnitt nur 1,6 Ganzsätze pro *turn* äußern können.[1] Es wurde zudem festgestellt, dass die absolute Anzahl der

---

1 Dabei ist zu bedenken, dass die Ganzsatzkomplexität bei den Oberstufenschüler/-innen höher ist als bei den Grundschüler/-innen.

schülerseitigen Einwort-*turns* von der Grundschule zur Oberstufe sinkt (teilweise sehr massiv wie bei den Säulengruppen der Klassen von Bio – w und De – m) (vgl. Abschn. 8.4.5.4).

Die beiden Tendenzen der Abnahme der absoluten Anzahl der *turns* bei gleichzeitiger Steigerung der Wortanzahl pro *turn* lässt den Schluss zu, dass die Unterrichtsinteraktion in den höheren Jahrgangsstufen immer stärker monologisch (vgl. Koch & Oesterreicher 1986: 23) und damit textförmiger (vgl. Pohl i. Vorb.) wird, während sie in den unteren Jahrgangsstufen dialogischer (vgl. Koch & Oesterreicher 1986: 23) und damit weniger textförmig gestaltet ist. Die Schüler/-innen erhalten in den höheren Jahrgangsstufen also deutlich intensiver die Gelegenheit, komplexe textförmigere *turns* zu produzieren als in der Grundschule. Inwiefern dies mit den Aufgabenstellungen der Lehrpersonen in Zusammenhang stehen könnte, muss in Abschnitt 10.2.2 tiefergehend geprüft werden.

Interessant in diesem Zusammenhang ist auch das Ergebnis, dass in zwei von vier Oberstufenklassen (bei Bio – w und De – w) (sowie in einer gymnasialen Unterstufenklasse von De – w) der prozentuale Anteil der lehrerseitigen *turns* an der Gesamtzahl der *turns* unter 50 % liegt (vgl. Abschn. 8.4.5.1). Insbesondere in diesen höheren Jahrgangsstufen muss es also Sequenzen geben, in denen mehrere Schülerantworten nacheinander ohne lehrerseitigen Feedback-*turn* aufeinander folgen, also ohne lehrerseitige Unterstützung zwischen den schülerseitigen *turns*.

10.2 Weitere Analysen mit Blick auf *maS*

In diesem Kapitel werden nun weitere Analysen mit Blick auf jahrgangsstufenübergreifende Veränderungen unter der Perspektive der makrointeraktionalen Stützmechanismen vorgestellt. In Abschnitt 10.2.1 stehen schülerseitige Adjazenzellipsen im Fokus des Interesses, die als Entlastung der schülerseitigen Formulierungsarbeit angesehen werden können, weil von der Lehrperson schon verbalisierte Elemente nicht erneut verbalisiert werden.

In Abschnitt 10.2.2 werden dann die lehrerseitigen Aufgabenstellungen in ihrer möglichen Veränderung über die Jahrgangsstufen genauer betrachtet.

10.2.1 Adjazenzellipsen

Während im Abschnitt 8.3.2.5 schon adjazente Nebensätze fokussiert wurden und dabei eine Abnahmetendenz in Richtung Oberstufe auf Schülerseite festgestellt wurde, sollen im Folgenden Adjazenzellipsen in den Blick genommen werden. Sie wurden schon in Abschnitt 8.2.1.2 als kontextkontrollierte Ellipsen operationalisiert, welche sich auf eine syntaktische Struktur eines vorhergehenden Sprechers beziehen. Sie sollten wegen ihrer Verwandtschaft mit den adjazenten frei stehenden Nebensätzen ähnliche Veränderungstendenzen über die Jahrgangsstufen aufweisen. Denn beide können als „Adjazenzstruktur" (Hennig 2006: 261) bezeichnet werden.

Es wird zunächst der prozentuale Anteil der Adjazenzellipsen an der Gesamtzahl aller Ellipsen berechnet (ohne *turn*-Zuteilungsellipsen und Bewertungsellipsen bei den Lehrpersonen, um die Vergleichbarkeit zwischen Lehrer- und Schülerwerten zu sichern). Zunächst sollen die Schülerwerte fokussiert werden (vgl. Abbildung 76), weil es sich um eine schülerseitig deutlicher ausgeprägte Struktur handelt. Dieses Vorherrschen auf Schülerseite hat seinen Grund in der Dreischrittzugfolge des Unterrichts: Insbesondere die zweite Position (*reply*), die zumeist schülerseitig gefüllt wird, bietet sich für adjazenzelliptische Antworten mit Bezug auf die lehrerseitige Initiierungs-Position an (vgl. Abschn. 4.3).

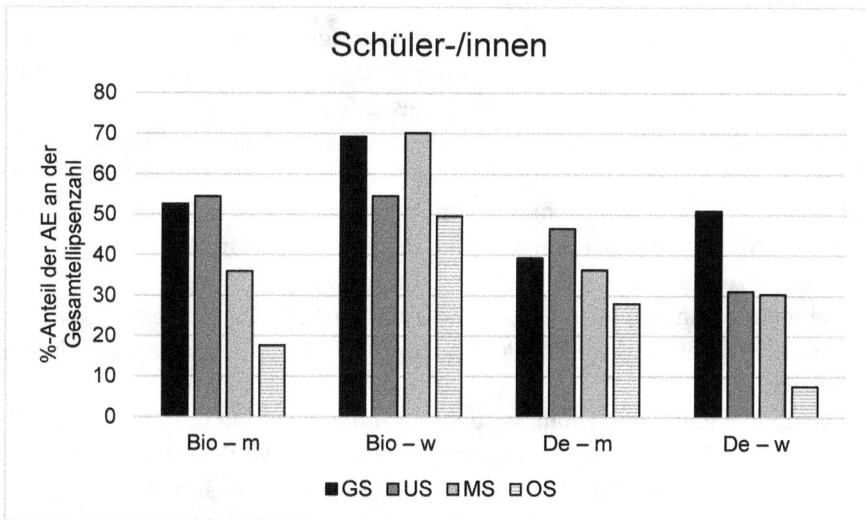

Abbildung 76: Prozentualer Anteil der Adjazenzellipsen an der Gesamtellipsenzahl – Schüler-/innen

Die Spannweite beträgt bei dieser Auswertung auf Schülerseite ca. 62,45 Prozentpunkte zwischen dem Minimalwert von ca. 7,7 % bei den Oberstufenschüler/-innen der weiblichen Deutschlehrerin und 70,1 % bei den Mittelstufenschüler/-innen der weiblichen Biologielehrerin. In der Tendenz zeigt sich in dieser Auswertung eine Abnahme des prozentualen Anteils der Adjazenzellipsen an der Gesamtzahl der Ellipsen von der Grundschule bis zur Oberstufe. In den Klassen der männlichen Biologielehrpersonen sind in der Grundschule und Unterstufe sehr hohe Werte von 52,6 % bzw. 54,4 % im Gegensatz zu deutlich niedrigeren Werten in der Mittelstufen- und Oberstufenklasse (36,0 % bzw. 17,65 %) zu erkennen. Bei den Klassen der weiblichen Biologielehrerinnen findet eine ‚Zickzackabnahme' bis zur Oberstufe statt, in der die Werte aber immer noch mit 49,6 % vergleichsweise hoch liegen. Auch bei den Klassen der männlichen Deutschlehrer finden sich die höchsten Werte in der Grundschule (39,3 %) bzw. Unterstufe (46,6 %), die dann aber über die Mittelstufe (36,4 %) bis zur Oberstufe (28,1 %) abnehmen. Dieser Abnahmetrend liegt auch in den Klassen der weiblichen Deutschlehrerinnen vor mit Grundschulwerten von 50,9 %, Unterstufen- und Mittelstufenwerten bei 31,1 % bzw. 30,4 % und sehr niedrigen Oberstufenwerten von 7,69 %.

Der prozentuale Anteil der Adjazenzellipsen kann auch an der Gesamteinheitenzahl berechnet werden. Die Ergebnisse zeigt Abbildung 77. Vergleicht man die Säulengruppen in Abbildung 76 und Abbildung 77, ist zu erkennen, dass die Veränderungstendenzen bei den Klassen von Bio – w und De – w, gemessen mit beiden Maßen, parallel sind. Nur bei den Säulengruppen der Klassen von Bio – m und De – m ergeben sich leichte Abweichungen dergestalt, dass die Abnahmetendenz von Jahrgangsstufe zu Jahrgangsstufe in den Berechnungen des prozentualen Anteils der Adjazenzellipsen an der Gesamteinheitenzahl deutlicher ist (denn hier liegen jeweils die Unterstufenwerte nicht über den Grundschulwerten). Insbesondere in den Grundschulklassen ist das so gemessene Ausmaß der adjazenzelliptischen *replys* erstaunlich: Denn in den Klassen von De – m und Bio – w liegt der prozentuale Anteil in der Grundschule zwischen 26,6 % und 35,1 % aller Einheiten (also sind im letzteren Fall etwas mehr als 1/3 aller Einheiten Adjazenzellipsen); und bei De – w und Bio – m liegen die Werte immer noch zwischen 17,0 % und 21,4 %.

Vergleicht man die Ergebnisse zu dieser Auszählung mit der Auszählung der frei stehenden Nebensätze aus Abschnitt 8.3.2.5, dann wird deutlich, dass diese frei stehenden Nebensätze insbesondere bei den Schüler/-innen von Bio – m und De – m im *Unterstufen*bereich eine besonders starke Ausprägung aufweisen (Bio – m: 40 % aller Nebensätze; De – m: 54,2 % aller Nebensätze). Demgegenüber weisen sie insbesondere in der Grundschulklasse von De – w eine starke Ausprägung auf (41,7 %), während sie von den Schüler/-innen von Bio – w in der Grundschule nicht benutzt werden. Insgesamt wird so das Bild verstärkt, dass insbesondere in Grundschulklassen, aber auch in Unterstufenklassen solchermaßen adjazente Äußerungen auf Schülerseite eingesetzt werden.

Beim Betrachten der Lehrerwerte des prozentualen Anteils der Adjazenzellipsen an der Gesamtellipsenzahl (ohne TZE und BE) in Abbildung 78 ist zunächst der niedrigere Maximalwert von höchstens 28 % bei Bio – w in der Oberstufe

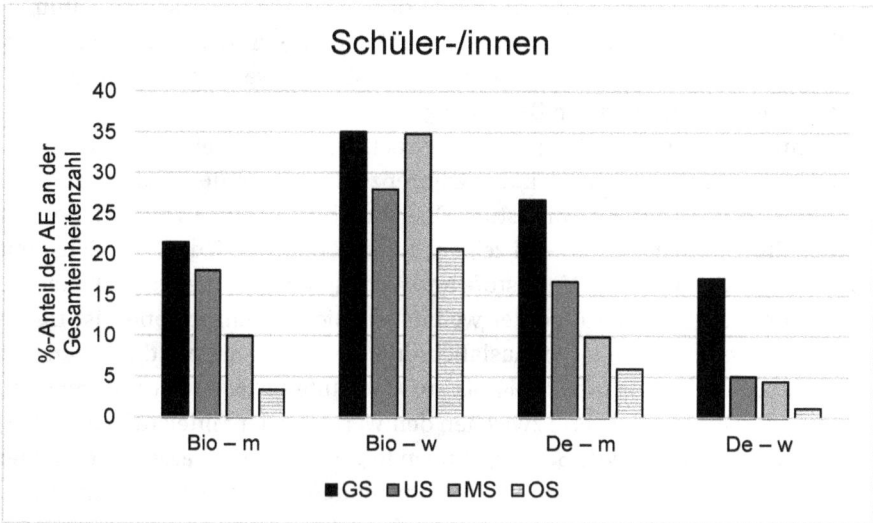

Abbildung 77: Prozentualer Anteil der Adjazenzellipsen an der Gesamteinheitenzahl – Schüler/-innen

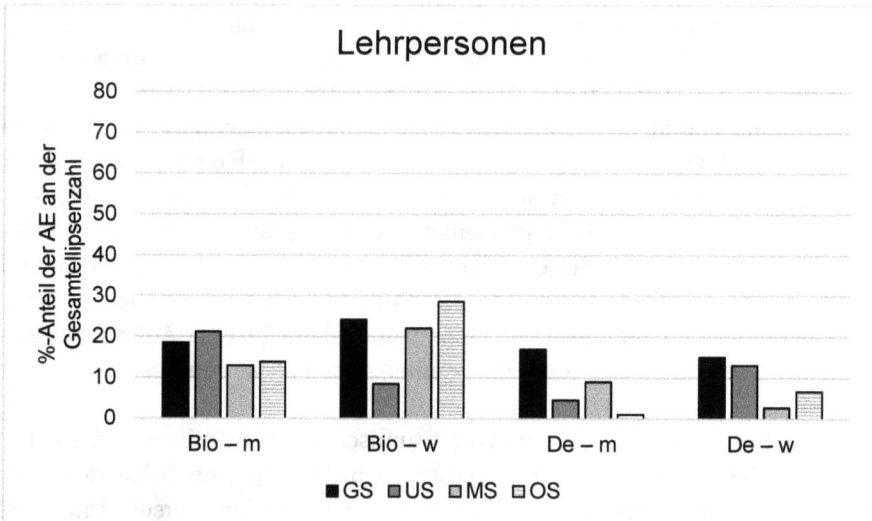

Abbildung 78: Prozentualer Anteil der Adjazenzellipsen an der Gesamtellipsenzahl – Lehrpersonen

zu erkennen. Außerdem ist zu erkennen, dass auch der lehrerseitige Minimalwert mit 1,0 % AE an der Gesamtellipsenzahl bei De – m in der Oberstufe deutlich unterhalb des schülerseitig gefundenen Minimalwerts von 7,7 % bei den Oberstufenschüler/-innen von De – w liegt.

Wenn man die vier Säulengruppen betrachtet, entsteht bei den Deutschlehrpersonen ein Abnahmeeindruck der Adjazenzellipsen von der Grundschule bis zur Oberstufe (bzw. bis zur Mittelstufe/Oberstufe bei De – w) – wie auch bei den Schüler/-innen. Auch bei Bio – m zeigt sich diese Tendenz, jedoch zunächst mit einer leichten Zunahme zur Unterstufe und Abnahmen zur Mittelstufe/Oberstufe. Hinsichtlich der Säulengruppe der weiblichen Biologielehrpersonen ist insbesondere bei der weiblichen Gymnasiallehrerin eine Zunahme von der Unterstufe (8,4 %) über die Mittelstufe (22 %) bis zur Oberstufe (28,6 %) nachzuzeichnen, während die Grundschulwerte zwischen den Werten in der Mittelstufe und Oberstufe liegen. In drei von vier Säulengruppen liegen zusammenfassend betrachtet somit auch bei den Lehrpersonen Abnahmetendenzen bis zur Oberstufe (bzw. Mittelstufe und Oberstufe bei De – w und Bio – m) vor.

Ebenso wie bei den Schüler/-innen kann auch hier der prozentuale Anteil der Adjazenzellipsen an der Gesamteinheitenanzahl berechnet werden (vgl. Abbildung 79). Aus dieser Abbildung ist abzulesen, dass, ganz anders als bei den Schüler/-innen, die Werte auf Lehrerseite in 10 der 16 Klassen unter 5 % der Gesamteinheitenanzahl liegen. Nur beim männlichen Biologielehrer und männlichen Deutschlehrer in der Grundschule übertreffen die Werte ganz leicht 5 %. Zudem liegen die Werte der weiblichen Biologielehrerin am Gymnasium immer etwas höher als 5 % und steigen bis auf 8,6 % in der Oberstufe an.

Zur Interpretation dieser Ergebnisse: Wie schon die Ergebnisse zur Zunahme der *turn*-Komplexität über die Jahrgangsstufen weisen auch diese Ergebnisse auf Schülerseite darauf hin, dass der Unterrichtsdiskurs in den niedrigeren Jahrgangsstufen dialogischer (weil adjazenter) gestaltet ist als in den höheren Jahrgangsstufen. Aber gerade diese adjazenten Strukturen können, ebenso wie frei stehende, aber adjazente Nebensätze, als Stützstrukturen interpretiert werden, bei denen der schon von der Lehrperson verbalisierte Part der Äußerung nicht mehr verbalisiert wird und somit die Schüler/-innen formulierungsbezogen entlastet sind.

Da in der Klasse von Bio – w in der Grundschule auf Schülerseite der höchste Anteil der Adjazenzellipsen festgestellt wurde, sollen im Folgenden zwei exemplarische Sequenzen aus dem Unterricht dieser Lehrperson analysiert werden (vgl. Transkriptausschnitte 12 und 13).

Lehrpersonen

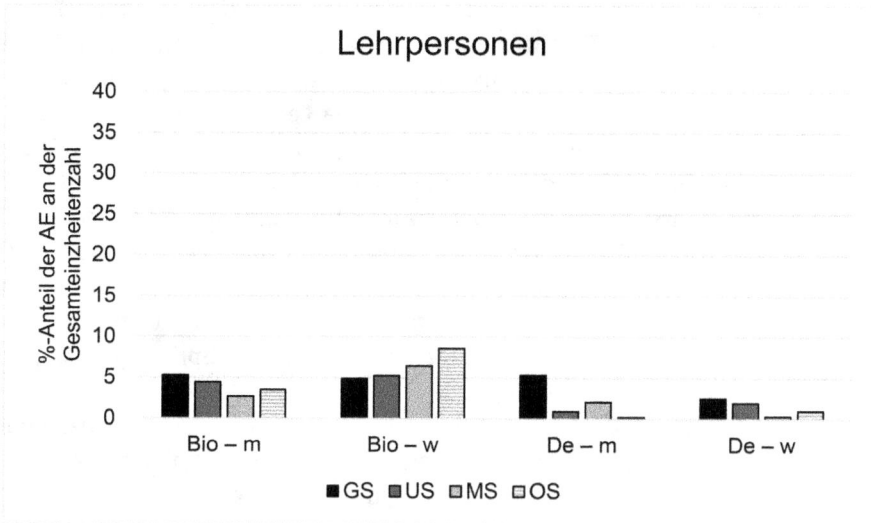

Abbildung 79: Prozentualer Anteil der Adjazenzellipsen an der Gesamteinheitenzahl – Lehrpersonen

[57]

LBiow(GS) [v]	((1,5s)) Wo von • er näh ren sich denn diese Tiere? ((schreibt
LBiow(GS) [k]	*((schreibt an Tafel--))*

[58]

LBiow(GS) [v]	an Tafel,10s))˙ Wer weiß das, wovon ernähren sich diese Tiere?

[59]

LBiow(GS) [v]	((zeigt auf Anna Lena))˙
Anna Lena [v]	Äähm • • • der Hase • eigentlich von Möhren?

[60]

LBiow(GS) [v]	((1s)) Jà, findet er die in der Natur, • die Möhren? • Bei
LBiow(GS) [k]	*((staccato))*
Anna Lena [v]	Jä?

Transkriptausschnitt 12: Beispiel Adjazenzellipsen 1 (Bio – w, GS)

Die Grundschullehrerin nutzt in Transkriptausschnitt 12 in Segment 57 eine mit „wovon" eingeleitete Ergänzungsfrage (bzw. *w*-Frage; vgl. Gallmann 2006: 903–904), die sie nach einer Tafelanschrift noch einmal reformuliert, diesmal in der Struktur eines abhängigen Hauptsatzes. Anna Lena antwortet in der *reply*-Position mit einer Adjazenzellipse, in der sie lediglich das Verb und das Reflexivpronomen der Lehreräußerung nicht verbalisiert: „Ähm der Hase [ernährt sich] eigentlich von Möhren?". Damit verhält sie sich sprachlich höchst ökonomisch. Dass aber noch ein stärkerer adjazenzellptischer Ökonomiegrad möglich ist, zeigt die folgende Adjazenzellipse. Auf die Entscheidungsfrage (ein *clarification request*) der Lehrerin in Segment 60 antwortet Anna Lena nur nachfragend mit „Ja?" – lässt also alle Wörter der Lehreräußerung adjazenzelliptisch aus („Ja, [er findet die in der Natur, die Möhren]?").

Auch in Transkriptausschnitt 13 findet sich eine Sequenz mit adjazenzelliptischen schülerseitigen Antworten, in der sich deutlich die Stützfunktion der lehrerseitigen Frage zeigt. In Segment 69 bricht Philipp seine eigene Verbalisierung ab, in der er darstellen möchte, wovon Eulen sich ernähren. Die Lehrperson bemerkt dieses Anakoluth von Philipp und fragt nach einer zweisekündigen Pause mit einem mit „was" eingeleiteten indirekten Fragesatz „Eulen? Weißt du, was die fressen?" nach (wiederum ein *clarification request*). Und an dieser Stelle muss Philipp nun nicht mehr einen vollständigen Satz äußern, sondern kann in Segment 70 adjazenzelliptisch antworten „Ja ähm [Eulen fressen] Insekten." An dieser Stelle muss er somit auch das fachsprachliche Verb „fressen" nicht selbst realisieren, sondern kann sich auf die adjazente Stützung der Lehrerin verlassen. In Segment 70 findet sich dann noch einmal eine sehr reduzierte Adjazenzellipse („[Eulen fressen noch] Mäuse."), mit der Larissa auf die mit „was" eingeleitete Ergänzungsfrage „Was fressen Eulen denn noch?" antwortet. Da die Lehrerin mit dieser Ergänzungsfrage eine direkte Elizitierung reformuliert „Die fressen Insekten, • • und...", könnte die Antwort Larissas auch auf diese direkte Elizitierung bezogen sein und damit die Äußerung der Lehrerin in Segment 40 vervollständigen.

Aus diesen beiden beispielhaften Analysen kann die Überlegung abgeleitet werden, dass die Form der Schülerantworten, z. B. als adjazenelliptisches *reply*, mit der Form der von der Lehrperson formulierten Aufgabenstellung in Zusammenhang steht. Denn adjazenzelliptische Antworten sind insbesondere mit Bezug auf Ergänzungsfragen oder auch direkte Elizitierungen möglich; ebenso adjazenelliptische Nebensätze.[2] Deswegen sollen im folgenden Abschnitt die lehrerseitigen Aufgabenstellungen intensiver analysiert werden.

---

2 Sprachdidaktisch gesehen könnte also die Möglichkeit gegeben sein, lehrerseitig das Ausmaß der Formulierungsunterstützung in jüngeren Jahrgangsstufen zu steuern, indem auch adjazenz-

[69]

LBiow(GS) [v]	((2s)) Eulen? • Weißt du, was die fressen?
Philipp [v]	Eu-•-len essen ähm…

[70]

LBiow(GS) [v]	Die fressen Insekten, • • und…
LBiow(GS) [k]	*((Frageintonation))*
Philipp [v]	Jā ähm • hier • Insekten.

[71]

LBiow(GS) [v]	((1,5s)) Was fressen Eulen denn noch? ((nickt Larissa zu))˙
Larissa [v]	Mäuse.

[72]

LBiow(GS) [v]	Mäuse! • • Wenn du mal so n • Eulennest gesehen hast, da unten, • •
LBiow(GS) [k]	*((Sirene eines Kranken- oder Feuerwehrwagens nähert sich--------------------*

Transkriptausschnitt 13: Beispiel Adjazenzellipsen 2 (Bio – w, GS)

10.2.2 Analyse der Aufgabenstellungen

In diesem Abschnitt soll die Fragestellung untersucht werden, inwiefern sich die lehrerseitigen Aufgabenstellungen über die Jahrgangsstufen verändern. Damit im Zusammenhang steht die Überlegung, dass die auf diskursiver Ebene festgestellten Veränderungen (wie die Erhöhung der *turn*-Komplexität oder die Abnahme der schülerseitigen Adjazenzellipsen oder frei stehenden Nebensätze) in Veränderungen der lehrerseitigen Aufgabenstellungen über die Jahrgangsstufen begründet liegen könnten. Dafür soll in Abschnitt 10.2.2.1 zunächst eine Operationalisierung unterschiedlicher Formen der Aufgabenstellung vorgestellt werden, woran anschließend quantitative Ergebnisse dazu in Abschnitt 10.2.2.2 präsentiert werden sollen.

---

elliptische Antworten ermöglicht werden. Es muss aber auch die Überlegung angestellt werden, dass solche adjazenzelliptischen Antworten im Verlauf des Erwerbs als sprachdidaktisch hinderlich angesehen werden können, wenn die Schüler/-innen zu eigenständigeren Äußerungen hingeführt werden sollen.

10.2.2.1 Codierung der Aufgabenstellungen

In diesem Kapitel sollen die Aufgabenstellungen, die die Lehrpersonen in Initiierungs-, aber auch in Feedback- bzw. *Follow-up*-Schritten an die Schüler/-innen in Plenumsinteraktion richten, analysiert werden. Diese können als Frage realisiert sein, aber auch als Aufforderung oder Aussage (vgl. Ehlich & Rehbein 1986: 67; vgl. auch Dillon 1982). Entscheidend ist, dass durch sie schülerseitige Antwort-Schritte initiiert werden.

Die *erste* Unterscheidung, die zu treffen ist, ist die hinsichtlich des Ausmaßes der Offenheit/Geschlossenheit der Aufgabenstellungen. Denn die Annahme ist, mit den Überlegungen von Röhner und Blümer (2009: 37), dass geschlossenere Aufgabenstellungen in Zusammenhang stehen mit weniger komplexen Antworten (und damit u. a. einer niedrigeren *turn*-Komplexität) und offenenere Aufgabenstellungen mit komplexeren Antworten zusammenhängen (und so mit einer höheren *turn*-Komplexität). Folgende Operationalisierungen werden getroffen:

1. *geschlossene Aufgabenstellungen (G)*: Die Codierung geschlossener Aufgabenstellungen erfolgt, wenn der Arbeitsauftrag nur eine richtige Antwort der Schüler/-innen zulässt. Sie stehen in der Nähe der „*[k]onvergente[n] Fragen*" die nur „eine ‚richtige' oder ‚angemessene' Antwort" (Grell 1994: 57) verlangen. – Diese Codierung ist abweichend von der Definition geschlossener Aufgabenformate in der Testtheorie, in der Aufgaben als geschlossen bezeichnet werden, wenn die Antwortmöglichkeiten vorgegeben sind (vgl. Becker-Mrotzek 2014: 495).

Beispiele:
LBio – m (GS): ((1s)) Wie heißt die genau, die Raupe?
LDe – m (GS): • • Ich möchte nämlich wissen, ((3s)) wo spielt die Geschichte eigentlich?

2. *halboffene Aufgabenstellungen (HO)*: Die Codierung halboffener Aufgabenstellungen erfolgt, wenn der Arbeitsauftrag eine begrenzte Menge erwarteter und richtiger Schülerantworten zulässt. – Auch diese Codierung ist leicht abweichend von der Definition halboffener Aufgabenformate in der Testtheorie, die sich dadurch auszeichnen, dass zwar im Gegensatz zu den geschlossenen Antworten keine Antwortmöglichkeiten mehr vorgegeben sind, aber eine bestimmte Antwort in Form „einzelner Wörter, Symbole" oder eines Satzes erwartet wird (vgl. Becker-Mrotzek 2014: 495).

Beispiele:
LBio – w (US): Was fressen Rehe noch?
LDe – m (US): Was ist denn ne Lehre?

3. *offene Aufgabenstellungen* (*O*): Die Codierung offener Aufgabenstellungen
    erfolgt wie bei Pauli (2006: 134), „wenn sich durch die Art der Frage für die
    Schüler Freiräume ergeben". Pauli (2006: 134) schreibt, dass eine offene
    Frage „nicht auf einen bestimmten Begriff oder eine bestimmte Erklärung"
    abziele. Sie stehen in der Nähe der *„[d]ivergente[n] Fragen"* die zu einer
    „unbegrenzte[n] Vielzahl von Antworten" (Grell 1994: 57) anregen.

Beispiele:
LBio – w (OS): • Jà, noch weitere • • Veränderungen, • Verbesserungen, • Korrekturen.
LDe – w (OS): • Jä, • wie wird Effi denn eigentlich dargestellt bei, • bei, bei Fassbinder?

Die *zweite* Unterscheidung, die getroffen wird, ist die Zuordnung des Arbeitsauf-
trags zu einem Epistemisierungsprofil nach Pohl (2010: 32, 2016: 70). Er unterscheidet (2010: 32) drei dieser Profile, wodurch die funktionale Ebene der Aufgabenstellungen in den Blick genommen werden kann (vgl. Abschn. 2.2.8):

(1) ein „[d]eskriptiv-veranschaulichendes Profil", in dem die epistemische Leit-
     frage *„Wie ist etwas?"* im Vordergrund steht (*Des*),
(2) ein „[e]xplikativ-erläuterndes Profil", in dem die epistemische Leitfrage
     „Warum ist etwas, wie es ist?" besonders relevant ist (*Ex*) und
(3) ein „[d]iskursiv-argumentierendes Profil", in dem die epistemische Leitfrage
     lautet: *„Warum lässt sich behaupten, warum etwas ist, wie es ist?"* (*Disk*).

Diese Codierung wird *grob* allein anhand der von Pohl (2010: 32) vorgeschlagenen Leitfragen vorgenommen – das Abstraktionsniveau ist hier viel höher als bei
einer Analyse hinsichtlich der schulsprachlichen „Diskursfunktionen" (Vollmer
& Thürmann 2010: 115; Hövelbrinks 2014: 155; vgl. auch Abschn. 2.2.4) oder als bei
einer Codierung nach der „gewünschten naturwissenschaftlichen Antworthandlung" bei Röhner und Blümer (2009: 28). Pohls hier zu überprüfende Annahme
ist, dass das deskriptiv-veranschaulichende Profil in der Grundschule dominiert,
das explikativ-erläuternde Profil in der Mittelstufe und das diskursiv-veranschau-
lichende Profil in der Oberstufe (vgl. Pohl 2016: 70). Bei der als *„Epistemisierung"*
bezeichneten „kognitive[n] wie sprachliche[n] Entwicklungsbewegung" im Unterrichtsdiskurs tritt nach Pohl (2016: 61), wie schon in Abschnitt 2.2.8 erläutert,
„erkanntes Wissen zusehends aus dem unmittelbar persönlichen Erlebnisraum
des erkennenden Individuums" heraus und wird

> mehr und mehr zu einem von konkreten Situationen in der Welt abstrahierten, unter
> bestimmten, für das Erkennen besonders relevanten Aspekten systematisierten sowie inter-
> subjektiv ausgehandelten, d. h. argumentativ und ggf. methodisch gestützten Wissen [...].
> (Pohl 2016: 561)

Insbesondere im diskursiv-veranschaulichendem Profil werde das Wissen „in dem Sinne zu einem *kritischen Wissen*, als es zunehmend unter den Rechtferti- gungsdruck gerät, auch tatsächlich erkanntes Wissen zu sein" (Pohl 2016: 61). Zur Illustrierung der drei Profile sei jeweils ein Beispiel aus dem Korpus aufgeführt. Ein Beispiel für eine Aufgabenstellung, die dem deskriptiv-veranschaulichendem Profil zuzuordnen ist, ist Nr. (1):

    (1)   *LBio – w (US):* Ah den habt ihr bestimmt schon mal gesehen, • Eichelhäher, oder? Woran kann man den denn so gut erkennen?

Die Aufgabenstellung in Beispiel (2) ist dem explikativ-erläuterndem Profil zuzu- ordnen:

    (2)   *LBio – m (US):* Warum sind viele verschiedene Tiere • eventuell auch noch wichtig?

Und die Aufgabenstellung in Beispiel (3) illustriert das diskursiv-argumentie- rende Profil:

    (3)   *LDe – m (OS):* Sag mir mal, äh • • an welchen • äh Hinweisen bei Lessing würdest du das festmachen?

Bei diesen ersten beiden Analysen ist es notwendig, immer auch den Kotext der Aufgabenstellungen (vorherige lehrerseitige Aufgabenstellungen sowie schüler- seitige Antworten auf die Aufgabenstellungen) in der Codierung zu berücksichti- gen, um zu einer angemessenen Einschätzung zu gelangen.

    An *letzter* Stelle werden zudem die Aufgabenstellungen codiert, die als
1. Ergänzungsfragen oder
2. Direkte Elizitierung

realisiert sind. Damit wird keine vollständige Codierung aller Aufgabenstel- lungen hinsichtlich ihrer syntaktischen Form vorgenommen, sondern es werden nur die Formen codiert, die in einem möglichen Zusammenhang zu den oben beschriebenen adjazenzelliptischen Antworten der Schüler/-innen (vgl. Abschn. 10.2.1) stehen.

    Ergänzungsfragen kann man auch mit dem Synonym „w-Fragesatz" (Gall- mann 2006: 903) benennen. Sie zeichnen sich dadurch aus, dass in ihnen ein „w-Wort", also „ein interrogatives Pronomen, Artikelwort oder Pro-Adverb" (Gall- mann 2006: 903–904) genutzt wird, wie „was", „wer", „warum", „wohin" usw. Wie oben schon erläutert, kann man auf diese Fragesätze „mit einer Phrase ant- worten" (Gallmann 2006: 904), weswegen sie sich für adjazenzelliptische Antwor- ten eignen. Durch das w-Wort wird nach Hoffmann (2013: 496) „das fehlende Wis- senselement" markiert: Ergänzungsfragen „spiegeln also die Wissenszerlegung beim Sprecher und verdeutlichen, was als neues Element vom Hörer erwartet wird" (Hoffmann 2013: 496).

Beispiele:

(4) *LDe – m (US):* **Was** könnte das für ein Tier sein?
(5) *LDe – m (GS):* **Welche** Aufgabe hat ein Wächter?
(6) *LDe – w (OS):* Äh **wann** wirkt er f/furchteinflößend?

Zu erwähnen ist, dass Ergänzungsfragen hier nicht unterdifferenziert werden in direkte und indirekte *w*-Fragen (wie beispielsweise bei Röhner & Blümer 2009: 28).

Die *direkte Elizitierung* als nicht-vollständige Lehreräußerung mit dem Zweck der Ergänzung durch die Schüler/-innen (vgl. Nassaji 2015: 54) wurde schon bei den mikrointeraktionalen Stützmechanismen im *Follow-up*-Schritt untersucht (vgl. Kap. 9). Schon dort wurde sie den fordernden *Follow-up*-Schritten nach Nassaji und Wells (2000: 403) zugeordnet. Deswegen können direkte Elizitierungen hier auch unter dem Aspekt der Aufgabenstellungen untersucht werden. Der Unterschied zur Analyse der miS in Kapitel 9 ist, dass an dieser Stelle zusätzlich auch direkte Elizitierungen in Initiierungsschritten (und nicht allein in Feedbackschritten) berücksichtigt werden.

Beispiele:

(7) *LBio – w (MS):* Moment, der Samenleiter geht jetzt von der Hypophyse…
(8) *LBio – m (US):* Also das heißt, die Pflanzen brauchen die Tiere, um…
(9) *LDe – m (OS):* Und dann kommt die?

10.2.2.2 Quantitative Ergebnisse zu den Aufgabenstellungen

In diesem Abschnitt sollen die quantitativen Ergebnisse der Auswertung der Aufgabenstellungen vorgestellt werden.

In Tabelle 110 ist zunächst die absolute Anzahl der Aufgabenstellungen in jeder Klasse aufgeführt. Die Variationsbreite beträgt hier R = 120 vom niedrigsten Wert von nur 30 Aufgabenstellungen in der Oberstufe bei De – w bis zum höchsten Wert von 150 Aufgabenstellungen in der Grundschule bei De – m. Im pro Jahrgangsstufe berechneten Mittelwert ist eine Abnahme der Anzahl der Aufgabenstellungen von der Grundschule ($\bar{x}_{arithm}$ = 92,8) über die Unterstufe ($\bar{x}_{arithm}$ = 80,8) und die Mittelstufe ($\bar{x}_{arithm}$ = 68,8) bis zur Oberstufe auf ($\bar{x}_{arithm}$ = 48) feststellbar. Man kann allein aus diesen Zahlen interpretieren, dass der Unterricht in den niedrigeren Klassenstufen kleinschrittiger erfolgt, stärker gesteuert durch Aufgabenstellungen der Lehrpersonen.

Abnahmen der Anzahl der Aufgabenstellungen von Jahrgangsstufe zu Jahrgangsstufe sind in besonderem Maße bei De – m zu erkennen (vom Maximalwert n = 150 in der Grundschule zum Minimalwert n = 59 in der Oberstufe). Eine ähnlich hohe Anzahl von Aufgabenstellungen findet sich auch bei Bio – w in der Unterstufe (n = 140). Die Grundschulwerte liegen hier ebenfalls über 100 (n = 101). In der Mittelstufe (n = 79) und Oberstufe (n = 67) liegen die Werte deutlich niedriger. Insgesamt sind aber die weiblichen Biologielehrerinnen und die männlichen Deutschlehrer die Lehrpersonen mit der höchsten Anzahl an Aufgabenstellungen. Die Werte in der Grundschule liegen sowohl bei Bio – m (n = 52) als auch bei De – w (n = 68) deutlich unterhalb der Werte bei Bio – w und De – m. Aber auch bei De – w ist die höchste Anzahl der Aufgabenstellungen in der Grundschule zu finden, während die Werte in allen höheren Jahrgangsstufen noch höchstens halb so hoch sind. Und bei Bio – m ist der größte Unterschied zwischen dem niedrigsten Wert in der Oberstufe mit n = 36 Aufgabenstellungen und allen anderen Jahrgangsstufen (n = 52 oder mehr) zu erkennen.

Tabelle 110: Absolute Anzahl Aufgabenstellungen (in fett markiert: jeweils der höchste Wert der Spalte)

	Bio – m	Bio – w	De – m	De – w	$\bar{x}_{arithm}$	s
GS	52	101	**150**	**68**	**92,8**	37,5
US	57	**140**	107	19	80,8	**46,3**
MS	**77**	79	86	33	68,8	20,9
OS	36	67	59	30	48,0	15,4

Betrachten wir nun die Veränderungen im prozentualen Anteil der geschlossenen (G), halboffenen (HO) und offenen Aufgabenstellungen (O) an der Gesamtzahl aller Aufgabenstellungen, die in Tabelle 111 dargestellt sind. In Tabelle 112 ist zudem der prozentuale Anteil der geschlossenen und halboffenen Aufgabenstellungen zu einem Wert addiert worden und dem prozentualen Anteil der offenen Aufgabenstellungen gegenübergestellt.

Zunächst ist ersichtlich (vgl. Tabelle 111), dass bei jeder Lehrpersonengruppe der höchste prozentuale Anteil der offenen Aufgabenstellungen in der Oberstufe zu finden ist und in drei von vier Fällen der niedrigste Wert in der Grundschule (außer bei Bio – w). Aber schon hier ist zu sagen, dass dieser Anteil sehr deutlich zwischen den Lehrpersonen schwankt: Während De – w in ihrer Oberstufenklasse den sehr hohen prozentualen Anteil von 73,3 % offenen Aufgabenstellungen nutzt, liegen die Werte bei Bio – m (44,4 %) und De – m (44,1 %) im intermediären Bereich und der Wert bei Bio – w noch einmal niedriger (16,4 %).

Tabelle 111: Prozentualer Anteil der geschlossenen (G), halboffenen (HO) und offenen Aufgabenstellungen (O) an der Gesamtzahl der Aufgabenstellungen (in fett markiert: jeweils der höchste Wert der Spalte)

	Bio – m			Bio – w			De – m			De – w		
	G	HO	O	G	HO	O	G	HO	O	G	HO	O
GS	26,9	**55,8**	17,3	55,4	**34,7**	9,9	**84,7**	14,7	0,7	**35,3**	**41,2**	23,5
US	22,8	35,1	42,1	**68,6**	28,6	2,9	44,9	39,3	15,9	10,5	26,3	63,2
MS	**48,1**	24,7	27,3	68,4	29,1	2,5	26,7	**54,7**	18,6	6,1	33,3	60,6
OS	33,3	22,2	**44,4**	52,2	31,3	**16,4**	22,0	33,9	**44,1**	3,3	23,3	**73,3**

Bei den geschlossenen Aufgabenstellungen ist bei den Deutschlehrpersonen jeweils der höchste Wert in der Grundschule zu finden. Diese Grundschulwerte unterscheiden sich jedoch deutlich voneinander, denn der männliche Deutschlehrer in der Grundschule nutzt 84,7 % geschlossene Aufgabenstellungen, während die weibliche Deutschlehrerin in der Grundschule nur 35,3 % nutzt. Bei Bio – w findet sich der höchste Anteil geschlossener Aufgabenstellungen in der Unterstufe (68,6 %), bei Bio – m in der Mittelstufe (48,1 %). Der höchste Wert der halboffenen Aufgabenstellungen findet sich bei drei von vier Lehrpersonen in der Grundschule (Bio – m: 55,8 %; Bio – w: 34,7 %, De – w: 41,2 %). Nur bei De – m ist er in der Mittelstufenklasse am höchsten (54,7 %).

Tabelle 112: Prozentualer Anteil der geschlossenen (G) plus halboffenen (HO) versus offenen (O) Aufgabenstellungen an der Gesamtzahl der Aufgabenstellungen (in fett markiert: jeweils der höchste Wert der Spalte)

	Bio – m		Bio – w		De – m		De – w	
	G+HO	O	G+HO	O	G+HO	O	G+HO	O
GS	**82,7**	17,3	90,1	9,9	**99,3**	0,7	**76,5**	23,5
US	57,9	42,1	97,1	2,9	84,1	15,9	36,8	63,2
MS	72,7	27,3	**97,5**	2,5	81,4	18,6	39,4	60,6
OS	55,6	**44,4**	83,6	**16,4**	55,9	**44,1**	26,7	**73,3**

Betrachtet man die zusammenfassende Darstellung der geschlossenen und halboffenen Aufgabenstellungen in Tabelle 112, so ist in dieser Addition in drei von vier Fällen der höchste prozentuale Anteil in der Grundschulklasse zu finden, immer mit Werten über 76 % (bei Bio – m, De – m und De – w). Bei Bio – w muss festgehalten werden, dass bis zur Mittelstufe ein sehr hoher prozentualer Anteil geschlossener und halboffener Fragen (immer über 90 %) aufrechterhalten wird, der erst zur Oberstufe ein wenig sinkt (auf 83,6 %).

Insgesamt zeichnet sich also der Grundschuldiskurs durch ein hohes Ausmaß halboffener oder geschlossener Aufgabenstellungen aus, während sich das Ausmaß dieser engen Aufgabenstellungen bis zur Oberstufe (z. T. deutlich) reduziert. Der Oberstufendiskurs ist demgegenüber durch ein hohes Ausmaß offener Aufgabenstellungen (in drei von vier Fällen über 40 %) geprägt.

Wenden wir uns nun dem prozentualen Anteil der Aufgabenstellungen zu, die einem der drei Epistemisierungsprofile *Des*, *Ex* oder *Disk* zugeordnet sind (vgl. Tabelle 113), so ist zunächst erkennbar, dass in der Grundschule immer der höchste prozentuale Anteil von deskriptiv-veranschaulichenden Aufgabenstellungen (*Des*) zu finden ist, der zudem immer über 96 % liegt. Die Daten des vorliegenden Korpus stehen also im Einklang mit der Annahme eines deskriptiv-veranschaulichen Profils in der Grundschule (Pohl 2016: 70). Bei Bio – m und De – m nehmen die Werte der *Des*-Aufgabenstellungen von Jahrgangsstufe zu Jahrgangsstufe ab: Bei Bio – m bis auf den Wert von nur noch 63,9 % in der Oberstufe, bei De – m nur bis auf den Wert von 83,1 % in der Oberstufe. Bei Bio – w liegt der prozentuale Anteil von *Des* in der Grundschule und Unterstufe gleichermaßen hoch (GS: 97 %; US 97,9 %), mit Abnahmen zur Mittelstufe (72,2 %) bzw. Oberstufe (76,1 %). Bei De – w erfolgt bis zur Mittelstufe die Abnahme auf den niedrigsten Wert im Korpus von 51,5 % *Des*-Aufgabenstellungen (die OS-Werte liegen mit 56,7 % leicht darüber).

Bei den explikativ-erläuternden Aufgabenstellungen ist in drei von vier Jahrgangsstufen der höchste Wert in der Mittelstufe zu finden (bei Bio – w, De – m und De – w). Nur bei Bio – m liegt er in der Oberstufe. Pohls Annahme eines explikativ-erläuternden Profils hin zur Mittelstufe (vgl. Pohl 2016: 70) wird also ebenfalls durch die Daten des vorliegenden Korpus gestützt.

Hinsichtlich der einem diskursiv-argumentativen Epistemisierungsprofil zuzuordnenden Aufgabenstellungen ist in Tabelle 113 deutlich erkennbar, dass sie (mit Ausnahme von dem prozentualen Anteil von 3,7 % bei De – m in der Unterstufe) erst in der Oberstufe eingesetzt werden. Aber auch hier ist ihr prozentualer Anteil nicht besonders hoch und liegt zwischen 3 % bei Bio – w und 10 % bei De – w. In der Tendenz kann man aber davon sprechen, dass in der Oberstufe zu den *Des*- und den *Ex*-Aufgaben solche hinzukommen, die diskursiver bzw. argumentativer sind.

Tabelle 113: Zuordnung der lehrerseitigen Aufgabenstellungen zu einem Epistemisierungsprofil (in Prozent) (in fett markiert: jeweils der höchste Wert der Spalte)

	Bio – m			Bio – w			De – m			De – w		
	Des	Ex	Disk	Des	Ex	Disk	Des	Ex	Disk	Des	Ex	Disk
GS	**98,1**	1,9	0,0	**97,0**	3,0	0,0	**96,7**	3,3	0,0	**97,1**	2,9	0,0
US	87,7	12,3	0,0	97,9	2,1	0,0	86,9	9,3	3,7	78,9	21,1	0,0
MS	75,3	24,7	0,0	72,2	**27,8**	0,0	86,0	**14,0**	0,0	51,5	**48,5**	0,0
OS	63,9	**30,6**	**5,6**	76,1	20,9	**3,0**	83,1	10,2	**6,8**	56,7	33,3	**10,0**

In Tabelle 114 ist eine exemplarische Auswahl von Aufgabenstellungen aus jedem der drei Epistemisierungsprofile aufgeführt.

Tabelle 114: Exemplarische Auswahl von Aufgabenstellungen aus jedem der drei Epistemisierungsprofile nach Pohl (2010: 32)

Profil nach Pohl (2010: 32)	Beispiel für Aufgabenstellungen im jeweiligen Epistemisierungsprofil
Des	– Was • machen die Tiere eigentlich so den ganzen Tach • im Wald? (*LBio – m, GS*) – Was ist das? (*LBio – w, GS*) – Wie waren denn die Menschen so eingeteilt in der Gesellschaft in dieser Zeit vor der französischen Revolution? (*LDe – m, MS*) – Ham we Schaf oder Lamm hier? (*LDe – m, OS*)
Ex	– Kannst du das nochmal erklären, wie du die Frage meinst? (LBio – m, US) – Viel • Testosteron • • bewirkt… (*LBio – w, MS*) – Warum wählt er diese Form, weil er ja Sklave ist? (*LDe – m, MS*) – Oder warum antworten die nur so kurz? (*LDe – w, MS*)
Disk	– ((7s)) Vielleicht sollten wir erstmal klären, • welche, welche wissenschaftlichen Annahmen stecken überhaupt • • hinter • Biosphere zwei, dass die das • äh sozusagen überhaupt bauen • • • wollten. (*LBio – m, OS*) – Dann Stellungnahme, Mathis! (*LDe – m, US*) – Sag mir mal, äh • • an welchen • äh Hinweisen bei Lessing würdest du das festmachen? (*LDe – m, OS*) – Cornelia, vielleicht kannst du deine/ • • deinen Einwand einmal • erläutern. (*LDe – w, OS*)

Kommen wir zur letzten Analyse im Bereich der makrointeraktionalen Stützmechanismen: In Tabelle 115 ist die absolute Anzahl an Ergänzungsfragen dargestellt, in Klammern die Summe aus der absoluten Anzahl an Ergänzungsfragen plus direkte Elizitierungen. Diese Summierung wird hier vorgenommen, weil beide das Potential haben, adjazenzelliptisches *reply* nach sich zu ziehen. Betrachten wir gleich die Werte in Klammern, dann ist bei De – m eine ungefähre Halbierung der Anzahl der Ergänzungsfragen und direkten Elizitierungen zu erkennen (von n = 63 in der Grundschule bis zu n = 33 in der Oberstufe). Eine solche Abnahme von Jahrgangsstufe zu Jahrgangsstufe ist bei Bio – w ebenfalls von der Grundschule bis zur Oberstufe bei den Ergänzungsfragen allein feststellbar (mit Addition der direkten Elizitierungen liegt der Wert in der Unterstufe etwas höher als in der Grundschule). Insgesamt ist zu erkennen, dass Bio – w sich durch eine vergleichsweise intensive Nutzung von direkten Elizitierungen auszeichnet. Bei Bio – m ist von einer deutlichen Abnahme erst zur Oberstufe zu sprechen (bis auf den Wert von 22) und bei De – w ist der größte Unterschied zwischen der Grundschullehrerin einerseits (mit 44 Ergänzungsfragen und direkten Elizitierungen) und der Gymnasiallehrerin in allen Jahrgangsstufen feststellbar (wobei auch hier der niedrigste Wert des Korpus von 11 Ergänzungsfragen in der Oberstufe zu finden ist).

Tabelle 115: Absolute Anzahl Ergänzungsfragen (in Klammern plus direkte Elizitierung) (in fett markiert: jeweils der höchste Wert der Spalte)

	Bio – m	Bio – w	De – m	De – w
GS	39 (40)	**65 (67)**	**58 (63)**	**39 (44)**
US	33 (34)	46 **(76)**	57 (57)	12 (12)
MS	**53 (56)**	30 (55)	48 (50)	21 (21)
OS	22 (22)	22 (43)	31 (33)	11 (11)

10.3 Diskussion der Ergebnisse zu den makrointeraktionalen Stützmechanismen

Versuchen wir, die Ergebnisse der bisherigen Analysen abstrahierend und kontrastierend zusammenzufassen: Der *Grundschuldiskurs* zeichnet sich in diesem Korpus durch eine vergleichsweise hohe Anzahl von Aufgabenstellungen aus, also durch Kleinschrittigkeit. Es ist zudem ein hoher prozentualer Anteil geschlossener bzw. halboffener Aufgabenstellungen zu finden. Ferner sind fast alle Aufgabenstellungen einem deskriptiv-veranschaulichendem Profil zuzuordnen und viele Aufgabenstellungen stellen Ergänzungsfragen oder direkte Elizitierungen dar, die adjazenzelliptisch (bzw. durch frei stehende Nebensätze) beantwortet werden können. Auch wenn in dieser Studie keine eindimensionalen kausalen Zusammenhänge hergestellt werden können, erscheint es plausibel, dass die niedrige *turn*-Komplexität und die hohe Anzahl der Adjazenzellipsen in den Grundschulklassen in diesem Korpus mit der beschriebenen Beschaffenheit der Aufgabenstellungen in Zusammenhang steht. Weiterhin zeichnet sich der Grundschuldiskurs durch einen vergleichsweise hohen lehrerseitigen Redeanteil von etwas über 70 % aus, was darauf hindeutet, dass die Lehrpersonen hier einige der diskursiven Aufgaben der Schüler/-innen mit übernehmen bzw. den Unterrichtsdiskurs stärker steuern müssen.

Zur Oberstufe hingegen ist der Unterrichtsdiskurs durch eine deutlich geringere Anzahl an Aufgabenstellungen und einen niedrigeren lehrerseitigen Redeanteil von nur noch ca. 60 % sowie durch Erhöhung des prozentualen Anteils der offenen Aufgabenstellungen ausgezeichnet. Zudem kommen insbesondere ab den Mittelstufenklassen mehr Aufgabenstellungen hinzu, die einem explanativ-erläuternden Profil zuzuordnen sind, und ferner (wenige) Aufgaben, die diskursiv-argumentative Antworten fordern. Die absolute Anzahl von direkten Elizitierungen und Ergänzungsfragen nimmt außerdem den im Jahrgangsstufenvergleich niedrigsten Wert an. Auch hier kann kein eindimensionaler kausaler Zusammenhang der hohen *turn*-Komplexität in der Oberstufe sowie der niedrigen Zahl der Adjazenzellipsen (und frei stehenden Nebensätzen) mit der Beschaffenheit dieser diskursiven Variablen auf Lehrerseite hergestellt werden; gleichwohl erscheint ein solcher Zusammenhang sehr plausibel.

Die hier beschriebenen Tendenzen lassen den Schluss zu, dass die in den unteren Jahrgangsstufen vorhandenen unterrichtsdiskursiven/makrointeraktionalen Stützen (mehr kleinschrittigere und geschlossenere Aufgabenstellungen, mehr Ergänzungsfragen, mehr Fragen, die deskriptiv-veranschaulichende Antworten fordern und ein höherer Redeanteil der Lehrpersonen) schrittweise abgebaut werden und somit die diskursiven Anforderungen an die Schüler/-innen erhöht werden.

Abschließend sollen interindividuelle Unterschiede zwischen den Lehrpersonen mit Blick auf maS fokussiert werden. Insbesondere bei Bio – w am Gymnasium sind die Änderungen der Strukturierung des Unterrichtsdiskurses bis zur Oberstufe weniger deutlich als bei den anderen Lehrpersonen. Sie nutzt beispielsweise in der Oberstufe immer noch n = 67 Aufgabenstellungen, ein Wert, mit dem andere Lehrpersonen (wie De – w) in der Grundschule einsteigen und ihn dann weiter reduzieren. Sie setzt außerdem bis zur Oberstufe immer über 90 % geschlossene bzw. halboffene Aufgabenstellungen ein und reduziert diese bis zur Oberstufe auch nur auf den vergleichsweise hohen Wert von 83,6 %. Ergänzend setzt sie in der Unterstufe noch einen sehr hohen prozentualen Anteil von Aufgabenstellungen ein, die deskriptiv-veranschaulichende Antworten fordern und reduziert diesen Anteil bis zur Oberstufe nur auf 76,1 % (zu erwähnen ist aber, dass hier die Werte bei De – m in der Oberstufe noch höher liegen). Zuletzt nutzt sie in der Oberstufe immer noch eine sehr hohe Anzahl von Ergänzungsfragen und direkten Elizitierungen (n = 43).

M. E. spiegelt sich dies wider in der *turn*-Komplexität auf Schülerseite sowie der Anzahl der Adjazenzellipsen auf Schülerseite. In Abschnitt 8.4.5.2 wurde festgestellt, dass insbesondere bei den Schüler/-innen von Bio – w kaum Veränderungen der *turn*-Komplexität (im Mittelwert der Wortanzahl pro *turn* und im Median der Wortanzahl pro *turn*) zu finden sind, was sich auch durch die Boxplotanalysen in Abschnitt 8.4.5.3 bestätigte. In Abschnitt 10.2.1 wurde zudem bezogen auf die Adjazenzellipsen festgestellt, dass bei den Schüler/-innen von Bio – w zwar eine ‚Zickzackabnahme' bis zur Oberstufe stattfindet, in der die Werte aber immer noch mit 49,6 % vergleichsweise hoch liegen. Es erscheint plausibel, dass durch diese Beobachtungen ein Zusammenhang zwischen lehrerseitigen diskursiven Variablen und den schülerseitigen Produktionen im Unterrichtsdiskurs reflektiert wird.

11 Fazit

In vorliegender Arbeit wurde die *an die Schüler/-innen gerichtete Sprache* (*SgS*) von erfahrenen Deutsch- und Sachunterrichts-/Biologielehrpersonen vergleichend in Grundschulklassen sowie Unterstufen-, Mittelstufen- und Oberstufenklassen des Gymnasiums untersucht. Dabei stand die Fragestellung im Fokus des Interesses, inwiefern diese *SgS* sich bis zur Oberstufe immer mehr in Richtung des in vorliegender Studie anhand von vier Operationalisierungsdimensionen zu analysierenden Konstrukts *konzeptioneller Schriftlichkeit* nach Koch und Oesterreicher (1986) verändert. Es wurde zudem untersucht, ob die in die Studie einbezogenen Lehrpersonen mikro- sowie makrointeraktionale Stützmechanismen einsetzen, die das Potential besitzen, konzeptionelle Schriftlichkeit zu fördern. Diese mikro- und makrointeraktionalen Stützmechanismen wurden ferner hinsichtlich möglicher Veränderungen ihres Einsatzes über die Jahrgangsstufen untersucht. Der Fokus der vorliegenden Arbeit liegt somit auf der Sprache der Lehrpersonen als möglicher „Wirk- und Einflussfaktor" (Pohl 2007b: 90) des Spracherwerbs der Schüler/-innen.

Im Folgenden sollen in einem ersten Schritt die Ergebnisse der theoretischen Kapitel der Arbeit zusammengefasst und in ihrer Bedeutsamkeit für die Entwicklung der Zielsetzung der Arbeit sowie die Interpretation der Ergebnisse der Studie rekapituliert werden (vgl. Abschn. 11.1). In Abschnitt 11.2 werden die Ergebnisse aus den drei empirischen Kapiteln der Arbeit zusammengefasst und zudem aufeinander bezogen, um ein umfassendes Bild der *SgS* in den verschiedenen in die Untersuchung einbezogenen Jahrgangsstufen zu erhalten.

Die Arbeit abschließen sollen die Formulierung von durch die empirische Untersuchung gewonnenen Hypothesen (vgl. Abschn. 11.3) sowie ein Ausblick auf noch zu leistende Forschungsarbeiten (vgl. Abschn. 11.4).

11.1 Synthese des theoretischen Hintergrunds der Arbeit

11.1.1 Konzeptionelle Schriftlichkeit als Zielperspektive unterrichtlichen Spracherwerbs

Der erste Ausgangspunkt der Arbeit war die Frage nach der Beschaffenheit der im Unterricht verwendeten Sprache (vgl. Kap. 2). Es wurde gefragt, wie die Sprache beschrieben werden kann, die im Unterricht gefordert und gefördert wird. Die erste gewählte Zugangsweise war eine heuristische Analyse der institutionellen Rahmenbedingungen der Unterrichtskommunikation (vgl. Abschn. 2.1) unter Rückgriff auf das von Koch und Oesterreicher (z. B. 1986, 1990, 1994, 2007, 2008,

https://doi.org/10.1515/9783110569001-011

2011) entwickelte Modell der *konzeptionellen Mündlichkeit* (*Sprache der Nähe*) versus der *konzeptionellen Schriftlichkeit* (*Sprache der Distanz*). Es konnte gezeigt werden, dass sämtliche zu betrachtende institutionelle Rahmenbedingungen auf die Kommunikationsbedingungen der Sprache der Distanz verweisen, die somit eine Förderung konzeptioneller Schriftlichkeit im Unterricht nahelegen. Einzige Ausnahme bildet die im Unterricht immer vorliegende *face-to-face*-Interaktionssituation, die am Pol der Sprache der Nähe zu verorten ist.

In einem nächsten Schritt wurde mit Hilfe einer Analyse von Konzepten der Unterrichtssprache, wie des *elaborated code* nach Bernstein (z. B. 2003 [1962a]: 76), *CALP* nach Cummins (z. B. 1979), *language of schooling* nach Schleppegrell (z. B. 2004), *Bildungssprache* (z. B. Gogolin 2006; Feilke 2012a), *Fachsprache* (z. B. Grießhaber 2010a; Kniffka & Roelcke 2016), *wissenschaftliche Alltagssprache* nach Ehlich (z. B. 1995) sowie des Konzepts der *Epistemisierung des Unterrichtsdiskurses* nach Pohl (2016) gezeigt, dass diese sich explizit beziehen oder implizit beziehbar sind auf das Konstrukt der konzeptionellen Schriftlichkeit, insbesondere hinsichtlich der durch sie beschriebenen Ausdrucks- und Strukturformen der Unterrichtssprache. Es konnte herausgearbeitet werden, dass konzeptionelle Schriftlichkeit solchermaßen als gemeinsame konzeptuelle Klammer der unterschiedlichen Modellierungen der Unterrichtssprache auf einem höheren Abstraktionsniveau angesehen werden kann. Deswegen sollte lehrer- und schülerseitige Unterrichtssprache in vorliegender Arbeit mit Hilfe des Konstrukts der *konzeptionellen Schriftlichkeit* untersucht werden. Einer der Hauptkritikpunkte am Modell von Koch und Oesterreicher ist jedoch, dass es nicht operationalisiert und damit wenig geeignet ist, konkrete Unterrichtssprache hinsichtlich des in ihr realisierten Grades konzeptioneller Schriftlichkeit zu analysieren.

11.1.2 Operationalisierung konzeptioneller Schriftlichkeit

In einem weiteren Schritt (vgl. Kap. 3) wurde deswegen, basierend auf einer intensiven Reanalyse des Modells von Koch und Oesterreicher (1986), der Versuch unternommen, konzeptionelle Schriftlichkeit für vorliegende Untersuchung zu operationalisieren. Es resultierte ein zweidimensionales Operationalisierungssystem konzeptioneller Schriftlichkeit aus übergeordneten *Operationalisierungsdimensionen* (OpD), die auf einer von Redundanzen befreiten, exakteren Version der ‚Versprachlichungsstrategien' konzeptioneller Schriftlichkeit nach Koch und Oesterreicher (1986: 23) basieren, und den OpD zugeordneten, noch zu generierenden Analysekategorien. In dieser Reanalyse wurden folgende vier Operationalisierungsdimensionen gewonnen:

1. *Integration* zeichnet sich dadurch aus, dass Elemente, die potentiell einer *höheren* Strukturebene angehören könnten, als Elemente einer *tieferen* Strukturebene genutzt werden. Sie sind dann in höhere Strukturebenen integriert. Solche Strukturen sind als unidirektional dependente (= hierarchische) Strukturen anzusehen.

2. *Komplexität* ist in Relation zu einer Bezugsgröße bestimmt. In dieser wird durch Addition/Kombination spezifischer gleichartiger Einheiten (Komponenten) einer niedrigeren Strukturebene ein ‚Mehr' an Komplexität aufgebaut.

3. *Differenziertheit* ist ein absolutes Maß *unterschiedlicher* Realisierungsvarianten einer spezifischen sprachlichen Kategorie, zumeist auf *type*-Ebene.

4. *Planung* wird hier gemessen auf der Basis von *online-Planungsindikatoren im weiten Sinne.* Sie ist die einzige Dimension, in der konzeptionelle Schriftlichkeit im prototypischen Fall durch ermittelte Zahlenwerte *invers* angezeigt wird. Die Analysen in dieser Dimension müssen jedoch immer im Zusammenhang gesehen werden mit den Auswertungen in den anderen drei Operationalisierungsdimensionen *Komplexität*, *Integration* und *Differenziertheit*. Denn bei erhöhten Werten in diesen Dimensionen und gleichzeitiger Erhöhung der Werte in der Planungsdimension können Planungsindikatoren auch Anzeiger konzeptioneller Schriftlichkeit sein, denen eine *Ermöglichungsfunktion* für erhöhte konzeptionelle Schriftlichkeit zugeschrieben werden kann.

Innerhalb dieser Operationalisierungsdimensionen sollten im empirischen Teil der Arbeit Analysekategorien auf verschiedenen sprachlichen Ebenen (von der Morphologie bis zum Text/Diskurs) gewonnen werden.

11.1.3 Bisherige Studien zur Lehrersprache: Dominierende Rolle der Lehrperson

Im dritten theoretischen Kapitel (vgl. Kap. 4) wurde die Sprache der Lehrpersonen als „Agenten der Institution Schule" (Ehlich 2009: 332) in den Blick genommen. Der Forschungsstand sollte vor dem Hintergrund der Frage gesichtet werden, welche Studien zur Lehrersprache im Unterricht schon vorliegen und ob in diesen eine spracherwerbsbezogene Perspektive eingenommen wird.

Es konnte gezeigt werden, dass viele der bisherigen Studien das Bild von Lehrpersonen zeichnen, die eine sehr dominierende Rolle im Unterrichtsdiskurs einnehmen und die Schüler/-innen in ihrer Kommunikationsfähigkeit eher einschränken denn befördern. Die referierten Studien zum Redeanteil der Lehrpersonen zeigen z. B., dass dieser zumeist deutlich über 50 % liegt. Bezüglich der Lehrerfragen wurde oftmals ein hohes quantitatives Ausmaß sowie eine geringe

Offenheit und ein geringer kognitiver Anspruch festgestellt. Und auch hinsichtlich der gesamten Strukturierung des Unterrichtsdiskurses konnte gezeigt werden, dass die in klassischen Studien herausgearbeitete Dreischrittzugfolge von lehrerseitig initiierendem, schülerseitig antwortendem und wiederum lehrerseitig evaluierendem Schritt (vgl. z. B. Mehan 1979) auch in aktueller Unterrichtskommunikation dominant ist.

Dieses Kapitel abschließend konnten aber auch einige Studien referiert werden, die das Potential haben, spracherwerbsförderliche Aspekte der Lehrersprache aufzudecken. Diese beziehen sich insbesondere auf die Funktion des sogenannten *dritten Schritts* in der Dreischrittzugfolge. Denn in diesem dritten Schritt kann die Lehrperson mit den Schüleräußerungen weiterarbeiten, indem sie diese beispielsweise reformuliert oder auf sie nachfragend eingeht und so angemessenere Beiträge der Schüler/-innen initiiert (vgl. z. B. das Konstrukt des *Uptake* bei Nystrand et al. 2003: 146).

Ein Ergebnis der Referate in diesem Kapitel war, dass zur Untersuchung des spracherwerbsförderlichen Potentials der Lehrersprache in vorliegender Untersuchung ein Blick in die sogenannte *input- und interaktionsbezogene Erst- sowie Zweit-/Fremdspracherwerbsforschung* notwendig ist.

11.1.4 Eine *spracherwerbsbezogene* Perspektive auf Lehrersprache: Anleihen aus der Erst- sowie Zweit-/Fremdspracherwerbsforschung

In der input- und interaktionsfokussierten Spracherwerbsforschung geht es um die Frage, ob Bezugspersonen durch ihre eigene Sprache bzw. ihre eigenen sprachlichen Handlungen den Spracherwerb der Kinder befördern (können). Bei der Analyse des Einflusses der Bezugspersonen auf den Spracherwerb ihrer Kinder können drei Zugriffsweisen auf die Sprache der Bezugspersonen unterschieden werden, die in vorliegender Studie auch als Zugriffsweisen auf die Sprache der Lehrpersonen genutzt werden.

1. *Inputadaption*: Unter der Zugriffsweise der Inputadaption wird untersucht, inwiefern die Bezugspersonen ihren sprachlichen Input an den produktiven oder rezeptiven sprachlichen Kompetenzstand des spracherwerbenden Kindes anpassen.

   Eine Spracherwerbsförderlichkeit solcher Mechanismen wird u. a. im Rahmen des *fine-tuning*-Konzepts angenommen (vgl. z. B. Snow et al. 1987: 66): Bei diesem nimmt das Ausmaß der Simplifizierung der Sprache der Bezugspersonen mit steigendem Kompetenzstands der Kinder immer mehr ab. Gleichzeitig wird die Sprache der Bezugspersonen aber nicht als deckungsgleich mit der Sprache der Kinder beschrieben, sondern als sich jeweils leicht oberhalb von deren Kompetenzstand bewegend. So würde die Sprache der Bezugspersonen jeweils in der „Zone der nächsten Entwicklung" nach Vygotskij (2002 [1934]: 326) bzw. im Bereich „*i + 1*" nach Krashen (1985: 2) verortet sein. Sie wäre gleichzeitig für das Kind verständlich, aber doch modellhaften sprachlichen Input bietend.

2. *Mikrointeraktionale Stützmechanismen* (miS): Unter dieser Perspektive wird untersucht, inwiefern sich die Bezugspersonen auf vorangehende Äußerungen der Kinder beziehen, indem sie mit ihren eigenen Äußerungen (bearbeitend) auf diese Bezug nehmen, wie bei den in der Erstspracherwerbsforschung beschriebenen *Erweiterungen* (vgl. Szagun 2011: 192) bzw. *Reformulierungen* oder wie bei den insbesondere in der Zweitspracherwerbsforschung beschriebenen *clarification requests* (vgl. Long 1980: 113). Ihre Wirksamkeit ist mit Hilfe der „Contrast Theory of negative input" nach Saxton (1997) durch den direkten Kontrast zwischen (fehlerhaltiger) kindlicher Bezugsäußerung und (korrekter) Bearbeitungsäußerung erklärbar. Speidel (1987: 112) spricht diesbezüglich von „model/feedback", von Äußerungen also, die gleichzeitig Feedback zur Korrektheit der kindlichen Bezugsäußerung geben, aber auch ein Modell des guten Gelingens anbieten. Bei einigen mikrointeraktionalen Stützmechanismen, wie bei den *clarification requests,* fehlt die modellierende Funktion; die Feedback-Funktion ist aber weiterhin gegeben, da die Nachfrage der Bezugsperson auf die Unangemessenheit der kindlichen Bezugsäußerung aufmerksam machen und zudem zu weiteren kindliche Äußerungen anregen kann.

3. *Makrointeraktionale Stützmechanismen* (maS): Diese Mechanismen sind in größeren interaktionalen Einheiten, wie *Interaktionsformaten* nach Bruner (2002 [1983]: 11) wirksam. Es geht darum, wie Bezugspersonen durch die Strukturierung des Diskurses den Spracherwerb der Kinder unterstützen können. Eine besondere Relevanz erhält hier das Konzept des *Scaffoldings* in strukturierter, routinemäßig wiederholter Interaktion. Bei diesem geht es darum, dass die Bezugspersonen Positionen eines Interaktionsformats so lange ausfüllen, bis das Kind sie selbst besetzen kann. Bei steigendem Kompetenzstand des Kindes reduzieren sie ihre stützende Hilfe immer mehr. Bis dahin haben sie aber für das Kind eine Modellfunktion bezüglich der angemessenen Ausfüllung von Positionen des Formats.

Für alle drei Zugriffsweisen konnten Studien aus der Erst- und Zweitspracherwerbsforschung dargestellt werden. Zum Abschluss dieses Kapitels wurde gefragt, inwiefern bezüglich dieser drei Perspektiven Studien zur Lehrersprache vorliegen. Es konnte gezeigt werden, dass einige Studien zu lehrerseitigen mikrointeraktionalen Stützmechanismen vorliegen, allerdings vorwiegend im Bereich des Zweit-/Fremdspracherwerbs, und dass bestimmte Formen routinemäßig wiederholter Interaktion (also makrointeraktionale Stützmechanismen) auch für den schulischen Unterricht beschrieben wurden (vgl. z. B. „sharing time" nach Michaels 1981). Insbesondere ist ein großer Mangel an Studien zur Inputadaption in einem nicht spezifisch an Zweitsprachlernende gerichteten (Fach-)Unterricht zu konstatieren. Was ferner fehlt, ist eine Integration aller drei Perspektiven auf die an die Schüler/-innen gerichtete Sprache, und zwar spezifisch mit dem Fokus auf die Förderung konzeptionell schriftlicher Struktur- und Ausdrucksformen im Unterricht.

11.2 Synthese der Ergebnisse des empirischen Teils der Arbeit

Es wurde eine explorativ-deskriptive, hypothesengenerierende Videostudie konzipiert, um die Zielsetzungen der Untersuchung zu erfüllen. Kernidee des methodischen Vorgehens ist eine Konstanthaltung des Faktors *Lehrperson* in drei gymnasialen Jahrgangsstufen (Unterstufe, Mittelstufe und Oberstufe), so dass ein direkter *intra*individueller Vergleich des sprachlichen Handelns der Lehrperson im Sinne einer Fallstudie möglich ist. Es wurden so vier Gymnasiallehrpersonen, zwei Biologie- und zwei Deutschlehrpersonen, in die Untersuchung einbezogen. Für eine Erweiterung auf jüngere Klassen nahmen zudem vier Grundschullehrpersonen in dritten Klassen (wiederum zwei Sachunterrichts- und zwei Deutschlehrpersonen) an der Studie teil. Mit ihrem sprachlichen Handeln ist nur noch ein *inter*individueller, indirekter Vergleich möglich. Insgesamt wurden also acht Lehrpersonen in die Untersuchung einbezogen. Pro Klasse wurden jeweils zwei Doppelunterrichtsstunden video- und audiodokumentiert, so dass 16-Doppelunterrichtsstunden das Korpus der Studie bilden. Davon wurden jeweils ca. 30 Minuten Plenumsunterrichtsinteraktion mittels HIAT nach Ehlich und Rehbein (1976) transkribiert. In die Analyse wird neben der Lehrersprache immer auch die Schülersprache als Adaptionsgrundlage einbezogen – allerdings nur unter Berücksichtigung von Durchschnittsschülerwerten.

Die Auswertung erfolgte unter den drei Zugriffsweisen auf die Sprache von Bezugspersonen: 1) Inputadaption, 2) mikrointeraktionale Stützmechanismen und 3) makrointeraktionale Stützmechanismen. Insbesondere unter der Zugriffsweise der Inputadaption kamen die Operationalisierungsdimensionen konzeptioneller Schriftlichkeit zum Einsatz, um mit Hilfe der darunter gebildeten Analysekategorien zu beschreiben, wie sich die *SgS* über die Jahrgangsstufen verändert.

11.2.1 Ergebnisse zur Inputadaption

Basisvariablen der Analysen zur Inputadaption sind die Wortanzahl und die in Anlehnung an die *Grammatik der gesprochenen Sprache* nach Hennig (2006) vorgenommene Einheitensegmentierung in kanonische Sätze, mögliche Sätze, Anakoluthe und Ellipsen.

Insgesamt ergibt sich in den Analysen der Inputadaption ein facettenreiches, heterogenes Bild. Es konnten tendenziell aber in allen vier Operationalisierungsdimensionen *Integration, Komplexität, Differenziertheit* und *Planung* Veränderungen der *SgS* über die Jahrgangsstufen hin zu stärkerer konzeptioneller Schriftlichkeit festgestellt werden.

In der Operationalisierungsdimension *Integration* konnten Analysekategorien auf phrasaler (wie die lexikalische Dichte der Substantivgruppen) und syntaktischer Ebene (wie der prozentuale Anteil der Hypotaxe) gewonnen werden. Es zeigen sich Zunahmen in allen betrachteten Analysekategorien bis zu den höheren Jahrgangsstufen auf Lehrer- und Schülerseite. Auf phrasaler Ebene liegen die Lehrerwerte oftmals über den Werten der Durchschnittsschüler/-innen. Auffallend ist, dass in der Analysekategorie des prozentualen Anteils der Hypotaxe die Schülerwerte deutlich oberhalb der Lehrerwerte liegen. Dies wurde dahingehend gedeutet, dass die Schüler/-innen die Möglichkeit der Integrationssteigerung durch Hypotaxe, also auf syntaktischer Ebene, intensiver als die Lehrpersonen nutzen, die wiederum stärkere Integrationssteigerungen auf phrasaler Ebene zeigen und so Tendenzen zu einer „*komprimierte[n] Syntax*" (Pohl 2007b: 412) aufweisen.

In der Operationalisierungsdimension *Komplexität* wurden Analysekategorien auf morphologischer Ebene (z. B. Komplexität der Nomen), syntaktischer Ebene (z. B. Einheiten- und Ganzsatzkomplexität) und diskursiv-textueller Ebene (*turn*-Komplexität) gewonnen. In allen untersuchten Variablen konnten auch hier Veränderungen über die Jahrgangsstufen auf Lehrer- und Schülerseite nachgezeichnet werden. Insbesondere für die komplexen Nomen konnten auch Fachunterschiede auf Lehrer- und Schülerseite dergestalt aufgezeigt werden, dass komplexe Nomen, insbesondere Komposita, stärkeren Einsatz im Biologieunterricht erfahren. Bei der Komplexität der syntaktischen *Einheiten* (kanonischer Satz, möglicher Satz, Ellipse, Anakoluth), gemessen an der Wortanzahl pro Einheit, wurde festgestellt, dass sich die zu findenden Zunahmen in einem sehr geringen Rahmen von bis zu ca. + 1 Wort pro Einheit bis zur Oberstufe bewegen. Median und Modus der Wortanzahl pro Einheit liegen in den verschiedenen Klassen oftmals bei dem Wert von nur 5–6 Wörtern, was auf psycholinguistische Begrenzungen der Arbeitsgedächtniskapazität zurückzuführen sein könnte. Umso beachtlicher ist, dass in vorliegender Studie trotzdem Zunahmetendenzen dargestellt werden konnten.

In der Operationalisierungsdimension *Differenziertheit* wurden Analysekategorien auf morphologisch-lexikalischer (z. B. die *types* der nominalen Wortbildungssuffixe) und auf syntaktischer Ebene (Nebensatzstellungstypen) gebildet. In dieser Dimension sind oftmals auf Lehrerseite deutlichere Zunahmetendenzen als auf Schülerseite zu erkennen, was in dem Konstrukt der Durchschnittsschüler/-innen begründet sein könnte, das auf Differenziertheitsebene besondere Auswirkungen haben kann: Denn hier tragen auf Schülerseite mehrere Sprecher zu einer Differenziertheitserhöhung bei, während auf Lehrerseite nur ein Sprecher erfasst wird.

In der Operationalisierungsdimension *Planung* wurden drei Analysen durchgeführt: zu gefüllten Pausen, zum prozentualen Anteil möglicher Sätze an der Gesamtzahl der Sätze und zum prozentualen Anteil der Anakoluthe an der Gesamteinheitenzahl. Alle drei untersuchten Variablen können als *online*-Planungsindikatoren angesehen werden. In der Tendenz steigen ihre Werte auf Lehrer- und Schülerseite bis zur Oberstufe, bei den Lehrpersonen jedoch zumeist mit Ausnahme von einer Lehrpersonengruppe von vier. Es wurde argumentiert, dass solchermaßen zunehmende Werte in dieser Dimension in ihrer *Ermöglichungsfunktion* für die Produktion von integrierteren, komplexeren und differenzierteren, also konzeptionell schriftlicheren, Äußerungen interpretiert werden können. Da diese Dimension jedoch als ambivalente vorgestellt wurde (vgl. auch Abschn. 11.1.2), ist auch für die abnehmenden Werte bei einer Lehrpersonengruppe (insbesondere der MS und Ana bei den männlichen Biologielehrpersonen) die Deutung stärkerer konzeptioneller Schriftlichkeit hin zur Oberstufe möglich. Die Gesamtausprägung konzeptioneller Schriftlichkeit würde beim Biologielehrer in der Oberstufe sogar höher als bei den anderen Lehrpersonen liegen: Denn wenn gleichzeitig die Anzahl von Anakoluthen und möglichen Sätzen abnimmt, während die anderen Formen konzeptioneller Schriftlichkeit zunehmen, käme die prototypische Interpretation dieser Dimension zum Einsatz und es liegt ein „Sprechen wie gedruckt" vor. Eine geringe Anzahl von *online*-Planungsindikatoren in Kombination mit hohen Werten in den anderen drei Operationalisierungsdimensionen würde den höchsten Grad konzeptioneller Schriftlichkeit anzeigen (vgl. Abschn. 3.2.2.2.4).

Ein wichtiges Ergebnis der vorliegenden Studie ist, dass nicht allein *inter*individuelle Differenzen zwischen Grundschul- und Gymnasiallehrpersonen vorliegen, sondern dass in den meisten Analysen auch *intra*individuelle Veränderungen über die Jahrgangsstufen bei jeweils ein und derselben Lehrperson nachgezeichnet werden konnten.

Wo die Lehrerwerte oberhalb der Schülerwerte liegen, kann von einer möglichen Modellfunktion der Lehrersprache gesprochen werden. Wenn sowohl Lehrer- als auch Schülerwerte Zunahmetendenzen aufweisen und die Lehrerwerte gleichzeitig oberhalb der Schülerwerte liegen, wie bei der lexikalischen Dichte der Substantivgruppen, kann sogar von einem *roughly-tuning* (vgl. Speidel 1987: 128) gesprochen werden. Es kann aber auch in zwei Fällen von einer Modellfunktion der Lehrerwerte gesprochen werden, obwohl sie *unter* den Schülerwerten liegen: Dies ist beim prozentualen Anteil der Hypotaxe (*Integrationsdimension*) und bei der Anzahl der mit „ähm" und Varianten gefüllten Pausen (*Planungsdimension*) relevant. Bezüglich Ersterem verweist der niedrigere Anteil der Hypotaxe in Kombination mit den erhöhten Werten phrasaler Integration auf einen stärkeren Integrationsgrad. Für Letztere verweist die jeweils niedrigere Nutzung auf Lehrerseite darauf, dass die Lehrpersonen mit geringeren *online*-Planungsanstrengungen als die Schüler/-innen konzeptionell schriftlichere Formen produzieren können – gleichwohl auch bei ihnen Zunahmen über die Jahrgangsstufen festgestellt werden, also die Planungsressourcen stärker ausgeschöpft werden.

Insgesamt gesehen konnte mit Hilfe des zweischrittigen Operationalisierungssystems konzeptionelle Schriftlichkeit operationalisiert und analysiert werden, auch wenn keineswegs alle möglichen Analysekategorien gewonnen wurden. In der *Integrationsdimension* hätte beispielsweise die Anzahl der Genitiv- oder Präpositionalattribute genauer in den Blick genommen werden können, in der *Komplexitätsdimension* wäre z. B. eine Analyse komplexer Verben zusätzlich aufschlussreich gewesen, in der *Differenziertheitsdimension* hätten *type-token*-Analysen bezogen auf alle im Unterrichtsdiskurs geäußerten Wörter durchgeführt werden können und in der *Planungsdimension* wäre zusätzlich eine Analyse von stillen Pausen und ihrer Länge sowie der Sprechgeschwindigkeit interessant gewesen. Mit diesen Analysen könnten die in dieser Studie beschriebenen zentralen Tendenzen der Zunahme konzeptioneller Schriftlichkeit über die Jahrgangsstufen weiter überprüft werden. Sie bleiben aber Anschlussuntersuchungen vorbehalten.

Wie schon an der Planungsdimension demonstriert, sind die Analysekategorien aus den vier Operationalisierungsdimensionen in vielfältiger Weise aufeinander zu beziehen. Sie bilden, so wurde herausgearbeitet, oftmals unterschiedliche Sehepunkte (vgl. Köller 1993: 16) auf ähnliche Phänomene, wie beim prozentualen Anteil der Hypotaxe (*Integrationsdimension*) und bei der Wortanzahl pro Ganzsatz (*Komplexitätsdimension*). Mit Letzterer werden einzelne integrative Strukturen nicht spezifisch in den Blick genommen, Zunahmen in dieser Analysekategorie können aber durchaus durch die Erhöhung der Anzahl der subordinierten Strukturen affiziert sein (aber eben auch durch die Erhöhung koordinierender Strukturen wie Koordinationsellipsen).

Es konnte auch gezeigt werden, dass Analysekategorien, die Aspekte zweier Operationalisierungsdimensionen kombinieren, als besonders starke Anzeiger konzeptioneller Schriftlichkeit gelten können, wie die Anzahl der partizipialen (als komplex anzusehenden) Adjektive in attributiver (also integrierter) Position oder die Anzahl der *types* der komplexen exogenen Adjektive (als Kombination der OpD *Komplexität* und *Differenziertheit* – Letztere ist in dieser Analysekategorie durch den Aspekt des exogenen, selteneren Wortmaterials zudem gewissermaßen doppelt verschärft). Mit Pohl (2017: 275) gesprochen ergibt sich erst durch Analysen in allen Operationalisierungsdimensionen sowie durch das Aufeinander-Beziehen der Dimensionen „ein präzises Gesamtbild".

11.2.2 Ergebnisse zu mikro- und makrointeraktionalen Stützmechanismen

Bezüglich der *mikrointeraktionalen Stützmechanismen* wurde ein umfassendes Operationalisierungssystem entworfen, das explizite und implizite Formen sowie negative und positive Formen der Bezugnahme auf die schülerseitige Äußerung im *Follow-up*-Schritt umfasst.

Es wurde herausgearbeitet, dass über die Jahrgangsstufen die absolute Anzahl der genutzten mikrointeraktionalen Stützmechanismen deutlich abnimmt, interpretierbar als Reduzierung lehrerseitiger stützender Hilfe. Besonders deutlich kommt es zu einer Abnahme der Formen des impliziten negativen Feedbacks, wie Expansionen, Reformulierungen, Umformulierungen oder *clarification requests*. Bezüglich der ersten drei Formen konnte zudem eine Veränderung ihres Verhältnisses zueinander festgestellt werden, dergestalt dass Expansionen als Formen mit einer geringeren modifikatorischen Distanz zur Bezugsäußerung (die so als besonders stützend angesehen werden können) mit den Jahrgangsstufen abnehmen, während die Formen mit der höchsten modifikatorischen Distanz zur Bezugsäußerung (die Umformulierungen) mit den Jahrgangsstufen einen höheren Anteil aufweisen.

Es wurde zudem untersucht, ob Expansionen, Reformulierungen und Umformulierungen der schülerseitigen Bezugsäußerung in Richtung stärkerer konzeptioneller Schriftlichkeit vorgenommen werden: Diesbezüglich konnte aufgezeigt werden, dass immer mehr als 56 % aller dieser Formen des *model/feedbacks* einen höheren Grad konzeptioneller Schriftlichkeit aufweisen als die schülerseitige Bezugsäußerung. Deswegen kann angenommen werden, dass sie auch zur Förderung konzeptioneller Schriftlichkeit eingesetzt werden können. Diese Funktion konnte in Beispielanalysen auch für *clarification requests* sowie für das explizite Sprechen über den Sprachgebrauch der Schüler aufgezeigt werden.

Hinsichtlich der *makrointeraktionalen Stützmechanismen* wurden insbesondere die lehrerseitigen Aufgabenstellungen in den Blick genommen. Es wurde rekonstruiert, dass deren Anzahl über die Jahrgangsstufen oftmals stark abnimmt. Der Unterrichtsdiskurs in den höheren Jahrgangsstufen ist damit deutlich weniger kleinschrittig strukturiert. Diese kleinschrittige Strukturierung könnte in den niedrigen Jahrgangsstufen aber gerade als stützende Hilfe im Unterrichtsdiskurs interpretiert werden, die mit der Zeit reduziert wird.

Ein weiteres Ergebnis ist, dass sich der Grundschuldiskurs durch ein hohes Maß geschlossener bzw. halboffener Aufgabenstellungen und durch mehr Aufgaben, die einem *deskriptiv-veranschaulichenden Profil* zuzuordnen sind, auszeichnet, während im Oberstufendiskurs mehr offene Aufgabenstellungen eingesetzt werden und zudem (ab der Mittelstufe) vermehrt *explikativ-erläuternde* Aufgabenstellungen sowie ferner Aufgabenstellungen, die *diskursiv-argumentierende* Antworten (vgl. Pohl 2010: 32) fordern, hinzukommen. Außerdem nutzen die Lehrpersonen in niedrigeren Jahrgängen eine hohe Zahl an Ergänzungsfragen, die durch Adjazenzellipsen oder frei stehende Nebensätze auf Schülerseite beantwortet werden können. Die Anzahl dieser adjazenten Strukturen nimmt in der Tat über die Jahrgangsstufen auf Schülerseite ab. Es erscheint somit plausibel, dass die hohe Anzahl an Adjazenzellipsen sowie frei stehender Nebensätze in Grundschul- und Unterstufenklassen auf Schülerseite durch die erhöhte Nutzung von Ergänzungsfragen auf Lehrerseite bedingt sein könnte. Da die Schülerantwort in ihrem adjazenzelliptischen Bezug auf die vorangegangene Lehrer-Ergänzungsfrage selbst nicht „vollständig" sein muss, können Ergänzungsfragen in jüngeren Jahrgangsstufen eine stützende Funktion erfüllen. Wie bei der bloßen Anzahl der Aufgabenstellungen wird auch hier die stützende Funktion mit den Jahrgangsstufen reduzierter eingesetzt, indem Ergänzungsfragen in einem geringeren Ausmaß genutzt werden. Es erscheint außerdem plausibel, dass die beschriebene Veränderung der Aufgabenstellungen auch in einem Zusammenhang mit der zunehmenden schülerseitigen *turn*-Komplexität über die Jahrgangsstufen steht: Die Annahme ist, dass je offener eine Aufgabe formuliert ist, bzw. wenn sie dem explikativ-erläuternden oder diskursiv-argumentierenden Profil zuzuordnen ist, sie die Schüler/-innen zur Produktion komplexerer *turns* herausfordert. Ein weiteres aus dem Kapitel zur Inputadaption unter der Perspektive der makrointeraktionalen Stützmechanismen re-analysiertes Ergebnis ist, dass der lehrerseitige Redeanteil über die Jahrgangsstufen abnimmt: Es ist zu vermuten, dass die Lehrpersonen in den niedrigeren Jahrgangsstufen noch unterrichtsdiskursive Funktionen übernehmen müssen, die später die Schüler/-innen selbst übernehmen können, so dass ihr Redeanteil mit den Jahrgangsstufen steigt. Auch hier läge also eine Form des *Scaffoldings* vor.

Abschließend soll hervorgehoben werden, dass in dieser Studie somit nicht allein eine Veränderung der im Unterricht genutzten Struktur- und Ausdrucksformen im Sinne einer verstärkten Nutzung konzeptionell schriftlicher Formen nachgezeichnet werden konnte, sondern eine Veränderung der Strukturierung des gesamten Unterrichtsdiskurses hin zur Oberstufe. Es konnte zudem nicht nur gezeigt werden, dass Lehrpersonen in ihrer Sprache als mögliches konzeptionell schriftliches Modell für die Schüler/-innen gelten können, sondern auch, dass sie mikro- und makrointeraktionale Mechanismen, die konzeptionelle Schriftlichkeit fördern können, veränderungssensitiv einsetzen.

11.3 Aus der empirischen Studie generierte Hypothesen

Diese Studie ist nicht als hypothesenprüfende, sondern als hypothesengenerierende konzipiert worden. Folgende Hypothesen konnten generiert werden und müssen in weiteren Studien mit einer erhöhten Probandenzahl und unter Berücksichtigung weiterer Unterrichtsfächer überprüft werden:

Hypothese 1: Die von Lehrpersonen im Plenumsunterricht an die Schüler/-innen gerichtete Sprache verändert sich von der Grundschule über die Unterstufe und Mittelstufe bis zur Oberstufe des Gymnasiums in Richtung der in vier Operationalisierungsdimensionen beschreibbaren konzeptionellen Schriftlichkeit.

Hypothese 2: Die Anzahl mikrointeraktionaler Stützmechanismen im Plenumsunterricht nimmt von der Grundschule über die Unterstufe und Mittelstufe bis zur Oberstufe des Gymnasiums ab.

Hypothese 3: Expansionen, Reformulierungen und Umformulierungen von schülerseitigen Bezugsäußerungen erfolgen in über 55 % der Fälle in Richtung stärkerer konzeptioneller Schriftlichkeit.

Hypothese 4: Der lehrerseitige Redeanteil nimmt von der Grundschule über die Unterstufe und Mittelstufe bis zur Oberstufe des Gymnasiums ab.

Hypothese 5: Die Anzahl der lehrerseitigen Aufgabenstellungen im Plenumsunterricht nimmt von der Grundschule über die Unterstufe und Mittelstufe bis zur Oberstufe des Gymnasiums ab.

Hypothese 6: Der Anteil der offenen Aufgabenstellungen nimmt von den niedrigeren Jahrgangsstufen bis zur Oberstufe des Gymnasiums zu.

Hypothese 7: Der Anteil der Aufgabenstellungen, die einem explikativ-erläuternden Profil zuzuordnen sind, nimmt von der Grundschule und Unterstufe bis zur Mittelstufe und Oberstufe des Gymnasiums zu.

Hypothese 8: Der Anteil der Aufgabenstellungen, die einem diskursiv-argumentierenden Profil zuzuordnen sind, nimmt von den niedrigeren Jahrgangsstufen bis zur Oberstufe des Gymnasiums zu.

Hypothese 9: Die Anzahl der lehrerseitigen Ergänzungsfragen im Plenumsunterricht nimmt von der Grundschule über die Unterstufe und Mittelstufe bis zur Oberstufe des Gymnasiums ab.

Hypothese 10: Die Anzahl der lehrerseitigen Ergänzungsfragen steht in einem positiven Zusammenhang zur Anzahl der schülerseitigen Adjazenzellipsen und adjazenten Nebensätze.

Hypothese 11: Der Anteil der offenen Aufgabenstellungen und Aufgabenstellungen, die explikativ-erläuternde oder diskursiv-argumentierende Antworten fordern, steht in einem positiven Zusammenhang zur schülerseitigen *turn*-Komplexität.

11.4 Ausblick

In diesem Ausblick geht es um das Aufzeigen weiterführender Forschungsperspektiven. Die vorliegende Studie wurde allein in Biologie- und Deutschunterricht durchgeführt. Selbstverständlich ist eine Ausweitung auf weitere Unterrichtsfächer, insbesondere auch des noch nicht untersuchten gesellschaftswissenschaftlichen Aufgabenfelds, relevant. Zudem ist der Einbezug weiterer Schulformen, die in dieser Studie nicht berücksichtigt wurden, notwendig. So könnte man die Lehrersprache in derselben Jahrgangsstufe, aber an unterschiedlichen Schulformen in einen querschnittlichen Vergleich einbeziehen.

Es ist in weiteren Untersuchungen zudem eine Ergänzung der Konstruktion des Durchschnittsschülers/der Durchschnitsschülerin anzustreben, solcherart, dass auch Interaktionen erhoben werden, in denen der Redenanteil der einzelnen Schülerin/des einzelnen Schülers höher ist. Hier wäre beispielsweise an die Einbeziehung von Einzelförderungssituationen oder schülerseitigen Präsentationen zu denken. Es könnte zudem ergänzend zur Erhebung der Schülersprache in aktuellen Unterrichtssituationen eine Erhebung der medial mündlichen, aber konzeptionell schriftlichen Fähigkeiten im rezeptiven und produktiven Bereich mit Hilfe von Diagnoseinstrumentarien denkbar sein. Diese Fähigkeiten einzelner Lernender könnten dann in Zusammenhang mit der Lehrersprache gebracht werden, so dass damit der Beantwortung der Frage nähergekommen werden könnte, ob die Adaption eher an rezeptive oder produktive Fähigkeiten der Schüler/-innen erfolgt.[1] Von der Entwicklung eines solchen Diagnoseinstrumentariums ist die Forschung aber noch weit entfernt. Es liegen insbesondere Diagnoseinstrumente für *medial schriftliche* bildungssprachliche Fähigkeiten der Schüler/-innen vor.[2]

---

[1] Die *Input*-Hypothese von Krashen (1985: 2), in der das Konstrukt des „comprehensible input" besonders relevant ist, legt nahe, dass insbesondere eine Adaption an die rezeptiven Fähigkeiten der Schüler/-innen notwendig ist.

[2] Im produktiven Bereich liegen diesbezüglich die Diagnoseinstrumente des *FörMig*-Projekts vor (vgl. zusammenfassend Gantefort & Roth 2010); im rezeptiven Bereich haben Uesseler et al. (2013: 42) ein „linguistisch reflektiertes Instrument" erarbeitet, „mit dem rezeptiv schriftliche Schülerfähigkeiten im Bereich der Bildungssprache bzw. der Alltäglichen Wissenschaftssprache (AWS) und ihrer Vorformen erfasst werden sollen", jedoch nur für die Klassen vier und fünf.

Es ist zudem zu untersuchen, inwiefern die Lehrpersonen in unterschiedlichen Unterrichtsphasen unterschiedliche Grade der konzeptionellen Schriftlichkeit realisieren; ob konzeptionelle Schriftlichkeit also beispielsweise in Phasen mit „sachinhaltlicher Bedeutung" stärker genutzt wird als in Phasen mit „unterrichtsorganisatorischer Bedeutung" (Bellack et al. 1974: 53–54). Die Ergebnisse der Untersuchung von Knöbl (2010) können als in diese Richtung weisend interpretiert werden – jedoch nicht mit Bezug auf ein Kontinuum konzeptioneller Schriftlichkeit, sondern u. a. mit Bezug auf ein Standard-Dialekt-Kontinuum, in dem Variation auch zur Strukturierung des Unterrichtsdiskurses genutzt wird. Parallel zur Frage nach den unterschiedlichen Graden konzeptioneller Schriftlichkeit in unterschiedlichen Unterrichtsphasen muss die Frage genauer in den Blick genommen werden, inwiefern die Nutzung konzeptionell schriftlicher Struktur- und Ausdrucksformen auch vom Unterrichtsgegenstand abhängt. Diesbezüglich ist es notwendig, *mehrere* Unterrichtsstunden einer Lehrperson in derselben Klasse vergleichend zu untersuchen.

Aspekte der Inputadaption und der mikro- und makrointeraktionalen Stützmechanismen könnten außerdem unter der Perspektive der Expertise von Lehrpersonen fokussiert werden. Es sind beispielsweise Studien denkbar, in denen der Adaptionsgrad und die Ausprägung mikro- und makrointeraktionaler Stützmechanismen von Lehrernovizen sowie Expertenlehrkräften (im Sinne von „berufserfahrene[n] Lehrer[n]" nach Bromme 2014: 8) verglichen werden. Man könnte die Überlegung anstellen, dass der Grad der Adaption und des Einsatzes von sprachlich-interaktionalen Stützmechanismen bei Novizen mit weniger Erfahrung im Interaktionsfeld noch weniger stark ausgeprägt ist.

In dieser Studie konnten keine Aussagen über eine Spracherwerbsförderlichkeit der *SgS* gemacht werden. Studien im Unterrichtskontext, die den Einfluss der Lehrersprache auf den Spracherwerb einzelner Schüler/-innen herausarbeiten können, erscheinen aus mehrerlei Gründen kaum denkbar: Erstens verfügt jeder Schüler/jede Schülerin über mehrere Lehrpersonen, die potentiell solchen Einfluss ausüben können, zweitens sind weitere Einflussfaktoren auf die Entwicklung konzeptionell schriftlicher Fähigkeiten möglich außer medial mündlicher (beispielsweise die medial schriftlich rezipierten Schulbuchtexte) und sogar weitere außerschulische Faktoren (wie z. B. das Ausmaß der Rezeption von literarischen Texten, der sozioökonomische Status des Elternhauses usw.). Würde man aber solch einer Spracherwerbsförderlichkeit näher kommen wollen, wäre an Interventionsstudien zu denken, in denen die Schüler/-innen in einer Interventionsgruppe massiert beispielsweise mit mikrointeraktionalen Stützmechanismen in Richtung konzeptioneller Schriftlichkeit konfrontiert würden, während die Kontrollgruppe keine solchen sprachlichen Stützen erhalten würde. Hier müssten aber wieder in Prä- und Posttests die medial mündlichen, aber konzeptionell schriftlichen Fähigkeiten der Schüler/-innen mit Hilfe von Diagnoseinstrumentarien erhoben werden (als abhängige Variable), welche aber, wie oben beschrieben, noch nicht vorliegen.

Ferner könnten die vorliegende Studie ergänzend, aber nicht ersetzend, Verfahren der „Retrospektion" eingesetzt werden, wie beispielsweise ein *„Stimulated Recall"* (Heine 2014: 128). So könnten ggf. Aussagen zum Bewusstheitsgrad der *SgS* bzw. der mikro- und makrointeraktionalen Stützmechanismen gewonnen werden. Auch wenn es generell schwer sein wird, die Lehrpersonen zu ihrem eigenen sprachlichen Verhalten zu befragen, insbesondere zu so feinkörnigen Aspekten, die in vorliegender Untersuchung analysiert wurden (wie z. B. dem Einsatz komplexer Nomen) (vgl. auch Abschn. 7.9), könnte so die Annahme überprüft werden, dass insbesondere Grundschullehrpersonen, bei denen die größten Adaptionen und die größte Ausprägung der mikro- und makrointeraktionalen Stützmechanismen vorliegt, diese Adaptionen und sprachlichen Stützmechanismen – zumindest zu einem gewissen Grad – bewusst einsetzen.

Literatur

Abraham, Ulf (2008): *Sprechen als reflexive Praxis. Mündlicher Sprachgebrauch in einem kompetenzorientierten Deutschunterricht.* Freiburg i. Br.: Fillibach.

Ackermann, Silke (2011): *Klassengespräch im Mathematikunterricht. Eine Pilotstudie im Rahmen des Projekts „Persönlichkeits- und Lernentwicklung von Grundschulkindern".* Kassel: kassel univ. pr.

Ágel, Vilmos (2007): Was ist „grammatische Aufklärung" in einer Schriftkultur? Die Parameter ‚Aggregation' und ‚Integration'. In Helmuth Feilke, Clemens Knobloch & Paul Ludwig Völzing (Hrsg.), *Was heißt linguistische Aufklärung? Sprachauffassungen zwischen Systemvertrauen und Benutzerfürsorge,* 39–57. Heidelberg: Synchron Wiss.-Verl. der Autoren.

Ágel, Vilmos (2008): Wort-Arten aus Nähe und Distanz. In: Clemens Knobloch & Burkhard Schaeder (Hrsg.), *Wortarten und Grammatikalisierung. Perspektiven in System und Erwerb,* 95–129. Berlin, New York: de Gruyter.

Ágel, Vilmos (2012): Junktionsprofile aus Nähe und Distanz. Ein Beitrag zur Vertikalisierung der neuhochdeutschen Grammatik. In Jochen Bär & Marcus Müller (Hrsg.), *Geschichte der Sprache – Sprache der Geschichte. Probleme und Perspektiven der historischen Sprachwissenschaft des Deutschen. Oskar Reichmann zum 75. Geburtstag,* 181–206. Berlin: Akademie Verl.

Ágel, Vilmos & Carmen Diegelmann (2010): Theorie und Praxis der expliziten Junktion. In Vilmos Ágel & Mathilde Hennig (Hrsg.), *Nähe und Distanz im Kontext variationslinguistischer Forschung,* 345–393. Berlin: de Gruyter.

Ágel, Vilmos & Mathilde Henning (2006a): Modellglossar. In Vilmos Ágel & Mathilde Henning (Hrsg.), *Grammatik aus Nähe und Distanz. Theorie und Praxis am Beispiel von Nähetexten. 1650–2000,* 378–396. Tübingen: Niemeyer.

Ágel, Vilmos & Mathilde Henning (2006b): Praxis des Nähe- und Distanzsprechens. In Vilmos Ágel & Mathilde Hennig (Hrsg.), *Grammatik aus Nähe und Distanz. Theorie und Praxis am Beispiel von Nähetexten. 1650–2000,* 33–74. Tübingen: Niemeyer.

Ágel, Vilmos & Mathilde Henning (2006c): Theorie des Nähe- und Distanzsprechens. In Vilmos Ágel & Mathilde Hennig (Hrsg.), *Grammatik aus Nähe und Distanz. Theorie und Praxis am Beispiel von Nähetexten. 1650–2000,* 3–31. Tübingen: Niemeyer.

Ágel, Vilmos & Mathilde Hennig (2007): Überlegungen zur Theorie und Praxis des Nähe- und Distanzsprechens. In Vilmos Ágel & Mathilde Hennig (Hrsg.), *Zugänge zur Grammatik der gesprochenen Sprache,* 179–214. Tübingen: Niemeyer.

Ágel, Vilmos & Mathilde Hennig (2010): Einleitung. In Vilmos Ágel & Mathilde Hennig (Hrsg.), *Nähe und Distanz im Kontext variationslinguistischer Forschung,* 3–22. Berlin: de Gruyter.

Ahlers, Tanja, Tatjana Oberst & Peter Nentwieg (2009): Redeanteile von Lehrern und Schülern im Chemieunterricht nach ChiK. *Zeitschrift für Didaktik der Naturwissenschaften* 15, 331–342.

Ahrenholz, Bernt (2008): Erstsprache – Zweitsprache – Fremdsprache. In Bernt Ahrenholz & Ingelore Oomen-Welke (Hrsg.): *Deutsch als Zweitsprache,* 3–16. Baltmannsweiler: Schneider.

Ahrenholz, Bernt (2010): Bildungssprache im Sachunterricht der Grundschule. In Bernt Ahrenholz (Hrsg.), *Fachunterricht und Deutsch als Zweitsprache,* 15–35. Tübingen: Narr.

https://doi.org/10.1515/9783110569001-012

Ahrenholz, Bernt (2013a): Deutsch als Fremdsprache – Deutsch als Zweitsprache. Orientierungen. In Ingelore Oomen-Welke & Bernt Ahrenholz (Hrsg.), *Deutsch als Fremdsprache*, 3–10. Baltmannsweiler: Schneider.

Ahrenholz, Bernt (2013b): Sprache im Fachunterricht untersuchen. In Charlotte Röhner & Britta Hövelbrinks (Hrsg.), *Fachbezogene Sprachförderung in Deutsch als Zweitsprache. Theoretische Konzepte und empirische Befunde zum Erwerb bildungssprachlicher Kompetenzen*, 87–98. Weinheim, Basel: Beltz, Juventa.

Albert, Ruth & Nicole Marx (2014): *Empirisches Arbeiten in Linguistik und Sprachlehrforschung. Anleitung zu quantitativen Studien von der Planungsphase bis zum Forschungsbericht*. 2., überarb. u. aktual. Aufl. Tübingen: Narr.

Amidon, Edmund J. & Elizabeth Hunter (1967): Interaction Analysis: Recent Developments. In Edmund J. Amidon & John B. Hough (Hrsg.), *Interaction Analysis: Theory, Research, and Application. With an Introduction by Ned A. Flanders*, 388–391. Reading u. a.: Addison-Wesley.

Arends, Jacques (2001): Simple Grammars, Complex Languages. *Linguistic Typology* 5 (2–3), 180–182.

Arnold, Daniel S., Ronald K. Atwood & Virginia M. Rogers (1974): Question and Response Level and Lapse Time Intervals. *The Journal of Experimental Psychology* 43 (1), 11–15.

Arthur, Bradford, Richard Weiner, Michael Culver, Young Ja Lee & Dorina Thomas (1980): The Register of Impersonal Discourse to Foreigners: Verbal Adjustments to Foreign Accent. In Diane Larsen-Freeman (Hrsg.), *Discourse Analysis in Second Language Research*, 111–124. Rowley, MA: Newbury House Publishers.

Auer, Peter (1998): Zwischen Parataxe und Hypotaxe: ‚abhängige Hauptsätze‘ im Gesprochenen und Geschriebenen Deutsch. *Zeitschrift für germanistische Linguistik* 26 (3), 284–307.

Auer, Peter (2000): On line-Syntax – Oder: was es bedeuten könnte, die Zeitlichkeit der mündlichen Sprache ernst zu nehmen. *Sprache und Literatur* 31 (85), 43–56.

Auer, Peter (2002): Schreiben in der Hypotaxe – Sprechen in der Parataxe? Kritische Bemerkungen zu einem Gemeinplatz. *Deutsch als Fremdsprache* 39 (1), 131–138.

Augst, Gerhard, Katrin Disselhoff, Alexandra Henrich & Thorsten Pohl (2007): *Text – Sorten – Kompetenz. Eine echte Longitudinalstudie zur Entwicklung der Textkompetenz im Grundschulalter*. Frankfurt a. M.: Lang.

Augst, Gerhard & Peter Faigel (1986): *Von der Reihung zur Gestaltung. Untersuchungen zur Ontogenese der schriftsprachlichen Fähigkeiten von 13–23 Jahren*. Frankfurt a. M.: Lang.

Austin, John Langshaw (1998) [1962]: *Zur Theorie der Sprechakte (How to do things with Words)*. Deutsche Bearbeitung von Eike von Savigny. 2. Aufl. Stuttgart: Reclam.

Bak, Yonk-Ik (1996): *Das Frage-Antwort-Sequenzmuster im Unterrichtsgespräch (Deutsch-Koreanisch)*. Tübingen: Niemeyer.

Bakhtin, Michail Michajlovič (1984): *Problems of Dostoevsky's poetics*. Minneapolis: Univ. of Minnesota Pr.

Bandura, Albert (1976): *Lernen am Modell. Ansätze zu einer sozial-kognitiven Lerntheorie*. Stuttgart: Klett.

Barton, Michelle E. & Michael Tomasello (1994): The Rest of the Family: the Role of Fathers and Siblings in Early Language Development. In Clare Gallaway & Brian J. Richards (Hrsg.), *Input and Interaction in Language Acquisition*, 109–134. Cambridge: Cambridge Univ. Pr.

Baumert, Jürgen & Mareike Kunter (2006): Stichwort: Professionelle Kompetenz von Lehrkräften. *Zeitschrift für Erziehungswissenschaft* 9 (4), 469–520.

Baurmann, Jürgen, Dieter Cherubim & Helmut Rehbock (Hrsg.) (1981): *Neben-Kommuni-kationen. Beobachtungen und Analysen zum nichtoffiziellen Schülerverhalten innerhalb und außerhalb des Unterrichts.* Braunschweig: Westermann.

Beaman, Karen (1984): Coordination and Subordination Revisited: Syntactic Complexity in Spoken and Written Narrative Discourse. In Deborah Tannen (Hrsg.), *Coherence in Spoken and Written Discourse*, 45–80. Norwood, NJ: Ablex.

Becker-Mrotzek, Michael (2009): Unterrichtskommunikation als Mittel der Kompeten-zentwicklung. In Michael Becker-Mrotzek (Hrsg.), *Mündliche Kommunikation und Gesprächsdidaktik*, 103–115. Baltmannsweiler: Schneider.

Becker-Mrotzek, Michael (2014): Bildungsstandards und Schreibaufgaben. In Helmuth Feilke & Thorsten Pohl (Hrsg.), *Schriftlicher Sprachgebrauch. Texte verfassen*, 481–500. Baltmannsweiler: Schneider.

Becker-Mrotzek, Michael & Ingrid Böttcher (2008): *Schreibkompetenz: entwickeln und beur-teilen. Praxishandbuch für die Sekundarstufe I und II.* 2. Aufl. Berlin: Cornelsen Scriptor.

Becker-Mrotzek, Michael & Gisela Brünner (2006): *Gesprächsanalyse und Gesprächsführung. Eine Unterrichtsreihe für die Sekundarstufe II.* Radolfzell: Verl. für Gesprächsforschung.

Becker-Mrotzek, Michael & Rüdiger Vogt (2009): *Unterrichtskommunikation. Linguistische Analysemethoden und Forschungsergebnisse.* 2., bearb. u. aktual. Aufl. Tübingen: Niemeyer.

Behrens, Ulrike & Brigit Eriksson (2009): Sprechen und Zuhören. In Albert Bremerich-Vos, Dietlinde Granzer, Ulrike Behrens & Olaf Köller (Hrsg.), *Bildungsstandards für die Grundschule: Deutsch konkret*, 43–75. Berlin: Cornelsen Scriptor.

Bell, Allan (1997): Language Style as Audience Design. In Nikolas Coupland & Adam Jaworski (Hrsg.), *Sociolinguistics. A Reader and Coursebook*, 240–250. Basingstoke: Macmillan.

Bellack, Arno A., Herbert M. Kliebard, Ronald T. Hyman & Frank L. Smith (1966): *The Language of the Classroom.* New York: Teachers College Pr.

Bellack, Arno A., Herbert M. Kliebard, Ronald T. Hyman & Frank L. Smith (1974): *Die Sprache im Klassenzimmer.* Düsseldorf: Schwann.

Bellinger, David (1980): Consistency in the Pattern of Change in Mothers' Speech. Some Discriminant Analyses. *Journal of Child Language* 7(3), 469–487.

Bereiter, Carl (1980): Development in Writing. In Lee W. Gregg & Erwin Ray Steinberg (Hrsg.), *Cognitive Processes in Writing*, 73–93. Hillsdale, NJ.: L. Erlbaum Associates.

Berendes, Karin, Nina Dragon, Sabine Weinert, Birgit Heppt & Petra Stanat (2013): Hürde Bildungssprache? Eine Annäherung an das Konzept „Bildungssprache" unter Einbezug aktueller empirischer Forschungsergebnisse. In Angelika Redder & Sabine Weinert (Hrsg.), *Sprachförderung und Sprachdiagnostik. Interdisziplinäre Perspektiven*, 17–41. Münster: Waxmann.

Berlin-Brandenburgische Akademie der Wissenschaften: *Das Digitale Wörterbuch der deutschen Sprache (DWDS).* https://www.dwds.de/ (05. 10. 2018).

Bernstein, Basil (1966): Elaborated and Restricted Codes: An Outline. In Stanley Lieberson (Hrsg.), *Explorations in Sociolinguistics*, 126–133. Bloomington: Indiana Univ.

Bernstein, Basil (1971): Elaborierter und restringierter Code: Eine Skizze. Übersetzt von Dieter Wunderlich. In Wolfgang Klein & Dieter Wunderlich (Hrsg.), *Aspekte der Soziolinguistik*, 15–23. Frankfurt a. M.: Athenäum.

Bernstein, Basil (1974) [1961]: Soziale Schicht und sprachliche Entwicklung: Eine Theorie sozialen Lernens. In Basil Bernstein, *Studien zur sprachlichen Sozialisation*, 3. Aufl., 115–148. Düsseldorf: Schwann.

Bernstein, Basil (1996): *Pedagogy, Symbolic Control & Identity. Theory, research & critique.* London: Taylor & Francis.

Bernstein, Basil (2003) [1959]: A Public Language: Some Sociological Implications of a Linguistic Form. In Basil Bernstein, *Class, Codes and Control. Volume I. Theoretical Studies towards a Sociology of Language*, 42–60. London, New York: Routledge.

Bernstein, Basil (2003) [1962a]: Linguistic Codes, Hesitation Phenomena and Intelligence. In Basil Bernstein, *Class, Codes and Control. Volume I. Theoretical Studies towards a Sociology of Language*, 76–94. London, New York: Routledge.

Bernstein, Basil (2003) [1962b]: Social Class, Linguistic Codes and Grammatical Elements. In Basil Bernstein, *Class, Codes and Control. Volume I. Theoretical Studies towards a Sociology of Language*, 95–117. London, New York: Routledge.

Bernstein, Basil (2003) [1965]: A Socio-Linguistic Approach to Social Learning. In Basil Bernstein, *Class, Codes and Control. Volume I. Theoretical Studies towards a Sociology of Language*, 118–139. London, New York: Routledge.

Bernstein, Basil (2003) [1971a]: A Socio-Linguistic Approach to Socialization: With some Reference to Educability. In Basil Bernstein, *Class, Codes and Control. Volume I. Theoretical Studies towards a Sociology of Language*, 143–169. London, New York: Routledge.

Bernstein, Basil (2003) [1971b]: Introduction. In Basil Bernstein, *Class, Codes and Control. Volume I. Theoretical Studies towards a Sociology of Language*, 1–20. London, New York: Routledge.

Bernstein, Basil (2003) [1971c]: On the Classification and Framing of Educational Knowledge. In Basil Bernstein, *Class, Codes and Control. Volume I. Theoretical Studies towards a Sociology of Language*, 202–230. London, New York: Routledge.

Bernstein, Basil (2003) [1971d]: Social Class, Language and Socialization. In Basil Bernstein, *Class, Codes and Control. Volume I. Theoretical Studies towards a Sociology of Language*, 170–189. London, New York: Routledge.

Bernstein, Basil (2005): Social Class and Sociolinguistic Codes. Sozialschicht und soziolinguistische Codes. In Ulrich Ammon, Norbert Dittmar, Klaus J. Mattheier & Peter Trudgill (Hrsg.), *Soziolinguistik. Ein internationales Handbuch zur Wissenschaft von Sprache und Gesellschaft*, 2. Teilbd., 2., vollst. neu bearb. u. erw. Aufl., 1287–1303. Berlin, New York: de Gruyter.

Bernstein, Basil (2012) [1999]: Vertikaler und horizontaler Diskurs. Ein Essay. In Uwe Gellert & Michael Sertl (Hrsg.), *Zur Soziologie des Unterrichts. Arbeiten mit Basil Bernsteins Theorie des pädagogischen Diskurses*, 63–87. Weinheim, Basel: Beltz Juventa.

Biber, Douglas (1986): Spoken and Written Textual Dimensions in English: Resolving the Contradictory Findings. *Language* 62, 384–414.

Biber, Douglas (1988): *Variation across Speech and Writing.* Cambridge u. a.: Cambridge Univ. Pr.

Bittner, Stefan (2006): *Das Unterrichtsgespräch. Formen und Verfahren des dialogischen Lehrens und Lernens.* Bad Heilbrunn: Klinkhardt.

Bloom, Benjamin S. (Hrsg.), Max D. Engelhart, Edward J. Furst, Walker H. Hill & David R. Krathwohl (1976) [1956]: *Taxonomie von Lernzielen im kognitiven Bereich.* Übersetzt v. Eugen Füner und Ralf Horn. Mit einem Nachwort von Rudolf Messner. Weinheim, Basel: Beltz.

Boettcher, Wolfgang (2009a): *Grammatik verstehen. I – Wort.* Tübingen: Niemeyer.

Boettcher, Wolfgang (2009b): *Grammatik verstehen. II – Einfacher Satz.* Tübingen: Niemeyer.

Boettcher, Wolfgang (2009c): *Grammatik verstehen. III – Komplexer Satz.* Tübingen: Niemeyer.

Bortz, Jürgen & Nicola Döring (2006): *Forschungsmethoden und Evaluation für Human- und Sozialwissenschaftler.* 4., überarb. Aufl. Heidelberg: Springer Medizin Verl.

Bortz, Jürgen & Christof Schuster (2010): *Statistik für Human- und Sozialwissenschaftler.* 7., vollst. überarb. und erw. Aufl. Berlin, Heidelberg: Springer.

Bose, Ines (1994): *Zur temporalen Struktur frei gesprochener Texte.* Frankfurt a. M.: Wissenschaftliche Buchhandlung Theo Hector.

Bourne, Jill (2003): Vertical Discourse. The role of the Teacher in the Transmission and Acquisition of Decontextualised Language. *European Educational Research Journal* 2 (4), 496–521.

Bräuer, Christoph (2011): Die Unterrichtsrahmenanalyse – ein Beobachtungsinstrument für die praktische Forschung wie die forschende Praxis. *OBST* (80), 13–30.

Bräuer, Christoph & Dorothee Wieser (2015): Lehrende im Blick – Einleitung. In Christoph Bräuer & Dorothee Wieser (Hrsg.), *Lehrende im Blick. Empirische Lehrerforschung in der Deutschdidaktik,* 9–13. Wiesbaden: Springer VS.

Bräuer, Christoph & Iris Winkler (2012): Aktuelle Forschung zu Deutschlehrkräften. Ein Überblick. *Didaktik Deutsch* (33), 74–91.

Bredel, Ursula, Nanna Fuhrhop & Christina Noack (2011): *Wie Kinder lesen und schreiben lernen.* Tübingen: Francke.

Bredel, Ursula & Christiane Maaß (2016): *Leichte Sprache. Theoretische Grundlagen. Orientierung für die Praxis.* Berlin: Dudenverlag.

Bromme, Rainer (2014): *Der Lehrer als Experte. Zur Psychologie des professionellen Wissens.* Nachdr. Münster: Waxmann.

Bromme, Rainer & Ludwig Haag (2008): Forschung zur Lehrerpersönlichkeit. In Werner Helsper & Jeanette Böhme (Hrsg.), *Handbuch der Schulforschung,* 2., durchges. u. erw. Aufl., 803–819. Wiesbaden: VS Verl. für Sozialwissenschaften.

Brown, Roger (1977): Introduction. In Catherine E. Snow & Charles A. Ferguson (Hrsg.), *Talking to Children. Language Input and Acquisition. Papers from a Conference Sponsored by the Committe on Sociolinguistics of the Social Science Research Council (USA),* 1–27. Cambridge u. a.: Cambridge Univ. Pr.

Brown, Roger & Camille Hanlon (1970): Derivational Complexity and Order of Acquisition in Child Speech. In John R. Hayes (Hrsg.), *Cognition and the Development of Language,* 11–53. New York u. a.: Wiley.

Bruner, Jerome S. (1970): *Der Prozeß der Erziehung.* Ins Deutsche übertragen von Arnold Harttung. 3., durchges. Aufl. Düsseldorf: Schwann.

Bruner, Jerome S. (1978): The Role of Dialogue in Language Acquisition. In Anne Sinclair, Robert J. Jarvella & Willem J. M. Levelt (Hrsg.), *The Child's Conception of Language,* 241–255. Berlin, Heidelberg: Springer.

Bruner, Jerome S. (2002) [1983]: *Wie das Kind sprechen lernt.* 2., erg. Aufl. Bern: Huber.

Bühler, Karl (1976) [1933]: *Die Axiomatik der Sprachwissenschaften.* Hg. v. Elisabeth Ströker. 2., durchges. Aufl. Frankfurt a. M.: Vittorio Klostermann.

Bühler, Karl (1999) [1934]: *Sprachtheorie. Die Darstellungsfunktion der Sprache.* Ungekürzter Neudr. der Ausg. von 1934 (Jena, Fischer), 3. Aufl. Stuttgart: Lucius und Lucius.

Bührig, Kristin (1996): *Reformulierende Handlungen. Zur Analyse sprachlicher Adaptierungsprozesse in institutioneller Kommunikation.* Tübingen: Narr.

Bundesinstitut für Bau-, Stadt- und Raumforschung (BBSR) (2014): *Referenz Gemeinden und Gemeindeverbände, Stadt- und Gemeindetyp, Stand 31. 12. 2014, Übersicht Stadt- und Gemeindetyp.* (Das Dokument kann beim BBSR per E-Mail angefordert werden.)

Bundesinstitut für Bau-, Stadt- und Raumforschung (BBSR) (2015): *Laufende Stadtbeobachtung – Raumabgrenzung. Stadt- und Gemeindetypen in Deutschland.* http://www.bbsr.bund.de/BBSR/DE/Raumbeobachtung/Raumabgrenzungen/StadtGemeindetyp/Stadt Gemeindetyp_node.html (05. 10. 2018).

Burwitz-Melzer, Eva & Ivo Steininger (2016): Inhaltsanalyse. In Daniela Caspari, Friederike Klippel, Michael K. Legutke & Karen Schramm (Hrsg.): *Forschungsmethoden in der Fremdsprachendidaktik. Ein Handbuch*, 256–269. Tübingen: Narr.

Busler, Christine & Peter Schlobinski (1997): „Was er [schon] [...] konstruieren kann – das sieht er [oft auch] als Ellipse an." Über ‚Ellipsen', syntaktische Formate und Wissensstrukturen. In Peter Schlobinski (Hrsg.), *Syntax des gesprochenen Deutsch*, 93–115. Opladen: Westdt. Verl.

Bußmann, Hadumod (1990): *Lexikon der Sprachwissenschaft*. 2., völlig neu bearb. Aufl. Stuttgart: Alfred Kröner Verl.

Butterworth, Brian (1980): Evidence from Pauses in Speech. In Brian Butterworth (Hrsg.), *Language Production. Volume 1: Speech and Talk*, 155–176. London, New York: Academic Pr.

Cantone, Katja Francesca & Stefanie Haberzettl (2008): Zielsprache „Schuldeutsch": Entwicklung eines Sprachdiagnose-Instruments für mehrsprachige Schüler der Sekundarstufe I – ein Werkstattbericht. In Bernt Ahrenholz (Hrsg.), *Zweitspracherwerb. Diagnosen, Verläufe, Voraussetzungen. Beiträge aus dem 2. Workshop „Kinder mit Migrationshintergrund"*, 93–113. Freiburg i. Br.: Fillibach.

Caspari, Daniela (2016): Prototypische Designs. In Daniela Caspari, Friederike Klippel, Michael K. Legutke & Karen Schramm (Hrsg.), *Forschungsmethoden in der Fremdsprachendidaktik. Ein Handbuch*, 67–78. Tübingen: Narr.

Cathomas, Rico (2007): Neue Tendenzen in der Fremdsprachendidaktik – das Ende der kommunikativen Wende? *Beiträge zur Lehrerbildung* 25 (2), 180–191.

Cazden, Courtney B. (1983): Adult Assistance to Language Development: Scaffolds, Models and Direct Instruction. In Robert P. Parker & Frances R. A. Davis (Hrsg.), *Developing Literacy. Young Children's Use of Language*, 3–18. Newark, Del.: International Reading Association.

Chafe, Wallace L. (1979): The Flow of Thought and the Flow of Language. In Talmy Givón (Hrsg.), *Discourse and Syntax*, 159–181. New York u a.: Academic Pr.

Chafe, Wallace L. (1980): The Deployment of Concsiousness in the Production of a Narrative. In Wallace L. Chafe (Hrsg.), *The Pear Stories. Cognitive, Cultural and Linguistic Aspects of Narrative Production*, 9–50. Norwood, NJ: Ablex.

Chafe, Wallace L. (1982): Integration and Involvement in Speaking, Writing, and Oral Literature. In Deborah Tannen (Hrsg.), *Spoken and Written Language. Exploring Orality and Literacy*, 35–53. Norwood, NJ: Ablex.

Chlosta, Christoph & Andrea Schäfer (2008): Deutsch als Zweitsprache im Fachunterricht. In Bernt Ahrenholz & Ingelore Oomen-Welke (Hrsg.), *Deutsch als Zweitsprache*, 280–297. Baltmannsweiler: Schneider Verlag Hohengehren.

Christie, Frances (1985): Language and Schooling. In Stephen N. Tchudi (Hrsg.), *Language, Schooling, and Society. Proceedings of the International Federation for the Teaching of English Seminar at Michigan State University. November, 11–14, 1984*, 21–40. Upper Montclair, NJ: Boynton/Cook Publishers.

Clément, Danièle (2004): Prädikativ. In Helmut Glück (Hrsg.), *Metzler Lexikon Sprache*, 7471–7474. Berlin: Directmedia.

Coseriu, Eugenio (1988): *Sprachkompetenz. Grundzüge einer Theorie des Sprechens*. Bearb. u. herausg.v. Heinrich Weber. Tübingen: Francke.

Coseriu, Eugenio (1994): *Textlinguistik. Eine Einführung*. Herausg. u. bearb. v. Jörn Albrecht. 3., überarb. und erw. Aufl. Tübingen, Basel: Francke.

Cross, Toni G. (1977): Mothers' Speech Adjustments. The Contributions of Selected Child Listener Variables. In Chatherine E. Snow & Charles A. Ferguson (Hrsg.), *Talking to Children. Language Input and Acquisition. Papers from a Conference Sponsored by the Committe on Sociolinguistics of the Social Science Research Council (USA)*, 151–188. Cambrigde u. a.: Cambridge Univ. Pr.

Cullen, Richard (1998): Teacher Talk and The Classroom Context. *ELT Journal* 52 (3), 179–187.

Cummins, Jim (1979): Cognitive/Academic Language Proficiency, Linguistic Interdependence, the Optimum Age Question and Some Other Matters. *Working Papers on Bilingualism* (19), 198–205.

Cummins, Jim (1980a): The Construct of Language Proficiency in Bilingual Education. In James E. Alatis (Hrsg.), *Current Issues in Bilingual Education. Georgetown University Round Table on Languages and Linguistics 1980*, 81–103. Washington, DC: Georgetown Univ. Pr.

Cummins, Jim (1980b): The Cross-Lingual Dimensions of Language Proficiency: Implications for Bilingual Education and the Optimal Age Issue. *TESOL Quarterly* 14 (2), 175–187.

Cummins, Jim (2000): *Language, Power, and Pedagogy. Bilingual Children in the Crossfire*. Clevedon u. a.: Multilingual Matters.

Cummins, Jim (2008): BICS and CALP: Empirical and Theoretical Status of the Distinction. In Nancy H. Hornberger (Hrsg.), *Encyclopedia of Language and Education*, 487–499. Boston, MA: Springer US.

Dahl, Östen (2004): *The Growth and Maintenance of Linguistic Complexity*. Amsterdam, Philadelphia: John Benjamins.

Demetras, M. J., Kathryn Nolan Post & Catherine E. Snow (1986): Feedback to First Language Learners: The Role of Repetitions and Clarification Questions. *Journal of Child Language*, 13 (2), 275–292.

Deppermann, Arnulf (2008): *Gespräche analysieren. Eine Einführung*. 4. Aufl. Wiesbaden: VS Verl. für Sozialwissenschaften.

Deutscher, Guy (2009): „Overall Complexity": A Wild Goose Chase? In Geoffrey Sampson, David Gil & Peter Trudgill (Hrsg.), *Language Complexity as an Evolving Variable*, 243–251. Oxford: Oxford Univ. Pr.

Dietrich, Rainer (2007): *Psycholinguistik*. 2., aktual. und erw. Aufl. Stuttgart: Metzler.

Diewald, Gabriele (1997): *Grammatikalisierung. Eine Einführung in Sein und Werden grammatischer Formen*. Tübingen: Niemeyer.

Dillon, James T. (1982): Cognitive Correspondence Between Question/Statement and Response. *American Educational Research Journal* 19 (4), 540–551.

Dinkelaker, Jörg & Matthias Herrle (2009): *Erziehungswissenschaftliche Videographie. Eine Einführung*. Wiesbaden: VS Verl. für Sozialwiss.

Dittmar, Norbert (2009): *Transkription. Ein Leitfaden mit Aufgaben für Studenten, Forscher und Laien*. 3. Aufl. Wiesbaden: VS Verl. für Sozialwiss.

D'Odorico, Laura, Nicoletta Salerni, Rodalinda Cassibba, & Valentina Jacob (1999): Stability and Change of Maternal Speech to Italian Infants from 7 to 21 Months of Age. A Longitudinal

Study of its Influence on Early Stages of Language Acquisition. *First Language* 19 (57), 313–346.

Dollnick, Meral (1996): „Das Ganze nennt man Bergwerk". Beispiele zu fachsprachlichen Problemen ausländischer Kinder. *Deutsch lernen* 21 (2), 147–155.

Dörnyei, Zoltán (2007): *Research Methods in Applied Linguistics. Quantitative, Qualitative, and Mixed Methodologies.* Oxford, New York: Oxford Univ. Pr.

Dubs, Rolf (2009): *Lehrerverhalten. Ein Beitrag zur Interaktion von Lehrenden und Lernenden im Unterricht.* 2. Aufl. Stuttgart: Steiner.

Dudenredaktion (Hrsg.) (2001): *Deutsches Universalwörterbuch.* Mannheim u. a.: Dudenverlag.

Dudenredaktion (Hrsg.) (2007): *Das Fremdwörterbuch.* Mannheim u. a.: Dudenverlag.

Dürscheid, Christa (2003): Medienkommunikation im Kontinuum von Mündlichkeit und Schriftlichkeit. Theoretische und empirische Probleme. *Zeitschrift für Angewandte Linguistik* (38), 37–56.

Dürscheid, Christa (2012a): *Einführung in die Schriftlinguistik.* 4. überarb. u. aktual. Aufl. Göttingen: Vandenhoeck & Ruprecht.

Dürscheid, Christa (2012b): *Syntax. Grundlagen und Theorien.* 6., aktual. Aufl. Göttingen: Vandenhoeck & Ruprecht.

Eckhardt, Andrea G. (2008): *Sprache als Barriere für den schulischen Erfolg. Potentielle Schwierigkeiten beim Erwerb schulbezogener Sprache für Kinder mit Migrationshintergrund.* Münster: Waxmann.

Ehlich, Konrad (1981): Schulischer Diskurs als Dialog. *Jahrbuch 1980 des Instituts für deutsche Sprache* 54, 334–369.

Ehlich, Konrad (1991): Funktional pragmatische Kommunikationsanalyse. Ziele und Verfahren. In Dieter Flader (Hrsg.), *Verbale Interaktion. Studien zur Empirie und Methodologie der Pragmatik*, 127–143. Stuttgart: Metzler.

Ehlich, Konrad (1995): Die Lehre der deutschen Wissenschaftssprache: sprachliche Strukturen, didaktische Desiderate. In Heinz Leonard Kretzenbacher & Harald Weinrich (Hrsg.), *Linguistik der Wissenschaftssprache*, 325–351. Berlin, New York: Walter de Gruyter.

Ehlich, Konrad (1999): Alltägliche Wissenschaftssprache. In Hans Barkowski & Armin Wolff (Hrsg.), *Alternative Vermittlungsmethoden und Lernformen auf dem Prüfstand. Wissenschaftssprache – Fachsprache. Landeskunde aktuell. Interkulturelle Begegnungen – interkulturelles Lernen. Beiträge der 26. Jahrestagung Deutsch als Fremdsprache vom 4. bis 6. Juni 1998 an der Friedrich-Schiller-Universität Jena*, 1–30. Regensburg: FaDaF.

Ehlich, Konrad (2007) [1984]: Zum Textbegriff. In Konrad Ehlich (Hrsg.), *Sprache und sprachliches Handeln. Bd. 3: Diskurs – Narration – Text – Schrift*, 531–550. Berlin: de Gruyter.

Ehlich, Konrad (2007): Sprachaneignung und deren Feststellung bei Kindern mit und ohne Migrationshintergrund: Was man weiß, was man braucht, was man erwarten kann. In Konrad Ehlich (Hrsg.), *Anforderungen an Verfahren der regelmäßigen Sprachstandsfeststellung als Grundlage für die frühe und individuelle Förderung von Kindern mit und ohne Migrationshintergrund*, 11–75. Bonn, Berlin: BMBF.

Ehlich, Konrad (2009): Unterrichtskommunikation. In Michael Becker-Mrotzek (Hrsg.), *Mündliche Kommunikation und Gesprächsdidaktik*, 327–348. Baltmannsweiler: Schneider.

Ehlich, Konrad, Ursula Bredel & Hans H. Reich (2008): Sprachaneignung – Prozesse und Modelle. In Konrad Ehlich, Ursula Bredel & Hans H. Reich (Hrsg.), *Referenzrahmen zur altersspezifischen Sprachaneignung*, 9–34. Berlin: BMBF Referat Bildungsforschung.

Ehlich, Konrad & Jochen Rehbein (1976): Halbinterpretative Arbeitstranskription (HIAT). *Linguistische Berichte* (45), 21–41.

Ehlich, Konrad & Jochen Rehbein (1979): Sprachliche Handlungsmuster. In Hans-Georg Soeffner (Hrsg.), *Interpretative Verfahren in den Sozial- und Textwissenschaften*, 243–274. Stuttgart: J.B. Metzlersche Verlagsbuchhandlung.

Ehlich, Konrad & Jochen Rehbein (1980): Sprache in Institutionen. In Peter Althaus, Helmut Henne & Herbert Ernst Wiegand (Hrsg.), *Lexikon der Germanistischen Linguistik*, 2., vollst. neu bearb. u. erw. Aufl., 338–346. Tübingen: Niemeyer.

Ehlich, Konrad & Jochen Rehbein (1986): *Muster und Institution. Untersuchungen zur schulischen Kommunikation*. Tübingen: Narr.

Ehlich, Konrad & Jochen Rehbein (1994): Institutionsanalyse. Prolegomena zur Untersuchung von Kommunikation in Institutionen. In Gisela Brünner & Gabriele Graefen (Hrsg.), *Texte und Diskurse. Methoden und Forschungsergebnisse der Funktionalen Pragmatik*, 287–327. Opladen: Westdt. Verl.

Eichinger, Ludwig M. (2000): *Deutsche Wortbildung. Eine Einführung*. Tübingen: Narr.

Eisenberg, Peter (2004): *Grundriß der deutschen Grammatik. Band 2: Der Satz*. 2., überarb. u. aktual. Aufl. Stuttgart, Weimar: Metzler.

Eisenberg, Peter (2007): Sollen Grammatiken die gesprochene Sprache beschreiben? Sprachmodalität und Sprachstandard. In Vilmos Ágel & Mathilde Hennig (Hrsg.), *Zugänge zur Grammatik der gesprochenen Sprache*, 275–295. Tübingen: Niemeyer.

Eisenberg, Peter (2012): *Das Fremdwort im Deutschen*. 2., überarb. Aufl. Berlin, New York: de Gruyter.

Eisenberg, Peter (2013): *Grundriß der deutschen Grammatik. Band 1: Das Wort*. Unter Mitarb. v. Nanna Fuhrhop. 4., aktual. u. überarb. Aufl. Stuttgart, Weimar: Metzler.

Ellis, Rod & Gordon Wells (1980): Enabling Factors in Adult-Child Discourse. *First Language* 1, 46–62.

Erfurt, Jürgen (1996): Sprachwandel und Schriftlichkeit. In Hartmut Günther & Otto Ludwig (Hrsg.), *Schrift und Schriftlichkeit. Writing and Its Use. Ein interdisziplinäres Handbuch internationaler Forschung. An Interdisciplinary Handbook of International Research*, 2. Halbbd, 1387–1404. Berlin: de Gruyter.

Eriksson, Brigit (2006): *Bildungsstandards im Bereich der gesprochenen Sprache. Eine Untersuchung in der 3., der 6. und der 9. Klasse*. Tübingen, Basel: Francke.

Eriksson, Brigit (2009): Bildungsstandards für die Grundschule. In Michael Becker-Mrotzek (Hrsg.), *Mündliche Kommunikation und Gesprächsdidaktik*, 144–159. Baltmannsweiler: Schneider.

Fabricius-Hansen (1992): Subordination. In Ludger Hoffmann (Hrsg.), *Deutsche Syntax. Ansichten und Aussichten. Institut für deutsche Sprache. Jahrbuch 1991*, 458–483. Berlin u. a.: de Gruyter.

Farrar, Michael Jeffrey (1990): Discourse and the Acquisition of Grammatical Morphemes. *Journal of Child Language* 17 (3), 607–624.

Farrar, Michael Jeffrey (1992): Negative Evidence and Grammatical Morpheme Acquisition. *Developmental Psychology* 28 (1), 90–98.

Faust-Siehl, Gabriele (1987): *Themenkonstitution als Problem der Didaktik und Unterrichtsforschung*. Weinheim: Deutscher Studien Verl.

Fehrmann, Gisela & Erika Linz (2009): Eine Medientheorie ohne Medien? Zur Unterscheidung von konzeptioneller und medialer Mündlichkeit und Schriftlichkeit. In Elisabeth Birk & Jan Georg Schneider (Hrsg.), *Philosophie der Schrift*, 123–144. Tübingen: Niemeyer.

Feilke, Helmuth (2001): Über sprachdidaktische Grenzen: Von „Erfindern", „Entdeckern" und „Mentoren". *Didaktik Deutsch* (10), 4–25.

Feilke, Helmuth (2007): Textwelten der Literalität. In Sabine Schmölzer-Eibinger & Georg Weidacher (Hrsg.), *Textkompetenz. Eine Schlüsselkompetenz und ihre Vermittlung. Festschrift für Paul R. Portmann-Tselikas zum 60. Geburtstag*, 25–37. Tübingen: Narr.

Feilke, Helmuth (2010): Schriftliches Argumentieren zwischen Nähe und Distanz – am Beispiel wissenschaftlichen Schreibens. In Vilmos Ágel & Mathilde Henning (Hrsg.), *Nähe und Distanz im Kontext variationslinguistischer Forschung*, 209–231. Berlin: de Gruyter.

Feilke, Helmuth (2012a): Bildungssprachliche Kompetenzen – fördern und entwickeln. *Praxis Deutsch* (233), 4–13.

Feilke, Helmuth (2012b): Schulsprache – Wie Schule Sprache macht. In Susanne Günthner, Wolfgang Imo, Dorothee Meer & Jan Georg Schneider (Hrsg.), *Kommunikation und Öffentlichkeit. Sprachwissenschaftliche Potenziale zwischen Empirie und Norm*, 149–175. Berlin, Boston: de Gruyter.

Feilke, Helmuth (2013): Bildungssprache und Schulsprache am Beispiel literal-argumentativer Kompetenzen. In Michael Becker-Motzek, Karen Schramm, Eike Thürmann & Helmut Johannes Vollmer (Hrsg.), *Sprache im Fach. Sprachlichkeit und fachliches Lernen*, 113–130. Münster u. a.: Waxmann.

Feilke, Helmuth (2014): Argumente für eine Didaktik der Textprozeduren. In Thomas Bachmann & Helmuth Feilke (Hrsg.), *Werkzeuge des Schreibens. Beiträge zu einer Didaktik der Textprozeduren*, 11–34. Stuttgart: Fillibach bei Klett.

Feilke, Helmuth (2016): Nähe, Distanz und literale Kompetenz – Versuch einer erklärenden Rezeptionsgeschichte. In Mathilde Hennig & Helmuth Feilke (Hrsg.), *Zur Karriere von ‚Nähe und Distanz'. Rezeption und Diskussion des Koch-Oesterreicher-Modells*, 113–153. Berlin, Boston: de Gruyter.

Feilke, Helmuth & Gerhard Augst (1989): Zur Ontogenese der Schreibkompetenz. In Gerd Antos & Hans P. Krings (Hrsg.), *Textproduktion. Ein interdisziplinärer Forschungsüberblick*, 297–327. Tübingen: Niemeyer.

Felder, Ekkehard (2006): Sprache als Medium und Gegenstand des Deutschunterrichts. In Ursula Bredel, Hartmut Günther, Peter Klotz, Jakob Ossner & Gesa Siebert-Ott (Hrsg.), *Didaktik der deutschen Sprache. Ein Handbuch*, 1. Teilbd., 2., durchges. Aufl., 42–51. Paderborn: Schöningh.

Fend, Helmut (1980): *Theorie der Schule*. München u. a.: Urban & Schwarzenberg.

Fend, Helmut (2006): *Neue Theorie der Schule. Einführung in das Verstehen von Bildungssystemen*. Wiesbaden: VS Verl. für Sozialwissenschaften.

Ferguson, Charles A. (1975): Towards a Characterization of English Foreigner Talk. *Anthropological Linguistics* 17, 1–14.

Ferguson, Charles A. (1977a): Baby Talk as Simplified Register. In Catherine E. Snow & Charles A. Ferguson (Hrsg.), *Talking to Children. Language Input and Acquisition. Papers from a Conference Sponsored by the Committe on Sociolinguistics of the Social Science Research Council (USA)*, 219–235. Cambrigde u. a.: Cambridge Univ. Pr.

Ferguson, Charles A. (1977b): Simplified Registers, Broken Language and Gastarbeiterdeutsch. In Carol Molony, Helmut Zobl & Wilfried Stölting (Hrsg.), *Deutsch im Kontakt mit anderen Sprachen. German in Contact with other Languages*, 25–39. Kronberg/Ts.: Scriptor.

Ferguson, Charles A. & Charles E. DeBose (1977): Simplified Registers, Broken Language, and Pidginization. In Albert Valdman (Hrsg.), *Pidgin and Creole Linguistics*, 99–125. Bloomington, London: Indiana Univ. Pr.

Fiehler, Reinhard (2000): Gesprochene Sprache – gibt's die? In Vilmos Ágel & Andreas Herzog (Hrsg.), *Jahrbuch der ungarischen Germanistik 2000*, 93–104. Budapest, Bonn: Gesellschaft ungarischer Germanisten, Deutscher Akademischer Austauschdienst.

Fiehler, Reinhard (2006): Gesprochene Sprache. In Dudenredaktion (Hrsg.), *Duden. Die Grammatik*, 7., völlig neu erarb. und erw. Aufl., 1173–1256. Mannheim u. a.: Duden-verlag.

Fiehler, Reinhard, Birgit Barden, Mechthild Elstermann & Barbara Kraft (2004): *Eigenschaften gesprochener Sprache. Theoretische und empirische Untersuchungen zur Spezifik mündlicher Kommunikation*. Tübingen: Narr.

Field, John (2004): *Psycholinguistics. The Key Concepts*. New York: Routledge.

Fienemann, Jutta & Rainer von Kügelgen (2006): Formen mündlicher Kommunikation in Lehr- und Lernprozessen. In Ursula Bredel, Hartmut Günther, Peter Klotz, Jakob Ossner & Gesa Siebert-Ott (Hrsg.): *Didaktik der deutschen Sprache. Ein Handbuch*, 2., durchges. Aufl., 133–147. Paderborn: Schöningh.

Fischer, Klaus (2007): Komplexität und semantische Transparenz im Deutschen und Englischen. *Sprachwissenschaft* 32 (4), 355–405.

Fix, Martin (2008): *Texte schreiben. Schreibprozesse im Deutschunterricht*. 2. Aufl. Paderborn: Schöningh.

Flader, Dieter & Bettina Hurrelmann (1984): Erzählen im Klassenzimmer – eine empirische Studien zum ‚freien' Erzählen im Unterricht. In Konrad Ehlich (Hrsg.), *Erzählen in der Schule*, 223–246. Tübingen: Narr.

Flanders, Ned A. (1970): *Analyzing Teaching Behaviour*. o. O.: Addison-Wesley.

Fleischer, Wolfgang & Irmhild Barz (2012): *Wortbildung der deutschen Gegenwartssprache*. 4., völlig neu bearb. Aufl. Tübingen: Niemeyer.

Foucault, Michel (2014): *Überwachen und Strafen. Die Geburt des Gefängnisses*. 19. Aufl. Frankfurt a. M.: Suhrkamp.

Fraas, Claudia (1998): Lexikalisch-semantische Eigenschaften von Fachsprachen. In Lothar Hoffmann, Hartwig Kalverkämper & Herbert Ernst Wiegand (Hrsg.), *Fachsprachen. Languages for Special Purposes. Ein internationales Handbuch zur Fachsprachen-forschung und Terminologiewissenschaft. An International Handbook of Special-Language and Terminology Research*. 1. Halbbd., 428–438. Berlin, New York: de Gruyter.

Fuhrhop, Nanna (2009): *Orthografie*. 3., aktual. Aufl. Heidelberg: Winter.

Fuhrhop, Nanna & Jörg Peters (2013): *Einführung in die Phonologie und Graphematik*. Stuttgart, Weimar: Metzler.

Funke, Joachim & Marion Händel (2015): Planen. In Markus Antonius Wirtz (Hrsg.), *Dorsch – Lexikon der Psychologie*. Bern: Huber. https://portal.hogrefe.com/dorsch/planen/ (05. 10. 2018).

Furrow, David, Katherine Nelson & Helen Benedict (1979): Mothers' Speech to Children and Syntactic Development: Some Simple Relationships. *Journal of Child Language* 6 (3), 423–442.

Fürstenau, Sara, Imke Lange & Stefanie Urspruch (2012): Bildungssprachförderliches Lehrer-handeln in Grundschulklassen mit hohen Anteilen migrationsbedingt mehrsprachiger Kinder. Reflexionsphasen im individualisierten Unterricht. *Zeitschrift für Grundschul-forschung* 5 (2), 65–78.

Fürstenau, Sara & Imke Lange (2013): Bildungssprachförderliches Lehrerhandeln. Einblicke in eine videobasierte Unterrichtsstudie. In Ingrid Gogolin, Imke Lange, Ute Michel & Hans H. Reich (Hrsg.), *Herausforderung Bildungssprache – und wie man sie meistert*, 188–219. Münster: Waxmann.

Gaebert, Désirée-Kathrin & Horst Bannwarth (2010): Der sprachsensible Fachunterricht am Beispiel des Biologieunterrichts. In Werner Knapp & Heidi Rösch (Hrsg.), *Sprachliche Lernumgebungen gestalten*, 155–164 Freiburg i. Br.: Fillibach.

Gaies, Stephen (1977): The Nature of Linguistic Input in Formal Second Language Learning: Linguistic and Communicative Strategies in ESL Teachers' Classroom Language. In H. Douglas Brown, Carlos Alfredo Yorio & Ruth H. Crymes (Hrsg.), *On TESOL '77. Selected Papers from the Eleventh Annual Convention of Teachers of English to Speakers of Other Languages, Miami, Florida, April 26 – May 1, 1977*, 204–212. Washington, DC: Teachers of English to Speakers of Other Languages.

Gall, Meredith (1970): The Use of Questions in Teaching. *Review of Educational Research* 40 (5), 707–721.

Gall, Meredith (1984): Synthesis of Research on Teachers' Questioning. *Educational Leadership* 42 (3), 40–47.

Gallagher, James J. & Mary Jane Aschner (1963): A Preliminary Report on Analyses of Classroom Interaction. *Merrill-Palmer Quarterly of Behaviour and Development* 9 (3), 183–194.

Gallmann, Peter (2006): *Der Satz*. In Dudenredaktion (Hrsg.), *Duden. Die Grammatik*, 7., völlig neu erarb. und erw. Aufl., 773–1066. Mannheim u. a.: Dudenverlag.

Gansel, Christina & Frank Jürgens (2009): *Textlinguistik und Textgrammatik. Eine Einführung*. Neuausg. der 2. überarb. u. erg. Aufl. Göttingen: Vandenhoeck & Ruprecht.

Gantefort, Christoph (2013): „Bildungssprache" – Merkmale und Fähigkeiten im sprachtheoretischen Kontext. In Ingrid Gogolin, Imke Lange, Ute Michel & Hans H. Reich (Hrsg.), *Herausforderung Bildungssprache – und wie man sie meistert*, 71–105. Münster: Waxmann.

Gantefort, Christoph & Hans Joachim Roth (2010): Sprachdiagnostische Grundlagen für die Förderung bildungssprachlicher Fähigkeiten. *Zeitschrift für Erziehungswissenschaft* 13 (4), 573–591.

Garnica, Olga K. (1977): Some Prosodic and Paralinguistic Features of Speech to Young Children. In Catherine E. Snow & Charles A. Ferguson (Hrsg.), *Talking to Children. Language Input and Acquisition. Papers from a Conference Sponsored by the Committe on Sociolinguistics of the Social Science Research Council (USA)*, 63–88. Cambrigde u. a.: Cambridge Univ. Pr.

Garrett, Merrill F. (1980): Levels of Processing in Sentence Production. In Brian Butterworth (Hrsg.), *Language Production. Volume 1: Speech and Talk*, 177–220. London, New York: Academic Pr.

Gass, Susan M. (2005): Input and Interaction. In Catherine J. S. Doughty & Michael H. Long (Hrsg.), *The Handbook of Second Language Acquisition*, 224–255. Malden, MA: Blackwell.

Geekie, Peter & Bridie Raban (1994): Language Learning at Home and at School. In Clare Gallaway & Brian J. Richards (Hrsg.), *Input and Interaction in Language Acquisition*, 153–180. Cambridge: Cambridge Univ. Pr.

Gibbons, Pauline (2002): *Scaffolding Language, Scaffolding Learning. Teaching Second Language Learning in the Mainstream Classroom*. Portsmouth, NH: Heinemann.

Gibbons, Pauline (2006): Unterrichtsgespräche und das Erlernen neuer Register in der Zweitsprache. In Paul Mecheril & Thomas Quehl (Hrsg.), *Die Macht der Sprachen. Englische Perspektiven auf die mehrsprachige Schule*, 269–290. Münster: Waxmann.

Gibbons, Pauline (2009): *English Learners, Academic Literacy, and Thinking. Learning in the Challenge Zone*. Portsmouth, NH: Heinemann.

Givón, Talmy (1979): *On Understanding Grammar*. New York u. a.: Academic Pr.

Givón, Talmy (2009): *The Genesis of Syntactic Complexity. Diachrony, Ontogeny, Neuro-Cognition, Evolution*. Amsterdam, Philadelphia: John Benjamins.

Gleitmann, Lila R., Elissa L. Newport & Henry Gleitmann (1984): The Current Status of the Motherese Hypothesis. *Journal of Child Language* 11, 43–79.

Glinz, Hans (2006): Geschichte der Sprachdidaktik. In Ursula Bredel, Hartmut Günther, Peter Klotz, Jakob Ossner & Gesa Siebert-Ott (Hrsg.), *Didaktik der deutschen Sprache. Ein Handbuch.* 1. Teilbd., 2., durchges. Aufl., 17–29. Paderborn: Schöningh.

Gloy, Klaus (1975): *Sprachnormen I. Linguistische und soziolinguistische Analysen*. Stuttgart-Bad Cannstaatt: frommann-holzboog.

Gogolin, Ingrid (2004): Zum Problem der Entwicklung von „Literalität" durch die Schule. Eine Skizze interkultureller Bildungsforschung im Anschluss an PISA. *Zeitschrift für Erziehungswissenschaft, Beiheft,* 7 (3), 101–111.

Gogolin, Ingrid (2006): Bilingualität und die Bildungssprache der Schule. In Paul Mecheril & Thomas Quehl (Hrsg.), *Die Macht der Sprachen. Englische Perspektiven auf die mehrsprachige Schule*, 79–85. Münster: Waxmann.

Gogolin, Ingrid (2007): Herausforderung Bildungssprache – ‚Textkompetenz' aus der Perspektive Interkultureller Bildungsforschung. Bausteine eines Beitrags zur 27. Frühjahrskonferenz, 15. bis 17. Februar 2007 in Schloss Rauischholzhausen. In Karl-Richard Bausch, Eva Burwitz-Melzer, Frank G. Königs & Hans Jürgen Krumm (Hrsg.), *Textkompetenzen. Arbeitspapiere der 27. Frühjahrskonferenz zur Erforschung des Fremdsprachenunterrichts*, 73–80. Tübingen: Narr.

Gogolin, Ingrid (2009): Zweisprachigkeit und die Entwicklung bildungssprachlicher Fähigkeiten. In Ingrid Gogolin (Hrsg.), *Streitfall Zweisprachigkeit. The Bilingualism Controversy*, 263–280. Wiesbaden: VS Verl. für Sozialwissenschaften.

Gogolin, Ingrid, Gabriele Kaiser, Hans-Joachim Roth, Astrid Deseniss, Britta Hawighorst & Inga Schwarz (2004): *Mathematiklernen im Kontext sprachlich-kultureller Diversität*. DFG Go 614/6. Abschlussbericht. Hamburg: Universität Hamburg. https://www.ew.uni-hamburg.de/ueber-die-fakultaet/personen/gogolin/pdf-dokumente/mathe-bericht.pdf (05. 10. 2018).

Gogolin, Ingrid & Imke Lange (2011): Bildungssprache und durchgängige Sprachbildung. In Sara Fürstenau & Mechtild Gomolla (Hrsg.), *Migration und schulischer Wandel: Mehrsprachigkeit*, 107–127. Wiesbaden: VS Verl. für Sozialwissenschaften.

Goldman Eisler, Frieda (1968): *Psycholinguistics. Experiments in Spontaneous Speech*. London, New York: Academic Pr.

Graefen, Gabriele (1999): Wie formuliert man wissenschaftlich? In Hans Barkowski & Armin Wolff (Hrsg.), *Alternative Vermittlungsmethoden und Lernformen auf dem Prüfstand. Wissenschaftssprache – Fachsprache. Landeskunde aktuell. Interkulturelle Begegnungen – interkulturelles Lernen. Beiträge der 26. Jahrestagung Deutsch als Fremdsprache vom 4. bis 6. Juni 1998 an der Friedrich-Schiller-Universität Jena*, 222–239. Regensburg: FaDaF.

Graesser, Arthur C. & Natalie K. Person (1994): Question Asking during Tutoring. *American Educational Research Journal* 31 (1), 104–137.

Graesser, Arthur C., Natalie Person & John Huber (1992): Mechanisms that Generate Questions. In Thomas Wesley Lauer, Eileen Peacock & Arthur C. Graesser (Hrsg.), *Questions and Information Systems*, 167–187. Hillsdale, NJ: Erlbaum.

Graf, Dittmar (1989): *Begriffslernen im Biologieunterricht der Sekundarstufe I. Empirische Untersuchungen und Häufigkeitsanalysen*. Frankfurt a. M.: Lang.

Grell, Jochen (1994): *Techniken des Lehrerverhaltens*. 15. Aufl. Weinheim, Basel: Beltz.

Grice, Paul H. (2000) [1975]: Logik und Konversation. In Ludger Hoffmann (Hrsg.), *Sprachwissenschaft. Ein Reader*, 2., verb. Aufl., 162–183. Berlin, New York: de Gruyter.

Grießhaber, Wilhelm (2010a): (Fach-)Sprache im zweitsprachlichen Fachunterricht. In Bernt Ahrenholz (Hrsg.), *Fachunterricht und Deutsch als Zweitsprache*, 37–53. Tübingen: Narr.

Grießhaber, Wilhelm (2010b): *Spracherwerbsprozesse in Erst- und Zweitsprache. Eine Einführung*. Duisburg: Univ.-Verl. Rhein-Ruhr.

Grießhaber, Wilhelm (2013): Die Rolle der Sprache bei der Vermittlung fachlicher Inhalte. In Charlotte Röhner & Britta Hövelbrinks (Hrsg.), *Fachbezogene Sprachförderung in Deutsch als Zweitsprache. Theoretische Konzepte und empirische Befunde zum Erwerb bildungssprachlicher Kompetenzen*, 58–74. Weinheim, Basel: Beltz, Juventa.

Gropengießer, Harald & Ulrich Kattmann (Hrsg.) (2006): *Fachdidaktik Biologie. Die Biologiedidaktik*. 7., völlig überarb. Aufl. Köln: Aulis-Verl. Deubner.

Gruhn, Mirja & Stefanie Haberzettl (2011): „Schuldeutsch" – Entwicklung eines Diagnoseinstruments zur Messung von Textkompetenz. In Stefanie Haberzettl & Yasemin Karakaşoğlu (Hrsg.), *Interkulturelle Schülerförderung auf dem Campus. Erziehungs- und sprachwissenschaftliche Zugänge zu den Effekten eines Förderprojektes für Schüler und Schülerinnen mit Migrationshintergrund an der Universität Bremen; Veröffentlichung zum 5-jährigen Bestehen des Projektes*, 179–221. Stuttgart: Ibidem-Verl.

Guckelsberger, Susanne (2013): Mündliches Umformulieren im Unterrichtsdiskurs der Primarstufe. In Angelika Redder & Sabine Weinert (Hrsg.), *Sprachförderung und Sprachdiagnostik. Interdisziplinäre Perspektiven*, 135–151. Münster: Waxmann.

Gülich, Elisabeth & Thomas Kotschi (1996): Texterstellungsverfahren in mündlicher Kommunikation. Ein Beitrag am Beispiel des Französischen. In Wolfgang Motsch (Hrsg.), *Ebenen der Textstruktur. Sprachliche und kommunikative Prinzipien*, 37–80. Tübingen: Niemeyer.

Gülich, Elisabeth & Wolfgang Raible (1977): *Linguistische Textmodelle. Grundlagen und Möglichkeiten*. München: Fink.

Günther, Hartmut (1993): Erziehung zur Schriftlichkeit. In Peter Eisenberg & Peter Klotz (Hrsg.), *Sprache gebrauchen – Sprachwissen erwerben*, 85–96. Stuttgart u. a.: Klett.

Günther, Hartmut (1997): Mündlichkeit und Schriftlichkeit. In Heiko Balhorn & Heide Niemann (Hrsg.), *Sprachen werden Schrift. Mündlichkeit – Schriftlichkeit – Mehrsprachigkeit*, 64–73. Lengwil am Bodensee: Libelle.

Günther, Hartmut (2010): Konzeptionelle Schriftlichkeit – eine Verteidigung. In Hartmut Günther (Hrsg.), *Beiträge zur Didaktik der Schriftlichkeit*, 125–136. Duisburg: Gilles & Francke.

Habermas, Jürgen (1977): Umgangssprache, Wissenschaftssprache, Bildungssprache. In Generalverwaltung der Max-Planck-Gesellschaft (Hrsg.), *Max-Planck-Gesellschaft. Jahrbuch 1977*, 36–51. Göttingen: Vandenhoeck & Ruprecht.

Håkansson, Gisela (1986): Quantitative Aspects of Teacher Talk. In Gabriele Kasper (Hrsg.), *Learning, Teaching and Communication in the Foreign Language Classroom*, 83–98. Aarhus: Aarhus Univ. Pr.

Halliday, Michael A. K. (1978): *Language as Social Semiotic. The Social Interpretation of Language and Meaning*. London: Arnold.

Halliday, Michael A. K. (1984): Language as Code and Language as Behaviour: A Systemic-Functional Interpretation of the Nature and Ontogenesis of Dialogue. In Robin P. Fawcett, Michael A. K. Halliday, Sydney M. Lamb & Adam Makkai (Hrsg.), *Language as Social Semiotic*, 3–35. London, Dover, NH: Pinter.

Halliday, Michael A. K. (1987): *Spoken and Written Modes of Meaning*. In Rosalind Horowitz & S. Jay Samuels (Hrsg.), *Comprehending Oral and Written Language*, 55–82. San Diego: Academic Pr.

Halliday, Michael A. K. (1989): *Spoken and Written Language*. 2. Aufl. Oxford: Oxford Univ. Pr.

Halliday, Michael A. K. (1993): Some Grammatical Problems in Scientific English. In Michael A. K. Halliday & James R. Martin (Hrsg.), *Writing Science. Literacy and Discursive Power*, 69–85. London, New York: Taylor & Francis.

Halliday, Michael A. K. (2014): *Halliday's Introduction to Functional Grammar*. Revised by Christian M. I. M. Matthiessen. 4. Aufl. London, New York: Routledge.

Halliday, Michael A. K. & Ruqaiya Hasan (1989): *Language, Context, and Text. Aspects of Language in a Social-Semiotic Perspective*. 2. Aufl. Oxford: Oxford Univ. Pr.

Halliday, Michael A. K. & James R. Martin (1993): The Model. In Michael A. K. Halliday & James R. Martin (Hrsg.), *Writing Science. Literacy and Discursive Power*, 22–50. London, New York: Taylor & Francis.

Hammond, Jenny & Pauline Gibbons (2005): Putting Scaffolding to Work: The Contribution of Scaffolding in Articulating ESL Education. *Prospect* 20 (1), 6–30.

Han, ZhaoHong & Wai Man Lew (2012): What Defies Complete Acquisition in Second Language Acquisition. In Bernd Kortmann & Benedikt Szmrecsanyi (Hrsg.), *Linguistic Complexity. Second Language Acquisition, Indigenization, Contact*, 192–217. Berlin, Boston: de Gruyter.

Harren, Inga (2009a): Die Verbalisierung komplexer Zusammenhänge im Unterrichtsgespräch. In Michael Krelle & Carmen Spiegel (Hrsg.), *Sprechen und Kommunizieren. Entwicklungsperspektiven, Diagnosemöglichkeiten und Lernszenarien in Deutschunterricht und Deutschdidaktik*, 220–242. Baltmannsweiler: Schneider.

Harren, Inga (2009b): Formen von Begriffsarbeit – wie im Unterrichtsgespräch Inhalte und Fachtermini verknüpft werden. In Rüdiger Vogt (Hrsg.), *Erklären. Gesprächsanalytische und fachdidaktische Perspektiven*, 151–168. Tübingen: Stauffenburg.

Harren, Inga (2009c): Schülererklärungen im Unterrichtsgespräch des Biologieunterrichts. In Janet Spreckels (Hrsg.), *Erklären im Kontext. Neue Perspektiven aus der Gesprächs- und Unterrichtsforschung*, 81–93. Baltmannsweiler: Schneider.

Harren, Inga (2011): Die verborgene Arbeit der Fachlehrer – sprachliche Anforderungen im Fachunterricht. *OBST* (80), 101–123.

Harren, Inga (2013): Sprachförderung im Unterrichtsgespräch – Integration unterstützenden Feedbacks bei der Versprachlichung naturwissenschaftlicher Inhalte. In Elke Grundler & Rüdiger Vogt (Hrsg.), *Unterrichtskommunikation. Grammatik, Experimente, Gleichungen*, 13–29. Tübingen: Stauffenburg.

Hasan, Ruqaiya (2001): The Ontogenesis of Decontextualised Language: Some Achievements of Classification and Framing. In Ana Morais, Isabel Neves, Brian Davies & Daniels, Harry (Hrsg.), *Towards a Sociology of Pedagogy. The Contribution of Basil Bernstein to Research*, 47–79. New York: Lang.

Hatch, Evelyn Marcussen & Anne Lazaraton (1991): *The Research Manual. Design and Statistics for Applied Linguistics*. New York: Newbury House.

Hausendorf, Heiko (2008): Interaktion im Klassenzimmer. Zur Soziolinguistik einer riskanten Kommunikationspraxis. In Herbert Willems (Hrsg.), *Lehr(er)buch Soziologie. Für die pädagogischen und soziologischen Studiengänge*, 931–957. Radolfzell: VS Verl. für Sozialwissenschaften.

Hausendorf, Heiko & Uta M. Quasthoff (2005): *Sprachentwicklung und Interaktion. Eine linguistische Studie zum Erwerb von Diskursfähigkeiten*. Neuaufl. Radolfzell: Verl. für Gesprächsforschung.

Hayes, John & Linda Flower (1980): Identifying the Organization of Writing Processes. In Lee W. Gregg & Erwin Ray Steinberg (Hrsg.), *Cognitive Processes in Writing*. 3–30, Hillsdale, NJ: L. Erlbaum Associates.

Heine, Lena (2014): Introspektion. In Julia Settinieri, Sevilen Demirkaya, Alexis Feldmeier, Nazan Gültekin-Karakoc & Claudia Riemer (Hrsg.), *Empirische Forschungsmethoden für Deutsch als Fremd- und Zweitsprache. Eine Einführung*, 123–135. Paderborn: Schöningh.

Heinze, Aiso & Markus Erhard (2006): How Much Time Do Students Have to Think about Teacher Questions? An Investigation of the Quick Succession of Teacher Questions and Student Responses in the German Mathematics Classroom. *ZDM* 38 (5), 388–398.

Heller, Vivien (2012): *Kommunikative Erfahrungen von Kindern in Familie und Unterricht. Passungen und Divergenzen*. Tübingen: Stauffenburg Verlag Brigitte Narr.

Heller, Vivien & Miriam Morek (2015): Unterrichtsgespräche als Erwerbskontext: Kommunikative Gelegenheiten für bildungssprachliche Praktiken erkennen und nutzen. *leseforum.ch. Online-Plattform für Literalität* (3). https://www.leseforum.ch/sysModules/obxLeseforum/Artikel/548/2015_3_Heller_Morek.pdf (05. 10. 2018).

Helmke, Tuyet, Andreas Helmke, Friedrich-Wilhelm Schrader, Wolfgang Wagner, Günter Nold & Konrad Schröder (2008): Die Videostudie des Englischunterrichts. In DESI-Konsortium (Hrsg.), *Unterricht und Kompetenzerwerb in Deutsch und Englisch. Ergebnisse der DESI-Studie*, 345–370. Weinheim, Basel: Beltz.

Henne, Helmut & Helmut Rehbock (2001): *Einführung in die Gesprächsanalyse*. 4., durchges. und bibliogr. erg. Aufl. Berlin, New York: de Gruyter.

Hennig, Mathilde (2000): Können gesprochene und geschriebene Sprache überhaupt verglichen werden? In Vilmos Ágel & Andreas Herzog (Hrsg.), *Jahrbuch der ungarischen Germanistik 2000*, 105–125. Budapest, Bonn: Gesellschaft ungarischer Germanisten, Deutscher Akademischer Austauschdienst.

Hennig, Mathilde (2001): Das Phänomen des Chat. In Vilmos Ágel & Andreas Herzog, (Hrsg.), *Jahrbuch der ungarischen Germanistik 2001*, 215–239. Budapest, Bonn: Gesellschaft ungarischer Germanisten, Deutscher Akademische Austauschdienst.

Hennig, Mathilde (2006): *Grammatik der gesprochenen Sprache in Theorie und Praxis*. Kassel: kassel univ. pr.

Hennig, Mathilde (2009): *Nähe und Distanzierung. Verschriftlichung und Reorganisation des Nähebereichs im Neuhochdeutschen*. Kassel: kassel univ.pr.

Hennig, Mathilde (2010a): Elliptische Junktion in der Syntax des Neuhochdeutschen. In Hans-Ulrich Schmid (Hrsg.), *Jahrbuch für Germanistische Sprachgeschichte. Perspektiven der Germanistischen Sprachgeschichtsforschung*, 76–103. Berlin, New York: de Gruyter.

Hennig, Mathilde (2010b): Mündliche Fachkommunikation zwischen Nähe und Distanz. In Vilmos Ágel & Mathilde Hennig (Hrsg.), *Nähe und Distanz im Kontext variationslinguistischer Forschung*, 295–324. Berlin: de Gruyter.

Hentschel, Elke & Harald Weydt (1990): *Handbuch der deutschen Grammatik*. Berlin, New York: de Gruyter.

Henzl, Vera M. (1979): Foreign Talk in the Classroom. *International Review of Applied Linguistics in Language Teaching* 17 (2), 159–167.

Herrmann, Theo & Joachim Grabowski (1994): *Sprechen. Psychologie der Sprachproduktion*. Heidelberg: Spektrum Akademischer Verl.

Hess-Lüttich, Ernest W. B. (1998): Fachsprachen als Register. In Lothar Hoffmann, Hartwig Kalverkämper & Herbert Ernst Wiegand (Hrsg.), *Fachsprachen. Languages for Special Purposes. Ein internationales Handbuch zur Fachsprachenforschung und Terminologiewissenschaft. An International Handbook of Special-Language and Terminology Research*. 1. Halbbd., 208–218. Berlin, New York: de Gruyter.

Hiebert, James, Ronald Gallimore, Helen Garnier, Karen Bogard Givvin, Hilary Hollingsworth, Jennifer Jacobs, Angel Miu-Ying Chui, Diana Wearne, Margaret Smith, Nicole Kersting, Alfred Manaster, Ellen Tseng, Wallace Etterbeek, Carl Manaster, Patrick Gonzales & James Stigler (2003): *Teaching Mathematics in Seven Countries. Results from the TIMSS 1999 Video Study*. Washington, DC: U.S. Department of Education.

Hoff-Ginsberg, Erika (1986): Function and Structure in Maternal Speech: Their Relation to the Child's Development of Syntax. *Developmental Psychology* 22 (2), 155–163.

Hoff-Ginsberg, Erika (1990): Maternal Speech and the Child's Development of Syntax: a Further Look. *Journal of Child Language* 17 (1), 85–99.

Hoffmann, Lothar (1985): *Kommunikationsmittel Fachsprache. Eine Einführung*. 2., völlig neu bearb. Aufl. Tübingen: Narr.

Hoffmann, Lothar (1998): Syntaktische und morpologische Eigenschaften von Fachsprachen. In Lothar Hoffmann, Hartwig Kalverkämper & Herbert Ernst Wiegand (Hrsg.), *Fachsprachen. Languages for Special Purposes. Ein internationales Handbuch zur Fachsprachenforschung und Terminologiewissenschaft. An International Handbook of Special-Language and Terminology Research*. 1. Halbbd., 416–427. Berlin, New York: de Gruyter.

Hoffmann, Ludger (2013): *Deutsche Grammatik. Grundlagen für Lehrerausbildung, Schule, Deutsch als Zweitsprache und Deutsch als Fremdsprache*. Berlin: Schmidt.

Hofmann, Monika (2006): *Verarbeitung elliptischer Satzkonstruktionen beim Sprachverstehen*. Hamburg. http://ediss.sub.uni-hamburg.de/volltexte/2006/3139/ pdf/Dissertation-Hofmann.pdf (05. 10. 2018).

Holland, Janet (1981): Social Class and Changes in the Orientations to Meanings. *Sociology* 15 (1), 1–18. Zit. nach: Basil Bernstein (1996): *Pedagogy, Symbolic Control & Identity. Theory, research & critique*, 206. London: Taylor & Francis.

Holtappels, Heinz Günter (1987): *Schulprobleme und abweichendes Verhalten aus der Schülerperspektive. Empirische Studie zu Sozialisationseffekten im situationellen und interaktionellen Handlungskontext der Schule*. Bochum: Ulrich Schallwig Verl.

Hörmann, Hans (1981): *Einführung in die Psycholinguistik*. Darmstadt: WBG.

Hövelbrinks, Britta (2013): Die Bedeutung der Bildungssprache für Zweitsprachlernende im naturwissenschaftlichen Anfangsunterricht. In Charlotte Röhner & Britta Hövelbrinks (Hrsg.), *Fachbezogene Sprachförderung in Deutsch als Zweitsprache. Theoretische Konzepte und empirische Befunde zum Erwerb bildungssprachlicher Kompetenzen*, 75–86. Weinheim, Basel: Beltz, Juventa.

Hövelbrinks, Britta (2014): *Bildungssprachliche Kompetenz von einsprachig und mehrsprachig aufwachsenden Kindern. Eine vergleichende Studie in naturwissenschaftlicher Lernumgebung des ersten Schuljahres*. Weinheim, Basel: Beltz, Juventa.

Huttenlocher, Janellen, Marina Vasilyeva, Elina Cymerman & Susan Levine (2002): Language Input and Child Syntax. *Cognitive Psychology* 45 (3), 337–374.

Janich, Nina (2005): *Werbesprache*. 4. Aufl. Tübingen: Narr.

Janssen, Jürgen & Wilfried Laatz (2007): *Statistische Datenanalyse mit SPSS für Windows. Eine anwendungsorientierte Einführung in das Basissystem und das Modul Exakte Tests*. 6., neu bearb. und erw. Aufl. Berlin, Heidelberg, New York: Springer.

Kaiser, Dorothee (1996): Sprache der Nähe – Sprache der Distanz: eine relevante Kategorie für den DaF-Unterricht? *Deutsch als Fremdsprache* 33 (1), 3–9.

Kalthoff, Herbert & Monika Falkenberg (2008): Kommunikation unter Anwesenden: Lehrer – Schüler – Medien. In Herbert Willems (Hrsg.), *Lehr(er)buch Soziologie. Für die pädagogischen und soziologischen Studiengänge*, 909–930. Radolfzell: VS Verl. für Sozialwissenschaften.

Kiper, Hanna & Wolfgang Mischke (2009): *Unterrichtsplanung*. Weinheim, Basel: Beltz.

Klann-Delius, Gisela (2008): *Spracherwerb*. 2., aktual. und erw. Aufl. Stuttgart: Metzler.

Klein, Wolfgang (1993): Ellipse. In Joachim Jacobs, Arnim von Stechow, Wolfgang Sternefeld, Theo Vennemann (Hrsg.), *Syntax. Ein internationales Handbuch zeitgenössischer Forschung*, 1. Halbbd, 763–799. Berlin, New York: de Gruyter.

Klein, Wolfgang (2001): Typen und Konzepte des Spracherwerbs. In Gerhard Helbig, Lutz Götze, Gert Henrici, Hans-Jürgen Krumm (Hrsg.), *Deutsch als Fremdsprache. Ein internationales Handbuch*, 1. Halbbd, 604–617. Berlin: de Gruyter.

Klingberg, Lothar (1979): Unterricht und Sprache. In Rektor der Pädagogischen Hochschule „Karl Liebknecht" Potsdam (Hrsg.), *Unterricht und Sprache. Hauptreferate und Diskussionsbeiträge auf einem Kolloquium in Potsdam am 16. Mai 1976*, 9–32. Potsdam: Wisenschaftlich-Technisches Zentrum der Pädagogischen Hochschule „Karl Lieb-knecht".

Kluge, Friedrich (2011): *Ethymologisches Wörterbuch der deutschen Sprache*. Bearb. v. Elmar Seebold. 25. aktual. u. erw. Aufl. Berlin, New York: de Gruyter.

Knierim, Birte (2008): *Lerngelegenheiten anbieten – Lernangebote nutzen. Eine Videostudie im Schweizer Physikunterricht*. Hamburg: Dr. Kovac.

Kniffka, Gabriele (2010): Im Fach Biologie auch Sprache unterrichten? Anmerkungen zum „Kompetenzbereich Kommunikation" in den Bildungsstandards. In Annette Berndt & Karin Kleppin (Hrsg.), *Sprachlehrforschung: Theorie und Empirie. Festschrift für Rüdiger Grotjahn*, 73–79. Frankfurt a. M. u. a.: Lang.

Kniffka, Gabriele & Thorsten Roelcke (2016): *Fachsprachenvermittlung im Unterricht*. Paderborn: Schöningh.

Kniffka, Gabriele & Gesa Siebert-Ott (2007): *Deutsch als Zweitsprache. Lehren und Lernen*. Paderborn: Schöningh.

Knöbl, Ralf (2010): Changing Codes for Classroom Contexts. *Gesprächsforschung – Online-Zeitschrift zur verbalen Interaktion* 11, 123–153. http://www.gespraechsforschung-online.de/fileadmin/dateien/heft2010/ga-knoebl.pdf (05. 10. 2018).

Kobarg, Mareike & Tina Seidel (2003): Prozessorientierte Lernbegleitung im Physikunterricht. In Tina Seidel, Manfred Prenzel, Reinders Duit & Manfred Lehrke (Hrsg.), *Technischer Bericht zur Videostudie „Lehr-Lern-Prozesse im Physikunterricht"*, 151–200. Kiel: Leibniz-Institut für die Pädagogik der Naturwissenschaften (IPN).

Kobarg, Mareike & Tina Seidel (2007): Prozessorientierte Lernbegleitung – Videoanalysen im Physikunterricht der Sekundarstufe I. *Unterrichtswissenschaft*. 35 (2), 148–168.

Koch, Peter (1986): Sprechsprache im Französischen und kommunikative Nähe. *Zeitschrift für französische Sprache und Literatur* 96 (2), 113–154.

Koch, Peter (1992): Schriftlichkeit im Fremdsprachenunterricht. In Wolfgang Börner & Klaus Vogel (Hrsg.), *Schreiben in der Fremdsprache. Prozess und Text, Lehren und Lernen*, 2–28. Bochum: AKS-Verl.

Koch, Peter (1996): Die Vorlesung – zwischen Mündlichkeit und Schriftlichkeit. In Studienkolleg Bochum (Hrsg.), *Fachtagung der Deutschlehrer an Studienkollegs vom 16.-19. November 1994 in Bonn*, 27–36. Bochum: Studienkolleg des Ökumenischen Studienwerks e. V.

Koch, Peter (1999): ‚Gesprochen/geschrieben' – eine eigene Varietätendimension? In Norbert Greiner, Joachim Kornelius & Giovanni Rovere (Hrsg.), *Texte und Kontexte in Sprachen und Kulturen. Festschrift für Jörn Albrecht*, 141–168. Trier: Wissenschaftlicher Verl. Trier.

Koch, Peter (2004): Diskussion aktueller Probleme. Sprachwandel, Mündlichkeit und Schriftlichkeit. *Zeitschrift für romanische Philologie* 120 (4), 606–630.

Koch, Peter (2010): Sprachgeschichte zwischen Nähe und Distanz: Latein – Französisch – Deutsch. In Vilmos Ágel & Mathilde Hennig (Hrsg.), *Nähe und Distanz im Kontext variationslinguistischer Forschung*, 155–206. Berlin: de Gruyter.

Koch, Peter & Wulf Oesterreicher (1986): Sprache der Nähe – Sprache der Distanz. Mündlichkeit und Schriftlichkeit im Spannungsfeld von Sprachtheorie und Sprachgeschichte. *Romanistisches Jahrbuch 1985* 36, 15–43.

Koch, Peter & Wulf Oesterreicher (1990): *Gesprochene Sprache in der Romania. Französisch, Italienisch, Spanisch*. Tübingen: Niemeyer.

Koch, Peter & Wulf Oesterreicher (1994): Schriftlichkeit und Sprache. In Hartmut Günther & Otto Ludwig (Hrsg.), *Schrift und Schriftlichkeit. Ein interdisziplinäres Handbuch internationaler Forschung*, 1. Halbbd, 587–604. Berlin: de Gruyter.

Koch, Peter & Wulf Oesterreicher (1996): Sprachwandel und expressive Mündlichkeit. *Zeitschrift für Literaturwissenschaft und Linguistik* (102), 64–96.

Koch, Peter & Wulf Oesterreicher (2007): Schriftlichkeit und kommunikative Distanz. *Zeitschrift für germanistische Linguistik* 35, 346–375.

Koch, Peter & Wulf Oesterreicher (2008): Mündlichkeit und Schriftlichkeit von Texten. In Nina Janich (Hrsg.), *Textlinguistik. 15 Einführungen*, 199–215. Tübingen: Narr.

Koch, Peter & Wulf Oesterreicher (2011): *Gesprochene Sprache in der Romania. Französisch, Italienisch, Spanisch*. 2., aktual. und erw. Aufl. Berlin: de Gruyter.

Köller, Wilhelm (1993): Perspektivität in Bildern und Sprachsystemen. In Peter Eisenberg & Peter Klotz (Hrsg.), *Sprache gebrauchen – Sprachwissen erwerben*, 15–34. Stuttgart u. a.: Klett.

Konsortium HarmoS Schulsprache (2010): *Schulsprache. Wissenschaftlicher Kurzbericht und Kompetenzmodell*. Provisorische Fassung (vor Verabschiedung der Standards). Stand: 17. Januar 2010. https://edudoc.ch/static/web/arbeiten/harmos/L1_wissB_25_1_10_d.pdf (05. 10. 2018)

Krashen, Stephen D. (1982): *Principles and Practice in Second Language Acquisition*. Oxford: Pergamon Pr.

Krashen, Stephen D. (1985): *The Input Hypothesis. Issues and Implications*. London: Longman.

Kruse, Otto (1994): *Keine Angst vor dem leeren Blatt. Ohne Schreibblockaden durchs Studium*. 2. Aufl. Frankfurt a. M., New York: Campus.

Kügelgen, Rainer von (2009): Die Frage im Lehr-Lern-Diskurs: Geschichte einer Funktionalisierung – Perspektiven einer Überwindung. In Michael Becker-Mrotzek (Hrsg.), *Mündliche Kommunikation und Gesprächsdidaktik*, 349–377. Baltmannsweiler: Schneider.

Kunze, Katharina & Bernhard Stelmaszyk (2008): Biographien und Berufskarrieren von Lehrerinnen und Lehrern. In Werner Helsper & Jeanette Böhme (Hrsg.), *Handbuch der Schulforschung*, 2., durchges. u. erw. Aufl., 821–838. Wiesbaden: VS Verl. für Sozialwissenschaften.

Kusters, Christiaan Wouter (2003): *Linguistic Complexity. The Influence of Social Change on Verbal Inflection*. Utrecht: LOT.

Kusters, Tom & Helge Bonset (1983): Das Problem der Fachsprache im Nicht-Fachsprachlichen Unterricht. In Konrad Ehlich & Jochen Rehbein (Hrsg.), *Kommunikation in Schule und Hochschule. Linguistische und ethnomethodologische Analysen*, 59–75. Tübingen: Narr.

Labov, William (1970): The Logic of Nonstandard English. In James Efstathios Alatis (Hrsg.), *Report of the Twentieth Annual Round Table Meeting on Linguistics and Language Studies*, 1–43. Washington, DC: Georgetown Univ. Pr.

Labov, William (1971): Das Studium der Sprache im sozialen Kontext. In Wolfgang Klein & Dieter Wunderlich (Hrsg.), *Aspekte der Soziolinguistik*, 111–194. Frankfurt a. M.: Athenäum.

Lee, Yo-An (2007): Third Turn Position in Teacher Talk: Contingency and the Work of Teaching. *Journal of Pragmatics* 39 (6), 1204–1230.

Lehmann, Christian (1995): *Thoughts on Grammaticalization*. Rev. and expanded version, 1. published ed. München, Newcastle: LINCOM Europa.

Leisen, Josef (2013): *Handbuch Sprachförderung im Fach. Sprachsensibler Fachunterricht in der Praxis. Grundlagenwissen, Anregungen und Beispiele für die Unterstützung von sprachschwachen Lernern und Lernern mit Zuwanderungsgeschichte beim Sprechen, Lesen, Schreiben und Üben im Fach*. Stuttgart: Klett Sprachen.

Leisen, Josef (Hrsg.) (1999): *Methoden-Handbuch Deutschsprachiger Fachunterricht (DFU)*. Bonn: Varus.

Lemke, Jay L. (1989): *Using Language in the Classroom*. 2. Aufl. Oxford u. a.: Oxford Univ. Pr.

Lemke, Jay L. (1990): *Talking Science. Language, Learning, and Values*. Norwood, NJ: Ablex.

Leska, Christel (1965): Vergleichende Untersuchungen zur Syntax gesprochener und geschriebener deutscher Gegenwartssprache. *Beiträge zur Geschichte der deutschen Sprache und Literatur* 87, 427–464 sowie Anhang.

Levelt, Willem J. M. (1983): Monitoring and Self-Repair in Speech. *Cognition* 14, 41–104.

Levelt, Willem J. M. (1989): *Speaking. From Intention to Articulation*. Cambridge, Mass. u. a.: MIT Pr.

Levelt, Willem J. M. (2000): Producing Spoken Language: a Blueprint of the Speaker. In Colin M. Brown & Peter Hagoort (Hrsg.), *The Neurocognition of Language*, 83–122. Oxford, New York: Oxford Univ. Pr.

Linell, Per (2005): *The Written Language Bias in Linguistics. Its Nature, Origins and Transformations*. London, New York: Routledge.

Linke, Angelika, Markus Nussbaumer & Paul R. Portmann (2004): *Studienbuch Linguistik*. 5., erw. Aufl. Tübingen: Niemeyer.

Löffler, Heinrich (2010): *Germanistische Soziolinguistik*. Berlin: Schmidt.

Long, Michael H. (1980): *Input, Interaction, and Second Language Acquisition*. Ann Arbor, Michigan: UMI Dissertation Services.

Long, Michael H. (1981): Questions in Foreigner Talk Discourse. *Language Learning* 31 (1), 135–157.

Long, Michael H. (1983): Linguistic and Conversational Adjustments to Non-Native Speakers. *Studies in Second Language Acquisition* 5 (2), 177–193.

Long, Michael H. (1996): The Role of the Linguistic Environment in Second Language Acquisition. In William C. Ritchie & Tej K. Bhatia (Hrsg.), *Handbook of Second Language Acquisition*, 413–468. San Diego: Academic Pr.

Lotz, Miriam (2016): *Kognitive Aktivierung im Leseunterricht der Grundschule. Eine Videostudie zur Gestaltung und Qualität von Leseübungen im ersten Schuljahr.* Wiesbaden: Springer VS.

Lüders, Manfred (2003): *Unterricht als Sprachspiel. Eine systematische und empirische Studie zum Unterrichtsbegriff und zur Unterrichtssprache.* Bad Heilbrunn: Klinkhardt.

Ludwig, Ralph (1989): L'oralité des langues créoles – „agrégation" et „intégration". In Ralph Ludwig (Hrsg.), *Les créoles français entre l'oral et l'écrit*, 13–39. Tübingen: Narr.

Lynch, Tony (1986): *Modifications to Foreign Listeners: The Storys Teachers Tell.* ERIC Document ED 274 225. http://files.eric.ed.gov/fulltext/ED274225.pdf (05. 10. 2018).

Lyster, Roy (1998): Recasts, Repetition, and Ambiguity in L2 Classroom Discourse. *Studies in Second Language Acquisition* 20, 51–81.

Lyster, Roy & Leila Ranta (1997): Corrective Feedback and Learner Uptake. Negotiation of Form in Communicative Classrooms. *Studies in Second Language Acquisition* 20, 37–66.

Maak, Diana & Julia Ricart Brede (2014): Empirische Erfassung von Invasivität in video-grafierten Lehr-Lernsituationen: Entwicklung und Erprobung eines Beobachtungs-systems. In Astrid Neumann & Isabelle Mahler (Hrsg.), *Empirische Methoden der Deutsch-didaktik. Audio- und videografierende Unterrichtsforschung*, 151–173. Baltmannsweiler: Schneider.

Maas, Utz (2004): Geschriebene Sprache/Written Language. In Ulrich Ammon, Norbert Dittmar, Klaus J. Mattheierus & Peter Trudgill (Hrsg.), *Soziolinguistik. Ein internationales Handbuch zur Wissenschaft von Sprache und Gesellschaft.* 1. Teilbd., 2., vollst. neu bearb. u. erw. Aufl., 633–645. Berlin, New York: de Gruyter.

Marcus, Gary F. (1993): Negative Evidence in Language Acquisition. *Cognition* 46, 53–85.

Martin, Edwin & Kelyn H. Roberts (1966): Grammatical Factors in Sentence Retention. *Journal of Learning and Verbal Behaviour* 5 (3), 211–218.

Martin, James R. (1992): *English Text. System and Structure.* Philadelphia, Amsterdam: John Benjamins.

Mazeland, Harrie (1983): Sprecherwechsel in der Schule. In Konrad Ehlich & Jochen Rehbein (Hrsg.), *Kommunikation in Schule und Hochschule. Linguistische und ethnomethodo-logische Analysen*, 77–101. Tübingen: Narr.

McHoul, Alexander (1978): The Organization of Turns at Formal Talk in the Classroom. *Language in Society* 7, 183–213.

McWorther, John H. (2001): The World's Simplest Grammars are Creole Grammars. *Linguistic Typology* 5 (2–3), 125–166.

Mehan, Hugh (1979): *Learning Lessons. Social Organization in the Classroom.* Cambridge, Mass.: Harvard Univ. Pr.

Meyer, Hilbert (2007): *Leitfaden Unterrichtsvorbereitung.* Berlin: Cornelsen Scriptor.

Meyer, Hilbert (2009): *Unterrichtsmethoden. I: Theorieband.* 13. Aufl. Berlin: Cornelsen Scriptor.

Michaels, Sarah (1981): „Sharing Time": Children's Narrative Styles and Differential Access to Literacy. *Language in Society* 10 (3), 423–442.

Michaels, Sarah & James Collins (1984): Oral Discourse Styles: Classroom Interaction and the Acquisition of Literacy. In Deborah Tannen (Hrsg.), *Coherence in Spoken and Written Discourse*, 219–244. Norwood, NJ: Ablex.

Miestamo, Matti (2009): Implicational Hierarchies and Grammatical Complexities. In Geoffrey Sampson, David Gil & Peter Trudgill (Hrsg.), *Language Complexity as an Evolving Variable*, 80–97. Oxford: Oxford Univ. Pr.

Moerk, Ernst L. (1991): Positive Evidence for Negative Evidence. *First Language* 11, 219–251.

Möhn, Dieter & Roland Pelka (1984): *Fachsprachen. Eine Einführung*. Tübingen: Niemeyer.

Morek, Miriam (2012): *Kinder erklären. Interaktionen in Familie und Unterricht im Vergleich*. Tübingen: Stauffenburg Verlag Brigitte Narr.

Morek, Miriam & Vivien Heller (2012): Bildungssprache – Kommunikative, epistemische, soziale und interaktive Aspekte ihres Gebrauchs. *Zeitschrift für Angewandte Linguistik* 57, 67–101.

Munsberg, Klaus (1998): Spezifische Leistungen der Sprache und anderer Kommunikationsmittel in der mündlichen Fachkommunikation. In Lothar Hoffmann, Hartwig Kalverkämper & Herbert Ernst Wiegand (Hrsg.), *Fachsprachen. Languages for Special Purposes. Ein internationales Handbuch zur Fachsprachenforschung und Terminologiewissenschaft. An International Handbook of Special-Language and Terminology Research*, 1. Halbbd, 93–100. Berlin, New York: de Gruyter.

Murray, Anne, Jeanne Johnson, Jo Peters (1990): Fine-Tuning of Utterance Length to Preverbal Infants. Effects on Later Language Development. *Journal of Child Language* 17, 511–525.

Nassaji, Hossein (2015): *The Interactional Feedback Dimension in Instructed Second Language Learning. Linking Theory, Research, and Practice*. London u. a.: Bloomsbury Academic.

Nassaji, Hossein & Gordon Wells (2000): What's the Use of ‚Triadic Dialogue‘?: An Investigation of Teacher-Student Interaction. *Applied Linguistics* 21 (3), 376–406.

Nelson, Keith E. (1977): Facilitating Children's Syntax Acquisition. *Developmental Psychology* 13 (2), 101–107.

Neuland, Eva, Petra Balsliemke & Anka Baradaranossadat (2009): Schülersprache, Schulsprache, Unterrichtssprache. In Michael Becker-Mrotzek (Hrsg.), *Mündliche Kommunikation und Gesprächsdidaktik*, 392–407. Baltmannsweiler: Schneider.

Neuweg, Hans Georg (2011): Das Wissen der Wissensvermittler. Problemstellungen, Befunde und Perspektiven der Forschung zum Lehrerwissen. In Ewald Terhart, Hedda Bennewitz & Martin Rothland (Hrsg.), *Handbuch der Forschung zum Lehrerberuf*, 451–477. Münster: Waxmann.

Newport, Elissa L., Henry Gleitmann & Lila R. Gleitmann (1977): Mother, I'd Rather Do it myself. Some Effects and Non-Effects of Maternal Speech Style. In Catherine E. Snow & Charles A. Ferguson (Hrsg.), *Talking to Children. Language Input and Acquisition. Papers from a Conference Sponsored by the Committe on Sociolinguistics of the Social Science Research Council (USA)*, 109–149. Cambrigde u. a.: Cambridge Univ. Pr.

Nichols, Johanna (2009): Linguistic Complexity: A Comprehensive Definition and Survey. In Geoffrey Sampson, David Gil & Peter Trudgill (Hrsg.), *Language Complexity as an Evolving Variable*, 110–125. Oxford: Oxford Univ. Pr.

Niedersächsisches Kultusministerium (Hrsg.) (2006): *Kerncurriculum für das Gymnasium. Schuljahrgänge 5–10. Deutsch*. Hannover: Unidruck.

Niedersächsisches Kultusministerium (Hrsg.) (2007): *Kerncurriculum für das Gymnasium. Schuljahrgänge 5–10. Naturwissenschaften*. Hannover: Unidruck.

Niegemann, Helmut & Silke Stadler (2001): Hat noch jemand eine Frage? Systematische Unterrichtsbeobachtung zu Häufigkeit und kognitivem Niveau von Fragen im Unterricht. *Unterrichtswissenschaft* 29 (2), 171–192.

Nitz, Sandra (2012): *Fachsprache im Biologieunterricht. Eine Untersuchung zu Bedingungs-faktoren und Auswirkungen. Dissertation zur Erlangung des Doktorgrades der Mathematisch-Naturwissenschaftlichen Fakultät der Christian-Albrechts-Universität zu Kiel.* http://d-nb.info/1022796283/34 (05. 10. 2018).

Nitz, Sandra, Claudia Nerdel & Helmut Prechtl (2012): Entwicklung eines Erhebungsinstruments zur Erfassung der Verwendung von Fachsprache im Biologieunterricht. *Zeitschrift für Didaktik der Naturwissenschaften* 18, 117–139.

Nübling, Damaris (2006): Die nicht-flektierbaren Wortarten. In Dudenredaktion (Hrsg.), *Duden. Die Grammatik,* 7., völlig neu erarb. und erw. Aufl., 573–640. Mannheim u. a.: Dudenverlag.

Nystrand, Martin, Lawrence L. Wu, Adam Gamoran, Susie Zeiser & Daniel A. Long (2003): Questions in Time: Investigating the Structure and Dynamics of Unfolding Classroom Discourse. *Discourse Processes* 35 (2), 135–198.

O'Connor, Mary Catheryne & Sarah Michaels (1993): Aligning Academic Task and Participation Status Through Revoicing. Analysis of a Classroom Discourse Strategy. *Anthropology and Education Quarterly* 24, 318–335.

O'Connor, Mary Catheryne & Sarah Michaels (1996): Shifting Participant Frameworks: Orches-trating Thinking Practices in Group Discussions. In Deborah Hicks (Hrsg.), *Discourse, Learning, and Schooling,* 63–103. Cambridge: Cambridge Univ. Pr.

Oesterreicher, Wulf (1993): Verschriftung und Verschriftlichung im Kontext medialer und konzeptioneller Schriftlichkeit. In Ursula Schäfer (Hrsg.), *Schriftlichkeit im frühen Mittelalter,* 267–292. Tübingen: Narr.

Oesterreicher, Wulf (2008): Revisited: die „zerdehnte Sprechsituation". *Beiträge zur Geschichte der deutschen Sprache und Literatur* 130 (1), 1–21.

Oesterreicher, Wulf (2010): Sprachliche Daten und linguistische Fakten – Variation und Varietäten. Bemerkungen zu Status und Konstruktion von Varietäten, Varietätenräumen und Varietätendimensionen. In Vilmos Ágel & Mathilde Hennig (Hrsg.), *Nähe und Distanz im Kontext variationslinguistischer Forschung,* 23–61. Berlin: de Gruyter.

Oevermann, Ulrich (1972): *Sprache und soziale Herkunft. Ein Beitrag zur Analyse schichtenspe-zifischer Sozialisationsprozesse und ihrer Bedeutung für den Schulerfolg.* Frankfurt a. M.: Suhrkamp.

Ohlhus, Sören & Juliane Stude (2009): Erzählen im Unterricht der Grundschule. In Michael Becker-Mrotzek (Hrsg.), *Mündliche Kommunikation und Gesprächsdidaktik,* 471–486. Baltmannsweiler: Schneider.

Ohm, Udo, Christina Kuhn & Hermann Funk (2007): *Sprachtraining für Fachunterricht und Beruf. Fachtexte knacken – mit Fachsprache arbeiten.* Münster u. a.: Waxmann.

Öllinger, Michael (2014): Strategie. In Markus Antonius Wirtz (Hrsg.), *Dorsch – Lexikon der Psychologie.* Bern: Huber. https://portal.hogrefe.com/dorsch/strategie/ (05. 10. 2018).

Ong, Walter J. (1982): *Oralität und Literalität. Die Technologisierung des Wortes.* Opladen: Westdt. Verl.

Ortner, Hanspeter (2000): *Schreiben und Denken.* Tübingen: Niemeyer.

Ortner, Hanspeter (2009): Rhetorisch-stilistische Eigenschaften der Bildungssprache. In Ulla Fix, Andreas Gardt & Joachim Knape (Hrsg.), *Rhetorik und Stilistik – Rhetoric and Stylistics. Ein internationales Handbuch historischer und systematischer Forschung – An International Handbook of Historical and Systematic Research,* 2. Halbbd., 2227–2240. Berlin, New York: de Gruyter.

Ossner, Jakob (2008): *Sprachdidaktik Deutsch. Eine Einführung.* 2., überarb. Aufl. Paderborn u. a.: Schöningh.

Papoušek, Mechthild & Hanuš Papoušek (2003): Stimmliche Kommunikation im Säuglingsalter als Wegbereiter der Sprachentwicklung. In Heidi Keller (Hrsg.), *Handbuch der Kleinkindforschung*, 3., korrigierte, überarb. und erw. Aufl., 927–963. Bern: Hans Huber.

Pasch, Renate, Ursula Brauße, Eva Breindl & Ulrich Hermann Waßner (2003): *Handbuch der deutschen Konnektoren. Linguistische Grundlagen der Beschreibung und syntaktische Merkmale der deutschen Satzverknüpfer (Konjunktionen, Satzadverbien und Partikeln)*. Berlin, New York: de Gruyter.

Pauli, Christine (2006): Klassengespräch. In Eckhard Klieme, Christine Pauli & Kurt Reusser (Hrsg.), *Dokumentation der Erhebungs- und Auswertungsinstrumente zur schweizerisch-deutschen Videostudie „Unterrichtsqualität, Lernverhalten und mathematisches Verständnis". Teil 3: Videoanalysen*, 124–147. Frankfurt a. M.: Gesellschaft zur Förderung Pädagogischer Forschung (GFPF).

Pauli, Christine (2010): Klassengespräche – Engführung des Denkens oder gemeinsame Wissenskonstruktion selbstbestimmt lernender Schülerinnen und Schüler? In Thorsten Bohl, Katja Kahnsteiner-Schänzlin, Marc Kleinknecht, Britta Kohler & Anja Nold (Hrsg.), *Selbstbestimmung und Classroom-Management. Empirische Befunde und Entwicklungsstrategien zum guten Unterricht*, 145–161. Bad Heilbrunn: Klinkhardt.

Pica, Teresa, Lloyd Holliday, Nora Lewis & Lynelle Morgenthaler (1989): Comprehensible Output as an Outcome of Linguistic Demands on the Learner. *Studies in Second Language Acquisition* 11, 63–90.

Pine, Julian M. (1994): The Language of Primary Caregivers. In Clare Gallaway & Brian J. Richards (Hrsg.): *Input and Interaction in Language Acquisition*, 15–37. Cambridge: Cambridge Univ. Pr.

Pohl, Thorsten (2006): Projektskizze. Sekundäre Literalisierung/Distanzsprachliche Sozialisierung. *Symposion Deutschdidaktik Mitgliederbrief* (18), 2–5. http://symposion-deutschdidaktik.de/fileadmin/dateien/downloads/verein/mitgliederbriefe/SDDNewsletter18.pdf (05. 10. 2018).

Pohl, Thorsten (2007a): Emotionalität im frühen Schreiben – Von emotionaler Inolviertheit zu emotionaler Involvierung. In Michael Becker-Mrotzek & Kirsten Schindler (Hrsg.), *Texte schreiben*, 63–80. Duisburg: Gilles & Francke.

Pohl, Thorsten (2007b): *Studien zur Ontogenese wissenschaftlichen Schreibens*. Tübingen: Niemeyer.

Pohl, Thorsten (2010): *Sekundäre Literalisierung*. Vortrag auf der dieS-Sommerschule 2010 „Schreiben: Prozesse, Prozduren, Interaktionen" in Graz. https://www.uni-giessen.de/cms/fbz/fb05/dies/veranstaltungen/ordnertagungen/Graz/pohl.pdf (05. 10. 2018).

Pohl, Thorsten (2014): Entwicklung der Schreibkompetenzen. In Helmuth Feilke & Thorsten Pohl (Hrsg.), *Schriftlicher Sprachgebrauch. Texte verfassen*, 101–140. Baltmannsweiler: Schneider.

Pohl, Thorsten (2016): Die Epistemisierung des Unterrichtsdiskurses – ein Forschungsrahmen. In Erwin Tschirner, Olaf Bärenfänger & Jupp Möhring (Hrsg.), *Deutsch als fremde Bildungssprache. Das Spannungsfeld von Fachwissen, sprachlicher Kompetenz, Diagnostik und Didaktik*, 55–79. Tübingen: Stauffenburg.

Pohl, Thorsten (2017): Komplexität als Operationalisierungsdimension konzeptioneller Schriftlichkeit in Untersuchungen zum Unterrichtsdiskurs. In Mathilde Hennig (Hrsg.), *Linguistische Komplexität – Ein Phantom?*, 253–280. Tübingen: Stauffenburg.

Pohl, Thorsten (i. Vorb.): *Textuelle Reanalyse der Gesprächsregeln nach Potthoff et al. (1996, 68 ff.)*. Arbeitspapier. Köln.

Pohl, Thorsten & Torsten Steinhoff (2010): *Textformen als Lernformen*. In Thorsten Pohl & Torsten Steinhoff (Hrsg.), *Textformen als Lernformen*, 5–26. Duisburg: Gilles & Francke.

Polenz, Peter von (1985): *Deutsche Satzsemantik. Grundbegriffe des Zwischen-den-Zeilen-Lesens*. Berlin, New York: de Gruyter.

Portmann-Tselikas, Paul R. (2000): Cognitive-Academic Language Proficiency and Language Acquisition in Bilingual Instruction – With an Outlook on a University Project in Albana. *Mediterranean Journal of Educational Studies* 6 (1), 63–80.

Potthoff, Ulrike, Angelika Steck-Lüschow & Elke Zitzke (1995): *Gespräche mit Kindern. Gesprächssituationen, Methoden, Übungen, Kniffe, Ideen*. Frankfurt a. M.: Cornelsen Scriptor.

Quasthoff, Uta (2009): Entwicklung der mündlichen Kommunikationskompetenz. In Michael Becker-Mrotzek (Hrsg.), *Mündliche Kommunikation und Gesprächsdidaktik*, 84–100. Baltmannsweiler: Schneider.

Quehl, Thomas & Ulrike Trapp (2013): *Sprachbildung im Sachunterricht der Grundschule*. Münster u. a.: Waxmann.

Raible, Wolfgang (1989): Konzeptionelle Schriftlichkeit, Sprachwerk und Sprachgebilde. Zur Aktualität Karl Bühlers. *Romanistisches Jahrbuch 1988* 39, 16–21.

Raible, Wolfgang (1992): *Junktion. Eine Dimension der Sprache und ihre Realisierungsformen zwischen Aggregation und Integration*. Vorgetragen am 4. Juli 1987. Heidelberg: Winter.

Raible, Wolfgang (2001): Linking Clauses. In Martin Haspelmath (Hrsg.), *Language Typology and Language Universals. An International Handbook*, 1. Halbbd., 590–617. Berlin, New York: de Gruyter.

Ramge, Hans (1980a): Einleitung. In Hans Ramge (Hrsg.), *Studien zum sprachlichen Handeln im Unterricht*, 1–11. Gießen: Wilhelm Schmitz Verl.

Ramge, Hans (1980b): Korrekturhandeln von Lehrern im Deutschunterricht. In Hans Ramge (Hrsg.), *Studien zum sprachlichen Handeln im Unterricht*, 132–162. Gießen: Wilhelm Schmitz Verl.

Ramge, Hans (1980c): Unterrichtspläne als komplexe Handlungsformen im Deutschunterricht. In Hans Ramge (Hrsg.), *Studien zum sprachlichen Handeln im Unterricht*, 12–27. Gießen: Wilhelm Schmitz Verl.

Rath, Rainer (1979): *Kommunikationspraxis. Analysen zur Textbildung und Textgliederung im gesprochenen Deutsch*. Göttingen: Vandenhoeck & Ruprecht.

Rausch, Edgar (1986): *Sprache im Unterricht*. Berlin: Volk und Wissen.

RdErl. d. MK (2015): *Die Arbeit in den Schuljahrgängen 5 bis 10 des Gymnasiums*. RdErl. d. MK v. 23. 6. 2015 – 33-81011 – VORIS 2240. http://www.mk.niedersachsen.de/schule/unsere_schulen/allgemein_bildende_schulen/gymnasium/gymnasium-6319.html (05. 10. 2018).

Redder, Angelika (1984): *Modalverben im Unterrichtsdiskurs. Pragmatik der Modalverben am Beispiel eines institutionellen Diskurses*. Berlin: de Gruyter.

Redder, Angelika, Susanne Guckelsberger & Barbara Graßer (2013): *Mündliche Wissensprozessierung und Konnektierung. Sprachliche Handlungsfähigkeiten in den ersten beiden Jahrgängen der Primarstufe*. Münster u. a.: Waxmann.

Redder, Angelika & Sabine Weinert (2013): Sprachliche Handlungsfähigkeiten im Fokus von FiSS. Zur Einleitung in den Sammelband. In Angelika Redder & Sabine Weinert (Hrsg.), *Sprachförderung und Sprachdiagnostik. Interdisziplinäre Perspektiven*, 7–16. Münster u. a.: Waxmann.

Rehbein, Jochen, Thomas Schmidt, Bernd Meyer, Franziska Watzke & Annette Herkenrath (2004): *Handbuch für das computergestützte Transkribieren nach HIAT*. Hamburg: Sonderforschungsbereich 538 Mehrsprachigkeit. http://www.exmaralda.org/files/azm_56.pdf (05. 10. 2018).

Rehbock, Helmut (2004): Prototyp. In Helmut Glück (Hrsg.): *Metzler Lexikon Sprache*, 7689–7691. Berlin: Directmedia.

Ricart Brede, Julia (2011): *Videobasierte Qualitätsanalyse vorschulischer Sprachfördersituationen.* Freiburg i. Br.: Fillibach.

Richert, Peggy (2005): *Typische Sprachmuster in der Lehrer-Schüler-Interaktion. Empirische Untersuchungen zur Feedbackkomponente in der unterrichtlichen Interaktion.* Bad Heilbrunn: Klinkhardt.

Rickheit, Gert, Sabine Weiss & Hans-Jürgen Eikmeyer (2010): *Kognitive Linguistik. Theorien, Modelle, Methoden.* Tübingen: Francke.

Riebling, Linda (2013): Heuristik der Bildungssprache. In Ingrid Gogolin, Imke Lange, Ute Michel & Hans H. Reich (Hrsg.), *Herausforderung Bildungssprache – und wie man sie meistert*, 106–153. Münster: Waxmann.

Riedel, Sabine (2004): Lernen in der zweiten Sprache. Aufgaben und Anforderungen beim Verstehen von Lehrbuchtexten des schulischen Fachunterrichts. In Andreas Bonnet & Stephan Breidbach (Hrsg.), *Didaktiken im Dialog. Konzepte des Lehrens und Wege des Lernens im bilingualen Sachfachunterricht*, 77–88. Frankfurt a. M.: Lang.

Rincke, Karsten (2010): Von der Alltagssprache zur Fachsprache. Bruch oder schrittweiser Übergang? In Gabriele Fenkart, Anja Lembens & Edith Erlacher-Zeitlinger (Hrsg.), *Sprache, Mathematik und Naturwissenschaften*, 47–62. Innsbruck u. a.: Studien-Verl.

Roeder, Peter Martin & Gundel Schümer (1976): *Unterricht als Sprachlernsituation. Eine empirische Untersuchung über die Zusammenhänge der Interaktionsstrukturen mit der Schülersprache im Unterricht.* Düsseldorf: Schwann.

Roelcke, Thorsten (2002): Fachsprache und Fachkommunikation. *Der Deutschunterricht* 54 (5), 9–20.

Roelcke, Thorsten (2010): *Fachsprachen.* 3., neu bearb. Aufl. Berlin: E. Schmidt.

Röhner, Charlotte & Heike Blümer (2009): *Abschlussbericht Stifterverband/Cornelsen Stiftung Lehren und Lernen. Projekt: Sprachförderung von Migrantenkindern im Kontext frühen naturwissenschaftlich-technischen Lernens.* Bergische Universität Wuppertal. http://www.erziehungswissenschaft.uni-wuppertal.de/fileadmin/erziehungs wissenschaft/fach_paedagogik-der-fruehen-kindheit/Abschlussbericht-Nawiprojekt.pdf (05. 10. 2018)

Rost, Detlef H. (2007): *Interpretation und Bewertung pädagogisch-psychologischer Studien. Eine Einführung.* 2., berarb. und erw. Aufl. Weinheim, Basel: Beltz.

Roth, Hans-Joachim, Ursula Neumann & Ingrid Gogolin (2007): *Schulversuch bilinguale Grundschulklassen in Hamburg. Abschlussbericht über die italienisch-deutschen, portugiesisch-deutschen und spanisch-deutschen Modellklassen.* Hamburg. https:// www.ew.uni-hamburg.de/ueber-die-fakultaet/personen/gogolin/pdf-dokumente/ bericht2007.pdf (05. 10. 2018).

Roth, Kathleen, Stephen Druker, Helen E. Garnier, Meike Lemmens, Catherine Chen, Takako Kawanaka, Dave Rasmussen, Svetlana Trubacova, Dagmar Warvi, Yukari Okamoto, Patrick Gonzales, James Stigler & Ronald Gallimore (2006): *Teaching Science in Five Countries. Results from the TIMSS 1999 Video Study. Statistical Analysis Report.* Washington, DC: U.S. Government Printing Office.

Roy, Brandon C., Michael C. Frank & Deb Roy (2009): Exploring Word Learning in a High Density Longitudinal Corpus. *Proceedings of the 31st Annual Meeting of the Cognitive Science*

Society, Amsterdam. http://csjarchive.cogsci.rpi.edu/proceedings/2009/papers/501/ paper501.pdf (05. 10. 2018).

Roy, Deb (2009): New Horizons in the Study of Child Language Acquisition. *Proceedings of Interspeech 2009*, Brighton. http://media.mit.edu/cogmac/publications/Roy_interspeech_keynote.pdf (05. 10. 2018).

Sacks, Harvey, Emanuel A. Schegloff, & Gail Jefferson (1974): A Simplest Systematics for the Organization of Turn-Taking for Conversation. *Language* 50 (4), 696–735.

Sahel, Said & Ralf Vogel (2013): *Einführung in die Morphologie des Deutschen*. Darmstadt: WBG.

Sampson, Geoffrey (2009): A Linguistic Axiom Challenged. In Geoffrey Sampson, David Gil & Peter Trudgill (Hrsg.), *Language Complexity as an Evolving Variable*, 1–18. Oxford: Oxford Univ. Pr.

Saxton, Matthew (1997): The Contrast Theory of Negative Input. *Journal of Child Language* 24, 139–161.

Saxton, Matthew (2000): Negative Evidence and Negative Feedback. Immediate Effects on the Grammaticality of Child speech. *First Language* 20, 221–252.

Saxton, Matthew, Phillip Backley & Clare Gallaway (2005a): Negative Input for Grammatical Errors. Effects after a Lag of 12 Weeks. *Journal of Child Language* 32, 643–672.

Saxton, Matthew, Carmel Houston-Price & Natasha Dawson (2005b): The Prompt Hypothesis: Clarification Requests as Corrective Input for Grammatical Errors. *Applied Psycholinguistics* 26, 393–414.

Saxton, Matthew, Bela Kulcsar, Greer Marshall & Mandeep Rupra (1998): Longer-Term Effects of Corrective Input. An Experimental Approach. *Journal of Child Language* 25, 701–721.

Scarcella, Robin (2003): *Academic English: A Conceptual Framework*. The University of California Linguistic Minority Research Institute. Technical Report 2003-1. Irvine: Univ. of California.

Scarcella, Robin & Corrine Higa (1981): Input, Negotiation, and Age Differences in Second Language Acquisition. *Language Learning* 31 (2), 409–437.

Schank, Gerd & Gisela Schoenthal (1976): *Gesprochene Sprache. Eine Einführung in Forschungsansätze und Analysemethoden*. Tübingen: Niemeyer.

Schegloff, Emanuel A. (1968): Sequencing in Conversational Openings. *American Anthropologist* 70 (6), 1075–1095.

Schegloff, Emanuel A., Gail Jefferson & Harvey Sacks (1977): The Preference for Self-Correction in the Organization of Repair in Conversation. *Language* 53 (2), 361–382.

Schegloff, Emanuel A. & Harvey Sacks (1984): Opening up Closings. In John Baugh & Joel Sherzer (Hrsg.), *Language in Use. Readings in Sociolinguistics*, 69–99. Englewood Cliffs, NJ: Prentice-Hall.

Schepping, Heinz (1976): Bemerkungen zur Didaktik der Fachsprache im Bereich Deutsch als Fremdsprache. In Dietrich Rall, Heinz Schepping & Walter Schleyer (Hrsg.), *Didaktik der Fachsprachen. Beiträge zu einer Arbeitstagung an der RWTH Aachen vom 30.09. bis 4. 10. 1974*, 13–34. Bonn: DAAD.

Scherer, Carmen (2006): *Korpuslinguistik*. Heidelberg: Winter.

Schleppegrell, Mary J. (2001): Linguistic Features of the Language of Schooling. *Linguistics and Education* 12 (4), 431–459.

Schleppegrell, Mary J. (2004): *The Language of Schooling. A Functional Linguistics Perspective*. Mahwah, NJ: Erlbaum.

Schlieben-Lange, Brigitte (1973): *Soziolinguistik. Eine Einführung.* 3. überarb. u. erw. Aufl. Stuttgart u. a.: Kohlhammer.

Schlieben-Lange, Brigitte (1983): *Traditionen des Sprechens. Elemente einer pragmatischen Sprachgeschichtsschreibung.* Stuttgart: Kohlhammer.

Schmidlin, Regula (1999): *Wie deutschschweizer Kinder schreiben und erzählen lernen. Textstruktur und Lexik von Kindertexten aus der Deutschschweiz und aus Deutschland.* Tübingen: Francke.

Schmidt, Thomas (2011): *EXMARaLDA Partitur-Editor. Handbuch. Version 1.5.1.* http://www. exmaralda.org/pdf/PartiturEditor_Handbuch.pdf (05. 10. 2018).

Schmidt, Thomas & Kai Wörner (2005): Erstellen und Analysieren von Gesprächskorpora mit EXMARaLDA. *Gesprächsforschung – Online-Zeitschrift zur verbalen Interaktion* 6, 171–195. http://www.gespraechsforschung-online.de/fileadmin/dateien/heft2005/px-woerner.pdf (05. 10. 2018).

Schmitt, Reinhold (2011): Unterricht ist Interaktion! Zur Rahmung des Bandes. In Reinhold Schmitt (Hrsg.), *Unterricht ist Interaktion! Analysen zur De-facto-Didaktik,* 7–30. Mannheim: IDS.

Schmölzer-Eibinger, Sabine (2013): Sprache als Medium des Lernens im Fach. In Michael Becker-Mrotzek, Karen Schramm, Eike Thürmann & Helmut Johannes Vollmer (Hrsg.), *Sprache im Fach. Sprachlichkeit und fachliches Lernen,* 25–40. Münster u. a.: Waxmann.

Schmölzer-Eibinger, Sabine, Magdalena Dorner, Elisabeth Langer & Maria-Rita Helten-Pacher (2013): *Sprachförderung im Fachunterricht in sprachlich heterogenen Klassen.* Stuttgart: Fillibach bei Klett.

Schoenke, Eva (1991): *Didaktik sprachlichen Handelns. Überlegungen zum Sprachunterricht in der Sekundarstufe I.* Tübingen: Niemeyer.

Schöneck, Werner (1993): Type-token-Relation. In Helmut Glück (Hrsg.), *Metzler Lexikon Sprache,* 658. Stuttgart, Weimar: Metzler.

Schuster, Karl (2001): *Mündlicher Sprachgebrauch im Deutschunterricht. Denken – Sprechen – Handeln. Theorie und Praxis.* 2., unveränd. Aufl. Baltmannsweiler: Schneider.

Schwitalla, Johannes (2012): *Gesprochenes Deutsch. Eine Einführung.* 4., neu bearb. und erw. Aufl. Berlin: Schmidt.

Searle, John R. (2003) [1969]: *Sprechakte. Ein sprachphilosophischer Essay.* Sonderausgabe. Frankfurt a. M.: Suhrkamp.

Seidel, Tina (2003): *Lehr-Lernskripts im Unterricht. Freiräume und Einschränkungen für kognitive und motivationale Lernprozesse – eine Videostudie im Physikunterricht.* Münster u. a.: Waxmann.

Seidel, Tina, Mareike Kobarg & Rolf Rimmele (2003): Aufbereitung der Videodaten. In Tina Seidel, Manfred Prenzel, Reinders Duit & Manfred Lehrke (Hrsg.), *Technischer Bericht zur Videostudie „Lehr-Lern-Prozesse im Physikunterricht",* 77–98. Kiel: Leibniz-Institut für die Pädagogik der Naturwissenschaften (IPN). ftp://ftp.rz.uni-kiel.de/pub/ipn/misc/Techn BerichtVideostudie-VH.pdf (14. 07. 2016).

Selting, Margret (2001): Probleme der Transkription verbalen und paraverbalen/prosodischen Verhaltens. In Klaus Brinker, Gerd Antos, Wolfgang Heinemann & Sven F. Sager (Hrsg.), *Text- und Gesprächslinguistik. Ein internationales Handbuch zeitgenössischer Forschung,* 2. Halbbd., 1059–1068. Berlin, New York: de Gruyter.

Selting, Margret, Peter Auer, Birgit Barden, Jörg Bergmann, Elizabeth Couper-Kuhlen, Susanne Günthner, Uta Quasthoff, Christoph Meier, Peter Schlobinski & Susanne Uhmann

(1998): Gesprächsanalytisches Transkriptionssystem (GAT). *Linguistische Berichte* (173), 91–122.

Selting, Margret, Peter Auer, Dagmar Barth-Weingarten, Jörg Bergmann, Pia Bergmann, Karin Birkner, Elizabeth Couper-Kuhlen, Arnulf Deppermann, Peter Gilles, Susanne Günthner, Martin Hartung, Friederike Kern, Christine Mertzlufft, Christian Meyer, Miriam Morek, Frank Oberzaucher, Jörg Peters, Uta Quasthoff, Wilfried Schütte, Anja Stukenbrock & Susanne Uhmann (2009): Gesprächsanalytisches Transkriptionssystem 2 (GAT 2). *Gesprächsforschung – Online-Zeitschrift zur verbalen Interaktion* 10, 353–402. http://www.gespraechsforschung-online.de/fileadmin/dateien/heft2009/px-gat2.pdf (05. 10. 2018).

Sertl, Michael & Nikola Leufer (2012): Bernsteins Theorie der pädagogischen Codes und des pädagogischen Diskurses. In Uwe Gellert & Michael Sertl (Hrsg.), *Zur Soziologie des Unterrichts. Arbeiten mit Basil Bernsteins Theorie des pädagogischen Diskurses*, 15–62. Weinheim, Basel: Beltz Juventa.

Sieber, Peter (2006): Modelle des Schreibprozesses. In Ursula Bredel, Hartmut Günther, Peter Klotz, Jakob Ossner & Gesa Siebert-Ott (Hrsg.), *Didaktik der deutschen Sprache. Ein Handbuch*, 1. Teilbd., 2. durchges. Aufl., 208–223. Paderborn: Schöningh.

Sinclair, John & Malcolm Coulthard (1975): *Towards an Analysis of Discourse. The English Used by Teachers and Pupils*. London: Oxford Univ. Pr.

Sinclair, John & Malcolm Coulthard (1977): *Analyse der Unterrichtssprache. Ansätze zu einer Diskursanalyse dargestellt am Sprachverhalten englischer Lehrer und Schüler*. Heidelberg: Quelle & Meier.

Sinclair, John & Malcolm Coulthard (1992): Towards an Analysis of Discourse. In Malcolm Coulthard (Hrsg.), *Advances in Spoken Discourse Analysis*, 1–34. London, New York: Routledge.

Snow, Catherine E. (1972): Mothers' Speech to Children Learning Language. *Child Development* 43 (4), 549–565.

Snow, Catherine E. (1977): Mother's Speech Research: from Input to Interaction. In Catherine E. Snow & Charles A. Ferguson (Hrsg.), *Talking to Children. Language Input and Acquisition. Papers from a Conference Sponsored by the Committe on Sociolinguistics of the Social Science Research Council (USA)*, 31–49. Cambrigde u. a.: Cambridge Univ. Pr.

Snow, Catherine E. (1983): Literacy and Language: Relationships during the Preschool Years. *Harvard Educational Review* 53 (2), 165–189.

Snow, Catherine E. (1994): Beginning from Baby Talk: Twenty Years of Research on Input and Interaction. In Clare Gallaway & Brian J. Richards (Hrsg.), *Input and Interaction in Language Acquisition*, 3–12. Cambridge: Cambridge Univ. Pr.

Snow, Catherine, Herlinda Cancini, Paulina Gonzalez & Elizabeth Shriberg (1989): Giving Formal Definitions: An Oral Language Correlate For School Literacy. In David Bloome (Hrsg.), *Classrooms and Literacy*, 233–249. Norwood, NJ: Ablex.

Snow, Catherine E., Roos van Eeden, Pieter Muysken (1981): The Interactional Origins of Foreigner Talk: Municipal Employees and Foreign Workers. *International Journal of the Sociology of Language* 28, 81–91.

Snow, Catherine E., Rivka Perlmann & Debra Nathan (1987): Why Routines are Different. Toward a Multiple-Factors Model of the Relation between Input and Language Acquisition. In Keith E. Nelson & Anne van Kleeck (Hrsg.), *Children's Language*, 65–97. Hillsday, NJ: Erlbaum.

Sokolov, Jeffrey L. (1993): A Local Contingency Analysis of the Fine-Tuning Hypothesis. *Developmental Psychology* 29 (6), 1008–1023.

Söll, Ludwig (1985): *Gesprochenes und geschriebenes Französisch*. Berlin: E. Schmidt.

Spanhel, Dieter (1971): *Die Sprache des Lehrers. Grundformen des didaktischen Sprechens*. Düsseldorf: Schwann.

Spanhel, Dieter (1980): Die Unterrichtssprache in ihrer Vermittlungsfunktion zwischen Umgangssprache und naturwissenschaftlicher Fachsprache. In Gerhard Schaefer & Werner Loch (Hrsg.), *Kommunikative Grundlagen des naturwissenschaftlichen Unterrichts. Bericht über eine Ad-hoc-Arbeitsgruppe zum Thema „Sprache/Wissenschaftliches Denken"*, 175–194. Weinheim, Basel: Beltz.

Speidel, Gisela E. (1987): Conversation and Language Learning. In Keith E. Nelson & Anne van Kleeck (Hrsg.), *Children's Language*, 99–135. Hillsday, N. J.: Erlbaum.

Spiegel, Carmen (2006a): „du musst mich erst einmal überzeugen!"– Zum Prozess der Bedeutungskonstitution am Beispiel der ‚Argumentation' in der Lehrer-Schüler-Interaktion. In Arnulf Deppermann & Thomas Spranz-Fogasy (Hrsg.), *be-deuten. Wie Bedeutung im Gespräch entsteht*, 2. Aufl., unveränd. Nachdruck der 1. Aufl., 203–221. Tübingen: Stauffenburg.

Spiegel, Carmen (2006b): *Unterricht als Interaktion. Gesprächsanalytische Studien zum kommunikativen Spannungsfeld zwischen Lehrern, Schülern und Institution*. Radolfzell: Verl. für Gesprächsforschung.

Steger, Hugo (1987): Bilden gesprochene und geschriebene Sprache eigene Sprachvarietäten? In Hugo Aust & Theodor Lewandowski (Hrsg.), *Wörter. Schätze, Fugen und Fächer des Wissens. Festgabe für Theodor Lewandowski zum 60. Geburtstag*, 35–58. Tübingen: Narr.

Steger, Hugo, Helge Deutrich, Gerd Schank & Eva Schütz (1974): Redekonstellation, Redekon-stellationstyp, Textexemplar, Textsorte im Rahmen eines Sprachverhaltensmodells. Begründung einer Forschungshypothese. In Hugo Moser (Hrsg.), *Gesprochene Sprache. Jahrbuch 1972 des Instituts für Deutsche Sprache*, 39–96. Düsseldorf: Schwann.

Steinig, Wolfgang & Hans-Werner Huneke (2011): *Sprachdidaktik Deutsch. Eine Einführung*. 4., neu bearb. und erw. Aufl. Berlin: Schmidt.

Steinmüller, Ulrich & Ulrich Scharnhorst (1987): Sprache im Fachunterricht. Ein Beitrag zur Diskussion über Fachsprachen im Unterricht mit ausländischen Schülern. *Zielsprache Deutsch* 18 (4), 3–12.

Stigler, James W., Patrick Gonzales, Takako Kawanaka, Steffen Knoll & Ana Serrano (1999): *The TIMSS Videotape Classroom Study. Methods and Findings from an Exploratory Research Project on Eighth-Grade Mathematics Instruction in Germany, Japan, and the United States. A Research and Development Report*. Washington, DC: U.S. Government Printing Office.

Strapp, Chehalis M., Dana M. Bleakney, Augusta L. Helmick & Hayley M. Tonkovich (2008): Developmental Differences in the Effects of Negative and Positive Evidence. *First Language* 28, 35–53.

Strapp, Chehalis M. & Amy Federico (2000): Imitations and Repetitions. What Do Children Say Following Recasts? *First Language* 20, 273–290.

Stude, Juliane & Sören Ohlhus (2005): Schreibenlernen in interaktiven Kontexten. Dialogische Aneingungsmechanismen von Textkompetenz in schulischen Schreibprozessen. In Jörn Stückrath & Ricarda Strobel (Hrsg.), *Deutschunterricht empirisch. Beiträge zur Überprüf-barkeit von Lernfortschritten im Sprach-, Literatur- und Medienunterricht*, 68–87. Baltmannsweiler: Schneider.

Szagun, Gisela (2011): *Sprachentwicklung beim Kind. Ein Lehrbuch*. Vollst. überarb. Neuausg., 4. Aufl. Weinheim: Beltz.

Szagun, Gisela (2013): *Sprachentwicklung beim Kind. Ein Lehrbuch*. 5., vollst. überarb. Aufl. Weinheim: Beltz.

Szmrecsanyi, Benedikt & Bernd Kortmann (2012): Introduction: Linguistic Complexity. Second Language Acquisition, Indigeniziation, Contact. In Bernd Kortmann & Benedikt Szmrecsanyi (Hrsg.), *Linguistic Complexity. Second Language Acquisition, Indigenization, Contact*, 6–34. Berlin, Boston: de Gruyter.

Tardif, Claudette (1994): Classroom Teacher Talk in Early Immersion. *The Canadian Modern Language Review* 50 (3), 466–481.

Tausch, Reinhard (1962): Merkmalsbeziehungen und psychologische Vorgänge in der Sprachkommunikation des Unterrichts. *Zeitschrift für experimentelle und angewandte Psychologie* 9, 474–508.

Tausch, Reinhard & Anne-Marie Tausch (1970): *Erziehungspsychologie. Psychologische Prozesse in Erziehung und Unterrichtung*. 5., gänzl. neugestaltete Aufl. Göttingen: Verl. für Psychologie Hogrefe.

Tausch, Reinhard & Anne-Marie Tausch (1991): *Erziehungs-Psychologie. Begegnung von Person zu Person*. 10., erg. und überarb. Aufl. Göttingen u. a.: Hogrefe.

Thaler, Verena (2007): Mündlichkeit, Schriftlichkeit, Synchronizität. Eine Analyse alter und neuer Konzepte zur Klassifizierung neuer Kommunikationsformen. *Zeitschrift für germanistische Linguistik* 35 (1-2), 146–181.

Thürmann, Eike (2012): Lernen durch Schreiben? Thesen zur Unterstützung sprachlicher Risikogruppen im Sachfachunterricht. *dieS-online* (1). http://geb.uni-giessen.de/geb/volltexte/2012/8668/pdf/DieS_online-2012-1.pdf (05. 10. 2018).

Thürmann, Eike & Helmut Johannes Vollmer (2013): Schulsprache und Sprachsensibler Fachunterricht: Eine Checkliste mit Erläuterungen. In Charlotte Röhner & Britta Hövelbrinks (Hrsg.), *Fachbezogene Sprachförderung in Deutsch als Zweitsprache. Theoretische Konzepte und empirische Befunde zum Erwerb bildungssprachlicher Kompetenzen*, 212–233. Weinheim, Basel: Beltz, Juventa.

Tiedemann, Kerstin (2010): Support in mathematischen Eltern-Kind-Diskursen: funktionale Betrachtung einer Interaktionsroutine. In Birgit Brandt, Marei Fetzer & Marcus Schütte (Hrsg.), *Auf den Spuren interpretativer Unterrichtsforschung in der Mathematikdidaktik. Götz Krummheuer zum 60. Geburtstag*, 149–175. Münster: Waxmann.

Uesseler, Stella (2011): Alltägliche Wissenschaftssprache im Unterricht – eine Fallanalyse. In Ulrike Behrens & Brigit Eriksson (Hrsg.), *Sprachliches Lernen zwischen Mündlichkeit und Schriftlichkeit*, 55–74. Bern: Hep.

Uesseler, Stella, Anna Runge & Angelika Redder (2013): „Bildungssprache" diagnostizieren. Entwicklung eines Instruments zur Erfassung von bildungssprachlichen Fähigkeiten bei Viert- und Fünftklässlern. In Angelika Redder & Sabine Weinert (Hrsg.), *Sprachförderung und Sprachdiagnostik. Interdisziplinäre Perspektiven*, 42–67. Münster: Waxmann.

Ulich, Klaus (1991): Schulische Sozialisation. In Klaus Hurrelmann & Dieter Ulich (Hrsg.), *Neues Handbuch der Sozialisationsforschung*. 4., völlig neubearb. Aufl., 377–396. Weinheim, Basel: Beltz.

Ulrich, Winfried (2001): *Didaktik der deutschen Sprache: Ein Arbeits- und Studienbuch in drei Bänden. Texte – Materialien – Reflexionen. Band 1: Fachdidaktik, Schriftspracherwerb, Mündlicher Sprachgebrauch*. Stuttgart: Klett.

Valian, Virginia (1999): Input and Language Acquisition. In William C. Ritchie & Tej K. Bhatia (Hrsg.), *Handbook of Child Language Acquisition*, 497–530. San Diego, CA: Academic Pr.

Veen, Rosie van, Jacqueline Evers-Vermeul, Ted Sanders & Huub van den Bergh (2009): Parental Input and Connective Acquisition. A Growth Curve Analysis. *First Language* 29, 266–288.

VO-GO (2016): *Verordnung über die gymnasiale Oberstufe (VO-GO)*. Vom 17. Februar 2005. Fassung ab 01. 08. 2016. http://www.mk.niedersachsen.de/schule/unsere_schulen/allgemein_bildende_schulen/gymnasium/gymnasium-6319.html (05. 10. 2018).

Vogt, Rüdiger (2002): *Im Deutschunterricht diskutieren. Zur Linguistik und Didaktik einer kommunikativen Praxis.* Tübingen: Niemeyer.

Vogt, Rüdiger (2004): Miteinander-Sprechen lernen. Schulische Förderung von Gesprächsfähigkeit. In Michael Becker-Mrotzek & Gisela Brünner (Hrsg.), *Analyse und Vermittlung von Gesprächskompetenz*, 199–223. Radolfzell: Verl. für Gesprächsforschung.

Vogt, Rüdiger (2011): Gesprächsfähigkeit im Unterricht. In Karlfried Knapp, Gerd Antos, Michael Becker-Mrotzek, Arnulf Deppermann, Susanne Göpferich, Joachim Grabowski, Michael Klemm & Claudia Villiger (Hrsg.), *Angewandte Linguistik. Ein Lehrbuch.* 3., vollst. überarb. u. erw. Aufl., 78–103. Tübingen: Francke.

Vollmer, Johannes (2011): *Schulsprachliche Kompetenzen. Zentrale Diskursfunktionen: Kurzdefinitionen.* Stand: 26. 11. 2011. Osnabrück. http://www.home.uni-osnabrueck.de/hvollmer/VollmerDF-Kurzdefinitionen.pdf (05. 10. 2018).

Vollmer, Johannes & Eike Thürmann (2010): Zur Sprachlichkeit des Fachlernens. Modellierung eines Referenzrahmens für Deutsch als Zweitsprache. In Bernt Ahrenholz (Hrsg.), *Fachunterricht und Deutsch als Zweitsprache*, 107–132. Tübingen: Narr.

Vollmer, Johannes & Eike Thürmann (2013): Sprachbildung und Bildungssprache als Aufgabe aller Fächer der Regelschule. In Michael Becker-Mrotzek, Karen Schramm, Eike Thürmann & Helmut Johannes Vollmer (Hrsg.), *Sprache im Fach. Sprachlichkeit und fachliches Lernen*, 41–57. Münster u. a.: Waxmann.

Vosoughi, Soroush, Brandon C. Roy, Michael C. Frank, Deb Roy (2010): *Contributions of Prosodic and Distributional Features of Caregivers' Speech in Early Word Learning.* Proceedings of the 32nd Annual Cognitive Science Conference, Portland. http://www.media.mit.edu/cogmac/publications/vosoughi_2_05.pdf (05. 10. 2018).

Vygotskij, Lev S. (2002) [1934]: *Denken und Sprechen. Psychologische Untersuchungen.* Herausgegeben und aus dem Russischen übersetzt von Joachim Lompscher und Georg Rückriem. Mit einem Nachwort von Alexandre Métraux. Weinheim, Basel: Beltz.

Wanjek, Mathias (2010): *Sprechhandlungen von Lehrpersonen im Deutschunterricht der Hauptschule. Sprechakte, Intentionen, Rezeptionen.* Freiburg i. Br.: Fillibach.

Weber, Alexander (1972): *Verbales Verhalten im Schulunterricht. Vergleich zweier Lehrergruppen mit unterschiedlich langer Berufspraxis.* Essen: Neue Deutsche Schule Verlagsgesellschaft.

Wellenreuther, Martin (2005): *Lehren und Lernen – aber wie? Empirisch-experimentelle Forschungen zum Lehren und Lernen im Unterricht.* 2., korrigierte und überarb. Aufl. Baltmannsweiler: Schneider.

Wells, Gordon (1993): Reevaluating the IRF Sequence: A Proposal for the Articulations of Theories of Activity and Discourse for the Analysis of Teaching and Learning in the Classroom. *Linguistics and Education* 5 (1), 1–37.

Wesche, Marjorie & Doreen Ready (1985): Foreigner Talk in the University Classroom. In Susan M. Gass & Carolyn G. Madden (Hrsg.), *Input in Second Language Acquisition*, 89–114. Cambridge: Newbury House.

Wieler, Petra (1989): *Sprachliches Handeln im Literaturunterricht als didaktisches Problem.* Bern u. a.: Lang.

Wieler, Petra (2014): Gespräche mit Grundschulkindern über Kinderbücher und andere Medien. In Gerhard Härle & Marcus Steinbrenner (Hrsg.), *Kein endgültiges Wort. Die Wiederentdeckung des Gesprächs im Literaturunterricht*, 3., kor. u. erg. Aufl., 265–289. Baltmannsweiler: Schneider.

Wiersing, Erhard (1978): *Sprechhandeln im Unterricht. Auf dem Wege zu einer Theorie und Analysemethode*. Stuttgart: Klett-Cotta.

Wimmer, Gejza (2005): The Type-Token-Relation. In Reinhard Köhler, Gabriel Altmann, Rajmond G. Piotrovski (Hrsg.), *Quantitative Linguistik. Ein internationales Handbuch. Quantitative Linguistics. An International Handbook*, 361–368. Berlin, New York: de Gruyter.

Wolf, Dagmar (2000): *Modellbildung im Forschungsbereich „sprachliche Sozialisation". Zur Systematik des Erwerbs narrativer, begrifflicher und literaler Fähigkeiten*. Frankfurt a. M.: Lang.

Wood, David, Jerome S. Bruner, Gail Ross (1976): The Role of Tutoring in Problem Solving. *Journal of Child Psychology and Psychiatry* 17 (2), 89–100.

Woolfolk, Anita (2008): *Pädagogische Psychologie*. 10. Aufl. München u. a.: Pearson Studium.

Wrobel, Arne (2003): Schreiben und Formulieren. Prätext als Problemindikator und Lösung. In Daniel Perrin, Ingrid Böttcher, Otto Kruse & Arne Wrobel (Hrsg.), *Schreiben. Von intuitiven zu professionellen Schreibstrategien*, 2., überarb. Aufl., 83–96. Wiesbaden: Westdt. Verl.

Wrobel, Arne (2010): Raffael ohne Hände? Mediale Bedingungen und Faktoren des Schreibens und Schreibenlernens. In Thorsten Pohl & Torsten Steinhoff (Hrsg.), *Textformen als Lernformen*, 27–45. Duisburg: Gilles & Francke.

Wrobel, Arne (2014): Schreibkompetenz und Schreibprozess. In Helmuth Feilke & Thorsten Pohl (Hrsg.), *Schriftlicher Sprachgebrauch. Texte verfassen*, 85–100. Baltmannsweiler: Schneider.

Wunderlich, Dieter (1976): *Studien zur Sprechakttheorie*. Frankfurt a. M.: Suhrkamp.

Zifonun, Gisela, Ludger Hoffmann, Bruno Strecker, Joachim Ballweg, Ursula Brauße, Eva Breindl, Ulrich Engel, Helmut Frosch, Ursula Hoberg & Klaus Vorderwülbecke (1997): *Grammatik der deutschen Sprache*. Bd. 1. Berlin: de Gruyter.

In den Unterrichtsstunden behandelte Lektüren

Dürrenmatt, Friedrich (1998) [1980]: *Der Besuch der alten Dame. Eine tragische Komödie*. Neufassung 1980. Zürich: Diogenes.

Fassbinder, Rainer Werner (1974): *Fontane Effi Briest oder Viele, die eine Ahnung haben von ihren Möglichkeiten und ihren Bedürfnissen und trotzdem das herrschende System in ihrem Kopf akzeptieren durch ihre Taten und es somit festigen und durchaus bestätigen*. Berlin: Studiocanal. [DVD]

Fontane, Theodor (2002) [1895]: *Effi Briest*. Stuttgart: Reclam.

Hasler, Ursula (2010) [1992]: *Pedro und die Bettler von Cartagena*. 19. Aufl. München: Deutscher Taschenbuch Verl.

Huntgeburth, Hermine (2009): *Effi Briest*. München: Constantin Film. [DVD]

Lenk, Fabian (2007): *Der Meisterdieb. Ein Krimi aus dem Mittelalter*. Schulausgabe. Ravensburg: Ravensburger.

Abbildungsverzeichnis

https://doi.org/10.1515/9783110569001-013

Quellen der zitierten Abbildungen

Ich danke dem De Gruyter Verlag sowie dem Narr Francke Attempto Verlag für die freundliche Erteilung von Abdruckgenehmigungen für folgende Abbildungen:

Abbildung 1 ist entnommen aus: Koch, Peter & Wulf Oesterreicher (2011): *Gesprochene Sprache in der Romania. Französisisch, Italienisch, Spanisch.* 2., aktual. und erw. Aufl. Berlin: de Gruyter, Abb. 6 „Der einzelsprachliche Varietätenraum zwischen Nähe und Distanz", S. 17.

Abbildung 5 ist entnommen aus: Ehlich, Konrad & Jochen Rehbein (1986): *Muster und Institution. Untersuchungen zur schulischen Kommunikation.* Tübingen: Narr, Diagramm A „Das Muster Aufgabe-Stellen/Aufgabe-Lösen", S. 16.

Abbildung 6 ist entnommen aus: Bak, Yonk-Ik (1996): *Das Frage-Antwort-Sequenzmuster im Unterrichtsgespräch (Deutsch-Koreanisch).* Tübingen: Niemeyer, Schema 22 „Zugkonstellation des LEHRERFRAGE-SCHÜLERANTWORT-Sequenzmusters", S. 122.

Tabellenverzeichnis

https://doi.org/10.1515/9783110569001-014

Anhang: Transkriptionskonventionen von HIAT

Aus: Rehbein et al. (2004: 76–78).

Äußerungsendzeichen

Zeichen	Bezeichnung	Gekennzeichnete Phänomene
.	Punkt	Äußerung mit deklarativem Modus
?	Fragezeichen	Äußerungen mit interrogativem Modus
!	Ausrufezeichen	Äußerungen mit exklamativem, adhortativem, optativem, Aufforderungs- oder Heische Modus
...	Ellipsen-Punkte	Abgebrochene Äußerungen
˙	Hochgestellter Punkt	Äußerungen ohne Modus
—	Gedankenstrich	Nicht abschließender Teil einer gemeinsam konstruierten Äußerung, Vorsprechen

Zeichen für tonale Bewegungen

Zeichen	Bezeichnung	Gekennzeichnete Phänomene
`	Gravis	fallend
´	Akut	steigend
^	Zirkumflex	steigend-fallend
ˇ	Caron	fallend-steigend
¯	Makron	gleichbleibend

Zeichen für intrasegmentale Phänomene und sonstige Zeichen

Zeichen	Bezeichnung	Gekennzeichnete Phänomene
,	Komma	Sprechhandlungsaugmente, Herausstellungen und Ausklammerungen Nebensätze Reihung
-	Bindestrich	Teilwörter
—	Gedankenstrich	Parenthesen
:	Doppelpunkt	Ankündigung
‿	Ligaturbogen	Schneller Anschluss
/	Schrägstrich	Reparatur
'	Apostroph	Glottalverschluss (nur bei Interjektionen)

https://doi.org/10.1515/9783110569001-015

Zeichen	Bezeichnung	Gekennzeichnete Phänomene
(	runde öffnende Klammer	Beginn von schwer verständlicher Passage
)	runde schließende Klammer	Ende von schwer verständlicher Passage
((	doppelte runde öffnende Klammer	Beginn von unverständlicher Passage, Beginn von nicht-phonologischem Phänomen, Beginn von numerischer Pausenangabe
))	doppelte runde schließende Klammer	Ende von unverständlicher Passage, Ende von nicht-phonologischem Phänomen, Ende von numerischer Pausenangabe

Pausenzeichen

Zeichen	Bezeichnung	Gekennzeichnete Phänomene
•	einfacher Pausenpunkt	kurzes Stocken im Redefluss
• •	doppelter Pausenpunkt	geschätzte Pause bis zu einer halben Sekunde
• • •	dreifacher Pausenpunkt	geschätzte Pause bis zu einer dreiviertel Sekunde
((5s))	numerische Pausenangabe	gemessene Pause oder geschätzte Pause ab einer Sekunde

Sachindex

https://doi.org/10.1515/9783110569001-016

www.ingramcontent.com/pod-product-compliance
Lightning Source LLC
Chambersburg PA
CBHW050621280326
41932CB00015B/2485